中华人民共和国 公司法 理解与适用

[上]

最高人民法院民事审判第二庭　编著

人民法院出版社
PEOPLE'S COURT PRESS

图书在版编目（CIP）数据

中华人民共和国公司法理解与适用 / 最高人民法院民事审判第二庭编著. -- 北京 : 人民法院出版社, 2024. 10. -- (法律条文理解与适用丛书). -- ISBN 978-7-5109-4264-8

Ⅰ. D922.291.915

中国国家版本馆CIP数据核字第2024EZ1693号

中华人民共和国公司法理解与适用

最高人民法院民事审判第二庭　编著

策划编辑　赵　刚
责任编辑　陈晓璇　张　奎　杨佳瑞　白　鸽
出版发行　人民法院出版社
地　　址　北京市东城区东交民巷 27 号（100745）
电　　话　（010）67550520（责任编辑）　67550558（发行部查询）
　　　　　65223677（读者服务部）
客服 QQ　2092078039
网　　址　http://www.courtbook.com.cn
E - mail　courtpress@sohu.com
印　　刷　保定市中画美凯印刷有限公司
经　　销　新华书店

开　　本　787 毫米×1092 毫米　1/16
字　　数　1336 千字
印　　张　76.5
版　　次　2024 年 10 月第 1 版　2024 年 11 月第 2 次印刷
书　　号　ISBN 978 - 7 - 5109 - 4264 - 8
定　　价　268.00 元（全 2 册）

中华人民共和国公司法理解与适用

编　委　会

关于新《公司法》适用中的若干问题[①]
（代序）

《公司法》自1993年颁布以来，先后进行了六次修改，2023年12月29日第十四届全国人民代表大会常务委员会第七次会议审议通过《公司法》（以下简称新《公司法》），是继2005年修订后的第二次全面系统修订。此次修订，坚持以习近平新时代中国特色社会主义思想为指导，全面贯彻落实党中央重大决策部署，立足中国国情，深入总结实践经验，吸收司法实务、证券金融监管实务、市场监管及公司登记实务的有益成果，广泛征求社会各方面意见，平衡不同利益主体的诉求，凝聚社会最大共识，体现了科学立法、民主立法、依法立法，是习近平法治思想的生动实践。新《公司法》在完善公司资本制度和公司治理结构，加强股东权利保护，强化控股股东、实际控制人和董监高责任等诸多方面的制度创新，亮点纷呈、可圈可点。对于深化国有企业改革、完善中国特色现代企业制度，完善产权保护制度，持续优化营商环境，激发市场创新活力，加快发展新质生产力，扎实推进高质量发展，具有深远的历史意义和重大的现实意义。

法律的生命在于实施。新《公司法》颁布后，人民法院应当把工作重点放在学习、理解和实践应用上。通过有针对性的专题培训和研讨，及时掌握新《公司法》的变化，公正高效审理好涉公司纠纷案件。同时，还要根据新《公司法》对五个现行的司法解释进行全面清理和修改。在清理和修改过程中，要以习近平法治思想为指导，坚持好运用好蕴含其中的立场、观点和方法。一是坚持党对人民法院工作的绝对领导。在司法解释制定过程中，重大事项要向中央政法委请示报告，司法解释条文要征得立法部门的认可同意，确保司法解释与党中央关于完善中国特色现代企业制度的重大决策部署保持高度一致，与新《公司法》的立法目的、立法精神保持高度一致。二是坚持

① 作者刘贵祥，最高人民法院审判委员会副部级专职委员、二级大法官，原文刊载于《法律适用》2024年第6期，收入本书时作了适当修改。

以人民为中心的根本政治立场。在司法解释制定过程中要广泛征求意见，认真听取基层人民群众、各类市场主体、基层法律工作者以及法学专家的意见建议，问计于民、问智于民，确保司法解释能够切实回应人民群众、社会各方面的期待和要求。三是坚持问题导向，立足司法实践需求，解决公司纠纷案件审理中的突出问题，为人民法院适用新《公司法》释疑解惑，统一裁判尺度，增强社会对司法的可预期性，发挥司法解释减少纠纷、前端化解矛盾的功能。四是坚持系统观念，确保司法解释与立法精神、立法目的、立法价值取向乃至具体规范保持高度一致性，把握好新《公司法》具体条款规则之间的关系、新旧法之间的适用关系、新《公司法》与《民法典》《证券法》《企业破产法》以及强制执行法律制度的关系。五是坚持守正创新，把新《公司法》适用与中国特色现代企业制度发展变化、中国优秀传统法律文化、中国经济社会现实情况相结合，强化“防止程序空转，实质化解矛盾纠纷”意识，实现“三个效果”的有机统一。基于上述基本考量，本文拟对现行的公司法司法解释清理修改中应把握的几个重点问题，进行初步探讨，供研究参考。

一、关于新《公司法》的时间效力问题

人民法院审理案件，无论认定事实还是根据认定的事实作出裁判，都应严格依法进行。因而自始至终是一个适用法律的过程，也是一个“找法”的思维过程。如何“找法”？当然要遵循一定的规则，把握一定的法律适用方法，至少包括三个方面：一是对某一法律规范时间效力的判断。二是对多个法律规范的关联性判断，包括不同法律对行为规范和法律效果分别作了规定，需要综合适用；法律规范发生冲突，需要选择适用其中一个法律规范。对选择法律规范的基本规则，我国《立法法》已作出规定，可资遵循。三是对法律规范的内涵外延的判断，即裁判解释。我国现行法仅有法律解释的授权性规定，如立法解释、行政解释、司法解释，对法官裁判解释的规则和方法并无系统明确的规定。学理上，民法的经典解释方法一般分为广义解释方法与狭义解释方法。前者包括漏洞填补、类推适用，后者包括文义解释、目的解释、历史解释和体系解释。

法律规范时间效力判断重在解决法律规范能否适用于其实施之前发生的法律事实。法不溯及既往，是法律适用的基本原则，中外概莫能外。我国《立法法》第104条亦有明确规定。但是，法不溯及既往并不是绝对的，往往有例外适用的立法例或司法实践。我国《立法法》第104条但书部分

（“但为了更好地保护公民、法人和其他组织的权利和利益而作的特别规定除外”）就是在坚持法不溯及既往原则的同时，作出的一般性例外规定，被概括为“有利溯及”。《刑法》的从旧兼从轻原则，“从轻”就是刑法不溯及既往的例外。此外，《劳动合同法》第97条、新《公司法》第266条亦属于法律对不溯及既往的例外规定。在司法实践中，有诸多司法解释或多或少、或原则性或具体化地规定了例外适用新法的情形，比如《最高人民法院关于适用〈中华人民共和国合同法〉若干问题的解释（一）》（已废止）、《最高人民法院关于适用〈中华人民共和国担保法〉若干问题的解释》（已废止）、《最高人民法院关于适用〈中华人民共和国侵权责任法〉若干问题的通知》、《最高人民法院关于适用〈中华人民共和国公司法〉若干问题的规定（一）》（以下简称《公司法解释一》），等等。《最高人民法院关于适用〈中华人民共和国民法典〉时间效力的若干规定》（以下简称《民法典时间效力规定》），对《民法典》的溯及适用问题从一般到具体，作了较为系统的规定，不仅对《民法典》的正确实施具有重要实践意义，也为之后包括公司法在内的其他民商事法律溯及力判断提供了共识性规则或参照范式。新《公司法》修改了181个条款，增加了49个条款，要判断这些条款是否可溯及适用，首先要对修订、增加的条款进行系统梳理，分门别类，而后根据不同类别，在遵循有利溯及基本规则的前提下，加入其他考量因素，进行综合判断。为研究的方便，根据判断溯及力的难易程度，将新《公司法》修改条款区别为两大类：一是容易判断溯及力问题的简单情况，二是难以判断溯及力问题的复杂情况。

（一）新《公司法》容易判断溯及力问题的三种情况

其一，新《公司法》仅进行文字、表述方式等技术性修改的，适用旧法或新法无实质差别，无需特别考量。为避免徒增争议，对新《公司法》实施前的法律事实发生争议适用2018年《公司法》即可。比如，新《公司法》将2018年《公司法》中的“半数以上”“二分之一以上”统一表述为“过半数”（新《公司法》第66条、第72条）；新《公司法》第3条对2018年《公司法》第3条、第5条部分内容的整合；新《公司法》第5条、第7条将2018年《公司法》第11条、第8条中的“必须”改为“应当”，等等。

其二，新《公司法》对2018年《公司法》作了实质性修改或增加，但修改、增加内容与《民法典》一致或吸收了公司法司法解释的规定，适用《民法典》、司法解释与适用新《公司法》无实质差别，可选择适用。为避免裁判文书说理复杂化，以适用原规定为宜。如新《公司法》第11条关于法定代表人行为后果的规定，与《民法典》第 61 条、第 62 条一致；新《公司法》第 26 条第 1 款关于股东会、董事会决议程序轻微瑕疵除外后果的规定，吸收了《最高人民法院关于适用〈中华人民共和国公司法〉若干问题的规定（四）》（以下简称《公司法解释四》）第 5 条的规定；新《公司法》第 27 条新增加的关于公司决议不成立的规定，吸收了《公司法解释四》第 5 条的规定，且与《民法典》第 134 条关于民事法律行为成立的规定精神一致；新《公司法》第 44 条关于公司设立过程中产生的民事责任如何承担的规定，吸收了《最高人民法院关于适用〈中华人民共和国公司法〉若干问题的规定（三）》（以下简称《公司法解释三》）第 2 条至第 5 条的规定；新《公司法》第 53 条关于董监高对股东抽逃出资承担连带赔偿责任的规定，吸收了《公司法解释三》第 14 条的规定；2018 年《公司法》第 30 条仅规定了公司设立时其他股东对"掺水股"出资不足的连带责任，而《公司法解释三》第 13 条将公司设立时其他股东连带责任扩大到现金出资的情形，新《公司法》第 50 条予以吸收；新《公司法》第 71 条关于公司解任董事法律后果的规定，吸收了《最高人民法院关于适用〈中华人民共和国公司法〉若干问题的规定（五）》（以下简称《公司法解释五》）第 3 条的规定，且与《民法典》第 933 条关于委托合同解除的规定一致；新《公司法》第 86 条关于股东登记于股东名册法律效果的规定，吸收了《全国法院民商事审判工作会议纪要》（以下简称《九民会纪要》）第 8 条的有关内容；新《公司法》第 88 条第 2 款关于出资瑕疵情况下股权转让的出资责任承担问题，吸收了《公司法解释三》第 18 条第 1 款的规定；新《公司法》第 240 条第 3 款关于公司简易注销情况下股东承诺不真实法律责任的规定，吸收了《最高人民法院关于适用〈中华人民共和国公司法〉若干问题的规定（二）》（以下简称《公司法解释二》）第 20 条的规定，等等。

其三，2018 年《公司法》有规定，但规定比较抽象、原则或因含糊不清存在理解争议，新《公司法》作出更清晰、具体的解释性规定，可适用新《公司法》有关规定。为此，《最高人民法院关于适用〈中华人民共和国公司法〉时间效力的若干规定》（以下简称《公司法时间效力规定》）第 5 条作了列举性规定，包括新《公司法》第 157 条、第 181 条、第 182 条、第 183 条、第 184 条、第 265 条第 4 项。

（二）新《公司法》不容易判断溯及力问题的三种情况

除了上述三种情形，其他情形的溯及适用要复杂得多，可谓"横看成岭侧成峰"，考查的视角及侧重点存在较大差别。

1. 关于新《公司法》对2018年《公司法》作实质修改情况下的溯及适用问题。包括两种情况：一是新《公司法》对2018年《公司法》及其司法解释的假定条件、法律后果等实质内容均进行了修改；二是2018年《公司法》虽无规定，但公司法司法解释作了漏洞填补性规定，新《公司法》作了实质不同的规定。此两种情况均可归类为实质修改。新《公司法》溯及适用要极为慎重，一般情况下必须满足有利溯及规则的要求。道理在于，原法的具体规定，形成社会对原法秩序的合理预期，新法的溯及适用往往会打破合理预期，使法律稳定预期的功能大打折扣。另一方面，就民商事法律关系当事人而言，一旦成诉，必然存在此消彼长的利益冲突，适用新法往往对一方有利，对另一方不利。因此，在新《公司法》进行了实质性修改的情况下，依据有利溯及规则，新《公司法》溯及适用一般应当对各方当事人均更加有利，或者至少对一方更加有利的同时，不减损另一方在原法秩序下的应有权益，不破坏另一方在原法秩序下的合理预期。但是，是否减损应有权益、破坏合理预期，要辩证地而不是机械地看待问题，要结合新旧法的共同立法目的、价值取向、基本原则、公序良俗等因素综合考虑，而不能仅囿于某一具体条款文义简单判断。《民法典时间效力规定》将有利溯及归纳为“更有利于保护民事主体合法权益，更有利于维护社会和经济秩序，更有利于弘扬社会主义核心价值观”，实际上就体现了对立法精神、立法目的以及公序良俗的考量。新《公司法》的有利溯及判断，也应如此。比如，2018年《公司法》某条款与其立法目的、基本原则不协调、不一致，缺乏合理性，而新《公司法》旨在矫正2018年《公司法》规定下原本失衡的利益关系，适用新法不背离新旧公司法所共同追求的公平公正目标，可考虑例外适用新法。再比如，新《公司法》在未改变民事主体应承担的法律后果的情况下，对行使权利的主体、方式作了改变，不应视为破坏其合理预期。总而言之，在有利溯及基本规则的约束之下，综合考量是否减损民事主体权益、破坏合理预期，是寻找新法溯及适用例外情形的突破口。这一突破口应当是十分狭窄或有限的，此与法不溯及既往的基本原则相契合。事实上，司法实践中这种溯及适用也极为慎重。以《民法典时间效力规定》为例，在《民法典》对过去民事单行法作实质修改情形下，单从有利于保护民事主体合法权益这一角度，真正可对号入座者无非是《民法典时间效力规定》第8条关于合同效力认定问题、第14条关于侄甥代位继承问题。即便是加入“更有利于维护社会和经济秩序，更有利于弘扬社会主义核心价值观”这两个“更有利于”因素，能够对号入座的也限于《民法典时间效力规定》第19条关于高空抛物、坠物问题的规定，其他多为旧法无规定，或对相应的法律后果无规定的情形，属于空白溯及。基于上述较为抽象或理念性的分析，对新《公司法》实质修改条款可否溯及适用，《公司法时间效力规定》第1条列举了七种具体情形，但未有兜底条款，体现了对此类情况溯及适用的严格且慎重的司法态度。这七种情况包括新《公司法》第26条第2款、第28条第2款、第48条第1款、第84条第2款、第211条、第226条、第212条、第224条第3款。

值得注意的是，新《公司法》对2018年《公司法》的责任主体、责任范围作较大调整的，如适用新《公司法》背离有利溯及规则，一般不应溯及适用。例如，新《公司法》第52条对股东失权制度作了规定，2018年《公司法》未作规定，《公司法解释三》第17条虽作了规定，但在程序设计及责任承担等方面存在实质差异，而这种差异又与2018年《公司法》的出资责任整体设计有关，故不宜溯及适用。再例如，2018年《公司法》第183条未明确规定清算义务人，只是规定了有限责任公司清算组如何组成，《公司法解释二》第18条据此规定了有限责任公司股东、股份有限公司控股股东、董事相当于清算义务人的责任，而新《公司法》第232条未区分有限责任公司、股份有限公司，一律规定董事是清算义务人。显然，新《公司法》作了实质修改，又与司法解释规定不一致，如对新《公司法》溯及适用显然打破民事主体的合理预期，故不宜溯及适用。有必要一提的是，新《公司法》第232条规定与《民法典》第70条的规定保持了一致，而《民法典》第70条来源于2017年颁布的《民法总则》（已废止）第70条的规定，那么新《公司法》实施前、《民法总则》实施后发生的公司清算法律事实，是否可以适用《民法总则》第70条的规定？这需要结合该问题的法律适用历史予以分析。2017年的《民法总则》及2021年的《民法典》第70条在规定董事为清算义务人的同时又规定，“法律、行政法规另有规定的，依照其规定”。一般认为，这主要是指向了2018年《公司法》第183条的规定。《九民会纪要》也主要是出于这种考虑，在《民法总则》已生效的情况下仍沿袭2018年《公司法》及司法解释的规定，只是对股东承担清算责任的条件更加严格。基于上述分析，对于《民法总则》实施之后至新《公司法》实施前发生的公司清算法律事实，适用2018年《公司法》及司法解释、《九民会纪要》的规定为宜。当然，《民法总则》实施之前发生的公司清算法律事实的法律适用更是如此。对此，《公司法时间效力规定》第6条第1款专门作了溯及适用的排除性规定。

还需注意的是，新《公司法》第54条规定了认缴出资加速到期制度，在此之前的《九民会纪要》第6条已有相应规定，司法实践中也有相应的裁判案例。相比之下，《九民会纪要》中规定的认缴出资加速到期条件远比新《公司法》第54条规定的条件严苛，但规定了符合加速到期条件的，债权人可以请求认缴出资股东在未出资范围内对公司不能清偿的债务承担补充赔偿责任，而新《公司法》中规定的是上述股东“提前缴纳出资”。由于加速到期条件存在差异，更重要的是对加速到期所得是否归入公司存在较大争议，在新公司法司法解释明确是否适用“归入公司”之前，以不溯及适用为宜。

另需进一步指出的是，新《公司法》第47条相较2018年《公司法》第26条规定，将出资认缴期限修改为5年最长认缴期限，对该实质性修改的溯及适用问题，新《公司法》第266条第2款作了规定，即“本法施行前已登记设立的公司，出资期限超过本法规定的限期的，除法律、行政法规或者国务院另有规定外，应当逐步调整至本法规定的期限以内”。目前，《国务院关于实施〈中华人民共和国公司法〉注册资本登记管理制度的规定》第2条已明确已登记设立公司调整期限的规定。问题在于，在未按新规定调整又不符合加速到期条件的情况下，公司或债权人是否可以请求股东按调整期限的规定承担出资责任？回答应是肯定的。道理在于，在新《公司法》对5年出资期限溯及力问题作出制度性安排的情况下，股东应按规定期限缴纳出资或作出资调整，否则，应承担相应的出资责任。但鉴于目前对出资期限规定溯及适用本身争议较大，且法规规定的调整期较长，《公司法时间效力规定》暂未考虑，待有相应案例时再予以解决。

2. 关于新《公司法》新增加条款溯及适用问题。从上述溯及力分类判断的角度，这里所说的新增加条款，是指不仅2018年《公司法》无规定，《民法典》、司法解释、司法性文件、指导性案例等均无规定，缺乏统一的裁判尺度。基于此定位，相较于新《公司法》对2018年《公司法》进行实质修改，新增加条款对原法秩序下的合理预期一般无影响，或影响不大。另则，新增加的条款，多属于填补法律空白，新《公司法》实施前所处理的公司纠纷，即使2018年《公司法》无相关规定，人民法院也要依据习惯和公司法、民法典等其他法律的基本原则、立法精神进行个案处理中的法律漏洞填补。因此，对空白溯及，更侧重于考量新《公司法》溯及适用是否与2018年《公司法》无规定情况下填补法律漏洞具有同样的正当性，或同样没有减损民事主体预期利益。申言之，新增加条款的溯及适用不像实质修改那么苛刻，但也不应简单地当然溯及适用，不能脱离有利溯及规则而得出一律可参考适用的结论。故一方面，《公司法时间效力规定》第4条作了列举规定，包括新《公司法》第88条第1款、第89条第3款、第161条、第180条、第192条；另一方面，该条作了兜底性规定，即“不明显背离相关当事人合理预期的其他情形”，给予法律适用上一定自由裁量的空间，体现出该类型条文溯及力适用与实质修改情况下的溯及适用存在区别。

3. 关于持续性法律事实的溯及适用问题。一般来讲，在新《公司法》实施之前法律事实已经实施完毕的情况下，当事人因法律后果或法律责任问题产生纠纷，按照上述分析处理即可。问题在于，实践中法律事实往往有一个持续过程，那么跨越到新《公司法》实施后，溯及力如何判断？从《民法典时间效力规定》看，一般情况下统一适用《民法典》（《民法典时间效力规定》第1条第3款），特殊情况特殊对待（《民法典时间效力规定》第20条）。新《公司法》溯及适用原则上亦可采用此思路，但需要根据公司法的特殊性进一步分析。《公司法时间效力规定》第3条也作了列举性规定，包括新《公司法》第140条第2款、第141条、第163条。但是，对新《公司法》实施前发生的侵权行为，行为或侵害后果持续到新《公司法》实施后的，一般可溯及适用新《公司法》，但能够区分侵权阶段的，以分段适用新旧公司法为宜。这里需特别考量的因素是一律适用新法是否超出责任人对在原公司法秩序下的合理预期。比如，新《公司法》突出董事会在公司治理中的中心地位的同时，强化了董事责任，涉及董事侵权责任纠纷的法律适用问题，也要考虑原公司法秩序下董事保障机制、法律对董事义务的明确程度等情况，以平衡权责关系、利益关系。此外，持续性侵权行为在公司法上也有其特殊性。比如，有限责任公司清算情况下，如果新《公司法》实施前公司解散事由发生，但直至新《公司法》实施后都未履行清算义务，义务主体是否因新《公司法》的变化而变化，殊值研究。在义务主体不同的情况下，不宜溯及适用，道理在于：2018年《公司法》规定在公司解散事由出现后15日组成清算组清算，在新《公司法》实施之前，清算义务已经产生，清算责任已经确定，如适用新《公司法》将使原应承担责任的主体（有限责任公司股东）不承担责任，而原不应承担责任的人（有限责任公司董事）替代其承担责任，实属打破合理预期，加重董事责任，违背有利溯及原则。当然，实践中存在更特殊的情况，即应当清算的事实发生在新《公司法》施行前但至新《公司法》施行日未满15日的，可适用新《公司法》第232条的规定，清算义务人履行清算义务的期限自新《公司法》施行日重新起算。《公司法时间效力规定》第6条第2款作了如是规定。

二、关于股东出资责任体系问题

实践中，在公司债权人对公司偿债能力存在担忧的情况下，一般都会通过寻求股东出资瑕疵作为诉讼策略，来增强债权实现的可能性。因此，出资责任纠纷成为常见纠纷，在公司诉讼中占有较大比例。为此，公司法司法解释作了较为全面而明确的规定，形成比较稳定的裁判尺度。新《公司法》在吸收司法解释合理内容的同时，也进行了较为系统的修改，形成比较完善的出资责任体系。大体可以归纳为五个方面：一是股东出资责任，区分为公司设立时实缴出资情况下的初始股东对出资瑕疵的连带责任；公司成立后董事会对股东出资的核查、书面催缴义务以及相应的赔偿责任（新《公司法》第50条、第51条、第99条）；股东抽逃出资情况下有关责任以及董监高的连带责任（新《公司法》第53条）。二是股东经催缴而未缴纳出资情况下的股东失权制度（新《公司法》第52条）。三是认缴出资情况下的出资加速到期制度（新《公司法》第54条）。四是股权转让情况下的转让人、受让人出资责任分配制度。五是违法减资情况下股东退还出资责任及与负有责任的董监高的赔偿责任（新《公司法》第226条）。在此就以下问题重点展开论述。

（一）关于股权、债权等特殊出资形式的出资责任

股东出资责任的逻辑起点是股东具有出资义务，而未全面正确履行出资义务，产生相应的民事责任或相应的法律后果。股东是否履行出资义务，在货币出资情况下容易判断，但在非货币出资情况下要复杂得多，存在判断上的困难。比如，对出资财产未作评估，以无权处分的财产出资，以犯罪所得财产出资，以国有划拨土地使用权出资，不动产出资而未办理公司权属登记，等等。为此，《公司法解释三》有针对性地提出了相应的解决方案，对统一裁判尺度仍有意义，故应予以保留。需要注意的是，新《公司法》第48条增加列举了股权、债权两种非货币出资形式，实践中将面临相应出资责任判断上的新难题，需在司法解释修订中予以关注。

1. 股权出资。《公司法解释三》第11条关注实践中存在的以其他公司股权出资的情况，规定了认定股权出资的四个条件，可资依据，但面对实践中的问题，还有进一步深化考量之必要。以对其他公司享有的股权出资，对公司而言实质上属于股权转让，公司作为受让人不仅面临股权价值本身的商业风险，而且面临着承担原本属于以股权出资股东对他公司出资责任的风险。比如，甲是乙公司股东，其在未履行出资责任或未届出资期限的情况

下，以对乙公司享有的股权向丙公司出资，丙公司则面临对乙公司承担出资责任的风险。具体而言，依新《公司法》关于股权转让的规定，在实缴出资的情况下，公司将面临与以股权出资股东承担出资不足连带责任的风险；在认缴出资的情况下，未届出资期以股权出资，公司将面临首先承担按期缴纳出资的责任的风险。问题在于，如果公司承担了股东对他公司的出资责任，是否可以请求该股东在此范围内补足出资？笔者认为，除股权出资时有相应的协议安排或股权出资不实外，股东不应承担补足出资的责任。这是因为，以股权出资，是股东以转让对他公司的股权为对价获得公司股权。正常情况下，股权价值的评估已考量了其在他公司的出资状况，以股权出资的股东是否承担出资责任只能以出资时的股权状态及评估为依据，以公司当时的商业判断为依据，而不是以出资后出现的公司应承担责任情况或面临的风险为依据。《公司法解释三》第15条的规定也说明了这一点，此为其一。其二，尽管公司在作为出资的股权未实缴出资的情况下面临前述不测之风险，但对于一个有发展潜力的目标公司来说，无论股权是否以实缴出资为依托，股权的价值都是存在的，甚至是巨大的；对于一个正在设立或存续中的公司，出于经营策略或并购重组的考虑，以目标公司股权获得出资是另类商业价值，甚至是至关重要的价值。因此，公司接受股权出资，就像受让股权一样，是待价而沽的结果，以股权出资的股东不再承担补足出资责任也在情理之中。

2. 债权出资。就债权出资而言，接受出资的公司面临的风险与债务人的清偿能力、债务人是否享有抗辩权密切相关。如果以债务人丧失清偿能力或存在丧失清偿能力可能的债权出资，或以债务人存在异议的债权出资，可以想象几乎不可避免的争议是，在债权不能实现的情况下，出资股东是否承担出资不足责任？正常的市场风险导致债权不能实现与出资时就已经存在风险导致债权不能实现，出资责任是否应当区别对待？公司设立时按正当程序进行的评估或公示是否可以成为出资股东免除相应责任的抗辩事由？既往裁判观点多为“股东以其对第三人享有的债权出资的，应当认定出资无效。但是，以依法可以转让的无记名公司债券出资的，或者用以出资的债权在一审庭审结束前已经实现的，应当认定出资有效”。而新《公司法》对债权出资形式无任何限制性规定，也就是说，既可以对公司享有的债权出资，也可以以对他人享有的债权出资。前者实质上就是债转股，多在公司增资、债权债务重组、破产重整等情况下采用，是多方协商谈判的结果，一般不存在上述债权出资面临的风险或争议。实践中的问题多表现为，在破产重整程序中债转股对债权人是否公平合理、是否物有所值。实践中还存在一种情况，股东未履行出资义务，但对公司享有债权，其主张以该债权抵顶出资，是否应予支持？如果股东先有债权，而后拟以此债权为对价成为股东，实质上属于公司增资情况下以债权形式出资，当然需要公司决议程序。但是，如果公司成立时的股东未缴纳出资，但在公司成立时借给公司一笔不低于出资额的款项，其主张以对公司享有的债权抵销出资，这种情况与以债权形式出资不同，似不应只有经过股东会决议才能抵销。比如，股东给公司交一笔钱作为补缴出资，公司作相应财务处理后，又拿出一笔相同款项还股东债务，与抵销后作相应的财务处理有何实质差别！在公司有偿债能力的情况下，对所有债权均能还清，以抵销方式对出资债权的清偿不发生利益冲突，故可抵销。此时要特别警惕的是，一些大股东利用对公司的控制地位以虚构的债权抵销出资，逃避出资义务。因此，对股东，特别是控股股东以对公司享有债权抵销出资债务的，应由股东承担举证责任，并有充分证明才能予以认定。但是，当公司丧失清偿能力时，股东对公司所享有的债权能否与其出资债务抵销？《最高人民法院关于适用〈中华人民共和国企业破产法〉若干问题的规定（二）》（以下简称《破产法解释二》）第46条规定了企业破产时股东不可以进行债的抵销，目前仍然应作为依据，甚至在公司虽未破产但实质上具备破产情况下亦可参照适用。即便如此，在《企业破产法》未作明确规定的情况下，补此漏洞的法理依据也需要阐释清楚。当然对此有正反两个方面的观点，支持《破产法解释二》的观点多从出资为特殊债权的角度进行分析，论证逻辑上也并非都无懈可击。比较有说服力的观点是，由于股东对公司出资形成的是公司用于其独立经营并独立对外承担责任的财产，属于担负着特殊目的即担保公司债权人的债权实现目的的特别财产，那么，股东欠缴公司出资已经不是单纯的对公司之债，而是通过公司这座桥梁“传递功能”，演变成对公司债权人的间接之债。虽然从形式上看，同一个股东既对公司负有欠缴出资之债，又对公司享有某一债权，似乎在主体上具有对应性，但实质上看，股东对公司欠缴出资时该出资的债权人应当延伸至公司的全体债权人，而非仅仅是公司。既然主体之间不具有对应性，当然不应进行抵销。对此，也可以进一步解读为，公司债权人在股东未出资情况下，不仅公司对股东享有出资债权，公司债权人也同样享有，这就形成股东对公司债权人负有债务却不享有债权，不具备抵销的基本条件。因此，在公司丧失清偿能力时（以破产条件为标准）不支持股东以对公司的债权抵销出资债务。

对于以对他人享有的债权出资而言，实质上属于债权转让，首先应像债权转让一样去判断股东是否正确全面地履行了法律规定或约定的义务。对此，《民法典》合同编有关债权转让的规定可资依据。比如，《民法典》第545条规定，不得转让的债权不得作为出资。比如，新《公司法》第48条规定非货币出资应当进行评估作价。如未评估的，诉讼中也不能简单地得出出资不实的结论，还需委托评估机构进行评估。另则，虽然进行了评估，有关权利人在提供初步证据证明评估存在实质性问题的情况下，人民法院也可根据当事人的请求重新评估。值得注意的是，评估应当以出资时的债权状况为依据。出资时债务人的清偿能力与发生纠纷时的清偿能力可能无法同日而语。事实上，所有的非货币出资都面临着这样的问题，只是债权出资更加具有不确定性。与此相关联的问题是，出资时出资股东明知债权人丧失或即将丧失清偿能力，而公司、评估机构即使尽到必要的注意也难以作出判断，可认定为出资不实，依据新《公司法》第49条规定使其承担出资不足责任。至于虚构债权，关键还是要看出资时债务人的清偿能力。依《民法典》第763条规定，债权人与债务人虚构债权，债务人同样要承担偿还责任，只要债权能够实现，债权出资股东无须另行承担出资责任。但出资股东如果与一个明知无清偿能力或即将丧失清偿能力的债务人虚构债权，无异于虚假出资，股东出资责任难以免除。概而言之，虚构债权出资与虚假出资不应画等号，需根据不同情况判断股东相应的出资责任。

（二）关于股东出资中的股东责任与董事责任

前面之所以首先论及特殊出资形式的出资责任判断，是因为股东是否全面履行出资义务，是判断包括股东、董事在内的民事主体出资责任的基础。在股东全面履行出资义务的情况下，董事无相关责任可言。

1. 股东之间出资责任关系。相对于2018年《公司法》，新《公司法》在股东出资责任方面，增加了在认缴资本制情况下的加速到期制度，规定了公司设立时实缴出资情况下的初始股东（股份有限公司设立时必须实缴）连带责任，明确了股权转让情况下新老股东的出资责任分配规则，解决了司法实务判断基本难题。但仍有衍生问题需解决。

其一，认缴出资加速到期的条件，《九民会纪要》囿于当时立法未规定加速到期制度，只能参照《企业破产法》第35条扩张解释加速到期的条件，即虽然公司未进入破产程序，但在具备破产原因而不申请破产的情况下，适用《企业破产法》第35条关于出资加速到期的规定。为了解决破产原因的直观判断问题，还进一步限定为：公司作为被执行人的案件，人民法院穷尽了执行措施。限定条件似过于苛刻乃不得以而为之。新《公司法》第54条规定，以不能清偿到期债务作为加速到期的条件，与《企业破产法》第2条关于破产原因的第一句话表述类似，但又不完全等同于破产原因。不能清偿，可能是客观上的不能，如缺乏或丧失清偿能力等，也可能是主观不能，如恶意逃废债务等，实践中如何把握？笔者认为，应以公司未清偿到期债务的事实状态作为判断标准，包括权利人能够证明公司丧失清偿能力或财产不足以清偿全部债务，债权人多次催收，公司以无清偿能力为由不予履行，以强制执行仍无法实现全部债权等。实践中，债权人对执行不能的举证较为容易些，只要证明任何以公司为债务人的执行案件不能得到执行，或因无财产可供执行而终结本次执行，即完成举证责任，而无须以自身执行案件不能执行或终本为限。

其二，依新《公司法》第88条第2款规定，在股东应当履行出资义务而未全面正确履行出资义务的情况下，股东转让股权，转让人与受让人在出资不足的范围内承担连带责任，但受让人不知道且不应当知道出资不足情形的，仅由转让人承担。按该规定，受让人如主张自己不承担责任需承担相应的举证责任。一般而言，受让人受让股权，最起码要查阅公司章程和出资证明书所记载的出资额和出资时间、所对应的出资义务是否履行。只要受让人证明其查阅公司的章程、股东名册、出资证明书等公司文件表明出资义务已经履行，即已完成不知道且不应当知道的证明责任。除非债权人提供反驳证据，证明其实际知道或应当知道。比如，受让价格明显异常，在价格谈判时已考虑到了出资瑕疵的情况。事实上，在非货币财产出资的情况下，受让人很难发现评估作价存在的问题，对类似债权或股权出资情形更是如此。受让人只要证明其已经进行了必要的合理的核查，而仍不能发现出资不足或瑕疵，就可认定为“不应当知道”。在法律规定转让人对出资瑕疵必须承担责任的情况下，无论受让人是否承担责任，均未使公司、公司债权人、公司其他股东的利益及风险比股权未转让时更恶化，故对受让人的“不应当知道”的标准不宜过于苛刻。应注意的是，在实缴出资多次转让的情况下，第一手转让人需承担责任，各依次转让的受让人均可以在诉讼中予以追加，但都可以以“不知道且不应当知道”进行抗辩，抗辩理由是否成立按前述判断。

其三，未届出资期限的股权多次转让，最终的受让人要承担责任，自不待言。但转让人的补充责任如何定位？笔者认为，转让人补充责任是责任追索链条上对受让人责任的递补，即以向前手转让人逐级回溯为现受让人的前一手转让人承担补充责任，依次类推。递补的依据采取客观的财产执行不能标准，这样既避免将补充责任连带化，也减少诉讼中对受让人是否具有清偿能力举证带来的困扰。实务操作中为避免一个纠纷引起多个诉讼案件，可向权利人释明一次性追加，一次性将递补式责任关系确定，执行中参照一般保证责任执行方法执行即可。

其四，新《公司法》第52条规定了股东失权情况下失权股东所持股权的安排。对失权股东的股权处置，依新《公司法》第52条规定，在转让或减资注销不能的情况下，其他股东按持股比例缴纳出资。就减资而言，程序相对复杂些，但合法减资一般不留后遗症；违法减资依据新《公司法》第226条规定，股东及负有责任的董监高要承担赔偿公司损失的责任。债权人也可以基于代位权请求股东等责任主体在出资不足范围内承担赔偿责任。就转让而言，既包括向股东转让，也包括向第三人转让，此时其他股东仍可依新《公司法》第84条行使优先购买权，自不待言。股权转让的价款用于补偿失权股东的出资，溢价部分原则上应归属于失权股东；不足部分应由失权股东与受让人在不足范围内承担连带责任，债权人亦可行使代位权。上述只是依新《公司法》对股东失权情况下转让责任问题的逻辑推演。但从公司实务操作的角度，处置失权股东股权，是以股东未履行出资义务为前提的，故公司转让股权原则上应以受让股东补足出资为转让条件，即将股权转让与补足出资同步进行，避免因受让人成为股东后不履行出资义务又形成新的失权事实或酿成新的出资责任纠纷，循环往复、始无尽焉，何来诉源化解？如确无法做到这一点，股权转让不能补足出资的差额应由其他股东按比例补足。如果既不能转让，又不能完成减资程序，其他股东按持股比例缴纳出资。问题是，部分股东履行了补充出资义务，部分股东未履行，应如何处理？笔者认为，依新《公司法》关于股东按比例补充出资规定的文义解释，不能因为部分股东未补足出资而影响补足出资股东取得相应股权。未补足部分，失权股东应与依法应按比例补足出资的股东在出资不足范围内承担连带责任。

2. 董事与股东出资责任关系。因股东不全面履行出资义务，相应的董事责任应以公司法明确规定的情形为限。依据新《公司法》第51条至第53条规定，可以归纳为：

（1）因董事未履行催缴义务所产生的责任，构成要件与一般侵权责任基本相同。首先，董事对公司设立时股东应实缴的出资或公司设立后届出资期限的出资未履行核查并书面催缴的义务。但如果经董事催缴股东仍不出资，董事会未跟进采取股东失权措施，是否同样需承担责任？考虑到催缴和失权程序是一个相互衔接的完整的履行义务程序，董事不履行该义务，给公司造成损失亦应当承担责任。其次，责任主体限于负有责任的董事，一般要基于公司内部的职责分工等情况判断，不能不加区分地及于所有董事，比如外部董事、未承担相关职责的董事。最后，以给公司造成的损失为限，比如利息损失，另行举债加大的债务负担等，但不应把损失等同于股东的出资额，这一点需要把董事过错与损失之间的因果关系相结合判断。股东拒绝出资或无出资能力，即便催缴也无济于事，这是判断董事责任大小必须考虑的重要因素。当然，此时可以启动失权程序，那也只能从没有及时启动失权程序给公司造成损失的角度判断责任的大小。

（2）董事在股东抽逃出资情况下的连带责任。对抽逃出资责任，有观点认为含义不清，难以界定，为中国立法所独有，无规定之必要。事实上，该规定有很强的现实针对性，大股东利用把控公司之便，以各种显而易见或极为隐蔽手段抽逃出资的情况俯拾皆是，不能不予遏制。至于界定问题，可进行梳理归类。比如，《公司法解释三》第12条已有列举性规定，可进一步总结实务中的情况，进行较准确的定位。当然，该条所归纳的抽逃出资情形也可以民法的债权保全制度、公司法的其他制度等予以解决，但对这种侵蚀公司资本，乃至侵蚀公司资产的行为多一些抑制路径或更直接路径是合理选择，公司诉讼的几十年实践也证明了这一点。

（三）关于股东出资责任与债权人保护

从资本维持、资本充实的角度看，债权人的保护与公司利益的保护具有高度的一致性，资本制度的不断修改完善，无非尽可能在发挥投资便利性与保护债权人权益、公司权益之间寻找最佳平衡点。从股东出资责任方面给予债权人以保护，面临三种选择：一是股东承担出资责任缴纳的出资及赔偿归入公司，惠及全体债权人，此即所谓的“入库规则”；二是股东承担出资责任缴纳的出资及赔偿直接对提起诉讼的债权人个别清偿；三是区别不同情况，或归入公司或个别清偿。从新《公司法》的规定看，股东的出资责任也罢，董事与出资有关的责任也罢，均未明确可以向债权人个别清偿。事实上，2018年《公司法》也无此类明确规定，但公司法司法解释根据《合同法》及其司法解释（《合同法》未明确个别清偿，司法解释予以明确）关于债权人代位权的规定，得出了可以向债权人个别清偿的结论。如果说在《民法典》制定之前对代位权是否入库还有争议，那么《民法典》第537条已对此一锤定音，“由债务人的相对人向债权人履行债务”，明确放弃“入库规则”。股东对公司的出资责任以及董事与此相关的责任，属于对公司应承担的侵权之债，在公司未行使其债权情况下，公司债权人代位行使权利，岂不是与民法典关于代位权的规定“若合一契”。当然，民法典相对于公司法属于一般规定，公司法如有特别规定应优先适用公司法，但新《公司法》对此未规定或规定不明确，应依据《民法典》之规定，这是立法法规定及民法适用方法基本原理之所在。问题是，在认缴出资加速到期情况下，是否因具有特殊性而应区别对待呢？第一，出资加速到期本质上还是公司所享有的“债务人丧失期限利益的债权”，这与到期债权无实质区别。第二，毋庸讳言，加速到期情况下公司基本已濒临破产，甚至已具备破产条件，个别清偿有对其他债权人不公之嫌。但在笔者看来，股东出资责任加速到期无非是股东对债权人承担出资不足补充赔偿责任的一种特殊情形，即便是出资缴纳期限已届至，进行个别清偿也同样面临着上述问题，故无实质理由加以区别。第三，就公司个别债权人利益和整体债权人利益的平衡方面，在公司未进入破产程序的情况下，向个别债权人清偿，并不妨碍其他债权人申请公司破产，也不妨碍公司自身申请破产。一旦申请破产，未届出资缴纳期限的股东即应将其出资归入债务人财产，实现所有债权人的公平清偿。概言之，其他债权人是否对“最后一杯羹”公平受偿，主动权掌握在其他债权人手里，不必杞人忧天。第四，债权人在诉讼中付出诉讼费、保全费、律师费等成本，就是考虑到在多个公司利益相关者中，债权人对主张股东承担出资不足的动力最强最足，如果其费尽周折而为他人作嫁衣，诉的动力又何在？新《公司法》第54条专门赋予债权人要求“股东提前缴纳出资”的诉权，岂不是导致弱化或虚化。第五，如果按归入公司思路，债权人在请求股东向公司履行出资义务的同时，请求对该公司债权诉讼保全，在执行中同样可以达到个别清偿之效果，无非是让债权人更费周折而已。面临这种情况，其他债权人还是要靠执行分配或申请破产来维护自己的权益，与归入公司的情况下所能采取的救济手段也无二致。当然，由于受长期审判实践的惯性思维，或未悟透公司立法中理论上的深层次考量，难免有偏颇之处，需要理论联系实际进一步研究，以达追求公平公正之共同目的。

三、关于股东权利问题

股东权利是基于股东资格，依据法律规定或协议约定而享有的财产权、经营管理权等多种权利的集合体，2018年《公司法》对股东权利有系统和全面的制度构建，新《公司法》从平衡股东与股东、股东与董事、股东与债权人利益关系角度进行修改完善，既有对中小股东权利保护的进一步强化，又有对控股股东权利滥用的进一步约束抑制。一些直接关系到股权纠纷解决的实质性修改或增加条款应在司法解释中予以关注，一些长期悬而未决的司法实践问题也要有一个较为统一的解决方案。

（一）关于股权代持

股东资格的取得分为原始取得和继受取得。无论如何取得，股东名册是公司法所明确认可的认定股东资格的依据，对此2018年《公司法》第32条第2款和新《公司法》第56条第2款、第86条第2款均有大体一致的规定。实践中，往往公司未置备股东名册，公司签发的股权证明书、公司章程的记载也可以成为股东资格的判断依据，但从公司法的规定来说，共识性观点认为股东名册记载对股东资格具有推定效力，股权登记具有对抗效力。特别值得研究的是，实践中大量出现代持股的现象，在实际出资人（隐名股东）与名义股东之间发生股权之争时，当然就不能简单地看股东名册等公司文件记载。隐名股东起码要首先证明其依法向公司实缴出资或认缴出资，或者以受让等形式继受公司股权。对有限责任公司而言，还要进一步提供符合有限责任公司人合性特征要求的证据，比如证明有限责任公司其他股东知道其实际出资的事实且无异议的证据，《公司法解释三》及《九民会纪要》有较为明确的裁判指引，新《公司法》未作相关制度修改的规定可继续沿用。但相关实务问题，需要加以进一步研究：

其一，股权代持协议的性质及效力判断。上述名义股东与隐名股东之争中隐含的一个深层次的问题是，二者属于什么样的法律关系？从多数协议的约定看，无非是一方以另一方的名义出资并享有相应的投资权益。有观点把股权代持定性为委托合同，属于《民法典》第925条规定的间接代理，有一定道理。单就隐名股东与名义股东之间的代持关系而言，符合委托合同的基本特征，也无与公司法制度设计冲突之处。但就名义股东、隐名股东与公司的关系而言，依照间接代理法律关系定位，隐名股东为委托人、名义股东为受托人、公司为第三人。股权不同于一般的财产权，股权的变动涉及内外部关系平衡和公司组织体的运作，故不能简单地套用合同法律制度，而是要结合公司法律制度进行综合判断。概言之，在对涉及公司的合同依民法典规定归类时，要融入公司法因素。隐名股东作为委托人向第三人公司主张股东权利，需要公司组织体对其股东身份的认可，而且向公司行使表决权、利润分配权等股东权利对公司、公司其他股东、公司债权人等相关利益者权益产生持续性影响。因此，股权代持是否可以以间接代理关系定位，需要衡量民法典对间接代理的制度设计是否符合公司法关于公司认可股东资格的规定：不妨以人合性特征明显的有限责任公司为例进行分析：当公司在股东出资时知道代持关系（公司知道以《公司法解释三》所规定的情形认定）的情况下，按《民法典》第925条关于委托人介入权的规定，代持协议直接约束公司与隐名股东，隐名股东可以直接显名或行使股东权利，公司可以要求其承担出资义务；在公司不知道代持关系的情况下，根据《民法典》第926条关于当事人选择权的规定，如果公司同意（股东过半数同意），则隐名股东可以显名或直接行使股东权利，公司如果不同意，则不能显名或直接行使股东权利。按此分析，依据《民法典》第925条、第926条对间接代理的制度安排，与新《公司法》关于有限责任公司人合性规定可以保持一致。因此，笔者倾向于将股权代持协议定性为委托合同中的间接代理关系。事实上，根据《民法典》第467条关于对无名合同可以参照最类似合同规定适用的规定，把股权代持作为无名合同参照民法典关于间接代理的规定处理也无不可。笔者之所以主张归类为间接代理这一有名合同，主要是为司法实践中的法律适用提供更加明确的指引。比如，定性为委托合同，作为委托人隐名股东享有任意解除权，实践中就无需在是否具备一般合同的解除权问题上大费周折。何况，任意解除权也是隐名股东从幕后走上前台的基础。

进一步需要解决的一个重要问题是代持合同的效力如何判断？要按《民法典》关于合同效力的规定进行判断，而不能简单地仅以代持协议规避法律规定为由认定无效。新《公司法》第140条第2款关于禁止违反法律、行政法规规定代持上市公司股票的规定，也说明公司法并未禁止所有股权代持，只有违反法律、行政法规规定代持才予以禁止。比如规避金融机构持股比例、持股资格规定的代持协议，应认定无效。实践中的难题还在于，如果代持协议被认定为无效，股权如何处理？可区别不同情况：在隐名股东具备法律、行政法规规定的持股资格且无人合性障碍的情况下，应当支持隐名股东显名的请求，这相当于无效情况下能够返还财产的要予以返还。比如，如果法律禁止股权代持的目的在于使关联关系公开透明，隐名回归显名，恰好符合目的，是对原非法状态的修复。但如果隐名股东取得股东资格本身就违背法律规定，或有人合性障碍，则不能支持股东显名的主张，只能判令股权转让（限制竞买条件的拍卖、变卖等）给具备持股条件的人，隐名股东取得相应价款，或根据事实情况对名义股东、隐名股东按一定比例分配。比如，隐名股东取得股东资格违反法律、行政法规关于持股比例的规定，违反持股条件的规定，违反交叉持股的规定等，属于合同无效情况下法律上的财产返还不能。在代持协议无效或解除的情况下，二者的利益平衡，要依据协议情况、股权投资获利或亏损情况进行综合判断，实现公平公正之效果。对此，以往的相关案例可资参考。值得注意的是，上述代持协议无效的两种处理结果，只是站在处理民商事纠纷的立场而言的，无论民事权益判决归属于哪一方，都不影响行政管理部门依法没收股权或相应价款等行政处罚。当前，人民法院一再强调共管共治、矛盾纠纷源头化解，在处理类似纠纷的过程中，要注意民商事审判与行政管理的衔接，必要时可向监管部门发出相应的司法建议，以避免违法获利。

其二，名义股东处分股权的法律后果。实践中，因名义股东擅自处分股权而产生纠纷的情况并不少见，此属有权处分还是无权处分，存在不同的观点。笔者不赞同有权处分的观点。股权代持，顾名思义，代替他人持有股权，真正的权利人是隐名股东，未经其同意或授权处分股权，定位为有权处分，不符合逻辑，也不符合诚信守约的价值取向。依据代持协议，作为名义股东是不能擅自处分股权的，否则，构成违约。在法律已经有善意取得制度对善意相对人交易安全予以保护的情况下，把名义股东违约处分股权定位为有权处分，岂不是从法律上认可违约的正当性，鼓励违约？如果既能够保护交易安全，又能够兼顾信守合同的价值取向，岂不是更可取？进一步说，把名义股东处分股权定位为无权处分，对于处分端，起码彰显违背代持协议处分股权的非正当性及法律的否定性评价；对于接受股权处分的另一端，法律以牺牲实际权利人的权益为代价予以保护的前提是善意，知道或应当知道股权系代持而欣然接受，没有保护之必要，没有保护之正当性。按善意取得制度解决股权代持情况下名义股东与相对人的股权交易关系，相对人取得股权，隐名股东通过向名义股东请求赔偿弥补损失，在名义股东无清偿能力的情况下，风险由隐名股东承担，这也是股权代持的风险。有观点主张，按商法的外观主义处理股权代持转让问题，均以登记或股东名册为准，任何人任何情况都可以基于对外观的信赖而获得保护，实难苟同。民商法上的外观主义，是旨在保护交易安全，避免因信赖权利外观的交易相对人面临不测之风险，但这种保护一方面不能绝对化，不能以此作为名义权利人与实际权利人权利归属的判断依据，另一方面，即使对交易相对人的交易安全保护也是有限度的，原则上以法律的具体规定为依据，而法律多在相对人善意无过错情况下才予以保护。无论是无权代表，还是无权代理、无权处分等无不如此。

关于股权善意取得制度，《公司法解释三》第25条已有相关规定，在司法解释修订时有继续保留之必要。但需要进一步检视的是，应以何种标准认定相对人是否构成“善意”？共识性解读是“不知道或不应当知道”。这与前文述及瑕疵出资股东转让股权时认定“受让人不知道且不应当知道”出资不足情形并无二致。按经济生活常识，一个正常的股权转让交易，怎么可能仅查阅一下连股权比例、实际出资情况都反映不出来的股权登记就完成交易？出于维护自身受让股权是否物有所值的考虑，都会进行一些必要的其他查询，只要查询股东名册记载与登记一致，就可以构成善意。在股权代持情况下，不能把相对人的善意要求再加进别的成分。而对“一股两卖”情况下的“善意”也应掌握同样标准，这关系到“一股两卖”情况下多个受让权利冲突问题的解决，后面在股权转让部分再详述。

（二）关于股权转让

股权转让是股东行使股东权利的一个重要内容，也是股东以此实现股权所包含的财产权益的方式。新《公司法》从第84条至第88条对有限责任公司股权转让进行了规定，实质性变化主要体现在三点：一是有限责任公司股权转让，将其他股东的同意权、优先购买权由两个步骤合并为一个步骤，并吸收《公司法解释四》第18条规定，明确了股权转让时通知其他股东行使优先购买权的具体内容；二是明确有限责任公司股权受让人自记载于股东名册时起可以向公司主张行使股东权利；三是明确股权转让情况下转让人与受让人的出资责任分配。新《公司法》第157条至第162条对股份有限公司股权转让作了规定，主要变化体现在，删除了2018年《公司法》关于股份有限公司发起人所持股份1年内不得转让的规定，增加了法律、行政法规限制转让期限的股份可以出质，但质权人在限制期内不可行使质权的规定。笔者在前文中为了系统阐释出资责任体系，已对股权转让情况下股东出资责任多有述及，不再赘述，此处主要分析其他几个问题：

一是有限责任公司其他股东优先购买权问题。如果股权转让未依据新《公司法》第84条规定通知其他股东行使优先购买权，《公司法解释四》第21条及《九民会纪要》第9条作了较为全面的规定，可以概括为：第一，股权转让合同不因未通知其他股东或侵害其他股东优先购买权而无效或可撤销，因其他股东行使优先购买权导致合同不能履行，可向转让人主张违约责任。第二，股权转让合同有效与否不影响其他股东行使优先购买权，即使股权已经完成变更手续亦然。但是，股东应在合理期限内行使优先购买权。司法解释为统一裁判尺度，参照公司法关于其他股东收到通知情况下应在30日内行使权利的规定，明确规定其他股东自知道或应当知道股权转让的“同等条件”之日起30日内行使权利。同时，又进一步明确：即使在其他股东不知道或不应知道股权转让情况下，自股权变更登记之日起1年的最长行使权利期限。最长期限的规定，属于漏洞填补性规定。主要考虑的是，在股权完成变更登记的情况下，应推定其他股东应当知道股权转让的事实，且1年的时间内新股东行使权利其他股东不知情也不合情理。在其他股东应当知道股权转让的情形下，使股权变动长期处于不稳定状态对新股东亦不公平，对公司发展亦十分不利。这需要平衡新老股东、其他股东、公司利益。平衡点是，有一个其他股东行使优先购买权最长期限的安排，同时赋予其他股东向转让人的损害赔偿请求权，如果转让人与受让人恶意串通，以黑白合同等形式隐瞒“同等条件”损害其他股东优先购买权，受让人应与转让人承担连带责任。此外，此时的赔偿请求权受诉讼时效约束，而不受此最长期限之约束。当然，此时，其他股东也可以引用《民法典》第154条规定，以转让人与受让人恶意串通损害其他股东优先购买权为由主张股权转让合同无效。对此，在司法解释修改时应进一步完善，更好地落实公司法规定。

二是“一股两卖”问题。实践中，原股东将股权转让并变更股东名册后，在未进行股权转让变更登记的情况下，将该股权又转让或质押给他人，致使第一受让人与第二受让人或质权人之间发生权利冲突，如何解决？依新《公司法》第86条规定，股东名册变更发生股权变动的法律效果，第一受让人自股东名册变更之时即取得股东资格，亦即成为公司股东。在此情况下，转让人又将股权转让或质押给他人，构成无权处分。第二受让人或质权人依善意取得制度主张权利，同样面临“善意”标准的判断。正如笔者在前面涉及代持股情况下无权处分问题所述，不能简单以第二受让人或质权人对股权登记这一权利外观有合理信赖即推定善意，基于新《公司法》第86条股东名册设权效力的规定，受让人应当预见到存在股权登记与股东名册不一致的可能性，进而需进行必要的股权权属查询。何况，如前所述，受让人进行必要查询，也是受让人对受让股权实际出资情况、股权比例等影响股权价值因素进行判断的常规动作，故以此作为认定受让人“善意”的标准符合实践场景。如果受让人能够证明，转让人向第二受让人出示了变更前的股东名册、章程等公司文件，可以认为第二受让人构成善意。但是，退一步说，即使认定第二受让人善意，因其尚未完成股东名册变更（事实上已取得股权的第一受让人不可能同意变更），不符合《民法典》第311条关于善意取得所规定的第三个条件，其也不能以善意取得制度取得股权。因此，可以认为，在第一股权受让人已进行股东名册变更的情况下，第二受让人关于继续履行合同以及取得股东资格的请求不应支持，其只能向转让人主张违约责任。值得一提的是，在原股东将股权转让给他人但未办理变更登记，后又将股权质押给另一人且办理了质押登记的情况下，对质权人的善意判断标准是否与前述的第二受让人一样对待？事实上，股权质押是以股权的交换价值保障债权的实现，一般亦应像受让人一样去进行必要的公司文件查阅才接受质押，这比较合乎情理。但考虑到质权人能办理质押登记本身就强化了其对股权登记合理信赖的“善意”性，所以，对其善意标准应比受让股权更宽松一些为宜，一般应认定其善意取得对股权的质押权。总之，对新《公司法》第 34 条关于股东不登记或不变更登记不得对抗善意相对人的规定，不能囿于对动产登记对抗效力、不动产登记推定效力的惯性思维，还需要更深入地研究股权的特殊性，笔者提出的一孔之见，旨在引起研究者的注意。对此，在司法解释修改时要进一步特别考量，以平衡好各方当事人的权益、合情合理地解决好公司诉讼实务问题。需注意的是，解决实务问题应以基础理论做支撑，还原实务场景去推演，有助于解决方案的可操作性，更主要的是与经济生活一般现象相合拍，以实现公平公正。有时，在理论上出现“公说公有理，婆说婆有理”的现象，但以实务场景去检验，原本似乎很周全的理论设计可能也会漏洞百出。

（三）关于股权的强制转让

有限责任公司股权的强制转让是借助国家公权力强制进行的特殊“股权转让”。其既受公司法律制度的约束，也应当在执行法律规则下运行。新《公司法》股权转让规则的修改对股权强制转让的影响，主要包括：

一是对股权冻结权属判断标准的影响。根据民事强制执行理论，人民法院在执行程序中查封、冻结被执行人财产时应根据“权利外观”判断权属，即根据某种易于观察、与真实权利状态高概率一致的事实去判断执行标的权属，以便满足执行程序的效率要求，并避免损害案外人的合法权益。由于原公司法对于股权权属认定缺乏统一明确的规则，加之实践中公司彰显股东资格的表征形式多样，对于冻结股权时的权属判断，《最高人民法院关于人民法院强制执行股权若干问题的规定》第 4 条第 1 款采用多元化判断标准，即只要公司章程、股东名册、公司登记机关的登记备案信息、企业信用信息公示系统的公示信息之一载明被执行人为股东，人民法院即可予以冻结。如案外人认为股权属于其所有，则通过案外人异议和异议之诉处理。即，在股权冻结权属判断标准问题上，与公司法相比，执行法律规范采用更为宽松的判断标准，一方面是应对实践中各类复杂情形之需要，尽可能查控被执行人责任财产；另一方面也是为契合执行程序效率价值追求之需要，对于形式上高度盖然属于被执行人的股权应尽快冻结，有关权属争议交由执行异议程序解决。虽然新《公司法》进一步强化了股东名册在股权权属判断方面的重要性，但鉴于诉讼保全及执行查封的及时性要求，人民法院可先对照股东名册或公司章程、出资证明书等采取查封措施，而后进行必要的权属核查，并通知存疑的权利人，以便其及时提出异议，避免到采取变价处置措施时发生诉争，延误更多的处置时间，增加不必要的纠纷。

二是对股权强制变更登记程序的影响。新《公司法》第86条第1款明确，在股权转让后，公司负有变更股东名册和向公司登记机关办理变更登记的义务，公司拒绝履行该义务的，转让人、受让人均可就此提起诉讼。据此，在强制拍卖股权后，买受人可以持人民法院的执行裁定书要求公司办理股东名册变更和公司登记信息变更；公司拒绝办理的，人民法院可以向公司送达协助执行通知书，强制要求其办理。当然，为提高工作效率，避免公司不履行或者迟延履行协助义务给买受人造成不必要的损失，人民法院也可以同时向公司和公司登记机关送达协助执行通知书，分别要求其办理相应的变更登记手续。

三是对强制转让股权时其他股东优先购买权的影响。虽然新《公司法》第85条未作修改，完全继受了2018年《公司法》第72条的规定，但鉴于公司法和执行法领域的理论、实务工作者对于该条规定的股东行使优先购买权的"同等条件"（尤其是"同等价格"）存在不同理解，故有必要一并予以阐释。"同等条件"是优先购买权行使的实质要件，其本质是民法上等价有偿、公平等基本价值在公司法中的体现。《公司法解释四》第18条对于股东自行转让股权时"同等条件"的内涵作了规定，新《公司法》第84条予以吸收，即其应当包含"数量、价格、支付方式和期限等事项"。强制转让股权与自行转让股权不同，对于股权转让的数量、价格、支付方式及期限等，原则上由人民法院决定，各方当事人一般不能自行商定。所以，在强制转让股权的情况下，只有股权的价格才是判断"同等条件"的因素。有观点认为，股权强制转让时其他股东行使优先购买权的"同等价格"应为股权的评估价而非拍卖程序中的最高应价，如此方可最大限度保护其他股东的优先购买权，保护有限责任公司的人合性。对此，笔者不能苟同。主要理由在于，在股权强制转让的情况下，不仅要考虑其他股东的优先购买权和公司的人合性，还要考虑申请执行人的胜诉债权。与自行转让股权时的成交价系双方谈判博弈的结果不同，股权强制转让时的评估价往往仅为"参考价"，股权的真实价值需要通过拍卖竞价程序最终发现。如仅以评估价作为行使优先购买权的"同等价格"，在股权可能存在拍卖溢价的情况下，就会损害申请执行人及被执行股东的利益。对此，《公司法解释四》第22条第1款规定："通过拍卖向股东以外的人转让有限责任公司股权的，适用公司法第七十一条第二款、第三款或者第七十二条规定的'书面通知''通知''同等条件'

时，根据相关法律、司法解释确定。”此处的“相关法律、司法解释”就是有关民事强制执行的法律、司法解释，即《最高人民法院关于人民法院民事执行中拍卖、变卖财产的规定》第13条和《最高人民法院关于人民法院网络司法拍卖若干问题的规定》第21条的规定。也就是说，无论是传统拍卖还是网络拍卖，其他股东均应以拍卖过程中的最高应价而非评估价来行使优先购买权。有所不同的是，当多个股东以相同价格同时行使优先购买权时，在传统拍卖的情况下，由抽签决定买受人；在网络司法拍卖的情况下，则以出价在先的为买受人。显然，此两种方式与股东自行转让股权时以“协商+出资比例”确定优先购买权的方式也不相同。

（四）关于股东利润分配请求权

目前对股东利润分配请求问题，实践与理论共识是一般不支持股东抽象利润分配请求权，而支持股东具体分配请求权，即只有股东会作出分配决议董事会仍不分配的情况下才支持股东的分配请求。但实践中确实存在控股股东等滥用权利不作分配决议，而以高薪酬、基金等形式变相为自己分配利润或侵蚀公司利润的情况，为此，2018年《公司法》规定了股东的股权收购请求权制度，即在公司连续5年盈利且符合公司法规定的分配利润条件的情况下，连续5年不分配利润的，股东可以请求公司以合理价格收购其股权。这成了股东维护其利润分配权的有限路径。新《公司法》第89条对股东股权回购请求权增加规定了在控股股东滥用控制权损害其他股东权益的情况下，其他股东也可以行使公司股权回购请求权。如果控股股东滥用控制权损害的是中小股东的利润分配权益，是否可以不受“连续五年不向股东分配利润”这一条件的限制而行使公司以合理价格收购其股权的请求权？笔者认为，在控股股东滥用权利的情况下，中小股东因利润分配问题退出公司，应该不受5年连续不分配利润的限制。但是，中小股东因不分配利润而退出公司，实属无奈之举，应该有一个过渡性制度安排，即支持股东在特定情况下关于强制公司利润分配的请求，比如控股股东、实际控制人给在公司任职股东及其指定的人以高薪酬、高奖金等变相分配利润的，隐瞒、转移公司利润的，等等。实践中已有类似案例，司法解释可依据新《公司法》原则性规定，结合有关案例给予相应回应。

实践中就具体利润分配请求权存在的争议主要表现为：一是股东会分配决议违反公司法或公司章程之争议。在公司章程对公司利润分配的方式、形式未作规定的情况下，公司何时分配利润、分配多少、以什么形式分配，不宜由法院作出判断。这和法院一般不支持抽象利润分配请求权的道理是一样的。如果公司章程有利润分配的具体规定，股东会决议违反章程规定，则股东只能以行使公司决议撤销权方式获得救济。鉴于股东会已有利润分配的决议，只是决议违反章程的规定，仅以撤销决议对中小股东利润分配达不到救济的效果，可考虑依中小股东请求，判令公司对利润分配依公司章程重新作出决议。二是股权转让情况下，转让人与受让人利润分配之争议。股权转让前公司未决议分配利润，而在转让后作出决议，转让人以该利润来源于股权转让前为由主张其享有请求权，是否应予支持？笔者认为，基于利润分配请求权原则上以股东会决议为判断依据的思路，在股权转让前因公司未作出利润分配的决议，转让人不享有请求权，转让后股东会作出决议，请求权已随着股权变动归属于受让人，故不应支持转让人的请求。何况，在股权转让时，公司利润分配的可能性也是股权价格的考量因素，应推定转让人接受受让人对可能利润分配权的转让，除非股权转让合同有特别约定，或者能够证明公司有关控股股东与受让人恶意串通，故意延迟公司对利润分配决议的时间。对此，已有相关案例可资参考。三是股东会关于利润分配的决议对分配形式、分配比例等不明确时应如何处理。实践中一些法院以股东会决议不明确为由简单地驳回当事人的请求，不甚妥当。股东会决议属于民事法律行为，在决议对利润分配的基本要素，如分配总额、分配形式等已明确的情况下，应按《民法典》总则编及合同编关于合同解释的规定对决议内容进行解释。比如，根据决议的文义、以往的分配惯例、章程的规定等进行综合判断。

四、关于公司治理问题

公司治理是保证公司利益相关者权益的一整套法律制度安排，历来是公司法理论与实践的关注点，新《公司法》也对公司治理问题作了比较大的修改完善，在公司诉讼实务中需要重点研究的问题有以下方面。

（一）关于董事对第三人责任

新《公司法》对董事的忠实义务和勤勉义务从多角度进行了浓墨重彩的修改完善，着力点在于进一步界定忠实义务、勤勉义务的基本内涵；对关联交易的进一步规制，包括扩大关联方的范围，增加公司决议前对关联交易事项的信息披露义务，增加关联董事表决回避制度，等等。除此之外，更为引人瞩目的修改是分别在新《公司法》第180条、第192条规定了事实董事、影子董事制度，第191条规定了董事对第三人责任。事实董事、影子董事制度重在解决实践中出现的无董事之名的控股股东、实际控制人行董事之实的问题，以及无董事之名通过幕后操控董事而操控公司的问题，具有很强的实践针对性。事实董事与影子董事的规定尽管均是以课以双控人对公司的信义义务为基本趣旨，但存在差别。前者是双控人直接行使本应由董事行使的职权，实际执行公司事务，应像董事一样对公司负有信义义务，其与名义董事的责任关系一般不应界定为连带责任，而是根据各自对公司应负的信义义务对公司承担责任。如果双控人在公司经营管理中实际取代了董事，名义董事谈不上责任可言。影子董事则不同，实控人需要通过操控董事、指示董事，借助董事职权损害公司、股东利益，构成共同侵权，二者对公司、股东承担连带责任。那么，新《公司法》第 191 条所规定的董事对第三人责任与影子董事、事实董事责任是否存在关联性，殊值探讨。笔者认为，从体系解释的角度而言，无疑存在关联性。在一般董事依据新《公司法》第 191 条应该对第三人承担赔偿责任的情况下，作为事实董事、影子董事的双控人同样应对第三人承担责任。这相当于在双控人与第三人之间通过事实董事、影子董事制度架了一个桥梁，直接发生法律关系。如果说，控股股东滥用控制权损害债权人利益走法人人格否认之路往往因举证、法官过于谨慎等原因，而无法实现或难以实现其诉讼目的的话，综合运用董事第三人责任制度及事实董事、影子董事制度，可谓为追究双控人滥用控制权相应民事责任开辟了一条新的路径。当然，实践中也必须严格把握适用条件。就董事对第三人责任而言，第 191 条单独成条，而未依附于其他特定的公司对第三人承担责任条款，应当理解为董事对第三人责任的一般性规定。我国公司法规定了许多董事责任条款，比如新《公司法》第 51 条第 2 款、第 53 条第 2 款、第 163 条第 3 款、第 211 条、第 226 条等。在董事责任条款中，凡是因董事责任导致公司对第三人承担责任的，一般即可引用第 191 条。适用该条款存在的几个问题是：

第一，董事对第三人责任的法律机理是什么。按新《公司法》第 191 条规定，董事、高管执行职务给他人造成损失是董事对他人承担责任的逻辑起点。一般情况下，董事因执行职务对外发生关系类似于职务代理，其职务行为就是公司行为，所产生的法律后果也应由公司来承担。当董事违反对公司的信义义务，不正当执行职务时，同样如此。从《民法典》第 62 条、第 1191 条第 1 款的规定看，无论是公司法定代表人，还是用人单位工作人员执行职务给他人造成损失的，均由其所在的组织体对外承担责任，而后追偿。新《公司法》第 191 条所规定的假定条件，与《民法典》这两条规定几乎没有差别。我们需要回答的是，为什么法人（用人单位）在对外承担责任后可以向法定代表人（工作人员）追偿？因为公司因对外承担责任而产生损失，而这一损失是法定代表人或工作人员的过错造成的。过错体现在作为管理者、执行工作任务者通常应有的注意义务，亦即以勤勉义务为主的信义义务。新《公司法》第191条在假定条件未有任何实质性差别的情况下，让董事对第三人直接承担责任，只能理解为把其本应对公司承担的责任转换为或扩展到了第三人。概言之，董事对第三人责任的责任基础未发生变化，还是基于对公司的信义义务。法律出于强化董事责任意识及更好地保护债权人利益的考量，规定了在特定情况下将董事对公司责任转换为或扩张为对第三人责任，此为一种特别法定责任。一种观点认为，这加重了董事责任，可能产生“寒蝉效应”，其实不然。理论和实践共识是，董事在新《公司法》第191条的假定条件下，起码公司应就产生的损失向过错董事追偿，其对公司承担责任的大小与对第三人承担责任的大小是一致的，何谈加重了董事责任。持此种观点者，关于公司可能不予追究或免除董事责任的假定，反而恰恰说明这一条款强化责任意识的功能。董事违反勤勉义务，应当担责，应当弥补公司的损失，而公司利益又关系股东、其他债权人等利益相关者利益。不追董事之责，就意味着利益相关者的间接利益受损。因此，董事第三人责任不是加重其责任，而是使法律规定的董事本应承担的责任通过这一机制落到实处。兼而得之的是，对受损失的第三人多了一层权利保障及受偿机会。特别是在公司无偿债能力的情况下，对造成损失的第三人更具有实际意义。实践中，“穷庙富和尚”的事例并不鲜见。新《公司法》增加这一条款具有很强的正当性和实践针对性，属于公司法修改的一大亮点。基于上述分析，也可以认为，董事第三人责任的构成要件应与董事基于勤勉义务对公司责任的构成要件基本相同，只是过错程度存在差别，即必须在董事对执行职务有故意或重大过失时才对第三人担责。比如，明知法律有禁止性规定，明知超权限依然为之。

第二，董事对第三人责任适用于什么情形。董事执行职务给第三人造成损失无非是两种情况，一是侵权行为，二是民事法律行为。共识性观点是新《公司法》第191条适用于公司对第三人的侵权行为，而是否适用于公司对外的民事法律行为或者说合同行为存在分歧。笔者主张包括合同行为。事实上，单纯的侵权行为并不多见。比如，董事驾车去进行业务谈判发生交通事故，给他人造成损失；公司违法侵占他人财产；等等。公司对外交易中的合同行为给他人造成损失，如果是董事违反勤勉义务的结果，也应当适用新《公司法》第191条。比如利用合同欺诈、故意违约，等等。有人担忧，如公司的合同行为给他人造成损失，就由董事对第三人担责，会给董事正常履职带来无法排解的困扰，这有一定道理。但董事承担责任的前提是其执行职务有故意或重大过失，正常履职、正常的商业判断，不应包括在内。把新《公司法》第191条限缩到公司对第三人的侵权行为会使这一条款的实践意义大为缩水。当然，第三人与公司的交易，动辄把董事拖进诉讼，影响公司机关的正常运营，也背离了这一条款的初衷，甚至与公司法的基本原理相左。比较合理的办法是，在不完全排除公司与第三人的合同行为适用新《公司法》第191条的情况下，限定特定适用的情形，尤其是在新《公司法》适用的初级阶段，仅列举出比较典型的情形为宜。

第三，董事对第三人责任是连带责任还是一般赔偿责任？从新《公司法》第191条关于"董事、高级管理人员执行职务，给他人造成损害的，公司应当承担赔偿责任；董事、高级管理人员存在故意或者重大过失的，也应当承担赔偿责任"的文义表述看，董事与公司的责任关系，不是连带责任；从公司法修订的过程看，《公司法（修订草案）》第100条用的是连带责任表述，最终删除了这样的表述而改为"也应承担责任"。似也可得出立法上排除了连带责任的适用的结论。从上述分析的董事对第三人责任的法律机理以及责任基础看，董事对第三人责任应理解为补充赔偿责任，即先由公司承担责任，董事在公司不能承担责任范围内承担补充责任。至于是否再加上"按其过错程度"因素，笔者认为不加为妥。因为董事第三人责任是以故意、重大过失为前提的，这已表明了董事的过错程度。

值得注意的是，新《公司法》第191条与其他相关条款的关系如何定位。本条款是董事对第三人责任的一般性条款，是否意味着其相对于其他法律以及公司法其他条款属于一般性规定？比如，相对于《民法典》第62条的规定、新《公司法》第11条第3款的规定是什么样的关系。笔者认为，新《公司法》第191条相对于这两个条款，属于特别规定，应适用立法法关于特别规定优于一般规定规则。道理在于法定代表人要么是公司董事，要么是高管，为什么一般董事、高管可以对第三人直接承担责任，而法定代表人不可，从常理上似说不通。从民法典、公司法的立法历程来看，《民法典》总则涉及公司法人问题，基本上承担了公司法一般规定的功能，而《公司法》修改时总则部分有意识地与《民法典》保持了一致，但在分则中对董事责任问题作了特别规定。因此，还是把新《公司法》第191条与第11条的关系界定为特别规定与一般规定的关系为宜。对此，从理论上、实践上都有在深入研究的基础上予以澄清之必要。

（二）关于公司法人人格否认

对公司法人人格否认，2018 年《公司法》第 20 条的规定为司法实践提供了法律依据，针对在适用中存在的问题，《九民会纪要》从适用人格否认制度的基本规则到各种人格否认具体情形作了较为系统的规定，更重要的是有针对性地规定了双控人控制之下的姊妹公司的人格否认问题，即横向人格否认。新《公司法》第 23 条第 2 款基本予以吸收。但是该条款把双控人限于控股股东，是有意为之，还是技术性原因？有观点认为，此为立法中有意限定，排除实际控制人滥用控制权情况下法人人格，因为实控人毕竟不是股东，以实控人滥用控制权否认法人人格对股东不利。但是，从整个公司法关于滥用控制权问题的规定看，基本有实控人的身影，单此处未作规定，似理由不足。一则实践中实控人滥用控制地位损害公司、公司股东、债权人利益的情况屡见不鲜，不能对此熟视无睹；二则实控人虽非名义上的股东，但要么是实际股东（股东乃其替身），要么是股东的利益一致人，否则，何以无缘无故地能够实际控制公司；三则在“横向否认”的情况下，实控人往往是导致人格否认的“操盘手”，不让其承担连带责任反而对股东更不利。新《公司法》第 21 条对滥用权利的主体表述与第 23 条是一致的，即都表述为“股东”。由此，可以认为，此处可考虑作扩张性解释，在公司法司法解释修改时，应深入研究立法本意，并注重实践效果，更好地落实公司法的规定。

对于滥用控制权如何界定，需总结实践经验进一步提炼，比如，行使控制权未遵守法律或公司章程规定的程序，行使控制权不符合比例原则，行使控制权造成不当公司资产转移，减损公司利益及对其他利益相关者，等等。实践中，企业集团各成员公司受处于主导地位的母公司的统一管理，并由此产生替代市场机制的交易内部化效应，给企业集团整体带来交易成本低、效率高、利润高的竞争优势。比如，母公司往往利用财务中心等管理机构在下属公司之间调配资产或资金，这不能简单地判断为滥用控制权，关键在于是否属于经营性调配，在成员公司之间是否形成了借贷关系或其他交易关系，是否有清晰的财务往来账目。如果存在不公平的调配，可按合同法、公司法等其他制度解决。此外，国有企业有更加严格的管理规定，其上级企业或控股股东为防止国有资产流失，依法行使管理职责，应视为正当行使控制权的行为。

在公司破产程序中，往往采取关联公司实质合并破产的方式，对此必须以法人人格高度混同为标准，而人格混同是人格否认的一种极端情况，不能把人格混同与其他滥用控制权人格否认的情形混为一谈。一般的人格否认，导致控股股东、实控人对公司债务承担连带责任，或姊妹公司之间承担连带责任，公司破产时，管理人可以基于人格否认向其提出对公司债务承担连带责任的请求，而不应作为合并破产的依据。要合并破产，需证明母子公司、姊妹公司存在财务边界不清，财产混同、业务混同、人员混同等情况。当然，人格混同，并不以人财物均混同为必要，但财务边界不清，财产混同是不可或缺的条件。

（三）关于股东代表诉讼

新《公司法》第189条在2018年《公司法》对股东代表诉讼规定基础上，增加了母公司股东对董监高或他人侵犯全资子公司权益可以提起代表诉讼的规定，形成双重股东代表诉讼制度。另外，新《公司法》对治理模式的变化，也影响股东代表诉讼前置程序的判断，如何因情而变？当然，还有一些原公司法制度下遗留的争议问题，均需在司法解释修改中予以回应。比如，在他人侵犯公司利益股东提起代表诉讼情况下，对他人提起代表诉讼的范围存在争议，需深入研究考量。

1. 关于提起代表诉讼的原告资格问题。在原公司法制度下，对股份有限公司股东提起代表诉讼的资格，采取持股数额及持股时间的双重限制，已形成实践共识，意在防止滥诉；对有限责任公司股东提起股东代表诉讼的资格未予限制，主要是考虑在其人合性要求之下，取得股东资格需半数以上股东同意，一般无股东滥诉之忧。实践中争议的一个问题是，股份有限公司股东提起代表诉讼是否坚持“当时持有股份原则”，亦即股东是否只能对持股之时或持股之后发生的对公司的侵害行为提起代表诉讼。持此意见者，主要是基于防止“购买诉讼”的考量，避免公司之外的非股份持有者发现公司董事等有不法行为后，为提起股东代表诉讼而购买一定数额的股份。公司法司法解释对此未予解决，《九民会纪要》第24条规定现股份持有者对持股之前发生的损害公司利益行为可以提起代表诉讼。主要理由是在双重限制之下，“购买诉讼”要付出高昂代价，基本能起到抑制滥诉的作用。对有限责任公司来说，我国公司法人合性规则使“购买诉讼”亦非易事。由此看来，以修改公司法司法解释并吸收《九民会纪要》的此规定为宜。

2. 关于股东代表诉讼的前置程序问题。新《公司法》下公司治理结构有了重大变化，允许公司对治理模式进行选择。根据新《公司法》第69条、第83条、第121条、第176条等规定，任何公司都可能选择不设监事会或者监事。其中又分为两种情形：一种是依据公司章程的规定在董事会中设置由董事组成的审计委员会，行使监事会的职权；另一种情况则是为了适应小公司经营灵活性和降低管理成本的需要，简化公司组织机构设置，允许规模较小或者股东人数较少的有限责任公司经全体股东一致同意可以不设监事会和监事。未来的公司治理模式根据履行监督职责机关的不同，可能存在数种治理模式，体现在股东代表诉讼上，其前置程序等问题需要因应这一变化进行相应调整。

首先，在不设监事会而设置审计委员会的情形下，股东发起代表诉讼时应当向审计委员会请求还是可以直接诉讼？对于这一问题，笔者认为，审计委员会虽然设立于董事会中且由董事组成，但是其作用与目前已有的审计委员会是截然不同的，这一审计委员会需要行使监事会职责，其中也应当包括在股东代表诉讼前置程序中接受股东请求、代表公司提起诉讼的职责。因此，在这一公司治理结构下，审计委员会成员以外的董事或者高管损害公司利益，造成损失的，符合条件的股东应当向审计委员会请求提起诉讼。如果审计委员会接受股东的请求，提起诉讼，则由其成员代表公司提起诉讼。鉴于审计委员会成员人数系3人以上，当其决定接受股东请求提起诉讼时，应当同时确定代表公司起诉的成员。而对于审计委员会成员提起的诉讼，则类似于对之前监事会或者监事提起的诉讼，应当向董事会请求提起诉讼。董事会接受股东的请求，提起诉讼的，则由董事长代表公司提起诉讼。其次，根据新《公司法》第83条规定，规模较小的有限责任公司如果既不设监事也不设行使监事会职责的审计委员会，原则上应当由股东负责监督，股东地位相当于监事，原则上也应当享有监事会所拥有的监督职权。由此，符合条件的股东可以直接依据新《公司法》第189条规定对董事、高级管理人员提起诉讼，无需再履行代表诉讼的前置程序。

3. 关于股东代表诉讼的范围问题。新《公司法》第189条虽然增加了双重股东代表诉讼制度规定，但是股东代表诉讼的整体框架保持不变，其中一个长期存在争议的问题就是股东代表诉讼适用的范围，即他人侵犯公司合法权益给公司造成损失的情形，是仅指侵权行为还是也包括合同行为？

笔者认为，关联交易中，行为人往往控制公司，即使存在合同无效、可撤销或者合同相对方违约的情形，公司本身也很难主动主张相应的权利。故为保护中小投资者利益，还应当给受到间接侵害的其他股东以救济的权利。在公司不主张权利时，其他股东可提起股东代表诉讼，来维护公司和自身利益。《公司法解释五》第2条就规定了关联交易合同存在无效、可撤销或者对公司不发生效力的情形，公司没有起诉合同相对方的，符合条件的股东，可以向人民法院提起股东代表诉讼。多年的司法实践检验表明该规定是可行且有效的，对可能导致个别股东干预董事的正常商业判断或影响公司正常经营的担忧似不足为据。需要一提的是，在关联交易合同效力被否定的情况下，代表诉讼中可以同时请求按法律规定的无效后果处理，比如，判决相对人向公司返还财产、赔偿损失等。如果无法返还财产的，以财产折合损失进行相对应的赔偿。例如，在一个案件中，在大股东的操控之下，A公司将其全资子公司B公司转让给大股东的关联公司C公司，转让价格明显低于股权价值。在撤销股权转让合同的情况下，C公司应当返还A公司的股权，但C公司已向B公司投入大量资金用于项目建设，把股权返还给A公司很难平衡各方利益，可考虑以赔偿损失的方法解决。那么，是否可以考虑再进一步，在关联交易中，公司不主张相对人违约时，股东可以通过代表诉讼进行主张？例如，A公司委托大股东B公司管理A公司所持有的房产某商厦，并代收租金，约定租金每季度结清一次。但因B公司控制A公司，长达8年时间没有结算租金，后A公司小股东提起代表诉讼，要求解除与B公司的合同，B公司向A公司支付拖欠的代收租金。在这一诉讼中，人民法院经审理后支持了A公司小股东的主张。再进一步考量，如果非关联交易出现上述情况，股东是否可以提起代表诉讼？在法律已经明确界定关联关系的范围的情况下，董事、高管等有意识地避开关联关系损害公司利益并从中得到非法利益，是可以想象到的情况。何况，这种情况因避开了公司法规定关联关系而无须履行公司法对关联交易的一系列规制程序，更容易得手。在以往出现的化解风险案件中，这种情况时有发生。因此，司法实践必须回应经济社会的实际情况，找出解决路径。比较现实的做法是，在尊重股东代表诉讼基本规律和制度考量的情况下，打开一个例外窗口，即对涉及合同无效、可撤销等否定合同效力情形，即便是非关联交易，也纳入对“他人”提起股东代表诉讼的范围。

（四）关于关联交易

关联交易程序完善是此次公司法修订的亮点之一。新《公司法》中对于关联交易制度进行了重大修改，对关联交易的信息披露、正当程序等环节进行了较为详尽完善的规定，核心要素已具备，关联交易制度有了重大进步。在这种情形下，笔者认为，不公平关联交易的认定可以采取更加具有操作性的方式，确认遵守法定程序的关联交易推定其是公平的。而对于关联交易合同效力问题，笔者认为，关联交易本身不会对合同效力产生特别的影响，对于合同效力的判断应当根据《民法典》等相关法律规范予以判断。

关联交易制度的核心是如何确定不公平关联交易。司法对于关联交易的干预需要在公司经营自主与公权力的监管之间保持适度平衡，只有在必要时才能干预公司作出的经营决策。公司法规制不公平关联交易的基本思路是损害了公司的利益则应予以赔偿。通常来说，如果法律对于关联交易的程序有明确规定，遵守了正当程序的交易，人民法院本没有必要仅因个别异议主张去审查交易结果是否公平。之前，我国公司法对关联交易未规定普遍适用的正当程序，想以正当程序来进行规制，也没有可参照的规范。司法介入在这一阶段就有其必要性，《公司法解释五》也是因此确定不公平关联交易采用实质公平标准，规定关联交易发生争议的，无论是否符合交易程序，交易人均需要证明该交易结果是公平的，才能免责。但这只是未普遍规定关联交易正当程序现状下的选择。在新《公司法》完善了关联交易程序制度的前提下，可以采取更具有操作性的规则来认定关联交易是否公平，即遵守了法定程序本身就证明交易的公平性。法律或公司章程中对所涉关联交易有明确程序规定的，关联交易符合法定程序的，主张该交易不公平，要求损害赔偿的一方应当举证证明该交易实质损害了公司利益；关联交易没有遵循前述程序规定或者法律、公司章程中对所涉关联交易没有明确程序规定的，则交易方必须举证证明该交易结果的实质公平，否则应当对公司承担不公平交易损害赔偿责任。

关于关联交易合同效力问题。关联交易合同效力问题要根据其合同约定本身进行判断，当事人达成的关联交易如具备无效、不发生效力或者可撤销等情形，公司作为合同一方当事人可以根据上述规定主张自己的权利，但是关联交易本身对合同效力不应产生特别的影响。关联交易合同是否具有效力瑕疵，需要结合《民法典》等其他法律规范进行判断。例如，《民法典》第146条规定的虚假表示与隐藏行为的效力，第147条规定的基于重大误解实施的民事法律行为的效力，第148条规定的以欺诈手段实施的民事法律行为的效力，第149条规定的受第三人欺诈的民事法律行为的效力，第150条规定的以胁迫手段实施的民事法律行为的效力，第151条规定的显失公平的民事法律行为的效力，第153条规定的违反强制性规定及违背公序良俗的民事法律行为的效力，第154条规定的恶意串通的民事法律行为的效力，等等，均是判断合同效力的依据，关联交易合同在这一问题上不具有特殊性。有观点主张，关联交易按照法律或者公司章程规定应当经过特定程序而没有经过的，应当认定合同无效。笔者认为，这种观点失之偏颇。其理由在于，公司内部程序是否合法一般不影响其外部交易行为效力。即使在特别情形下，例如新《公司法》第15条规定的公司对外担保的问题，法律明确规定了公司为股东进行担保，应当经过股东会决议，如果公司未履行这一程序，也是构成法定代表人越权，需要看合同相对人是否善意确定该合同是否对公司发生效力，而不是仅因未经股东会决议本身就造成合同无效或者不发生效力。

五、关于公司清算问题

公司解散后，要进行清算，亦即依照法律规定的方式和程序清理公司债权债务及其他各种法律关系，处置并分配公司剩余财产后向公司登记机关申请注销登记，最终消灭公司法人资格。清算可以分为自愿清算和强制清算。自愿清算一般适用于公司章程规定的营业期限届满或章程规定的其他解散事由出现、公司股东会决议解散等自愿解散的情况，是公司依法自行组织清算组而无须外力介入的清算；强制清算是指公司解散时不能自行组织清算，或者如在自行清算过程中发生显著障碍，由有关政府部门或者人民法院等公权力机关介入进行清算，既适用于强制解散，比如公司陷入僵局被人民法院强制解散、公司被吊销营业执照、责令关闭或撤销等，又适用于自愿解散。

新《公司法》对原公司法的清算制度作了较大调整，值得注意的有以下四个方面：

（一）关于清算义务人与利害关系人

依新《公司法》第232条规定，在公司解散事由发生之日起15日之内，由清算义务人组成清算组清算，逾期不组成清算组进行清算的，利害关系人可以向人民法院申请指定清算组进行清算。这涉及两个主体，即清算义务人和利害关系人。对于清算义务人，2018年《公司法》第183条的规定含糊其词，一般理解为有限责任公司的全体股东、股份有限公司的董事和控股股东。新《公司法》第232条则不区别公司类型把清算义务人一律规定为董事，与《民法典》第70条规定保持一致，清算义务人排除了股东，甚至控股股东。但依据新《公司法》第180条之规定，实际执行公司事务的“双控人”与董事负有同样义务，依体系解释“双控人”似应在特定情况下认定为清算义务人。对于利害关系人，2018年《公司法》仅规定为债权人，新《公司法》显然扩大了向人民法院提起指定清算组申请的主体范围。利害关系人，应包括公司股东和债权人。存在疑问的是，董事是否应在本条款规定的利害关系人之列？依新《公司法》第232条规定，清算组由董事组成，其既是清算义务人又是清算组成员，似无把其列入可以提起指定清算组申请主体范围之必要。但是，实践中一些董事可能对组成清算组无能为力，或虽组成清算组但完成清算义务出现障碍，而新《公司法》规定利害关系人申请指定清算组之目的在于尽可能促使及时进行公司清算，赋予董事这样的诉权对实现立法目的利大于弊，故将其纳入利害关系人范围为宜，《公司法解释二》第 7 条把董事列入利害关系人无须修改。此外，在公司被吊销营业执照、责令关闭、撤销之情形，有关行政部门虽非利害关系人，也可以申请人民法院指定清算组。

（二）关于强制清算的事由

清算一般由被解散的公司自行组织清算组，自主进行，而不需要公权力介入。但在某些情况下，公司自行清算无法启动或者发生严重障碍、运转机制失灵时，为了保障清算的进行，可以申请有权机关介入，进行强制清算。关于强制清算启动事由，自 1993 年《公司法》起，始终规定为“逾期不成立清算组进行清算的”，《民法典》第 70 条则规定为“清算义务人未及时履行清算义务”。根据《民法典》关于“清算义务人未及时履行清算义务”以及当时公司法关于“逾期不成立清算组”的规定，《公司法解释二》第 7 条在逾期不组成清算组之外，又延伸规定了其他两项事由，即“……（二）虽然成立清算组但故意拖延清算的；（三）违法清算可能严重损害债权人或者股东利益的”。为与新《公司法》规定保持一致，可将该条规定的第 2 项事由修改为“虽然组成清算组但不清算或故意拖延清算的”。

（三）关于董事清算责任

清算责任，按照新《公司法》第 232 条第 3 款、第 238 条第 2 款规定，主要包括两个方面：一是董事因不及时组成清算组而产生的责任；二是清算组成员在清算过程中怠于忠诚履行职责而产生的责任。

第一，董事不及时组成清算组清算而产生的责任。《公司法解释二》以 2018 年《公司法》相关规定为基本依据，解释性规定了清算义务人及其清算责任。根据《公司法解释二》第 18 条、第 20 条、第 21 条之规定，有限责任公司的股东、股份有限公司的董事和控股股东的清算责任主要分为四个层次：一是未在法定期限内成立清算组开始清算，导致公司财产贬值、流失、毁损或者灭失，在造成损失范围内对公司债务向债权人承担赔偿责任；二是因怠于履行义务，导致公司主要财产、账册、重要文件等灭失，无法进行清算，对公司债务承担连带清偿责任；三是上述情形系实际控制人原因造成，实际控制人对公司债务承担相应民事责任；四是公司未经清算即办理注销登记，导致公司无法进行清算，清算义务人对公司债务承担清偿责任。

该司法解释是为解决当时司法实践中大量存在的公司解散后应当清算而不清算，故意逃废债务，严重损害债权人利益并危害社会经济秩序等问题而制定的。但因把清算义务人确定为有限责任公司的股东，特别是包括了有限责任公司的全体股东，由从未参与公司经营管理的中小股东承担清算义务人责任，而与公司法整体制度安排不协调、不一致。而且，实践中对该条款的理解适用还产生了偏差，导致不参与公司实际经营管理的中小股东承担了过重的责任。例如，不少案件中，公司停业而未清算，多年之后，债权人，更多的是职业债权人，依据该条规定要求未参与公司经营管理的中小股东作为清算义务人对公司债务承担连带责任。为了纠正这一实践问题，最高人民法院通过多种方式强调非控股股东、未实际参与经营管理的股东不应负公司清算义务，尤其是《九民会纪要》以3个条款，从“怠于履行义务”的认定，因果关系、诉讼时效等方面，对《公司法解释二》第18条的适用进行条件限定。在新《公司法》明确了清算义务人为董事的情况下，相信能够从根本上解决实践中存在的无辜中小股东承担过重清算责任这一问题。但应该注意的是，即便清算义务主体发生变化，同样面临着不及时履行清算义务导致公司财产贬值、财产灭失、账册丢失等情况，是否可以因循《公司法解释二》第18条的规定，由董事承担该条款所设定的责任呢？当然不可以。新《公司法》第232条规定仅限于清算义务人一般赔偿责任，而排除了连带责任。《公司法解释二》第18条把清算义务人违反清算义务的情形具体分为两类：一类是清算义务人不及时组成清算组清算导致财产贬值、流失、毁损或者灭失；二是怠于履行清算义务，导致因主要财产、重要文件等灭失而无法进行清算，前者承担赔偿责任，后者与公司承担连带责任。需进一步检视，财产贬值、流失、灭失、毁损与主要财产灭失系同样情况，均不会导致无法清算的结果，只是给公司、债权人造成损失大小不同而已。在公司账册、资产资料都存在的情况下，财产是否灭失、毁损、贬值是可以查明的、价值也是可以评估出来的，与账册丢失导致无法清算不应相提并论。当然，如果存在上述情况，是否与不及时组成清算组有因果关系，也是应考虑的因素，对此清算义务人应负举证责任。问题在于，在据以认定公司资产、负债状态的主要账册文件灭失的情况下，或给清算带来极大困难，或导致无法清算。如果通过税收情况、银行流水等资料可以得到基本弥补，也不会导致清算不能的后果。在无补救办法以致无法清算的情况下，董事应承担多大的责任？原则上应推定董事对债权人债务不能清偿的范围承担全部责任，除非其提供减轻责任的充足证据。值得注意的是，一个资产状况、负债率良好的公司，一般是不会弃之不问的。实践中多为公司经营不善、负债率高、资产状况差的情况下才会无人问津。在面对责任判断时要尽可能考量公司清算前的基本情况，作出公平公正的裁判。因账册灭失导致清算不能，原因也很多，意外原因的灭失，与故意毁损或不能说明合理原因的灭失不能同样对待，后者是让清算义务人承担全部清偿责任的重要内心确信因素。此外，如果董事能够证明其向人民法院提出过指定清算组的申请，或者其实施了看守公司财产、保管财务账册等维护公司清偿能力的行为，应免除或减轻其赔偿责任。相反，如果有证据证明董事、股东等存在恶意处置财产、以虚假的清算报告骗公司登记机关注销登记的，因构成共同侵权，有关责任人应承担连带责任。

第二，清算组成员责任。2018 年《公司法》及有关司法解释对清算义务人责任与清算组成员责任没有明显区别，从新《公司法》的规定看，清算义务人与清算组成员多数情况下是重合的，即都是董事，责任基础都是对信义义务的违反。即便如此，二者也有区别，一是在强制清算的情况下，人民法院指定的清算组可能是有关中介机构，也可能是股东、公司高管，而不仅是董事；二是违反义务的行为模式存在差别，依新《公司法》第 232 条之规定，清算组成员主要是在怠于履行清算职责的情况下对公司承担责任，有重大故意或过失对债权人承担赔偿责任。是否怠于履行职责，主要是以新《公司法》第 234 条关于清算组职权的规定判断，职权也是职责。

需要一提的是，新《公司法》第 241 条针对实践中存在的公司被吊销营业执照、关闭或撤销后长期不清算、不注销登记的情况，规定了满 3 年强制注销的制度；新《公司法》第 240 条针对实践中存在的大量僵尸公司注销难、周期长等情况，规定了简易注销制度。前者属于应当清算而不清算不得不注销的情况，故公司注销后，不影响原股东、清算义务人的责任，可以理解为包括股东欠缴出资责任以及董事不及时组成清算组的责任。后者因以股东或第三人承诺为条件，因此债权人可依其承诺主张股东、第三人承担债务清偿责任。简易注销，是不需要清算程序的注销，故不与清算义务人责任挂钩。

（四）关于强制解散

新《公司法》第 231 条延续了公司陷入僵局情况下股东可以提起公司解散之诉的规定，司法实践中对此情况下判令解散持十分慎重的态度。《公司法解释二》第 1 条第 1 款列举式规定了四种应当受理解散诉求的情形，第 2 款也反向规定了不予支持解散诉求的情形，具有实践价值。对于一个有发展潜力的公司而言，因公司控制权、经营管理权或经营发展理念、利益分配等之争而解散公司毕竟不是一个妥当的选择，司法中的慎重态度具有正当性。为进一步深化此理念，应强调对此类纠纷“注重调解”，支持当事人以更为妥当的方式解决分歧，尽力维护公司的存续。比如，以公司部分股东转让股权或者股份、其他股东受让部分股权或股份、他人受让部分股权或股份、公司减资、公司分立等打破僵局。由此也可以认为，经审理如果可以用其他公司制度机制打破僵局并不失公平公正的，可向当事人释明，如当事人初衷不改，可驳回其请求。对于驳回请求的，其他股东又以相同理由提起诉讼的，应不予受理。当然，因时过境迁、情况发生变化的另当别论。解散公司判决对全体股东均具有拘束力，一旦判决解散，董事应当在判决生效后15日内组成清算组清算。如果诉请中包括人民法院指定清算组的内容，人民法院应一并处理，不宜让当事人另行提起诉讼。此种情况可追加董事参加诉讼，董事主张自行组织清算的，可驳回有关当事人指定清算组之申请。实践中存在的另一个争议是，人民法院判令解散公司后，进行了清算，一方当事人又提起再审申请，一旦作出撤销原支持公司解散的再审判决，是否可以恢复原状？这要视情况而定。如果清算完毕而注销了公司，是无法回到原来状态的，以赔偿损失解决为宜。但尚未清算完毕或未注销公司，且能够确保财产处置恢复原状（特别是公司生产经营的财产）或股东股权恢复原状具有现实可行性，也应把恢复公司的原来状态作为选项。

凡　例

1. 本书中法律、行政法规名称中的"中华人民共和国"省略，其余一般不省略，例如《中华人民共和国公司法》简称《公司法》。

2.《最高人民法院关于适用〈中华人民共和国公司法〉若干问题的规定（一）》（2014年修正），简称《公司法解释一》。

3.《最高人民法院关于适用〈中华人民共和国公司法〉若干问题的规定（二）》（2020年修正），简称《公司法解释二》。

4.《最高人民法院关于适用〈中华人民共和国公司法〉若干问题的规定（三）》（2020年修正），简称《公司法解释三》。

5.《最高人民法院关于适用〈中华人民共和国公司法〉若干问题的规定（四）》（2020年修正），简称《公司法解释四》。

6.《最高人民法院关于适用〈中华人民共和国公司法〉若干问题的规定（五）》（2020年修正），简称《公司法解释五》。

7.《最高人民法院关于适用〈中华人民共和国民事诉讼法〉的解释》（2022年修正），简称《民事诉讼法解释》。

8.《最高人民法院关于适用〈中华人民共和国民法典〉有关担保制度的解释》（法释〔2020〕28号），简称《担保制度解释》。

9.《最高人民法院关于适用〈中华人民共和国民法典〉合同编通则若干问题的解释》（法释〔2023〕13号），简称《民法典合同编通则解释》。

10.《全国法院民商事审判工作会议纪要》（法〔2019〕254号），简称《九民会纪要》。

11.《全国法院破产审判工作会议纪要》（法〔2018〕53号），简称《破产会议纪要》。

12.《最高人民法院关于民事执行中变更、追加当事人若干问题的规定》（2020年修正），简称《变更追加当事人解释》。

总目录

CONTENTS

第一部分 《中华人民共和国公司法》条文理解与适用

第二部分 《最高人民法院关于适用〈中华人民共和国公司法〉时间效力的若干规定》理解与适用

目录

CONTENTS

上 册

第一部分 《中华人民共和国公司法》条文理解与适用

第一章 总 则

第二章　公司登记

第二节 股东会

第一部分
《中华人民共和国公司法》条文理解与适用

第一章 总 则

【条文】

第一条

为了规范公司的组织和行为，保护公司、股东、职工和债权人的合法权益，完善中国特色现代企业制度，弘扬企业家精神，维护社会经济秩序，促进社会主义市场经济的发展，根据宪法，制定本法。

【条文主旨】

本条是关于《公司法》立法目的的规定。

【条文概览】

本条在此次《公司法》修订中，增加了“职工”内容，将职工列为权益保护主体；增加了“完善中国特色现代企业制度，弘扬企业家精神”的内容；恢复了“根据宪法”的表述。

本条文源于1993年《公司法》第1条：“为了适应建立现代企业制度的需要，规范公司的组织和行为，保护公司、股东和债权人的合法权益，维护社会经济秩序，促进社会主义市场经济的发展，根据宪法，制定本法。”2005年修订时删除“为了适应建立现代企业制度的需要”和“根据宪法”的内容，条文变更为：“为了规范公司的组织和行为，保护公司、股东和债权人的合法权益，维护社会经济秩序，促进社会主义市场经济的发展，制定本法”。本次修订恢复相关内容并结合形势发展完善了表述。

【理解与适用】

根据本条规定内容，《公司法》的立法目的主要包括如下方面：

一、规范公司的组织和行为

公司是市场经济条件下适应社会化生产而产生的企业组织形式，是最重要的市场主体。作为一种商事的组织体，公司的内部组织机制，比如股东会、董事会、监事会的设置与运行，外部的商事行为，比如市场交易、公司融资、并购重组，都需要法律规则的规范。《公司法》的首要目的，就是规范公司的内部组织和外部行为，确保公司的规范设立和合法经营，充分发挥公司制度的优势，促进经济发展和社会进步。

二、保护公司、股东、职工和债权人的合法权益

公司涉及众多的利益主体，不仅包括股东、债权人，还包括公司本身和职工，随着社会理念的发展，公司还要承担社会责任。《公司法》的核心问题就是对各类利益冲突进行衡量取舍，并给予有序保护。

公司作为企业法人，有独立的法人财产，自主经营，自负盈亏，其合法权益受法律保护。股东是公司的出资者，享有股权，对公司依法享有收益分红、参与重大决策和选择管理者的权利。债权人作为公司市场行为的交易方，保护其合法债权是市场信用的必然要求。

职工是公司的一员，是企业经营发展的重要力量，职工利益与公司休戚相关，其合法权益理应受到保护。党的二十大报告指出，全心全意依靠工人阶级，健全以职工代表大会为基本形式的企事业单位民主管理制度，维护职工合法权益。本次《公司法》修订落实党的二十大报告的要求，将职工明确列为应予以保护的权利主体范围，以促进实践中对职工利益予以更好的保护。

三、完善中国特色现代企业制度，弘扬企业家精神

“完善中国特色现代企业制度，弘扬企业家精神”，是本次《公司法》修订新增加的内容。

我国《公司法》的制定和修改与现代企业制度密切相关。一般认为，我国1993年《公司法》的出台，就是为了我国经济体制改革、建立现代企业制度的需要。1993年《中共中央关于建立社会主义市场经济体制若干问题的决定》明确提出：“建立产权清晰、权责明确、政企分开、管理科学的现代企业制度。”1993年《公司法》第1条为：“为了适应建立现代企业制度的需要，规范公司的组织和行为，保护公司、股东和债权人的合法权益，维护社会经济秩序，促进社会主义市场经济的发展，根据宪法，制定本法。”由条文内容可见，建立现代企业制度的需要，是1993年《公司法》立法的首要目的。从后续改革进程看，《公司法》也的确推动了现代企业制度的建

立，保障了国有企业的公司化改造。

党的二十大报告提出，完善中国特色现代企业制度。《中共中央、国务院关于新时代加快完善社会主义市场经济体制的意见》要求，深化国有企业改革，加快完善国有企业法人治理结构和市场化经营机制，健全经理层任期制和契约化管理，完善中国特色现代企业制度。《中共中央、国务院关于营造更好发展环境支持民营企业改革发展的意见》提出，鼓励有条件的民营企业加快建立治理结构合理、股东行为规范、内部约束有效、运行高效灵活的现代企业制度。公司是最重要的企业组织形式，现代企业制度的完善首先是公司法制度的完善。本次《公司法》修改的目的之一，就是要立足我国国情和实际，总结实践经验，吸收借鉴其他国家的成功制度成果，不断深化完善中国特色现代企业制度。

党的十九大报告提出，激发和保护企业家精神，鼓励更多社会主体投身创新创业。党的二十大报告提出，完善中国特色现代企业制度，弘扬企业家精神，加快建设世界一流企业。《中共中央、国务院关于营造企业家健康成长环境弘扬优秀企业家精神更好发挥企业家作用的意见》对发挥企业家作用、着力营造依法保护企业家合法权益的法治环境提出了具体要求。《公司法》作为规范公司这一重要市场主体的法律，坚持弘扬企业家精神，对于保护企业家合法权益、激励企业家干事创业，加快建设世界一流企业，具有重要意义。

四、维护社会经济秩序，促进社会主义市场经济发展

秩序是法律的重要价值目标，法治是最好的营商环境。《公司法》作为社会主义市场经济制度的基础性法律，就是要通过规范公司的组织和行为，保护公司及相关利害关系人的合法权益，将公司活动纳入法治轨道，形成良好的社会经济秩序，为市场主体提供公平、诚信、有序的市场环境。

同时，我国《宪法》明确规定，国家实行社会主义市场经济，国家通过提高劳动者的积极性和科技水平，推广先进的科学技术，完善经济管理体制和企业经营管理制度，实行各种形式的社会主义责任制，改进劳动组织，以不断提高劳动生产率和经济效益，发展社会生产力。制定和完善《公司法》，就是要落实《宪法》要求，不断完善我国的企业经营管理制度，促进社会主义市场经济发展。

【条文】

第二条

本法所称公司，是指依照本法在中华人民共和国境内设立的有限责任公司和股份有限公司。

【条文主旨】

本条是关于公司类型的规定。

【条文概览】

本条在此次《公司法》修订中，将“中国”修改为“中华人民共和国”，其他没有变化。

本条文源于1993年《公司法》第2条“本法所称公司是指依照本法在中国境内设立的有限责任公司和股份有限公司”。历次修法该条均没有变化。

【理解与适用】

一、关于公司的类型

根据不同的标准，可以将公司分为不同的类型。大陆法系根据股东对公司承担责任的不同，将公司分为有限责任公司、股份有限公司、无限公司、两合公司。英美法系依据公司股份是否公开发行及股份是否允许自由转让，将公司划分为封闭公司和开放公司。在学理上以信用基础为标准可以将公司划分为人和公司、资合公司及人资两合公司。

有限责任公司是指股东以其认缴的出资额为限对公司承担责任，公司以其全部资产对公司债务承担责任的企业法人。股份有限公司是指公司股份采用等额股票的方式，股东以其认购的股份为限对公司承担责任，公司以其全部资产对公司债务承担责任的企业法人。无限公司类似于我国法上的普通合伙，股东对于公司债务承担无限责任。两合公司类似于我国法上的有限合伙，公司股东分为有限责任和无限责任两种类型，对公司债务分别承担不同的责任。

二、《公司法》修订过程中关于公司类型的讨论

我国公司法上将有限责任公司预设为中小型封闭公司，将股份有限公司

预设为大型的开放公司。但是经过不断的演进分化，实践中不乏大型有限责任公司，且开始呈现开放性特征；随着 2013 年《公司法》取消最低注册资本限制，股份有限公司也呈现出小型化和封闭性特征。两类公司的趋同现象，引发了两类公司规则之间的适用争议。于是，在《公司法》修订过程中，有意见提出要基于开放公司与封闭公司为基本模型对公司类型进行改造。[①]

考虑到有限责任公司和股份有限公司两种公司类型总体上运行良好，且已被市场主体广泛接受，本次《公司法》修改未改变公司的类型，仅对两种公司类型的相关规则进行了部分调整。

三、有限责任公司和股份有限公司的区别

根据修改后的《公司法》，我国的有限责任公司和股份有限公司主要区别如下：一是股东人数不同，有限责任公司的股东数量为 1 ~ 50 个，股份有限公司的发起人人数为 1 ~ 200 人，非发起人股东人数无上限；二是设立方式不同，有限责任公司只能通过发起设立，股份有限公司则可以采用发起设立或募集设立；三是具体资本制度不同，有限责任公司资本无须划分为等额股份，采用法定资本制但允许不超过 5 年的认缴期，股份有限公司要求将资本划分为等额股份，采用法定资本制或授权资本制，但要求实缴；四是公开程度不同，有限责任公司的出资额不能自由转让，具有更多的封闭性特征，股份有限公司则可以公开发行转让股份，具有更多的开放性。

① 刘斌：《公司类型的差序规制与重构要素》，载《当代法学》2021 年第 2 期。

【条文】

第三条

公司是企业法人，有独立的法人财产，享有法人财产权。公司以其全部财产对公司的债务承担责任。

公司的合法权益受法律保护，不受侵犯。

【条文主旨】

本条是关于公司法律地位的规定。

【条文概览】

本条在此次《公司法》修订中，将2018年《公司法》第5条第2款改为本条第2款，原来的第3条第2款改为第4条第1款，其他没有变化。

本条文源于1993年《公司法》第3条："有限责任公司和股份有限公司是企业法人。有限责任公司，股东以其出资额为限对公司承担责任，公司以其全部资产对公司的债务承担责任。股份有限公司，其全部资本分为等额股份，股东以其所持股份为限对公司承担责任，公司以其全部资产对公司的债务承担责任。"2005年修订《公司法》时将其修改为："公司是企业法人，有独立的法人财产，享有法人财产权。公司以其全部财产对公司的债务承担责任。有限责任公司的股东以其认缴的出资额为限对公司承担责任；股份有限公司的股东以其认购的股份为限对公司承担责任。"

【理解与适用】

一、公司是企业法人

《民法典》第76条规定："以取得利润并分配给股东等出资人为目的成立的法人，为营利法人。营利法人包括有限责任公司、股份有限公司和其他企业法人等。"依照《民法典》，公司属于营利法人中的企业法人。

作为企业法人，公司具有法人的法律地位，具备民事权利能力和民事行为能力，能够以自己的名义参与民事活动和诉讼活动，享有民事权利承担民事义务，也能以公司全部财产为限，独立承担民事责任。

二、公司有独立的法人财产，享有法人财产权

《民法典》第 58 条第 2 款规定："法人应当有自己的名称、组织机构、住所、财产或者经费……"独立财产，是公司自主经营、自负盈亏，独立承担责任的物质基础，是公司获得法人地位的前提条件，也是公司股东有限责任和公司债权人保护的平衡点。

公司财产不仅包括股东出资，也包括公司盈利积累和接受的赠与财产。公司财产的独立性要求股东出资必须真实到位，不得抽逃，不得进行违法分配利润，董监高和控股股东、实际控制人不得侵犯公司财产，以维持公司财产与股东个人财产的相互独立，维护公司法人财产权的完整，确保公司享有法人财产权。

三、公司以其全部财产对公司债务承担责任

《民法典》第 60 条规定："法人以其全部财产独立承担民事责任。"具体而言，一方面，公司财产是公司债务的责任财产和一般担保，公司以其全部财产对其债务承担责任，不足部分公司债权人不能向公司股东求偿，这是公司股东有限责任的核心要义，也是公司制度鼓励投资繁荣经济的基本逻辑；另一方面，股权是股东对公司享有权益的具体表征，也是股东债务的责任财产表现形式。股东只能通过股权对公司行使身份性与管理性权利，不能直接将公司财产据为己有。同理，在股东对外负债情况下，债权人也仅可通过保全、执行股东股权的方式实现债权，而不能直接要求以公司财产清偿股东个人债务。

四、公司的合法权益受法律保护，不受侵犯

《民法典》第 3 条规定，民事主体的人身权利、财产权利以及其他合法权益受法律保护，任何组织或者个人不得侵犯。公司作为最重要的一类市场主体，合法权益当然也受到法律的保护。公司的合法权益包括公司的合法财产、公司依法开展生产经营活动的自由等。任何组织和个人不得侵害公司的法人财产权和其他合法权益，否则将受到法律的追究和制裁。

【条文】

第四条

有限责任公司的股东以其认缴的出资额为限对公司承担责任；股份有限公司的股东以其认购的股份为限对公司承担责任。

公司股东对公司依法享有资产收益、参与重大决策和选择管理者等权利。

【条文主旨】

本条是关于股东有限责任与股东权利的规定。

【条文概览】

本条两款分别来自2018年《公司法》第3条第2款与第4条，将两款中的股东责任与股东权利合并到同一条中。相对于2018年《公司法》条文内容，本次仅作文字修改，明确了股东权利的行使对象为“公司”。

【理解与适用】

一、股东有限责任

本条第1款是关于股东有限责任的规定，该款规定与《公司法》第3条关于公司人格独立的规定相辅相成，是《公司法》的基本原则。有限责任公司的股东以其认缴的出资额为限对公司承担责任，股份有限公司的股东以其认购的股份为限对公司承担责任。换言之，股东只要履行出资义务，就不再对公司承担财产责任。与有限责任相对应的是无限责任，在组织法上主要表现为普通合伙人对合伙企业债务承担无限连带责任。

关于有限责任的财产范围。在认缴制下，出资期限届满前，认缴出资额与实缴出资额往往不一致。根据该款规定，承担责任的范围为认缴出资额而非实缴出资额。与之配套，《公司法》第54条规定了股东出资加速到期制度，该条规定：“公司不能清偿到期债务的，公司或者已到期债权的债权人有权要求已认缴出资但未届出资期限的股东提前缴纳出资。”《企业破产法》第35条规定：“人民法院受理破产申请后，债务人的出资人尚未完全履行出资义务的，管理人应当要求该出资人缴纳所认缴的出资，而不受出资期限的限制。”需要说明的是，认缴出资额不仅限于其出资计入公司注册资本的部分，也包括计入资本公积金的溢价部分。① 比如，在股份公司溢价发行股票或者有限责任公司溢价增资的情况下，股东支付的出资款一部分计入注册资本，一部分注入资本公积，此时应以认缴的全部出资确定股东责任。②

股东有限责任在股东财产与公司责任之间建立了“防火墙”，对公司制度的发展和商事交易的繁荣具有重大意义。相比于无限责任，有限责任在效率方面具有多方面的优势：其一，减少了监督代理人的必要；其二，提高了大股东和小股东之间的信任，实现了出资者之间的合作；其三，可以让股东分散投资风险，实现更加有效的投资多元化；其四，可以降低公司的融资成本；其五，可以允许企业更加有效地作出投资决策；其六，有限责任促使投资实现了从身份到契约的转换等。③

但是股东的有限责任并非没有例外。在股东滥用股东有限责任和公司独立人格的情形下，很多国家法律都允许债权人向股东追偿，请求股东对公司债务承担连带责任。这一制度在大陆法系被称为“否认公司人格”，英美法系称之为“刺破公司面纱”（piercing the corporateveil）。我国《公司法》第23条规定：“公司股东滥用公司法人独立地位和股东有限责任，逃避债务，严重损害公司债权人利益的，应当对公司债务承担连带责任。股东利用其控制的两个以上公司实施前款规定行为的，各公司应当对任一公司的债务承担连带责任。只有一个股东的公司，股东不能证明公司财产独立于股东自己的财产的，应当对公司债务承担连带责任。”该条确立了“纵向”和“横向”公司人格否认的制度，同时延续了2018年《公司法》关于一人有限责任公司人格否认举证责任倒置的规定。

二、股东权利

股东所享有的股东权利是其作为公司出资者这一身份赋予的，不同类型公司的股东或者同一公司中不同类型的股东对公司享有的股权的内容及其表现形式有所差异。

一方面，股东向公司出资的主要目的就是盈利，即通过公司盈余分配获得投资收益。另一方面，在现代公司的组织架构下，公司的所有权和经营权原则上是分离的，实践中公司的经营管理主要由董事会及管理层负责，作为

① 王翔主编：《中华人民共和国公司法释义》，中国法制出版社2024年版，第6页。

② 邓峰：《普通公司法》，中国人民大学出版社2009年版，第183～184页。

③ 邓峰：《普通公司法》，中国人民大学出版社2009年版，第188～189页。

公司所有者的股东并不直接参与公司的经营管理，而是间接通过股东会集体行使权利，即股东主要通过参与重大决策、选择管理人员以实现对公司的控制。

因此，本条第2款对公司股东享有的核心权利进行了概括列举。根据本条第2款，股东作为出资者对公司享有的权利主要包括：

1. 享有资产收益的权利。主要是指股东在公司符合利润分配条件下享有股利分配请求权以及在公司清算时拥有的剩余财产分配请求权。

2. 参与重大决策的权利。主要是指股东有权出席、召集以及主持股东会，并且对重大事项享有表决的权利。同时，为有效行使表决权，股东还依法享有知情权、提案权、建议权、质询权等权利。

3. 选择管理者的权利。主要是指股东有权依法提名或任免董事、监事等管理人员。

除此之外，股东还依法享有其他权利，包括依法转让股权或者股份的权利、在公司发行新股或者增资时的优先认缴或者认购权、异议股东股权或者股份回购请求权、特殊情形下请求人民法院解散公司的权利、提起股东直接诉讼或代表诉讼的权利等。

【条文】

第五条

设立公司应当依法制定公司章程。公司章程对公司、股东、董事、监事、高级管理人员具有约束力。

【条文主旨】

本条是关于公司章程及其效力的规定。

【条文概览】

本条与2018年《公司法》第11条基本保持一致，仅作了文字修改，将“必须依法制定公司章程”修改为“应当依法制定公司章程”。

【理解与适用】

一、公司章程的概念与特征

公司章程是公司法人人格的自然派生，是公司作为组织存在的依据和边界。根据我国《公司法》的规定，公司章程在公司中具有重要意义。其一，公司章程是公司成立的必备要件。根据《市场主体登记管理条例实施细则》第25条规定，公司申请办理设立登记时应当提交公司章程。其二，公司章程是公司治理的重要依据。章程内容涉及公司法律关系中当事人的基本权利与义务以及公司治理的基本规则，公司当事人依据章程规定享有权利，根据章程要求履行义务。

公司章程具有要式性、法定性、真实性和公开性等特征。要式性是指公司章程必须采用书面形式，并且依法记载。采用书面形式既是公司设立登记时提交材料的要求，也是明确公司治理的需要。对于章程记载内容，《公司法》第46条规定，有限责任公司章程应当载明公司名称和住所、公司经营范围等七项必要记载事项。

法定性是指公司章程的制定修改，必须符合法律的规定。一方面，公司章程必须依法制定。在有限责任公司中，由股东共同制定章程，股东应在公司章程上签名盖章。在股份有限公司中，如果采用发起设立，由发起人制定公司章程；如果采取募集设立，由发起人制定公司章程并经成立大会通过。

另一方面，公司章程的修改必须依法进行。有限责任公司章程的修改应当经代表三分之二以上表决权的股东通过；股份有限公司章程的修改应当经出席会议的股东所持表决权的三分之二以上通过。

真实性是指公司章程记载的内容，必须与事实相符。其一，公司章程具有一定的公信作用，相对人基于对章程的信赖可要求公司承担民事责任。根据《担保制度解释》第7条的规定，公司对外提供担保时，相对人对公司决议有合理审查义务，该义务很大程度上表现为审查公司章程。因此，在决议符合公司章程规定的情况下，法院应认定相对人具有善意，公司承担担保责任。其二，虚假记载会受到行政处罚。比如，《公司法》第250条规定，违反本法规定，虚报注册资本、提交虚假材料或者采取其他欺诈手段隐瞒重要事实取得公司登记的，由公司登记机关责令改正，对虚报注册资本的公司，处以虚报注册资本金额5%以上15%以下的罚款；对提交虚假材料或者采取其他欺诈手段隐瞒重要事实的公司，处以5万元以上200万元以下的罚款；情节严重的，吊销营业执照；对直接负责的主管人员和其他直接责任人员处以3万元以上30万元以下的罚款。

公开性是指公司章程须置于规定场所供股东查阅或依法向社会公众披露。《公司法》第57条规定，有限责任公司股东有权查阅、复制公司章程。第109条、第110条规定，股份有限公司应当将公司章程置备于本公司，供股东查阅。公司公开发行证券时须公开披露章程。此外，在本次《公司法》修改中，有全国人大常委会委员建议增加公司章程作为公司登记事项，但是最终未被采纳。根据《市场主体登记管理条例》第9条的规定，公司应当向登记机关办理章程备案。

二、公司章程的效力

公司章程的效力范围主要包括两方面，分别是公司章程的主体效力与公司章程的时间效力。

（一）公司章程的主体效力

关于公司章程的主体效力，《公司法》第5条规定，公司章程对公司、股东、董事、监事、高级管理人员具有约束力。

1. 公司章程对公司的效力。公司章程对公司的约束力表现为对内约束力和对外约束力两方面。对内约束力集中表现为对公司内部的组织和活动的约束力，对外约束力具体表现为对公司权利能力和行为能力的影响，尤其是公司的经营范围方面。

2. 公司章程对股东的效力。公司章程由股东共同制定，股东应受章程约束。公司章程对股东的效力既表现为根据章程规定履行义务，如按照章程规定的出资期限履行出资义务；又包括根据章程规定正确行使股东权利，如不得滥用股东权利损害公司或者其他股东的利益。受章程约束的股东既包括公司成立时的股东，也包括公司成立后加入公司的股东。公司设立过程中的投资者，虽严格意义上不是股东，但一般情况下，公司设立过程中投资者与公司成立时的股东范围一致，也应该受公司章程约束。

3. 公司章程对董事、监事、高级管理人员的效力。根据《公司法》第179条规定，董事、监事、高级管理人员应当遵守法律、行政法规和公司章程；第180条规定，董事、监事、高级管理人员对公司负有忠实勤勉义务，理应受公司章程约束。

本次《公司法》修改过程中，有全国人大常委会委员建议修改公司章程的约束范围，增加对“公司员工”具有约束力的规定，但最终未予采纳。

（二）公司章程的时间效力

关于公司章程生效时间，《公司法》没有明确规定，学界存在不同观点。第一种观点认为，公司章程自股东签字或盖章时生效。有限责任公司章程自设立时生效。对于股份有限公司章程的生效时间，存在不同认识，有的观点认为，发起设立的股份有限公司与募集设立的股份有限公司章程生效时间有所不同，发起设立的股份有限公司章程与有限责任公司相同，自全体股东或者发起人签名或者盖章时生效；募集设立的股份有限公司章程在成立大会通过时生效。[①] 有的观点认为，根据《公司法》第94条、第104条的规定，股份有限公司章程生效时间不因设立方式不同而有区别，均自成立大会决议通过后生效。[②] 第二种观点认为，公司章程自公司成立即营业执照颁发之日起生效。[③] 第三种观点认为，应当根据章程内容区分认定章程生效时间。章程中调整发起设立公司的投资者之间的关系的内容，相当于公司设立协议，自签字盖章时成立并生效。章程中调整尚未成立的公司，尚未产生的董事，监事经理以及未来可能加入公司的其他股东的内容，则在公司成立时生效。[④]

我们认为，章程自签字生效与自公司成立生效的区别在于，章程在股东签字后、公司成立前是否具有拘束力。按照公司成立生效说，公司成立前章

① 施天涛：《公司法论》（第四版），法律出版社2018年版，第131页。
② 赵旭东、刘斌：《新公司法条文释解》，法律出版社2024年版，第14页。
③ 朱锦清：《公司法学》，清华大学出版社2017年版，第135页。
④ 赵旭东主编：《公司法学》，高等教育出版社2015年版，第134页。

程仅作为发起人达成的协议，具有合同法上的效果，仅能约束合同相对人；相应地，只有发起人均同意时才能变更章程内容。但是，一方面，如果章程制定后，需等待公司成立时才能发生效力，当事人的权利义务将处于不确定状态，对当事人和公司成立均产生不利效果。比如，《公司法》规定在章程中须记载公司发行的股份数、发起人的姓名或者名称、认购的股份数、出资方式等，如果章程不发生效力，可能导致这些义务不能落实，从而影响公司的成立。另一方面，根据《公司法》第103条、第104条规定，股份有限公司的成立大会有持有表决权过半数的认股人出席即可举行，章程经出席会议的认股人所持表决权过半数即可通过。举重以明轻，公司成立前，公司通过召开会议改变章程内容的，也应当允许通过决议方式进行，而非由全体认股人一致同意方可变更。因此，公司章程自股东签字或盖章时生效的观点更能满足实践需要。

【实务问题】

公司应当在章程规定的经营范围内从事经营活动，司法实践中，经常遇到法定代表人或公司工作人员超越公司经营范围对外从事民商事活动。关于此类行为的效力，我国法律经历了从无效到有效的规则变化。1993年《公司法》第11条第3款规定，公司应当在登记的经营范围内从事经营活动。2005年《公司法》修改时删除该规定。《合同法解释一》第10条规定："当事人超越经营范围订立合同，人民法院不因此认定合同无效。但违反国家限制经营、特许经营以及法律、行政法规禁止经营规定的除外。"《民法典》第505条吸收了《合同法解释一》第10条的内容，明确超越经营范围订立的合同的效力应当依照《民法典》总则编第六章第三节和合同编的有关规定加以确认，不得仅以超越经营范围而认定合同无效。公司违反章程规定从事超越经营范围的活动构成越权行为，根据越权代表的相关规则判定该行为效力。

【条文】

第六条

公司应当有自己的名称。公司名称应当符合国家有关规定。

公司的名称权受法律保护。

【条文主旨】

本条是关于公司名称及其权益的规定。

【条文概览】

本条为本次《公司法》修改中的新增条文，借鉴和吸收了《民法典》第110条第2款“法人、非法人组织享有名称权、名誉权和荣誉权”之规定，《市场主体登记管理条例》第10条“经登记的市场主体名称受法律保护”等相关规定，使公司成立及登记注册制度更加完善。

【理解与适用】

在我国法律体系中，关于公司名称权的规定最早可以追溯至现已失效的《民法通则》。《民法通则》第99条第2款规定：“法人、个体工商户、个人合伙享有名称权。企业法人、个体工商户、个人合伙有权使用、依法转让自己的名称。”《民法典》第58条、第110条、第1013条等延续了相应的权利及保护规定。与此同时，《市场主体登记管理条例》及其实施细则、《企业名称登记管理规定》及其实施办法等行政法规和部门规章均作出了具体规定。

一、公司应当有自己的名称

本条第1款规定，公司应当有自己的名称。公司名称是公司在营业活动中所使用的名称，公司确立自己的名称具有重要意义。其一，从商事交易的客观要求看，公司以自己的名义从事民商事活动，需要通过自己的名称与其他法人、组织和自然人相区别，进而明确权利义务归属，因此公司必须有自己的名称。其二，从法人人格角度看，公司名称是公司成为独立民事主体的重要标志之一，是公司法人人格独立实现的重要载体。其三，从财产价值角度看，公司名称是公司商誉的主要组成部分，是一种无形资产。为此，《民法典》第58条第2款规定："法人应当有自己的名称、组织机构、住所、财产或者经费。法人成立的具体条件和程序，依照法律、行政法规的规定。"与该款规定相配套，《公司法》规定公司名称是公司设立的条件之一，也是公司章程的必备条款。第32条规定，公司应当将名称进行登记；第33条第2款规定，公司的名称应当在公司的营业执照上载明；第46条和第95条规定，有限责任公司和股份有限公司的章程应载明公司名称。

二、公司名称应当符合国家有关规定

本条第1款也规定，公司名称应当符合国家有关规定。关于公司名称的选用，从比较法上看存在三种主义：一是真实主义原则；二是自由主义原则；三是折中主义原则。按照真实主义原则，法律对于公司名称的选定加以严格的限制，公司名称与公司的姓名及其营业的种类必须名实相符。按照自由主义原则，公司如何选用公司名称，其所选用的公司名称与公司的营业种类是否有关，原则上法律不加以限制。大多数国家则采取有限制的自由主义，即折中主义。按照折中主义原则，最初选定公司名称时要符合真实主义，但在公司名称转让、继承时也可以不变更公司名称。我国法律对公司名称的选用，原则上实行的是自由主义，但这种自由并非绝对，法律只允许公司在一定范围内自由选定公司名称。①

我国法律规范对公司名称的具体规定主要体现在《市场主体登记管理条例》及其实施细则、《企业名称登记管理规定》及其实施办法等行政法规和部门规章中。一是一个公司只能有一个名称。《市场主体登记管理条例》第10条、《企业名称登记管理规定》第4条规定，市场主体和企业只能登记一个名称。二是公司名称应当规范使用文字。《企业名称登记管理规定》第5条规定："企业名称应当使用规范汉字。"民族自治地方的企业名称可以同时使用本民族自治地方通用的民族文字。三是公司的名称应当符合一定的命名规则。《企业名称登记管理规定》第6条规定："企业名称由行政区划名称、字号、行业或者经营特点、组织形式组成。跨省、自治区、直辖市经营的企业，其名称可以不含行政区划名称；跨行业综合经营的企业，其名称可以不含行业或者经营特点。"《企业名称登记管理规定》的相关条款还对企业名称命名的其他要求作了规定，其中第11条通过列举的方式规定，企业名称不得有损害国家尊严或者利益等九种情形。

---

① 施天涛：《公司法论》（第四版），法律出版社2018年版，第153~154页。

改革开放以来，我国实行企业名称预先核准制度。随着商事制度改革不断深化，新增企业快速增长，企业名称预先核准制度政府管制过多、核准效率较低等弊端日益凸显。为深化“放管服”改革，提高企业名称登记便利化服务水平，市场监管总局印发《关于做好取消企业名称预先核准行政许可事项衔接工作的通知》（国市监注〔2019〕70 号），取消企业名称预先核准行政许可，登记机关提供企业名称自主申报行政服务。相应地，《企业名称登记管理规定》2020 年修订时、《市场主体登记管理条例》制定时规定企业名称由申请人自主申报。

三、公司的名称权受法律保护

本条第 2 款规定：“公司的名称权受法律保护。”公司的名称权，是指公司对其依法取得的名称享有的独占和排他的权利。公司名称经过登记后，公司就享有了名称专用权。

（一）关于公司名称权的相关规定

我国《民法典》对法人的名称权及其保护作了规定。《民法典》第 110 条第 2 款规定：“法人、非法人组织享有名称权、名誉权和荣誉权。”第 1013 条规定，法人、非法人组织享有名称权，有权依法决定、使用、变更、转让或者许可他人使用自己的名称。第 1014 条规定，任何组织或者个人不得以干涉、盗用、假冒等方式侵害他人的姓名权或者名称权。依据《民法典》的上述规定，公司享有名称权，有权依法决定、使用、变更、转让或者许可他人使用自己的名称，任何组织或者个人不得以干涉、盗用、假冒等方式侵害公司的名称权。此外，《市场主体登记管理条例》第 10 条、《企业名称登记管理规定》第 4 条也规定，公司名称受法律保护。

此外，《反不正当竞争法》第 6 条规定：“经营者不得实施下列混淆行为，引人误认为是他人商品或者与他人存在特定联系：……（二）擅自使用他人有一定影响的企业名称（包括简称、字号等）、社会组织名称（包括简称等）、姓名（包括笔名、艺名、译名等）……”因此，未经公司许可，擅自使用公司有一定影响的企业名称（包括简称、字号等）属于不正当行为。

（二）公司名称权的性质

根据《民法典》第 110 条规定，公司名称权是公司人格权的一个表现内容，除此之外还有名誉权和荣誉权。与自然人的人格权表现相比，公司等法人的人格权除权利内容更为狭窄之外，在权利行使上还存在着特殊之处。《民法典》第 992 条规定，人格权不得放弃、转让或者继承。但考察法人人格权的产生过程我们不难发现，法人人格权是商品经济发展的产物，与以伦理价值为中心的自然人人格权相比，法人人格权带有明显的拟制性、非伦理性、财产性。这些特性也决定了法人、非法人组织的人格权从诞生之初就已不是精神性人格利益，而是一种财产权益，此种权益应当具有一定的可转让性，法人、非法人组织由此也可以获得相应的财产收益。这种可转让性既符合市场规律及社会实践，也与《民法典》第993条关于“民事主体可以将自己的姓名、名称、肖像等许可他人使用，但是依照法律规定或者根据其性质不得许可的除外”的立法精神相符。就人格权受侵害后的救济而言，根据《民法典》第1183条的规定，侵害自然人人身权益造成严重精神损害的，被侵权人有权请求精神损害赔偿。因故意或者重大过失侵害自然人具有人身意义的特定物造成严重精神损害的，被侵权人有权请求精神损害赔偿。主张精神损害赔偿的民事主体范围被明确限定为自然人，也就是说法人、非法人组织在人格权受侵害的情况下，仅能主张经济损害赔偿，不能主张精神损害赔偿。

（三）公司名称权的效力

公司名称一经核准登记注册后，即取得专用权。这种权利与专利权、商标权具有同样的性质。也就是说，公司名称专用权虽然是一种绝对权，但由于其仅在同一登记管辖区域内且为同一营业时才具有排他的效力，较之于一般意义上的绝对权的对抗效力又要弱一些，所以，这是一种相对的绝对权。在这一点上，它与专利权、商标权所具有的有限的空间上的排他效力是一样的。

（四）公司名称权的内容

根据《民法典》第1013条规定，法人、非法人组织享有名称权，有权依法决定、使用、变更、转让或者许可他人使用自己的名称。据此，公司的名称权是公司享有的一种人格权，具有以下权能：（1）名称决定权。公司有权依法决定自己的名称，名称原则上由公司自主申报，但不得违反《企业名称登记管理规定》。（2）名称使用权。公司对其依法取得的名称，具有独占性的使用权，有权排除他人的非法干涉。（3）名称变更权。公司在经营过程中，根据自己的需要，可以依法变更其名称。（4）名称转让权。公司可以依法将自己的名称转让给他人。《企业名称登记管理规定》第19条规定，企业名称转让或者授权他人使用的，相关企业应当依法通过国家企业信用信息公示系统向社会公示。（5）名称许可权。公司可以将自己的名称许可给他人使用。

【典型案例】

天津某青年旅行社诉天津某国际旅行社擅自使用他人企业名称纠纷案[①]

裁判要旨：对于企业长期、广泛对外使用，具有一定市场知名度、为相关公众所知悉，已实际具有商号作用的企业名称简称，可以视为企业名称予以保护。擅自将他人已实际具有商号作用的企业名称简称作为商业活动中互联网竞价排名关键词，使相关公众产生混淆误认的，属于不正当竞争行为。

① 最高人民法院指导案例29号。

【条文】

第七条

依照本法设立的有限责任公司，应当在公司名称中标明有限责任公司或者有限公司字样。

依照本法设立的股份有限公司，应当在公司名称中标明股份有限公司或者股份公司字样。

【条文主旨】

本条是关于在公司名称中标明组织形式的规定。

【条文概览】

本次《公司法》修订对2018年《公司法》第8条的部分措辞进行了修改。

1993年《公司法》制定时即有本条规范，条文序号为第9条。内容为："依照本法设立的有限责任公司，必须在公司名称中标明有限责任公司字样。依照本法设立的股份有限公司，必须在公司名称中标明股份有限公司字样。"1999年、2004年对《公司法》进行修正时，对该条内容及序号均无改动。

2005年修订时，将本条规范的序号调整为第8条，增加了有限责任公司和股份有限公司简称的表述，内容为："依照本法设立的有限责任公司，必须在公司名称中标明有限责任公司或者有限公司字样。依照本法设立的股份有限公司，必须在公司名称中标明股份有限公司或者股份公司字样。"2013年、2018年修正时均延续了2005年《公司法》对该条的修正内容，序号均为第8条。

本次修订调整了2018年《公司法》的部分表述，将2018年《公司法》第8条第1款和第2款中的"必须"修改为"应当"，与2020年修订的《企业名称登记管理规定》第10条"企业应当根据其组织结构或者责任形式，依法在企业名称中标明组织形式"中的表述保持了一致。序号由第8条变为第7条。

【理解与适用】

一、企业名称是公司人格特定化的标识

公司作为法人，与自然人一样，是权利义务关系的主体，应当有自己的名称，以便明确主体的标志和权利义务的归属。公司名称在公司设立登记时作为登记事项之一，在经过公司登记机关的登记后，就成为公司的法定名称。公司有了确定的名称，等于确立了自己的标志，有利于公司开展经营活动，依法享有权利和履行义务。

我国市场中的商事主体类型众多，《民法典》第 76 条规定了营利法人，包括了有限责任公司、股份有限公司和其他企业法人等。本条规定在公司名称中标明组织形式，有助于提供最基本和最直观的信用信息，区别于其他的商事主体。

公司名称权作为一种专用权，具有排斥他人使用相同或者近似公司名称的效力。公司的名称是公司标识，是此公司与彼公司相区分的直接依据。为了切实做到使每个公司的登记信息具有唯一性以方便公司登记管理，方便政府对公司经营行为的监管，特别是为了方便公众对公司的识别和对公司登记信息的查询，进而方便在诉讼中对诉讼主体的确定，就需要采取一个公司一个登记名称的原则。在设立登记时，登记机关只能允许申请人申报一个公司名称，在登记簿上也只能登记一个名称。如果公司改变名称，可以依变更登记程序变更公司名称登记。但在采用新名称后，原公司名称就同时作废。《企业名称登记管理规定》第 4 条规定，企业只能登记一个企业名称，企业名称受法律保护。

企业名称作为一种财产权可以转让。《企业名称登记管理规定实施办法》第 29 条规定，企业名称可以依法转让。企业名称的转让方与受让方应当签订书面合同，依法向企业登记机关办理企业名称变更登记，并由企业登记机关通过国家企业信用信息公示系统向社会公示企业名称转让信息。

二、公司名称应当标明组织形式

公司的名称是成立公司的要件之一，是公司人格特定化的重要标志。根据《企业名称登记管理规定》第 7 条的规定，企业名称由四部分组成，分别为：行政区划名称、字号、行业或者经营特点、组织形式。企业名称中的行政区划名称应当是企业所在地的县级以上地方行政区划名称。市辖区名称在

企业名称使用时应当同时冠以其所属的设区的市的行政区划名称。开发区、垦区等区域名称在企业名称中使用时应当与行政区划名称连用，不得单独使用。跨省、自治区、直辖市经营的企业，其名称可以不含行政区划名称；跨行业综合经营的企业，其名称可以不含行业或者经营特点。

新修订的《公司法》第2条规定了公司类型，包括了有限责任公司和股份有限公司。有限责任公司是指股东以其认缴的出资额为限对公司承担责任的公司，其核心特征是股东承担有限责任，股东个人财产不会受到公司债务的影响，这种特殊的责任模式对其他相关的投资者和潜在的商业合作伙伴至关重要，能够帮助他们识别与该公司合作的风险和潜在的收益。股份有限公司，是指公司的资本划分为等额股份，股东以其认购的股份为限对公司承担责任的公司，其与有限责任公司之间在公司设立、股权转让、公司治理结构、公司资本制度等方面存在诸多差异。标明有限责任或者股份有限公司身份，有助于公司对外开展经营活动，帮助外部利益相对方了解公司的股权结构和治理方式，进而准确地评估和把握与该公司进行交易的风险和机会。

在2023年《公司法》修订之后，在股份有限公司范畴内设立了很多新制度，例如，《公司法》第142条新增了公司可以通过章程规定择一采取面额股或者无面额股，并且明确二者之间可以相互转换；第152条规定，公司章程或者股东会可以授权董事会在三年内决定发行不超过已发行股份50%的股份。但以非货币财产作价出资的应当经股东会决议。董事会依照前款规定决定发行股份导致公司注册资本、已发行股份数发生变化的，对公司章程该项记载事项的修改不需再由股东会表决。企业名称作为企业的第一印象，必须全面准确地反映出企业的法律性质和组织形式，便于第三人进行经营决策，也帮助行政机关进行管理。

【条文】

第八条

公司以其主要办事机构所在地为住所。

【条文主旨】

本条是关于公司住所的规定。

【条文概览】

本条未作修改，条文顺序从 2018 年《公司法》的第 10 条调整为第 8 条。本条自 1993 年《公司法》制定时即存在，1999 年、2004 年、2005 年、2013 年、2018 年均未作修订，条文序号均为第 10 条。

【理解与适用】

一、公司住所的确定

住所是民商事法律主体资格获得的要素。对大陆法系国家来说，大部分国家均明确规定住所属于自然人、法人法律资格取得不可缺少的要素，《德国民法典》《意大利民法典》《瑞士民法典》《智利共和国民法典》《秘鲁共和国新民法典》均有相关规定。我国《民法典》在“自然人”一章与“法人”一章中，对“住所”进行了界定和厘清。公司作为法人型主体，只有拥有住所才能成为独立的民商事法律关系主体，才能行使权利、履行义务、承担责任。

公司对住所的确定存在不同的标准：以公司的管理中枢所在地为公司住所，此种模式为管理中心主义；以主要经营场所所在地为公司住所，此种模式可称为营业中心主义；还可以由章程规定。依照本条规定，我国确定公司住所地的方式为“管理中心主义”，这与《民法典》第 63 条的规定保持了一致，即法人以其主要办事机构所在地为住所。依法需要办理法人登记的，应当将主要办事机构所在地登记为住所。

我国关于法人住所开展的讨论集中在《民法总则》的制定过程中，在《民法总则》若干草案稿的审议过程中，对于“法人住所认定”这一问题主要产生了两种观点：一为“主要办事机构所在地说”，即直接明确“法人以其主要办事机构所在地为住所”，或同时规定“不能确定时，以其登记的住所为住所”；二为“登记地说”，即直接明确“法人以其登记的住所为住所”，但同时会规定“没有登记”或“与主要办事机构所在地不一致”或“不需要登记时”则以“主要办事机构所在地”为住所。最终出台的《民法总则》，采纳的是第一种“主要办事机构所在地说”，同时，对申请人设定了将主要办事机构所在地登记为住所的义务，起到了强化“主要办事机构所在地”在公司住所认定中的地位。

二、确定公司住所的意义

一是确定公司的行政管理所在地。《市场主体登记管理条例》第 11 条规定，市场主体只能登记一个主要经营场所，《市场主体登记管理条例实施细则》第 10 条规定，申请人应当根据市场主体类型依法向其住所（主要经营场所、经营场所）所在地具有登记管辖权的登记机关办理登记。住所是确定税收、登记等管理机关的依据。从登记的角度看，申请设立公司应当向公司登记机关提交公司住所证明，并明确公司住所证明是指能够证明公司对其住所享有使用权的文件。各地大多将公司住所证明细化规定为“使用自有房产的，应当出示房屋产权证（或/及）其复印件；使用非自有房产的，使用证明为业主房屋产权证明（或/及）其复印件和房屋租赁协议或者无偿使用证明。使用宾馆、饭店的，使用证明为房屋租赁协议和宾馆、饭店的营业执照”，部分地方还要求提供房产证复印件或购房合同、房屋销售许可证复印件等。《市场主体登记管理条例》也继续明确住所应为市场主体的一般登记事项，同样再次要求申请办理市场主体登记应当提交住所相关证明文件。

二是确定诉讼管辖地和法律文书送达地。《民事诉讼法》第 22 条规定，对法人或者其他组织提起的民事诉讼，由被告住所地人民法院管辖；第 27 条规定，因公司设立、确认股东资格、分配利润、解散等纠纷提起的诉讼，由公司住所地人民法院管辖。《民事诉讼法解释》第 22 条规定，因股东名册记载、请求变更公司登记、股东知情权、公司决议、公司合并、公司分立、公司减资、公司增资等纠纷提起的诉讼，依照《民事诉讼法》第 27 条的规定确定管辖。

三是确定债务的履行地。《民法典》第 492 条规定：“承诺生效的地点为合同成立的地点。采用数据电文形式订立合同的，收件人的主营业地为合同成立的地点；没有主营业地的，其住所地为合同成立的地点。当事人另有约定的，按照其约定。”如果合同当事人对履行地点没有约定或者约定不明确的，可以协议补充，不能达成补充协议的，按照合同相关条款或者交易习惯确定。如果不能确定，《民法典》第 511 条规定，履行地点不明确，给付货币的，在接受货币一方所在地履行；交付不动产的，在不动产所在地履行；其他标的，在履行义务一方所在地履行。在合同双方就履行地点约定不明确或者没有达成协议的情况下，以所在地来确定履行地点。

【条文】

第九条

公司的经营范围由公司章程规定。公司可以修改公司章程，变更经营范围。

公司的经营范围中属于法律、行政法规规定须经批准的项目，应当依法经过批准。

【条文主旨】

本条是关于公司经营范围的规定。

【条文概览】

本次修订对2018年《公司法》第12条进行了部分措辞修改，将经营范围应当依法登记和变更登记的内容统筹到新《公司法》第32条及第34条。条文顺序调整为第9条。

1993年《公司法》制定时即有本条规范，条文序号为第11条。内容为："设立公司必须依照本法制定公司章程。公司章程对公司、股东、董事、监事、经理具有约束力。公司的经营范围由公司章程规定，并依法登记。公司的经营范围中属于法律、行政法规限制的项目，应当依法经过批准。公司应当在登记的经营范围内从事经营活动。公司依照法定程序修改公司章程并经公司登记机关变更登记，可以变更其经营范围。"1999年、2004年对《公司法》进行修正时，对该条内容及序号均无改动。

2005年修订时，将本条规范的序号调整为第12条，该条在1993年《公司法》第11条第2款、第3款规定的基础上修改而成，主要是删去了原来关于"公司应当在登记的经营范围内从事经营活动"的规定，不再将经营范围视为公司行为能力的范围，不能因为公司代表人代表公司实施的行为超越公司经营范围而主张其行为无效，从而保障交易环境和保护交易相对人的合法权益。条文内容为："公司的经营范围由公司章程规定，并依法登记。公司可以修改公司章程，改变经营范围，但是应当办理变更登记。公司的经营范围中属于法律、行政法规规定须经批准的项目，应当依法经过批准。"

2013年、2018年《公司法》修正时均延续了2005年《公司法》对该条的修正内容，序号均为第12条。

【理解与适用】

一、公司经营范围的理解

公司的经营范围，是指公司在经营活动中所涉及的领域，具体表现为公司具有什么样的生产项目、经营种类、服务事项等。公司需要一定的经营范围，以便开展经营活动。同时，确定公司的经营范围，还涉及以下因素：一是有利于公司经营活动的专业化发展；二是方便投资者了解公司资金的投入方向，也就是资金投入的项目以及该项目已经存在或者可能存在的风险；三是有利于公司董事、监事、经理以及其他高级管理人员认清公司发展的前景以及努力的方向；四是有利于建立和维护一定的管理秩序、经营秩序，防止市场竞争进入无序的状态。此外，国家还可以通过对公司经营范围设置前置许可事项或者后置许可事项，实现对市场经济的宏观调控。

二、公司经营范围的确定

本条第 1 款规定，公司的经营范围由公司章程自主规定。根据本法第 46 条和第 95 条的规定，经营范围是公司章程的法定记载事项，也是《公司法》规定的登记事项之一。公司经营范围的确定，应当根据《市场主体登记管理条例》第 14 条第 2 款规定，按照登记机关公布的经营项目分类标准办理营业范围登记。公司设立后，应当在经过登记的经营范围内从事经营活动。但是经营范围并不是固定不变的，公司可以根据需要更改自己的经营范围。公司变更经营范围需要经过的法定程序：一是由股东会依法修改公司章程，对经营范围作出变更；[①] 二是向公司登记机关提出变更经营范围的申请；三是由公司登记机关依法进行变更登记。如果经营范围属于法律、行政法规规定须经批准的项目，则应当在依法取得批准后，再向公司登记机关提出变更经营范围的申请。

① 《公司法》第 66 条规定："股东会的议事方式和表决程序，除本法有规定的外，由公司章程规定。股东会作出决议，应当经代表过半数表决权的股东通过。股东会作出修改公司章程、增加或者减少注册资本的决议，以及公司合并、分立、解散或者变更公司形式的决议，应当经代表三分之二以上表决权的股东通过。"《公司法》第 116 条规定："股东出席股东会会议，所持每一股份有一表决权，类别股股东除外。公司持有的本公司股份没有表决权。股东会作出决议，应当经出席会议的股东所持表决权过半数通过。股东会作出修改公司章程、增加或者减少注册资本的决议，以及公司合并、分立、解散或者变更公司形式的决议，应当经出席会议的股东所持表决权的三分之二以上通过。"

三、公司须经批准项目的理解

本条第 2 款规定，公司的经营范围中属于法律、行政法规规定须经批准的项目，应当依法经过批准。这是对公司可以通过章程自主决定经营范围的限制，但需要注意的是，只有法律、行政法规才可以设置许可事项。《市场主体登记管理条例》第 14 条第 1 款规定，市场主体的经营范围包括一般经营项目和许可经营项目。经营范围中属于在登记前依法须经批准的许可经营项目，市场主体应当在申请登记时提交有关批准文件。

一般经营项目，是指公司可以自主决定从事的经营项目，仅需公司进行登记即可，无须审批。国家市场监督管理总局以《国民经济行业分类》为基础，参照相关政策文件、行业习惯和专业文献，制定了《经营范围登记规范表述目录（试行）》，市场主体可以自由选择规范目录办理经营范围登记。前置许可经营项目，是指法律、行政法规规定，公司在设立之前就必须向有关部门取得该事项的批准，而后才能设立公司从事相应经营活动，该事项由国家市场监督管理总局依照相应的法律法规，发布《企业登记前置审批事项目录》进行管理。后置许可经营项目，是指在公司设立之后，需要经过有关部门批准，方可从事的经营范围。比如《食品安全法》第 35 条规定的食品生产、食品销售、餐饮服务等。

【实务问题】

关于公司超越经营范围订立合同的效力问题。

一、我国司法实践存在一个由一律无效到逐渐认定有效的过程

1993 年《公司法》对公司的经营范围采取了比较严格的限制，规定了公司应当在规定的经营范围内从事经营活动，实践中对于超越经营范围订立的合同大多会被认定为无效。1999 年制定的《合同法》第 50 条明确规定了，法人或者其他组织的法定代表人、负责人超越权限订立的合同，除相对人知道或者应当知道其超越权限的以外，该代表行为有效。同年出台的《合同法解释一》第 10 条规定了当事人超越经营范围订立合同，人民法院不因此认定合同无效。但违反国家限制经营、特许经营以及法律、行政法规禁止经营规定的除外。该条规定确定了当事人超越经营权限一般不影响合同效力的原则。

2005 年《公司法》修订时，删去了原来关于“公司应当在登记的经营

范围内从事经营活动”的规定。主要是考虑到在市场经济条件下，如果将公司的经营范围仅限于登记的经营范围内，超出部分一律以无效论，会增加交易相对方的交易成本，不利于维护交易秩序和保护交易相对方的合法权益，也不利于公司的发展。与此同时，也与 1999 年制定的《合同法》及其司法解释的规定相对应。

二、目前法律规定中对合同效力的认识

从目前的法律规定来看，《民法典》第 505 条明确规定了当事人超越经营范围订立的合同的效力，应当依照《民法典》总则编第六章第三节和合同编的有关规定确定，不得仅以超越经营范围确认合同无效。具体分析如下：

如果该合同具有《民法典》第 153 条或第 154 条所规定的违反强制性规定及违背公序良俗、恶意串通损害他人合法利益的情形，则应直接认定其无效。再结合《民法典》第 502 条的规定，合同应当办理批准等手续的，依照其规定。未办理批准等手续影响合同生效的，不影响合同中履行报批等义务条款以及相关条款的效力。应当办理申请批准等手续的当事人未履行义务的，对方可以请求其承担违反该义务的责任。需要注意的是，无效合同从本质上来说是欠缺合同的有效要件，或者具有合同无效的法定事由，自始不发生法律效力。未生效合同是指在该生效条件成就前，不能产生请求对方履行合同主要权利义务的法律效力的合同。如果公司超越的经营范围，属于法律、行政法规和国务院决定规定须经批准的项目，满足缺乏相应民事行为能力这一要件，则根据《民法典》第 144 条，合同无效。

【条文】

第十条

公司的法定代表人按照公司章程的规定，由代表公司执行公司事务的董事或者经理担任。

担任法定代表人的董事或者经理辞任的，视为同时辞去法定代表人。

法定代表人辞任的，公司应当在法定代表人辞任之日起三十日内确定新的法定代表人。

【条文主旨】

本条是关于法定代表人的选任、辞任和补任的规定。

【条文概览】

本条由2018年《公司法》第13条修改而来，内容上有实质修改。

本条是2005年《公司法》修订时新增加的条文。2005年《公司法》修订前，对公司法定代表人的规定较为分散，并且实行董事长为法定代表人制度，只有董事长一人对外代表公司。如第45条规定，有限责任公司设董事会的，董事长为公司的法定代表人；第51条规定，有限责任公司不设董事会的，执行董事为公司的法定代表人；第113条规定，股份有限公司的董事长为公司的法定代表人。

2005年《公司法》修订时，鉴于原来规定的不足和客观情况的需要，一是将原来分散的规定集中在总则中进行规定；二是将公司法定代表人的确定，赋予公司章程规定，不再由法律作出统一的硬性规定；三是将可以担任公司法定代表人的范围，由原来的董事长、执行董事，扩大为董事长、执行董事和经理；四是明确了公司法定代表人必须依法登记。

2023年《公司法》修订时，对法定代表人制度进行了重大修改，着重强调了要求法定代表人制度的自治性。具体到本条文的修改内容来看，一是将旧法中的“由董事长、执行董事或者经理担任”改为“代表公司执行公司事务的董事或者经理担任”。《公司法》修订前，公司的法定代表人需要从董事长、执行董事、经理中择一确定，《公司法》修订后，删除了“执行董事”的特定表述，且对担任公司法定代表人的董事不再局限于董事长，扩大了可以担任法定代表人的董事范围。二是进一步明确了担任法定代表人的董事、经理，必须是参与公司经营管理、执行工作事务的人员。三是将“法定代表人依法登记”的内容整合至本法第 32 条。四是新增本条第 2 款、第 3 款内容，担任法定代表人的董事或者经理辞任的，视为同时辞去法定代表人的职务，并且法定代表人辞任的，公司应当自法定代表人辞任之日起 30 日内确定新的法定代表人。条文顺序从第 13 条调整到第 10 条。

【理解与适用】

一、法定代表人的产生

《民法典》第 61 条第 1 款规定，依照法律或者法人章程的规定，代表法人从事民事活动的负责人，为法人的法定代表人。《民事诉讼法》第 51 条规定，公民、法人和其他组织可以作为民事诉讼的当事人。法人由其法定代表人进行诉讼，其他组织由其主要负责人进行诉讼。通说认为，法定代表人无须公司特别授权即可代表公司以法人名义从事民事活动，后果由公司承受，其余人员或者其余机构均需获得授权后才能代表公司。

一方面，本条第 1 款规定了公司的法定代表人选任范围是代表公司执行公司事务的董事或经理，该款规定体现了法律的强制性，限定了可以产生法定代表人的范围。需要注意的是，在法定代表人的选任范围上，《公司法》呈现出逐步拓宽的趋势，1993 年《公司法》规定只能由董事长、执行董事担任法定代表人，2005 年《公司法》修订时，放宽公司法定代表人的选任范围至董事长、执行董事和经理。本次修订，删除了执行董事的表述方法，将该概念重塑为执行公司事务的董事，与非执行董事相对应，指除在公司担任董事之外，还出任其他职务，负责公司经营、管理、投资筹资等一个方面或者几个方面事务的董事。

另一方面，本条第 1 款规定了由章程规定法定代表人的选任制度，充分尊重公司自治。《公司法》第 46 条规定了有限责任公司章程应当载明公司法定代表人的产生及变更办法，第 95 条规定了股份有限公司的章程应当写明法定代表人的产生及变更办法，因此，法定代表人的产生、变更方式、由谁担任，均须通过公司章程进行规定。

此外，《公司法》第 265 条第 1 项规定了高级管理人员的概念，包括公司的经理、副经理、财务负责人，上市公司董事会秘书和公司章程规定的其他人员，即代表公司执行公司事务的经理应当符合高级管理人员的任职要求，并承担高级管理人员的义务，损害公司、股东或者他人合法权益的，应当承担相应的责任。

二、法定代表人的辞任

本条第2款规定了担任法定代表人的董事或者经理辞任的，视为同时辞去法定代表人。由于本条第1款规定了法定代表人的选任范围，在法定代表人不再具备董事、经理的身份时，其本身不再具备担任法定代表人的资格，应当视为同时辞任。需要说明的是，本款既包括法定代表人主动辞去职务，也包括公司董事、经理职务被解除的情形。

本条第3款规定了法定代表人辞任后，公司有补任义务，期限为法定代表人辞任后的30日内。主要是考虑到法定代表人以法人名义从事民事活动，代表公司进行司法行为，法定代表人的缺失，会给公司的对外交往带来不便，因此，公司应当积极地选任法定代表人，尽早使公司摆脱缺少法定代表人的状况。并且，由于法定代表人是公司登记及营业执照中应当载明的事项，变更法定代表人的，应当根据修订后的《公司法》第34条规定，依法办理变更登记。

【实务问题】

实践中，经营状况良好的公司一般在变更法定代表人登记事项时不存在障碍，但当公司经营状况恶化，无人愿意接任公司法定代表人时，若由原法定代表人继续担任，其可能需要承担因公司经营问题可能带来的征信受损、限制高消费、限制出境、罚款、拘留甚至追究刑事责任等诸多风险。此时应当允许法定代表人提起诉讼涤除法定代表人身份。具体分析如下：

一、涤除法定代表人登记纠纷具有可诉性

在当前执行限制高消费令的前提下，公司法定代表人的约束功能已经凸显。实务中存在大量公司法定代表人变更登记纠纷，该类纠纷是否受理，仍然是当前审判实务中需要明确和统一的问题。有部分法院认为，变更公司登记纠纷主要是处理股权类登记纠纷，并未将包括公司法定代表人变更等其他登记事项包括在内，此类争议属于公司自治范畴。但法定代表人行使职权的基础为公司权力机关的授权，公司权力机关终止授权则法定代表人对外代表公司从事民事活动的职权终止，公司依法应当及时办理工商变更登记。在公司控股股东不依法作出决议、提交有关变更登记资料以及提交申请的情形下，原法定代表人个人无法通过工商管理部门常规程序办理公司工商变更登

记，除提起诉讼外，已无其他救济途径，应当允许其提起诉讼，涤除法定代表人身份。实践中，也有支持原法定代表人提起诉讼的案例，例如，最高人民法院作出的（2020）最高法民再88号判决，系一起关于法院是否应当受理变更公司法定代表人纠纷的案件。法院认为应当予以受理，因为该纠纷属于平等主体之间的民事争议。该案中，根据王某廷的述称，其自2011年5月30日即已从某瑞公司离职，至今已近9年的案件事实，足见某瑞公司并无自行办理法定代表人变更登记的意愿，因王某廷并非某瑞公司股东，其亦无法通过召集股东会等公司自治途径，就法定代表人的变更事项进行协商后作出决议。若人民法院不予受理王某廷的起诉，则王某廷因此所承受的法律风险将持续存在，而无任何救济途径。需要明确的是，王某廷该项诉讼请求是否具有事实和法律依据，是否应予支持，应通过实体审理予以判断。

二、允许司法权介入工商登记中的法定代表人实体权益的审查，对于完善公司工商登记制度具有促进作用

在职业法定代表人的现实情况下，探索法定代表人变更登记诉讼对于某些个体的权益保护具有重要意义。这主要是基于以下几点考虑：第一，劳动者有权终止劳动关系，依法有权拒绝担任法定代表人。公司董事、监事、高级管理人员等公司员工如拒绝法定代表人的任命，公司不能依据公司章程或变相拟订不利于员工的章程而对劳动者予以捆绑。如公司法定代表人不是股东，与公司解除劳动关系，不收取来自公司的报酬，与公司已无实际关联，此时如其已明确表示不愿继续担任法定代表人，应平衡当事人的意思自治和公司的意思自治，不应仅以公司自治作为考虑是否进行变更的因素。第二，根据《最高人民法院关于限制被执行人高消费及有关消费的若干规定》，如公司被列为失信被执行人，则法定代表人会被采取限制消费措施。限制高消费措施是为了避免公司出现消极履行、规避执行或者抗拒执行的行为，督促公司尽快履行义务，而非针对法定代表人个人的惩罚性措施，不具有人身专属性，如果对于一个与公司没有投资控股关系的劳动者实施限制高消费措施，并不能达到通过限制高消费保护债权人利益的目的，反而会让真正的控制人逍遥法外。第三，根据《市场主体登记管理条例》第19条的规定，登记机关应当对申请材料进行形式审查。对申请材料齐全、符合法定形式的予以确认并当场登记，申请材料不齐全或者不符合法定形式的，登记机关应当一次性告知申请人需要补正的材料。从工商管理的角度，其对法定代表人的审查仅为形式审查，对外公示的法定代表人是否能够实质地代表公司行使权

利义务，工商登记制度本身并不能就此作出判断，如果一味地认定工商变更登记的公示效力，会误导外部不特定的债权人。因此，允许司法权介入工商登记中的法定代表人实体权益的审查，对于完善公司工商登记制度具有促进作用。

【典型案例】

韦某兵与某房地产公司、某投资公司、某鸿公司请求变更公司登记纠纷案

基本案情： 某房地产公司于 2013 年 3 月 26 日成立，股东某投资公司持股 95%，股东某鸿公司持股 5%，韦某兵由某房地产公司大股东某投资公司委派到该公司担任董事长及法定代表人。2017 年 7 月 18 日，在某石化集团下发《关于干部免职的决定》后，某投资公司发出免职通知书，免除韦某兵董事长及法定代表人的职务，某鸿公司同意该免职决定。韦某兵被免职后，某房地产公司未选任新的法定代表人，也未向公司注册地工商局提交变更申请及相应文件，导致韦某兵被免职后，仍然对外公示为法定代表人，在某房地产公司相关系列金融案件中被限制高消费。故韦某兵向法院起诉请求涤除某房地产公司法定代表人的工商登记。

裁判要旨： 法定代表人是对外代表公司从事民事活动的公司负责人，法定代表人登记依法具有公示效力。就公司内部而言，公司与法定代表人之间为委托法律关系，法定代表人代表权的基础是公司的授权，自公司任命时取得至免除任命时终止。公司权力机关依公司章程规定免去法定代表人的职务后，法定代表人的代表权即为终止。

有限责任公司股东会依据章程规定免除公司法定代表人职务的，公司执行机关应当执行公司决议，依法办理公司法定代表人工商变更登记。

【条文】

第十一条

法定代表人以公司名义从事的民事活动，其法律后果由公司承受。

公司章程或者股东会对法定代表人职权的限制，不得对抗善意相对人。

法定代表人因执行职务造成他人损害的，由公司承担民事责任。公司承担民事责任后，依照法律或者公司章程的规定，可以向有过错的法定代表人追偿。

【条文主旨】

本条是关于法定代表人的地位和责任的规定。

【条文概览】

本条为新增条款。

【理解与适用】

一、法定代表人代表行为的法律后果

《民法典》第 61 条第 2 款规定，法定代表人以法人名义从事的民事活动，其法律后果由法人承受。本条规定将其中的“法人”两字改为了“公司”。民法理论上关于法定代表人的性质形成了代表说和代理说两种学说。代表说与法人实在说相联系，将代表人的人格与法人的人格视为等同一体；代理说与法人拟制说相联系，将代表人的人格视为独立的自然人人格，通过代理规则解释代理行为的归属问题。代表说主要为大陆法系国家所采纳，认为法人代表人的行为，就是法人自身的行为，代表人是法人的机关。该学说优化了法律关系，提高了效率，并且更有利于维护交易安全、保护第三人的利益，但容易产生法定代表人滥用代表权导致公司利益受损的问题。而代理说主要为英美法系国家所采纳，强调法定代表人和公司之间为代理关系，法人对外行为的实施是通过代理人实现法人的意思表示，法定代表人的行为只能在公司授权范围内或者超越权限但得到公司追认时，其行为后果才由公司承担责任，否则应当由法定代表人自身承担责任。该学说更有利于控制代表人滥用代表权，但是在维护交易安全、保护第三人权益方面略微逊色。但需要说明的是，无论是代表说还是代理说，法定代表人对外从事民事活动，其后果均归属于公司。

公司印章、法定代表人签字或者捺印等行为均能推定为公司的意思表示，但若合同仅具备一种表现形式时，如何认定合同效力？《民法典合同编通则解释》第22条对异常人章关系进行了规定，法定代表人、负责人或者工作人员以法人、非法人组织的名义订立合同且未超越权限，法人、非法人组织仅以合同加盖的印章不是备案印章或者系伪造的印章为由主张该合同对其不发生效力的，人民法院不予支持。合同系以法人、非法人组织的名义订立，但是仅有法定代表人、负责人或者工作人员签名或者捺印而未加盖法人、非法人组织的印章，相对人能够证明法定代表人、负责人或者工作人员在订立合同时未超越权限的，人民法院也应当认定合同对法人、非法人组织发生效力。但是，当事人约定以加盖印章作为合同成立条件的除外。合同仅加盖法人、非法人组织的印章而无人员签名或者捺印，相对人能够证明合同系法定代表人、负责人或者工作人员在其权限范围内订立的，人民法院应当认定该合同对法人、非法人组织发生效力。在前3款规定的情形下，法定代表人、负责人或者工作人员在订立合同时虽然超越代表或者代理权限，但是依据《民法典》第504条的规定构成表见代表，或者依据《民法典》第172条的规定构成表见代理的，人民法院应当认定合同对法人、非法人组织发生效力。

二、法定代表人职权范围的限制

本条第2款吸收了《民法典》第61条第3款“法人章程或者法人权力机构对法定代表人代表权的限制，不得对抗善意相对人”精神，仅将其中的“法人”改为了“公司”。实践中，对公司法定代表人职权范围的限制主要包含了法律直接限制、公司章程自我限制和公司股东会、董事会的限制三种。就法律直接限制而言，比如仅有股东会有权对外发行公司债券、决定公司的合并分立等事项，法定代表人在无董事会授权的情况下，无权从事上述行为。再如，《公司法》第15条规定的公司对外进行担保，法定代表人并无直接对外担保的权利。

就章程的自我限制及公司股东会、董事会的限制而言，公司的章程规定及股东会、董事会决议内容具有一定的内部性。在日常的商事交往过程中，如果要求全部相对人审查上述内容，则过于苛刻，不利于维护交易安全。因此，本条第2款规定，公司章程或者股东会对法定代表人职权的限制，不得对抗善意相对人。如果相对人不知道或者不应当知道公司章程或者股东会、董事会的限制，法定代表人超越权限与相对人订立的合同对公司发生效力；如果相对人知道或者应当知道存在限制，则法定代表人的代表行为对公司不发生效力。但是由于公司法定代表人为公司董事或者高级管理人员，其超越权限给公司造成损失的，应当对公司承担赔偿责任。

三、法定代表人因执行职务造成他人损害的，由公司承担民事责任。公司承担民事责任后，依照法律或者公司章程的规定，可以向有过错的法定代表人追偿

本条第 3 款吸收了《民法典》第 1191 条①规定的用人单位和劳务派遣单位、劳务用工单位需要承担工作人员执行工作任务对他人造成的侵权责任精神，规定法定代表人对外的职务行为是其代表公司实施的，造成第三人损害的，应当由公司承担责任；但不是法定代表人的职务行为，而是法定代表人个人行为的，则由其本人承担责任。

公司承担民事责任后，法律或者公司章程有规定的，可以向有过错的法定代表人追偿。这与普通工作人员侵权的内部追偿不同，《民法典》第 1191 条规定，用人单位承担侵权责任后，只能向有故意或者重大过失的工作人员追偿，而对于法定代表人，只要有过错，就应对内承担责任。

① 《民法典》第 1191 条规定，用人单位的工作人员因执行工作任务造成他人损害的，由用人单位承担侵权责任。用人单位承担侵权责任后，可以向有故意或者重大过失的工作人员追偿。劳务派遣期间，被派遣的工作人员因执行工作任务造成他人损害的，由接受劳务派遣的用工单位承担侵权责任；劳务派遣单位有过错的，承担相应的责任。

【条文】

第十二条

有限责任公司变更为股份有限公司，应当符合本法规定的股份有限公司的条件。股份有限公司变更为有限责任公司，应当符合本法规定的有限责任公司的条件。

有限责任公司变更为股份有限公司的，或者股份有限公司变更为有限责任公司的，公司变更前的债权、债务由变更后的公司承继。

【条文主旨】

本条是关于公司变更组织形式及其债权债务处理的规定。

【条文概览】

本条系承继原条文，并未作任何修改。

1993 年《公司法》第 98 条规定："有限责任公司变更为股份有限公司，应当符合本法规定的股份有限公司的条件，并依照本法有关设立股份有限公司的程序办理。"第 100 条规定："有限责任公司依法变更为股份有限公司的，原有限责任公司的债权、债务由变更后的股份有限公司承继。"

2005 年《公司法》修订时，一是将原来的第 98 条改为修订后条文的第 1 款；二是增加了第 2 款的规定；三是在 1993 年《公司法》第 100 条规定的基础上，根据修订后第 2 款的规定，增加了股份有限公司变更为有限责任公司后原债权、债务承继的内容。并将条文顺序调整为第 9 条，内容为："有限责任公司变更为股份有限公司，应当符合本法规定的股份有限公司的条件。股份有限公司变更为有限责任公司，应当符合本法规定的有限责任公司的条件。有限责任公司变更为股份有限公司的，或者股份有限公司变更为有限责任公司的，公司变更前的债权、债务由变更后的公司承继。"2013 年、2018 年《公司法》修订时，保留上述内容至今，条文顺序为第 9 条。2023 年《公司法》修订时，将条文顺序调整为第 12 条。

【理解与适用】

一、变更公司组织形式应当符合变更后的公司设立条件

在公司经营过程中，可能会出于经营情况、股东需求等原因，需要变更

组织形式。《公司法》第 2 条规定了我国公司的基本组织形式为股份有限公司和有限责任公司，有限责任公司是指股东以其认缴的出资额为限对公司承担责任，公司以其全部资产对公司债务承担责任的企业法人。《公司法》第三章、第四章是对有限责任公司的专章规定。股份有限公司是指公司注册资本由股份构成，公司股份采取股票形式，股东以其认购的股份对公司承担责任。《公司法》第五章、第六章是对股份有限公司的专章规定。这两种不同的组织形式在独立企业法人、有限责任的基本属性上是基本相同的，但是在公司设立条件上有所不同，变更公司组织形式应当符合变更后的公司设立条件。

二、有限责任公司变更为股份有限公司

有限责任公司在经营过程中，可能会因资金需求量的增加等原因而要求变更为股份有限公司，以便向社会公众筹集更多的资金。但股份有限公司作为公众公司，涉及公共利益，设立条件和程序相较于有限责任公司更为严格。变更时，应当符合《公司法》第 91 条至第 110 条设立股份有限公司的条件。

此外，有限责任公司变更为股份有限公司的，还应当按照设立股份有限公司的程序办理变更事项，如采取向社会公开发行股票的募集设立方式的，不仅要符合法律法规规定的严格程序，还要通过保荐、国务院证券监督管理机构注册制作招股说明书、召开成立大会、承销等较为复杂的程序设立。经过股份有限公司设立的法定程序后，有限责任公司才能最终变更为股份有限公司。

三、股份有限公司变更为有限责任公司

本条第 1 款还规定，股份有限公司变更为有限责任公司的，应当符合有限责任公司的设立条件。部分股份有限公司在经营过程中，可能会因缩小经营规模、减少注册资本等原因而要求变更为有限责任公司，以便更好地适应经营需要或者客观环境的变化，其组织形式的变更应当符合《公司法》第三章的设立条件。

四、公司组织形式变更后的债权、债务承继问题

本条第 2 款规定，有限责任公司或者股份有限公司转换组织形式的，原债权、债务仍然存在，不会因为原有限责任公司或者原股份有限公司的不再

存在而消失，新设立的公司承继原公司的债权、债务。即原有限责任公司或者原股份有限公司的债权、债务，转移到变更后的股份有限公司或者有限责任公司之上。新设立的股份有限公司或者有限责任公司，不得以自己已经不是原来的有限责任公司或者股份有限公司为由，拒不承担原有限责任公司或者原股份有限公司的债务。

【条文】

第十三条

公司可以设立子公司。子公司具有法人资格，依法独立承担民事责任。

公司可以设立分公司。分公司不具有法人资格，其民事责任由公司承担。

【条文主旨】

本条是关于公司设立子公司、分公司的规定。

【条文概览】

本条是在原《公司法》第14条的基础上修改而来。修改之处有二：一是将原条文第1款、第2款的顺序进行了互换；二是将原第1款中“设立分公司，应当向公司登记机关申请登记，领取营业执照”的内容调整至第二章“公司登记”部分的第38条，以确保整部法律各章节内容的协调性。本条第2款与《民法典》第74条相关。《民法典》第74条规定：“法人可以依法设立分支机构。法律、行政法规规定分支机构应当登记的，依照其规定。分支机构以自己的名义从事民事活动，产生的民事责任由法人承担；也可以先以该分支机构管理的财产承担，不足以承担的，由法人承担。”

【理解与适用】

一、关于母子公司的相关问题

（一）母子公司的概念

以母子公司为核心组成的企业集团是市场经济体制中的一种重要的市场主体。这种形式对于分散企业经营风险、提升企业市场竞争力具有重要作用。本条第1款仅规定了公司可以设立子公司，没有明确规定母子公司的法律概念。从域外立法例来看，美国、德国、英国、日本、法国等国在其公司法律规范中对母子公司的概念作了界定。概括起来主要有两种模式：一是以美国、法国为代表，明确持有其他公司一定数量以上的股份或者出资额的公司为母公司，该“其他公司”则为子公司；二是以英国为代表，认为母子公司法律关系的形成除了通过控股外，还可以通过公司之间的控制合同来形成。在我国公司法学理上，一般认为母公司是指拥有其他公司一定数量的股份或资本，或通过企业合同能够使其他公司成为自己的附属公司，并对其进行实际控制的公司。子公司是指其一定数量的股份或者资本被其他公司所拥有或通过企业合同受到其他公司控制的公司。根据母公司控股比例的不同，子公司可以分为全资子公司和控股子公司。前者是指子公司的股东只有母公司一个，即母公司百分之百持股；后者是指子公司的资产由母公司与其他主体共同投入，只是母公司的持股比例达到了控股的地位。其中，控股子公司又分为绝对控股子公司和相对控股子公司，前者是指母公司对子公司有绝对控股权，占50%以上的持股比例；后者是指母公司并未持有子公司50%以上的股权，但由于其他股东持股数比较分散，其持有子公司20%甚至10%的股权即可控制子公司。

从母子公司的关系来看，子公司具有如下特征：一是子公司的重大事务都是由母公司实际决定的。在母子公司关系中，母公司居于主导、规划、控制、决策、指挥的地位，子公司则处于从属、执行、被控制的地位。二是子公司是独立的法人。子公司在经济上受母公司的支配与控制，但在法律上，它具有独立的法人资格，这是其与分公司的本质区别。子公司的独立性主要表现为：拥有独立的公司名称和公司章程；具有独立的组织机构；拥有独立的财产，能够自负盈亏，独立核算；以自己的名义开展经营活动，从事各类民事活动；独立承担公司行为所带来的一切后果和责任。根据子公司的上述特征，本条第1款后半段明确规定了子公司的法律地位，即子公司具有企业法人资格，依法独立承担民事责任。

（二）母子公司关系的法律规制

母子公司作为现代企业制度中一种最具活力的企业组织形式，对于扩大企业经营规模、分散企业风险、优化企业布局无疑具有重要意义。但由于母子公司关系实质上是控制股东与所投资公司之间的关系，所以各国法律在承认母公司对子公司拥有控制权的同时，也会对其控制权予以规制。主要包括三个方面：一是母公司对子公司投资额的限制。比如，我国1993年《公司法》第12条第2款曾规定（后在2005年修订时删除），公司向其他公司投资的，除国务院规定的投资公司和控股公司外，所累计投资额不得超过本公司净资产的50%。该规定当然适用于母子公司，当时规定的目的是防止母公司不顾自身实力，盲目参股投资，使母公司自身资本虚化和偿债能力减弱。二是子公司对母公司持股的限制。从域外立法例来看，多数商事法律比较发达的国家、地区的公司法原则上对子公司持有母公司的股份作了限制性规定。比如，法国的公司法即规定，如果一个股份公司持有另一股份公司10%以上的股份，后者就不能取得前者的股份；已经取得的，要在一定期限内转让或降至不超过10%，并不得行使表决权。在此次修订《公司法》的过程中，我国立法机构在吸收借鉴各交易所股票上市规则的基础上，专门针对上市公司交叉持股问题在第141条规定："上市公司控股子公司不得取得该上市公司的股份。上市公司控股子公司因公司合并、质权行使等原因持有上市公司股份的，不得行使所持股份对应的表决权，并应当及时处分相关上市公司股份。"作此规定的目的是避免交叉持股可能导致的会计核算、控制权不稳定、架空公司等诸多问题，以保障上市公司的有效治理，保护上市公司债权人的合法权益。三是对母子公司关联交易的规制。由于母公司相对于子公司的控制地位，在市场交易中，有些母公司为了自己的利益或者其他子公司、关联企业的利益，会要求某一子公司为母公司或者其他子公司的债务提供担保或恶意拖欠往来账款，损害子公司或子公司其他股东、子公司债权人的利益。为此，我国《公司法》第22条规定："公司的控股股东、实际控制人、董事、监事、高级管理人员不得利用关联关系损害公司利益。违反前款规定，给公司造成损失的，应当承担赔偿责任。"该条规定显然也适用于母子公司法律关系之中。

二、关于总分公司的相关问题

（一）分公司的概念

公司根据生产经营的需要，可以设立分公司。分公司是相对于总公司而言的，是总公司的分支机构，也可以说是总公司的一个组成部分。没有总公司，就没有分公司；没有分公司，也就没有总公司。

关于分公司的性质，一方面，与公司的内设机构不同，分公司具有一定的独立性，分公司通常有自己的场所、管理机构和负责人以及从事业务活动所需要的资金和从业人员；设立分公司，应当向公司登记机关申请登记，领取营业执照；分公司可以自己的名义从事民事活动，只是其民事责任应当由总公司承担（《民法典》第74条第2款）。另一方面，与子公司不同，分公司不论是在经济上还是在法律上，都不具有完全的独立性。分公司的非独立性主要表现在以下几个方面：一是分公司不具有法人资格，不能独立享有权利、承担责任，其一切行为的后果及责任由总公司承担。二是分公司没有独立的公司名称及公司章程，在人事、经营上没有完全自主权，其主要业务活动及主要管理人员由总公司决定并委任，并根据总公司的委托或授权进行业务活动。三是分公司没有独立的财产，其所有资产属于总公司，并作为总公司的资产列入总公司的资产负债表。

（二）分公司的诉讼主体资格

我国幅员辽阔，一些公司的住所地与分支机构的营业地相距甚远，并且对于一些商业银行、保险公司而言，其分公司几乎遍布全国各地。如果对于分公司在市场交易中发生的民事纠纷，全部由总公司参与诉讼并不符合民事诉讼便利原则。《民事诉讼法》第 51 条规定，公民、法人和其他组织可以作为民事诉讼的当事人。根据《民事诉讼法解释》第 52 条的规定，《民事诉讼法》第 51 条规定的“其他组织”是指合法成立、有一定的组织机构和财产，但又不具备法人资格的组织，并明确“依法设立并领取营业执照的法人的分支机构”“依法设立并领取营业执照的商业银行、政策性银行和非银行金融机构的分支机构”属于可以参加民事诉讼的“其他组织”。由上述规定可以看出，公司的分支机构享有独立的诉讼主体资格。

（三）分公司的民事主体资格

《民法典》把民事主体分为三类：第一类是自然人，第二类是法人，第三类是非法人组织。分公司虽然在诉讼上有主体资格，能够以自己的名义参加诉讼，但其并不具有民事主体资格，不是独立的民事主体。需要注意的是，《民法典》第 74 条第 2 款规定：“分支机构以自己的名义从事民事活动，产生的民事责任由法人承担；也可以先以该分支机构管理的财产承担，不足以承担的，由法人承担。”对此，应该如何理解？是否可以将分支机构理解为民法意义上的一种非法人组织？分支机构是否可以独立享有民事权利和承担民事义务？首先，从《民法典》的规定看，法人分支机构规定在法人这一章，并非非法人组织这一章，说明分支机构并不属于非法人组织。其次，由于母公司是独立的民事主体，那么分公司就不可能是独立的民事主体，否则，就会出现一个法人有数个民事主体的问题。《民法典》第 74 条第 2 款规定的“分支机构以自己的名义从事民事活动”实际上是其可以代表法人从事民事活动（比如提起诉讼或应诉等），其法律后果仍然由法人承担。只是在具体操作层面，也可以先以法人分支机构管理的财产承担，分支机构管理的财产不足以承担的，再由法人承担。在此次《公司法》修订中，本条虽然未按照《民法典》第 74 条第 2 款作出修改，但其基本理念与《民法典》第 74 条第 2 款是一致的。

需要注意的是，实践中，如果债权人仅起诉分公司，法院也仅判决分公司承担责任。在执行过程中，如果分公司不能清偿债务，债权人则可以依据

《变更追加当事人解释》第 15 条的规定，申请变更、追加其总公司为被执行人；总公司直接管理的责任财产仍不能清偿债务的，人民法院可以直接执行总公司的其他分公司的财产。

【实务问题】

实践中，对于分公司以自己的名义对外提供担保，其效力如何？就此问题，《担保制度解释》第 11 条作了详细规定，大体可分为三个层次：

一是一般公司的分支机构的对外担保问题。公司的分支机构未经公司股东会或者董事会决议以自己的名义对外提供担保，相对人请求公司或者其分支机构承担担保责任的，人民法院不予支持，但是相对人不知道且不应当知道分支机构对外提供担保未经公司决议程序的除外。换言之，《公司法》第 15 条关于公司对外提供担保需经股东会或者董事会决议的要求，同样适用于分公司对外提供担保的场合，需要总公司股东会或者董事会决议决定。

二是金融机构的分支机构对外提供担保的问题。其包括保函业务和保函业务之外的其他担保行为两类。对于金融机构的分支机构提供的保函业务，金融机构或者其分支机构以违反《公司法》关于公司对外担保决议程序的规定为由主张不承担担保责任的，人民法院不予支持。而对于分支机构未经金融机构授权提供保函之外的担保，金融机构或者其分支机构主张不承担担保责任的，人民法院应予支持，但是相对人不知道且不应当知道分支机构对外提供担保未经金融机构授权的除外。

三是担保公司的分支机构对外提供担保的问题。担保公司的分支机构未经担保公司授权对外提供担保，担保公司或者其分支机构主张不承担担保责任的，人民法院应予支持，但是相对人不知道且不应当知道分支机构对外提供担保未经担保公司授权的除外。

【典型案例】

某翔公司与某业一分公司、第三人冉某彬建设用地使用权转让合同纠纷再审案①

基本案情：某业一分公司成立于 2013 年 3 月 1 日，经营范围为：为上级公司提供服务。其上级公司某业公司具备建筑业企业资质证书。2013 年 3 月 8 日，某翔公司与某业一分公司签订联合开发协议书。协议书签订后，因

① （2020）最高法民再 195 号。

某翔公司未按照开发协议履行义务，某业一分公司向人民法院诉请要求对方按照开发协议履行义务，并承担违约责任。该案经一审、二审和再审程序，在三次审理中，某翔公司均主张某业一分公司不具备独立法人资格，无权向其主张权利。

裁判要旨：依法设立并领取营业执照、有一定组织机构和财产的法人分支机构，符合《民事诉讼法》规定的“其他组织”的法定条件，且与案件有直接利害关系的，该分支机构具备相应的诉讼主体资格。

【条文】

第十四条

公司可以向其他企业投资。

法律规定公司不得成为对所投资企业的债务承担连带责任的出资人的，从其规定。

【条文主旨】

本条是关于公司对外转投资及其限制的规定。

【条文概览】

该条系由原《公司法》第15条修改而来。按照原规定，公司向其他企业投资，必须以责任有限、互不连带为原则，只能以投资额为限对所投资企业承担责任，除法律另有规定的外，不得对所投资企业的债务承担连带责任。此次修改后，原则上允许对所投资企业的债务承担连带责任，法律另有规定的除外。这便大大放松了对公司转投资的限制，有利于鼓励投资，活跃市场经济。

【理解与适用】

一、公司转投资的概念及其利弊

公司转投资是学理上对公司法上关于公司对外投资行为的一个概括。之所以将公司的投资行为称为“转投资”，是因为公司本身是其股东投资设立的，故相对于公司股东而言，公司的对外投资行为即被称为“转投资”。一般认为，公司的转投资方式主要是指股权投资，而不包括债权投资，其原因有二：一是在公司法上，转投资的公司被称为“出资人”，即出资的股东，显然不包括公司成为其他企业债权人的情形；二是，“债权转投资”只是戴上了一个转投资的面具，而不具备转投资的内涵，作为投资者的公司与作为被投资者的其他企业之间仅是一种债权债务关系。公司转投资的形式既可以表现为单向转投资，也可以表现为双向转投资（交叉持股）；前者是指由一公司向其他公司投资的单向行为，后者是指两个公司相互向对方公司投资的双向行为。

就公司扩大规模和市场经济繁荣发展而言，公司转投资的益处是不言而喻的。其一，公司转投资有利于扩大公司的利润来源，促进公司发展壮大。其二，公司通过转投资行为能够形成企业集团，促进公司的多样化、多层级经营，进而有效地提升公司的抗风险能力和盈利能力。其三，公司转投资还可以促进资本的有效流通和优化配置，进而促进市场经济的繁荣发展。当然，公司转投资的弊端也不容小觑：其一，公司转投资会造成公司注册资本虚增，比如，甲公司注册资本100万元，乙公司注册资本100万元，甲公司向乙公司投资50万元，此时甲乙公司的注册资本总额为250万元，而实际注册资本仅为200万元，虚增了50万元。资本虚增是转投资的天然缺陷，破坏了资本的真实性，不利于保护债权人的利益，危害交易安全。其二，公司转投资会带来相互持股现象，而相互持股现象又可能滋生相互持股公司管理层滥用控制权和关联交易的问题。其三，公司转投资会损害中小股东的利益。中小股东在投资时，参考标准是公司的既存业务和基于合理预期而对公司未来业务的预测，在通常情况下不会考虑公司对外进行转投资。而中小股东持股比例小，没有办法影响公司的经营决策，在公司转投资后，中小股东的投资风险就增加了。

二、我国《公司法》对公司转投资态度的立法演变

正是由于公司转投资会带来种种弊端，所以，域外许多国家和地区对转投资进行了相应的限制。虽然英美法系国家对转投资的限制较少，对转投资对象不作限制，但会通过规制转投资所带来的不良后果，以达到消除或削弱转投资不利影响的目的。美国公司法采取完全开放式立法，即不禁止公司成为其他公司和合伙组织的成员，允许公司通过转投资成为承担有限责任的公司股东和成为承担无限责任的合伙人。与之相对，大陆法系国家和地区对转投资对象的限制较为严格，但也在逐步放松。比如，日本在2005年修改其公司法以前，在《日本商法典》第55条规定，公司不得成为其他公司的无限责任股东，修法后则删除了这一限制。但是，我国台湾地区的相关制度尽管进行了多次修改，对转投资的对象仍然进行了限制。

从历史发展脉络看，我国《公司法》对于转投资的态度也经历了一个逐步放松的过程。1993年《公司法》对转投资的对象和投资比例均作了相应的限制。其第12条规定，公司可以向其他有限责任公司、股份有限公司投资，并以该出资额为限对所投资公司承担责任。公司向其他有限责任公司、股份有限公司投资的，除国务院规定的投资公司和控股公司外，所累计投资

额不得超过本公司净资产的50%，在投资后，接受被投资公司以利润转增的资本，其增加额不包括在内。上述条文颇受业界的批评，认为其严重束缚了公司的投资自由。许多公司的投资业务拓展因为转投资的限制而受到影响，并且，实践中有些公司会运用股权信托或者隐名持股的方式突破转投资的限制，上述条文的规制效果也不甚理想。2005 年《公司法》对转投资进行了全面松绑，其第 15 条规定："公司可以向其他企业投资；但是，除法律另有规定外，不得成为对所投资企业的债务承担连带责任的出资人。"根据该条规定，公司转投资的比例虽然不再受限，但是原则上仍然不能对所投资企业的债务承担连带责任。此次《公司法》修订，则原则上允许对所投资企业的债务承担连带责任，法律另有规定的除外。与之前规定的"原则上不得对所投资企业的债务承担连带责任，法律另有规定的除外"相比，体现了立法机构对公司转投资限制的进一步松绑，有利于鼓励投资，活跃市场经济。

【实务问题】

本条第 2 款规定，法律规定公司不得成为对所投资企业的债务承担连带责任的出资人的，从其规定。比如，《合伙企业法》第 3 条规定："国有独资公司、国有企业、上市公司以及公益性的事业单位、社会团体不得成为普通合伙人。"如果国有独资公司、上市公司违反《合伙企业法》第 3 条的规定成为合伙企业的普通合伙人，其投资行为（投资协议）的效力如何？对此，《公司法》《合伙企业法》并未作出规定。学理上主要有无效说和有效说两种观点。无效说的理由包括：第一，法律对转投资的限制也就是对公司法人权利能力的限制，公司超越其权利能力进行投资应被认定为无效；第二，法律对公司转投资限制的目的是维护一定的公共政策或公共利益，如有违反，应属无效。有效说的理由包括：第一，法律限制转投资的规定能否构成对公司权利能力的限制存疑，认定无效会妨碍交易安全；第二，法律对转投资的限制性规定并非效力性规定，违反的后果并不导致行为当然无效，但应该处罚公司的相关责任人员。对此，我们认为，国有独资公司、上市公司违反《合伙企业法》第 3 条的规定进行投资的，其投资行为（投资协议）应当认定为无效。主要理由包括：第一，《民法典》第 153 条第 1 款规定："违反法律、行政法规的强制性规定的民事法律行为无效。但是，该强制性规定不导致该民事法律行为无效的除外。"《合伙企业法》第 3 条之所以不允许国有独资公司、上市公司对所投资合伙企业的债务承担连带责任，是因为这些公司要么关涉国家、行业或地方经济命脉，要么关涉广大投资者权益和资本市场稳定，一旦投资失败并对所投资企业债务承担连带责任，会严重损害国家利益和社会公共利益。公司违反《合伙企业法》第3条进行转投资，仅仅对相关责任人进行行政处罚和刑事处罚，并不能实现第3条的立法目的，其不符合《民法典合同编通则解释》第16条规定的“违法但有效”的五类情形。第二，被投资企业明知或者应当知道国有独资公司、上市公司不得成为普通合伙人而依然与其达成投资协议的，其所谓的交易安全不值得保护。第三，从现代公司法的理论看，公司不仅要维护股东的利益，而且还要保障公司债权人、职工、消费者等利益相关者的利益，国有独资公司、上市公司更是如此。与公司的其他经营活动不同的是，公司成为合伙企业的普通合伙人会将公司的“身家性命”及其利益相关者的利益交予其无法掌控的第三方企业手中，其中的经济风险、社会风险难以把控，故应当予以严格限制。第四，依据《民法典》第399条以及《担保制度解释》第5条、第6条的规定，机关法人和以公益为目的的非营利性学校、幼儿园、医疗机构、养老机构等提供担保的，担保合同应当被认定为无效。国有独资公司、上市公司对投资企业债务承担连带责任的问题与之类似，类似问题应作类似处理，也应当认定为无效。

【条文】

第十五条

公司向其他企业投资或者为他人提供担保，按照公司章程的规定，由董事会或者股东会决议；公司章程对投资或者担保的总额及单项投资或者担保的数额有限额规定的，不得超过规定的限额。

公司为公司股东或者实际控制人提供担保的，应当经股东会决议。

前款规定的股东或者受前款规定的实际控制人支配的股东，不得参加前款规定事项的表决。该项表决由出席会议的其他股东所持表决权的过半数通过。

【条文主旨】

本条是关于公司对外投资及担保应遵循的程序规定。

【条文概览】

本条相较于2018年《公司法》第16条并无实质性修改，明确了公司对外提供担保的程序限制及决议机构的相关规定，仅因现在股份有限公司与有限责任公司一致，统称股东会，不再称股东大会，故对条文表述进行了调整。

我国1993年《公司法》第60条第3款规定："董事、经理不得以公司资产为本公司的股东或者其他个人债务提供担保。"无论从该规定的体系位置还是规范内容来看，该条规定都是对董事、经理个人的忠实义务的规定。然而，该法第214条对于违反第60条规定的责任为"责令取消担保"，将对董事、经理个人行为的禁止扩展为对公司行为的禁止。由此导致了该条在司法裁判中曾经被错误地理解为公司不能提供担保，混淆了董事、经理的个人义务与公司的权利能力。这样的情形虽然在后来的司法审判中得到了纠正，但可能给人们留下了错误的印象。2005年《公司法》第16条规定："公司向其他企业投资或者为他人提供担保，依照公司章程的规定，由董事会或者股东会、股东大会决议；公司章程对投资或者担保的总额及单项投资或者担保的数额有限额规定的，不得超过规定的限额。公司为公司股东或者实际控制人提供担保的，必须经股东会或者股东大会决议。前款规定的股东或者受前款规定的实际控制人支配的股东，不得参加前款规定事项的表决。该项表决由出席会议的其他股东所持表决权的过半数通过”，明确承认公司具有对外担保的权利能力。

【理解与适用】

担保制度，是一种重要的商事交易手段，在资金融通、商品流通和实现债权等方面，对于我国市场经济的繁荣发展有着十分重要的作用。对外投资和为他人提供担保，是公司的重大经营行为和民事活动，有较大的风险：如果决策不当，将会给公司、公司的股东和债权人造成损失。然而，实践中，公司法定代表人越权担保现象时有发生，公司多拒绝承担担保责任并由此引发大量纠纷案件。

公司应当充分考虑对外投资和为他人提供担保的风险，进行合理判断，作出决策。为了引导公司对这类重大行为作出科学的决策、保证公司行为的恰当性、避免风险，本条第1款规定，公司向其他企业投资或者为他人提供担保，应当由公司机关作出决议，其一般原则是，公司章程可以根据实际经营的需要，将对外投资和为他人担保的决策权授予股东会或者董事会。对外投资和为他人担保的数额较大的，可以授权由股东会作出决议；数额不大的，为了保持公司经营的灵活性，降低经营决策成本，可授权董事会作出决议。如基于对董事会的信任，公司章程明确规定，经董事会决议，即可对外投资和为他人担保，亦为法律所允许。此外，为保证交易安全，公司章程可对投资或者担保的总额及每一项投资或者担保的数额作出限制性规定。未经修改公司章程，公司机关在对该类事项作出决议时，不得超过公司章程规定的限额。本条所称“决议”包括普通决议和特别决议，公司章程可以根据公司的实际情况规定采用的决议方式。

为维护股东会决议的公正性，避免表决事项所涉及的股东，特别是控股股东滥用资本多数决的原则，以公司决议的方式谋求与公司利益不符的股东或实际控制人自己的利益，损害公司和其他股东的利益，本条第2款特别规定，公司为公司股东或者实际控制人提供担保的，应当经股东会决议。本条第3款规定，前款规定的股东或者受前款规定的实际控制人支配的股东，不得参加前款规定事项的表决。该项表决由出席会议的其他股东所持表决权的过半数通过。

公司为股东或者实际控制人提供担保，股东会采用普通决议方式，该股东及为实际控制人所支配的股东应当回避，不得参加表决，且出席会议的其他股东所持表决权的过半数同意方为表决通过。公司违反上述规定的，股东可以根据本法第 26 条的规定，向人民法院提起决议撤销之诉。

【实务问题】

最高人民法院 2019 年 11 月 8 日发布的《九民会纪要》第 17 条规定，违反 2018 年《公司法》第 16 条构成越权代表，该条规定："为防止法定代表人随意代表公司为他人提供担保给公司造成损失，损害中小股东利益，《公司法》第 16 条对法定代表人的代表权进行了限制。根据该条规定，担保行为不是法定代表人所能单独决定的事项，而必须以公司股东（大）会、董事会等公司机关的决议作为授权的基础和来源。法定代表人未经授权擅自为他人提供担保的，构成越权代表，人民法院应当根据《合同法》第 50 条关于法定代表人越权代表的规定，区分订立合同时债权人是否善意分别认定合同效力：债权人善意的，合同有效；反之，合同无效。"尽管法定代表人可以一般地代表公司对外从事行为，但对于担保行为，因其涉及公司以及股东的重大利益，不是法定代表人所能单独决定的事项，而必须要以公司股东会、董事会等公司机关的决议作为法定代表人代表权的基础和来源。法定代表人未经授权擅自为他人提供担保的，构成越权代表，应当根据原《合同法》第 50 条（对应《民法典》第 504 条）的规定来认定效力。

【实务问题】

公司对外担保案件的基本裁判思路，可以归纳为以下三个步骤：一是看有无决议。法定代表人未经公司决议程序对外提供担保，构成越权代表；相对人未审查公司决议，就直接与公司签订担保合同，表明其非善意相对人，因而公司不承担担保责任。当然，公司不承担担保责任，并不意味着其无须承担任何责任，在一定情况下，公司也应承担一定的责任。二是有决议的，区别关联担保和非关联担保，审查决议是否符合公司章程及法律规定。关联担保必须是股东会决议，非关联担保可参照公司章程的规定，采用董事会决议或股东会决议的形式。三是尽管有决议，但在决议伪造、变造等情况下，已经尽到了必要形式的审查义务的善意相对人，可根据表见代表规则请求公司承担担保责任。

【条文】

第十六条

公司应当保护职工的合法权益，依法与职工签订劳动合同，参加社会保险，加强劳动保护，实现安全生产。

公司应当采用多种形式，加强公司职工的职业教育和岗位培训，提高职工素质。

【条文主旨】

本条是关于保护公司职工权益的规定。

【条文概览】

本条仅作文字修改。将第1款中的“必须”改为“应当”，其他未有修改。本条自1993年《公司法》制定时入法，在第15条规定：“公司必须保护职工的合法权益，加强劳动保护，实现安全生产。公司采用多种形式，加强公司职工的职业教育和岗位培训，提高职工素质。”2005年修订时，相应的第17条第1款新增“依法与职工签订劳动合同，参加社会保险”的规定。

【理解与适用】

公司职工是直接从事生产经营的劳动者，公司在生产经营的过程中，有义务保护职工的合法权益。如果公司违反法律规定侵害了职工的合法权益，就要承担相应的法律责任。保护职工的合法权益，主要体现在：第一，依法与职工签订劳动合同。公司应当本着平等自愿、协商一致的原则，与职工签订劳动合同，确立劳动关系，明确双方的权利和义务，充分尊重和保障职工的劳动权益。劳动合同应为书面形式。第二，依法为职工办理社会保险。根据《劳动法》的规定，国家发展社会保险事业，建立社会保险制度，设立社会保险基金，使劳动者在年老、患病、工伤、失业、生育等情况下获得帮助和补偿；“用人单位和劳动者必须依法参加社会保险，缴纳社会保险费”。因此，依法为职工办理社会保险、缴纳保险费是公司的一项法定义务。第三，加强劳动保护，实现安全生产。劳动保护的基本要求是，为劳动者提供安全、卫生的劳动环境，并不断加以改善，要消除和预防生产经营中可能发生的伤亡、职业病和其他伤害劳动者的事故，保障劳动者能以健康的身体参加生产经营活动。加强对职工的劳动保护，有利于保障社会生产力，调动劳动者的积极性，实现安全生产。公司在组织生产经营的过程中，必须采取各项保护措施，对劳动者进行保护。

除此之外，公司职工的素质对公司的发展具有重要影响。随着公司的发展，公司对职工素质的要求也越来越高。只有加强职工的职业教育和岗位培训，才能满足公司发展对职工素质的要求。对职工利益来说，公司应当为职工提供接受专业知识和技能培训的机会，使职工能掌握所任岗位的基础知识、实用能力和技能技巧，胜任本职工作。将加强职业教育和岗位培训作为公司的一项法定义务，有利于促使公司积极采取措施，提高职工素质，提高劳动生产率和工作效率。

【条文】

第十七条

公司职工依照《中华人民共和国工会法》组织工会，开展工会活动，维护职工合法权益。公司应当为本公司工会提供必要的活动条件。公司工会代表职工就职工的劳动报酬、工作时间、休息休假、劳动安全卫生和保险福利等事项依法与公司签订集体合同。

公司依照宪法和有关法律的规定，建立健全以职工代表大会为基本形式的民主管理制度，通过职工代表大会或者其他形式，实行民主管理。

公司研究决定改制、解散、申请破产以及经营方面的重大问题、制定重要的规章制度时，应当听取公司工会的意见，并通过职工代表大会或者其他形式听取职工的意见和建议。

【条文主旨】

本条是关于公司职工依法组织工会和参与民主管理的规定。

【条文概览】

2005年《公司法》修订时，在1993年《公司法》第16条第1款基础上新增“公司工会代表职工就职工的劳动报酬、工作时间、福利、保险和劳动安全卫生等事项依法与公司签订集体合同”“公司依照宪法和有关法律的规定，通过职工代表大会或者其他形式，实行民主管理”“公司研究决定改制以及经营方面的重大问题、制定重要的规章制度时，应当听取公司工会的意见，并通过职工代表大会或者其他形式听取职工的意见和建议”的规定，并将1993年《公司法》中第16条第2款“国有独资公司和两个以上的国有企业或者其他两个以上的国有投资主体投资设立的有限责任公司，依照宪法和有关法律的规定，通过职工代表大会和其他形式，实行民主管理”的内容删除。将参与公司民主管理的主体扩大到所有公司，并在有关章节中设计了具体制度加以保障。此次《公司法》修订，在第1款工会与公司签订集体合同的事项中增加“休息休假”一项，将“福利、保险”修改为“保险福利”，并在第2款中增加“建立健全以职工代表大会为基本形式的民主管理制度”以及在第3款中增加公司研究决定“解散、申请破产”时应当听取公司工会意见的规定，其他内容未有修改。

【理解与适用】

我国建立了一系列职工参与公司治理的制度机制，比如工会、职工代表大会、职工董事和职工监事等。本条即是关于工会、职工代表大会的规定。

公司职工有权依照《工会法》的规定组织工会，开展工会活动。根据《工会法》的规定，在中国境内的企业、事业单位、机关、社会组织中以工资收入为主要生活来源的劳动者，不分民族、种族、性别、职业、宗教信仰、教育程度，都有依法参加和组织工会的权利。公司职工依法开展工会活动，参与管理法律规定的事务，可以更好地代表和维护职工的合法利益，并为调动职工的积极性、促进公司的发展提供支持和帮助。为此，公司应当提供必要的条件，支持工会的工作。维护职工合法权益是工会的基本职责，其中一个重要的体现是工会代表职工与企业平等协商，签订集体合同。集体合同所涉及的事项应包括职工的劳动报酬、工作时间、休息休假、劳动安全卫生和保险福利等涉及职工切身利益的事项。根据《工会法》的规定，公司违反集体合同侵犯职工劳动权益的，工会可以依法要求企业承担责任；因履行集体合同发生争议的，工会可以向劳动争议仲裁机构提请仲裁，对仲裁裁决不服的，可以向人民法院提起诉讼。据报道，截至 2021 年年末，全国报送人社部门备案的集体合同文本 132 万份，覆盖职工 1. 2 亿人。为切实有效维护新就业形态下的劳动者权益，全国各级工会以快递、外卖行业为重点，就配送单价、薪酬结构、劳动保护等开展集体协商，培育了福建三明快递、安徽蚌埠外卖等一批行业集体协商优秀典型。同时，推动头部平台企业加强协商机制建设，北京市总工会指导京东集团工会开展集体协商，签订《京东物流集体合同》，明确快递员、分拣员等岗位最低工资标准、保险福利、绩效提成、劳动安全卫生等事项。

公司应当依法实行民主管理。公司职工依法参与公司的管理，有利于维护公司开展正常经营活动的和谐环境，符合现代公司制度发展的潮流。职工代表大会是中国特色的企业民主管理模式。2005 年修订前的《公司法》只规定了国有独资公司和两个以上国有企业或者其他两个以上的国有投资主体投资设立的有限责任公司通过职工代表大会和其他形式，实行民主管理。2005 年修订《公司法》时，对公司的类型不再限定，规定"公司依照宪法和有关法律的规定，通过职工代表大会或者其他形式，实行民主管理"。但"或者"二字意味着公司尤其是非公有制公司，既可选择职工代表大会的民主管理形式，也可选择其他民主管理形式。

党的二十大报告强调："健全以职工代表大会为基本形式的企事业单位民主管理制度。"有观点认为，职工代表大会具有法定的权威性、广泛的群众性和代表性，具有一整套完整严密的组织制度与体系，是民主管理制度的基础与核心。并且，经过长期实践，"以职工代表大会为基本形式的民主管理制度"的表述已成共识。在此次《公司法》修订过程中，明确职工代表大会的基本形式定位可以促进所有公司民主管理，故建议将本条第 2 款修改为"公司依照宪法和有关法律的规定，建立以职工代表大会为基本形式的职工民主管理制度，实行民主管理"。立法机构采纳了该建议，在第 2 款原有表述的基础上增加了"建立健全以职工代表大会为基本形式的民主管理制度"的内容。与之前的规定相比，其在尊重公司尤其是非公有制公司意思自治的同时，更加强调职工代表大会在公司民主管理中的重要地位，实为立法的重要进步。

公司在就经营目标、投资计划、利润分配、合并分立、兼并破产等问题上作出重大决策，以及制定包括公司的奖励制度、工作纪律等方面的重要的规章制度时，应当听取公司工会和职工的意见。公司遵守这一规定，有利于有关决策和规章制度的执行，体现了职工参与民主管理，有利于公司的长远发展。

【实务问题】

实践中，经常会遇到工会与公司签订的集体合同和职工与公司签订的劳动合同不一致，应以哪个合同为准的问题。对此，应当从以下两个方面来理解：

第一，集体合同对公司与职工均具有约束力。依据《劳动合同法》第 54 条第 2 款的规定，依法订立的集体合同对用人单位和劳动者具有约束力。行业性、区域性集体合同对当地本行业、本区域的用人单位和劳动者具有约束力。这里的"劳动者"是指用人单位的全体劳动者，既包括集体合同生效前入职的劳动者，也包括集体合同生效后入职的劳动者。

第二，当职工与公司签订的劳动合同的劳动报酬和劳动条件等标准低于集体合同确定的标准时，应以集体合同为准。集体合同的目的在于平衡劳动者与用人单位的利益，保护劳动者合法权益。《劳动合同法》第 55 条规定："集体合同中劳动报酬和劳动条件等标准不得低于当地人民政府规定的最低标准；用人单位与劳动者订立的劳动合同中劳动报酬和劳动条件等标准不得低于集体合同规定的标准。"该条规定了两个"不得低于"：第一，集体合同中劳动报酬和劳动条件等标准不得低于当地人民政府规定的最低标准。为了保证广大劳动者的生存权、健康权和发展权，省、自治区、直辖市人民政府根据当地经济社会发展的实际，依法就当地企业的劳动条件和劳动报酬规定了最低标准，如最低工资标准、高温作业补助标准、基本安全生产标准、女职工在“三期”劳动的强度标准等。这些标准是保障劳动者合法权益的最基础要求，具有法律强制力，任何集体合同规定的标准不得低于政府规定的最低标准。第二，用人单位与劳动者订立的劳动合同中劳动条件和劳动报酬等标准不得低于集体合同规定的标准。由于劳动者个人相对于用人单位而言总是处于弱势地位，在劳动合同中容易出现一些对劳动者不利的条款，这就需要通过集体合同来纠正。根据该条规定，劳动合同必备条款中劳动条件、劳动报酬等标准不得低于集体合同的规定。当职工与公司签订的劳动合同的劳动报酬和劳动条件等标准低于集体合同确定的标准时，应以集体合同为准。

【条文】

第十八条

在公司中，根据中国共产党章程的规定，设立中国共产党的组织，开展党的活动。公司应当为党组织的活动提供必要条件。

【条文主旨】

本条是关于公司中中国共产党基层组织活动的规定。

【条文概览】

2005年《公司法》修订时，将1993年《公司法》第17条“公司中中国共产党基层组织的活动，依照中国共产党章程办理”的内容修改为现在条文表述。此次《公司法》修订对本条未作修改。但需要注意的是，此次《公司法》修订在原《公司法》关于国有独资公司专节规定的基础上，设“国家出资公司组织机构的特别规定”专章，并在该章的第170条就党对国家出资公司的领导作用作了规定。

【理解与适用】

根据我国《宪法》的规定，国家的根本任务是，沿着中国特色社会主义道路，集中力量进行社会主义现代化建设。中国各族人民将继续在中国共产党领导下，在马克思列宁主义、毛泽东思想、邓小平理论、“三个代表”重要思想、科学发展观、习近平新时代中国特色社会主义思想指引下，坚持人民民主专政，坚持社会主义道路，坚持改革开放，不断完善社会主义的各项制度，发展社会主义市场经济，发展社会主义民主，健全社会主义法治，贯彻新发展理念，自力更生，艰苦奋斗，逐步实现工业、农业、国防和科学技术的现代化，推动物质文明、政治文明、精神文明、社会文明、生态文明协调发展，把我国建设成为富强民主文明和谐美丽的社会主义现代化强国，实现中华民族伟大复兴。《宪法》明确指出了中国共产党在我国政治生活和经济建设中的领导地位。《中国共产党章程》第30条第1款规定，企业、农村、机关、学校、医院、科研院所、街道社区、社会组织、人民解放军连队和其他基层单位，凡是有正式党员三人以上的，都应当成立党的基层组织。公司是企业的一种，公司中如果有正式党员三人以上的，应当成立党的基层组织，开展党的活动。公司要为公司中党组织开展活动提供支持，如提供必需的活动场所等。本条通过法律的形式解决了党组织在现代企业制度框架内活动所面临的一系列现实问题，有利于发展和完善党在经济建设中的领导方式，更好发挥党领导社会主义市场经济的作用。需要注意的是，本条中的“公司”并未限制是公有制还是非公有制，即对于在我国境内注册的包括非公有制企业在内的各类公司都需要根据党章的规定设立党的组织，开展党的活动。它体现了加强和改进公司党建工作的基本要求，为公司党组织依法设立、正常运转和发挥作用提供了法律保障。

【条文】

第十九条

公司从事经营活动，应当遵守法律法规，遵守社会公德、商业道德，诚实守信，接受政府和社会公众的监督。

【条文主旨】

本条是关于公司经营活动应当遵循的基本义务的规定。

【条文概览】

在此次《公司法》修订时，将本条公司应承担社会责任的规定调整至第20条，其他内容无实质性修改。本条与《民法典》第7条、第8条、第86条相关联。

【理解与适用】

本条在《公司法》中居于总则地位，属于总则性规范。就公司类型而言，其既约束有限责任公司，也约束股份有限公司，既约束公有制企业，也约束非公有制企业；就公司相关主体而言，其既约束公司发起人、设立人，也约束公司的股东、高级管理人员和其他具体负责人；就公司行为而言，其约束公司从发起、登记、治理、经营、解散、清算、注销等全过程。公司从事经营活动应当遵守以下义务：

一是遵守法律法规。公司必须遵守法律法规，这是其开展经营活动的首要前提，这也是其最基本、最重要的一项义务。公司的各项经营活动都必须依法进行。本条中的法律，既包括民商事法律，也包括其他部门法。公司的经营活动应当遵守法律法规，不仅要求其经营活动必须依法进行，而且在公司的经营活动中存在违法行为时，公司应当承担相应的法律责任。

二是遵守社会公德、商业道德。公司必须遵守社会公德、商业道德，这也是其从事生产经营活动的一个重要条件。社会公德，是指社会全体成员都应当自觉遵循和维护的道德规范。商业道德，是指从事商业活动应当自觉遵循和维护的道德规范。公司遵守商业道德，不仅符合自身的长远利益，而且有利于维护市场交易秩序，符合社会公共利益。公司作为参与社会经济活动、与其他市场主体进行交易的经济实体，应当自觉遵守社会公德和商业道德，按照社会公德和商业道德的要求开展经营活动，自觉维护社会公共利益和市场经济秩序。

三是诚实守信。公司开展经营活动，必须诚实守信。市场经济，既是法治经济，也是信用经济。公司与其他市场主体进行交易，必须讲诚实守信用，方能获得他人的信任，他人方能自觉自愿地与其开展业务联系。如果在经营上采用坑蒙拐骗的手段，不仅损害交易对方的利益，也为法律、道德所不容。诚实守信是公司保持基业长青的不二法门。

四是接受政府和社会公众的监督。公司从事经营活动是否符合法律、行政法规，是否符合社会公德和商业道德，是否诚实守信，应当自觉接受政府和社会公众的监督。通过监督，可以促使公司的经营活动更加规范化，更好地维护国家利益、社会公共利益以及公司自身的合法权益，维护市场秩序，促进公司的健康发展。

【实务问题】

关于本条能否直接作为司法裁判依据的问题，我们认为，本条虽为强制性、义务性规范，但更多具有宣示意义，原则上不能直接作为裁判依据单独援引。原因在于，对于一个完整的法律规范而言，法律后果是其最重要、最基础的要素之一，本条仅有适用主体（公司）、适用条件（从事经营活动）和行为模式（应当遵守法律法规……），却无明确具体的法律后果这一核心要素。其法律后果部分，需要在《公司法》分则的具体条款或者在第十四章“法律责任”的具体条款中去寻找。换言之，在司法裁判中，必须将本条与《公司法》的其他具体、对应条款相结合进行通盘考虑、作体系解释与适用，不能将之单独作为裁判依据。

【条文】

第二十条

公司从事经营活动，应当充分考虑公司职工、消费者等利益相关者的利益以及生态环境保护等社会公共利益，承担社会责任。

国家鼓励公司参与社会公益活动，公布社会责任报告。

【条文主旨】

本条是关于公司应当承担社会责任的规定。

【条文概览】

本条系新增条文。本条将原《公司法》第 5 条公司“承担社会责任”的规定调整至本条，并就社会责任的内涵作了进一步规定。

【理解与适用】

一、公司社会责任的概念与内涵

关于公司社会责任的概念与内涵，众说纷纭，莫衷一是。有人认为，公司社会责任，系指公司决策者采取保护与促进社会福利行动的义务，就如他们对待自己的利益一样；也有人认为，公司社会责任的概念，乃使公司不仅负有经济与法律之义务，而且更对社会负有超越这些义务之其他责任；还有人主张，公司社会责任，除了必须依照法令行事外，亦必须实践公司之伦理责任以及所谓之自行裁量责任，如举办慈善事业等。一般认为，公司社会责任是指企业在谋取自身以及股东利益的同时，应当最大限度地增进除股东利益以外的其他相关主体的最大利益，实现社会利益的最大化。这种社会利益包括职工利益、消费者利益、债权人利益、中小竞争者利益、当地社区利益、环境利益、社会弱者利益及整个社会公共利益等。本条基本采纳了该观点。

二、公司社会责任的理论基础

公司社会责任理论的实质是对公司绝对营利性的修正，其滥觞于美国。公司制度产生于自由资本主义时期，传统公司法认为，公司是资本所有者的财产，是实现股东利益的工具。公司应以股东利益最大化为唯一目标，并在追求股东利润最大化的同时自动实现社会福利最大化。但随着经济社会的发展，企业规模越来越大，大型企业、跨国企业逐渐出现，其在政治、经济、文化以及社会等方面的影响越来越大，片面强调企业的营利性则会导致很多企业忽视对社会公共利益的维护，从而在发展中产生很大的外部负效应，大量社会问题如劳动者保护、自然资源和环境保护、消费者保护等由此产生。鉴于此，自由市场经济理论下的企业所有理论和个人利益最大化将自动实现社会福利最大化的观点受到挑战，公司的社会性越来越得到关注和认可。公司不再被视为资本所有者的私人财产，而是所有利益相关者的结合体。公司不应仅仅以股东利润最大化为唯一目标，而应当增进企业利益与相关者的利益。自 1985 年后，美国有近 30 个州通过法律特别规定，董事会在制定重要经营决策，特别是在决定是否接受与拒绝一项股权收购方案时，除了考虑股东利益之外，还要考虑其他参与者的利益。2006 年《英国公司法》第 172 条第 1 项也规定："公司董事必须秉持诚信，以其认为最有可能促进公司成功、造福公司全体成员的方式而行事，并虑及（除其他事项外）所有决策将来可能产生的长期后果以及雇员、供应商、客户、社区和环境等其他利益相关者的利益。"

在西方国家，边沁的功利主义与康德的权利学说、罗尔斯的正义论共同构建起公司利益相关者理论的哲学基础。在我国，公司社会责任的哲学基础既包括社会主义市场经济理论，也包括我国以人为本、义利并举的优秀传统文化。也有观点认为，"公司团队生产理论"对公司社会责任的法理正当性支持贡献最大。该理论认为，公司法的理论基于经济学的"团队生产"，即物品的生产要求不同群体的协作努力，公司就是这样的"生产团队"，其成员包括管理者、股东、雇员等。

三、《公司法》第 20 条对公司社会责任的价值引领功能

新《公司法》不仅对社会责任的内涵作了"列举 + 兜底"的规定，而且将公司社会责任从原《公司法》第 5 条中剥离出来，进一步区分了公司法定义务与公司社会责任、公司法律责任与公司社会责任的关系，为司法实践中进行利益衡量和价值判断提供了法律适用指引。根据本条规定，公司社会责任的范围主要包括：

（一）对职工的社会责任

公司是多元利益的联合体，既是资本联合，也是劳动与资本的结合。对

员工的利益是公司社会责任中最直接与最主要的内容，各国无一例外地将职工保障列入公司社会责任范围之内。新《公司法》第1条首次将职工权益列入立法宗旨保护范围，同时，也突出了职工权益保护的制度设计，比如职工有权组织工会、工会代表职工签订集体合同、建立健全以职工代表大会为基本形式的民主管理制度，以及职工董事、职工监事制度等。

（二）对消费者的社会责任

消费者是公司各类产品的使用者，产品的质量会直接对消费者产生影响。同时，消费者对产品的认可度也会直接影响公司的经营状况。消费者作为公司的利益相关人之一，理应纳入公司社会责任的范畴之内。1898年，美国成立了第一个全国性消费者保护组织——全美消费者同盟，这是消费者保护运动之开端。进入20世纪60年代，由美国、英国、荷兰、比利时、澳大利亚等五国消费者组织发起，成立了国际消费者组织联盟，建立了许多方便消费者诉讼与寻求保护的制度与组织机构。我国规范公司对消费者社会责任的主要法律是1993年10月颁布施行的《消费者权益保护法》。该法将消费者权益保护从民法中独立出来，除了保障其民事基本权利外，在一定情形下还以行政法规主动干预，如确认召回制度。公司对消费者的社会责任主要体现在保证产品质量、公平合理定价、满足消费者需求、强调售后服务、信息披露真实、杜绝霸王条款等方面。

（三）对生态环境保护的社会责任

公司在运营过程包括生产产品或提供服务过程中，会产生一些对社会有负面影响的产物，如废气、废水、废渣等。这些产物会破坏生态平衡，污染环境，危害人体健康以及影响社会正常发展等。党的十八大把生态文明建设纳入中国特色社会主义事业“五位一体”总体布局，提出了建设美丽中国的目标。十八届三中全会通过的《中共中央关于全面深化改革若干重大问题的决定》首次确立了生态文明制度体系。我国《宪法》第26条明确规定：“国家保护和改善生活环境和生态环境，防治污染和其他公害。”《民法典》第9条也明确规定：“民事主体从事民事活动，应当有利于节约资源、保护生态环境。”公司对生态环境保护的社会责任主要表现在减少环境污染、节约利用资源、加大对环境保护的投入等方面。

（四）参与社会公益活动

公司参与社会公益活动是承担社会责任的重要方式之一。根据《公益事业捐赠法》第3条的规定，该法所称公益事业是指非营利的下列事项：救助灾害、救济贫困、扶助残疾人等困难的社会群体和个人的活动；教育、科学、文化、卫生、体育事业；环境保护、社会公共设施建设；促进社会发展和进步的其他社会公共和福利事业。在公司的各类公益活动中，慈善捐赠广受关注。据报道，民营企业是我国慈善捐赠的主力军。2022 年中国慈善榜上榜企业中，民营企业近 900 家，占上榜企业总数的 65.44%，合计捐赠超 101 亿元，占上榜企业捐赠总额的 50.55%。2022 年，全国共有基金会 9321 家，民营企业基金会数量占三分之二左右，呈稳步增长态势。与之相对，由于国有企业运营的是国有资产，其在进行慈善捐赠时受到的约束和规制更多。国有企业捐少了容易被指责“没责任感”，捐多了容易引来“花国家的钱不心疼”的议论。为此，国资委专门出台相关规范性意见，明确央企参与公益慈善要“统筹兼顾、专业科学”。统筹兼顾是指央企参与“救急难”等公益慈善事业，应在实现国有资产保值增值、提供优质产品和服务的基础上，合理确定公益慈善的内容和规模。

四、公司的社会责任报告

《公司法》首次规定鼓励公司公布社会责任报告，具有重要意义。公司发布社会责任报告不仅有利于传播公司的社会责任理念、实践和成效，争取最大程度的认同度和好感度，而且也有利于把社会责任融入管理运营之中，向全产业链、全价值链延伸，不断提升可持续发展能力。2001 年，中石油公布了我国第一份环境健康安全报告，揭开了我国企业社会责任信息披露的新篇章。2006 年，国家电网发布了我国第一份社会责任报告。此后，国资委、相关股票交易所等先后发布了一系列鼓励公司编报履行社会责任的规定，我国公司社会责任报告得到长足发展。特别是 2008 年，国务院国资委发布的《关于中央企业履行社会责任的指导意见》，要求所有央企建立和完善履行社会责任的体制机制，做“依法经营、诚实守信的表率，节约资源、保护环境的表率，以人为本、创建和谐企业的表率，努力成为国家经济的栋梁和全社会企业的榜样”。据报道，截至 2015 年年底，所有中央企业都定期发布了社会责任报告，央企社会责任发展指数持续增长，显著领先于其他企业。与此同时，据全国工商联发布的《中国民营企业社会责任报告（2023）》显示，2022 年，我国民营企业坚持以习近平新时代中国特色社会主义思想为指导，深入贯彻新发展理念，主动融入新发展格局，以共同富裕为企业社会责任价值目标，在稳定增长、增加就业、贡献税收、创业创新、乡村振兴、生态文明建设、公益慈善等方面积极作为，对经济社会高质量发展作出了重要贡献。比如，在参与调查的 21563 家民营企业中，有 4783 家企业参与了“万企兴万村”行动，有 873 家企业获得绿色食品认证，有 758 家企业获得国家环境标志认证，356 家企业入选国家节能产品目录，1244 家企业获得其他产品绿色标识或认证。

【典型案例】

某吉发电有限公司与北京市某环境研究所大气污染责任纠纷案[①]

裁判要旨：公司超标排放行为造成大气污染，损害公共利益，应当承担生态环境修复责任。国家在颁布垃圾焚烧发电排放新标准的同时给予企业一定的技术改造期限，正是出于既要维护公共环境利益，又要保障企业正常生产经营的考虑。在经济利益与公共环境利益发生冲突时，应当优先保障公共环境利益。

① （2020）苏民终 158 号。

【条文】

第二十一条

公司股东应当遵守法律、行政法规和公司章程，依法行使股东权利，不得滥用股东权利损害公司或者其他股东的利益。

公司股东滥用股东权利给公司或者其他股东造成损失的，应当承担赔偿责任。

【条文主旨】

本条是关于股东不得滥用股东权利的规定。

【条文概览】

本条是此次《公司法》修改的条文。本条规定了股东应当依法行使权利，不得滥用股东权利，以及股东滥用权利给公司或者其他股东造成损失的，应承担赔偿责任。

世界多数国家和地区对股东滥用权利应当承担民事责任均作出了明确规定。如《美国示范公司法》规定，股东对公司行为有个人责任的，应当承担责任。《阿根廷公司法》规定，公司的行为脱离公司的目的，或者把公司作为破坏法律和公共秩序或侵害第三人的权利的手段而加以利用的，直接参与该行为的股东或者控制方，对于其行为所产生的损害承担连带责任。在我国，这一制度是在《公司法》第一次全面修订过程中入法的。2005 年《公司法》第 20 条规定："公司股东应当遵守法律、行政法规和公司章程，依法行使股东权利，不得滥用股东权利损害公司或者其他股东的利益；不得滥用公司法人独立地位和股东有限责任损害公司债权人的利益。公司股东滥用股东权利给公司或者其他股东造成损失的，应当依法承担赔偿责任。公司股东滥用公司法人独立地位和股东有限责任，逃避债务，严重损害公司债权人利益的，应当对公司债务承担连带责任。"该条将股东滥用股东权利与公司法人人格否认制度一起规定，之后 2013 年、2018 年两次《公司法》修正中均未修改。

2017 年《民法总则》制定时，在总结《公司法》实践经验的基础上，考虑到出资人滥用权利的现象并非公司所独有，故将本条规定加以归纳、提炼，将出资人不得滥用出资人权利、损害他人利益作为营利法人的出资人正当行使权利的一般原则要求进行规定，并明确了滥用权利应当依法承担民事责任。后《民法典》对原《民法总则》的规定进行了文字调整，第83条第1款明确规定“营利法人的出资人不得滥用出资人权利损害法人或者其他出资人的利益；滥用出资人权利造成法人或者其他出资人损失的，应当依法承担民事责任”。

此次《公司法》修订过程中，将原《公司法》条文中股东不得滥用股东权利与公司法人人格否认的规定分成两条，分别加以规定，但内容未作实质修改。本条就是关于股东不得滥用股东权利的规定。

【理解与适用】

正当行使权利，是公司股东的基本义务。公司股东在享受各项权利的同时，也负有正当行使权利的义务。正当行使权利受法律保护，滥用权利将受到法律的制裁。结合我国公司实践需要，本条规定了公司股东正当行使权利的一般原则及股东滥用权利的民事责任。

一、股东不得滥用股东权利的一般原则

（一）禁止权利滥用原则在公司法中的体现

禁止权利滥用原则是近代民法的基本原则之一，有利于防止个人权利极度膨胀，危及其他民事主体的合法权益和社会的公共利益。禁止权利滥用原则，不是否认权利的存在，而是在承认权利存在的前提下对权利行使进行限制，将权利的边界控制在合理范围内。现代各国法律大多对禁止权利滥用原则有明确规定。我国《民法典》第132条规定：“民事主体不得滥用民事权利损害国家利益、社会公共利益或者他人合法权益。”股东不得滥用股东权利，是禁止权利滥用民法基本原则在公司法领域的具体体现，同时也是权利、义务平等原则的具体要求。

（二）股东应当依法行使股东权利

股东依法对公司享有一定的权利，即股东权利。根据本法第4条第2款关于“公司股东对公司依法享有资产收益、参与重大决策和选择管理者等权利”之规定，公司股东享有资产收益权、参与重大决策权与选择管理者权这三项基本权利。除此之外，《公司法》其他条款还规定了公司股东享有的具体权利，如知情权、利润分配请求权、表决权、剩余财产分配请求权等。本条第1款规定了股东不得滥用股东权利的一般原则，要求公司股东应当遵守法律、行政法规和公司章程，依法行使股东权利，不得滥用股东权利损害公

司或者其他股东的利益。根据本条规定，股东在行使权利时要遵守两方面要求：一是遵守实体法律，股东行使权利不得超越法律规定的边界；二是遵守程序规定，股东权利的行使要遵守法律规定的程序。

法律和法规构成了社会的最基本规则。法律法规对股东行使权利有具体规定的，应当遵守该规定，而公司章程是由公司股东共同制定的全面规范公司制度的自治宪章。《公司法》第5条规定，设立公司应当依法制定公司章程。公司章程对公司、股东、董事、监事、高级管理人员具有约束力。因此，股东行使权利的依据是有关法律法规和公司章程。股东不得利用其权利损害公司或者其他股东的利益。公司股东如果遵守法律、行政法规和公司章程行使股东权利，就不会损害公司或者其他股东的利益。《公司法》的宗旨之一正是保护公司、股东和债权人的合法权益，股东如果遵守《公司法》的规定，就必须在行使自身权利的同时不损害公司或者其他股东的利益；公司章程依照《公司法》的规定制定，是保障股东合法行使权利的细则规范，股东受公司章程的约束，必须在合法范围内行使自身权利。因此，股东行使权利，必须严格遵守法律、行政法规和公司章程的规定。

股东滥用股东权利损害其他股东或者公司利益的情形主要有以下几种：一是利用自己的股东权利，通过操控股东会作出决议等形式，损害公司的利益或者其他股东的利益。例如，违反法律规定滥用股东权利导致公司不分配利润，给其他股东造成损失的情形。根据司法解释规定，如果存在该种情形，即使股东未提交载明具体分配方案的股东会决议，人民法院也不能驳回其他股东请求公司分配利润的诉讼请求。又如，《公司法》规定股东在涉及公司为其担保的事项进行表决时应当回避，如股东违反这一规定强行参与表决，则构成滥用股东权利。再如，公司章程规定公司出售重大资产需股东会特别决议通过，公司的控股股东无视章程规定，不经法定程序作出特别决议，强令公司出售该资产，构成股东权利的滥用。二是出于不正当目的行使股东权利，损害公司或者其他股东的利益。例如，《公司法》规定股东享有知情权，符合法定条件的股东可以查阅公司会计账簿、会计凭证等。知情权是股东最基本的权利之一，但是股东行使知情权应当出于正当目的，如果股东行使知情权的目的不正当，如股东为个人经营的目的，以行使知情权为由，窃取公司商业秘密或者股东为了向他人通报有关信息查阅公司会计账簿、会计凭证等，可能损害公司合法利益的，都构成股东滥用权利。

股东在依据法律、行政法规和公司章程行使股东权利的时候，不得损害公司或者其他股东的利益。首先，这一原则主要约束的对象是控股股东。控股股东因其出资额占有绝对多数或者所享有的表决权对股东会决议足以产生重大影响，对公司决策产生重要作用。而各股东同为公司的出资人，共同享有资产收益、重大决策、选择管理者等权利，在他们之间也应互相负有诚信的义务。控股股东如果利用自己的股权控制、支配公司，损害公司其他股东利益，实际上是典型的权利滥用。其中，对于那些虽然不担任董事职务，但是实际执行公司事务的控股股东来说，其在公司内部成为实际上的业务执行和经营者，在享有经营管理权的同时，必须受到特定的义务的约束。控股股东在处理公司事务时，应尽到如同一个谨慎的人处于同等地位与情形下对其所经营的事项所给予的注意一样的谨慎义务，即控股股东在作为业务执行人和经营者处理公司事务时，应怀有善意，并从公司最大利益出发来考虑问题。控股股东应当严格履行忠实义务，严禁危害公司、债权人、社会公众和其他股东的利益，不得有欺诈行为，不得通过关联交易来牟取不正当利益。根据本法第180条第3款之规定，公司的控股股东不担任公司董事但实际执行公司事务的，对公司负有忠实义务，应当采取措施避免自身利益与公司利益冲突，不得利用职权牟取不正当利益；对公司负有勤勉义务，执行职务应当为公司的最大利益尽到管理者通常应具备的合理注意。其次，禁止股权滥用原则对于中小股东也有约束意义。实践中也存在中小股东滥用权利的情形。例如，法律或者章程规定某一事项需要全体股东一致通过，此时，中小股东就拥有了一票否决权，其也可以利用自己的一票否决权利，无视公司利益，敲诈大股东，获得额外收益，该股东同样构成滥用股东权利。

二、股东滥用股东权利造成公司或者其他股东损失的，应承担赔偿责任

根据本条第2款的规定，股东滥用股东权利，给公司造成损失的，应当依法承担赔偿公司损失的责任；股东滥用股东权利，给其他股东造成损失的，应当依法承担赔偿其他股东损失的责任。明确规定滥用权利的股东应承担的民事赔偿责任有利于规范股东行为，促使股东依法、正当行使权利。

对于股东滥用股东权利给公司或者其他股东造成损失的，可以依据本条追究赔偿责任。如果公司不予追究，有限责任公司的股东、股份有限公司连续180日以上单独或者合计持有公司1%以上股份的股东，可以根据本法第189条规定对该股东提起股东代表诉讼。

控股股东滥用股东权利，严重损害公司或者其他股东利益的，其他股东有权根据本法第89条第3款的规定，请求公司按照合理的价格收购其股权。

【实务问题】

实践中理解和适用本条款，应当注意本条与《公司法》第 89 条第 3 款之间的关系。

《公司法》此次修订中，在第 89 条第 3 款新增加了控股股东滥用权利导致的股东回购请求权。根据该款规定，公司的控股股东滥用股东权利，严重损害公司或者其他股东利益的，其他股东有权请求公司按照合理的价格收购其股权。该款为中小股东摆脱控股股东压迫、退出公司提供了通道，有利于保护中小股东的合法权益。

本条与第 89 条第 3 款都给受到控股股东滥用股东权利损害的中小股东提供了救济途径。根据本条第 2 款规定，只要能够认定股东的行为属于滥用权利损害公司利益或其他股东利益的，对由此造成的损失，滥用权利的股东应承担赔偿责任。由于有限责任公司是封闭结构，股东很难通过“用脚投票”的方式退出，为维护公司的持续经营，要避免出现在因个别股东的滥权行为引发的诉讼审结之后，公司的运营实际上进入僵局状态。因此，根据本条规定，中小股东可以请求因控股股东权利滥用而产生的损害赔偿救济；根据第 89 条第 3 款，中小股东可以摆脱控股股东压制，退出公司。两者相辅相成，共同构成了中小股东权利救济体系。

【条文】

第二十二条

公司的控股股东、实际控制人、董事、监事、高级管理人员不得利用关联关系损害公司利益。

违反前款规定，给公司造成损失的，应当承担赔偿责任。

【条文主旨】

本条是关于禁止利用关联关系损害公司利益的规定。

【条文概览】

本条在此次《公司法》修订中未作实质变更，仅修改了个别文字。本条在1993年《公司法》制定时没有规定，在2005年《公司法》第一次全面修订过程中，为防止公司的控股股东、实际控制人、董事、监事、高级管理人员利用关联交易"掏空"公司，侵害公司、公司中小股东以及公司债权人的利益，规范对公司的关联交易，新增规定公司的控股股东、实际控制人、董事、监事、高级管理人员不得利用关联关系损害公司利益，违反前款规定，给公司造成损失的，应当承担赔偿责任。此外，《公司法》中明确定义了关联关系，关联关系是指公司控股股东、实际控制人、董事、监事、高级管理人员与其直接或者间接控制的企业之间的关系，以及可能导致公司利益转移的其他关系。但是，国家控股的企业之间不因为同受国家控股而具有关联关系。之后的历次修改中本条均未发生变更。

本条明确了法律不禁止公司与其有关联关系的企业之间的交易，但不能利用关联关系损害公司利益。本条规定经《民法典》总结提炼后，成为营利法人的共同行为准则。《民法典》第84条规定："营利法人的控股出资人、实际控制人、董事、监事、高级管理人员不得利用其关联关系损害法人的利益；利用关联关系造成法人损失的，应当承担赔偿责任。"

【理解与适用】

本条是关于规范关联关系的规定，应从以下方面理解和适用：

一、公司的控股股东、实际控制人、董事、监事、高级管理人员不得利用关联关系损害公司利益

（一）关联关系的界定

关联人，是指能够在财务或经营决策中，对企业施加重大影响的自然人或法人；关联人与该企业间的关系，称为关联关系。判断关联关系存在的基本标准是，在企业财务和经营决策中，如果自然人或法人有能力直接或间接控制、共同控制企业或对企业施加重大影响，一般认为具有关联关系。运用这一判断标准时需要掌握以下几个方面：（1）本标准中的关联人是指自然人或法人；所指的关联关系存在于企业与法人之间、企业与自然人之间，不包括部门（或单位）与部门（或单位）之间、企业与部门（或单位）之间，它们之间的关系不是本标准所规范的范畴。本标准所指的直接或间接控制，包括直接控制、间接控制、直接和间接控制。本标准所指的共同控制或重大影响仅指直接共同控制或直接重大影响，不包括间接共同控制或间接重大影响。同受共同控制的两方或多方之间，不视为具有关联关系。从理论上讲，同受共同控制的两方或多方之间应当视为关联方，但考虑到共同控制与单独控制的程度不同，在共同控制情况下，两方或多方投资者中任何一方都不能单独作出财务和经营方面的决策，必须由投资各方共同决定。因此，在直接共同控制的情况下，同受共同控制的各方的财务和经营政策需受共同控制各方的共同操纵，投资各方完全为追求自身利益的可能性受到一定的限制。

所谓关联交易一般指具有投资关系或者合同关系的不同主体之间所进行的交易，又称为关联方交易。在商事实践中，关联交易情形极为常见。关联交易是一把双刃剑，正常的关联交易可以稳定公司业务，分散经营风险，有利于公司发展，达到多方共赢的效果；而不公正的关联交易则有可能严重损害公司、其他股东以及债权人的利益。实践中常有控制公司、利用与公司的关联关系和控制地位迫使公司与自己或者其他关联方从事不利益的交易，损害公司和其他股东利益的现象。近年来，我们在多起社会普遍关注的重大风险处置工作中，每每发现控股股东、实际控制人等利用关联关系和控制地位，操纵公司与自己或者其他关联方从事不利益交易的现象，如进行不公平的资产买卖、违背自身利益为关联方提供担保、利用掠夺性定价向关联方输送利益等，这种情形非常突出。这些不公正的关联交易最终掏空了公司资产，风险一旦爆发，则损失巨大而无可挽回，严重的甚至影响到了社会稳定。

我国司法实践中，随着经济发展，法人规模逐渐扩大，法人内部结构逐渐复杂，关联交易也逐步增多。一些公司大股东、实际控制人和管理层，通过与公司的关联交易，随意挪用公司资金，转移利润，严重损害公司、少数股东和债权人的利益。关联交易是一种利益冲突型交易，但关联交易却是客观存在、无法避免的。[①] 因此，法律不能禁止关联交易，而是必须予以规制，防止利用关联关系损害公司利益。

（二）关联交易法律规制的方式

关联交易的法律规制是一个综合的系统工程，需要民事责任、行政责任、刑事责任相互配合。而在民事责任领域，也需要《公司法》《证券法》《会计法》《税收征收管理法》等相互配合。为此，部分部门规章、准则等从财政、税收、上市公司监管等方面对关联交易控制作了一些规定。然而，其中居于基本主导地位的，无疑应是《公司法》。需要在《公司法》中制定关联交易规制制度的基本框架，其余法律规范则在各自的领域中予以查漏补缺。

我国《公司法》明确界定了控股股东、实际控制人、关联关系等概念，又在本条明确规定了公司的控股股东、实际控制人、董监高不得利用其关联关系损害公司利益，因此给公司造成损失的，应当承担赔偿责任。上述规定奠定了我国法律中关联交易的基本框架，利用关联关系进行的交易即为关联交易，严禁不公平关联交易。此外，《公司法》中还对某些特殊的关联交易制度进行了规定。例如，对于公司为股东或实际控制人提供担保的，应当经过股东会决议，被担保的股东或实际控制人支配的股东应当回避表决，明确关联交易正当程序。

关联交易的实质在于“交易表面上发生在两个或者两个以上当事方之间，实际上却只由一方决定”。[②] 因此，一般交易中程序调节机制，在关联交易中存在失灵的可能，仅仅依靠双方当事人的自我协商、意思表示一致达成交易的程序不足以保障关联交易中当事人的合法权益，因此，必须予以特殊的程序规定。此次《公司法》修订之前，我国《公司法》对于关联交易程序的规制，还是比较粗疏的，2018 年《公司法》中除了在第 124 条规定了上市公司关联交易的程序之外，没有关于关联交易程序规制的规定。而仅就 124 条规定本身而言，不但其范围限制在上市公司范围内，需要拓展，而且

---

① 参见施天涛：《公司法论》（第二版），法律出版社 2006 年版。

② ［美］罗伯特·C. 克拉克：《公司法则》，胡平等译，工商出版社 1999 年版，第 117 页。

程序本身也需要一定的修改完善。

总体来看，关联交易规制主要包括信息公开、程序正当、结果公平三个核心部分。我国《公司法》中虽然没有使用“关联交易”这一概念，但对关联关系进行了界定并建立起了关联交易的基本规范体系：严禁不公平关联交易，如果关联人利用关联关系损害了公司利益，则应当承担赔偿责任。关联交易整体规范体系中还需要两类基本规则：一是关联交易的正当程序规则，二是衡量关联交易公平与否的实体法规则。

首先，关联交易应当经由公司会议表决才可进行，还需表决前告知、公告关联关系，关联人回避表决，无关联人出席会议等程序。具体而言，关联交易的正当程序至少应当包含以下规则，方能达到正当程序的基本要求：一是关联交易事项应当由董事会审查。二是在董事会审查关联交易事项之前，关联人应当充分告知关联事项及关联关系。三是董事会审议有关关联交易的事项时，关联董事及其受托人不应当参与投票表决，其所代表的有表决权的表决权数不计入有效表决总数。四是因董事回避表决造成董事会人数不能达到法定人数的，应当将事项提交股东会讨论决定。股东会讨论时，关联股东及其代理人、受托人应当回避表决。五是董事会或股东会记录中应当明确记载非关联董事、股东的表决情况；决议需要公告的，公告中应当充分披露非关联董事、股东的表决情况。此次《公司法》修订中，第 182 条对董事自我交易制度进行了重大修改完善，明确了董事、监事、高级管理人员及其关联人进行关联交易的规定，对关联交易的主体范围、披露及表决程序进行了明确的规定，已经建立了关联交易的基本规范体系。

就基本法理来说，董事、监事、高级管理人员是公司的代理人，而控股股东、实际控制人与公司之间人格相互独立，因此两种关联交易规制方式可以不同。然而，从审判实践中发现的情况看，我国公司诉讼纠纷中，大股东、实际控制人操纵的反而占了多数，董事关联交易是少数。鉴于控股股东、实际控制人对公司的重大影响力，应当承担与董事相同的责任，其与公司进行的关联交易同董监高与公司的关联交易，在程序上应当一体对待。控股股东、实际控制人涉及的关联交易同样应当经过董事会、股东会的审查。关联人在投票时应当回避表决。

其次，明确关联事项的审查范围。原则上，不能将是否对关联事项进行程序规制的权力交由公司章程决定，而应由《公司法》进行统一规定，适用于全部公司类型，以加强对关联交易的程序规范，但应当允许公司根据实际情况在章程中明确免于审查的事项范围。关联交易等关联事项应当由董事会审查，小额、日常交易等公司章程明确规定可以不经董事会审查的除外。例如，关联交易必须具有重要性。当某一交易可能存在利益冲突，但是如果其尚未重要到需要特别规制，也不需要适用关联交易特别程序规定。在公司章程中，可以根据本公司的经营规模等，规定交易标的多少金额之下的日常关联交易免予审查。对于这种章程的规定，法律应予认可。

二、不公平关联交易的法律后果

本条第2款规定，利用关联关系，给公司造成损失的，应当承担赔偿责任。

（一）衡量关联交易公平性的规则

确定是否需要赔偿损失以及损失范围时，需要建立衡量关联交易公平与否的规则。一般而言，不公平关联交易的认定有程序控制与结果控制两种形式。如果关联交易符合了公平程序，则程序本身就证明结果是公正的；而如果关联交易不论是否符合程序规则，必须证明交易结果是公正的，则为结果控制。毫无疑问，对于有争议的关联交易来说，证明结果公正是很困难的。2019年最高人民法院制定《公司法解释五》时，对于这一问题曾进行深入讨论。对于交易实践、司法审判、当事人举证而言，程序控制是较优选择，但是采纳程序控制的前提必须是法律对于关联交易的程序有着严格的规定，才能说符合公平程序的关联交易，其结果必然是公正的。然而，因当时我国《公司法》对关联交易未规定普遍适用的特殊程序，即使想以正当程序来进行规制，也没有可参照的规范。故《公司法解释五》第1条在认定不公平关联交易时明确采取了结果控制。该条第1款规定："关联交易损害公司利益，原告公司依据民法典第八十四条、公司法第二十一条规定请求控股股东、实际控制人、董事、监事、高级管理人员赔偿所造成的损失，被告仅以该交易已经履行了信息披露、经股东会或者股东大会同意等法律、行政法规或者公司章程规定的程序为由抗辩的，人民法院不予支持。"即关联交易发生争议时，无论其是否符合交易程序，交易人均需要证明该交易结果是公平的，才能免责。这一规定是符合我国公司法实践的，但是关联交易的结果控制对于当事人举证、司法认定而言都有相当难度。

此次《公司法》修订的一大重点和亮点，即明确规定了关联交易的正当程序。在正当程序被明确规定、普遍适用后，则不公平关联交易就可以采取更具操作性的认定规则：如果交易方主张该关联交易遵循了法定程序，则该交易不能被认定是不公平交易，除非主张损害赔偿的一方举证证明其损害了公司利益；如果没有遵循法定程序，则交易方必须证明该交易结果是公平的，否则就要承担不公平交易的损害赔偿责任。即遵守了法定程序本身为证明交易的公平，除非主张交易不公平的一方能够提供足够的反证予以推翻。只有在没有遵守法定程序的情况下，才需要进一步证明结果确实是公平的，以此来免责。具体而言，关联交易符合法定程序的，主张该交易不公平，要求损害赔偿的一方应当举证证明该交易实质上损害了公司利益；关联交易没有遵循法定程序的，则交易方必须举证证明该交易结果实质公平，否则应当对公司承担不公平交易损害赔偿责任。在新的司法解释中将对这一点予以明确。

（二）追究关联交易损失赔偿的途径

关联交易损害公司利益的，公司有权要求关联人承担赔偿责任。追究关联交易损失赔偿的一个重要途径是股东代表诉讼制度。根据《公司法解释五》第1条第2款之规定，关联交易损害公司利益，原告公司可以依据本条规定请求控股股东、实际控制人、董事、监事、高级管理人员赔偿所造成的损失。公司没有提起诉讼的，符合法定条件的股东，可以向人民法院提起股东代表诉讼。根据上述司法解释第2条的规定，关联交易合同存在无效、可撤销或者对公司不发生效力的情形，公司没有起诉合同相对方的，符合法定条件的股东，可以向人民法院提起股东代表诉讼。通过上述股东代表诉讼途径，可以追究关联交易损害公司利益后的赔偿责任。

【条文】

第二十三条

公司股东滥用公司法人独立地位和股东有限责任，逃避债务，严重损害公司债权人利益的，应当对公司债务承担连带责任。

股东利用其控制的两个以上公司实施前款规定行为的，各公司应当对任一公司的债务承担连带责任。

只有一个股东的公司，股东不能证明公司财产独立于股东自己的财产的，应当对公司债务承担连带责任。

【条文主旨】

本条是关于公司法人人格否认规则的规定。

【条文概览】

本条是此次《公司法》修订中进行了重大修改的条文。本条是在2005年《公司法》第一次全面修订时入法的，其后的历次《公司法》修正过程中都未对本条进行修改，该条内容一直保留到2018年《公司法》之中。2018年《公司法》第20条第3款规定："公司股东滥用公司法人独立地位和股东有限责任，逃避债务，严重损害公司债权人利益的，应当对公司债务承担连带责任。"在总结《公司法》实施以来经验的基础上，考虑到出资人滥用权利的现象并非公司所独有，《民法典》编纂过程中，将公司法人人格否认制度予以吸收提炼，上升为营利法人均应当遵守的基本制度。《民法典》第83条第2款规定："营利法人的出资人不得滥用法人独立地位和出资人有限责任损害法人债权人的利益；滥用法人独立地位和出资人有限责任，逃避债务，严重损害法人债权人的利益的，应当对法人债务承担连带责任。"在2023年《公司法》第二次全面修订过程中，该条被吸收成为本条第1款。此外，又增加了第2款横向法人人格否认之规定，并将2018年《公司法》第63条一人有限责任公司财产混同情形下法人人格否认举证责任倒置的规定吸收合并成为本条第3款，共同形成完善的公司法人人格否认制度，成为此次《公司法》修订的亮点之一。本条最主要的修改就是增加了第2款，即"姐妹公司"人格否认情形。

本条共分3款，内容相辅相成，构成了完整的公司法人人格否认制度。

第 1 款继承了之前公司法人人格否认制度的规定，规定了公司股东滥用公司法人独立地位和股东有限责任，逃避债务，严重损害公司债权人利益的，应当对公司债务承担连带责任。这又称为纵向法人人格否认法律制度，即否认公司的人格，剥夺股东以出资为限对公司债务承担责任的股东有限责任保护，让股东对公司债务承担连带责任。本条第 2 款则是新增条款，规定了受同一股东控制的两个以上公司滥用公司法人独立地位逃避债务，严重损害公司债权人利益的，相互之间对债务承担连带责任，即横向法人人格否认，又称为“姐妹公司”人格否认的规定。与纵向法人人格否认制度不同，横向法人人格否认制度否认公司法人人格并非让股东对公司债务承担连带责任，而是让受同一股东控制的两个以上公司之间相互承担连带责任。本条第 3 款继承了 2018 年《公司法》中一人有限责任公司财产混同情形下法人人格否认举证责任倒置的规定。新《公司法》删除有限责任公司的设立和组织机构章中“一人有限责任公司的特别规定”一节，只将原有一人有限责任公司财产混同情形下法人人格否认举证责任倒置的规定予以保留，并入总则章中公司法人人格否认制度条文中，其他制度不再特殊。因新《公司法》允许设立一人股份公司，因此该款适用范围扩大适用于一人股份公司。

【理解与适用】

公司法人人格否认又称“揭开公司面纱”“刺破公司面纱”，是指在具体的法律关系中，基于特定事由，否认公司的独立人格，使股东在某些场合对公司债务承担无限责任的法律制度。公司法人人格否认是对实际上已经丧失独立人格的公司现状的一种揭示和确认，也是公司人格独立制度和股东有限责任制度的例外。公司法人人格否认制度是对股东滥用权利的限制，同时也是对公司债权人利益的保护。该制度是对公司有限责任制度缺陷的弥补和修正，它的出发点就是保护债权人利益。对于本条规定，应从以下几个方面予以理解：

一、建立公司法人否认制度的必要性

公司人格独立和股东有限责任是公司法的基本原则。否认公司独立人格，由滥用公司法人独立地位和股东有限责任的股东对公司债务承担连带责任，是股东有限责任的例外情形，旨在矫正有限责任制度在特定法律事实发生时对债权人保护的失衡现象。股东不得滥用公司法人独立地位和股东有限责任损害公司债权人的利益。公司法为保护和鼓励出资，同时也保证公司经营的灵活性和高效性，创设了股东有限责任和公司独立法人地位的制度，这两项制度成为现代公司法律制度的基石，造就了公司这种企业形式的极大繁荣。对股东而言，股东依约定足额出资后，即享受有限责任的待遇，不再对公司的债务承担责任；股东通过公司权力机关依法定程序行使其权利，不直接插手公司的经营。公司则独立地运用股东投入公司中的财产从事经营，创造利润。公司在经营活动中，与债权人独立地发生债权、债务关系，承担由此产生的民事责任。但是，实际经济生活中，有的公司的股东通过各种途径控制着公司，为赚取高额利润或逃避债务，常常擅自挪用公司的财产，或者与自己的财产混同、账目混同、业务混同。有的股东为达到非法目的，设立一个壳公司从事违法活动，实际控制该公司，但又以有限责任为掩护逃避责任。在这些情况下，公司在实际上已失去了独立地位，该独立法人地位被股东滥用了。同时，股东利用上述方式逃避其应承担的责任，也滥用了其有限责任的待遇；而公司的债权人将面临着极大的交易风险。面对这一现实问题，一些国家和地区在维护公司股东有限责任基本原则的同时，本着权利和义务相一致的原则，为切实保护债权人的利益、维护正常的交易秩序，创制了公司法人人格否认的制度。即当符合法定条件，认定股东滥用公司法人独立地位和有限责任时，可以揭开公司面纱，将公司股东和公司视为一体，追究股东和公司共同的法律责任。

公司制度发展历史上，法人人格否认制度的发展经历了两个阶段：一是在传统的判例法领域形成了“揭开公司面纱”原则，其目的主要是防止自然人股东滥用公司法律形式从事欺诈活动；二是后来发展成为现代的自由形式的“揭开公司面纱”原则，其重点转向对企业集团或者企业间关联关系的调整，适用的范围已经不局限于公司法领域，而是拓展至税法、诉讼法、破产法。公司法人人格否认制度主要有三个方面的特征：

第一，公司法人人格否认是以公司独立人格合法、有效存在为前提。从逻辑上讲，如果公司的独立人格根本就未合法存在，也就无所谓股东滥用公司人格的行为，更谈不上以此为据否定法人的独立人格。这是法人人格否认与法人被撤销或被宣告设立无效的根本差别。

第二，公司法人人格否认是对公司独立人格的个案否认。公司人格的否认并非对法人合法、有效存在的彻底否定，它只是对特定的法律关系中借助法人合法有效的外壳从事规避法律义务行为的股东的有限责任的否认，是典型的个案否认。它并不及于对公司与其他当事人之间形成的法律关系的评价。所以，债权人由此获得的是追究股东责任的权利，而不是申请法人成立无效的权利。

第三，公司法人人格否认是对已丧失独立人格特征之法人状态的揭示与确认。公司法人人格否认是公司无法实现债权人诉求的特殊处理，通过剥离徒有人格之名而无人格之实的公司人格，导致隐藏于公司背后股东的凸显，使其承担的责任由有限向无限复归。也就是说，在实践中即使有股东滥用公司人格的事实，但是在公司还能偿债的情况下，是绝对不能以公司法人人格否认为依据，起诉它后面的股东从而追究其责任的。

股东滥用公司法人独立地位和股东有限责任的，应当对公司债务承担连带责任。我国股东利用公司独立地位侵占公司财产，逃避债务，损害债权人利益的情况比较严重，因此更需要这一制度，防止股东滥用公司法人人格、有限责任获取非法利益，以保护债权人、维护正常的交易秩序。

二、对本条具体规定的理解

本条共分三款，分别规定了纵向法人人格否认制度、横向法人人格否认制度以及一人公司财产混同情形下的举证责任倒置规则。三款相辅相成，构成了完整的公司法人人格否认制度。

（一）纵向法人人格否认制度

本条第1款继承了之前纵向公司法人人格否认制度的规定，否认公司的人格，剥夺股东以出资为限对公司债务承担责任的股东有限责任保护，让股东对公司债务承担连带责任。这是公司法人人格否认制度中最核心、最基本的一种形式。根据本款规定，公司股东滥用公司法人独立地位和股东有限责任，逃避债务，严重损害公司债权人利益的，应当对公司债务承担连带责任，

在审判实践中，要准确把握该款规定的精神，需要注意三点：一是只有在股东实施了滥用公司法人独立地位及股东有限责任的行为，且该行为严重损害了公司债权人利益的情况下，才能适用。损害债权人利益，主要是指股东滥用权利使公司财产不足以清偿公司债权人的债权。二是只有实施了滥用法人独立地位和股东有限责任行为的股东才对公司债务承担连带清偿责任，而其他股东不应承担此责任。三是公司人格否认不是全面、彻底、永久地否定公司的法人资格，而只是在具体案件中依据特定的法律事实、法律关系，突破股东对公司债务不承担责任的一般规则，例外地判令其承担连带责任。人民法院在个案中否认公司人格的判决的既判力仅仅约束该诉讼的各方当事人，不当然适用于涉及该公司的其他诉讼，不影响公司独立法人资格的存

续。如果其他债权人提起公司人格否认诉讼，已生效判决认定的事实可以作为证据使用。

从审判实践中反映的情况来看，股东滥用公司独立地位和股东有限责任，侵占公司财产，逃避债务，损害债权人利益的情况比较严重，且方式和手段呈现出越来越复杂、隐蔽和多元化的特点。公司法中对于公司法人人格否认只是规定了基本原则，没有规定具体滥用行为的表现形式。滥用行为常见的情形有人格混同、过度支配与控制、资本显著不足等，但在案件审理中，对滥用的认定标准、举证责任分配、适用对象等还存在不同的认识。2019 年最高人民法院发布《九民会纪要》，在总结既往审判经验的基础上，具体规定了滥用行为在实践中的主要表现形式，可供审理具体案件时参考：

第一，人格混同。《九民会纪要》第 10 条具体规定了人格混同情形下的判断标准。该条规定，认定公司人格与股东人格是否存在混同，最根本的判断标准是公司是否具有独立意思和独立财产，最主要的表现是公司的财产与股东的财产是否混同且无法区分。在认定是否构成人格混同时，应当综合考虑以下因素：（1）股东无偿使用公司资金或者财产，不作财务记载的；（2）股东用公司的资金偿还股东的债务，或者将公司的资金供关联公司无偿使用，不作财务记载的；（3）公司账簿与股东账簿不分，致使公司财产与股东财产无法区分的；（4）股东自身收益与公司盈利不加区分，致使双方利益不清的；（5）公司的财产记载于股东名下，由股东占有、使用的；（6）人格混同的其他情形。在出现人格混同的情况下，往往同时出现以下混同：公司业务和股东业务混同；公司员工与股东员工混同，特别是财务人员混同；公司住所与股东住所混同。人民法院在审理案件时，关键要审查是否构成人格混同，而不要求同时具备其他方面的混同，其他方面的混同往往只是人格混同的补强。

第二，过度支配与控制。《九民会纪要》第 11 条第 1 款规定了过度支配与控制情形下的判断标准。该条规定，公司控制股东对公司过度支配与控制，操纵公司的决策过程，使公司完全丧失独立性，沦为控制股东的工具或躯壳，严重损害公司债权人利益的，应当否认公司人格，由滥用控制权的股东对公司债务承担连带责任。实践中常见的情形包括：（1）母子公司之间或者子公司之间进行利益输送的；（2）母子公司或者子公司之间进行交易，收益归一方，损失却由另一方承担的；（3）先从原公司抽走资金，然后再成立经营目的相同或者类似的公司，逃避原公司债务的；（4）先解散公司，再以原公司场所、设备、人员及相同或者相似的经营目的另设公司，逃避原公司债务的；（5）过度支配与控制的其他情形。

第三，资本显著不足。《九民会纪要》第12条规定了资本显著不足的具体情形。该条规定，资本显著不足指的是，公司设立后在经营过程中，股东实际投入公司的资本数额与公司经营所隐含的风险相比明显不匹配。股东利用较少资本从事力所不及的经营，表明其没有从事公司经营的诚意，实质是恶意利用公司独立人格和股东有限责任把投资风险转嫁给债权人。由于资本显著不足的判断标准有很大的模糊性，特别是要与公司采取“以小博大”的正常经营方式相区分，因此在适用时要十分谨慎，应当与其他因素结合起来综合判断。

公司法人人格否认制度需要根据查明的案件事实进行综合判断，既审慎适用，又当用则用。实践中存在标准把握不严而滥用这一例外制度的现象，同时，也存在因法律规定较为原则、抽象，适用难度大，而不善于适用、不敢于适用的现象，均应当引起高度重视。

（二）横向法人人格否认制度

本条第2款规定了横向法人人格否认制度。根据本款规定，受同一股东控制的两个以上公司滥用公司法人独立地位和股东有限责任，逃避债务，严重损害公司债权人利益的，相互之间对债务承担连带责任。与第1款所规定的纵向法人人格否认制度不同，横向法人人格否认制度否认公司法人人格并非让股东对公司债务承担连带责任，而是让受同一股东控制的两个以上公司之间相互承担连带责任。

本条第2款是新增条款，也是本次《公司法》全面修订过程中的最大亮点之一。之前的《公司法》中，并无横向法人人格否认的制度条款，但是控股股东通过控制多个子公司或关联公司，滥用控制权使多个子公司或者关联公司财产边界模糊，财务混同，利益相互输送，丧失人格独立性，沦为控制股东逃避债务甚至违法犯罪的工具的情形在实践中并不罕见。司法实践中因此也诞生了相关制度规范对此予以调整。

最高人民法院2013年发布指导案例15号“某工集团工程机械股份有限公司诉某交工贸公司等买卖合同纠纷案”，对该种情形的处理提供指导与参考。在该案中，某交机械公司、某路公司与某交工贸公司受同一自然人实际控制，三个公司人员混同、业务混同、财务混同，导致各自财产无法区分，已丧失独立人格，构成人格混同。其中某交工贸公司承担所有关联公司的债务却无力清偿，又使其他关联公司逃避巨额债务，严重损害了债权人的利益。法院最终判令某交机械公司、某路公司对某交工贸公司的债务承担连带清偿责任。通过该指导性案例确认如下裁判要旨：（1）关联公司的人员、业务、财务等方面交叉或混同，导致各自财产无法区分，丧失独立人格的，构成人格混同。（2）关联公司人格混同，严重损害债权人利益的，关联公司相互之间对外部债务承担连带责任。该指导性案例实际成为审判实践中指导公司横向法人人格否认的裁判规则。后《九民会纪要》总结审判实践经验，本着从问题出发的原则，根据当时的2018年《公司法》第20条第3款关于纵向法人人格否认的规定精神，在第11条第2款规定了法人人格否认中横向否认的典型情形。该款规定，控制股东或实际控制人控制多个子公司或者关联公司，滥用控制权使多个子公司或者关联公司财产边界不清、财务混同，利益相互输送，丧失人格独立性，沦为控制股东逃避债务、非法经营，甚至违法犯罪工具的，可以综合案件事实，否认子公司或者关联公司法人人格，判令承担连带责任。

在破产程序中，关联公司实质破产的司法实践，也系横向法人人格否认理论的运用。最高人民法院发布的指导案例165号“某江有限公司、某针纺有限公司破产管理人申请实质合并破产清算案”中，确定的裁判要旨即为受理企业破产后，发现关联企业法人人格高度混同，关联企业间债权债务难以分离，严重损害债权人公平清偿利益时，可以对关联企业进行实质合并破产清算。此后，总结审判经验，最高人民法院于2018年发布《破产会议纪要》，其中第32条规定，当关联企业成员之间存在法人人格高度混同，区分各关联企业成员财产的成本过高，严重损害债权人公平清偿利益时，可适用关联企业实质合并破产方式进行审理。进行实质合并破产的制度价值，在于保障全体债权人的债权得以公平受偿。关联企业实质合并破产后，合并破产的各关联企业的财产作为合并后统一的破产财产，各关联企业之间的债权债务归于消灭，由各关联企业的债权人在同一程序中参与破产程序。清算程序中各关联企业的债权人均按照法定顺序公平受偿，重整程序中的重整计划草案中应当制定统一的债权分类、债权调整和债权受偿方案。实质合并破产可能导致部分账面资产占优势的关联企业债权人的债权清偿率降低，但这是法律基于关联企业之间构成公司法人人格高度混同的前提，纠正关联企业之间不正当利益输送的违法违规行为的结果，该部分债权人利益并未实际受损，是破产法公平清理债权债务，保障全体债权人公平公正受偿的体现。

此次《公司法》修订中充分总结审判实践经验，吸收提炼实践中行之有效的裁判规则，增加了本款规定，明确了对于公司法人人格否认中横向否认的典型情形，从而成为本次《公司法》修订中最引人瞩目的亮点之一。对于统一裁判尺度，公正审理案件提供了良好的制度工具。

司法实践中适用本款时应当注意，相互之间对债务承担连带责任的“姐妹公司”，除该控股股东外，可能还存在其他小股东。在判令“姐妹公司”因法人人格横向否认而相互承担连带责任时，应注意到此种情形下对公司其他小股东利益的保护。与之前的指导性案例以及《九民会纪要》中的规定不同，新《公司法》中横向公司法人人格否认的情形仅限于受同一股东控制的情形，而没有包括受同一实际控制人控制的情形。

（三）一人公司财产混同情形下的人格否认举证责任倒置

本条第 3 款继承了 2018 年《公司法》第 63 条规定的一人有限责任公司财产混同情形下法人人格否认举证责任倒置的规定。2018 年《公司法》第 63 条规定：“一人有限责任公司的股东不能证明公司财产独立于股东自己的财产的，应当对公司债务承担连带责任。”

本次《公司法》第二次全面修订过程中，删除了有限责任公司的设立和组织机构章中“一人有限责任公司的特别规定”一节，只将原有一人有限责任公司财产混同情形下法人人格否认举证责任倒置的规定予以保留，并入总则章中公司法人人格否认制度条文中。其他制度不再特殊。因新《公司法》允许设立一人股份公司，因此本款规定适用范围将扩大适用于一人股份公司。

司法实践中适用这一款时，需要注意一人公司的范围，既包括只有一个股东的有限责任公司，也包括只有一个股东的股份有限公司，但股东只能有一人。例如，有观点认为，股东为夫妻二人的公司应视为实质上的一人公司，应当也适用一人公司法人人格否认举证责任倒置。我们认为，这种观点应予商榷。股东为夫妻二人的，不是一人公司。

【实务问题】

实践中理解和适用本条款，应当注意以下几点：

一、法人人格否认制度中当事人的诉讼地位问题

根据《九民会纪要》第 13 条的规定，人民法院在审理公司人格否认纠纷案件时，应当根据不同情形确定当事人的诉讼地位：债权人对债务人公司享有的债权已经由生效裁判确认，其另行提起公司人格否认诉讼，请求股东对公司债务承担连带责任的，列股东为被告，公司为第三人；债权人对债务人公司享有的债权提起诉讼的同时，一并提起公司人格否认诉讼，请求股东

对公司债务承担连带责任的，列公司和股东为共同被告；债权人对债务人公司享有的债权尚未经生效裁判确认，直接提起公司人格否认诉讼，请求公司股东对公司债务承担连带责任的，人民法院应当向债权人释明，告知其追加公司为共同被告。债权人拒绝追加的，人民法院应当裁定驳回起诉。

二、逆向法人人格否认制度

公司独立人格与股东有限责任是现代公司制度的两大基石。如果股东滥用股东权利，则可能对公司债务直接承担责任，为公司法人人格否认，[1] 而与之相反的是，如果公司为股东债务向股东债权人承担责任，则被称为“反向揭开公司面纱”。

正向公司法人人格否认制度并未从整体上动摇公司法上的有限责任基础，只是对公司独立人格和股东有限责任的一种修正，该原则只有在严格限定的条件下才能适用。与此近似的制度为逆向公司法人人格否认制度，又称作“反向揭开公司面纱”，即在特定情况下，由第三人提出，否定公司的独立人格，由公司为股东的债务承担责任。“反向揭开公司面纱”从根本上颠覆了公司有限责任的基础，在适用过程中应更加谨慎。《最高人民法院关于审理与企业改制相关的民事纠纷案件若干问题的规定》第6条规定：“企业以其部分财产和相应债务与他人组建新公司，对所转移的债务债权人认可的，由新组建的公司承担民事责任；对所转移的债务未通知债权人或者虽通知债权人，而债权人不予认可的，由原企业承担民事责任。原企业无力偿还债务，债权人就此向新设公司主张债权的，新设公司在所接收的财产范围内与原企业承担连带民事责任。”第7条规定：“企业以其优质财产与他人组建新公司，而将债务留在原企业，债权人以新设公司和原企业作为共同被告提起诉讼主张债权的，新设公司应当在所接收的财产范围内与原企业共同承担连带责任。”上述规定，实际就是对于“反向揭开公司面纱”制度之规定，适用过程中应极度谨慎。

---

① 有学者认为：揭开公司面纱系英美判例法上发展起来的一项法理原则，此原则过去被日本学者误译为“公司法人人格否认”，后传入我国并在学界广为流传。以“公司法人人格否认”之误译表征“揭开公司面纱”原则不仅在理论上和逻辑上留下诸多漏洞，且其所隐含的概念法学思维方式更具潜在危害性。我国应以“揭开公司面纱”或“直索责任”取代“公司法人人格否认”之不当称谓，并应警惕概念法学思维方式的潜在危害。详见任自力、孙新强：《揭开公司法人格否认之面纱》，载《国家检察官学院学报》2009年第4期。

【条文】

第二十四条

公司股东会、董事会、监事会召开会议和表决可以采用电子通信方式，公司章程另有规定的除外。

【条文主旨】

本条是关于以电子通信方式召开公司会议的规定。

【条文概览】

本条是此次《公司法》修订中的新增条文。新《公司法》适应社会发展与技术进步，充分利用信息化建设成果，明确了公司采用电子通信方式召开会议与表决的法律效力，进一步拓展了会议和表决方式，完善了公司决议制度。

【理解与适用】

根据本条规定，公司可以采用电子通信形式召开股东会、董事会、监事会以及进行表决，以电子通信方式召开的会议和表决与现场召开的会议和表决具有同等效力。当然，公司也可以通过公司章程规定排除电子通信方式开会和表决。

传统公司法中，股东会、董事会、监事会等公司会议主要采用现场召开的方式，随着信息技术的发展，打破空间限制实时同步进行视频会议、电话会议等技术日益成熟，而同时全球联系越来越密切，公司的股东、董事、监事等有可能分布在世界各地，远程办公的要求也日益迫切。因此，近年来，允许通过电子方式参加公司会议和进行表决日益普遍。英国①、法国②、德国③、日本、美国特拉华州④等国家和地区的公司法允许公司章程对股东会以电子通信方式召开作出规定，并确保股东以电子方式投票。例如，《日本公司法》规定，公司可通过董事会决议对不出席股东大会的股东通过以数据

---

① 《英国2006年公司法》第360A（1）。
② 《德国股份法》第118条第1项。
③ 《法国商法典》第225条之107第2项。
④ 《美国特拉华州普通公司法》第211条（a）（2）。

电文方式行使表决权作出决定。以数据电文方式行使的表决权计入出席会议股东的表决权数等。

通过电子方式参会和表决，具有重要意义：一是降低参会成本，提高参会的便利度和积极性。尤其是对股东会来说，上市公司中小股东缺乏参加股东会的积极性，电子方式参会能节省股东的时间和金钱成本，从而鼓励小股东积极参加股东会，行使股东权利，使其对于公司意思的形成更有参与性，从而更能真实地反映股东的意见。

二是，通过电子方式参会和表决，能够超越空间距离，进行充分交流。例如，电子方式参加股东会可以使股东充分获得讨论、发言或质询管理层的机会。虽然在股东会表决事项上实施资本多数决，小股东难以单独决定事项，但是在会议程序中，小股东在会议上发出声音，与其他股东交流，获得更多信息，能够提高审议重大事项的民主性；其观点对于其他股东的决策也会产生影响，进而间接促进公司治理改善。

三是，通过电子方式参会，极大提高参与度。这一点在股东会上的表现也很明显，电子方式参会提高参与度，进而能够提高股东对股东会决议的信赖，增强股东与公司之间的意见沟通，减少股东以会议程序瑕疵为由提起撤销股东会决议诉讼的数量。

【实务问题】

司法实践中，正确理解和适用本条，需要注意以下问题：

一、新《公司法》生效前以电子通信方式召开公司会议或表决的效力问题

本条是《公司法》新增加的规定，商事实践中，以电子通信方式召开公司会议和表决的情形越来越常见，承认以电子通信方式召开会议和进行表决的效力，是适应社会发展与技术进步、充分利用信息化建设成果的表现，能够便利会议召开和会议表决、降低工作成本、提高工作效率，也不会降低会议质量。因此，在《公司法》生效之前如果公司采用电子通信方式召开了股东会、董事会、监事会或者进行了表决，因为会议召开方式或者表决方式效力问题产生争议的，本条可以溯及适用。此外，《公司法》第 33 条第 3 款规定："公司登记机关可以发给电子营业执照。电子营业执照与纸质营业执照具有同等法律效力。"该条与本条均是公司法充分利用信息化建设成果，支持信息化建设发展的力证。

二、关于会议召开方式的问题

本条只是规定对于召开会议的形式采用电子通信方式，但是并非允许其不召开会议而作出决议。公司会议还是必须召开的。结合本法第 59 条第 3 款关于“对本条第一款所列事项股东以书面形式一致表示同意的，可以不召开股东会会议，直接作出决定，并由全体股东在决定文件上签名或者盖章”之规定，对于有限责任公司经全体股东一致同意，可以不召开股东会议而直接作出决议进行特别规定，表明这里的电子通信方式与现场方式一样，只是召开会议的一种形式，会议本身必须召开。

【条文】

第二十五条

公司股东会、董事会的决议内容违反法律、行政法规的无效。

【条文主旨】

本条是关于公司会议决议无效的规定。

【条文概览】

本条在此次《公司法》修订中没有进行实质性修改，仅对表述进行了调整。本次《公司法》修订中将有限责任公司股东会与股份有限公司股东大会统称为股东会，因此本条中将“股东会或者股东大会”的表述修改为“股东会”。

1993年《公司法》第111条规定：“股东大会、董事会的决议违反法律、行政法规，侵犯股东合法权益的，股东有权向人民法院提起要求停止该违法行为和侵害行为的诉讼。”其后2005年《公司法》第一次全面修订时，对该条进行了实质性变更，改造为公司决议无效以及决议可撤销的规定。修改后的条文变更为第22条，规定：“公司股东会或者股东大会、董事会的决议内容违反法律、行政法规的无效。股东会或者股东大会、董事会的会议召集程序、表决方式违反法律、行政法规或者公司章程，或者决议内容违反公司章程的，股东可以自决议作出之日起六十日内，请求人民法院撤销。股东依照前款规定提起诉讼的，人民法院可以应公司的请求，要求股东提供相应担保。公司根据股东会或者股东大会、董事会决议已办理变更登记的，人民法院宣告该决议无效或者撤销该决议后，公司应当向公司登记机关申请撤销变更登记。”其后内容一直延续。本次《公司法》全面修订时，该条三款均独立成条，本条就是其中的第1款，是对公司会议决议无效的规定。根据本条规定，公司股东会、董事会的决议内容违反法律、行政法规的无效。

【理解与适用】

一、决议无效的前提条件

公司机关包含公司的权力机构与执行机构，形成公司机关决议不但耗费高额成本，而且涉及公司内外部复杂的法律关系，涉及公司、股东、债权人以及社会公共利益的保护，对于保证公司发展壮大、公司盈利目标实现以及交易安全都有着重要意义，因此需要进行适当监督。本条涉及的公司机关是公司股东会和董事会。股东会是公司的权力机构，其行使职权的形式是对相关事项作出决议，并由公司业务执行机关执行。例如，《公司法》第 212 条规定，股东会作出分配利润的决议的，董事会应当在股东会决议作出之日起 6 个月内进行分配。董事会是公司的执行机构，享有特定的职权，其行使职权的方式也包括作出相关决议。例如，根据《公司法》第 52 条规定，出资不实的股东是否失权，由董事会作出决议。

公司决议在程序和内容上必须符合法律法规及公司章程的规定，但上述股东会、董事会决议可能存在内容瑕疵或者程序瑕疵，影响公司、股东的利益和他人的合法权益，法律上需要提供对瑕疵决议进行救济的途径，即内容或程序存在瑕疵的决议可能被撤销、确认无效或不成立。其中，如公司机关决议内容违反法律、行政法规的规定，将导致该决议无效。股东会、董事会应当依法行使职权，作出的决议必须符合法律、行政法规的规定，如果作出内容违反法律、行政法规的决议，则为无效决议。无效决议自始无效。

需要注意的是，根据本条规定，会造成决议无效的，仅为决议内容瑕疵中的内容违反法律、行政法规；如果决议内容违反公司章程或者决议程序有瑕疵，即程序违反法律、行政法规或者公司章程，则仅为可撤销决议。无效决议自始无效，相关权利主体可以提起确认决议无效之诉，在性质上属于确认之诉。股东会或者董事会决议被人民法院确认为无效的，自始无效。而可撤销决议是否被撤销，还取决于权利主体是否行使撤销权，该决议被撤销之前是有效决议。

二、能够主张决议无效的原告

本条并未界定有权提起决议无效诉讼的主体，而仅规定了决议无效的要件。理论上，任何人只要存在诉讼利益，都可以提起确认决议无效之诉。关于哪些主体对股东会决议或董事会决议有诉讼利益的问题，因我国《公司法》中并未明确界定股东会或者董事会决议效力所涉主体的范围，只能根据对股东会、董事会权力进行限定并参考常见的股东会决议和董事会决议所涉及的主体范围来确定。《公司法解释四》第 1 条规定："公司股东、董事、监事等请求确认股东会或者股东大会、董事会决议无效或者不成立的，人民法院应当依法予以受理。"该规定列举了股东、董事、监事三类决议无效之诉的适格原告。其中，股东作为公司的成员，是当然的适格原告，可以起诉股东会和董事会的决议违法。监事依据《公司法》规定，可以对董事会决议事项提出质询或者建议，其提起决议无效，以起诉的方式纠正股东会决议和董事会决议的非法性，也是对公司决议合法性的监督，属于履行监督职责；董事作为公司权力的行使者，受到股东会、董事会决议的约束，有权请求确认决议内容违法。对股东会决议、董事会决议的非法性有权单独起诉，可以视为对公司合法性监督的司法确认。股东会决议和董事会决议通常会涉及上述三类主体的个体权益，上述三类主体的诉权，既包括个体性权利，也包括对股东会和董事会合法性的监督权，属于公司监督权。

决议无效是对决议内容合法性的否定，理论上与决议有直接利害关系的任何人都有权利提起诉讼，对原告资格不应作过多限制。但为了最大限度地倡导理性诉讼、防止滥诉、维护公司稳定经营，司法解释中只明确列举了股东、董事、监事三类主体，“等”包括与股东会或者董事会决议内容有直接利害关系的其他人，这一类主体和股东、董事、监事等行使公司权利并对公司行为的合法性负有责任的情形不同，主要是股东会决议、董事会决议通常会涉及的主体，包括：第一，高级管理人员。股东会决议和董事会决议通常会设定与高级管理人员相关的权利义务，因此，高级管理人员在该决议与其个人相关的时候，构成“直接利害关系”，可以起诉。第二，公司员工。公司员工与公司仅构成合同关系。但在特殊情况下，员工与股东会决议、董事会决议具有直接利害关系。如决议为员工设定竞业禁止、保密等义务，此时直接通过提起决议效力之诉可以降低员工的救济成本。再如员工持股，包括高级管理人员的管理股，通常是由公司以董事会决议或股东会决议的方式作出，赋予员工诉权可以保证员工持股不受非法侵害。第三，公司的债权人。通常情形下，公司的债权人只是通过合同与公司之间存在利益关系，特殊情形下才可能与股东会、董事会决议有直接利害关系，如债券持有人。股东会和董事会可能在债券发行前及发行后对发行合约修改作出决议，如损害到债券持有人的权利，应当取得债券持有人的同意。这种情况下，直接赋予债券持有人诉权就可以提供直接的救济。如《公司法》第204条规定，公开发行公司债券的，应当设立债券持有人会议，对与债券持有人有利害关系的事项作出决议。

如果上述高级管理人员、职工和债权人的权益受到股东会决议、董事会决议的直接侵害，有权提起确认公司决议无效之诉。但在一般情形中，他们与公司之间只是存在劳动合同关系或者债权债务类的合同关系，适用合同规则或者撤销权等既有的法律制度就可以实现保护，故应当将公司与高级管理人员、职工和债权人之间的一般合同争议情形排除在外。

【实务问题】

审判实践中，正确理解和适用本条，需要注意以下几个问题。

一、能否确认公司会议决议有效

公司股东会决议与董事会决议一经作出即生效，如果没有被确认会议决议无效、不成立或者被撤销，则决议就是成立且有效的。因此，一般不需要提起确认公司会议决议有效之诉。司法实践中，要求确认公司会议决议有效的，往往是为了执行该决议。而公司会议决议需要执行的，有法律规定的执行机构。例如，股东会决议由董事会执行等，而会议决议的执行属于公司内部治理范围。因此，对于股东会决议是否有效的问题不可诉。

二、无效之诉是否受诉讼时效限制

公司决议本质上系一种法律行为，法律行为无效系自始无效，公司决议无效之诉本质上是一种确权之诉，确认的是已经存在的客观状态或事实。无论是否确认，无效决议的状态均不受影响。因此，一般说来，确认公司会议决议无效不受诉讼时效期间的限制。

三、决议无效之诉的诉讼系属

提起公司决议效力之诉，《公司法解释四》第 3 条规定，“原告请求确认股东会或者股东大会、董事会决议不成立、无效或者撤销决议的案件，应当列公司为被告。对决议涉及的其他利害关系人，可以依法列为第三人。”股东、董事、监事以及特殊情形下的公司高级管理人员、职工、债权人等均可以提起公司决议无效之诉。因此，一项决议，有原告主体资格的并非同一人。而不同的原告利益也不尽相同，对于他人已经提起确认决议无效之诉的，一审法庭辩论终结前，其他有原告资格的人以相同的诉讼请求申请参加诉讼的，可以列为共同原告。

【典型案例】

姚某城与某投资管理有限公司、章某等公司决议纠纷案

裁判要旨：有限责任公司章程或股东出资协议确定的公司注册资本出资

期限系股东之间达成的合意。除法律有规定或存在其他合理性、紧迫性事由需要修改出资期限的情形外，股东会会议作出修改出资期限的决议应经全体股东一致通过。公司股东滥用控股地位，以多数决方式通过修改出资期限决议，损害其他股东的出资期限权益，其他股东请求确认该项决议无效的，人民法院应予支持。

【条文】

第二十六条

公司股东会、董事会的会议召集程序、表决方式违反法律、行政法规或者公司章程，或者决议内容违反公司章程的，股东自决议作出之日起六十日内，可以请求人民法院撤销。但是，股东会、董事会的会议召集程序或者表决方式仅有轻微瑕疵，对决议未产生实质影响的除外。

未被通知参加股东会会议的股东自知道或者应当知道股东会决议作出之日起六十日内，可以请求人民法院撤销；自决议作出之日起一年内没有行使撤销权的，撤销权消灭。

【条文主旨】

本条是关于公司会议决议可撤销的规定。

【条文概览】

本条是此次《公司法》修订中进行了实质修改的条文。1993 年《公司法》第 111 条规定："股东大会、董事会的决议违反法律、行政法规，侵犯股东合法权益的，股东有权向人民法院提起要求停止该违法行为和侵害行为的诉讼。"其后 2005 年《公司法》全面修订时，对该条进行了实质性变更，改造为公司决议无效以及决议可撤销的规定，其内容直至 2018 年《公司法》均未变动。2018 年《公司法》第 22 条关于公司决议撤销制度的规定为："股东会或者股东大会、董事会的会议召集程序、表决方式违反法律、行政法规或者公司章程，或者决议内容违反公司章程的，股东可以自决议作出之日起六十日内，请求人民法院撤销。股东依照前款规定提起诉讼的，人民法院可以应公司的请求，要求股东提供相应担保。"此次《公司法》全面修订过程中，上述内容独立成条，构成本条。同时，内容上有两处实质性变化：一是增加决议瑕疵补正情形。本条第 1 款第 2 句规定了股东会、董事会的会议召集程序或者表决方式仅有轻微瑕疵，对决议未产生实质性影响的，决议不能撤销。二是完善了撤销权的行使期限。本条第 2 款在第 1 款规定的"自决议作出之日起六十日内"请求撤销决议起诉期间的基础上，考虑到对于没有参加会议的股东来说，在 60 日期间内可能不知道决议已经作出，行使撤销权更无从谈起，因此，为保护这类主体的合法权益，针对股东未被通知参加股东会这种情况规定了60日起诉期间的特殊起算点：自知道或者应当知道股东会决议作出之日起计算。同时，鉴于公司决议系团体行为，如果决议效力长期不能确定，建于其上的法律关系也不稳定，还规定了行使撤销权的最长期限限制。修订过程中，曾将这一期限最长限定于自决议作出之日起2年内，该期间内没有行使撤销权的，撤销权消灭。在新《公司法》正式颁布时，这一期间被缩短为1年。最终，根据本条第2款规定，未被通知参加股东会会议的股东自知道或者应当知道股东会决议作出之日起60日内，可以请求人民法院撤销；自决议作出之日起一年内没有行使撤销权的，撤销权消灭。

【理解与适用】

本条规定了公司决议可撤销的问题，应从以下几方面理解：

一、公司决议可撤销的前提条件

股东会是公司的权力机关，董事会是公司常设的经营决策机关。股东会和董事会通过召开会议，形成决议，行使权力。上述决议一旦依法作出并生效，则转化为公司的意志，对公司及股东均具有约束力。因此，股东会决议和董事会决议对股东的关系重大。根据本条规定，股东会或者董事会的会议召集程序、表决方式违反法律、行政法规或者公司章程，或者决议内容违反公司章程的，股东可以自决议作出之日起60日内，请求人民法院撤销。

（一）决议可撤销的前提条件

根据本条第1款之规定，公司决议可撤销的前提条件是公司股东会、董事会的会议召集程序、表决方式违反法律、行政法规或者公司章程，或者决议内容违反公司章程的。从制度宗旨看，对公司决议无效的认定，超过公司自治及股东个体权利处分的范畴，其核心侧重于保护债权人乃至公共利益；而撤销公司决议，相对更侧重于保护股东的个体权利，并进而由股东决定是否行使撤销权。因此，本条第1款规定的公司决议可撤销事由，限于股东会、董事会会议的召集程序和表决方式存在瑕疵，即决议程序违反法律、行政法规或公司章程；或者公司决议的内容违反公司内部关系自治性规范的公司章程。

首先，公司会议的召集程序违反法律、行政法规或公司章程规定。召集程序是股东会或者董事会会议的起点，也是公司会议的一项重要程序。“召集程序”主要包括会议的通知、登记、提案和议程的确定等事项。公司会议召集程序违反法律、行政法规或公司章程的情形包括：第一，召集权人的召集权存在瑕疵。例如，有限责任公司董事长违反《公司法》规定，未经公司董事会决议擅自召集并主持股东会；或董事长依据董事会决议召集了股东会，但召集所依据的董事会决议在内容或程序上存在重大瑕疵。第二，召集通知程序存在瑕疵。例如，召集通知的方式不符合公司章程要求的特定形式；或召集、通知时间不符合《公司法》规定的期间；又或者通知事项不齐全，如召集通知中未按照规定载明召集事由、会议的议题，漏掉时间、场所等。

其次，公司决议的表决方式违反法律、行政法规或公司章程。公司决议作为一种团体意思，其形成依赖于多数决原则。表决方式通常包括就有关提案投票、计票、表决结果的宣布、会议记录及签署等事项。可能导致公司决议被撤销的表决方式瑕疵包括：第一，无表决权人参与相关决议的表决。第二，会议的主持人无主持权。第三，表决事项存在瑕疵。如决议表决的事项超过了通知所载明的提案和议程。第四，表决权计算错误。例如，公司章程规定了决议通过所需的比例为“半数以上赞成票通过”，而在统计时将弃权票直接计入赞成票，等等。

需要注意的是，新《公司法》中增加了决议不成立这一决议瑕疵的类型。上述公司会议程序违法如果过于严重，可能构成决议不成立。因决议可撤销的前提是决议依法成立，因此，若程序瑕疵构成决议不成立事由，就不再考虑是否撤销的问题了。例如，纯粹的表决权计算错误属于决议可撤销的事由之一，但如果因为表决权计算错误，使本无法达到法定或章程约定的表决权比例的公司决议得以通过，则构成决议不成立的情形。

最后，公司决议的内容违反公司章程。公司章程作为规范公司内部关系的自治性规则，决议内容违反公司章程属于对公司股东之间合意的违背，处理时应当尊重公司自治和股东自治，因此，仅赋予股东撤销权，由股东自行选择是否要求否定公司决议的效力。

（二）决议瑕疵补正制度

本条第1款后半段新增了可撤销之诉的瑕疵补正制度，或称为“裁量驳回”制度。该制度赋予法院一定范围的自由裁量权，对于存在某些非实质性程序瑕疵的决议，应继续维持决议的效力。

此次修订之前，《公司法》规定决议召集程序和表决方式违反法律、行政法规的，一律可以撤销。但是实务中，各地法院裁判中也关注到公司决议安定的重要性，出现了酌情裁量驳回的案例，对召集程序和表决方式仅有轻微瑕疵、对决议没有造成实质影响的情形，裁判维持了相关公司决议的效力。由于决议可撤销制度的立法宗旨在于规范公司治理，而召集程序或者表决方式仅有轻微瑕疵且对决议未产生实质影响的，对公司治理的影响较小，撤销决议对实现决议可撤销制度的立法宗旨意义不大，故在总结审判实践经验的基础上，本条吸纳了《公司法解释四》第4条的主要内涵，规定了在特定情况下应当酌情裁定驳回撤销决议的诉请。根据该条规定，股东请求撤销股东会或者董事会决议，虽然符合法律规定的撤销条件，但会议召集程序或者表决方式仅有轻微瑕疵，且对决议未产生实质影响的，人民法院不予支持。

裁量驳回制度在世界多个国家和地区的立法例中皆有规定。例如，《日本商法典》第251条规定："提出取消决议的诉讼场合，虽召集程序或决议方法违反了法令或章程，法院仍可以违反的事实非重大且对决议无影响而驳回请求。"从法理上看来，有效的决议离不开会议对法定形式与程序的遵守，尤其是程序的正当与合法通常关系着中小股东的权益。因此，对于存在程序瑕疵的决议，严格适用法律规定予以撤销，有助于贯彻程序正义的原则，并抑制股东无视决议程序侵害少数股东利益的现象。但是，对决议瑕疵诉讼的严格化处理，不仅导致公司决议成本的增加，也可能因决议被撤销而损害公司对外法律关系的稳定性。另外，从公司决议撤销制度的立法目的来看，赋予股东提起撤销之诉的权利的目的在于否定以违法程序假借多数决而成立的决议的效力。因此，当会议召集程序或决议方法违法而对决议明显无任何影响时，即程序上的瑕疵并不必然导致实体权利的受损、实体正义未落空的情况下，没有必要撤销决议。因此，对于存在轻微瑕疵的公司决议，裁量驳回制度认为，当撤销权人向法院提起撤销之诉时，法院可以权衡决议瑕疵与决议所涉利益之利弊，在瑕疵事由不严重并且不影响决议时，可依职权驳回撤销请求。这意味着，即使存在足以导致公司决议被撤销的瑕疵，法院本应作出撤销决议的判决，但在瑕疵的存在并未对决议造成实质影响的情况下，赋予法院驳回原告诉请的裁量权。

在这一问题的处理上，一方面要重视维护小股东的程序权利，防止其被架空；另一方面，也需考虑到撤销公司决议的成本以及公司决议被否定可能给公司正常经营造成的影响。此次《公司法》全面修订之后，新《公司法》吸收了司法实践中的经验，规定同时符合"会议召集程序或者表决方式""轻微瑕疵"和"未产生实质影响"三要件的公司决议，继续维持其效力。

首先，可予以裁量驳回的，仅适用于"会议召集程序或者表决方式"方面的程序瑕疵，对于内容违反公司章程规定的，虽然同属于可撤销事由，但不能适用该制度。其次，上述决议程序方面“仅有轻微瑕疵”的，比如，《公司法》要求召开股东会应提前15日通知全体股东，但召集人可能仅提前14日通知股东；又或者股东会或董事会的会议时间比预定计划延误了数小时；又或者按照公司章程的规定，召集通知应当以书面形式发出，而实际情况是以电话或网络通信的形式发给了所有股东。以上这些情况虽然属于程序瑕疵，但是如果没有妨碍股东公平地参与多数意思的形成和获知对其作出意思表示所需的必要信息的，应当认定为“轻微瑕疵”。最后，“对决议未产生实质影响”。这需要对个案的具体情况进行判断。一般来说，“对决议未产生实质影响”是指程序瑕疵不具有影响决议结果的可能性，即该程序瑕疵的存在不改变公司决议的原定结果。其中“仅有轻微瑕疵”与“对决议未产生实质影响”两项要件属于叠加条件，应当同时具备。也就是说，程序上的瑕疵即便完全不影响决议的结果，但只要这项程序瑕疵属于对股东程序权利的重大损害，法院也不得驳回原告的诉讼请求，这一点亦是域外司法实践的通识。

实践中，同样的公司决议程序瑕疵可能会因为程度的不同，导致公司决议分别属于可撤销的决议或不成立的决议。甚至因为程序瑕疵导致决议内容可能违反《公司法》，决议属于可撤销还是无效也难以区分。由此引发的问题是，股东可能在本应提起决议撤销之诉时，却提起决议无效之诉或决议不成立之诉，因而导致其后续重新提起决议撤销之诉时除斥期间已经经过。在这种情况下，人民法院在审理相关案件时要注意决议撤销之诉与决议无效之诉、决议不成立之诉的转化与释明，对当事人进行释明，征询当事人是否变更诉讼请求，这种处理更能兼顾保护股东权利和诉讼当事人的处分权。

二、行使公司决议撤销权的方式

根据本条规定，撤销公司决议只能通过诉讼的方式提起。公司决议制度是一种将多人的个体意思吸收为单一的团体意思的制度，因此，其内容和程序应当合法、公正。如果决议程序或者内容上有瑕疵，就不能认为是正当的团体意思，应当否认其效力。但公司作为一个民事主体，其需按照公司决议所决定的意思开展各种经营活动，以决议为中心，不断形成外部法律关系。而撤销公司决议的判决的既判力不仅及于原告股东和被告公司，还及于公司其他股东，并影响基于决议而产生的其他法律关系的稳定。故各国立法就公司决议撤销之诉一般都限于以起诉的方式来主张。

公司决议撤销之诉以使已发生法律效力的决议依判决归于无效为目的，其实质是形成之诉。作为形成之诉，公司决议在撤销判决确定之前为有效，且在起诉期间经过后不能就决议效力提出撤销的诉讼。公司决议撤销之诉的撤销事由比决议无效之诉的瑕疵程度要小，故更有必要侧重于维护公司决议的安定性。通过限制提起诉讼人的范围，能够在维护撤销权人合法利益的同时，减少对公司正常运营的不当干扰和影响，实现维护公司内部治理的合法有效与公司法律关系稳定的统一。

考虑到目前我国公司治理的大背景是小股东权利保护不足，大股东容易利用其控制地位侵犯小股东的权利，新《公司法》中去除了原有的股东提起决议撤销之诉的，人民法院可以应公司请求要求股东提供担保的规定。目前实践中，如果股东提起决议撤销之诉可能会给公司造成经济损失，人民法院也可以通过担保机制，防止股东滥用诉权、恶意诉讼干扰公司正常经营。

三、行使公司决议撤销权的主体

根据本条规定，公司决议撤销权的主体是股东。提起诉讼需要具备诉讼上的利益，在公司诉讼中，有关组织体的诉讼并非一对一的交易法上的诉讼，而是涉及团体成员与团体本身的诉讼。作为团体成员的股东所享有的权利，既包括自益权，也包括共益权，公司内部治理程序出现瑕疵，影响公司整体利益的，推定为影响股东利益。因此，股东具备诉权，有权提起公司决议撤销之诉。股东是公司利益的终极归属者，股东出于自身利益的考虑，有动力通过行使该项诉权去维护公司机关的正常运转，因此，提起公司决议撤销之诉的适格原告是股东。根据《公司法解释四》第 2 条的规定，请求撤销股东会、董事会决议的原告，应当在起诉时具有公司股东资格。根据这一规定，在起诉时不具备股东资格的，应当驳回起诉。

首先，限于起诉时有股东资格，作出公司决议时是否享有股东资格在所不问。商事实践中，由于股权存在流动性，故股东的资格也常呈动态，对决议作出时系公司股东，但起诉时已经不具备股东资格的，如其将所持股份已全部转让给他人，其就不再享有公司决议撤销之诉的诉权。因为公司决议撤销之诉的立法目的在于授权股东通过诉讼对公司内部意思形成的程序和内容瑕疵提供救济，故一般而论，公司的所有股东对公司决议瑕疵都有诉的利益。但对已经因转让股份或者其他原因而失去股东资格者，在提起诉讼时已不是公司股东，对解决公司内部治理的公司决议亦应当认定为无诉的利益，不应通过行使现时股东的管理权来维护其自身权益。

公司决议撤销之诉作为一项股东的救济权利，系基于持有股权，而赋予其矫正瑕疵决议的权利，维护正当的公司治理。提起决议撤销之诉产生的诉讼结果是决议有效或者被撤销，但这一结果本身对已经转让公司股份的股东而言，并没有利益牵涉。如根据决议所作出的公司行为对转让股东的利益造成侵害，可通过其他方式予以救济。在已经赋予受让股东诉权的前提下，持有该股份的现时股东对公司内部治理程序的瑕疵决议有诉的利益，有权提起决议撤销之诉，该项权利系依附于所持股权的共益权。赋予受让股东诉权已经能够通过对决议撤销的纠错程序实现持股股东的权利救济，而转让股东因为不再持股，失去股东资格，对决议本身已无诉的利益，故不应赋予其诉权。

其次，股东是否参与会议不受影响。《公司法》赋予股东提起公司决议撤销之诉的权利，系股东的共益权，其功能在于通过公司内部成员的司法救济维护公司正当的内部治理，防止因决议存在瑕疵而损及公司整体利益，并进而影响到股东的个人利益。在起诉时具备股东资格，即应当认定股东具有现时利益。纵使其利益来源于决议之后的受让或者继承，其成为股东后，该决议对公司利益有影响，故应当认定与受让股东有利害关系。对于决议后发行新股而取得股东资格者，剥夺其共益权，并无法律依据和实体结果上的正当性。对于因继承、受让而取得股东资格者，其诉请公司决议撤销之权来源于其所持股权，而非来源于个人身份，基于股权而享有的诉请撤销公司决议之权亦不应因持股人的变化而失去。

再次，无表决权股东也享有撤销权。《公司法》所规定的股东对撤销公司决议之诉的诉权系一项法定的、独立的股东权利，该项权利并非依附于表决权。股东的表决权系股东参加表决、形成公司团体意思的权利，但无表决权的股东并不意味着其没有出席股东会的权利，其知情权和质询权并不因此而被当然剥夺。此项诉权系赋予股东通过诉讼程序矫正公司内部治理瑕疵的共益权，无表决权的股东也具有决议应当符合法定程序和章程规定的合理期待，也要承受不当决议的后果，对公司的意思形成具有诉的利益。应当将决议撤销的诉权视为股东成员权的内容之一而非表决权的内容之一。为实现股东要求公司遵守法定程序及章程规定的权利，应当认定无表决权的股东亦具有决议撤销之诉的诉权。

最后，未出席会议或者同意该决议的股东也享有撤销权。未出席会议，仅仅是放弃了表决权的行使，并不意味着其当然认可决议程序与内容并且同时放弃了诉权；且决议作成后，对缺席股东亦发生法律效力，缺席股东具有诉的利益，故不应以出席会议情况限制股东的原告资格。就投赞成票的股东是否仍应具备提起决议撤销之诉诉权的问题，我们认为：对于会议的程序瑕疵问题，股东并非能够在表决之时即已全部明确知晓；对于决议内容是否违反章程约定的问题，因股东并非以公司经营为常业，亦未必能够在会议表决之时作出明确判断。在《公司法》未就此种情形作出特别限定的情况下，作为一种共益权，仍应从宽把握，投赞成票的股东也享有诉权。

原告在起诉时具有股东资格，诉讼中转让股权后，应当根据当事人恒定原则处理。即在民事诉讼过程中，当事人将诉讼标的转移于第三人时，转让人的诉讼当事人资格并不因此而丧失，诉讼仍在原当事人之间进行。该规则排斥受让人接替转让人承担诉讼，但它不禁止受让人以诉讼第三人的身份参加诉讼，尽管受让人不是本诉当事人，但判决效力及于该受让人。当事人恒定原则不承认实体权利义务的主体变动给诉讼主体带来的变动，以保证当事人恒定和诉讼程序的稳定。我国民事诉讼程序中同样采当事人恒定原则。因此，股东提起公司决议撤销之诉后，该股东将股权全部转让的，不影响其原告的主体资格和诉讼地位。人民法院作出的发生法律效力的判决、裁定对股权转让人具有拘束力。受让人申请参加诉讼的，人民法院可予准许。受让人申请替代转让股东承担诉讼的，因该诉讼并不存在有损国家利益、集体利益、第三人利益的情形，应予准许。

当事人起诉撤销公司决议时，其股东资格存有争议的，应当先行提出确认股东资格之诉。待确认其股东资格存在后，方可提起公司决议撤销之诉。

四、公司决议撤销权的起诉期间

起诉期间在性质上为除斥期间，超过该期间向人民法院提起诉讼的不予受理。股东诉请撤销公司决议，属于形成之诉，应当在除斥期间内行使。对此，本条继续规定股东诉请撤销公司决议，应当在决议作出之日起 60 日内行使。该期间不得中止、中断与延长。

司法实践中，常有小股东不知道相关公司决议，待得知时已超过提起决议撤销之诉起诉期间的情况。对于公司这种组织体而言，与决议相关的公司内外部法律关系相比普通民事法律关系要更为复杂，如果一律以“知道或应当知道决议作出之日起六十日”作为决议撤销的除斥期间，会导致决议效力长期处于可能受挑战的状态，与《公司法》追求的宗旨不符。综合考虑各方面因素，此次《公司法》修订中对公司决议撤销之诉的起诉期间进行了完善。以“自决议作出之日起六十日内”的起诉期间为原则，又对没有参加会议的股东规定了特殊的期间起算点，即“自知道或者应当知道股东会决议作出之日起”60日的除斥期间。同时，鉴于公司决议系团体行为，如果决议效力长期不能确定，建于其上的法律关系不稳定，还规定了行使撤销权的最长期限限制。修订过程中，曾将这一最长期限限定于自决议作出之日起2年内，该期间内没有行使撤销权的，撤销权消灭。在新《公司法》正式颁布时，这一期间被缩短为1年。本条第2款规定：“未被通知参加股东会会议的股东自知道或者应当知道股东会决议作出之日起六十日内，可以请求人民法院撤销；自决议作出之日起一年内没有行使撤销权的，撤销权消灭。”

【实务问题】

审判实践中，正确理解适用本条，需要注意以下几方面问题：

一、正确辨别公司决议无效与可撤销之诉的异同

公司机关决议无效与撤销公司决议判决同样具有追溯力，然而二者仍有区别，具体如下：（1）原因不同。公司机关的决议内容违反法律、行政法规的无效；而公司机关的决议程序违法或者决议内容违反公司章程的可撤销。（2）能够提起诉讼的适格原告不同。提起决议无效之诉的主体除公司股东外，还包括与决议有关的利害关系人；而决议撤销之诉的提起人，只能是公司股东。（3）权利行使方式不同。决议内容违法自始无效，没有规定必须通过诉讼方式予以确定。而如果决议程序违法或者决议内容违反公司章程，则撤销权必须通过诉讼方式行使。（4）是否受起诉期间限制不同。如果决议内容上存在瑕疵，其瑕疵不可能在短期内治愈，因而各国法律都未规定提起确认决议无效之诉的诉讼期间，以充分保护利害关系人的合法权益，因此，对于提起决议无效的诉讼，《公司法》没有规定诉讼期间。而对于可撤销的诉讼，《公司法》规定了起诉期间，如果股东在此期间内不提起诉讼，该决议就不能被撤销。（5）可撤销的公司机关决议在被法院宣告撤销之前系有效决议，如果没有人申请撤销，该决议起诉期间过后效力确定；而无效决议，自始至终都是无效的。决议撤销之诉为形成之诉，公司决议无效之诉是确认之诉。

二、是否应当规定董事有权提起董事会决议撤销之诉

股东会是公司的权力机关，董事会是公司常设的经营决策机关。股东会和董事会通过召开会议，形成决议、行使权力，决议一旦依法作出并生效，

则变为公司的意志，对公司及股东具有约束力。因此，股东对上述公司决议有诉的利益并无异议，但对董事、监事是否有权提起公司决议撤销之诉，存在不同意见。从域外立法例上看，将董事、监事乃至其他利害关系人列入公司决议撤销之诉的，有德国、韩国、日本等立法例，此类立法例被称为“利害关系人主义”。如我国《公司法》将公司决议撤销之诉的原告仅限定为股东，被称为“单纯股东主义”立法例。

从学理上来看，第一，决议撤销之诉不仅是为了股东利益，也关涉公司利益，董事会和监事会分别具有执行决议和监督决议及公司业务执行的职责；第二，对涉及董事、监事的任免和报酬问题的决议，董事和监事与决议的内容有着直接的利害关系；第三，决议对董事和监事具有法律约束力，董事和监事都有执行决议的义务，如果据以执行的决议具有瑕疵，还牵涉董事、监事是否需要承担损害赔偿责任的问题；第四，董事和监事对公司负有忠实和勤勉义务，独立董事还承担着保护中小股东利益的责任，如果董事、监事发现决议存在瑕疵危及公司利益，就瑕疵决议提起诉讼，也是其履行忠实和勤勉义务的表现；第五，董事和监事直接参与公司日常经营管理活动，他们比股东更了解公司的状况，更容易发现股东会、董事会决议中的瑕疵，更有能力发现和纠正决议中的瑕疵。但从制度目的来看，对公司决议撤销之诉的原告作出必要限定，最重要的目的是维护公司作为组织体的相关法律关系的稳定。提起决议撤销之诉的主体限定为股东主要可以实现两个功能：一是赋予股东以诉讼救济的权利，明确股东享有诉的利益；二是避免其他主体通过任意启动决议撤销的诉讼程序影响公司意志及其所涉的法律关系的稳定。因此，《公司法》中没有限定公司决议不成立与决议无效的主张主体，而严格限制了公司决议撤销之诉的原告。《公司法》修订过程中，有观点认为，应赋予董事对于公司决议的撤销权。目前，董事对于与自身利益相关的股东会决议或董事会决议，如对于提前解除董事职务的股东会决议存在可撤销的情形，也不享有请求撤销的权利，不利于利益的保护。如果让董事对与自身利益密切相关的股东会决议或董事会决议享有撤销权，对其利益保护能更加周延。对于这一问题，还有待在审判实践中继续研究。

三、是否能够部分撤销公司决议

股东会决议与董事会决议有可能存在多项内容，是否可以只撤销部分内容，而保留决议的其他部分。从法律行为角度来看，可以部分撤销，但应满足两个条件：一是各项决议内容是可分的，撤销一部分内容不影响其他部分内容的效力；二是撤销的原因只及于部分内容，而不是及于决议的全部内容。如决议部分内容违反公司章程，而其余部分内容没有违反公司章程，将该部分内容撤销后，其余部分内容仍然有效。典型的为《公司法解释五》第4条第2款中关于公司股东会决议中利润分配完成时间撤销的规定。该款规定："决议中载明的利润分配完成时间超过公司章程规定时间的，股东可以依据民法典第八十五条、公司法第二十二条第二款规定请求人民法院撤销决议中关于该时间的规定。"上述规定允许仅撤销利润分配决议中关于利润分配完成时间的内容，而保留利润分配决议的其他内容。

【典型案例】

李某军诉上海某动力环保科技有限公司公司决议撤销纠纷案[①]

裁判要旨：人民法院在审理公司决议撤销纠纷案件中应当审查如下内容：会议召集程序、表决方式是否违反法律、行政法规或者公司章程，以及决议内容是否违反公司章程。在未违反上述规定的前提下，解聘总经理职务的决议所依据的事实是否属实，理由是否成立，不属于司法审查范围。

① 最高人民法院第10号指导案例。

【条文】

第二十七条

有下列情形之一的，公司股东会、董事会的决议不成立：

（一）未召开股东会、董事会会议作出决议；

（二）股东会、董事会会议未对决议事项进行表决；

（三）出席会议的人数或者所持表决权数未达到本法或者公司章程规定的人数或者所持表决权数；

（四）同意决议事项的人数或者所持表决权数未达到本法或者公司章程规定的人数或者所持表决权数。

【条文主旨】

本条是关于公司决议不成立的规定。

【条文概览】

本条是此次《公司法》修订过程中新增加的规定。

从《公司法》的修订过程可以看出，我国立法对公司瑕疵决议的诉讼制度的规定，经历了一个逐步深入和深化的过程。此次修订之前，我国《公司法》对公司决议效力瑕疵采“二分法”，分为决议无效与决议可撤销。而《公司法解释四》总结实践经验，规定了决议不成立的情形，即公司决议存在程序瑕疵明显重大，就连决议的存在本身也无法认可时，可以认为公司决议不成立或不存在，形成了“三分法”。

在此次全面修订中，《公司法》吸收完善了上述司法解释的相关规定，以立法形式新增了公司决议不成立的情形。根据本条规定，股东会、董事会决议不成立情形有四项，分别为：未召开股东会、董事会会议作出决议；股东会、董事会会议未对决议事项进行表决；出席会议的人数或者所持表决权数未达到《公司法》或者公司章程规定的人数或者所持表决权数；同意决议事项的人数或者所持表决权数未达到《公司法》或者公司章程规定的人数或者所持表决权数。符合上述四种情形之一的，该决议不成立。

【理解与适用】

公司决议作为公司的意思表示，其本质是通过会议的形式根据多数决的规则作出。因此，只有公司决议的程序公正和内容合法才能发生法律效力。如果公司决议的程序或者内容违反法律法规和公司章程的规定，则因存在瑕疵不能被认定为团体意思，应对其效力作出否定性评价。关于公司决议瑕疵的类型，存在“二分法”和“三分法”两种观点。“二分法”将决议瑕疵分为程序瑕疵和内容瑕疵，并据此赋予两种不同的效力，分别对应决议撤销和决议无效。“三分法”则认为，决议无效和可撤销之诉均系针对已经成立的决议，未涵盖决议不成立的情形。如果决议根本未成立却归入决议无效或可撤销的范围，将不可避免地产生自相矛盾的现象。具体表现为：首先，认定公司决议无效或者可撤销的前提，是决议存在；对于决议不存在的情形，如果认定为无效或者可撤销，存在逻辑上的矛盾。其次，决议无效的事由是公司股东会或者董事会的决议内容违反法律、行政法规。然而，不存在的决议内容不一定违法，其难以通过决议无效之诉进行救济。最后，请求撤销决议的权利受到除斥期间的限制，而决议不成立时权利人往往难以及时获知有关事实，将之纳入可撤销情形亦不足以救济。因此，决议瑕疵的法律后果应当是不成立、无效和可撤销。

本条在原《公司法》规定决议无效与决议可撤销的基础上，吸收《公司法解释四》第 5 条的规定，采纳了“三分法”的观点，新增设了决议不成立的情形，完善了对决议瑕疵的救济。对于本条，应从以下方面予以理解：

一、从公司决议的性质看决议不成立情形

《民法典》中对公司决议性质采纳了法律行为说，认为决议行为是两个或者两个以上的当事人基于共同的意思表示而意图实现一定法律效果的行为，是一种民事法律行为。但是与多方民事法律行为、双方民事法律行为和单方民事法律行为相比，决议行为又具有特殊性：一是双方民事法律行为或者多方民事法律行为需要所有当事人意思表示一致才能成立，决议行为一般并不需要所有当事人意思表示一致才能成立，而是达到法定或者章程规定的标准即可成立。二是双方民事法律行为或者多方民事法律行为的设立过程一般不需要遵循特定的程序，而决议行为的设立应当依照法律或者章程规定的议事方式和表决程序。三是双方民事法律行为或者多方民事法律行为适用的范围一般不受限制，而决议行为原则上仅适用于法人或者非法人组织内部的决议事项。

就性质而言，公司决议是一种法律行为，法律行为的成立和生效是两个不同的概念，因此，股东会或者董事会决议的成立和生效也理应与法律行为

的理论相吻合。法律行为欠缺成立要件时，法律行为不成立；同理，当公司决议欠缺成立要件时，应称为“决议不成立”。股东会、董事会决议必须符合成立要件，方有必要进一步探究有无无效或可撤销的事由。

决议虽然也是法律行为，但是不同于一般民事行为双方意思表示仅约束双方当事人，决议行为对没有合意的当事人也产生约束力。因此，决议行为特别强调程序正义，决议只有由有权主体按照法律规定的程序作出才能够成立生效，出席人数不符合法定人数或者表决权数不符合要求的决议不成立。本条列举的决议不成立的事由中，前两项为根本未开会、未表决，理论上称为决议不存在的情形；第三项至第四项包括虽然开会，但出席会议的人数或者股东所持表决权数不符合《公司法》或者公司章程的规定，或者会议的表决结果未达到法律或者公司章程规定的通过比例，理论上称为未形成有效决议。

二、公司决议不成立的具体情形

（一）未召开股东会或者董事会，虚构决议

此情形下，公司没有召开股东会或董事会会议，没有公司决议的存在，更谈不上是否具有法律效力以及能否撤销的问题。在没有召开股东会或者董事会的情况下，伪造签名、伪造决议，不具备决议基本成立要件，侵害了其他股东或者董事的利益，是严重的程序违法。

需要注意的是，现实生活中，股东人数较少的有限责任公司经常会采用书面决议的方式。股东放弃了出席股东会，并在会上发言、讨论、质询以及投票的权利，当公司全体股东就放弃上述权利达成合意，并就股东会的议案明确表示了一致的意见时，没有必要再要求公司专门花费成本和时间召开现场会议。基于《公司法》第 59 条第 3 款规定，有限责任公司股东以书面形式一致表示同意的，可以不召开股东会会议，直接作出决定，并由全体股东在决定文件上签名或者盖章。法律认可这一形式，也是一种特殊的股东会会议召开方式，不属于本项规定的未召开会议的范畴。

（二）会议未对决议事项进行表决

这种情形是指虽然召开了股东会或者董事会会议但没有对决议事项进行表决，自然也就不能形成决议，而行为人伪造他人签名作成决议的书面文件。该类所谓的公司决议因欠缺成立的形式要件而不成立。与第一种情形不同，本项情形下股东会或者董事会会议确实召开了。但是与第一种情形一样，本项情形下也没有形成决议，其原因在于未对决议事项进行表决。虚构

的决议不是公司股东或者董事意思表示的结果，仅反映了个别虚构者的内心意愿，实际上是以个人意思代替公司意思，不能产生法律约束力。在此情形下，并没有股东会、董事会决议的存在，应认定为决议不成立。

（三）出席会议的人数或者所持表决权数不符合《公司法》或者公司章程规定的人数或者所持表决权数

股东法定出席比例是指召开合法有效的股东会，出席会议的股东人数或者代表的公司有表决权的股份数量应满足法定标准。各国一般规定，参加股东会的股东必须达到法定人数，股东会才能合法召开，通过的决议也才能有效。我国《公司法》并未规定股东会的法定出席比例，实践中主要通过公司章程加以规定。股东会决议的内容与每个股东休戚相关，参加会议的股东未达最低出席数的要求，将严重损害公司或股东的利益。对于股东会股东未达最低出席数的情形，应当视为未召开股东会，既然没有股东会存在的事实，便无股东会决议成立的余地。

国外立法通常要求董事会会议应由过半数董事出席，而且多数规定可以通过公司章程增加对出席会议人数的要求。我国《公司法》采取各国通例，规定董事会召开应有过半数的董事出席，但同时给予公司自治以空间，允许公司章程规定加重对董事出席定足数的要求。按照公司法基本原理，公司股东有权期待董事会作为一个整体履行其职能，董事们在会上坦诚地表达意见、交流看法，股东将从董事的集体行动中获益。为了实现股东期待和符合董事会合议制机关的性质，防止因出席会议的董事数量过少，导致极少数董事表决通过的决议不具有正当性和说服力，防止少数董事以董事会的名义作出损害多数董事和公司利益的决议，从而与公司本质相悖，有必要对董事会出席会议的最低人数即出席法定人数作出规定。因此，不满出席法定人数将导致会议不能被认定为董事会，这属于严重程序瑕疵，应视为决议不存在。

（四）同意决议事项的人数或者所持表决权数未达到《公司法》或者公司章程规定的人数或者所持表决权数

这种情形下，会议的表决结果未达到《公司法》或者公司章程规定的通过比例。公司决议的作出是一项团体性的活动，如果决议的通过要满足全体股东或者董事一致同意这一条件，确实更为公平，但会严重降低效率且不易操作。而股东会或董事会决议应当在保证效率的前提下实现最大限度的公正，这是现代公司法普遍采纳的方式。各国公司法都对股东会上资本多数决或者董事会上人头多数决原则进行了明确规定，同时针对一般事项和特殊事项的区分，确定了一般多数和绝对多数的要求。这一原则的实质在于，在公司内部实行少数服从多数制度。

我国《公司法》亦是如此规定。有限责任公司股东会的决议分为普通决议和特别事项所作出的决议。《公司法》第 66 条规定：“股东会的议事方式和表决程序，除本法有规定的外，由公司章程规定。股东会作出决议，应当经代表过半数表决权的股东通过。股东会作出修改公司章程、增加或者减少注册资本的决议，以及公司合并、分立、解散或者变更公司形式的决议，应当经代表三分之二以上表决权的股东通过。”第 116 条第 2 款、第 3 款规定：“股东会作出决议，应当经出席会议的股东所持表决权过半数通过。股东会作出修改公司章程、增加或者减少注册资本的决议，以及公司合并、分立、解散或者变更公司形式的决议，应当经出席会议的股东所持表决权的三分之二以上通过。”《公司法》第 124 条第 1 款、第 2 款规定，董事会会议应当有过半数的董事出席方可举行。董事会作出决议，应当经全体董事的过半数通过。董事会决议的表决，应当一人一票。多数决是决议存在的意思合意要件，通过决议必须符合《公司法》或者公司章程规定的比例。决议在表决时没有达到法定或者章程规定的多数决，则表明决议的意思表示没有形成，未形成团体意思，相当于股东会、董事会未作出任何意思表示，决议不成立。

【实务问题】

司法实践中，正确理解和适用本条，需要注意以下问题：

一、正确区分决议不成立与决议可撤销

《民法典》第 134 条将决议行为作为民事法律行为予以规范。民事法律行为有成立生效、可撤销、无效三种效力状态。此次《公司法》修改将决议效力由无效和可撤销的“二分法”修改为不成立、可撤销和无效三类情形。“三分法”对决议瑕疵进行细化分类，更能够在程序意义上保护股东。股东会、董事会决议不成立的原因是决议欠缺成立要件，属于程序上的瑕疵，而公司决议撤销的事由也多为程序上的瑕疵，因此，撤销原因与决议不成立原因所涉及的程序瑕疵如何区别，成为司法实践中的难点问题。

首先，法律行为成立与否是事实判断问题，法律行为的效力是法律价值判断问题。如果一项决议缺乏基本的成立要件，自无所谓效力评价的问题。其次，从瑕疵程度上看，总体来讲，可撤销决议的程序瑕疵严重程度相比而言要弱于不成立的决议，后者的程序瑕疵非常严重，以至于决议不能成立；决议撤销的事由属于轻微瑕疵，一般不会影响相关主体的重大利益，且对决

议各方未产生实质影响，则该决议有效。再次，从瑕疵原因看，决议可撤销的事由除了程序瑕疵外，还包括决议内容违反公司章程，而决议不成立的事由仅限于程序瑕疵。最后，决议撤销受到起诉期间的限制，超过60日主张撤销的，法院不予受理，而决议不成立不受除斥期间的限制。因此，对一些足以影响决议是否成立的重大程序瑕疵，如果将其归于决议可撤销的情形，将会严重影响相关主体的利益。

二、未被通知参加股东会的救济

商事实践中，一些公司被控股股东控制，就一些重大事项决议公司故意不通知其他股东，从而侵害小股东权益。在公司决议不成立情形被法律、司法解释确认之前，这种行为只能归属于程序瑕疵，而适用决议可撤销制度。又由于当时撤销之诉除斥期间起算点仅为决议作出之日起60日内，导致这类行为小股东还未发现就已经经过除斥期间，权利无法得到救济。《公司法解释四》首次规定公司决议不成立情形时，因撤销权除斥期间起算点依然保持不变，就有观点主张，参加会议是股东行使表决权的前提，不通知股东参会属于重大的程序瑕疵，只要未通知股东参会，无论该股东持股比例如何，均应当构成公司会议不成立的情形，以免股东未被通知参会要提起决议撤销诉讼却因除斥期间届满而不能予以保护。这种观点因不利于公司决议的稳定性而未被采纳，但未被通知参加会议的小股东权利保护问题依然存在。

此次《公司法》全面修订之后，新《公司法》对撤销权除斥期间的起算点进行了更完备的规定，这一问题得以彻底解决。新《公司法》下，如果股东未被通知参会，而没参加股东会导致股东会作出决议不符合法定人数的，可以构成决议不成立。如果股东未被通知参会，股东会作出决议符合出席法定人数和表决通过数，则决议已成立。但与之前不同，根据《公司法》第26条第2款的规定，未被通知参加股东会会议的股东自知道或者应当知道股东会决议作出之日起60日内，可以请求人民法院撤销。为了防止决议效力久拖不决影响公司或者第三人，规定自决议作出之日起1年内没有行使撤销权的，撤销权消灭。这一规定更好地保护了未被通知参会的小股东的权利。

【条文】

第二十八条

公司股东会、董事会决议被人民法院宣告无效、撤销或者确认不成立的，公司应当向公司登记机关申请撤销根据该决议已办理的登记。

股东会、董事会决议被人民法院宣告无效、撤销或者确认不成立的，公司根据该决议与善意相对人形成的民事法律关系不受影响。

【条文主旨】

本条是关于公司瑕疵会议决议被宣告无效、撤销或者确认不成立后的法律后果的规定。

【条文概览】

本条第1款继承并完善了《公司法》的原有规定；第2款是此次《公司法》修订中新增加的内容。2005年《公司法》第22条第4款规定："公司根据股东会或者股东大会、董事会决议已办理变更登记的，人民法院宣告该决议无效或者撤销该决议后，公司应当向公司登记机关申请撤销变更登记。"该内容一直延续至2018年《公司法》，本条第1款予以继承，并在表述上加以完善，规定公司应当向公司登记机关申请撤销根据该决议已办理的登记。

《民法总则》第85条规定了营利法人的权力机构、执行机构作出决议的会议召集程序、表决方式违反法律、行政法规、法人章程，或者决议内容违反法人章程的，营利法人的出资人可以请求人民法院撤销该决议。但是，营利法人依据该决议与善意相对人形成的民事法律关系不受影响。之后，该条被《民法典》所吸收。而《公司法解释四》第6条根据原《民法总则》的上述规定，确认了"股东会或者股东大会、董事会决议被人民法院判决确认无效或者撤销的，公司依据该决议与善意相对人形成的民事法律关系不受影响"。此次《公司法》全面修订后，新《公司法》吸收了《公司法解释四》的上述规定并加以完善，明确了对善意相对人的保护，作为本条第2款："股东会、董事会决议被人民法院宣告无效、撤销或者确认不成立的，公司根据该决议与善意相对人形成的民事法律关系不受影响。"

与《公司法解释四》第6条规定相比，本条第2款扩大了适用范围。司法解释条文仅规定股东会、董事会决议被依法撤销或者被判定无效的，根据该会议决议与善意相对人形成的民事法律关系不受影响，至于公司决议被确认不成立后，对外行为的效力是否受影响，没有明确规定。新《公司法》进一步明确了公司决议不成立情形的一体适用，使对善意相对人利益的保护更加周延。

【理解与适用】

根据本条规定，公司应当向公司登记机关申请撤销根据该决议已办理的登记，公司根据该决议与善意相对人形成的民事法律关系不受影响。

一、公司应当向公司登记机关申请撤销根据该决议已办理的登记

在现代公司治理结构中，股东会是公司的权力机构，行使的是所有者的权利，董事会是股东会的执行机构，也是公司的经营管理机构，行使的是管理者的职权。《公司法》对股东会或者董事会的职权范围有明确规定，股东们还可以通过公司章程来特别约定股东会与董事会的职权范围。《公司法》明确规定了股东会和董事会的职权范围，除此之外，还专条规定公司发生特殊事项时必须由股东会或者董事会作出决议。例如，本法第15条规定："公司向其他企业投资或者为他人提供担保，按照公司章程的规定，由董事会或者股东会决议；公司章程对投资或者担保的总额及单项投资或者担保的数额有限额规定的，不得超过规定的限额。公司为公司股东或者实际控制人提供担保的，应当经股东会决议。"当然，《公司法》中规定的是公司可能遇到的基本情况或者日常事务，是对通常情况下公司事务的概况性梳理，公司实践中，股东会、董事会决议的事项远远多于《公司法》所列举的项目，公司主要决策事项均是在股东会、董事会中通过决议的方式完成的。根据股东会或者董事会决议的内容，发生争议可能会涉及公司内部法律关系、外部法律关系及兼具有内部和外部法律关系。

有些决议事项单纯涉及内部关系，例如，股东会审议批准公司的利润分配方案和弥补亏损方案。也有些事项是单纯外部关系，例如，股东会、董事会决议公司对外投资或者为他人提供担保等。当然，还有一些事项既涉及内部关系又涉及外部关系，例如，公司决议增加或者减少注册资本、公司决议与其他公司的合并等。

根据法律行为的基本原则，股东会或者董事会决议被确认不成立、认定无效或者撤销时，决议自始没有法律约束力。对于单纯涉及内部关系的股东

会或者董事会决议，决议无效或者被撤销、确认不成立的，对内部关系有溯及力，应当恢复到未执行决议时的状态，因此，如果公司根据该决议已经办理了登记，应当申请撤销该登记。例如，公司根据修改公司章程的决议对变更后的公司章程进行了登记，该决议被撤销后，根据该决议进行的变更登记，公司应当申请撤销。

二、公司根据该决议与善意相对人形成的法律关系不受影响

股东会或者董事会决议无效、被撤销或不成立涉及的法律关系，与公司依据该决议与公司以外的他人建立的法律关系是两个相独立的法律关系。决议无效、被撤销或者不成立的认定，对依据决议建立的其他法律关系不具有溯及效力。股东会或者董事会决议属于决定公司内部事务的机构按照其权限分工作出的决定，除法律、法规有特殊规定的以外，仅在公司内部发生法律效力，对外不发生法律效力。既涉及内部关系又涉及外部关系，或者单纯涉及外部关系的股东会、董事会决议，被确认无效、不成立或者撤销后，对公司以外的其他民事主体没有拘束力。如果公司已经因执行决议与公司以外的他人建立了相应法律关系，公司拟取消该法律关系应当与他人协商解决，他人不同意取消并为此发生争议的，应当依据双方建立的法律关系的性质予以调整。因此，股东会或者董事会决议被确认不成立、认定无效或者撤销时，决议自始没有法律约束力。为了保护善意相对人的利益，本条第 2 款规定，公司根据该决议与善意相对人形成的法律关系不受影响。

第二章　公司登记

【条文】

第二十九条

设立公司，应当依法向公司登记机关申请设立登记。

法律、行政法规规定设立公司必须报经批准的，应当在公司登记前依法办理批准手续。

【条文主旨】

本条是关于公司设立过程中公司登记的相关规定。

【条文概览】

本条承继了2018年《公司法》第6条第1款、第2款的相关内容。在本次《公司法》修订过程中，第二章“公司登记”是新增加的一章，2018年《公司法》在第一章“总则”之后直接接续目前第三章的内容“有限责任公司的设立和组织机构”，而关于“公司登记”的规定则散见于各处。故目前《公司法》第29条的规定实际上对应2018年《公司法》第6条：“设立公司，应当依法向公司登记机关申请设立登记。符合本法规定的设立条件的，由公司登记机关分别登记为有限责任公司或者股份有限公司；不符合本法规定的设立条件的，不得登记为有限责任公司或者股份有限公司。法律、行政法规规定设立公司必须报经批准的，应当在公司登记前依法办理批准手续。公众可以向公司登记机关申请查询公司登记事项，公司登记机关应当提供查询服务。”《公司法》第29条基本上沿袭了2018年《公司法》第6条第1款和第2款的规定，区别仅在于将原来第1款后半段一句的内容单独摘出，作为了修订后《公司法》的第31条。而从条文沿革来看，最早的1993年《公司法》实际上没有目前《公司法》第29条第1款“设立公司，应当依法向公司登记机关申请设立登记”这一规定，当时的《公司法》第8条仅有

2018年《公司法》第6条第1款后半段的一句。其间，《公司法》又经过了1999年和2004年两次修正，到2005年《公司法》修订时方加入了这一规定，形成了2018年《公司法》第6条规定的样貌。

【理解与适用】

本条的这一规定实际上反映了我国公司设立的法律政策，即公司设立以准则主义为原则，以核准主义为例外。

一、公司设立法律政策的演变

从公司法的立法史来看，公司设立的法律政策经历了从自由主义到特许主义，进而发展到核准主义，最后是准则主义这一演变过程。

自由主义是指公司的设立完全是当事人的自由，法律不加干涉，其是公司制度萌芽时期各国政府所普遍采取的立法原则，主要盛行于欧洲中世纪自由贸易时代。不过需要指出的是，所谓自由主义主要针对的是合伙和投资人需承担无限责任的公司，至于有限责任性质的公司，不可能采取绝对的自由主义，只不过不同的国家和时代管制的松紧或有不同。

特许主义是指依照国家元首的命令或者国家特别法律的规定而设立的公司，其盛行于17世纪至19世纪之间，如著名的英国东印度公司，即是依据英国女王特许而成立的公司。特许主义是对自由主义的“纠偏”，克服了滥设公司的弊端，但也存在对公司设立“统得过多、管得太死”的问题。

核准主义则指公司的设立除必须具备法律规定的条件外，还需要经过政府主管部门的审批才能成立，其首创于法国路易十四时代，首见于《法国商事条例》，而我国原《民法通则》对于企业设立的政策也采用了核准主义，如原《民法通则》第41条规定，全民所有制企业、集体所有制企业“经主管机关核准登记，取得法人资格”。

准则主义指的是法律预先确立公司设立的条件和程序，公司的设立只要符合这些条件和程序，就可以依法取得法人资格。《英国1862年公司法》最先采用了准则主义的制度，现代各国的公司设立也普遍采用准则主义的模式。显然，准则主义便利了公司的设立，毕竟公司设立的条件和程序公之于众，是否符合即一目了然；同时，准则主义又克服了自由主义、特许主义、核准主义的一些弊端，可以说，准则主义是经过历史发展选择的“最不坏的”公司设立政策。①

二、“准则主义为原则，核准主义为例外”的理解

按照我国《公司法》第29条的规定，第1款关于设立公司应当依法向公司登记机关申请设立登记，实质上就是规定了公司设立的“准则主义为原则”；而第2款关于法律、行政法规规定设立公司必须报经批准的应当在公司登记前依法办理批准手续，实际上规定的是“核准主义为例外”。

当然，也有学者认为，前述第2款规定并不是“核准主义为例外”，而是“严格准则主义”的体现。② 不过此种学术观点的认识不同并不至于影响实务的操作，因为在我国，如要设立从事某些国家设置了特别设立条件的特定行业的有限责任公司与股份有限公司，其设立行为就必须先行报经政府主管部门或者政府授权的部门审查批准，然后依法将设立的主要事项呈报公司登记机关审核备案，才能取得企业法人营业执照。例如，依照《证券法》之规定，设立证券公司应取得证券监管机关的批准；再如，依照《商业银行法》的规定，设立商业银行应取得银行业监管机关批准。这样一些法律和行政法规的规定，既是对公司设立申请者提出的要求，也是对公司登记机关的明确要求。公司登记机关有义务审查将要设立的公司是否属于法律、行政法规规定必须报经批准的，如果属于，则要审查申请公司登记之前是否已经取得了有关部门的批准文件，如果没有办理批准手续并取得批准文件，则不能予以公司登记。

另外，第1款所规定的“准则主义为原则”实际上也赋予了公司登记机关必须为符合条件的公司设立进行登记的义务。此处的公司登记机关显然意指履行公司登记行政职能的政府机关。依照2016年修订的《公司登记管理条例》③ 第4条之规定，工商行政管理机关是公司登记机关。公司的登记事项共有八项，包括名称；住所；法定代表人姓名；注册资本；公司类型；经营范围；营业期限；有限责任公司股东或者股份有限公司发起人的姓名或者名称。④ 而申请公司设立，首先应当申请公司名称的预先核准。⑤ 在名称已经预先核准的基础之上，申请设立有限责任公司和设立股份有限公司的申请

---

① 参见施天涛：《公司法论》，法律出版社2014年版，第83～85页。

② 范健、王建文：《公司法》（第四版），法律出版社2015年版，第102页。

③ 现已失效。

④ 《公司登记管理条例》第9条。

⑤ 《公司登记管理条例》第17条。

文件尚有一些区别。比如，申请设立有限责任公司需要向公司登记机关提交的文件包括全体股东指定代表或者共同委托代理人的证明，而申请设立股份有限公司应向公司登记机关提交的文件则为董事会指定代表或者共同委托代理人的证明。另外，就申请设立股份有限公司而言，以募集方式设立股份有限公司的，还应当提交创立股东会的会议记录以及依法设立的验资机构出具的验资证明；以募集方式设立股份有限公司公开发行股票的，则还应当提交国务院证券监督管理机构的核准文件。依照规定，两种类型的公司都必须遵循“法律、行政法规或者国务院决定规定了设立公司必须报经批准的，则还应当提交有关批准文件”的规则。[①] 此与《公司法》第 29 条第 2 款的规定是相协调的。随着《市场主体登记管理条例》的颁行，《公司登记管理条例》已于2022 年 3 月 1 日同时废止，但前述规定的内容也已体现在了新颁行的《市场主体登记管理条例》之中。[②]

如若在符合公司登记的条件和程序的情况下登记机关拒绝登记，则属于登记机关不履行其行政职能的情形，申请人可提起行政诉讼。当然，按照《最高人民法院关于审理公司登记行政案件若干问题的座谈会纪要》的精神，登记机关无法确认申请材料中签字或者盖章的真伪，而要求申请人进一步提供证据或者相关人员到场确认，申请人在规定期限内未补充证据或者相关人员未到场确认，导致无法核实相关材料真实性，登记机关根据有关规定作出不予登记决定，申请人请求判决登记机关履行登记职责的，人民法院不予支持。易言之，公司设立虽以“准则主义为原则”，但登记机关也有初步的形式审查的义务。

【实务问题】

实务中所面临的问题是：公司应当登记而未登记时，即以公司名义从事民事活动的，相对人能否针对公司提起诉讼？

在现已失效的《最高人民法院关于适用〈中华人民共和国民事诉讼法〉若干问题的意见》中，第 49 条规定：“法人或者其他组织应登记而未登记即以法人或者其他组织名义进行民事活动，或者他人冒用法人、其他组织名义进行民事活动，或者法人或者其他组织依法终止后仍以其名义进行民事活动的，以直接责任人为当事人。”而现行《民事诉讼法解释》第 62 条规定：“下列情形，以行为人为当事人：（一）法人或者其他组织应登记而未登记，

① 详见《公司登记管理条例》第 20 条第 3 款、第 21 条第 4 款的规定。

② 如《市场主体登记管理条例》第 5 条、第 8 条、第 9 条。

行为人即以该法人或者其他组织名义进行民事活动的；……”据此，我们认为，既然司法解释规定以未登记法人名义从事民事活动的，应以直接的行为人作为诉讼当事人，则相对人不能以未经登记设立的公司为被告提起诉讼。此未经登记的公司不能等同于设立中的公司。相对人应直接针对行为人提起诉讼，由行为人行使相应的诉讼权利、承担相应的诉讼义务，亦最终享有相应的民事权利、承担相应的民事责任。

【典型案例】

周某和与宋某、杨某萍特许经营合同纠纷案①

裁判要旨：法人或者其他组织应登记而未登记即以法人或者其他组织名义进行民事活动，或者他人冒用法人、其他组织名义进行民事活动的，以直接责任人为当事人。本案被告冒用不存在的分公司的名义订立合同从事经营活动，违反了2018年《公司法》第210条的规定，但被告根据其参与签订的连锁机构经销商合同，系相应品牌在该地区的总代理，有权在区域内发展连锁加盟机构。换言之，被告以不存在的公司的名义与原告签订的合同并不因为该公司不存在而合同未成立，而应视作其个人行为。

① 江苏省高级人民法院（2022）苏民终1289号。

【条文】

第三十条

申请设立公司，应当提交设立登记申请书、公司章程等文件，提交的相关材料应当真实、合法和有效。

申请材料不齐全或者不符合法定形式的，公司登记机关应当一次性告知需要补正的材料。

【条文主旨】

本条是关于对设立公司申请文件的真实性要求和对登记机关要求补正程序的规范性限制。

【条文概览】

本条虽是新增的条文，但就其内容而言，并没有对《公司法》作实质性修改。如前所述，第二章“公司登记”是本次《公司法》修订中新增加的一章，而本条两款则都是此次《公司法》修订新增加的条款。就第1款而言，2018年《公司法》仅在第29条和第92条规定有限责任公司的设立和股份有限公司的设立时，对申请人应报送登记申请书、公司章程等文件作了要求，对相关材料的真实性、合法性、有效性则未作要求。关于真实提供材料的义务，2018年《公司法》在第170条对真实提供会计资料作了规定，除此之外则未对包括申请设立公司阶段提供材料的真实性等再作规范。至于本条第2款的内容，实际上规定在2016年修订的《公司登记管理条例》中。该条例第51条规定：“公司登记机关应当根据下列情况分别作出是否受理的决定：……（四）申请文件、材料不齐全或者不符合法定形式的，应当当场或者在5日内一次告知申请人需要补正的全部内容；当场告知时，应当将申请文件、材料退回申请人；属于5日内告知的，应当收取申请文件、材料并出具收到申请文件、材料的凭据，逾期不告知的，自收到申请文件、材料之日起即为受理。”前述条例规定的“一次告知”精神后又规定进了新颁行的《市场主体登记管理条例》中。该条例第19条规定：“登记机关应当对申请材料进行形式审查。对申请材料齐全、符合法定形式的予以确认并当场登记。不能当场登记的，应当在3个工作日内予以登记；情形复杂的，经登记机关负责人批准，可以再延长3个工作日。申请材料不齐全或者不符合法定形式的，登记机关应当一次性告知申请人需要补正的材料。”行政法规条例的规定现已上升为了立法，作为《公司法》第 30 条的第 2 款。

【理解与适用】

一、公司设立文件的内容

依照《公司法》第 30 条的规定，公司的设立文件包括“设立登记申请书、公司章程等文件”。而在原《公司法》中，第 29 条所规定的有限责任公司的公司设立文件是“向公司登记机关报送公司登记申请书、公司章程等文件”；对于股份有限公司的公司设立文件则在第 92 条作了列举式规定：“董事会应于创立大会结束后三十日内，向公司登记机关报送下列文件，申请设立登记：（一）公司登记申请书；（二）创立大会的会议记录；（三）公司章程；（四）验资证明；（五）法定代表人、董事、监事的任职文件及其身份证明；（六）发起人的法人资格证明或者自然人身份证明；（七）公司住所证明。”以上，均可视作法律明文规定的公司设立文件。

而在《公司登记管理条例》中则对公司设立文件另有更详细的规定。如，第 20 条规定：“申请设立有限责任公司，应当向公司登记机关提交下列文件：（一）公司法定代表人签署的设立登记申请书；（二）全体股东指定代表或者共同委托代理人的证明；（三）公司章程；（四）股东的主体资格证明或者自然人身份证明；（五）载明公司董事、监事、经理的姓名、住所的文件以及有关委派、选举或者聘用的证明；（六）公司法定代表人任职文件和身份证明；（七）企业名称预先核准通知书；（八）公司住所证明；（九）国家工商行政管理总局规定要求提交的其他文件。”第 21 条规定：“申请设立股份有限公司，应当向公司登记机关提交下列文件：（一）公司法定代表人签署的设立登记申请书；（二）董事会指定代表或者共同委托代理人的证明；（三）公司章程；（四）发起人的主体资格证明或者自然人身份证明；（五）载明公司董事、监事、经理姓名、住所的文件以及有关委派、选举或者聘用的证明；（六）公司法定代表人任职文件和身份证明；（七）企业名称预先核准通知书；（八）公司住所证明；（九）国家工商行政管理总局规定要求提交的其他文件。”以上，是该条例所要求的公司设立文件。随后的《市场主体登记管理条例》对登记文件作了更为笼统的规定，其第 16 条规定：“申请办理市场主体登记，应当提交下列材料：（一）申请书；（二）申请人资格文件、自然人身份证明；（三）住所或者主要经营场所相关文件；（四）公司、非公司企业法人、农民专业合作社（联合社）章程或者合伙企业合伙协议；（五）法律、行政法规和国务院市场监督管理部门规定提交的其他材料。”我们认为，虽然《市场主体登记管理条例》废止了《公司登记管理条例》，但二者的内容并不存在实质性的矛盾。《市场主体登记管理条例》简化了一些需要提交的材料项，但在实践中依照《公司登记管理条例》的列示提交公司设立文件显然亦并无不妥，毕竟《市场主体登记管理条例》第16条以兜底条款的形式规定了还需要提交法律、行政法规和国务院市场监督管理部门规定提交的其他材料。

二、公司设立文件的性质

公司设立文件的性质在一定程度上与公司设立行为的性质相关联。围绕公司设立行为的性质，学理上多有争议，通常认为，主要包括以下四种学说：（1）合伙契约说。将发起人签订设立协议、制定公司章程等行为视作发起人的合伙协议。（2）单独行为说。将公司的设立视作发起人以组织公司为目的的个别单独行为。（3）混合行为说。认为公司的设立既有单独行为的属性，又有契约行为的属性，系单独行为与契约行为的混合行为。（4）共同行为说。认为公司设立属于共同行为，是发起人为同一目的、意思表示一致、取得同质的预期效果（公司成立后发起人均取得股权）的法律行为。在前述四种学说中，契约说是英美法系的通说，而共同行为说则为不少大陆法系学者所支持。[①]

我们认为，关于公司设立行为的性质虽然迄今尚无定论，而关于公司设立文件的性质，目前也鲜有研究者论及，但从《公司法》及相关条例所规定的公司设立文件的内容来看，虽然存在设立登记申请书等方便登记机关的行政管理性质的文书，但其余公司设立文件，无论是公司章程还是公司法定代表人的任职文件和身份证明，都基本上是创设权利性质的法律文件。尤其是公司章程和股东（或发起人）主体资格证明，直接关系到创设公司的法律人格和后续原始股东依据设立文件而取得公司的股权，因此，可以说，公司设立文件总体而言本质上就是设权性质的文件。

三、对登记机关补正程序的限制

本条第2款规定，申请材料不齐全或者不符合法定形式的，公司登记机

① 李建伟：《公司法学》（第四版），中国人民大学出版社2018年版，第60页。

关应当一次性告知需要补正的材料。如前所述，本款规定的内容直接源于《市场主体登记管理条例》第 19 条，即登记机关应当对申请材料进行形式审查。对申请材料齐全、符合法定形式的予以确认并当场登记。不能当场登记的，应当在 3 个工作日内予以登记；情形复杂的，经登记机关负责人批准，可以再延长 3 个工作日。申请材料不齐全或者不符合法定形式的，登记机关应当一次性告知申请人需要补正的材料。而《市场主体登记管理条例》的前述规定又来自《公司登记管理条例》第 51 条第 4 项，即“应当当场或者在 5 日内一次告知申请人需要补正的全部内容”。而事实上《公司登记管理条例》的前述规定也有其沿革。1994 年的《公司登记管理条例》对此未作规定。2005 年《公司登记管理条例》修订时，新增了第 52 条的相关规定，要求“公司登记机关应当根据下列情况分别作出是否受理的决定”，具体则分列了五类情形。[①] 另外，《公司法》规定登记机关告知补正材料的前提是申请材料不齐全或者不符合法定形式，此与《市场主体登记管理条例》和《公司登记管理条例》的规定是一致的。无论是材料不齐全或是不符合法定形式，抑或是二者兼而有之，登记机关均负有告知补正的义务，而且按照法律的规定必须是“一次性告知”。不过《公司法》亦并未如《市场主体登记管理条例》和《公司登记管理条例》所规定的那般细致，没有提出“3 个工作日内”和“应当当场或者在 5 日内”一次性告知的工作要求。故如果登记机关未能做到在规定期限内一次性告知，其属于违反行政法规的规定，而并不属于违反法律的规定。

【实务问题】

实务中比较常见的是以虚假的公司设立文件材料获取公司登记的问题。对此，《最高人民法院关于审理公司登记行政案件若干问题的座谈会纪要》作了回应，即因申请人隐瞒有关情况或者提供虚假材料导致登记错误的，登

---

① 即如下五类：(1) 申请文件、材料齐全，符合法定形式的，或者申请人按照公司登记机关的要求提交全部补正申请文件、材料的，应当决定予以受理。(2) 申请文件、材料齐全，符合法定形式，但公司登记机关认为申请文件、材料需要核实的，应当决定予以受理，同时书面告知申请人需要核实的事项、理由以及时间。(3) 申请文件、材料存在可以当场更正的错误的，应当允许申请人当场予以更正，由申请人在更正处签名或者盖章，注明更正日期；经确认申请文件、材料齐全，符合法定形式的，应当决定予以受理。(4) 申请文件、材料不齐全或者不符合法定形式的，应当当场或者在 5 日内一次告知申请人需要补正的全部内容；当场告知时，应当将申请文件、材料退回申请人；属于 5 日内告知的，应当收取申请文件、材料并出具收到申请文件、材料的凭据，逾期不告知的，自收到申请文件、材料之日起即为受理。(5) 不属于公司登记范畴或者不属于本机关登记管辖范围的事项，应当即时决定不予受理，并告知申请人向有关行政机关申请。

记机关可以在诉讼中依法予以更正。登记机关依法予以更正且在登记时已尽到审慎审查义务，原告不申请撤诉的，人民法院应当驳回其诉讼请求。原告对错误登记无过错的，应当退还其预交的案件受理费。登记机关拒不更正的，人民法院可以根据具体情况判决撤销登记行为、确认登记行为违法或者判决登记机关履行更正职责。另外，公司法定代表人、股东等以申请材料不是其本人签字或者盖章为由，请求确认登记行为违法或者撤销登记行为的，人民法院原则上应按照前款规定处理，但能够证明原告此前已明知该情况却未提出异议，并在此基础上从事过相关管理和经营活动的，人民法院对原告的诉讼请求一般不予支持。再有，因申请人隐瞒有关情况或者提供虚假材料导致登记错误引起行政赔偿诉讼，登记机关与申请人恶意串通的，与申请人承担连带责任；登记机关未尽审慎审查义务的，应当根据其过错程度及其在损害发生中所起作用承担相应的赔偿责任；登记机关已尽审慎审查义务的，不承担赔偿责任。

《最高人民法院关于审理公司登记行政案件若干问题的座谈会纪要》还规定了登记机关进一步核实申请材料的问题，即如果登记机关无法确认申请材料中签字或者盖章的真伪，要求申请人进一步提供证据或者相关人员到场确认，申请人在规定期限内未补充证据或者相关人员未到场确认，导致无法核实相关材料真实性，登记机关根据有关规定作出不予登记决定，申请人请求判决登记机关履行登记职责的，人民法院不予支持。

需要特别指出的是，由于事涉公司登记机关履行公司登记的行政职能，故相关诉讼应为行政诉讼而非民事诉讼，尽管前述规范规定在作为民商法的《公司法》之中。

【条文】

第三十一条

申请设立公司，符合本法规定的设立条件的，由公司登记机关分别登记为有限责任公司或者股份有限公司；不符合本法规定的设立条件的，不得登记为有限责任公司或者股份有限公司。

【条文主旨】

本条是关于公司登记机关为有限责任公司与股份有限公司分别情形是否作设立登记的规定。

【条文概览】

本条承继了原条文的相关内容。实际上是2018年《公司法》第6条第1款后半段的一句话，本次《公司法》修订将其取出，作为了单独一条。而就本条的内容而言，实际上自1993年制定《公司法》以来，一直都有此规定。1993年《公司法》第8条第1款规定："设立有限责任公司、股份有限公司，必须符合本法规定的条件，符合本法规定的条件的，登记为有限责任公司或者股份有限公司；不符合本法规定的条件的，不得登记为有限责任公司或者股份有限公司。"1999年《公司法》修正时，对第8条第1款的内容未作任何调整，仅仅是将一处逗号改为句号，从而将该款从形式上的一句话变为了两句话："设立有限责任公司、股份有限公司，必须符合本法规定的条件。符合本法规定的条件的，登记为有限责任公司或者股份有限公司；不符合本法规定的条件的，不得登记为有限责任公司或者股份有限公司。"2005年《公司法》修订时又对此款作了表述上的调整，其第6条第1款规定："设立公司，应当依法向公司登记机关申请设立登记。符合本法规定的设立条件的，由公司登记机关分别登记为有限责任公司或者股份有限公司；不符合本法规定的设立条件的，不得登记为有限责任公司或者股份有限公司。"也即是将原来1993年《公司法》以来的"设立有限责任公司、股份有限公司，必须符合本法规定的条件"，改为了"设立公司，应当依法向公司登记机关申请设立登记"。而这一模式一直沿袭到本次《公司法》修订之前。而在本次修订中，原有的相关条款被保留作为了新《公司法》第29条，但却单独将原来第6条第1款后半段抽取出来，作为了新《公司法》第31条的一条。

【理解与适用】

本条之规定实际上是对公司登记机关所提出的要求，即由登记机关依照法定条件决定是否准予公司设立登记。具体需要区分情形：对于设立公司登记的申请，符合法定设立条件的，可登记为有限责任公司或者股份有限公司；不符合法定设立条件的，不得登记为有限责任公司或者股份有限公司。

一、公司登记机关的审查义务

按照现已失效的国家工商行政管理总局颁布的《企业登记程序规定》第3条的规定，企业登记机关依法对申请材料是否齐全、是否符合法定形式进行审查。根据法定条件和程序，需要对申请材料的实质内容进行核实的，依法进行核实。该规章第5条又规定，企业登记机关工作人员在职责范围内，对企业登记申请进行审查，代表企业登记机关作出是否受理、是否登记的决定。在具体审查内容方面，该规章第9条规定，登记机关收到登记申请后，应当对申请材料是否齐全、是否符合法定形式进行审查。申请材料齐全是指国家工商行政管理总局依照企业登记法律、行政法规和规章公布的要求申请人提交的全部材料。申请材料符合法定形式，是指申请材料符合法定时限、记载事项符合法定要求、文书格式符合规范。

前述国家工商行政管理总局的规章虽已于2020年被国家市场监督管理总局决定废止，但作为其上位行政法规的《公司登记管理条例》后来又吸收了相关的内容。按照《公司登记管理条例》第23条的规定，公司章程有违反法律、行政法规的内容的，公司登记机关有权要求公司作相应修改。现行《市场主体登记管理条例》第19条虽规定“登记机关应当对申请材料进行形式审查”，但第20条又规定“登记申请不符合法律、行政法规规定，或者可能危害国家安全、社会公共利益的，登记机关不予登记并说明理由”。由此可见，登记机关对于公司章程等申请材料不仅可作形式审查，更能对其内容进行实质审核，如发现不符合法律、行政法规的规定，可以要求申请方作相应的修改，更有甚者，如发现不符合法律、行政法规规定或者可能危害国家安全、社会公共利益，可以不予登记。而同样依照《公司登记管理条例》第53条的规定，公司登记机关对决定予以受理的登记申请，应当区分情况在规定的期限内作出是否准予登记的决定：（1）对申请人到公司登记机关提出的申请予以受理的，应当当场作出准予登记的决定；（2）对申请人通过信函方式提交的申请予以受理的，应当自受理之日起15日内作出准予登记的决定；

(3)通过电报、电传、传真、电子数据交换和电子邮件等方式提交申请的，申请人应当自收到《受理通知书》之日起15日内，提交与电报、电传、传真、电子数据交换和电子邮件等内容一致并符合法定形式的申请文件、材料原件；申请人到公司登记机关提交申请文件、材料原件的，应当当场作出准予登记的决定；申请人通过信函方式提交申请文件、材料原件的，应当自受理之日起15日内作出准予登记的决定；(4)公司登记机关自发出《受理通知书》之日起60日内，未收到申请文件、材料原件，或者申请文件、材料原件与公司登记机关所受理的申请文件、材料不一致的，应当作出不予登记的决定。总结起来，依法登记既是公司登记机关的权限，同时在登记前作必要的审查也是公司登记机关的义务。新颁行的《市场主体登记管理条例》虽然未如《公司登记管理条例》一样再具体详细地分门别类规定作出是否准予登记决定的情形，但在理解上不能认为《市场主体登记管理条例》否定了《公司登记管理条例》的精神。

二、公司设立登记的法律意义

按照《公司法》第29条的规定，设立公司，应当依法向公司登记机关申请设立登记。而按照《市场主体登记管理条例》第3条的规定，未经登记，不得以市场主体名义从事经营活动。法律、行政法规规定无须办理登记的除外。由此可见，公司的设立登记是公司以市场主体名义从事经营活动的前提，即公司的设立登记标志着公司成立，这表明我国在设立登记性质的立法例上选择了成立要件主义的立法模式。

关于公司设立登记的性质，向来有两种立法例：一是成立要件主义；二是对抗要件主义。所谓成立要件主义，系指依法必须登记的法人非经登记不得成立。如《德国民法典》第21条所规定的“非经登记或许可的社团不享有权利能力”，即为成立要件主义之适例。所谓对抗要件主义，是指团体一经成立，即使未经登记也具有法人之权利能力。故登记只发生成员对于团体的债务承担有限责任，并借此发生对抗善意第三人的效力。如《日本民法典》第45条规定，“法人的设立，除非在其主事务所所在地进行登记，不得以之对抗他人”，就明显采取了对抗要件主义的立场。

两种设立主义的区别在于：在采用登记成立要件主义的情况下，设立公司非经主管机关注册登记，公司不能成立。公司不能成立，即不得从事经营活动，因为公司不能成为权利义务的主体。而在采用登记对抗要件主义的情况下，设立公司未经主管机关登记注册，公司亦得成立。也就是说，公司可以法人的名义从事经营活动。但是，公司的成立未经登记的，则不得对抗善意第三人。换言之，未经登记的公司虽然可以从事经营活动，但是所发生的义务和责任却由组建公司的股东或者发起人承担，除非第三人明知公司未经登记而与之发生交易。由于对抗要件主义容易引起法律关系的不稳定并导致法律关系更趋复杂，所以多数国家采用成立要件主义。[①] 而从我国《公司法》和《市场主体登记管理条例》的前述规定来看，显然与多数国家的立法例一致，选择了成立要件主义的立场。不过从我国《民法典》的规定来看，并未如《德国民法典》那样明确规定未经登记不享有权利能力，而是以第 57 条、第 58 条、第 59 条三条规定的意思，结合《公司法》和《市场主体登记管理条例》《公司登记管理条例》的规定，足以推断认为我国对公司法人的设立采成立要件主义。

既采成立要件主义，则说明公司设立登记的意义在于创设公司法人。自此，公司具有了独立的法人人格，有单独的民事权利能力和民事行为能力，依法独立享有民事权利和承担民事义务。

【实务问题】

关于公司的设立登记，实践中经常遇到的问题是如何看待公司设立、公司设立登记与公司成立三者之间的关系。对此，有学者对公司设立、公司设立登记、公司成立作了详尽的概念区分，[②] 在此不赘述。仅从时间上来看，公司设立、公司设立登记和公司成立，三者可以说处于前后相继的发展阶段。就三者之间的关系而言，公司设立是引起公司设立登记的原因；公司设立登记中的申请设立登记行为是公司设立这一连续组合行为中的最后一个环节；公司成立则是公司设立登记的直接法律后果与公司设立的最终后果，也是公司设立获得成功所表现出来的“状态”。简单来说，三者之间的关联为公司设立导致公司设立登记，而公司设立登记导致公司成立。[③]

① 参见施天涛：《公司法论》，法律出版社 2014 年版，第 91 页。

② 具体可参见范健、王建文：《公司法》（第四版），法律出版社 2015 年版，第 97～100 页。

③ 范健、王建文：《公司法》（第四版），法律出版社 2015 年版，第 100 页。

【条文】

第三十二条

公司登记事项包括：

（一）名称；

（二）住所；

（三）注册资本；

（四）经营范围；

（五）法定代表人的姓名；

（六）有限责任公司股东、股份有限公司发起人的姓名或者名称。

公司登记机关应当将前款规定的公司登记事项通过国家企业信用信息公示系统向社会公示。

【条文主旨】

本条是关于公司登记事项及公司登记机关公示义务的相关规定。

【条文概览】

本条实质上承继了原条文的相关内容，未作实质修改。

尽管本条第 1 款关于公司登记事项的内容，是本次《公司法》修订新增添的规定，但无实质修改。原《公司法》中，第 6 条、第 32 条、第 179 条、第 211 条共计 4 处规定了公司登记事项，但均未以列举式的方式规定公司登记事项的内容。现行《市场主体登记管理条例》第 8 条规定了市场主体的一般登记事项包括："（一）名称；（二）主体类型；（三）经营范围；（四）住所或者主要经营场所；（五）注册资本或者出资额；（六）法定代表人、执行事务合伙人或者负责人姓名。除前款规定外，还应当根据市场主体类型登记下列事项：（一）有限责任公司股东、股份有限公司发起人、非公司企业法人出资人的姓名或者名称；（二）个人独资企业的投资人姓名及居所；（三）合伙企业的合伙人名称或者姓名、住所、承担责任方式；（四）个体工商户的经营者姓名、住所、经营场所；（五）法律、行政法规规定的其他事项。"现已废止的原《公司登记管理条例》第 9 条规定："公司的登记事项包括：（一）名称；（二）住所；（三）法定代表人姓名；（四）注册资本；（五）公司类型；（六）经营范围；（七）营业期限；（八）有限责任公司股东或者股份有限公司发起人的姓名或者名称。”如将《市场主体登记管理条例》和《公司登记管理条例》所列举的登记事项与本次《公司法》修订新增的第32条第1款作一比较，可以发现《公司法》列举的六项公司登记事项仅在《公司登记管理条例》所列举的八项内容中去除了“公司类型”和“营业期限”两项，其余六项均可以在《市场主体登记管理条例》和《公司登记管理条例》中找到。

至于本条第2款，源于2018年《公司法》第6条第3款规定。但区别在于2018年《公司法》规定的表述是“公众可以向公司登记机关申请查询公司登记事项，公司登记机关应当提供查询服务”，现改为了“公司登记机关应当将前款规定的公司登记事项通过国家企业信用信息公示系统向社会公示”。也即是将公众主动查询、登记机关被动提供查询服务，改为了无须公众主动查询、登记机关有义务公示。换言之，《公司法》此处的修改不仅转变了“主动—被动”的方位，更赋予了公司登记机关主动公示信息的义务，体现了服务型政府的角色转换。

【理解与适用】

一、法定公司登记事项的意义

关于公司登记事项的内容，《公司登记管理条例》一直以来都有其一以贯之的规定。2016年修订的《公司登记管理条例》第9条采取了列举式的方式，列举了公司登记的八项内容。而早在1994年的《公司登记管理条例》中，第9条的规定是：“公司的登记事项包括：名称、住所、法定代表人、注册资本、企业类型、经营范围、营业期限、有限责任公司股东或者股份有限公司发起人的姓名或者名称。”故就其实质内容而言，也包括了后来《公司登记管理条例》的八项内容，区别仅在于一为列举式表述、一为条文式表述。

将《公司登记管理条例》中所列示的公司登记事项上升为《公司法》的立法或有其时代背景。由于《市场主体登记管理条例》的颁布实施使得自2022年3月1日起废止了《公司登记管理条例》，围绕公司登记事项实际上已经没有了专门的规定。尽管《市场主体登记管理条例》第8条分别以两款的形式规定了市场主体的一般登记事项和特殊情况下根据市场主体类型的登记事项，但毕竟并非针对公司的专门规定。而公司主体又是现代市场经济中最为重要的一类市场主体，故实有必要对公司这类市场主体的登记事项作出专门的规定。另外，无论是《公司登记管理条例》或是《市场主体登记管理条例》，其性质都仅为行政法规，效力层级低于法律。将《公司登记管理条例》中规定的公司登记事项上升到法律规定，从而亦产生了法定公司登记事项的效果。

以《公司法》法定公司登记事项，将足以产生公司登记事项公示公信的效果。首先需要承认，登记制度本身并不足以产生公示公信的效果，登记之所以足以产生公信，其基石在于国家的公信力。正如有研究者所指出的："登记公信力系以国家信用为基础，由国家机关担任登记行为的主体，以国家信用来担保登记的正确性。由于国家信用具有较之任何个人信用无法比拟的优越性，这实际上解决了……信赖的基础问题。"① 在《公司登记管理条例》和《市场主体登记管理条例》中列举规定公司登记事项，相较于《公司法》明文列举规定公司登记事项，二者立足的用意还是存在很大的区别。前两个条例作为行政法规，更多是从行政管理的角度进行规范；而法律规定登记事项，则可以作为法定的内容，既要求登记机关在登记时必须包括这些内容，又向社会公众告知登记事项应当包括的内容，从而令社会公众可以根据公示而产生公信。

二、明确登记机关公示公司登记事项的义务

按照2018年《公司法》第6条第3款的规定，公众可以向公司登记机关申请查询公司登记事项，公司登记机关应当提供查询服务。这一规定虽然也是对公司登记机关提出的要求，但更多是对社会公众赋权，即通过《公司法》的法律规定赋予不特定的社会公众查询公司登记事项的权利，公司登记机关应予配合。换言之，当公众依法行权时，登记机关应当为公众实现该项权利提供方便，不得借故推诿阻挠。但是通过此次《公司法》的修订，将该款表述改为了"公司登记机关应当将前款规定的公司登记事项通过国家企业信用信息公示系统向社会公示"，则由此前的向公众赋权，改为给登记机关明确应当承担的义务。换言之，依照新《公司法》的规定，无须社会公众再向登记机关申请查询公司登记事项，登记机关首先即负有义务将《公司法》所规定的前述登记事项通过法定的渠道向社会主动公示，否则就违反了公司登记机关应当承担的法定义务。

特别需要指出的是，本次《公司法》修订之所以能够作此规定，有国家

---

① 马栩生：《登记公信力研究》，武汉大学2005年博士学位论文。

企业信用信息公示系统的建立作为平台基础。2017 年，国家工商总局印发了《国家企业信用信息公示系统使用运行管理办法（试行）》（工商办字〔2017〕104 号），推动建立公示系统，作为国家的企业信息归集公示平台。按照当时的定位，国家企业信用信息公示系统是企业报送并公示年度报告和即时信息的法定平台，是工商、市场监管部门（并称工商部门）实施网上监管的操作平台，是政府部门开展协同监管的重要工作平台。① 之后，国家工商总局和市场监督管理总局又先后在 2018 年和 2019 年印发了《工商总局关于加强国家企业信用信息公示系统应用和管理的通知》和《市场监管总局关于进一步优化国家企业信用信息公示系统的通知》，进一步将国家企业信用信息公示系统定位为“国家级企业信用信息归集公示平台，是企业报送并公示年度报告和即时信息的法定平台，是各级政府部门实施信用监管的重要工作平台”。经过数年来的运行，国家企业信用信息公示系统的数据质量、及时准确以及社会公众查询的可得性和认可度都有了显著的提升，已被视为市场监管治理能力现代化水平明显提升和“放管服”改革取得明显成效的重要体现。正是由于有了公示系统作为信息归集公示的法定平台，《公司法》修订中才得以明确要求登记机关负有在公示系统平台上向社会公示的法定义务。法律权利义务体系的完善，在一定程度上也与社会技术手段的进步息息相关。

【实务问题】

根据此前国家工商行政管理局发布的《企业登记档案资料查询办法》的规定，企业登记档案资料的查询，可以按照提供途径，分为机读档案资料查询和书式档案资料查询。

机读档案资料的查询内容包括：（1）企业登记事项：名称、住所、经营场所、法定代表人或负责人、经济性质或企业类别、注册资金或注册资本、经营范围、经营方式、主管部门、出资人、经营期限、注册号、核准登记注册日期等。（2）企业登记报批文件：部门批准文件、章程、验资证明、住所证明、法人资格证明或自然人身份证明、法定代表人任职文件和身份证明、名称预先核准通知书。（3）企业变更事项：核准设立子公司或分支机构日期、变更有关名称、住所、法定代表人、经济性质或企业类别、注册资金或注册资本、经营范围、经营方式等事项的各种登记文件及核准变更日期。

① 《国家企业信用信息公示系统使用运行管理办法（试行）》第 3 条。

(4) 企业注销（吊销）事项：法院破产裁定、企业决议或决定、行政机关责令关闭的文件、清算组织及清算报告、核准注销（吊销）日期。(5) 监督检查事项：企业被处罚记录及日期、年度检验情况（企业经营情况、财务状况、开户银行及账号除外）。

书式档案资料的查询内容包括核准登记企业的全部原始登记档案资料。

各组织、个人均可向各地工商行政管理机关申请进行机读档案资料查询。各级公安机关、检察机关、审判机关、国家安全机关、纪检监察机关、审计机关，持有关公函，并出示查询人员有效证件，可以向各级工商行政管理机关进行书式档案资料查询。律师事务所代理诉讼活动，查询人员出示法院立案证明和律师证件，可以进行书式档案资料查询。

书式档案资料中涉及的机密事项，须经工商行政管理机关批准后方可查阅。机读档案资料、书式档案资料查询，应查询人的要求，可以加盖工商行政管理机关档案资料查询专用章。

查询人不得利用获得的资料开展有偿服务活动，也不得公布企业登记档案资料。

《公司法》修订后由申请人查询改为登记机关主动公示，则上述查询的规定是否还要按照此前的规定执行，目前不得而知，可能还有待登记机关制定相应的完善细则。不过我们认为，主动公示和接受查询应当并行不悖，不能因为法律规定了公示义务，就反而以此为由阻断社会公众查询，这与法律修订的初衷也是相悖的。

【条文】

第三十三条

依法设立的公司，由公司登记机关发给公司营业执照。公司营业执照签发日期为公司成立日期。

公司营业执照应当载明公司的名称、住所、注册资本、经营范围、法定代表人姓名等事项。

公司登记机关可以发给电子营业执照。电子营业执照与纸质营业执照具有同等法律效力。

【条文主旨】

本条是关于发放公司营业执照的规定。

【条文概览】

本条基本承继了2018年《公司法》条文的相关内容。修订前的《公司法》第7条就以三款规定了公司营业执照的问题。《公司法》修订后的本条仍然保留了三款的形式，第1款、第2款未作改动，第3款由修订前规定变更营业执照问题的“公司营业执照记载的事项发生变更的，公司应当依法办理变更登记，由公司登记机关换发营业执照”，改为了电子营业执照与纸质营业执照效力等同的相关规定。而就《公司法》该条规定原来的沿革来看，最早1993年《公司法》第95条的规定是：“公司登记机关自接到股份有限公司设立登记申请之日起三十日内作出是否予以登记的决定。对符合本法规条件的，予以登记，发给公司营业执照；对不符合本法规定条件的，不予登记。公司营业执照签发日期，为公司成立日期。公司成立后，应当进行公告。股份有限公司经登记成立后，采取募集设立方式的，应当将募集股份情况报国务院证券管理部门备案。”该条规定在2005年《公司法》修订时改为了本次《公司法》修订之前的形式，直至2023年《公司法》再次修订。

另外，已失效的《公司登记管理条例》第3条曾规定，公司经公司登记机关依法登记，领取《企业法人营业执照》，方取得企业法人资格。第25条规定，依法设立的公司，由公司登记机关发给《企业法人营业执照》。公司营业执照签发日期为公司成立日期。公司凭公司登记机关核发的《企业法人营业执照》刻制印章，开立银行账户，申请纳税登记。《市场主体登记管理条例》第21条规定，申请人申请市场主体设立登记，登记机关依法予以登记的，签发营业执照。营业执照签发日期为市场主体的成立日期。第22条则规定，营业执照分为正本和副本，具有同等法律效力。电子营业执照与纸质营业执照具有同等法律效力。营业执照样式、电子营业执照标准由国务院市场监督管理部门统一制定。实际上，早在2018年，国家市场监督管理总局就印发了《电子营业执照管理办法（试行）》，提出以“按照全国统一版式和格式记载市场主体登记事项，并经市场监管部门依法加签数字签名的电子文档”作为电子营业执照文件，“电子营业执照与纸质营业执照具有同等法律效力，是市场主体取得主体资格的合法凭证”。[①] 国务院办公厅2022年10月印发的《第十次全国深化“放管服”改革电视电话会议重点任务分工方案》中也明确要求，要“扩大企业电子营业执照等应用”。在此背景下，《公司法》的此次修订增加规定了电子营业执照的相关内容，这也是法律规范中第一次出现电子营业执照的规定。

【理解与适用】

一、公司设立的强制登记主义

依照设立公司是否必须履行登记手续，可将世界上公司设立登记的立法例分为强制登记主义与任意登记主义两种。顾名思义，强制登记主义立法例下的设立公司必须依法履行注册登记义务，否则即不视为公司成立；任意登记主义立法例下的公司由公司发起人根据其私文书自行设立，法律亦不规定必须履行登记义务。[②]

任意登记主义主要盛行于早期公司设立采自由主义的时期，现如今虽然仍有极少数大陆法系国家对无限公司等传统公司采取任意登记主义，但对于有限责任公司与股份有限公司，几乎所有国家和地区都废除了任意登记主义，转而改采强制登记主义。而在英美法系国家和地区，但凡公司设立，均实行强制登记主义，但对于合伙组织的注册，则大多是任意性的。可以说，强制登记主义自20世纪下半叶开始已成为各国公司登记立法的通例，“现代国家公司（狭义上的公司）登记立法都已采取了强制登记主义”。[③]

任意登记主义与强制登记主义各有其意义价值。任意登记主义具有放松

---

① 《电子营业执照管理办法（试行）》第2条。

② 范健、王建文：《公司法》（第四版），法律出版社2015年版，第155页。

③ 范健、王建文：《公司法》（第四版），法律出版社2015年版，第155页。

公司管制，繁荣公司设立的制度价值；强制登记主义则通过国家公权力的介入，要求公司的设立必须依法向登记机关注册登记，减少了虚假设立公司扰乱市场秩序的弊端。如果并不涉及有限责任的承担，则当然可以采任意登记主义；如果设立公司是为了令股东享受有限责任的便利，则强制登记主义显然更为公允。

而在强制登记主义之下，根据公司登记是否作为公司成立的要件，又可将强制登记主义分为公司成立要件主义与公司成立非要件主义。公司成立要件主义的法律效力表现为公司登记的创设性，而公司成立非要件主义的法律效力表现为公司登记的公示性。在采取公司成立非要件主义的国家和地区，将公司设立登记视为公司成立后依法履行的义务，奉行先设立后登记原则，即在履行公证和其他一些手续后，公司被视为自动成立，其后再将公司设立文件提交登记机关注册登记。公司成立非要件主义是19世纪末、20世纪初自由贸易时代的产物，如今采取公司成立非要件主义的国家已经罕见，主要有荷兰、比利时、葡萄牙、意大利及我国澳门特别行政区等少数国家和地区。①

从我国《公司法》的规定和长期以来《企业法人登记管理条例》《公司登记管理条例》等行政法规的实践要求来看，虽设立公司，但未经公司登记机关核准登记的，则不得以公司名义从事经营活动。故我国采取的是典型的公司设立强制登记主义的立法模式，即公司成立要件主义。

二、营业执照在我国商事登记中的意义

营业执照是我国商事登记制度中独具特色的事物。早在1979年颁行的《中外合资经营企业法》中，其第3条就规定了“合营企业经批准后，向中华人民共和国工商行政管理总局登记，领取营业执照，开始营业”。这是法律关于营业执照最早的规定。1980年国务院制定的《中外合资经营企业登记管理办法》中，第3条规定中外合资经营企业申请登记应当提交的证件中也明确列明包括外国合营者所在国（或地区）政府主管部门发给的营业执照副本或其他证件。故营业执照确已是我国社会经济中长期使用并得到广泛认可的重要证照，作为具有中国特色的独特事物，在商事监管活动中发挥着不容忽视的作用。其价值至少可以从两个方面分析：第一，营业执照可以作为国家监管手段而存在。在我国，营业执照在国家商业监管中的作用体现在：

① 范健、王建文：《公司法》（第四版），法律出版社2015年版，第156页。

将商事主体的基本信息记载于营业执照，作为国家税收和监管的依据；对营业执照进行年检，维持营业执照记载事项的商业信用表征，从而维护交易安全；将吊销营业执照作为一种最严厉的行政处罚措施，强制违法经营的商事主体退出市场。如果废除营业执照，国家的管理活动将无所依附，从而会在很大程度上降低行政监管的效能，因此，营业执照作为一种有效的监管手段应该继续维持。第二，营业执照可以替代公告作为公示手段发挥作用。在大陆法系的其他国家和地区，为了强化登记的效力，法律往往要求登记机关将登记内容进行公告，德国、日本和我国台湾地区均有类似规定，但实际情况并不理想。我国目前也没有建立起切实有效的登记公告制度，而实践中往往要求经营者应该将营业执照置于营业场所的醒目位置，这就实际上使得营业执照在事实上承担了公示的功能，且其公示效果比公告更为突出。因此，营业执照作为公开商事主体营业状态的手段应予保留，这也符合长期以来我国商事实践中形成的通过查阅营业执照获知主体信息的习惯。[①]

【实务问题】

实务中需要着重区分吊销营业执照和注销公司登记。2000 年《最高人民法院关于企业法人营业执照被吊销后，其民事诉讼地位如何确定的复函》（法经〔2000〕24 号函）明确指出："吊销企业法人营业执照，是工商行政管理机关依据国家工商行政法规对违法的企业法人作出的一种行政处罚。企业法人被吊销营业执照后，应当依法进行清算，清算程序结束并办理工商注销登记后，该企业法人才归于消灭。因此，企业法人被吊销营业执照后至被注销登记前，该企业法人仍应视为存续，可以自己的名义进行诉讼活动。如果该企业法人组成人员下落不明，无法通知参加诉讼，债权人以被吊销营业执照企业的开办单位为被告起诉的，人民法院也应予以准许。该开办单位对被吊销营业执照的企业法人，如果不存在投资不足或者转移资产逃避债务情形的，仅应作为企业清算人参加诉讼，承担清算责任。"因此，吊销营业执照是行政处罚，注销公司登记才意味着该公司主体的消灭。

① 陈英：《商事登记与营业执照法律关系之检讨——以商事能力为视角》，载《甘肃政法干部学院学报》2009 年第 4 期。

【条文】

第三十四条

公司登记事项发生变更的，应当依法办理变更登记。

公司登记事项未经登记或者未经变更登记，不得对抗善意相对人。

【条文主旨】

本条是关于公司登记事项变更义务和公司登记事项具有公示对抗效力的相关规定。

【条文概览】

本条承继了原《公司法》条文的相关内容，实质上是修订前的《公司法》第32条第3款中的部分内容。原《公司法》第32条共有3款，第1款规定了有限责任公司股东名册应当记载的三个事项，第2款则规定股东可依据股东名册主张行使股东权利，第3款的原文是："公司应当将股东的姓名或者名称向公司登记机关登记；登记事项发生变更的，应当办理变更登记。未经登记或者变更登记的，不得对抗第三人。"本次《公司法》修订，将前述原来的第32条第3款中分号以后的内容，改为了现在的第34条的两款，同时在表述上也有所调整。突出体现在两处：一是本条第1款从原来的"应当办理变更登记"改为了"应当依法办理变更登记"，突出了"依法"；二是本条第2款从原来的"不得对抗第三人"改为了"不得对抗善意相对人"，更为严谨合理，因为法律显然不可能连非善意的第三人也一并保护。至于原来第32条第3款中分号之前的内容，规定的是公司应向登记机关登记股东的姓名或者名称，此条已经在现《公司法》第32条所列举的公司登记事项的第6项中予以明确规定，即《公司法》第32条已经规定了公司登记事项应当包括"有限责任公司股东、股份有限公司发起人的姓名或者名称"，故第34条没有必要再重复规定，遂将此部分内容删去。

而从历次《公司法》修订的法条沿革来看，最早的1993年《公司法》实际上没有后来第2款、第3款的内容。1993年《公司法》第31条仅有一款，规定："有限责任公司应当置备股东名册，记载下列事项：（一）股东的姓名或者名称及住所；（二）股东的出资额；（三）出资证明书编号。"之后经过了1999年和2004年两次《公司法》修正，均未对该条有所改动。

2005 年《公司法》修订时第一次对本条进行了实质性修改，专门增加了分别规定股东名册对内效力和对外效力的第 2 款、第 3 款的内容，进一步突出了有限责任公司股东名册的作用，明确了股东名册的法律效力。而又特别值得指出的是，2005 年《公司法》修订后此条的第 3 款实际上规定的是："公司应当将股东的姓名或者名称及其出资额向公司登记机关登记；登记事项发生变更的，应当办理变更登记。未经登记或者变更登记的，不得对抗第三人。"2013 年《公司法》修正时，则将第 3 款前半段分号之前"及其出资额"的规定予以删除，以与当时《公司法》修正全面施行公司注册资本认缴制改革相契合。

【理解与适用】

本条两款中，第 1 款规定的是公司登记事项发生变化后的依法变更义务，第 2 款则规定的是公司登记事项对外的公示对抗效力。第 2 款是本条规定的重点。

一、公司登记的公示公信效力

公司登记是世界范围的普遍做法，借由公权力介入的公司登记程序使得公司取得主体资格，并且使得相关记载于登记机关登记文件中的事项具有了公示的绝对效力，此种设计，在赋予公司主体资格的同时还完成了登记事项的公示，进而使得其具有公信的效力，是一种既便宜又合理的设计。具体而言：

第一，符合主体法定原则，因为主体法定是商法的基本原则之一，其包含了主体类型法定、内容法定和公示法定，是现代商事管理制度的核心，是商事登记制度的基础。而作为有限公司的商事主体，其公司登记中的主要事项之一就是股东的相关信息。因此，以公司登记记载的股东信息作为确认股东资格的法定依据，与商法中的主体法定原则是完全契合的。

第二，实现主体法定原则的路径便是对公司的设立进行登记，经过登记才能取得合法有效的主体资格，才能获得营业资格与执照。尽管商法中的主体法定原则因其存在的弊端而在当代有所缓和，但就主体资格的取得而言，商事登记仍然是不二选择，只有在满足法律规定的条件下依照法定程序进行登记注册，才能取得商主体的资格，才能从事商事营业行为。

第三，公司登记不仅仅是公司主体资格取得的唯一途径，也是公司相关法定记载事项予以公示的过程，使得相关利益主体能够通过公司登记机关的登记文件而获取公司的相关信息，包括股东信息。尽管公司是以其全部资产对外承担债务清偿责任，股东仅以其出资额为限对公司债务承担责任，公司与股东的人格是各自独立的，就此而言似乎了解公司的股东信息并没有多少法律上的意义；但是，对于欲与公司进行股权交易即受让公司股权或通过增资扩股进入公司的投资人而言，了解和知悉公司的股东情况、股权结构是非常重要的，这甚至关系到投资人受让的是否为真实的股东资格或者股权，其受让的股权是否会受到第三人的追索，例如在名义股东处分隐名股东股权的场合。即使抛开第三人，就公司原股东相互之间而言，股东相关信息的真实性、稳定性、权威性同样是事关重大的。

第四，股东信息的重大意义从另一个角度决定了仅仅通过私法主体即公司自身置备的股东名册以确定股东资格的权威性、公允性难免受到质疑，而只有通过国家公权力的介入，亦即通过公司登记机关的登记与公示行为，才能使得记载于公司登记簿中的事项具有对抗任何第三人的公信力。①

二、公司登记的公示对抗效力

基于国家公权力介入而形成的公司登记既然能够产生公示公信的效力，则显然应当产生一定的公示公信效果，此种效果即是公司登记能否以及在何种范围内产生公示对抗的效力。具体而言，可以从两个方面考察：一方面，未履行公司登记之事项在法律上对第三人具有何种效力；另一方面，已履行公司登记之事项在法律上对第三人具有何种效力。

未履行公司登记事项变更的，将发生不能对抗善意相对人的消极效力。当今世界绝大多数国家都已将公司登记制度确立为一项强制性规定，因此，在商事经营中应登记的事项如果未经登记或公告，则不能发生使公司设立、变更的法律效果，或者不能以之对抗善意第三人。其应在分公司所在地登记的事项而未经登记或公告者，同样不得对抗善意第三人。如《德国商法典》第 15 条第 1 款规定："在应登入商业登记簿的事实尚未登记和公告期间，在其事务上应对此种事实进行登记的人，不得以此种事实对抗第三人，但此种事实为第三人所知的，不在此限。"德国法学界将这种登记效力称为消极公示主义。事实上，在多数国家都有这样的规定。尤其是在德国，"注册的权利存在，不注册的权利不存在"的原则早已确立。因此，在绝大多数国家，已登记的注册事项有对抗善意第三人的效力，不允许援引应登记而未登记的

① 参见刘凯湘：《股东资格认定规则的反思与重构》，载《国家检察官学院学报》2019 年第 1 期。

事项来对抗善意第三人。

已履行公司登记的事项，将对善意相对人产生推定权利的积极效力。因为公司登记应登记的事项业已登记或公告后，善意相对人即基于对国家公权力介入的公司登记事项的相信，合理地推定登记事项的正确，除非相对人知道或者应当知道登记事实与实际不符，此时相对人即不能构成善意。对此，学者称为积极效力，即德国所称之积极公示主义。一般来说，对已经登记、公告的事项，法律就可以推定第三人对此已经知悉。尤其是在采取登记强制主义和对登记事项采取实质审查主义的立法模式下，凡已登记的事项即具有对抗第三人的普遍效力。就积极效力而言，《德国商法典》第 15 条第 2 款第 1 句明确规定："已将此种事实进行登记和公告的，第三人必须承受事实的效力。"《瑞士债务法》第 933 条第 1 款也有类似规定。[①] 我国《公司法》第 34 条第 2 款虽从未经登记不得对抗善意相对人的角度逆向作了规定，易言之也就是仅规定了公司登记事项的消极效力，但正向亦当然能够推论出公司登记事项具有权利推定的积极效力。

【实务问题】

关于本条，实务中问题较为突出的是公司登记事项中所载明的名义股东与实际股东之间的关系如何处理。依照《公司法解释三》第 24 条的规定，有限责任公司的实际出资人与名义出资人订立合同，约定由实际出资人出资并享有投资权益，以名义出资人为名义股东，实际出资人与名义股东对该合同效力发生争议的，如无法律规定的无效情形，人民法院应当认定该合同有效。前款规定的实际出资人与名义股东因投资权益的归属发生争议，实际出资人以其实际履行了出资义务为由向名义股东主张权利的，人民法院应予支持。名义股东以公司股东名册记载、公司登记机关登记为由否认实际出资人权利的，人民法院不予支持。实际出资人未经公司其他股东过半数同意，请求公司变更股东、签发出资证明书、记载于股东名册、记载于公司章程并办理公司登记机关登记的，人民法院不予支持。同样依据前述司法解释第 25 条第 2 款的规定，名义股东处分股权造成实际出资人损失，实际出资人请求名义股东承担赔偿责任的，人民法院应予支持。该司法解释的两条规定实际上区分了名义股东与实际股东内外有别的关系，即如果仅涉及名义股东与实际股东之间代持股的合同关系，如无法律规定的无效情形，应当承认其合同

① 范健、王建文：《公司法》（第四版），法律出版社 2015 年版，第 167 ~ 168 页。

效力。但如果涉及相信公司登记的善意相对人，即名义股东依据公司登记其为股东之身份而处分了股权，则实际股东不能以之对抗善意相对人，而否定名义股东处分行为的效力，其只能请求名义股东予以赔偿。

【条文】

第三十五条

公司申请变更登记，应当向公司登记机关提交公司法定代表人签署的变更登记申请书、依法作出的变更决议或者决定等文件。

公司变更登记事项涉及修改公司章程的，应当提交修改后的公司章程。

公司变更法定代表人的，变更登记申请书由变更后的法定代表人签署。

【条文主旨】

本条是关于公司变更登记程序及所需提交的文件材料的规定。

【条文概览】

本条系新增条文。本条主要为公司申请变更登记提供明确指引。《市场主体登记管理条例》第24条第1款规定："市场主体变更登记事项，应当自作出变更决议、决定或者法定变更事项发生之日起30日内向登记机关申请变更登记。"《市场主体登记管理条例实施细则》第五章用专章对"变更登记"进行了规定。其中，第31条、第32条、第33条明确变更登记需提交申请书、变更决议、新章程等文件。本次《公司法》修订，将上述现行有效的行政法规、部门规章中的规定，通过进一步归纳、提炼，上升为法律规定。同时，本条与《民法典》第64条规定的"法人存续期间登记事项发生变化的，应当依法向登记机关申请变更登记"相呼应。

本条共分三款，第1款明确公司申请变更登记的，应当向公司登记机关提交相应的文件，主要是公司法定代表人签署的变更登记申请书、依法作出的变更决议或者决定等文件。第2款是对于变更登记事项涉及修改公司章程的，还应当提交修改后的公司章程。第3款规定公司变更法定代表人的，变更申请书的签署主体为变更后的法定代表人。

【理解与适用】

公司作为最重要、最活跃的市场主体，在千变万化的商事活动中，其自身的情况也处于变动之中。为降低交易成本和减少交易风险，有必要将最能反映、代表公司基本情况的信息抽离出来，向不特定的交易主体释明。故《公司法》第32条第1款以列举的方式明确了公司登记的法定事项。这些事项登记并公示后，具有相对的稳定性，构成交易信赖的基础，但也并非一成不变，在市场活动中会出现改变。这就要求对已登记、公示的内容及时进行调整，以维护市场交易秩序。同时，随着信息化水平的提高，获取信息的时间成本大大降低，为信息更新的及时性、高效性提供了可能，信息不对称进一步得以缩小，从而进一步提高交易效率和降低交易风险。

变更登记变更的是已登记的信息，未经登记的信息不存在变更问题，故本条是《公司法》第32条的逻辑延续。登记的严肃性决定了登记的要式性，申请公司设立登记和公司变更登记均要求依照相应的程序并提交相关材料。本条规定的变更登记是依申请进行的变更，公司登记机关在对申请变更事项进行审查后予以核准并变更记载。申请变更的主体是公司，故要体现出公司的真实意思表示。公司法人作为拟制人格，其意思表示需要通过其组织成员来实现，法定代表人制度应运而生。是故，提交法定代表人签署的变更登记申请书是启动变更登记的“钥匙”，同时，变更登记对外而言会基于登记产生信赖利益，对内而言会对公司及相关人员的权利义务产生影响，故还应向公司登记机关提交依法作出的变更决议或者决定等文件，以证明变更信息的真实、有效。变更登记事项依照法律、行政法规或者国务院决定规定在登记前须经批准的，还应当向公司登记机关提交有关批准文件。

公司章程是公司依法制定的规定公司重大事项的基本文件。依照《公司法》第32条的规定，公司章程不是公司的一般登记事项，只需向公司登记机关办理备案即可，但公司变更登记事项涉及修改公司章程的，仍应当提交修改后的公司章程，以体现公司章程的法定性、真实性、公开性。

变更申请书明确由变更后的法定代表人签署，主要是针对实务中未明确签署主体前，存在原法定代表人不配合签署申请书导致无法完成法定代表人变更登记的情形。也与公司法定代表人的产生、权利来源相吻合。法定代表人是基于股东会或者董事会的选任而产生，并非基于公司登记行为而享有公司法定代表人的身份，明确规定变更登记申请书由变更后的法定代表人签署，符合法定代表人选任的法理逻辑，也在制度上解决了新、老法定代表人矛盾导致的公司治理困难。

【实务问题】

在实务中存在以下问题：

一是公司登记行为的性质问题。各国的公司立法对该问题均无明确规定，学界亦众说纷纭，主要有“公法行为说”“私法行为说”“公私法行为融合说”三种学说。其中学界的主流观点是“公法行为说”，认为公司登记是一种行政行为。

二是变更登记中的民事诉讼与行政诉讼的界限问题。《民事案件案由规定》中规定了“请求变更公司登记纠纷”，主要包括法定代表人变更纠纷、董事变更纠纷、监事变更纠纷、高级管理人员变更纠纷、股东变更纠纷、其他事项变更纠纷等六种类型的纠纷。对于当事人主张公司登记机关作出或撤销登记的，引导通过行政诉讼程序解决；对于当事人主张公司或者股东变更登记的，引导通过民事诉讼程序解决。

三是关于管辖的问题。《民事诉讼法》第 27 条规定：“因公司设立、确认股东资格、分配利润、解散等纠纷提起的诉讼，由公司住所地人民法院管辖。”《民事诉讼法解释》第 22 条规定：“因股东名册记载、请求变更公司登记、股东知情权、公司决议、公司合并、公司分立、公司减资、公司增资等纠纷提起的诉讼，依照民事诉讼法第二十七条规定确定管辖。”根据上述规定，请求变更公司登记纠纷的案件由公司住所地人民法院管辖。

【典型案例】

公达公司诉三峡公司房地产开发合同纠纷案[①]

基本案情：三峡公司法定代表人为刘某章，其于 1994 年与北厨集团签订土地使用转让协议。同年 7 月，三峡公司与公达公司签订《合作开发协议》。同年 8 月，刘某章被单位停职，8 月 9 日刘某章收到决定。直至 1995 年 2 月 28 日，三峡公司才向工商局申请将法定代表人由刘某章变更为张某利，同年 4 月 22 日完成变更。在 1995 年 4 月 13 日、15 日、17 日，刘某章持三峡公司公章，以法定代表人身份与公达公司签订了转让协议及补充协议。后公达公司诉至法院，要求三峡公司继续履行协议并赔偿损失。

裁判要旨：公司的法定代表人依法代表公司对外进行民事活动。法定代表人发生变更的，应当在工商管理部门办理变更登记。公司的法定代表人在对外签订合同时已经被上级单位决定停止职务，但未办理变更登记，公司以此主张合同无效的，人民法院不予支持。

---

① 参见《最高人民法院公报》2010 年第 11 期。

【条文】

第三十六条

公司营业执照记载的事项发生变更的，公司办理变更登记后，由公司登记机关换发营业执照。

【条文主旨】

本条是关于公司营业执照记载的事项发生变更后换发营业执照的规定。

【条文概览】

2018年《公司法》第7条第3款规定："公司营业执照记载的事项发生变更的，公司应当依法办理变更登记，由公司登记机关换发营业执照。"本条系对该条款进行部分文字修改，同时因新修订的《公司法》将公司登记作为独立的一章，将2018年《公司法》第7条第3款独立成条并置于第35条关于公司变更登记之后，逻辑更为严谨，内容无实质变化。

本条包含三个方面的内容：一是公司营业执照记载的事项发生变更的；二是公司应当依法办理变更登记；三是公司登记机关依照变更登记情况为公司换发营业执照。

【理解与适用】

公司营业执照是公司登记机关发给公司的准许从事某项或某几项生产经营活动的凭证，其记载公司的重要事项，是公司法人的"身份证明"。本法第33条第2款规定："公司营业执照应当载明公司的名称、住所、注册资本、经营范围、法定代表人姓名等事项。"而本法第32条第1款规定的公司法定登记事项为："（一）名称；（二）住所；（三）注册资本；（四）经营范围；（五）法定代表人的姓名；（六）有限责任公司股东、股份有限公司发起人的姓名或者名称。"对比可知，营业执照载明的内容包含于公司法定登记事项内。故营业执照载明的内容发生变更，当然应依照本法第35条规定的程序提交相应的文件材料申请公司变更登记。同时，因为营业执照的特殊性，公司办理变更登记后，公司登记机关应为公司换发营业执照。

【条文】

第三十七条

公司因解散、被宣告破产或者其他法定事由需要终止的，应当依法向公司登记机关申请注销登记，由公司登记机关公告公司终止。

【条文主旨】

本条是关于公司终止时注销登记及公告规则的规定。

【条文概览】

本条系新增条文。2018 年《公司法》仅规定了公司解散需办理注销登记。《市场主体登记管理条例》第 31 条规定："市场主体因解散、被宣告破产或者其他法定事由需要终止的，应当依法向登记机关申请注销登记。经登记机关注销登记，市场主体终止。市场主体注销依法须经批准的，应当经批准后向登记机关申请注销登记。"上述行政法规进一步规定公司因各类法定原因需终止的，均应向登记机关办理注销登记。本条吸纳了上述行政法规的规定，上升为法律规定，从法律层面上完善了公司的退出制度。

本条包含三个方面的内容。一是公司因解散、被宣告破产或者其他法定事由需要终止的；二是公司出现法定终止事由后，应当依法向公司登记机关申请注销登记；三是由公司登记机关公告公司终止。

【理解与适用】

《民法典》第 59 条规定："法人的民事权利能力和民事行为能力，从法人成立时产生，到法人终止时消灭。"第 68 条规定："有下列原因之一并依法完成清算、注销登记的，法人终止：（一）法人解散；（二）法人被宣告破产；（三）法律规定的其他原因。法人终止，法律、行政法规规定须经有关机关批准的，依照其规定。"《民法典》已对法人宗旨作出了规定，根据我国民商立法的体例，本次《公司法》修订，将《民法典》的相关精神吸纳入《公司法》，做到了民商呼应。

公司终止是指公司根据法定程序彻底结束经营活动并使公司的法人资格归于消灭的事实状态和法律结果。公司终止的法律意义是使公司的法人资格和市场经营主体资格消灭。通常情况下，公司终止经营活动退出市场，需要经历决议解散、清算分配和注销登记三个主要阶段。解散、被宣告破产是最主要的公司需要终止的法定事由。公司解散又分为自愿解散和强制解散。《民法典》第 69 条规定："有下列情形之一的，法人解散：（一）法人章程规定的存续期间届满或者法人章程规定的其他解散事由出现；（二）法人的权力机构决议解散；（三）因法人合并或者分立需要解散；（四）法人依法被吊销营业执照、登记证书，被责令关闭或者被撤销；（五）法律规定的其他情形。"其中自愿解散的事由主要包括：（1）公司章程规定的营业期限届满；（2）公司章程规定的其他解散事由的出现；（3）股东会决议解散；（4）因公司合并或者分立。强制解散的事由主要包括：（1）依法被吊销营业执照、责令关闭或者被撤销；（2）股东请求人民法院解散公司。公司被宣告破产是指根据《企业破产法》等的规定，公司不能清偿到期债务，并且资产不足以清偿全部债务或者明显缺乏清偿能力的，经人民法院审查属实，公司没有进行和解和重整，被人民法院宣告破产。《企业破产法》第 121 条规定："管理人应当自破产程序终结之日起十日内，持人民法院终结破产程序的裁定，向破产人的原登记机关办理注销登记。"依法开展清算是公司注销前的法定义务，是依照一定程序了结法人事务，清收债权、清偿债务，分配剩余财产，使法人人格消灭的行为。

【实务问题】

在实务中存在以下问题需要注意：

一、简易注销与普通注销

《市场主体登记管理条例》第 33 条第 1 款规定："市场主体未发生债权债务或者已将债权债务清偿完结，未发生或者已结清清偿费用、职工工资、社会保险费用、法定补偿金、应缴纳税款（滞纳金、罚款），并由全体投资人书面承诺对上述情况的真实性承担法律责任的，可以按照简易程序办理注销登记。"第 4 款规定："市场主体注销依法须经批准的，或者市场主体被吊销营业执照、责令关闭、撤销，或者被列入经营异常名录的，不适用简易注销程序。"

二、在公司未经清算即注销后债权人的权利救济

《公司法解释二》第 19 条规定："有限责任公司的股东、股份有限公司的董事和控股股东，以及公司的实际控制人在公司解散后，恶意处置公司财

产给债权人造成损失，或者未经依法清算，以虚假的清算报告骗取公司登记机关办理法人注销登记，债权人主张其对公司债务承担相应赔偿责任的，人民法院应依法予以支持。”第20条第1款规定：“公司解散应当在依法清算完毕后，申请办理注销登记。公司未经清算即办理注销登记，导致公司无法进行清算，债权人主张有限责任公司的股东、股份有限公司的董事和控股股东，以及公司的实际控制人对公司债务承担清偿责任的，人民法院应依法予以支持。”

【典型案例】

康明公司与宏源公司合同纠纷案

基本案情：2003年5月27日，康明公司与宏源公司签订协议书，对双方的债权债务关系进行明确。协议签订后，宏源公司支付了部分款项，但仍有部分余款未付。2004年12月28日，宏源公司召开股东大会，一致同意提前解散公司。2005年9月29日宏源公司注销歇业。宏源公司提交给工商部门的注销清算报告中写明“股东承诺，公司债务已清算完毕，若有未了事宜，股东愿承担责任”。本案中，宏源公司未提交任何证据证明其已履行通知债权人的义务和刊登了注销公告。

裁判要旨：企业法人自行解散的，应当成立清算组织，进行清算。股东必须如实履行清算义务后，才能申请注销企业，公司未经清算即办理注销登记手续的，其股东应当对法人未清偿的债务承担清偿责任。

【条文】

第三十八条

公司设立分公司，应当向公司登记机关申请登记，领取营业执照。

【条文主旨】

本条是关于公司设立分公司应登记并领取营业执照的规定。

【条文概览】

2018年《公司法》第14条对子公司、分公司作了规定。因新修订的《公司法》单独设立公司登记一章，故将2018年《公司法》第14条分立为第13条和本条，其中涉及登记的部分置于公司登记一章。内容与2018年《公司法》第14条无实质性变化。

本条明确公司设立分公司，应当向公司登记机关申请登记，领取营业执照。

【理解与适用】

分公司（branch company）是指在业务、资金、人事等方面受总公司管辖而不具有法人资格的分支机构。[①] 分公司是与总公司相对应的概念，是指总公司在其住所外设立的以分公司名义或者以总公司名义从事经营的机构，在法律上不具有独立的法人资格，民事责任由具有法人资格的总公司承担。分公司不论是在经济上还是在法律上，都不具有独立性。分公司的主要特征表现在以下方面：一是分公司由总公司依法设立，不具有法人资格，不能独立享有权利、承担责任，其一切行为的后果及责任由总公司承担。二是分公司没有独立的公司名称及章程，其对外从事经营活动必须以总公司的名义，遵守总公司的章程。三是分公司在人事、经营上没有自主权，其主要业务活动及主要管理人员由总公司决定并委任，并根据总公司的委托或授权进行业务活动。四是分公司没有独立的财产，其所有资产属于总公司，并作为总公司的资产列入总公司的资产负债表中。

---

① 程波、盛夕曳：《母、子公司信用信息关联管理的法律重构》，载《商学研究》2022年第3期。

【实务问题】

本条在实务适用中存在以下问题：

一是分公司的申请登记地问题。《市场主体登记管理条例》第 23 条规定："市场主体设立分支机构，应当向分支机构所在地的登记机关申请登记。"我国采属地管辖，分公司申请登记的公司登记机关为分公司所在地的市场监督管理局。另外，除营业执照外，进行独立核算的分公司还应根据《税收征收管理法》第 15 条规定，自领取营业执照之日起 30 日内，向税务机关申报办理税务登记。

二是分公司的诉讼主体资格问题。根据《民事诉讼法》第 51 条、《民事诉讼法解释》第 52 条规定，依法设立并领取营业执照的分公司，可以作为其他组织成为民事诉讼当事人，具备民事诉讼主体资格。

【典型案例】

张某诉 C 公司、B 公司借款合同纠纷案①

裁判要旨：在现行法律并未对公司分支机构加入债务的效力、责任承担等问题作出具体规定的情况下，基于债务加入与保证所具有的法律评价意义上的相似性，对于公司分支机构加入债务纠纷，可参照适用《民法典》及《担保制度解释》关于公司分支机构提供担保的相关规定进行处理。加入公司分支机构的债务须经公司有权机关决议。公司分支机构未经公司授权，与债务人或者债权人达成的债务加入协议对公司不发生效力，公司分支机构根据其过错承担相应的民事责任。

---

① 参见最高人民法院民事审判第一庭编：《民事审判指导与参考》总第 81 辑（2020 年第 1 辑），人民法院出版社 2021 年版。

【条文】

第三十九条

虚报注册资本、提交虚假材料或者采取其他欺诈手段隐瞒重要事实取得公司设立登记的，公司登记机关应当依照法律、行政法规的规定予以撤销。

【条文主旨】

本条是关于采取欺诈手段获取公司登记的法律后果的规定。

【条文概览】

2018 年修正的《公司法》第十二章法律责任中的第 198 条明确规定采取欺诈手段获取公司登记的法律后果，该条根据欺诈骗取登记的违法轻重程度，除责令改正违法行为外，明确了对违法公司采取不同数额的罚款，撤销登记和吊销营业执照等行政措施。该规定的不足之处在于，混淆了欺诈登记行为在行政处罚法上的法律责任和行政许可法上的法律后果两种不同性质的行政行为，欺诈登记是违法行为，欺诈登记在行政法上的法律责任是对违法行为人的违法行为以行政处罚的方式进行惩戒，但该条中规定的撤销登记，本质上属于对违法登记的纠正措施，不是对违法行为人的惩戒措施。本次《公司法》修订，针对该条规定进行了调整，将采取欺诈手段骗取公司登记的行政许可法上的法律后果与行政处罚法上的法律责任分别规定在公司登记和法律责任两个独立的章节。将撤销登记作为公司欺诈登记违法行为的纠正措施，即违法行政许可的矫正规定在公司登记一章，而将欺诈登记违法行为人的惩罚措施，违法行为人应当承担的行政责任规定在法律责任一章，改进了 2018 年《公司法》将不同性质的法律后果未加严格区分规定在法律责任章的不足，在体系上更加科学合理。

【理解与适用】

一、公司设立登记的行为性质

公司设立登记在性质上属于行政许可，《行政许可法》第 12 条是关于可以设定行政许可的事项范围的规定，该条第 5 项明确，企业或者其他组织的设立等需要确定主体资格的事项，可以设定行政许可。确定主体资格的行政许可的主要形式是登记，其功能是通过登记，确立个人、企业或者其他组织的特定主体资格。主体资格的登记许可主要包括两类：一是企业法人登记，确立其市场主体资格；二是社会组织登记，包括社会团体、事业单位、民办非企业单位登记等，以确立其从事社会活动的资格。这两类主体的确立，都需按照法定条件登记。对于登记是否属于行政许可，《行政许可法》立法过程中存有不同意见：有的认为，登记只是一种确认行为，不属于许可；有的认为，当事人不登记，则从事相关活动属于违法，因此也是行政许可。总的来看，我国的登记种类比较多，有些登记属于事后确认性质，不属于许可，如房屋登记、抵押登记等。但有一些登记，实际是为了取得行为能力、活动资格，因此这种登记属于行政许可，比较典型的就是公司设立登记。既然公司设立登记属于行政许可，那么就存在因登记申请人采取欺骗手段提供虚假材料骗取登记情况下的登记效力问题。根据《行政许可法》第 69 条第 2 款的规定，被许可人以欺骗、贿赂等不正当手段取得行政许可的，应当予以撤销。

二、欺诈手段设立公司的表现形式

本条所称的欺诈行为，是指当事人在办理公司设立登记时，故意提供虚假材料，虚构事实，隐瞒真相，导致公司登记机关产生错误认识，使不符合设立登记条件的公司取得公司登记。登记申请人实施欺诈行为的目的是骗取公司设立登记，因此必须是设立登记申请人的故意行为，过失行为不构成欺诈，公司登记机关正是由于申请人的欺骗行为产生错误判断，才将不符合设立条件的公司予以登记，由此带来的法律后果必然是撤销不符合设立登记条件的公司登记，恢复到错误登记前的状态。

（一）虚报注册资本

注册资本，又称名义资本或核定资本，是指公司成立时由公司章程记载并在公司登记机构注册登记的资本总额。确定注册资本的目的，主要是在公司章程中公开申明其资本数额并在政府部门登记注册，以便让公众了解到公司目前的资本状况和今后可能达到的规模。在法定资本制下，公司登记注册的资本总额需要在公司成立时一次发行完毕，并由股东全部认购或认缴。我国 1993 年《公司法》实行的是严格法定资本制度，即法定注册资本最低限额和公司成立时足额缴纳注册资本，其后经过 2005 年的修订和 2013 年的修正，取消了法定注册资本最低限额和首次出资足额实缴制度，实行全面的注册资本认缴制。尽管此次《公司法》修订对认缴期限作了 5 年期的限制，但没有改变资本认缴制的本质。因为取消公司成立时的注册资本最低限额和公司成立时必须足额缴纳注册资本的严格法定资本制，此前为获得公司成立而普遍存在虚报注册资本而不实际缴纳出资的情况基本上被杜绝，理论上除了法律、行政法规以及国务院决定对有限责任公司注册资本实缴、注册资本最低限额另有规定的情形外，公司设立登记不存在虚报注册资本的情况。全国人大常委会也在2013年《公司法》修正后，作出《全国人民代表大会常务委员会关于〈中华人民共和国刑法〉第一百五十八条、第一百五十九条的解释》，明确《刑法》第158条（虚报注册资本罪）、第159条（虚假出资、抽逃出资罪）只适用于依法实行注册资本实缴登记制的公司，对实行注册资本认缴登记制的公司不再适用。因此，对于行政管理而言，认缴制下的所谓虚报注册资本的行为基本不复存在，此条规定仅适用于仍然实行注册资本实缴制的公司，对普通的认缴制公司不再适用。

（二）提交虚假材料

主要是指设立公司登记申请书、公司章程、验资证明等文件以及从事法律、行政法规规定必须报经有关主管部门审批的批准文件是虚假或者伪造的材料。

（三）其他欺诈手段

本条所谓其他欺诈手段主要是指以提供虚假材料之外的隐瞒重要事实真相的方法欺骗公司登记机关的行为。

【实务问题】

一、撤销公司设立登记不是欺诈登记的必然后果也不是唯一后果

采取欺诈手段骗取公司登记的，原则上应当先承担许可法上的后果，登记机关首先要采取撤销登记的方式纠正错误登记行为，将不符合设立条件的公司予以撤销，清除欺诈设立登记的后果；其次是要对欺诈行为人进行惩处，依据修订后《公司法》第250条规定，对欺诈骗取公司登记的行为，要根据违法情节的轻重，对公司分别处以不同数额的罚款和吊销营业执照的处罚，对相关责任人员也要处以3万元以上30万元以下的罚款。值得探讨的是，对采取欺诈手段骗取公司设立登记的，是否一律要予以撤销。从本条规定来看，采取欺诈手段取得公司设立登记的，应当依照法律、行政法规的规定予以撤销。即撤销公司设立登记，除需要符合《公司法》规定的采取欺诈

手段取得公司登记的行为要件外，还必须符合相关法律、行政法规的具体规定。从目前关于撤销公司设立登记的法律、行政法规的情况看，首先是《行政许可法》的规定。《行政许可法》第69条第2款规定："被许可人以欺骗、贿赂等不正当手段取得行政许可的，应当予以撤销。"第3款规定："依照前两款的规定撤销行政许可，可能对公共利益造成重大损害的，不予撤销。"根据这一规定，通过欺诈手段取得行政许可的，原则上应当予以撤销，但撤销可能会严重损害公共利益的，可以豁免，公司设立登记作为行政许可，应当遵循这一基本原则。其次是《市场主体登记管理条例》的规定。《市场主体登记管理条例》第45条第1款规定："实行注册资本实缴登记制的市场主体虚报注册资本取得市场主体登记的，由登记机关责令改正，处虚报注册资本金额5%以上15%以下的罚款；情节严重的，吊销营业执照。"第40条第1款规定："提交虚假材料或者采取其他欺诈手段隐瞒重要事实取得市场主体登记的，受虚假市场主体登记影响的自然人、法人和其他组织可以向登记机关提出撤销市场主体登记的申请。"根据这一规定，采取欺诈手段取得公司登记的，并非一定要撤销公司设立登记，只有在情节严重的情况下才能撤销登记。综合考虑上述法律，以欺诈手段获取公司设立登记，是否撤销登记，还应当考虑撤销登记后对公共利益的影响程度和欺诈行为本身的严重程度等因素。由于撤销登记会使公司设立行为归于无效，公司归于消灭，而公司作为市场经济的最重要主体，其正常、稳定运行涉及整体经济秩序和交易安全，即使认为撤销登记效力不溯及撤销之前，撤销行为引发的公司解散和清算也会对市场秩序造成负面影响。所以，对欺诈获取的设立登记，尽量避免采取撤销登记的方式从根本上予以否认，可以通过责令改正和从重处罚的方式，对违法行为进行纠正，对行为人给予严惩，尽可能维持公司的存续。要避免不区分情况的"撤罚并行"，但对违法情节严重采取责令改正措施仍不足以弥补设立条件欠缺的设立登记，也要避免"以罚代撤"的倾向。

二、撤销登记的法律后果

行政许可属于行政行为，依据行政行为的效力规则，行政行为因为违法被撤销后，该行为的效力归于消灭。但对于违法行政行为被撤销后的法律后果是否能溯及既往，行政法学界一般认为，行政行为的撤销和民事法律行为的撤销遵循共同的法理，即被撤销的法律行为自始无效，在结果上与法律行为的无效并无实质区别。但对于授益性行政行为的撤销是否具有溯及力，存在较大争议，但一般认为，授益性行政行为的撤销，原则上不溯及既往，只向后发生效力，但也有观点认为，在行政行为的违法性可以归责于受益人的情况下，基于任何人不能从其违法行为中获取利益的基本法理，撤销具有溯及力，即被撤销的行政行为自始不具有法律效力，如《行政许可法》第69条就规定，被许可人以欺骗、贿赂等不正当手段取得的行政许可被撤销的，被许可人基于行政许可取得的利益不受保护。具体到公司设立登记行为，从性质上而言，公司设立登记是市场主体的准入许可行为，属于授益性行政行为，因欺诈设立属于可以归责于被许可人的行为，按照上述原则，撤销公司设立登记的后果应当溯及既往，但这会对公司设立后产生的大量交易行为的效力产生极大的不利影响，交易安全得不到保障。我们认为，从市场交易安全的角度考虑，公司设立登记被撤销后，原则上撤销的法律后果不溯及既往，撤销决定之前公司与善意相对人之间形成的民事法律关系不受影响。

【条文】

第四十条

公司应当按照规定通过国家企业信用信息公示系统公示下列事项：

（一）有限责任公司股东认缴和实缴的出资额、出资方式和出资日期，股份有限公司发起人认购的股份数；

（二）有限责任公司股东、股份有限公司发起人的股权、股份变更信息；

（三）行政许可取得、变更、注销等信息；

（四）法律、行政法规规定的其他信息。

公司应当确保前款公示信息真实、准确、完整。

【条文主旨】

本条是关于公司在国家企业信用信息公示系统的自主公示事项的规定。

【条文概览】

本条系新增条文。本条吸收了 2014 年颁布的《企业信息公示暂行条例》第 10 条规定的内容（2024 年修改的《企业信息公示暂行条例》未对该条进行实质修改），将公司对非登记事项进行公示的义务上升为法律规定。

本条分为两款。第 1 款明确了公司应当按照规定通过国家企业信用信息公示系统公示的事项包括：（1）有限责任公司股东认缴和实缴的出资额、出资方式和出资日期，股份有限公司发起人认购的股份数；（2）有限责任公司股东、股份有限公司发起人的股权、股份变更信息；（3）行政许可取得、变更、注销等信息；（4）法律、行政法规规定的其他信息。第 2 款是对公司应当确保前款公示信息真实、准确、完整的义务性规定。

【理解与适用】

为了维护公平竞争，促进企业诚信自律，规范企业信息公示，强化企业信用约束，维护交易安全，提高政府监管效能，扩大社会监督，我国建立了国家企业信用信息公示系统。

本法第 32 条规定明确公司登记的法定事项，并明确公示的主体是公司登记机关。而本条规定的是公司的法定自主公示事项，且明确公示的主体是公司。公司作为法人，除本法第 32 条规定的法定事项，还有其他反映其特点的信息，具体包括：（1）有限责任公司股东认缴和实缴的出资额、出资方式和出资日期，股份有限公司发起人认购的股份数；（2）有限责任公司股东、股份有限公司发起人的股权、股份变更信息；（3）行政许可取得、变更、注销等信息；（4）法律、行政法规规定的其他信息。2024 年《企业信息公示暂行条例》第 10 条还规定了“知识产权出质登记信息”“受到行政处罚的信息”也属于公司应当公示的事项。前述事项虽不属于法定登记事项，但对于保护交易安全和提高交易效率仍有着不可忽视的作用。这些事项的公示，对提高交易相对人获取公司信息的效率、降低交易成本有着重要作用。公司应当诚实守信，确保前述公示信息的真实、准确、完整。信息一经公示，一般公众便会由此产生信赖。

【条文】

第四十一条

公司登记机关应当优化公司登记办理流程，提高公司登记效率，加强信息化建设，推行网上办理等便捷方式，提升公司登记便利化水平。

国务院市场监督管理部门根据本法和有关法律、行政法规的规定，制定公司登记注册的具体办法。

【条文主旨】

本条是关于优化公司登记服务的规定。

【条文概览】

本条系新增条文。本条吸收了《市场主体登记管理条例》第 6 条规定的内容，从法律层面予以规定。

【理解与适用】

本条的调整对象为公司登记机关而非公司，旨在解决公司登记实践中前置行政审批、核准程序过于繁杂的问题，在制度价值取向上从安全优先转向了效率优先，淡化了公司登记中的行政管理色彩，强调公司登记的服务属性，与公司登记的行政确认性质相契合，体现了党中央、国务院对深化“放管服”改革、优化营商环境的重视。第 1 款在提高办事效率、信息化建设、推行网上办理三个层面对公司登记机关优化登记服务提出原则性的指导要求。第 2 款明确国务院市场监督管理部门可以根据本法及相关法律、行政法规，制定更细致的公司登记规范。此前，国务院市场监督管理部门已经制定《市场主体登记管理条例》《市场主体登记管理条例实施细则》《企业名称登记管理规定》《企业名称登记管理规定实施办法》等与公司登记相关的管理条例和实施细则与办法。

【实务问题】

一、对公司登记机关办理公司登记的要求

首先是优化公司登记办理流程，提高公司登记效率；其次是加强信息化

建设，推广网上办理等便捷方式，提升公司登记便利化水平。《市场主体登记管理条例》第6条要求国务院市场监督管理部门应当加强信息化建设，制定统一的市场主体登记数据和系统建设规范。县级以上地方人民政府承担市场主体登记工作的部门（以下称登记机关）应当优化市场主体登记办理流程，提高市场主体登记效率，推行当场办结、一次办结、限时办结等制度，实现集中办理、就近办理、网上办理、异地可办，提升市场主体登记便利化程度。第7条规定，国务院市场监督管理部门和国务院有关部门应当推动市场主体登记信息与其他政府信息的共享和运用，提升政府服务效能。第16条第2款、第3款规定，国务院市场监督管理部门应当根据市场主体类型分别制定登记材料清单和文书格式样本，通过政府网站、登记机关服务窗口等向社会公开。登记机关能够通过政务信息共享平台获取的市场主体登记相关信息，不得要求申请人重复提供。《市场主体登记管理条例实施细则》第3条规定国家市场监督管理总局主管全国市场主体统一登记管理工作，制定市场主体登记管理的制度措施，推进登记全程电子化，规范登记行为，指导地方登记机关依法有序开展登记管理工作。县级以上地方市场监督管理部门主管本辖区市场主体登记管理工作，加强对辖区内市场主体登记管理工作的统筹指导和监督管理，提升登记管理水平。县级市场监督管理部门的派出机构可以依法承担个体工商户等市场主体的登记管理职责。各级登记机关依法履行登记管理职责，执行全国统一的登记管理政策文件和规范要求，使用统一的登记材料、文书格式，以及省级统一的市场主体登记管理系统，优化登记办理流程，推行网上办理等便捷方式，健全数据安全管理制度，提供规范化、标准化登记管理服务。

二、全面深化改革，优化营商环境的要求

营商环境是一个地方的重要软实力，也是政府经济治理能力的重要体现。党的二十大报告强调，要“深化简政放权、放管结合、优化服务改革。构建全国统一大市场，深化要素市场化改革，建设高标准市场体系。完善产权保护、市场准入、公平竞争、社会信用等市场经济基础制度，优化营商环境”。公司登记机关优化公司登记办理流程，加强信息化建设以及推行网上办理等便捷方式，必将提高公司登记效率，提升公司登记便利化水平。新《公司法》的上述规定有利于减少公司登记过程中的行政障碍，鼓励企业主动登记，有利于市场主体的培育壮大以及激发市场活力，有利于优化营商环境，有利于提高经济的综合竞争力和促进政府治理体系的完善。

第三章 有限责任公司的设立和组织机构

第一节 设 立

【条文】

第四十二条

有限责任公司由一个以上五十个以下股东出资设立。

【条文主旨】

本条是关于有限责任公司股东人数的规定。

【条文概览】

本条规定实为2018年修正的《公司法》第24条的内容，但是表述有所调整。原《公司法》第24条的规定是："有限责任公司由五十个以下股东出资设立。"本次修订增加了"一个以上"的限定。所以本条是对《公司法》规定的文字修改。

关于有限责任公司的股东人数，《公司法》向来有所限制。1993年《公司法》第20条分为两款，第1款规定："有限责任公司由二个以上五十个以下股东共同出资设立。"第2款规定："国家授权投资的机构或者国家授权的部门可以单独投资设立国有独资的有限责任公司。"该条规定在2005年《公司法》修订时作了调整，删去了第2款，将第1款单独作为一条，同时又删去了第1款中"二个以上"的表述。自2005年《公司法》修订后一直到本次《公司法》修订，又再次增加了"一个以上"的规定。

【理解与适用】

有限责任公司是当前最主要的公司形式，系指由一定人数以上的股东共同出资，股东以其出资为限对公司承担责任，公司以其全部资产对其债务承担责任的公司。[1] 公司的制度价值主要在于股东以其出资为限承担有限责任，从而令投资人能够无后顾之忧地从事公司投资经营，而不必担心公司经营失败从此“身陷其中”。因此，在公司性质分类上虽然也有无限责任公司、两合公司这两类股东需对公司债务承担无限连带责任的公司，但此两类公司目前已非公司类型的主流，特别是无限责任公司，“在有些国家（如日本）甚至已经趋于消失”。[2] 另外需要指出的是，有限责任公司所谓的“有限责任”系针对股东而言，即股东仅以其出资为限对公司的债务承担“有限责任”，而就公司自身而言，仍然需要以其全部法人财产承担责任，直至资不抵债而破产清算，最终消灭公司法人人格。故对公司而言，其始终承担的是“无限责任”。

一、限定有限责任公司股东人数的意义

有限责任公司实际上是介于股份有限公司和人合公司（无限责任公司、两合公司）之间的一种公司形式，其兼具股份有限公司的资合性和无限责任公司人合性的特点：与无限责任公司相比，有限责任公司的股东之间的关系较为松散，股东一般不能以其信用出资，因此具有更强的资合性；与股份有限公司相比，有限责任公司不公开募集资本，股东的出资转让也受到限制，故股东与股东之间的关系相对较为紧密，因而又在股份有限公司纯粹资合的基础之上具有了一定的人合性。

由于有限责任公司具有一定的人合性，故对有限责任公司的股东人数立法一般都有所限制，而且基本上都规定了股东人数的上限，而视是否承认“一人公司”确定是否规定其下限。之所以规定股东人数的上限，根本上还是由有限责任公司的人合性质所决定的。由于有限责任公司具有一定程度上的人合性，股东与股东之间的关系相对较为紧密，决定了股东之间需有一定程度的相互了解和彼此信任，这就注定了股东人数不可能太多，不能像股份有限公司那样无限扩充股东规模。而如果有限责任公司的股东人数发展超出了法律规定的上限，就应当考虑变更公司组织形式，由有限责任公司变更为股份有限公司。至于是否规定股东人数的下限，则主要取决于《公司法》立法对“一人公司”的态度。如果规定有限责任公司的股东须为 2 人以上，则说明一般不承认“一人公司”；反之，如果没有股东人数的下限要求，则说明其公司立法已经承认了“一人公司”制度。

---

① 范健、王建文：《公司法》（第四版），法律出版社 2015 年版，第 77 页。
② 范健、王建文：《公司法》（第四版），法律出版社 2015 年版，第 76 页。

二、我国《公司法》关于有限责任公司股东人数的变化

1993 年《公司法》第 20 条共有两款。其第 1 款规定：“有限责任公司由二个以上五十个以下股东共同出资设立。”第 2 款规定：“国家授权投资的机构或者国家授权的部门可以单独投资设立国有独资的有限责任公司。”由此可以说明两点：第一，我国《公司法》对有限责任公司股东人数设定的上限为 50 人，这是当时依据实践经验所作的选择，一般认为超过 50 人将影响股东之间的相互了解，影响有限责任公司的人合性质。第二，当时我国《公司法》实际上仅有限地承认“一人公司”，即该条第 2 款所规定的国有独资的有限责任公司可以只有代表国家出资的一个股东，除了此种特殊的“一人公司”，当时的《公司法》设定了有限责任公司的股东必须为 2 人以上，实际上等同于不承认社会民众可设立“一人公司”。

2005 年《公司法》修订时删去了前述第 2 款，将第 1 款单独作为一条，同时又删去了第 1 款中“二个以上”的表述，最终 2005 年《公司法》第 24 条规定：“有限责任公司由五十个以下股东出资设立。”之所以作此修改，是因为 2005 年《公司法》新增了“一人有限责任公司的特别规定”一节，其第 58 条第 2 款规定：“本法所称一人有限责任公司，是指只有一个自然人股东或者一个法人股东的有限责任公司。”在新增承认“一人公司”的背景之下，原来相应条文第 2 款所规定的国有独资有限责任公司的相关规定自然再无意义，而且 2005 年《公司法》也有专门的“国有独资公司的特别规定”一节，所以第 2 款当然应当删去。同时，既然已经承认了“一人公司”，则“二个以上”的下限限制显然也无必要，故原来相应条文第 1 款中“二个以上”的表述亦予删除。

本次《公司法》修订再次增加了“一个以上”的限定，重新规定为“有限责任公司由一个以上五十个以下股东出资设立”。该修改虽然看似增加了可有可无的下限规定，因为依照《民法典》第 1259 条的规定，民法所称的“以上”“以下”“以内”“届满”，包括本数；所称的“不满”“超过”“以外”，不包括本数，《公司法》未专门对此类法律术语作出规定，则应当适用《民法典》对民事法律的一般性规定。换言之，《公司法》此处规定有限责任公司“由一个以上”股东出资设立，则其当然包括一个股东的情形，而并非回到 2005 年《公司法》修订前的不承认“一人公司”。既然承认“一人公司”，规定股东下限为“一个以上”与不作下限规定并无实质区别，因为显然不可能有不足一个股东的“半个股东”这种情况发生，但这一修改

与《公司法》修订的体例结构调整有很大关系。本次《公司法》修订的一个明显的变化是删去了“一人有限责任公司的特别规定”和“国有独资公司的特别规定”两节，其中最为核心的是删去了原《公司法》第58条“一个自然人只能投资设立一个一人有限责任公司。该一人有限责任公司不能投资设立新的一人有限责任公司”的规定，即取消了对“一人公司”再设立新的“一人公司”的层级限制。该两个章节相关条款的删减，根本上去除了法律对一人有限责任公司与其他有限责任公司的区别对待，也即是《公司法》上再无针对一人有限责任公司的特别规定，无论股东为1个或是50个，均为有限责任公司，一律适用规范有限责任公司的规定。故而本条看似并无实质变化的修改反映了我国《公司法》对“一人公司”政策的调整，即不再将其作为特别的规范对象作出特别规定。

【实务问题】

在实务的理解上可以认为此条规定包含着以下几层意思：

第一，50个以下股东可以设立有限责任公司。法律规定设立有限责任公司必须是50个以下股东，主要理由是有限责任公司是一种资合与人合性质兼有的公司，股东之间相互比较了解，很大程度上是基于股东之间的信任而建立起来的一种合作，如果人数太多，不利于股东之间的合作；同时有限责任公司一般是中小型性质的经济组织，人数太多，不利于公司的决策和经营。

第二，50个以下的股东必须都要出资，才能设立有限责任公司。不出资，不能成为有限责任公司的股东，而且股东的出资必须符合法律规定的要求。

第三，50个以下的股东，既可以是自然人，也可以是法人。①

实践中仅登记为公司股东而不实际出资的“占干股”现象，实际上是不为法律所承认的。因为此类现象按照《现代汉语词典》的解释是指“公司无偿赠送的、不出股金、赚了分红，赔了不受损失的股份”，本质上违反了股东以其出资额为限对公司承担责任的原则，本身即不应承认“占干股”者的股东身份。

---

① 最高人民法院民法典贯彻实施工作领导小组编著：《中国民法典适用大全：商事卷·公司法(一)》，人民法院出版社2023年版。

【条文】

第四十三条

有限责任公司设立时的股东可以签订设立协议，明确各自在公司设立过程中的权利和义务。

【条文主旨】

本条是关于有限责任公司设立时的股东签订设立协议的规定。

【条文概览】

本条是此次《公司法》修订的新增条文。根据本条规定，有限责任公司设立时股东可以选择签订设立协议，也可以选择不签订设立协议，并非如股份有限公司的发起人一样，应当签订发起人协议。

【理解与适用】

根据本条规定，有限责任公司设立时的股东可以签订设立协议。对于本条，可以从以下几方面予以理解：

一、设立协议的作用

有限责任公司的设立，系由设立时的股东依照法律规定的条件和程序，组建公司并使其取得法律人格的一系列法律行为的总称。公司设立是全体设立人为了设立公司这一共同目的而进行的共同行为，公司设立的法律行为包括确定发起人、签订发起人协议、制定公司章程、筹集公司资本、确定公司组织机构、办理公司设立注册登记等。

公司设立协议又称发起人协议，是指在公司设立过程中，由发起人订立的关于公司设立事项和相互之间的权利义务关系的协议。有限责任公司以设立时的股东充当发起人，其在公司设立中承担与股份有限公司发起人同样的权利义务。但有限责任公司的治理机制相对灵活，因此与股份有限公司发起人不同，法律并不强制有限责任公司设立时股东签订设立协议，而是倡导其签订设立协议。设立时的股东可以基于设立协议，制定公司章程，履行其他设立公司的义务。

二、设立协议的性质

设立协议就是发起人协议，其性质为合伙协议。有限责任公司以设立时的股东为发起人。发起人之间的关系，各国立法例普遍认为是一种合伙关系，这种合伙关系始于协议成立之日，终于公司成立之时。因此，发起人之间以设立公司为目的而达成的发起人协议，在性质上就属于合伙协议。发起人协议是一种内部协议，对发起人具有约束力。发起人在办理公司设立事务时应受协议的约束，但该协议不能约束设立中的公司或者设立后的公司，对发起人之外的第三人也无约束力，因此其他国家和地区的公司法多未对发起人协议作出规定，发起人协议应当适用民法中有关合伙协议的规定。

三、设立协议的主要内容

有限责任公司设立时的股东负责公司设立事务，而设立过程中的权利与义务易发生争议。通过设立时的股东之间签订设立协议，明确设立时的股东之间有关设立公司过程中应该享有的权利、应该负有的义务和应该承担的责任，可以有效避免争议、顺利完成公司设立过程；如果日后产生纠纷，也可以协议作为解决纠纷的重要依据。

设立协议的内容一般包括：（1）设立时股东的出资额和出资方式，如采取货币出资还是非货币财产出资，注册资本采取实缴制还是认缴制等。（2）股东不按照约定出资的违约责任。（3）设立过程中的各股东的分工、设立中的责任承担以及公司未成立后的责任承担等内容。设立协议在签订该协议的股东之间有效，明确各自在设立过程中的权利和义务关系，对设立过程中的权利和义务产生争议时，应当以该协议为依据来解决争议。

需要注意的是，有限责任公司设立时的股东是公司设立过程中主要权利与义务的承受人，更是相应责任的承担者。其履行公司设立职责，但并非要求设立时的股东实际参与、实际经办事务。股东可以授权其他人代表自己进行实际的具体行为，无论设立时的股东是否参与具体的事务，都需要对公司设立事务承担责任。

四、公司成立后设立协议的效力

设立协议是发起人股东之间为设立公司而签订的明确公司设立阶段彼此权利、义务和责任的合同。公司的设立过程就是履行设立协议的过程，公司的成立就是履行设立协议的结果，公司成立后，设立阶段终结，设立协议因合同履行而终止。

当然，从具体协议内容来看，公司成立后，设立协议中的权利义务内容可能已经全部履行，但也可能仅部分履行。例如，设立协议中的某些条款，特别是关于公司成立之后的法律事项，如有关公司合并、分立、解散、清算等事项的约定就不可能履行。但由于这些事项作为公司组织自身的法律关系已经转换为公司法规范的对象或成为公司章程规定的内容，因而设立协议中未履行的条款也同样终止，但如果设立协议中有公司章程未涉及但又属于公司存续或解散之后可能会遇到的事项，相应的条款可继续有效，但效力只应约束签约的股东。

设立协议的终止不意味着其不再具有任何法律意义，如同其他已经终止的合同一样，对合同有效期内发生的涉及签约当事人利益的问题，该协议仍是处理相关争议的基本依据。只是需要明确，这种争议应是公司设立期间而不是公司成立后的行为所发生的争议，争议所涉及的利益应是签约股东的个别利益，而不是公司的整体利益。

【实务问题】

司法实践中，正确理解和适用本条，还需要注意公司设立协议与公司章程的关系。

一、公司设立协议与公司章程之间的关系

公司设立协议，是在公司设立过程中，由发起人订立的关于公司设立事项的协议，性质上属于合伙协议。公司章程是指公司必须具备的由发起设立公司的投资者制定的，并对公司、股东、公司经营管理人员具有约束力的调整公司内部组织关系和经营行为的自治规则。违反公司章程，表现为对内部自治规则的违反，应当承担相应的责任。根据《公司法》第45条关于“设立有限责任公司，应当由股东共同制定公司章程”以及第46条第2款关于“股东应当在公司章程上签名或者盖章”之规定，公司章程是由设立公司的股东制定、签署的。

设立协议与公司章程之间存在密切联系：公司名称、注册资本、经营范围、股东构成、出资形式等事项，不仅是公司章程的绝对必要记载事项，而且也是设立协议的主要内容。有的设立协议不仅通过约定上述内容调整协议各方在设立过程中的权利义务、协调各发起人的设立行为，甚至还约定有诸如未来公司的组织机构、股份转让、增资、减资、合并、分立、终止等事

项。公司实践中，往往是以设立协议为基础制定公司章程，发起人协议的基本内容通常都为公司章程所吸收。

虽然公司章程与设立协议关系密切，但是两者在性质和功能方面依然存在差异：（1）设立协议不是有限责任公司设立环节必备的法律文件，而公司章程是所有公司成立的必备文件。（2）设立协议不是要式法律文件，当事人之间意思表示一致即可成立；而公司章程则是要式法律文件，必须依据《公司法》制定、签署并登记。（3）法律效力不同。从效力的范围来看，设立协议只在发起人股东之间具有法律约束力；而公司章程调整的则是所有股东之间、股东与公司之间、公司的管理机构与公司之间的法律关系，其中包括制定公司章程的原始股东和章程制定后加入公司的新股东，都受章程的约束。从效力的期间来看，设立协议调整的是公司设立过程中的法律关系和法律行为，而公司章程的效力则及于公司成立后的整个存续过程。理论上来说，公司一旦成立发起人协议就终止了，但对合同有效期内发生的涉及签约当事人利益的问题，该协议仍是处理相关争议的基本依据，但这种争议应是公司设立期间而不是公司成立后的行为所发生的争议，争议所涉及的利益应是签订协议的发起人的个别利益，而不是公司的整体利益。如果设立协议中有，但公司章程未涉及，又属于公司存续或解散之后可能会遇到的事项，相应的条款虽可继续有效，但效力只应限于签约的发起人，不能约束公司、后来的股东或者债权人等第三人。

二、设立协议与公司章程之间约定冲突的处理方式

在某一案件中，自然人甲与自然人乙成立A公司。甲乙签订的发起人协议中约定，A公司为有限责任公司，从事教育培训业务，注册资金500万元。甲以现金出资500万元，乙以自己在教培行业的声望以及所带领的师资团队出资，双方各占50%股权。在登记机关登记的章程中约定，A公司注册资金500万元，现金出资，甲乙各出资250万元，各占50%股权。甲将500万元付至A公司，A公司成立，乙及其师资团队在A公司任教。数年后，A公司及股东甲起诉，认为乙出资不实，要求其向A公司补足250万元出资本息。在这一案件中，反映出典型的发起人协议与公司章程约定的内容冲突时，以何者为准的问题。

首先，股东乙是否存在出资不实的问题。虽然股东乙名下的250万元货币出资是由股东甲支付的，但这是甲乙股东之间的关系，与公司能否取得出资无关。本案中，500万元注册资金全部到位，不存在出资不实的问题。因

此，无论A公司还是股东甲，都无权要求乙向A公司补足250万元出资本息。其次，股东甲是否有权主张股东乙向其返还250万元本息的问题。甲乙之间的发起人协议明确约定了500万元出资均由甲支付，且从其后双方实际履行来看，也是按照发起人协议约定履行的。虽然之后章程约定的内容与发起人协议约定的内容不一致，但并无证据证明甲乙双方变更了之前的约定，因此，甲无权要求乙返还250万元本息。再次，甲乙双方在发起人协议中约定乙以声望及师资团队出资，从广义上说，是一种劳务形式，而劳务不符合非货币财产出资的要求，不能作为一种合法有效的出资方式。乙如将其作为出资载入章程，公司不能接受，公司登记机关也不能进行登记，从法律后果上看，会因出资方式无效，乙要承担出资不实的责任。但上述情况均不影响甲乙之间发起人协议约定的效力。最后，如果甲只出资250万元，A公司有权主张股东乙补足250万元出资本息，此时乙不能以他和甲之间的发起人协议约定来抗辩；但乙补足出资后，可以追究甲违反发起人协议的违约责任。

以上例子充分反映出发起人协议与公司章程约定冲突的处理原则。相同的法律事项，设立协议与公司章程有不同的规定，涉及公司、其他股东或者公司债权人利益的，以公司章程的约定为准。只涉及签约发起人之间的利益的，应当以当事人的真实意思为准。上例中，A公司注册资金500万元已经缴足，所以不涉及公司、其他股东或者公司债权人的利益，只是甲乙两名发起人之间的内部权利义务关系，应当以当事人的真实意思表示为准。此时股东甲不能以章程的约定进行抗辩。如果A公司的注册资金只缴纳了250万元，则无论是A公司还是A公司的债权人都有权主张乙承担出资不实的责任，乙此时不能以甲乙之间发起人协议的约定进行抗辩，而只能在补足出资后，再按照发起人协议的约定追究甲的违约责任。

区分处理这一处理原则适用于处理股东之间、股东与公司之间约定的多数问题。再如另一个案件：股东A与股东B系目标公司C公司的股东，股东A占股60%，股东B占股40%，C公司因开发项目向银行贷款20亿元。为保证C公司的还款能力，股东A与股东B共同向银行出具《股东承诺函》，承诺如C公司存在资金缺口，股东A与股东B按照股权比例补足，以确保C公司向银行正常还款。同时，股东A与股东B还相互承诺如因一方未履行补足筹集资金义务给对方或C公司造成损失的，未履行义务一方应当赔偿损失。嗣后，C公司发生资金缺口无法正常还款，C公司通知股东A与股东B补足资金，股东A按照60%的股权比例向C公司提供了资金，并与C公司签订了《借款协议》，约定了借款期限、借款利率等。因股东A与股东B就

C公司的经营产生矛盾，股东B以无法了解C公司的经营情况为由拒绝补足资金。为及时归还银行贷款，股东A遂就股东B应当承担的40%部分款项与C公司签订了《借款协议》，由股东A向C公司提供了资金，也约定了借款期限、借款利率等。现在股东A提起诉讼，请求判令股东B继续向C公司补足筹集资金。股东A应当向股东B主张违约损失赔偿，不能要求股东B向C公司实际履行。

首先，本案中，股东B在C公司出现资金缺口时没有补足资金，存在违约行为，股东A代替股东B向C公司提供了借款。根据股东A与股东B相互之间关于"如因一方未履行补足筹集资金义务给对方或C公司造成损失的，未履行义务一方应当赔偿损失"的承诺，股东B应当向股东A承担赔偿损失的责任。股东A的损失不仅是如果C公司到期不能偿还借款所造成的损失，还应当包括其代替股东B给C公司提供40%借款后造成的资金占用损失。故关于"股东A与C公司之间已经形成借款合同关系，在该借款关系未处理前，股东A直接向股东B主张权利存在客观障碍"的观点有失片面。此时，股东A可以要求股东B向其给付其提供给C公司的借款本金和相应利息，同时将对C公司的债权转移给股东B；如股东A愿意保留对C公司的债权，也可以不移转债权，只主张资金占用所造成的其他损失。

其次，如果股东B违约，股东A代替股东B给C公司提供借款的行为给C公司造成了额外损失，例如造成归还银行贷款逾期，多支付了利息等，股东B应当按照其承诺对C公司赔偿损失。如果没有损失，股东B无须再向C公司提供资金。继续履行确属违约责任的一种形式，但本案中股东A向C公司提供了借款后，C公司已经筹集到足够的资金并归还了银行的借款本息，C公司不存在资金缺口，股东B继续履行没有必要了。股东A向C公司额外提供借款的损失，应由股东B向股东A赔偿。

【条文】

第四十四条

有限责任公司设立时的股东为设立公司从事的民事活动，其法律后果由公司承受。

公司未成立的，其法律后果由公司设立时的股东承受；设立时的股东为二人以上的，享有连带债权，承担连带债务。

设立时的股东为设立公司以自己的名义从事民事活动产生的民事责任，第三人有权选择请求公司或者公司设立时的股东承担。

设立时的股东因履行公司设立职责造成他人损害的，公司或者无过错的股东承担赔偿责任后，可以向有过错的股东追偿。

【条文主旨】

本条是关于有限责任公司设立行为法律后果及法律责任承担的规定。

【条文概览】

本条是此次《公司法》修订中新增加的条文。此前《公司法》中对有限责任公司设立行为的法律后果及法律责任没有规定，但《公司法解释三》第 2 条至第 5 条以四个条文分别规定了发起人为设立公司以自己名义对外签订合同时的责任承担问题、发起人为设立公司以设立中公司名义对外签订合同时的责任承担问题、公司未成立时发起人对设立公司行为产生的费用和债务承担问题以及发起人因设立公司而发生的职务侵权行为的责任承担问题，上述规范均适用于有限责任公司。之后《民法典》第 75 条也吸收上述条款，并将之扩大到所有法人主体，规定了法人设立行为的法律后果，对有限责任公司同样适用。此次《公司法》全面修订过程中，根据《民法典》第 75 条的规定，系统总结并吸收司法解释相关规定，增加了本条规定，其主要内容与之前规定并无实质性变更。

【理解与适用】

本条是关于有限责任公司设立行为法律后果及法律责任承担的规定。应从以下几方面予以理解和适用：

一、设立行为的法律后果及法律责任承担的基本原则

根据本条第1款及第2款的规定，有限责任公司设立时的股东为设立公司从事的民事活动，其法律后果由设立后的公司承受；公司未成立的，其法律后果由公司设立时的股东连带承受。

（一）公司设立成功

有限责任公司设立时的股东具有特殊的法律地位：第一，从设立中公司与设立时股东的关系来看。股东作为整体属于设立中公司的机关，对外代表设立中的公司进行创立活动，履行设立义务。由于设立中的公司与成立后的公司其实体是同一的，所以股东因设立行为所产生的权利义务自然归属于将来成立的公司。第二，从设立时股东之间的关系来看。设立时股东之间为设立公司所形成的协议为合伙协议，股东之间的关系是合伙关系。如果公司未能成立，设立时股东因其设立行为所产生的义务对第三人负连带责任。依据合伙相关理论，作为发起人合伙组织中的成员，其内部每个成员的权利与义务都是平等的，唯有如此才可要求合伙组织对外部的债务承担连带责任。

具体到有限责任公司设立过程中，设立时的股东对外而言是设立中公司的代表机关和执行机关，对外代表设立中公司进行民事活动。由于设立中的法人与成立后的法人是同一的，设立人因设立行为所产生的权利义务当然归属于成立后的法人。因此，本条第1款明确规定，有限责任公司设立时的股东为设立公司从事的民事活动，其法律后果由公司承受。

（二）公司设立失败

公司设立时的股东对内而言属于合伙关系，因此法人未能合法成立时，原始股东对因设立行为产生的义务对外承担连带责任。公司设立失败则公司因未能完成设立行为而不能成立。从结果上看，不论是基于何种原因，不论公司设立行为发展到何种程度，只要未完成公司设立登记的，均属于公司不能成立。公司不能成立的原因有很多种，主观原因可能是发起人在公司设立过程中一致决定终止公司设立活动，或者发起人约定的公司设立终止的条件成就等；客观原因可能是不符合法律规定的公司设立的实质条件或公司设立过程存在程序瑕疵等。

在公司设立过程中，就设立中公司的机关来说，发起人对外代表公司实施设立公司行为，其所产生的责任应当归属于设立中的公司；就发起人合伙来说，发起人作为一个整体实施行为，其行为所产生的责任由全体合伙人连带承担。由于设立中的公司不具有独立承担责任的能力，因此，如果公司设

立成功，则设立中公司与成立后公司之间存在组织上的同一性，设立中公司形成的权利义务关系，都直接由成立后的公司承担；如果公司设立失败，就不存在成立后的公司来承担责任，同时设立中的公司不能取得独立的法律人格，设立过程中所产生的费用和债务也不能由其承担。这种情况下，设立行为产生的责任，多数国家《公司法》规定归属于发起人，由全体发起人承担连带责任。《公司法解释三》第 4 条也明确规定了公司因故未成立的，发起人对设立公司行为所产生的费用和债务承担连带清偿责任。新《公司法》吸收上述规定，并将之扩大到公司未成立时设立阶段所从事的所有民事活动，统一规定了法律后果。本条第 2 款规定，公司未成立的，其法律后果由公司设立时的股东承受；设立时的股东为二人以上的，享有连带债权，承担连带债务。

二、设立时的股东为设立公司以自己的名义从事民事活动的民事责任承担

根据本条第 3 款规定，设立时的股东为设立公司以自己的名义从事民事活动产生的民事责任，第三人有权选择请求公司或者公司设立时的股东承担。

公司设立是设立人在公司成立之前为组建公司进行的、目的在于取得公司法律主体资格的活动，公司设立行为中包含了一系列法律行为。在设立公司的过程中，为设立公司进行的活动本应以设立中的公司的名义进行。但经济实践中，一方面，因设立中的公司并不具有完全的民事主体资格，还不便以设立中公司的名义对外享有权利、承担义务；另一方面，许多发起人，特别是有限责任公司的原始股东，其在作出行为时没有意识到作为发起人本身与设立中公司的关系问题，因此常以自己的名义对外从事民事活动。因此，需要解决发起人为设立公司以自己名义对外从事民事活动，责任如何承担的问题。

设立人以自己的名义对外签订合同，设立人是合同的当事人，应允许第三人要求设立人承担相应责任。设立人虽以自己的名义对外签订合同，但因其以设立公司为目的，从保护第三人合理信赖利益的角度而言，亦应允许第三人选择成立后的公司承担相应责任。代理行为中，根据代理人是否以被代理人的名义与第三人进行民事法律行为，可以将代理分为显名代理与隐名代理。隐名代理的突出特点是代理人是以自己的名义与第三人直接进行民事法律行为。发起人以自己的名义从事民事活动、成立后的公司承担该行为责任

的，属于一种隐名代理。发起人对外从事民事活动，相对人不知道发起人是为设立中公司的利益时，根据隐名代理的规定，公司成立后应享有介入权，相对人应享有选择权。

有限责任公司设立时的股东为设立公司以自己名义对外签订合同，其责任如何承担，在《民法典》前后有实质性变化。《民法典》颁布之前，《公司法解释三》的规定原则上坚持合同相对性原则，即合同只在特定的当事人之间发生法律效力，合同相对人应向原始股东主张合同权利，而不能向合同关系以外的成立后的公司主张合同权利。只有在公司成立后确认了该合同或者公司享有该合同权利或者履行合同义务，即公司已实际成为合同主体时，合同相对人起诉要求公司承担责任，法院才予以支持。也即，合同相对人只有在公司通过明示方式确认或者通过已经实际享有合同权利或履行合同义务的方式默认其愿意成为合同主体时，相对人方可请求公司承担合同责任。2020 年《民法典》颁布之后，该规定就与《民法典》第 75 条第 2 款关于“设立人为设立法人以自己的名义从事民事活动产生的民事责任，第三人有权选择请求法人或者设立人承担”的规定矛盾。《民法典》的规定对于此种情形，明确赋予了相对人选择权。因此，《民法典》颁布之后，《公司法解释三》第 2 条规定进行了相应修改，删除了公司成立后合同相对人请求公司承担合同责任时的条件，明确规定合同相对人有权选择请求公司承担合同责任，不再需要公司对合同予以确认或者公司实际享有合同权利或者履行合同义务的条件，保护了相对人的选择权。

修改后的《公司法解释三》第 2 条规定：“发起人为设立公司以自己名义对外签订合同，合同相对人请求该发起人承担合同责任的，人民法院应予支持；公司成立后合同相对人请求公司承担合同责任的，人民法院应予支持。”即发起人为设立公司以自己名义对外签订合同，公司成立后合同相对人可以请求发起人承担责任，也可以请求公司承担责任；请求公司承担合同责任的，不再需要任何条件，只要相对人请求，公司就应当承担相应合同责任。此次《公司法》全面修订中，新《公司法》吸收了司法解释的上述规定，将其实质原则扩大到设立时的股东为设立公司以自己名义从事的所有民事活动中，形成了本条第 3 款。根据本款规定，设立时的股东为设立公司以自己名义从事民事活动产生的民事责任，第三人有权选择请求公司或者公司设立时的股东承担。

三、设立时的股东为履行公司设立职责造成他人损害的责任承担

本条第4款规定了设立时的股东因设立公司而发生的职务侵权行为责任承担的问题。从性质上看，发起人履行设立职责时造成他人损害的行为属于职务侵权。根据本条第1款、第2款的规定，设立时的股东为设立公司从事的民事活动，其法律后果应当由公司承受，公司未成立的，设立时的股东承担连带之债。设立时的股东因履行公司设立职责造成他人损害的，按照上述规定，对他人的损害赔偿责任应当由成立后的公司承担，公司未成立的则由设立时的股东承担，股东为二人以上的，享有连带债权，承担连带债务。本款解决的是公司或者无过错的其他股东对外承担赔偿责任后的对内追偿问题。公司或无过错的发起人对外承担侵权责任后必然遭受损失，而该损失是由履行设立职责的原始股东的过错造成的，因此可以向有过错的股东追偿。《公司法解释三》第5条规定："发起人因履行公司设立职责造成他人损害，公司成立后受害人请求公司承担侵权赔偿责任的，人民法院应予支持；公司未成立，受害人请求全体发起人承担连带赔偿责任的，人民法院应予支持。公司或者无过错的发起人承担赔偿责任后，可以向有过错的发起人追偿。"该条第1款所规定内容已由本条第1款、第2款解决。该条第2款所规定内容经吸收整合后，成为本款。根据本款规定，设立时的股东因履行公司设立职责造成他人损害的，公司或者无过错的股东承担赔偿责任后，可以向有过错的股东追偿。

适用本款需要区分发起人职务侵权与发起人个人侵权，其关键在于认定侵权的行为是否在发起人职责范围内作出。而发起人的职责指的就是发起人作为设立中公司机关的职责，发起人只有在这一职责范围内所为的行为才可视为设立中公司机关的行为，由此行为产生的责任才可以归属于设立中的公司。发起人的职责范围仅限于为公司设立法律上、经济上所必需的行为，这些行为由设立中的公司机关作出，其后果应当归属于设立中的公司。如果发起人协议约定或是公司章程规定了发起人的职责范围，那么超过该范围的行为归属于发起人本人，就不能归属于设立中的公司。如发起人从事的民事活动是设立公司所必要的，所产生的赔偿责任由成立后的公司承担；公司未成立的，由全体发起人承担连带责任。发起人对公司或者其他发起人承担赔偿责任存在过错的，法人或者无过错的发起人承担赔偿责任后，可以向有过错的发起人进行追偿。如果发起人从事的民事活动不属于设立公司职责范围内

事项，成立后的公司以及其他发起人均不认可时，应由行为人自己承担赔偿责任。

【实务问题】

司法实践中，正确理解和适用本条，需要注意以下四点：

一、正确辨认发起人

《公司法》虽未在有限责任公司中使用“发起人”的概念，而是一概使用“股东”的概念，但法律规定的有限责任公司设立时的股东（原始股东）与股份有限公司的发起人的条件要求相同，所以，《公司法》相关司法解释中将有限责任公司设立时的股东纳入发起人的范畴。发起人要具备三个条件：一是为设立公司而签署公司章程。公司章程的制定包括起草、讨论、协商、签署等多个环节，其中起草、讨论、协商等环节的参与者对公司章程的通过没有决定效力，只有公司章程的签署人，才能对公司章程的制定和通过具有实质性影响。因此，只有签署公司章程的人才是公司的发起人。二是向公司认购出资或者股份。出资人只要作出了认购行为，无论其是否已经实际缴纳出资，均符合这一条件。三是履行公司设立职责。公司设立职责是指发起人基于其发起人身份，依照法律的规定和合同的约定而应该享有的权利、应该负有的义务和应该承担的责任。履行公司设立职责，并非要求发起人实际参与、实际经办筹办事务。发起人可以授权其他发起人代表自己实施实际的具体行为，不论发起人是否参与具体的筹办事务，都需要对公司设立事务承担责任。

同时具备以上三个条件的，才能成为发起人，才有资格承担发起人的法律责任。有限责任公司中，同时具备以上三个条件的，才能称之为公司设立时的股东，或者原始股东，承担本条所规定的设立公司责任。

二、处理该类纠纷时需要注意的程序问题

人民法院在审理此类纠纷时，需要注意程序问题。此类纠纷中，如果债权人在公司设立失败后向人民法院起诉请求部分原始股东承担连带责任，由于公司未成立产生的连带责任之诉，并非《民事诉讼法》中规定的必要共同诉讼，因此，法院不负有通知未被起诉的其他原始股东参与诉讼的义务。尤其是二审程序中，不能以遗漏必要共同诉讼人为由将案件发回重审。但是，由于全体设立时的股东承担的是连带责任，法院判决的结果对设立时的全体

股东的利益均会产生直接或者间接的影响，因此，未被起诉的其他原始股东与案件的处理结果存在法律上的利害关系，应当有权向法院申请以第三人的身份参与诉讼。如果案件结果确实有错误，影响其利益的，其他原始股东有权提起第三人撤销之诉。

三、关于公司设立时的股东为设立公司以自己的名义从事民事活动时，第三人选择权的问题

首先，公司设立时的股东可能为一人，也可能为两人以上。所谓第三人如果选择设立时的股东承担责任，只能选择以自己名义从事民事活动的人，不能及于设立时的其他股东。以订立合同为例，以自己名义对外订立合同的设立时的股东，可能是一人，也可能为两人以上，但不一定为全体原始股东。根据合同相对性原理，该原始股东以自己名义对外订立合同，合同相对人可以选择请求该原始股东承担合同责任，但不能请求没有从事订立合同行为的其他原始股东一起承担合同责任。

其次，第三人的选择权限于可以选择原始股东承担民事责任，也可以选择成立后的公司承担民事责任，但不能要求原始股东和设立后的公司承担连带责任。还是以订立合同为例，合同相对方享有选择权，但是只能择一主张权利，不能要求原始股东与成立后的公司承担连带责任。而且一经选择，就不能变更。当然，合同相对人如果选择以自己的名义签订合同的原始股东承担合同责任的，该股东不能以其系为设立公司而签订的合同，或者成立后的公司愿意承担合同责任为理由进行抗辩。例如，在盛弘公司诉李某租赁合同纠纷案中，法院认为，太极酒店于2009年10月22日成立，在成立以前尚不具备独立的民事主体资格，李某与盛弘公司签订的4份租赁合同均发生在太极酒店成立前，此时李某为设立太极酒店以自己的名义与盛弘公司签订租赁合同，属于公司发起人责任承担问题。盛弘公司与李某签订租赁合同时没有义务去了解承租人将设备用于何处，太极酒店成立后，自愿对上述租赁合同债务认可，自愿承担相关义务并不违反法律规定，但与公司设立阶段的发起人责任没有直接的关联性，并不能免除作为合同相对人李某的民事责任。盛弘公司享有请求李某或太极酒店承担合同责任的选择权，现盛弘公司作为合同债权人直接以李某为被告要求其承担合同民事责任，于法有据。

四、关于公司设立失败由原始股东承担责任后的责任分担问题

《公司法解释三》第4条详细规定了公司设立失败后发起人对设立公司

行为所产生的费用和债务如何承担责任。根据该条规定，公司因故未成立，债权人请求全体或者部分发起人对设立公司行为所产生的费用和债务承担连带清偿责任的，人民法院应予支持。部分发起人依照前款规定承担责任后，请求其他发起人分担的，人民法院应当判令其他发起人按照约定的责任承担比例分担责任；没有约定责任承担比例的，按照约定的出资比例分担责任；没有约定出资比例的，按照均等份额分担责任。因部分发起人的过错导致公司未成立，其他发起人主张其承担设立行为所产生的费用和债务的，人民法院应当根据过错情况，确定过错一方的责任范围。

上述司法解释的规定在新《公司法》下仍然适用。基于设立公司行为的共同行为理论，公司因故未成立情形下，由于设立公司行为产生的费用和债务，应当由全体发起人共同承担连带责任。按照连带责任的一般原理，债权人有权选择向全体发起人或者部分发起人请求清偿全部债务，即便被请求的为部分发起人，其也仍需对全额负清偿责任，而不能以其超过内部约定比例或者出资比例为由对抗债权人。这里需要明确三个问题：

首先，公司设立失败时全体发起人分担的“费用和债务”有两个限制：一是必须是因设立公司行为所产生的费用和债务，凡是与设立公司行为无关的，应当由作出该行为的发起人承担责任；二是因设立公司行为所产生的费用和债务应当是在合理范围内的，不得超过必要的限度。

其次，关于部分发起人对外承担连带责任后的内部责任分担问题。因公司设立行为产生的费用和债务，本应当由全体发起人共同承担连带责任，因此，如果债权人仅请求部分发起人对设立公司的行为产生的费用和债务承担连带清偿责任，则部分发起人承担责任后，有权要求其他发起人承担相应的责任。关于其他发起人的责任分担比例，第一，应尊重当事人自治，即发起人有权对其在设立过程中所可能产生的责任如何承担进行约定，这是发起人对其自身行为以及可能产生的行为结果的判断，以寻求最适合自己的责任分配方式，法律没有理由不尊重发起人这一选择。第二，如果发起人对责任承担比例无约定，则按照约定的出资比例承担，这与确认股东权利义务的原则是一致的，体现了权责统一，同时也体现了发起人与公司成立后的股东在权利义务责任方面的承继。第三，如果既未约定承担比例，又未约定出资比例的，则根据公平原则，由发起人按照均等份额分担责任。

最后，因部分发起人的过错导致公司未成立时的内部责任分担问题。不论公司未成立的原因是否源于部分发起人的过错，其他发起人对债权人都应当承担连带责任，不得以部分发起人存在过错为由进行抗辩。在对外承担连带责任后，如果存在因部分发起人过错导致公司未成立的情况，其他发起人享有选择权，可以选择请求其他发起人分担责任，也可以选择向人民法院起诉请求具有过错的部分发起人承担设立公司行为所产生的费用和债务，由人民法院依据过错情况进行判断，确定过错一方的责任范围。如果其他发起人仍需要承担责任的，其责任分担方式仍参照“按照约定，按照出资比例，以及平均承担”的规则处理。

这里所说的过错是指发起人的行为存在故意或过失，从而导致公司未能成立。如果发起人不存在主观过错，如因不可抗力导致部分发起人出资不能，进而导致公司未能成立的，只能认为公司未成立是因为该发起人的“原因”而非发起人的“过错”，不需要单独承担赔偿责任。

【条文】

第四十五条

设立有限责任公司，应当由股东共同制定公司章程。

【条文主旨】

本条是关于有限责任公司公司章程制定的相关规定。

【条文概览】

本条承继了2018年《公司法》条文的相关内容，实为2018年《公司法》第23条规定中的第3项。2018年《公司法》第23条规定："设立有限责任公司，应当具备下列条件：（一）股东符合法定人数；（二）有符合公司章程规定的全体股东认缴的出资额；（三）股东共同制定公司章程；（四）有公司名称，建立符合有限责任公司要求的组织机构；（五）有公司住所。"本次《公司法》修订将设立有限责任公司的条件之一单独提取出来作了重新表述，由设立有限责任公司须具备的条件，改为赋权性的"应当由"股东共同制定公司章程。

如就该条规定的总体条文沿革来看，1993年《公司法》第19条规定："设立有限责任公司，应当具备下列条件：（一）股东符合法定人数；（二）股东出资达到法定资本最低限额；（三）股东共同制定公司章程；（四）有公司名称，建立符合有限责任公司要求的组织机构；（五）有固定的生产经营场所和必要的生产经营条件。"2005年《公司法》修订后的第23条改为："设立有限责任公司，应当具备下列条件：（一）股东符合法定人数；（二）股东出资达到法定资本最低限额；（三）股东共同制定公司章程；（四）有公司名称，建立符合有限责任公司要求的组织机构；（五）有公司住所。"即将第5项"有固定的生产经营场所和必要的生产经营条件"修改为"有公司住所"。2013年《公司法》修正后的第23条又改成了："设立有限责任公司，应当具备下列条件：（一）股东符合法定人数；（二）有符合公司章程规定的全体股东认缴的出资额；（三）股东共同制定公司章程；（四）有公司名称，建立符合有限责任公司要求的组织机构；（五）有公司住所。"即将第2项由"股东出资达到法定资本最低限额"修改为"有符合公司章程规定的全体股东认缴的出资额"，以契合公司注册资本的认缴制改革。此后即一直延续至本次《公司法》修订之前。

不过单就目前本条的规定而言，设立有限责任公司应当由“股东共同制定公司章程”的规定从 1993 年《公司法》制定以来即从未修改，显而易见，前述相关条文中的第 3 项从未有所变化。包括本次《公司法》的修订，其意思也没有发生实质性的变化。

【理解与适用】

有学者认为，所谓公司章程，是指公司必备的由公司股东或发起人共同制定并对公司、股东、公司经营管理人员具有约束力的调整公司内部关系和经营行为的自治规则，它是以书面形式固定下来的反映全体股东共同意思表示的基本法律文件。[①] 关于公司章程的概念，又有形式意义上的公司章程和实质意义上的公司章程之分。形式意义上的公司章程是指关于公司组织和公司行为的基本规则的书面文件；实质意义上的公司章程则是指对公司及其成员具有拘束力的关于公司组织和行为的自治性规则。[②] 另外，相对于公司成立后依法变更过的公司章程而言，公司设立时所制定的公司章程称为原始公司章程。

一、英美法系与大陆法系中公司章程的区别

虽然所有国家的公司法都将公司章程作为公司设立的必备要件，但不同法系的公司章程在形式上还是有所区别。

在英美法系国家，公司章程由两个法律文件组成，即在英国、新加坡等英联邦国家被称为公司组织大纲（Memorandum of Association）和公司组织章程（Articles of Association）；在美国被称为公司组织章程（Articles of Incorporation/Charter）与公司章程细则或公司运作章程（bylaws/bylaw）。也可以将具有称谓上细微差异的英美法系公司章程的两个文件笼统地划分为章程大纲和章程细则。章程大纲亦称公司设立证书（Certificate of Incorporation），是规定公司对外事务的公开文件，通常要求记载公司的名称、注册资本及股份的划分、股东责任、公司的营业期限等。在各国于 20 世纪末 21 世纪初相继废除公司目的范围记载事项之前，章程大纲还要规定公司的权限，以使投资者、债权人等可以了解公司的活动范围。章程大纲由公司设立人起草，但需经其后成立的股东会和董事会认可，其修订、废除或重新制定，需经股东会

① 范健、王建文：《公司法》（第四版），法律出版社 2015 年版，第 172 页。

② 施天涛：《公司法论》，法律出版社 2014 年版，第 124 页。

议通过。章程大纲必须在公司登记机关登记备案，供公众查阅。其目的在于使公司的投资者以及与公司交易的第三人能够了解公司的基本情况。因此，章程大纲又被称为公司的“外部章程”（External Constitution）。章程细则亦称公司细则，有的直接将其译为公司章程，是在章程大纲的基础上制定的，用来调整公司内部事务的内部文件。章程细则规定的是公司内部事务的管理规则，仅对公司内部的事务有约束力。章程细则往往被视为公司与经理人、董事与股东之间以及他们各自之间的合同。章程细则不是公司注册的文件，不必提交登记主管机关备案，也不必向公众公布，故又称内部章程（Internal Constitution）。不过，在英国及我国香港特别行政区，担保有限公司的章程细则必须与章程大纲一起注册。从法律效力上说，章程细则只是对章程大纲的补充。因此，在章程细则内容与章程大纲内容发生冲突的情况下，应适用章程大纲，即章程大纲具有优先于章程细则的效力。但章程大纲一般仅对公司目的、能力等原则性问题加以规定，大量具体规范仍有待章程细则规定。凡是章程大纲中没有规定的，或者章程大纲虽有规定，但需要重述的，都可以在不违背法律和章程大纲规定的前提下，由章程细则予以规范。在实践中，章程大纲甚至制定法中规定的许多重要条款，往往仍然被包含于章程细则之中。①

而在包括我国在内的大陆法系国家，采取的是公司章程单一文件的模式，即公司章程仅由单一的一份法律文件构成，并不存在分别对外与对内的章程大纲和章程细则的区分。也可以认为，英美法系章程大纲和章程细则的合二为一即为大陆法系的公司章程。施天涛教授指出，比较而言，英美法上关于公司章程的区分具有一定的科学性。其设立章程或者组织大纲是公司的基本章程。在英美法上，其设立章程或者组织大纲一般比较简单，其目的在于使公司的投资者以及与公司进行交易的第三人了解公司的基本情况。因而，其内容是法定的，必须由股东全体同意制定和修改并且必须注册登记。而其运作章程或者公司细则则比较复杂，是对公司设立章程或者组织大纲的细化，是公司的内部治理文件，无须报送登记注册或者备案。但公司细则不得与公司章程相冲突。相较而言，我国《公司法》采用单一公司章程的做法，没有公司章程（章程大纲）和公司细则（章程细则）之分，当然也无法承认公司细则的地位。但事实上，在公司治理中，公司细则扮演着非常重要的角色。②

① 参见范健、王建文：《公司法》（第四版），法律出版社2015年版，第173页。

② 参见施天涛：《公司法论》，法律出版社2014年版，第127页。

二、公司章程的股东共同性

《公司法》之所以专门规定公司章程应由股东共同制定，是因为牵涉到对公司章程法律性质的认定。对于公司章程的法律性质，在理论上存在不同的看法。日本、韩国及我国台湾地区等多数大陆法系国家和地区通说认为，公司章程是一种自治法规，有的学者干脆视之为《公司法》的一种渊源；也有学者认为，公司章程是设立中公司机关的发起人所制定的一种社团自治规章，既非契约，亦非自治法规。英美法系的学者则多将公司章程视为公司成员之间、公司成员与公司之间的契约。德国学者传统上大多认为，公司章程是股东之间的"合同"。当然，此处所谓的"合同"不同于一般契约意义上所指的合同，而是指当事人需求相同的、并行的意思表示。《德国有限责任公司法》与《德国商法典》甚至直接将有限责任公司、无限公司、两合公司的章程称为"公司合同"。在我国公司法学界，关于公司章程的性质虽然研究不多，但受上述观点的影响，也存在公司自治规则说、契约说及公司"宪章"说三种主要观点。目前通说认为，应采自治规则说。

鉴于此，公司章程的制定与修改就当然属于共同行为。有限责任公司原始章程的制定主体是全体股东，章程基于全体股东协商一致的意思表示而产生。股份有限公司的原始章程的制定主体一般为发起人，其他投资者只能对发起人制定的章程表示接受或者拒绝，只有接受该公司章程，加入认股人行列才能成为股东。在公司成立后，关于公司章程的修改，《公司法》规定了绝对多数股权表决通过原则。因此，公司章程的制定与修改都是一种共同行为，即传统大陆法系法学理论上区别于契约的"合同"，其制定者往往为两个以上的多数主体。

另外，公司章程是体现全体股东共同意志的共同意思表示。虽然公司章程与合同都属于"合意"，但公司章程是同一内容的多个意思表示的一致，而合同则是相对应的意思表示的契合，两者存在明显的意思表示内容与方向上的差异。有限责任公司的初始章程系在全体股东协商一致基础上基于共同的意思表示所制定；股份有限公司的初始章程虽由发起人制定，但其他投资者只有接受该章程才能加入公司成为股东，故该初始章程也可谓体现了认股人的意志。在公司成立后，公司章程的修改须经代表绝对多数表决权的股东通过。就此而言，在性质上，与我国合同法意义上的合同对应于传统大陆法系法学理论上的"契约"一样，公司章程对应于传统大陆法系法学理论上的

“合同”。①

基于前述公司章程的类似于“合同”的性质，无论是公司章程的制定或是修改，均应体现公司股东的共同性，故《公司法》本条明确规定“应当由股东共同制定公司章程”。

【实务问题】

法律规定应当由股东共同制定公司章程具有其实践意义：

一是设立有限责任公司必须有公司章程，没有公司章程者，不能设立有限责任公司。实务中，如果申请设立有限责任公司却不提供公司章程，公司登记机关可以拒绝公司的设立登记。因为《公司法》第5条明文规定：“设立公司应当依法制定公司章程。公司章程对公司、股东、董事、监事、高级管理人员具有约束力。”

二是所制定的公司章程必须符合法律规定。公司章程所记载的事项可以分为必备事项和任意事项。《公司法》第46条所规定的前7项事项是有限责任公司章程的必备事项，第8项“股东会认为需要规定的其他事项”属于对任意事项的规定。

三是公司章程应由公司股东共同制定，指的是如果是新设立的公司，则由参与设立的各个股东共同制定。共同制定是指在制定公司章程时，股东们取得协商一致，有共同的意思表示，体现全体股东的意志。个别股东对公司章程如有不同意见的，可提出修改意见，各个股东继续磋商，最终达成一致。如各方就公司章程不能达成一致，则不同意公司章程的股东可以选择不参与组建设立公司。

① 参见范健、王建文：《公司法》（第四版），法律出版社2015年版，第178页。

【条文】

第四十六条

有限责任公司章程应当载明下列事项：

（一）公司名称和住所；

（二）公司经营范围；

（三）公司注册资本；

（四）股东的姓名或者名称；

（五）股东的出资额、出资方式和出资日期；

（六）公司的机构及其产生办法、职权、议事规则；

（七）公司法定代表人的产生、变更办法；

（八）股东会认为需要规定的其他事项。

股东应当在公司章程上签名或者盖章。

【条文主旨】

本条是关于公司章程内容的规定。

【条文概览】

本条规定基本承继了2018年《公司法》第25条的内容，但在四处有文字表述方面的修改。2018年《公司法》第25条共有两款，第1款所规定的公司章程应当载明的事项也列有8项。本次《公司法》修订对该条规定的修改共有以下四处：（1）第5项，由此前的“股东的出资方式、出资额和出资时间”，修改为“股东的出资额、出资方式和出资日期”。此修改有两处明显的不同。一是顺序，将“出资方式”和“出资额”的顺序作了调整，同样是顿号前后，“出资额”置于了“出资方式”之前。二是表述，将此前的“出资时间”改为了“出资日期”。（2）第7项，由此前的“公司法定代表人”修改为“公司法定代表人的产生、变更办法”。换言之，公司法定代表人并不需要记载在公司章程之中，故公司法定代表人的更换也不需要再修改公司章程，只是公司法定代表人的产生、变更办法需要在公司章程中载明。（3）第8项，由此前的“股东会会议认为需要规定的其他事项”修改为“股东会认为需要规定的其他事项”，即删去了“股东会”之后重复的“会议”二字，“股东会”本身即是一种组织形式，而不需要再强调系股东会

“会议”认为。(4)第2款，由此前的“股东应当在公司章程上签名、盖章”修改为“股东应当在公司章程上签名或者盖章”，即将之前的顿号改为“或者”，减少了可能要求既需要签名又需要盖章的歧义的可能。

而从2018年《公司法》第25条规定的沿革来看，其自1993年《公司法》以来经过了一次修改。1993年《公司法》第22条规定：“有限责任公司章程应当载明下列事项：(一)公司名称和住所；(二)公司经营范围；(三)公司注册资本；(四)股东的姓名或者名称；(五)股东的权利和义务；(六)股东的出资方式和出资额；(七)股东转让出资的条件；(八)公司的机构及其产生办法、职权、议事规则；(九)公司的法定代表人；(十)公司的解散事由与清算办法；(十一)股东认为需要规定的其他事项。股东应当在公司章程上签名、盖章。”此条规定在2005年《公司法》修订时作了修改，一直到本次《公司法》修订之前。

【理解与适用】

由于英美法系将公司章程分为章程大纲和章程细则两种法律文件，其公司章程的内容与采取单一法律文件模式的大陆法系自不相同。但是尽管存在很大的差异，在学理上也都可以依据法律规定是否要求必须作为公司章程的内容，将公司章程的记载事项分为必要记载事项和任意记载事项[只不过英美法系表述为强制记载事项(Mandatory Requirements)和任意记载事项(Discretionary Provisions)，此两种事项分类的意思实则大同小异]。在大陆法系国家，学理上往往又将必要记载事项进一步区分为绝对必要记载事项和相对必要记载事项。所谓绝对必要记载事项是法律规定的必须记载的事项，如不记载，可导致章程无效。相对必要记载事项则是法律规定应当记载的事项，但如不记载，法律可采取补救措施。至于任意记载事项则是可根据需要由当事人自己决定的任何不违背法律的事项。[①] 任意记载事项可以记载，也可以不记载，是否记载入公司章程均应取决于公司股东的意愿，但一经作为内容记载入公司章程，即产生相应的法律效力，公司章程相当于公司的“宪法”，其对围绕公司的内外各方主体都产生拘束力。

从我国《公司法》立法的表述来看，实际上也规定了公司章程应当记载的事项和可任意记载的事项。尽管《公司法》一直系以列举的方式规定“公司章程应当载明下列事项”，但其最后一项兜底条款都是赋权“股东会”

① 施天涛：《公司法论》，法律出版社2014年版，第128页。

（如1993年《公司法》所规定的“股东”和2005年《公司法》修订后至本次《公司法》修订前所规定的“股东会会议”）决定其“认为需要规定的其他事项”。因此，我国《公司法》最后一项兜底条款所规定的公司章程“应当载明”的事项实际上是任意记载事项，由公司章程的制定者确定哪些内容是其认为需要规定的其他事项，如不作记载，也并无不可，完全不影响章程的效力。至于兜底条款之前的若干项应当记载的事项，则实际上相当于大陆法系中的绝对必要记载事项和英美法系的强制记载事项，缺少相关事项将导致章程内容不完整，进而影响到公司章程的法律效力。

特别需要指出的是，现代公司法对于公司章程内容的强制性要求都呈现出一种简化的趋势，由对公司的严格规制，向公司自治、股东自由的方向发展，我国《公司法》的演进也不例外。最早1993年《公司法》关于公司章程应当记载的事项共有11项，除了最后一项兜底条款实为任意记载事项的规定之外，共有10项绝对必要记载事项。而2005年《公司法》修订至今总共保留了8项，除了最后一项的兜底条款，绝对必要记载事项已经减少为7项。具体删去不作为必要记载事项的分别是：“股东的权利和义务”“股东转让出资的条件”“公司的解散事由与清算办法”。当然，我们认为公司章程的内容还有必要再作完善和简化。如本次《公司法》修订的第46条第7项由此前的“公司法定代表人”修改为“公司法定代表人的产生、变更办法”，意指公司的法定代表人并不需要记载在公司章程之中，所以实践中公司法定代表人的更换也不需要再通过修改公司章程完成，只是要求公司法定代表人的产生、变更办法在公司章程中载明。这一修改显然更为合理，因为公司法定代表人可能在实践中经常发生变化，如果动辄需要修改公司章程，则未免太过频繁，而且公司章程的修改也有召集股东会等严格的程序限制，其修改必定产生一定的时间成本和经济成本。所以公司章程只需要确定公司法定代表人的产生、变更办法即可，具体的法定代表人为谁，不需要在公司章程中明确。总之，公司章程既然相当于公司的“宪章”（Constitution），即当“惜墨如金”，只有对于公司存续特别有意义、有价值的事项才需要作为公司章程的绝对必要记载事项，如果“事无巨细”的绝对必要记载事项规定得太多，反而冲淡了公司章程的价值。另外，我国《公司法》上没有明确规定相对必要记载事项，实际上有的公司章程中应当记载的事项如果没有记载，也未必不可以补正。仍以目前《公司法》第46条第1款第6项、第7项的规定为例，“公司的机构及其产生办法、职权、议事规则”和“公司法定代表人的产生、变更办法”即便没有记载入公司章程之中，也完全可以令股东自行协商一致予以补正。即便不能协商一致，当遇到公司机构产生或法定代表人产生、变更出现争议时，也可以依照合同法上的解释原则作通常的意思解释。换言之，这种情况下首先应令股东协商，如不能协商一致则按照公司法上通行的“资本多数决”原则解决。类似于此的关涉公司治理的相关事项可以作为相对必要的记载事项，作为公司章程应当记载事项的倡导性内容。

【实务问题】

本次《公司法》修订对本条第 2 款作了一处文字修改，即将之前的“股东应当在公司章程上签名、盖章”修改为了“股东应当在公司章程上签名或者盖章”。此一处简单的顿号改为“或者”，避免了实务中有的在理解上要求股东必须在公司章程上既签名又盖章，从而澄清了歧义。实际上本条规定要求股东在公司章程上签名或者盖章，与第 45 条规定公司章程应当由公司股东共同制定，二者系一脉相承。所谓共同制定，就要求参与制定公司章程的股东需经过协商，取得一致意见，有共同的意思表示，参与设立有限责任公司的全体股东应当共同行动，制定公司章程。而公司章程由股东共同制定，具体表达的形式就是股东在公司章程上签名或者盖章。股东的签名或盖章在一般情况下应当由股东本人亲自完成，但股东也可以委托他人代为签名或者盖章。委托他人代为签名或者盖章的，股东应当签署授权委托书，写明委托人和代理人的姓名、授权事项等内容。此时应当适用民法上代理与被代理的法律规定。

【条文】

第四十七条

有限责任公司的注册资本为在公司登记机关登记的全体股东认缴的出资额。全体股东认缴的出资额由股东按照公司章程的规定自公司成立之日起五年内缴足。

法律、行政法规以及国务院决定对有限责任公司注册资本实缴、注册资本最低限额、股东出资期限另有规定的，从其规定。

【条文主旨】

本条是关于有限责任公司注册资本制度的规定。

【条文概览】

本条是此次《公司法》修订中有实质性修改的条文，限制了认缴出资最长出资期限，由之前的无限制变更为最长期限为自公司成立之日起5年，成为此次《公司法》修订中最引人瞩目的制度变更。

本条于1993年《公司法》制定时入法，2005年《公司法》修订时经历了第一次大的修改，2013年《公司法》修正时经历了第二次大的修改，此次《公司法》修订中则进行了第三次大的修改。历次修改都是围绕着注册资本制度变革的问题。在2005年《公司法》第一次全面修订之前，我国注册资本制度实行完全实缴制，股东出资全部实缴不允许认缴，且有限责任公司区分生产批发性、商业零售性、咨询服务性公司类型，分别规定有注册资本最低限额，股份有限公司最低注册资本限额为1000万元。[①] 2005年《公司法》第一次修订后，对出资制度放宽了限制。首先，统一且降低了注册资本最低限额：有限责任公司为人民币3万元；股份有限公司为人民币500万元。其次，规定了首期实缴出资额不低于20%。最后，规定了最长认缴期限

① 1993年《公司法》第23条规定："有限责任公司的注册资本为在公司登记机关登记的全体股东实缴的出资额。有限责任公司的注册资本不得少于下列最低限额：（一）以生产经营为主的公司人民币五十万元；（二）以商品批发为主的公司人民币五十万元；（三）以商业零售为主的公司人民币三十万元；（四）科技开发、咨询、服务性公司人民币十万元。特定行业的有限责任公司注册资本最低限额需高于前款所定限额的，由法律、行政法规另行规定。"第78条规定："股份有限公司的注册资本为在公司登记机关登记的实收股本总额。股份有限公司注册资本的最低限额为人民币一千万元。股份有限公司注册资本最低限额需高于上述所定限额的，由法律、行政法规另行规定。"

为公司成立之日起2年，投资公司为5年。[1] 此外，对一人有限责任公司作了特别规定，要求一人有限责任公司的注册资本最低限额为人民币10万元，股东应当一次足额缴纳公司章程规定的出资额。[2]《公司法》于2013年第三次修正时，取消了注册资本最低限额、首期最低实缴数额以及出资期限的限制，对一人有限责任公司注册资本的特别要求也取消了，注册资本实行完全的认缴制。此次修订中，对最长出资期限进行了适当限制，规定有限责任公司股东的最长出资期限为5年，股份有限公司发起人出资应实缴。

【理解与适用】

本条规定了有限责任公司的注册资本制度，对本条应从以下方面予以理解和适用：

一、有限责任公司的注册资本为在公司登记机关登记的全体股东认缴的出资额

有限责任公司注册资本是有限责任公司经营资本的一部分，有着重要的作用：一是注册资本提供了公司生产经营所需要的部分资本。公司开展生产经营活动，需要一定的经营资本，注册资本就是基本的经营资本，除此之外公司还可以通过借款等方式借入资本，注册资本与借入资本构成公司的经营资本。二是注册资本是确定股东权利和义务的主要标准。股东在公司中享有权利、承担义务，其权利的大小、义务的多少，通常由股东出资占公司注册资本的比例来确定。三是注册资本是公司承担亏损风险的一种担保。从公司债权人来看，可以作为其债权清偿担保的主要是公司的财产，而注册资本一经公司成立，即为公司财产，所以法律要求设立公司的股东必须出资并构成

---

① 2005年《公司法》第26条规定："有限责任公司的注册资本为在公司登记机关登记的全体股东认缴的出资额。公司全体股东的首次出资额不得低于注册资本的百分之二十，也不得低于法定的注册资本最低限额，其余部分由股东自公司成立之日起两年内缴足；其中，投资公司可以在五年内缴足。有限责任公司注册资本的最低限额为人民币三万元。法律、行政法规对有限责任公司注册资本的最低限额有较高规定的，从其规定。"第81条规定："股份有限公司采取发起设立方式设立的，注册资本为在公司登记机关登记的全体发起人认购的股本总额。公司全体发起人的首次出资额不得低于注册资本的百分之二十，其余部分由发起人自公司成立之日起两年内缴足；其中，投资公司可以在五年内缴足。在缴足前，不得向他人募集股份。股份有限公司采取募集方式设立的，注册资本为在公司登记机关登记的实收股本总额。股份有限公司注册资本的最低限额为人民币五百万元。法律、行政法规对股份有限公司注册资本的最低限额有较高规定的，从其规定。"

② 2005年《公司法》第59条规定："一人有限责任公司的注册资本最低限额为人民币十万元。股东应当一次足额缴纳公司章程规定的出资额。一个自然人只能投资设立一个一人有限责任公司。该一人有限责任公司不能投资设立新的一人有限责任公司。"

公司注册资本。根据本条规定，对有限责任公司注册资本实行认缴制且没有最低注册资本额要求。即公司注册资本没有最低资本限额要求，且公司设立时不要求股东实缴一定数额的资本，可以完全认缴，出资类别可由股东自由约定，《公司法》一般不作限制。出资期限也由公司章程规定，但最长不得超过公司设立之日起 5 年。

二、限制了股东认缴出资的最长期限

明确限定认缴出资最长出资期限，可谓此次《公司法》修订过程中最大亮点之一，引起市场主体的广泛关注。本条规定了有限责任公司的注册资本为在公司登记机关登记的全体股东认缴的出资额。全体股东认缴的出资额由股东按照公司章程的规定自公司成立之日起 5 年内缴足。由此，有限责任公司股东认缴出资期限最长不能超过自公司成立之日起 5 年，具体缴纳日期由公司章程规定。此外，对于股份公司发起人，本法第 97 条规定："以发起设立方式设立股份有限公司的，发起人应当认足公司章程规定的公司设立时应发行的股份。以募集设立方式设立股份有限公司的，发起人认购的股份不得少于公司章程规定的公司设立时应发行股份总数的百分之三十五；但是，法律、行政法规另有规定的，从其规定。"本法第 98 条第 1 款规定："发起人应当在公司成立前按照其认购的股份全额缴纳股款。"根据上述规定，股份有限公司的发起人应当在公司成立前按照其认购的股份全额缴纳股款，也即股份有限公司发起人出资一律实缴。

关于认缴出资的问题，1993 年《公司法》中资本制度具有明显的法定资本制的特点，坚守"资本三原则"理念，重视资本确定这一原则。1993 年《公司法》中规定，公司的注册资本为在公司登记机关登记的全体股东实缴的出资额或实收股本总额，要求股东出资一律实缴，不允许认缴，且有限责任公司按照生产批发性、商业零售性、咨询服务性的公司类型区分，分别规定注册资本最低限额为人民币 50 万元、30 万元和 10 万元；股份有限公司最低注册资本限额为人民币 1000 万元。[①] 随着社会经济发展，2005 年《公

① 1993 年《公司法》第 23 条规定："有限责任公司的注册资本为在公司登记机关登记的全体股东实缴的出资额。有限责任公司的注册资本不得少于下列最低限额：（一）以生产经营为主的公司人民币五十万元；（二）以商品批发为主的公司人民币五十万元；（三）以商业零售为主的公司人民币三十万元；（四）科技开发、咨询、服务性公司人民币十万元。特定行业的有限责任公司注册资本最低限额需高于前款所定限额的，由法律、行政法规另行规定。"第 78 条规定："股份有限公司的注册资本为在公司登记机关登记的实收股本总额。股份有限公司注册资本的最低限额为人民币一千万元。股份有限公司注册资本最低限额需高于上述所定限额的，由法律、行政法规另行规定。"

司法》第一次全面修订时，对出资制度进行了重大变更，整体上更加宽松，由完全实缴制变为有限认缴制。首先，降低并统一了注册资本最低限额，有限责任公司为人民币3万元、股份有限公司为人民币500万元。其次，引进了出资认缴制，规定有限责任公司和发起设立的股份有限公司注册资本为在公司登记机关登记的全体股东认缴的出资额或认购的股本总额，募集设立的股份有限公司注册资本为在公司登记机关登记的实收股本总额。但规定了首期实缴出资比例和认缴出资最长出资期限。要求有限责任公司股东和发起设立的股份有限公司发起人首期出资额不低于注册资本的20%，也不得低于法定的注册资本最低限额，最长认缴出资期限为公司成立之日起2年，投资公司为5年。[①] 此外，2005年《公司法》新增了一人有限责任公司制度，并对其资本制度作了特别规定，要求一人有限责任公司的注册资本最低限额为人民币10万元，股东应当一次足额缴纳公司章程规定的出资额。[②]

公司法律制度适应交易需要不断发展，2013年10月25日，国务院常务会议决定，按照便捷高效、规范统一、宽进严管的原则，创新公司登记制度，降低准入门槛，强化市场主体责任，促进形成诚信、公平、有序的市场秩序。会议明确，公司注册资本登记制度改革的主要内容有：一是放宽注册资本登记条件。除法律、行政法规等另有规定的外，取消有限责任公司最低注册资本3万元、一人有限责任公司最低注册资本10万元、股份有限公司最低注册资本500万元的限制；取消对公司设立时全体股东的首次出资额和缴足剩余出资期限等的限制；公司实收资本不再作为工商登记事项。二是将企业年检制度改为年报制度，建立公平规范的抽查制度。三是放宽对市场主体住所的登记条件。四是大力推进企业诚信制度建设。五是推进注册资本由实缴登记制改为认缴登记制。实行公司股东自主约定认缴出资额、出资期

---

① 2005年《公司法》第26条规定："有限责任公司的注册资本为在公司登记机关登记的全体股东认缴的出资额。公司全体股东的首次出资额不得低于注册资本的百分之二十，也不得低于法定的注册资本最低限额，其余部分由股东自公司成立之日起两年内缴足；其中，投资公司可以在五年内缴足。有限责任公司注册资本的最低限额为人民币三万元。法律、行政法规对有限责任公司注册资本的最低限额有较高规定的，从其规定。"第81条规定："股份有限公司采取发起设立方式设立的，注册资本为在公司登记机关登记的全体发起人认购的股本总额。公司全体发起人的首次出资额不得低于注册资本的百分之二十，其余部分由发起人自公司成立之日起两年内缴足；其中，投资公司可以在五年内缴足。在缴足前，不得向他人募集股份。股份有限公司采取募集方式设立的，注册资本为在公司登记机关登记的实收股本总额。股份有限公司注册资本的最低限额为人民币五百万元。法律、行政法规对股份有限公司注册资本的最低限额有较高规定的，从其规定。"

② 2005年《公司法》第59条规定："一人有限责任公司的注册资本最低限额为人民币十万元。股东应当一次足额缴纳公司章程规定的出资额。一个自然人只能投资设立一个一人有限责任公司。该一人有限责任公司不能投资设立新的一人有限责任公司。"

限、出资方式，并对真实性、合法性负责。2013 年《公司法》因此对注册资本制度进一步完善，实行完全认缴制。取消了公司注册资本法定最低限额制度、不再限制股东首期最低实缴出资数额以及认缴出资最长期限、取消了对一人有限责任公司注册资本制度的特别要求，所有股东均可以自主约定认缴出资额、出资方式、出资期限等，并记载于公司章程。而为配合注册资本认缴制度的全面实施，在出资方式问题上，2013 年《公司法》删除了货币出资金额不得低于注册资本的30%的最低限额限制。

为依法开展公司注册资本登记制度改革，2014 年 2 月 7 日，《国务院关于印发注册资本登记制度改革方案的通知》发布施行，在“放松市场主体准入管制，切实优化营商环境”部分，进一步明确以下内容：实行注册资本认缴登记制。公司股东认缴的出资总额或者发起人认购的股本总额（即公司注册资本）应当在工商行政管理机关登记。公司股东（发起人）应当对其认缴出资额、出资方式、出资期限等自主约定，并记载于公司章程。有限责任公司的股东以其认缴的出资额为限对公司承担责任，股份有限公司的股东以其认购的股份为限对公司承担责任。公司应当将股东认缴出资额或者发起人认购股份、出资方式、出资期限、缴纳情况通过市场主体信用信息公示系统向社会公示。公司股东（发起人）对缴纳出资情况的真实性、合法性负责。放宽注册资本登记条件。除法律、行政法规以及国务院决定对特定行业注册资本最低限额另有规定的外，取消有限责任公司最低注册资本 3 万元、一人有限责任公司最低注册资本 10 万元、股份有限公司最低注册资本 500 万元的限制。不再限制公司设立时全体股东（发起人）的首次出资比例，不再限制公司全体股东（发起人）的货币出资金额占注册资本的比例，不再规定公司股东（发起人）缴足出资的期限。公司实收资本不再作为工商登记事项。公司登记时，无须提交验资报告。现行法律、行政法规以及国务院决定明确规定实行注册资本实缴登记制的银行业金融机构、证券公司、期货公司、基金管理公司、保险公司、保险专业代理机构和保险经纪人、直销企业、对外劳务合作企业、融资性担保公司、募集设立的股份有限公司，以及劳务派遣企业、典当行、保险资产管理公司、小额贷款公司实行注册资本认缴登记制问题，另行研究决定。在法律、行政法规以及国务院决定未修改前，暂按现行规定执行。已经实行申报（认缴）出资登记的个人独资企业、合伙企业、农民专业合作社仍按现行规定执行。鼓励、引导、支持国有企业、集体企业等非公司制企业法人实施规范的公司制改革，实行注册资本认缴登记制。积极研究探索新型市场主体的工商登记。

注册资本认缴制方便了公司设立，极大地激发了市场主体的投资热情，增强了投资活力，公司登记注册数量呈现迅猛增长。但随着时间推移，其弊端也逐步显现，出现了股东认缴期限过长、注册资本虚高等违反诚信原则的行为，影响交易安全，损害债权人利益，增加监管和司法成本，不利于市场主体健康发展。因此，此次《公司法》全面修订中，回应实践需求，对注册资本制度进行了变更：规定有限责任公司股东可以认缴出资，最长出资期限限定为自公司成立之日起5年；股份有限公司实行授权资本制，授权董事会在公司设立后发行确定数量的股份，取消发起人出资认缴制度，一律实缴。①

三、法律、行政法规以及国务院决定对有限责任公司注册资本实缴、注册资本最低限额、股东出资期限另有规定的，从其规定

本条第2款明确了特殊情况下公司注册资本实行实缴制且有最低注册资本额要求，明确了法律、行政法规以及国务院决定可以对有限责任公司注册资本实缴、注册资本最低限额、股东出资期限作出特别规定，为重点行业及特殊领域设定其他认缴期限留出制度空间。

【实务问题】

司法实践中，正确理解和适用本条，需要特别注意新旧法律衔接适用的问题。新《公司法》施行后，之前已经设立的剩余出资期限超过5年的公司就面临新旧过渡的问题。新《公司法》第266条对老公司如何过渡进行了规定："本法自2024年7月1日起施行。本法施行前已登记设立的公司，出资期限超过本法规定的期限的，除法律、行政法规或者国务院另有

① 2023年修订的《公司法》第47条规定："有限责任公司的注册资本为在公司登记机关登记的全体股东认缴的出资额。全体股东认缴的出资额由股东按照公司章程的规定自公司成立之日起五年内缴足。法律、行政法规以及国务院决定对有限责任公司注册资本实缴、注册资本最低限额、股东出资期限另有规定的，从其规定。"由此，有限责任公司股东认缴出资期限最长不能超过自公司成立之日起5年。相应地，对于股份有限公司发起人，第97条规定："以发起设立方式设立股份有限公司的，发起人应当认足公司章程规定的公司设立时应发行的股份。以募集设立方式设立股份有限公司的，发起人认购的股份不得少于公司章程规定的公司设立时应发行股份总数的百分之三十五；但是，法律、行政法规另有规定的，从其规定。"第98条第1款规定："发起人应当在公司成立前按照其认购的股份全额缴纳股款。"股份有限公司的发起人应当在公司成立前按照其认购的股份全额缴纳股款，也即股份有限公司发起人出资必须全部实缴。第152条规定："公司章程或者股东会可以授权董事会在三年内决定发行不超过已发行股份百分之五十的股份。但以非货币财产作价出资的应当经股东会决议。董事会依照前款规定决定发行股份导致公司注册资本、已发行股份数发生变化的，对公司章程该项记载事项的修改不需再由股东会表决。"

规定外，应当逐步调整至本法规定的期限以内；对于出资期限、出资额明显异常的，公司登记机关可以依法要求其及时调整。具体实施办法由国务院规定。”

【条文】

第四十八条

股东可以用货币出资，也可以用实物、知识产权、土地使用权、股权、债权等可以用货币估价并可以依法转让的非货币财产作价出资；但是，法律、行政法规规定不得作为出资的财产除外。

对作为出资的非货币财产应当评估作价，核实财产，不得高估或者低估作价。法律、行政法规对评估作价有规定的，从其规定。

【条文主旨】

本条是关于股东出资方式的规定。

【条文概览】

本条是此次《公司法》修订中进行了实质性修改的条文。本条明确允许股东以股权、债权出资，是此次《公司法》修订的亮点之一。根据本条规定，股东可以用货币出资，也可以用除法律、行政法规规定不得作为出资的财产之外的可以用货币估价并可以依法转让的非货币财产作价出资。对作为出资的非货币财产应当评估作价。

股东出资制度是公司资本制度的重要组成部分，不同的资本制度对于出资方式确定性的要求也不同。1993 年《公司法》规定了严格的出资实缴登记制，出资方式上以货币出资为主，对非货币出资种类严格限制。第 24 条对此规定为："股东可以用货币出资，也可以用实物、工业产权、非专利技术、土地使用权作价出资。对作为出资的实物、工业产权、非专利技术或者土地使用权，必须进行评估作价，核实财产，不得高估或者低估作价。土地使用权的评估作价，按照法律、行政法规的规定办理。以工业产权、非专利技术作价出资的金额不得超过有限责任公司注册资本的百分之二十，国家对采用高新技术成果有特别规定的除外。"随着社会经济发展，2005 年《公司法》对出资制度进行了重大变更，由完全实缴制变为有限认缴制，股东出资方式也进行了相应调整：一是扩大了非货币财产的出资范围，规定实物、知识产权、土地使用权等可以用货币估价并可以依法转让的非货币财产都可以用于出资，但法律、行政法规规定不得作为出资的财产除外。二是以货币出资金额不得低于注册资本 30% 的规定取代了知识产权出资比例不超过注册资本20%的规定，使高新技术作价出资更为便利。[①] 2005年《公司法》奠定了我国出资方式制度的基础。2013年《公司法》注册资本制度实行完全认缴制，相应地在出资方式上删除了货币出资金额不得低于注册资本的30%的限制。而在2023年《公司法》修订中，进一步拓宽了非货币财产出资范围，增加了"股权、债权"的列举。明确规定债权可以作价出资，结束了实践中的长期争议；正式承认了股权出资的法律地位。[②]

【理解与适用】

本条规定了我国公司法下的股东出资方式，应从以下几方面理解：

一、股东可以用货币出资，也可以用非货币出资

股东向公司提供资金以获得股权的过程，即出资。股东出资方式首选货币资金，但随着社会经济生活发展，货币财产不能满足公司筹集资金以及社会公众对不同商事活动投资的需求，非现金出资制度作为对公司目的来说有效的出资制度之一被构筑并发展起来。[③] 对此，世界各国和地区公司立法例中普遍规定了股东出资不限于货币出资，也可以是以实物或者权利出资。

本条第1款规定了我国《公司法》下股东的出资方式，本款规定："股东可以用货币出资，也可以用实物、知识产权、土地使用权、股权、债权等可以用货币估价并可以依法转让的非货币财产作价出资；但是，法律、行政法规规定不得作为出资的财产除外。"[④] 此表明我国公司法下，股东可以用货币出资，也可以用除法律、行政法规规定不得作为出资的财产之外的可以用货币估价并可以依法转让的非货币财产作价出资。

（一）明确债权可以作为出资财产

此次《公司法》修订明确规定了债权可以作价出资。关于是否允许以债

---

① 2005年《公司法》第27条规定："股东可以用货币出资，也可以用实物、知识产权、土地使用权等可以用货币估价并可以依法转让的非货币财产作价出资；但是，法律、行政法规规定不得作为出资的财产除外。对作为出资的非货币财产应当评估作价，核实财产，不得高估或者低估作价。法律、行政法规对评估作价有规定的，从其规定。全体股东的货币出资金额不得低于有限责任公司注册资本的百分之三十。"同时该法第83条规定："发起人的出资方式，适用本法第二十七条的规定。"

② 此外，新《公司法》对股份有限公司出资实行授权资本制，规定股份有限公司章程或者股东会可以授权董事会在3年内决定发行不超过已发行股份50%的股份，但以非货币财产作价出资的，应当经股东会决议，体现了对非货币财产出资的慎重态度。（第152条）

③ ［日］治村治美：《现物出资研究》，于敏译，法律出版社2001年版，第5页。

④ 新《公司法》第48条是针对有限责任公司股东出资进行的规定，同时该法第98条第2款又规定了股份公司发起人的出资，适用上述规定。

权出资，之前我国法律没有明确规定。实践中逐步认可了一些特殊形式的债权作为出资财产。例如，对于国债、企业债券以及道路收费权、特许经营收费权等信用良好的债权以及对目标公司本身享有的债权作价出资均予以认可，但对于能否以对目标公司外的第三人享有的一般债权作价出资，理论与实践中一直存在支持与反对两种相对立的观点，长期无法统一。此次《公司法》修订中，明确规定了可以用债权进行作价出资，其中也包括对第三人享有的普通债权作价出资，结束了长期以来的争议，对司法实践意义重大。

实践中，对于债权出资之所以有疑虑，主要基于债权本身的特殊性。首先，债权不同于实物资产或其他财产性权利，不能以登记或占有作为公示方式表彰权利。因债权具有相对性，本身缺乏公示外观，故债权是否真实存在，除债权人和债务人之外的第三人均难以知晓。事实上，虚假债权已经成为实践中的突出问题，第三人调查核实债权真实性成本较高。其次，债权是一种典型的请求权，即使系真实存在的债权，其实现还具有不确定性。债权能否实现还受制于债务人本身的清偿能力。债权具有上述特点，如果不加限制地接受债权出资，一旦债权到期无法实现，难免造成公司资本空洞化。对于国债、公开发行的企业债券等债权，因其信用水平高，偿还较有保障，故实践中对其作为出资广为接受。对被投资公司本身享有的债权，因公司本身就是债务人，能够确认债权的真实性，因此实践中也认可其作为出资方式。但股东能否以对第三人享有的一般债权作价出资，理论与实践中就多有争议。随着社会经济发展、技术进步，信息化水平逐步提高，信用信息公示系统不断完善，第三人调查核实债权真实性的成本也逐步降低，以对第三人享有的一般债权出资也逐步夯实了现实基础。新《公司法》中明确了债权出资方式，对于激励投资热情、释放投资潜力有积极的促进作用。但为了克服债权出资本身的固有缺陷，切实防止公司资本空心化，适用这一规定时还应当为债权出资提供一定的制度保障措施。

第一，针对出资债权真实性风险的问题。如果作价出资的债权本身虚假，则股东对公司的出资虚假，公司可以要求股东承担出资不实的责任。针对债权债务关系当事人之外第三人确认债权真实性成本过高的问题，还可以采取特殊的措施。

实践中，大部分虚假债权是来自串通虚构债权。在出资债权的债权人与债务人串通虚构债权的情况下，为保障被投资公司的利益，可以参照《民法典》第763条关于虚构应收账款保理的规定原则进行处理。根据该条规定，应收账款债权人与债务人虚构应收账款作为转让标的，与保理人订立保理合同的，应收账款债务人不得以应收账款不存在为由对抗保理人，但是保理人明知虚构的除外。其基本原理系民法中通谋虚伪意思表示不得对抗善意第三人。即双方当事人通谋所为的虚伪意思表示，在当事人之间发生绝对无效的法律后果，但在虚伪表示的当事人与第三人之间，则应视该第三人是否知道或者应当知道该虚伪意思表示而发生不同的法律后果，在第三人善意无过失的情况下，不得对抗第三人。具体到出资场合，根据法律规定，对于非货币财产出资应当进行评估作价，而评估的过程中当然要进行必要的调查核实。实践中，公司通常会通过询证函等形式询问债务人，调查核实债权的真实性。如果债权不存在而债务人却向公司确认债权真实存在，制造虚假债权的外观，则构成典型的虚构债权情形。公司因对虚假外观产生合理信赖，接受该债权作为出资的，债务人就不能以该债权不存在为由对抗公司。采取这种方式，即使债权人与债务人串通虚构债权出资，公司仍有权请求债务人清偿相应债务，债务人不得拒绝，从而能够减轻公司的调查核实义务，有效保障出资债权真实性。

需要注意的是，因《公司法》明确规定对非货币财产出资进行评估作价，因此，不能完全免除公司调查核实义务。实践中，除公司明知该债权虚假不能受到上述规则保护外，在公司应当知道出资债权虚假的情形下，也属于规则的除外情形。

第二，针对出资债权实现风险的问题。应当明确，真实存在的债权能否实现，受到债务人债权到期时的清偿能力的限制，因此，实现风险是债权本身固有的风险。在公司或其他股东决定是否接受债权出资以及对出资债权进行评估作价时，都应当充分考虑这一风险因素，作出合理的评估。一旦接受债权出资，一般情况下就应当接受其存在实现的风险。当然，当事人之间也可以通过特别约定的方式对出资债权的实现进行保障：例如，通过章程或者公司决议方式确定，在出资债权实现之前，对出资股东的利润分配请求权、剩余财产分配请求权等权利进行适当限制。当事人之间有权作出这种约定，而且这种约定虽然看似让出资股东承担了过重的义务，但却极大地增加了公司以及其他股东接受债权出资的意愿，实现了股东的投资目的，综合看来，当事人之间的利益是衡平的，应当予以支持。

此外，债权系一种典型的请求权，适用诉讼时效的规定。时效期间届满，则债权变为自然之债，债权人丧失胜诉权，会造成债权价值的显著降低。因此，实践中在认定债权出资是否构成出资不实时，需要对如下几种情形进行正确辨别：

如果股东以虚构的债权出资，债权本身系虚假的，则构成出资不实，股东应当承担出资不实的责任。如果股东出资的债权本身是真实的或者经过了债务人确认，但债权到期后因债务人清偿能力不足而导致公司不能实现债权的，不属于股东出资不实，出资人不承担补足出资的责任。[①] 当然，公司也可以与出资股东进行特别约定，债权出资到期不能实现时由股东进行补足。这种约定与前述出资债权实现之前限制股东部分权能的规定一样，看似让出资股东承担了过重的责任，但能够极大地增加公司和其他股东接受债权出资的意愿，实现投资目的，因此在各方当事人自愿的原则下，约定的效力应予认可。也即，出资股东以对他人享有的债权出资的，其是否按期足额履行了出资义务，应当根据出资当时的评估结果认定，与债权实现的结果无关。如果在评估当时债权是虚假的，可以认定为出资不实；如果在评估时债权真实，即使其后债权不能实现也不能认定为出资不实。同理，如果实际缴纳出资时，该债权超过诉讼时效期间或者债务人明显不具备清偿能力，而出资股东隐瞒该事实，则在价值显著降低的范围内构成出资不实。如果实际缴纳出资时没有隐瞒事实，或出资之后债权超过诉讼时效期间或债务人丧失了清偿能力的，则不构成出资不实。

（二）承认了股权出资的法律地位

新《公司法》此次修订的另一个重大变化是正式承认了股权出资的法律地位。1993 年《公司法》中规定了四种非货币财产出资形式，其中并不包括股权。但与债权出资不同，尽管当时股权出资在法律上也没有明确规定，但没有妨碍股权作为一种重要的出资方式频繁地见诸经济实践。2005 年《公司法》将股东出资方式扩大为“可以用货币估价并可以依法转让的非货币财产”，股权显然是符合这一要求的，由此以股权作价出资更为活跃。2009 年，原国家工商总局发布了《股权出资登记管理办法》，以规章的形式对股权出资进行了承认与规范，而 2011 年施行的《公司法解释三》对股权出资效力问题进行了专门规定，[②] 使股权出资不仅在实践中广泛运用，也通

---

① 这一问题详见杨永清、潘勇锋：《公司法修订若干问题探讨》，载《法律适用》2023 年第 1 期。

② 《公司法解释三》第 11 条规定：“出资人以其他公司股权出资，符合下列条件的，人民法院应当认定出资人已履行出资义务：（一）出资的股权由出资人合法持有并依法可以转让；（二）出资的股权无权利瑕疵或者权利负担；（三）出资人已履行关于股权转让的法定手续；（四）出资的股权已依法进行了价值评估。股权出资不符合前款第（一）、（二）、（三）项的规定，公司、其他股东或者公司债权人请求认定出资人未履行出资义务的，人民法院应当责令该出资人在指定的合理期间内采取补正措施，以符合上述条件；逾期未补正的，人民法院应当认定其未依法全面履行出资义务。股权出资不符合本条第一款第（四）项的规定，公司、其他股东或者公司债权人请求认定出资人未履行出资义务的，人民法院应当按照本规定第九条的规定处理。”

过规章、司法解释等得以规范。此次新《公司法》中明确列举了股权这种出资方式，股权出资的法律地位获得了公司法的正式承认。

股权出资是一种典型的非货币财产出资形态，在当前公司设立及增资过程中比较常见，可能产生的风险也较为明显。为了规范股权出资方式，《公司法解释三》第 11 条为出资人以其他公司股权出资规定了四项条件：一是出资的股权由出资人合法持有并依法可以转让；二是出资的股权无权利瑕疵或者权利负担；三是出资人已履行关于股权转让的法定手续；四是出资的股权已依法进行了价值评估。股权出资这四项条件均符合的，人民法院应当认定出资人已履行了出资义务；如果不符合第四项条件的，则按照非货币财产出资未依法评估作价的规定处理；如果股权出资不符合前三项条件的，公司、其他股东或者公司债权人请求认定出资人未履行出资义务的，人民法院应当责令该出资人在指定的合理期间内采取补正措施，以符合上述条件。可以采取的补正措施包括但不限于消除股权转让的限制或障碍、消除股权上的权利瑕疵或权利负担、依法完成股权过户手续等。出资人在法院指定的合理期限内补正的，人民法院应当认定其已履行出资义务，出资人逾期未补正的，人民法院应当认定其未依法全面履行出资义务。

二、非货币财产出资应当依法评估作价

本条第 2 款规定了非货币财产出资评估作价的问题。对出资额的确认直接关系到公司、股东、债权人三方的切身利益。对非货币财产出资低估价值将损害出资人的利益，高估价值将导致虚增公司资本，进而损害公司、其他股东以及债权人的利益，且非货币财产价值判断具有主观性和不确定性等特点，因此为了保证公司资本的真实性和确定性，以非货币财产出资应当进行评估作价。

非货币财产出资价值评估基于不同的理念形成了不同的模式，我国采取了“强制性评估”模式，自 2005 年《公司法》起就明确规定对作为出资的非货币财产应当评估作价，核实财产，不得高估或者低估作价。法律、行政法规对评估作价有规定的，从其规定。此后这一条款一直延续，新《公司法》中也予以继承。对非货币财产出资评估作价，应当从以下几个方面进行理解：

（一）关于非货币财产评估作价的时点问题

以哪一时点的财产价值进行评估作价，对公司、出资股东、其他股东以及公司债权人等第三人的利益有重要影响。此次《公司法》修订过程中，曾

有观点提出只有货币出资可以认缴，非货币财产出资不适用认缴制，只能实缴，立法没有采纳这一观点，无论货币出资还是非货币财产出资，都可以认缴。认缴非货币财产出资作价评估时，应当以公司设立、出资期限届至的时点进行评估，还是应当以实际缴纳非货币财产出资的时点进行评估？对于认缴出资来说，股东享有期限利益，公司设立时股东只是承诺了缴资数额，只有出资期限届至时，才转化成具体的出资义务，应当向公司实际缴纳出资。而在股东将出资实际交付给公司之前，非货币财产的贬值、毁损等风险应由股东承担，只有当出资实际交付给公司之后，风险才转由公司承担。因此，对于认缴出资的非货币财产，作价评估的时间点应当在非货币财产出资实际缴纳时进行评估，评估结果即为非货币财产的出资价额。

以评估结果参照公司章程确定的出资价额，如果评估确定的价值高于章程所定价额或者与章程所定价额相当，应认定出资人依法履行了出资义务。如果实际出资的非货币财产的实际价额显著低于所认缴的出资额，应认定出资人未依法全面履行出资义务，构成股东出资不实。如果章程对出资人出资价额未作约定的，依注册资本总额与出资比例确定，没有确定出资比例的，各出资人按均等份额确定。

出资财产移转给公司后，其贬值风险应当由公司承担，因此在确认股东非货币财产出资是否有出资不实时，应当以出资财产交付公司之时为准。以股权为例，论价值变化速度之快、不稳定程度之高，其他任何形式的出资财产和权利都很难与股权相提并论。如果以股权出资后，其价值受固有市场风险等诸多因素的影响，在一定时间内出现贬值，则能否让出资人承担责任？如果交付时股权实际价值与章程所定价额并没有显著差别，只是后来在公司经营中由于市场环境变化导致股权贬值，该贬值情形属于公司应承担的正常商业风险，除非当事人另有约定，否则出资人不承担责任。①

（二）评估作价的义务人的问题

《公司法》中规定了对作为出资的非货币财产应当评估作价，核实财产，不得高估或者低估作价，但对评估作价的义务人没有明确规定。出资股东本人自然负有对非货币出资进行评估作价的义务，并承担由此产生的一切责任。股东出资的相对方是公司，应当由公司决定是否接受出资股东对非货币财产的作价评估结果。在公司设立阶段，对于设立时实缴的非货币财产出

---

① 《公司法解释三》第15条规定："出资人以符合法定条件的非货币财产出资后，因市场变化或者其他客观因素导致出资财产贬值，公司、其他股东或者公司债权人请求该出资人承担补足出资责任的，人民法院不予支持。但是，当事人另有约定的除外。"

资，由股份有限公司发起人或有限责任公司设立时的股东来决定是否接受该评估结果。实际出资的非货币财产的实际价额显著低于所认缴的出资额的，发起人或设立时的其他股东与该股东在出资不足的范围内承担连带责任。在公司设立之后，对于增资阶段的非货币财产出资，以及认缴部分的非货币财产出资，股东实际缴纳后，由负责公司运营的董事、监事或高级管理人员决定是否接受该评估结果。董事、监事或高级管理人员未尽勤勉义务，造成实际出资的非货币财产的实际价额显著低于所认缴的出资额的，应当向公司承担相应的责任。

对非货币财产出资评估作价，并非必须聘请会计师事务所或者资产评估事务所等专业机构进行。之前公司登记部门要求所有非货币出资都必须由评估机构进行评估，但某些情况下，如股东以数额较小、价值较低的非货币财产出资也要求聘请专业机构评估，则会给公司设立造成不合理的负担。有鉴于此，《公司法解释三》中并未要求未经会计师事务所或者资产评估事务所等专业机构评估作价的，或者非货币财产出资的评估作价结果未经股东会确认的，出资一律无效，由股东承担出资不实的责任，而是给予当事人一定的自主空间，即使将来发现上述出资实际价额显著低于公司章程所定价额的，也可以根据出资瑕疵的制度规定承担责任。

（三）关于未依法评估作价的处理问题

如果未依法评估作价，是否认定出资无效？对于这种情况，《公司法解释三》第9条规定，如果非货币财产出资未依法评估作价，公司、其他股东或者公司债权人请求认定出资人未履行出资义务的，人民法院应当委托具有合法资格的评估机构对该财产评估作价。评估确定的价额显著低于公司章程所定价额的，人民法院应当认定出资人未依法全面履行出资义务，应承担出资不实的责任。

这里要明确未依法评估作价的含义。“未依法评估作价”，包括未进行评估作价和评估作价不合法两种情形。实践中第一种情形现在已经比较少见，第二种情形则更加常见，即出资人以非货币财产出资，虽然履行了评估作价的程序，但评估作价不合法，主要表现为评估机构不具有合法资格、评估作价程序违法、评估方法不当、评估结果不真实合理等具体情形。

【实务问题】

正确理解与适用本条，审判实践中应当注意以下问题：

一、关于股东债权与股东出资义务能否相互抵销的问题

破产程序中不允许瑕疵出资的股东以对公司的债权抵销实缴出资义务，[①]在非破产情形下则没有明确规定。根据《民法典》第568条[②]之规定，在性质上股东对公司享有的债权与其出资义务可以抵销，特别是新《公司法》明确规定债权可以作为非货币财产出资方式之一，这一问题就更加确定了。然而，实践中具体情形下是否允许两者互相抵销，取决于抵销是否令股东债权不合理地取得优先于外部债权人获得清偿的地位。

1. 若公司资信状况良好、正常经营，股东债权抵销出资义务不存在侵蚀公司资本的危险，应当允许股东以对公司享有的债权抵销对公司的出资义务。需要注意的是，不同于普通的抵销，股东不能因对公司享有债权而擅自决定以债权抵销出资。股东向公司作出将其对公司享有的债权抵销其出资义务的意思表示，该意思表示需取得公司或其他股东的同意，取得抵销出资义务的书面文件，一般包括与公司之间达成的关于抵销出资的协议、备忘录、会议纪要或者是股东会议决议等方式，并按照法律法规的要求，完成相应的变更登记。

此处的"正常经营"一般指公司未明显丧失债务清偿能力，公司债权人也未提起诉讼要求股东在未实缴出资范围内对公司债务承担责任，公司亦未进入破产程序的情形。

2. 在公司已经明显丧失清偿能力或无法正常经营的情形下，以及公司债权人提起瑕疵出资诉讼，要求股东在瑕疵出资范围内承担责任时，为保护公司债权人权益，避免股东债权优先受偿，应当禁止以股东对公司享有的债权抵销其对公司的出资义务。

在公司不能清偿到期债务，债权人提起诉讼要求公司股东在未出资范围内承担责任的情形下，若允许未履行出资义务的股东就其对公司享有的债权与其对公司的出资义务相互抵销，无疑等同于赋予了该种股东债权优先于其他债权受偿的地位，会导致对公司债权人不公平的结果，也与《公司法》对于未履行出资义务的股东科以的法律责任相悖。此外，在公司已具备破产原

① 《最高人民法院关于适用〈中华人民共和国企业破产法〉若干问题的规定（二）》第46条规定："债务人的股东主张以下列债务与债务人对其负有的债务抵销，债务人管理人提出异议的，人民法院应予支持：（一）债务人股东因欠缴债务人的出资或者抽逃出资对债务人所负的债务……"

② 该条规定："当事人互负债务，该债务的标的物种类、品质相同的，任何一方可以将自己的债务与对方的到期债务抵销；但是，根据债务性质、按照当事人约定或者依照法律规定不得抵销的除外。当事人主张抵销的，应当通知对方。通知自到达对方时生效。抵销不得附条件或者附期限。"

因但未依法提出破产申请等情形下，为维护债权人的合法权益，即使未履行出资义务的股东对公司享有债权，该债权亦应当劣后于其他外部债权人受偿。

具体案件审理中，需要结合公司经营情况、内部自治要求并结合债权人保护等因素进行综合考量。

二、关于以转让受限的股权出资是否无效的问题

股权自由转让是公司区别于其他商业组织体的重要特征之一，只有特殊情形下才会限制股权转让。以股权作价出资需要注意特殊股权转让受限的问题。

从各国公司法立法例来看，限制转让股权主要有四种情形：一是限制发起人所持有的本公司股份转让；二是限制公司董事、监事、高管持有的本公司股份的转让；三是部分立法例限制母子公司交叉持股；四是部分立法例允许公司发行的转让受限的类别股。新《公司法》中对上述四种情形均有规定。①

1. 新《公司法》第160条对发起人持有的本公司股份转让，董事、监事、高管持有的本公司股份转让，作了适当限制。限制发起人、公司董事、监事、高管持有的本公司股份转让，可以防止其利用与公司的特殊关系谋利，损害公司、其他股东或者债权人的利益。

2. 根据新《公司法》第141条第1款关于“上市公司控股子公司不得取得该上市公司的股份”之规定，新《公司法》禁止上市公司与其控股子

① 新《公司法》第141条规定：“上市公司控股子公司不得取得该上市公司的股份。上市公司控股子公司因公司合并、质权行使等原因持有上市公司股份的，不得行使所持股份对应的表决权，并应当及时处分相关上市公司股份。”第144条规定：“公司可以按照公司章程的规定发行下列与普通股权利不同的类别股：（一）优先或者劣后分配利润或者剩余财产的股份；（二）每一股的表决权数多于或者少于普通股的股份；（三）转让须经公司同意等转让受限的股份；（四）国务院规定的其他类别股。公开发行股份的公司不得发行前款第二项、第三项规定的类别股；公开发行前已发行的除外。公司发行本条第一款第二项规定的类别股的，对于监事或者审计委员会成员的选举和更换，类别股与普通股每一股的表决权数相同。”第160条规定：“公司公开发行股份前已发行的股份，自公司股票在证券交易所上市交易之日起一年内不得转让。法律、行政法规或者国务院证券监督管理机构对上市公司的股东、实际控制人转让其所持有的本公司股份另有规定的，从其规定。公司董事、监事、高级管理人员应当向公司申报所持有的本公司的股份及其变动情况，在就任时确定的任职期间每年转让的股份不得超过其所持有本公司股份总数的百分之二十五；所持本公司股份自公司股票上市交易之日起一年内不得转让。上述人员离职后半年内，不得转让其所持有的本公司股份。公司章程可以对公司董事、监事、高级管理人员转让其所持有的本公司股份作出其他限制性规定。股份在法律、行政法规规定的限制转让期限内出质的，质权人不得在限制转让期限内行使质权。”

公司之间交叉持股。这是此次《公司法》修订过程中新增加的条文。母子公司交叉持股有利有弊，弊端是会导致虚增公司资本、扰乱公司治理结构、造成内部人控制等。优势是公司相互持股系一种有效的企业结合方式，可以实现企业的规模经济，有助于维护公司经营权，维持或稳定公司股价，促使集团企业财务操作灵活化。[①] 不允许上市公司与其控股子公司之间交叉持股，因此，上市公司控股子公司不能接受股东以该上市公司股份作价出资。对其他情形下的交叉持股行为并无禁止性规定。

3. 新《公司法》第144条规定了公司可以按照公司章程的规定发行与普通股权利不同的类别股，其中包括转让须经公司同意等转让受限的股份。如果以该等转让受限的股份出资，应当符合相关规定。

除了法律、行政法规明确规定限制转让的股权之外，其他类型的股权均可依法转让。而限制转让的股权在符合法定条件后，如股份有限公司的禁售股在禁售期满之后，也可以依法转让。同时，这里的“依法”也应包括公司章程或当事人之间的约定。如果公司章程中对股权转让作出了特别的限制，那么该股权在受限期间也不能用于出资。

三、关于以瑕疵股权出资的问题

出资行为实质上是出资人以出资财产的所有权为对价获得股权，因此，出资财产必须实际交付公司使用，需要办理财产权转移手续的，应当依法将其财产权办理至公司名下。股权出资亦是如此，出资股权权属必须转让给公司。《公司法解释三》中要求出资的股权无权利瑕疵，是指不存在任何第三人就该用于出资的股权向公司主张任何权利的事由。实践中，除他人对出资股权权属发生争议之外，作价出资的股权本身出资义务未履行或未全面履行的，股东存在出资不实或抽逃出资等问题，也会造成出资股权的权利瑕疵。

新《公司法》中明确规定了出资不实的股东转让股权的，转让人与受让人在出资不足的范围内承担连带责任；受让人不知道且不应当知道存在上述情形的，由转让人承担责任。[②] 如果股东以出资不实的股权出资的，接受出资股权的公司就处于受让人的地位，如果知道或者应当知道存在上述情形的，公司应当与出资股东在出资不足范围内承担连带责任，只有公司证明自

---

① 李燕：《公司相互持股的法律问题研究》，载《现代法学》2003年第1期。

② 新《公司法》第88条第2款规定：“未按照公司章程规定的出资日期缴纳出资或者作为出资的非货币财产的实际价额显著低于所认缴的出资额的股东转让股权的，转让人与受让人在出资不足的范围内承担连带责任；受让人不知道且不应当知道存在上述情形的，由转让人承担责任。”

己善意，即不知道且不应当知道存在上述出资不实的情形时，才能免除该种责任。如果以瑕疵出资股权作价出资，公司因此承担了相应责任，可以在承担责任的范围内向出资股东进行追偿。

四、关于以认缴未届出资期限且未实际缴资的股权出资的问题

需要明确的是，对于未届缴资期限且未实际缴资的股权，股东并未违反出资义务，因此其不属于存在权利瑕疵的股权，法律也未禁止其转让。股东转让已认缴出资但未届出资期限的股权的，出资期限届至后，应当由转让人承担出资义务还是应当由受让人承担出资义务，司法实践中曾长期存在争议。新《公司法》明确规定，股东转让已认缴出资但未届出资期限的股权的，由受让人承担缴纳该出资的义务。[①] 之所以由受让人承担出资义务，其基本原理在于认为，此种情形下股权转让不仅系股东权利的转让，也导致了出资义务同时转让。具体到出资场合，如果股东以认缴未届出资期限的股权出资，出资期限届至后，公司需要承担相应的出资义务。有鉴于此，该出资股权价值与已经实际缴资的股权在价值上存在差异，接受该类股权出资时，公司应当在评估作价时充分考虑这一因素，以确定出资股权财产的合理价值。同样，对于股东来说，以认缴未届出资期限的股权出资，如果公司未按期足额缴纳出资的，该股东要对公司未按期缴纳的出资承担补充责任，同样要充分考虑自己承担的风险。

五、以法律或行政法规禁止出资的财产出资无效

出资应符合法定方式，是股东完全履行出资义务的根本前提。如以法律、行政法规禁止的方式出资，将造成出资无效的后果，公司、其他股东或者公司债权人有权向该股东提起出资方式无效之诉，并要求以符合法律法规规定的出资予以补足。司法实践中，股东在公司设立或者增加资本时，根据法律法规、认股协议或者公司章程的规定，向公司履行出资义务，在取得股权而产生的股东出资纠纷中，就包括了出资方式无效纠纷这一类诉讼。例如，《市场主体登记管理条例》第 13 条第 2 款规定，公司股东、非公司企业法人出资人、农民专业合作社（联合社）成员不得以劳务、信用、自然人姓名、商誉、特许经营权或者设定担保的财产等作价出资。如果以上述行政法

① 新《公司法》第 88 条第 1 款规定："股东转让已认缴出资但未届出资期限的股权的，由受让人承担缴纳该出资的义务；受让人未按期足额缴纳出资的，转让人对受让人未按期缴纳的出资承担补充责任。"

规中明确禁止的劳务、商誉等作价出资，则不符合出资方式要求，会造成出资无效的后果，股东应当承担出资瑕疵责任。

《公司法》以列举加概括的方式规定了非货币财产的出资范围，为以后新出现的财产形式用于出资预留了空间，兼顾了确定性与灵活性。出资方式的确定有利于公司资本的充实，出资方式的灵活便利了公司设立，而授权法律、行政法规规范某类财产不得作价出资作为底线保障，维护了交易安全与秩序。

【条文】

第四十九条

股东应当按期足额缴纳公司章程规定的各自所认缴的出资额。

股东以货币出资的，应当将货币出资足额存入有限责任公司在银行开设的账户；以非货币财产出资的，应当依法办理其财产权的转移手续。

股东未按期足额缴纳出资的，除应当向公司足额缴纳外，还应当对给公司造成的损失承担赔偿责任。

【条文主旨】

本条是关于股东应当按期足额缴纳出资以及出资不实应当向公司承担的责任的规定。

【条文概览】

本条在此次《公司法》修订中进行了实质修改。本条来源于1993年《公司法》第25条。该条规定："股东应当足额缴纳公司章程中规定的各自所认缴的出资额。股东以货币出资的，应当将货币出资足额存入准备设立的有限责任公司在银行开设的临时账户；以实物、工业产权、非专利技术或者土地使用权出资的，应当依法办理其财产权的转移手续。股东不按照前款规定缴纳所认缴的出资，应当向已足额缴纳出资的股东承担违约责任。"2005年《公司法》对上述条文内容进行了完善，其于第28条规定："股东应当按期足额缴纳公司章程中规定的各自所认缴的出资额。股东以货币出资的，应当将货币出资足额存入有限责任公司在银行开设的账户；以非货币财产出资的，应当依法办理其财产权的转移手续。股东不按照前款规定缴纳出资的，除应当向公司足额缴纳外，还应当向已按期足额缴纳出资的股东承担违约责任。"修订后的条文一直保留至2018年《公司法》之中。此次《公司法》修订中，删除了原条文第2款关于出资不实股东向其他股东承担违约责任的规定，新增了未出资股东对公司损失承担赔偿责任的规定。

【理解与适用】

股东的出资是公司设立并从事生产经营活动的物质基础。公司成立后，股东的出资成为公司的财产，构成公司对外承担债务责任的保证。股东履行出资义务是维护公司正常生产经营活动以及促进公司发展、维护债权人利益的必要条件。本条规定了股东应当按期足额缴纳出资以及不履行出资义务向公司承担的责任，应从如下方面进行理解：

一、股东应当按期足额缴纳出资

本条前两款规定了股东如实履行出资义务的原则和要求，股东出资符合要求的，如实履行了出资义务；出资不符合要求的，则属于出资不实，应当承担出资不实的责任。具体如下：

本条第 1 款规定了股东履行出资义务的基本原则，即股东应当按期足额缴纳公司章程规定的各自所认缴的出资额。出资义务，包括公司设立时股东的出资义务和公司增资时股东的出资义务。实缴的，股东应当在公司设立时或者增资时，按照章程规定的数额、质量、方式等足额缴纳；认缴的，股东应当在公司章程规定的出资期限届至时，按照章程规定的数额、质量、方式等足额缴纳。

从出资方式上看，股东出资分为货币出资与非货币出资，本条第 2 款则分别规定了股东履行出资义务的具体要求。

（一）股东以货币出资的，应当按照公司章程规定的时间和金额，将货币出资存入有限责任公司在银行开设的账户

如果公司章程规定为实缴货币出资的，股东必须在公司成立之前或增资时一次性足额将货币出资存入公司的账户；如果公司章程规定为认缴货币出资的，股东必须在公司章程规定的出资期限届至时足额将货币出资存入公司账户。

我国《公司法》规定的出资数额都是以货币金额的方式直接表示的，货币出资方式具有价值确定、容易计量等特征，货币出资是广为接受的出资形式。但在货币出资中，需要注意出资人以违法犯罪所得出资的效力认定问题。

货币系特殊动产，为一般种类物和可替代物。民法理论上一般认为，货币所有权与占有权相一致，推定货币占有人即为货币所有人，享有对货币的处分权。因此，出资人即使以贪污、受贿、侵占、挪用等违法犯罪手段取得了货币出资，也不宜认定构成民法上的无权处分。出资人将其非法取得的货币投入公司后，公司即取得货币的所有权，该出资行为应当有效，出资人依法取得与该出资对应的股权。

此前，曾有观点认为，公法责任具有很强的追夺原物的特点，如果系以

违法犯罪所得及其收益出资的，根据我国《刑法》的有关规定，违法犯罪所得应予追缴以补偿受害人损失，否定其出资的合法性。我们认为，追缴违法犯罪所得并不妨碍出资的合法性。如果出资人的行为构成犯罪，这种通过非法手段获得的股权则属于出资人的违法犯罪所得，只不过这种犯罪所得的财产形式由于出资行为而从原来的货币转换成了股权。在追究出资人犯罪行为的责任时，不应直接从公司抽回货币，只能对出资人就该货币形成的股权进行处置。因货币是典型的种类物，以处置上述股权获得的价款补偿受害人，同样可以弥补其损失。

在这一问题上，司法实践中正反两方面的案例都存在不少。例如，在一起股东出资纠纷案中，股东甲以挪用的公款与他人一起出资设立了一家公司。公司一成立，股东甲因其犯罪行为被起诉、定罪，入狱服刑。追赃时，有关机关直接扣划了公司账户上的相应款项，并将其发还受害单位。甲服刑5年后出狱，随即向法院起诉，要求确认自己是公司的股东，公司保障自己行使股东权利并补足自己服刑期间应得的分红款。公司的另外两名股东则主张甲的出资款进入公司账户后第3天就被冻结，之后款项就被扣划。现在公司在自己二人的经营下资产大幅增值，而甲对公司没有出资，对公司经营没有任何贡献，不能坐享其成，攫取巨额利益，不应当认定甲是公司的股东。股东甲与另两名股东之间双方观点都各有道理却又极端对立。原因在于，有关机关追赃时直接从公司账户中扣划了同等数额的款项，却对甲出资后取得的股权没有处理，造成了当事人之间利益的严重冲突。而在另一起案件中，股东也是贪污公款后将其中一部分赃款出资，投入某公司。追赃时，有关机关原本直接冻结了该公司账户。经协调，公安机关解除了对公司账户的冻结措施，转而冻结了股东持有的公司股权。股权拍卖后，所得款项予以追缴，就数额而言，远大于之前该股东投入公司的出资数额，案件圆满解决。这样处理，同时兼顾了多方主体的利益，也不会再留下权属争议的隐患。

因货币具有特殊性，以违法犯罪行为所得的货币出资，出资行为效力不能被否定，以此形成的股权也应有效。同时，为了平衡受害人的财产损失，在追究处罚犯罪行为、补偿受害人时，通过拍卖或者变卖等方式对其股权进行处置，所得之价款用于补偿受害人。这种做法既符合民法的一般原理，又尊重了公司的独立人格，同时兼顾公司与犯罪行为受害人的利益。[①]

---

① 我国《公司法》相关司法解释对此进行了明确规定。《公司法解释三》第7条第2款明确规定："以贪污、受贿、侵占、挪用等违法犯罪所得的货币出资后取得股权的，对违法犯罪行为予以追究、处罚时，应当采取拍卖或者变卖的方式处置其股权。"

实践中需要注意的是，这一处理原则适用于投资人以违法犯罪所得货币出资的情形，但不当然适用于出资人以违法犯罪所得非货币财产出资的情形。

（二）股东以非货币财产出资的，应当依法办理财产权转移手续

股东出资，是股东基于其股东地位，为公司目的之需要对公司为一定给付。以非货币财产出资，对于股东来说，尽管形式上有别于普通的财产转让，但本质上仍然是将其持有用于出资的财产转让给公司，需要将原来属于股东所有的财产转移权属，成为公司所有的财产。如股东以房产出资的，必须到房管部门办理房屋所有权转移的手续，将房屋所有权人由股东改为公司；股东以知识产权如专利权、商标专用权出资的，必须到专利管理机关、商标注册机关办理权属变更手续，将权利人由股东变更为公司；以土地使用权出资的，必须办理土地使用权转让登记，将土地使用权人变更为公司等。本法第 48 条明确要求作为出资的非货币财产应当具备可以货币估价并可以依法转让的特点。非货币财产一旦作为出资，无论是实物、土地使用权、知识产权还是债权、股权，都需要出资人将财产权属转移给公司，由公司取得该财产权属。

股东对出资财产承担权利瑕疵担保责任，保证第三人不会就该出资财产向公司主张权利。因此，以非货币财产出资的，出资人应当享有出资财产的所有权或者处分权。非货币财产出资中要注意的是，以无权处分财产出资的效力认定问题。如果出资人以自己不享有处分权的财产出资，如将租赁的机器设备当作自己所有的机器设备作价出资的，是否导致出资无效？

股东向公司出资，实际却没有出资财产的所有权或处分权的，该行为性质系无权处分。此时，公司能否取得出资财产权属，取决于公司是否构成善意取得。这一原则在《公司法解释三》第 7 条中予以明确。该条第 1 款规定："出资人以不享有处分权的财产出资，当事人之间对于出资行为效力产生争议的，人民法院可以参照民法典第三百一十一条的规定予以认定。"而《民法典》第 311 条即关于无权处分时受让人善意取得的规定。

具体到出资的场合，出资人以不享有处分权的非货币财产出资，公司符合下列要件的，善意取得该出资财产的所有权：（1）公司在受让该财产时是善意的，即公司不知道且不应当知道出资人对出资财产不享有处分权。（2）该出资财产转让价格合理。（3）出资的财产依照法律规定应当登记的已经登记在公司名下，不需要登记的已经交付给公司。

法院在审理出资人以不享有处分权的财产出资类纠纷中，应当注意，出

资同时符合《民法典》第311条规定的三个条件的，应当认定出资有效，公司取得出资财产权属，股东也取得相应股权，而财产的原权利人将因此丧失其对财产的权属。原权利人就其损失，可以向无权处分的股东要求损害赔偿。如果出资不符合上述三个条件的，应当认定出资无效，公司无法取得该财产所有权，真正权利人有权取回出资财产。相应地，出资人因此构成出资不实，公司或其他股东有权要求该出资人承担出资不实的责任，向公司补足出资并赔偿损失。

二、股东不按期缴纳出资的责任

公司成立之后，股东履行出资义务的相对方是公司，本条第3款规定了不按期缴纳出资的，违反出资义务的股东应当向公司承担的责任。

（一）承担责任的性质

按期足额缴纳出资，是股东的一项重要法定义务，必须严格履行。如果股东没有按期足额缴纳公司章程中规定其所认缴出资额，例如，没有按照公司章程规定的时间或者没有按照公司章程规定的出资金额出资，或者股东出资的非货币财产价值严重低于公司章程规定的价值的，则需要依法承担相应的法律责任。按行为方式的不同，股东违反出资义务的行为可表现为完全不履行、未完全履行和不适当履行等形式。完全不履行是指股东根本未出资，具体包括拒绝出资、不能出资和虚假出资。未完全履行，即未足额履行，是指股东只履行了部分出资义务，未按规定数额足额交付。不适当履行，是指出资的时间、形式或手续不符合规定，包括迟延出资、瑕疵出资。迟延出资是指股东不按规定的期限交付出资或办理实物等财产权的转移手续；瑕疵出资是指股东交付的非货币出资的财产存在权利或物的瑕疵。

增资实际是出资人与公司达成增资协议，股东违反出资义务应当承担违约责任；公司设立时，虽然公司尚未成立，但设立公司的股东之间实际存在发起人协议，各个股东都应当依约向公司按期足额缴纳出资，否则应当承担违约责任。因此，从性质上来说，违反出资义务的股东向公司承担的是违约责任。

（二）向公司足额缴纳出资

《民法典》第577条规定，当事人一方不履行合同义务或者履行合同义务不符合约定的，应当承担继续履行、采取补救措施或者赔偿损失等违约责任。股东不按期缴纳出资的，不能因此免除或者减轻其按照公司章程规定应当履行缴纳出资义务的责任，相反，股东必须向公司继续履行出资义务，足额缴纳出资。

实践中，需要注意股东补足非货币财产出资的问题。如果股东投入公司的非货币财产出资实际价值显著低于章程规定的价额的，出资人应当承担补足出资的责任。但对股东补足出资的方式存在不同观点。有意见认为，出资人的出资义务是以非货币财产例如股权出资，该股权价值严重低于公司章程所定价额，但判决出资人以现金出资缺乏事实和法律依据，应由公司要求股东在合理期限内采取补救措施为前置程序；补救不了的，也只能采取减资或采取拍卖、变卖等方式处置相应股权，从而减少出资人虚增的股权份额。另一种意见则认为，虽然公司章程规定出资人出资方式为股权，但因出资人未再持有其他份额的股权，要求出资人以同样的股权补足出资，已无现实可能，根据资本充足原则，应判令出资人以现金方式补足出资。

这里产生争议是因为对于非货币财产出资不实后，股东补足出资责任承担方式的认识不一致。股东的出资形式表现为货币出资和非货币财产出资两大类，股东出资不实也就可以分为货币出资不实与非货币财产出资不实。非货币财产出资不实中最常见的违法形态，即出资财产的实际价额显著低于公司章程所定价额。此时，公司章程约定的出资财产本身已经交付给公司，权属变更也已经完成，出资从数量上看已经足额，只是其价值显著低于公司章程所定的价额，影响了公司的资本充实。根据《公司法》及其司法解释的规定，此种情形下，应由交付该出资的股东补足其差额，公司有权要求其依法全面履行义务，就公司章程中确定的出资价额与实际价额之间的差额承担补足责任。司法实践中，最常见的补足方式是以现金补偿。如果判决后债务人不能实际履行，债权人可以与债务人协商达成和解，通过以物抵债或者减资、变卖股权等其他更加灵活的方式实现债权。

（三）向公司承担赔偿责任

股东未按期足额缴纳出资可能影响公司的资本充实，对公司的实际经营发展产生影响，因此，其因违反出资义务应当承担的责任，除继续向公司补足出资外，还应当对造成的损失承担赔偿责任。出资不实的形态不同，赔偿责任也不同。

根据出资形式的不同，股东违反出资义务的形态可以分为货币出资不足和现物出资不实两种。对于货币出资来说，出资不实导致本应当交付公司的货币未交付公司使用，造成了对公司经营性资金的占用，其损失额一般体现为利息。司法实践中，一般将股东未履行或者未全面履行出资义务的责任，明确为在未出资本息范围内，广为适用。当然，如果股东未履行或者未全面履行出资义务还给公司造成了特殊损失，如公司经营需要的关键专利技术没有出资到位，导致公司无法生产经营，对此还需要赔偿特殊的损失。

【实务问题】

司法实践中适用本条时需要注意以下问题：

一、公司债权人向未完全履行出资义务的股东主张权利的问题

股东未履行或未全面履行出资义务的行为，违反了公司资本维持原则，影响公司资本充实，对债权人利益具有较大威胁。为保护债权人利益，在股东未履行或未全面履行出资义务导致公司不能清偿债务时，债权人应有权直接请求该股东承担赔偿责任。《公司法解释三》第 13 条第 2 款规定："公司债权人请求未履行或者未全面履行出资义务的股东在未出资本息范围内对公司债务不能清偿的部分承担补充赔偿责任的，人民法院应予支持……"赋予公司债权人直接要求出资瑕疵股东承担责任的权利，实践中对此已经广为适用。《变更追加当事人解释》以上述规定为实体法基础，明确规定了执行程序中，可以直接追加出资不实的股东为被执行人，该解释第 17 条规定："作为被执行人的营利法人，财产不足以清偿生效法律文书确定的债务，申请执行人申请变更、追加未缴纳或未足额缴纳出资的股东、出资人或依公司法规定对该出资承担连带责任的发起人为被执行人，在尚未缴纳出资的范围内依法承担责任的，人民法院应予支持。"

公司债权人直接向出资瑕疵股东主张权利的法理基础有二：第一，为债权人代位权之行使。股东未履行或未完全履行出资义务对公司承担补足出资及赔偿损失的责任，因公司享有请求瑕疵出资股东补足出资及赔偿损失的权利，在公司怠于行使此项债权时，公司债权人可以代位行使。第二，基于债权侵权的原理。我国目前越来越多的学者支持债权具有可侵性，认为应当在一定范围内承认债权不可侵犯性的合理存在，债权作为一种重要的财产权，也有受侵害的可能，而这种被侵害的情况通过合同责任的形式很难给予受害人以救济，因此，有必要对第三人侵害债权的情况在侵权法上予以规制，任何正当利益都应当受到法律的保护，债权作为一种合法的财产利益自不例外。而股东未完全履行出资义务，导致公司不能清偿债务，债权人在股东未履行出资范围内要求股东承担损害赔偿责任，并未给股东带来额外的负担，也没有超过其合理预期。

二、关于出资债权转让的问题

以非货币财产出资，对于股东来说，尽管形式上有别于普通的财产转让，但本质上仍然是将其持有的用于出资的财产转让给公司。此次《公司法》修订后，明确可以用债权出资，需要注意债权转让的相关问题在债权出资场合的特殊表现。

首先，关于出资债权权属变动的问题。债权转让过程中，债权变动除涉及转让人与受让人这两个转让合同关系主体外，还涉及债务人的利益以及转让人的债务人等第三人的利益。民法理论对债权转让效力的分析一般区分为债权转让在转让人和受让人之间的效力、对债务人的效力，以及对于转让人的债权人等第三人的效力这三个方面。根据《民法典》第502条和第546条的规定[①]，债权转让合同自成立时生效，在通知债务人后对债务人发生效力。但对于债权转让效力，即债权转让合同是否具有对抗第三人的效力、债权权属何时从转让人移转至受让人，法律没有明确规定。从域外立法的情况来看，各国对这一问题的规范也不尽相同。德国民法对债权转让的效力采取意思主义，只要当事人意思表示一致，就发生债权转让的效力，并可以据此对抗第三人。《法国民法典》以通知到达债务人的先后顺序作为判断标准。美国法则是以登记先后顺序作为判断标准。因此，我国债权权属转让生效时点在理论与实践中均存在争议，目前较为普遍的观点基本采意思主义立场，认为债权转让合同一生效，债权即由转让人移转至受让人，但未经通知，债权转让对债务人不发生效力。具体到债权出资领域，如果股东与公司之间签订债权出资协议，则出资协议一经生效，债权便转移至公司；如果没有签订书面出资协议，则应认为股东与公司之间就债权出资问题意思表示一致时，则债权转移至公司。当然，股东负有通知债务人的义务，通知债务人之后，该出资债权转让对债务人生效。

其次，关于从权利转让的问题。以债权出资的合同生效后，公司取得出资债权，成为债务人的新债权人。根据《民法典》第547条之规定，债权人

---

① 《民法典》第502条规定："依法成立的合同，自成立时生效，但是法律另有规定或者当事人另有约定的除外。依照法律、行政法规的规定，合同应当办理批准等手续的，依照其规定。未办理批准等手续影响合同生效的，不影响合同中履行报批等义务条款以及相关条款的效力。应当办理申请批准等手续的当事人未履行义务的，对方可以请求其承担违反该义务的责任。依照法律、行政法规的规定，合同的变更、转让、解除等情形应当办理批准等手续的，适用前款规定。"《民法典》第546条规定："债权人转让债权，未通知债务人的，该转让对债务人不发生效力。债权转让的通知不得撤销，但是经受让人同意的除外。"

转让债权的，受让人取得与债权有关的从权利，但是该从权利专属于债权人自身的除外。受让人取得从权利不因该从权利未办理转移登记手续或者未转移占有而受到影响。因此，若转让的债权上附有从权利，如主债权的保证债权、抵押债权、留置债权、质押权、优先权、孳息债权等，从权利随主债权一并转移。从权利的存在对于保障债权的实现至关重要。具体到出资场合，债权出资合同生效后，出资债权即由股东处移转至公司，除了从属于原债权人股东自身的权利外，其他与该债权有关的从权利，如抵押权、保证债权、质押权、优先权等一并皆转移给公司。

【条文】

第五十条

有限责任公司设立时，股东未按照公司章程规定实际缴纳出资，或者实际出资的非货币财产的实际价额显著低于所认缴的出资额的，设立时的其他股东与该股东在出资不足的范围内承担连带责任。

【条文主旨】

本条是关于有限责任公司原始股东之间相互对出资承担连带责任的规定。

【条文概览】

本条是此次《公司法》修订中有实质修改的条文。1993 年《公司法》第 28 条规定："有限责任公司成立后，发现作为出资的实物、工业产权、非专利技术、土地使用权的实际价额显著低于公司章程所定价额的，应当由交付该出资的股东补交其差额，公司设立时的其他股东对其承担连带责任。"2005 年《公司法》修订时进行了表述上的完善，第 31 条规定："有限责任公司成立后，发现作为设立公司出资的非货币财产的实际价额显著低于公司章程所定价额的，应当由交付该出资的股东补足其差额；公司设立时的其他股东承担连带责任。"其后，内容一直未作变动。但该规定仅针对非货币财产出资不实的一种情形，没有完整地规定有限责任公司设立时股东相互之间对出资应当承担的连带责任。2011 年《公司法解释三》系统解释《公司法》，首次进行了统一规定，该司法解释第 13 条第 3 款规定："股东在公司设立时未履行或者未全面履行出资义务，依照本条第一款或者第二款提起诉讼的原告，请求公司的发起人与被告股东承担连带责任的，人民法院应予支持；公司的发起人承担责任后，可以向被告股东追偿。"《变更追加当事人解释》以上述规定为实体法基础，明确规定了在执行程序中，可以直接追加设立时的股东为被执行人。[①] 此次修订中，新《公司法》吸收了司法解释的相

① 该解释第 17 条规定："作为被执行人的营利法人，财产不足以清偿生效法律文书确定的债务，申请执行人申请变更、追加未缴纳或未足额缴纳出资的股东、出资人或依公司法规定对该出资承担连带责任的发起人为被执行人，在尚未缴纳出资的范围内依法承担责任的，人民法院应予支持。"

关规定，全面规定了有限责任公司设立时股东相互之间对于出资义务承担连带责任，如果股东未按照公司章程的规定实际缴纳出资，或者实际出资的非货币财产的实际价额显著低于所认缴的出资额的，设立时的其他股东与该股东在出资不足的范围内承担连带责任，不再局限于非货币财产的实际价额显著低于公司章程所定价额这一种情形。

根据连带责任内部求偿原理，公司设立时的股东承担责任后，可以向未履行或未全面履行出资义务的股东追偿。

【理解与适用】

本条明确有限责任原始股东对设立时实缴出资部分相互承担连带责任。应从以下几方面正确理解适用：

一、设立时股东相互承担连带责任的原理

有限责任公司设立时的股东具有特殊的法律地位，在公司设立阶段承担设立公司的权利义务，而在公司成立后，为从制度上保证公司资本充实，不影响公司的设立和经营，设立时的股东需要承担资本充实责任。

所谓资本充实责任，是指为贯彻资本充实原则，由公司设立者共同承担的相互担保出资义务履行的民事责任。根据资本充实责任，因某些公司设立者违反出资义务或其他原因，而致公司资本不能按章程规定缴足时，其他公司设立者要为此承担连带的缴足义务。资本充实责任的承担，就是要保证公司设立时，其实收资本与章程所定资本确为一致。具体而言，有限责任公司设立时股东承担的资本充实责任包含两部分内容：一是有限责任公司设立时股东的出资担保责任。在设立有限责任公司时，如果有的股东不按章程规定出资，其他参与公司设立的股东对该不出资部分负有连带的补足出资义务。二是差额填补责任。在公司成立时，如果出资现物的实际价额显著低于章程所定价额时，其他公司设立者对不足的差额部分承担连带的填补责任。

资本充实责任有以下特点：(1) 资本充实责任是公司法上的法定责任，不以公司设立者的约定为必要，亦不能以公司章程或股东会决议来免除。(2) 资本充实责任是违反出资义务的股东以外的其他公司设立者的责任，违反出资义务的股东承担的是出资违约责任，其内容与资本充实责任不同。(3) 资本充实责任因公司设立行为而产生，其承担者限于公司设立者。在公司成立后接受出资或股份转让的股东不承担资本充实责任。(4) 资本充实责任是无过错责任，只要存在资本不足的事实即可构成，公司设立者的全部或

一部分是否有过错，在所不问。它不以发起人的过失为要件，也不能以全体股东的同意来免除，亦不受诉讼时效的限制。（5）资本充实责任是连带责任，全体公司设立者中的任何一人对资本不足的事实均负全部充实责任。先行承担资本充实责任的公司设立者，可向违反出资义务的股东求偿，亦可要求其他公司设立者分担。

资本充实责任有利于维护公司、股东、公司债权人以及公司利益相关者等多方利益的平衡。首先，股东的有限责任制是公司制度的基石，但也须维护公司债权人的利益。公司股东要享有有限责任，就必须承担资本充实责任。资本充实责任使股东负有诚信出资担保责任，以保障公司债权人的交易安全，实现与股东有限责任的均衡。其次，相比于其他股东，公司设立时的股东作为公司设立者享有更多的权利，往往能从设立公司过程中获取更多的利益。设立人在设立公司过程中享有特殊的权利，赋予其资本充实的义务，也是权利义务相统一的要求。设立人承担资本充实责任，有利于维护公司、公司其他股东以及公司职工等利益相关者的利益。

二、设立时股东承担连带责任的相关规定

此次修订之前，我国《公司法》对有限责任公司设立时股东应承担的资本充实责任规定得不够完善，仅规定非货币出资财产的实际价额显著低于公司章程所定价额的，公司设立时的股东要承担连带的财产价额填补责任。而对出资额认缴不足的情况，没有规定设立股东负连带的出资认缴责任。如果未缴纳出资的股东本身客观上已无力承担责任，此时公司资本的不足部分由谁来充实就成为现实问题。因此，为确保公司财产的充实，应当从法律制度上优先保证公司财产达到公司资本总额，做到资本充实，使公司能进行正常的业务经营。2011 年发布的《公司法解释三》对有限责任公司设立时股东科以连带补足出资额的责任，该解释第 13 条第 3 款规定："股东在公司设立时未履行或者未全面履行出资义务，依照本条第一款或者第二款提起诉讼的原告，请求公司的发起人与被告股东承担连带责任的，人民法院应予支持；公司的发起人承担责任后，可以向被告股东追偿。"首次完整地规定了有限责任公司设立时的股东在公司成立后应当承担的资本充实责任。自《公司法解释三》规定之后，完整建立起我国现行的出资不实股东责任体系。其后的司法解释、规范性文件则在不同领域作出了相应完善。如执行程序中，直接追加出资不实的股东为被执行人。从《最高人民法院关于人民法院执行工作若干问题的规定（试行）》到之后的《变更追加当事人解释》均以《公司

法》及其司法解释的相关规定为实体法基础，明确规定了执行程序中，可以直接追加出资不实的股东为被执行人。尤其是《变更追加当事人解释》，吸纳了《公司法解释三》中关于发起人包括有限责任公司原始股东以及股份有限公司发起人的概念，规定了出资不实情形下，可以直接追加依《公司法》规定对该出资承担连带责任的发起人为被执行人承担责任。该司法解释第17条规定："作为被执行人的营利法人，财产不足以清偿生效法律文书确定的债务，申请执行人申请变更、追加未缴纳或未足额缴纳出资的股东、出资人或依公司法规定对该出资承担连带责任的发起人为被执行人，在尚未缴纳出资的范围内依法承担责任的，人民法院应予支持。"执行中直接追加出资不实的股东为被执行人对公司债务承担责任与向出资不实的股东提起诉讼要求其对公司债务承担责任，在责任范围、连带责任人等方面均存在差异，但两者均是以发起人相互之间对于出资不实承担连带责任为基础。①

此次修订之后，新《公司法》中吸收了司法解释的相关规定，完整规定了有限责任公司设立时股东承担的资本充实责任，规定当负有缴纳出资义务的人不履行或不完全履行其义务时，设立时的股东要向公司承担连带的缴纳出资或填补非货币出资财产价额的责任，之后，再根据民法相关原理，向未履行或未完全履行出资义务人求偿。

三、设立时股东相互承担连带责任的基本内容

根据本条的规定，设立公司的股东承担不如实缴付出资责任的基本内容如下：

（一）承担责任的时间

股东承担不如实缴付出资责任的时间，为"有限责任公司成立后"。公司成立后，为独立的法律主体。股东不如实缴付出资的，应当向公司履行出资义务；设立时股东相互之间承担的连带责任，也应当向公司履行。

（二）承担责任的主体

首先，承担责任的主体是违反出资义务的股东以外的其他公司设立者。违反出资义务股东本身承担的是出资违约责任，与本条所规定的资本充实责任不同。其次，该责任因公司设立行为而产生，其承担者限于公司设立者。因此，该责任主体限于有限责任公司设立时的其他股东，不及于公司成立后受让股权的股东以及增资时加入的股东。

---

① 详见潘勇锋：《瑕疵出资股东对公司债权人的责任》，载《人民司法》2013年第15期。

（三）构成条件

设立公司的股东承担不如实缴付出资责任的构成条件，为“股东未按照公司章程规定实际缴纳出资，或者实际出资的非货币财产的实际价额显著低于所认缴的出资额”。包括了股东未履行或未完全履行出资义务的全部形态。

第一，股东未按照公司章程规定实际缴纳出资，包括货币出资未实际缴纳，也包括非货币财产出资未实际缴纳的情形。此时，应当实际出资而未出资的股东显然属于出资不实，而设立时的其他股东就应当与该股东在出资不足的范围内承担连带责任。

第二，以非货币财产出资，必须经过核实、评估作价，既不得高估作价，也不得低估作价。股东用非货币财产出资，存在与实际价值不相符的可能性。当股东实际出资的非货币财产的实际价额显著低于所认缴的出资额，对于该股东本身来说，属于出资不实，而根据本条的规定，设立时的其他股东应当与该股东在出资不足的范围内承担连带责任。所谓“显著低于”，是指非货币财产的实际价额，明显地少于公司章程所定价额，即两者之间的差额过大，影响到注册资本出现较大欠缺，或者对公司所经营的事业带来的障碍比较大，就可以视为构成“显著低于”要件。

（四）责任范围

第一，因有限责任公司章程中载明了股东的出资额、出资方式和出资日期，而公司设立时需要缴纳的出资并不包括股东认缴部分出资，因此，有限责任公司原始股东相互之间对出资承担连带责任限于公司设立时的实缴出资部分，对认缴出资部分不承担连带责任。

有限责任公司股东实缴部分，在公司成立之前应当交足。认缴，只是给出承诺，公司成立时出资期限尚未届至，不需要实缴。而发起人之间在公司成立之前系合伙关系，公司一旦成立，则发起人之间的合伙关系结束，投资公司的成为公司股东。实缴部分的发起人之间的连带关系，是因为其是在公司成立之前已经产生的义务，不会因为公司成立而消除；而公司成立之后，发起人之间的关系就变成了公司股东之间的关系，其公司成立之前的合伙状态结束，之后新产生的义务自然不需要相互承担连带责任。

因此，对于出资实缴部分，股东未按期足额缴纳出资，或者作为出资的非货币财产的实际价额显著低于所认缴的出资额的，应当补缴；设立时的其他股东承担连带责任。

对于出资认缴部分，出资期限届满时，股东未按期足额缴纳出资，或者作为出资的非货币财产的实际价额显著低于所认缴的出资额的，应当补足差额，设立时的其他股东不承担连带责任。

第二，承担责任范围的区别。本法第 49 条规定了出资不实的股东对公司应承担的责任，该条第 3 款规定：“股东未按期足额缴纳出资的，除应当向公司足额缴纳外，还应当对给公司造成的损失承担赔偿责任。”也即，除补足出资外，还应当对“给公司造成的损失”承担赔偿责任，审判实践中，损失往往体现为利息。而当有限责任公司原始股东对其他股东出资不实承担连带责任时，责任范围限制在出资不足的范围内，不包括给公司造成的损失部分。

（五）责任形式

公司设立时股东以实物、知识产权、土地使用权等非货币财产出资，其实际价额显著低于公司章程规定价额的，股东必须承担责任。根据本条规定，股东承担责任的形式是“补足其差额”，即缴资不实的股东仍然承担缴付其差额的责任。同时，公司设立时的其他股东承担连带责任，即对缴付该差额承担连带责任。足额缴付认缴的出资，保证公司资本充足，既是每一个股东的法定义务，也是全体股东的共同责任。因此，为了保证公司注册资本的实有性和充实性，当股东出资不足时，该股东必须承担补足差额的责任，补足其差额，公司设立时的其他股东应当积极督促该股东履行其责任；如果该股东已无力承担补足差额的责任，则由公司设立时的其他股东承担连带责任，代为补足，并向该股东追偿，以确保公司资本的充足。

【实务问题】

司法实践中，为正确理解与适用本条，还需要注意以体系思维处理股东瑕疵出资责任问题。

股东不履行出资义务，会导致公司资本不充实，损害了公司的利益，进而侵害公司其他股东及公司债权人的利益。《公司法解释三》第 16 条规定了股东未履行或者未全面履行出资义务，公司可以根据公司章程或者股东会决议对其利润分配请求权、新股优先认购权、剩余财产分配请求权等股东权利作出相应的合理限制。该规定授权公司通过限制股东权利来促使股东履行出资义务，以保证公司资本的充实。这也给了公司在股东未履行或未完全履行出资义务情况下的另一种选择。公司可以选择与股东进行协商，延长出资期限或者采取减资等方式，同时辅之以对未履行或未完全履行出资义务的股东采取限制股权权能的措施。通过这种方式，可以保留出资瑕疵股东资格，不涉及公司资本问题，然后通过限制瑕疵出资股东部分股东权利，促使其尽快履行出资义务。该制度对于敦促股东履行出资义务，维护公司资本充实，具有重要作用。当然，限制股权权能只限于瑕疵出资股东本身，有限责任公司设立时的其他股东不承担相应责任。

在股东未按期履行出资义务的情况下，公司、股东实际都不只有唯一选择。无论是全体股东协商延长出资期限，还是公司依照法定程序进行减资都是可行的方案。只是催缴出资可以由公司直接实施，其他方式都是公司、全体股东甚至包括公司债权人进行协商的结果，不是单方可以决定的事情。

【条文】

第五十一条

有限责任公司成立后，董事会应当对股东的出资情况进行核查，发现股东未按期足额缴纳公司章程规定的出资的，应当由公司向该股东发出书面催缴书，催缴出资。

未及时履行前款规定的义务，给公司造成损失的，负有责任的董事应当承担赔偿责任。

【条文主旨】

本条是关于董事会核查、催缴出资义务的规定。

【条文概览】

本条是此次《公司法》修订中新增加的条文，规定了董事会核查和催缴出资的责任。本条第 1 款明确了董事会对股东出资情况的核查和催缴义务，义务主体是董事会，规定有限责任公司设立后，董事会应当对股东的出资情况进行核查，一旦发现股东未按期足额缴纳公司章程规定的出资，就应当进行催缴，催缴出资的方式是以公司的名义发出书面催缴书。

本条第 2 款规定了董事会违反出资核查催缴义务的法律后果，根据本款规定，董事会未及时履行前款规定的义务，给公司造成损失的，负有责任的董事应当承担赔偿责任。承担责任的主体是负有责任的董事，承担责任的方式是赔偿损失。

【理解与适用】

本条全面规定了董事会核查及催缴出资的义务。根据本条规定，有限责任公司成立后，董事会应当对股东的出资情况进行核查，一旦发现股东出资不实，应当以公司名义向该股东发出书面催缴书，催缴出资。未完全履行义务给公司造成损失的，负有责任的董事应当承担赔偿责任。应从以下几方面理解和适用本条：

一、董事责任的基础

本条规定从体系上来说，是出资领域的董事责任，属于董事责任的一部分。关于董事责任的基础，从其他国家和地区立法例来看，存在不同认识。英美法系国家的公司法认为，董事与公司之间的关系属于一种信托和代理关系。董事既是公司的代理人，也是公司的受托人，董事的双重身份要求其在处理公司事务时必须从公司的最大利益出发。大陆法系国家的公司法认为，董事与公司之间的关系属于一种委任关系，董事取得公司事务的经营决策权和业务执行权。董事是公司的受任人，对于公司负有作为善良管理人的注意义务。虽然两大法系对董事责任理论基础认识不同，但均要求董事、监事、高管人员必须以公司利益为重，公司董事、监事、高管人员对公司负有忠实义务和勤勉义务。

此次《公司法》全面修订之后，《公司法》第180条规定“董事、监事、高级管理人员对公司负有忠实义务，应当采取措施避免自身利益与公司利益冲突，不得利用职权牟取不正当利益。董事、监事、高级管理人员对公司负有勤勉义务，执行职务应当为公司的最大利益尽到管理者通常应有的合理注意”，明确规定了董事对公司的忠实义务和勤勉义务。而本条规定了有限责任公司成立后，董事会对股东出资情况的核查和催缴义务，其义务的基础就在于董事对公司负有勤勉义务，董事会负有维持公司资本充实的责任。

二、明确负责核查催缴出资的主体

出资是股东对公司的义务，对于股东是否完全履行了出资义务，公司应当进行核查和催缴。在公司内部各个机关之间，董事会作为公司最重要的管理机构和经营决策机构，负责公司业务的经营决策和业务执行。公司的事务和业务均在董事领导下，董事会对公司的资金情况和经营状况最为了解也最需要了解，因此，董事会最适合代表公司对股东出资情况进行核查与催收。在公司内部，具体负责核查催缴出资的义务主体是公司董事会。

三、董事会核查催收股东出资的具体内容

董事催缴出资义务系一种系统性责任，分为发现股东出资不实和解决股东出资不实两部分，具体包括董事对股东出资情况的核查、催促缴纳以及股东不如实缴纳情形下采取合理措施的义务。

首先，依法核查出资，发现股东出资不实的情形。公司设立后，董事会需要依法检查核实股东履行出资义务情况。无论是公司设立时的出资还是公司增资时，无论是实缴出资还是认缴出资到期时，只要发现股东未按照公司章程规定足额缴纳出资，都应当进行催缴。

其次，催促股东依法如实履行出资义务。根据本条第1款规定，董事会核查后，发现股东未按期足额缴纳公司章程规定的出资的，应当由公司向该股东发出书面催缴书，催缴出资。根据《公司法》规定，催促股东履行出资义务的方式具有要式性，应当采取以公司名义向该股东发送书面催缴书的方式。

最后，采取合理措施解决股东出资不实的问题。董事催缴股东出资的义务基于董事维护公司资本充实的责任。因此，发现股东出资不实的，除催促股东及时缴纳出资外，在股东经催促后合理期限内仍不缴纳的，还需要采取合理措施，解决股东出资不实的问题。采取合理措施也是董事催缴义务的组成部分。例如，如果股东没有出资意愿但具备出资能力时，可以根据《公司法解释三》第16条关于“股东未履行或者未全面履行出资义务或者抽逃出资，公司根据公司章程或者股东会决议对其利润分配请求权、新股优先认购权、剩余财产分配请求权等股东权利作出相应的合理限制，该股东请求认定该限制无效的，人民法院不予支持”之规定，依照法定程序采取限制股东权利方式，敦促股东履行出资义务，还可以采取诉讼手段强制该股东缴纳出资，如果该出资不实的股东系有限责任公司原始股东，可以同时要求设立时的其他股东根据《公司法》第50条之规定与该股东在出资不足的范围内承担连带责任；如果出资不实的股东有出资意愿但是暂时没有履行能力，可以代表公司与该股东及其他股东协商，依法采取延长出资期限、进行部分减资等方式解决出资不实的问题；如果确定该股东无履行能力，可以根据《公司法》第52条规定启动股东失权程序或者根据《公司法解释三》第17条之规定，提议股东会对该股东进行除名等。

具体采取哪一种或者哪几种措施合理，需要由董事为公司的最大利益尽到管理者通常应有的合理注意义务来决定。如果董事核查催促出资后没有采取合理措施解决股东出资不实的问题，依然属于没有适当履行催缴出资义务。

四、违反催缴出资义务应承担赔偿责任

本条第2款是关于不履行催缴义务时赔偿责任的规定。

1. 赔偿责任构成要件。董事未履行催缴义务所产生的责任，构成要件与一般侵权基本相同。首先，董事存在不履行催缴出资义务的行为。董事承担赔偿责任的前提条件是对股东出资未履行核查催缴的义务。同时，鉴于催促股东出资和采取相应合理措施是一个相互衔接的完整的履行义务程序，经催

缴后股东在合理期限内仍不出资，董事会未跟进采取诉讼追讨、提议除名、股东失权等措施的，同样是不适当履行催缴出资义务的行为。其次，董事不履行催缴出资义务具有过错。董事的该项责任是违反注意义务的侵权责任，应当按照其过错承担赔偿责任。董事的过错表现为未依法核查、未依法催收、未依法采取合理措施等。例如，董事没有采取诉讼手段强制该股东缴纳出资；没有与股东协商延长出资期限、进行部分减资；在股东确定无履行能力时，没有启动股东失权程序或者提议股东会对该股东进行除名等。再次，公司受到损失。董事不履行催缴出资义务所承担的赔偿责任以给公司造成的损失为限，比如放纵股东占用公司经营性资金所造成的利息损失、公司为弥补资金不足另行举债加大的债务负担等，但一般情况下不应把损失等同于股东的出资额。最后，董事不履行催缴义务行为与公司损失结果之间应具有因果关系。董事责任赔偿范围要结合董事不履行义务行为与造成损失之间的因果关系判断，如果公司受到损失的原因系股东没有履行出资义务的意愿或者能力，即使董事采取了合理措施也不能解决股东出资不实的问题，则董事不承担该赔偿责任。因果关系是判断董事责任大小必须考虑的重要因素。

2. 承担赔偿责任的主体。董事催缴义务的责任主体限于负有责任的董事。虽然核查催收出资在公司内部为董事会的义务，但是不履行该义务需要承担责任的主体是负有责任的董事个人。哪些董事需要对董事会不履行核查催缴出资义务承担责任，一般要基于董事在公司内部的职责分工等情况判断，不能不加区分地及于所有董事。比如公司外部董事、未承担相关职责的董事等，无须承担该项责任。

3. 本条规定董事赔偿责任的重要意义。正确理解规定董事不履行催缴出资义务应承担的赔偿责任的意义。如前所述，董事不履行催缴出资义务属于董事不履行勤勉义务，根据《公司法》第188条关于“董事、监事、高级管理人员执行职务违反法律、行政法规或者公司章程的规定，给公司造成损失的，应当承担赔偿责任”之规定，就已经可以追究董事的责任。但为何在催缴出资问题上一定要单独强调一遍董事不履行义务的赔偿责任呢？因为短期来看，如果公司不予催缴，保持现状，反而对瑕疵出资股东以及其他股东最有利，但不利于公司的长远发展以及公司债权人利益的保护。因此，本款明确规定了董事会核查催缴出资的义务以及怠于履行义务董事可能承担的赔偿责任，使董事更加具备履职动力。

4. 追偿权的问题。由于承担向公司出资义务的主体是股东，因此，根据民法相关原理，董事承担责任后，可以向未按期足额缴纳出资的股东进行追偿。

此外，需要注意的是，本条虽然明确规定适用于有限责任公司，但是根据《公司法》第 107 条关于“本法第四十四条、第四十九条第三款、第五十一条、第五十二条、第五十三条的规定，适用于股份有限公司”之规定，本条也适用于股份有限公司。故股份有限公司成立后，董事会同样负有核查、催缴出资的义务，未及时履行该义务，给公司造成损失的，负有责任的董事同样要承担赔偿责任。

【实务问题】

审判实践中，正确理解和适用该条需要注意以下几点：

一、正确分辨催缴出资所涉有关主体

出资是股东与公司之间的法律关系，因此催缴出资的主体是公司，股东未按时履行出资义务，书面催缴书应以公司的名义发出。在公司内部，核查出资和进行书面催缴是董事会的职责，公司成立后由董事会对股东出资情况进行核查和催缴，以公司名义发出书面催缴书。核查和催缴出资是董事会的职责，也即董事作为一个整体所应负的职责。这一责任性质系连带责任，其中任何一个董事履行了该义务，其他董事都免责。如果没有任何一个董事履行义务，造成董事整体未及时履行第 1 款规定的义务，给公司造成损失的，承担赔偿责任的主体是负有责任的董事个人。具体的董事个人是否对此负有责任，一般要基于公司内部的职责分工等情况判断，比如外部董事、未承担相关职责的董事不承担该责任。

二、注意解决出资问题中的体系性问题

股东违反出资义务时，公司可以根据本身实际情况进行选择：可以直接要求违反出资义务的股东补足出资或返还出资，发起人、董事等主体在法定情形下承担连带责任；也可以灵活地选择协商延长出资期限、依法减资等方式；还可以通过合理限制该股东权利，敦促其尽快履行出资义务。当然，也可以选择令该股东除名或者失权。

发现股东出资不实的情形后，董事应当站在公司立场上，从公司最大利益的角度出发，正确选择适当的方式解决股东出资不实的问题。本条明确规定董事催缴出资义务，并不妨碍瑕疵出资股东与公司及其他股东协商，采取延长出资期限、减资等其他方式，解决出资问题。催缴出资之后，才能促使

股东与公司尽快协商通过合理方式解决出资问题。如果不予催缴，对股东出资不实的问题视而不见、不管不问，将会极大地损害公司根本利益。

三、新《公司法》施行前，董事是否承担核查催缴出资义务

本条是此次《公司法》全面修订过程中的新增条款，因此，审判实践中产生的一个疑问就是，新《公司法》施行前，董事是否承担核查催缴出资义务。

事实上，董事承担催缴出资义务来源于董事勤勉义务，其不适当履行催缴出资义务所应承担的责任就是董事责任的一部分。而董事对公司的勤勉义务有明确规定，例如 2018 年《公司法》第 147 条第 1 款规定，公司董事、监事、高级管理人员对公司负有勤勉义务。发现股东出资不实，应当由权利人公司进行催缴，而在公司内部，向股东催收资本属于董事勤勉义务的范围，应由董事会具体承担向股东催缴出资的义务。而董事会不适当履行该义务会对公司及其他利益相关者的利益产生影响，如果给公司造成损失了，应当承担赔偿责任。因此，新《公司法》施行之前，尽管《公司法》中没有具体明确地规定董事核查催收出资的义务，但是该义务始终是董事勤勉义务的一部分，是董事对公司勤勉义务在出资领域的一种具体表现形式。董事不履行该义务的，无论根据新《公司法》还是之前《公司法》的规定，均应当承担赔偿责任。

综上，股东未按期足额缴纳出资时，违反了股东对公司的出资义务。此时，公司董事会或董事就应当代表公司，对股东出资进行核查催收。董事如果怠于履行催缴出资义务，则应当承担相应责任。本条是新增规定，之前《公司法》中虽然没有明确规定公司董事的核查催缴出资义务以及不履行该义务应承担的责任，但司法实践中也从董事对公司承担勤勉义务的角度，推导出董事应当催缴出资，只是追究董事不催缴出资责任时因缺乏明确的法律依据，造成了一定困惑。新《公司法》明确规定了董事催缴出资的责任，相应法律责任更加清晰，解决了司法实践中的难题。

【条文】

第五十二条

股东未按照公司章程规定的出资日期缴纳出资，公司依照前条第一款规定发出书面催缴书催缴出资的，可以载明缴纳出资的宽限期；宽限期自公司发出催缴书之日起，不得少于六十日。宽限期届满，股东仍未履行出资义务的，公司经董事会决议可以向该股东发出失权通知，通知应当以书面形式发出。自通知发出之日起，该股东丧失其未缴纳出资的股权。

依照前款规定丧失的股权应当依法转让，或者相应减少注册资本并注销该股权；六个月内未转让或者注销的，由公司其他股东按照其出资比例足额缴纳相应出资。

股东对失权有异议的，应当自接到失权通知之日起三十日内，向人民法院提起诉讼。

【条文主旨】

本条是关于股东失权制度的规定。

【条文概览】

本条是此次《公司法》修订中的新增条文，是此次《公司法》修订的亮点之一，规定了股东未按期出资的，经法定程序后可令该股东丧失其未缴纳出资的股权。本条明确规定了股东失权的适用条件、适用主体、决定机关、适用程序、法律后果、失权股东的救济程序等。根据本条规定，未按期缴纳出资的股东，经公司催告，宽限期届满仍未缴纳出资的，由董事会决议后，可以向该股东发出失权通知，则该股东丧失其未缴纳出资的股权。丧失的股权应当依法转让，转让时，其他股东有权行使优先购买权；如果不能转让，此部分股权可以依照减资的规定减少注册资本并注销该股权。6 个月内未转让或者注销的，由公司其他股东按照其出资比例足额缴纳相应出资。

【理解与适用】

为了避免股东未按期出资导致公司资本不充实，《公司法》修改中增加了失权制度。股东失权制度应从以下几方面予以理解：

一、股东失权制度的具体内容

股东失权制度系此次《公司法》修订中新增加的规定，在股东未按照公司章程规定的出资日期缴纳出资，经法定程序催缴后仍未履行出资义务的，公司经董事会决议可以令该股东丧失其未缴纳出资的股权。

第一，在适用条件上，股东失权制度适用于股东未按照公司章程规定的出资日期缴纳出资的情形。这种出资不实的情形，货币出资与非货币财产出资方式均可能出现，既包括货币出资未按期足额缴纳的情形，也包括非货币财产出资未按照章程规定的日期交付出资的情形，但不包括实际出资的非货币财产的实际价额显著低于所认缴的出资额的情形。该种出资不实的情形的特点是易于辨认，核查后即可发现。这一范围与《公司法》第 51 条规定的董事会核查范围一致。

第二，在适用主体上，本条规定了适用于有限责任公司股东，而根据本法第 107 条规定，股份有限公司发起人同样适用，也即股东失权制度适用主体包括有限责任公司股东和股份有限公司发起人两类。

二、股东失权制度适用程序

本条规定，股东失权适用程序是：股东未按照公司章程规定的出资日期缴纳出资，公司发出书面催缴书予以催缴，催缴书中可以载明不少于 60 日的宽限期，宽限期届满，股东仍未履行义务的，经公司董事会决议发出失权通知，自书面通知发出之日起股东丧失未出资的股权。

1. 发出催缴书。股东未按照公司章程规定的出资日期缴纳出资，公司首先要依照程序规定催缴出资，其方式即为向该股东发出书面催缴书催缴出资。股东失权制度的适用前提是未按照公司章程规定的出资日期缴纳出资，根据前面第 51 条规定，公司成立后董事会有义务核查股东出资情况。只要发现股东出资不实，都应当发出催缴书催缴出资。如果董事会不催缴，则根据第 51 条追究董事责任。

催缴书应当采取书面形式。催缴出资应为股东筹资留出必要的准备时间，因此本条规定催缴书可以载明缴纳出资的宽限期；宽限期自公司发出催缴书之日起，不得少于 60 日。

催缴书的直接法律后果是向股东催缴出资，而一旦催缴书发出之后，宽限期届满，股东仍未履行出资义务的，公司经董事会决议就可以向该股东发出失权通知。在这里，需要注意两个问题：一是主体问题，由董事会负责在公司设立之后对股东出资情况进行核查，但催缴书由公司出面发出。二是宽限期问题。催缴书中可以载明缴纳出资的宽限期，也可以不载明宽限期；宽限期自公司发出催缴书之日起，不得少于 60 日，也可以长于 60 日，均由公司根据实际情况确定。

2. 发出失权通知。董事会负责在公司设立之后对股东出资情况进行核查，由公司出面发出催缴书。只要发现股东出资不实，都应当发出催缴书，经催缴，宽限期届满，股东仍未履行出资义务的，公司经董事会决议可以向该股东发出失权通知，通知应当以书面形式发出。自通知发出之日起，该股东丧失其未缴纳出资的股权。

3. 股东是否失权由决议机关决定。发现股东未按照公司章程规定的出资日期缴纳出资，公司就应当依照 51 条规定发出书面催缴书催缴出资。但经合理催缴，股东仍未履行出资义务的，却不是必须发出失权通知。失权对于被失权的股东和现有股东权利都会产生重大影响，是否令该股东失权，取决于公司的选择。那么就存在一个问题，应由哪个机关决定股东是否失权？

董事会和股东会两个决议机关各有利弊。令股东失权事关股东根本性权利，且从后续事项处理来看，与其他股东关系甚大，是否应由股东会决定？从司法实践处理类似制度的经验来说，如果由股东会决定，难以避免的一个难题是，如果其他股东也有出资不实的情形，是否应当回避表决？如果回避表决，极易造成没有办法决议的情形；如果不回避表决，这一制度容易沦落为大小股东之间欺压或掣肘的工具。最终经慎重考虑，本条规定，在出资不实经催缴仍不出资的情况下，“公司经董事会决议可以向该股东发出失权通知”，也即在决定机关上，股东是否失权由董事会决议。

在出资不实经催缴仍不出资的情况下，是否发出失权通知，由公司董事会决议。董事执行职务应当遵守法律规定，对公司负有忠实和勤勉义务，以公司最大利益为目的对是否应当发出失权通知作出决议；董事会应从公司利益出发，选择最有利的解决方式，发出失权通知应当遵守股东平等原则，不得利用失权制度侵害股东利益。

4. 股东失权。自失权通知发出之日起，该股东丧失其未缴纳出资的股权。这里需要注意两点：一是股东失权时间。二是股东失权范围。

第一，关于股东失权的时间问题。股东失权的时间点是失权通知发出之日起。《公司法》修订过程中，曾有意见指出，失权通知应在送达之日起生效，股东失权。但失权通知发出时间确定，而送达时间不确定，中间存在送达风险。一般而言，为保障被通知的主体确实知晓通知内容，维护其合法利益，通知应当在送达后生效。但此处之所以采取发出生效，系因按照章程规定时间缴纳出资系股东应当向公司履行的基本义务，股东自身清楚该义务的时间节点，失权程序本身也规定了发出催缴书，且有宽限期规定，股东有充足的时间准备。因此，在经公司催缴、宽限期届满后，股东仍然不履行出资义务的，书面失权通知一经发出即生效不会损害其合法权益。故本条规定自书面失权通知发出之日起，股东失权。

第二，关于股东失权的范围问题。股东失权的范围限制于其未缴纳出资的股权，而不是其持有的公司的全部股权。也就是说，股东失权范围取决于其出资情况，股东完全未缴纳出资的，丧失其全部股权，股东部分未缴纳出资的，丧失其未缴纳出资部分的股权。

综合上述股东失权制度适用程序可知，董事会在股东失权问题上发挥重要作用，其负责核查股东出资情况、催缴出资以及作出股东失权决议。公司成立后，董事会负责对股东出资情况进行核查，由公司出面发出催缴书。只要发现股东出资不实，都应当发出催缴书。但在出资不实经催缴仍不出资的情况下，是否发出失权通知，需要由公司董事会决议。董事会应从公司利益出发，选择最有利的解决方式。

三、股东失权的法律后果

1. 失权股东丧失其未缴纳出资的股权。未按期缴纳出资的股东，经公司催告，给予宽限期以后，仍未缴纳出资的，由董事会决议后，可以向该股东发出失权通知，则该股东丧失其未缴纳出资的股权，如前所述，此处不赘。

2. 股东失权后相应部分出资的处理。如实出资系股东对公司承担的最主要义务，股东未履行出资义务，应当向公司承担违约责任。因此，股东丧失未出资的股权，其性质是因股东的根本违约行为，公司解除了与股东之间的出资关系。股东失权之后，其丧失的股权需要转让、注销或者其他股东按比例补缴出资。根据本条规定，丧失的股权应当依法转让。如果不能转让，此部分股权可以依照减资的规定减少注册资本并注销。6 个月内未转让或者注销的，由公司其他股东按照其出资比例足额缴纳相应出资。

首先，依法转让。丧失的股权所谓的“转让”是指从登记角度看，股权由失权股东转移到受让股东名下，但与普通的转让并不相同。所谓转让实际上是变更了出资义务主体，引进新的出资人继续履行向公司出资的约定，其性质系债之主体变更。

因此，股权是否转让，转让给谁，转让价款多少，都不能由失权股东本人决定，而是由公司决定。转让价格不能低于该部分股权对应的股本，受让人支付的股权转让对价直接进入公司，补足出资的数额，使公司达致资本充实。如果受让人支付的转让款不足股本，则不足部分必须减资，或者由失权股东承担补足责任，其他发起人承担连带责任。发起人承担连带责任后，有权向失权股东追偿。若支付的股权转让对价超过股本，则计入资本公积金，作为所有者权益的一部分，由所有股东共享。

其次，相应减少注册资本并注销该股权。该部分股权出资不实，通过转让的形式引进新的出资可以达到资本充实，而通过减资程序减少该部分注册资本并注销相应股权，剩余部分同样可以达到资本充实。因此，股东失权后，该部分丧失的股权可以减少相应的注册资本并注销该部分股权。减资应当依法通过正规的减资程序进行，即编制资产负债表及财产清单、自股东会作出减少注册资本决议之日起 10 日内通知债权人，并于 30 日内在报纸上或者国家企业信用信息公示系统公告、根据债权人的要求清偿债务或者提供相应的担保，完成上述程序后才能进行减资登记。减资程序不合法，应当承担违法减资的后果。

此外需要特别注意的一点是，此次修订后新《公司法》明确规定了等比例减资原则，要求公司减少注册资本，应当按照股东出资或者持有股份的比例相应减少出资额或者股份，但也允许存在例外情形。新《公司法》第 224 条第 3 款规定："公司减少注册资本，应当按照股东出资或者持有股份的比例相应减少出资额或者股份，法律另有规定、有限责任公司全体股东另有约定或者股份有限公司章程另有规定的除外。"等比例减资原则有利于维护公司治理结构的稳定。而例外性规定，则为一些特殊情形的处理提供了更多的灵活性，如此处因股东失权而减资，就属于法律规定的例外情形，不受等比例减资原则的限制。

最后，6 个月内未转让或者注销的，由公司其他股东按照其出资比例足额缴纳相应出资。其他股东缴纳相应出资，系违反出资义务股东被解除资格后其他股东维持公司资本的行为，与发起人承担的连带责任并非同一层面的问题，其他股东缴纳时可以按照出资比例缴纳，也可以按照当事人约定的比例缴纳。本条直接规定了公司其他股东按照出资比例足额缴纳相应出资，更加明确直接。

这里需要注意的是对公司债权人利益的保护问题。股东失权后转让或减资程序完成、公司办理完毕登记之前，失权股东在登记上依然是股东，而股东实际已经丧失了股权，客观上形成了一种隐名持股的法律关系。此时公司已经无权要求失权股东来履行给付出资的义务，但因股权仍然登记在失权股东的名下，应当对公司债权人提供相应保障。如果公司债权人不知晓股东失权的情况，基于对公司登记的信任，主张股东承担出资不实的责任时，名义股东不能仅以其为名义股东为由而主张免责。因其登记为股东，且登记为原始股东，故为保护债权人的利益，登记变更之前，债权人可以主张失权股东在出资不实范围内承担责任，其他发起人承担连带责任，其不能以丧失股权为由进行抗辩。如此，不会产生社会上所担心的瑕疵出资股东本身因为失权而免于承担责任，其他股东却被债权人追责的不公平现象。①

四、失权股东的救济程序

股东对失权有异议的，可以向人民法院提起诉讼。本条第 3 款规定，股东对失权有异议的，应当自收到失权通知之日起 30 日内，向人民法院提起诉讼。给予被失权股东救济权利，避免其因公司违反法律规定对股东失权损害其合法权益。

在此次修订过程中，此前草案稿中没有给予失权股东救济途径。但从股东失权制度司法实践来看，失权股东此时往往会有争议：第一，对自己是否出资不实提出异议、辩解，这种情形在实践中最为常见。例如，商事实践中向公司提供关键技术的股东持有干股，其出资义务往往约定由其他股东代为履行；员工因股权激励计划持有的股权也往往由大股东代为出资。还有股东之间以签订发起人协议等形式，约定由其他股东代为出资等情形都屡见不鲜。这些情况下，如果约定代为出资的人没有实际出资，股东对自己是否存在未履行出资义务的情形会产生争议。第二，公司对是否令股东失权有选择权，在股东同样未履行或未全部履行出资义务的情况下，可以选择性地只令一部分股东失权，而不令另一部分股东失权。股东往往对此进行抗辩。基于上述情况，股东对于令其失权会持有异议，需要给失权股东提供相应的救济途径。最终，本条增加了失权股东的救济途径，规定股东对失权有异议的，可以向人民法院提起诉讼。如此一来，可以通过诉讼方式对股东是否应当失权进行具体认定。

从实践中看，股东失权之诉应以公司为被告，审理范围应为股东是否应当失权以及部分失权情况下，失权范围是否变更。因失权通知一经发出，股东即丧失未出资部分股权，因此，失权股东是否提起诉讼，不影响失权通知

① 参见杨永清、潘勇锋：《公司法修订若干问题探讨》，载《法律适用》2023 年第 1 期。

的法律后果，以免股东故意以起诉拖延失权生效，影响丧失的股权后续处置。

此外，需要注意股东对失权有异议向人民法院提起诉讼寻求救济的，受30日期限的限制，自股东接到失权通知之日起计算。该30日期限的性质为起诉期限，超过该期限的，股东丧失起诉权，人民法院对起诉不予受理；已经受理的，应当驳回起诉。

【实务问题】

司法实践中，正确理解和适用股东失权制度，还需要注意以下两个问题：

一、股东失权制度与《公司法解释三》中规定的股东除名制度的区别

《公司法解释三》第17条规定了有限责任公司股东除名制度。根据该条规定，有限责任公司的股东未履行出资义务或者抽逃全部出资，经公司催告缴纳或者返还，其在合理期间内仍未缴纳或者返还出资，公司以股东会决议解除该股东的股东资格，该股东请求确认该解除行为无效的，人民法院不予支持。在前款规定的情形下，人民法院在判决时应当释明，公司应当及时办理法定减资程序或者由其他股东或者第三人缴纳相应的出资。在办理法定减资程序或者其他股东或者第三人缴纳相应的出资之前，公司债权人依照本规定第13条或者第14条请求相关当事人承担相应责任的，人民法院应予支持。

股东失权制度与《公司法解释三》中的股东除名制度虽然有部分效果相似，但在适用条件、适用主体、决定机关、适用程序、法律后果等方面均存在较大不同，应予区分：一是在适用条件上，股东失权制度适用于股东出资不实的情形，而股东除名制度则适用于股东完全未履行出资义务或者抽逃全部出资的情形。二是在适用主体上，本条规定适用于有限责任公司股东，根据《公司法》第107条规定，股份有限公司发起人同样适用，也即股东失权制度适用主体包括有限责任公司股东和股份有限公司发起人两类，而股东除名制度只适用于有限责任公司股东。三是在决定机关上，股东是否失权由董事会决议，股东是否除名由股东会决议。四是在适用程序上，股东失权程序是公司先发出书面催缴书催缴，宽限期满后股东仍未履行义务的，经公司董事会决议发出失权通知，通知发出则股东失权。股东除名制度适用程序则是

股东经公司催告缴纳或者返还抽逃的出资，其在合理期间内仍未缴纳或者返还出资，公司可以股东会决议解除该股东的股东资格。五是法律后果方面，股东失权丧失的是其未缴纳出资的股权，完全未出资则丧失全部股权，部分未出资则丧失部分股权。除名后股东丧失全部股权，不再继续为该公司股东。六是救济程序方面，股东对失权有异议的，可以向人民法院提起诉讼，但仅因除名而主张该股东会决议无效的，法院不予支持。

二、处理股东出资纠纷应树立系统观念

本条与第49～51条，构成一个规范股东出资义务的整体。股东出资形成了公司的法人财产，构成了公司对外承担责任的保证，奠定了公司独立法人人格的基础。理解这几条应坚持体系思维，树立系统观念，实现公司与外部债权人、内部股东及董事等其他相关主体利益的平衡。

股东出资不实的，公司有多种追究责任的方式：一是直接请求出资不实的股东及相关主体履行出资义务。设立时出资不实的，公司还可以请求发起人与被告股东承担连带责任；增资时出资不实的，公司还可以请求负有责任的董事、高级管理人员承担相应责任。二是公司可以根据自身实际情况，灵活地选择与全体股东甚至债权人进行协商，采取延长出资期限、依法减资等方式解决股东出资不实的责任问题。三是公司可以根据章程或者股东会决议对出资不实的股东享有的利润分配请求权、新股优先认购权、剩余财产分配请求权等股东权利作出相应的合理限制，敦促其尽快履行出资义务。上述三种方式均保留了出资不实股东的股东资格，而在股东严重违反出资义务的情形下，即有限责任公司的股东未履行出资义务或抽逃全部出资时，公司可以选择第四种方式，以股东会决议解除该股东的股东资格。多种方式轻重有序、各有侧重，构成了完整的股东对公司承担的出资责任体系。

股东出资责任关乎公司的偿债能力，审理中需要注意保护债权人的利益。公司债权人有权要求出资不实的股东在出资不实的本息范围内，对公司债务不能清偿部分承担补充赔偿责任。设立时出资不实的，债权人还可以请求发起人与被告股东承担连带责任；增资时出资不实的，债权人可以请求负有责任的董事、高级管理人员承担相应的责任。即使违反出资义务的股东被解除了股东资格，公司也应当及时办理法定减资程序，或者由其他股东或者由第三人缴纳相应的出资，以维持公司的偿债能力。上述程序完成之前，公司债权人依然有权请求相关当事人承担出资不实的责任。

【条文】

第五十三条

公司成立后，股东不得抽逃出资。

违反前款规定的，股东应当返还抽逃的出资；给公司造成损失的，负有责任的董事、监事、高级管理人员应当与该股东承担连带赔偿责任。

【条文主旨】

本条是关于股东抽逃出资责任的规定。

【条文概览】

本条第1款继承了之前《公司法》规定，第2款是此次《公司法》修订中新增加的条文。1993年《公司法》第34条规定："股东在公司登记后，不得抽回出资。"2005年《公司法》修订时，该条修改为："公司成立后，股东不得抽逃出资。"之后一直沿用，现成为本条第1款。《公司法解释三》第14条规定了抽逃出资的民事责任，该条第1款规定："股东抽逃出资，公司或者其他股东请求其向公司返还出资本息、协助抽逃出资的其他股东、董事、高级管理人员或者实际控制人对此承担连带责任的，人民法院应予支持。"新《公司法》吸收了上述规定，并新增了给公司造成损失的，负有责任的董事、监事、高级管理人员应当与该股东承担连带赔偿责任的规定，构成本条第2款。

【理解与适用】

本条第1款规定了股东不得抽逃出资的基本原则，第2款具体规定了公司股东抽逃出资的法律责任。对于本条，应从以下几方面予以理解：

一、股东不得抽逃出资

股东的出资是公司设立并从事生产经营活动的物质基础，公司成立后，股东的出资就成为公司的财产，即股东的出资形成公司的全部法人财产，而公司以其全部财产对外承担责任。股东按照公司章程的规定出资到位，是维护公司正常生产经营活动以及促进公司发展、保证公司必要的偿债能力、维护债权人利益的必需。因此，股东在公司成立之后，不得违法将自己的出资从公司中抽回，减少公司财产。股东抽逃出资要承担相应的法律责任。

股东不得抽逃出资是资本维持原则的体现。资本维持原则要求公司在其存续过程中，应当保持与其资本额相当的财产。资本是公司对外交往的一般担保和从事生产经营活动的物质基础。公司成立时的资本代表了公司的实有财产，但在存续过程中，可能因公司经营的盈亏或财产本身损耗或增值而发生价值变动，资本维持原则的本意就是要求公司在成立之后的动态运行中保持实有资本额的相对稳定。因此，在公司存续期间不允许向股东分配公司的财产、不允许公司股东把已出资的资本收回。本条第 1 款继承此前《公司法》的规定，明确规定公司成立后股东不得抽逃出资，正是资本维持原则的具体体现。

需要注意的是，要求股东不得抽逃出资，目的是防止因股东抽逃出资而减少公司资本。股东不得抽逃出资不等于绝对禁止股东从公司撤回投资，股东可以按照《公司法》允许的方式，实现出资的撤回。如股东可以将出资转让给他人，在不减少公司注册资本的情况下，实现撤回自己在公司的投资的经济目的；股东也可以通过法定减资程序，撤回自己的出资。

二、公司股东抽逃出资的法律责任

具体来说，股东抽逃出资的，该股东应当返还抽逃的出资；给公司造成损失的，负有责任的董事、监事、高级管理人员应当与该股东承担连带赔偿责任。

1. 抽逃出资股东应当返还抽逃的出资。抽逃出资是侵害公司法人财产权的行为。所谓公司法人的财产权，是指公司依法所享有的、对股东投资形成的公司资本和公司在生产经营活动中积累的全部财产独立支配的民事权利。股东出资是公司财产中的重要来源，所有公司都是先由股东出资才能在生产经营活动中积累财富。股东以取得公司股权为目的，将自己财产的所有权转让给公司，在股东获得股权的同时，公司也取得了支配该部分财产的所有权。公司与股东之间的人格独立，二者之间的财产也必须相互独立，股东对公司财产不直接享有所有权。因此，股东未经法定程序将其设立公司时实际缴付的出资，部分或全部从公司抽逃，是对公司法人财产权的侵害，应当承担侵权责任。抽逃出资的股东应当向公司返还出资。

2. 董事、监事、高级管理人员的连带责任。股东抽逃出资，给公司造成损失的，负有责任的董事、监事、高级管理人员应当与该股东承担连带赔偿责任。

（1）关于承担责任的范围。承担责任的范围系股东抽逃出资给公司造成的损失。所谓给公司造成损失，包括两部分：一是股东抽逃出资后不能返还的部分；二是除股东需返还的出资之外，给公司另行造成的损失。实践中，一般来说，股东抽逃出资系占用了公司的经营性资金，除返还抽逃的资金外，还应当承担从抽逃之日到实际返还之日期间的利息。无论货币出资还是非货币出资，均以出资额来表示。有鉴于此，司法解释将股东抽逃出资给公司造成的损失直接规定为占用资金期间的利息。《公司法解释三》第 14 条规定，股东抽逃出资，公司或者其他股东可以请求其向公司返还出资本息。实践中，这一规定被广泛适用。股东抽逃出资给公司造成的损失标准化计算为占用公司资产期间的利息，利率一般按照中国人民银行同期贷款利率计算。如果抽逃出资占用公司资产较为特殊，还给公司造成特别损失的，则应当承担相应赔偿责任。例如，股东抽逃出资，拿走了公司生产经营必需的特种设备，而公司无法通过其他途径得到该设备，导致公司无法正常进行生产，由此造成的损失，股东应予赔偿。

（2）承担赔偿责任的主体包括抽逃出资的股东以及负有责任的董事、监事和高级管理人员。

第一，董事、监事和高级管理人员承担责任的基础。董事、监事、高级管理人员构成公司管理层，而公司管理层承担的法定义务和民事责任构成了公司法人治理结构的核心内容。英美法系国家公司法普遍认为，董事与公司之间的关系属于一种信托和代理关系。董事既是公司的代理人，也是公司的受托人，董事的双重身份要求其在处理公司事务时必须从公司的最大利益出发。大陆法系国家的公司法认为，董事与公司之间的关系属于一种委任关系，董事取得公司事务的经营决策权和业务执行权。董事是公司的受任人，对于公司负有作为善良管理人的注意义务。两大法系均要求董事、监事、高管人员必须以公司利益为重，公司董事、监事、高管人员对公司负有忠实义务和勤勉义务。《公司法》第 180 条也明确规定“董事、监事、高级管理人员对公司负有忠实义务，应当采取措施避免自身利益与公司利益冲突，不得利用职权牟取不正当利益。董事、监事、高级管理人员对公司负有勤勉义务，执行职务时应当为公司的最大利益尽到管理者通常应有的合理注意。”公司董事、监事、高管人员不履行自己法定职责，导致股东能够抽逃出资，甚至协助股东抽逃出资，违反了其对公司负有的忠实义务和勤勉义务，损害公司利益，应当对公司损失承担赔偿责任。

第二，董事、监事、高级管理人员等人法定职责不同，参与公司的管理程度也不尽相同。例如，董事直接经营管理公司，监事主要负有监督职责，高级管理人员也有各自的法定职责。在股东抽逃出资的问题上，不同职责的管理层，参与程度不同，对造成损害后果的过错程度也不相同：有的人可能协助股东抽逃出资，其不协助，股东无法完成抽逃；有的人可能是知道或者应当知道股东抽逃出资却没有采取必要措施，放弃自己的法定职责，导致股东抽逃出资成功。因此，董事、监事、高级管理人员等人的赔偿责任应当根据其过错程度予以确定，其赔偿的范围应当根据其过错程度、给公司造成的损失等因素综合考虑。

第三，股东与负有责任的董事、监事、高级管理人员承担连带责任。补充责任与连带责任存在显著不同。首先，补充责任与连带责任在产生方式上有一定差异，补充责任的产生是因为数个不同的行为，甚至不同性质的行为导致，而连带责任则多出于连带债务或共同侵权等一个行为或数个有牵连的行为。其次，补充责任的责任人在责任承担上有先后顺序，而连带责任则无顺序先后可言，权利人可以就该责任向任一或多个责任人主张部分或全部承担。最后，连带责任人内部之间为按份责任关系，而补充责任各责任人之间并非按份责任关系。

如前所述，股东出资后，该出资的财产权就属于公司所有，股东抽逃出资实质上是侵犯公司财产权，就行为性质而言，属于侵权行为。因此，如果其他股东、董事、高级管理人员协助股东抽逃出资或对股东抽逃出资负有责任，根据《民法典》关于“教唆、帮助他人实施侵权行为的，应当与行为人承担连带责任”的规定，构成共同侵权行为，这些人员应当与该股东一起承担连带责任。

此外，董事、监事、高级管理人员承担连带责任后，是否可向抽逃出资者进行追偿，本条未作规定，但依据一般法理，法律并不当然承认和保护其追偿的权利。原因在于，董事、监事、高级管理人员对抽逃出资一般存在协助等故意行为或者不履行法定职责等违法行为，其与公司的损失存在直接的关系，若允许连带责任人向抽逃出资者进行追偿，恐有降低其违法成本的风险。对连带责任人追偿权的否定，对董事、监事、高级管理人员科以更加严格的责任，才能预防此类行为频繁发生。

需要注意的是，管理公司事务的控股股东或实际控制人在公司中虽无董事之名，却有董事之实。此次修订后的新《公司法》大大加强了控股股东、实际控制人对公司的责任和义务。根据《公司法》第180条第3款之规定，公司的控股股东、实际控制人不担任公司董事但实际执行公司事务的，对公司负有忠实义务和勤勉义务；《公司法》第192条又规定，公司的控股股东、实际控制人指使董事、高管从事损害公司或者股东利益的行为的，与该董事、高管承担连带责任。从实践来看，除了董事、监事、高管对股东抽逃出资负有责任外，管理公司事务的控股股东或实际控制人也可能协助股东抽逃出资，如有该种情形，可以根据本条与第180条、第192条等规定，追究相应股东或实际控制人的责任。

综上，本条规定了股东不得抽逃出资以及抽逃出资应承担的责任。《公司法解释三》第14条规定："股东抽逃出资，公司或者其他股东请求其向公司返还出资本息、协助抽逃出资的其他股东、董事、高级管理人员或者实际控制人对此承担连带责任的，人民法院应予支持。"该条与本条虽然表述不同，但并无矛盾，两者规定在抽逃出资责任的处理上实质相同。

【实务问题】

司法实践中，为正确理解和适用本条，还需要注意以下问题：

一、抽逃出资与虚假出资的异同

司法实践中，正确判断抽逃出资，首先需要将抽逃出资与虚假出资区别开来。一般说来，抽逃出资与虚假出资存在如下区别：

1. 行为时间不同。虚假出资是指股东未履行或者未完全履行出资义务，而抽逃出资则是指股东在履行出资义务之后，又将其出资取回。也就是说，二者发生的时间点不同。虚假出资行为发生在公司成立之前，而抽逃出资行为发生在公司成立之后。

2. 表现形式不同。虚假出资在实践中主要表现为：（1）以无实际现金或高于实际现金的虚假银行进账单、对账单骗取验资报告，从而获得公司登记；（2）以虚假的实物投资手续骗取验资报告，从而获得公司登记；（3）以实物、工业产权、非专利技术、土地使用权出资，但未办理财产权转移手续；（4）作为出资的实物、工业产权、非专利技术、土地使用权的实际价额显著低于公司章程所定价额；（5）股东设立公司时，为了应付验资，将款项短期转入公司账户后又立即转出，公司未实际使用该款项进行经营；（6）未对投入的净资产进行审计，仅以投资者提供的少记负债高估资产的会计报表验资。而抽逃出资的主要表现形式为：（1）公司设立之后股东将现金出资抽回；（2）公司设立后将已办理财产权属转移的非货币财产取回，取回的非货币财产是否已办理财产权属转移是虚假出资与抽逃出资的区别所在；（3）虚构债权债务关系将出资转出或通过制作虚假财务会计报表虚增利润进行分配，此为实践中常见的抽逃出资手段；（4）利用关联交易将出资转出。

3. 法律后果不同。虚假出资适用公司设立无效制度。注册资本乃公司存续下去的基础，股东虚假出资严重时，公司实有资本在大多情况下难以达到法律的硬性要求，法人的独立人格缺少构成依据，公司的设立条件无法满足。也即公司一开始就不具备获得独立人格条件，无法独立承担民事责任，其独立人格亦不当被肯定，即使以欺诈手段取得程序上的认可，公司依然存在设立无效的事由，只要利害关系人于一定期限内提出申请，则公司即被认定设立无效而人格消灭。而相较于虚假出资导致法人设立失败，抽逃出资是在公司已经合法成立的前提基础上进行的。股东抽逃出资严重者对其他股东、公司皆应承担相应责任，导致公司无法清偿债权人的债权时，债权人也应可以主张抽逃出资者对其承担相应责任。需说明的是，此为理论上对两种行为的法律适用与法律后果的划分，事实上各国和地区立法对于两者的规定多有合并一同规制的例子。

二、抽逃出资与违法减资的区别

我国法律法规对股东抽逃出资没有作出具体的定义，司法解释仅对股东抽逃出资与其他违反出资义务的行为作了简要的区别。立法上关于股东抽逃出资行为定性的探讨，更多地集中于刑法领域。股东抽逃出资后，仍持有股份，享受有限责任制度的庇护，这种权利义务不对等的状态也正是追究其出资责任的原因。学理研究上对抽逃出资的认识一般分为两类：前者强调股东在抽回出资后仍持有股份，后者对股东是否持有股份在所不问。前者认为，抽逃出资，指在公司成立后，股东非经法定程序，从公司抽回相当于已缴纳出资数额的财产，同时继续持有公司股份；后者认为，抽逃出资是指公司股东在成立时业已出资，但在公司成立后将其所认缴的出资暗中抽回的情形。

对于抽逃出资的两种不同认识，决定了实践中对于违法减资、股份不法回购等情形是否作为抽逃出资处理。目前实践中，有观点认为违法减资后股东从公司取回出资财产的，构成抽逃出资，应当按照抽逃出资的相关规定承担责任。虽然从经济效果上看，抽逃出资与违法减资都会产生资产非经营性地由公司向股东流动的效果，但违法减资并非抽逃出资。减资或公司回购股份后，股东均不再持有公司股权。而股东出资后，该出资的财产权就属于公司所有，股东抽逃出资实质上是侵犯公司财产权，就行为性质而言，属于侵权行为。股东抽逃出资是与股东资格密切相关的，不同于一般的侵害公司财产权的行为。若股东不仅抽回相当于出资的财产且超出了出资数额，超出部分应当按侵害公司财产权处理，其实是股东对公司的“偷盗”。违法减资的后果是对债权人不产生减资的效果。此次修订后，新《公司法》明确规定违法减资的后果。新《公司法》第226条规定：“违反本法规定减少注册资本的，股东应当退还其收到的资金，减免股东出资的应当恢复原状；给公司造成损失的，股东及负有责任的董事、监事、高级管理人员应当承担赔偿责任。”对违法减资后果明确规定之后，不应再将违法减资作为抽逃出资的一种表现形式。

三、债权人对抽逃出资股东直接主张权利

《公司法解释三》第14条第2款规定，公司债权人请求抽逃出资的股东在抽逃出资本息范围内对公司债务不能清偿的部分承担补充赔偿责任、协助抽逃出资的其他股东、董事、监事、高级管理人员或者实际控制人对此承担连带责任的，人民法院应予支持；抽逃出资的股东已经承担上述责任，其他债权人提出相同请求的，人民法院不予支持。

关于公司债权人对抽逃出资者追究责任的理论，主要有债权人代位权说与第三人债权侵害说。前者认为债权人得以向抽逃出资者追究责任是基于债权人代位权的规定，责任的范围包括本金、利息。后者坚持股东抽逃出资的行为是对公司与其债权人之间债权的侵害，公司债权人可根据侵权法律关系直接向股东追究责任。必须明确的是，抽逃出资对公司债权人造成的直接后果是使债权人的风险增加。资本是公司维持经营、抵御风险的基本条件，在债权人与目标公司进行交易时，多以公司资本作为评价对方经营实力的标准。因此，虽然公司资本不一定能完全真实地反映一个公司的实际经济实力，却是一个债权人对市场形势进行判断以及发生意外时是否能够得到救济的保证。另外，抽逃出资本身具有欺诈性、隐蔽性，因此，对于公司资本的真实情况，抽逃出资人与公司债权人之间的信息获取能力并不平等，抽逃出资使得债权人的经济风险增加。

第三人侵害债权可以作为一种侵权类型。一般认为，构成第三人侵害债权需要满足以下四个条件：（1）需是债权债务关系外第三人实施侵权行为；（2）被侵害的债权必须合法存在；（3）侵权人实施了不法的侵害行为，其中的不法为关键要素；（4）侵害人主观上必须存在过失。具体至股东抽逃出资，其对于公司债权人而言符合第三人侵害债权的构成要件。公司作为独立的民事主体，在其与债权人之间的债权债务关系中，股东即为之外的第三

人，且股东抽逃出资的主观恶意明显，行为不法，可以认为是对债权人债权的实质侵害。但在公司可以完全清偿债权人的情况下，抽逃出资者对公司债权人的侵害并不明显。

无论是基于代位权原理，还是基于债权侵权原理，公司股东抽逃出资，侵犯了公司财产权，使得公司资本处于不确定和不充实状态，进而会危害公司债权人的利益。当股东抽逃出资损害公司债权人利益时，公司债权人应当有权请求抽逃出资股东承担相应的赔偿责任。

四、明知原股东抽逃出资而受让的股东，是否承担责任

《公司法解释三》第 18 条规定："有限责任公司的股东未履行或者未全面履行出资义务即转让股权，受让人对此知道或者应当知道，公司请求该股东履行出资义务、受让人对此承担连带责任的，人民法院应予支持；公司债权人依照本规定第十三条第二款向该股东提起诉讼，同时请求前述受让人对此承担连带责任的，人民法院应予支持。受让人根据前款规定承担责任后，向该未履行或者未全面履行出资义务的股东追偿的，人民法院应予支持。但是，当事人另有约定的除外。"

上述规定按照文义理解，仅指未履行或者未全面履行出资义务即转让股权的情形，即出资不实的情形，特别是条文中还特别强调了"根据本规定第十三条第二款"提起诉讼，明确排除了《公司法解释三》第 14 条规定的抽逃出资的情形。但在这里，抽逃出资与出资不实没有本质不同，应作相同规定，这一规定同样适用于抽逃出资。即抽逃出资的股东转让股权的，受让人知道或者应当知道其存在抽逃出资情形的，受让人应当在抽逃出资的范围内与该股东承担连带责任。

实践中，有这样一个案例：三名股东实缴出资 500 万元注册了一个公司，几年后以 200 万元的价格转让股权给另外两人，三名股东退出了该公司。转让时，这两人知晓这三名股东抽逃了 300 万元出资。这两人成为该公司股东后，又以公司名义起诉了原三名股东，要求返还抽逃的 300 万元出资。在这两人受让股权时明知原三名股东抽逃出资的情况下，不能再以公司名义要求三人返还抽逃的出资。

五、抽逃出资的举证责任问题

《公司法解释三》第 20 条规定："当事人之间对是否已履行出资义务发生争议，原告提供对股东履行出资义务产生合理怀疑证据的，被告股东应当

就其已履行出资义务承担举证责任。”举证责任部分倒置的规定，是否适用于抽逃出资？一种观点认为，《公司法解释三》第20条的规定并不包括抽逃出资的情形。另一种观点认为包括抽逃出资。

该条规定的情形，是仅指股东出资不实的情形，还是除出资不实外还包括抽逃出资，确实存在争议。倾向性意见认为，《公司法解释三》第20条的规定并不包括抽逃出资的情形。

抽逃出资，指在公司成立后，股东非经法定程序从公司抽回出资，损害公司利益的行为。股东抽逃出资采取的形式多种多样，包括直接将出资抽回、虚构合同等债权债务关系将出资抽回、公司在没盈利时进行所谓的利润分配等。同时，损害公司权益是认定抽逃出资行为的必要条件。股东或公司实施上述行为时，只有在该行为对公司权益造成损害的情况下，才被认定为抽逃出资，从而追究行为人的责任。《公司法解释三》第20条规定在满足一定条件的情形下由被告股东负担举证责任的原因在于，在实践中，某股东是否履行出资义务，除公司董事或高管人员可能知道外，其他股东、公司债权人等可能均不知道。此时如果要求其他股东、公司债权人提出充分确定的证据来证明该股东未履行出资义务，将对其他股东及公司债权人提出过高的要求，也不利于调动这类主体的积极性以尽快实现资本充实。从这一规范目的来分析，对于未出资或未完全出资事项证明来说，股东确实举证能力最强，完全能够且应当举证证明自己已经履行了出资义务。但对于抽逃出资来说，情形却有所不同：

首先，如果让股东承担最终的举证责任，则需要股东证明自己没有抽逃出资，从举证责任分配来说，一般不应当要求当事人证明某事不存在。

其次，就举证能力来说，无疑公司最强，公司债权人最弱。至于股东本身，则需要具体情况具体分析：就股东将款项转入公司账户验资后又转出的行为是否构成抽逃出资来说，如果抽逃出资是由股东直接抽回，该股东的举证能力与公司是一样的，应当能够证明抽回出资行为是否违反法定程序，是否损害了公司利益；如果不是由股东直接抽回出资，则该股东也很难证明款项转入后又转出的转款行为是否违反法定程序、是否损害公司利益，因为交易与其无关。因此，抽逃出资情形不宜适用该条规定，要求股东承担举证责任。

【条文】

第五十四条

公司不能清偿到期债务的，公司或者已到期债权的债权人有权要求已认缴出资但未届出资期限的股东提前缴纳出资。

【条文主旨】

本条是关于出资加速到期的规定。

【条文概览】

本条是此次《公司法》修订中新增加的条文。

对于是否能要求认缴出资未届出资期限的股东提前缴纳出资，原《公司法》中没有相关规定。其他法律、司法解释中规定了特殊情形下的股东提前缴纳出资。《企业破产法》第35条规定人民法院受理破产申请后，管理人应当要求债务人的出资人缴纳所认缴的出资，不受出资期限的限制。而《公司法解释二》第22条第1款规定，公司解散时，股东尚未缴纳的出资，包括尚未届满缴纳期限的出资，均应作为清算财产。但对于破产、清算情形之外股东出资加速到期的情形没有普遍规定。后2019年发布的《九民会纪要》第6条规定："在注册资本认缴制下，股东依法享有期限利益。债权人以公司不能清偿到期债务为由，请求未届出资期限的股东在未出资范围内对公司不能清偿的债务承担补充赔偿责任的，人民法院不予支持。但是，下列情形除外：（1）公司作为被执行人的案件，人民法院穷尽执行措施无财产可供执行，已具备破产原因，但不申请破产的；（2）在公司债务产生后，公司股东（大）会决议或以其他方式延长股东出资期限的。"此次《公司法》修订中吸收了司法解释以及规范性文件相关规定，正式在立法层面规定了出资加速到期制度。

根据本条规定，公司不能清偿到期债务的，公司或者已到期债权的债权人有权要求已认缴出资但未届出资期限的股东提前缴纳出资。

【理解与适用】

出资认缴制下，如果公司不能清偿到期债务，能否要求股东放弃期限利益，提前缴纳出资，涉及股东、公司与债权人之间利益平衡。本条规定了公司不能清偿到期债务的，公司或者已到期债权的债权人有权要求已认缴出资但未届出资期限的股东提前缴纳出资，在立法上正式确立了出资加速到期制度。本条应从以下方面理解：

一、出资加速到期制度的制度功能

2005年《公司法》第一次全面修订之前，我国公司注册资本采取严格实缴制度，股东出资全部实缴，不允许认缴。2005年《公司法》将注册资本制度变为有限认缴制，要求首期出资额不低于注册资本的20%，也不得低于法定的注册资本最低限额，最长认缴出资期限为公司成立之日起2年，投资公司为5年。① 虽然允许认缴，但限定了首期实缴出资比例和认缴出资最长出资期限，尤其对出资期限有最长时间限制，实践中虽然也出现了公司无力清偿债务、股东出资期限未届满而未出资的现象，但影响并不严重。如果债权人不申请公司破产或强制清算，则一般不能允许其要求股东出资加速到期。

2013年《公司法》对注册资本制度实行完全认缴制。取消了公司注册资本法定最低限额，不再限制股东首期最低实缴出资比例，尤其是取消了认缴出资最长期限，所有股东均可以自主约定认缴出资额、出资方式、出资期限等，并记载于公司章程。注册资本认缴制极大地激发了市场主体投资热情，增强了投资活力，公司登记注册数量呈现大幅增长，但随着时间推移，其弊端也逐步显现，其中最为明显的是对于认缴出资期限无任何限制，当事人可以约定超长出资期限，导致公司在经营过程中无力偿还债务而股东认缴出资期限远未到期的现象日益突出。

出资加速到期制度主要是为了遏制出资认缴制所产生的各种弊端，在维护股东出资自由的同时保护公司债权人的利益。《企业破产法》第35条和《公司法解释二》第22条第1款分别规定了公司破产及公司解散情况下股东

① 2005年《公司法》第26条规定："有限责任公司的注册资本为在公司登记机关登记的全体股东认缴的出资额。公司全体股东的首次出资额不得低于注册资本的百分之二十，也不得低于法定的注册资本最低限额，其余部分由股东自公司成立之日起两年内缴足；其中，投资公司可以在五年内缴足。有限责任公司注册资本的最低限额为人民币三万元。法律、行政法规对有限责任公司注册资本的最低限额有较高规定的，从其规定。"第81条规定："股份有限公司采取发起设立方式设立的，注册资本为在公司登记机关登记的全体发起人认购的股本总额。公司全体发起人的首次出资额不得低于注册资本的百分之二十，其余部分由发起人自公司成立之日起两年内缴足；其中，投资公司可以在五年内缴足。在缴足前，不得向他人募集股份。股份有限公司采取募集方式设立的，注册资本为在公司登记机关登记的实收股本总额。股份有限公司注册资本的最低限额为人民币五百万元。法律、行政法规对股份有限公司注册资本的最低限额有较高规定的，从其规定。"

出资加速到期的情形，但对于破产、解散之外股东出资加速到期的情形没有普遍规定。

审判实践中，有些个案处理时，不得不让股东出资期限加速到期，才能妥当处理公司、债权人以及股东之间的利益关系。后经总结审判经验，《九民会纪要》在规定了注册资本认缴制下保护股东出资期限利益的基本原则的同时，又赋予债权人在“公司已具备破产原因，但不申请破产”以及“债务产生后延长股东出资期限”两种特殊情形下请求认缴出资股东在未出资范围内对公司不能清偿的债务承担补充赔偿责任的权利，形成出资加速到期制度的雏形，得到了广泛应用。《九民会纪要》第6条规定：“在注册资本认缴制下，股东依法享有期限利益。债权人以公司不能清偿到期债务为由，请求未届出资期限的股东在未出资范围内对公司不能清偿的债务承担补充赔偿责任的，人民法院不予支持。但是，下列情形除外：（1）公司作为被执行人的案件，人民法院穷尽执行措施无财产可供执行，已具备破产原因，但不申请破产的；（2）在公司债务产生后，公司股东（大）会决议或以其他方式延长股东出资期限的。”

尽管此次《公司法》修订中限制了认缴出资最长期限，但出资加速到期制度依然有其存在的必要性，特别是对于现有的已设立公司来说，如果认缴出资期限长于5年，更需要出资加速到期制度予以规制，有利于实现平稳过渡。

二、设置出资加速到期制度的理论基础

本法规定之前，在注册资本认缴制下，《企业破产法》第35条和《公司法解释二》第22条第1款规定了股东出资加速到期。前者规定了人民法院受理破产申请后，管理人应当要求债务人的出资人缴纳所认缴的出资，不受出资期限的限制。而后者规定了公司解散时，股东尚未缴纳的出资，包括尚未届满缴纳期限的出资，均应作为清算财产。这两条规定的法理在于：从公司方面来说，公司破产或者强制清算后一般应当注销登记，其人格将终止，不可能再根据原定期限请求股东履行出资义务，会损害公司债权人和其他股东的正当利益。因此，公司可以要求股东提前缴付出资。对于股东来说，其出资义务的对象是公司，因此章程规定的出资期限不能超过公司的存续期限，一旦公司破产或者强制清算，则视为章程规定的出资期限届至，股东出资义务加速到期。

在注册资本认缴制下，公司或者公司债权人能否以公司不能清偿到期债

务为由，请求未届出资期限的股东在未出资范围内对公司不能清偿的债务承担补充赔偿责任，曾有两种截然不同的观点。一种观点认为，债务人公司无法清偿到期债务，而股东又有出资款未到期，此时通过出资义务加速到期的方式即可以解决债务清偿问题，所以应当许可此时出资义务加速到期，债权人可以直接向股东主张清偿债务。股东出资义务的履行期限的约定不应影响公司的正常经营，包括偿债。当公司存在不清偿到期债务之情形，无论公司是否已达破产界限，都应允许债权人主张加速股东出资义务之履行，这恰恰是对契约诚信的遵守。"非破产加速"透过给股东施加清偿压力，解决"主观清偿不能"的公司赖债现象，可填补"破产加速"衍生的规制漏洞。

另一种观点认为，如果公司不能清偿单个债权人到期债权，那么其往往也资不抵债，或者明显缺乏清偿能力，或者有丧失清偿能力的可能。此时按照《企业破产法》第 2 条，公司已经符合破产条件，所以更应当保障全体债权人的利益。单个的债权追及诉讼不符合《企业破产法》第 31 条、第 32 条的精神。债权人应当申请债务人破产，进入破产程序后再按照《企业破产法》第 35 条使股东出资义务加速到期，最终在真正意义上保护全体债权人利益。

《九民会纪要》公布之前，审判实践中，我们倾向于按照后一种意见处理。所以，在诉讼中，法院一般都向当事人释明，如债务人公司不能通过融资或其股东自行提前缴纳出资以清偿债务，则债权人有权启动破产程序。但 2013 年《公司法》实行全面认缴制之后，股东认缴期限普遍规定较长，公司无力偿还债务而股东认缴出资期限远未到期的现象日益突出。因此，总结实践经验，在《九民会纪要》中，以规范性文件的方式规定了认缴资本制下，公司非破产、解散情形中，股东出资加速到期的两种例外情形。一种情形是，公司作为被执行人的案件，因穷尽执行措施无财产可供执行，已具备破产原因，但不申请破产的。因此种情形与《企业破产法》第 2 条规定的公司资产不足以清偿全部债务或者明显缺乏清偿能力完全相同，故该种情形下加速到期的理论基础就是比照《企业破产法》第 35 条的规定处理，让股东未届期限的认缴出资加速到期。另一种情形是，在公司债务产生后，公司股东会决议延长股东的出资期限，以逃避公司不能履行债务时其股东的补足出资义务。这种情形下加速到期的理论基础是债权人的撤销权，即对于公司股东会延长股东出资期限的行为，实质就是公司放弃即将到期的对股东的债权，损害公司债权人利益，公司债权人有权请求撤销。即在公司债务产生后，公司股东会决议延长股东出资期限的，对该延长的出资期限，债权人可以申请撤销，请求股东按原来约定的出资期限履行出资义务。

《九民会纪要》建立了公司非破产解散情形下股东出资加速到期制度的雏形。鉴于规范性文件的主要目的是统一裁判思路，在没有法律和司法解释规定的情况下，无权代替立法规定出资全面加速到期。因此，《九民会纪要》中增加规定的两种出资加速到期制度均作为例外情况。一是按照类似问题类似处理，比照《企业破产法》作出的规定。二是恶意延长认缴期限，法律予以否定性评价的规定，重点还是重申了股东认缴出资期限利益的基本原则。

三、出资加速到期制度的主要内容

此次《公司法》修订过程中增加了本条规定，意味着从法律上正式承认了公司非破产、解散情形下股东出资加速到期制度。对于加速到期制度的具体条款理解如下：

1. 出资加速到期制度适用的条件是公司不能清偿到期债务。只要公司不能清偿到期债务，未届出资期限的股东的出资都应加速到期，提前缴纳出资。加速到期的情形不再局限于“公司已具备破产原因，但不申请破产”和“公司债务产生后公司延长股东出资期限”两种特殊情形，全面出资加速到期制度建立。

2. 可以主张股东出资加速到期制度的主体是公司或者已到期债权的债权人。在公司不能清偿债务的情形下，可以主张认缴出资期限未届满股东提前缴纳出资的主体是公司或者已到期债权的债权人。对于公司来说，如果本条不规定其主张股东出资加速到期的权利，其也可以通过召开股东会，在符合法定条件情况下修改公司章程，从而改变股东出资期限，实现令股东出资加速到期的目的。然而，修改公司章程属于股东会特别决议，需要经过占绝对多数表决权的股东才能通过。根据本法第 66 条第 3 款之规定，股东会作出修改公司章程、增加或者减少注册资本的决议，以及公司合并、分立、解散或者变更公司形式的决议，应当经代表三分之二以上表决权的股东通过。作出这类股东会决议一般来说难度较大。而规定公司可以要求股东提前缴纳出资后，其决议机关法律并未限定，由公司自行决定。要求股东提前缴纳出资的决议可以由股东会决议作出，也可以由董事会决议作出，甚至可以通过其他方式作出该决定，只要能够代表公司的意志即可。当然，即使从保护股东根本利益的角度出发，认为要求股东提前缴纳出资的决议应当由股东会作出，也并非一定要特别，代表三分之二以上表决权的股东同意才能通过。这给了公司经营更大的自由度和决定权限。

对于债权人来说，其提起诉讼要求股东提前缴纳出资，其利益直接归属于债务人公司，成为公司财产，作为公司全部债务的一般担保，因此，债权人提起诉讼不仅代表其自身利益，更主要的是代表全体债权人利益进行诉讼。

3. 出资加速到期制度的后果是已认缴出资但未届出资期限的股东提前缴纳出资。公司债权人主张股东出资加速到期，该行为性质系债权人代位权。而代位权行使的效果是代位权制度的重要核心问题，代位权各项具体制度均围绕着其构建。行使代位权取得的财产是作为债务人的责任财产还是向债权人清偿，或者还应当考虑其他债权人进行平均分配，在理论与实务界中存在争议。对此，主要有三种观点。第一种是"入库规则"的观点。该观点认为，债权人行使代位权的效果应归于债务人，相对人对债务人进行债务清偿，行使代位权取得的财产纳入债务人的责任财产，再按其清偿规则清偿债权人的债权。第二种是"平均分配说"的观点。该观点认为，债权人行使代位权后所取得的财产应由法院代为保管，法院作为保管人通知各债权人，包括没有行使代位权的其他债权人，由各债权人按相应的债权比例进行分配。第三种是"债权人优先受偿说"的观点。该观点认为，债权人行使代位权产生优先受偿的效力，债权人先行使代位权所获得的财产优先于其他债权人清偿。分析上述三种观点，前两种观点均遵循债的平等性原则，认为债权人行使代位权是为保全债务人的责任财产，无论通过"入库"归于债务人或是由法院保管并主持分配，债务人的相对人所偿还的财产均应用于平等地清偿全体债权人。《民法典》考虑到债权人提起代位权诉讼，往往投入大量的时间、精力和费用，而实施"入库"或法院保管并平均清偿，则不利于调动债权人行使代位权的积极性，不符合诉讼经济的原则。因此，从鼓励债权人行使代位权，实现代位权制度的保全功能角度，《民法典》没有选择"入库"归于债务人或是由法院保管并主持分配的规则，而是规定由债务人的相对人直接向债权人履行债务，在代位权行使效果上采取"直接受偿规则"，鼓励先诉先得，实质上使行使代位权的债权人先于其他债权人受清偿。

而在股东出资加速到期制度中股东提前缴纳出资的后果问题目前也有两种观点：第一种意见认为，缴纳出资的对象是公司，因此类似入库规则，出资加速到期后，股东需要将出资缴纳入公司，成为公司财产，作为公司全部债务的一般担保，向股东主张提前缴纳出资的债权人本身的债权并不因此具有优先性。第二种意见认为，债权人可以请求股东在应当加速到期的出资范围内对公司债务不能清偿部分直接向自己承担责任。

股东出资加速到期的财产应当采取入库规则，归公司，也就是为全体债权人利益作担保，还是直接向主张权利的个别债权人承担清偿责任，主要应当考虑公司个别债权人利益和整体债权人利益的平衡。我们倾向于第二种意见，理由为：（1）股东将出资直接交付公司与在应当出资的范围内就公司债务不能清偿的部分向公司债权人直接承担责任消灭公司债务，均属于股东履行出资义务的方式。（2）从我国多年司法实践来看，追究股东出资瑕疵责任的原告多数是债权人。在债权人直接提起诉讼的情形下，股东直接向债权人承担责任，有利于保障债权人的积极性。（3）与《九民会纪要》以来长期的司法实践相统一。

当然，司法实践中，即使采纳第一种意见，债权人可以对该财产申请保全，之后再向公司主张清偿债务，以此保障自己的利益。

需要注意的是，尽管系全面出资加速到期制度，但是与破产制度并不相同。破产程序中，股东出资加速到期，提前缴纳的出资归入债务人财产，并实现所有债权人公平清偿。而非破产情形下的加速到期，出资缴纳到公司后，成为公司的财产，作为公司全部债务的一般担保，按照债务清偿的一般原则进行清偿，并非对所有债权人公平清偿。因此，即使出资加速到期制度采取入库规则，也并不妨碍其他债权人或者公司自身申请公司破产。一旦申请破产，那么未届出资期限的股东提前缴纳出资，归入破产财产中，将实现所有债权人公平清偿。

【实务问题】

司法实践中，正确理解和适用本条，还需要注意本条与《九民会纪要》中规定的股东出资加速到期制度的异同。

《九民会纪要》第6条针对股东出资应否加速到期的问题，规定："在注册资本认缴制下，股东依法享有期限利益。债权人以公司不能清偿到期债务为由，请求未届出资期限的股东在未出资范围内对公司不能清偿的债务承担补充赔偿责任的，人民法院不予支持。但是，下列情形除外：（1）公司作为被执行人的案件，人民法院穷尽执行措施无财产可供执行，已具备破产原因，但不申请破产的；（2）在公司债务产生后，公司股东（大）会决议或以其他方式延长股东出资期限的。"自《九民会纪要》施行后，司法实践中对于出资加速到期问题基本都按照《九民会纪要》第6条的规定处理。而新《公司法》自2024年7月1日生效后，相关问题应当按照本条规定处理。明确两者之间的区别，有利于在实践中正确理解和适用本条。本条规定的股东出资加速到期制度与《九民会纪要》中规定的加速到期制度区别主要存在以下几方面：

第一，适用的前提条件不同。本条适用的前提条件是公司不能清偿到期债务，系全面出资加速到期；而《九民会纪要》中该制度适用的大前提条件是公司不能清偿到期债务，符合这一大前提的条件下，还需要再符合两个条件："公司已具备破产原因，但不申请破产的"或者是"在公司债务产生后，公司股东（大）会决议或以其他方式延长股东出资期限的"，均系保障股东认缴出资期限利益前提下的例外情形。

关于第一种情形规定的已具备破产原因，是指符合《企业破产法》第2条第1款的规定，即"企业法人不能清偿到期债务，并且资产不足以清偿全部债务或者明显缺乏清偿能力"。据此，破产原因是指下列两种情形之一：(1) 公司不能清偿到期债务 + 公司资产不足以清偿全部债务；(2) 公司不能清偿到期债务 + 公司明显缺乏清偿能力。根据《最高人民法院关于适用〈中华人民共和国企业破产法〉若干问题的规定（一）》第2条的规定，下列情形同时存在的，人民法院应当认定债务人"不能清偿到期债务"：(1) 债权债务关系依法成立；(2) 债务履行期限已经届满；(3) 债务人未完全清偿债务。根据该解释第3条的规定，债务人的资产负债表，或者审计报告、资产评估报告等显示其全部资产不足以偿付全部负债的，人民法院应当认定债务人资产不足以清偿全部债务，但有相反证据足以证明债务人资产能够偿付全部负债的除外。根据该解释第4条的规定，债务人账面资产虽大于负债，但存在下列情形之一的，人民法院应当认定其"明显缺乏清偿能力"：(1) 因资金严重不足或者财产不能变现等原因，无法清偿债务；(2) 法定代表人下落不明且无其他人员负责管理财产，无法清偿债务；(3) 经人民法院强制执行，无法清偿债务；(4) 长期亏损且经营扭亏困难，无法清偿债务；(5) 导致债务人丧失清偿能力的其他情形。

关于第二种情形规定的"公司债务产生后"，既包括主动债务，如对外签订买卖合同、借款等民事活动产生的债务，也包括被动债务，如因产品责任产生的债务，因环境侵权产生的债务，还包括或然债务，如公司为他人提供担保产生的可能承担担保责任的债务。

显然，《九民会纪要》中对股东出资加速到期制度适用上门槛更高，更加严格，而本条的适用范围更加广泛。

第二，在权利主体方面，本条可以请求股东出资加速到期的主体是公司和债权人，《九民会纪要》中规定的主体是债权人，两者表述上不一致。但是，对于公司来说，如果需要请求股东提前缴纳出资，其召开股东会会议修改公司章程中规定的出资期限即可，特意规定这一权利似乎没有特别的必要。

第三，从法律后果上来看，如果符合股东出资加速到期的条件，《九民会纪要》中规定的法律后果是股东直接向债权人给付，债权人可以请求股东在未出资范围内对公司不能清偿的债务承担补充赔偿责任；而本条规定的法律后果是实行入库规则，要求股东向公司缴纳出资，成为公司的责任财产，并对公司的所有债务进行清偿。

根据《九民会纪要》的规定，公司作为被执行人的案件，因穷尽执行措施无财产可供执行，已具备破产原因，但不申请破产的，公司债权人可以起诉未届出资期限的股东，请求其对公司未能清偿的债务承担补充赔偿责任。换言之，只要出现《九民会纪要》规定的第一种情形，公司债权人就享有要求股东的出资加速到期的权利。债权人的这种诉讼是就自身利益的诉讼，所获收益归原告债权人个人，而不归债务人。其不是代表全体债权人诉讼。这一点与本条规定的股东加速到期不同。本条规定的债权人是代表全体债权人起诉，所获收益归公司。

【条文】

第五十五条

有限责任公司成立后，应当向股东签发出资证明书，记载下列事项：

（一）公司名称；

（二）公司成立日期；

（三）公司注册资本；

（四）股东的姓名或者名称、认缴和实缴的出资额、出资方式和出资日期；

（五）出资证明书的编号和核发日期。

出资证明书由法定代表人签名，并由公司盖章。

【条文主旨】

本条是关于有限责任公司股东出资证明书的规定。

【条文概览】

本条此次进行了实质修改。

本条自1993年《公司法》制定时即存在，条文序号为第30条，规定内容："有限责任公司成立后，应当向股东签发出资证明书。出资证明书应当载明下列事项：（一）公司名称；（二）公司登记日期；（三）公司注册资本；（四）股东的姓名或者名称、缴纳的出资额和出资日期；（五）出资证明书的编号和核发日期。出资证明书由公司盖章。"1999年和2004年修正时，未对该条规定进行修改；2005年修订时，将第2项"公司登记日期"修改为"公司成立日期"，将条文序号修改为第32条；2013年和2018年修正时，未对该条规定内容进行修改，仅将条文序号修改为第31条；本次修订，将"股东的姓名或者名称、缴纳的出资额和出资日期"修改为"股东的姓名或者名称、认缴和实缴的出资额、出资方式和出资日期"，将"出资证明书由公司盖章"修改为"出资证明书由法定代表人签名，并由公司盖章"，将条文序号修改为第55条。

本条分为两款。第1款规定，出资证明书的签发只能发生在有限责任公司成立之后，且有限责任公司在成立之后有义务向股东签发出资证明书，并规定出资证明书需要记载的五个事项：（1）公司名称；（2）公司成立日期；

(3) 公司注册资本；(4) 股东的姓名或者名称、认缴和实缴的出资额、出资方式和出资日期；(5) 出资证明书的编号和核发日期。第2款规定，有限责任公司向股东签发出资证明书不仅需要公司盖章，还需要有法定代表人的签名。

【理解与适用】

一、修订的内容及目的

本次修订，对本条内容进行了两处实质修改。一是对第1款第4项“股东的姓名或者名称、缴纳的出资额和出资日期”修改为“股东的姓名或者名称、认缴和实缴的出资额、出资方式和出资日期”，将出资证明书记载的股东缴纳的出资额进一步细化明确，并要求将“出资方式”纳入记载事项。二是将第2款“出资证明书由公司盖章”修改为“出资证明书由法定代表人签名，并由公司盖章”，强化了对出资证明书的管理。

此前根据出资证明书的记载内容，无法准确了解股东的实际出资情况，还需要通过查阅其他材料来确定股东的认缴情况、实缴情况以及出资方式。本次对股东出资证明书记载股东缴纳的出资额内容的细化，有助于规范统一出资证明书的管理，通过查看出资证明书就可以了解股东的实际出资情况，充分发挥出资证明书的作用。同时，根据本法第47条第1款规定：“有限责任公司的注册资本为在公司登记机关登记的全体股东认缴的出资额。全体股东认缴的出资额由股东按照公司章程的规定自公司成立之日起五年内缴足。”在出资证明书上载明认缴和实缴的出资额，也有利于督促股东在规定的时间内缴足认缴的出资额。关于出资方式，从1993年《公司法》制定起规定的五种出资形式：货币、实物、工业产权、非专利技术、土地使用权。到2005年修订时增加可以依法转让、可以用货币估价的非货币资产。再到本次修订新增股权、债权作为非货币财产的出资形式。随着出资形式不断增加，本次修订要求在出资证明书上载明出资方式，有利于公司的交易相对人、债权人、利害关系人了解股东的出资方式，降低交易成本，防范交易风险，也便于公司的经营管理。此外，本次修订还在原来要求出资证明书应由公司盖章的基础上，新增由法定代表人签名，一方面增加了法定代表人的职权，有助于督促法定代表人提高审慎履职的责任意识；另一方面，增加了股东持有股权的安全性和享有股东资格的稳定性，进一步保障股东权益。

二、出资证明书的概念及法律特征①

本条第1款规定，有限责任公司成立后，应当向股东签发出资证明书。所谓出资证明书，是有限责任公司签发的证明股东已经履行出资义务的法律文件。出资证明书是投资人成为有限责任公司股东，并依法享有股东权利和承担股东义务的法律凭证。出资证明书有以下特征：第一，出资证明书为非设权证券。即股东所享有的股东权并非由出资证明书所创设，股东所享有的股东权来源于股东的出资，出资证明书只是记载和反映股东出资的客观状况，因此，它与设定权利的设权证券不同。第二，出资证明书为要式证券。即出资证明书的制作和记载事项必须按照法定的方式和要求进行。第三，出资证明书为有价证券。出资证明书是股东享有股东权的重要法律凭证。但是，出资证明书与股票不同，股票是可流通的有价证券，而出资证明书则为不流通的有价证券或者是称为流通受到严格限制的有价证券。第四，出资证明书为有限责任公司股东所特有。这是相对于股份有限公司来讲的，股份有限公司表现股东权益的凭证称为股票，而不称为出资证明书。第五，出资证明书是有限责任公司成立后签发的证明股东权益的凭证。公司成立之前，不能向股东签发出资证明书。

三、出资证明书应当载明的事项

出资证明书为要式证券，其记载事项属于法定事项，其所记载的内容具有相应的法律效力。本条规定，出资证明书应当记载以下五项内容：

1. 公司名称。公司是出资证明书的签发主体，公司名称必须要载明在出资证明书上，从而确定持有人所拥有的是哪一家公司的股权。出资证明书作为证明股东资格的重要法律凭证，记载公司的名称既有利于保障股东依法行使股权，维护自身权益，又有利于公司对股东事务的管理。

2. 公司成立日期。《民法典》第78条规定："依法设立的营利法人，由登记机关发给营利法人营业执照。营业执照签发日期为营利法人的成立日期。"故公司营业执照签发日期即为公司成立日期，从公司成立日起，股东就可以向公司主张股东权益，行使股东权。在出资证明书上载明公司的成立日期具有重要意义，公司成立日期是实缴出资义务完成等许多法律期间的始点。出资证明书载明公司成立日期，有利于明确出资证明签发时间是在公司

① 参见朱少平主编：《中华人民共和国公司法释义及实用指南》，中国民主法制出版社2012年版，第120页。

成立之后，以及明确股东依法享有股东权利和承担股东义务的起始时间。

3. 公司注册资本。本法第 47 条规定，有限责任公司的注册资本为在公司登记机关登记的全体股东认缴的出资额。在出资证明书上载明公司注册资本，有利于股东了解公司的财务实力和经营能力，同时方便确定股东的出资额在公司注册资本中所占的比例，来确定股东在公司事务中享有的权利和承担义务的范围。

4. 股东的姓名或者名称、认缴和实缴的出资额、出资方式和出资日期。出资证明书与股票不同，股票可分为记名股票和无记名股票，出资证明书是有限责任公司股东享有股东权的重要凭证，必须在出资证明书上明确记载股东的姓名或者名称，来证明股东资格，记载认缴和实缴的出资额，来确定所拥有股权的大小，确定股东依法享有股东权利和承担股东义务的范围，记载出资方式和出资日期，以便确定股东的出资情况，且出资方式、出资时间是否符合公司章程规定等事项。本次修订对缴纳的出资额进行了进一步的细化，对认缴和实缴的出资额分别予以记载，并增加载明出资方式，进一步规范了出资证明书的构成内容，提高了出资证明书的证明力，便于公司经营管理，降低交易成本。

5. 出资证明书的编号和核发日期。向每个股东签发的出资证明书，都应当进行编号，以便出资证明书的保管、查阅、核对。根据《公司法》第 56 条规定，有限责任公司置备的股东名册上，也要求载明出资证明书编号，这样便于校验出资证明书的真实性。同时，出资证明书上还应当载明核发日期，有利于明确股东依法享有股东权利和承担股东义务的起始时间。

四、出资证明书的形式要件

本次修订对出资证明书的形式要件除了需要公司盖章之外，还要求法定代表人在出资证明书上签名。出资证明书只有经过法定代表人签名和公司盖章以后，才能产生法律效力。缺少法定代表人签名或者公司盖章的出资证明书，因不具备法定的形式要件，不能发生效力。法定代表人签名加公司盖章的方式，进一步增加了出资证明书的证明力，有助于股东资格的确认。

【实务问题】

出资证明书并非设权证券，仅具有证明效力

出资证明书具有证明股东资格的效力，但无决定性效力。首先，出资证

明书是有限责任公司成立后向股东出具的证明股东资格的凭证，其效力及于公司与股东之间或股权转让双方之间。因此，出资证明书只能对抗公司和股权的转让人，不能对抗善意第三人。其次，出资证明书本身并无设权效力，只是证明股东已向公司出资，具有证明股东资格的效力。故不能仅以出资证明书认定出资人具有股东资格，没有出资证明书也可能被认定为股东。最后，出资证明书的证明效力是在出资证明书上对股东情况的记载与股东名册上的记载一致时才具有，如果二者记载不一致，以股东名册的记载为准。

出资证明书不具有设权证券的功能。出资证明书只是股东对抗公司证明自己已经履行对公司出资义务的凭证，与股票不同，不是法律承认的流通证券，不能通过交付出资证明书或者背书方式产生股权变动的效果。

【条文】

第五十六条

有限责任公司应当置备股东名册，记载下列事项：

（一）股东的姓名或者名称及住所；

（二）股东认缴和实缴的出资额、出资方式和出资日期；

（三）出资证明书编号；

（四）取得和丧失股东资格的日期。

记载于股东名册的股东，可以依股东名册主张行使股东权利。

【条文主旨】

本条是关于有限责任公司股东名册主要内容及其内部效力的规定。

【条文概览】

本条有实质修改。本条共两款。第1款规定了有限责任公司应当置备股东名册及股东名册应记载的事项。第2款规定了股东名册的内部效力，通过股东名册对股东资格的确认，可在公司内部和股东之间产生约束的效力，股东可根据股东名册行使股东权利。

一、修改历程

1993年《公司法》制定时即有本条规范，条文序号为第31条。内容为："有限责任公司应当置备股东名册，记载下列事项：（一）股东的姓名或者名称及住所；（二）股东的出资额；（三）出资证明书编号。"

1999年、2004年两次修正，对该条均无改动。2005年修订本条有实质修改，除保留第1款之外，增加了第2款、第3款内容，分别规定了股东名册对内和对外效力。修改后条文序号调整为第33条。修改后内容为："有限责任公司应当置备股东名册，记载下列事项：（一）股东的姓名或者名称及住所；（二）股东的出资额；（三）出资证明书编号。记载于股东名册的股东，可以依股东名册主张行使股东权利。公司应当将股东的姓名或者名称及其出资额向公司登记机关登记；登记事项发生变更的，应当办理变更登记。未经登记或者变更登记的，不得对抗第三人。"2013年《公司法》修正时，该条变为第32条，第1款、第2款内容未变，第3款修改为"公司应当将股东的姓名或者名称向公司登记机关登记；登记事项发生变更的，应当办理变更登记。未经登记或者变更登记的，不得对抗第三人”，删除了“及其出资额”的规定。2018 年《公司法》修正时，对该条无改动。

二、本次修订情况

本次修订内容和序号均发生变化。内容具体修改情况如下：（1）股东名册记载事项。将原第 1 款第 2 项记载事项“股东的出资额”，修改为“股东认缴和实缴的出资额、出资方式和出资日期”；增加第 1 款第 4 项记载事项“取得和丧失股东资格的日期”。即要求股东名册记载股东“认缴”“实缴”“出资方式”“出资日期”及股东结构的变更情况。因注册资本认缴制改革，有必要明确记载股东的具体出资情况，包括认缴和实缴的情况，以及缴纳出资方式及出资日期。对股东名册记载事项的增加有利于公司的债权人、投资者更加充分地知悉公司资产、公司经营及股东情况等。（2）删除了关于股东登记对抗效力的规定。之前《公司法》在本条中规定了股东登记的对抗效力。本次修订，《公司法》新设公司登记一章，在第 32 条规定了有限责任公司股东的姓名或者名称为公司登记事项之一，在第 34 条一般性地规定了公司登记事项的对抗效力，并将“第三人”修改为“善意相对人”，股东登记对抗效力亦应遵守该规则。本条已无对股东登记对抗效力重复规定之必要，故予以删除。序号由第 32 条变为第 56 条。

【理解与适用】

一、股东名册的概念

本条第 1 款规定，有限责任公司应当置备股东名册。股东名册，一般是指有限责任公司依照法律规定以书面形式对本公司的全体股东及其出资情况、取得和丧失股东资格的日期进行记载的文件。该条款的用词为“应当”，因此有限责任公司成立后必须置备股东名册。

二、股东名册应载明的事项

本条第 1 款采用列举的方式规定股东名册应记载的 4 项内容，公司应按规定进行记载。

三、股东名册的权利推定效力

股东作为公司的投资人，依法享有参与决策权、资产收益权等股东权利。在股东名册上记载为股东的人，无须向公司提交股票或者出资证明书，也没有必要向公司举证自己的实质性权利，仅凭股东名册记载本身就可主张自己为股东。[①] 即法律赋予股东依据股东名册在无须举证的情况下行使股东权利，否认股东名册记载内容的一方需承担举证责任。

出资证明书、公司章程与股东名册均为股东资格证明文件，原则上内容记载应一致，但在出资证明书、公司章程、股东名册不一致时，股东资格的认定应以股东名册记载为准。第一，出资证明书是公司单方为股东出具的记载公司基本信息、股东姓名或名称、认缴和实缴的出资额、出资方式和出资日期等信息的证明材料，相较于股东名册应出具在先。其记载的仅是个别股东的相关信息，顾名思义出资证明书能够证明股东已合法出资，但不能仅以出资证明书认定出资人具有股东资格。出资证明书并不是认定股东资格的充分条件，在诉讼中需要与其他证据相互印证。[②] 相较于股东名册记载全部股东信息而言，证明效力显然不如股东名册，因此在二者不一致时，无疑应以股东名册为准。第二，公司章程是全体股东意思表示的集中体现，在一定程度上起到了公示的作用。所以，公司章程所记载的有关股东身份的内容可以作为确定股权的依据。[③] 但在增资、股权转让、继承、赠与等情况下，公司章程可能存在更新滞后问题，且公司章程属约定范畴，不应超过法律直接规定的股东名册的权利推定效力，因此在公司章程与股东名册内容记载不一致时，亦应以股东名册记载为准。

【实务问题】

股东资格的认定标准应内外有别

实务中，与该条相关的案件类型主要是股东资格确认纠纷，还有某些与公司有关纠纷案件也需先行对股东资格予以认定，因此股东资格的准确认定较为重要。具体纠纷类型包括股东之间因出资引发的纠纷，其中实际出资人与名义出资人之间的纠纷、因瑕疵出资问题产生的纠纷最为典型，此外还有因股权转让引发的纠纷、确认是否具有股东资格及股东与公司之间股权份额

---

① 最高人民法院民法典贯彻实施工作领导小组编著：《中国民法典适用大全·商事卷·公司法（一）》，人民法院出版社 2022 年版，第 167 页。

② 最高人民法院民事审判第二庭编著：《最高人民法院关于公司法解释（三）、清算纪要理解与适用》，人民法院出版社 2016 年版，第 360 ~ 362 页。

③ 最高人民法院民事审判第二庭编著：《最高人民法院关于公司法解释（三）、清算纪要理解与适用》，人民法院出版社 2016 年版，第 360 ~ 362 页。

引发的纠纷等。

股东取得理想且完整的股东资格，首先需向公司实缴或认缴出资，再通过一定的外在形式予以公示，即记载于公司章程、股东名册和登记于工商部门。但现实中的情况极其复杂，如何对股东资格予以认定，法学界主要存在三种学说，即“实质说”“形式说”和区分内外部关系的“折中说”。“实质说”是指基于成立或加入公司的意思表示，实际履行出资义务、实际履行股东职责，享有股东权利等才可确定取得股东资格。“形式说”是指应以公司对外公示的材料记载作为股东资格的认定依据。“折中说”是指在涉及公司内部关系争议时优先适用“实质说”，在涉及公司外部关系争议时优先适用“形式说”。

我们倾向于内外有别的“折中说”。在股东资格的认定问题上，应当坚持内外有别原则，区分公司内部关系和外部关系，分别适用实质要件和形式要件。当公司内部股东之间就股东资格产生争议的，以实质要件为主，形式要件为辅来认定；当公司外部之间就股东资格产生争议的，则以形式要件为主，实质要件为辅进行认定。①

第一，内外有别符合民法和公司法的基本原则。股东投资设立公司、受让公司股权、接受股权赠与等行为均离不开意思表示，因此也不应脱离民法意思主义原则。在处理内部关系时优先适用“实质说”，充分尊重公司及股东真实意思符合民法的基本原则。公司法追求的是法律关系的稳定、各方利益主体间交易的安全与效率，要求公司在设立、存续、成员结构上应保持一定的稳定性，同时要求公司设立、变更等公司登记事项变化时，应经过必要的公司内部程序且在一定范围内予以公示，因此，处理外部关系时优先适用“形式说”，符合公司法公司自治原则和商事登记公示公信效力原则。

第二，内外有别有法规支撑。对于内部关系优先适用“实质说”与《公司法解释三》第22条、第24条及《九民会纪要》第28条的规定具有一致性。上述条款规定当事人之间，即争议仅在股东内部，并不涉及第三人时对股权归属发生争议请求确认股权和实际出资人向名义股东主张投资权益时，需证明的主要事实均为已经依法向公司出资、认缴出资、受让或者以其他形式继受公司股权，即进行实质审查。对于外部关系优先适用“形式说”与《公司法》第34条第2款“公司登记事项未经登记或者未经变更登记，不得对抗善意相对人”的规定具有一致性。工商登记具有对外效力。如果涉

① 参见最高人民法院民事审判第二庭编：《商事审判指导》（2019年卷），人民法院出版社2020年版，第180页。

及第三人，应主要以工商登记这一形式要件作为认定股东资格的依据。

第三，“折中说”内外有别符合公平原则。股东资格是通过出资、认缴出资、受让或者以其他形式继受公司股权等基础行为创设完成的。在存在争议或记载错误等情况下，对于未记载于股东名册或未工商登记的股东，如实际出资人采用隐名的方式投资公司、增资股东尚未在股东名册记载、股权转让后转让人及公司拒绝在股东名册记载或工商登记等，若能够证明存在设立或加入公司的真实意思且已出资或认缴出资并符合登记为股东的法定条件下，单纯按照“形式说”，在股东和公司不配合股东名册变更或工商登记时，未记载于股东名册的股东无法获取股东资格，对出资人不公，不利于公司内部稳定，影响市场交易秩序的良性发展。此种情况下法律应允许未记载于股东名册或未进行工商登记的股东通过证明存在基础法律关系方式确认股东资格。因此在涉及内部关系时，优先适用“实质说”，符合公平原则。在涉及公司外部第三人时，因第三人不属于公司内部人员，其获取信息、证据较难，若采用“实质说”，有时需第三人举证证明公司股东是否实际参与公司经营，有无获得公司分红或其他行使股东权利的行为等情况，无疑增加了第三人维权的难度，不利于对债权人利益的保护。第三人基于对外公示信息主张权利更为公平。因此在涉及外部关系时，优先适用“形式说”，亦符合公平原则。

在具体案件办理中，案件事实可能更为复杂。在解决公司内部争议时优先适用“实质说”，并在具体案件处理中综合审查股东是否具有设立公司、成为公司股东的真实意思，是否存在实际出资或认缴出资、受让股份的行为，有无实际参与公司经营，有无获得公司分红，有无其他行使股东权利的行为等情况作出判断。鉴于有限责任公司的人合性，对于实际出资人要求显名的，还需满足《公司法解释三》第 24 条第 3 款的规定。对于涉及公司以外第三人的情况时，基于登记的公示效力，应保护善意第三人的信赖利益和交易安全，优先采用“形式说”进行认定。

【典型案例】

金平县某水电开发有限公司、黄某福等股东资格确认纠纷案①

基本案情：黄某真与黄某福签订《合作开发合同》约定：双方共同投资合作开发某河流域 1 级、4 级水电站；黄某真以 1 级、4 级水电站的开发经

① 最高人民法院（2019）最高法民申 5585 号民事裁定书。

营权等折合成公司总资产的20%股权。黄某真已经将电站项目材料等移交给黄某福。某水电公司章程记载黄某真系股东之一，但在该公司工商登记中黄某真没有登记为股东。某水电公司实际获得了某河流域1级、4级水电站的开发权。黄某真诉请：判令确认黄某真的股东身份、持有某水电公司20%的股权。法院判决支持黄某真的诉请。

裁判要旨：有证据证明股东身份得到其他股东认可的实际出资人，有权要求公司将其股东身份登记入股东名册。

【条文】

第五十七条

股东有权查阅、复制公司章程、股东名册、股东会会议记录、董事会会议决议、监事会会议决议和财务会计报告。

股东可以要求查阅公司会计账簿、会计凭证。股东要求查阅公司会计账簿、会计凭证的，应当向公司提出书面请求，说明目的。公司有合理根据认为股东查阅会计账簿、会计凭证有不正当目的，可能损害公司合法利益的，可以拒绝提供查阅，并应当自股东提出书面请求之日起十五日内书面答复股东并说明理由。公司拒绝提供查阅的，股东可以向人民法院提起诉讼。

股东查阅前款规定的材料，可以委托会计师事务所、律师事务所等中介机构进行。

股东及其委托的会计师事务所、律师事务所等中介机构查阅、复制有关材料，应当遵守有关保护国家秘密、商业秘密、个人隐私、个人信息等法律、行政法规的规定。

股东要求查阅、复制公司全资子公司相关材料的，适用前四款的规定。

【条文主旨】

本条是关于有限责任公司股东知情权的规定。

【条文概览】

本条系实质修改。1993年《公司法》第32条规定："股东有权查阅股东会会议记录和公司财务会计报告。"这是立法首次将股东知情权纳入法律规定。随后1999年、2004年两次《公司法》修正时，该条款均未发生变化。后来为健全股东合法权益保障机制，加大对中小股东权益的保护力度，2005年《公司法》修订时，第34条规定："股东有权查阅、复制公司章程、股东会会议记录、董事会会议决议、监事会会议决议和财务会计报告。股东可以要求查阅公司会计账簿。股东要求查阅公司会计账簿的，应当向公司提出书面请求，说明目的。公司有合理根据认为股东查阅会计账簿有不正当目的，可能损害公司合法利益的，可以拒绝提供查阅，并应当自股东提出书面请求之日起十五日内书面答复股东并说明理由。公司拒绝提供查阅的，股东可以请求人民法院要求公司提供查阅。"通过2005年修订，股东知情权权利范围进一步扩大、行使方式更加全面、行使程序和条件更为明确。本次修订前该条文内容未再变动。条文序号于 2013 年《公司法》修正时调整为第 33 条，2018 年《公司法》修正时未变更。

本次修订，与 2018 年《公司法》第 33 条股东知情权内容相比，主要有以下四点变化：一是扩大股东知情权的范围，在股东有权查阅、复制范围方面，新增股东名册，在股东可以要求查阅内容方面，新增会计凭证；二是公司拒绝提供查阅的，由原来的“股东可以请求人民法院要求公司提供查阅”变更为“股东可以向人民法院提起诉讼”；三是新增股东行使查阅权的方式，即可以委托会计师事务所、律师事务所等中介机构，同时，规定了股东、中介机构在行使股东知情权时，应当遵守保密义务，即遵守有关保护国家秘密、商业秘密、个人隐私、个人信息等法律、行政法规的规定；四是明确股东对其全资子公司的穿透性知情权行使权限，即股东要求查阅、复制公司全资子公司相关材料的，适用本条前 4 款的规定。

【理解与适用】

一、股东知情权概述

股东知情权，是指法律赋予公司股东了解公司信息的权利。[①] 现代公司治理结构中因“所有权”与“经营权”相分离，股东逐渐退出公司的经营管理活动，进而产生公司股东和管理人员之间信息不对称的问题。在此背景下，为保障股东有效行使对公司的监督权和重大经营决策权，应当赋予股东了解公司相关信息的权利。因此，股东知情权是股东实现其他股东权利的基础性权利，是股东参与公司管理的前提和基础。股东知情权具体表现为股东有权对反映公司经营决策和财产使用情况的相关资料进行查阅、复制。

股东知情权属于固有权。以权利是否可以被剥夺划分，股东权利分为固有权与非固有权。固有股东权是指公司法赋予股东的，任何人不得以公司章程或股东之间的协议予以剥夺或限制的权利。反之，可以剥夺的为非固有权。股东知情权属于固有权，系法定权利，不能被公司章程或股东间其他协议剥夺或者让渡。

股东知情权属于单独股东权。以可行使权利范围划分，股东权利分为单独股东权和少数股东权。单独股东权是指持有一股即可享有的权利；少数股

① 最高人民法院民法典贯彻实施工作领导小组编著：《中国民法典适用大全·商事卷·公司法(一)》，人民法院出版社 2022 年版，第 520 页。

东权则是指持有一定比例股份才可享有的权利。我国为保护中小股东投资者权利，规定股东知情权为单独股东权，即股东在行使知情权时，无论查阅何种资料，不受股权比例的限制。

股东知情权兼具自益权与共益权属性。根据股权行使目的划分，股东权利分为自益权和共益权，自益权是指股东为了自身利益而行使的权利；共益权是指股东兼顾自身利益和公司利益而行使的权利。当然，自益权与共益权的界限并不是绝对的，这是因为某些共益权是作为自益权的手段而行使的，从而使其兼具共益权和自益权的特点，如知情权。[①] 股东通过了解公司有关信息，监督管理层的代理，有益于公司与股东双重利益的实现。因此，股东知情权同时具有自益权与共益权两种性质。

二、股东知情权范围变化

股东知情权可分为一般知情权与特殊知情权两类。一般知情权是指股东绝对有权查阅、复制的内容，股东请求查阅的，公司应当提供；特殊知情权是指股东相对有权查阅的内容，因该查阅内容涉及公司商业秘密，故该查阅要受到一定条件与程序的限制。

（一）一般知情权范围变化

本条第 1 款规定了一般知情权范围，即股东有权查阅、复制公司章程、股东名册、股东会会议记录、董事会会议决议、监事会会议决议和财务会计报告。其中，股东名册是本次《公司法》修订后新增的可查阅、复制的内容。股东名册是指有限责任公司依照法律规定对本公司股东及其出资情况登记的簿册。《公司法》明确规定有限责任公司应当置备股东名册，按照本次修订的《公司法》第 56 条规定，股东名册的法定记载事项有四项内容：（1）股东的姓名或者名称及住所；（2）股东认缴和实缴的出资额、出资方式和出资日期；（3）出资证明书编号；（4）取得和丧失股东资格的日期。记载于股东名册的股东，可以依股东名册主张行使股东权利。换言之，登记在册并具备股东身份是股东行使知情权的前提条件。值得注意的问题是，对于已退出公司的股东，即前股东，是否一概否认其知情权。对此，《公司法解释四》第 7 条第 2 款规定：公司有证据证明前款规定的原告在起诉时不具有公司股东资格的，人民法院应当驳回起诉，但原告有初步证据证明在持股期间其合法权益受到损害，请求依法查阅或者复制其持股期间的公司特定文

① 赵旭东主编：《公司法学》，高等教育出版社 2015 年版，第 241 ~ 242 页。

件材料的除外。即当前股东有初步证据证明其在持股期间合法权益受到损害的，人民法院应当受理其提起的股东知情权诉讼，而不应以其已经不具备股东身份为由驳回起诉。

（二）特殊知情权范围变化

本条第 2 款规定，股东“可以”要求查阅公司会计账簿、会计凭证。其中，会计凭证是本次新增可查阅的内容。《会计法》第 14 条规定，会计凭证包括原始凭证和记账凭证。原始凭证记载的各项内容均不得涂改；原始凭证有错误的，应当由出具单位重开或者更正，更正处应当加盖出具单位印章。原始凭证金额有错误的，应当由出具单位重开，不得在原始凭证上更正。记账凭证应当根据经过审核的原始凭证及有关资料编制。第 15 条规定，会计账簿登记，必须以经过审核的会计凭证为依据，并符合有关法律、行政法规和国家统一的会计制度的规定。会计账簿包括总账、明细账、日记账和其他辅助性账簿。第 20 条规定，财务会计报告应当根据经过审核的会计账簿记录和有关资料编制，并符合《会计法》和国家统一的会计制度关于财务会计报告的编制要求、提供对象和提供期限的规定；其他法律、行政法规另有规定的，从其规定。根据上述法律规定可以看出，原始凭证是记账凭证编制的基础，二者共同构成会计凭证，而会计凭证是会计账簿的基础，会计账簿及有关凭证同时又是制作公司财务会计报告的原始凭证和依据。由于会计账簿及有关原始凭证是公司日常经营中客观发生的，反映公司的全部业务经营情况，涉及公司商业秘密，故《公司法》对财务会计报告适用绝对有权查阅的规定，并且允许复制；而对会计账簿、会计凭证则适用相对有权查阅来进行限制，以维护股东知情权与公司利益的平衡。

在本次《公司法》修订之前，能否查阅会计凭证一直存有争议，具体有狭义说与广义说两种观点。狭义说主要认为，会计凭证虽为会计账簿制作的依据，但二者并非同一概念，2018 年《公司法》及相关司法解释并未规定股东有权查阅会计凭证，因此不应随意扩张对会计凭证的查阅。广义说则认为为了保障股东知情权充分有效行使，以便股东全面、准确了解公司相关信息，应当对有限责任公司股东查阅权作扩张性解释，即股东查阅的范围不仅包括会计账簿，还应该包括会计凭证。最高人民法院公报案例李某某、吴某某、孙某某、王某某诉江苏佳德置业发展有限公司股东知情权纠纷案①亦采纳此种观点。该判决认为，公司的具体经营活动只有通过查阅原始凭证才能

---

① 参见《最高人民法院公报》2011 年第 8 期。

知晓，不查阅原始凭证，中小股东可能无法准确了解公司真正的经营状况。根据会计准则，相关契约等有关资料也是编制记账凭证的依据，应当作为原始凭证的附件入账备查。本次《公司法》修订，正式将会计凭证纳入可以查阅的范围，主要理由有三：

第一，允许查阅会计凭证有利于股东更好地实现对公司管理层的监督。如前所述，会计凭证是会计账簿编制的依据，最能反映出公司真实财务状况。在“所有权”与“经营权”相分离的公司治理模式下，股东只有通过查阅会计凭证，才能实现对公司管理层的有效监督。

第二，允许查阅会计凭证有利于防止股东知情权落空。实践中，因会计账簿的分类和编制非常烦琐，因疏忽造成信息的誊写错误和遗漏问题在制作过程中极易发生，同时，会计账簿亦可能有虚假记载的情况。为保证会计账簿记载的准确性及真实性，唯有通过与会计凭证的对比才能查找出问题所在。允许股东查阅会计凭证有利于防止股东因查阅错误会计账簿而导致知情权落空的风险。

第三，允许查阅会计凭证有利于保护中小股东利益。现如今的公司治理中，往往是由大股东及高管人员对公司进行管理和运营，而一些小股东无法获取公司经营情况，加之一些中小型公司可能还未完全配备专业的会计记账系统，所以中小股东只有获取会计凭证信息，才能更好地维护自己的利益，这也与立法目的相一致。

三、查阅权行使方式的扩张

股东查阅权的核心内容是公司重要财务信息和经营管理信息。因上述信息涉及会计、法律专业知识，股东仅凭自身，尤其自然人股东很难有效行使查阅权。司法实践中，股东往往提出委托专业中介机构代为查询的诉求。因《公司法》对该情况未作明文规定，各地裁判尺度不尽统一。一方面，允许股东委托中介机构有利于股东知情权更好地实现；另一方面，第三人代为查阅公司资料，尤其涉及商业秘密的会计账簿、会计凭证等可能会对公司产生不利影响。基于此，《公司法解释四》第 10 条第 2 款规定：“股东依据人民法院生效判决查阅公司文件材料的，在该股东在场的情况下，可以由会计师、律师等依法或者依据执业行为规范负有保密义务的中介机构执业人员辅助进行。”囿于司法解释的权限限制，故该规定仅适用于股东依据生效判决行使查阅权，且股东应当同时在场的情况。本次《公司法》修订，删掉了司法解释中上述限定条件，明确股东查阅相关规定材料，可以委托会计师事务所、律师事务所等中介机构进行。因此，《公司法》的新规定对股东知情权的行使更为便捷，也说明在股东权益保护与公司利益的博弈方面，立法在这一方面的规定更侧重于保护投资者，尤其是中小股东权益的实现。

当然，为保障公司商业秘密安全，本条第 4 款规定股东、中介机构在行使股东知情权时，应当遵守保密义务，即遵守有关保护国家秘密、商业秘密、个人隐私、个人信息等法律、行政法规的规定。对此，公司可以要求股东或中介机构在查阅前，作出书面保密承诺或签署保密协议，防止泄露公司商业秘密，造成公司合法权益的损害。如果股东或其委托的中介机构泄露通过查阅得知的公司商业秘密给公司造成损失的，公司可以依据《公司法解释四》第 11 条“股东行使知情权后泄露公司商业秘密导致公司合法利益受到损害，公司请求该股东赔偿相关损失的，人民法院应当予以支持。根据本规定第十条辅助股东查阅公司文件材料的会计师、律师等泄露公司商业秘密导致公司合法利益受到损害，公司请求其赔偿相关损失的，人民法院应当予以支持”之规定，向股东或中介机构主张损害赔偿。

四、股东可以对其全资子公司行使穿透性知情权

本次修订《公司法》，新增股东可以要求查阅、复制公司全资子公司相关材料的规定，也是本条变化重点内容之一。在修订之前，司法实践对母公司股东能否查阅子公司相关材料一直存有争议，大部分判决认为全资子公司具有独立的法人地位，而股东知情权源于股东身份，母公司股东并非全资子公司的股东，母公司股东请求对子公司行使知情权于法无据；[①] 另外还有一种观点认为，公司章程可以设定对子公司资料的查阅权，母公司股东可以根据母公司章程规定，对子公司相关资料行使查阅权。因此，反对股东知情权穿透的主要原因系该规定突破了公司人格独立。但事实上，母公司与全资子公司存在紧密联系，双方之间可能存在的关联交易，如架空母公司，将业务全部转移至子公司等行为，如果不允许母公司股东查阅全资子公司的相关材料，其很难发现上述损害公司利益进而导致股东权益受损的行为。为此，本次修订新增股东可以查阅全资子公司的相关资料规定，对于确保双重代表诉讼的有效实施具有重要意义。所谓股东双重代表诉讼是指由母公司的股东提起的诉讼，代表母公司全资持有或控股的子公司，行使属于该子公司的诉讼

① 详见广东省广州市中级人民法院（2023）粤 01 民终 6561 号民事判决书、贵州省贵阳市中级人民法院（2021）黔 01 民终 1103 号民事判决书、福建省福州市中级人民法院（2020）闽 01 民终 445 号民事判决书等。

权利。

一般而言，一家公司称其下级公司为其子公司，是因为该公司拥有其下级公司股权控制权，具体有三种形式：相对控股（持股比例低于50%）、绝对控股（持股比例高于50%但低于100%）、完全控股（100%持股）。需要注意的是，本次知情权穿透行使对象仅适用于全资子公司，对于相对控股、绝对控股的子公司不应作扩大解释。

【实务问题】

保障股东知情权的行使要严格限制“不正当目的”的内涵，不宜作扩大解释

本次《公司法》修订，在对股东可以要求查阅公司会计账簿、会计凭证的条件及程序限制上，与2018年《公司法》内容基本一致。唯一变化之处是当公司拒绝提供查阅的，由原来的“股东可以请求人民法院要求公司提供查阅”变更为“股东可以向人民法院提起诉讼”。根据本条款规定，对于股东查阅目的的正当性，法律对股东及公司提出不同举证责任标准。对于股东而言，只需向公司提出书面请求，说明查阅目的，即符合程序上的证明标准；而对于公司而言，如其拒绝股东，需有合理根据认为股东查阅会计账簿、会计凭证有不正当目的，可能损害公司合法利益的情况，即需达到实体证明标准。实体证明标准相较于形式证明标准更为严格，应达到高度盖然性的证明标准。因此，在认定“不正当目的”是否达到高度盖然性标准时，一是必须“可能损害公司合法利益”，法院对股东行使知情权是否损害公司权益的审查为可能性之审查，即股东行使知情权的实质目的为可能泄露公司商业秘密、可能与公司存在恶意竞争等通过行使知情权导致公司利益受损的情形，并不要求公司证明股东的查阅已实际产生了损害的后果，因此，对“可能”只能通过常理进行判断，不宜作扩大理解，但应当达到较大可能性。二是必须有合理根据，由于“不正当目的”属于主观心理，因此，只能借助于股东的客观行为来合理认定或者进行法律推定。

因《公司法》上述概括式的立法模式给实践中认定股东是否具备正当目的带来困境与适用难度，对此，《公司法解释四》第8条对“不正当目的”作了具体情形的列举及兜底性规定。该条规定：“有限责任公司有证据证明股东存在下列情形之一的，人民法院应当认定股东有公司法第三十三条第二款规定的‘不正当目的’：（一）股东自营或者为他人经营与公司主营业务

有实质性竞争关系业务的，但公司章程另有规定或者全体股东另有约定的除外；（二）股东为了向他人通报有关信息查阅公司会计账簿，可能损害公司合法利益的；（三）股东在向公司提出查阅请求之日前的三年内，曾通过查阅公司会计账簿，向他人通报有关信息损害公司合法利益的；（四）股东有不正当目的的其他情形。”通过对目的正当性进行检验，在一定程度上调和了股东利益与公司利益之间的冲突，有助于避免股东权利滥用以及维护公司正常经营秩序。

【典型案例】

李某某、吴某某、孙某某、王某某诉江苏某德置业发展有限公司股东知情权纠纷案①

基本案情：某德公司部分股东李某某、吴某某等诉请依据《公司法》判令四人对某德公司依法行使知情权，查阅、复制某德公司的会计账簿、议事记录、契约书、通信、纳税申报书等（含会计原始凭证、传票、电传、书信、电话记录、电文等）所有公司资料。法院判令支持查阅原始凭证，但驳回复制公司会计账簿的诉请。

裁判要旨：公司的具体经营活动只有通过查阅原始凭证才能知晓，不查阅原始凭证，中小股东可能无法准确了解公司真正的经营状况。股东可以要求查阅公司财务会计账簿，但公司法规定的可以复制的公司文件中，不包括公司会计账簿。在公司章程亦无相关规定情况下，故对股东要求复制会计账簿的诉请不予支持。

① 参见《最高人民法院公报》2011 年第 8 期。

第二节 组织机构

【条文】

第五十八条

有限责任公司股东会由全体股东组成。股东会是公司的权力机构，依照本法行使职权。

【条文主旨】

本条是关于有限责任公司股东会的组成及性质的规定。

【条文概览】

本条系承继原条文。本条内容自1993年《公司法》制定之初业已规定，该法第37条规定："有限责任公司股东会由全体股东组成，股东会是公司的权力机构，依照本法行使职权。"本条内容一直延续至今，虽《公司法》历经多次修正、修订，但本条关于股东会的组成及法律地位的规定一直没有变化，只是条文序号发生过变更。2013年《公司法》修正时，本条序号由第37条变更为第36条，本次《公司法》修订，序号由第36条变更为第58条。

【理解与适用】

一、股东会的组成

股东会，是由全体股东组成的，依照法定的方式和程序决议公司法或者公司章程规定的重大事项的公司最高权力机构，是股东在公司内部行使股东权的法定组织。[①]

（一）参加股东会是股东的权利

参加股东会是股东的法定权利。《公司法》第4条规定，公司股东对公司依法享有参与重大决策和选择管理者的权利，而公司股东个人并不能直接

① 蒋进：《新公司法及公司设计实证分析》，法律出版社2008年版，第274页。

对公司经营作出重大决策或者选择管理者，其权利的行使有赖于股东会。股东参加股东会，行使表决权对会议事项作出决议，这是公司股东所享有的参与重大决策等权利的权利实现方式。

股东应当按照通知的时间、地点参加股东会会议。股东可以亲自参加股东会议，也可以委托他人代为出席会议。对于股东委托他人代为出席股东会会议的，《公司法》第118条规定，应当明确代理人代理的事项、权限和期限；代理人应当向公司提交股东授权委托书，并在授权范围内行使表决权。

（二）股东会由全体股东组成

组成股东会的股东包括原始股东和继受股东。原始股东，也称创始股东，是在组织、设立公司时，签署设立协议或在公司章程上签名盖章，认缴出资并对公司设立承担相应责任的股东。继受股东，是指在公司设立之后，因受让、继承、接受赠与等原因取得公司股权的股东。原始股东和继受股东都依法享有股东权利，承担股东义务，共同组成股东会。

“有限责任公司的股东会由全体股东组成”这一规定亦强调了具有公司股东资格的所有主体，不论其持股多少、是否还有其他身份、是否担任公司董事，均可以参加股东会。股东会经由法律规定或公司章程的规定对会议讨论事项作出决议，决议并非一个或几个股东个人的意思表示，而是已经上升为股东这一整体的意思，代表着整个公司的意思和利益，因而股东会需要也应当由全体股东组成。股东是公司的实际出资人，并以其出资额为限对公司承担责任，参加股东会是股东作为实际出资人的权益的重要体现和保障，强调“所有股东”，是平等地体现股东作为投资人的所有者权益，也是在保障中小股东的权利。

二、股东会的性质

股东会是公司的权力机构。《民法典》第80条规定：“营利法人应当设权力机构。权力机构行使修改法人章程，选举或者更换执行机构、监督机构成员，以及法人章程规定的其他职权。”本条规定的“股东会是公司的权力机构”，则明确了股东会的性质和地位为权力机构。因此，股东会除了应当适用《公司法》有关权力机构的规定外，也应当适用《民法典》关于营利法人权力机构的一般规定。

股东会作为公司的权力机构，是由股东的出资人身份决定的。股东对公司出资，按照出资比例或公司章程规定分取红利，也以其出资额为限对公司承担责任，既是公司经营的受益者，也是风险承担者。公司经营影响的是股东的利益，而股东会决议体现的是公司大多数股东的意思，是公司整体的意志，因此股东会在公司治理结构中处于权力机构的地位，对于股东会决议，董事会和监事会，也就是公司的执行机构和监督机构必须服从。

股东会只负责决定公司重大事项，不享有经营权。这是由现代公司制度所有权与经营权相分离的基本原理决定的，在现代公司治理结构中，作为公司权力机构的股东会，对内不能执行经营管理业务，对外也不能代表公司开展相关经营活动，这使其既区别于执行机构，也区别于监督机构、咨询机构。

股东会是依公司法必须设立的组织机构，但不是常设机构。股东会以会议的方式行使其权力。《公司法》第62条规定，股东会会议有定期会议和临时会议两种形式。股东会定期会议按照公司章程的规定按时召开，临时会议只有在特殊情况下才召开。依据《公司法》相关规定，不论是定期会议还是临时会议，会议的召开都有严格的程序条件。不论是从股东会在公司治理结构中的性质、作用考虑，还是从效率层面考虑，股东会也没有常设的必要，因此股东会并不采取常设机构或日常办公等方式。

股东会是依公司法必须设立的组织机构，但并不是所有公司都设立股东会。不论是有限责任公司还是股份有限公司，都必须设立股东会，但国有独资公司和一人公司除外。一般的公司是由两个或两个以上股东投资设立的，但不同于一般公司，国有独资公司和一人公司的共同点在于，两者都只有一个投资主体，因此也就无法和一般的公司一样设立股东会。即使按照对一般公司的规定设立股东会，也只能是形同虚设、多此一举，与股东会这一制度设立之初的宗旨相违背，无法发挥股东会应有的功能。当然，国有独资公司和一人公司虽然按照其投资结构不设股东会，但可以通过其他形式发挥股东会的职责和功能，比如对于国有独资公司，由国有资产监督管理机构行使诸如决定公司的经营方针和投资计划等职权。

股东会是公司意思的形成机构，是公司的最高权力机关，其在公司内部的组织架构中处于至高地位。但是，这并不意味着股东会行使职权不受任何限制，其应当在法定范围内行使职权。同时，股东会决议也应当限于法律规定和公司章程规定的事项。

三、股东会的职权

本法第59条采用列举的方式规定了股东会的职权。

股东会是公司的权力机构，对公司的重大事项作出决策，因此也必须依照法律规定的方式和程序，在法律规定的范围内，行使股东会职权。本条规定的“依照本法行使职权”，对股东会行使职权作出了限制，既包括程序上的限制，也包括实体上的限制。在股东会行使职权的程序上，《公司法》第 27 条规定：“有下列情形之一的，公司股东会、董事会的决议不成立：(一) 未召开股东会、董事会会议作出决议；(二) 股东会、董事会会议未对决议事项进行表决；(三) 出席会议的人数或者所持表决权数未达到本法或者公司章程规定的人数或者所持表决权数；(四) 同意决议事项的人数或者所持表决权数未达到本法或者公司章程规定的人数或者所持表决权数。”该条规定了股东会行使职权作出决议的程序要件。同时，在实体内容上，《公司法》第 25 条“公司股东会、董事会的决议内容违反法律、行政法规的无效”之规定系对股东会行使职权作出了实质上的约束。

【条文】

第五十九条

股东会行使下列职权：

（一）选举和更换董事、监事，决定有关董事、监事的报酬事项；

（二）审议批准董事会的报告；

（三）审议批准监事会的报告；

（四）审议批准公司的利润分配方案和弥补亏损方案；

（五）对公司增加或者减少注册资本作出决议；

（六）对发行公司债券作出决议；

（七）对公司合并、分立、解散、清算或者变更公司形式作出决议；

（八）修改公司章程；

（九）公司章程规定的其他职权。

股东会可以授权董事会对发行公司债券作出决议。

对本条第一款所列事项股东以书面形式一致表示同意的，可以不召开股东会会议，直接作出决定，并由全体股东在决定文件上签名或者盖章。

【条文主旨】

本条是关于股东会职权的规定。

【条文概览】

本次修订，本条既有实质修改也有文字修改。主要修改之处包括：(1) 将“（一）决定公司的经营方针和投资计划；”“（五）审议批准公司的年度财务预算方案、决算方案；”删除。股东会职权由 11 项减少至 9 项。(2) 增加“股东会可以授权董事会对发行公司债券作出决议”作为第 2 款。(3) 其他修改。将原第 2 项“选举和更换非由职工代表担任的董事、监事，决定有关董事、监事的报酬事项”中的“非由职工代表担任的”删除。将原第 4 项“审议批准监事会或者监事的报告”中的“或者监事”删除。将最后一款中由全体股东在决定文件上“签名、盖章”修改为“签名或者盖章”。此外，将条文序号由原第 37 条调整为目前的第 59 条。

1993 年《公司法》第 38 条关于股东会职权的规定是：“股东会行使下列职权：（一）决定公司的经营方针和投资计划；（二）选举和更换董事，

决定有关董事的报酬事项；（三）选举和更换由股东代表出任的监事，决定有关监事的报酬事项；（四）审议批准董事会的报告；（五）审议批准监事会或者监事的报告；（六）审议批准公司的年度财务预算方案、决算方案；（七）审议批准公司的利润分配方案和弥补亏损方案；（八）对公司增加或者减少注册资本作出决议；（九）对发行公司债券作出决议；（十）对股东向股东以外的人转让出资作出决议；（十一）对公司合并、分立、变更公司形式、解散和清算等事项作出决议；（十二）修改公司章程。”

1999年、2004年《公司法》两次修正均未涉及该条。2005年《公司法》修订，该条有实质性修改。（1）增加了第2款：“对前款所列事项股东以书面形式一致表示同意的，可以不召开股东会会议，直接作出决定，并由全体股东在决定文件上签名、盖章。”即增加了股东会行使职权的法定形式，在全体股东以书面形式一致表示同意的前提下，可以不召开股东会会议直接作出决议。（2）删除了第10项，即不再将“对股东向股东以外的人转让出资作出决议”作为股东会职权事项。此外，还作了一些技术性、文字性的修改。2013年《公司法》修正时，调整了条文序号，由第38条变更为第37条。2018年《公司法》修正时，该条无变化。

本条修订后共3款。第1款明确股东会的九项法定职权，第2款明确股东会可以将其中的“对发行公司债券作出决议”的权力授权董事会行使，第3款明确股东会行使职权的两种方式：会议决议或不召开会议以书面形式一致同意。

【理解与适用】

一、公司股东会职权的优化

本次修订《公司法》，主要修改内容包括七个方面，优化公司组织机构设置是其中之一。① 前文所述本条在本次修订中的变化之处，主要是基于优化股东会职权的目的。（1）本次修订前，本条规定的第1项股东会职权就是“决定公司经营方针和投资计划”，而第46条关于董事会职权规定的第3项则是“决定公司经营计划和投资方案”。“经营方针”与“经营计划”，“投资计划”与“投资方案”，文义上存在区别，但实际操作中应如何区别，给

① 参见《关于〈中华人民共和国公司法（修订草案）〉的说明——2021年12月20日在第十三届全国人民代表大会常务委员会第三十二次会议上》，载中国人大网，http://www.npc.gov.cn/npc，最后访问时间：2024年1月21日。

实务工作造成了一定的困惑。审判实务中，对于公司的某种行为，例如卖出持有的上市公司股票究竟是属于“投资计划”还是“投资方案”，应该由股东会决议还是董事会决议，很难确定明确的区分标准。本次修订将相应内容删除，清晰明确。（2）本次增加第2款，明确股东会可以授权董事会就发行公司债券作出决议，其用意也在优化公司组织机构职权配置。（3）条文最后一款原规定由全体股东在决定文件上“签名、盖章”，存在“签名”且“盖章”，“签名”或“盖章”的歧义，修改为“签名或者盖章”，则消除了歧义，语义清晰明确，有利于贯彻施行和实际操作，从源头上避免了可能产生的纠纷。

二、股东会职权与股东权

股东会是股东行使股东权的基本方式。股东会的职权以股东权利为基础，本条规定的股东会职权和股东权利之间有对应关系。本法第4条规定了公司股东的基本权利，即对公司依法享有资产收益权、参与重大决策权和选择管理者等权利。股东选择管理者的权利在股东会职权中体现为选举和更换董事、监事，决定有关董事、监事的报酬事项的职权；股东会职权中审议批准公司的利润分配方案和弥补亏损方案，对公司增加或者减少注册资本、发行公司债券作出决议等事项，均属于股东参与重大决策权的体现。股东权是股东会职权的基础，但并非所有股东权都需要通过股东会的方式行使，如资产收益权等自益权。

三、股东会职权的内容

本条规定的股东会九项法定职权可以简单分为人权和事权。人权为选举、更换董事、监事的权力，也就是第1项权力，第2项至第8项权力是事权，对重大事项的审批、决议，以及修改公司章程的权力，第9项是兜底性条款。人权无疑是股东会最重要的职权。修改公司章程的职权也非常重要，因为公司章程对公司、股东、董事、监事、高级管理人员均具有约束力。

四、可授权董事会行使的股东会职权

本条第2款规定，股东会可以授权董事会对发行公司债券作出决议。股东会的哪些职权可以授权董事会行使？对该问题的回答涉及公司的治理结构问题。

公司作为民事主体，需通过设立相应的组织机构行使自身的民事权利。

股东会、董事会、监事会之间建立这样的逻辑关系：股东会由所有股东组成，作为公司的最高权力机关，行使公司的决策权；董事会由股东推荐或者选举的董事组成，作为公司的业务执行机关，行使公司经营管理的具体权力；监事会由股东选举或者推荐的人等组成，作为公司内部的监督机构，代表股东等监督董事会、董事以及经理履行职务的行为。董事虽是股东会选举产生，但董事并非股东的附庸，董事会亦非股东会的附属机构，董事与股东，股东会与董事会，均是独立的，依法行使自身的权力。如根据《公司法》第51条的规定，有限责任公司成立后，董事会应当对股东的出资情况进行核查，发现股东未按期足额缴纳公司章程规定的出资的，应当由公司向该股东发出书面催缴书，催缴出资。如果董事会未及时履行前述的义务，给公司造成损失的，负有责任的董事还应当承担赔偿责任。公司各机构依法独立行使权力，相互制约，以实现公司的良性治理。

股东会授权董事会行使部分职权，不应破坏公司基本的治理结构，打破二者的平衡和制约关系，尤其不能损害中小股东的利益。《公司法》明确规定，股东会的特定职权，只能由股东会行使，而不能授权董事会。这些明确规定包括第15条规定公司向其他企业投资或者为他人提供担保，按照公司章程的规定，由董事会或者股东会决议；公司为公司股东或者实际控制人提供担保的，应当经股东会决议。第135条规定，上市公司在一年内购买、出售重大资产或者向他人提供担保的金额超过公司资产的总额30%的，应当由股东会作出决议。第152条规定，公司章程或者股东会可以授权董事会在三年内决定发行不超过已发行股份50%的股份。但以非货币财产作价出资的应当经股东会决议。第162条规定，因减少公司注册资本、与持有本公司股份的其他公司合并，公司收购本公司股份的，应当经股东会决议。第172条规定，国有独资公司公司章程的制定和修改，公司的合并、分立、解散、申请破产，增加或者减少注册资本，分配利润，应当由履行出资人职责的机构决定。除上述规定外，本条规定的“选举和更换董事、监事，决定有关董事、监事的报酬事项”也不应授权董事会行使。

五、股东会行使职权的方式

股东会行使职权，应当按照法律规定和公司章程规定的议事方式和表决程序进行。一般情况下，股东会应当通过召开股东会会议作出决议的形式，行使自己的职权。但是，如果全体股东以书面形式一致表示同意将属于股东会职权范围内的事项，以不召开股东会会议的形式作出决定的，则应当由全体股东在决定文件上签名或者盖章，直接作出决定。[①]

值得注意的是，如果不召开股东会，而是以书面形式就相关事项作出决议，其前提是全体股东一致同意，否则需要召开股东会会议。至于召开股东会会议的方式，可以是线下的面对面召开，也可以按照本法第 24 条的规定采用电子通信方式，公司章程另有规定的除外。

【典型案例】

某乙诉某工贸公司、某甲股东权纠纷案[②]

基本案情：某工贸公司于 1996 年成立，注册资本为 106 万元，股东为甲、乙、丙、丁四人，其中甲出资 100 万元，乙、丙、丁各出资 2 万元。在公司章程无特别规定的情形下，甲未召集股东会，但形成了股东会决议，乙诉请该股东会决议无效。

裁判要旨：有限责任公司未经依法召开股东会议并作出会议决议，而是由实际控制公司的股东虚构公司股东会议及其会议决议的，即使该股东实际享有公司绝大多数的股份及相应的表决权，其个人决策也不能代替股东会决议的效力。在此情况下，其他股东申请确认虚构的股东会议及其决议无效的，人民法院应当支持。

① 参见最高人民法院民法典贯彻实施工作领导小组：《中国民法典适用大全 · 商事卷 · 公司法(一)》，人民法院出版社 2022 年版，第 202 页。

② 根据张某娟诉江苏某华工贸发展有限公司、万某、吴某亮、毛某伟股东权纠纷案改写，参见《最高人民法院公报》2007 年第 9 期。

【条文】

第六十条

只有一个股东的有限责任公司不设股东会。股东作出前条第一款所列事项的决定时，应当采用书面形式，并由股东签名或者盖章后置备于公司。

【条文主旨】

本条是关于只有一个股东的有限责任公司不设股东会及股东行使股东会职权应采用书面形式的规定。

【条文概览】

本次修订，有四处修改，第四处属实质修改。此外条文序号发生变化，调整为第 60 条。前三处均为文字修改。第一处将原来的“一人有限责任公司”修改为“只有一个股东的有限责任公司”；对“本法第三十七条第一款所列决定”有两处修改，修改为“前条第一款”所列“事项的”决定；第四处是将原“由股东签名后置备于公司”修改为“由股东签名或者盖章后置备于公司”。

第一处修改是在文字表述上与整体保持一致。2018 年《公司法》在“有限责任公司的设立和组织机构”章中设“一人有限责任公司的特别规定”专节，规定了一人有限责任公司的概念、登记、股东决议等。本次修订，该专节被取消，条文有的被删除，保留的条文将原“一人有限责任公司”统一表述为“只有一个股东的有限责任公司”。第四处修改属于弥补缺陷。原表述的“由股东签名后置备于公司”缺陷在于，一人公司的股东既可以是自然人，也可以是法人，自然人股东可以签名，法人股东可以盖章却无法签名，仅规定签名，遗漏了股东为法人的一人公司股东决议如何确认的问题。本次修订，增加了“或者盖章”，弥补了缺陷。

1993 年制定的《公司法》并无本条规定，2004 年修正亦无变化。2005 年修订本条入法，作为第 62 条，规定为：“一人有限责任公司不设股东会。股东作出本法第三十八条第一款所列决定时，应当采用书面形式，并由股东签名后置备于公司。”此后 2013 年修正，未涉及本条实质内容，仅作条文序号的修改；2018 年修正时本条未发生变动。

【理解与适用】

只有一个股东的有限责任公司，是指只有一个自然人股东或者一个法人股东的有限责任公司。股东只有一个，自然无须也无法设立股东会，以股东会形式行使其股东权利。但是，鉴于公司属于营利法人，其行为不仅对公司本身、对股东，对与其交易的相对人，乃至对社会公众，都可能产生影响。特别是本法第59条所列股东会职权事项，均属公司重大事项，其影响更大，故需以一定形式加以明确、固定。

本条规定只有一个股东的公司的股东作出属于股东会职权的事项，应当采用书面形式，主要目的为保护交易安全。书面形式具有较强的证据效力，有利于预防纠纷。书面形式将股东关于重大事项的意思以文字、符号的形式确定并记录下来，具有较强的客观性和证明力。“对法律上具有相当重要性的意思表示，通过要求形式要件，实际上是最后给当事人一次深思熟虑的机会，以免作出草率的决定。”① 法律将特定的形式规定为法律行为的要件，本身也是一种提示，要求当事人审慎行事，同样有利于预防纠纷。要求股东签名或盖章，是对自己行为的确认。

① 韩世远：《合同法总论》（第四版），法律出版社2018年版，第109页。

【条文】

第六十一条

首次股东会会议由出资最多的股东召集和主持，依照本法规定行使职权。

【条文主旨】

本条是关于首次股东会会议召集、主持主体及如何行使职权的规定。

【条文概览】

本次修订承继原条文，无实质修改，只是将条文序号调整为第 61 条。1993 年《公司法》第 42 条规定："股东会的首次会议由出资最多的股东召集和主持，依照本法规定行使职权。"1999 年、2004 年修正时均未涉及本条。2005 年修订时对本条进行了文字修改，并调整条文序号为第 39 条。修改后的条文为："首次股东会会议由出资最多的股东召集和主持，依照本法规定行使职权。"2013 年修正时仅将序号调整为第 38 条，2018 年修正时无任何修改。

【理解与适用】

本法第 67 条规定，董事会的职权之一是召集股东会会议。本法第 114 条规定，股东会会议由董事长主持，董事长不能履行职务或者不履行职务的，由副董事长主持。根据本法第 59 条的规定，选举董事属于股东会的职权，董事会由董事组成，在董事获选之前，亦不可能产生董事长。在首次股东会召开前，董事会、董事长无从产生，因此需要对首次股东会的召集和主持人加以特别规定。

本条规定，首次股东会会议由出资最多的股东召集和主持。股东出资比例对股东权有决定性影响。本法第 65 条规定，股东会会议由股东按照出资比例行使表决权。本法第 210 条规定，公司弥补亏损和提取公积金后所余税后利润，有限责任公司按照股东实缴的出资比例分配利润，全体股东约定不按照出资比例分配利润的除外；股份有限公司按照股东所持有的股份比例分配利润，公司章程另有规定的除外。本法第 236 条规定，公司清算中，公司在清偿公司债务后的剩余财产，有限责任公司按照股东的出资比例分配，股份有限公司按照股东持有的股份比例分配。股东出资比例一般与股东权利成正比，在董事会尚未产生的情形下，由出资最多的股东召集和主持首次股东会会议，属自然之选。

因客观条件限制，股东会会议无法根据本法规定由董事会召集、董事长主持，即其召集人和主持人可以按照本条特别规定由出资最多的股东担任，但是其他事项还是应依照本法规定进行。例如，本法第 64 条规定，应当于会议召开 15 日前通知全体股东、决议作成会议记录、出席会议的股东应当在会议记录上签名或者盖章；本法第 65 条规定，股东会会议由股东按照出资比例行使表决权；本法第 66 条规定，股东会决议应当经代表过半数表决权的股东通过。

【条文】

第六十二条

股东会会议分为定期会议和临时会议。

定期会议应当按照公司章程的规定按时召开。代表十分之一以上表决权的股东、三分之一以上的董事或者监事会提议召开临时会议的，应当召开临时会议。

【条文主旨】

本条是关于召开股东会定期会议和临时会议，以及临时会议提议权主体的规定。

【条文概览】

1993 年制定的《公司法》就有本条。该法第 43 条规定："股东会会议分为定期会议和临时会议。定期会议应当按照公司章程的规定按时召开。代表四分之一以上表决权的股东，三分之一以上董事，或者监事，可以提议召开临时会议。有限责任公司设立董事会的，股东会会议由董事会召集，董事长主持，董事长因特殊原因不能履行职务时，由董事长指定的副董事长或者其他董事主持。"1999 年、2004 年《公司法》两次修正，均未涉及本条。2005 年《公司法》修订时将本条拆分，条文序号调整为第 40 条。保留了第 1 款、第 2 款，第 3 款被分离成为其他条文。保留的第 2 款有实质修改。一是将提议召开临时股东会的股东表决权比例由四分之一降低到十分之一，二是增加监事会为有权提议召开临时股东会的主体，三是将有权主体"可以"提议召开临时股东会，修改为有权主体提议召开临时股东会的，则"应当"召开。第 2 款被修改为："定期会议应当依照公司章程的规定按时召开。代表十分之一以上表决权的股东，三分之一以上的董事，监事会或者不设监事会的公司的监事提议召开临时会议的，应当召开临时会议。"2013 年、2018 年修正时调整为第 39 条，内容未作修改。

本条由两款组成。第 1 款规定股东会分为定期会议和临时会议。定期会议即公司章程已经规定开会日期的股东会会议，临时会议是公司章程未规定，但是在两次定期会议之间，属于股东会职权范围内事项，需要临时召开的股东会会议。第 2 款规定有权提议召开临时股东会的三类主体，即代表十分之一以上表决权的股东、三分之一以上的董事、监事会，还规定这三类主体提议召开临时股东会的，应当召开临时股东会。

【理解与适用】

一、定期股东会会议和临时股东会会议

本条规定，定期会议应当按照公司章程的规定按时召开。这表明《公司法》将有限责任公司定期会议的召开作为公司自治事项，其召开时间由公司章程规定。根据《公司法》第113条规定，股份有限公司的定期股东会应当每年召开一次，出现“董事人数不足本法规定人数或者公司章程所定人数的三分之二”等情形之一的，应当在两个月内召开临时股东会。《公司法》对有限责任公司定期股东会召开的时间及次数并无明确规定，但公司章程也不能任意对定期会议作出规定。

为实现公司正常治理，发挥股东会作为公司权力机构的职能，一般情况下，每个营业年度终了后，股东会必须召开一次年会，听取上一年经营效益情况的报告，决定收益分配，安排下一年度的生产经营重大问题。此外，股东们也可以事先规定每半年或者每个季度举行一次会议，定期地对公司进行检查。定期会议应当按照公司章程的规定，按时召开。这就要求公司章程对定期股东会会议作出具体规定，如一年召开一次定期会议，或者一年召开两次定期会议等，并明确定期会议召开的时间，如每年年底或者年初等。①

市场形势千变万化，交易机会稍纵即逝，是公司经营中的常态，要求公司高效率及时决策。公司正常经营中的多数事项，属于董事会的职权范围，但也有需要股东会决议的事项，例如受让重大资产等。这些事项如果只能由定期股东会会议解决，待会议召开之时，时过境迁，可能会给公司造成难以弥补的损失。故《公司法》规定可以召开临时股东会会议。

二、有权提议召开临时股东会会议的主体

通过回顾本条演进的过程可以发现，我国立法关于有权提议召开临时股东会会议主体的规定变化较大。有权提议召开临时股东会会议的股东持表决权比例的变化发生在2005年《公司法》修订中，将有权提议召开临时会议股东代表的表决权比例由四分之一以上大幅降低至十分之一以上。该变化体

① 参见最高人民法院民法典贯彻实施工作领导小组编著：《中国民法典适用大全（商事卷·公司法）》，人民法院出版社2022年版，第206页。

现出立法重视对中小股东权益的保护，中小股东的话语权得到强化。

《民法典》第1259条规定，民法所称的“以上”“以下”“以内”“届满”，包括本数。本法修订在《民法典》施行后，故本条中“以上”包括本数在内。此外，单独或合计持有代表十分之一以上表决权的股东、三分之一以上的董事或者监事会均有提议召开临时股东会会议的权利。

三、临时股东会会议需依法定程序召集举行

与定期股东会会议相比，临时股东会会议仅是在提议召集主体和召开时间上有差别，仅是定期股东会会议之外的非定期会议，此外并无特殊之处。临时股东会会议同样需要按照法定的程序进行，并不能因为其是“临时”召开而任意违反法定程序。临时股东会会议仍然需要按要求提前通知股东、由董事长等依法主持，在表决比例等要求上符合《公司法》的相关规定。

四、如何理解“应当”召开临时会议

（一）“应当”使提议权具有召集权的性质

根据1993年《公司法》第43条的规定，代表四分之一以上表决权的股东，三分之一以上董事，或者监事，“可以”提议召开临时会议。据此规定，监事或者满足一定比例要求的股东、董事仅是“可以”提议召开临时股东会会议。即仅是一种提议，具有股东会会议召集权的董事会可以同意该提议，也可以否定该提议。这导致该提议权完全可能落空，不利于发挥临时股东会会议及时解决重大问题的作用。2005年《公司法》修订时，改为相关主体提议召开临时股东会会议的，“应当”召开临时股东会会议。文字改动不大，但是对公司治理的影响巨大。

如此改动，一定程度上将召开临时股东会会议的提议权变成了临时股东会会议的召集权，打破了董事会对股东会会议召集权的垄断。按照《公司法》规定的公司治理结构，股东会是公司的权力机构，根据《公司法》第67条的规定，股东会的决议由董事会执行，但根据《公司法》第61条和第67条、第114条规定，除首次股东会外，股东会应由董事会召集。但本条规定符合条件的股东、董事或者监事会有权提议召集临时股东会会议，并且规定其提议后，应当召开临时股东会会议，相当于赋予这些主体股东会会议的召集权。

（二）提议召集临时股东会会议的权利应依法行使，不得滥用

经有权主体提议的，临时股东会会议应当召开，但有权主体不得滥用其

提议权，否则会破坏公司正常生产经营活动，损坏其他股东合法权利，其提议权应依法行使。所谓依法行使提议权，首先是提议事项属于法律或公司章程规定的股东会职权事项，如果不属于股东会职权事项，而属于董事会职权事项或是其他公司正常生产经营中的一般事项，无需股东会决议事项，则不应通过股东会讨论。其次是必要性，如已临近定期股东会的时间，完全可以通过定期股东会解决而不致影响公司正常生产经营，则无召开临时股东会会议的必要。但是考虑到保护中小股东的权利，如果难以认定是否属于股东会职权事项以及有无必要性，应采取宽松的态度。

【条文】

第六十三条

股东会会议由董事会召集，董事长主持；董事长不能履行职务或者不履行职务的，由副董事长主持；副董事长不能履行职务或者不履行职务的，由过半数的董事共同推举一名董事主持。

董事会不能履行或者不履行召集股东会会议职责的，由监事会召集和主持；监事会不召集和主持的，代表十分之一以上表决权的股东可以自行召集和主持。

【条文主旨】

本条是关于有限责任公司股东会会议召集与主持的规定。

【条文概览】

本条在1993年《公司法》制定时即存在，规定在第43条第3款："有限责任公司设立董事会的，股东会会议由董事会召集，董事长主持，董事长因特殊原因不能履行职务时，由董事长指定的副董事长或者其他董事主持。"

1999年、2004年两次《公司法》修正过程中，对该款都没有进行修改。该款规定的内容实质上只赋予了董事长一人召集和主持股东会会议的权力。实践证明，现实生活中有限责任公司的大股东，往往就是公司的董事长、法定代表人，其利用对公司的实际控制权，对涉及公司前途、股东重大权益、公司重要利益等问题，往往不组织召开股东会会议就作出决定，有的甚至连董事会会议都不开就擅自作出决定，严重损害公司股东特别是中小股东的利益。

为进一步健全完善股东合法权益保障机制，2005年《公司法》修订时，对股东会会议的召集和主持作出重大修改，详细规定了股东会会议的召集和主持程序，并从原第43条中独立出来，形成单独一条，其内容也进行了实质性修改和全面扩充，成为2005年《公司法》第41条："有限责任公司设立董事会的，股东会会议由董事会召集，董事长主持；董事长不能履行职务或者不履行职务的，由副董事长主持；副董事长不能履行职务或者不履行职务的，由半数以上董事共同推举一名董事主持。有限责任公司不设董事会的，股东会会议由执行董事召集和主持。董事会或者执行董事不能履行或者不履行召集股东会会议职责的，由监事会或者不设监事会的公司的监事召集和主持；监事会或者监事不召集和主持的，代表十分之一以上表决权的股东可以自行召集和主持。”

2005 年修改后的前述条文内容在 2013 年和 2018 年的《公司法》修正过程中都没有进行修改，只是条文序号在 2013 年《公司法》修正时变更为第 40 条。

与 2018 年《公司法》相比较而言，本条从内容和形式上进行了优化和删减，形式上从原来的三款删减到现在的两款。《公司法》此次修订与本条内容相关的修改之处有：第一，突出了董事会在公司治理中的地位。如第 67 条规定，有限责任公司设董事会，董事会行使召集股东会会议等职权；并根据《民法典》第 81 条关于营利法人应当设执行机构，执行机构行使召集权力机构会议职权等的规定，明确了董事会是公司的执行机构。第二，简化了公司组织机构的设置。如第 75 条规定，规模较小或者股东人数较少的有限责任公司，可以不设董事会，设一名董事，行使董事会的职权；第 83 条规定，规模较小或者股东人数较少的有限责任公司，可以不设监事会，设一名监事，行使监事会的职权；经全体股东一致同意，也可以不设监事。第三，取消了“执行董事”的提法。如 2018 年《公司法》第 50 条第 1 款规定：“股东人数较少或者规模较小的有限责任公司，可以设一名执行董事，不设董事会。”如前所述，此次修订后的《公司法》第 75 条将“执行董事”修改为“董事”。

在前述修改内容的基础上，本条进一步明确了行使股东会会议召集和主持职权的主体首先是董事会、监事会等公司的内部机构，删除了 2018 年《公司法》第 40 条第 2 款和第 3 款关于执行董事和监事召集和主持股东会会议的相关表述。另外，根据《民法典》第 1259 条的规定，民法所称的“以上”“以下”“以内”“届满”，包括本数。为与《民法典》的该条规定保持一致，本条第 1 款将 2018 年《公司法》第 40 条第 1 款中的“半数以上”修改为“过半数”，提高了在副董事长不能履行职务或者不履行职务时，共同推举一名董事主持股东会会议的人数要求，即必须超过半数，不再包括半数本身。

【理解与适用】

一、股东会会议的召集

股东会会议，无论是定期会议还是临时会议，必须首先由董事会来召集，这是其法定的职责与权利；因规模较小或者股东人数较少，不设董事会，而设一名董事的有限责任公司，由董事召集。董事会不能履行或者不履行召集股东会会议职权的，由监事会召集；因规模较小或者股东人数较少不设监事会，而设一名监事的有限责任公司，由监事召集；根据有限责任公司章程的规定，不设置监事会或者监事而在董事会中设置审计委员会的，由审计委员会行使召集股东会会议的职权。监事会不召集股东会会议的，代表十分之一以上表决权的股东可以自行召集。而且，只要表决权达到十分之一以上的股东，在监事会不能履行或者不履行召集股东会会议职权时，都可以代位行使召集股东会会议的权利，并无股东人数的要求和限制。如果表决权达到十分之一以上的多个股东或者股东团体均提议召开股东会会议，虽然本法没有明确规定该等情况下股东会会议由谁来召集，但考虑到该等情况下相关股东或者股东团体的意思表示具有一致性，各股东或者股东团体可以自行协商，共同召集或者由其中的一方召集股东会会议。

综上所述，股东会会议的召集职权，按照下列顺序确定：第一，董事会（董事）召集；第二，董事会（董事）不能履行或者不履行股东会会议召集职权的，由监事会（监事、审计委员会）召集；第三，监事会（监事、审计委员会）不能履行或者不履行股东会会议召集职权的，由代表十分之一以上表决权的股东自行召集。

二、股东会会议的主持

股东会会议首先由董事长（副董事长）或者董事主持。股东会会议由董事会召集的，由董事长主持；董事长不能履行职务或者不履行职务的，由副董事长主持；副董事长不能履行职务或者不履行职务的，由过半数的董事共同推举一名董事主持。如果有限责任公司因规模较小或者股东人数较少，不设董事会，而设一名董事，股东会会议由该董事召集的，则由该董事主持。因董事会或者董事不能履行或者不履行召集职责，而由监事会召集股东会会议的，由监事会主持；因有限责任公司规模较小或者股东人数较少不设监事会，而设一名监事的，股东会会议由该监事召集的，由监事主持；根据有限责任公司章程的规定，不设置监事会或者监事而在董事会中设置审计委员会，由审计委员会召集股东会会议的，由审计委员会主持。监事会、监事或者审计委员会不能履行或者不履行召集股东会会议职责，而由代表十分之一以上表决权的股东自行召集股东会会议的，由代表十分之一以上表决权的股东自行主持。

综上所述，股东会会议的主持，按照下列次序确定：第一，股东会会议由董事会（董事）召集的，由董事长（董事）主持；董事长不能履行职务或者不履行职务的，由副董事长主持；副董事长不能履行职务或者不履行职务的，由过半数的董事共同推举的一名董事主持。第二，股东会会议因董事会（董事）不能履行或者不履行召集职责，而由监事会（监事、审计委员会）召集的，由监事会（监事、审计委员会）主持。第三，股东会会议因监事会（监事、审计委员会）不能履行或者不履行召集职责，而由代表十分之一以上表决权的股东自行召集的，由代表十分之一以上表决权的股东自行主持。

三、"不能履行"和"不履行"的理解

所谓"不能履行"职务或者职责，一般是指因身体生病、出差在外等客观原因，导致不能履行相关职务或者职责，是合理合法的情形。而所谓"不履行"职务或者职责，则一般是指不存在前述无法履行职务或者职责的生病、出差等客观原因，但以其他不合理、不合法理由或者根本就没有理由而不履行职务或者职责的情形。本条所涉相关主体如因客观原因不能履行召集或者主持股东会会议的职责或者职务，一般可以免除相应法律责任；如果可以履行召集或者主持股东会会议的职责或者职务而拒不履行，则不能免除相应法律责任。这是因为，股东会会议的召集和主持，既是相关主体的权利，也是义务，关系全体股东的切身利益，必须依法及时履行。

【实务问题】

本条进一步明确了一般情况下行使召集和主持股东会会议职权的主体是董事会和监事会等公司的内部机构，虽然删除了2018年《公司法》第40条关于执行董事和监事等个人在一定情况下召集和主持股东会会议的规定，但是根据本法第75条（规模较小或者股东人数较少的有限责任公司，可以不设董事会，设一名董事，行使本法规定的董事会的职权。该董事可以兼任公司经理）、第83条（规模较小或者股东人数较少的有限责任公司，可以不设监事会，设一名监事，行使本法规定的监事会的职权；经全体股东一致同意，也可以不设监事）等的相关规定，董事和监事在一定情况下行使董事会和监事会召集和主持股东会会议的职权是应有之义。此外，根据本法第69条规定："有限责任公司可以按照公司章程的规定在董事会中设置由董事组成的审计委员会，行使本法规定的监事会的职权，不设监事会或者监事。"

在董事会不能履行或者不履行召集和主持股东会会议职责时，根据有限责任公司章程规定，不设置监事会或者监事而设置的审计委员会，亦可以行使召集和主持股东会会议的职权。

【条文】

第六十四条

召开股东会会议，应当于会议召开十五日前通知全体股东；但是，公司章程另有规定或者全体股东另有约定的除外。

股东会应当对所议事项的决定作成会议记录，出席会议的股东应当在会议记录上签名或者盖章。

【条文主旨】

本条是关于有限责任公司股东会会议通知和记录的规定。

【条文概览】

本条对应2018年《公司法》第41条。相比较而言，本次修订后条文形式没有发生变化，还是两款；条文内容略有变化，即除了第1款规定召开股东会会议的提前通知要求之外，第2款在原来签名方式的基础上，增加了股东确认股东会会议记录的盖章方式。

本条在1993年《公司法》制定时即存在。该法第44条规定："召开股东会会议，应当于会议召开十五日以前通知全体股东。股东会应当对所议事项的决定作成会议记录，出席会议的股东应当在会议记录上签名。"1999年、2004年两次修正《公司法》时，均未对本条进行修改。2005年全面修订《公司法》时，对本条第1款进行了实质性修改，增加了除外规定。同时条文序号变更为第42条。修改后的条文为："召开股东会会议，应当于会议召开十五日前通知全体股东；但是，公司章程另有规定或者全体股东另有约定的除外。股东会应当对所议事项的决定作成会议记录，出席会议的股东应当在会议记录上签名。"该条文内容在2013年和2018年的《公司法》修正过程中都没有进行修改，只是条文序号有所变化，在2013年修正《公司法》时，将条文序号由第42条调整为第41条，在2018年修正《公司法》时，条文序号也没有调整。

【理解与适用】

一、会议通知

股东是有限责任公司股东会的当然成员，召开股东会会议，无论是召开定期会议，还是召开临时会议，都应于会议召开之日的一定期限前通知全体股东出席。召开股东会会议，应当提前通知股东，以便股东安排时间、准备材料等。通知的目的是让股东清楚地了解在什么时间、什么地点召开股东会会议，以及会议的议题和议程安排，确保股东提前安排亲自或者委派代表参加股东会，并给予股东必要的准备时间，知悉并充分考虑股东会会议拟议事项，从而提高股东会会议的决策水平，保证股东有效行使表决权，维护股东合法权益。根据本条第 1 款的规定，召开股东会会议，应当于会议召开 15 日以前通知全体股东；但是，公司章程另有规定或者全体股东另有约定的除外。因此，股东会会议通知涉及以下两个要求：一是必须提前通知。提前的时间一般为会议召开 15 日前，目的是方便股东安排好时间、准备好有关材料等，这样有利于股东会会议集中议题，按照议程安排顺利进行。二是必须通知全体股东。召开股东会会议，不能只通知部分股东，而必须通知全体股东，即股东名册上记载的全部股东。但是，公司章程对召开股东会会议的通知另有规定的，或者全体股东对召开股东会会议的通知另有约定的，按照公司章程的规定和全体股东的约定执行。

至于会议通知的具体方式，本条没有作出规定，实际中，是利用电话、手机、当面口述等口头形式，还是通过向股东寄送纸质通知或者发送电子邮件等书面形式，抑或是通过报纸、网络等媒体发布公告等方式，可以由公司章程作出规定，以便实际执行。如果公司章程也没有作出规定，则可以由股东会会议的实际召集者根据股东等的具体情况来确定，只要能够确保通知到全体股东即可。

二、会议记录

可以说，在对内关系中，作成书面形式的股东会会议记录，是公司处理内部股东间权益纠纷等的依据；在对外关系中，也是公司登记机关、人民法院以及仲裁机构等有关单位判断公司行为能力以及公司行为是否存在违反《公司法》等法律规定的依据。因此，股东会的会议记录，连同公司其他财务会计报告、清算报告等，需要妥善保管，未逾法律规定期限，不得擅自销毁。股东会是有限责任公司的权力机构，决定公司的重大问题。为了真实记载股东会的相关决定，股东会应当对所议事项的决定作成会议记录，出席会议的股东应当在会议记录上签名或者盖章，以对会议内容进行确认。因此，股东会对所议事项的决定作成会议记录是法律明确规定的要求，公司及相关主体不得违反。股东会会议的召集人、主持人或者公司内部管理规定，应当对会议记录的记录、整理、报签等工作分工作出具体安排，指定专人完成相关工作。出席股东会会议的股东，则需要在会议记录上以签名或者盖章的方式对会议内容进行确认。会议记录的内容，包括会议名称、会议时间、会议地点、参会人员、股东会会议所议事项的讨论过程和最后决定等，即会议的相关要素和会议讨论的议题、参会人员意见以及结论性意见等。

要求股东会会议制作会议记录并由股东签名或者盖章，具有重要的意义：一是有利于股东查阅会议记录，通过会议记录了解股东会会议对公司重大问题的决策过程；二是有利于公司生产经营活动的开展，董事会、监事会、经理等可以根据会议记录的决定具体实施公司日常经营管理活动；三是有利于国家执法机关在执法过程中，根据会议记录准确地分析和确定公司生产经营活动的决策、执行等情形，如认定某一行为究竟是公司法人犯罪还是公司法定代表人个人犯罪等，会议记录就是一个直接的重要证据。

【实务问题】

就当事人对采用合同书形式订立合同的内容的签章方式而言，在《民法典》施行之前，根据原《合同法》第32条关于当事人采用合同书形式订立合同的，自双方当事人签字或者盖章时合同成立的规定；以及《最高人民法院关于适用〈中华人民共和国合同法〉若干问题的解释（二）》第5条关于当事人采用合同书形式订立合同的，应当签字或者盖章。当事人在合同书上摁手印的，人民法院应当认定其具有与签字或者盖章同等的法律效力等的规定，可以有签字、盖章或者摁手印等。在《民法典》施行之后，根据《民法典》第490条第1款关于当事人采用合同书形式订立合同的，自当事人均签名、盖章或者按指印时合同成立等的规定，可以有签名、盖章或者按指印等。相比而言，将“签字”修改为“签名”，将“摁手印”修改为“按指印”，虽然实质内容并无差别，但表述更加明确具体和精确易懂，不易产生歧义。《民法典》之所以吸收原《最高人民法院关于适用〈中华人民共和国合同法〉若干问题的解释（二）》第5条将“摁手印”作为合同成立的标志，并将其改为“按指印”，是因为在我国广大农村地区，甚至在部分城市中许多人仍然习惯于按指印签约，如果对此不予承认，可能会使相当一部分合同无法发生效力。根据《民法典》第469条第1款关于当事人订立合同，可以采用书面形式、口头形式或者其他方式的规定，合同甚至可以不采用书面形式签订，只要双方意思表示能够达成一致，即形成合意，就可以认为合同成立。而按手印与签名或者盖章都具有将意思表示的内容与意思表示的主体联结起来进而确认合同主体的作用。因此，当事人在合同书上按手印应当具有与签名或盖章同等的法律效力。就股东确认股东会会议记录的方式而言，在此次修订之前，《公司法》一直只规定了签名方式，直到此次《公司法》修订才增加了盖章方式，没有规定按指印方式。但实务中，不排除可能出现有的参会股东通过按指印的方式确认股东会会议记录内容的情形，参照《民法典》第 490 条等的规定以及对前述条文内容演变过程的具体分析，参会股东在股东会会议记录上按指印的，应当具有与签名或盖章同等的法律效力。

【条文】

第六十五条

股东会会议由股东按照出资比例行使表决权；但是，公司章程另有规定的除外。

【条文主旨】

本条是关于股东表决权的规定。

【条文概览】

本条对应2018年《公司法》第42条，条文内容没有修改和变化。本条规定了股东在股东会会议上行使表决权的两种方式：一是特别方式，即按照公司章程关于股东在股东会会议上行使表决权的特别规定行使表决权；二是一般方式，即在公司章程没有特别规定的情况下，按照股东的出资比例行使表决权。该条的条文序号进行了调整，由之前的第42条调整为第65条。

本条自1993年《公司法》制定时即存在，该法第41条规定："股东会会议由股东按照出资比例行使表决权。"1999年、2004年两次《公司法》修正时，该条均未有变动。直至2005年全面修订《公司法》时，该条内容在保持原来规定的前提下，增加了公司章程可以对股东行使表决权作出规定的内容，并作为除外规定，同时条文序号变更为第43条。修改后的条文内容为："股东会会议由股东按照出资比例行使表决权；但是，公司章程另有规定的除外。"该条文内容一直延续至今，2013年《公司法》修正时，条文序号变更为第42条。

【理解与适用】

正确理解本条，应当注意，股东作为股东会的当然成员，有权出席股东会会议，股东会会议是股东表达自己对公司事务意志的场所。股东会决定有关事项，必须由股东提出自己的意见，表达自己的意志，任何单位和个人都无权阻止股东出席股东会会议，也无权阻止股东表达自己作为投资人的意志。因此，股东在股东会会议上享有表决权。股东享有表决权，是股东行使参与权和管理权最重要的体现，是股东各项权利得到保障的基础。股东是公司的出资人与所有者，赋予其表决权，使股东会能够真正成为公司的权力机构，公司董事会、监事会等内部机构根据股东会的决议对公司行使管理权、监督权等，公司的治理机制才能够真正运转起来。

1. 股东依据出资比例行使表决权。根据本条规定，股东在一般情况下以出资比例来行使表决权。有限责任公司以出资多少为基础和标准来决定股东的利益分配和风险分担。有限责任公司的这种构造和内在特性，使其在股东相互关系上必然以股东平等原则为基本指导思想。股东平等原则具体表现在股东表决权上，就是以出资比例分配表决权，即在有限责任公司内部，任何股东都不能享有特权，股东的权利只能来源于其出资比例，并与出资比例的大小相适应。有限责任公司一般要求按照出资比例的大小决定表决权票数，而不以人数为单位实行一人一票。

2. 股东依据公司章程规定行使表决权。有限责任公司作为以资本为基础、信任为纽带的经济组织，各股东的表决权原则上应当取决于各自的出资，即股东会会议由股东按照出资比例行使表决权。也就是说，股东的表决权，应当根据股东对公司的出资以及该出资在公司资本中所占比例的多少，来表达自己对公司事务的意志。出资多的股东，表决权就多一些，反之就少一些。股东按出资比例行使表决权，体现了资本的本质，是世界各国通行的做法。

然而，除了资本因素之外，有限责任公司的股东之间往往是基于相互信赖的原因才走到一起。出资多的股东对公司发展的贡献，未必一定就超过出资少的股东，出资少的股东在公司发展、经营决策等方面可能具有独到的见解，发挥重要的作用。如果只以出资比例确定股东在股东会会议上行使表决权的方式，可能不利于公司的发展和股东之间的合作。因此，本条但书规定公司章程另有规定的除外，即股东在股东会会议上的表决权，公司章程可以作出不以出资比例行使表决权的规定，并按此例外规定执行。

根据相关规定，公司章程应当载明公司的议事规则，股东行使表决权的方式，也应当在公司章程中予以明确规定。有限责任公司是由出资人创办的公司，出资人订立的公司章程对公司每一个股东均有约束力。因此，股东在章程中规定的股东行使表决权的方式，法律也予以承认。也就是说，股东行使表决权的方式，依照公司章程的规定进行。公司章程可以规定以投资比例行使表决权或者不按照出资比例行使表决权，如以股东人数行使表决权等，法律均没有限制。

【实务问题】

股东表决权，是股东基于投资人地位对公司的有关事项表示自己同意、不同意或者放弃发表意见等的权利。股东依法享有的获取资产收益、参与重大决策和任用管理人员等方面的权利，都建立在其依法行使表决权的基础上。按照本条的规定，股东会会议由股东按照出资比例行使表决权，但是为了体现公司的自治原则，本条在但书部分规定了公司章程如果对股东会会议规定了其他的表决方式，也应该得到尊重。这里所说的其他表决方式，首先应该是合法的方式，即符合《公司法》等法律法规、司法解释等的强制性规定；其次主要是指本条前半句所说的资本多数决方式之外的人数多数决方式，而股东是以资本多数决方式还是人数多数决方式行使表决权，进而形成公司的整体意思表示即股东会决议，将会直接影响所有股东的权利。因此，公司如果要排除《公司法》规定的资本多数决一般规则，而采用人数多数决等其他方式确定股东表决权的行使方式，应该在公司章程中作出明确具体的规定，否则不一定能够排除资本多数决规则的适用。例如，某公司章程规定："股东会会议应对所议事项作出决议，决议应由代表过半数股东表决通过。"从文意上看，该条规定文字表述不清楚，不能明确确定股东表决权的行使是按照股东人数的过半数即人数多数决，还是根据代表过半数表决权的股东即资本多数决，如果当事公司不能提交其他有效证据佐证该条规定是有关人数多数决的内容，则股东还是应该按照法律规定的出资比例行使股东会会议表决权。

【条文】

第六十六条

股东会的议事方式和表决程序，除本法有规定的外，由公司章程规定。

股东会作出决议，应当经代表过半数表决权的股东通过。

股东会作出修改公司章程、增加或者减少注册资本的决议，以及公司合并、分立、解散或者变更公司形式的决议，应当经代表三分之二以上表决权的股东通过。

【条文主旨】

本条是关于有限责任公司股东会的议事方式和表决程序的规定。

【条文概览】

本条系实质修改。本条在1993年《公司法》制定时即存在，分为两条内容。1993年《公司法》第39条规定："股东会的议事方式和表决程序，除本法有规定的以外，由公司章程规定。股东会对公司增加或者减少注册资本、分立、合并、解散或者变更公司形式作出决议，必须经代表三分之二以上表决权的股东通过。"第40条规定："公司可以修改章程。修改公司章程的决议，必须经代表三分之二以上表决权的股东通过。"1999年和2004年《公司法》修正时，内容未作变更。2005年《公司法》全面修订时，将上述两条合并为一条，作为第44条，并作了文字性调整。修改后的条文规定为："股东会的议事方式和表决程序，除本法有规定的外，由公司章程规定。股东会会议作出修改公司章程、增加或者减少注册资本的决议，以及公司合并、分立、解散或者变更公司形式的决议，必须经代表三分之二以上表决权的股东通过。"2013年《公司法》修正时，将条文序号变更为第43条。2018年《公司法》修正时，内容未作变更。本次修订将第43条增加一款作为第2款，原第2款调整为第3款，条文序号调整为第66条。因《公司法》无法就股东会议事方式和表决程序作出详尽无遗的具体规则，除《公司法》另有规定外，股东会的议事方式和表决程序由公司章程规定。公司章程可以在不违反《公司法》规定的情况下，规定详细的、具有可操作性的股东会议事规则和表决程序，包括开会通知、参会者登记、提案审议、股东质询、股东讨论、股东辩论、投票表决等内容。

【理解与适用】

一、股东会议事方式和表决程序

股东会的议事方式和表决程序，是股东通过股东会会议行使股东权利、股东会作为公司权力机构行使权力的具体途径。议事方式是指公司以什么方式就公司的重大问题进行讨论并作出决议。表决程序是指公司的股东会如何表决和表决时需要多少股东赞成，才能通过某一特定的决议。由于有限责任公司具有人合性质，不同的公司往往有不同的做法。为了保障各方的合法权益，《公司法》作了一些明确的规定，如股东会会议由股东按照出资比例行使表决权等，这些是原则性的规定。股东会的议事方式和表决程序，除了《公司法》的原则规定外，还需要更为详细、具体的操作规则，以便具体实施和操作。因此，本条第 1 款规定，股东会的议事方式和表决程序，除《公司法》有规定的外，由公司章程规定。

二、普通决议和特别决议

股东会由全体股东组成，依法行使股东会的职权，其议事方式和表决程序一般由公司章程加以规定，但是法律就此作出特别规定的，应当严格遵守法律的规定。股东会决议可分为两种：一种是普通决议，它是股东会对其职权范围内一般事项作出的决议，只需经代表过半数表决权的股东通过。另一种是特别决议，它是股东会对其职权范围内重大事项作出的决议，关系公司的存续和发展，故法律对此作出特别规定。(1) 修改公司章程。公司章程是公司组织和行为的基本规则，是公司活动的依据，法律对其制定、内容、形式等都有明确要求，公司可以对公司章程进行修改，但必须严格按照法定程序进行。(2) 增加或者减少注册资本。公司注册资本是公司设立、存续、发展的物质基础，是法定登记事项。公司在成立以后，可以根据客观需要增加或者减少注册资本，但必须严格按照法定程序进行。(3) 公司合并、分立、解散。公司解散，导致公司消失；公司合并、分立，或者导致公司解散，或者导致公司分裂。因公司合并、分立、解散涉及公司财产的变化，事关股东重大权益，所以必须严格按照法定程序进行。(4) 变更公司形式。有限责任公司可以依法变更为股份有限公司，股份有限公司也可以依法变更为有限责任公司。公司变更形式，涉及公司注册资本、股东权益、组织机构等方面的重大变化，属于重大事项，所以必须严格按照法定程序进行。

需要注意的是，股东会普通决议和特别决议的通过，不受股东人数多少的限制，普通决议应当经代表过半数表决权的股东通过，特别决议应当经代表三分之二以上表决权的股东通过。有限责任公司股东会普通决议和特别决议的表决权比例与股份有限公司股东会相同，但表决权比例的计算基数与之不同：有限责任公司股东会以全部表决权为基数，股份有限公司股东会以出席会议的股东代表的表决权为基数。

【实务问题】

一、“过半数”“三分之二以上”是否包含本数

司法实践中，正确理解和适用本条，还需要注意，股东会的普通决议应当经代表过半数表决权的股东通过，“过半数”不包括本数，这符合资本多数决的原则；而股东会的特别决议应当经代表三分之二以上表决权的股东通过，“三分之二以上”则包含本数，这既符合资本多数决原则，也符合一般立法技术规范。

二、非等比例减资问题

实践中，减资存在等比例减资和不等比例减资。等比例减资，未突破各股东原有的股权分配情况，应当经代表三分之二以上表决权的股东通过。但不等比例减资将直接突破各股东原有的股权分配情况，如只需经三分之二以上表决权的股东通过即可作出不等比例减资决议，实际上是以多数决形式改变原有股东一致决所形成的股权架构。故对不同比例减资，除另有约定外，应由全体股东一致同意。本法第 224 条第 3 款对等比例减资原则及其例外作出了明确规定。

【典型案例】

华某伟与上海某电子商务有限公司公司决议纠纷案

基本案情：上海某电子商务有限公司（以下简称某公司）的股权由某米公司、华某伟等 6 名股东持有，公司注册资本 630 余万元。某公司于 2018 年 3 月 1 日召开股东会并作出决议，同意对某米公司认缴的注册资本进行定向减资，减资后某米公司股权比例从 10% 降至 6.9%，其他股东持股比例均上升，其中华某伟股权比例从 24.47% 上升至 25.32%。决议表决结果为除华某伟外，其他股东均同意，同意股东持股比例为 75.53%。华某伟起诉主张

该决议应由全体股东一致同意表决通过，故该决议不成立。

裁判要旨：股权是股东享有公司权益、承担义务的基础，如只需经三分之二以上有表决权的股东同意即可作出不同比减资的决议，实际上是以多数决形式改变公司设立时经发起人一致决所形成的股权架构，违反了公司成立时股权架构系各方合意结果的基本原则。对于不同比减资，除全体股东或者公司章程另有约定外，应当由全体股东一致同意。

【条文】

第六十七条

有限责任公司设董事会，本法第七十五条另有规定的除外。

董事会行使下列职权：

（一）召集股东会会议，并向股东会报告工作；

（二）执行股东会的决议；

（三）决定公司的经营计划和投资方案；

（四）制订公司的利润分配方案和弥补亏损方案；

（五）制订公司增加或者减少注册资本以及发行公司债券的方案；

（六）制订公司合并、分立、解散或者变更公司形式的方案；

（七）决定公司内部管理机构的设置；

（八）决定聘任或者解聘公司经理及其报酬事项，并根据经理的提名决定聘任或者解聘公司副经理、财务负责人及其报酬事项；

（九）制定公司的基本管理制度；

（十）公司章程规定或者股东会授予的其他职权。

公司章程对董事会职权的限制不得对抗善意相对人。

【条文主旨】

本条是关于有限责任公司董事会的设置和职权的规定。

【条文概览】

本条系实质性修改。1993 年《公司法》第 45 条第 1 款规定：“有限责任公司设董事会，其成员为三人至十三人。”第 46 条规定了董事会的十项职权。《公司法》于 1999 年、2004 年进行修正时，内容未变更。2005 年《公司法》修订时，第 45 条第 1 款增加规定但书条款“但是，本法第五十一条另有规定的除外”，原第 46 条条文序号调整为第 47 条，将第 6 项职权内容修改为“制订公司增加或者减少注册资本以及发行公司债券的方案”；将第 7 项职权内容调整为“制订公司合并、分立、解散或者变更公司形式的方案”；将第 9 项职权修改为“决定聘任或者解聘公司经理及其报酬事项，并根据经理的提名决定聘任或者解聘公司副经理、财务负责人及其报酬事项”；增加规定第 11 项职权即“公司章程规定的其他职权”。2013 年《公司法》

修正时，将第45条条文序号调整为第44条，将第47条条文序号调整为46条，内容未作变更。2018年《公司法》修正时，内容未作变更。2023年《公司法》修订时，将2018年《公司法》第44条第1款作为2023年《公司法》第67条第1款，并将“有限责任公司设董事会，其成员为三人至十三人；但是，本法第五十条另有规定的除外”修改为：“有限责任公司设董事会，本法第七十五条另有规定的除外”；将2018年《公司法》第46条作为2023年《公司法》第67条第2款，内容修改情况为：删除“对股东会负责”和第4项，将每项的序号相应调整，并将第11项“公司章程规定的其他职权”修改为“公司章程规定或者股东会授予的其他职权”；增加第3款即“公司章程对董事会职权的限制不得对抗善意相对人”。

从本条的演变及修改内容可以看出，本条将有关条文的内容进行了整合，并将董事会职权规定内容进行进一步规范表述。此外还新增了公司章程规定和股东会授予的其他职权，进一步赋予公司意思自治的权利，如果公司章程或股东会在《公司法》列举的十项职权之外，赋予董事会其他职权，应当认定为公司的真实意思表示，依法应当予以保护。

【理解与适用】

一、确定有限责任公司设立董事会的制度

董事会，是指依法由股东会选举产生、由全体董事组成的、行使公司经营管理和决策权的业务执行机关。董事会通常是公司必须设置的机构，董事是董事会成员。有限责任公司设立董事会，是公司市场化运作的必然要求，尤其是股东人数较多的公司，如果不设立董事会，由股东会直接从事经营管理，程序的烦琐以及股东素质参差不齐等因素都会影响到股东会决策水平和效率，不利于公司的正常运行，不利于公司正常经营活动的开展，最终制约公司的运行效率，损害公司及股东利益。而规模较小或者股东人数较少的有限责任公司可以不设董事会，设一名董事，行使《公司法》规定的董事会的职权。

二、明确有限责任公司董事会的法定职责

股东会是有限责任公司的权力机构，决定公司的重大问题。董事会则是有限责任公司的执行机关，它负责公司经营活动的指挥和管理，其中包括代表公司对各种业务事项作出意思表示或者决策，以及组织实施和贯彻执行这

些决策。因此，从一定程度上讲，董事会是股东会的执行机关，是公司的业务决策机关，具体行使下列职权。

1. 召集股东会会议，并向股东会报告工作。董事会由董事组成，董事一般由股东会选举产生。因此，召集股东会会议，并向股东会报告工作，既是董事会的一项职权，也是董事会的一项义务。董事会应当依照法律规定和公司章程的规定，及时召集股东会会议，并向股东会报告有关工作情况。

2. 执行股东会的决议。股东会作为公司的权力机构，是公司的最高决策机关，依照法律规定和公司章程规定决定公司的重大问题。股东会对公司生产经营方面作出的决议，由董事会执行。因此，执行股东会的决议，是董事会的一项职权，其实也是董事会的一项义务。董事会应当认真贯彻执行股东会的决议。

3. 决定公司的经营计划和投资方案。所谓公司的经营计划，是指管理公司内外业务的方向、目标和措施，是公司内部的、短期的管理计划。所谓公司的投资方案，是指公司内部短期资金的运用方向。2023 年《公司法》修订时，将原第 37 条[①]股东会“决定公司的经营方针和投资计划”的职权删除，而在董事会职权中予以保留，进一步明晰了股东会与董事会的职权界限，强化了董事会在公司治理中的作用。

4. 制订公司的利润分配方案和弥补亏损方案。公司在经营活动过程中，可能产生利润或者亏损。当公司出现利润时，应当进行分配；出现亏损时，应当进行弥补。根据法律规定，审议批准公司的利润分配方案和弥补亏损方案，是股东会的职权，而制订公司的利润分配方案和弥补亏损方案，则是董事会的职权。董事会应当按照规定及时制订公司的利润分配方案和弥补亏损方案，并提交股东会会议审议批准。

5. 制订公司增加或者减少注册资本以及发行公司债券的方案。公司根据经营情况的需要，可以增加或者减少注册资本，还可以依照法律规定发行公司债券。根据法律规定，公司增加或者减少注册资本以及发行公司债券的方案，由股东会作出决议，而增加或者减少注册资本以及发行公司债券的方案，则是由董事会制订。董事会应当根据公司经营需要，及时制订上述方案，并提请股东会会议作出决议。

6. 制订公司合并、分立、解散或者变更公司形式的方案。合并、分立、解散或者变更公司形式，关系公司的存续及股东的权利义务等，属于公司的

① 现为第 59 条。

重大问题，由股东会作出决议，而公司合并、分立、解散和变更形式的具体方案，则由董事会制订后提请股东会会议进行审议并作出决议。

7. 决定公司内部管理机构的设置。董事会作为公司的业务执行机关与经营意思决定机关，具有独立的权限和责任，对公司享有经营管理权，应赋予其决定公司管理机构设置的权力。董事会决定内部管理机构设置，是指董事会根据本公司的具体情况，确定内部的具体业务部门、行政管理部门等。

8. 决定聘任或者解聘公司经理及其报酬事项，并根据经理的提名决定聘任或者解聘公司副经理、财务负责人及其报酬事项。董事会是公司的经营决策和领导机关，应当具有公司人事权，以便更好地经营和管理公司。董事会聘任或者解聘高级管理人员，是指董事会有权决定聘任或者解聘公司经理，并根据经理的提名决定聘任或者解聘公司的副经理、财务负责人。同时，董事会有权决定上述人员的报酬标准、支付方式等事项。

9. 制定公司的基本管理制度。公司的基本管理制度，是指保证公司能够正常运营的基本管理体制。基本管理制度涉及公司内部运行的方方面面，董事会应当依照国家法律、公司章程的要求，及时予以制定，保证公司具有良好的生产经营秩序。

10. 公司章程规定或者股东会授予的其他职权。公司股东可以根据公司的具体情况，通过公司章程或股东会授予董事会其他职权，例如，规定由董事会决定承办公司审计业务的会计师事务所的聘任或者解聘等。此项职权的规定，体现了公司自治原则，为公司扩大董事会职权提供了弹性空间。

综上，董事会行使的职权，包括召集股东会及执行股东会决议、宏观决策权、经营管理权、机构与人事管理权、基本管理制度制定权以及公司章程规定和股东会授予的其他职权。这些职权体现了董事会在公司内部组织机构中的地位，体现了董事会作为公司业务执行和业务决策机关应当享有的权力和承担的职责。

三、公司章程对董事会职权的限制不得对抗善意相对人

公司章程是指公司依法制定的，规定公司的内部关系、经营行为等重大事项的文件，是规范公司组织和活动的基本准则。公司章程具有法定性、自治性和公开性的基本特征，是公司设立和运营的基础和依据。但公司章程作为公司内部的行为规范，在通常情况下不易被公司外部人员所知晓，所以在确定其外部效力方面，要考虑对善意相对人的权益保护，维护交易安全。公司章程对董事会职权进行了限制，但该董事会超越职权与相对人实施了法律

行为，如果相对人是善意的，则公司不得以董事会的行为超越了其职权而主张不承担或免除其应承担的法律责任。判断相对方是否为善意，不仅要考量其事实上是否知道公司章程对董事会职权的限制情况，还要考量其是否应当知道这一情况。“知道”是一种对事实状况的判定，而“应当知道”则是对当事人是否存在过错的判定。

【实务问题】

审判实践中应注意公司自治与司法介入之间的界限。公司是股东在市场经济环境中自治的产物，公司的管理与运营一般属于公司自治的范畴。审判实践中，人民法院审理公司股东、董事、监事和高级管理人员相互之间以及他们与公司之间产生的纠纷时，应准确把握公司自治与司法介入之间的关系。一方面，要充分认识到司法介入公司治理，是保障公司自治、矫正公司自治机制失效的重要手段。另一方面，受理公司诉讼案件时也要坚持法定的条件，防止司法过度介入公司自治。在司法对公司自治介入的问题中，目前比较突出的是利润分配问题。公司盈余分配系公司自主决策事项，与公司其他经营决策一样都属于公司或股东基于自身知识和经验作出的商业判断。因此，人民法院对于属于公司意思自治范畴的盈余分配事宜一般采取谨慎干预原则。但股东违反法律规定滥用股东权利导致公司不分配利润，给其他股东造成损失的，司法可以适当干预。

【典型案例】

沈某某与宏某公司盈余分配纠纷案[①]

基本案情：宏某公司于 2001 年 6 月成立，2003 年公司的股东为夏某某和沈某某，出资占比分别为 75% 和 25%，公司章程约定，股东按照出资比例分取红利。2003 年至 2006 年，沈某某参与宏某公司某房地产项目开发，但沈某某多年来未分配到公司利润，因此诉至法院要求分配盈余。

裁判要旨：股东未能提交由董事会制订并经股东会批准的具体分配方案的分配决议，不符合《公司法解释四》第 14 条规定的情形，该股东请求人民法院判决公司分配利润，人民法院不予支持。

---

① 最高人民法院（2017）最高法民再 66 号。

【条文】

第六十八条

有限责任公司董事会成员为三人以上，其成员中可以有公司职工代表。职工人数三百人以上的有限责任公司，除依法设监事会并有公司职工代表的外，其董事会成员中应当有公司职工代表。董事会中的职工代表由公司职工通过职工代表大会、职工大会或者其他形式民主选举产生。

董事会设董事长一人，可以设副董事长。董事长、副董事长的产生办法由公司章程规定。

【条文主旨】

本条是关于有限责任公司董事会人员组成的规定。

【条文概览】

本条系实质性修改。1993 年《公司法》第 45 条规定："有限责任公司设董事会，其成员为三人至十三人。两个以上的国有企业或者其他两个以上的国有投资主体投资设立的有限责任公司，其董事会成员中应当有公司职工代表。董事会中的职工代表由公司职工民主选举产生。董事会设董事长一人，可以设副董事长一至二人。董事长、副董事长的产生办法由公司章程规定。董事长为公司的法定代表人。"《公司法》于 1999 年、2004 年进行修正时，本条未变更。2005 年《公司法》修订时，条文序号未作调整，内容修改情况为：一是第 1 款增加规定但书条款"但是，本法第五十一条另有规定的除外"。二是将第 2 款关于公司职工代表的规定修改为："其他有限责任公司董事会成员中可以有公司职工代表。董事会中的职工代表由公司职工通过职工代表大会、职工大会或者其他形式民主选举产生"。三是将第 3 款"可以设副董事长一至二人"修改为"可以设副董事长"。四是将第 4 款"董事长为公司的法定代表人"的规定删除。2013 年《公司法》修正时，将本条条文序号调整为第 44 条，内容未作变更。2018 年《公司法》修正时，本条未作变更。2023 年《公司法》修订时，将 2018 年《公司法》第 44 条第 1 款和第 2 款进行了整合，且内容变动较大，作为 2023 年《公司法》第 68 条第 1 款，将 2018 年《公司法》第 44 条第 3 款作为 2023 年《公司法》第 68 条第 2 款，内容未作变更。

从本条的演变及修改内容可以看出：本条强化了有限责任公司职工的相关利益。2023 年《公司法》取消了董事会成员最多为 13 人的人数限制，并将 2018 年《公司法》中只有两个以上的国有企业或者两个以上的其他国有投资主体投资设立的有限责任公司设置职工代表董事的强制要求适用范围扩大到 300 人以上的全部有限责任公司。除此之外，2023 年《公司法》强调了职工代表的地位，允许董事会成员为 3 人以上的有限责任公司，可以有公司职工代表；职工人数 300 人以上的有限责任公司，董事会成员中应当有公司职工代表。

【理解与适用】

一、关于董事会成员的人数

公司各有特点，规模各异，各公司可根据本条规定和实际需要确定董事会的组成人员和人数，但为了保证董事会议事机制的完整性，本条对董事会的人数下限作出规定，董事会成员为 3 人以上，且通常董事会成员人数应为单数，以防止董事会在作出决定时出现赞成、反对各半的僵局，无法形成有效的决议，影响公司的正常运转，制约公司的经营决策，股东会的相关经营方针、投资计划及盈利分配等都无法有效地实现，必然会导致公司的瘫痪和混乱，损害公司及股东的利益。

二、关于职工董事

有限责任公司的人合性特点明显，这样会导致公司股东和高管形成封闭性的经营管理特点，而职工系公司聘用的劳动者，属于被雇佣和管理的对象，但如果单从雇佣关系和劳动关系看，无法体现人民当家作主的社会本质，无法调动劳动者的积极性，最终损害的还是公司和股东的利益。故本条专门对董事会中的职工代表问题加以规定，让职工参与公司管理，让职工与公司命运相连，充分体现我国人民当家作主的宗旨。依照本条规定，有限责任公司的董事会都可以有公司职工代表，以有利于职工参与公司的民主管理。该规定具有倡导性，有利于保护职工及相关利益者的权益，充分调动职工的积极性。职工人数 300 人以上的有限责任公司的董事会中应当有职工董事，此处体现我国公司制度的民主特点。为了保证职工董事真正从公司职工中产生，确实代表职工利益，明确职工董事应由公司职工通过职工代表大会、职工大会或者其他形式民主选举产生。职工董事在董事会成员中仅能有一人，还是可以多人？其所占比例应当多大？如果按照“法无明文禁止则自由”的理念，关于职工董事的人数及职工董事在董事会中的比例问题，公司章程可以作出规定和限制。

三、关于董事会的设置及成员的产生方式

董事会作为有限责任公司权力机构的执行机构，依法采取集体议事制度，行使公司经营决策权，采取会议决议体制，故有必要设置董事长，在董事会内部负责董事会会议的召集、主持等程序事务，协调董事会成员之间的关系，统筹公司各项事务，检查董事会决议的执行情况。公司还可以根据实际需要设副董事长，协助董事长工作，关于副董事长的人数不再作强制性规定，可以根据公司的具体情况加以设立，法律不干涉公司的该部分自治权。

从董事会成员的产生方式看，一般的董事会成员，因其属股东会的执行机构，应当由股东会选举、更换。但是，董事会中的职工代表，是民主制度的体现，不应当由股东会任命或者指定，而应由职工民主选举产生。职工应当通过职工代表大会、职工大会或者其他形式，民主选举产生由职工代表担任的董事。董事会成员中，较为特殊的就是董事长，属特别的董事。由于董事会作为公司的经营管理机构，承担着大量的经营决策、人事管理、方案制订等多方面的工作。同时，董事会行使职权，作出决定，是通过董事会会议的形式进行的，这就需要负责董事会日常事务的负责人能够统筹和安排公司的整体运转，通过公司经营决策体现民主下的集中，更有效地作出决议加以执行。因此，法律规定，董事会应设董事长一人，同时还可以根据需要设副董事长。董事长、副董事长应当是董事会成员，不是董事会成员的人不能成为董事长、副董事长。至于董事长、副董事长如何产生，法律授权由公司章程确定。

【实务问题】

职工董事既是公司劳动者，又是董事会成员，因此职工董事与公司之间具有劳动关系和委托关系的双重法律关系。当职工董事以劳动者的身份，基于劳动报酬、劳动关系解除等与公司产生争议时，应当适用劳动法的有关规定。当职工董事基于董事身份，代表职工参加董事会行使职权，享有与公司其他董事同等权利，承担相应义务，其基于董事任免、履职等与公司产生的争议，应当适用公司法的有关规定。

【条文】

第六十九条

有限责任公司可以按照公司章程的规定在董事会中设置由董事组成的审计委员会，行使本法规定的监事会的职权，不设监事会或者监事。公司董事会成员中的职工代表可以成为审计委员会成员。

【条文主旨】

本条是关于有限责任公司审计委员会的规定。

【条文概览】

本条系新增条文。此前我国对公司组织结构采法定主义，公司机构的设置与权力分配均由法律规定，但此类机械僵化的制度脱离了市场主体真实需求，徒增公司经营管理成本。本条在机构设置上，立足于现行公司治理机制中监事会机构虚置的现实，不再强制要求公司设置监事会，而是允许董事会中的审计委员会替代监事会行使其职能。

该规定系借鉴英美法系公司治理的经验，并参考我国上市公司在公司治理方面的实践，对审计委员会予以规定并适用于有限责任公司，打破了原有的公司股东会、董事会、监事会管理体制的双层制公司治理结构，引进单层制的公司治理结构，丰富了公司治理模式，赋予公司治理模式的选择权，尊重和鼓励公司理性自治，对市场主体自行设计符合其公司发展的治理架构具有重大意义，是我国现代企业制度的重大创新。

【理解与适用】

一、我国公司治理结构的发展

从 1993 年《公司法》至今，我国公司治理制度沿袭大陆法系传统，设立股东会、董事会和监事会双层架构。有限责任公司采取股东会、董事会、监事会三机构制约的管理模式，监事会是公司的监督机构，为必设机构，对公司的董事、高级管理人员及公司的经营活动进行监督。三个机构之间既相对独立，又相互制衡，既赋予经营者以充分的自主权，又保障公司投资者的利益。

虽然强制性要求设置双层架构的初衷是在所有权与经营权相分离的情况下，保护公司和股东的利益，由监事会作为公司的内部监督机构，行使对经营管理者的监督权，降低委托代理成本，但实践中，因监事往往由大股东选任或操控，存在部分监事会成员缺乏监督的专业能力、监事会行使权利缺乏资金保障、知情权行使困难、权利救济方式不明等状况，诸多公司监事会的监督功能被严重虚化，无法发挥公司内部监督功能，反而徒增公司治理成本，挤占了公司监督机制的制度空间。

为解决该问题，上市公司和某些特殊监管行业在原有的公司治理结构上引入了独立董事制度，以加强对公司控股股东和董事的监督作用、保护中小股东权益，但亦导致了监事会与独立董事职能互相交叠、治理效能低下。因此，为了精简公司机构、提高效率，本次《公司法》修订引入了单层制治理模式，赋予了公司更多的自主权。

特别要注意的是：第一，我国对于公司治理架构的选定是赋权规定，公司可根据实际情况，按照公司章程的规定，自主选择公司治理模式，既可沿用原先的治理模式，即董事会和监事会并存，执行权和监督权各自独立，监事会对董事会和经理层进行监督；又可采单层制治理模式，精简公司的治理结构，实质只设立董事会，不设监事会，在董事会中设置审计委员会行使监事会（监事）职权；也可以选择既设置股东会、董事会和监事会（监事），又设置审计委员会这样架构的混合制。第二，如果公司既设置审计委员会又设置监事会或监事，则需要将这两个监督机构的职能在章程中进行约定。如果公司设置了审计委员会而不设置监事会（监事），则由审计委员会行使监事会的职权。

二、我国审计委员会相关制度的发展历程

审计委员会是董事会的专门委员会之一，该制度起源于美国，其设立初衷是解决经营管理层的财务舞弊问题。20 世纪 70 年代，纽约证券交易所首先要求上市公司必须有由独立董事组成的审计委员会。审计委员会在我国早期主要在上市公司、金融机构等之中设立，较早的相关规定包括我国原国内贸易部于 1995 年颁布的《国内贸易部直属企业内部审计工作规定》。该规定第 3 条第 2 款规定，部属集团公司应当根据需要建立在董事会领导下的审计委员会。但该规范性文件并未提及审计委员会的组成及职责。2002 年 1 月，中国证监会和原国家经济贸易委员会联合发布的《上市公司治理准则》中首次对此作出指引性规定，上市公司董事会可以按照股东大会的有关决议，设

立审计委员会等专门委员会，专门委员会成员全部由董事组成，其中审计委员会、提名委员会、薪酬与考核委员会中独立董事应占多数并担任召集人，审计委员会中至少应有一名独立董事是会计专业人士，并对审计委员会的职责作出了规定。2017 年，国务院办公厅发布《关于进一步完善国有企业法人治理结构的指导意见》，在董事会建设部分提出，“董事会应当设立提名委员会、薪酬与考核委员会、审计委员会等专门委员会，为董事会决策提供咨询，其中薪酬与考核委员会、审计委员会应由外部董事组成”，提出了在国有企业中设立审计委员会。2018 年修订的《上市公司治理准则》则进一步将审计委员会确定为上市公司的必设机构。2023 年 4 月 7 日，国务院办公厅发布的《关于上市公司独立董事制度改革的意见》提出，上市公司董事会应当设立审计委员会，成员全部由非执行董事组成，其中独立董事占多数。审计委员会承担审核公司财务信息及其披露、监督及评估内外部审计工作和公司内部控制等职责。财务会计报告及其披露等重大事项应当由审计委员会事前认可后，再提交董事会审议。中国证监会 2023 年 8 月 1 日公布于同年 9 月 4 日实施的《上市公司独立董事管理办法》第 26 条第 1 款规定：“上市公司董事会审计委员会负责审核公司财务信息及其披露、监督及评估内外部审计工作和内部控制，下列事项应当经审计委员会全体成员过半数同意后，提交董事会审议：（一）披露财务会计报告及定期报告中的财务信息、内部控制评价报告；（二）聘用或者解聘承办上市公司审计业务的会计师事务所；（三）聘任或者解聘上市公司财务负责人；（四）因会计准则变更以外的原因作出会计政策、会计估计变更或者重大会计差错更正；（五）法律、行政法规、中国证监会规定和公司章程规定的其他事项。”根据《上市公司治理准则》，董事会审计委员会的职责主要包括：（1）监督及评估外部审计工作，提议聘请或者更换外部审计机构；（2）监督及评估内部审计工作，负责内部审计与外部审计的协调；（3）审核公司的财务信息及其披露；（4）监督及评估公司的内部控制；（5）负责法律法规、公司章程和董事会授权的其他事项。

三、审计委员会的职权及其制度优势

（一）本条规定审计委员会可行使《公司法》规定的监事会的职权，具体职权内容应在公司章程中进行明确约定

《公司法》第 78 条规定，监事会行使下列职权：（1）检查公司财务；（2）对董事、高级管理人员执行职务的行为进行监督，对违反法律、行政法

规、公司章程或者股东会决议的董事、高级管理人员提出解任的建议；（3）当董事、高级管理人员的行为损害公司的利益时，要求董事、高级管理人员予以纠正；（4）提议召开临时股东会会议，在董事会不履行本法规定的召集和主持股东会会议职责时召集和主持股东会会议；（5）向股东会会议提出提案；（6）依照《公司法》第189条的规定，对董事、高级管理人员提起诉讼；（7）公司章程规定的其他职权。第79条规定，监事可以列席董事会会议，并对董事会决议事项提出质询或者建议。监事会发现公司经营情况异常，可以进行调查；必要时，可以聘请会计师事务所等协助其工作，费用由公司承担。第80条规定，监事会可以要求董事、高级管理人员提交执行职务的报告。董事、高级管理人员应当如实向监事会提供有关情况和资料，不得妨碍监事会或者监事行使职权。

审计委员会可在上述监事会的职权范围内，根据公司具体情况，在公司章程中规定其职权，如负责审核公司财务信息及其披露、监督、评估内外部审计工作和内部控制，负责内部审计与外部审计的协调，提议聘请或者更换外部审计机构等。

（二）设立监事委员会制度的优势

2018年《公司法》第53条和第118条对监事会职权进行了规定，但实践中，监事会职权的行使缺少强制性制度保障，使监事会监督缺少执行力。具体表现为：从监督过程来看，我国现行的监事制度系事后监督，缺少事前与事中的监督，监督效果不理想。由于监事会不具有执行和决策的职能，监事会成员本身不参与公司的经营和管理，公司经营状况的信息主要来源于董事会，依赖于董事会的报告进行监督，因监事会与董事会信息不对称，事前难以发现公司经营的异常，监事薪酬与各项行权费用受制于管理层，只能在董事会决策后进行被动的事后监督，其提议权、质询权、错误行为纠正权缺少保障。

在单层制中，监督者作为董事会的成员，可在事前、事中主动监督，可及时发现董事、高级管理人员的滥权行为；更可在决策的过程中对可能存在的风险进行及时监督管理，及时采取监督措施；其还可以直接在参与董事会决策的过程中获取第一手信息，以加强风险控制，降低监管成本。

【条文】

第七十条

董事任期由公司章程规定，但每届任期不得超过三年。董事任期届满，连选可以连任。

董事任期届满未及时改选，或者董事在任期内辞任导致董事会成员低于法定人数的，在改选出的董事就任前，原董事仍应当依照法律、行政法规和公司章程的规定，履行董事职务。

董事辞任的，应当以书面形式通知公司，公司收到通知之日辞任生效，但存在前款规定情形的，董事应当继续履行职务。

【条文主旨】

本条是关于董事会任期及辞任的规定。

【条文概览】

本条共 3 款。第 1 款、第 2 款继承了 2018 年《公司法》第 45 条的规定；第 3 款系新增内容，为董事辞任的内部生效规则。

1993 年《公司法》第 47 条规定："董事任期由公司章程规定，但每届任期不得超过三年。董事任期届满，连选可以连任。董事在任期届满前，股东会不得无故解除其职务。"《公司法》于 1999 年、2004 年进行修正时，本条未变更。2005 年《公司法》修订时，条文序号调整为第 46 条，将第 2 款规定修改为"董事任期届满未及时改选，或者董事在任期内辞职导致董事会成员低于法定人数的，在改选出的董事就任前，原董事仍应当依照法律、行政法规和公司章程的规定，履行董事职务"，取消了关于董事任期届满前，股东会不得无故解除其职务的规定内容。2013 年《公司法》修正时，将本条条文序号调整为第 45 条，内容未作变更。2018 年《公司法》修正时，本条未作变更。

本次修订继承了 2018 年《公司法》第 45 条第 1 款及第 2 款。关于董事任期的规定，未作修改。对于董事任期届满后和新董事就任前的"空档期"的衔接问题进行了明确规定，防止公司董事在任期或者交接过程中，出现董事权力真空与董事会运转失灵的问题，导致公司经营决策等事项无法进行，陷入混乱状态，特别规定新董事就任前，原董事负有持续履行职责的义务。

本次修订增加了第 3 款——董事辞任的内部生效规则，对董事辞任程序予以明确。

【理解与适用】

一、关于董事的任期

董事的任期即担任董事职务的时间限制。董事任命属公司自治内容，故其任期亦属于公司自治范畴，因此由公司根据自身情况，在章程中规定董事的具体任期。董事的每届任期不得超过3年，法定最高年限为3年，公司章程可在法定最高年限范围内，对董事任期进行约定。

二、关于董事任期届满后的连选连任

本条规定董事任期届满，连选可以连任。连选指董事任期届满后，该董事再次被股东会或者职工选举为下一届的董事，即有资格继续参加后续董事的选任或委派；连任指董事任期届满后可继续担任下一届董事。连选是连任的前提条件，董事可以连选连任，且法律未对连选连任的届数作出限制性规定，公司可根据自身情况，在公司章程中规定董事连任次数。

三、董事任期届满，未改选前仍须履职

董事的任期届满，公司应当及时进行改选，选出下届董事。但实践中，部分公司可能因种种原因未改选出新任董事，故虽原董事已经完成任期，但在改选出的董事就任前，为保障董事会的正常运行，保证董事会决议有效作出，法律要求原董事仍应当按照法律、行政法规和公司章程的规定，履行董事职务，不能以任期届满为由，拒绝履行董事职务。此为董事任期届满后的一项法定义务，该义务的截止时间为改选出的董事就任时。

四、董事辞任的程序及生效

法律虽没有明确规定董事与公司之间的关系，但目前学界与司法实务界基本形成了主流观点，认为公司与董事之间实为委托关系，依股东会的选任决议和董事答应任职而成立合同法上的委托合同。

委托关系中的任意解除权属于形成权。《民法典》第933条规定，委托人或者受托人可以随时解除委托合同。因解除合同造成对方损失的，除不可归责于该当事人的事由外，无偿委托合同的解除方应当赔偿因解除时间不当造成的直接损失，有偿委托合同的解除方应当赔偿对方的直接损失和合同履行后可以获得的利益。该条确认了委托合同无因解除，为董事在任期届满前

辞任与公司无因罢免董事提供了合同法依据。

委托关系以信任为前提，彼此丧失信任的，当事人即可不附理由地随时解约，公司及董事双方均有任意解除权，但要赔偿对方损失，除非存在不可归责的事由。董事辞任属单方民事法律行为，依据董事对公司的单方意思表示而发生效力，只要以书面形式通知公司，公司收到通知之日辞任即生效，无须公司批准，但因该董事辞任导致董事会成员低于法定人数的情形除外。此前相关立法已体现了这一观点，《保险公司董事会运作指引》第 14 条规定“董事辞职自辞职报告送达董事会时生效”。

【实务问题】

董事由公司股东会选任或职工大会选举产生，履行公司及股东会赋予的经营管理、人事任免、制订方案等职权，属公司经营管理的核心部门。《公司法》对公司与董事间的契约性质并未予以明确规定，对此理论界存在委任契约关系说、劳动混同关系说等不同观点。

关于董事与公司之间的关系问题，我们认为，公司与董事之间为委任契约关系，即公司依据章程规定及决议聘任董事行使法定职权，董事同意任职并依法开展委托事项。与此同时，公司与董事之间的委任关系并不排斥劳动合同关系的存在，如公司与董事之间在符合特定条件时还可以同时构成劳动法上的劳动合同关系。

【典型案例】

北京某医药投资集团有限公司与曹某君等公司决议纠纷和损害公司利益案①

裁判要旨：公司和董事之间属于委任关系，在法律和公司章程没有相反规定的情况下，公司董事辞职一般应于董事辞职书送达公司董事会时发生法律效力。董事在辞职时虽表示“望公司批准”，以及公司虽在董事辞职后作出召集临时股东会会议决议免除其董事职务等意思表示，但均属相关主体对公司与董事法律关系性质，以及董事辞职何时生效的法律认识偏差，不影响董事辞职生效。

① 最高人民法院（2020）最高法民再 50 号民事判决书。

【条文】

第七十一条

股东会可以决议解任董事，决议作出之日解任生效。

无正当理由，在任期届满前解任董事的，该董事可以要求公司予以赔偿。

【条文主旨】

本条是关于公司解任董事的规定。

【条文概览】

本条系新增内容，系在吸收《公司法解释五》第 3 条规定的基础上，从法律层面赋予股东会无因解任董事的权利，明确了股东会解任董事的决议生效时间，即公司无需任何理由即可经过内部决议程序解除董事职务，这是股东参与公司管理、行使公司控制权的方式之一。同时出于公平考虑，司法解释规定公司解除董事职务时应支付合理补偿，赋予了被无因解除的董事请求赔偿的权利，以保护董事的合法权益。

【理解与适用】

一、股东会决议可无因解任董事

股东会参与董事会的组建，对董事进行提名、选任及罢免，是股东参与公司管理的体现，也是股东会通过董事任免权影响公司经营权和控制权的方式，更是维持股东会和董事会之间的权力制衡的需要。

1993 年《公司法》对董事职务的期前解除采取“有因”立场。2005 年 10 月修正的《公司法》改采无因立场，从立法释义来看，系“由于股东与董事之间是委托关系，股东会应有权随时解除董事的职务”。《公司法解释五》第 3 条明确规定：“董事任期届满前被股东会或者股东大会有效决议解除职务，其主张解除不发生法律效力的，人民法院不予支持。董事职务被解除后，因补偿与公司发生纠纷提起诉讼的，人民法院应当依据法律、行政法规、公司章程的规定或者合同的约定，综合考虑解除的原因、剩余任期、董事薪酬等因素，确定是否补偿以及补偿的合理数额。”该条即明确了股东会对董事享有任意解除权，股东会无需理由即可直接通过有效决议解除董事职务。

二、股东会可以决议解任董事，决议作出之日解任生效

从《公司法》的修改沿革可以看出，原《公司法》规定，公司股东会不能无故解除董事职务，以维护公司董事会的稳定，保障公司经营管理的稳定，但因股东会与董事之间是委托关系，因此股东会有权随时解除董事的职务。第 70 条规定董事辞任自通知到达公司之日起生效，同理，董事解任也应自公司决议作出之日生效。

股东会作出合法、有效的解聘决议是董事解聘的法定要件。实践中，被解聘的董事可能对股东会决议的效力提出异议，以《公司法解释四》第 5 条所列举的可能导致公司决议不成立的情况和《公司法》第 26 条规定的导致决议可撤销的相关情况主张股东会决议不成立、应予撤销，若解聘董事的公司决议存在效力问题，那么当然不能产生解聘的法律效果。

三、触发董事离职补偿需满足两个前提

第一，董事任期未满。董事的任期一般规定在公司章程或董事与公司所签订的服务契约中，我国《公司法》中的董事任期也是公司章程的必要记载事项。第二，公司无正当理由解除董事职务。这是指董事无法继续任职的履行障碍来自股东会的有效决议，同时没有正当的解任事由。正当理由是一个不确定的法律概念，我国学界有观点认为，正当理由应在区分公司与董事关系的基础上，以董事是否违反法定义务作为判断标准，如董事不得实施犯罪行为、不得持续违反《公司法》及章程规定的义务、不违反董事对公司和股东的信义义务等。

【实务问题】

一、董事离职补偿的合理数额范围

关于无因解除董事补偿的合理数额问题，最高人民法院民事审判第二庭相关负责人就《公司法解释五》答记者问时称："无因解除不能损害董事的合法权益。为平衡双方利益，公司解除董事职务应合理补偿，以保护董事的合法权益，并防止公司无故任意解除董事职务。从本质上说，离职补偿是董事与公司的一种自我交易，其有效的核心要件应当是公平，所以本条强调给

付的是合理补偿。我国合同法中明确规定了委托人因解除合同给受托人造成损失的，除不可归责于该当事人的事由以外，应当赔偿损失。本条对法院审理此类案件时的自由裁量权行使进行了相应指引。”

（一）公司与董事之间对于离职补偿存在合同约定的

如果公司与董事之间就离职补偿存在相应合同约定，董事离职后依法当然可以取得相应补偿。在实践中，为避免因公司解除董事职务而产生纠纷，建议公司与董事之间就任期、解除职务、解职补偿等进行明确书面约定。

（二）公司章程对于董事离职补偿存在明确规定的

实践中，公司章程存在明确规定或公司与董事有明确约定的情况很少，多集中在上市公司，且多设置于特定条件之下。上市公司章程对于解职董事进行补偿的约定，前提条件多为解职发生在公司被并购或收购时，其作用在于公司控制权发生变更后，任期未满而被解雇的董事有权获得高额的离职补偿。

中国证券监督管理委员会于 2018 年修订的《上市公司治理准则》对董事离职补偿问题有所规定。该文件第 61 条规定，上市公司章程或者相关合同中有关董事、监事和高级管理人员离职补偿的条款或者约定，若要得到法院支持必须满足三个基本条件：第一，补偿内容应当符合公平原则；第二，不得损害上市公司的合法权益；第三，不得构成利益输送。

（三）虽无合同约定或公司章程规定，董事根据法律、行政法规的规定主张离职补偿的情形

公司虽然有权无因解除董事职务，但是无因解除不能损害董事的合法权益，因此公司解除董事职务的应支付合理补偿。

在最高人民法院审理的（2005）民二终字第 143 号案件中，最高人民法院认可委托双方可以随时解除委托合同，但认为因不可归责于对方的事由解除合同给对方造成损失的，应当赔偿损失，但是该赔偿责任不同于违约责任，其责任范围仅限于直接损失，而不包括预期利益。

二、董事解任中的几种特殊情况

（一）兼具劳动关系和委任关系的董事

公司与董事之间既存在委任关系亦存在劳动关系，此类董事在实践中的赔偿、补偿问题较为复杂，需要结合《劳动合同法》的相关规定进行审理，且很可能需要以劳动仲裁程序作为前置要件。

（二）上市公司的独立董事

证监会2001年印发的《关于在上市公司建立独立董事制度的指导意见》（已失效）规定，上市公司的独立董事在提名、选举、更换几个方面均有特别的规定，除出现上述情况及《公司法》中规定的不得担任董事的情形外，独立董事任期届满前不得无故被免职。

证监会2023年修订的《上市公司独立董事管理办法》第14条第1款规定，独立董事任期届满前，上市公司可以依照法定程序解除其职务。提前解除独立董事职务的，上市公司应当及时披露具体理由和依据。独立董事有异议的，上市公司应当及时予以披露。该条增加了独立董事对于上市公司解聘有异议的，上市公司应及时进行信息披露的规定。同时，明确因独立董事不再符合独立性或任职条件而导致的辞任或解聘，导致上市公司的内部治理机构人员组成不再满足相关规定的，须在期限内完成补选。

（三）职工董事

国有独资、全资公司和两个以上国有企业或国有投资主体设立的有限责任公司的职工董事不适用上述规定。因为职工董事是由职工代表大会或职工大会等形式民主选举产生，依照法律程序进入董事会代表职工行使决策的职工代表，而非由股东会决议任免，因此不存在股东会决议解除其职务的情形。

如果董事是通过股东会选任而担任董事职务，股东会作为权力机构有权解除其董事职务。但由于职工董事并非由公司股东会选举产生及更换，而是由职工代表大会或职工大会等通过民主选举的方式产生，故一般而言，股东会无权解除职工董事的职务。虽然《公司法》并未明确职工董事的罢免程序，但若职工董事发生违反公司章程、不履行或怠于履行董事职责、不适合继续担任董事职务等情形的，还是应当通过召开职工代表大会或职工大会等方式进行罢免。

（四）国有独资公司外部董事

国有企业外部董事的规定不在《公司法》之中，而是规定于国务院国有资产监督管理委员会2004年印发的《关于国有独资公司董事会建设的指导意见（试行）》、2009年印发的《董事会试点中央企业专职外部董事管理办法（试行）》（已失效）、国务院办公厅2017年发布的《关于进一步完善国有企业法人治理结构的指导意见》等文件中，因其具有特殊的职责背景要求，相关争议是否适用《公司法解释五》尚不明确。

新修订的《公司法》第七章国家出资公司组织机构的特别规定一章对国有独资公司进行了特别规定。该章第 168 条规定，国家出资公司的组织机构，适用本章规定；本章没有规定的，适用本法其他规定。第 173 条规定，国有独资公司的董事会依照本法规定行使职权。国有独资公司的董事会成员中，应当过半数为外部董事，并应当有公司职工代表。董事会成员由履行出资人职责的机构委派；但是，董事会成员中的职工代表由公司职工代表大会选举产生。

因此，关于国有独资公司外部董事的解任应适用本条规定。

【典型案例】

孙某祥与某轻合金有限公司劳动争议纠纷再审案[①]

裁判要旨：公司与董事之间的委任关系并不排斥劳动合同关系的存在，即公司与董事之间在符合特定条件时还可以同时构成劳动法上的劳动合同关系。本案董事与公司之间被认为兼具劳动关系，在董事剩余任期约 29 个月的情况下，因被告公司已经进入破产程序，法院依据《企业破产法》第 113 条第 3 款“破产企业的董事、监事和高级管理人员的工资按照该企业职工的平均工资计算”之规定，酌定被告公司按被宣告破产时职工月平均工资向原告支付 6 个月的补偿金，该补偿金债权应按照职工债权顺序在破产程序中进行清偿。

① 最高人民法院（2020）最高法民再 50 号。

【条文】

第七十二条

董事会会议由董事长召集和主持；董事长不能履行职务或者不履行职务的，由副董事长召集和主持；副董事长不能履行职务或者不履行职务的，由过半数的董事共同推举一名董事召集和主持。

【条文主旨】

本条是关于董事会会议召集和主持的规定。

【条文概览】

本条系文字修改。1993 年《公司法》第 48 条规定："董事会会议由董事长召集和主持；董事长因特殊原因不能履行职务时，由董事长指定副董事长或者其他董事召集和主持。三分之一以上董事可以提议召开董事会会议。"1999 年和 2004 年《公司法》修正时保留该条，未作调整。2005 年《公司法》第 48 条修改为："董事会会议由董事长召集和主持；董事长不能履行职务或者不履行职务的，由副董事长召集和主持；副董事长不能履行职务或者不履行职务的，由半数以上董事共同推举一名董事召集和主持。"此次修改系对公司董事会法律制度的一项重大改革。修改的主要内容为，在规定董事长召集权、主持权的同时，赋予副董事长、半数以上董事共同推举董事的召集权、主持权，主要考虑是，此前仅赋予董事长一人有权召集和主持董事会会议，权力过大。2013 年《公司法》和 2018 年《公司法》对该条内容未予调整，仅对序号进行调整，由原第 48 条调整为 47 条。2023 年《公司法》作出文字修订，将"半数以上董事"的表述调整为"过半数的董事"；对序号进行调整，由原第 47 条调整为第 72 条。

【理解与适用】

董事会作为公司经营和决策的核心部门，其负有 10 项重要职权，全部关乎公司重大或重要事项。董事会作为一个集体行使权力的机构，必须有人召集和主持会议，而召开董事会会议，研究决定公司经营管理事务，是公司的一项重要活动。本条规定董事会会议的召集和主持规则，旨在确保董事会会议的顺利召开。

第一，通常情况下董事会会议的召集和主持。本条首先规定，董事会会议由董事长召集和主持。这是因为，董事长一般由大股东或者大股东推选的人担任，同时还可以担任公司的法定代表人，对外代表公司，由董事长召集和主持董事会会议，既符合实际，也是董事长职责所在。

第二，董事长不召集或不主持董事会会议时的替代机制。法律规定董事长为董事会会议的第一召集人、主持人，董事长应当依照法律和公司章程的规定，认真负责地履行自己的职责，按照规定及时召集和主持董事会会议。但在实践中，有的董事长不能正常履行其召集或者主持董事会会议的职责，有时是不能履行，有时则是故意不履行职责，导致公司经营和决策陷入僵局或者瘫痪。故为防止董事长不履职，在确定董事长在董事会中职责的同时，亦按照层次规定相应替代机制——董事长不能履行职务或者不履行职务的，由副董事长召集和主持；副董事长不能履行职务或者不履行职务的，由过半数的董事共同推举一名董事召集和主持。其实质在于即使董事长或者副董事长持不同意见，董事会会议也能够召开起来，能够保证董事会制度的运行，有效解决公司治理僵局。需要注意的是，替代机制按照层次发挥作用的前提是，董事长不能履行或者不履行职务，以及副董事长不能履行或者不履行职务，而不可越俎代庖。

第三，召集和主持董事会会议的权责性质。召集和主持董事会会议，不仅是前述主体的法定职权，也是其法定义务。违反法律或者章程规定怠于履行前述义务，将导致违反勤勉义务的法律责任。

【实务问题】

第一，准确理解“不能履行职务”和“不履行职务”。本条规定的“不能履行职务”或者“不履行职务”，是从客观上和主观上两个层面进行规范。“不能履行职务”是指由于发生客观原因，使得董事长职务履行不能；“不履行职务”是指董事长客观上可以履行职务，但是由于其主观上的原因而拒绝履行。这两种情况下，都由副董事长召集和主持。同样，副董事长出于客观和主观上的原因，履行不能或拒绝履行召集和主持董事会会议的职务时，由过半数的董事共同推举的一名董事召集和主持。

第二，准确认定“过半数的董事”及其规制目的。本条规定的“过半数”，是指董事会全体成员过半数，并非到会董事成员过半数。如果无法由过半数的董事推举出一名董事，此时应该如何处理，本条未作规定。域外法有的规定董事会的任意一名董事都有权召集和主持董事会，以避免因个别人原因而导致董事会不能正常召开。

【条文】

第七十三条

董事会的议事方式和表决程序，除本法有规定的外，由公司章程规定。

董事会会议应当有过半数的董事出席方可举行。董事会作出决议，应当经全体董事的过半数通过。

董事会决议的表决，应当一人一票。

董事会应当对所议事项的决定作成会议记录，出席会议的董事应当在会议记录上签名。

【条文主旨】

本条是关于董事会议事方式、表决程序的规定。

【条文概览】

本条系实质修改，增加了第2款规定，明确了有限责任公司董事会的出席比例和表决比例。1993年《公司法》第49条规定："董事会的议事方式和表决程序，除本法有规定的以外，由公司章程规定。召开董事会会议，应当于会议召开十日以前通知全体董事。董事会应当对所议事项的决定作成会议记录，出席会议的董事应当在会议记录上签名。"1999年《公司法》和2004年《公司法》未作修改。2005年《公司法》删除了关于董事会会议期限的规定，即删除第2款："召开董事会会议，应当于会议召开十日以前通知全体董事"；将原第3款调整为第2款；增加了关于表决权比重的规定，即增加第3款："董事会决议的表决，实行一人一票"。2013年《公司法》将条文序号由第49条调整为第48条，内容未作变更。2018年《公司法》未作修改。2023年《公司法》增加第2款："董事会会议应当有过半数的董事出席方可举行。董事会作出决议，应当经全体董事的过半数通过。"明确董事会的出席比例和表决比例；调整条文序号，由第48条调整为第73条。

【理解与适用】

第一，第1款规定董事会会议的议事方式和表决程序。董事会会议的议事方式和表决程序，是保证董事会会议顺利进行的重要前提。首先，"由公司章程规定"是由有限责任公司性质决定的。由于有限责任公司具有特殊的人合性和封闭性，其董事会的议事方式和表决程序也多体现自治性，应当允许董事会在不违背公司法基本规定的前提下，通过公司章程结合公司各自的特点、经营方式、管理习惯和董事会的具体情况，采取适合公司的议事方式和程序。其次，该种自治性符合实践需求。议事方式，是指董事会会议讨论问题采用的形式。表决程序，是指董事会会议对所议事项作出决定的步骤、方式；议事方式和表决程序，包括如何通知董事参加会议、会议的召集和主持、讨论问题的方式、有效出席人数、议事议程的提出和确定、审议规则、表决方式等。由于不同公司的情况不同，对董事会会议议事方式和表决程序的要求也不同，所以法律不可能对此规定得十分具体、详尽，需要由公司章程根据本公司的具体情况作出规定。最后，所谓“本法有规定的”，比如本条第 2 款和第 3 款规定的出席比例、表决比例。

第二，第 2 款为新增条款，填补了此前的法律漏洞，明确有限责任公司董事会的出席比例和表决比例，亦统一了有限责任公司与股份有限公司的有关规定，有利于加强有限责任公司的决策安全。董事会会议只有达到过半数的董事出席方可举行，即董事会的举行程序才具有合法性；董事会决议只有全体董事过半数同意方可通过，即董事会决议才产生效力。前者体现了董事会会议所应当具有的代表性，后者体现了董事会决议所应当具有的集体意志或者共同意志特点。需要注意的是，无论出席比例是多少，董事会决议通过的比例均以全体董事为基数。实践中，如果存在关联董事回避或者排除表决权的情况，以排除后的非关联董事人数为基数。

第三，第 3 款规定一人一票的表决方式。首先，董事会作出决议，需要由董事投票表决。其次，董事会中，每一名董事的权责都是相同和平等的，不因其在公司中的持股数额、时间长短、职位高低，是公司股东还是职工董事等任何因素而存在差别，因此，董事的表决权采取“一人一票”的分配原则，即便董事长也只享有一票的表决权而并无超越董事会其他成员的特殊权利。该表决规则能够防止大股东或者大股东推选的董事在公司管理中“一手遮天”。2023 年《公司法》修订过程中，曾有意见建议赋予董事长在表决平局的情况下再投一票的权利，因该建议与董事会内部的民主平等原则冲突，未被采纳。

第四，第 4 款规定董事会的会议记录和董事签名。首先，董事会应当对所议事项作成会议记录。董事会作为公司的业务决策机关召开会议，是执行股东会决议、进行实际经营管理的体现。董事会会议记录是重要的公司文件，反映了董事会议事和决策的过程，是判断董事是否勤勉履职的重要证据。因此，应当对所议事项作成书面记录，以便股东和监事查阅。董事会会议记录的内容应当包括董事会会议所议事项及讨论后所得出的结论，具体包括会议召开的时间、地点、出席人员、议题、董事讨论意见、投票表决情况等。其次，出席会议的董事应当在会议记录上签名。此系董事的一项法定义务，董事必须履行；同时，董事作为董事会的组成人员，出席董事会会议并在会议记录上签名，也是董事的一项权利，任何人不得剥夺其签名的权利，董事会会议的召集人、主持人，特别是董事长要保证董事的签名权。在会议记录上签名，一是体现会议记录的真实性和有效性，也通过会议记录的真实有效保证董事会形成的相关决议是有效的，用于公司对董事会相关经营决策和管理决定加以明确和执行；二是如果因董事会决策失误或失职，经营决策和方案执行发生了错误，导致公司利益受损，相应的会议记录则可以作为证据，用以对持异议的董事免责。反之，未根据法律规定记载于会议记录的，异议董事无法免责。

【实务问题】

第一，关于议事方式和表决程序。董事的会议表决一旦形成决议，其结果即归属于公司本身，脱离董事个体成为公司的意思，因此，董事会的召开以及决议的形成都应按照《公司法》和公司章程的规定进行。只有按照规定的程序形成的决议才能保证决议参与者平等、充分地表达意思。倘若公司决议在程序上存在瑕疵，就不能体现为所有应当享有表决权的决议参与者的真实意思表示，除非该决议作出后取得所有应当享有表决权的决议参与者的一致追认或默认。在司法实践中，涉及纠纷最多的就是关于董事会决议是否成立和董事会决议的效力问题。董事会决议是否成立属于事实判断问题，董事会决议是否合法有效属于价值判断问题。本法第 25 条规定了董事会决议无效的情形，第 26 条规定了董事会决议可撤销的情形，第 27 条规定了董事会决议不成立的情形，其中第 25 条和第 26 条涉及董事会决议是否合法有效的判断，第 27 条涉及决议是否成立的事实判断。根据上述规定，违反议事方式和表决程序的，并不会导致董事会决议无效，但可导致董事会决议被撤销或者不成立。至于当事人可否起诉主张董事会决议合法有效，我们倾向认为，关于公司决议合法有效的主张不具有可诉性。主要理由：一是从法条文义理解，《公司法》就公司决议明确规定了关于公司决议无效、可撤销、不成立之主张的可诉性，但并未规定关于公司决议有效之主张的可诉性；二是从公司治理效率的角度，应当默认公司决议一旦作出就生效，除非有相关证据证明决议不成立、无效或者可撤销；三是从实践角度考虑，如果认为关于公司决议有效之主张具有可诉性，可能导致当事人依据决议开展经营活动或者向工商登记机关办理变更手续时，必须先进行一个关于公司决议有效的诉讼，徒增当事人诉累。

第二，关于董事会会议记录在案件纠纷中的作用和意义。如上所述，董事会会议记录既是董事会召开会议及会议情况的记载，也是股东或监事等查阅知情的凭据，更是在公司受到损失或发生纠纷时认定各董事是否出现判断错误、失职、免责等的依据。因此，董事会会议记录非常重要，一般要求书面记录，且参会人员情况及签名盖章等都需要谨慎为之，真实反映实际情况。比如，在现在的商事交往中，公司对外提供担保已经成为商业往来的惯常做法，董事会在作出相关决议时，就应当如实反映董事会成员的真实意思。在审理公司担保等案件时，需要审查公司是否具有对外担保的意思表示，其中重要的证据及参考内容，就是董事会的会议记录对此问题是否有明确的决议。即便公司的担保意思真实，如果要追偿或要求董事承担责任，当时会议记录上显示反对意见的董事可以据此免责。《公司法》第 125 条规定："……董事会的决议违反法律、行政法规或者公司章程、股东会决议，给公司造成严重损失的，参与决议的董事对公司负赔偿责任；经证明在表决时曾表明异议并记载于会议记录的，该董事可以免除责任。"尽管此系针对股份有限公司所作规定，但在有限责任公司董事免责方面，实践中似可参考。

第三，关于表决权权重与公司治理。就第 3 款"一人一票"表决规则的性质，有观点认为该款属于任意性法律规范，① 主要理由是：董事会成员为偶数时，一人一票的表决规则容易形成平票、导致表决僵局，阻碍董事会形成有效决议。如在发生该种情况时，仅能通过另行召开董事会或者再次表决的方式进行，则有损决策效率，故应当将该款规定认定为任意性规范，以此允许董事长在平票局面下再投一票。亦有观点认为该款属于强制性规范，② 主要理由是：应当坚持董事会决议中的平等民主原则，防止董事长一家独大，进而防止控股股东通过董事长过分控制公司。我们倾向于第二种观点。首先，从立法目的以及条文文义理解，该款规定系强制性规范，否则，在第 1 款已经明确董事会议事方式和表决程序原则上为公司自治事项的基础上就没有必要再作出该第 3 款之规定；其次，实践中，相较于公司决议效率低下，更为突出的情况是大股东欺压小股东、董事长话语权过大，故在公司治

① 参见赵旭东主编：《新公司法条文释解》，法律出版社 2024 年版，第 178 页。
② 参见刘斌编著：《新公司法注释全书》，中国法制出版社 2024 年版，第 340 页。

理中应当优先确保平等公平而非效率。此外，与该款“一人一票”的董事会表决规则所体现的价值取向相似、具体操作不同的是，本法第 117 条规定的累积投票制，即每一股份拥有与应选董事或者监事人数相同的表决权，股东拥有的表决权可以集中使用。该投票制度是在资本多数决的原则下，为了防止大股东控制董事会，小股东无法通过直接投票方式选出代表自己意志的董事或监事，无法真实反映中小股东的利益。

【条文】

第七十四条

有限责任公司可以设经理，由董事会决定聘任或者解聘。

经理对董事会负责，根据公司章程的规定或者董事会的授权行使职权。经理列席董事会会议。

【条文主旨】

本条是关于有限责任公司经理设置与职权的规定。

【条文概览】

本条系实质修改，关于经理设置的规定并无修改，但是对经理职权的规定进行了重大修改。对于经理职权，由2018年《公司法》列举式修改为概括式。1993年《公司法》第50条规定了公司经理制度及其八项职权。1999年《公司法》、2004年《公司法》进行修正时，该条未变更。2005年《公司法》修订时，条文序号未作调整，在第7项职权中增加“决定”二字；第8项职权修改为“董事会授予的其他职权”，删除了公司章程授予职权的内容，单独增加为第2款“公司章程对经理职权另有规定的，从其规定”。2013年《公司法》修正时，将本条条文序号调整为第49条，内容未作变更。2018年《公司法》修正时，本条未作变更，规定为：“有限责任公司可以设经理，由董事会决定聘任或者解聘。经理对董事会负责，行使下列职权：（一）主持公司的生产经营管理工作，组织实施董事会决议；（二）组织实施公司年度经营计划和投资方案；（三）拟订公司内部管理机构设置方案；（四）拟订公司的基本管理制度；（五）制定公司的具体规章；（六）提请聘任或者解聘公司副经理、财务负责人；（七）决定聘任或者解聘除应由董事会决定聘任或者解聘以外的负责管理人员；（八）董事会授予的其他职权。公司章程对经理职权另有规定的，从其规定。经理列席董事会会议。”2023年《公司法》将此前逐一列举经理职权的方式修改为概括式规定，将经理职权的内容交由公司通过章程或者董事会授权的方式自行决定；条文序号由第49条调整为第74条。本次修改体现了对公司自治原则的尊重，也为进一步发挥公司经理的职责预留了足够空间。

【理解与适用】

第一，第 1 款规定经理是有限责任公司的选设机构。关于经理是公司的必设机构还是选设机构，理论和实务上存在较大争议。有观点认为，经理是必设机构，主要理由是：经理是公司中实际承担管理与经营管理职能的人，设置经理为公司日常管理与经营之必需，否则不符合公司实践。相反观点则认为，经理是选设机构，主要理由是：经理作为公司的代理人，与公司之间是契约关系，是否成立契约以及公司与谁签订契约均属于意思自治范畴。2023 年《公司法》修订过程中，曾将“有限责任公司可以设经理”修改为“有限责任公司设经理”，将经理作为有限责任公司的必设机构，但最终通过的《公司法》在有限责任公司方面仍然保留了 2018 年《公司法》中关于选设经理的规定。同时，按照公司组织机构任意性与强制性的公司类型标准，区分不同类型公司作出差异化规定，即在有限责任公司中经理为选设机构，但在股份有限公司中经理为必设机构（本法第 126 条规定）。该种区分的理论依据为，公司法律规范兼具强制性和任意性，其中关于公司组织机构的规范基本属性是任意性，即以任意性规范为主、强制性规范为辅。再进一步，就股份有限公司与有限责任公司而言，股份有限公司具有公众性，而有限责任公司则具有封闭性、人合性。前者内部组织机构设置可能会影响公司外部当事人合法权益乃至在上市公司情形下影响社会公共利益，故其内部组织机构设置应当具有强制性；后者内部组织机构设置主要影响的是公司内部法律关系，不直接对公司外部关系产生影响，故其内部组织机构设置特别是经理设置具有任意性。

第二，第 2 款规定经理的职权。首先，本款删除了 2018 年《公司法》列举的诸项职权，规定经理的职权来源有二：一是公司章程规定，二是董事会授权。这一立法改变并非只是立法技术和规范形式的调整，其本意是尊重公司自治。其次，就董事会与经理的职权内容和划分看，董事会对公司的管理主要是决策性的，是公司的经营计划、投资方案、利润分配方案等的制订和决定机构，而经理则是具体执行和管理相关事项的执行主体，在董事会的授权下，执行董事会决议，完成董事会交给的任务，维持公司正常运转。再次，就履职方式而言，股东会、董事会都是会议形式的机构，按照多数决原则形成集体意志和决议；经理是公司治理机构中唯一的常设机构，不需要通过会议形成意志和决议，而是以经理的意志为准，效率更高、处理事务更为日常。最后，尽管 2018 年《公司法》列举的诸项职权已被删除，但一般情况下，从经理的职能定位和在公司治理结构中的角色考虑，公司章程和董事会授权经理职权时仍可参考借鉴，主要包括四个方面：一是组织经营权。负责公司的日常生产经营管理工作，执行董事会制订的公司年度经营计划、投资方案以及董事会的其他决议。二是公司内部规章的拟订、制定权。包括公司内部机构设置方案、公司基本管理制度的拟订权和公司的其他具体规章的制定权。三是人事任免权。经理可以向董事会提出公司副经理、财务负责人的人选，由董事会决定聘任或者解聘；同时，经理可以直接决定聘任或者解聘除应由董事会决定聘任或者解聘以外的其他负责管理人员。

第 2 款还规定，经理列席董事会会议。此系因为经理是董事会的执行机关，列席董事会会议能够更好地理解董事会决议的意图，更准确地执行董事会的决议。

【实务问题】

第一，关于越权情形下的行为责任。实践中的问题在于，经理存在越权行为时，公司章程规定或者董事会授权能否对抗善意相对人？交易相对人是否负有审查公司章程和董事会决议的义务？此问题既关涉《公司法》中的公司组织规范，又关涉《民法典》的合同法规范。《民法典》第 170 条规定："执行法人或者非法人组织工作任务的人员，就其职权范围内的事项，以法人或者非法人组织的名义实施的民事法律行为，对法人或者非法人组织发生效力。法人或者非法人组织对执行其工作任务的人员职权范围的限制，不得对抗善意相对人。"《最高人民法院关于适用〈中华人民共和国民法典〉合同编通则若干问题的解释》第 20 条第 2 款规定："合同所涉事项未超越法律、行政法规规定的法定代表人或者负责人的代表权限，但是超越法人、非法人组织的章程或者权力机构等对代表权的限制，相对人主张该合同对法人、非法人组织发生效力并由其承担违约责任的，人民法院依法予以支持。但是，法人、非法人组织举证证明相对人知道或者应当知道该限制的除外。"依据上述规定，首先，相对人是善意的，则构成表见代理，其外部效力等同于表见代表，合同在公司和相对人之间产生效力，只是在内部关系上公司可以向经理追偿；其次，相对人如是恶意的，则合同对公司不产生效力；最后，相对人是善意还是恶意的判断标准是该相对人是否明知或者应当明知经理的职权范围。至此，并无异议。有争议之处在于，经理的职权由公司章程规定或者董事会授权，那么相对人是否有义务审查公司章程和董事会决议？对此，一种观点认为，由于《公司法》明确规定了经理的职权来自公司章程或者董事会决议，并不享有法定职权，故相对人有审查义务；另一种观点则认为，交易相对人不负审查义务。我们原则上倾向于第二种观点，主要理由是：其一，公司章程和董事会决议均非法定公示事项，并不具有公示效力、对抗效力，且相对人查阅有实际困难。其二，经理作为公司治理机构的一部分，担负着全面执行公司日常经营管理事务的职责，《公司法》所作修改虽不再逐项列举，但并未改变经理的职能定位。其三，从商事交易实践看，如果相对人与公司进行任何交易都需要考察经理职权，则不利于提高商事交易效率。值得注意的是，在越权担保等超出日常经营管理范围、属于公司重大决策的场合下，相对人应当依据相关法律和司法解释的规定审查公司是否有相应决议。

第二，注意区分《公司法》上的经理与实践中的“经理”。本条规定的是公司法意义上的经理，并非实践中所称的公司经理。虽然两种称谓下的经理，都是公司雇员，但本条规定的经理是董事会的业务执行机构，由董事会决定聘任或者解聘，在董事会的领导下工作，对董事会负责，是对公司日常经营管理工作负总责的管理人员，职务或更多称为总经理。而实践中一般所称的经理，指负责公司某一部门具体管理工作的负责人，是在总经理领导下、协助总经理负责日常管理工作的管理人员，不享有《公司法》规定的经理职权。

【条文】

第七十五条

规模较小或者股东人数较少的有限责任公司，可以不设董事会，设一名董事，行使本法规定的董事会的职权。该董事可以兼任公司经理。

【条文主旨】

本条是关于规模较小或者股东人数较少的有限责任公司董事的设立及其职权的规定。

【条文概览】

本条有文字修改。1993年《公司法》第51条规定："有限责任公司，股东人数较少和规模较小的，可以设一名执行董事，不设立董事会。执行董事可以兼任公司经理。执行董事的职权，应当参照本法第四十六条规定，由公司章程规定。有限责任公司不设董事会的，执行董事为公司的法定代表人。"《公司法》于1999年、2004年进行修正时，本条未变更。2005年《公司法》修订时，条文序号未作调整，将第2款修改为"执行董事的职权由公司章程规定"，删除原条文第3款"有限责任公司不设董事会的，执行董事为公司的法定代表人"之规定。2013年《公司法》修正时，将本条条文序号调整为第50条，内容未作变更。2018年《公司法》修正时，本条未作变更。2023年《公司法》对本条进行了修改，从执行董事修改为董事。

从本条的演变及修改内容可以看出，对于不设董事会的有限责任公司，不要求董事的职权参照董事会予以规定，也不要求在章程中进行约定，而是可以依法直接行使本法第67条规定的董事会的职权。

"小快灵"的有限责任公司数量大、种类多，特别是在认缴资本制度下，公司的设立相对简单和容易，与股份有限公司相比，具有股东人数少、组织机构相对简单等特点。考虑到董事会成员的法定最低人数为三人，而这类公司本来就是股东人数较少或者规模较小，其内部组织机构应当更为精干、灵活，没有必要强制要求其必须设立人数不少于三名董事所组成的董事会，所以许多国家的公司法中规定，有限责任公司可以设董事作为公司的执行机关，而不一定设董事会，避免议事及决议的烦冗程序。允许规模较小或者股东人数较少的有限责任公司只设一名董事。

根据本条的规定，有限责任公司可以不设董事会，只设一名董事。董事可以兼任公司经理。不设董事会，只设董事，就是为了精简公司业务执行机构，提高运营效率，尽快将公司相关决策落实下去。因此，本条规定董事可以兼任经理，即让公司的业务决策机构和执行机构在一定程度上合并。

董事虽然只有一人，但其法律地位与董事会相同，是公司的执行机关和业务决策机关，对股东会负责。虽然由一名董事行使职权与董事会集体决策、集体行使职权的程序不同，但根据本条规定，董事可以依法行使董事会的职权。董事应当严格根据法律的规定行使职权，履行职责。本法关于有限责任公司董事会的一般职权包含：召集股东会会议，并向股东会报告工作；执行股东会的决议；决定公司的经营计划和投资方案；制订公司的利润分配方案和弥补亏损方案；制订公司增加或者减少注册资本以及发行公司债券的方案；制订公司合并、分立、解散或者变更公司形式的方案；决定公司内部管理机构的设置；决定聘任或者解聘公司经理及其报酬事项，并根据经理的提名决定聘任或者解聘公司副经理、财务负责人及其报酬事项；制定公司的基本管理制度；公司章程规定或者股东会授予的其他职权。公司也可以在公司章程中对于董事会职权作其他限制性规定，但公司章程对董事会职权的限制不得对抗善意相对人。

【理解与适用】

第一，公司由股东投资设立，在不违反法律强制性规定的前提下，如何确立公司的治理结构，提高公司的运营效率，维护股东权益，应交由股东自己决定。因此，本条并未对可以不设立董事会的有限责任公司的具体条件作出规定，而是将这一权力交与公司，公司可以决定不设立董事会，仅设立一名董事。

第二，关于董事的职权及认定在案件审理中的运用。在司法实践中，在公司决议纠纷中经常涉及董事的设立与职权范围问题。因公司在实际经营和治理过程中，董事或总经理等核心人员并非一成不变，随着公司的发展变化，相关人员的职位也会发生变更或撤换，这是公司治理的正常现象。因此在审判实践中，一方面，要根据查明的案件事实，对争议的公司董事或总经理等职务及职权加以认定，不能单纯依工商登记的记载信息或者公司公示信息等作直接判断，还应当随着公司的章程更迭、公司的实际经营管理事实等多方面加以认定，防止发生纠纷后逃避责任。另一方面，还要判断该公司董事作出的决定是属于具体的业务活动还是属于应当由公司决议决定的决策性事务，其职权应依据《公司法》关于董事会职权的规定，并结合公司章程的其他约定。①

① 最高人民法院民法典贯彻实施工作领导小组编著：《中国民法典适用大全（商事卷·公司法）》，人民法院出版社2022年版，第260页。

【条文】

第七十六条

有限责任公司设监事会，本法第六十九条、第八十三条另有规定的除外。

监事会成员为三人以上。监事会成员应当包括股东代表和适当比例的公司职工代表，其中职工代表的比例不得低于三分之一，具体比例由公司章程规定。监事会中的职工代表由公司职工通过职工代表大会、职工大会或者其他形式民主选举产生。

监事会设主席一人，由全体监事过半数选举产生。监事会主席召集和主持监事会会议；监事会主席不能履行职务或者不履行职务的，由过半数的监事共同推举一名监事召集和主持监事会会议。

董事、高级管理人员不得兼任监事。

【条文主旨】

本条是关于有限责任公司监事会设立、组成及产生的规定。

【条文概览】

本条有实质修改。1993 年《公司法》第 52 条规定："有限责任公司，经营规模较大的，设立监事会，其成员不得少于三人。监事会应在其组成人员中推选一名召集人。监事会由股东代表和适当比例的公司职工代表组成，具体比例由公司章程规定。监事会中的职工代表由公司职工民主选举产生。有限责任公司，股东人数较少和规模较小的，可以设一至二名监事。董事、经理及财务负责人不得兼任监事。"《公司法》于 1999 年、2004 年进行修正时，本条未变更。2005 年《公司法》修订时，条文序号未作调整，将原条文的第 1 款和第 3 款合并规定为第 1 款"有限责任公司设监事会，其成员不得少于三人。股东人数较少或者规模较小的有限责任公司，可以设一至二名监事，不设监事会"。第 2 款关于职工代表监事的规定内容修改为"监事会应当包括股东代表和适当比例的公司职工代表，其中职工代表的比例不得低于三分之一，具体比例由公司章程规定。监事会中的职工代表由公司职工通过职工代表大会、职工大会或者其他形式民主选举产生"。第 3 款新增规定监事会主席制度，即"监事会设主席一人，由全体监事过半数选举产生。监事会主席召集和主持监事会会议；监事会主席不能履行职务或者不履行职务的，由半数以上监事共同推举一名监事召集和主持监事会会议”。第 4 款修改为“董事、高级管理人员不得兼任监事”。2013 年《公司法》修正时，将本条条文序号调整为第 51 条，内容未作变更。2018 年《公司法》修正时，本条未作变更。2023 年《公司法》修订时，在原来第 51 条规定基础上作了修改。主要修改在于将原第 51 条“有限责任公司设监事会，其成员不得少于三人。股东人数较少或者规模较小的有限责任公司，可以设一至二名监事，不设监事会”的规定修改为“有限责任公司设监事会，本法第六十九条、第八十三条另有规定的除外。监事会成员为三人以上”。这两条除外情形，分别是“有限责任公司可以按照公司章程的规定在董事会中设置由董事组成的审计委员会，行使本法规定的监事会的职权，不设监事会或者监事。公司董事会成员中的职工代表可以成为审计委员会成员”以及“规模较小或者股东人数较少的有限责任公司，可以不设监事会，设一名监事，行使本法规定的监事会的职权；经全体股东一致同意，也可以不设监事”。

从本条的演变及修改可以看出，对于监事会制度的规定内容更加准确、逻辑更加严谨。一是明确了有限责任公司原则上应当设监事会，设监事会为原则，不设监事会为例外，且必须符合法定条件。二是规范职工代表担任监事制度，包括职工代表的比例以及产生方式，突出公司监事制度的民主性和规范性。三是明确监事会主席制度，对其职权加以明确，也对监事会主席怠于履行或者不履行职责的替代制度加以规范。

【理解与适用】

一、监事会的性质及设置

1. 监事会的性质。监事会是公司的一个重要机构，是依照法律规定和公司章程规定，代表公司股东和职工对公司董事会、董事和经理依法履职情况进行监督的机关。有限责任公司设监事会，并通过监事会的监督活动，维护公司股东的利益和保护职工的合法权益。监事会对股东会负责并报告工作。

2. 监事会的设置。设监事会，是建立健全公司内部约束机制的一项重要措施。根据本条第 1 款规定，有限责任公司原则上应当设监事会，即设监事会为原则，不设监事会为例外。有限责任公司不设监事会的，必须符合法定条件。一是公司章程规定在董事会中设置由董事组成的审计委员会，行使监事会的职权的，不设监事会或者监事。二是规模较小或者股东人数较少的有限责任公司，可不设立监事会，设一名监事，由该监事依法行使监督职责；经全体股东一致同意，也可以不设监事。设立监事会的初衷是防止董事会滥用权力，保护公司和股东的利益，对公司经营管理人员等进行监督。但公司自身是公司治理机构运行效能的最佳评判者，允许公司以全体股东一致同意的方式选择单层制治理模式，即仅设立董事会，不设立监事会，贯彻了公司自治，为公司选择治理机构提供了选择。

二、监事会成员的要求

1. 监事会成员的数量要求。有限责任公司在实践中存在规模大小、类型不同的特点，所以监事会作为公司的专门监督机构，其规模也应根据公司的具体情况而定。如果监事会的规模过大，监事人数过多，对公司经营管理层的制约也就越大，极有可能会影响公司的运营效率，也会增加公司的监督成本，从而损害公司和全体股东的利益；如果监事会的规模过小，监事人数过少，对公司经营情况的了解就可能不够全面，不能够真正起到监督的作用，监督制度的实际效用可能会发生缺位。因此，本条规定监事会的成员不得少于 3 人，未对其具体规模作出规定，公司可以根据其具体情况对监事会成员的人数作出规定。

2. 监事会成员的身份要求。监事会的性质，决定了监事会成员必须具有特定的身份，即监事会成员只能从股东和职工中产生。因此，本条明确规定，监事会由两类监事组成：第一类是股东代表。为了防止公司的经营管理层如董事、经理滥用权力，股东必然要选派代表自己利益的人员作为监事参加监事会，监督董事及高级管理人员是否存在怠于履行职责甚至违规违法行为，因为董事及高级管理人员的不履行或不尽责履行职权，最终将导致公司经营和运营不畅，损害公司及股东的利益。第二类是职工代表。让职工代表参加监事会，因为职工与公司的利益是一体的，职工付出劳动后获得相应报酬或奖金等，需要公司能够正常运行并盈利，职工也和股东一样，最关心公司的兴衰，公司经营的好坏直接关系着职工利益，能够调动职工监事的积极性。职工作为公司经营的一线劳动者，比管理层更熟悉本公司的情况，让职工参加监事会，能够更好地发挥监督作用，切实找到公司经营中的问题或漏洞所在。通过职工监事的方式，发挥职工在公司民主管理和公司治理中的作用，让职工参与公司的经营监督，体现职工利益，将公司和职工的利益融为一体，也符合公司法发展的趋势。相应地，监事会成员的产生途径根据类别也分为两种。监事会中的股东代表由股东会选举产生，公司章程可以对股东代表的任职条件、推选办法、股东代表在监事会中所占比例等事项作出规定；监事会中的职工代表由公司职工通过职工代表大会、职工大会或者其他形式民主选举产生。本条规定职工监事的比例不得低于监事会成员的三分之一，具体比例由公司章程规定。

3. 监事会成员的比例要求。为了构建能够体现保护公司职工合法权益的公司内部监督机构，本条规定职工代表在监事会中的比例，不得低于全体成员的三分之一，此为法定最低比例，公司可以确定高于三分之一的比例，但不得确定低于三分之一的比例。至于具体的比例，则由公司章程规定。

4. 禁止性规定。公司的董事、高级管理人员是公司的职工，但因其担任特定的职务，履行特定的职权，属于监督的对象，为了保证监事会、监事行使职权的独立性、公正性，本条第4款明确禁止董事、高级管理人员兼任监事。这里的高级管理人员，按照《公司法》有关规定，包括公司的经理、副经理、财务负责人，上市公司董事会秘书和公司章程规定的其他人员。

【实务问题】

一、监事会成员的身份与比例可能导致公司决议效力瑕疵

监事会成员应当包括股东代表和职工代表，这是身份的要求。如果当事人无法举证证明其是公司股东或与公司存在劳动关系，则不足以证明其监事身份。同时，监事会关于职工代表的比例有法定限制，即职工代表的比例不得低于三分之一，在此基础上才由公司章程自由规定。职工代表监事首先应当是公司的职工身份，如果并非公司职工或产生程序、比例违反本条规定的，所作的相关决议会存在效力瑕疵。

二、监事会与监事会主席职责在诉讼中的不同效果

监事会主席是监事会选举产生的，负责召集和主持监事会会议。实践中，虽多数监事会的职能由监事会主席行使，但监事会主席并不能完全代表监事会。在提起损害公司利益或确认决议效力等诉讼时，要正确认定监事会的职权范围。依法应由监事会行使的职权，监事会主席以公司名义直接起诉董事及高级管理人员的，法院不予支持。

【条文】

第七十七条

监事的任期每届为三年。监事任期届满，连选可以连任。

监事任期届满未及时改选，或者监事在任期内辞任导致监事会成员低于法定人数的，在改选出的监事就任前，原监事仍应当依照法律、行政法规和公司章程的规定，履行监事职务。

【条文主旨】

本条是关于监事任期的规定。

【条文概览】

本条有文字修改。1993 年《公司法》第 53 条规定："监事的任期每届为三年。监事任期届满，连选可以连任。"《公司法》于 1999 年、2004 年进行修正时，本条未变更。2005 年修订时，条文序号未作调整，增加规定第 2 款"监事任期届满未及时改选，或者监事在任期内辞职导致监事会成员低于法定人数的，在改选出的监事就任前，原监事仍应当依照法律、行政法规和公司章程的规定，履行监事职务"。2013 年《公司法》修正时，将本条条文序号调整为第 52 条，内容未作变更。2018 年《公司法》修正，本条未作变更。2023 年《公司法》修订时，将条文序号调整为第 77 条，将"辞职"修改为"辞任"。

从本条的演变及修改内容看出，对于监事的任期规定并未作出调整和改变，而是对监事任期届满、改选及新监事就任之前，确保监事会正常运行，进行了明确规定。

【理解与适用】

监事在公司的治理和运行过程中，是一个非常重要的职位。监事作为公司股东会选举或者职工民主选举产生的监事会组成人员，通过参加监事会会议、投票表决所议事项等方式参与公司监督工作，负有重要的职责。而担任该职位的人，首先应当具有履行该职位工作所需的资格，其次应当在担任该职位后能够忠实履行职务，符合该职位所需的工作能力等方面的要求。而考察和衡量一个人是否符合担任监事职务的要求，通过设定一定的任职期限、期满后重新作出选择，用任职和离职进行相应的约束，是一种比较科学且被广泛采用的方法。因此，法律有必要对监事任期以及期满后的有关事项作出规定。

所谓“监事任期”，是指担任监事职务的时间限制。根据本条规定，监事的任期每届为3年。此与董事的任期要求不同，董事的任期由公司章程规定，每届不得超过3年。监事作为公司监督机关监事会的成员，其任期应当与公司经营管理者如董事会成员的任期大致相当。监事的任期究竟是长于董事任期好还是短于董事任期好，或者是与董事任期一致好，存在不同的看法。我国《公司法》选择了监事任期长于或者等于董事任期的做法。

监事3年任期届满后，应当退任。但是，监事任期届满，连选可以连任。所谓“连选”，是指监事这一届的任期届满时，又被股东会或者职工选举为下一届的监事；所谓“连任”，是指监事这一届的任期届满时，接着担任下一届的监事。如果中间隔了一届，则不属于连选连任。法律允许监事连任，前提条件是必须获得连选。至于监事可以连任多少届，法律没有作出限制性规定。

根据本条第2款的规定，监事在下列两种情形下，必须继续履行监事职务：(1) 任期届满后未及时改选。监事任期届满，应当及时进行改选，选出下届监事。但是，由于现实情况复杂多样，有的公司可能因为某种原因没有及时进行改选。在此情形下，本条第2款明确规定，监事任期届满未及时改选，在改选出新的监事就任前，原监事仍应当按照法律、行政法规和公司章程的规定，履行监事职务。这就是说，法律要求监事按照规定继续履行职务，而不能以任期届满为由，拒绝履行监事职务。此为监事任期届满后的一项法定义务，该义务的截止时间为改选出的监事就任时。(2) 提前辞任后。监事作为公司的一个职位，担任这一职位的人，在任期届满之前，可以提前辞任。监事辞任的，应当按照有关规定办理相关手续、交接有关工作。监事辞任之后，监事的职位就出现了空缺，因此导致监事会成员低于法定人数的，公司应当及时进行补选，以满足监事会人数的法定要求。但是，公司可能因为某种原因，没有及时进行改选，补选出新的监事。对此，本条第2款明确规定，监事在任期内辞任导致监事会成员低于法定人数的，在改选出的监事就任前，原监事仍应当按照法律、行政法规和公司章程的规定，履行监事职务。这就是说，监事即使辞任了，也必须按照法律规定的要求继续履行监事职务，而不能以已经辞任为由，拒绝履行监事职务。此为监事辞任后的一项法定义务，该义务的截止时间为改选出的监事就任时。[①]

【实务问题】

一、关于监事任期届满问题

监事的任期系公司监事履行监事职责的期限，在其任职期限内依法行使公司监事职权。在有限责任公司监事的任期内，若股东代表监事已经转让股权，不再是公司股东，或者职工代表监事已经与公司解除劳动合同关系，此时继续由该监事承担监事职责，并不能起到监事的作用，出于公司及股东利益的考虑，公司应当及时进行改选和更换监事。

二、关于公司监事的改选及继续履行职务

在实践中，有的公司监事任期届满，不及时进行改选；或者监事在任职期间辞任，使监事会成员人数低于法定人数，公司应当及时选举新的监事而未选举；或者公司进行了改选，而新的监事尚未就任。出现旧监事离任而新监事未就任情况时，公司应当及时进行监事的改选，但公司决议需要股东会的召开，会议召集、形成决议等需要一个过程，为避免公司监督出现空白时期，本条第 2 款明确规定，监事任期届满未及时改选，或者监事在任期内辞任导致监事会成员低于法定人数的，在改选出的监事就任前，原监事仍视为在职的监事，仍应当按照法律、行政法规和公司章程的规定，履行监事的职务，避免因监事辞任或任期届满而未及时改选或新选监事未就任出现的职位空缺，影响公司监督工作的正常开展。

---

① 最高人民法院民法典贯彻实施工作领导小组编著：《中国民法典适用大全（商事卷·公司法）》，人民法院出版社 2022 年版，第 268 页。

【条文】

第七十八条

监事会行使下列职权：

（一）检查公司财务；

（二）对董事、高级管理人员执行职务的行为进行监督，对违反法律、行政法规、公司章程或者股东会决议的董事、高级管理人员提出解任的建议；

（三）当董事、高级管理人员的行为损害公司的利益时，要求董事、高级管理人员予以纠正；

（四）提议召开临时股东会会议，在董事会不履行本法规定的召集和主持股东会会议职责时召集和主持股东会会议；

（五）向股东会会议提出提案；

（六）依照本法第一百八十九条的规定，对董事、高级管理人员提起诉讼；

（七）公司章程规定的其他职权。

【条文主旨】

本条是关于监事会职权的规定。

【条文概览】

本条进行了文字修改。1993 年《公司法》第 54 条规定了监事会和监事的五项职权，并规定监事列席董事会会议。《公司法》于 1999 年、2004 年进行修正时，本条未变更。2005 年《公司法》修订时，条文序号未作调整，第 2 项职权修改为“对董事、高级管理人员执行公司职务的行为进行监督，对违反法律、行政法规、公司章程或者股东会决议的董事、高级管理人员提出罢免的建议”；第 3 项职权将“经理”修改为“高级管理人员”；第 4 项职权修改为“提议召开临时股东会会议，在董事会不履行本法规定的召集和主持股东会会议职责时召集和主持股东会会议”；新增第 5 项职权“向股东会会议提出提案”；新增第 6 项职权“依照本法第一百五十二条的规定，对董事、高级管理人员提起诉讼”；将原第 5 项职权调整为第 7 项职权。删除了第 2 款关于监事列席董事会会议的规定。2013 年《公司法》修正时，将本条条文序号调整为第53条，将第6项职权修改为“依照本法第一百五十一条的规定，对董事、高级管理人员提起诉讼”。2018年修正时，本条未作变更。2023年修订，条文序号调整为第78条，删掉“不设监事会的公司的监事”，第2项删除“公司”，将“罢免”修改为“解任”，第6项中“第一百五十一条”修改为“第一百八十九条”。

【理解与适用】

监事会作为公司的监督机构，监督董事及高级管理人员的履职情况、执行公司职务行为的尽责情况。除职工代表监事由职工民主选举产生外，监事会成员由股东会选举产生，对股东会负责，是公司治理中重要的监督机构，能否真正发挥监事会的作用，关乎公司及股东的切身利益。根据本条的规定，监事会行使下列职权。

一、检查公司财务

检查公司财务，主要是审核、查阅公司的财务会计报告和其他财务会计资料。财务会计报告是公司董事会制作的反映公司一定期限内财务状况和经营成果的书面文件，主要是对公司资产负债表、损益表等表册的说明。其他财务会计资料是指资产负债表、损益表、财务状况变动表（或者现金流量表）、附表及会计报表附注和财务状况的说明书等。审核、查阅公司的财务会计报告和其他财务会计资料，是指监事有权对公司的财务会计报告和其他财务会计资料进行审查与核实，看其所制作的表册和内容是否合法、是否符合公司章程的规定。

二、监督董事、高级管理人员履职情况及提出解任建议

为了确保董事、高级管理人员依法履职，监事会应当对董事、高级管理人员执行公司职务的行为进行监督。发现董事、高级管理人员在执行公司职务的过程中，存在违反法律、行政法规、公司章程或者股东会决议情形的，有权提出解任董事、高级管理人员的建议。建议解任董事的，应当向产生该董事的机构如股东会提出；建议解任高级管理人员的建议，应当向董事会提出。

三、要求董事、高级管理人员纠正其损害公司利益的行为

监事会应当认真履行监督董事、高级管理人员执行公司职务的行为，当

发现董事、高级管理人员的行为损害公司的利益时，应当及时向该董事、高级管理人员提出，要求其予以纠正。

四、提议召开及召集、主持临时股东会会议

监事会在监督工作中，因情况紧急，如董事、高级管理人员实施严重违法行为并拒绝监事会要求纠正的意见，不予制止将对公司产生重大利益影响的，有权提议召开临时股东会。董事会不履行召集和主持股东会会议职责的，监事会有权直接召集和主持股东会会议。

五、向股东会会议提出提案

监事会有权直接向股东会会议提出议案，如提出建议罢免董事的议案等。

六、依法对董事、高级管理人员提起诉讼

公司董事、高级管理人员在执行公司职务时，违反法律、行政法规或者公司章程的规定，给公司造成损害的，监事会有权依法对董事、高级管理人员提起诉讼，要求董事、高级管理人员赔偿公司损失。

七、公司章程规定的其他职权

除了上述职权外，监事会还行使公司章程规定的其他职权。

【实务问题】

监事会一直以来都是公司健康运转不可或缺的部分。公司治理是在上市公司等企业中建立经营制约机制，其目标始终应包含两方面：一是防止因公司治理问题导致公司利益受损的情形再次发生；二是努力构建可以提高公司业绩、促进公司发展的意思决定机制。监事会履行监督职责与董事会对公司日常事务进行领导和管理统一于公司治理的总目标之下，即公司及股东利益最大化。但在公司治理的实践中，监事会不能真正发挥其制度作用经常受到诟病。其原因是多方面的，如监事会独立性不够、监事会与管理层信息不对称、监事会职权不足、监事缺乏必要的激励和约束机制等。就立法而言，长期以来监事制度的规定较为简略，监督权力配置亦不合理，权力制衡的机制未切实建立，缺乏科学的运行机理及可操作性。因此，完善我国公司监事会制度，一个重要方面就是扩大并强化其监督权力，重新对公司内部权力进行

配置，增强监事会的约束和制衡作用，促进公司能够健康有序运转。

本条规定了监事会的具体职权，在适用本条时应注意以下两个问题。

1. 关于经营权与监督权的界限。监事会的职权之所以经常在公司治理中出现问题，就是因为现代公司不仅所有权和经营权分离，经营权和监督权也分离。只有不同的职权在不同的人员中履行，才能更加有效地形成制约机制，发挥监事会的真正作用。虽然监事会享有检查权、解任建议权等职权，但财务检查的频率和效果是有限度的，特别是在股东董事和股东监事均由同一家控股公司委派或选任时，二者的利益在实质上是一致的，监督必然缺位。检查权、质询权等权利都是单向的，董事会、公司高管与监事会之间缺少沟通和对话机制。董事会及公司高管既无须主动向监事会报告其监督所需要的信息，无须与监事会成员共同商议关涉公司经营发展的经营方针，也无须为其在配合监事会监督方面的被动行为承担责任。从制度设计的初衷看，董事会和监事会的最终目标都是公司及股东利益的最大化，在监事制度的发展中，也应当从对立式的监督转变为合作式的监督。在二元制监督模式下，经营权与监督权的制度性分离，要求董事会与监事会紧密合作。增强公司监督机构与管理机构的良性互动，同时要恪守职责划分的原则，监督机构在于最大限度地减少管理机构的失范或可能失范行为，其提供的参考意见，董事会及高级管理人员应当充分考虑，因为二者在使公司和股东利益最大化这一目标上是一致的。

2. 关于代表诉讼在司法实践中的运用。司法实践中，争议较多的是本条第 6 项，即监事会的代表诉讼职权。现代公司都施行所有权与经营权相分离的原则，股东将公司委托董事及高级管理人员实际经营时，接受委托的董事、高级管理人员是否能够尽职尽责，是否能把公司经营好，股东能否获得投资回报，是股东切身利益所在，为此设立监事制度进行公司权力的制衡，督促和监督经营人员能够尽职尽责，将公司运营好。但实践中，并非总是与制度设计的初衷相吻合。公司监事制度，更多的初衷在于内部监督和制约，但董事及高级管理人员在实践中，并非都能够听从监督，甚至在公司可能遭受利益损害时，有的董事及高级管理人员亦无动于衷。此时本条第 6 项还规定了诉讼监督，股东可以请求监事会或监事向人民法院提起诉讼。实践中有案例中公司监事依法行使提起赔偿之诉的职权，但被公司免除监事身份，此时不影响监事已经启动的诉讼程序；在诉讼中的诉讼地位确立问题，虽然监事会或监事提起诉讼，但结果是归属公司的，因此公司应当为原告，监事会或监事为诉讼代表人。实践中还有案例情形是，董事、监事等均怠于行使职权，公司董事、监事是公司控股股东一方所委派，与控股股东的利益趋同，不具备独立性。此时，在公司小股东与公司的董事、监事及控股股东利益主张相悖的情况下，仍然坚持（提起诉讼的股东）书面请求监事会或者董事会提起诉讼的前置程序，既不利于小股东诉讼权利的行使，也不利于公司利益的保护，亦有悖于设立股东代表诉讼的立法初衷，故股东可以未经《公司法》规定的前置程序而直接提起股东代表诉讼。

【条文】

第七十九条

监事可以列席董事会会议，并对董事会决议事项提出质询或者建议。

监事会发现公司经营情况异常，可以进行调查；必要时，可以聘请会计师事务所等协助其工作，费用由公司承担。

【条文主旨】

本条是关于监事对董事会决议的质询权、建议权以及监事会行使特别事项调查权的规定。

【条文概览】

本条系 2005 年修订《公司法》时的新增条文，规定为第 55 条：“监事可以列席董事会会议，并对董事会决议事项提出质询或者建议。监事会、不设监事会的公司的监事发现公司经营情况异常，可以进行调查；必要时，可以聘请会计师事务所等协助其工作，费用由公司承担。”2013 年《公司法》修正时，将条文序号修改为第 54 条，内容未作修改。2018 年《公司法》修正时，本条未作变更。2023 年修订，本条序号调整为第 79 条，删除“不设监事会的公司的监事”。

【理解与适用】

为了强化监事会作用，增加监事会履行监督职责权限，监事可以列席并在董事会会议上对董事会决议事项提出质询或者建议。同时，为了进一步发挥监事会的监督作用，赋予其必要的调查职权，以便其更好地行使监督职权。

监事作为由股东或者职工选举产生并负有对董事、高级管理人员执行职务的行为进行监督职责的人员，如果不了解公司业务决策、业务执行情况，是很难开展监督工作的。为了增强监督实效，保证监事能够有针对性地开展监督工作，应当建立监事了解公司业务决策情况和业务执行情况的机制。因此，本条第 1 款中明确规定，监事可以列席董事会会议。这是法律赋予监事的一项权利，董事会应当予以保障。在召开董事会会议前，应当及时通知监事列席会议。

监事列席董事会会议，只是赋予其董事会会议的列席权。董事会会议决议事项存在损害公司或者股东的利益以及侵犯职工合法权益的，应当进一步赋予监事相应的权利。因此，本条第 1 款还规定，监事在列席董事会会议时，有权对董事会决议事项提出质询或者建议。这就是说，监事列席董事会会议，在了解董事会会议决议情况的基础上，如果认为董事会会议决议的事项存在问题，有权提出质询或者建议。对于监事的质询，董事会应当认真对待，给予答复，作出说明或者解释；对于监事的建议，应当认真研究，该采纳的及时采纳。

监事会履行监督职责，应当了解有关情况，这需要公司董事会、董事以及经理、副经理等高级管理人员的配合和协助。然而，现实表明，公司董事、高级管理人员不愿意配合或者协助监事会开展监督工作的现象时有发生，有的甚至公开拒绝或者阻挠监事会履行监督职责。为了保证监事会依法履行监督职责，有必要赋予监事会一定的调查权。因此，本条第 2 款规定，监事会发现公司经营情况异常，可以进行调查；必要时，可以聘请会计师事务所等协助其工作，费用由公司承担。

【实务问题】

一、关于监督的内涵

结合《公司法》第 78 条关于监事会职权的规定，监事会对公司经营情况的监督既包括事前监督也包括事后监督。要实现这一职能，监事会首先必须了解公司的经营情况，监事列席董事会会议，并有权对董事会决议事项提出质询或者建议。监事列席董事会会议在第 78 条并无相关规定，而是单独作为本条规定内容，加以强调。

同时，在实践中，监事虽然可以列席董事会会议，但并不参与公司的决策决议及日常经营管理。因此，监事会的监督以事后监督为主，往往是在董事、高级管理人员的违规行为给公司造成损害以后，才发现并进行监督。这将影响监事会的监督效果。因此本条专门强调了监事会的事前和事中的监督功能，即监事会在公司的日常经营活动中，发现经营情况异常时，可以就特定事项行使调查权，进行监督。具体手段包括查阅公司财务文件，对董事、高级管理人员进行询问，要求其对某一具体事项进行说明等。在必要的时候，监事会可以以自己的名义聘请专业服务机构如会计师事务所协助其工作，所发生的费用由公司承担。实践中，监事会的作用未能有效发挥，其履行职责缺乏必要的保障是一个重要因素。监事会的监事由股东代表和职工代表组成，并非对公司账务、经营及管理均能进行有针对性的专业监督。第2款规定监事会行使特别事项调查权时，可聘请会计师事务所等协助其工作，可弥补监事会在专业或精力方面的不足。有关费用由公司承担的规定则为监事会执行职务提供了物质保障。

二、监事会行使职权与公司治理机关的协调

值得注意的是，公司设立的最终目的是营利，而公司的运营效率的高低对于公司能否营利是至关重要的。监事会作为公司整体利益的监督机构，其同样不得借监督名义，挤压董事会的权力空间。因此，监事会在根据本条行使特别事项调查权时，要秉持适度和比例原则，注意不要影响公司的运营效率，不要过分增加公司的运营成本。这就要求，监事会只有在必要的时候才能行使本条规定的权利，同时在行使调查权时应尽量避免影响公司的日常经营管理工作。

三、关于质询或建议职权的行使

如前所述，监事会或监事有权提出质询或者建议，但是仅能针对董事会决议事项提出。其一，董事会所有的决议都可以提出质询或建议，还是涉及公司经营决策、人事任免等部分事项可以提出。本条规定的是董事会决议事项，并未限制决议内容，一般理解应当是通过董事会决议的所有事项，均属监事会或监事监督范畴。其二，如果董事会决定的事项并非通过决议的形式作出，而是通过其他内部方式作出，监事会或监事认为不合理或不理解的，能否提出质询或建议。对此，本条规定并未明确。一般而言，既然董事会就某些事项未形成决议，则不能视为公司意思，不应属于监事会或监事履行质询或建议职权的范围，但若确实损害公司利益，监事会或监事可通过其他方式加以救济。

四、关于“经营情况异常”和“必要”

监事会或监事行使调查权是监督董事及高级管理人员的重要手段，只有经过尽职调查才能详细了解相关决议、决定或方案是否损害公司利益，但行使该调查权的前提条件是发现公司经营情况异常。至于何为“经营情况异常”，有限公司的类型、经营规模、治理方式千差万别，不可能一概而论，在实践中还是由监事会根据商业经验、惯常做法及公司的具体情况进行判

断。当监事会、监事行使调查权时，公司相关机构和人员应当予以配合和协助，不得拒绝或者阻挠。我国立法可以借鉴国外关于董事会的全面报告义务之规定，即董事会在进行日常经营管理过程中，通过季度报告、年度报告、收益报告等形式，将公司经营管理的相关信息提交给监事会，监事会能够较早知悉公司的运营计划和管理风险等，发挥事前监督的作用。通过批判性问询及时商讨公司经营管理中存在的特别风险，及早发现可能存在的决策失误，进而采取积极措施避免董事会错误决策的作出，从而最大限度地保护公司的整体利益。当然，监事会要提前充分了解董事会的经营、投资及管理计划，涉及公司商业秘密的，应当负有保密的义务。

在必要的时候，监事会、监事有权聘请会计师事务所等协助其开展调查工作，聘请会计师事务所等的费用由公司承担。何为“必要”？例如，该监事就是从事会计审计工作的，其调查时，是否为必要？在无法明确必要情况时，大多数做法是聘请相关机构协助工作，因为有公司进行最后的费用保障。如果调查后发现没有问题，董事及高级管理人员的经营、决策等并不存在问题，此时费用是否还是由公司承担，需要结合此处的必要性来综合判断，是属于监事的正常行使职权还是失职。从监事制度设计本身来看，倾向于维护监事的权利，合理怀疑的判断标准应当放宽，但公司是由董事及高级管理人员在经营，能否通过正常的公司治理结构行使职权，需要各方互相配合，董事及高级管理人员应当包容和接受监事及监事会合理的质询和调查。

【条文】

第八十条

监事会可以要求董事、高级管理人员提交执行职务的报告。

董事、高级管理人员应当如实向监事会提供有关情况和资料，不得妨碍监事会或者监事行使职权。

【条文主旨】

本条是关于监事会的职权，董事、高级管理人员协助监事会、监事工作的义务的规定。

【条文概览】

本条进行了文字修改。本条是 2005 年修订《公司法》时新增加的一条规定，2005 年《公司法》第 151 条第 2 款规定："董事、高级管理人员应当如实向监事会或者不设监事会的有限责任公司的监事提供有关情况和资料，不得妨碍监事会或者监事行使职权。" 2013 年修正时，仅将条文序号调整为第 150 条第 2 款，内容未作变化。2018 年修正时，本条未作变更。2023 年修订，本条序号调整为第 80 条，内容删除"或者不设监事会的有限责任公司的监事"，增加第 1 款内容"监事会可以要求董事、高级管理人员提交执行职务的报告。"

【理解与适用】

监事会具有监督董事、高级管理人员依照法律和公司章程的规定履行职务的职能。本法第 78 条赋予了监事会若干重要的、具体的监督职权，比如，检查公司财务，对董事、高级管理人员提出解任的建议等。为了确保监事会了解董事、高级管理人员执行公司职务的有关情况，正确有效地行使监督职权，从法律上规定董事、高级管理人员对监事会的说明义务是必要的。根据本条规定，监事会有权要求董事、高级管理人员提交执行职务的报告，董事、高级管理人员应当如实向监事会提供有关情况和资料，不得隐瞒事实，不得作虚假陈述或提供虚假资料，不得妨碍监事会或者监事行使职权。监事会可以要求董事、高级管理人员提交执行职务的报告，增强其履职的主动性。

【条文】

第八十一条

监事会每年度至少召开一次会议，监事可以提议召开临时监事会会议。

监事会的议事方式和表决程序，除本法有规定的外，由公司章程规定。

监事会决议应当经全体监事的过半数通过。

监事会决议的表决，应当一人一票。

监事会应当对所议事项的决定作成会议记录，出席会议的监事应当在会议记录上签名。

【条文主旨】

本条是关于监事会会议召开、表决和会议记录的规定。

【条文概览】

本条系文字修改。本条为2005年修订《公司法》时的新增条文，其第56条规定："监事会每年度至少召开一次会议，监事可以提议召开临时监事会会议。监事会的议事方式和表决程序，除本法有规定的外，由公司章程规定。监事会决议应当经半数以上监事通过。监事会应当对所议事项的决定作成会议记录，出席会议的监事应当在会议记录上签名。"2013年修正《公司法》时，将条文序号修改为第55条，内容未作修改。2018年修正《公司法》时，本条未作变更。2023年修订《公司法》时，本条将监事会决议"应当经半数以上监事通过"，改为"应当经全体监事的过半数通过"。增加了"监事会决议的表决，应当一人一票"的规定。监事会行使其监督职权，必须通过一定的形式加以体现。《公司法》规定了监事会以监事会会议的形式讨论和决定相关事项，采取集体讨论和民主决定的方式，实现监事会行使监督职权的相关内容。本条规定的是监事会的会议制度，有利于进一步方便监事会有效开展相关工作，充分发挥其监督职责。监事会要在公司运营和治理中有效开展工作，真正发挥其监督职能，需通过完备的会议制度、议事方式及表决程序来实现，应当予以特别强调以下内容：一是监事会会议每年度至少应召开一次，这是强制性规定，公司不能通过章程等方式予以变更。二是对于议事方式和表决程序一般由公司章程规定，但是法律有特别规定的除外。三是监事会决议应当经全体监事的过半数通过，相比之前的"半数以上”明确了语义表达，避免实践中表决方式的不规范，影响监事会职能的发挥。四是监事会决议规定实行一人一票制，不得由公司通过自由约定的方式加以改变。监事会和董事会决议的表决是相同的，实行一人一票的监事法定表决制更能体现民主性。五是监事会会议记录作为监事是否履行监事职责、是否正确履行监事义务以及证明监事是否违反监督义务的重要证据资料，本条明确规定其内容，保证监事会会议记录的有效性。

【理解与适用】

一、关于监事会会议的种类

本条第1款规定了监事会会议每年度至少要召开一次，公司章程可以自由规定具体的次数，但是不得少于每年度一次。监事还有权提议召开临时会议，但并未对次数加以限制，法律将临时会议的决定权留给章程，留给公司自治决定。至于召开时间、召开地点、采取的会议形式、会议议程等具体操作过程，亦应当由公司章程规定，法律对事务性内容不作过多干预。也就是说，监事会会议分为定期会议和临时会议。所谓监事会的定期会议，是指依照法律规定，每年度至少召开一次的会议。虽然本条明确规定每年度至少要召开一次监事会会议，但是两次还是多次，应由公司章程作出规定，只是章程不能规定监事会会议每年度少于一次。公司章程还应当对定期会议的召开作出具体的规定，如明确规定一年召开一次会议或者召开两次会议等，并明确每次会议的召开时间，如每年年中或者年底等。所谓监事会的临时会议，是指公司章程中没有明确规定什么时间召开的一种临时性的会议。临时会议是相对于定期会议而言的，指在正常召开的定期会议之外，由监事临时提议召开的会议。根据本条规定，监事可以提议召开临时监事会会议。根据2023年《公司法》第76条第3款之规定，监事会主席应当及时召集和主持监事会会议；监事会主席不能履行职务或者不履行职务的，由过半数的监事共同推举一名监事召集和主持监事会会议。

二、关于监事会会议的议事方式和表决程序

监事会会议的议事方式和表决程序，是保证监事会会议顺利进行的一个重要前提，也是监事会通过监事会会议履行职责的过程展现。议事方式是指监事会会议讨论问题采用的形式，表决程序是指监事会会议对所议事项作出决议的步骤、方式。议事方式和表决程序，包括通知监事参加会议的方式、

召集和主持会议的形式、所要讨论的议题及讨论方式、出席会议的人数、会议的议事议程和方案等的提出和确定、议事规则、表决方式等。议事方式和表决程序，规定得具体、详细，具有可操作性，有利于监事会会议的顺利召开和作出决议。对于监事会的议事方式和表决程序，交由公司章程规定。本条除明确监事会决议应当经全体监事的过半数通过之外，其他监事会的议事方式和表决程序，仍授权公司章程制定。这是由于有限公司的种类众多、规模各异，治理结构、治理方式和治理理念均不尽相同，本条仅对监事会决议的表决通过加以限制，确保监事会能够通过有效的决议行使相关监督权利。具体的实际操作过程及流程等，全部交由公司章程自由决定，尊重公司内部自治规范。

三、监事会成员的表决权

监事会中，每一名监事的权责都是相同和平等的，不因其在公司中的持股数额、时间长短、职位高低、是公司股东还是职工等任何因素而存在差别。因此，监事的表决权是采取一人一票的原则，不得由公司通过自由约定的方式加以改变。监事会作出决议，需要由监事投票表决。根据本条第 4 款的规定，监事会决议的表决，实行一人一票制，即包括监事会全体成员，每人只有一票的投票权，彼此之间不存在投票权大小的差别。但是，对监事会决议的通过方式在本条第 3 款进行特别规定，即监事会决议应当经全体监事的过半数通过方为有效，意味着除了监事会决议获得通过应当遵守《公司法》专门规定之外，公司章程可以规定其他监事会会议的议事方式和表决程序。

四、监事会会议的记录

监事会记录是公司的重要文件资料，它是监事会会议能否达到预期会议目标的重要标志，是确认监事是否依法履行监事义务的重要依据，也是在监事违反监督义务而追究其责任时的重要证据资料。监事会作为公司内部的监督机关，在履行监督职责时，需要依照职权作出决议。监事会的决议是在其职权范围内就公司财务情况、提案情况、董事及高级管理人员是否存在损害公司利益等事项进行的决议。这些决议是要加以执行并体现监事会监督作用的，因此，监事会会议记录就是监事会发挥监督作用的载体，将监事会或监事监督职权内容书面固定下来，作为执行监事会决议的依据或公司决策的参考依据；也是判断监事会是否怠于履行、不完全履行、不正当履行监事职权的重要凭据，若因监事失职导致公司或股东利益受损，可以作为证据进行追责或免责。这就要求监事会应当对所议事项的决定作成会议记录。监事会会议记录应当包括监事会所议事项、表决及讨论后所得出的决议结论，具体包括会议召开的时间、地点、出席人员、议题、监事讨论意见、决议通过情况等。监事应认真履行职责，出席监事会会议，对监督事项发表意见，也要尽到勤勉义务和忠实义务。为备后查询，明确监事的责任，出席会议的监事应当在会议记录上签名，这是本条第5款规定的监事的一项法定义务，监事必须履行。同时，监事作为监事会的组成人员，出席监事会会议并在会议记录上签名，也是监事的一项权利，任何人不得剥夺其签名的权利，不得拒绝或阻止出席会议的监事在会议记录上进行签名确认，监事会会议的召集人、主持人应当保证监事的签名权。此处并未明确是否可以代签问题，实践中很多签名都是他人代签的，此时需判断代签是否有监事明确的签名委托，未经授权代他人签名或伪造签名将承担相应的法律责任。

【实务问题】

一、关于“经全体监事的过半数通过”的问题

监事会会议形成决议事项，须经过监事表决通过方为有效的决议，只有有效的决议才能作为公司股东或管理层判断经营决策是否存在风险或失策可能的依据。本条规定监事会决议应当经全体监事过半数通过，此处包含两层意思：一是通过决议以全体监事过半数同意为标准，不属于前款所规定的公司章程可以约定排除或限制的内容，公司章程可以规定会议决议的形式、时间、地点、表决程序等，但如果决议要获得通过，必须经全体监事过半数通过，如果公司章程违背此规定的，监事会会议决议应认定为未获通过。二是2018年《公司法》中关于监事会决议“应当经半数以上”是指全体监事还是出席会议的监事并未明确，且监事数量可能为偶数，“过半数”的规定比“半数以上”更合理。修改为“全体监事的过半数”，并非“出席监事会会议的监事过半数”通过，这样规定的主要目的是防止监事会主席滥用召集和主持权，使得监事会能够如期召开，监事会职权能够顺利行使。

二、关于股东知情权与监事会会议记录的问题

本条规定的监事会会议记录，在司法实践中经常体现在股东知情权的诉讼中。股东知情权是股东的基本权利，有限责任公司股东查阅公司会计账簿

的前置程序满足书面形式、目的正当的形式外观要件即可，也是2023年《公司法》第57条明确规定股东知情权的内容。公司拒绝股东查阅公司会计账簿的，则应举证证明股东查阅的实质目的具有不正当性。《公司法解释四》第8条列举了股东可能存在“不正当目的”的数种情形：（1）股东自营或者为他人经营与公司主营业务有实质性竞争关系业务的，但公司章程另有规定或者全体股东另有约定的除外；（2）股东为了向他人通报有关信息查阅公司会计账簿，可能损害公司合法利益的；（3）股东在向公司提出查阅请求之日前的三年内，曾通过查阅公司会计账簿，向他人通报有关信息损害公司合法利益的。当股东依法行使知情权时，公司应当向其提供包括监事会会议记录在内的相关材料，供股东查阅和了解。一方面，除不设监事会情形之外，监事会会议必须每年度至少召开一次，若公司无法提供没有监事会会议记录的理由或合理说明，应当承担相应的责任。另一方面，公司拒绝查阅监事会会议记录应当依法举证证明股东查阅目的的不正当性，否则应当承担相应的责任。

【条文】

第八十二条

监事会行使职权所必需的费用，由公司承担。

【条文主旨】

本条是关于监事会行使职权费用承担的规定。

【条文概览】

本条系文字修改。本条为2005年修订《公司法》时的新增条文。2005年《公司法》在第57条规定："监事会、不设监事会的公司的监事行使职权所必需的费用，由公司承担。"2013年修正《公司法》时，将条文序号修改为第56条，内容未作修改。2018年修正《公司法》时，本条未作变更。本条系在承继原条文旨意的基础上结合前后法条作出相应的文字修改，2023年修订《公司法》时，将条文序号修改为第82条。

从本条的制定和修改情况看，其规定的宗旨是确保监事会职责的充分发挥，避免实践中公司监事履行其监督职责时，出现对监督费用和监督成本的顾虑，确保监事制度的有效运转，确保监事作用的正常发挥。

【理解与适用】

关于有限责任公司中监事会行使职权的费用问题客观存在，特别是在规模较大、组织机构复杂的公司中，监事会职权的行使经常受到相关费用问题的制约，特别是在需要查账、审计等情形时，能否有费用的保障，影响着监事会作用能否充分发挥。

实践中，监事会的作用相对较弱，行使监督职能的积极性和主动性不足，有时不能真正起到监督公司日常经营管理的作用，甚至可能出现监事会形同虚设的现象。其中一个重要原因就是监事会履行职责缺乏必要的物质保障。公司的日常经营管理由董事会以及经理等人员负责，公司的财务大权也由上述人员掌握。监事会履行职责所需经费则依赖于上述公司管理层，而从机构设置和职能分工看，监事会是监督管理层是否尽职尽责经营决策的部门，董事或高级管理人员对于监督自己的监事会往往持排斥态度，对于监事会履行监督职能所需要的费用往往不愿意提供，或者以各种理由拖延支付。

由此，使监事会履行职责所需费用得不到保障，影响监督职能的实现。因此，本条专门强调，监事会行使职权所必需的费用，由公司承担。公司的董事、高级管理人员不得以任何理由拒绝或拖延支付上述费用。

本条规定的费用只限于监事会行使职权所必需的费用。监事会超出行使职权所必需费用以外的开支，公司不予承担，这是降低公司监督成本的需要。在公司治理实践中，如何界定“所必需的费用”，由哪一主体负责报销事项，董事、高级管理人员作为被监督者是否会通过削减监督费用的方式抑制监督实效，是现实而不容忽视的问题。为了避免监事会因财务受限而在行使监督职能时畏首畏尾，可以在公司章程中对上述问题作出明确规定。

【实务问题】

一、关于如何理解“所必需的费用”

根据本条的规定，由公司承担的费用，必须是监事会行使职权“所必需的费用”。所谓“必需”，则是指“一定要的”“不可少的”，同时也是“合理的”“当然的”。因此，由公司承担的费用，必须是监事会行使职权所不可缺少的费用，非支出不可的。如果该费用不属于监事会行使职权“所必需的”，则不由公司承担。监事会在履行监督职责，依法行使职权时，有时会产生一定的费用，这些费用是监事会在履行法律或公司章程赋予的相关职权时支出的必要的费用，应当由公司承担。例如，在检查公司财务时，可能聘请会计师事务所对财务会计报告进行审计，需要支付相应的报酬；在发现公司经营异常需行使调查权时，也需要聘请相关专业人员协助进行，需要支付相应的报酬和费用；董事会不履行召集和主持股东会会议职责时，直接召集和主持股东会会议，需要相应的会议经费；依法对董事、高级管理人员提起诉讼时，需要支付一定的诉讼费用，如果聘请律师代理的，还需要支付律师代理费用；等等。至于“所必需的费用”究竟还包括哪些具体项目，除了上述列举的内容外，还可由公司章程作出规定。当然，如果公司章程规定，某些费用由监事会支付，公司以劳动报酬或其他奖励的形式予以激励或补助，均属于公司在监事人事管理及公司治理方面的具体方法，法律不予干涉。但从本质上看，监事会在正当履行职权范围内，形成的各种合理或必需费用，最终应由公司承担，这样才能确保监事会行使职权，解决监事会履职的后顾之忧，充分发挥监事会有效监督作用。

二、关于费用如何承担

虽然监事会在行使职权过程中所必需的费用，由公司承担，但在实际操作中“由公司承担”意味着由高级管理人员、董事会对监事会行使职权费用的具体事项进行界定和审批等操作。那么费用如何承担？是由监事会先行垫付，待诉讼或相关事务结束后，找公司偿付，还是可以直接申请公司支出？如果由行使监事会职权的监事会先行垫付，可能会导致监事会没有积极性，因为行使监事会职权并非个人事务，其并没有垫付的义务。因此，应当先由公司支出相关费用。如果最后认定监事会产生的费用并非履职范畴或者并非必需，可以找相关责任人加以追偿。如果已经发生了垫付行为，只要属于履职所必需，则监事会可以直接请求公司给付，不需要公司同意。因为该笔费用的出发点是为了公司或股东的福祉，先由公司垫付或支持，才能保障监事会更加积极地履行职责、更加“后顾无忧”地发挥监督作用。

三、关于费用的举证责任

监事作为公司的监察机关，其因为监察作业产生的费用，理应由公司承担。然而，监察费用的支付与证实的举证责任的配置对于监察费用能否及时、充分地实现至关重要。在韩国，支出的费用属于监察必要费用的证明责任由监事承担；在日本则采取举证责任倒置的办法，如果公司不能举证证明监事所请求的费用不属于执行职务的必要费用，则公司不得拒绝监事的请求。要保证监事会的独立性，就需要从其经济来源、费用支出上保障其独立性，从利于保障监事会监督工作的顺畅角度看，日本的做法较为妥当，对此发生争执诉至法院时应由公司方承担举证责任。除非已经证明有关请求的费用并非监事执行职务之必要，否则，公司不得拒绝。

四、关于不设监事会的公司的监事行使职权所必需的费用如何承担

2005 年《公司法》在第 57 条规定，不设监事会的公司的监事行使职权所必需的费用，由公司承担。这一规定内容，在 2013 年《公司法》、2018 年《公司法》的相应条款沿用。2023 年《公司法》中，本条在承继原条文旨意的基础上结合前后法条作出相应的文字修改，从字面上说，不再规定“不设监事会的公司的监事行使职权所必需的费用，由公司承担”。但是，2023 年《公司法》在第 83 条规定，规模较小或者股东人数较少的有限责任

公司，可以不设监事会，设一名监事，行使本法规定的监事会的职权。也就是说，实务中，此种情况之下，监事行使监事会的职权而支出的费用，由公司承担，应当是2023年修订前后的《公司法》相关规定的立法本意。

【条文】

第八十三条

规模较小或者股东人数较少的有限责任公司，可以不设监事会，设一名监事，行使本法规定的监事会的职权；经全体股东一致同意，也可以不设监事。

【条文主旨】

本条是关于有限责任公司不设监事会、监事的条件的规定。

【条文概览】

本条系实质修改。1993 年《公司法》第 52 条规定："有限责任公司，经营规模较大的，设立监事会，其成员不得少于三人。监事会应在其组成人员中推选一名召集人。监事会由股东代表和适当比例的公司职工代表组成，具体比例由公司章程规定。监事会中的职工代表由公司职工民主选举产生。有限责任公司，股东人数较少和规模较小的，可以设一至二名监事。董事、经理及财务负责人不得兼任监事。"1999 年、2004 年修正《公司法》时，该条未变更。2005 年修订《公司法》时，条文序号未作调整，将原条文的第 1 款和第 3 款合并规定为第 1 款："有限责任公司设监事会，其成员不得少于三人。股东人数较少或者规模较小的有限责任公司，可以设一至二名监事，不设监事会。"第 2 款关于职工代表监事的规定内容修改为："监事会应当包括股东代表和适当比例的公司职工代表，其中职工代表的比例不得低于三分之一，具体比例由公司章程规定。监事会中的职工代表由公司职工通过职工代表大会、职工大会或者其他形式民主选举产生。"第 3 款新增规定监事会主席制度，即"监事会设主席一人，由全体监事过半数选举产生。监事会主席召集和主持监事会会议；监事会主席不能履行职务或者不履行职务的，由半数以上监事共同推举一名监事召集和主持监事会会议"。第 4 款修改为："董事、高级管理人员不得兼任监事。"2013 年修正《公司法》时，将本条条文序号调整为第 51 条，内容未作变更。2018 年修正《公司法》时，本条未作变更。2023 年修订《公司法》时，将本条条文序号调整为第 83 条，保留了 2018 年《公司法》第 51 条第 1 款关于有限公司不设监事会的条件为"规模较小或者股东人数较少"的规定；规定"可以不设监事会，设一名监事，行使本法规定的监事会的职权”；新增“经全体股东一致同意，也可以不设监事”的规定。

2023年《公司法》对监事制度作出了实质改革。一方面，监事会和监事不再是强制设置机构；另一方面，引入单层制的公司治理架构，对于监事会适用范围进行了差异化处理。针对有限责任公司，一是可以不设监事会，仅设一名监事；二是不设监事会的前提条件是规模较小或者股东人数较少；三是经全体股东一致同意，可以不设监事。2023年《公司法》简化了公司组织机构设置，优化了公司治理，既体现了对于公司自治的尊重，有利于实现灵活化、低成本的公司治理；又以全体股东一致同意为条件，有利于保护少数股东的利益。

【理解与适用】

一、我国现代公司治理架构采用单层制模式

我国的监事会制度在1993年《公司法》颁布时就已经设立，借鉴了德国、日本等国家的监事会制度，采用的是股东会、董事会、监事会三会分权制衡的思路，通过股东会选任监事会，监事会对股东会负责，同时监事会对董事会和经理层进行监督，从而起到三会相互监督制衡的作用，这也是我国公司治理结构的基础架构。但是在近三十年的现代企业制度发展进程中，监事会的作用越来越弱化，很多公司的监事会形同摆设，根本起不到监督和制衡的作用。而英国、美国等国家的公司法则采用单层公司制，公司的权力集中于资方，强调在资本的流动中提高效率。其特点有：公司只设股东会和董事会。股东会是公司权力机关，但其权力仅限于公司法和公司章程的明文规定；董事会是公司的执行机关和常设机关，拥有经营管理、业务执行、监督等实权以及未在公司法、公司章程中列举出的股东会的权力。公司通常不设专门的监事会或监事，通过外部董事组成的审计委员会负责对内部董事、经理和公司财务状况进行监督，在董事会内部形成监督制约机制。这种机制的效用在于，更有决策效率，内外部董事均隶属于董事会，可以更好、更频繁地开会沟通，便于监督和及时回应决策。2023年《公司法》借鉴了英国、美国等国家不设监事会或监事，而设审计委员会的模式，将公司治理结构调整为允许章程选择只设董事会，不设监事会的单层制模式。这一变化也充分反映了我国现代公司治理架构更趋于高效、务实，也是我国公司治理实践对监事会制度的发展和变革作出的选择。当然监事会或者监事作为公司治理

"三会一层"中的重要"一会"，并没有退出公司治理的舞台，有限责任公司可以根据公司特色、文化和治理习惯自由选择在公司治理架构中是否设置监事会或监事，这也将大大提高我国公司的决策效率和市场竞争力。

二、监事会和监事设立的灵活性

有限责任公司在实践中存在规模大小不一、类型不同的特点，所以监事会作为公司的专门监督机构，是否设立也由有限责任公司根据自身具体情况而定。因为如果监事会的规模过大，监事人数过多，对公司经营管理层的制约也就越大，极有可能会影响公司的运营效率，也会增加公司的监督成本，从而损害公司和全体股东的利益。有限责任公司在股东人数较少和规模较小的情况下，可以不设立监事会，而是设立一名监事，行使监事会的职权，负责履行监督职能，避免会议的程序烦琐，更能直接体现监督的灵活性和有效性。本条规定"经全体股东一致同意，也可以不设监事"，将强制设立监事，改为自愿设立，体现了尊重股东自治原则。同时，也要考虑到监事会和监事对于监督公司的运行，保护中小股东的权益均有较大的作用，因此，对于是否设立监事会和监事应当慎重选择，对于不设立监事会和监事的有限公司也应当通过完善公司章程实现对大股东的监督制约，以保护中小股东的权益。

三、引入审计委员会制度替代监事会

2023 年修订《公司法》引入了审计委员会制度，作为监事会的替代选项，改变了自 1993 年《公司法》实施以来一直所采用的监事会作为公司治理中法定监督机构的模式。但是，应当意识到这一修改不会使公司的监督产生实质性的变化。2023 年《公司法》第 69 条及第 121 条第 1 款规定，有限责任公司、股份有限公司可以按照公司章程的规定在董事会中设置由董事组成的审计委员会，行使本法规定的监事会的职权，不设监事会或者监事。对于国有独资公司，2023 年《公司法》第 176 条明确应当设立审计委员会履行监事会职责，不设监事会。也就是说任何有限责任公司或股份有限公司，不限于规模较小或人数较少，都可以不设监事会、监事，但可以设审计委员会，行使监事会职权。

第四章　有限责任公司的股权转让

【条文】

第八十四条

有限责任公司的股东之间可以相互转让其全部或者部分股权。

股东向股东以外的人转让股权的，应当将股权转让的数量、价格、支付方式和期限等事项书面通知其他股东，其他股东在同等条件下有优先购买权。股东自接到书面通知之日起三十日内未答复的，视为放弃优先购买权。两个以上股东行使优先购买权的，协商确定各自的购买比例；协商不成的，按照转让时各自的出资比例行使优先购买权。

公司章程对股权转让另有规定的，从其规定。

【条文主旨】

本条是关于有限责任公司股权转让的规定。

【条文概览】

本条进行了实质修改。

1993 年《公司法》第 35 条规定："股东之间可以相互转让其全部出资或者部分出资。股东向股东以外的人转让其出资时，必须经全体股东过半数同意；不同意转让的股东应当购买该转让的出资，如果不购买该转让的出资，视为同意转让。经股东同意转让的出资，在同等条件下，其他股东对该出资有优先购买权。"1999 年、2004 年修正《公司法》时，该条未变更。

2005 年修订《公司法》时，对该条第 2 款进行了修改。在此之前规定的"必须经全体股东过半数同意"是何所指，一直存在理解上的分歧，转让股东是否为全体股东存在争议。为减少争议，2005 年修订《公司法》时着重对前述规定进行了修改，将"经全体股东过半数同意"修改为"经其他股东过半数同意"。此外，为促进股权转让流通，还增加规定了发通知征求意见以及股东默示推定同意制度。此后 2013 年、2018 年《公司法》两次修正，该条内容未发生变化。

2023 年修订《公司法》时对本条进行了实质性修改。主要体现为：一是将 2018 年《公司法》关于向股东以外的人转让股权须征得其他股东同意及股东行使优先购买权两个步骤修改为其他股东享有优先购买权一个步骤，简化了股东向股东以外的人转让股权的程序规则，赋予了股东对外转让股权更大的自由。二是本条吸收参考了《公司法解释四》第 18 条规定，通过列举的方式，明确了对外股权转让的数量、价格、支付方式和期限等事项，对“同等条件”进行了明确的界定，能够更好地平衡股东之间及股东与股东以外的受让人之间的利益。

【理解与适用】

股权具有财产权利的属性，它具有价值并可转让。同时，有限责任公司又具有人合性质，公司的组建依赖于股东之间的信任关系和共同利益关系。因此，一方面，法律要确认并保障有限责任公司股东转让股份的权利；另一方面，法律也要维护股东间的相互信赖及其他股东的正当利益。因此，有限责任公司中，股权对外转让不是一个完全自由的行为，而必须是在考虑公司人合性的基础上对股权对外转让设定规则。本条规定了股东对外转让股权时其他股东的优先购买权，这是从维护有限责任公司人合性的角度对股权对外转让作出的规范。同时，为确保股权作为财产权利的自由流动，本条较之前的规定简化了股东向股东以外的人转让股权的程序规则，赋予了股东对外转让股权更大的自由。在理解本条规定时，需要注意以下问题：

一、取消股东同意权的立法考虑

2018 年《公司法》第 71 条将同意权制度、异议股东的强制购买义务以及股东优先购买权三项制度揉为一体。由于股东对外转让股权，只要外部有人愿意买，并且认可转让价格的，其他股东不论是否同意，股权是一定能卖出的，所以其他股东是否同意，对于转让股东来说，可能只有程序意义，没有实质作用。因此，对于同意权而言，其本身并不产生防止股权对外转让的效力，不同意转让股东若无力或不愿购买，将被视为同意转让，所以这项权利的限制作用不大。立法者正是看到了同意权制度实际作用并不大，还徒增股权转让程序的复杂性，降低股权转让的效率，所以 2023 年修订《公司法》时取消了同意权程序和异议股东强制购买义务，仅规定了股东优先购买权，规定股东对外转让股权的，应当就股权转让的数量、价格、支付方式和期限等事项书面通知其他股东，其他股东自接到书面通知之日起30日内未作答复的，视为放弃优先购买权。此规定大大简化了股权对外转让程序。

二、优先购买权及其行使问题

（一）优先购买权的含义及立法目的

股东优先购买权，是指股东向股东以外的人转让股权时，经股东同意转让的股权，在同等条件下，其他股东享有优先购买的权利。除有限责任公司股东的优先购买权外，我国法律还规定了共有人的优先购买权、承租人的优先购买权、合伙人的优先购买权、联营方的优先购买权、技术成果的优先购买权、基于政策性考虑的优先购买权等。我国股东优先购买权和大部分国家规定的股东优先购买权一样，主要适用于有限责任公司，而对股份公司的股权则采取自由转让的政策。当然，部分国家的立法允许公司以章程的形式将股东优先购买权扩大适用于非上市的股份公司。

股东优先购买权制度的正当性主要源自有限责任公司具有资合兼人合的性质，既需要强调股东之间的信任与合作关系，也需要确保股权作为财产权利的自由流动。公司人合的性质要求公司股东之间具有很强的信任与合作关系，股东享有优先购买权，主要目的是保证有限责任公司的老股东可以通过行使优先购买权实现对公司的控制权，同时也是对老股东对公司贡献的承认和对老股东既得利益的维护，其中便包括公司控制权的归属。因此，在公司股东向股东以外的人转让股权时，考虑到股权转让对公司信用关系和股权结构的影响，有必要在保证股权自由转让的基础上，予以一定限制。在司法审判实务中，对股东优先购买权案件在解释、适用法律时，应当立足于股东优先购买权制度的立法目的，既要把握住维护有限责任公司人合性、确保其他股东可以优先受让股权的首要立法目的，又要兼顾转让股东与公司之外第三人的利益，维持有限责任公司中股权转让的自由度。

（二）享有优先购买权的主体

本条对优先购买权的规定比较笼统，因此实践中对于权利行使主体争议较多，争议主要在于同意转让的股东、瑕疵出资的股东以及股权继承等情形下相关主体能否享有优先购买权。

首先，关于同意转让的股东是否享有优先购买权的问题。股权对外转让时，对于不同意对外转让的股东可以购买该股权并无争议。但是，同意对外转让的股东，是否因其“同意”就概括性地放弃了对该股权的购买利益，此问题还存有一些争议。对此，《公司法解释四》第 17 条第 3 款予以了明确，该款规定，经股东同意转让的股权，在同等条件下，转让股东以外的其他股东主张优先购买的，人民法院应当予以支持。可见，同意对外转让的股东对股权的优先购买权并不丧失。

其次，关于瑕疵出资的股东是否享有优先购买权的问题。从广义上而言，瑕疵出资一般是未履行或者未全面履行出资义务或者抽逃出资。《公司法解释三》第 16 条规定："股东未履行或者未全面履行出资义务或者抽逃出资，公司根据公司章程或者股东会决议对其利润分配请求权、新股优先认购权、剩余财产分配请求权等股东权利作出相应的合理限制，该股东请求认定该限制无效的，人民法院不予支持。"该条规定限制了瑕疵出资的股东的权利。那么问题是，对于利润分配请求权、新股优先认购权、剩余财产分配请求权之外的优先购买权能否包含在"等"字之中，成为公司章程或者股东会决议可以限制的权利？有观点认为，股东自益权原则上应当被限制，股东共益权原则上不应被限制。[①] 我们认为，优先购买权与新股优先认购权比较相似，但前者性质上更多具有浓厚的自益权色彩。因此，应当允许公司根据公司章程或者股东会决议对其此项权利进行限制，否则在其已经构成瑕疵出资的情况下，其是否具备财力出资受让股权，也存在疑问。因出资瑕疵并不导致股东丧失股东资格，除非被股东会依法除名，此时如果公司章程或股东会决议对出资瑕疵的股东未作出限制，则由于其具有股东资格，因而享有此项权利。

最后，关于股权继承时是否享有优先购买权的问题。2023 年《公司法》并未明确股权继承时其他股东是否享有优先购买权。对此，《公司法解释四》第 16 条对此予以明确，该条规定："有限责任公司的自然人股东因继承发生变化时，其他股东主张依据公司法第七十一条第三款规定行使优先购买权的，人民法院不予支持，但公司章程另有规定或者全体股东另有约定的除外。"显然，自然人股东因继承发生变化时，原则上其他股东不享有优先购买权，公司章程另有规定或者全体股东另有约定的除外。

（三）"同等条件"的认定

"同等条件"是其他股东行使优先购买权的前提和实质条件。但是，"同等条件"如何认定，素有争议。为此，《公司法解释四》第 18 条对"同

① 最高人民法院民事审判第二庭编著：《最高人民法院关于公司法解释（三）、清算纪要理解与适用》，人民法院出版社 2016 年版，第 268 ~ 269 页。

等条件”的认定作出了规定，即“人民法院在判断是否符合公司法第七十一条第三款及本规定所称的‘同等条件’时，应当考虑转让股权的数量、价格、支付方式及期限等因素”。本次《公司法》修订吸收参考了《公司法解释四》第18条的规定，对“同等条件”进行了明确界定。具体而言，“同等条件”的内容主要包括以下五个方面：

第一，对股权数量相同的判断。标的数量往往是合同中的核心条款之一，故股权数量也应是衡量“同等条件”的核心因素之一。其他股东在行使优先购买权时，必须按照转让股东与第三人约定转让的股权数量行使，即股东的优先购买权不得部分行使。简言之，第三人在购买特定比例的股权时，是将该比例的股权视作一个整体购买，转让股东同样是将股权作为整体出售，交易双方就转让股权的整体达成合意。如果允许其他股东部分行使优先购买权，则违反了转让股东的意思，改变了合同中的实质条款，显然未达到“同等条件”。此外，允许优先购买权的部分行使可能损害转让股东和第三人的利益。因为股东转让的股份中往往还蕴含着控制权的附加价值，如果允许其他股东部分行使优先购买权，则转让条件中的控制权要素将被解构，剩余部分的股权价值将因此大大降低，第三人可能不愿再购买剩余部分的股权，转让股东也难以再行出售该部分股权，最终转让股东和第三人的利益均受到损害。

当然，如果在公司章程规定或全体股东另有约定允许部分行使优先购买权，或者转让股东及第三人同意其他股东对部分股权优先购买时，应当允许优先购买权的部分行使。

第二，对转让价格相同的判断。价格条款是股权转让合同中的核心条款之一。一般情况下，其他股东行使优先购买权时支付的价款应当等同于第三人向转让股东允诺支付的价款。原则上，股东应当以高于第三人或与第三人相同的价格行使优先购买权，而转让股东与第三人恶意串通虚拟高价以规避其他股东的优先购买权时，其他股东有权要求以双方之间的真实转让价格作为确定“同等条件”的标准。

第三，对支付方式相同的判断。支付方式可分为一次性付款及分期付款，又可依据具体付款方式的不同分为信汇、电汇、票汇、信用证等。此处关于支付方式作为“同等条件”的衡量因素，旨在关注该支付方式是否从根本上影响转让股东的利益。因为每个人的信用及支付能力不尽相同，分期付款通常基于转让股东对第三人资信状况、履约意愿及能力的信赖，其与一次性付款相比较风险较大，故出让人出于对第三人资信情况及履约能力的信赖同意分期付款的方式也是合同的一个重要条件。如第三人一次性付款的，其他股东不得主张分期付款。

第四，对履行期限相同的判断。对于转让股东而言，获得股权对价是其基于股权转让合同的主要权利，如以金钱为对价，该笔款何时可以占有和使用对转让股东的利益有直接影响。在转让股东转让股权系基于对于现金的急迫需求时，履行期限直接关系到其转让目的是否能够实现，故履行期限应属于判断"同等条件"的重要考量因素。

第五，对其他因素相同的判断。其他因素如违约金条款、从给付义务、受让方承诺增加商业机会、帮助提升经营管理能力、拓宽经营渠道等，在实践中不如数量、价格、支付方式及期限等因素常见、重要。例如，从给付义务虽不属于合同核心条款，但也是对价的一部分，原则上也应属于"同等条件"的一部分，尤其在某些情形下，从给付义务对合同订立有决定作用。比如，转让股东向第三人出让自己的一部分股权，第三人除按约定的价格支付外，还应当向公司提供一项关键的技术，则该从给付义务亦属于"同等条件"的内容，除非该从给付义务可替代履行或可以金钱作价，否则其他股东不得行使优先购买权。对其他因素是否相同的判断，仍要遵循利益平衡的原则，根据股权转让合同的具体情况以及其他合同条款是否影响转让股东实质利益的实现，是否侵犯股东优先购买权，如交易条件的变化是否使当事人增加履行负担，是否增加了股权转让的难度等，来认定其是否能够作为"同等条件"的判断因素。

需要注意的是，为了规避其他股东的优先购买权，转让股东与第三人恶意串通，虚拟过高的价款或严苛的支付条件，或以假赠与掩盖真买卖，这些无效的约定不影响其他股东以真实价款或支付条件确定"同等条件"。如果转让股东与第三人订立"阴阳合同"，依据所载股份数量不符、交易价格高或其他条件更苛刻的"阳合同"通知其他股东，迫使其他股东放弃优先购买权后，转让股东与第三人按载有真正的数量和交易价格及其他条件的"阴合同"履行，第三人因"阴合同"的履行取得了股权后，已经放弃"阳合同"购买条件下优先购买权的其他股东，仍然有权以"阴合同"的条件请求行使优先购买权。"阳合同"是转让股东与第三人恶意串通下的虚假意思表示，根据《民法典》第154条"行为人与相对人恶意串通，损害他人合法权益的民事法律行为无效"之规定，该"阳合同"无效，也不能作为其他股东放弃优先购买权的根据。

实践中，还存在股东与股东以外的人恶意串通，股东先通过高价向该股东以外的人转让少量股权，待其取得股东身份之后，再基于本条第1款的规定，以不合理的低价向其转让剩余股权的方式，实现由该股东以外的人取得相应的股权的目的。那么两次股权转让行为可能会被认定为属于《民法典》第154条规定的行为，从而被确认为无效。

（四）优先购买权的行使期限

关于股东优先购买权的行使期限问题，本条第2款规定“股东自接到书面通知之日起三十日内未答复的，视为放弃优先购买权”。该规定是否为优先购买权的行使期限，实践中存在争议。为减少争议，《公司法解释四》第19条规定：“有限责任公司的股东主张优先购买转让股权的，应当在收到通知后，在公司章程规定的行使期间内提出购买请求。公司章程没有规定行使期间或者规定不明确的，以通知确定的期间为准，通知确定的期间短于三十日或者未明确行使期间的，行使期间为三十日。”根据该规定，股东优先购买权的行使期间交由当事人决定，法律仅对最短期限作出硬性规定。如果公司股东事先在章程中进行了约定，则以章程约定的期间为准，即章程约定或转让股东指定的行使期间不得短于30日，短于30日则视为30日，当事人未作约定或约定的行使期间不明的，直接拟制为30日。

此外，还需要注意的是，股东优先购买权行使期间，属于不可变期间，不适用中止、中断或延长的相关规定。优先购买权的行使期间起算之日不应早于通知到达其他股东之日。因为优先购买权的行使期限从通知到达其他股东之日开始起算，权利人的意思表示应当自到达相对方之时发生法律效力。如果公司章程或转让股东发出的征询通知确定了优先购买权行使期间的起算时间，但前述确定的起算时间，早于该通知到达其他股东的时间，则行使期间的起算之日应当相应顺延至通知到达其他股东之日。

（五）按照出资比例行使优先购买权的认定

本条规定的按照出资比例行使优先购买权，这里的“出资比例”是认缴出资比例还是实缴出资比例？尤其是《公司法》规定认缴制，不可避免地会出现出资期限未届满而出资尚未缴足的情形，或者是出资期限已届满但并未缴足的情形，此时到底按照认缴出资比例还是按实缴出资比例行使优先购买权，实践中争议较多。有观点认为，“可以理解为股权转让时主张行使优先购买权的各股东认缴的出资份额”。[①] 对此，我们认为，如果公司章程对此有规定，则按照公司章程规定。如果章程未规定，当事人又协商不成的，在出

① 安建主编：《中华人民共和国公司法释义》，法律出版社2013年版，第111页。

资期限届满但并未缴足的情形下，如果公司章程或者股东会决议未对其优先购买权作出限定，我们倾向认为按照实缴出资比例行使优先购买权，否则在其本身出资尚未足额到位的情形下，还支持其按照认缴出资比例行使优先购买权可能对其他股东不公；在出资期限尚未届满的情形下，按照认缴出资比例行使优先购买权。

（六）股东放弃优先购买权时的处理

根据《公司法解释四》第20条规定，在有限责任公司的其他股东主张优先购买后，转让股东又不同意转让的，对其他股东优先购买的主张，不应支持。换言之，原则上转让股东享有“又不同意转让股权”的权利，即反悔权。但是，存在两种例外情形：一是如果公司章程规定转让股东不允许反悔，不享有“又不同意转让股权”的权利，那么，对其他股东优先购买的主张，应当予以支持；二是如果全体股东约定转让股东不允许“反悔”，不享有“又不同意转让股权”的权利，那么对其他股东优先购买的主张，应当予以支持。除了上述两种例外情形，在有限责任公司的其他股东主张优先购买后，转让股东又不同意转让的，在支持转让股东“又不同意转让股权”的情况下，如果转让股东该行为给其他股东造成了损失，其他股东主张转让股东赔偿其损失合理的，应当予以支持。

三、公司章程对股权转让限制问题

公司章程可以对股权转让作出限制性的约定，这种约定相比《公司法》关于股权转让的一般性规定，提出了更为苛刻的条件，是章程制定者为了维护自身及公司利益达成合意的体现。在肯定章程可以对股权转让作出限制性约定的同时，必须明确这一限制性约定是受到制约的，对于违法的或者违反公司法原理的限制性条款，不应认定其效力。具体而言：（1）公司章程对股权转让的限制性条款与法律和行政法规的强制性规定相抵触的，应确认该公司章程条款无效，对股东没有法律约束力，股东违反该条款转让股权而签订的股权转让合同有效。（2）公司章程的限制性条款造成禁止股权转让的后果。这种约定如果违反股权自由转让的基本原则，剥夺了股东的基本权利，应属无效，股权转让不因违反这些限制性约定而无效。

【实务问题】

一、转让股东对外转让股权时未采取书面通知方式的效力认定

本条规定股东对外转让股权时，应当将转让事项书面通知其他股东。按

照立法者解读，之所以要求采用书面方式：一是便于对股东间是否达成合意进行判断，从而具备证据效力；二是当由于股权出让导致股东身份变化时，也会引起后续的一系列法定程序的启动（如修改公司章程、变更公司的注册登记事项、向原审批机关办理变更审批手续等），而这些程序都需要以书面材料作为事实依据。[①] 由此可见，法律是从证据保留和便利办理登记手续两方面综合考虑而要求采用书面通知形式。法律对此作出的规定无疑对股权对外转让过程具有积极的指导作用。

实践中，如果转让股东未采取法律规定的书面通知形式，是否意味着不发生相应的法律效力呢？答案显然是否定的。从通知内容应实际为其他股东所知晓的角度来考虑，转让股东向其他股东的告知方式可以拓宽。对此，《公司法解释四》第17条规定，在认定转让股东是否恰当告知其他股东有关信息方面，除了书面形式的通知外，还可以采取“其他能够确认收悉的合理方式通知其他股东”。实践中，所谓“其他能够确认收悉的合理方式通知其他股东”，存在如下情形：一是向其他股东发出了公告，并且为其他股东所知晓。有的公司股东常年未在公司出现，转让股东也并不清楚该股东的住所和通信地址，要求转让股东逐一书面通知可能是勉为其难。此时，转让股东如果采取发布公告的形式告知有关内容，并且有证据证明其他股东知晓了该公告内容（如其他股东在公告后就公告内容向转让股东或他人提出了异议或意见），就应当等同于书面通知之效果。二是在诉讼、仲裁等法律程序中转让股东陈述股权对外转让事项或者优先购买权相关事项，并且为其他股东所知晓，当然也就可以发生相应后果。三是转让股东虽以口头方式通知其他股东，但有证据证明其他股东已经知晓。这种情况下，因通知的功能是完成信息传递，所以在信息传递已经准确完成的情况下，也应当视为转让股东已尽到通知义务。

还需要注意的是，根据《公司法解释四》第17条规定，转让股东对外转让时，其对其他股东的通知并不限于一次。在不同的交易模式中，转让股东可以根据实际情况决定需要作出一次或者多次通知以及每次通知的具体内容。转让股东的不同通知行为、通知形式会产生不同的法律后果，法律没有必要强制性要求第一次通知就通知所有转让条件。

二、股权转让的善意取得问题

根据《公司法解释三》第25条、第27条规定，名义股东将登记于其名

① 安建主编：《中华人民共和国公司法释义》，法律出版社2013年版，第110页。

下的股权转让，或者股权转让后原股东再次处分股权，均可适用善意取得制度。

在名义股东擅自处分登记在其名下股权的情形中，当善意第三人终局地取得该股权时，名义股东违反双方隐名出资协议的行为构成了对实际出资人股权的侵权，实际出资人的投资权益将不复存在，其可以要求作出处分行为的名义股东承担赔偿责任。

【条文】

第八十五条

人民法院依照法律规定的强制执行程序转让股东的股权时，应当通知公司及全体股东，其他股东在同等条件下有优先购买权。其他股东自人民法院通知之日起满二十日不行使优先购买权的，视为放弃优先购买权。

【条文主旨】

本条是关于人民法院依法强制转让股权时其他股东享有优先购买权的规定。

【条文概览】

1993 年《公司法》通过时，无本条规定内容。2005 年《公司法》修订时，在其第 73 条增加了本条规定内容，规定："人民法院依照法律规定的强制执行程序转让股东的股权时，应当通知公司及全体股东，其他股东在同等条件下有优先购买权。其他股东自人民法院通知之日起满二十日不行使优先购买权的，视为放弃优先购买权。"2013 年对《公司法》进行修正时，将条文序号由第 73 条改为第 72 条，但内容未发生变化。2023 年《公司法》修订，除条文序号由第 72 条改为第 85 条外，内容未作修改。

【理解与适用】

人民法院依照法律规定的强制执行程序转让股东的股权，是指人民法院依照《民事诉讼法》等法律规定的执行程序，强制执行生效的法律文书时，以拍卖、变卖或其他方式转让有限责任公司股东（被执行人）的股权。随着我国经济社会发展和公司法律制度日益完善，利用股权进行投资越来越受到青睐，股权已经成为人们一项重要的财产权利。实践中，人民法院强制执行被执行人股权的情况也越发多见。本条主要对以下几个问题予以明确：

一、明确股权可以成为人民法院强制执行的财产

有限责任公司具有明显的人合性特征，强制执行被执行人在公司的股权可能会对公司的正常运营和其他股东的利益产生影响。所以，对于有限责任公司的股权能否作为人民法院强制执行的标的，理论界和实务界均存在争

议。否定说认为，与股东自行转让股权不同，强制执行程序不以被执行股东的意思自治为前提，其他股东的优先购买权也因不确定第三方竞买人的介入而无法获得有效保障，为保护有限责任公司的人合性，不能对股权采取强制转让措施。肯定说认为，在被执行股东欠付他人债务的情况下，需要平衡考虑公司其他股东和债权人的利益，正如共有财产可以作为强制执行的财产一样，在保障其他股东行使优先购买权的前提下，股权当然可以作为强制执行的标的。折中说认为，人民法院可以强制执行股权，但应当以被执行人其他财产不足以清偿债务为前提，此即所谓的股权“劣后执行原则”。本条采纳肯定说，并重点就如何保障其他股东的优先购买权作了规定。《最高人民法院关于人民法院强制执行股权若干问题的规定》第2条规定：“被执行人是公司股东的，人民法院可以强制执行其在公司持有的股权，不得直接执行公司的财产。”同时，该司法解释第14条第1款规定：“被执行人、利害关系人以具有下列情形之一为由请求不得强制拍卖股权的，人民法院不予支持：……（四）公司章程、股东协议等对该股权自行转让有限制。”即与股东自行转让股权不同，即使公司章程对股权转让有限制，也不影响人民法院强制转让股权。

二、明确人民法院强制转让股权时其他股东享有优先购买权

《最高人民法院关于人民法院民事执行中拍卖、变卖财产的规定》第2条规定：“人民法院对查封、扣押、冻结的财产进行变价处理时，应当首先采取拍卖的方式，但法律、司法解释另有规定的除外。”《最高人民法院关于人民法院网络司法拍卖若干问题的规定》第2条规定：“人民法院以拍卖方式处置财产的，应当采取网络司法拍卖方式，但法律、行政法规和司法解释规定必须通过其他途径处置，或者不宜采用网络拍卖方式处置的除外。”从上述规定来看，人民法院处置被执行人财产，一般应当以拍卖且原则上以网络司法拍卖的方式进行。拍卖，又称“竞买”，是指以公开竞价的方式，将特定物品或者财产权利转让给最高应价者的买卖方式。根据拍卖的主体及拍卖程序的不同，拍卖可以被划分为强制拍卖和任意拍卖。其中，强制拍卖，是指国家机关依照有关规定，对已查封的财产所实施的拍卖，主要目的在于清偿债务，因执行主体一般为法院，故又称司法拍卖。

有观点认为，优先购买权作为一种私法权利，其存在的条件应当建立在双方平等的市场自主交易行为之上，而以拍卖为内核的股权强制执行程序实行“价高者得”的价格形成机制和交易模式，如果在司法拍卖中引入优先购

买权制度，则会造成两种制度在具体适用上的冲突，使得拍卖程序中竞价人以最高竞价拍得的标的物处于一种不确定状态，最终将偏离拍卖制度的设置目的。但是，通说认为，拍卖只是一种特殊的买卖方式，尽管其在性质上一般被定性为公法行为，但司法拍卖从目的上讲是最大化实现债权人民事实体权利，而优先购买权同样也是实体法赋予相关主体之法定权利，两者在目的上具有一致性，不能剥夺股东基于有限责任公司人合性的优先购买权。况且，只要优先购买权的实现是建立在“价高者得”的基础之上，则保护优先购买权并不会影响司法拍卖的既定规则。我国《拍卖法》虽然没有规定在拍卖程序中对优先购买权的保护，但是《最高人民法院关于人民法院民事执行中拍卖、变卖财产的规定》《最高人民法院关于人民法院网络司法拍卖若干问题的规定》均肯定了优先购买权在司法拍卖中的实现方式。本条采纳通说观点，肯定了强制执行程序中优先购买权在同等条件下的适用。为保障其他股东的优先购买权，本条规定，人民法院应当通知公司及全体股东。通知公司是为了使其协助执行，通知其他股东则是为了保障其行使优先购买权。

三、明确股东行使优先购买权的期限

与本法第 84 条规定的股东自行转让股权时其他股东行使优先购买权 30 日的期限不同，为确保执行程序高效推进，本条规定了强制转让股权时其他股东行使优先购买权的期限为 20 日，逾期不行使视为放弃权利。该期限的起始日期应当理解为人民法院通知的送达日期，且 20 日的期限属于不可变期间，不适用中止、中断或延长的相关规定。同样，即使公司章程就行使优先购买权的期限作了特别约定，也应当以本条规定的 20 日为准。

需要注意的是，《最高人民法院关于人民法院民事执行中拍卖、变卖财产的规定》第 11 条规定，人民法院应当在拍卖“五日”前以书面或者其他能够确认收悉的适当方式，通知优先购买权人于拍卖日到场。优先购买权人经通知未到场的，视为放弃优先购买权。《最高人民法院关于人民法院网络司法拍卖若干问题的规定》第 16 条规定：“网络司法拍卖的事项应当在拍卖公告发布三日前以书面或者其他能够确认收悉的合理方式，通知当事人、已知优先购买权人。权利人书面明确放弃权利的，可以不通知。无法通知的，应当在网络司法拍卖平台公示并说明无法通知的理由，公示满五日视为已经通知。优先购买权人经通知未参与竞买的，视为放弃优先购买权。”两个司法解释不仅规定的通知日期不同，而且计算标准也不相同，前者的“五日”是拍卖前的“五日”，“五日”过后股权即正式开拍；后者的“三日”是拍卖公告发布前的“三日”，“三日”过后才发布拍卖公告，而依据该司法解释第12条的规定，股权拍卖的公告期是30日，即33日后才开拍。并且，两个司法解释规定的是“五日前”“三日前”，即人民法院可以提前通知，但最晚不得迟于拍卖前的“五日”或者拍卖公告发布前的“三日”。概言之，在强制拍卖股权时，就其他股东行使优先购买权的期限，分别出现了三个日期：《公司法》规定的20日、《最高人民法院关于人民法院民事执行中拍卖、变卖财产的规定》规定的5日，以及《最高人民法院关于人民法院网络司法拍卖若干问题的规定》规定的33日（或拍卖前3日）。对此应如何理解？

我们认为，虽然《最高人民法院关于人民法院网络司法拍卖若干问题的规定》第2条规定了“网拍优先原则”，但同时也规定了除外情形。对于包括股权在内的财产拍卖而言，尽管在“万物皆可网拍”的时代，传统拍卖已非常之少，但在极特殊情形下，传统拍卖依然可以适用。下面，就两种拍卖方式规定的通知优先购买权人的日期与《公司法》第85条规定的通知日期冲突问题分而述之。首先，就传统拍卖而言。《最高人民法院关于人民法院民事执行中拍卖、变卖财产的规定》于2004年10月经最高人民法院审委会审议通过，自2005年1月1日开始实施，而首次规定人民法院强制转让股权的2005年《公司法》在2005年10月才修订通过。也即，在《最高人民法院关于人民法院民事执行中拍卖、变卖财产的规定》明确拍卖“五日前”通知优先购买权人的规则时，当时的《公司法》尚未就股权强制拍卖问题作出规定。按照新的上位法优于旧的下位法的原则，自2005《公司法》施行后应以该法规定的“20日”为准。即在传统拍卖的情况下，人民法院应在开拍的20日前通知优先购买权人到场参加竞买，经通知未到场的，视为放弃优先购买权。其次，就网络司法拍卖而言。《最高人民法院关于人民法院网络司法拍卖若干问题的规定》于2017年1月1日开始实施，与2005年《公司法》相比，属于新的下位法。其明确的优先购买人33日的行权期限虽然长于《公司法》规定的20日期限，但由于其更加充分保障了其他股东的优先购买权，且也不影响人民法院强制拍卖股权的进程，所以，在网络司法拍卖的情况下，适用33日的期限显然更为合理，亦不违反《公司法》的立法精神。综上，依据《公司法》及有关强制拍卖的两个司法解释的规定，结合人民法院强制拍卖实践，就其他股东优先购买权的行权期限，应当适用以下规则：在传统拍卖的情况下，人民法院应在开拍的20日前通知其他股东，以确保其他股东20日的行权期限，其他股东经通知未到场参加竞拍的，视为放弃优先购买权；在网络司法拍卖情况下，应当按照《最高人民法院关于人民法院网络司法拍卖若干问题的规定》第16条的规定，在拍卖公告发布3日前通知优先购买权人，经通知，优先购买权人未参与竞拍的，视为放弃优先购买权。

【实务问题】

一、关于“同等条件”的认定

“同等条件”是优先购买权行使的实质要件，其本质是民法上等价有偿、公平等基本价值在公司法中的体现。对于“同等条件”应当如何认定，一直存有争议。《公司法解释四》第18条对于股东自行转让股权时“同等条件”应如何认定作了规定，即“人民法院在判断是否符合公司法第七十一条第三款及本规定所称的‘同等条件’时，应当考虑转让股权的数量、价格、支付方式及期限等因素”。本次《公司法》修订吸收了该规定，在第84条以明确转让股东通知其他股东时应当通知的具体内容的方式对“同等条件”作了界定，即“数量、价格、支付方式和期限等事项”。人民法院强制转让股权与股东自行转让股权不同，前者一般以司法拍卖方式进行，实行价高者得，且对于股权转让的数量、价款支付方式及期限等原则上由人民法院决定，被执行股东、其他股东以及竞买人之间一般无法自行商定。质言之，在人民法院强制转让股权的情况下，只有股权的价格因素或者价格形成机制才是判断“同等条件”时应当考虑的因素。

对于如何确定其他股东行使优先购买权时的“同等价格”，《公司法解释四》第22条第1款规定：“通过拍卖向股东以外的人转让有限责任公司股权的，适用公司法第七十一条第二款、第三款或者第七十二条规定的‘书面通知’‘通知’‘同等条件’时，根据相关法律、司法解释确定。”此处的“相关法律、司法解释”即有关民事强制执行的法律及司法解释。就此，《最高人民法院关于人民法院民事执行中拍卖、变卖财产的规定》第13条规定：“拍卖过程中，有最高应价时，优先购买权人可以表示以该最高价买受，如无更高应价，则拍归优先购买权人；如有更高应价，而优先购买权人不作表示的，则拍归该应价最高的竞买人。顺序相同的多个优先购买权人同时表示买受的，以抽签方式决定买受人。”《最高人民法院关于人民法院网络司法拍卖若干问题的规定》第21条规定：“优先购买权人参与竞买的，可以与其他竞买人以相同的价格出价，没有更高出价的，拍卖财产由优先购买权人竞得。顺序不同的优先购买权人以相同价格出价的，拍卖财产由顺序在先的优先购买权人竞得。顺序相同的优先购买权人以相同价格出价的，拍卖财产由出价在先的优先购买权人竞得。”从上述规定可以看出，无论是传统拍卖还是网络拍卖，其他股东均应以拍卖过程中的最高应价来行使优先购买权。所不同的是，当多个股东以相同价格同时行使优先购买权时，在传统拍卖的情况下，由抽签决定买受人；在网络司法拍卖情况下，则以出价在先的为买受人。显然，此两种方式与股东自行转让股权时以“协商＋出资比例”确定优先购买权的方式也不相同。

二、股东部分行使优先购买权的处理

对于强制转让股权时，其他股东能否部分行使优先购买权的问题，存在肯定和否定两种观点。持肯定观点的理由有：第一，允许股东部分行使优先购买权可以维持老股东对公司的控制权，维护其既得利益。第二，我国《公司法》并没有明确禁止股东优先购买权的部分行使，民商法领域“法无禁止即自由”。第三，公司股权本身是可分物，法律既然允许对其分割并部分转让，执行程序中亦不宜禁止股东优先购买权的部分行使。持否定观点的理由有：第一，现实中不乏第三人为了取得公司的控制权而受让股权的情形，这时，股东转让的标的物已经变为随特定比例股权而存在的公司控制权。从这个意义上讲，作为转让标的股权具有不可分的性质。第二，从转让股权的可得利益角度讲，多数股权因含有较大的控制权，其价格往往高于少数股权。执行程序中如若允许部分行使优先购买权，将降低股权的价格，不利于对申请执行人债权的清偿。第三，如果部分行使优先购买权，第三人可能会因无法取得控制权而拒绝受让，这将导致剩余股权无法转让，无法实现执行目的。我们对股东优先购买权的部分行使持反对态度。除了上述否定的理由外，还在于：其一，肯定说维持老股东的控制权与允许股东部分行使优先购买权间没有必然联系。相反，完全行使优先购买权才能够在更大程度上实现公司控制权。其二，“法不禁止即自由”及股权是“可分物”，仅仅是股权优先购买权部分行使的必要条件，而不是充分条件。同时，《公司法》属于带有公法色彩的私法，其调整对象关乎交易安全而带有“公共因素”，对于其规定的事项不能一律采用“法不禁止即自由”的解释规则。其三，如前所述，执行程序中股东优先购买权行使的前提是通过拍卖形成合同，并据以确定“同等条件”，该“同等条件”中股权的数量也是当然的应有内容。而部分行使优先购买权则不具备和第三人同等的条件。其四，如果允许优先购买权部分行使，而竞买人又因股权数量的缩减而不再购买剩余股权，那只能就剩余股权重新开始新一轮的执行程序。如若在下一轮执行程序中出现同样问题，那执行程序将陷于无限循环。

【条文】

第八十六条

股东转让股权的，应当书面通知公司，请求变更股东名册；需要办理变更登记的，并请求公司向公司登记机关办理变更登记。公司拒绝或者在合理期限内不予答复的，转让人、受让人可以依法向人民法院提起诉讼。

股权转让的，受让人自记载于股东名册时起可以向公司主张行使股东权利。

【条文主旨】

本条是关于有限责任公司股权转让后股东变更登记请求权以及股权变动生效时点的规定。

【条文概览】

本条是此次《公司法》修订中新增的条文。本条规定了有限责任公司股权转让中股东对公司的通知义务、股权转让后股东的变更登记请求权、公司的变更登记义务，明确了股权变动生效时点。本条规定基本厘清了有限责任公司股权转让中股东、公司之间的关系。本条虽然整体系新增条文，但之前的《公司法》中也有相关规定，作为本条规定的基础。

2018 年《公司法》第 73 条规定："依照本法第七十一条、第七十二条转让股权后，公司应当注销原股东的出资证明书，向新股东签发出资证明书，并相应修改公司章程和股东名册中有关股东及其出资额的记载。对公司章程的该项修改不需再由股东会议表决。"该条是关于股东转让股权后公司注销原股东出资证明书、修改公司章程和变更股东名册的规定。本条第 1 款就是在 2018 年《公司法》第 73 条的基础上，更加明确地规定了股权转让后股东有权请求公司办理股东名册变更、办理登记机关变更登记，同时规定了公司变更登记的义务，并赋予了转让人和受让人通过司法途径寻求救济的权利。

2018 年《公司法》第 32 条第 2 款规定，记载于股东名册的股东，可以依股东名册主张行使股东权利。该条规定了股东名册证权证券的性质，但没有明确股权转让生效时点。《九民会纪要》第 8 条作了有限责任公司的股权转让生效时点以股东名册变更为准的规定，该条规定："当事人之间转让有限责任公司股权，受让人以其姓名或者名称已记载于股东名册为由主张其已经取得股权的，人民法院依法予以支持，但法律、行政法规规定应当办理批准手续生效的股权转让除外。未向公司登记机关办理股权变更登记的，不得对抗善意相对人。”本条第2款在原《公司法》规定的基础上，吸收了规范性文件相关规定，规定了受让人自记载于股东名册时起可以向公司主张行使股东权利，明确了股权变动生效时点或者股东资格认定标准是受让人被记载于股东名册。虽然没有明确规定，但本条结合本法第34条第2款关于“公司登记事项未经登记或者未经变更登记，不得对抗善意相对人”的规定，明确了公司登记机关的登记并非股权转让生效时点，登记产生的是对外的公示效力。由此厘清了股权转让中合同生效、股东名册变更和公司登记机关变更登记之间的关系。

【理解与适用】

股权是股东因出资行为而对公司享有的获取经济利益和参与公司经营管理的各项权利的总称。股权转让，则是股东与受让人意思表示一致，依照法律或者公司章程的规定将自己的股权让与受让人，使受让人继受取得股权成为公司股东。有限责任公司股权转让涉及庞大复杂的法律关系，本条规定了股权转让后股东对公司的变更登记请求权，厘清了股权转让过程中转让人、受让人、公司各自的权利义务关系；规定了有限责任公司股权变动生效时点，厘清了股权转让中转让合同、股权转让生效、公司登记机关变更登记之间的关系。对本条，应从以下几方面予以理解：

一、股权转让后股东对公司的变更登记请求权

本条第1款规定了股东转让股权对公司有书面通知义务，股权转让后股东有权请求公司办理股东名册变更、办理登记机关变更登记，公司无理由拒绝履行相关变更股东名册、变更公司登记义务的，股权转让双方均可以寻求诉讼救济。

（一）股东转让股权的，应当书面通知公司

本条第1款首先规定了股东转让股权的，对公司有通知义务，明确了股东转让股权与公司之间的关系。实践中，这一问题曾长期存在争议。有的公司召开股东会决议是否允许股东转让，显然公司过分干预了股东的决策；有的时候股东转让股权完全无视公司，导致公司不知晓股权转让，无法配合办理相应变更登记。这两种做法显然都不是股权转让中股东与公司之间应有的

合理关系。

股权是股东因出资行为而对公司享有的获取经济利益和参与公司经营管理的各项权利的总称，转让股权系转让人与受让人之间达成转让合意，一般情况下，无须征得公司的同意，但应当通知公司，由公司配合办理各项手续以及向新股东履行义务。本款首先规定了股权转让过程中股东对公司的通知义务，明确了股权转让过程中，股东与公司之间权利的合理边界。

从通知形式上看，法律要求采用书面形式。因该项通知关系重大，以书面形式通知有利于保存证据，可以有效减少日后纠纷。从通知主体上看，应由股东进行通知。股东是相对于公司来说的，而对于公司，登记于其股东名册上的权利人才是其股东，因此，该通知应由转让人来通知，不能由受让人通知。

（二）股权转让后股东对公司享有变更登记请求权

本条第 1 款规定了股权转让后股东对公司的变更登记请求权，有权请求公司变更股东名册，需要办理变更登记的，并请求公司向公司登记机关办理变更登记。

股权转让后公司的义务，在之前的《公司法》中也有相应规定。2018 年《公司法》第 73 条规定："依照本法第七十一条、第七十二条转让股权后，公司应当注销原股东的出资证明书，向新股东签发出资证明书，并相应修改公司章程和股东名册中有关股东及其出资额的记载。对公司章程的该项修改不需再由股东会议表决。"本法第 87 条对该规定予以继受。该条规定了股东转让股权后公司注销原股东出资证明书、修改公司章程和变更股东名册的义务。本条第 1 款就是建立在该条基础上，从股东的角度，明确规定了股权转让后股东有权请求公司办理股东名册变更、办理登记机关变更登记，从而明确了变更登记并非股权转让方或受让方的义务，而是公司的义务。

（三）转让人、受让人诉讼救济权利

本条第 1 款又规定了股东转让股权的，请求变更股东名册并请求公司向公司登记机关办理变更登记，公司拒绝或者在合理期限内不予答复的，转让人、受让人可以依法向人民法院提起诉讼。

股权转让自公司股东名册变更时生效，产生的问题就是公司如果没有按照法律规定履行股东名册变更义务时，受让人如何救济自己的权利？原《公司法》中虽然没有明确规定，但司法实践中公司拒绝办理变更登记的，转让人或受让人也是通过诉讼方式进行救济，本次《公司法》修订，以法律的形式正式赋予了转让人和受让人通过司法途径寻求救济的权利。

股权转让实际是股权转让合同的履行行为。股权转让合同生效后，转让人所负的主要合同义务就是向受让人交付股权，而转让人与受让人股权转移的标志是股东名册变更，故转让人的交付股权的义务就具体体现为将股权转让的事实以书面方式通知公司，请求公司办理变更登记手续，并在需要时进行协助配合。而根据《公司法》及《市场主体登记管理条例》的相关规定，有限责任公司股东转让股权的，公司负有将股权转让结果记载于股东名册、修改公司章程、申请变更登记的义务。故根据股权转让合同，双方当事人有权要求公司办理股东名册的变更，公司有义务将受让人的姓名或者名称、住所地在股东名册上记载，从而使受让人取得股东资格。如果因转让人不履行交付股权的义务导致公司不变更股东名册，则受让人应当就股权转让合同纠纷提起诉讼，追究转让人的违约责任。如果转让人通知了公司股权转让的事实，请求公司办理变更登记手续，而公司怠于或者拒绝履行义务，既造成转让人不能履行自己的合同义务，妨碍了转让人转让股权，又造成受让人不能正常取得股东身份或者行使股东权利，则转让人、受让人均可以公司为被告起诉请求办理股东名册变更，得到法律救济。法院可以判令公司履行法律规定的义务，排除对股东行使权利的妨碍。

需要注意的是，转让人和受让人寻求司法救济的前提条件是公司拒绝或者在合理期限内不予答复，但转让人和受让人的请求能否得到支持关键是看公司是否有权拒绝为其办理变更手续。变更股东名册后股权转让才生效，因此，公司拒绝变更股东名册实际就是拒绝受让人成为自己的股东。如前所述，股权转让中，公司一般没有同意与否的权利，但也存在特殊情形：出资已经完全实缴到位，无任何瑕疵的股权转让时，股东对公司只需进行通知即可，公司无权拒绝协助其办理手续。如果股东认缴出资期限未届至，也未实际出资，转移股权可能导致出资义务一同转移。根据本法第 88 条第 1 款之规定，股东转让已认缴出资但未届出资期限的股权的，由受让人承担缴纳该出资的义务；受让人未按期足额缴纳出资的，转让人对受让人未按期缴纳的出资承担补充责任。此时属于债权债务一起转移，公司不仅有得到通知的权利，而且有同意与否的权利，此时股东转让股权必须取得公司的同意。需要注意的是，鉴于法律规定了受让人未按期足额缴纳出资的，转让人承担补充责任，因此虽然此种情形下权利义务一同转移，但对公司按期得到股东出资的权利影响并不大，所以即使此种情形下公司不同意股权转让，也必须有合理的理由才可。

综上，本条第 1 款规定了股权转让后股东有权请求公司办理变更登记，同时规定了公司的登记义务，并赋予了转让人和受让人通过司法途径寻求救济的权利，厘清了股权转让过程中转让人、受让人、公司各自的权利义务关系。

二、明确了股权转让生效时点：记载于股东名册时

有限责任公司股权转让生效时点问题，涉及对股权转让合同生效、股东名册登记以及登记机关登记办理的效力和相互关系的理解。本条第 2 款规定“股权转让的，受让人自记载于股东名册时起向公司主张行使股东权利”，明确了有限责任公司股权转让以股东名册变更作为股权变动生效时点。

（一）关于股权转让生效时点的争议

关于有限责任公司股权转让何时生效的问题，我国理论界和实务界之前存在以下四种主要观点。（1）股权转让合同生效则股权移转。出让人与受让人意思表示一致，则股权转让合同生效。除非法律法规明确规定或者当事人另有约定，股权转让合同生效后股权即在当事人之间发生移转，股东名册变更则产生对抗公司的效力，公司登记机关变更登记产生对抗第三人的效力。（2）以通知公司股权转让事实为股权发生移转的标志。这种观点认为，股权转让合同生效后，只要转让人将转让事实以书面方式通知了公司，股权即在双方当事人之间发生移转。（3）以股东名册变更为股权移转的标志。这种观点认为有限责任公司股东名册登记为设权登记，股东名册变更是受让人取得股权的标志。转让有限责任公司股权，双方意思表示一致，股权转让合同生效，还需要变更股东名册登记，将受让人姓名或者名称记载于股东名册，股权才由出让人移转到受让人。（4）以公司登记机关登记变更为股权移转的标志。这种观点认为有限责任公司股权自公司登记机关核准变更登记之日起转移。公司登记机关变更登记是股权转让的法定要件，未经公司登记机关变更登记，股权转让行为不发生法律效力。

比较上述四种观点，以股东名册变更作为股权移转的标志，区分了股权转让合同生效与股权权属变更，区分了股东名册记载与公司登记机关记载的效力，兼顾了转让股东、受让股东的利益以及对公司债权人和不特定相对人的保护。该种观点在审判实践中逐渐成为司法倾向性意见。2019 年《九民会纪要》通过规范性文件的方式系统总结了有限责任公司股权变动时间点，对有限责任公司股权转让自公司股东名册变更时生效这一问题予以明确，统一了司法实践中的适用。本条第 2 款在 2018 年《公司法》规定的基础上，吸收《九民会纪要》相关规定，以法律形式正式规定了受让人自记载于股东

名册时起可以向公司主张行使股东权利，明确了股权变动生效时点或者股东资格认定标准是受让人被记载于股东名册，公司登记机关变更登记产生的是对外的公示效力。

（二）正确理解有限责任公司股权转让自股东名册记载变更生效

本法第56条规定，有限责任公司应当置备股东名册，记载股东的姓名或者名称及住所，股东认缴和实缴的出资额、出资方式和出资日期，出资证明书编号，取得和丧失股东资格的日期。记载于股东名册的股东，可以依股东名册主张行使股东权利。故有限责任公司股东名册记载在效力上属于设权登记，即有关事项登记后产生创设权利或者法律关系的效力。有观点认为，根据我国《公司法》相关规定，股东依法转让股权后，公司应当修改股东名册中有关股东及其出资额的记载。而只有在股权转让生效的情形下，才由公司履行相应的股东名册变更记载等义务。因此，股权变更的生效应当在股东名册变更之前，股东名册变更是对股权变更结果的一种公示。股东名册登记的设权性质决定股权转让合同生效并不会使受让人自动取得股权。受让人只有在公司股东名册上记载了自己的姓名或者名称后，才能以股东身份对公司主张行使股东的权利，此时才取得了股权。因此，受让人取得股权是股权转让合同与股东名册变更共同作用的结果，而股东名册的变更是受让人取得股权的标志。故受让人以其姓名或者名称已记载于股东名册为标志点取得股权，但法律、行政法规规定应当办理批准手续生效的股权转让除外。

需要注意的是，虽然《公司法》中明确规定有限责任公司应当置备股东名册，但是目前实践中部分公司管理不规范，存在股东名册形同虚设甚至不设股东名册的情况。针对这一现实情况，考虑到股东名册记载变更的目的归根结底是公司正式认可股权转让的事实，审判实践中可以根据案件实际审理情况，认定股东名册是否变更。在没有规范股东名册的情况下，有关的公司文件，如公司章程、会议纪要等，只要能够证明公司认可受让人为新股东的，都可以产生相应的效力。

（三）股权转让行为发生的股权变动与因其他原因发生的股权变动生效时点应相互区分

本条规定的是因有限责任公司股权转让行为发生的股权变动的生效时点，应当与因其他原因发生的股权变动生效时点区分开。例如，司法实践中法院强制执行标的物为有限责任公司股权的情形也很多见，根据《民事诉讼法解释》第491条关于“拍卖成交或者依法定程序裁定以物抵债的，标的物所有权自拍卖成交裁定或者抵债裁定送达买受人或者接受抵债物的债权人时转移”之规定，如果有限责任公司股权被人民法院在执行程序中强制拍卖或者依照法定程序裁定以物抵债，则在拍卖成交裁定书或者抵债裁定送达买受人或者接受抵债物的债权人时，该股权由原股东移转至买受人或者接受抵债物的债权人。

【实务问题】

实践中理解和适用本条款，应当注意以下几点：

一、正确区分股权转让过程中的法律关系

股权转让涉及庞大复杂的法律关系，正确处理股权转让纠纷，需要正确梳理其中涉及的各个法律关系。首先，区分股权转让生效与股权转让协议生效之间的关系。股权转让协议的成立与生效，不受股东名册是否变更或公司登记是否变更的影响。因一方的原因导致未办理股东名册变更或者公司登记变更，给合同相对方造成损失的，相对方有权主张违约责任。因此，当事人之间订立的有限责任公司股权转让合同，除法律另有规定或者当事人另有约定外，自合同成立时生效；股东名册或公司登记是否变更不影响股权转让合同效力。其次，有限责任公司股权变动以股东名册变更生效。受让人只有在公司股东名册上记载了自己的姓名或者名称后，才能以股东身份对公司主张行使股东权利，此时才取得了股权。因此，受让人取得股权是股权转让合同与股东名册变更共同作用的结果，而股东名册的变更是受让人取得股权的标志。公司是否向公司登记机关办理变更登记，不影响受让人取得股权。最后，有限责任公司股权转让经公司登记机关办理变更登记后具有对抗效力，可以对抗善意相对人。[①] 具体阐述如下：

（一）股权转让合同生效与股权转让生效的区别

股权转让合同的生效，是合同约定对转让人与受让人当事人双方产生法律约束力的问题。股权转让合同生效后，转让人所负主要合同义务是交付股权，而受让人所负主要合同义务是支付约定的价款。而股权转让则是股权权属在转让人与受让人之间转移，实际是股权的交付行为。股权转让合同生效后，不会自动发生股权转让，还需要经过股权转让合同的实际履行。我国原《公司法》中已经规定，将有限责任公司股东名册变更登记作为股权变动的公示方式。是否办理公司股东名册变更登记影响受让人对股权的取得，但无

① 参见杨永清、潘勇锋：《公司法修订若干问题探讨》，载《法律适用》2023年第1期。

论公司股东名册变更还是公司登记机关的变更均不是股权转让合同成立或者生效的要件，对股权转让合同本身的效力没有影响。办理股权权属变更登记，是股权转让合同的履行问题，因一方的原因导致未办理有关变更登记的，对方有权要求其承担违约责任。因此，当事人之间订立有关转让有限责任公司股权的合同，除法律另有规定或者合同另有约定外，自合同成立时生效；未将受让人记载于股东名册或者未向公司登记机关办理变更登记的，不影响股权转让合同的效力。

（二）股权转让经公司登记机关办理股权变更登记后具备对抗善意相对人的效力

有限责任公司股权转让过程中，还涉及公司登记机关的登记变更环节。有限责任公司股东转让股权的，可能出现股东名册与公司登记机关记载之间不一致的情况，对此公司应当及时办理变更登记，保持股东名册与公司登记机关记载之间的一致性。公司登记机关登记与股东名册记载都属于登记范畴，但两者效力存在区别：股东名册记载确定股权的归属，变更股东名册记载之后，受让人便可以股东身份参与公司事务，实际享有股权，股权转让生效。而公司登记机关登记是以公司股东名册登记为基础和根据，具有向社会不特定多数人公示的作用。依据我国法律相关规定，公司应当将股东的姓名或者名称向公司登记机关登记；登记事项发生变更的，应当办理变更登记。未经变更登记的，不得对抗善意相对人。依据上述规定，有限责任公司股权转让后经公司登记机关变更登记，产生对抗效力。

因此，有限责任公司股权转让导致股东变更的，公司应当将股东变更情况向公司登记机关办理变更登记，未经变更登记的，不得对抗善意相对人。需要注意的是，根据《公司法》相关规定，公司是变更登记的义务人。变更登记不是股权转让双方的责任，而是公司的责任。公司是否办理变更登记，既不影响股权转让合同生效，也不影响受让人取得股权。

二、股权权属变更在特殊情形下的适用问题

股东以股权出资的，应依法办理股权权属转移手续。股权的转移包括股权权属变更和股权权能转移，前者是指实现股权在法律上的权属变更；后者是指将股东所享有的各种权利，包括共益权与自益权等实际转由公司行使，这是股权事实上的转移。具体到股权出资情形下，股东以持有的其他公司股权出资的，以该其他公司股东名册变更为准，股权由股东转移至接受出资的公司。股东名册的变更是受让人取得股权的标志，是否向公司登记机关办理

变更登记，不影响受让人取得股权。而经公司登记机关办理变更登记后具有对抗效力，可以对抗善意相对人。

三、注意与原有制度的衔接适用

公司股权转让在商事实践中频繁出现，产生了庞大复杂的法律规范需求。2019 年，最高人民法院总结审判经验，发布了《九民会纪要》。该纪要第 8 条、第 9 条总结了这方面的经验。在有限责任公司股权转让领域，明确了股东名册变更、公司登记机关变更登记与股权转让合同效力、股权变动效力之间的关系。初步形成了以下转让规则体系：以转让方式变动有限责任公司股权的，有限责任公司股权转让合同自签订时生效，附条件的自所附条件成就时生效，公司股东名册变更登记与公司登记机关变更登记不影响股权转让合同本身的效力；股权转让生效时点以股东名册变更为准，法律、行政法规规定应当办理批准手续才能生效的，则以股东名册变更与办理批准手续完成为准；股权变动未经公司登记机关变更登记的，不得对抗善意相对人。

该规则体系与本条规定并无矛盾。本条第 2 款吸收了《九民会纪要》相关规定，规定了股权转让生效时点为股东名册变更时，而该纪要中在坚持这一原则下，对其他情况规定得更加细致。实践中，在处理有限责任公司股权转让问题上，除了适用本条第 2 款规定外，在具体案件处理中还可以参照《九民会纪要》规定处理，特别是在法律、行政法规规定应当办理批准手续才能生效等特殊情形下，应当注意适用。

【条文】

第八十七条

依照本法转让股权后，公司应当及时注销原股东的出资证明书，向新股东签发出资证明书，并相应修改公司章程和股东名册中有关股东及其出资额的记载。对公司章程的该项修改不需再由股东会表决。

【条文主旨】

本条是关于依法转让股权后应当履行的手续的规定。

【条文概览】

无论是股东自愿转让其股权，还是人民法院依照法律规定的强制执行程序转让股权，在股权依法被转让后，公司还应当履行相应的手续，使股权转让的结果在出资证明书、股东名册和公司章程中予以变更和记载。本条除个别文字修改外，未作实质性修改。

【理解与适用】

出资证明书是有限责任公司向股东签发的、依法记载该股东向公司出资有关情况的书面证明文件。出资证明书是证明股东享有股东权利的重要凭证之一。实践中，许多有限责任公司并不置备股东名册，而是以出资证明书或者公司章程等形式记载股东名称及其出资额。本法第55条规定："有限责任公司成立后，应当向股东签发出资证明书，记载下列事项：（一）公司名称；（二）公司成立日期；（三）公司注册资本；（四）股东的姓名或者名称、认缴和实缴的出资额、出资方式和出资日期；（五）出资证明书的编号和核发日期。出资证明书由法定代表人签名，并由公司盖章。"为股东签发出资证明书是公司的法定义务，股权全部转让给他人以后，公司应当注销原股东的出资证明书，向新股东签发出资证明书。

公司章程是关于公司内部的组织和行为的根本规则，对公司、股东、董事、监事、高级管理人员具有约束力。本法第46条规定："有限责任公司章程应当载明下列事项：（一）公司名称和住所；（二）公司经营范围；（三）公司注册资本；（四）股东的姓名或者名称；（五）股东的出资额、出资方式和出资日期；（六）公司的机构及其产生办法、职权、议事规则；（七）公司法定代表人的产生、变更办法；（八）股东会认为需要规定的其他事项。股东应当在公司章程上签名或者盖章。”股东名册是设置在公司内的、反映股东及其出资情况的证明文书。本法第 86 条第 2 款规定：“股权转让的，受让人自记载于股东名册时起可以向公司主张行使股东权利。”综上，股权转让以后，公司应当按照股权转让的情况，修改公司章程和股东名册中有关股东及其出资额的记载，以使股权转让后的公司章程和股东名册能够反映公司股东的真实情况，使各股东的合法权益得到有效保障。

依据本法第 84 条的规定，股东转让股权无须经其他股东同意，其他股东仅享有优先购买权。所以，在就股权转让情况修改公司章程的有关记载时，因无须其他股东同意，当然也不需要再由股东会表决。

【实务问题】

为解决实践中股权转让后公司迟迟不配合办理股东名册和公司登记机关变更登记的问题，本法在新增的第 86 条中明确规定了股权转让后股东的变更登记请求权，并赋予转让人和受让人司法救济渠道。那么，股权转让后，如果公司不签发新的出资证明书或者不修改公司章程，转让人、受让人能否向人民法院提起诉讼？我们认为，股权转让后，无论是股东名册、公司登记机关的变更登记，还是注销签发出资证明书、变更公司章程，都属于股权变更登记范畴，都是公司的法定义务。公司未予配合的，转让人和受让人有权向人民法院提起诉讼。就此，《公司法解释三》第 23 条规定：“当事人依法履行出资义务或者依法继受取得股权后，公司未根据公司法第三十一条、第三十二条的规定签发出资证明书、记载于股东名册并办理公司登记机关登记，当事人请求公司履行上述义务的，人民法院应予支持。”

【条文】

第八十八条

股东转让已认缴出资但未届出资期限的股权的，由受让人承担缴纳该出资的义务；受让人未按期足额缴纳出资的，转让人对受让人未按期缴纳的出资承担补充责任。

未按照公司章程规定的出资日期缴纳出资或者作为出资的非货币财产的实际价额显著低于所认缴的出资额的股东转让股权的，转让人与受让人在出资不足的范围内承担连带责任；受让人不知道且不应当知道存在上述情形的，由转让人承担责任。

【条文主旨】

本条是关于已认缴但未届缴资期限股权以及出资不实股权转让后出资义务承担问题的规定。

【条文概览】

本条是此次《公司法》修订中新增加条文。本条主要规定了股东未缴纳出资情况下就转让股权的，股权转让后出资义务承担的问题。本条第 1 款规定了认缴但未届期股权转让后出资义务的承担规则，规定股东转让已认缴出资但未届出资期限的股权的，由受让人承担缴纳该出资的义务；受让人未按期足额缴纳出资的，转让人对受让人未按期缴纳的出资承担补充责任。认缴但未届期股权转让后，出资义务保留由转让人承担还是一同转移给受让人承担，以及如果转移给受让人承担，转让人是否需要承担连带责任的问题，系民商事审判中的热点和难点问题之一，本条第 1 款规定了相应出资义务的承担规则，解决了司法实践中长期存在的争议问题。

本条第 2 款规定了出资不实股权转让后出资义务的承担规则。这一点在本次《公司法》修订之前的法律中并无规定，但《公司法解释三》第 18 条对这一问题作出了规定。该条规定："有限责任公司的股东未履行或者未全面履行出资义务即转让股权，受让人对此知道或者应当知道，公司请求该股东履行出资义务、受让人对此承担连带责任的，人民法院应予支持；公司债权人依照本规定第十三条第二款向该股东提起诉讼，同时请求前述受让人对此承担连带责任的，人民法院应予支持。受让人根据前款规定承担责任后，向该未履行或者未全面履行出资义务的股东追偿的，人民法院应予支持。但是，当事人另有约定的除外。”本条第 2 款吸收借鉴该司法解释上述条款，规定了出资不实的股东转让股权的，转让人与受让人在出资不足的范围内承担连带责任；受让人不知道且不应当知道存在上述情形的，由转让人承担责任。本条规定为实践中处理该类纠纷提供了明确的法律依据。

【理解与适用】

本条应从以下方面予以理解适用：

一、认缴但未届期股权转让后出资义务承担规则

本条第 1 款规定了认缴但未届期且股东也未出资的股权转让后出资义务承担的规则。首先，注册资本认缴制下股东享有出资期限利益，出资期限尚未届满股东不出资并不违反出资义务，与第 2 款所述的出资不实的情形并不相同。其次，之前司法实践中对于出资期限届至前转让股权，出资义务由受让人承担还是转让人承担的问题，长期存在争议。

根据本条第 1 款规定，股东转让已认缴出资但未届出资期限的股权的，由受让人承担缴纳该出资的义务；受让人未按期足额缴纳出资的，转让人对受让人未按期缴纳的出资承担补充责任。对这一问题进行了明确规定，认为此时股权转让导致出资义务同时转让，因此应由受让人承担缴纳出资的义务。但为避免转让人以股权转让之名，行逃避债务之实，紧接着规定了受让人没有按期足额缴纳出资情形下，转让人要承担补充责任。

（一）股东出资义务及违反出资义务应当承担的出资责任

股东出资义务是指股东应当足额缴纳对公司资本的认缴出资额的义务，是股东的最基本的法律义务。它是在公司制度产生后，伴随独立法人人格和股东有限责任制度而形成的，是法律赋予股东享有有限责任制度保护的前提条件，既是股东的一项契约义务，同时更是股东必须履行的一项法定义务，股东不仅不得自行放弃，而且接受履行的公司也不得任意变更履行或免除履行。股东出资义务至关重要，它通过影响公司资本实缴金额而影响着公司的法人人格、公司债权人的相关利益以及市场的交易秩序的有序和安全。股东违反出资义务，给其他主体造成损害的，应当承担相应的民事责任。如果发生股东不履行或不适当履行出资义务的情况，不仅会对公司和其他股东的利益造成损害，而且会对公司债权人等利益主体造成危害。因此，股东须对自己的违反出资义务行为承担相应的民事责任。

（二）股权多次转让情形下，转让人与受让人的确定

需要说明的是，本条第1款所说的受让人，系指出资期限届至时持有股权的股东。而本条中所说的“转让人”需要区分两种情形：在股权只经过一次转让的情形下，是指认缴出资后出资期限届至前转让股权的股东。而在股权经过多次转让的情形下，则应包括认缴出资的股东在内的所有通过股权受让取得股权，又在出资期限届满前将股权转让出去的股东。为方便理解，现举例说明如下：甲是公司设立或增资时通过认缴出资取得股权的股东，在出资期限届满前，甲没有出资即将股权转让给乙，乙将该股权转让给丙，丙又将该股权转让给丁。丁持有股权时，出资期限届至，应当按照章程记载的认缴出资数额按期足额缴纳出资。那么，丁就是本款所述的“受让人”，而甲、乙、丙三人都是本款中所述的“转让人”。丁未按期足额缴纳出资的，其直接前手丙对受让人丁未按期缴纳的出资承担补充责任；丙不能足额出资的，乙承担补充责任；乙依然不能足额出资的，甲承担补充责任。这里需要注意的是，因转让人承担的是补充责任，因此多个转让人承担责任的顺序很重要，应从受让人的直接前手转让人起承担责任。

二、出资不实股东转让股权后受让人的连带责任

本条第2款规定了出资不实股东转让股权后出资责任的承担规则。与第1款所述情形不同，出资不实的股东违反了出资义务，应当承担相应的出资责任。出资不实且未向公司补足出资的股东转让股权的，所产生的问题是相应的出资责任应当由转让人承担，还是受让人承担，或是两者一起承担？本条第2款规定了出资不实的股东转让股权的，转让人与受让人在出资不足的范围内承担连带责任；受让人不知道且不应当知道存在上述情形的，由转让人承担责任。

股东未尽出资义务即转让股权，转让股东的出资义务不得因股权转让而解除，公司仍有权请求转让股东履行出资义务。由于受让人在受让股权时应当查证该股权所对应的出资义务是否履行，具有较公司其他股东更高的注意义务，在受让人明知转让股东未尽出资义务仍受让股权时，其更应对转让股东未尽的出资义务承担连带责任。因此，公司向人民法院起诉请求转让股东履行出资义务时，可以同时请求知道或者应当知道转让股东未尽出资义务的受让人承担连带责任。股权转让瑕疵担保责任的构成要件如下：

第一，转让股权存在权利瑕疵。具体来说，由于转让股权时转让人的出资义务未履行完全，使得公司或公司债权人在转让的股权之上存在可主张的

权利，从而使得受让人受让的股权之上负有转让合同之外的权利负担和限制。

第二，权利瑕疵于转让合同成立时即已存在，且在交付时仍未消除。转让人在股权转让合同订立之前，便处于未完全履行出资义务的状态，这种状态一直延续至股权的交付。如果转让人在交付之前补足出资，则当然不存在股权权利瑕疵问题。

第三，受让人在转让合同成立时不知道也不应当知道权利瑕疵的存在。受让人在不知道或不应当知道股权存在瑕疵的情况下受让股权的，需要对无过错受让人的合法利益予以公平的保护。如果受让人明知权利瑕疵的存在，则表明其是基于权利瑕疵的基础事实而与转让人签订合同，此时转让人的权利瑕疵担保责任自然免除，除非当事人另有约定。

第四，转让人与受让人无免除权利瑕疵担保责任的特别约定。权利瑕疵担保责任的法律规定大多属于任意性法律规定，若当事人双方通过特别约定的方式排除其适用，自然可以免除转让人的权利瑕疵担保责任，除非转让人是有意不告知权利瑕疵。当然，也并非所有瑕疵担保责任均可以免除，其中有些瑕疵担保责任是法律明确规定的，这时当事人不可以通过约定予以排除适用，如瑕疵是因转让人故意或重大过失而造成且给对方带来财产损失时的担保责任，就不可以排除适用，相关的排除约定无效。

【实务问题】

审判实践中，正确理解和适用本条第 2 款，应当注意以下几点：

一、关于适用股东出资不实没有补足出资而转让股权规定的前提条件

出资不实既可能发生在公司设立时，也可能发生在增资时；既可能是实缴出资股东没有如实出资，也可能发生在认缴出资期限届满后股东没有按期足额缴纳出资；既可能是货币出资不实，也可能是非货币财产出资不实。第一，如果是有限责任公司设立阶段实缴出资不实的，设立时的股东相互之间对出资承担连带责任，即使转让人将该出资不实股权转让，设立时的其他股东依然要对其承担连带责任；而设立时认缴出资部分以及增资时出资，设立时的其他股东对此不承担连带责任。第二，如果股东虽然未按期足额缴纳出资或者作为出资的非货币财产的实际价额显著低于所认缴的出资，但在转让股权之前股东已经向公司承担了补足出资并赔偿损失的责任，转让股权后也

不会产生本条第 2 款所规定的连带责任。

二、关于股东违反出资义务后应当承担的民事责任

股东违反出资义务后应承担对公司的补充出资责任和损害赔偿责任。当股东违反出资义务时，如果其仍具有履行能力，需要对公司承担补充出资责任，同时对造成的损害承担赔偿责任。对于出资人或认股人未按期缴纳股款，各国立法普遍赋予了公司等请求权人救济手段，包括失权程序、追缴出资、损害赔偿等。当出资人或认股人没有出资时，可能被公司或其他股东作为违约行为剥夺出资或认股资格，从而未能取得股权；也可能因其他股东或者公司没有执行失权程序而被登记为股东，并在公司成立后获得股权。出资瑕疵的股东虽然拥有公司股权，但仍应当承担出资义务。瑕疵股权虽有瑕疵，但不等于非法权利，不丧失其可转让性。

三、注意本条规定与《公司法解释三》第 18 条规定之间的区别

本条规定虽然在责任承担方面对《公司法解释三》第 18 条的规定没有进行实质变更，但两者在举证责任方面存在不同。根据《公司法解释三》第 18 条的规定以及长期司法实践，债权人主张瑕疵出资股权受让人承担责任的，需要举证证明受让人对于瑕疵出资情况知道或者应当知道。而根据本条规定，股权受让人主张自己免于承担责任的，需要举证证明自己不知道且不应当知道。举证责任的这一变化，可能导致实践中受让人承担责任的可能性提高。

【条文】

第八十九条

有下列情形之一的，对股东会该项决议投反对票的股东可以请求公司按照合理的价格收购其股权：

（一）公司连续五年不向股东分配利润，而公司该五年连续盈利，并且符合本法规定的分配利润条件；

（二）公司合并、分立、转让主要财产；

（三）公司章程规定的营业期限届满或者章程规定的其他解散事由出现，股东会通过决议修改章程使公司存续。

自股东会决议作出之日起六十日内，股东与公司不能达成股权收购协议的，股东可以自股东会决议作出之日起九十日内向人民法院提起诉讼。

公司的控股股东滥用股东权利，严重损害公司或者其他股东利益的，其他股东有权请求公司按照合理的价格收购其股权。

公司因本条第一款、第三款规定的情形收购的本公司股权，应当在六个月内依法转让或者注销。

【条文主旨】

本条是关于有限责任公司异议股东回购请求权的规定。

【条文概览】

本条在承继2018年《公司法》第74条内容的基础上，进行了实质修改，增加了第3款、第4款。

1993年颁布的《公司法》并未对异议股东的股份回购请求权作出规定，反而在第149条[①]规定，除为减少资本而注销股份或与持有本公司股票的其他公司合并外，公司不得收购本公司的股票。

为适应股份有限公司向境外募集股份和到境外上市的需要，规范到境外上市的股份有限公司的行为，原国务院证券委员会、原国家体制改革委员会

① 1993年《公司法》第149条规定："公司不得收购本公司的股票，但为减少公司资本而注销股份或者与持有本公司股票的其他公司合并时除外。公司依照前款规定收购本公司的股票后，必须在十日内注销该部分股份，依照法律、行政法规办理变更登记，并公告。公司不得接受本公司的股票作为抵押权的标的。"

1994 年 9 月发布的《到境外上市公司章程必备条款》第 149 条第 1 款规定，反对公司合并、分立方案的股东，有权要求公司或者同意公司合并、分立方案的股东，以公平价格购买其股份。原中国证监会 1997 年 12 月《上市公司章程指引》（证监〔1997〕16 号，现已失效）第 173 条规定，公司合并或者分立时，公司董事会应当采取必要的措施保护反对公司合并或者分立的股东的合法权益。

考虑到现实生活中，有些有限责任公司的大股东利用其对公司的控制权，长期不向股东分配利润，也不允许中小股东查阅公司财务状况，权益受到损害的中小股东又无法像股份有限公司的股东那样通过转让股份退出公司，从而致使中小股东的利益受到严重损害。针对这种情况，在《公司法》修订时增加了股东在法定条件下，通过法定的程序，可以退出公司的规定，即《公司法》（2005 年修订）第 75 条规定了有限责任公司异议股东请求公司收购股权的情形。[①] 这既能保障大多数股东意思自治的权利，又不会损害少数异议股东的最初期待利益，能够更好地保护异议股东的合法权益。同时，在股份有限公司股份转让部分，2005 年修订的《公司法》第 143 条关于禁止收购本公司股份及其例外的规定第 1 款第 4 项规定了股份有限公司异议股东的股份回购请求权。

《公司法》（2013 年修正）中对于有限责任公司异议股东请求公司收购股权的规定，只是将条文序号由原第 75 条改为第 74 条，内容未作变动。

《公司法》（2018 年修正）中有限责任公司异议股东请求公司收购股权的规定相比之前没有变化。

在本轮修订过程中，条文内容也在不断调整：

《公司法（修订草案）》：（1）条文序号由第 74 条改为第 90 条。（2）文

---

① 2005 年《公司法》第 75 条规定："有下列情形之一的，对股东会该项决议投反对票的股东可以请求公司按照合理的价格收购其股权：（一）公司连续五年不向股东分配利润，而公司该五年连续盈利，并且符合本法规定的分配利润条件的；（二）公司合并、分立、转让主要财产的；（三）公司章程规定的营业期限届满或者章程规定的其他解散事由出现，股东会会议通过决议修改章程使公司存续的。自股东会会议决议通过之日起六十日内，股东与公司不能达成股权收购协议的，股东可以自股东会会议决议通过之日起九十日内向人民法院提起诉讼。"

字表述微调。(3) 增加第 3 款[①](同时,在第七章第二节股份有限公司股份的转让中,新增第 172 条[②],规定了股份有限公司的异议股东回购请求权;在第十一章公司合并、分立、增资、减资中,新增第 215 条[③],其中第 1 款后半段规定了被持股 90% 以上的公司被合并时,其他股东有权请求公司按照合理的价格收购其股权或股份)。

《公司法(修订草案二次审议稿)》:条文序号由第 90 条改为第 89 条。

《公司法(修订草案三次审议稿)》:(1) 新增第 3 款“公司的控股股东滥用股东权利,严重损害公司或者其他股东利益的,其他股东有权请求公司按照合理的价格收购其股权。”(2) 前两稿中增加的第 3 款调整为第 4 款,并作文字相应调整:“依照本条第一款”改为“依照本条第一款、第三款”。

【理解与适用】

异议股东回购请求权,又称中小股东异议估价权、少数股东收买请求权,是指在股东会就合并、解散、营业让与等公司重大事项进行表决前和表决时,如果有股东明确表示了反对意见,而该事项获得决议通过,则该股东有权要求公司以公平价格收买其所持有的公司股份。

在法定资本制度之下,股东出资不能抽回是公司法的基本原则。公司收购自己的股份,将使公司成为自己的股东,混淆了公司与股东之间的法律关系,非常容易导致公司的董事或者经理等人员利用负责公司运营的权力,通

---

① 《公司法(修订草案)》第 90 条规定:“有下列情形之一的,对股东会该项决议投反对票的股东可以请求公司按照合理的价格收购其股权:(一) 公司连续五年不向股东分配利润,而公司该五年连续盈利,并且符合本法规定的分配利润条件(的);(二) 公司合并、分立、转让主要财产(的);(三) 公司章程规定的营业期限届满或者章程规定的其他解散事由出现,股东会会议通过决议修改章程使公司存续(的)。自股东会决议作出之日起六十日内,股东与公司不能达成股权收购协议的,股东可以自股东会决议作出之日起九十日内向人民法院提起诉讼。公司依照本条第一款规定收购的本公司股权,应当在六个月内依法转让或者注销。”

② 《公司法(修订草案)》第 172 条规定:“有下列情形之一的,对股东会该项决议投反对票的股东可以请求公司按照合理的价格收购其股份,公开发行股份的公司除外:(一) 公司连续五年不向股东分配利润,而公司该五年连续盈利,并且符合本法规定的分配利润条件;(二) 公司转让主要财产;(三) 公司章程规定的营业期限届满或者章程规定的其他解散事由出现,股东会通过决议修改章程使公司存续。自股东会决议作出之日起六十日内,股东与公司不能达成股份收购协议的,股东可以自股东会决议作出之日起九十日内向人民法院提起诉讼。公司依照本条第一款规定收购的本公司股份,应当在六个月内依法转让或者注销。”

③ 《公司法(修订草案)》第 215 条规定:“公司与其持股超过百分之九十以上的公司合并,被合并的公司不需经股东会决议,但应当通知其他股东,其他股东有权请求公司按照合理的价格收购其股权或者股份。公司合并支付的价款不超过本公司净资产百分之十的,可以不经股东会决议;但是,公司章程另有规定的除外。公司依照前两款规定合并不经股东会决议的,应当经董事会决议。”

过其所实际掌握的公司拥有的本公司股份影响公司决策，损害公司股东或者债权人利益。对于股份公司，允许公司拥有自己的股份，就使公司可以方便地利用其所掌握的内部消息进行股票操作、操纵公司股票价格、扰乱证券市场秩序，损害其他投资者特别是公众投资者的利益。公司拥有本公司股份，将使该股份所代表的资本实际上处于虚置的地位，违反公司资本充实原则。

异议股东回购请求权制度为中小股东在公司受控股股东操纵时为了维护自己的利益而退出公司提供了保障，是对法定资本原则的突破。有限责任公司股东的回购请求权，即在公司出现法定情形时，股东可以请求公司以合理的价格回购其所拥有的股权，从而达到离开公司的目的。这是针对有限责任公司股权流动性差而作出的规定，以防止出现在公司损害股东利益时，股东没有救济措施又不能通过向他人转让股权而离开公司的情况。股份有限公司的股份是可以自由转让的，股东对公司经营情况不满，可以直接转让其股权而离开公司。因此，2018 年《公司法》第 142 条对股份有限公司股东的股份回购请求权，只作了有限度的规定，即股东在对股东会作出的公司合并、分立决议持有异议时，可以要求公司收购其股份。当股东行使这项权利时，公司就会拥有本公司的股份。

一、异议股东行使回购请求权的条件

（一）一般条件

1. 享有表决权。股东须在相关事项作出决议时享有表决权，如不享有表决权或者表决权受限，自然谈不上投反对票。对此，有观点认为，异议回购请求权制度的目的是平衡资本多数决原则下大股东与中小股东之间的利益，无表决权股东只是不参与公司管理，而义务与普通股东相同，在对公司结构失望、利益可能受损而又无他法的情况下，不应该剥夺其此项权利，其同样应享有异议股东股权回购请求权。从域外立法看，《美国标准商事公司法》规定股份评估权主体一般为有表决权股东，该法的例外情况是母子公司特定合并时无须表决的子公司的异议股东也可享有此项权利。《韩国证券交易法》中规定了无表决权股东的股份收买请求权，但其商法中没有明文规定。《日本公司法典》第 116 条第 2 款、第 469 条第 2 款等明确规定无表决权的股东有权行使股份回购请求权。

2. 参加会议。股东应当参加会议，如果不参加会议，当然不可能投票。对于未参加股东会议并投反对票的股东，如果该股东并非因自身过错导致未能参加股东会议，如其未被通知参加股东会，自然无法通过投反对票的方式表达异议；如其知道股东会决议后明确持反对意见，则应当认定其享有回购请求权。

3. 明确投出反对票。如果股东只是表示有异议，但未明确投反对票，而是投赞成票或者弃权票；或在股东会上投赞成票或者弃权票，会后又提出异议，均不符合条件。

（二）法定情形

异议股东回购请求权有严格的条件限制，即有以下三种情形之一，并且股东会在该股东投反对票的情况下依然作出了有效的决议，该投反对票的股东才可以请求公司按照合理的价格收购其股权。

1. 连续 5 年不分配利润。即公司连续 5 年不向股东分配利润，而公司该 5 年连续盈利，并且符合《公司法》规定的分配利润的条件。股东向公司投资后，即享有分配收益的合理期待，如长期不分配利润，股东有权要求分配利润，但持有公司多数表决权的其他股东却通过股东会决议的形式阻碍了少数异议股东分配利润的要求。2005 年《公司法》修订过程中，有观点建议将异议股东股份回购请求权的条件确定为“公司连续三年不向股东分配利润，而公司该三年连续盈利，并且符合《公司法》规定的分配利润条件的”。但为预防股东频繁退股对公司生存与发展造成风险，立法者最终将“三年”改为“五年”。因此，股东必须是在公司连续 5 年不分红的情况下，才能请求公司回购其股权，如果公司的盈利不具有连续性，而是断断续续地累计，股东则不享有此项权利。此外，根据《公司法》第 210 条的规定，公司在弥补亏损和提取公积金后如仍有利润，才能向股东分配，否则股东也不能享有此项权利。

2. 公司经营发生重大变化。即公司合并、分立、转让主要财产。此类情形下，公司的股东情况、股权结构、资产以及负债都将发生重大变化，给公司未来发展带来不确定性，可能产生风险，甚至严重影响公司的发展前景，从根本上动摇股东对公司的投资预期。因此，尽管股东会按照资本多数决原则形成了合法的决议，但与少数股东的意愿相反，与其设立或者加入公司的初衷不符，使其合理利益期待落空，应允许其退出公司。关于主要财产的认定标准，参照《上市公司重大资产重组管理办法》第 2 条关于“出售资产或者通过其他方式进行资产交易达到规定的标准，导致上市公司的主营业务、资产、收入发生重大变化的资产交易行为”的规定，如果转让的主要财产导致公司主营业务、资产、收入发生重大变化，应该认定为转让主要财产。

3. 应解散而继续存续。即公司章程规定的营业期限届满或章程规定的其他解散事由出现，股东会会议通过修改章程使公司存续。公司存续期间，股东不单享有经营获利期待，同时也承担着持续的风险。《公司法》第229条规定，公司章程规定的营业期限届满或者公司章程规定的其他解散事由出现，公司应当解散；《公司法》第230条规定，此种情形下可以通过修改公司章程而存续，有限责任公司须经持有三分之二以上表决权的股东通过。据此，公司章程规定的营业期限届满或章程规定的其他解散事由出现时，公司本应解散并成立清算组对公司财产进行清算，然后注销，最终股东退出公司，结束此次投资经营。如果持有公司多数表决权的其他股东通过股东会决议修改公司章程决定使公司存续，即与股东投资公司的预期不符，使股东可能承担更多不确定的经营风险，亦无法清算并分配公司剩余财产，因此应允许不同意的股东退出公司。

有限责任公司系封闭公司，股权流通性较弱，股东退出更为困难。故本条规定的上述三种情形适用于有限责任公司的股东。股份有限公司作为公众公司，其股东的退出更为容易。根据《公司法》第162条之规定，只有在对公司合并、分立决议持有异议时，股份有限公司的股东才能请求公司回购其股权，其他情形下股东可通过股权转让退出公司。

二、行使回购请求权的程序

1. 股东对有关决议有异议的，可以投反对票。根据本条规定，在发生法定的异议股东回购请求权的情形下，股东在股东会上对有关决议投反对票即可享有回购请求权。

2. 异议股东与公司协商股票的收购价格。关于价格的确定，《公司法》仅规定了合理的价格。至于何谓合理的价格，实践中因公司存在大量应收款、未到期债权等未确定的收益难以评估，往往导致双方争议巨大，很难达成一致意见，产生价格确定难的问题。实践中的做法不一。(1) 依据当事人之间的其他文件确定。有的法院依据股东间签署的股东结算作为认定回购资金的依据，认为股东结算系公司财务总监制作，记载了投资情况和各股东应得的款项，公司又未能提交充分证据证明该股东结算的金额存在错误，故采信股东结算认定回购价格。(2) 以退股时公司的净资产为准。(3) 以上一年度的净资产为准。一般来讲，法院大多需通过司法评估确定合理价格。但是在评估过程中，如公司无法提供完整资料或怠于配合，亦会导致评估工作进展困难，案件审理期限较长，异议股东的权利无法得到及时有效的保护。对此，应与当事人积极沟通，必要时适用举证责任。

3. 收购股权的期限。作为保护中小股东合理利益的救济措施，为实现救济手段的可操作性，本条规定了股东要求公司收购其股权的协议期限，即自股东会会议决议通过之日起 60 日内。如果双方在该期限内不能达成股权收购协议，则股东有权自股东会决议通过之日起 90 日内向人民法院提起诉讼。关于此处 90 天期限的性质问题，《公司法解释一》（2014 年修正）第 3 条规定："原告以公司法第二十二条第二款、第七十四条第二款规定事由，向人民法院提起诉讼时，超过公司法规定期限的，人民法院不予受理。"据此，此处 90 天期限既区别于诉讼时效，也不同于除斥期间，为了反映其具有的这种起诉唯一性的特征，应当被称为商法上特殊的起诉期限。如请求公司收购股权之诉超过法定期限，股东就丧失了通过诉讼途径保护其利益的权利，只能通过协商等其他自力救济的办法寻求权利的保护。为了在已有法律框架下尽可能地保护中小股东的利益，在出现当事人对会议通过决议的时间或者股东在决议上签章的时间有争议，但根据双方提供的证据无法确定期间起算日期的情形时，应当推定股东的起诉没有超过法定期间，并予以受理。

三、控股股东滥用股东权利情形下的回购请求权

本条第 3 款规定："公司的控股股东滥用股东权利，严重损害公司或者其他股东利益的，其他股东有权请求公司按照合理的价格收购其股权。"

《公司法》第 89 条列明的异议股东可以请求公司按照合理价格收购其股权情形，只有连续 5 年不分配利润、合并、分立、转让主要财产、营业期限届满后修改章程使公司存续、解散事由出现后修改章程使公司存续等。而实践中，大股东侵害小股东利益的方式多种多样：侵占、转移公司财产；操控目标公司进行不公平的交易或提供担保，损害目标公司利益；转让目标公司主要经营项目、知识产权、重要经营资质等，导致目标公司缺乏继续经营的基础；公司存在利润但不予分配；中小股东无法参与、知晓公司经营状况及资金用途；等等。对于股东请求公司回购股份的请求，司法实践中往往因不属于《公司法》列明的三种情形而得不到支持，导致小股东一方面受大股东压迫无法实际行使股东权利，另一方面又不能退出公司，还要面临被公司和债权人追责的潜在风险。在直接的回购请求不易达到救济目的的情况下，小股东往往通过迂回提起一系列诉讼来救济其权利，如知情权纠纷、以董监高违反勤勉忠实义务为由提起股东代表诉讼、公司解散纠纷等，容易陷入旷日持久的诉讼泥潭。相较于其他救济途径而言，赋予受压迫的小股东以退出权不失为解决公司僵局的一种直接、简便、成本更为低廉的救济途径。因此，

在立法层面，确实需要设置法定情形之外的兜底条款。

本次《公司法》修订过程中，有的地方、部门、专家学者、社会公众提出，为进一步落实产权平等保护的要求，建议进一步完善中小股东权利保护相关规定。基于社会生活和经济实践的需求，《公司法》进一步完善了有限责任公司异议股东回购请求权制度，增加了第3款规定。

（一）控股股东滥用股东权利

股东按其出资份额对公司享有一定的权利，即股东权利。根据权利义务对等的原则，公司股东在享受各项权利的同时，负有正当行使权利的义务。股东行使权利的依据是有关法律、法规和公司章程，依法和依章程正当行使权利是股东的基本义务。股东在行使权利时，不但要遵守法律有关权利行使的规定，同时要依照法律规定的程序行使。依据《公司法》第21条规定，股东应当依法行使权利，不得滥用权利。回购请求权属于股东权利的一种，自然也不得滥用。

控股股东是从公司控制权角度确立的概念，股东持股达到一定的比例，可认定该股东对公司拥有控制权，但持股未达到公认控股比例的公司股东也可能通过协议或者其他安排实际控制公司事务。根据《公司法》第265条规定，控股股东是指其出资额占有限责任公司资本总额超过50%或者其持有的股份占股份有限公司股本总额超过50%的股东；出资额或者持有股份的比例虽然低于50%，但依其出资额或者持有的股份所享有的表决权已足以对股东会的决议产生重大影响的股东。控股股东在公司内部成为实际上的业务执行和经营者，在享有经营管理权的同时，必须有特定的义务加以约束。在处理公司事务时，应怀有善意，并从公司最大利益出发来考虑问题，严格履行忠实义务，严禁危害公司、债权人、社会公众和其他股东的利益，不得有虚假出资、操纵发行价格、操纵利润分配、操纵信息披露、侵吞公司和其他股东的财产等欺诈行为，不得通过关联交易来谋取不正当利益。控股股东如果利用自己的股权控制、支配公司，损害公司或其他股东利益，则构成权利滥用。

（二）严重损害公司或其他股东利益

股东在依据法律、行政法规和公司章程行使股东权利的时候，不得利用其权利损害公司或者其他股东的利益。股东对公司投资后，有权期待公司的人格和特定的经营特征保持一定的持续性。如果公司的人格和特定的经营特征未经其同意而发生根本之改变，则股东的期待利益就会落空，应有权退出公司。公司的变动是由公司管理层发起、策划和执行的，而公司管理层大多为公司大股东、控股股东所控制，其可以借“资本多数决”原则以牺牲少数股东之利益来扩大自己的利益。为了克服这种问题，力求维护法律上之公平，有必要在控股股东滥用股东权利严重损害公司或其他股东利益时，赋予异议股东回购请求权。

另外，控股股东滥用股东权利情形下的回购请求权，与第 1 款列明情形在适用条件上有区别，不要求对股东会决议投反对票。从这个角度看，严格来讲，这种情形之下赋予股东的回购请求权，并不属于异议股东回购请求权。控股股东滥用股东权利情形下的回购请求权，鲜明体现了对受控股股东压迫、损害股东的保护，是股东回购请求权制度发展过程中具有里程碑意义的重大变化。目前法律只是作了概括性规定，具体适用条件、标准，有待于进一步细化。实践中，应审慎把握适用标准和尺度，避免回购请求的泛滥，影响公司稳定。

四、回购后应及时转让或注销

本条第 4 款规定：“公司因本条第一款、第三款规定的情形收购的本公司股权，应当在六个月内依法转让或者注销。”

对于股份公司，根据《公司法》第 162 条[①]之规定，虽然允许公司在特定情况下收购本公司股份，但按照第 116 条第 1 款、第 210 条第 5 款规定，[②]回购的股份不享有表决权、不得参加红利分配。[③] 实际上，回购的部分股权处于虚置状态。因此，公司在依法回购本公司股份后，应当及时处理，防止股份长期虚置，影响公司运营。所以，《公司法》第 162 条第 3 款规定，股

---

① 《公司法》第 162 条规定：“公司不得收购本公司股份。但是，有下列情形之一的除外：（一）减少公司注册资本；（二）与持有本公司股份的其他公司合并；（三）将股份用于员工持股计划或者股权激励；（四）股东因对股东会作出的公司合并、分立决议持异议，要求公司收购其股份；（五）将股份用于转换公司发行的可转换为股票的公司债券；（六）上市公司为维护公司价值及股东权益所必需。公司因前款第一项、第二项规定的情形收购本公司股份的，应当经股东会决议；公司因前款第三项、第五项、第六项规定的情形收购本公司股份的，可以按照公司章程或者股东会的授权，经三分之二以上董事出席的董事会会议决议。公司依照本条第一款规定收购本公司股份后，属于第一项情形的，应当自收购之日起十日内注销；属于第二项、第四项情形的，应当在六个月内转让或者注销；属于第三项、第五项、第六项情形的，公司合计持有的本公司股份数不得超过本公司已发行股份总数的百分之十，并应当在三年内转让或者注销。上市公司收购本公司股份的，应当依照《中华人民共和国证券法》的规定履行信息披露义务。上市公司因本条第一款第三项、第五项、第六项规定的情形收购本公司股份的，应当通过公开的集中交易方式进行。公司不得接受本公司的股份作为质权的标的。”

② 《公司法》第 116 条第 1 款规定：“股东出席股东会会议，所持每一股份有一表决权，类别股股东除外。公司持有的本公司股份没有表决权。”

③ 《公司法》第 210 条第 5 款规定：“公司持有的本公司股份不得分配利润。”

份有限公司收购异议股东的股份后，应当在6个月内转让或者注销。

同理，有限责任公司依据《公司法》第89条的规定收购其股东的股权的，也应当及时注销并进行减资处理。如果不减资的，也应及时转让或者注销。

本条新增的第4款规定与《公司法》第162条、第161条第3款的规定保持一致。同时，通过明确回购与公司减资、转让的衔接，有利于保护公司外部债权人利益。

五、关于被合并公司少数股东的回购请求权

《公司法》在第十一章公司合并、分立、增资、减资中新增第219条[①]，该条规定了公司与其持股90%以上公司的合并。其中第1款后半段规定了与持股90%以上的公司合并时，其他股东有权请求公司按照合理的价格收购其股权或股份。

该条规定公司与其持股90%以上的公司合并，被合并的公司不需经股东会决议，只是应当通知其他股东。因此，对于被合并公司的少数股东来讲，并不存在就合并召开的股东会，自然不存在投票的问题和异议的问题。所以，此条中规定的回购请求权，实际上不属于异议股东回购请求权的范畴。

【实务问题】

一、能否在公司章程中规定法定事由之外的回购事由

对此存在不同观点：一种观点认为，《公司法》规定的异议股东回购请求权是强制性规范，公司章程不得进行自主设定。另一种观点认为，《公司法》并没有禁止公司章程对回购事由进行约定，本条规定并非属于禁止性规定，公司回购后履行减资程序即可。如果不违反法律禁止性规定，章程规定的其他回购事由有效。最高人民法院指导案例第96号宋某某诉西安市大某餐饮有限公司股东资格确认纠纷案认为，如果公司章程明确约定了公司回购条款，只要不违反《公司法》等法律强制性规定，可认定为有效。公司章程作为公司股东自治宪章，诸多重大修改都会影响到中小股东的投资意愿，而

① 《公司法》第219条规定："公司与其持股百分之九十以上的公司合并，被合并的公司不需经股东会决议，但应当通知其他股东，其他股东有权请求公司按照合理的价格收购其股权或者股份。公司合并支付的价款不超过本公司净资产百分之十的，可以不经股东会决议；但是，公司章程另有规定的除外。公司依照前两款规定合并不经股东会决议的，应当经董事会决议。"

不应仅局限于修改公司章程使公司存续，故在不违反《公司法》等法律强制性规定的情况下，公司章程可以约定回购适用情形。

二、转让主要财产的认定标准

公司转让主要财产会严重影响公司的发展前景，甚至带来风险，足以从根本上动摇股东对公司的投资预期。何谓公司转让的"主要财产"，即主要财产应当如何认定，存在争议：单纯以占公司总资产的比例来衡量，还是应限于一旦转让则会导致影响公司主营业务和经营发展的财产？第一种观点认为，公司转让其主要财产是指公司将其生产经营的主要财产转让给他人。第二种观点认为，公司转让主要财产中所指的主要财产包括两个类型：一是从财产价值上看，公司转让的主要财产在公司净资产中所占比例较高，如30%以上；二是从用途、效能与重要性来看，公司转让的财产属于公司的核心业务资产。第三种观点认为，《上市公司重大资产重组管理办法》第2条规定，在日常经营活动之外购买、出售资产或者通过其他方式进行资产交易达到规定的标准，导致上市公司的主营业务、资产、收入发生重大变化的资产交易行为，构成重大资产重组。该办法虽然针对的是上市公司，但对于有限责任公司转让主要财产也具有参考意义，也即如果有限责任公司转让的主要财产导致公司的主营业务、资产、收入发生重大变化，应该认定为转让主要财产。上述观点各有道理，我们认为，能引发异议股东回购请求权的所谓"转让主要财产"，不仅在数量上有要求，还要求在性质上属于转让后足以导致公司结构与运营发生重大变化的财产，即转让财产的行为实质影响了公司设立的目的以及公司存续，会影响公司的正常经营和盈利，从而导致公司发生根本性变化。

【典型案例】

一、宋某某诉西安市大某餐饮有限公司股东资格确认纠纷案①

裁判要旨：国有企业改制为有限责任公司，其初始章程对股权转让进行限制，明确约定公司回购条款，只要不违反《公司法》等法律强制性规定，可认定为有效。有限责任公司按照初始章程约定，支付合理对价回购股东股权，且通过转让给其他股东等方式进行合理处置的，人民法院应予支持。

---

① 最高人民法院第96号指导案例。

二、上海某实业公司诉上海某房地产公司等请求公司收购股份纠纷案[①]

裁判要旨：1. 有限责任公司转让财产，属于公司章程规定的股东会职权的，应当提交股东会讨论表决，如未召开，异议股东仍可通过其他途径表示反对，并有权自知道或应当知道异议事项之日起 90 日内要求公司收购其股权。

2. 判断是否属于公司法意义上的公司主要财产，应当从转让财产价值占公司资产的比重、转让的财产对公司正常经营和盈利的影响以及转让财产是否导致公司发生根本性变化等多角度进行考察，并以转让财产是否导致公司发生根本性变化，即对公司的设立目的、存续等产生实质性影响，作为判断的主要标准，其余两项则作为辅助性判断依据。

① 人民法院案例库案例，编号：2023－08－2－268－001。

【条文】

第九十条

自然人股东死亡后，其合法继承人可以继承股东资格；但是，公司章程另有规定的除外。

【条文主旨】

本条是关于有限责任公司股东资格继承的规定。

【条文概览】

本条完全承继了2018年《公司法》第75条的内容，未作修改。

《公司法》在2005年修订前并未就股东资格继承问题作出规定，当时实践中对股权继承问题的处理基本上采取两分法：对于股权中的财产性权益，原则上按照财产利益的继承规则处理；对于股权中的非财产利益或整体股东资格，多认为应参照《最高人民法院关于适用〈中华人民共和国婚姻法〉若干问题的解释（二）》第16条处理，即不能当然认为继承人能够继承全部意义上的股权，即股权中的身份权益不能当然继承，须经其他股东过半数同意且放弃相应优先购买权。

2005年修订后的《公司法》规定了股东资格，增加规定了本条内容。2013年修正《公司法》时条文序号由原第76条修改为第75条，内容未作修改。2018年《公司法》修正时，也没有修改。

【理解与适用】

有限责任公司自然人股东的死亡，必然引发对其生前所持公司股权的处置问题。对于逝者的生前财产，一般将该财产作为遗产并按照继承法的相关规定处理。原《继承法》第3条规定遗产范围包括收入，房屋、储蓄和生活用品，林木、牲畜和家禽，文物、图书资料，法律允许公民所有的生产资料，著作权、专利权中的财产权利，其他合法财产。[①] 但没有明确将股权列出，该“其他合法财产”是否包括股权并不明确。《最高人民法院关于贯彻执行〈中华人民共和国继承法〉若干问题的意见》第3条规定“公民可继

① 《民法典》第1122条不再采取列举式规定，而是规定了遗产的定义，即“遗产是自然人死亡时遗留的个人合法财产。依照法律规定或者根据其性质不得继承的遗产，不得继承”。

承的其他合法财产包括有价证券和履行标的为财物的债权等”，虽将有价证券纳入可继承范围，但对于未以有价证券形式体现的有限责任公司股权，亦未明确。

有限责任公司形式起源于中小企业经营的需要，通过简化股份有限公司的结构并融入人合因素而形成，这就决定了有限责任公司的股权兼具资合性与人合性，既包括股东的财产权，也包括伴随该财产权产生的身份权即股东资格，该身份体现为股东可以就公司事务行使表决权等有关参与公司决策的权利。一方面，有限责任公司由股东出资组成，股东出资后所投入的财产就转化为公司财产，不得随意抽出，为降低投资风险，股东可以如同股份有限公司股东一样承担有限责任；另一方面，有限责任公司原始股东间往往具有相互信任和良好合作的基础，可以约定权利义务，在经营管理上有较强灵活性，以保障公司正常经营。可见，股权不同于一般物权及普通财产权利，就股权的财产权益而言，法律规定了股权可以作为遗产被继承，而对于股权中的股东资格即身份权益，如果按照一般财产的当然继承规则处理，自然人股东死亡后其继承人就可直接享有股权并进入公司成为股东，虽然不会影响有限责任公司的资合性，但继承人能否与公司其他股东保持良好合作存在不确定性，可能使有限责任公司的人合性受到威胁。因此，有必要作出专门规定。

一、股权继承的一般原则——自然人股东的合法继承人可以继承股东资格

本条前半句规定：“自然人股东死亡后，其合法继承人可以继承股东资格。”这样规定是考虑到股东身份是基于股东的财产权而产生的。一般来说，其身份权应当随其财产权一同转让；同时，也考虑到被继承人作为公司的股东，对公司曾作出贡献，其死后如无遗嘱另作安排，由其法定继承人继承其股东资格具有合理性，也符合我国的传统文化和现实国情。

（一）不受其他股东的限制

有观点认为，只要被继承人死亡，继承人没有宣告放弃继承权，继承人就是公司当然的合法股东；另有观点认为，因继承发生股权转移时，如果受让人是公司之外的人而非原本就是公司股东，继承时就必须按照关于对外转让的规定，2018 年《公司法》第 71 条规定了须经其他股东过半数同意及书面通知其他股东行使优先购买权，新《公司法》第 84 条规定应书面通知其他股东行使优先购买权。对此，本条规定应理解为股东死后被继承人当然取

得股东资格，无须履行任何前置程序，只要公司章程没有排除规定且继承人没有宣告放弃，继承人因继承取得公司股权无须其他股东同意。

《公司法解释四》第 16 条规定："有限责任公司的自然人股东因继承发生变化时，其他股东主张依据公司法第七十一条第三款规定行使优先购买权的，人民法院不予支持，但公司章程另有规定或者全体股东另有约定的除外。"据此，因继承而发生股东资格或股权变动时，其他股东不享有同意权和优先购买权，但是公司章程另有规定或者全体股东另有约定的除外。司法解释该条明确规定"全体股东另有约定"时可以对股东资格继承作出另行处理，应理解为，股东间采取约定并以全体同意的方式就股东资格继承作出不同规定的，相当于股东全体一致同意通过了关于该项事务的章程，即使其在形式上并未通过章程表现出来，也不因此影响该内容对全体股东的约束力。

（二）对继承人的资格没有限制

对于无民事行为能力人和限制民事行为能力人能否成为有限责任公司的股东，存在不同的观点。原国家工商行政管理总局 2007 年在对原广东省工商行政管理局作出的《关于未成年人能否成为公司股东问题的答复》中载明："经请示全国人大常委会法制工作委员会同意，现答复如下：《公司法》对未成年人能否成为公司股东没有作出限制性规定。因此，未成年人可以成为公司股东，其股东权利可以由法定代理人代为行使。"继承行为不是民事法律行为，而是事实行为，只要被继承人死亡的事实发生，就产生继承问题，与继承人的行为能力无关。我国《民法典》继承编并未对继承人的行为能力提出要求。本条规定继承人可以继承股东身份，取得股东身份的人可以是完全民事行为能力人，也可以是无民事行为能力人或者限制民事行为能力人。继承人如果是无民事行为能力人或者限制民事行为能力人，其股权可以由其法定代理人代为行使。股东共益权的行使以股东具有完全民事行为能力为前提，但是共益权的享有与共益权的行使是两个层面的问题，继承人虽然不具有完全民事行为能力，但是取得股东资格后，可以由其法定代理人行使共益权。

（三）不得违反禁止性规定

股份有限公司、有限责任公司、合伙企业的股东或出资人的资格继承均应受到法定的不得成为该企业股东或出资人情形的限制。《公务员法》第 59 条规定："公务员应当遵纪守法，不得有下列行为：……（十六）违反有关规定从事或者参与营利性活动，在企业或者其他营利性组织中兼任职务……"根据上述规定，公务员被禁止从事或者参与营利性活动。因此，公务员不得继承股权成为公司的股东。有限责任公司的股东死亡后，其继承人如果是公务员，继承人可以依法继承的是与该股东所拥有的股权相对应的财产性权益，不能继承股东资格或者股东地位。

二、特殊例外——允许公司章程另行规定股东资格继承办法

本条后半句规定："但是，公司章程另有规定的除外。"如此规定主要是考虑到有限责任公司具有人合性，股东之间的合作是基于相互间的信任。而自然人股东死亡后，其继承人毕竟已不是原股东本人，股权实质上发生了转让。在此情况下，其他股东对原股东的信任并不能自然转变为对继承人的信任，因此，其他股东不一定愿意与继承人合作，由此可能导致股东之间的纠纷，甚至形成公司僵局。因此，应当允许章程规定股东认为的切实可行的办法，解决股东资格继承问题。比如，公司章程可以规定，当股东不同意某人继承已死亡的股东的资格时，可以采用股权转让的办法处理股权继承问题等。

（一）不得限制股权的财产权益

财产权意义上的股权属于股东遗产，这并不难理解，应当按照继承法规则处理。本条第2句所谓公司章程另有规定，在进行对于股东身份权的规定时，只能限制继承人继承股东的资格，而不得违反继承法的基本原则剥夺继承人获得与股权价值相适应的财产对价的权利。

（二）合理性标准

本条第2句将公司章程置于优先适用的地位，将《公司法》的规定变为当事人意思空白情形下的一种补充。但这并不意味着公司章程中不同于《公司法》的规定当然有效。公司章程对股东资格继承的限制，应以合理为标准，即实现公司利益、其他股东利益、已死亡股东生前的意愿及其继承人的利益之间的协调与平衡。公司章程中未约定继承办法的，应当按照本条规定的一般原则由继承人继承死亡股东的股东资格。

（三）平等性标准

虽然在有限责任公司中对股东平等有一些特殊的规定，但是股东平等原则应是公司法的基本原则。对股东权利限制应以"全体股东约定"即股东一致同意（尤其是被限制权利的股东表示同意）为前提。否则，相应权利在股东间必须平等享有。涉及股东资格继承时，如果章程系针对一部分股东甚至某位股东在继承方面作出限制，那么除非被限制的股东同意，否则不能轻易

认为章程内容发生效力。

（四）另行规定的形成时间

关于股东资格继承的章程规定，其形成时间应在被继承股东死亡之前。公司章程可分为初始章程（公司设立时经全体股东一致同意制定的章程）和后续的章程修正案。股东资格继承并不会对该股权利益本身造成实质性影响。无论是发起人最初制定的初始章程，还是经资本多数决形成的章程修正案，如公司章程已作出“另行规定”，即表明对股东资格继承的不同规定已为公司内部多数意见所认可，这种情况下不宜笼统以作出的“另行规定”系章程修正案授权为由对其不予认定。但是，如果该章程修正案是在股东死亡后才形成，即在作出修正案时死亡的股东已无机会表达意见，对此时形成的章程修正案的公平性及其效力则需谨慎对待。在公司或其他股东未提出充足理由的情况下，对这种突击式修改形成的章程内容，不宜支持。

三、与股份有限公司股东资格继承的区别

新《公司法》在第六章股份有限公司的股份发行和转让中，设置第 167 条对股份有限公司的自然人股东死亡后股东资格继承作出规定，即“自然人股东死亡后，其合法继承人可以继承股东资格；但是，股份转让受限的股份有限公司的章程另有规定的除外”。此条系新增条文，之前《公司法》中只规定了有限责任公司自然人股东死亡后的股东资格继承，而未针对股份有限公司的股东专门作出规定。该条明确了第 157 条规定的股份转让有限制的或按第 144 条第 1 款第 3 项规定的发行转让受限类别股的公司章程另有规定的除外，明确股份转让受限的股份有限公司应当在公司章程中载明限制条件，在股份继承场合下也不能突破此限制。与本条规定不同，股份有限公司的自然人股东所持有的只要不是转让受限股，且公司章程对该转让受限股的继承事宜未另行规定，该自然人股东的股东资格即可由其合法继承人自由继承，股份有限公司不得通过公司章程或决议对持有转让受限股以外的任何股东的股东资格继承进行限制，体现了相较于有限责任公司更大的开放性。

【实务问题】

股东资格发生继承后，导致公司只有一个股东或者人数超过 50 人时如何处理。

有限责任公司中有不少是家族性质的公司，有些公司的股东可能仅为夫妻二人，如果夫妻二人同时死亡，继承人又只有一人的，或者公司仅有的两

个股东中的一个股东死亡而继承人就是另一股东时，都会导致公司股东变成一人。此时，普通有限责任公司将变成“一人有限责任公司”。如果因股东资格继承将导致公司股东只有一人，法院在因股东资格继承提起的诉讼中可以确认继承人的股东资格，但同时应在裁判文书中向公司和股东释明及时将部分或全部股权转出以符合有限责任公司股东人数的要求，或者释明及时办理公司形态变更，将普通有限责任公司变更为“一人有限责任公司”。如各继承人均取得股东资格将导致有限责任公司的股东数超过 50 个时，首先，应当引导各继承人协商由部分继承人继承股东资格，未继承股东资格的其他继承人的其他股权（投资）收益不受影响；其次，如各继承人协商后未达成协议，应当引导公司将公司形态变更为股份有限公司，避免受有限责任公司 50 名股东人数上限的限制；最后，如各继承人协商不成且公司不愿变更组织形态，不应同时确认各继承人的股东资格。

【典型案例】

周某与建某公司股东资格确认纠纷案①

裁判要旨：《公司法》赋予了自然人股东的继承人继承股东资格的权利，同时亦允许公司章程对死亡股东的股权处理方式另行作出安排。判断是否有权继承股东资格，应正确理解章程条款，在文义解释的基础上，综合考虑章程体系、制定背景、修订演变、实施情况等因素并结合公司对离职退股的实践处理方式，综合分析认定公司章程是否排除股东资格的继承。

在排除股东资格继承后，标的股权如何处理属于公司治理事项，不影响股东资格的判断，由公司回购或由其他股东受让，均可通过公司自治实现。

---

① 最高人民法院（2018）最高法民终 88 号。

第五章 股份有限公司的设立和组织机构

第一节 设 立

【条文】

第九十一条

设立股份有限公司，可以采取发起设立或者募集设立的方式。

发起设立，是指由发起人认购设立公司时应发行的全部股份而设立公司。

募集设立，是指由发起人认购设立公司时应发行股份的一部分，其余股份向特定对象募集或者向社会公开募集而设立公司。

【条文主旨】

本条是关于股份有限公司设立方式的规定。

【条文概览】

1993年通过的《公司法》第74条规定："股份有限公司的设立，可以采取发起设立或者募集设立的方式。发起设立，是指由发起人认购公司应发行的全部股份而设立公司。募集设立，是指由发起人认购公司应发行股份的一部分，其余部分向社会公开募集而设立公司。"《公司法》2005年修订时，在保留股份有限公司公开募集设立方式的同时，增加了定向募集设立方式，规定"或者向特定对象募集而设立公司"，确认了向特定对象募集而设立公司的合法性。也就是说，募集设立包括公募与私募两种形式。公募即是由发起人认购公司应发行股份的一部分，其余股份向社会公开募集而设立公司，私募则是发起人认购公司应发行股份的一部分，其余股份向特定对象募集而设立公司。私募是募集设立形式的一种，应当遵守募集设立的相关规定。为了拓宽投资渠道，方便公司设立，适应投资者选择不同投资方式的需求，鼓励投资创业，2005 年《公司法》作了该修订。2013 年修正《公司法》时，条文序号由原第 78 条改为第 77 条，内容未作修改。2018 年修正《公司法》时，本条未作修改。2023 年修订时，增加了“设立公司时”的表述，将发起人认购股份限制在设立公司时应发行的全部股份。

【理解与适用】

一、争议观点

长期以来，对我国的公司分类的合理性一直有一些修改完善的建议：一是有限责任公司和股份有限公司之间的划分不合理，从人数、规模、股权形式、人合性与资合性角度进行区分均不能体现两类公司的实质区分标准。二是有限责任公司与非上市非公众股份公司趋同性过高，二者在规模人数、股份流通、机构设置上极为相似。三是采用二分法的公司分类模式僵化，难以满足市场实践中投资主体的多样化需求。虽然我国学者也对此问题作出讨论，但始终没有达成一致观点。

关于公司类型重构的具体路径，学界对此的讨论主要集中于三种观点：第一种观点是彻底废除有限责任公司形式。如刘俊海教授在《论新〈公司法〉的现代化》中认为：“将现在的有限责任公司类型取消，与股份有限公司中的非上市公司归为一类公司去调整。”“将公司类型依照能否上市标准进行划分，除上市公司之外的公司均为封闭公司，同时参照日本公司法的做法，依据封闭公司的规模大小再进行细分。”① “废除有限责任公司，将其并入股份有限公司中，将股份有限公司按封闭性与公众性区分。”②

第二种观点是将股份有限公司中具备封闭性的股份公司移动到有限责任公司中。“应该维持目前的公司类型格局，从立法技术以及改革成本的角度出发，整合封闭型公司的资源，由有限责任公司法律对有限责任公司和发起设立的股份公司统一调整。”③ “丰富有限责任公司的相关法律规范，使其成为所有封闭性公司通用的法律制度。”④ “公司法律规范应重新划分，优先规定股份有限公司，由证券法调整上市公司，有限责任公司则可以简化。”⑤

---

① 张辉：《中国公司法制结构性改革之公司类型化思考》，载《社会科学》2012 年第 9 期。

② 刘小勇：《论股份有限公司与有限责任公司的统合——日本及其他外国法关于公司类型的变革及启示》，载《当代法学》2012 年第 2 期。

③ 李建伟：《公司组织形态重构与公司法结构性改革》，载《财经法学》2015 年第 5 期。

④ 王保树：《公司法律形态结构改革的走向》，载《中国法学》2012 年 1 期。

⑤ 叶林、段威：《论有限责任公司的性质及立法趋向》，载《现代法学》2005 年第 1 期。

第三种观点是重新划分股份有限公司。针对当前的股份有限公司还应依据是否对外发行股票分为公众公司和非公众公司，公众公司又可以分为上市公司和非上市公司，从而对不同公司类型给予不同规制。[①] 在股份有限公司内再根据公司涉众程度作为划分标准，给予非公众股份有限公司与有限责任公司更大的自由。[②]

也有少数观点认为，非公众性股份有限公司适合作为一种公司上市前的过渡企业类型存在，我国应将其单独列为一种公司类型，单独加以规范。[③]

此次《公司法》修订仍然延续了有限责任公司与股份有限公司二分的公司分类。对于股份有限公司设立方式，我国《公司法》规定了发起设立和募集设立两种。

如同理论界对于公司类型的划分长期以来存有不同观点，关于股份公司设立的方式尤其是公开募集方式的存废与否，也具有一定的争议。有学者认为，法律运行与社会发展变迁息息相关。我国公司法虽然规定了公开募集设立，但为了避免欺诈发行及提高上市公司质量，该种公司设立方式并未运行。从理论上分析，公开募集设立应被废除。公司从设立到发展壮大有其客观的历程，募集设立不适宜初设公司。公司发展所需资金可以由专业金融机构满足。并且在后产业资本主义时期，人力资本日益重要，金钱资本之重要性亦逐步下降。废除公开募集设立，将有助于我国公司类型转向公开公司与封闭公司的分类，统一公司设立制度，有助于证券发行注册制的推行。[④]

改革开放后，公开募集设立伴随我国股份公司登上历史舞台。1992 年 5 月 15 日，国家体改委、国家计委、财政部等部门印发《股份制企业试点办法》及配套的《股份有限公司规范意见》《有限责任公司规范意见》，作为股份制企业试点之依据，正式拉开我国股份制改革的序幕。公开募集设立作为股份有限公司设立的三种方式之一，被详细地规定于《股份有限公司规范意见》第二章。

2005 年《公司法》修订时公开募集设立再次引起立法者关注。在草案审议中，证监会明确向全国人大法律委员会提出了反对公开募集设立的意

---

① 周友苏、李红军：《现代化视野下中国公司法改革前瞻——以公司形态调整为主线》，载《社会科学》2012 年第 4 期。

② 雷兴虎、冯玥：《经济全球化背景下我国公司法的修改与完善》，载《湖南社会科学》2013 年第 2 期。

③ 刘迎霜：《我国公司类型改革探讨——以非公众股份有限公司为视角》，载《广东社会科学》2014 年第 1 期。

④ 李政辉、童鑫宇：《公开募集设立存废辨析》，载《商法界论（第 7 卷）》2021 年第 1 辑。

见："为了避免公开募集设立方式的风险和弊端，建议删去公开募集设立方式，但可以采用向机构投资者等对投资风险具有较强的判断、承受能力的特定对象募集股份的定向募集设立方式。"而所谓的"风险与弊端"应意指"我国社会诚信和对资本市场监管水平的现状"。与此相反，"国务院法制办、国资委、工商总局、人民银行等部门则认为，现行公司法已经规定了股份有限公司的公开募集设立方式，保留这一方式，有利于拓宽投资渠道，方便公司设立，促进经济发展"。最终"法律委员会研究认为，允许股份有限公司采用公开募集和定向募集的方式设立，有利于适应投资者选择不同投资方式的需求，鼓励投资创业"①。随着2005年《公司法》的出台，公开募集设立被保留，争论告一段落。

本次《公司法》修订延续了公开募集的公司设立方式。但仍有观点认为，虽然以公开募集方式设立股份公司曾是现代公司制度的初始样态，借由其充分募集社会闲散资金之能，社会经济发展之需求得以满足。但排除特定历史之条件，公司发展有其自有规律，现代社会金融市场之完善又逐步弥合了初创公司的融资缺口，而"商业资本主义—产业资本主义—后产业资本主义"之发展历程带来了商业模式的改变，对人力资本的强调也正逐步削弱公开募集设立股份公司之经济意义。在当代社会，基于经济之考虑，很少有股份公司于成立即时公开发行股票，而以封闭向公开之渐进转变为其常态，即使有募集资金以为经营之需求，通常也以私募为主。因此在各主要经济体中，公开募集设立股份公司这一制度都不同程度地处于休眠状态，甚至消亡。当下公开募集设立股份公司已是弊大于利，此种公司设立类型已无实际存续意义②。

二、股份有限公司设立方式

股份有限公司是指资本分为股份，通过认购股份出资或者取得已发行的股份成为股东，股东以股份的认购价额为限承担出资义务（有限责任），对公司债务不承担直接责任的公司形态。

股份有限公司的优势主要体现在以下两个方面：（1）资本以股份为单位构成的独特的资本构成方式，使资本集中变得容易；（2）股东负有限责任，可以限制事业损失的风险。概括而言，资本、股份、股东的有限责任是股份

① 洪虎：《全国人大法律委员会关于〈中华人民共和国公司法（修订草案）〉审议结果的报告——2005年10月19日在第十届全国人民代表大会常务委员会第十八次会议上》。

② 李政辉、童鑫宇：《公开募集设立存废辨析》，载《商法界论（第7卷）》2021年第1辑。

有限公司的本质要素。

股份有限公司是典型的资合性公司，其资本的来源，可以有两种方式：一是全部由发起人缴纳；二是由发起人缴纳一部分，其余部分通过募集而来。本条对这两种方式都作了规定，即发起人在设立股份有限公司时，可以根据发起人及公司的具体情况，决定在设立之时是否向发起人以外的人发行股份。根据股份有限公司在设立时是否向发起人以外的人发行股份，本条将股份有限公司的设立，分为发起设立和募集设立两种。

（一）发起设立

发起设立，是指由发起人认购公司发行的全部股份而设立公司的方式。发起设立可以适用于任何类型公司的设立，有限责任公司只能采取发起设立方式。以发起设立的方式设立股份有限公司的，在设立时其股份全部由该公司的发起人认购，而不向发起人之外的任何人发行股份。由于没有向社会公众公开募集股份，所以，以发起设立方式设立的股份有限公司，在其发行新股之前，其全部股份都由发起人持有，公司的全部股东都是设立公司的发起人。

一般而言，采取发起设立方式，是由于各个发起人的资金比较雄厚或者公司的资本总额不需要太高，在创立公司时，不需向社会公众募集资金，凭借发起人的资金就构成公司的资本总额。在这种情形下，发起人采取发起设立方式设立公司可以有效缩短公司设立的时间，减少公司设立的费用，增加公司设立的稳定性。发起设立的方式仅适合规模不大的公司，如果所需股本较大，发起人又难以认购设立公司时应发行的全部股份，则不宜采取此种设立方式。因此，以发起设立的方式设立股份有限公司比较简便，只要发起人认足了股份就可以向公司登记机关申请设立登记，但它要求各个发起人有比较雄厚的资金，即仅发起人就能够认购设立公司时应发行的全部股份。

对于以发起设立方式设立的股份有限公司，发起人所认购的股份是否必须在公司成立时足额缴纳的问题。根据我国《公司法》第 97 条第 1 款规定，以发起设立方式设立股份有限公司的，发起人应当认足公司章程规定的公司设立时应发行的股份。第 98 条第 1 款规定，发起人应当在公司成立前按照其认购的股份全额缴纳股款。因此，发起设立的公司应在公司成立时足额缴纳股款。

（二）募集设立

募集设立，是指发起人认购公司发行股份的一部分，其余股份向特定对象或者向社会公开募集而设立公司。由于有限责任公司的人合性强，资本具有封闭性，其设立方式均为发起设立。所以，募集设立方式仅适用于股份有限公司和股份两合公司。我国由于没有股份两合公司，故只有股份有限公司可以采用这种设立方式。发起人采取募集设立方式设立公司，是希望通过向社会公众或者特定对象发行股份而募集更多的资金，从而使公司能够具有更多的资本。公司向社会公众或者特定对象募集股份，其结果是凡持有股份的人都是公司的股东。所以，募集设立的公司的股东，除发起人外还有认股人，即投资者。

具体来说，其他投资者包括两种情况：一是广大的社会公众。发起人向不特定对象募集股份，即我们通常所说的公募设立。公募设立，即由发起人认购设立公司时应发行股份的一部分，其余股份向社会公开募集而设立股份有限公司。根据《证券法》第9条规定，向不特定对象发行证券，以及向特定对象发行证券累计超过200人，但依法实施员工持股计划的员工人数不计算在内，均属于公开发行。公募设立与私募设立相对应。二是发起人向特定对象募集股份。发起人不向社会公众募集股份，而是在一定范围内向特定对象募集股份，即我们通常所说的私募。私募设立又称定向募集设立，是股份有限公司设立方式的一种，指的是由发起人认购设立公司时应发行股份的一部分，其余股份向特定对象募集而设立股份有限公司。如向特定对象发行证券累计未超过200人，私募的对象以机构投资者居多，比如现在流行的天使投资和风险投资，在一定程度上可以认为是《公司法》中的向特定对象募集设立股份有限公司。

公募设立由于涉及广大社会公众的利益，因而有条件苛刻、程序复杂、费用高昂、风险较大等弊端，而私募设立则具有发行手续简单、发行周期短和费用少等优势。但私募设立由于投资者数量有限、流通性较差，有不利于提高发行人的社会信誉等不足之处。

募集设立公司方式具有发起设立无法比拟的优越性，设立规模较大的股份有限公司，单凭发起人的经济实力可能难以实现。以募集设立方式设立股份有限公司，发起人只需投入部分资金，发起人认购的股份不得少于股份总数的35%，而且，也不要求一次缴纳全部股款。因此，可以通过发行股份的方式充分吸收社会闲散资金，在短期内筹集设立公司所需要的巨额资本，从而使公司能够迅速聚集到较大的资本额，缓解发起人的出资压力，便于公司成立。但是，由于募集设立涉及发起人以外的人，所以法律对募集设立规定了较为严格的程序，以保护广大投资者的利益，保证正常的经济秩序。根据《公司法》第100条规定，“发起人向社会公开募集股份，应当公告招股说明书，并制作认股书。认股书应当载明本法第一百五十四条第二款、第三款所列事项，由认股人填写认购的股份数、金额、住所，并签名或者盖章。认股人应当按照所认购股份足额缴纳股款。”

募集设立虽然具有非常大的优越性，但采取这种方式也存在弊端：一是这种方式须对外募集股份，还需召开成立大会，在审批程序上也较发起设立复杂，而且还可能受到国家金融政策等方面的制约。一般而言，对外募集程序为：发起人先认股、发×××公告招股说明书，制作认股书。公开募集设立程序为：由证券公司和证券公司签订成交协议（保护投资者权益）；银行签收款协议；由证监会审批；公开募股；召开成立大会；由公司的董事会授权代表办理登记。二是由于股权的高度分散，不利于实现发起人对公司的控制权。三是因为募集设立向社会公开发行股票，又往往是溢价发行，从而形成公司的创设利润，因此有发起人为了这份利润而借设立公司之名，行骗取钱财之实的情况。

针对以上弊端，许多国家和地区的公司法都采取了一定措施予以限制。比较常见的方式是对采取募集方式设立公司时发起人认购的股份应占公司所发行股份总数的比例作出限制性规定。根据《公司法》第97条第2款的规定，以募集方式设立股份有限公司的，发起人认购的股份不得少于公司章程规定的公司设立时应发行股份总数的35%；但是，法律、行政法规另有规定的，从其规定。这既可以在一定程度上防止发起人逃避出资或只认购名义股份，遏制完全凭借他人的资本来开办公司而自己不承担财产责任的投机行为，又可以达到保持一定比例的股份由社会公众认购，从而保持股份有限公司的公众性的目的。①

【实务问题】

股份有限公司通过募集方式发行股份，认股人认购股份，应当按照股份发行时确定的期限缴纳其所认购的全部股款，期限届满仍未缴纳的，构成违约。公司发起人通知该认股人在合理期限内缴纳股款，该认股人于催告期满仍未缴纳的，视为其放弃认股权，认股合同解除。发起人可以就该认股人于催告期满仍未缴纳股款的股份，另行进行募集。

认股人未按期缴纳其所认购股份的股款，包括未缴纳和延期缴纳两种情形。认股人未缴纳或者延期股款，既违反认股合同约定的义务，也违反法定

---

① 最高人民法院民法典贯彻实施工作领导小组编著：《中国民法典适用大全（商事卷·公司法）》，人民法院出版社2022年版，第431～432页。

出资义务，给公司造成损失的，无论是基于违约责任还是侵权责任，公司均有权请求该认股人承担赔偿责任。认股人未缴纳或延期缴纳股款给公司造成的损失，应当界定为公司因此造成的实际损失，如公司因另行募集发生的额外费用、因设立延误造成的损失等，而不应限于认股人未按期缴纳的股款范围。

【条文】

第九十二条

设立股份有限公司，应当有一人以上二百人以下为发起人，其中应当有半数以上的发起人在中华人民共和国境内有住所。

【条文主旨】

本条是关于股份有限公司发起人的人数及其资格的规定。

【条文概览】

1993年通过的《公司法》第75条规定："设立股份有限公司，应当有五人以上为发起人，其中须有过半数的发起人在中国境内有住所。国有企业改建为股份有限公司的，发起人可以少于五人，但应当采取募集设立方式。"2005年《公司法》修订时，将发起人由5人降至2人。考虑到《公司法》作为商事法，应当以当事人意思自治为主，所以，将发起人最低数额的要求降低为2人，便于股东发起设立股份有限公司。同时增设了发起人的上限要求。1993年《公司法》中对于股份有限公司的发起人，只要求在5人以上，而未设上限。实际上，发起人如果过多，容易造成一定的混乱，妨碍设立的完成，或者由于募集设立股份有限公司的条件较发起设立要严格，实践中有投资者为了规避法律，利用发起设立对发起人人数上限没有限制的规定，行名为发起设立、实为募集设立之实，或者通过设立公司达到非法集资的目的。为了防止这种规避法律的现象的发生，2005年《公司法》修订时，规定发起人人数不得超过200人。此外，还取消了国有企业独家发起设立股份公司的特权条款，对公有制经济与非公有制经济一视同仁。此次《公司法》修订，将最低人数限制由2人更改为1人，也就意味着我国法律允许设立一个股东的股份有限公司。

【理解与适用】

一、争议观点

对于是否取消设立股份有限公司最低2人的人数限制，设立一个股东的股份有限公司，一直以来存在两种观点。

持否定观点的理由主要有：（1）公司是社团法人，当然以数名成员的存在为其要件。因此，公司必须有两人以上的社员才可以成立，如果仅剩一名社员，公司就该解散。两名以上社员（股东）的存在既是公司成立的要件，又是存续的要件。（2）如果允许一个股东的股份有限公司的存在，很难避免个人想要享受有限责任制度和税收制度上的利益而设立公司转嫁风险逃避债务，或者母公司想要取得会计处理上的便利而设立另一个公司等滥用公司独立法人制度的情形。

持肯定观点的理由主要有：（1）国外立法例上确实存在将无社员作为非营利社团法人解散的事由，该制度设计主要考虑到法人公益性的政策规定，不能直接援用于营利性公司法人。我国法律对此并无规定，且我国已经承认一个股东的有限责任公司，不应以公司社团性否认一人公司存续的合理性。

（2）一个股东的公司对公司社团性的冲击并不构成对公司人格性的否认。社团性不构成公司本质，需要反思公司的团体性是指"股东的集合"还是"生产要素的集合"。公司人格基础并不建立在公司的社团性之上，甚至并不以其为前提。首先，公司人格存在的前提在于两权分离，即所有权和控制权的分离。只有让公司的控制脱离所有者的直接掌握，公司自主管理才成为可能。通俗地说，公司是否具有独立的人格，完全取决于是否能够像一个独立自主的人一样去独立思考和行为，并独立对自己的行为负责，而无须股东或其他人代为思考、行动、负责。其次，公司人格存在的基础在于公司自身的财产性。公司资产是其人格的物质保障。最后，公司人格还需要制度保障。需要意思机关（股东会）、行为机关（董事会）甚至监督机关（监事会）共同合力形成现代公司的基本治理结构。公司的人格在外观上是透过公司机关的形式显现出来的。公司的人格以两权分离为前提，又以两权分离为表征。

（3）实务中确实会存在公司股东、董事、高管由一人兼任从而可能导致股东像管理自己私人家产那样控制企业，实质上就是将个人企业伪装成法人，滥用法人独立地位，不当享有有限责任利益的情形，但否认一个股东的公司也并不能杜绝此类弊端。事实上，只要不能杜绝形式上分散股份而实际上仍为一个股东的公司的现象，这些弊端就一直存在。如前所述，股东有限责任的特权是以公司独立人格为前提的，如果失去这个前提，股东滥用有限责任特权，法律就会剥夺这个特权，无论公司成员多寡。

显然，在此次《公司法》修订中，采纳了肯定观点，规定1人以上即可设立股份有限公司，意味着一个股东的股份有限公司成为可能，其核心目的仍在于鼓励股份有限公司的设立与发展。

二、发起人的人数及其资格

（一）发起人的界定

《公司法》虽然采用了“发起人”的表述，但并未对发起人予以法律界定。《公司法解释三》第1条对发起人进行了界定，为设立公司而签署公司章程、向公司认购出资或者股份并履行公司设立职责的人为公司的发起人。据此，发起人的法律特征为：

1. 发起人是为设立公司而签署公司章程的人。公司章程是由设立公司的股东制定并对公司、股东、公司经营管理人员具有约束力的、调整公司内部组织关系和经营行为的自治规则。公司章程的制定包括起草、讨论、协商、签署等多个环节，其中“起草”“讨论”“协商”等环节的参与者对公司章程的通过没有决定效力，只有公司章程的签署人，才能对公司章程的制定和通过具有实质性影响。因此，只有公司章程的签署人才是公司的发起人。

2. 发起人是向公司认购出资或者股份的人。根据《公司法》第96条的规定，股份有限公司的注册资本为在公司登记机关登记的已发行股份的股本总额。据此，认购是指股份有限公司股东认购股本的行为。认购股份与实际缴纳股款不同，购股人只要作出了认购行为，无论其是否已经实际缴纳出资，均可认定为公司发起人。

3. 发起人是履行公司设立职责的人。公司设立职责是指发起人基于其发起人身份，依照法律的规定和合同的约定而应该享有的权利、应该负有的义务和应该承担的责任。履行公司设立职责，并非要求发起人实际参与、实际经办筹办事务。发起人可以授权其他发起人代表自己为实际的具体行为，不论发起人是否参与具体的筹办事务，都需要对公司设立事务承担责任。

为设立公司“签署公司章程”“向公司认购出资或者股份”“履行公司设立职责”，构成了公司发起人同时具有的三个法律特征。同时，这三个特征也可以视为公司发起人的三个法定条件。因此，股份有限公司发起人，是指依法订立设立公司协议、提出设立公司申请、认购公司股份、签署公司章程并对公司设立承担法定责任者。

发起人应首先认股而成为设立中公司的原始构成人员，此为发起人的义务。这一方面是全体发起人的共同义务，另一方面，也是各发起人的个人义务。发起人在公司设立阶段的各种法律关系中处于核心地位，涉及相关的权利、义务和责任。对发起人进行界定，一方面有助于明确发起人的法定人数，另一方面有助于追究公司发起人的法律责任。[①]

（二）发起人的法定人数

此次修订前，我国《公司法》规定设立股份有限公司发起人人数的最低限额是2人，最高限额是200人。此次修订取消股份有限公司的最低人数限制，意味着可以设立一个股东的股份有限公司。一个股东的公司是指法律上由一人持有全部发行股份的公司，不包括股份分散于数人手中，事实上却由一人掌握的实质意义上的公司。从形成时间上来看，一个股东的公司可以分为设立时就是一个股东的公司和设立后的一个股东的公司。设立后一个股东的公司主要是指因公司股份转让、继承、强制执行或者拍卖等因素，使股东人数发生变动减少至一人而成为一个股东的公司。

（三）发起人的资格

发起人的资格，是指《公司法》对发起人的行为能力、身份、国籍、住所等所作的规定。公司发起人是筹办公司设立事务的人，并且须对公司设立行为承担责任。需要指出的是，作为自然人的发起人，必须是完全民事行为能力人，无民事行为能力以及限制民事行为能力不得作为股份有限公司的发起人。

各国对发起人资格的规定宽严不一。有些国家的公司法没有任何限制。如《美国特拉华州普通公司法》第101条第1款规定，任何个人、合伙组织、社团或者公司，不管是单独组建或者联合组建，也不管其住所、户籍或者组建公司的州在哪里，均可按照本法规定组建或者组织公司。有些国家的公司法对发起人的身份、国籍或者住所等加以限制。有些国家公司法对外国人作为发起人的持股数额作了限制，有些国家对发起人的住所或者居住年限作了限制。

《公司法》第92条并未限制发起人必须是自然人还是法人，中国人还是外国人，所以，无论自然人还是法人，中国人还是外国人，均有资格作为设立股份有限公司的发起人。同时，虽然中国人和外国人都可以作为发起人，但发起人应当有半数以上的人在中华人民共和国境内有住所。作出此规定，是由于发起人不以本国人为限，外国人或华侨也可成为发起人。规定半数以上的发起人应当在中华人民共和国境内有住所，是为防止公司被外国人操纵；能够使发起人确实负责任，经常执行设立中公司的事务，以免徒有其

① 参见最高人民法院民事审判第二庭编著：《最高人民法院关于公司法解释（三）、清算纪要理解与适用》，人民法院出版社2016年版，第23～29页。

名；以便于有一定数量的人能够具体办理设立股份有限公司的各种手续，也便于国家对发起人进行监督管理，防止发起人利用设立股份有限公司来损害广大社会公众的利益。

发起人在中华人民共和国境内有住所，就中国公民而言，是指公民以其户籍所在地为居住地或者其经常居住地在中国境内；就外国公民而言，是指其经常居住地在中国境内；就法人而言，是指其主要办事机构所在地在中国境内。因此，发起人是否在中国境内有住所，要视其经常居住地或者主要办事机构所在地是否在中国境内。股份有限公司的设立过程较长，有一定数量的发起人在中华人民共和国境内有住所便于进行各项设立活动，也有利于降低管理成本及防范道德风险。

【实务问题】

《公司法》已经取消对设立股份有限公司股东人数的限制，由此有必要对一个股东的股份有限公司的特点进行梳理，并对在司法实践中可能会带来的司法适用难点予以研判。依照现行法律规定，一个股东的股份有限公司的主要特别之处：（1）不设股东会，股东会的决议事项由股东书面签名或者盖章后置备于公司。[①]（2）只有一个股东的公司，由股东承担证明不适用法人人格否认的举证责任，股东不能证明公司财产独立于股东自己的财产的，应当对公司债务承担连带责任，即适用举证责任倒置。[②]

由此可见，在司法实务中应重点把握公司财产独立于股东自己财产的证明标准。此次《公司法》修订删除了2018年《公司法》中有关一人公司的特殊规定，如2018年《公司法》第62条规定，一人有限责任公司应当在每

① 《公司法》第112条第2款规定："本法第六十条关于只有一个股东的有限责任公司不设股东会的规定，适用于只有一个股东的股份有限公司 。"第60条规定："只有一个股东的有限责任公司不设股东会。股东作出前条第一款所列事项的决定时，应当采用书面形式，并由股东签名或者盖章后置备于公司。"第59条规定："股东会行使下列职权：（一）选举和更换董事、监事，决定有关董事、监事的报酬事项；（二）审议批准董事会的报告；（三）审议批准监事会的报告；（四）审议批准公司的利润分配方案和弥补亏损方案；（五）对公司增加或者减少注册资本作出决议；（六）对发行公司债券作出决议；（七）对公司合并、分立、解散、清算或者变更公司形式作出决议；（八）修改公司章程；（九）公司章程规定的其他职权。股东会可以授权董事会对发行公司债券作出决议。对本条第一款所列事项股东以书面形式一致表示同意的，可以不召开股东会会议，直接作出决定，并由全体股东在决定文件上签名或者盖章。"

② 《公司法》第23条规定："公司股东滥用公司法人独立地位和股东有限责任，逃避债务，严重损害公司债权人利益的，应当对公司债务承担连带责任。股东利用其控制的两个以上公司实施前款规定行为的，各公司应当对任一公司的债务承担连带责任。只有一个股东的公司，股东不能证明公司财产独立于股东自己的财产的，应当对公司债务承担连带责任。"

一会计年度终了时编制财务会计报告，并经会计师事务所审计。在每年应编制财务会计报告及进行审计等相关强制性规定都已经取消的情况下，以何种标准证明一个股东的公司的财产独立于股东自己的财产，确实需要在实务中不断摸索总结。

另外，2018 年《公司法》第 58 条规定，一个自然人只能投资设立一个一人有限责任公司。该一人有限责任公司不能投资设立新的一人有限责任公司。而此次《公司法（修订草案）》第 37 条第 2 款及第 93 条第 2 款也规定，一个自然人或者一个法人以发起设立方式设立的股份有限公司为一人股份有限公司。《公司法（修订草案二次审议稿）》即予以删除，正式发布施行的文本中亦无此条规定。由以上法条的延续来看，已经取消了对设立主体的限制。

【条文】

第九十三条

股份有限公司发起人承担公司筹办事务。

发起人应当签订发起人协议，明确各自在公司设立过程中的权利和义务。

【条文主旨】

本条是关于发起人义务的规定。

【条文概览】

1993 年通过的《公司法》第 76 条规定：“股份有限公司的发起人，必须按照本法规定认购其应认购的股份，并承担公司筹办事务。”由于设立股份有限公司的发起人为多人，每个发起人在公司设立过程中各自认购的股份数、分工、各自的权利义务是什么，都需要明确。否则，可能导致股份有限公司无法设立或者产生各种纠纷。为了使股份有限公司顺利设立，并预防纠纷的发生，2005 年《公司法》修订时，在原条文的基础上，增加了一款作为本条第 2 款，规定公司发起人应当签订发起人协议，明确各自在公司设立过程中的权利和义务。此次修订条文内容未发生变化。

【理解与适用】

一、发起人在股份有限公司设立中的责任和义务

（一）发起人承担公司筹办事务

股份有限公司的最终设立有赖于发起人对设立股份有限公司事务的筹办，否则股份有限公司不可能成立。发起人必须承担公司筹办事务，例如制订公司章程、依法向国务院证券监督管理机构申请核准公开发行股份、依法选举董事会和监事会、依法公告招股说明书、制作认股书、与证券公司签订承销协议、与银行签订代收股款协议、依法召开公司成立大会、申请设立登记等。

（二）签订发起人协议

发起人协议又称公司发起人协议，是指在公司设立过程中，由发起人订

立的关于公司设立事项的协议。实践中，股份有限公司的发起人在设立过程中的权利与义务容易发生争议。为了避免争议发生，同时使股份有限公司的设立过程能够顺利完成，通过发起人之间签订发起人协议，就发起人认购的股份数量、发起人的出资方式、出资违约责任承担以及公司设立失败时的责任承担等事项进行约定，有助于明确各自在设立过程中的权利和义务关系。当发起人对设立过程中的权利和义务产生争议时，应当以发起人协议为依据来解决争议。

二、发起人协议与公司章程的关系

（一）发起人协议的性质

发起人协议是由发起人之间订立的确定各发起人之间有关设立公司权利义务的筹建协议。发起人之间的法律关系，一般认为是协同合同法律关系或共同合同法律关系，是由两个以上多方共同意思的一致而成立的民事法律行为。共同行为一般采取多数决的方式形成，通常情况下，加入合同成为社员时参与的民事主体是完全自愿的，但在民事主体成为社员后，合同的意思表示并非由全体社员当事人的共同意志决定，而是采取多数决的方式形成意思表示。基于此特点，德国学者卡尔·拉伦茨主张人合组织、合伙、法人的组织机构，通过语言形式表达出来的意思形成的结果，应将决议从合同中分离出来。此种合同中约定的权利义务不是针对合同当事人的，而是一致向社团的，如合伙合同、合作协议、联营合同等。参与合同的当事人彼此之间没有对等的权利义务关系，其间存在紧密的合作关系，一方当事人不履行合作关系约定的内容，会对其他当事人权利义务间接发生影响。

目前较为通行的观点是将发起人协议作为实质上合伙性质的协议。公司章程是指公司必须具备的由发起人设立公司的投资者制订的，并对公司、股东、公司经营管理人员具有约束力的调整公司内部组织关系和经营行为的自治规则。在我国，学术界和实务界的通说认为公司章程是公司自治性质的根本规则。公司章程是发起设立公司的投资者就公司的重要事务及公司的组织和活动作出的具有规范性的长期安排，这种安排体现了很强的自治性。违反公司章程，表现为对内部自治规则的违反，当然应当承担相应的责任。

（二）发起人协议与公司章程的区别

发起人协议与公司章程之间存在着密切联系。例如，公司名称、注册资本、经营范围、股东构成、出资形式等事项，不仅是公司章程的绝对必要记载事项，而且也是发起人协议的主要内容。有的发起人协议不仅通过约定上述内容调整协议各方在设立过程中的权利义务，协调各发起人的设立行为，甚至还约定有诸如未来公司的组织机构、股份转让、增资、减资、合并、分立、终止等事项。而且，在实务中，在订立有发起人协议的场合，往往是以发起人协议为基础制订公司章程，发起人协议的基本内容通常都为公司章程所吸收。

公司章程与发起人协议尽管目标一致，关系密切，但是两者毕竟在性质和功能方面不同，主要表现出以下几个方面差异：

1. 是否必备文件不同。在我国，除采取有限责任公司形态的外商投资企业之外，《公司法》并没有将公司发起人协议规定为有限责任公司设立环节必备的法律文件。因此，对于通常的有限责任公司，公司发起人协议是任意性文件；而公司章程是必备性文件，任何公司成立都必须以提交章程为法定要件。需要注意的是，《公司法》规定股份有限公司发起人应当签订发起人协议，该规定具有强制性。

2. 是否要式文件不同。发起人协议是不要式法律文件，作为当事人之间的合同，主要根据当事人的意思表示形成，其内容更多地体现了当事人的意志和要求，需要遵守合同法的一般规则；而公司章程则是要式法律文件，公司章程自治是以不违反法律、行政法规为前提的。公司章程必须依据《公司法》制订，是公司登记必须报送的文件之一，要经过有关政府部门必要的形式审查甚至实质审查，因此，公司章程的自治性是相对的。

3. 法律效力不同。从效力的范围来看，由合同协议的相对性决定，发起人协议由全体发起人签订，调整的是发起人之间的关系，因而只在发起人之间具有法律约束力；而公司章程调整的则是所有股东之间、股东与公司之间、公司的管理机构与公司之间的法律关系，其中包括制订公司章程的原始股东和章程制定后加入公司的新股东，都受章程的约束。从效力的期间来看，发起人协议调整的是公司设立过程的法律关系和法律行为，而公司章程的效力则及于公司成立后的整个存续过程。

【实务问题】

一、发起人与设立中公司的关系

根据《公司法解释三》第 1 条的规定，为设立公司而签署公司章程、向公司认购出资或者股份并履行公司设立职责的人，应当认定为公司的发起人，包括有限责任公司设立时的股东。

关于发起人的地位，主要有无因管理说①、为第三人利益契约说②、设立中公司机关说③、当然继承说④、二分说⑤。而对于设立中公司的性质，主要有无权利能力社团说、合伙说和特殊的非法人团体说。比较而言，无权利能力社团说能够较好地说明设立中公司的性质，且为通说。无权利能力社团虽不具有权利能力，但可以以该种社团名义与第三人发生交易，并由行为人承担行为后果。

通说认为，发起人属于设立中公司的代表机关和执行机关。由于设立中公司尚无法律人格，此时必须由发起人代表设立中公司为法律行为，进行公司筹办事务。如果公司设立成功，该种行为后果待成立后公司承继，如果公司设立失败，则由发起人承担个人或连带责任。公司不能成立时，设立中公司消灭，因设立中公司并非真实存在故无须清算，法律直接规定由发起人承担连带责任。

二、公司成立后发起人协议的效力

合同履行是合同终止的基本原因，公司的设立过程就是履行发起人协议的过程，公司的成立就是履行发起人协议的结果，并标志着公司设立过程的结束和发起人协议的终止。公司成立时，发起人协议可能已经全部履行，但也可能是部分履行。有些条款，特别是关于公司成立之后的法律事项，如有关公司合并、分立、解散、清算等事项的约定尚不可能履行。但由于这些事项作为公司组织自身的法律关系已经转换为公司法规范的对象，或称为公司章程规定的内容，因而发起人协议中未履行的条款也同样终止。

通常情况下，公司成立后，发起人协议的相关内容为公司正式文件（公司章程或细则）所吸收。另外还有股东会决议、董事会决议等法律文件，足以形成一整套完备的公司治理机制，以重新规定公司运营及股东权益等问题，无论是从内容上、时间上还是效力上均应取代设立公司时所拟定的发起人协议的地位。

---

① 该学说的缺陷在于管理人无报酬请求权，而公司发起人则享有报酬请求权。

② 该学说认为，发起人因发起设立而与他人发生的法律关系是以将来成立公司为第三人而订立合同，缺陷在于为第三人利益合同只能使第三人受益不能使其负担义务，而设立公司时发起人与他人所发生之权利义务却可能是概括转移。

③ 该学说认为，发起人是设立中公司机关，因其设立行为所产生的权利义务归属于将来公司，缺陷在于不能说明公司不能成立时何以由发起人承担责任，而不是由设立中公司承担。

④ 该学说的缺陷在于不能说明为何由成立后公司当然继承。

⑤ 该学说认为，发起人地位表现在两种法律关系中，一是发起人作为个人表现在发起人关系中，二是发起人作为一个整体表现在发起人与设立中公司关系中，此时的发起人是设立中公司机关。

需要注意的是，实务中的问题往往比较复杂，可能有些内容没有写进公司的正式文件。这其中原因也比较多，有的是刻意安排的，也有可能是一些小型封闭型公司，对制定公司章程的规范性和重视度不够导致的。这些没有写进公司正式文件中的内容在公司成立后是否继续有效？

原则上来说，发起人协议在公司设立后就应该完成使命，对成立后的公司及股东一般不再具有约束力，成立后的公司事项，完全可以依照公司章程、股东会决议的规定进行处理。因此，一般来说，如果对于相同的法律事项，发起人协议与公司章程有不同的规定，无疑发起人协议应该让位于公司章程，自然失效。如果发起人协议中有而公司章程未涉及，但又属于公司存续或解散之后可能会遇到的事项，相应的条款可继续有效，但效力只应限于签约的发起人。当然也有几种情况要特殊考虑。

1. 在发起人协议中作出具体明确的规定，公司章程中也表示接受认可。如发起人在协议中就公司治理的有关内容作出特别约定，该约定本身也不违反法律、行政法规的禁止性规定，公司章程中对此予以明示并表示接受发起人协议的相应安排，此时应认可该约定的效力，并对新设立的公司发生拘束力。如果发起人约定是要求公司为其中之个别股东提供某种特权，而这种特权又是违反公司法基本原则的，那就应认为是无效的。比如，要求公司未经弥补亏损就优先向某一特定发起人分配利润，显然违法而无法执行。

2. 在小型封闭性公司中，存在制定公司章程不规范的情况。从历史原因上看，我国准许个人进入市场参与投资办企业的历史也并不很长，个人投资经验一般是从个体经营户或者开办合伙或企业的理念经营公司，即使是设立有限责任公司甚至股份有限公司，投资人仍然出于经验主义，按照原来办合伙企业的理念经营公司。有些小型封闭公司，往往是由股东事先在发起人协议（当然名称可能是投资人协议或公司设立协议）说明，成立后的公司就按照事先约定好的模式经营。而公司章程很多时候是为迎合公司登记部门的要求按照固有格式制定，不能反映合伙人之间真实意思表示，此时要根据具体案情进行判断。

由此可见，发起人协议的终止也不意味着其不再具有任何法律意义，如同其他已经终止的合同一样，对合同有效期内发生的涉及签约当事人利益的问题，该协议仍是处理相关争议的基本依据。只是需要明确，这种争议一般而言是公司设立期间而不是公司成立后的行为所发生的争议，争议所涉及的利益应是签约发起人的个别利益，而不是公司的整体利益。①

---

① 参见最高人民法院民事审判第二庭编著：《最高人民法院关于公司法解释（三）、清算纪要理解与适用》，人民法院出版社2016年版，第35～36页。

【条文】

第九十四条

设立股份有限公司，应当由发起人共同制订公司章程。

【条文主旨】

本条是关于股份有限公司章程制订的规定。

【条文概览】

1993 年通过的《公司法》第 73 条规定：“设立股份有限公司，应当具备下列条件：（一）发起人符合法定人数；（二）发起人认缴和社会公开募集的股本达到法定资产最低限额；（三）股份发行、筹办事项符合法律规定；（四）发起人制订公司章程，并经创立大会通过；（五）有公司名称，建立符合股份有限公司要求的组织机构；（六）有固定的生产经营场所和必要的生产经营条件。”2005 年《公司法》修订时，该条条文序号变为 77 条，同时将第 6 项规定为有公司住所。2013 年《公司法》修正时，条文序号变更为第 76 条。本次《公司法》修订时明确了股份有限公司章程的制定主体为发起人，应当由发起人共同制订公司章程，该内容来源于 2013 年《公司法》第 76 条第 4 项的规定。

【理解与适用】

发起人制订公司章程，采用募集方式设立的，经成立大会通过。股份有限公司的章程是指记载有关公司组织和行动基本规则的文件。对于公司来讲，章程是最为重要的自治规则，是对公司的存在与发展有着不可替代的重要意义的纲领性文件。根据本条的要求，章程应当由股份有限公司的全体发起人来共同制订，以使章程能反映全体投资者的意志。《公司法》第 5 条规定，设立公司应当依法制定公司章程。公司章程对公司、股东、董事、监事、高级管理人员具有约束力。由于筹办创立股份有限公司事务的人是发起人，所以，在设立股份有限公司的过程中，公司章程应当由发起人共同制订。对于以发起设立方式设立的股份有限公司，由于是由发起人认购设立公司时应发行的全部股份而设立公司，所以，全体发起人共同制订的公司章程，就对全体发起人也就是全体股东有约束力，无须再以其他形式确认其效力。对于以募集设立方式设立的股份有限公司，由于除发起人以外，还有其他认股人参与，所以，发起人制订的公司章程，还应当经有其他认股人参加的成立大会，以出席会议的认股人所持表决权的半数以上通过，方为有效。

【实务问题】

本条规定股份有限公司的章程应当由发起人共同制订，条文的主要目的是确保公司的组织架构、运营方式、权责关系和治理原则得以明确，并保障股东、公司和其他利益相关者的权益。因这一过程需要仔细考虑公司的性质、经营范围、管理结构和治理机制等方面的问题，以确保章程能够明确反映公司的运营需要和股东的意愿，故需要发起人共同制订公司章程。

因修订前的《公司法》仅规定发起人制订公司章程，未明确应当由发起人共同制订公司章程，实务中可能产生的问题是，如有部分发起人未参与公司章程的制订，能否以此主张公司章程对其不具有约束力。通常而言，发起人共同负责公司设立事务，一般不会发生部分发起人未参与公司章程制订的情形，如确有部分发起人提出诉求，则应判断该公司章程制定程序是否依法进行，内容是否合法有效。如制订公司章程未告知部分发起人或恶意阻挠其参与，则程序有违发起人共同制作的法律规定，亦不能反映发起人的共同意志，该发起人主张对其不具有约束力于法有据。公司章程对公司、股东、董事、监事、高级管理人员具有约束力应建立在公司依法制订公司章程的基础上。当然，在司法实务中还需要结合发起人虽未参与但是否知道或应当知道、公司章程是否已经备案等因素具体分析判断。

另外需要注意的是，根据《公司法》第 103 条的规定，募集设立的股份有限公司发起人应当召开成立大会，并由持有表决权过半数的认股人出席方可举行。同时，第 104 条规定，成立大会通过公司章程应当经出席会议的认股人所持表决权过半数通过。在程序合法的情况下，此时未出席会议或者持反对意见的认股人如想继续保持股东身份，即应认为系自动接受公司章程对其发生效力，否则只能退出公司。从制度安排上看，此种并不需要所有认股人出席和统一的规则也表明公司章程是一种团体性规则，后来加入者应遵循少数服从多数原则①。

① 施天涛：《公司法论》（第四版），法律出版社 2018 年版，第 132 页。

【条文】

第九十五条

股份有限公司章程应当载明下列事项：

（一）公司名称和住所；

（二）公司经营范围；

（三）公司设立方式；

（四）公司注册资本、已发行的股份数和设立时发行的股份数，面额股的每股金额；

（五）发行类别股的，每一类别股的股份数及其权利和义务；

（六）发起人的姓名或者名称、认购的股份数、出资方式；

（七）董事会的组成、职权和议事规则；

（八）公司法定代表人的产生、变更办法；

（九）监事会的组成、职权和议事规则；

（十）公司利润分配办法；

（十一）公司的解散事由与清算办法；

（十二）公司的通知和公告办法；

（十三）股东会认为需要规定的其他事项。

【条文主旨】

本条是关于股份有限公司章程内容的规定。

【条文概览】

1993年通过的《公司法》第79条规定：“股份有限公司章程应当载明下列事项：（一）公司名称和住所；（二）公司经营范围；（三）公司设立方式；（四）公司股份总数、每股金额和注册资本；（五）发起人的姓名或者名称、认购的股份数；（六）股东的权利和义务；（七）董事会的组成、职权、任期和议事规则；（八）公司法定代表人；（九）监事会的组成、职权、任期和议事规则；（十）公司利润分配办法；（十一）公司的解散事由与清算办法；（十二）公司的通知和公告办法；（十三）股东大会认为需要规定的其他事项。”2005年《公司法》修订时，对此作出了修改，其第82条规定：“股份有限公司章程应当载明下列事项：（一）公司名称和住所；

（二）公司经营范围；（三）公司设立方式；（四）公司股份总数、每股金额和注册资本；（五）发起人的姓名或者名称、认购的股份数、出资方式和出资时间；（六）董事会的组成、职权和议事规则；（七）公司法定代表人；（八）监事会的组成、职权和议事规则；（九）公司利润分配办法；（十）公司的解散事由与清算办法；（十一）公司的通知和公告办法；（十二）股东大会会议认为需要规定的其他事项。”比较二者规定，可以发现有如下变化：一是将原规定第5项修改为“发起人的姓名或者名称、认购的股份数、出资方式和出资时间”，也即增加“出资方式和出资时间”；二是删除原规定第6项“股东的权利和义务”；三是将原第7项、第9项中的有关“任期”删除。2013年《公司法》修正时，条文序号由原第82条修改为第81条。2018年修正《公司法》时，本条内容未作修改。此次修订较之以往有较大变化，一是不再将“出资时间”作为股份有限公司章程应载明的事项；二是区分已发行的股份数和公司设立时发行的股份数，并规定面额股的每股金额均应在公司章程中载明；三是新增了发行类别股作为应记载事项，并载明每一类别股的股份数及其权利和义务；四是将“公司法定代表人”的表述修改为“法定代表人的产生、变更办法”，该记载事项与有限责任公司章程记载事项变化类似。

【理解与适用】

股份有限公司的章程是指公司必须具备的由发起设立公司的投资者制订的，并对公司、股东、公司经营管理人员具有约束力的调整公司内部组织关系和经营行为的自治规则。章程对于公司来说，其重要性是不言而喻的。在现代社会，多数国家都放松了对设立公司的管制，并且赋予了公司以相当多的经营自由。作为管制的模式之一，公司法将公司设立及组织所必备事项预先规定在公司法之中，成为公司章程的准据，并由公司章程予以针对性细化和作出具体规定。

大陆法系国家一般将公司章程记载事项分为必要记载事项和任意记载事项，其中必要记载事项又可进一步区分为绝对必要记载事项和相对必要记载事项。所谓绝对必要记载事项，是指公司法规定的公司章程必须记载的事项，属于强制性规范。相对必要事项，是指法律列举的，由发起人自由选择记载于章程的事项。任意记载事项则是指在公司法规定的绝对必要记载事项及相对必要记载事项之外，在不违反法律、行政法规强制性规定和社会公共利益的前提下，经由章程制定者共同同意自愿记载于公司章程的事项。

本条规定了股份有限公司章程中应当记载的事项，分别是：

1. 公司名称和住所。公司名称是指公司用来代表自己以区别于其他公司的文字符号，是指公司在登记机关注册的正式名称。公司章程载明的公司名称，应当依法在公司名称中标明股份有限公司或者股份公司字样。同时，依照企业名称登记管理规定，企业名称应当由字号（或者商号）、行业或者经营特点、组织形式依次组成。公司住所是指公司的主要办事机构所在地。公司章程应当规定公司住所，其法律意义在于确定诉讼管辖、受送达的处所、债务履行处以及公司登记机关等。

2. 公司经营范围。公司经营范围是指公司可以从事哪些经营活动的界限。公司既然为企业法人，就意味着公司应当以营利为目的。而公司要营利，就必须进行经营，而要进行经营，就应当确定其经营范围。为此，公司章程应当载明公司经营范围。

3. 公司设立方式。公司设立方式是指公司是以发起设立的方式设立还是以募集设立的方式设立。公司以哪种方式设立，不仅关系到公司在设立时是否向社会公众发行股份，而且关系到公司应当经过什么程序成立，故公司章程中应当载明公司设立方式。

4. 公司注册资本、已发行的股份数和设立时发行的股份数，面额股的每股金额。注册资本是指向公司登记机关登记的股本总额。此次修订删去了 2018 年《公司法》中应当记载的公司股份总额、每股金额的内容，修改为公司注册资本、已发行的股份数和设立时已发行的股份数，与本次修订新增的授权资本制度相配套。同时明确规定发行面额股的，应载明面额股的每股金额。目的是使公司登记机关和社会公众能够准确地了解公司的情况，以便在知道真实信息的基础上作出判断，进行交易。

5. 发行类别股的，每一类别股的股份数及其权利和义务。《公司法》第 144 条规定，公司可以按照公司章程的规定发行与普通股权利不同的类别股，主要的类别股种类包括优先股、劣后股、特别表决权型类别股和转让受限性类别股，以及国务院规定的其他类别股。如果股份有限公司确定发行类别股的，需要在公司章程中记载持有类别股股东的股份数以及其所享有的特殊权利、需履行的特殊义务。《公司法》第 145 条对发行类别股公司章程记载事项作出进一步明确的规定，包括类别股分配利润或者剩余财产的顺序、类别股的表决权数、类别股的转让限制、保护中小股东权益的措施等。

6. 发起人的姓名或者名称、认购的股份数、出资方式。发起人的姓名或者名称是指自然人发起人的姓名、法人发起人的名称。发起人认购的股份数是指每一个发起人所认购的股份的具体数额。发起人的出资方式是指每一个发起人是用货币出资，还是用实物、知识产权、土地使用权等非货币财产出资。因股份有限公司须实缴股款，故不再将“出资时间”作为股份有限公司章程应载明的事项。要求公司章程载明发起人的姓名或者名称、认购的股份数、出资方式，目的是让社会公众及其他与公司发生关系的民事主体了解发起人的情况，进而对公司有一个比较正确的判断，使社会公众及其他民事主体的合法权益能够得到保障。

7. 董事会的组成、职权和议事规则。董事会的组成是指董事会由哪些人组成。董事会的职权是指董事会行使的具体职权。董事会的议事规则是指董事会召集、举行会议以及作出决议应当遵守的准则。董事会是公司的经营决策和业务执行机关，在公司管理、生产经营活动中，起着极为重要的作用，因此，公司章程应当对董事会的组成、职权和议事规则予以明确规定。

8. 公司法定代表人的产生、变更办法。公司法定代表人是指对外代表公司行使职权的具体人员。《公司法》第 10 条第 1 款规定，公司的法定代表人按照公司章程的规定，由代表公司执行公司事务的董事或者经理担任。相较于此前《公司法》规定公司章程中需明确记载法定代表人的具体人员身份，此次修订后的《公司法》只要求记载公司法定代表人的产生、变更办法，因此在法定代表人具体人员发生变更的情况下，无须变更公司章程。

9. 监事会的组成、职权和议事规则。监事会的组成是指监事会由哪些人组成。监事会的职权是指监事会行使的具体职权。监事会的议事规则是指监事会召集、举行会议以及作出决议应当遵守的准则。监事会是公司的监督机构。在监事会的监督下，公司可以更有效地运转，有利于达到设立公司所要达到的经济目的。因此，监事会对公司也非常重要，监事会的有关情况应当在公司章程中予以载明。同时，《公司法》第 133 条规定，规模较小或者股东人数较少的股份有限公司，可以不设监事会，设一名监事，行使本法规定的监事会职权。需要注意的是，此次《公司法》修订赋予股份有限公司可以按照公司章程的规定在董事会中设置由董事组成的审计委员会来行使监事会的职权，设置审计委员会后即不再另设监事会或监事。因此，监事会的职权和议事规则或许并非由监事会行使，但不影响将由审计委员会行使监事会职责的具体事项记载在公司章程中。

10. 公司利润分配办法。公司利润分配办法是指公司对其弥补亏损和提取公积金后所余利润，具体如何进行分配。股东进行投资、购买公司的股份，其目的是要获取利润，而公司利润分配办法直接关系到股东如何才能得到利润以及能够得到多少利润，因此公司章程应当对公司利润分配办法作出规定。

11. 公司的解散事由与清算办法。公司的解散事由是指可以导致公司解散的事件、情况。公司的清算办法是指公司在解散后，具体如何进行清算。公司的解散事由与清算办法涉及公司的消灭，对公司是一项非常重要的事项，应当在公司章程中予以载明。

12. 公司的通知和公告办法。公司的通知和公告办法是指公司进行通知和公告的具体方式，如邮寄、专程送达、在某一份报纸或者杂志上予以登载等。公司的通知和公告办法关系到公司的股东、债权人等能否及时得到公司的有关信息，并据以作出自己的行为，应当在公司章程中予以载明。

13. 股东会认为需要规定的其他事项。除上述事项以外，公司章程可以就股东会认为需要规定的其他事项作出相应的规定，也即在不违反法律、行政法规强制性规定和社会公共利益的前提下，股东会可以将必要记载事项以外的事项记载于公司章程。①

以上 13 项虽均为《公司法》规定公司章程中应当记载的事项，但其中又有绝对必要记载事项和相对必要记载事项、任意记载事项的区别。从内容来看，除第 5 项、第 13 项之外，其他事项均为法律规定股份有限公司章程中必须记载的事项，属于绝对必要记载事项。有观点认为，因公司也可能不设监事会，因此第 9 项不属于绝对必要记载事项而是相对必要记载事项②。我们认为，尽管股份有限公司可以不设监事会，但或仍需设一名监事依法行使监事会职权，或设置审计委员会行使监事会或监事职责，故具体行使监事会职责的人员组成和职权仍应属于公司章程绝对必要记载事项。在此情形下，第 9 项有别于第 5 项发行类别股的，每一类别的股份数及其权利和义务的记载事项，仅在公司选择发行类别股的情况下予以记载即可，因而属于相对必要记载事项。而第 13 项则规定股东会根据公司的具体情况，认为还有一些事项需要规定在公司章程中时，还可以在公司章程中予以规定，属于任意记载事项。

① 参见朱少平主编：《〈中华人民共和国公司法〉释义及实用指南》，中国民主法制出版社 2012 年版，第 214 ~ 216 页。

② 赵旭东主编：《新公司法条文释解》，法律出版社 2024 年版，第 221 页。

【实务问题】

一、公司章程记载事项对章程效力的影响

公司章程应当载明事项如未作记载，该公司章程效力如何认定？从法理上分析，绝对必要记载事项，是指公司法规定的公司章程必须记载的事项，属于强制性规范。若不记载或者记载违法，则章程无效，而章程无效的法律后果之一就是公司的设立无效。相对必要记载事项，由发起人在公司法列举事项内自由选择，如果发起人选择予以记载，则发生效力。如果不予记载，也不影响整个章程的效力，只是该事项不产生效力。如果记载违法，仅该事项无效，并不导致整个章程无效。

任意记载事项与相对必要记载事项在公司章程中的效力上基本相同。区别在于后者是发起人选择法律列举的事项作为公司章程的内容；前者则是在法律并无明文列举的前提下，发起人根据不违反法律和股份公司性质的原则，一致同意载入公司章程的事项。①

二、公司章程的效力始终时点如何认定

公司章程应当载明事项无所缺漏的情况下，应从何时开始生效，又至何时失去效力，此亦存在不同观点。

（一）关于公司章程的生效时间

理论上主要有四种不同观点，一是认为公司章程自股东签字时生效。因公司章程是股东或者发起人之间的契约，根据契约法规则，公司章程应当自当事人全体同意并签字时生效。二是认为公司章程应当自获得登记注册时生效。公司章程是约束包括公司在内的第三人之间的协议，公司尚未成立，何以约束公司和后来加入的投资者以及公司的管理者？三是认为应当区别对待公司章程生效的时间。公司章程中调整发起设立公司的投资者之间关系的内容，相当于公司设立协议，可以适用合同法的一般规则，自签字盖章时成立并生效。发起设立公司的投资者均自章程成立时受其约束。章程中调整尚未成立的公司，尚未产生的董事、监事、经理以及未来可能加入公司的其他股东的相关内容，则自公司成立时生效。四是认为公司章程本质上亦是一种决议行为，具有决议的法律属性，应自决议作出之日生效。

① 赵旭东主编：《新公司法条文释解》，人民法院出版社2005年版。

以上四种观点各有其论证路径，从结论合理性而言，区分公司章程中的内容进行类型化处理较为全面，但亦具有自身的局限性。一是类型化边界不清晰，契约与自治规范的界限并非泾渭分明，不能形成共识以致司法裁判规则各异；二是同一份公司章程中因不同内容分别作出性质不同的认定，也难以自洽。

就论证严谨性而言，目前较为通行的观点认为，公司章程自全体股东或发起人签名、盖章时生效；在募集设立的股份有限公司中，公司章程自成立大会上通过时生效。

其论证路径主要包括两个方面：一是公司章程对股东发生效力的论证。公司章程对发起人股东和认股人股东的发生效力容易理解，因公司章程是股东或发起人制定的，当然其效力范围局限于公司股东，包括发起人股东和认股人股东，因此股东或发起人在公司章程上的签字、盖章，或认股人在成立大会上对公司章程表示同意，即表明股东愿意接受公司章程的约束，公司章程自此时对其发生效力自不待言。二是对公司和公司的管理者以及后来的股东发生效力的时点何以追溯至全体股东或发起人签名之时的论证。此时既要考虑公司法的组织法特性，不仅只能约束签约的主体，更要考虑到公司章程的自治性规则。这种自治性规则的性质分别体现在对公司、对公司管理者及其他股东等主体的效力上。

对于公司而言，公司章程生效时，公司尚未成立，此时自然无所谓对公司的效力。在公司成立后，依照法理，公司设立过程中所发生的行为后果通过继受而为公司接受。所以实际上，公司章程之所以对公司发生效力，是因为公司的继受行为导致设立中公司所制定的章程成为公司的章程。

对于公司管理者而言，董事、监事和高级管理人员以及后来的投资者是基于对已经发生效力的公司章程的认同而加入公司章程，这种加入是管理者和后来投资者取得管理地位和股东地位的前提条件。通常情况下，公司管理者对公司章程的认同往往发生在公司成立之前，尤其在募集设立的情况下，公司成立大会即需要通过公司章程并选举董事、监事，也就意味着在公司成立之前即已经建立了相应的组织机构，公司章程对其具有约束力。

另外，《公司法》第 104 条第 2 款规定，成立大会作出决议，应当经出席会议的认股人所持表决权过半数通过。对于未出席公司成立大会或持反对意见的认股人，如其并不要求退出公司，则应认为自动接受公司章程对其发生效力，这也是公司章程团体性规则的体现。

从稳定社会关系、解决实务问题的角度考虑，明确公司章程自股东或发起人签字、盖章，或者自成立大会上通过时生效，有利于确定当事人的权利义务，也有利于公司成立。[①]

（二）关于公司章程的失效时间

公司章程失效，是指已经生效的公司章程丧失其效力，又可分为全部失效和部分失效。全部失效又分为两种情形：一是公司章程因公司不能成立而失效；二是公司章程因公司终止而失效。而部分失效是指公司章程的部分内容和条款失去效力，如公司章程部分内容和条款的修改或废除使得该部分失去效力，但不影响公司章程整体效力。

① 参见施天涛：《公司法论》（第四版），法律出版社2018年版，第132页。

【条文】

第九十六条

股份有限公司的注册资本为在公司登记机关登记的已发行股份的股本总额。在发起人认购的股份缴足前，不得向他人募集股份。

法律、行政法规以及国务院决定对股份有限公司注册资本最低限额另有规定的，从其规定。

【条文主旨】

本条是关于股份有限公司注册资本的规定。

【条文概览】

1993年通过的《公司法》第78条规定："股份有限公司的注册资本为在公司登记机关登记的实收股本总额。股份有限公司注册资本的最低限额为人民币一千万元。股份有限公司注册资本最低限额需高于上述所定限额的，由法律、行政法规另行规定。"2005年《公司法》修订时，将股份有限公司注册资本由实收制改为认购制，系公司资本制度的一项重大改革和突破。2005年《公司法》第81条规定："股份有限公司采取发起设立方式设立的，注册资本为在公司登记机关登记的全体发起人认购的股本总额。公司全体发起人的首次出资额不得低于注册资本的百分之二十，其余部分由发起人自公司成立之日起两年内缴足；其中，投资公司可以在五年内缴足。在缴足前，不得向他人募集股份。股份有限公司采取募集方式设立的，注册资本为在公司登记机关登记的实收股本总额。股份有限公司注册资本的最低限额为人民币五百万元。法律、行政法规对股份有限公司注册资本的最低限额有较高规定的，从其规定。"2013年《公司法》修正时，条文序号由原第81条改为第80条，内容上规定："股份有限公司采取发起设立方式设立的，注册资本为在公司登记机关登记的全体发起人认购的股本总额。在发起人认购的股份缴足前，不得向他人募集股份。股份有限公司采取募集方式设立的，注册资本为在公司登记机关登记的实收股本总额。法律、行政法规以及国务院决定对股份有限公司注册资本实缴、注册资本最低限额另有规定的，从其规定。"可见，相较于原规定，2013年修正时对该条文作出了重点修改。将原规定第1款修改为："股份有限公司采取发起设立方式设立的，注册资本为在公司登记机关登记的全体发起人认购的股本总额。在发起人认购的股份缴足前，不得向他人募集股份。”第3款修改为：“法律、行政法规以及国务院决定对股份有限公司注册资本实缴、注册资本最低限额另有规定的，从其规定。”删除了原第1款中“公司全体发起人的首次出资额不得低于注册资本的百分之二十，其余部分由发起人自公司成立之日起两年内缴足；其中，投资公司可以在五年内缴足。在缴足前，不得向他人募集股份”之规定，而是改为“在发起人认购的股份缴足前，不得向他人募集股份”。这就意味着除法律、行政法规以及国务院决定对公司注册资本实缴有另行规定的以外，取消了关于公司发起人应自公司成立之日起2年内缴足出资，投资公司在5年内缴足出资的规定，转而采取公司发起人自主约定认缴出资额、出资方式、出资期限等，并记载于公司章程的方式。如此修改有助于公司设立，是公司资本制度的一项重大改革。同时，还取消了股份有限公司的最低注册资本要求。

此次《公司法》修订，删除了2018年《公司法》第80条第1款中“股份有限公司采取发起设立方式设立的，注册资本为在公司登记机关登记的全体发起人认购的股本总额”及第2款“股份有限公司采取募集方式设立的，注册资本为在公司登记机关登记的实收股本总额”的规定，统一修改为“股份有限公司的注册资本为在公司登记机关登记的已发行股份的股本总额”。即不再依据股份有限公司发起设立、募集设立方式而分别规定注册资本，而是统一规定股份有限公司的注册资本为在公司登记机关登记的已发行股份的股本总额。同时将2018年《公司法》第80条第3款中“注册资本实缴”的表述一并删除。

【理解与适用】

一、股份有限公司的注册资本为已发行股份的股本总额

注册资本是公司股份的总价值，反映了公司的资本基础。要求股份有限公司明确其注册资本有助于确保公司的稳定经营，使注册资本能够体现公司的经济实力和财务健康。2013年《公司法》修正前，《公司法》一直维持注册资本的最低限额要求，即公司的注册资本不能低于法律为公司设定的一条底线，以期通过底线设置保障公司的最低清偿能力。

2013年《公司法》废除了注册资本最低限额要求，无论是有限责任公司还是股份有限公司，公司的注册资本可以是股东或者发起人在公司章程中认缴或者认购的并经登记注册的任何数额的出资额或股份总额。也就是说，

在废除注册资本最低限额的情况下，除了一些法律仍保留了注册资本最低限额要求的特殊公司外，公司的注册资本完全由股东或者发起人自行决定，排除了法律干预的强制性因素。与当时的认缴资本制相适配，2013 年《公司法》第 80 条区分发起设立与募集设立，对公司注册资本作了不同规定。发起设立的股份有限公司的注册资本，为在公司登记机关登记的全体发起人认购的股本总额；募集设立的股份有限公司的注册资本，为在公司登记机关登记的实收股本总额。这二者之间的区别是：前者的注册资本是发起人认购的股本总额，不必是实收的股本总额；后者的注册资本必须是实收的股本总额。即依照当时的法律规定，发起设立的股份有限公司的发起人可以分期缴纳其出资，而对于募集设立的股份有限公司的发起人及其他股东，2013 年《公司法》不允许分期缴纳其出资，必须是一次足额缴纳。

此次修订的《公司法》明确股份有限公司的注册资本为在公司登记机关登记的已发行股份的股本总额，其中实则包含两个方面的改变：

一是与授权资本制衔接的已发行股本总额。此次《公司法》规定了授权资本制。《公司法》第 152 条规定，公司章程或者股东会可以授权董事会在三年内决定发行不超过已发行股份 50% 的股份。但以非现金支付方式支付股款的应当经股东会决议。由此可见，股份可以多次发行，经授权的董事会可以在公司经营中发行部分股份，也就是说股份有限公司在设立初期未必发行全部股份，因此公司登记的注册资本即应当为已经发行股份的股本总额。

二是明确股份有限公司设立时的发起人应当按照其认购的股份足额缴纳股款，实质上即为确立了注册资本实缴制。这与有限责任公司的注册资本可以认而不缴，允许股东在 5 年内分期缴纳的资本制度有所不同。尽管本次《公司法》并未以明确的条文表述股份有限公司的资本实缴制，但修订后的第 98 条第 1 款规定，发起人应当在公司成立前按照其认购的股份全额缴纳股款。即明确规定了股份有限公司发起人应当在公司成立前全额实缴股款，规定了发起设立的股份有限公司以及募集设立股份有限公司中发起人的实缴义务。同时，第 100 条规定“认股人应当按照所认购股份足额缴纳股款”，第 101 条规定“向社会公开募集股份的股款缴足后，应当经依法设立的验资机构验资并出具证明”，明确了募集设立的股份有限公司认股人需按照所认购股份足额缴纳股款，并在股款缴足后进行验资。因股份有限公司须实缴股款，因而此次修订中也同时对相关制度均作出了相应的修订调整，如第 95 条公司章程载明事项中第 6 项即删去了原公司法中发起人出资时间的规定，本条第 3 款中原“注册资本实缴”的规定也一并删除。

对于此次修订本条删除第 2 款，以及第 3 款中删除“注册资本实缴”的表述，有观点认为系改变了原《公司法》中对募集设立股份有限公司注册资本需为实收股本总额的限制，传递了募集设立的股份有限公司可以认缴出资的信号。从前述法律修订的具体条文表述和整体体系统筹来看，我们认为这是对股份有限公司注册资本制度的一种误读。从修订后《公司法》的体系来看，已发行股份的股本总额是指已经实际缴纳的股本总额，而无论发起设立还是募集设立的股份有限公司均应实缴认购股份。尽管修订后的《公司法》赋予股份有限公司董事会发行股份的权利，但结合本条以及第 98 条“发起人应当在公司成立前按照其认购的股份全额缴纳股款”的表述来看，已授权但未发行的股份不计入注册资本股本总额。

二、发起人认购的股份应先行缴足

需要注意的是，在发起人缴足出资前，公司不得向他人募集股份。这里规定的募集股份，是指公司成立后向社会公众发行新股，或者向特定对象发行新股。要求必须在发起人缴足出资后才能向他人募集股份，其目的是保护其他投资者的利益。因为股份有限公司作为资合性的公司，可以向社会公开募集股份，也可以向特定的对象募集股份。采取发起设立方式设立的股份有限公司，如果发起人尚未缴足注册资本，就允许其向他人募集股份，一方面牵涉社会公众经济利益，另一方面发起人在连自身的注册资本都没有出资到位的情况下募集股份，无疑是对社会公众的不负责任，使社会公众承担巨大的风险，一些人也可能借此进行投机活动，损害其他投资者的利益。因此，公司的发起人在设立初期即应承担相应的风险和责任，确保注册资本的真实性和准确性。通过该项制度设计有效防止公司通过虚构资本吸引投资，降低公司债务风险、保护股东权益、维护市场稳定。

三、注册资本的除外规定

作为本条的但书条款，法律、行政法规以及国务院决定对股份有限公司注册资本最低限额另有规定的，从其规定。国家法律体系可以根据不同行业和市场需求，在一定范围内对注册资本的最低限额进行特殊规定，如现行的法律、行政法规等对于银行业金融机构、证券公司、期货公司、基金管理公司、保险公司等公司可以作出更高注册资本最低限额的相应特殊规定，以保障行业安全、维护公共利益和市场秩序。

【实务问题】

根据本条规定，股份有限公司的注册资本为在公司登记机关登记的已发行股份的股本总额，对于公司股份总数中并未发行的部分，因公司并未实际取得该部分股份对应的资金，如将其纳入公司注册资本会导致公司的名义资本与实际资本总额不符，从而影响股东和债权人利益，故并未纳入注册资本。由此，股份有限公司的股份可能存在两个不同的概念。一是公司股份总数，即记载于公司章程的公司拟发行的全部股份总额；二是已发行股份，即公司在设立时发行的或在后续经营中授权董事会发行的股份数。[①] 本条规定的公司注册资本为公司已发行股份的股本总额，该数额不等于公司拟发行的全部股份总额，因此在实务中应对股份有限公司的注册资本有清晰的认识。

① 参见赵旭东主编：《新公司法条文释解》，法律出版社2024年版，第223页。

【条文】

第九十七条

以发起设立方式设立股份有限公司的，发起人应当认足公司章程规定的公司设立时应发行的股份。

以募集设立方式设立股份有限公司的，发起人认购的股份不得少于公司章程规定的公司设立时应发行股份总数的百分之三十五；但是，法律、行政法规另有规定的，从其规定。

【条文主旨】

本条是关于股份有限公司股份认购的规定。

【条文概览】

本条是融合修订了 2018 年《公司法》第 83 条第 1 款和第 84 条而来。2023 年修订后的本条第 1 款系 1993 年作为第 82 条写入《公司法》，于 2005 年《公司法》修订时序号变更为第 84 条，后于 2013 年《公司法》修正时序号又变更为第 83 条。根据 2005 年《公司法》第 26 条第 1 款和第 81 条第 1 款、第 2 款的规定，我国实行了更偏向法定资本制的“分期缴纳制”或较缓和的法定资本制度。有限责任公司及发起设立的股份有限公司的股东或发起人的首次出资额（缴资数额）不得低于注册资本的 20%，其余部分由发起人自公司成立之日起 2 年内缴足；其中，投资公司可以在 5 年内缴足。同时，关于股份有限公司发起设立程序的第 84 条也规定“以发起设立方式设立股份有限公司的，发起人应当书面认足公司章程规定其认购的股份；一次缴纳的，应即缴纳全部出资；分期缴纳的，应即缴纳首期出资”。与“分期缴纳制”相适应，其也规定董事会申请登记时，还要向公司登记机关报送“由依法设立的验资机构出具的验资证明”。

2013 年《公司法》改革资本制度，引入了认缴资本制度，取消了首次出资额限额、足额缴纳期限以及法定资本最低限额的规定。认缴资本制度改革的重心是放松行政管制，资本制度的宽松化有利于鼓励创业与扩大就业的营商环境，激发社会投资活力，也有利于现代经济下知识产权和现代新型金融工具的运用。认缴制意味着注册资本可以“零首付”，且股东出资数额、出资期限均由股东在公司章程中自行约定。

2023年修订后的《公司法》本条第2款在1993年《公司法》中为第83条，2005年《公司法》修订时，将该条序号变更为第85条，并增加“但是，法律、行政法规另有规定的，从其规定”，2013年《公司法》修正时将本条序号变更为第84条，2023年修订时将认购的范围明确为“公司设立时应发行”的股份。

【理解与适用】

公司设立方式分为发起设立和募集设立。发起设立，是指由发起人认购公司应发行的全部股份而设立公司。以发起方式设立的股份有限公司，在设立时并不向发起人之外的其他对象募集股份，因此就发起人整体而言，全体发起人应当认购公司设立时应发行的全部股份。此次《公司法》修订确立了授权资本制，公司在章程或者股东会可以授权董事会在3年内决定发行不超过已发行股份50%的股份。但以非货币财产作价出资的应当经股东会决议。因此，在公司设立时，发起人应当认足公司设立时应发行的股份，否则会产生公司章程记载的已发行股份与公司实际发行股份不符的样态。照此条文规定，在股份有限公司以发起方式设立的情况下，只有发起人认足公司章程规定的公司设立时应发行的股份，公司方得以设立。

募集设立，是指发起人认购公司发行股份的一部分，其余股份向社会公开募集或者向特定对象募集而设立公司，在我国仅适用于股份有限公司的设立。从功能上看，通过募集设立公司方式可以充分吸收社会闲散资金，在短期内筹集设立公司所需要的巨额资本，缓解发起人的出资压力，其优越性是发起设立无法比拟的。实践中，以募集设立方式设立股份有限公司，是由发起人提议设立并由发起人具体筹办的。一方面，发起人认购公司股份，在其向社会公众或者特定对象募集股份时，就会有一定的号召力。另一方面，对发起人认购股份数额的限制，主要基于信赖角度的考虑，否则发起人有可能认购很少的股份，完全凭借他人的资本开办公司，产生假借募集设立公司骗取创设利润、进行集资欺诈的行为，损害其他投资者的利益，扰乱社会秩序。为此，本条第2款规定了发起人认购股份的法定最低限额，即以募集设立方式设立股份有限公司的，所有发起人认购的股份不得少于公司设立时应发行股份总数的35%。当然，根据《证券法》的规定，设立股份有限公司公开发行股票，应当符合《公司法》规定的条件和经国务院批准的国务院证券监督管理机构规定的其他条件。本条关于发起人认购公司股份最低限额的规定，就是发起人申请公开发行股票时必须具备的一个条件。另外，本条主要对发起人认购的股份数额作出规定，同时又以但书的形式规定，如果法律、行政法规对募集设立的股份有限公司的发起人认购的股份数额另有规定的，则依照其规定办理。

当然，发起人认购股份应达到公司股份总额的35%，是对募集设立公司在公司设立时应发行的股份总数而言。如果公司设立后，又通过发行新股，使发起人所持的股份少于公司股份总额35%的，则不能视为违法。

【实务问题】

募集设立公司，一方面，其对象是不特定的，即认股人具有相对不确定性，在筹集资本过程中可能存在不稳定因素。另一方面，股份的高度分散，在一定程度上也影响了发起人对公司的控制。这就有必要对认股人的认股和股款缴纳行为加以规制。这就是本条规定明确，以募集方式设立股份有限公司的，发起人认购的股份不得少于公司设立时应发行股份总数35%的初衷。本条在司法实务中应考虑以下几个因素：（1）设立公司的性质是股份有限公司。其他类型的公司，比如有限责任公司的设立，依据《公司法》的其他规定，不适用本条有关募集设立股份有限公司35%的限制。（2）35%的数额限制，其基数应该是拟设立股份有限公司设立时应发行股份总额。（3）发起人可以用货币出资，也可以用实物、知识产权、土地使用权等可以用货币估价并可以依法转让的非货币财产作价出资，但法律、行政法规规定不得作为出资的财产除外。

【典型案例】

沈某与某医疗科技股份公司决议效力确认纠纷案①

裁判要旨： 设立方式为发起人发起设立的股份有限公司，在发起人认购的股份缴足前募集股份违反法律规定，应属无效。发起人此后补缴资本的行为并不能改变此前募集行为的效力，股份有限公司应将其已收取的增资款退还认股人。

---

① 《苏州市吴中区人民法院2022年中小投资者保护典型案例（一）》，载微信公众号“苏州市吴中区人民法院”，2022年12月12日。

【条文】

第九十八条

发起人应当在公司成立前按照其认购的股份全额缴纳股款。

发起人的出资，适用本法第四十八条、第四十九条第二款关于有限责任公司股东出资的规定。

【条文主旨】

本条是关于股份有限公司注册资本实行完全实缴以及发起人出资义务、出资方式的规定。

【条文概览】

本条是此次《公司法》修订中进行了实质修改的条文，也是本次《公司法》修订中最引人瞩目的变化之一。2018 年《公司法》第 82 条规定："发起人的出资方式，适用本法第二十七条的规定。"第 83 条第 1 款规定："以发起设立方式设立股份有限公司的，发起人应当书面认足公司章程规定其认购的股份，并按照公司章程规定缴纳出资。以非货币财产出资的，应当依法办理其财产权的转移手续。"本条合并了上述两条规定，并进行了实质修改。

本条主要修改体现在第 1 款。该款规定发起人应当在公司成立前按照其认购的股份全额缴纳股款，变更了 2018 年《公司法》第 83 条关于发起人"按照公司章程规定缴纳出资"的规定，实质上改变了股份有限责任公司注册资本制度，在该款规定下，股份有限公司发起人出资不能认缴，必须实缴，从而根本上将自 2005 年以来逐步形成的出资认缴制变更为实缴制。

本条第 2 款规定了股份有限公司发起人的出资方式。2018 年《公司法》第 82 条规定："发起人的出资方式，适用本法第二十七条的规定。"第 83 条第 1 款规定："以发起设立方式设立股份有限公司的，发起人应当书面认足公司章程规定其认购的股份，并按照公司章程规定缴纳出资。以非货币财产出资的，应当依法办理其财产权的转移手续。"本条第 2 款合并了上述两条中关于发起人出资方式的规定，表述上转致为本法第 48 条、第 49 条第 2 款，表述更加简洁，规定也更加完善，内容并无实质性变更。

【理解与适用】

本条规定了股份有限公司注册资本制度、发起人的出资义务以及出资方式，对本条应从以下方面予以理解适用：

一、股份有限公司注册资本制度的根本变革

根据本条规定，发起人的出资应当在公司成立前全额缴纳，因此股份有限责任公司注册资本制度也就不再实行认缴制，而是变更为实缴制。

在2005年《公司法》第一次全面修订之前，我国注册资本制度实行完全实缴制，股东出资全部实缴不允许认缴，且区分公司类型规定有注册资本最低限额，其中股份有限公司最低注册资本限额为1000万元。[①] 2005年《公司法》第一次修订后，对出资制度放宽了限制：第一，降低了注册资本最低限额，股份有限公司最低注册资本减少为人民币500万元。第二，允许注册资本分期缴纳，最长认缴期限为公司成立之日起2年，投资公司为5年。第三，首期实缴出资额不低于20%。[②]《公司法》于2013年第三次修正时，取消了注册资本最低限额、首期最低实缴数额以及出资期限的限制，注册资本实行完全的认缴制。2013年之后，股份有限公司发起人出资可以全部认缴，首期实缴出资额可以为0元，出资期限没有限制，不限制注册资本最低额，也可以设立1元公司。

---

① 1993年《公司法》第23条规定："有限责任公司的注册资本为在公司登记机关登记的全体股东实缴的出资额。有限责任公司的注册资本不得少于下列最低限额：（一）以生产经营为主的公司人民币五十万元；（二）以商品批发为主的公司人民币五十万元；（三）以商业零售为主的公司人民币三十万元；（四）科技开发、咨询、服务性公司人民币十万元。特定行业的有限责任公司注册资本最低限额需高于前款所定限额的，由法律、行政法规另行规定。"第78条规定："股份有限公司的注册资本为在公司登记机关登记的实收股本总额。股份有限公司注册资本的最低限额为人民币一千万元。股份有限公司注册资本最低限额需高于上述所定限额的，由法律、行政法规另行规定。"

② 2005年《公司法》第26条规定："有限责任公司的注册资本为在公司登记机关登记的全体股东认缴的出资额。公司全体股东的首次出资额不得低于注册资本的百分之二十，也不得低于法定的注册资本最低限额，其余部分由股东自公司成立之日起两年内缴足；其中，投资公司可以在五年内缴足。有限责任公司注册资本的最低限额为人民币三万元。法律、行政法规对有限责任公司注册资本的最低限额有较高规定的，从其规定。"第81条规定："股份有限公司采取发起设立方式设立的，注册资本为在公司登记机关登记的全体发起人认购的股本总额。公司全体发起人的首次出资额不得低于注册资本的百分之二十，其余部分由发起人自公司成立之日起两年内缴足；其中，投资公司可以在五年内缴足。在缴足前，不得向他人募集股份。股份有限公司采取募集方式设立的，注册资本为在公司登记机关登记的实收股本总额。股份有限公司注册资本的最低限额为人民币五百万元。法律、行政法规对股份有限公司注册资本的最低限额有较高规定的，从其规定。"

此次《公司法》全面修订中，对注册资本制度进行了修订，有限责任公司还是允许认缴，但规定最长缴资期限为自公司成立之时起 5 年；股份有限公司则取消认缴制，发起人出资应完全实缴。本条第 1 款规定结合本法第 97 条第 1 款关于“以发起设立方式设立股份有限公司的，发起人应当认足公司章程规定的公司设立时应发行的股份”之规定，发起方式设立的股份有限公司，发起人应当认足且缴足股份，因此发起人的出资不再适用认缴制，实行完全实缴。

二、股份有限公司发起人的出资义务

根据本条第 1 款规定，股份有限公司发起人应当在公司成立前按照其认购的股份全额缴纳股款，也即股份有限公司发起人出资一律实缴。自 2013 年《公司法》起，股份有限公司发起人出资也是完全认缴的，根据其认购股份，按照公司章程规定缴纳出资即可，法律对于最长缴资期限、最低注册资本限额、首期实缴出资比例等均无任何限制。而新《公司法》施行后发起人出资完全实缴，不能认缴。本法第 47 条系关于有限责任公司注册资本的规定，将无最长认缴期限限制改为 5 年的最长认缴期限，该条与本条一起，对公司注册资本制度进行了根本性变革，可谓此次《公司法》修订过程中的最大亮点之一，引起市场主体广泛关注。关于我国注册资本制度历史沿革与注册资本制度变革的重大意义，可参照本书第 47 条的论述，此处不赘。

需要注意的是，虽然新《公司法》取消了股份有限公司注册资本认缴制，但允许了股份有限公司实行授权资本制，可以授权董事会在公司设立后发行确定数量的股份。① 授权资本制使得公司设立之初可以只发行部分股份，同样能够解决公司设立之初占用大额资本、资金闲置的问题，方便了公司设

① 新《公司法》第 47 条规定：“有限责任公司的注册资本为在公司登记机关登记的全体股东认缴的出资额。全体股东认缴的出资额由股东按照公司章程的规定自公司成立之日起五年内缴足。法律、行政法规以及国务院决定对有限责任公司注册资本实缴、注册资本最低限额、股东出资期限另有规定的，从其规定。”由此，有限责任公司股东认缴出资期限最长不能超过自公司成立之日起 5 年。相应地，对于股份有限公司发起人，第 97 条规定：“以发起设立方式设立股份有限公司的，发起人应当认足公司章程规定的公司设立时应发行的股份。以募集设立方式设立股份有限公司的，发起人认购的股份不得少于公司章程规定的公司设立时应发行股份总数的百分之三十五；但是，法律、行政法规另有规定的，从其规定。”第 98 条第 1 款规定：“发起人应当在公司成立前按照其认购的股份全额缴纳股款。”股份有限公司的发起人应当在公司成立前按照其认购的股份全额缴纳股款，也即股份有限公司发起人出资必须全部实缴。第 152 条规定：“公司章程或者股东会可以授权董事会在三年内决定发行不超过已发行股份百分之五十的股份。但以非货币财产作价出资的应当经股东会决议。董事会依照前款规定决定发行股份导致公司注册资本、已发行股份数发生变化的，对公司章程该项记载事项的修改不需再由股东会表决。”

立，因此股份有限公司才有条件取消发起人出资认缴制度，一律实缴。股份有限公司以授权资本制取代出资认缴制，具有更大优势：一是在授权资本制下，公司登记机关登记实收资本总额，更能反映公司资本情况。二是在授权资本制下，公司成立后可以由董事会根据需要随时增加资本，因此修改公司章程不需要股东会决议，也不必受到认缴资本制下股东约定缴资期限的限制，股份的发行对象也不仅限于现有股东，节约公司运营成本。三是认缴出资时股东的出资义务确定在前，缴资期限届至时，因各种原因导致股东出资能力或者出资意愿改变，从而不履行出资义务，产生诸多矛盾纠纷。而授权资本制度下，股东出资一律实缴，大大减少了这方面的矛盾纠纷。

三、股份有限公司发起人的出资方式

根据第 2 款的规定，股份有限公司发起人的出资方式，适用有限责任公司股东出资的规定。新《公司法》第 48 条规定："股东可以用货币出资，也可以用实物、知识产权、土地使用权、股权、债权等可以用货币估价并可以依法转让的非货币财产作价出资；但是，法律、行政法规规定不得作为出资的财产除外。对作为出资的非货币财产应当评估作价，核实财产，不得高估或者低估作价。法律、行政法规对评估作价有规定的，从其规定。"第 49 条第 2 款规定："股东以货币出资的，应当将货币出资足额存入有限责任公司在银行开设的账户；以非货币财产出资的，应当依法办理其财产权的转移手续。"根据上述规定，股份有限公司发起人可以用货币出资，也可以用非货币财产作价出资，但是法律、行政法规规定不得作为出资的财产除外。以非货币财产出资的，必须评估作价。关于出资方式，详见本书第 48 条的论述，此处不赘。

出资还需要根据不同的出资形式办理相应的财产权转让。相比于此前的规定，新《公司法》对于股份有限公司发起人履行出资义务，明确增加了股东以货币出资的，应当将货币出资足额存入公司在银行开设的账户的规定，为正确履行出资义务提供了适当指引。

【实务问题】

司法实践中，正确理解和适用本条，需要注意以下方面：

一、关于新旧法律衔接适用的问题

新《公司法》施行后，之前已经设立的认缴出资的股份有限公司面临新

旧过渡问题。新《公司法》第266条第2款规定："本法施行前已登记设立的公司，出资期限超过本法规定的期限的，除法律、行政法规或者国务院另有规定外，应当逐步调整至本法规定的期限以内；对于出资期限、出资额明显异常的，公司登记机关可以依法要求其及时调整。具体实施办法由国务院规定。"原有公司出资认缴的，应当按照国务院行政法规的规定，在过渡期内取消认缴，所有出资实缴到位，不能足额实缴的出资，应当办理相应的减资手续。

二、关于增资时股东的认缴制问题

本条虽然规定的是股份有限公司发起人的出资应当实缴，没有涉及增资时股东出资问题，但是从体系解释上，应当认为增资时的股东出资也不能认缴，必须实缴。也即，新《公司法》施行后，股份有限公司股东出资不再实行认缴制度，无论设立时还是增资时，都必须实缴出资。

三、关于认股人的出资义务问题

股份有限公司设立时，除了发起人之外，还存在认股人。认股人也应当按照其认缴的出资份额缴纳股款。

《公司法解释三》第6条规定，股份有限公司的认股人未按期缴纳所认股份的股款，经公司发起人催缴后在合理期间内仍未缴纳，公司发起人对该股份另行募集的，人民法院应当认定该募集行为有效。认股人延期缴纳股款给公司造成损失，公司请求该认股人承担赔偿责任的，人民法院应予支持。第一，在股份有限公司募集设立过程中，发起人承担公司筹办事务，赋予其另行募集权有利于其履行发起人职责，促成公司成立。第二，因该司法解释未规定其他前置性程序，且直接另行募集有利于提高公司设立效率、降低公司设立成本，故经公司发起人催缴后，认股人在合理期间内仍未缴纳，公司发起人可对该股份直接行使另行募集权利。第三，发起人行使另行募集权的行为后果具有直接产生解除原认股人认股资格和确认新的认股人认股资格的双重法律效力。入股行为是以取得股权为目的的一种财产法上的契约行为。股份有限公司通过募集方式发行股份，认股人认购股份，应当按照股份发行时确定的期限缴纳其所认购的全部股款，期限届满仍未缴纳的，构成违约。依据《民法典》第563条之规定，当事人一方迟延履行主要债务，经催告后在合理期限内仍未履行，当事人可以解除合同。在股份有限公司募集设立阶段，公司发起人应通知认股人在合理期限内缴纳股款，如认股人于催告期满仍未缴纳的，视为其放弃认股权，认股合同解除。发起人可按照募集程序，另行募集。第四，另行募集系对既有股份发行决议的继续履行，应受既有发行条件的约束，新的认股人应按照既有发行条件认购。

【条文】

第九十九条

发起人不按照其认购的股份缴纳股款，或者作为出资的非货币财产的实际价额显著低于所认购的股份的，其他发起人与该发起人在出资不足的范围内承担连带责任。

【条文主旨】

本条是关于股份有限公司发起人之间对于出资相互承担连带责任的规定。

【条文概览】

本条是此次《公司法》修订中修改的条文，但并无实质变更。2005 年《公司法》第一次全面修订时增加本条。该法第 94 条规定："股份有限公司成立后，发起人未按照公司章程的规定缴足出资的，应当补缴；其他发起人承担连带责任。股份有限公司成立后，发现作为设立公司出资的非货币财产的实际价额显著低于公司章程所定价额的，应当由交付该出资的发起人补足其差额；其他发起人承担连带责任。"明确了股份有限公司发起人出资不实的补缴责任以及发起人之间对于出资相互承担连带责任。其后，《公司法》在 2013 年、2018 年两次修正过程中内容均未变动。2011 年《公司法解释三》系统解释《公司法》，第 13 条第 3 款对有限责任公司设立时的股东与股份有限公司发起人的出资连带责任进行了统一规定。该款规定："股东在公司设立时未履行或者未全面履行出资义务，依照本条第一款或者第二款提起诉讼的原告，请求公司的发起人与被告股东承担连带责任的，人民法院应予支持；公司的发起人承担责任后，可以向被告股东追偿。"司法实践中广为适用。《变更追加当事人解释》以上述规定为实体法基础，明确规定了执行程序中，股份有限公司发起人因出资不实的，公司债权人可以申请追加该出资不实的发起人以及其他发起人为被执行人，在尚未缴纳出资的范围内依法承担责任。[①] 此次《公司法》第二次全面修订，新《公司法》吸收了司法解

① 该解释第 17 条规定："作为被执行人的营利法人，财产不足以清偿生效法律文书确定的债务，申请执行人申请变更、追加未缴纳或未足额缴纳出资的股东、出资人或依公司法规定对该出资承担连带责任的发起人为被执行人，在尚未缴纳出资的范围内依法承担责任的，人民法院应予支持。"

释相关规定，将发起人之间的出资连带责任单独成文，并对表述进行了修订，规定为本条。而原有条款中关于出资不实的发起人本人补缴出资的规定，通过本法第107条，转致本法第49条第3款，进行规定。根据本条规定，发起人不按照其认购的股份缴纳股款，或者作为出资的非货币财产的实际价额显著低于所认购的股份的，其他发起人与该发起人在出资不足的范围内承担连带责任。

【理解与适用】

本条规定了股份有限责任公司发起人之间对于出资相互承担连带责任。发起人出资相互承担连带责任的原理在于发起人承担的资本充实责任。发起人在公司设立阶段承担设立公司的权利义务，而在公司成立后需要承担资本充实责任。股份有限公司发起人与有限责任公司设立时的股东法律地位完全相同，相关论述参见本书第50条关于有限责任公司设立时股东的资本充实责任论述，此处不赘。应从以下几方面正确理解适用股份有限公司发起人出资连带责任的基本内容：

一、发起人出资连带责任的主体

首先，本条规定的实质是发起人的资本充实责任，而违反出资义务的发起人承担的是出资违约责任，与本条所规定的资本充实责任不同，因此承担责任的主体是违反出资义务的发起人以外的其他发起人。股东不如实缴付出资的，应当向公司履行出资义务，其他发起人承担的连带责任，也应当向公司履行。

其次，发起人出资连带责任系因公司设立行为而产生，其承担者限于公司设立者。因此，该责任主体限于股份有限公司的发起人，不及于公司成立后受让股权的股东以及增资时加入的股东。此外，股份有限公司设立时的股东除了发起人之外，还有认股人。因为认股人不承担公司设立职责，因此也不承担资本充实责任，所以出资连带责任的主体也不包括认股人。

二、发起人出资连带责任的构成条件

承担发起人出资连带责任的前提是“发起人不按照其认购的股份缴纳股款，或者作为出资的非货币财产的实际价额显著低于所认购的股份”。包括发起人出资不实的全部形态。

首先，关于“发起人不按照其认购的股份缴纳股款”，既包括货币出资未实际缴纳，也包括非货币财产出资未实际缴纳的情形。根据本法第 98 条的规定，发起人所缴纳的股款，是指发起人应当缴纳的出资，包括货币出资也包括非货币财产出资。不能望文生义，将股款仅理解为货币出资的情形。在发起人不按照其认购的股份缴纳出资时，应当出资而未出资的发起人属于出资不实，应当向公司承担补缴出资的责任。其他发起人应当与该发起人在出资不足的范围内承担连带责任。

其次，发起人以非货币财产出资，必须经过核实、评估作价，既不得高估作价，也不得低估作价。以非货币财产出资，就存在出资实际价额与所认购股份不相符的可能性。当发起人实际出资的非货币财产的实际价额显著低于所认购的股份的，该发起人本人应当向公司承担出资不实的违约责任，而其他发起人根据本条规定应当与该发起人在出资不足的范围内承担连带责任。所谓“显著低于”，是指非货币财产的实际价额与所认购的股份之间的差距过大，使股份公司注册资本出现较大缺额或者对公司所经营的事业带来较大障碍，都属于该种情形。

三、责任范围

首先，虽然股份有限公司发起人法律地位与有限责任公司设立时的股东相同，两者都需要承担资本充实责任，但在责任范围上存在不同。新《公司法》下，有限责任公司股东可以认缴出资，而公司设立时需要缴纳的出资并不包括股东认缴部分出资，因此，有限责任公司原始股东相互之间对出资承担连带责任仅限于公司设立时的实缴出资部分，对认缴出资部分不承担连带责任；而股份有限公司发起人根据本法第 98 条第 1 款之规定，应当在公司成立前全额实缴出资，不能认缴出资。也即，在新《公司法》下，股份有限公司发起人之间的出资连带责任不再存在实缴出资部分与认缴出资部分的区别，全部出资均为实缴，均属于发起人资本充实责任的范围。因此，股份有限责任公司发起人之间的出资连带责任，在其中一个发起人出资不实的情形下，其他发起人均应当在出资不足的范围内承担连带责任。

其次，承担责任范围的区别。新《公司法》第 49 条第 3 款规定了股东未按期足额缴纳出资的，除应当向公司足额缴纳外，还应当对给公司造成的损失承担赔偿责任，第 107 条规定了上述规定也适用于股份有限公司。也即，出资不实的发起人本人除补足出资外，还应当对“给公司造成的损失”承担赔偿责任。审判实践中，出资不实给公司造成的损失往往体现为股东占用公司经营性资金而给公司造成的利息损失。而股份有限公司的其他发起人承担出资连带责任时，责任范围限制在出资不足的范围内，不包括给公司造成的损失部分。

四、责任形式

关于补足非货币财产出资的方式。股份有限公司发起人以实物、知识产权、土地使用权等非货币财产出资，其实际价额显著低于公司章程规定价额的，该发起人向公司承担出资违约责任，其责任形式是“补足差额”。同时，其他发起人也应当对缴付该差额承担连带责任。最常见的补足方式是以现金补偿，如果判决后债务人不能实际履行，债权人可以与债务人协商，以物抵债或者通过减资、变卖股权等其他更加灵活的方式实现债权。

此外需要注意的是，虽然本条没有明确规定其他发起人承担责任后的追偿问题，但根据内部求偿原理，其他发起人承担责任后，可以向出资不实的发起人追偿。

【实务问题】

司法实践中，为正确理解与适用本条，还需要注意以下几点：

第一，运用体系思维处理股东瑕疵出资责任问题。股份有限公司发起人不履行出资义务，会导致公司资本不充实，损害了公司的利益，进而侵害公司其他股东及公司债权人的利益。在股东未按期履行出资义务的情况下，公司、股东实际都不只有唯一选择。无论是全体股东协商延长出资期限，还是公司依照法定程序进行减资都是可行的方案。例如，公司可以选择与股东进行协商，延长出资期限或者采取减资等方式，同时辅之以对未履行或未完全履行出资义务的股东采取限制股权权能措施。通过这种方式，可以保留出资瑕疵股东资格，不涉及公司资本问题，然后通过限制瑕疵出资股东部分股东权利，促使其尽快履行出资义务。该制度对于敦促股东履行出资义务，维护公司资本充实，具有重要作用。当然，限制股权权能只限于瑕疵出资股东本身，有限责任公司设立时的其他股东不承担相应责任。

第二，发起人的出资连带责任限于公司设立时，确切地说，发起人之间对在股份有限公司设立之前应当缴足的出资承担连带责任。而在公司增资时出现股东出资不实的情形，发起人之间对其不承担连带责任。

【条文】

第一百条

发起人向社会公开募集股份，应当公告招股说明书，并制作认股书。认股书应当载明本法第一百五十四条第二款、第三款所列事项，由认股人填写认购的股份数、金额、住所，并签名或者盖章。认股人应当按照所认购股份足额缴纳股款。

【条文主旨】

本条是关于向社会公开募集股份的发起人应当公告招股说明书并制作认股书的规定。

【条文概览】

本条由2018年《公司法》第85条修改而来。招股说明书是公司公开发行股票应当公开的最基本的法律文件，其内容具有法定性。为了便于广大社会公众知悉发起人、将要设立的股份有限公司及将要发行的股票的情况，了解认购股份后将会享受的权利及承担的义务等，吸引社会公众认购股份，招股说明书应当公告，同时发起人还应当制作认股书。认股书应当载明本法第154条第2款、第3款所列事项，该所列事项即为招股说明书应当载明的事项，吸收了2018年《公司法》第86条的相关规定。根据此次《公司法》修订中引入无面额股和授权资本制，并取消无记名股票的最新规定，第154条对招股说明书的法定记载事项也进行了相应的修订，本条认股书中应当载明的事项也随之相应调整，如增加了发行的股份总数、面额股或无面额股的发行价格、股份种类及其权利义务等，并强调认股人应当按照所认购股份足额缴纳股款。

【理解与适用】

向社会公开募集股份的发起人应当公告招股说明书。招股说明书是指专门表达募集股份的意思并载明有关信息的书面文件。之所以要求公告招股说明书，其目的在于让社会公众知晓发起人募集股份的意图并了解信息，进而吸引社会公众认购股份。此外，通过信息的公开，认股人等能进一步了解公司的情况，这也有利于保护投资者合法权益，防止发起人或者公司违法募股。

本法中未明确规定公告招股说明书的具体方式，但从我国《证券法》相关规定看，设立股份有限公司公开发行股票，应当向国务院证券监督管理机构报送招股说明书等有关文件，经国务院证券监督管理机构核准后才能向社会公开募集；依法必须披露的信息，应当在国务院证券监督管理机构指定的媒体发布，同时将其置备于公司住所、证券交易所，供社会公众查阅。需要说明的是，根据《证券法》的规定，向不特定对象发行证券以及累计向超过200人的特定对象发行证券，都属于公开发行证券。本条所规定的向社会公开募集股份，仅指《证券法》规定的向不特定对象发行证券，即向社会公众发行证券，而不包括累计向超过200人的特定对象发行证券这一情形。

发起人应当制作认股书。为了便于社会公众认购所发行的股份，发起人还应当制作认股书。根据本条中认股书需载明本法第154条第2款、第3款所列事项的规定，认股书的内容应当包括发行的股份总数、面额股的票面金额和发行价格或者无面额股的发行价格、募集资金的用途、认股人的权利和义务、股份种类及其权利和义务、本次募股的起止日期及逾期未募足时认股人可以撤回所认股份的说明。公司设立时发行股份的，还应当载明发起人认购的股份数。

发起人依法制作认股书后，认股人应当在认股书上填写认购的股份数、金额、住所，并在认股书上签名或者盖章。认股人在按要求填写好认股书以后，就应当按照其所认股份足额缴纳股款。因发起人制作并公告招股说明书的行为系向社会公众发送要约邀请，认股人填写认股书的行为则构成要约，即向发起人作出愿意同其订立认股合同的意思表示，发起人作出承诺后，认股合同即告成。认股合同成立后，认股人即应当按照认购股份数即时足额缴纳股款，否则即构成违约。公司发起人应当通知该认股人在合理期限内缴纳股款，如催告期满认股人仍未缴纳，可以视为其放弃认股，认股合同解除。为使公司能够募足应发行股份并得以顺利设立，发起人就该部分股份可另行募集。①

发起人向社会公开募集股份，主要的流程是：（1）公司公开发行新股，股东会应当对下列事项作出决议：新股种类及数额；新股发行价格；新股发行的起止日期；向原有股东发行新股的种类及数额；发行无面额股的，新股发行所得股款计入注册资本的金额。（2）发起人向社会公开募集股份，应当

① 参见王翔主编：《中华人民共和国公司法释义》，中国法制出版社2024年版，第146页。

公告招股说明书，并制作认股书；应当由依法设立的证券经营机构承销，签订承销协议；应当同银行签订代收股款协议。（3）向社会公开募集股份的股款缴足后，应当经依法设立的验资机构验资并出具证明。本条主要是对发起人公开募集股份所作的程序性规定，必须公告招股说明书，并制作认股书。

这一过程的法律规定和要求不仅有助于公司募集计划得以实施，也有助于维护投资者权益和保护公司利益。

【实务问题】

实践中，应注意股份有限公司的认股人未按期缴纳所认股份的股款的问题。募集方式设立的股份有限公司的出资，除了发起人认缴外，更多的是向其他认股人募集，如认股人认缴后，未按约缴纳股款，则公司发起人应在合理期限内催缴，经催缴后在合理期限不能缴纳的，根据《公司法解释三》第6条的规定，公司发起人对该股份另行募集的，人民法院应当认定该募集行为有效。认股人延期缴纳股款给公司造成损失，公司请求该认股人承担赔偿责任的，人民法院应予支持。如各认股人的总认购数量超过拟公开发行的股份总数，即发生超额认购时，各认股人填写的认购股数可能不能完全得以满足，实践中一般采用抽签、按比例配售等方式分配认购股数。

【条文】

第一百零一条

向社会公开募集股份的股款缴足后，应当经依法设立的验资机构验资并出具证明。

【条文主旨】

本条是关于募集设立的股份有限公司股款验资的规定。

【条文概览】

本条由原《公司法》第89条第1款修改而来，将原条款中“发起人应当自股款缴足之日起三十日内主持召开公司创立大会。创立大会由发起人、认股人组成”纳入修订后的第103条中，仅保留有关验资的规定，并明确向社会公开募集股份的股款缴足后，应当进行验资并由验资机构出具证明。

【理解与适用】

根据本条规定，向社会公开募集股份的股款缴足后应当依法验资，即应当经依法设立的验资机构验资并出具验资证明，以保证公司资本的足额、真实、合法，防止虚假出资。依法设立的注册会计师事务所、审计事务所、资产评估机构等，都可以依法承担股东出资的验资工作。验资机构审核检验完毕，应当出具验资证明。通过验资，既可以核实出资人对所提供的出资是否具有合法权利，也可以为公司登记机关审核募集设立公司是否符合《公司法》规定的要求以及是否满足发起人认购股份的最低限额等要求提供依据。验资证明即为由验资机构及其人员在公司成立时，对股东是否出资、是否足额出资以及出资是否到位等核实查验后所出具的证明。验资证明必须客观真实，验资机构或验资人员如提供虚假证明文件将承担相应的法律责任。

尽管2013年《公司法》的修改取消了一般有限责任公司关于验资方能成立的要求，但对于向社会公开募集股份的股份有限公司而言，由于公司对社会募集款项的来源缺乏必要的了解，因而此次修订仍保留了验资的程序要求。而且，如果某个公司的资金经过中介机构依法进行了验资，则会增强其资本信用。因为验资报告在一定程度上会真实地反映企业的偿债能力，从而构成对债权人的担保。在一定意义上，债权人之所以与企业进行交易，往往是基于对该企业注册资金以及验资情况的信赖。如验资单位出具虚假验资报告，则会使得债权人的信赖落空，并使其基于该合理信赖所进行的交易蒙受损失。

【条文】

第一百零二条

股份有限公司应当制作股东名册并置备于公司。股东名册应当记载下列事项：

（一）股东的姓名或者名称及住所；

（二）各股东所认购的股份种类及股份数；

（三）发行纸面形式的股票的，股票的编号；

（四）各股东取得股份的日期。

【条文主旨】

本条是关于股份有限公司股东名册信息记载事项的规定。

【条文概览】

1993年《公司法》第134条规定："公司发行记名股票的，应当置备股东名册，记载下列事项：（一）股东的姓名或者名称及住所；（二）各股东所持股份数；（三）各股东所持股票的编号；（四）各股东取得其股份的日期。发行无记名股票的，公司应当记载其股票数量、编号及发行日期。"《公司法》1999年、2004年修正时，该条未作变更。2005年修订时，将本条的序号调整为第131条，将第1款第4项"各股东取得其股份的日期"修改为"各股东取得股份的日期"。2013年修正时，将本条的序号调整为第130条。2018年修正时，本条未作调整。本次修订时，删除原法条第1款中有关"公司发行记名股票的"表述，以及第2款"发行无记名股票的，公司应当记载其股票数量、编号及发行日期"的规定。同时增加了第3项中"发行纸面形式的股票的"表述。

【理解与适用】

该条所称股东名册，是指股份有限公司置备的记载股东姓名或者名称以及持股种类和数量等情况的簿册。应当记载的事项包括：（1）股东的姓名或者名称及住所。根据股东为自然人、法人或非法人组织，股东名册上应登记股东的姓名或名称，并载明其住所，以便于公司明确股东的身份和联系方式，以便在需要时进行联络或通知。（2）各股东所认购的股份种类及股份数。本次《公司法》修订明确规定股份有限公司可以发行与普通股权利不同的类别股，对于此种不同类别的股票，需予以记载，并且不同的类别股根据公司章程规定可能会有不同的权利和义务，包括投票权、红利权等，因此也都需要载明，以确保股东权益得到合法保障。（3）发行纸面形式股票的编号。如公司发行纸面形式的股票，名册还应记录股票编号，以便区分不同股东的股票，既有助于保护股东权益，也有利于公司管理。（4）各股东取得股份的日期。股东名册应当记录各股东取得股份的日期，有助于确定股东权益产生的时间点以及相应的权利和义务。

置备股东名册可以使股份有限公司根据股东名册的记载，了解本公司股东的情况以及股权分布情况，方便公司的运营。股东可以据此向公司主张行使股东权利，公司也可以根据股东名册的记载向股东办理派息分红和各项通知事宜，如通知召开股东会等。

删除原条文中“公司发行记名股票的”相关表述和规定，主要是因为此次《公司法》修订后的第 147 条第 2 款规定，公司发行的股票，应当为记名股票，也就是说取消了公司可以发行无记名股票的规定，所有发行的股票都应该是记名股票。同时，明确了只有用纸面形式发行的股票需要记载股票的编号。

【实务问题】

因本次修订中明确了公司发行的股票应为记名股票，即将股东姓名与名称记载于股票上，对于此种记名股票的转让，各国公司法一般都规定必须符合法律规定的形式，如背书、签订书面转让协议等。我国则是规定以背书或者法律、行政法规规定的其他方式进行。以背书方式转让的股票，由于其形式上的要求，应为实物券式的股票。而实践中很多股份有限公司的股票采用无纸化形式，则应以法律、行政法规的形式转让。我国上市公司采用无纸化股票形式，股票交易采取的是簿记券式。股票转让后，应由公司将受让人的姓名或者名称住所记载于股东名册。依据《公司法》第 159 条第 2 款的规定，股东会会议召开前 20 日内或者公司决定分配股利的基准日前 5 日内，不得变更股东名册。法律、行政法规或者国务院证券监督管理机构对上市公司股东名册变更另有规定的，从其规定。

【条文】

第一百零三条

募集设立股份有限公司的发起人应当自公司设立时应发行股份的股款缴足之日起三十日内召开公司成立大会。发起人应当在成立大会召开十五日前将会议日期通知各认股人或者予以公告。成立大会应当有持有表决权过半数的认股人出席，方可举行。

以发起设立方式设立股份有限公司成立大会的召开和表决程序由公司章程或者发起人协议规定。

【条文主旨】

本条是关于股份有限公司成立大会的规定。

【条文概览】

本条系由原《公司法》第89条第1款和第90条第1款合并改造而来：一是将原条文中的“创立大会”改为“成立大会”；二是将原《公司法》第90条第1款中“应有代表股份总数过半数的发起人、认股人出席”修改为“应当有持有表决权过半数的认股人出席”，将募集设立股份有限公司成立大会的出席人员明确为持有表决权过半数的认股人；三是新增第2款，明确以发起设立方式设立股份有限公司成立大会的召开和表决程序由公司章程或者发起人协议规定。

【理解与适用】

根据本条第1款规定，募集设立股份有限公司的发起人应当自公司设立时应发行股份的股款缴足之日起30日内召开公司成立大会，成立大会由发起人、认股人组成。“认股人”是指认购公司股份并缴纳股款的人，由于此时公司还未成立，所以不能称其为股东。从《公司法》对成立大会职权的规定看，其具有通过公司章程，选举公司董事、监事，对发起人非货币财产出资的作价进行审核、对因不可抗力等情况作出不设立公司的决议等职权。因此，成立大会的性质是设立中公司的决议机关，是股东会的前身。对召开成立大会的时间作出限制亦是为了保障公司设立的高效有序推进，使认股人对其权益安排作出合理预期。

募集设立股份有限公司的发起人依照本法召开成立大会，一般来说，首先由发起人确定成立大会的召开日期，并应当至少提前15日将成立大会日期通知各认股人，以便各认股人按期参加成立大会。通知的方式通常应以邮寄方式送达，发起人也可以公告方式通知，公告方式适用于向社会公开募集的股份有限公司，因认股人人数众多，且较为分散，部分认股人地址不详，难以以邮寄方式送达。应注意的是，公告必须依法进行，应当在有关部门规定的报纸上刊登，同时将其置备于公司，以供查阅。同时，在通知或者公告的日期举行成立大会时，应当有持有表决权过半数的认股人出席，方可举行，否则成立大会不得举行。表决权过半数的限制可以保障会议所作决策的合法性与代表性，有利于平等保护股东权益。

本条第2款对发起设立方式设立的股份有限公司成立大会的召开和表决程序规定由公司章程或发起人协议规定，由此也表明，在以发起设立方式设立的股份有限公司中，公司章程与发起人协议的重要性。因发起设立的股份有限公司在设立时仅为发起人参与股份认购，尚不涉及其他认股人，因而可由发起人内部自行决定召开与表决程序。公司章程和发起人协议均为各方自愿达成的协议，对于协议各方均具有法律约束力，故股份有限公司各发起人应遵循自己所制定的规则，以确保公司成立大会的合法有效，也反映了此类公司成立的灵活性和自主性。

成立大会的职权主要有：（1）审议发起人关于公司筹办情况的报告。根据本法规定，发起人承担公司筹办事务。成立大会有权审议发起人关于公司筹办情况的报告。（2）通过公司章程。公司章程是规范公司组织和行为的基本规则，对每个股东具有约束力。根据本法规定，发起人制定公司章程，所以应当由成立大会通过。（3）选举董事、监事。根据本法规定，董事会授权代表应当于成立大会结束后30日内，向公司登记机关申请设立登记，所以成立大会应当选出相应的组织机构，使其能够行使权力。（4）对公司的设立费用进行审核。合理的公司设立费用，是由设立后的公司承担的，所以应当由成立大会进行审核。（5）对发起人非货币财产出资的作价进行审核。发起人可以用货币出资，也可以用实物、知识产权、土地使用权、股权、债权等可以用货币估价并可以依法转让的非货币财产作价出资。对作为出资的非货币财产应当评估作价，不得高估或者低估作价。（6）发生不可抗力或者经营条件发生重大变化直接影响公司设立的，可以作出不设立公司的决议。

成立大会召开，由持有表决权过半数的认股人出席，所有出席会议的发起人、认股人，应当按照所持每一股份有一表决权的原则，对其职权范围内的事项进行表决。凡成立大会上表决的事项，应当经出席会议的认股人所持表决权的过半数通过方为有效，否则不具备法律效力。

【实务问题】

本条第 2 款明确以发起设立方式设立股份有限公司成立大会的召开和表决程序由公司章程或者发起人协议规定，集中反映了此次《公司法》修订对于发起设立股份公司的公司治理灵活性与自主性的极大支持，实务中应加强对公司章程与发起人协议的审核，尤其在两者对相关事项的规定发生冲突时，需进一步对协议成立时间、能否代表发起人共同意思表示等事项予以重点关注。

【条文】

第一百零四条

公司成立大会行使下列职权：

（一）审议发起人关于公司筹办情况的报告；

（二）通过公司章程；

（三）选举董事、监事；

（四）对公司的设立费用进行审核；

（五）对发起人非货币财产出资的作价进行审核；

（六）发生不可抗力或者经营条件发生重大变化直接影响公司设立的，可以作出不设立公司的决议。

成立大会对前款所列事项作出决议，应当经出席会议的认股人所持表决权过半数通过。

【条文主旨】

本条是关于公司成立大会职权及表决程序的规定。

【条文概览】

本条内容自1993年写入《公司法》，在2005年《公司法》修订时，将“创立大会应有代表股份总数二分之一以上的认股人出席，方可举行”修改为“创立大会应有代表股份总数过半数的发起人、认股人出席，方可举行”。2018年《公司法》第90条规定了创立大会的程序和职权，此次修订将原第1款有关公司创立大会程序的规定纳入第103条，关于公司创立大会职权的部分纳入本条，除将“创立大会”的表述改为“成立大会”外，条文内容无实质性修改。

【理解与适用】

根据本条规定，公司成立大会的职权有：（1）审议发起人关于公司筹办情况的报告。根据本法规定，发起人承担公司筹办事务。成立大会有权审议发起人关于公司筹办情况的报告。（2）通过公司章程。公司章程是规范公司组织和行为的基本规则，对每个股东具有约束力。根据本法规定，由发起人共同制定公司章程，所以应当由成立大会通过。（3）选举董事、监事。根据本法规定，董事会授权代表应当于成立大会结束后30日内，向公司登记机关申请设立登记，所以成立大会应当选出相应的组织机构，使其能够行使权力。（4）对公司的设立费用进行审核。合理的公司设立费用，是由设立后的公司承担的，所以应当由成立大会进行审核。（5）对发起人非货币财产出资的作价进行审核。根据本法规定，发起人可以用货币出资，也可以用实物、知识产权、土地使用权、股权、债权等可以用货币估价并可以依法转让的非货币财产作价出资。对作为出资的非货币财产应当评估作价，不得高估或者低估作价。（6）发生不可抗力或者经营条件发生重大变化直接影响公司设立的，可以作出不设立公司的决议。

成立大会召开，所有出席会议的发起人、认股人，应当依法对其职权范围内的事项进行表决。凡成立大会上表决的事项，应当经出席会议的认股人所持表决权的过半数通过方为有效。这一规定强调了在公司成立大会上作出决策的合法性和代表性，也保证了决策的广泛代表性和公正性。同时，对决策程序设定相应表决权在一定程度上也保证了决策的高效性。

【实务问题】

本条规定由成立大会对发起人非货币财产出资的作价进行审核，其中就涉及发起人非货币出资的形式问题。出资的财产应当符合合法性、可转让性与可评估性，且法律、行政法规规定不得作为出资的财产除外。如股东不得以姓名或名称、劳务、信用、商誉、特许经营权作为出资财产，不可转让的已设定担保的财产亦不得作为出资财产。此外，随着社会发展，目前出现加密货币能否作为出资财产的讨论，对于此类财产能否用作出资，同样需要符合合法性、可转让性与可评估性的标准，如中国人民银行发行的加密数字货币，能够直接作为货币出资；非中国人民银行发行的代币不具有法偿性，如具有虚拟财产的属性，在符合合法性、可转让性与可评估性要求时，可以作为实物出资，否则即不得作为出资财产。

【条文】

第一百零五条

公司设立时应发行的股份未募足，或者发行股份的股款缴足后，发起人在三十日内未召开成立大会的，认股人可以按照所缴股款并加算银行同期存款利息，要求发起人返还。

发起人、认股人缴纳股款或者交付非货币财产出资后，除未按期募足股份、发起人未按期召开成立大会或者成立大会决议不设立公司的情形外，不得抽回其股本。

【条文主旨】

本条是关于认股人请求退股的条件以及发起人、认股人不得擅自抽回其股本的规定。

【条文概览】

1993 年《公司法》第 86 条规定："国务院证券管理部门对符合本法规定条件的募股申请，予以批准；对不符合本法规定的募股申请，不予批准。对已作出的批准如发现不符合本法规定的，应予撤销。尚未募集股份的，停止募集；已经募集的，认股人可以按照所缴股款并加算银行同期存款利息，要求发起人返还。"第 93 条规定："发起人、认股人缴纳股款或者交付抵作股款的出资后，除未按期募足股份、发起人未按期召开创立大会或者创立大会决议不设立公司的情形外，不得抽回其股本。"第 91 条第 2 款规定："发行的股份超过招股说明书规定的截止期限尚未募足的，或者发行股份的股款缴足后，发起人在三十日内未召开创立大会的，认股人可以按照所缴股款并加算银行同期存款利息，要求发起人返还。"第 97 条规定："股份有限公司的发起人应当承担下列责任：……（二）公司不能成立时，对认股人已缴纳的股款，负返还股款并加算银行同期存款利息的连带责任……"

2005 年《公司法》第 90 条第 2 款规定："发行的股份超过招股说明书规定的截止期限尚未募足的，或者发行股份的股款缴足后，发起人在三十日内未召开创立大会的，认股人可以按照所缴股款并加算银行同期存款利息，要求发起人返还。"第 92 条规定："发起人、认股人缴纳股款或者交付抵作股款的出资后，除未按期募足股份、发起人未按期召开创立大会或者创立大会决议不设立公司的情形外，不得抽回其股本。”第 95 条规定：“股份有限公司的发起人应当承担下列责任：……（二）公司不能成立时，对认股人已缴纳的股款，负返还股款并加算银行同期存款利息的连带责任……”

从内容上看，2005 年《公司法》与 1993 年《公司法》的规定基本一致，只是删去了国务院证券管理部门不批准募集设立时，已缴纳股款的认股人可以抽回股款的规定。根据 2005 年《公司法》的规定，认股人可以抽回股本的法定情形有：（1）未按期募足股份；（2）发起人未按期召开创立大会；（3）公司不能成立。发起人对此应承担的责任为：对认股人已缴纳的股款，负返还股款并加算银行同期存款利息的连带责任。此外，2005 年《公司法》改实缴制而采用分期缴纳制，但只限于有限责任公司的股东和股份有限公司的发起人，不适用于股份有限责任公司的认股人。理由是：一方面，认股人在认购股份时可以根据自己的实际能力决定认购股份的数额。另一方面，如果公众认股人也可以分期缴纳，势必会造成许多实际困难，影响公司的运作效率。例如，在公司按照实缴资本分配股利或者发行新股确定优先权时，就需要对众多的分期缴纳的股东及其实缴的数额进行统计和计算，徒增成本。

本条系由 2018 年《公司法》第 89 条第 2 款和第 91 条融合而来，将原《公司法》第 89 条第 2 款有关发行的股份未募足或者未召开成立大会时，应依法返还认股人所缴股款的规定以及第 91 条认股人不得擅自抽回其股本的规定相结合，分别成为本条第 1 款和第 2 款。

【理解与适用】

本条第 1 款规定了特定情形下认股人可要求发起人返还所缴股款的相关内容。依照法律规定，募集设立股份有限公司的发起人应当自公司设立时应发行股份的股款缴足之日起 30 日内召开公司成立大会，成立大会由持有表决权过半数的认股人出席。“认股人”是指认购公司股份并缴纳股款的人，由于此时公司还未成立，所以不能称其为股东。从本法对成立大会职权的规定看，其具有通过公司章程，选举董事、监事，对发起人非货币财产出资的作价进行审核、对因不可抗力等情况作出不设立公司的决议等职权。因而成立大会的性质是设立中公司的决议机关，是股东会的前身。

公司设立过程中，发起人制作认股书，由认股人填写认购股数、金额、住所并签名或者盖章。认股人按照所认股数缴纳股款。这时股份买卖合同已经成立，如果认股人要求退股，返还其股款，则属于违约行为，应当承担违约责任。本条规定认股人有权要求返还股款的情形，不属于认股人的违约行为，而是发行人的原因所造成，认股人选择要求发起人返还股本是其行使自身权利的表现，具体情形是：（1）根据本法规定，招股说明书应当载明募股的起止日期及逾期未募足时认股人可以撤回所认股份的说明。所以本条规定，如果没有募足，则认股人有权要求发起人返还其所缴纳的股款，并加算银行同期存款利息。（2）根据本法规定，募集设立股份有限公司的发起人应当自公司设立时应发行股份的股款缴足之日起30日内召开成立大会。在法定期限内召开成立大会是发起人的义务。所以本条规定，发行股份的股款缴足后，发起人在30日内未召开成立大会的，认股人有权要求发起人返还其所缴纳的股款，并加算银行同期存款利息。

本条第2款就发起人、认股人不得擅自抽回股本作出规定。发起人依法召开公司成立大会，并由成立大会选出董事会，董事会授权代表申请公司设立登记。如果在这个阶段再允许发起人、认股人抽回其股本，就会导致实收股款与实际不符，就应当重新验资，由此会增加支出，也可能导致公司因未募足股份而无法设立。这些情形都会给其他发起人、认股人造成损失。所以在一般情况下，发起人、认股人缴纳了股款或者发起人以非货币财产出资后，就不得抽回其股本。因为此时如发起人和认股人在缴纳完出资后又将资本抽回，实际上就形成股份有限公司应发行的股份并未全部被认购，形成股东虚假出资，公司所获取的实际资产必然少于其注册资本，违反资本维持原则，有损公司及债权人利益，也不利于社会交易安全稳定。但是如果公司最终未能成立，则发起人、认股人当然可以抽回其股本，具体情形是：（1）未按期募足股份。（2）发起人未按期召开创立大会。根据本法规定，募集设立股份有限公司的发起人应当自公司设立时应发行股份的股款缴足之日起30日内召开成立大会。所以本条规定，对发起人未按期召开成立大会的，认股人有权抽回其股本。（3）成立大会决议不设立公司。发生不可抗力或者经营条件发生重大变化直接影响公司设立的，可以依法作出不设立公司的决议。在此情况下，公司不再设立，发起人、认股人可以抽回其出资。

本款是对发起人、认股人不得擅自抽回股本的一般原则规定，但并不意味着发起人、认股人在任何时候都不能收回其投资。股份有限公司成立以后，发起人、认股人也可以依法转让其所持有的股份，以保证公司资本维持。

【实务问题】

公司发起人是公司设立过程中主要权利与义务的承受人，更是相应责任的承担者。公司发起人的民事责任，主要是由于公司不能成立或者公司设立过程中的过失致使公司利益或第三人利益受损害时，发起人应当承担的民事责任。

实践中，公司在设立过程中夭折的不在少数，其原因很多，如设立中达不到法定条件的，发起人发生重大变动的以及法院判决不准设立或撤销设立等。而设立公司是自始既有法律行为又有经济行为的复杂过程，势必发生各种利害关系。那么，由此所产生的权利义务及其责任谁来承担，则成为公司法所要解决的首要问题。

对此，《公司法》于股份有限公司的设立和组织机构一章中规定，股份有限公司的发起人在公司不能成立时，对设立行为所产生的债务和费用负连带责任，且对认股人已缴纳的股款，负返还股款并加算银行同期存款利息的连带责任。因发起人是基于以设立公司为目的的协议来进行公司的筹划和设立活动的，故一般认为当公司不能成立时，发起人要依照合伙性质对设立行为所生之后果负连带责任。

【条文】

第一百零六条

董事会应当授权代表，于公司成立大会结束后三十日内向公司登记机关申请设立登记。

【条文主旨】

本条是关于股份有限公司申请设立登记的规定。

【条文概览】

1993年《公司法》中，该条规定为第94条，在1999年、2004年的修正中未作变动，2005年的修订中，该条条文序号变更为第93条，并增加一款“以募集方式设立股份有限公司公开发行股票的，还应当向公司登记机关报送国务院证券监督管理机构的核准文件”。2013年修正时该条条文序号变更为第92条，内容未作修改。本次修改增加了“应当授权代表”的规定，并删除了原条文第1款中报送文件具体列举内容，以及第2款的内容。

【理解与适用】

依照《公司法》第29条规定，设立公司，应当依法向公司登记机关申请设立登记。法律、行政法规规定设立公司必须报经批准的，应当在公司登记前依法办理批准手续。第30条规定，申请设立公司，应当提交设立登记申请书、公司章程等文件，提交的相关材料应当真实、合法和有效。申请材料不齐全或者不符合法定形式的，公司登记机关应当一次性告知需要补正的材料。该条即吸收了《市场主体登记管理条例》的相关规定，对于公司设立的相关程序、所需提交的文件予以规定。本条进一步明确了股份有限公司设立过程中应向公司登记机关申请设立登记的主体、时限等。依照本条规定，在公司成立大会依法召开并作出决议以后，由成立大会选举的董事会成员组成的董事会，应当授权代表在成立大会结束后30日以内向公司登记机关报送法定的文件，申请设立登记，以使公司能够最终成立。

在公司设立阶段，董事会作为执行机构负有向登记机关申请设立登记的义务，并对公司法律合规负有责任。董事会授权代表通常为董事会成员，其代表公司进行法律行为。对董事会授权代表申请设立登记进行时间限制，一是合理设置时间，确保设立程序能够高效进行；二则保障公司在法律规定下有序运行，使利益相关方对于公司设立有合理预期，也有利于社会秩序规范稳定。

【条文】

第一百零七条

本法第四十四条、第四十九条第三款、第五十一条、第五十二条、第五十三条的规定，适用于股份有限公司。

【条文主旨】

本条是关于股份有限公司准用有限责任公司相关出资制度的规定。

【条文概览】

本条为新增条文，明确了股份有限公司适用有限责任公司设立时的责任承担、股东出资的缴纳、董事会核查、催缴出资、股东失权、股东抽逃出资的责任等规定。

【理解与适用】

本法第 44 条规定，有限责任公司设立时的股东为设立公司从事的民事活动，其法律后果由公司承受。公司未成立的，其法律后果由公司设立时的股东承受；设立时的股东为二人以上的，享有连带债权，承担连带债务。设立时的股东为设立公司以自己的名义从事民事活动产生的民事责任，第三人有权选择请求公司或者公司设立时的股东承担。设立时的股东因履行公司设立职责造成他人损害的，公司或者无过错的股东承担赔偿责任后，可以向有过错的股东追偿。第 49 条第 3 款规定，股东未按期足额缴纳出资的，除应当向公司足额缴纳外，还应当对给公司造成的损失承担赔偿责任。第 51 条规定，有限责任公司成立后，董事会应当对股东的出资情况进行核查，发现股东未按期足额缴纳公司章程规定的出资的，应当由公司向该股东发出书面催缴书，催缴出资。未及时履行前款规定的义务，给公司造成损失的，负有责任的董事应当承担赔偿责任。第 52 条规定，股东未按照公司章程规定的出资日期缴纳出资，公司依照前条第 1 款规定发出书面催缴书催缴出资的，可以载明缴纳出资的宽限期；宽限期自公司发出催缴书之日起，不得少于 60 日。宽限期届满，股东仍未履行出资义务的，公司经董事会决议可以向该股东发出失权通知，通知应当以书面形式发出。自通知发出之日起，该股东丧失其未缴纳出资的股权。依照前款规定丧失的股权应当依法转让，或者相应减少注册资本并注销该股权；6 个月内未转让或者注销的，由公司其他股东按照其出资比例足额缴纳相应出资。股东对失权有异议的，应当自接到失权通知之日起 30 日内，向人民法院提起诉讼。第 53 条规定，公司成立后，股东不得抽逃出资。违反前款规定的，股东应当返还抽逃的出资；给公司造成损失的，负有责任的董事、监事、高级管理人员应当与该股东承担连带赔偿责任。

为立法表述简洁，本条采用了准用型条款，即将股份有限公司出资的相关规定引致到有限责任公司出资的相关规定。关于本条有关出资的详细解释，可参阅本法前述条款的理解与适用。

【条文】

第一百零八条

有限责任公司变更为股份有限公司时，折合的实收股本总额不得高于公司净资产额。有限责任公司变更为股份有限公司，为增加注册资本公开发行股份时，应当依法办理。

【条文主旨】

本条是关于有限责任公司变更为股份有限公司时如何折合股份以及如何向社会公开发行股份的规定。

【条文概览】

1993 年《公司法》第 99 条规定："有限责任公司依法经批准变更为股份有限公司时，折合的股份总额应当相等于公司净资产额。有限责任公司依法经批准变更为股份有限公司，为增加资本向社会公开募集股份时，应当依照本法有关向社会公开募集股份的规定办理。"1999 年、2004 年修正中未作变动。2005 年修订中，该条被变更为第 96 条，内容亦修订为："有限责任公司变更为股份有限公司时，折合的实收股本总额不得高于公司净资产额。有限责任公司变更为股份有限公司，为增加资本公开发行股份时，应当依法办理。"2013 年修正时，该条条文顺序变更为第 95 条，内容无变化，此次修订亦未作实质性修改。

【理解与适用】

本条第 1 句规定："有限责任公司变更为股份有限公司时，折合的实收股本总额不得高于公司净资产额。"有限责任公司变更为股份有限公司，必须对公司的资产负债情况和债权、债务进行调查清理，准确地评估公司的净资产额，以确定公司自有的、实有的财产究竟有多少。这样规定的作用有两个方面：一是在有限责任公司变更公司形式时，对原公司的资本折合等额股份，计算股本总额，不是简单地按照原来登记的注册资本额进行折合。这是因为，有限责任公司的净资产与登记注册的资本额之间会发生背离。如果公司历年的税后利润有法定公积金和任意公积金留存在公司中，而公司未将其转入资本并办理增加注册资本的变更登记，则公司的净资产会大于原先登记的注册资本额。反过来，如果公司连年发生亏损，股东们未追加出资，公司也未相应地减少注册资本并办理减资的变更登记，则公司的净资产会少于原先登记的注册资本额。根据上述情况，有限责任公司在变更为股份有限公司时，不能简单地按登记的注册资本额折合股份。二是有限责任公司变更公司形态时公司的净资产额不是简单地按账面净值来确定，在市场价格有重大变动的情况下，公司原有资产中有些财产因贬值而使其价值额下降，有些财产因升值而使价值额增加。因此，为了准确地核定公司的净资产额，需要按照国家规定的通行的会计准则和财务通则，对公司资产的现值进行重新评估，在按照财务会计处理原则确定公司的净资产后，如实地折合股份。

有限责任公司变更为股份有限公司时，其折合的实收股本总额不得超过公司的净资产额。本条所作的这项限制性规定，体现了贯穿《公司法》的公司资本不变原则和公司资本充实的原则。如果在有限责任公司变更为股份有限公司时，折合的股份总额超过公司的净资产额，那么就意味着公司的股份总额缺乏相应的实际财产的基础，带有虚假成分，容易造成公司的债权人或其他第三人的误认，不利于保护债权人的利益。当然，在一般情况下，折合的股份总额不会低于公司的净资产额，这是因为各个股东都会十分关心自己所占出资比例在折合成股份时，如何保证其应取得的股份比例，以维护自身的合法权益。

同时，有限责任公司变更为股份有限公司时，已突破有限责任公司相对封闭的状态，因公司形式发生变更需要公开发行股份，这就关系到广大社会公众的利益，也关系社会经济秩序的稳定，故应当依照《公司法》及《证券法》等相关法律法规办理，不得擅自发行。具体包括向国务院证券监督管理机构报送募股申请及有关文件、公告招股书并制作认股书等相关法律文件，并进行信息披露等，以便于潜在投资者在充分了解公司状况的基础上作出投资判断。

【实务问题】

有限责任公司依法变更为股份有限公司时，应当依法将公司资产折合为股份有限公司的股份，有限责任公司的原股东即因此持有由有限责任公司资产折合而成的股份。但因有限责任公司在公司运营过程中既有资产也有负债，而《公司法》规定股份有限公司的注册资本为在公司登记机关登记的已发行股份的股本总额，故在折合股本时，应将有限责任公司负债部分予以扣减，将有限责任公司的净资产折合为股份总额，而非由包含负债的资产总额所折算的股本。否则难以确保股份有限公司资本的真实性，有损除原有限责任公司以外的其他股东以及第三人的合法权益。同时，依据本条规定，有限责任公司在变更公司形式时，可以自行决定注册资本的数额，而不必将其所有净资产均作为股份有限公司股本。故规定有限责任公司变更为股份有限公司时，折合的实收股本总额可以等于或者低于，但不得高于公司净资产额。

【条文】

第一百零九条

股份有限公司应当将公司章程、股东名册、股东会会议记录、董事会会议记录、监事会会议记录、财务会计报告、债券持有人名册置备于本公司。

【条文主旨】

本条是关于股份有限公司应当将有关文件置备于公司的规定。

【条文概览】

1993 年《公司法》第 101 条规定："股份有限公司应当将公司章程、股东名册、股东大会会议记录、财务会计报告置备于本公司。" 1999 年、2004 年修正中，未作变动。2005 年修订中，该条被修订为第 97 条，内容亦变更为："股份有限公司应当将公司章程、股东名册、公司债券存根、股东大会会议记录、董事会会议记录、监事会会议记录、财务会计报告置备于本公司。" 2013 年修正中，该条序号被修正为第 96 条，内容未作变动。本次修订将"公司债券存根"修改为"债券持有人名册"，"股东大会"修改为"股东会"，其他内容无变化。

【理解与适用】

股东作为公司的投资者，有权了解公司相关情况。股份有限公司的经营和管理涉及广泛的股东群体，而公司股份的公开发行与自由转让使得公司股本的分散化程度很高。由于股份有限公司的经营权与所有权相分离，绝大多数股东实际上并不参与公司的日常经营活动，因此，其对公司情况的了解需要借助于相关的文件、资料，以便其了解公司情况，及时作出投资决策。为此，本条规定股份有限公司应当将公司章程、股东名册、股东会会议记录、董事会会议记录、监事会会议记录、财务会计报告和债券持有人名册置备于本公司。相较于原规定，本次修订将"公司债券存根"修改为"债券持有人名册"。债券持有人名册是记载债券持有人情况（如持有人的姓名或名称及住所，持有人取得债券的日期及债权编号）以及与债券发行有关事项（如债券总额、利率、偿还期限和方式、发行日期及债券编号等）的簿记。

本条规定股份有限公司应当将公司章程、股东名册、股东会会议记录、董事会会议记录、监事会会议记录、财务会计报告等文件置备于本公司，就是为了方便股东查阅，确保股东能够准确地了解有关的情况，同时也便于有关主管机构依法对公司进行必要的监督。这不仅有助于公司与股东建立良好合作关系，也有助于公司提升自身市场竞争力。

【条文】

第一百一十条

股东有权查阅、复制公司章程、股东名册、股东会会议记录、董事会会议决议、监事会会议决议、财务会计报告，对公司的经营提出建议或者质询。

连续一百八十日以上单独或者合计持有公司百分之三以上股份的股东要求查阅公司的会计账簿、会计凭证的，适用本法第五十七条第二款、第三款、第四款的规定。公司章程对持股比例有较低规定的，从其规定。

股东要求查阅、复制公司全资子公司相关材料的，适用前两款的规定。

上市公司股东查阅、复制相关材料的，应当遵守《中华人民共和国证券法》等法律、行政法规的规定。

【条文主旨】

本条是关于股份有限公司股东的查阅、复制、建议和质询权的规定。

【条文概览】

1993 年《公司法》第 110 条规定：“股东有权查阅公司章程、股东大会会议记录和财务会计报告，对公司的经营提出建议或者质询。”1999 年、2004 年修正时，该条未作变动。2005 年修订时，该条被修订为第 98 条，内容亦修订为：“股东有权查阅公司章程、股东名册、公司债券存根、股东大会会议记录、董事会会议决议、监事会会议决议、财务会计报告，对公司的经营提出建议或者质询。”2013 年修正时，该条条款被修正为第 97 条，内容未作修改。此次修订中，第 1 款新增了股东有权“复制”公司相关资料的规定，扩大了股份有限公司股份知情权的范畴，并删除了公司债券存根的内容。同时新增了第 2 款、第 3 款、第 4 款，第 2 款主要对于行使查阅权的股东持股比例作出限制，第 3 款规定股东可查阅、复制全资子公司的相关材料，进一步完善了股东知情权制度，第 4 款则规定上市公司查阅、复制相关材料的还应当遵守《证券法》等法律、行政法规的规定。

【理解与适用】

一、股东的查阅权

股东查阅权源于股东财产权保护，以及股东与公司管理层的受托关系。查阅权有利于股东更好行使股东权利和监督公司经营管理。查阅权既有自益权属性，更有共益权属性。查阅权行使需要平衡股东知情权与公司经营权的关系。一方面，公司与股东虽然属于不同主体，但是股东历来被认为是公司资产的受益所有人，因此股东当然享有查阅权，股东查阅公司财产状况就如同其可以了解自身财产状况一样。另一方面，公司管理层作为受托人经营公司，为了确保管理层能够勤勉尽责履行其受托义务，股东应当拥有查阅权。基于股东与公司之间的关系，查阅权成为股东的一项固有权利，大多数国家的公司法或者司法实践都认为公司章程不能对查阅权作出限制，剥夺股东的知情权。查阅权是股东的一项重要权利，是股东行使其他权利的基础，只有股东的查阅权得到充分保障，才能方便股东了解公司情况，参与股东会的表决，监督公司的运营。

二、股东行使查阅权的范围

（一）基本查阅内容

根据本条规定，股东的查阅权包括以下几项：（1）查阅、复制公司章程。公司章程是股东通过股东会制定的，明确公司的组织规范和股东、各机构以及董事、监事、高级管理人员的行为准则，保障股东权利的基本文件，各股东理当有权查阅。（2）查阅、复制股东名册。股东名册是记载股东名称及其持股数额、证明股东身份的名册，是公司确认股东身份，允许其行使股东权利的凭证。股东名册对股东行使权利具有重要作用，赋予股东查阅股东名册的权利，可以监督公司及时记录股东身份及持股数量，维护自身权益。（3）查阅、复制股东会会议记录。作为公司的成员，股东有权参加股东会会议，也有权通过股东会会议记录来了解股东会会议的举行、决议情况，检查股东会的决议是否违反法律、行政法规、公司章程的规定，是否侵害股东的合法权益。（4）查阅、复制董事会、监事会会议决议。公司董事会、监事会由股东会选举的成员组成，其对公司经营管理和监督的重要事项所作的决议，对公司的运营有重大影响，应当对公司股东公开，允许股东查阅。这一方面有利于股东了解公司的经营管理状况，另一方面有利于股东对董事、监事的监督。(5) 查阅、复制财务会计报告。财务会计报告是反映公司一年中的财务状况和经营状况最重要的文件。公司股东有权通过查阅公司财务会计报告了解公司资产运用、经营成果、盈余分配情况，以作出判断，决定对策。股东作为公司的出资人，除可以通过股东会来决定公司重大事项外，还可以通过对公司的经营管理提出建议或者质询来改善公司的经营管理活动，督促公司董事、监事、高级管理人员谨慎、勤勉履行职责，维护自身权益。同时，此次修订删除了查阅公司债券存根的内容。

（二）关于会计凭证、会计账簿是否纳入股东查阅范围

由于此次修订前的《公司法》条文并未将会计凭证归入为股东可查阅的范围，故会计凭证能否纳入股东知情权的行使范围，是一个在理论界与实务界中长期引发巨大争议的问题。持否定观点即不允许股东查阅会计凭证的观点主要是从文义角度解释出发，认为根据《会计法》（2024 年修正）规定，会计账簿包括总账、明细账、日记账和其他辅助账簿。而会计凭证（包括销售、采购合同和库存单）不在会计账簿的范围内，法律没有赋予股东查阅会计凭证的权利，认为以保护中小股东权益为由无限放大股东知情权范围是值得商榷的，支持查阅会计凭证，固然可能坚持了实质正义，但并非没有超越立法之嫌。

持肯定观点即允许股东查阅会计凭证的观点则认为，公司的具体经营活动只有通过查阅原始凭证才能知晓，不查阅原始凭证，中小股东可能无法准确了解公司真正的经营状况。根据会计准则，相关契约等有关资料也是编制记账凭证的依据，应当作为原始凭证的附件入账备查，股东查阅权行使的范围应当包括会计账簿和会计凭证。实践中，很多法院将会计凭证视为会计账簿的延伸，认为会计账簿的外延应当包括会计凭证和与会计凭证形成有关的基础性材料，会计凭证事实上被纳入股东知情权的行权范围之中。

表现在司法实务中，对该问题的看法也莫衷一是，不仅地方法院判决不一致，最高人民法院的案例也不能形成一致观念。①

尽管立法层面对是否允许查阅会计凭证没有明确规定，但部分地区出台了地方性意见对此问题进行了探索，如北京市高级人民法院发布的《关于审理公司纠纷案件若干问题的指导意见》（2008 年）第 19 条规定：有限责任公司股东有权查阅的公司会计账簿包括记账凭证和原始凭证。2016 年 4 月

① 如 2011 年，最高人民法院在李某君等与江苏某德置业发展有限公司股东知情权纠纷案中支持了股东查阅会计凭证。随着司法实践的发展，2020 年 3 月，最高人民法院在某巴投资有限公司与某融博信国际融资租赁有限公司股东知情权纠纷案中则判决股东不能查阅会计凭证。

12日公布的《最高人民法院关于适用〈中华人民共和国公司法〉若干问题的规定（四）（征求意见稿）》第16条将原始凭证和记账凭证与会计账簿并列规定为股东可请求查阅的范围，但正式发布的规定删去了可以查阅会计凭证的规定，原因是“在起草本解释的过程中，对股东查阅范围是否应包括会计原始凭证，存在较大的争议。在最终通过的版本中，删去了关于股东可以查阅原始会计凭证的规定，而留待司法实践继续探索。”①

本次修订中增加了允许股份有限公司股东查阅公司会计账簿、会计凭证的规定。同时为防止权利滥用，也对此设置了限定条件，即规定连续180日以上单独或者合计持有公司3%以上股份的股东要求查阅公司的会计账簿、会计凭证的，适用本法第57条第2款、第3款、第4款的规定，即适用有关有限责任公司股东查阅会计账簿、会计凭证的规定，可行使查阅权。同时也增加了复制公司相关资料的规定。

（三）关于股东能否对全资子公司行使查阅、复制权

在查阅客体中，股东能否对其子公司文件进行查阅是比较有争议的问题。目前从成文法来看，只有少数成文法对母公司股东查阅子公司文件作了明确规定，如美国特拉华州、俄克拉何马州、加利福尼亚州公司法和日本公司法。传统公司法理论之所以不承认股东的知情权的穿越，最重要的一点就是知情权穿越突破了公司的人格独立，使一家公司的股东将其知情权扩张至另外一家公司。但是，当母子股东关系紧密，尤其是当母公司是子公司的唯一股东时，母公司控股股东利用子公司从事损害公司利益的行为就能因母公司股东不能主张查阅权而难以发现。在美国成文公司法规定股东知情权穿越制度之前，“同一主体”理论强调，若控制公司和从属公司之间除法律人格上的不同外，在人员、财产等方面几乎完全一致，则在特定情形下有必要将控制公司和从属公司视为同一主体，控制公司股东可以向从属公司行使知情权。“支配控制”理论以实际控制作为股东对从属公司行使知情权穿越的前提，即如果一家公司控制另外一家公司达到能够忽视该公司独立地位的程度，就可以实施股东的知情权穿越。《美国特拉华州普通公司法》中股东知情权穿越制度的建构采纳了支配控制理论。

在企业集团中，控制公司或者控制公司内部人可能利用控股的下属公司从事关联交易或者掏空从属公司，如果控股公司股东不能查阅从属公司的信息，此时该种违法行为就借由多层次法律主体规避股东查阅权的行使，致使

① 参见杜万华主编：《最高人民法院公司法司法解释（四）理解与适用》，人民法院出版社2017年版，第189页。

少数股东权利保护立法目的落空。实践中，股东经常需要对母、子公司的文件进行全面查阅。比如，母、子公司之间可能通过利益输送和转移价格等隐瞒重要情况；另外，很多母公司只是控股公司，并不进行实业经营，子公司的信息对母公司股东非常重要。从属公司的运营对于控制公司有重大影响时，控制公司股东可通过查阅从属公司的会计账簿及资料，监督其经营状况，间接维护控制公司及其股东的权益①。

由以上分析可见，在全资母子公司的股权结构下，母公司对于子公司拥有完全的控制权，当支配控制成立时，以知情权穿越突破公司独立人格具有正当性。同时，此次《公司法》修订确立了股东双重代表诉讼制度，允许股东为全资子公司利益提起代表诉讼。而查阅权对于双重代表诉讼中的举证至关重要，往往只有赋予股东以直接查阅、复制全资子公司的会计材料才能够使股东得以发现子公司面临的利益受侵害情况，从而可以利用股东双重代表诉讼制度以保护自身利益。为确保双重代表诉讼实施的效果，作为股东双重代表诉讼的配套制度，本次《公司法》修订增加了股东可以要求查询、复制全资子公司相关材料的规定。

三、股东查阅权的适当限制

从法条规定上来看，虽然此次《公司法》修订赋予了股东查阅、复制会计账簿和会计凭证的权利，但对于行使查阅权的股东持股比例是有所限制的。这是根据查阅客体不同对行使权利的主体作出的区别规定，因为获取不同的信息对公司、股东利益的影响是不同的，故有必要对相应的行权主体作出区别规定。如股东名册记载的事项一般包括股东姓名、住址、持股数量及取得日期，没有与公司直接相关的信息。即便是竞争对手股东获取股东名册对公司的影响也并不大。但是，会计凭证可能包含收据、合同等文件，不但范围广泛，且包含对公司非常重要的财务信息。查阅会计凭证后泄露或者将其用于竞争业务，很可能对公司利益造成重大影响。因此，一些国家和地区的公司法根据信息对公司经营情况影响和信息泄露后的影响不同，将查阅客体分为一般信息和敏感信息，设置不同的查阅条件要求。

本次修订规定连续180日以上单独或者合计持有公司3%以上股份的股东要求查阅公司的会计账簿、会计凭证的，适用本法第57条第2款、第3款、第4款的规定。公司章程对持股比例有较低规定的，从其规定。如此规

① 参见林一英：《利益平衡视角下的股东查阅权落实路径》，载《财经法学》2024年第1期。

定主要是考虑到相较于有限责任公司，股份有限公司尤其是上市公司股东人数众多且股票流通十分方便，投资人仅持有一股股票即可称为公司股东，如果不对股份有限公司股东知情权行使作出相应限制，可能导致不必要的滥诉，徒增公司运营成本及管理负担。查阅权的行使需平衡股东权利保护和公司利益保护的关系，防止部分小股东或者少数股东滥用查阅权干扰公司经营，因此对于查阅会计账簿和会计凭证的主体限定为少数股东，且适用有限责任公司股东行使知情权的相关规定。

股东知情权是一把双刃剑，能让某些股东获知公司情况，以保护其利益，而同时也可能被滥用，从而损害公司和其他相关人利益。因此，在完善股东知情权制度时，需要在股东利益与公司利益之间保持一个适当的平衡，既要促进股东知情权的正当适用，又要防止不当滥用。正当目的即为股东查阅权行使程序中平衡股东与公司利益的最重要的程序性手段。正当目的作为平衡各方利益的一个程序性设置，其不仅是股东在行使查阅权时需要明确提出且作必要证明的要件，也是公司主张股东不能行使查阅权的一个抗辩理由。

同时，依照本条规定，公司章程可以对行使查阅权股东的持股比例作出更低规定，赋予了公司灵活性，有助于公司根据自身情况设置股东权利和信息披露条件。此种灵活性体现在公司可以扩大有权查阅会计账簿、会计凭证的股东范围，但不得予以限缩，即不能规定高于《公司法》规定的比例。符合条件的股东要求查阅会计账簿、会计凭证的，应当向公司提出书面请求，说明目的。公司有合理根据认为股东查阅会计账簿、会计凭证有不正当目的，可能损害公司合法利益的，可以拒绝提供查阅，并应当自股东提出书面请求之日起 15 日内书面答复股东并说明理由。公司拒绝提供查阅的，股东可以向人民法院提起诉讼。股东查阅会计账簿、会计凭证，可以委托会计师事务所、律师事务所等中介机构进行。

四、上市公司的特别规定

对于股份有限公司中的上市公司，按照《证券法》（2019 年修订）的规定要披露重大信息，这些信息也是股东知情权的重要途径。是否因为上市公司存在公开信息披露制度就限制上市公司股东查阅权？公众公司的信息披露制度在历史上和现实中主要是作为监管手段来看待和运用的。公众公司履行信息披露义务，不仅是面向股东，还面向广大潜在投资者。上市公司公开信息是监管视角下对一般投资者普遍保护的要求，股东既可以通过公司公开信息判断自己股票价值，也可以从中发现违法行为。但是股东要提起代表诉讼，监督违法行为，需要通过行使查阅权获得更多财务信息后才能够在诉讼时提供证据。因此，不宜再限制上市公司股东查阅权。但是，因为上市公司信息披露有公平性的要求，如果股东查阅的信息可能构成重大信息，查阅应当有所限制。从比较法来看，绝大多数国家和地区的公司法没有专门针对上市公司股东查阅权作出限制性规定。仅美国个别州对这一问题作了限制，如《北卡罗来纳州公司法》规定，当信息公开会对公司业务开展产生不利影响，或者可能构成重大非公开信息时，上市公司的股东无权检查或复制公司的账簿记录，也无权查阅、复制公司善意作出行为的相关信息。股东行使查阅权可能会涉及对公司重大未披露信息的查阅，《证券法》第 83 条规定：“信息披露义务人披露的信息应当同时向所有投资者披露，不得提前向任何单位和个人泄露。但是，法律、行政法规另有规定的除外。任何单位和个人不得非法要求信息披露义务人提供依法需要披露但尚未披露的信息。任何单位和个人提前获知的前述信息，在依法披露前应当保密。”信息披露义务人应当同时向所有投资者披露应当披露的信息，确保投资者公平获取信息，但是如果股东因为行使查阅权可能获取相关应披露而未披露的信息，应当负有保密义务，不得披露。如果股东查阅的信息构成内幕信息，则股东必须遵守《证券法》第 53 条的规定，证券交易内幕信息的知情人和非法获取内幕信息的人，在内幕信息公开前，不得买卖该公司的证券，或者泄露该信息，或者建议他人买卖该证券。因此，此次《公司法》修订增加规定，上市公司股东查阅、复制相关材料的，应当遵守《证券法》等法律、行政法规的规定。①

五、股东的建议和质询权

股东作为公司的出资人，除查阅、复制相关公司材料的权利，还有权就公司的经营提出建议和质询。建议权是指股东对公司提出的有关经营管理方面的意见、改善措施、方案的权利；质询权则是指股东对公司的决策失误、管理不当、高管人员的不尽职或失职行为提出质询，要求其改正的权利。法律赋予股东这一权利非常重要，因公司盈利能力与股东切身利益密切相关，股东向公司提出建议和质询，有助于为公司经营提供有益意见和反馈，促进公司提升经营和决策质效，从而增强公司竞争力。

---

① 参见林一英：《利益平衡视角下的股东查阅权落实路径》，载《财经法学》2024 年第 1 期。

【实务问题】

第一，此次修订的《公司法》优化了查阅权与公司类型的关系，基于有限责任公司与股份有限公司二分法，赋予股东差异化的查阅权。有限责任公司股东查阅权行使更加灵活、便利，适应其所有者和管理者高度重合的需要；股份有限公司股东对于会计账簿等的查阅定位为少数股东。因此在判断股东能否行使知情权时，需要区分公司类型适用法律。尤其要特别注意上市公司的特殊规定。

第二，股东知情权诉讼中，在股东知情权法律关系中，权利主体是公司股东，义务主体是公司，故涉及股东知情权纠纷的诉讼，应当以公司为被告。

第三，司法实务中应注意对股东查阅信息举证责任的分配。对于股东查阅的信息不同，有必要对股东查阅目的的举证责任的分配予以区别考量。举证责任分配差异主要原因是股东名册的查阅、复制对公司或者其他股东的负面影响低，而账簿与其他记录较为敏感，查阅则存在潜在风险。查阅股东名册不会对公司经营造成破坏，或者导致泄露公司商业秘密，因此，应赋予股东较绝对的查阅权而要求公司举证证明股东权利行使的不正当。根据《美国示范公司法》和《美国特拉华州普通公司法》的规定，对于一般信息，只要该股东按照法律所要求的形式或者方式提出请求，则公司应证明该股东行使查阅权有不正当目的，否则应当直接提供股东查阅；股东查阅敏感信息的，负有证明其查阅具有正当目的的责任。《美国示范公司法》要求查阅敏感信息必须符合以下条件：股东的请求善意且有正当目的，股东必须以合理的特殊性描述其目的以及其拟查阅的记录，以及该记录与股东查阅目的具备直接关联性。①

从我国《公司法》的规定看，查阅会计账簿仅要求股东提出书面请求，并说明目的，也没有要求对目的进行合理说明或者证明。因此司法实践中，股东查阅权能否行使主要取决于公司能否证明请求查阅股东的主观状态不正当，但是对于主观状态的举证非常困难。原告股东通常以了解公司经营情况这一不具体的理由或者目的来主张查阅权，这就增加了股东可能滥用查阅权干扰公司正常经营的风险。因此，需要法院在审查时考虑股东书面提供查阅目的以及理由是否具有正当性。要求股东书面提供查阅目的以及理由，不仅

---

① 参见林一英：《利益平衡视角下的股东查阅权落实路径》，载《财经法学》2024 年第 1 期。

有助于判断公司是否有义务提供，也比较容易确定公司提供账簿和凭证等资料的范围。

一般而言，股东查阅账簿和会计凭证的范围，应当根据股东请求的目的作出不同的认定。以公司账簿等信息为例，如股东以评估股票价格为目的行使查阅权，查阅可以确定股价所需要的财务信息即可。在上市公司，公开的信息已经能够充分反映股价的时候，除非股东证明上市公司披露的信息还不足以判断股价才需要查阅相关账簿。对以共益权为目的行使查阅权，股东认为公司财务报告信息不实需要查阅，则股东至少要指出财务报告的不实之处，并在财务报告不实的范围内就相关账簿或者会计凭证进行查阅，而不能无限制地查阅所有账簿和凭证。如查阅目的是与其他股东联系或者评估自身股票价值，查阅权的行使门槛较低，但是如果是为了股东代表诉讼监督管理层，其行使门槛较高，就不能仅仅是无中生有的怀疑，必须是提供基本信息能够让法官初步判断公司董事是否存在违法的可能。例如，股东如果仅以行使股东权利为由，要求调查公司会计是否违法，则可能就会构成查阅理由不足，目的不够明确特定。但如果严格要求提供董事违法行为的举证，则查阅权会被这一要求架空。对于查阅范围而言，是否要求股东也有举证责任则是比较复杂的问题，需要在司法实践中不断总结完善。

第四，股东行使查阅权与诉讼费用分配问题。股东查阅会计凭证等资料，可能需要委托专业机构进行，此时还涉及查阅费用的分担问题。因此，有观点认为，应以正当目的作为合理分配诉讼费用的重要依据。如果股东提起查阅权的目的是对管理层的违法行为进行调查或者提起代表诉讼，此时股东行使查阅权是为了公司与全体股东的利益，查阅费用应考虑由公司支付。如果股东行使查阅权仅仅是为了满足个人利益，则考虑由股东自行承担。股东查阅有多重目的时，应根据主要目的的性质判断是由公司还是股东承担费用。[①]

① 参见林一英：《利益平衡视角下的股东查阅权落实路径》，载《财经法学》2024 年第 1 期。

第二节 股东会

【条文】

第一百一十一条

股份有限公司股东会由全体股东组成。股东会是公司的权力机构，依照本法行使职权。

【条文主旨】

本条是关于股份有限公司股东会组成及其地位的规定。

【条文概览】

本条除在文字将“股东大会”修改为“股东会”，将公司权力机构的称谓统一为“股东会”，不再区分“股东会”与“股东大会”外，未进行其他实质性修改。本次修订前，有限责任公司的权力机构为股东会，股份有限公司的权力机构为股东大会。当时立法中之所以在名称上进行区别规定，主要是为了体现股份有限公司股东人数较多、股东会会议召集和提案程序相对复杂、决议形式更为严格等方面的特点。但是，有限责任公司和股份有限公司的股东会在作为权力机构的性质以及组成方式、权力来源等方面并无不同，当前多数国家和地区也没有根据公司组织形式对权力机构的名称进行区分。因此，本次修订的《公司法》将有限责任公司和股份有限公司的权力机构的名称统一规定为股东会。

【理解与适用】

一、股份有限公司股东会的组成

与有限责任公司一样，股份有限公司的股东会由全体股东组成，全体股东均享有股东会成员资格。股东向公司出资后，丧失了对所投入财产的控制权，作为回报，其应获得包括了解公司生产经营状况、参与公司重大事项决策，以及对公司生产经营活动进行监督等方面的综合性股东权利。公司不得因持股数额、股份性质等因素剥夺任一股东的成员资格，哪怕该股东仅持有一股。而股东作为股东会的成员最重要的权利是参与股东会会议并行使表决权，公司不得以任何方式和原因非法剥夺或者变相非法剥夺股东参与股东会会议行使表决权的权利。公司任何限制或者禁止股东参与股东会会议行使表决权的行为，都将被视为剥夺股东的股东会成员资格的行为，是违法无效的。

二、股份有限公司股东会的地位

股东会是公司的权力机构，是形成、表达和执行公司全体股东团体意志的载体。股东会以全体股东为组成人员，通过股东会会议行使公司权力，没有常设机构，为保障公司运营效率，避免决策混乱，股东会主要就公司的重大事项行使决策和监督权，对外不代表公司，对内不直接从事经营活动。股东会的议事程序和需要股东会决策的重大事项范围，包括《公司法》在内的法律、行政法规等作了相应的规定，法律、行政法规没有规定的，还可以在公司章程中规定。其中一项重要的内容就是产生和监督负责公司日常业务经营和监察的机构，如董事会和监事会等。股东会是权力机构并不意味着是公司的最高权力机构。股东会与董事会不是一种官僚层级的上下级关系。《公司法》对股东会与董事会的权力配置划分是法定的，股东会须在《公司法》和公司章程规定的范围内行使职权，股东会与董事会各自职权之间通常不得相互逾越，否则其通过的决议可能因违反法律、公司章程而归于无效或可撤销。股东会作出的决定，公司其他机构应当执行，不得与股东会的决定相抵触；其他机构在职责范围内行使权力的，股东会也不应过度干涉，确保各司其职，不越权，不缺位。

三、股份有限公司股东会与有限责任公司股东会的区别

股份有限公司的股东会的法律地位和职能与有限责任公司的股东会相似，反映了法律对不同类型的公司在治理结构上的一致要求，确保在公司经营过程中，能够合法有效地行使其权利和职责。具体而言，二者存在以下细微区别：(1) 可否不召开会议方面，有限责任公司的股东对股东会决议事项以书面形式一致表示同意的，可以不召开股东会会议，直接作出决定，并由全体股东在决定文件上签名或者盖章（《公司法》第59条第3款）；股份有限公司必须召开股东会会议对决议事项进行表决。(2) 定期会议召开次数的区别。有限责任公司的股东会会议应当按照公司章程的规定按时召开（《公

司法》第62条第2款）；股份有限公司应当每年召开一次年会（《公司法》第113条）。（3）召开临时会议时间要求的区别。《公司法》没有对有限责任公司股东会临时会议的召开时间作出规定；股份有限公司应当在法定情形出现后两个月内召开临时股东会（《公司法》第113条）。（4）应当召开临时会议情形的区别。有限责任公司应当召开股东会临时会议的情形是：代表十分之一以上表决权的股东提议的、三分之一以上的董事或者监事会提议的（《公司法》第62条第2款）；股份有限公司应当召开股东会临时会议的情形是：董事人数不足《公司法》规定人数或者公司章程所定人数的三分之二时、公司未弥补的亏损达股本总额三分之一时、单独或者合计持有公司10%以上股份的股东请求时、董事会认为必要时、监事会提议召开时、公司章程规定的其他情形（《公司法》第113条）。（5）会议通知时间的区别。有限责任公司召开股东会会议，应当于会议召开15日前通知全体股东。但是，公司章程另有规定或者全体股东另有约定的除外（《公司法》第64条第1款）；股份有限公司召开股东会会议，应当将会议召开的时间、地点和审议的事项于会议召开20日前通知各股东。临时股东会会议应当于会议召开15日前通知各股东。公开发行股份的公司，应当以公告的方式作出通知（《公司法》第115条第1款、第3款）。（6）会议表决权行使的区别。有限责任公司股东会会议由股东按照出资比例行使表决权，但公司章程另有规定的除外（《公司法》第65条）；股份有限公司股东出席股东会会议，所持每一股份有一表决权，类别股股东除外，公司持有的本公司股份没有表决权（《公司法》第116条第1款）。此外，有限责任公司股东会决议通过比例的分母基数，为全体股东所持表决权，意即无论股东是否出席股东会，其所持表决权均计入分母。股份有限公司股东会决议通过比例的分母基数，则为出席会议的股东所持表决权，而不是全体股东所持表决权。

【实务问题】

是否可以在股东会之外创设股东代表大会行使部分股东会职责

根据本条规定，股东是股东会的当然成员，享有股东会的成员资格，享有参加股东会会议行使表决权的固有权利。但在商事实践中，有的股份有限公司在股东会之外创设了股东代表大会的权力机构，将股东会取而代之，仅有部分股东可以成为股东代表作为股东代表大会的成员，参与股东代表大会会议行使表决权。从表面上看，股东仍是股东会的成员，股东代表大会只是在股东选取部分代表成立的一个新的公司机构，并没有侵害股东的股东会成员资格。但是，股东代表大会取代了股东会，将股东会的职权转移给股东代表大会，股东会名存实亡。这意味着大部分股东的股东会成员资格和表决权变相地被剥夺。因此，股东代表大会的创设违反了本条规定。

【条文】

第一百一十二条

本法第五十九条第一款、第二款关于有限责任公司股东会职权的规定，适用于股份有限公司股东会。

本法第六十条关于只有一个股东的有限责任公司不设股东会的规定，适用于只有一个股东的股份有限公司。

【条文主旨】

本条是关于股份有限公司股东会的职权的规定。

【条文概览】

本条文于1993年写入《公司法》，2005年《公司法》修订时，本条主要作了以下修改：一是将股东大会的职权从具体列举式改为适用有限责任公司股东会职权的概括性规定，以减少法律条文的重复；二是增加了一项概括式职权，即公司章程规定的其他职权，赋予公司章程更大的自治权。三是根据《公司法》对职工董事的规定，对股东大会的选举和更换由职工代表担任的董事作了除外规定。本次修改新增了第2款，规定一个股东的股份有限公司可以不设股东会，股东会职权由股东行使，属实质性修改。

【理解与适用】

一、股份有限公司股东会职权范围

股份有限公司股东会享有9项职权，具体可以分为五类：人事议决权、重大事项的审批权、重大事项的议决权、公司章程修改权、其他职权。审批权和议决权的区别在于：股东会审批的事项需要董事会先决议通过。

1. 股东会享有人事议决权。股东会有权通过决议的方式选任和决定本公司非由职工代表担任的董事、监事，对于不合格的董事、监事，有权予以更换。股东会拥有用人权十分必要，也是股东会能够监督董事、监事勤勉履职的必要职权。董事、监事受公司股东会的委托或委任，为公司服务，参与公司日常的经营管理活动，需要给予他们相应的报酬。有关董事、监事报酬的事项，包括数额、支付方式、支付时间等，都由股东会决定。

2. 股东会享有重大事项审批权。（1）审议批准工作报告权。即股东会有权对公司董事会、监事会或者监事提出的报告进行审议，并决定是否予以批准。具体包括：第一，审议批准董事会的报告。对董事会的工作情况实施必要的考核和检查，有利于维护股东的投资利益，股东会对董事会的工作报告进行审查批准，是其行使最终所有权的具体表现形式之一。第二，审议批准监事会或者监事的报告。这一规定与《公司法》关于监事会及监事的设立是一致的。（2）审议批准有关经营管理方面的方案权。即公司的股东会有权对公司的董事会向股东会提出的公司利润分配方案和弥补亏损方案进行审议，并决定是否予以批准。利润分配方案由董事会制订。股份有限公司对弥补亏损和提取公积金、法定公益金后所余利润，按股东出资比例进行分配，在此之前不得分配利润。股东会对此类利润方案也不能审议批准。

3. 股东会享有重大事项决议权。即股东会有权对公司增加或者减少注册资本，发行公司债券，公司合并、分立、解散、清算或者变更公司形式作出决议。具体包括：第一，对公司增加或者减少注册资本作出决议。公司增资和减资对股东影响重大。一方面，涉及股东持股数量的增加和减少，甚至涉及控制权的变化；另一方面，涉及股东人数的增加和减少，新股东的进入和老股东的退出，这对封闭型股份公司而言十分重要。第二，对发行公司债券作出决议。发行公司债券是公司吸收和利用社会资金的重要渠道，以公司作为举债人，需承担偿债责任，若所举债务过大或使用不当，使所借资金不能产生应有的效益，最终损失的仍是股东们的利益。第三，对公司合并、分立、解散、清算或者变更公司形式作出决议。公司的组织形式发生重大变化，关系着公司的生死存亡，系公司法人发生变更的重大事项。公司与其他公司合并，或者自身进行分立，都给股东行使股权以及如何支配公司带来重大影响。特别是公司解散，关系公司法人的终止和消灭。故上述重大事项，都与股东所有者的权益密切联系，应由股东会决议。

4. 股东会享有章程修改权。公司章程一经制定通过，并非一成不变，可以对其进行修改。股份有限公司股东会有权就公司章程按法定程序进行修改。但是修改公司章程与制定公司章程一样，都必须遵守《公司法》有关公司章程的规定。公司章程是由公司全体股东在设立公司时共同制定的，规定了公司的重大问题，是公司组织和行为的基本规则，所以应当由股东会修改。股东会修改公司章程，须经代表三分之二以上表决权的股东通过。

5. 其他职权。除了上述职权外，股东会还享有公司章程规定的其他职权，具体内容由公司章程规定。

二、一个股东的股份有限公司不设股东会

《公司法》第92条允许设立一个股东的股份有限公司。但是，一个股东的股份有限公司只有一名股东，此时该股东的意志就是股东会的意志。为节约组建股东会和召开股东会的成本，《公司法》规定一个股东的股份有限公司不设股东会，股东会职权由一人股东行使。

【实务问题】

一、股东会决议与司法介入的界限

股东会对于公司经营管理事项作出的决议，原则上不得由股东或公司直接诉请人民法院予以确认并执行。公司股东会是公司权力机构，其有能力实现其自身事务的计划与安排，一般无需司法介入。需要介入的例外情形主要有：（1）当决议涉及的相关公司财产、章证、账册、文件等被不当侵占时，公司或股东可以凭借侵权之诉要求返还与赔偿；（2）在负有实施股东会决议职责的主体违反忠实勤勉义务且对公司造成损害的情况下，公司或股东可以诉请相关损害赔偿责任；（3）当公司决议通过具体分配方案的，股东可依据公司盈余分配纠纷诉请执行；（4）其他明确规定请求权基础的情形。至于“公司决议纠纷”案由，其涉及的是公司决议是否存在无效、可撤销或不成立的情形，而并非股东或公司可任意要求对决议内容予以司法确认的依据，司法实践中要注意正确适用该案由。

二、公司增资过程中，如何认定增资是否完成及股东会决议的效力

公司增资在实践中可能体现为四种完成方式：（1）先由公司股东会作出增资的决议，公司再依此与具体的投资人订立投资入股协议或股权认购协议，随后双方依约履行认缴或实缴出资、出具出资证明书、修改股东名册以及办理变更登记等义务；（2）投资人与公司先订立投资入股协议或投资意向书，公司股东会就该增资事项作出决议，随后双方依约认缴或实缴出资，并继续完成余下的法定变更程序；（3）控股股东或大股东代表公司与投资人订立投资入股协议后，该投资人即开始认缴或实缴出资，公司也随后履行增资的法定变更程序，但公司未就增资事项召开股东会并作出决议；（4）投资人既未与公司订立投资入股协议或相关意向书，该公司也从未就增资事项召开

股东会并作出决议，但投资人与公司之间存在支付与接受款项、交付与转移财产、变更名册或工商登记等符合增资程序的行为。

就第一种和第二种方式而言，投资人与公司股东会的表意事实可能互有先后地完成，就此应以在后发生的表意事实作为起始点，进而结合关于增资的履行行为或法定程序完成情况，具体判定投资人获得股权即股东身份的时间点。就第三种、第四种方式而言，涉及对当事人默示表意的判断，公司、股东以及投资人可能在相关增资变更程序或公司内部治理过程中，体现出投资人意在出资入股、公司意在接纳新股东的客观表象，人民法院须就此结合相关事实综合认定。例如，公司股东会就公司章程的股东变动事项予以审议表决、投资人在支付款项时明确表达出资入股的用途、投资人开始参与公司股东会决议并依据相关股权比例行使共益权、公司开始依据投资人的相关股权比例对其分配股利等。总之，应在这类个案中找出体现默示表意的关键事实，进而结合相关履行行为来判定完成增资的时间点。

相关案件的处理应坚持以下司法导向：第一，严格遵守法律规定认定决议效力，高度重视公司决议的程序性事项，注重保护中小股东合法权益。对于公司决议存在瑕疵，符合法律规定不成立、无效或可撤销条件的，应适用法律对决议效力作出相应认定。第二，注重维护决议效力和公司内外法律关系稳定。坚持以《民法典》所秉持的健全社会治理方式、维护社会和谐稳定的理念和指导思想处理公司决议类纠纷。公司决议不仅涉及股东与股东（董事与董事）之间、股东（董事）与公司之间的利益，通常情况下还会对公司以外的第三人产生影响。故应在严格适用法律的同时，结合个案实际情况作出综合判断，以避免公司股东恶意利用制度设计侵害第三人权益，进而实现决议效力和公司内外法律关系的稳定。第三，尊重公司意思自治，重视公司内部治理规则。在审理案件时，注重挖掘公司章程、先前的股东会决议内容或约定，着重审查股东会议事规则是否有对公司会议召开程序或决议权限的特别规定，并予以尊重。

【条文】

第一百一十三条

股东会应当每年召开一次年会。有下列情形之一的，应当在两个月内召开临时股东会会议：

（一）董事人数不足本法规定人数或者公司章程所定人数的三分之二时；

（二）公司未弥补的亏损达股本总额三分之一时；

（三）单独或者合计持有公司百分之十以上股份的股东请求时；

（四）董事会认为必要时；

（五）监事会提议召开时；

（六）公司章程规定的其他情形。

【条文主旨】

本条是关于股份有限公司股东会年会和临时会议的规定。

【条文概览】

本条于1993年写入《公司法》，2005年《公司法》修订时，对该条进行了修改，修改的主要内容为：一是将临时股东大会召开的情形之一“公司未弥补的亏损达股本总额三分之一时”修改为“公司未弥补的亏损达实收股本总额三分之一时”；二是增加了临时股东大会召开的情形之一，即“公司章程规定的其他情形”。2013年《公司法》修正时，仅条文序号改为第100条，内容未作修改。2023年《公司法》修订时，将条文序号改为第113条，“股东大会”改为“股东会”，第2项中删除“实收 ”二字，内容未作实质修改。

【理解与适用】

股东会是公司的权力机构，通过召开会议的形式来行使自己的权力。股东会会议依其召开时间的不同，分为股东会年会和临时股东会。

股东会年会，又称为常会、定期会议，是指依照法律和公司章程的规定每年按时召开的股东会，行使《公司法》和公司章程规定的职权。股东会作为公司的权力机构，应当每经过一段时间就召开会议，以会议的形式对公司的重大事项作出决议。根据预算、决算、利润分配、亏损弥补等一年进行一次以及其他重大事项在年度内一般不会有太大变化的特点，股东会年会应当每年召开一次。这样既可以及时对公司的重大事项作出决议，又可以节约股东的时间、精力，并减少公司为召集会议而必须支付的费用。至于是按照自然年度还是按照会计年度计算，则由公司决定。

临时股东会，是指根据法定的事由在两次股东会年会之间临时召集的不定期的股东会。虽然在一般情况下股东年会可以对需要股东会作出决议的事项作出决议，但遇有临时发生的特殊情况又必须由股东会及时作出决议，而本年度的股东会年会已经举行或者还未到举行时间的，此时可临时召集股东会，对以上事项及时作出决议，从而使股东的权利和利益得到切实保障，使公司的经营得以顺利进行。

临时股东会与股东会年会的区别在于二者的召集权人和召集程序不同，审议的事项也有区别。必须召开临时股东会的情形有：第一，董事人数不足《公司法》规定的人数或者公司章程所规定人数的三分之二时。在此种情形下，公司的经营决策机构——董事会难以正常开展活动，公司需要增选董事或者采取其他必要对策，因此必须召开股东会作出相关决定。第二，公司未弥补的亏损达股本总额的三分之一时。公司出现此种情形时，表明公司处于严重亏损的状态，偿付能力严重不足，股东的利益将得不到保障，需要召开临时股东会，决定采取增加资本，更换董事、监事、高级管理人员，调整公司经营方向或投资计划等措施，或者决定是否追究董事、监事、高级管理人员的责任。第三，单独或者合计持有公司10%以上股份的股东请求时。股东单独或者合计持有公司10%以上股份，表明其在公司中的权益占有相当的比重，当其认为必要时可以要求公司召开临时股东会，审议、决定其关注的事项。第四，董事会认为必要时。董事会是股东选举产生的董事组成的公司经营决策机构，最了解公司的情况，是股东会最适合的召集人。当其认为公司出现特殊情形，有必要召开股东会决定某些重大事项时，可以召集临时股东会。第五，监事会提议召开时。监事会是股东选举产生的监事组成的公司监督机构。当其发现董事、董事会不履行或者违反法律、章程的规定履行职权或者因董事会经营决策失误，严重影响公司运营时，应当担负起监督之责。监事会认为应当及时召开股东会作出相关决定的，有义务提议召开临时股东会，公司应当在规定的期限内召开。第六，公司章程规定的其他情形。允许通过公司章程规定应当召开临时股东会的情形，体现了股东意思自治，可以适应不同公司的实际需要。

为了保障股东权利和股东会会议的有序召开，《公司法》第114条和第

115 条规定了股东会的召集、主持、通知、公告、提案等内容。为防止个别股东利用股票转让分散或集中表决权，以达到操纵股东会的目的，《公司法》第 159 条规定，股东会会议召开前 20 日内不得变更股东名册。为保障股东的知情权，使其能在股东会会议上更好地作出商业判断，《公司法》第 209 条第 2 款规定，股份有限公司的财务会计报告应当在召开股东会年会的 20 日前置备于本公司，供股东查阅。

【实务问题】

董事会决议不召开临时股东会，提议股东能否请求撤销

实践中，对于董事会收到股东提议召开临时股东会议的通知后是否应当召开董事会进行决议存在争议。根据本条的规定，除了第 4 项董事会认为必要召开临时股东会会议的情况，其他法定情形中，董事会在召开临时股东会方面不享有裁量权，无须也无权对是否应召开股东会的实际情况进行审查。公司按照《公司法》及公司章程的规定经过通知、召开、决议等程序，已经具备了充分的程序正当性。董事会决议不召开临时股东会的，可以视为董事会不履行召集职责，提议股东可以请求监事会召集，监事不召集的，符合条件的股东可以自行召集。

【典型案例】

韩某某与北京金某酒店管理有限公司公司决议撤销纠纷案①

裁判要旨：在审理公司决议撤销纠纷案件时，人民法院应当审查会议召集程序、表决方式是否违反法律、行政法规或者公司章程，以及决议的内容是否违反公司章程。如果公司决议在内容上或者程序上存在瑕疵，则人民法院应当判断该瑕疵是否属于轻微瑕疵范围，并根据瑕疵程度及影响力认定该公司决议是否应予撤销。据此，对于监事违反程序召集并主持的股东会决议，人民法院应当根据其瑕疵程度及影响力判断是否应予撤销。②

---

① 北京市高级人民法院（2020）京民申 3396 号民事裁定书。

② 王静、李坤：《韩某某诉北京金某酒店管理有限公司公司决议撤销纠纷案——监事违反程序召集并主持的股东会决议的司法认定》，载最高人民法院中国应用法学研究所编：《人民法院案例选》2021 年第 2 辑（总第 156 辑），人民法院出版社 2021 年版，第 141～150 页。

【条文】

第一百一十四条

股东会会议由董事会召集，董事长主持；董事长不能履行职务或者不履行职务的，由副董事长主持；副董事长不能履行职务或者不履行职务的，由过半数的董事共同推举一名董事主持。

董事会不能履行或者不履行召集股东会会议职责的，监事会应当及时召集和主持；监事会不召集和主持的，连续九十日以上单独或者合计持有公司百分之十以上股份的股东可以自行召集和主持。

单独或者合计持有公司百分之十以上股份的股东请求召开临时股东会会议的，董事会、监事会应当在收到请求之日起十日内作出是否召开临时股东会会议的决定，并书面答复股东。

【条文主旨】

本条是关于股份有限公司股东会会议的召集与主持的规定。

【条文概览】

本条有实质性修改。2005 年《公司法》修订时，对本条主要作了以下修改：一是增加了董事长不履行职务时，由副董事长主持股东大会的内容；二是增加了在副董事长不能履行职务或者不履行职务时，由半数以上董事共同推举的一名董事主持股东大会的内容；三是增加了在董事会不能履行或者不履行召集股东大会职责时，监事会应当及时召集和主持股东大会的内容；四是增加了在监事会不召集和主持股东大会时，连续 90 日以上单独或者合计持有公司 10% 以上股份的股东可以自行召集和主持的内容。2013 年《公司法》修正时，仅将条文序号由原第 102 条修改为第 101 条，内容未作修改。2023 年《公司法》修订时，条文序号由原第 101 条修改为第 114 条，第 1 款、第 2 款内容无实质性修改，仅将“股东大会”改为“股东会”，第 3 款为新增条款，根据第 3 款，董事会、监事会在收到股东提议召开临时股东会会议的请求时，应当在 10 日内作出是否召开临时股东会会议的决定，并书面答复股东。以上程序确保股东可以及时自行召集、召开临时股东会会议。

【理解与适用】

股东会会议的召开应当遵守法定程序，确定会议的召集人和主持人，是会议能够正常召开并有序进行的重要保证。

一、股东会会议的召集人

股东会会议的召集人包括以下机构或人员：

第一，董事会。董事会是由股东选举产生的董事组成的公司经营决策机构，最了解公司的情况，是股东会会议最适合的召集人，除特殊情况外，董事会为股东会会议的法定召集人。同时，董事对公司负有注意及忠实义务，应当根据法律和章程的规定，通过董事会决议及时召集股东会会议。对于股东会年会，董事会应当在章程规定的时间、按照《公司法》规定的程序召集。在出现《公司法》第113条规定的情形，应当召开临时股东会会议时，董事会应当及时召集，并在2个月内召开临时股东会会议。单独或者合计持有公司10%以上股份的股东请求时，董事会应当在收到请求之日起10日内作出是否召开临时股东会会议的决定，并书面答复股东。

第二，监事会。监事会是股份有限公司的监督机构，代表的是公司及其股东的整体利益，在公司及其股东、职工的利益因股东会无法召开而得不到有效保障时，公司的监事会应当从维护公司及其股东、职工的利益出发，及时召集股东会。监事会在董事会不能履行或不履行召集股东会会议职责时才得召集股东会议。单独或者合计持有公司10%以上股份的股东也应先请求董事会履行召集职责，在董事会不能履行或不履行召集职责时应请求监事会召集股东会会议，监事会应当在收到请求之日起10日内作出是否召开临时股东会会议的决定，并书面答复股东。“不能履行”指董事会在履行职责过程中遇到客观障碍，即客观不能；“不履行”指董事会故意不履行职责，即主观不能。例如，董事会不能形成召集并主持股东会会议的有效决议的，监事会应当及时召集和主持股东会会议。

第三，符合条件的股东。股东是公司的出资者和公司财产的最终所有者，在股东会会议不能正常召开的情况下，应当赋予股东召集股东会会议的权利以维护其合法权益。同时，由于股份有限公司股东人数较多、股权分散，如果赋予每一股东此项权利而不给予必要的限制，可能影响公司的正常经营，甚至导致公司组织机构和运营的混乱。因此，本条对股东召集股东会会议的权利作了以下限制：一是持股数额的限制，必须单独或者合计持有公司 10% 以上股份；二是持股时间的限制，必须连续持股 90 日以上；三是程序限制，必须是在出现应当召开股东会的情形，而董事会、监事会均不履行其召集股东会会议的义务时，上述股东才能自行召集。

二、股东会会议的主持人

股东会会议的主持人包括以下机构或人员：

第一，在股东会会议由董事会召集时，董事长为主持人；董事长不能履行职务或者不履行职务的，由副董事长主持；副董事长不能履行职务或者不履行职务的，由过半数董事共同推举一名董事主持。

第二，在监事会召集股东会会议时，监事会为主持人。根据《公司法》第 78 条、第 131 条的规定，股份有限公司的董事会不履行本法规定的召集和主持股东会会议职责时，监事会有权召集和主持股东会会议。当董事会召集股东会会议时，董事会不能履行或不履行主持股东会会议职责的，监事会可为主持人。

第三，在连续 90 日以上单独或者合计持有公司 10% 以上股份的股东自行召集股东会会议时，召集会议的股东为主持人；股东为数人时，该数人为共同主持人或者推举其中一人履行主持人职责。

三、对股东的临时股东会会议召集权的特别保护

本条第 3 款为 2023 年《公司法》的新规定，即在单独或合计持股 10% 以上的股东行使股东会会议召集权要求召开临时股东会会议的情况下，董事会、监事会应当在收到请求之日起 10 日内作出是否召开临时股东会会议的决定并书面答复股东。本条第 3 款的立法目的主要在于对股东的临时股东会会议召集权予以特别保护，当持股 10% 以上的股东要求召集临时股东会会议时往往意味着出现了对其利益有明显影响的情况，是否召开临时股东会会议关乎股东的切身利益，如果董事会或监事会始终对此事项不予回应将极大程度影响股东的权益。因此，本条第 3 款为此种情形下董事会或监事会施以了特别的反馈时间限制，即应当在收到请求之日起 10 日内作出是否召开临时会议的决定并书面答复股东，以避免股东的利益长期处于不确定状态之下。

【实务问题】

一、请求召开股东会会议是否可诉

公司召开股东会会议本质上属于公司内部治理范围，司法应当尽量避免

干预。主要理由如下：第一，本条已经对股东会会议的召集作了比较完善的程序性规定，再允许通过诉讼程序赋予所有股东股东会会议的召集权是对现行规定的突破。第二，股东会会议的召集程序除法律法规有强制性规定外，应由公司章程决定。股东会会议是否召开，公司有权自主决定。法院不应干预公司自治范围内的事务，以促进公司的活力。如果允许股东随意突破召集程序，容易影响公司正常管理秩序和决策效率。第三，如果股东认为不召开股东会会议损害其利益，可以提起损害赔偿诉讼。故实践中，股份有限公司的股东径行选择向法院起诉请求判令公司召开股东会会议的，人民法院应当告知其按照《公司法》第113条、第114条规定的程序自行召开。股东坚持起诉的，人民法院可以裁定不予受理；已经受理的，可以裁定驳回起诉。

二、股东会会议召集程序违反法律规定的，股东是否有权请求人民法院撤销

根据《公司法》第26条的规定，公司股东会会议召集程序违反法律、行政法规的，股东自决议作出之日起60日内，可以请求人民法院撤销。但是股东会会议召集程序仅有轻微瑕疵，对决议未产生实质影响的除外。本条规定了召集权的顺位制度，只有当前一顺位的召集权人不能履行或者不履行召集职责的，后一顺位的召集权人才得召集股东会会议，否则将违反法律的规定，可能导致决议被撤销。例如，在江苏某集团有限公司诉如皋市某农村小额贷款有限公司公司决议撤销纠纷一案中，股东在董事会不能履行召集股东会会议职责时，未通知监事会，自行召集股东会会议并作出决议。法院认为，自行召集股东会属滥用股东权利，侵犯了其余股东的程序性权利，无论其行为对股东会会议决议有无产生实质性影响，均应予以撤销。[①] 人民法院应结合具体案情审慎判断召集程序瑕疵是否属于轻微瑕疵。

三、股东会会议的召集和主持能否被代理

在不违反公司章程的情况下，股东会会议的召集和主持可以被代理。在张某与深圳市某企业管理顾问有限公司决议撤销纠纷一案中，公司章程规定不设董事会，只设执行董事，股东会会议由执行董事召集和主持。执行董事委托一位股东召集和主持临时股东会会议并作出决议。另一位股东以股东会会议未由执行董事本人召集和主持为由起诉请求撤销股东会会议

① 江苏省南通市中级人民法院（2021）苏06民终2865号民事判决书。

决议。法院认为涉案股东会会议由执行董事召集并主持，并委托股东实际履行，符合《公司法》及公司章程的规定，故驳回撤销股东会决议的诉讼请求。①

① 广东省深圳市福田区人民法院（2017）粤0304民初18787号民事判决书。

【条文】

第一百一十五条

召开股东会会议，应当将会议召开的时间、地点和审议的事项于会议召开二十日前通知各股东；临时股东会会议应当于会议召开十五日前通知各股东。

单独或者合计持有公司百分之一以上股份的股东，可以在股东会会议召开十日前提出临时提案并书面提交董事会。临时提案应当有明确议题和具体决议事项。董事会应当在收到提案后二日内通知其他股东，并将该临时提案提交股东会审议；但临时提案违反法律、行政法规或者公司章程的规定，或者不属于股东会职权范围的除外。公司不得提高提出临时提案股东的持股比例。

公开发行股份的公司，应当以公告方式作出前两款规定的通知。

股东会不得对通知中未列明的事项作出决议。

【条文主旨】

本条是关于股份有限公司股东会会议的通知、公告以及临时股东会会议及临时提案的规定。

【条文概览】

本条有实质性修改。1993 年《公司法》第 105 条规定："股东大会会议由董事会依照本法规定负责召集，由董事长主持。董事长因特殊原因不能履行职务时，由董事长指定的副董事长或者其他董事主持。召开股东大会，应当将会议审议的事项于会议召开三十日以前通知各股东。临时股东大会不得对通知中未列明的事项作出决议。发行无记名股票的，应当于会议召开四十五日以前就前款事项作出公告。无记名股票持有人出席股东大会的，应当于会议召开五日以前至股东大会闭会时止将股票交存于公司。"

2005 年修订《公司法》时区分了股东大会的召集程序和召开程序，并作出了明确规定。其中，《公司法》第 102 条规定了股东大会会议的召集和主持程序，第 103 条规定了股东大会会议的召开程序："召开股东大会会议，应当将会议召开的时间、地点和审议的事项于会议召开二十日前通知各股东；临时股东大会应当于会议召开十五日前通知各股东；发行无记名股票的，应当于会议召开三十日前公告会议召开的时间、地点和审议事项。单独或者合计持有公司百分之三以上股份的股东，可以在股东大会召开十日前提出临时提案并书面提交董事会；董事会应当在收到提案后二日内通知其他股东，并将该临时提案提交股东大会审议。临时提案的内容应当属于股东大会职权范围，并有明确议题和具体决议事项。股东大会不得对前两款通知中未列明的事项作出决议。无记名股票持有人出席股东大会会议的，应当于会议召开五日前至股东大会闭会时将股票交存于公司。”此后，《公司法》于2013年和2018年进行了两次修正，但上述内容未发生变化，仅条文序号改变。

2023年《公司法》修订时，本条有较大的变化。第一，本次修订后第147条删除了无记名股票的规定，因此本条删除了原规定中关于发行无记名股票股东会会议，以及无记名股票持有人出席股东会会议应将股票交存于公司的规定。第二，将有权提出临时提案股东的持股比例由3%修改为1%，且明确公司不得提高持股比例要求。第三，明确董事会对提案有形式审查权，除非提案违反法律、行政法规或公司章程规定的不属于股东会职权外，都应列入股东会审议范围。第四，增加规定公开发行股份的公司应当以公告的方式通知股东会会议及临时提案的相关内容。值得注意的是，《公司法（修订草案三次审议稿）》关于选举、解任董事、监事及修改公司章程、增加或者减少注册资本的决议，以及公司合并、分立、解散或者变更公司形式的事项，不得以临时提案提出的规定被删除，这也意味着上述事项可以以临时提案提出。

【理解与适用】

一、股东会会议的召开和通知

召开股东会会议，应当提前通知股东，以便股东安排时间、准备材料等。通知的目的，是让股东清楚地了解在什么时间、什么地点召开股东会会议，以及会议的议题和议程安排，确保股东或股东派代表参加股东会会议，给股东以必要的准备时间，了解并充分考虑股东会会议拟议事项，从而提高股东会会议的决策水平，保证股东有效地行使其表决权。本条就股东会会议召开需要通知的内容和时间作出了明确规定，针对公开发行股份的公司增设了公告通知的要求，还规定了股东会不得就未通知的事项进行表决，有利于改善信息不对称的问题，防止内部人或者大股东实施“突袭”，符合程序正义的要求，亦具有重要的现实意义。

股东会会议通知涉及以下两个要求：一是必须提前通知，目的是方便股东安排好时间、准备好有关材料等，这样有利于股东会会议集中议题，按照议程安排顺利进行。二是召开股东会会议，必须通知全体股东，不能只通知部分股东。所谓全体股东，即股东名册上记载的全部股东。

值得注意的是，相较于《公司法》第64条关于有限责任公司股东会会议通知的规定，本条并未规定公司章程或全体股东可以对召开股东会会议的通知提前时间作特别的规定或者约定。

至于会议通知的方式，是用电话通知、当面口述等口头形式，还是用给股东寄送通知等书面形式，或是通过报纸、网络等媒体公告的形式，可以由公司章程作出规定，以便实际执行。如果公司章程没有作出规定，则可以由股东会会议的召集人根据具体情况确定。但对于公开发行股份的公司而言，应当采取公告的方式。

二、股东提案制度

我国的股东提案制度可以追溯到1994年《国务院关于股份有限公司境外募集股份及上市的特别规定》第21条关于股东提案的规定。中国证券监督管理委员会公布的《上市公司股东大会规则》（2022修订）第13条、第14条对股东临时提案作出了较为详细的规定。股东提案制度通过赋予部分股东提案的权利，使股东对涉及自身利益或与公司发展有关的重大问题能够提出自己的意见，这实际上是股东通过股东会的平台，间接地参与公司的经营决策，强化股东会对经营者的监督制衡作用，最终实现各方利益的平衡，形成良好的公司治理结构。[①] 股东提案应当遵守一定的规则：

第一，提出临时提案的股东应单独或合计持有公司1%以上股份。此次修订进一步降低了提案股东持股比例的要求，并规定公司不得提高提出临时提案股东的持股比例，旨在鼓励股东更为积极地参与公司治理。本条也没有持续持有股份的要求，只要在股东会议召开10日之前满足法定持股比例即可。

第二，股东提出的提案应当有明确议题和具体决议事项。有观点认为，股东提案应分为议题提案和议案提案，议题提案又称追加提案，是指股东请求将一定事项追加列入已经由召集人确定的股东会会议议题，例如股东会会

① 伏军：《公司投票代理权法律制度研究》，北京大学出版社2005年版，第151页。

议议题原本为审议增加公司资本，现在请求审议董事选任事项，则新增加的要求审议的事项就是议题；而所谓议案提案，是指股东针对股东会会议议题提出议案，并请求将该议案概要记载于召集通知中。[①] 域外不少立法例都对此作出明确的区分。而从文义来看，本条仅涉及议案提案，不包括议题议案。对于议题提案，即欠缺具体决议事项的提案，法律并未要求召集股东会会议的董事会将此提案通知其他股东并将其提交股东会审议。

（3）临时提案违反法律、行政法规或者公司章程的规定，或者不属于股东会职权范围的，董事会有权不将该提案提交股东会审议。有观点认为，此处的“董事会”应理解为“召集人”，比如在监事会召集股东会的场合，要求股东的临时提案提交给董事会，并由董事会承担通知其他股东并将该提案提交股东会审议的义务，缺乏可操作性。[②] 人民法院在审理中应当采取体系解释的方法，结合《公司法》第114条，审慎把握通知和提交股东会审议的义务主体。

从提案的实质内容来看，根据《公司法》第59条第1款、第2款和第112条的规定，股份有限公司股东的临时提案应属于以下事项：选举和更换董事、监事，决定有关董事、监事的报酬事项；审议批准董事会的报告；审议批准监事会的报告；审议批准公司的利润分配方案和弥补亏损方案；对公司增加或者减少注册资本作出决议；对发行公司债券作出决议；对公司合并、分立、解散、清算或者变更公司形式作出决议；修改公司章程；授权董事会对发行公司债券作出决议；公司章程规定的其他属于股东会职权范围的事项。此次修订吸收了《上市公司股东大会规则》（2022年修订）第13条股东提案应符合法律、行政法规和公司章程的有关规定这一要求。违反法律、行政法规的要求较为宽泛，还有待于在实践中进一步把握。

【实务问题】

一、股份有限公司的股东会会议召开程序规则能否类推适用于有限责任公司

实践中存在误将2018年《公司法》第102条的规定适用于有限责任公司，而将2018年《公司法》第41条的规定适用于股份有限公司的极少数情况。通过比较修订后的《公司法》关于有限责任公司和股份有限公司股东会

---

① 刘胜军：《论我国上市公司股东提案权——以美国法为借鉴》，载《河北法学》2016年第9期。

② 李建伟：《公司法学》（第四版），中国人民大学出版社2018年版，第287页。

会议召开程序的规定，不难看出，2018 年《公司法》对股份有限公司股东会会议召开程序的规定更加具体、严格，修订后的《公司法》仍然延续了这一立法思路。这是因为股份有限公司往往是公开公司，甚至有的股份有限公司还是上市公司，股东人数众多，且很多股东并不参与公司的管理，因而更需要通过程序机制来保障股东的权利。相反，有限责任公司往往是封闭公司，股东人数较少，且股东之间也存在一定程度的相互信任，故《公司法》对于有限责任公司股东会会议的召开程序规定较为简单，且允许公司章程或者股东协议对股东会会议召开程序作出与《公司法》不一致的规定。因《公司法》第 64 条对有限责任公司股东会会议召开程序的规定相对简单，《公司法》第 115 条的规定也可类推适用于有限责任公司，依性质不能适用的除外。例如，《公司法》第 64 条仅规定“召开股东会会议，应当于会议召开十五日前通知全体股东”，但未规定通知的具体内容，就可以参照《公司法》第 115 条的规定，认定通知的内容包括会议召开的时间、地点和审议的事项；再如，《公司法》第 64 条未规定股东会不得对通知中未列明的事项作出决议，也可参照适用《公司法》第 115 条，认定股东会一般情况下不得对通知中未列明的事项作出决议。

二、召开股东会会议的通知程序存在瑕疵的，该决议的效力如何认定

实践中，对于未通知全体股东而召开的股东会会议作出的决议，在效力认定上曾存在一定差别，有的认为未通知全体股东而召开的股东会会议作出的决议违反法律规定，属于无效决议；有的则认为相关决议不是全体股东的真实意思而不成立。此次《公司法》第 26 条第 2 款对此作出明确规定，即未被通知参加股东会会议的股东自知道或者应当知道股东会决议作出之日起 60 日内，可以请求人民法院撤销；自决议作出之日起一年内没有行使撤销权的，撤销权消灭。具体内容可参见第 26 条的解读。

三、股东会召集人违法排除股东的临时提案，股东是否有权以召集程序违反法律规定为由撤销相关决议

有观点认为，从解释论的角度，股东会召集人排除股东合法提案属于召集程序的瑕疵，股东可以诉讼的方式请求撤销股东会决议以解决争议。[①] 我

① 马黎：《公司治理的司法介入 从股东应然治理权救济的视角》，载《法律适用》2008 年第 1、2 期。

们认为，法院在审理时应当审查临时提案和股东会决议内容的关联程度。在某医疗管理股份有限公司诉浙江某资本管理有限公司公司决议纠纷一案中，具有提案资格的股东向公司送达了临时提案，但公司董事会未将该提案提交股东会会议审议。法院认为案涉临时提案系对董事及监事的选任，属于股东会职权范围，有明确议题和具体决议事项，也未违反法律、行政法规和公司章程的有关规定，并且其与案涉股东会决议是针对同一事项提出的不同议案，两者存在互斥关系，故案涉股东会决议与被拒绝列入的案涉临时提案密切相关。故案涉股东会决议属于股东会召集程序违反法律的情形，应予撤销。[①]

① 浙江省绍兴市中级人民法院（2021）浙06民终3045号民事判决书。

【条文】

第一百一十六条

股东出席股东会会议，所持每一股份有一表决权，类别股股东除外。公司持有的本公司股份没有表决权。

股东会作出决议，应当经出席会议的股东所持表决权过半数通过。

股东会作出修改公司章程、增加或者减少注册资本的决议，以及公司合并、分立、解散或者变更公司形式的决议，应当经出席会议的股东所持表决权的三分之二以上通过。

【条文主旨】

本条是关于股份有限公司股东表决权和股东会决议通过比例的规定。

【条文概览】

本条于1993年写入《公司法》，2005年《公司法》修订时对该条进行了修改，修改的主要内容为：一是增加了“公司持有的本公司股份没有表决权”的规定；二是对须经股份有限公司股东会绝对多数决通过的事项进行了统合，将修改公司章程、增加或者减少注册资本、变更公司形式等事项统一规定至本条；三是条文序号由原第106条改为第104条。2013年《公司法》修正时，仅将条文序号改为第103条，内容未作修改。2023年《公司法》修订对该条进行了修改，修改的主要内容为：一是在第1款明确将类别股股东排除在一股一表决权规则适用范围之外；二是将原第2款拆分为两款，第2款专款规定了普通决议，第3款专款规定了特别决议；三是条文序号由原第103条变更为116条；四是修改了部分表述，将“股东大会”改为“股东会”，将“必须”改为“应当”，不影响实质内容。

【理解与适用】

股份有限公司的立法预设是资合性公司，资本划分为股份（第142条），同类别的每一股份具有同等权利（第143条），股东持有的股份数量越多，其所享有的表决权也就越大，对公司重大事务的影响力或者决策权也就越强，这是资合性在股份有限公司规则中的根本体现。

一、股份有限公司股东的表决权

表决权，是指股东在股东会议事过程中对某一议案表示同意或者否决的权利，其是股东的固有权利，未经股东本人同意，公司章程、股东会决议、董事会决议等均无权限制或者剥夺。本条有如下要点：其一，股东必须通过出席股东会会议行使表决权。股东表决权是股东根据其股东地位享有的对股东会决议表示同意或反对的权利。通过表决权的行使，股东能够参与决策公司的经营方针、选举董事、决定利润的分配、调整资本的增减、进行公司的合并与分立等一系列重大事项。因此，表决权对股东具有极其重要的意义，是体现股东对公司事务享有控制权与决定权的方式。本条第 1 款规定，股东出席股东会会议，所持每一股份有一表决权，称为一股一表决权规则。股东既可以本人亲自出席股东会会议，也可以委托他人代理出席（第 118 条）。根据股东会会议召开的方式不同，股东既可以线下出席股东会会议，也可以线上出席（第 24 条）。股东只有出席了股东会会议，才能够行使表决权。换言之，若股东既没有本人出席股东会会议，也没有委托代理人出席，那么其就不能行使表决权；即便其向股东会邮寄了行使表决权的意思表示，该表决也是无效的，不计入计算决议是否通过的表决权总数。这是因为股东只有出席了股东会会议，才能全面、深入地了解股东会的议案和其他股东的意见，《公司法》对不负责任的、在非充分知情条件下的表决持否定性立场。其二，普通股股东所持每一股份有一表决权，类别股股东不在此限。一股一权原则对公司治理制度的发展也具有深远的历史意义，股份有限公司普通股股东所持的股份，无论是面额股还是无面额股、平价发行还是溢价发行，每一普通股均享有一表决权。根据这一原则，拥有更多股份的股东拥有更多的表决权，也就意味着他们在公司事务决策中拥有更多的话语权和决定权。因此，各国的公司法大多规定了一股一权原则。需要说明的是，2023 年《公司法》修订，在总结本土实践经验的基础上，参考域外立法例，在《公司法》中构建了类别股制度，允许股份有限公司按照公司章程的规定发行每一股的表决权数多于或者少于普通股的股份等类别股（第 144 条），以此满足公司创始人、战略投资者等特殊主体强化对公司控制的需要，适应公司筹资的实践需求，如优先股股东可能没有表决权或者表决权较少，而其他特殊种类的股份可能是一股拥有多重表决权。这些特殊的股份设计并不受一股一权原则的限制。另外，在发行类别股的股份有限公司中，当需要对可能影响类别股股东权利的公司重大事项作出股东会决议时，除应当经出席普通股股东会议的股东所持表决权的三分之二以上通过外，还应当经出席类别股股东会议的股东所持表决权的三分之二以上通过（第146条）。其三，公司持有本公司股份没有表决权。股份有限公司在减少公司注册资本、与持有本公司股份的其他公司合并、实施员工持股计划或者股权激励、异议股东请求回购、受压迫股东请求回购等情形下，可以回购并持有本公司股份。董事会是公司的执行机构，公司持有本公司股份，其实质就是董事会控制和享有这些股份。然而，股东会和董事会的机构设置和职权区分，本质上是《公司法》对股东利益和公司利益的协调和平衡。公司股东通过召开股东会会议以资本多数决方式对选举董事、监事、增资减资、合并分立等重大事项作出决策，实现股东利益。董事会通过董事会集体行权决议的方式，维护公司利益进而维护股东、债权人、职工等利益相关者的合法权益。在此背景下，若允许公司持有本公司股份所享有的表决权，就会让董事直接参与股东会的决策，这将打破股东和董事所代表的公司之间的利益平衡，损害股东利益。在极端情形下，还将导致董事利用股东出资形成的公司资产收购本公司股份，进而在股东会上行使表决权选举自己的董事，导致"自我选举""循环控制"等问题。这显然不应为《公司法》所允许。另外，根据本法，公司持有的本公司股份不得分配利润（第210条第5款），公司也不得接受本公司的股份作为质权标的（第162条第5款）。

二、普通决议和特别决议

根据决议通过比例的不同，可以将股东会决议分为普通决议和特别决议，前者是指应当经出席会议的股东所持表决权过半数（>1/2）通过的决议，后者是指应当经出席会议的股东所持表决权的三分之二以上（≥2/3）通过的决议。需要特别注意的是，根据《民法典》第1259条，"超过"不包括本数，"以上"包括本数。因此，普通决议过半数通过的含义，是大于二分之一表决权总数通过，即简单多数；特别决议三分之二以上通过的含义，是大于等于三分之二表决权总数通过，即绝对多数。值得关注的是，一些国家和地区的公司法将特别决议通过的比例规定为大于等于四分之三表决权总数，如2006年《英国公司法》第283条。股东会的决议事项，原则上为普通决议事项，例外列举为特别决议事项。本条第3款通过列举的方式规定了特别决议事项，即修改公司章程、增加或者减少注册资本，以及公司合并、分立、解散或者变更公司形式。除此之外的其他决议事项，原则上为普通决议事项。此外，考虑到上市公司涉及广大中小投资者的利益，本法第

135 条特别规定，上市公司在一年内购买、出售重大资产或者向他人提供担保的金额超过公司资产总额 30% 的，也应当经过特别决议。

三、决议通过比例的计算和股东法定出席比例

决议通过比例是一个数值，须借由数学上的除法运算，即分子除以分母。其中，分子是指同意议案的表决权，这是明确的；需要讨论的是分母应为何。根据本条规定，股份有限公司股东会决议通过比例的分母，为出席会议的股东所持表决权总数，意即未出席会议的股东所持表决权不计入其中。也就是说，股份有限公司的股东未出席股东会的，哪怕其持有占比 99% 的表决权数，其也不计入计算决议通过比例的分母。可兹对比的是，根据《公司法》第 66 条第 2 款规定，有限责任公司股东会决议通过比例的分母，为全体股东所持表决权，意即无论股东是否出席股东会，其所持表决权均计入分母。还需讨论的是股东法定出席比例，或称出席要求、定足数、出席法定人数等。所谓股东法定出席比例，是指法律规定必须要有代表一定比例以上表决权的股东出席股东会会议。① 部分国家和地区的公司法对此有规定，《日本公司法典》第 309 条规定，股东会决议，除章程另有规定外，由持有过半数以上表决权的股东出席，并由该出席股东的过半数表决权作出。而之所以对股东法定出席比例作出要求，是因为股东会往往决定的是公司重大事项，若出席股东所持表决权比例过低，股东会决议可能将无法真正体现股东的多数意志，亦可能导致少数股东操纵股东会损害其他股东利益的情形发生。在一些情形下，未出席会议的股东甚至可能另行召开股东会推翻之前的股东会决议。这不利于公司的持续稳定运营。我国《公司法》没有对股东法定出席比例作出规定。需要关注的是，本条之所以将股份有限公司股东会决议通过比例的分母，规定为出席会议的股东所持表决权，而不是全体股东所持表决权，是因为考虑到我国上市公司股东会股东平均出席表决权比例不足 47.45%；② 若不作此规定，那么上市公司恐难通过普通决议，更遑论特别决议，这将使上市公司治理陷入困境。

① 参见赵旭东主编：《公司法学》，法律出版社 2015 年版，第 286 页。

② 参见蔡宁、吴国强：《上市公司股东大会治理作用：研究回顾与中国实践》，载《当代会计评论》2019 年第 3 辑。

【实务问题】

股份有限公司章程能否对决议通过比例作出特别规定

本条第2款、第3款的规定具有一定的强制性，属于介乎任意规范和强制规范之间的具有部分强制性的规范。譬如，《民法典》第705条第1款规定“租赁期限不得超过二十年。超过二十年的，超过部分无效”，据此，当事人可以在二十年之内自由约定租期，二十年之外则受法律限制。此即为半强制规范。本条第2款、第3款分别规定，普通决议的通过比例为二分之一，特别决议的通过比例为三分之二，此为二者的法定最低比例。如此规定的原因在于，股东会是决定公司重大事项的机构，对于普通决议而言，若允许公司章程规定通过比例低于二分之一，那么该决议则难以代表多数资本、多数股东的意志；对于特别决议而言，其往往涉及公司根本性变更，将改变股东加入公司的初始预期，为保护少数股东的利益，设置了最低三分之二的通过比例。

实践中，股东可以根据公司治理的需要，在公司章程中对普通决议和特别决议作出更高通过比例的规定，但不得作出更低的规定。实际上，公司章程设置更高的决议通过比例，本质上并不违反本条第2款、第3款，因为更高的决议通过比例（比如四分之三），也是符合通过决议的法定最低比例，这是数理逻辑的必然。对此，2006年《英国公司法》第282条第5款规定，可以由普通决议决定的任何事情，也可以由特别决议决定。根据“法不禁止皆自由”的私人自治原则，公司章程作出高于法定要求的决议通过比例，通常情形下，并不违反法律、行政法规的强制性规定，不违背公序良俗，原则上当为有效。

【条文】

第一百一十七条

股东会选举董事、监事，可以按照公司章程的规定或者股东会的决议，实行累积投票制。

本法所称累积投票制，是指股东会选举董事或者监事时，每一股份拥有与应选董事或者监事人数相同的表决权，股东拥有的表决权可以集中使用。

【条文主旨】

本条是关于股份有限公司选举董事、监事可以实行累积投票制及累积投票制定义的规定。

【条文概览】

在2002年中国证监会和国家经贸委出台的《上市公司治理准则》中，累积投票制首次写入法律文件中。其第31条规定："股东大会在董事选举中应积极推行累积投票制度。控股股东控股比例在30%以上的上市公司，应当采用累积投票制。采用累积投票制度的上市公司应在公司章程里规定该制度的实施细则。"2005年，累积投票制被正式写入《公司法》，在第106条中引进这一重要制度，以应对因公司股权高度集中导致的"一股独大"以致控股股东完全操纵公司管理层选举的情形。该条规定："股东大会选举董事、监事，可以依照公司章程的规定或者股东大会的决议，实行累积投票制。"该次修改增加了股份有限公司可实行累积投票制的规定，而没有规定强制性。同时，将实行累积投票制限定在股东大会选举董事、监事的事项上。本条于2005年《公司法》修订时首次写入《公司法》，此后历次公司法修改，除条文序号外，在内容上未有变动。2023年《公司法》修订，对该条表述进行了文字修改，将"股东大会"改为"股东会"，将"依照"改为"按照"，无实质内容变动。

【理解与适用】

累积投票制起源于英国，并在20世纪中后期的美国得到发展，1870年《美国伊利诺伊州宪法》确立了累积投票制，之后美国各州纷纷在其宪法或者公司法中予以了规定，之后，特拉华州为了吸引公司在该州注册，取消了累积投票制，其他各州也纷纷仿效取消了该制度，只有少数州仍然保留。作为限制资本多数决原则以保护小股东利益的一项举措，累积投票制曾受到过广泛的推崇，但自该制度产生之日起，关于其优劣的争论就从未停止过。从制度本身看，它虽为扩大中小股东的发言权提供了一定帮助，但需要以中小股东持有或者合计持有一定数量的表决权为条件。若中小股东持股数量过低，在持股比例上与大股东悬殊，或者中小股东之间不能有效地采取一致行动，累积投票制难以充分发挥其应有的作用。目前，美国、日本、韩国等多数国家和地区的公司法对累积投票制采取任意主义，由公司根据股东请求自行决定是否采用。我国公司法也采纳了这一做法，在股份有限公司股东会会议选举董事、监事时，可以根据公司章程的规定或者股东会的决议，实行累积投票制。

关于何谓累积投票制，本条第 2 款对该制度的定义作出了界定，即“本法所称累积投票制，是指股东会选举董事或者监事时，每一股份拥有与应选董事或者监事人数相同的表决权，股东拥有的表决权可以集中使用”。累积投票制一般仅适用于董事的选举，有利于保证中小股东能将其代言人选进董事会。[①] 2005 年《公司法》修订，累积投票制作为保护中小股东合法权益的有力工具引入公司法。与直接投票制下股东仅能将其持有的表决权一次性行使不同，累积投票制允许股东将其在选举每一位董事或者监事时的表决权累积行使，既可以集中一次性投给一位董事或者监事候选人名下，也可以分散行使投给不同的候选人，以此提高中小股东在选举董事、监事时的影响力和话语权。

本条有如下要点：其一，本条规定的累积投票制仅适用于股份有限公司选举董事、监事。当然，累积投票制作为一种计算表决权的数学方法，具有普适性，并不排除有限责任公司自主选择适用，也不排除当事人通过意思自治的方式将其运用在其他情形下。譬如，公司存在多个重大投资机会，董事会可以将其提交给股东会审议，请求股东采取累积投票制进行表决。其二，累积投票制保护中小股东的功能机理，在于表决权的集中行使。为便于说明，兹设例，某公司有甲、乙两位普通股股东，分别持有 70 股、30 股。现该公司要选举 3 名董事，甲提名了 A、B、C 三位为候选人，乙提名 D、F、G 三位为候选人。在直接投票制下，甲拥有 70 份表决权，而乙仅有 30 份表决权，其结果注定将是甲提名的 A、B、C 三位当选董事。而在累积投票制

① 参见赵旭东主编：《公司法学》，法律出版社 2015 年版，第 287 页。

下，甲拥有210份表决权，乙拥有90份表决权。甲为尽可能选任自己提名的人为董事，将平均分配其表决权，即A、B、C各获70份表决权；此时，只要乙将其拥有的90份表决权集中投给D、F、G中的一人，即可保证其在董事会中享有一个席位。由此强化了对中小股东的保护。其三，本条采取了由公司章程或者股东会决议默示选出的任意规范模式。对于累积投票制的规范模式，世界各国、各地区公司法并不完全相同，可以分为强制规范模式和任意规范模式，后者又可进一步分为默示选出和默示选入两种。所谓默示选出，是指若没有公司章程或者股东会决议特别要求适用，则不适用累积投票制。与之相对的是默示选入，意即若没有公司章程或者股东会决议特别要求不适用，则适用累积投票制。采取强制规范模式的有我国台湾地区“公司法”，其第198条第1项规定，股东会选任董事时，每一股份有与应选出董事人数相同之选举权，得集中选举一人，或分配选举数人，由所得选票代表选举权较多者，当选为董事。采取默示选出的任意性规范模式譬如《美国标准商事公司法》第7.28节规定，除公司章程有规定外，股东无权在选举董事时累积其表决权。《韩国商法》第382条之2第1款规定，在选任两人以上董事时，持有不包括无表决权股份的已发行股份总数3%以上的股东，可以要求以累积投票制选任董事，但公司章程另有规定的除外。本条第1款规定，股东会选举董事、监事，“可以”按照公司章程的规定或者股东会的决议，实行累积投票制，此为默示选出的任意性规范模式，即若无公司章程或者股东会决议的特别要求，股份有限公司选举董事、监事时不适用累积投票制。值得关注的是，2018年《上市公司治理准则》第17条规定：“董事、监事的选举，应当充分反映中小股东意见。股东大会在董事、监事选举中应当积极推行累积投票制。单一股东及其一致行动人拥有权益的股份比例在30%及以上的上市公司，应当采用累积投票制。采用累积投票制的上市公司应当在公司章程中规定实施细则。”据此，对于一般上市公司，原则上应在公司章程中选入累积投票制；单一股东及其一致行动人拥有权益的股份比例在30%及以上的上市公司，则必须在公司章程中选入累积投票制。其四，累积投票制的不足。累积投票制并非保护中小股东的“灵丹妙药”，其极易被规避。例如，即便实行累积投票制，控股股东只要对公司的董事、监事进行分散式选举，每次仅选举或者更换一位董事、监事，就可以完全架空累积投票制。这种行为虽然在形式上并不直接违反《公司法》，但亦可以成立法律规避行为，在司法实践中需要予以特别关注。

【典型案例】

广州某景投资有限公司与江苏某环生物股份有限公司决议撤销纠纷案

裁判要旨：公司章程是经股东合意形成的调整公司组织规程与行为规则的规范性文件，其内容应当得到全体股东的遵守，股东会决议的内容或表决方式如果违反章程规定，如无故解除独立董事的职务、对应当采用累积投票制的选举适用一股一票，则所作出的决议属于可撤销的瑕疵决议。

【条文】

第一百一十八条

股东委托代理人出席股东会会议的，应当明确代理人代理的事项、权限和期限；代理人应当向公司提交股东授权委托书，并在授权范围内行使表决权。

【条文主旨】

本条是关于股份有限公司股东表决权代理制度的规定。

【条文概览】

本条于1993年写入《公司法》，其第108条规定："股东可以委托代理人出席股东大会，代理人应当向公司提交股东授权委托书，并在授权范围内行使表决权。"2005年修订时仅作文字修改，序号调整为第107条。2013年修正时序号改为第106条，内容无变化。2018年修正时，内容与序号保持不变。本次修订有实质修改，增加股东授权委托书的法定记载事项的规定。本条明确了股份有限公司股东表决权代理制度的合法性，允许股东委托代理人出席股东会会议并行使表决权。本条规定股东与代理人之间成立表决权代理关系需要形式要件——股东授权委托书，无书面的股东授权委托书此代理关系不成立。股东授权委托书有三个法定记载事项：代理的事项、权限和期限。如果股东授权委托书没有列明法定记载事项，股东与代理人之间的表决权委托代理关系不成立。代理人向公司提交股东授权委托书之后，代理人必须在授权范围内行使表决权，否则代理人行使表决权的行为效力待定。

【理解与适用】

一、股份有限公司股东可以委托代理出席股东会会议并行使表决权

股东可以委托代理人出席股份有限公司的股东会会议并行使表决权，这一制度被称为股东表决权代理制度。这一制度为股份有限公司股东提供了一种便捷、高效地行使表决权的机制。随着股份有限公司规模增大，股东的人数也会成百上千地增加，股东的居住地可能分散于全国各地甚至世界各地，

股份有限公司规模化必然导致股东分散化和多样化。对于分散在各地的中小股东而言，他们的个体表决权表决与否对于表决结果无足轻重，而且出席股东会会议行使表决权的成本很高，这会导致股东的理性冷漠，从而影响公司决策的民主性，也损害股东表决权的平等性。因此，股东表决权代理制度应运而生，让分散的中小股东可以委托代理人出席股东会会议并行使表决权，降低中小股东行使表决权的成本，保障股东表决权的平等行使，体现公司民主原则。更进一步，股东表决权代理制度为中小股东的保护提供了一种新的方式，中小股东可以通过表决权代理制度将表决权集中起来，从而在公司决策中发挥更大影响力，不仅包括对具体商业决策事项在股东会上表决，也包括选举代表中小股东利益的董事。

二、股东授权委托书及其必须记载的事项

股份有限公司股东委托代理人行使表决权的法律基础是股东与代理人之间形成了表决权代理关系。本条明确规定代理人应当向公司提交股东授权委托书。这意味着，书面的股东授权委托书是股东与代理之间成立表决权代理关系的形式要件。那么，除了书面的委托书，其他的委托方式，如股东以口头或者通过电话授权他人代表自己出席并行使其表决权的，都应当无效。代理人出席股东会时，应当向公司提交股东开具的授权委托书。公司经审查，认为代理人提交的授权委托书有效时，代理人才能出席股东会。无行为能力的股东的法定代理人或者法人股东的法定代表人，基于法定代理权而行使表决权时，无须出具委托书。

更进一步，本条对股东授权委托书的法定记载事项作出了明确规定，股东授权委托书没有列明法定记载事项不符合形式要件，股东与代理人之间表决权代理关系不成立。委托书的法定记载事项包括代理的事项、权限和期限。载明代理的事项，必须写明代理股东出席股东会的具体日期和地点，表明代理的哪一次股东会会议。载明代理权限，要写明就哪些具体事项进行表决，以及如何表决，投赞同票、反对票、弃权票，或者由代理人自行决定。载明代理期限，列明代理权的开始时间和终止的时间。法定记载事项主要是为了防止代理人多次参加股东没有授权其参加的股东会，或者对股东没有授权的事项进行表决，违背股东的真实意思，损害股东的利益，并对股东会的决议产生不利的影响。

三、代理人应当在授权范围内行使表决权

根据代理的基本原理，代理人只有在代理权限范围内行使代理权，其代

理行为产生的法律效果才归属于本人，代理人超出授权范围的行为效力属于效力待定，如果本人不予追认，则该行为自始无效。同理，股东委托代理人行使表决权，代理人在授权范围之外行使表决权，构成效力待定，如果股东不予追认，则代理人行使表决权的行为无效，由此给股东造成损失的，代理人应当承担赔偿责任。

【实务问题】

代理人资格

一般而言，自然人股东的股权可由其本人亲自行使，本人因故不能亲自行使时，可委托他人代理行使。法人股东的股权除可由法定代表人行使外，一般由指定代理人行使。尤其是在股份有限公司中，由于股东人数众多，加之股东地处分散、投资有限，实际上很少有股东有足够的时间、金钱和兴趣参加股东会，这使委托代理人行使股权已经成为股份有限公司股东参与公司决策程序的重要形式。

关于代理人的资格。目前，我国公司立法未对代理人的资格作限制性规定。在确定代理人资格时，应以尊重股东个人意愿和方便代理权的行使为原则。结合相关代理理论，我们以为，应规定凡具有完全民事行为能力者，不论其是否是本公司的股东，均可接受股东的委托作为股东的代理人。当然，如果公司章程约定代理人以本公司股东为限，法律对此约定的效力也应予以肯定。

【条文】

第一百一十九条

股东会应当对所议事项的决定作成会议记录，主持人、出席会议的董事应当在会议记录上签名。会议记录应当与出席股东的签名册及代理出席的委托书一并保存。

【条文主旨】

本条是关于股份有限公司股东会会议记录要求及保存的规定。

【条文概览】

1993 年《公司法》写入本条规定。2005 年《公司法》对本条内容进行了实质性的修订，新增了股东会会议记录由主持人签名的规定。2023 年《公司法》对本条内容未作实质修订。

【理解与适用】

一、股份有限公司股东会应当对所议事项的决定作成会议记录

股东会会议记录是载明股东会对所议事项作出决定的书面文件，是保证股东会决策程序透明和可信的重要证据，是公司登记机关、法院及仲裁机构处理公司、股东纠纷的重要依据。制作会议记录和签名有利于提高会议决议的合法性和可追溯性。股东会会议举行时，负责召集会议的董事会以及主持会议的董事长应当安排人员，一般由董事会秘书负责制作会议记录。对于股东会会议记录的内容，除了最重要的股东会决议事项的决定外，还包括其他内容。中国证监会发布的《上市公司股东大会规则（2022 年修订）》第 41 条对此作了细化规定："股东大会会议记录由董事会秘书负责，会议记录应记载以下内容：（一）会议时间、地点、议程和召集人姓名或名称；（二）会议主持人以及出席或列席会议的董事、监事、董事会秘书、经理和其他高级管理人员姓名；（三）出席会议的股东和代理人人数、所持有表决权的股份总数及占公司股份总数的比例；（四）对每一提案的审议经过、发言要点和表决结果；（五）股东的质询意见或建议以及相应的答复或说明；（六）律师及计票人、监票人姓名；（七）公司章程规定应当载入会议记录

的其他内容。出席会议的董事、监事、董事会秘书、召集人或其代表、会议主持人应当在会议记录上签名，并保证会议记录内容真实、准确和完整。会议记录应当与现场出席股东的签名册及代理出席的委托书、网络及其他方式表决情况的有效资料一并保存，保存期限不少于十年。”

二、股份有限公司股东会会议记录由主持人、出席会议的董事签名

不同于有限责任公司股东会会议记录需由出席会议的股东签名的规定，股份有限公司股东会会议记录只需要主持人、出席会议的董事签名。部分大型股份有限公司股东人数众多，要求每位出席会议的股东在会议记录上签字的实操性不高，为保证股东会会议记录的真实性，本条规定股份有限公司股东会会议记录由会议主持人、出席会议的董事签名，一方面提高效率，另一方面进一步压实主持人和出席会议的董事确保会议记录真实性、规范性的责任。

三、股份有限公司股东会会议记录与签名册及委托书一并保存

股份有限公司股东会会议记录作成之后，应当与出席股东的签名册及代理出席的委托书一并保存，置备于本公司，以确保股份有限公司股东会会议记录的真实性，让出席股东、表决权代理人与签名的主持人和出席董事相互印证，达到全体出席股东签名的相同效果。此外，股东会对所决议事项的决定作成会议记录，也为将来在某种情况下，需要了解股东会的情况提供了有利的条件。

【实务问题】

股份有限公司会议记录签署的具体要求

股份有限公司股东人数通常较多，无法要求全部到会股东在会议记录上签名，在此情况下，《公司法》规定由会议主持人和到会董事在会议记录上签名，遂成为重要的签名替代方式。然而，会议主持人和到会董事签名的会议记录或决议，能否准确反映股东会会议和决议的真实状况，在实务上并非没有疑问。为了确保会议记录或决议的真实性，有些国家规定，召开股东会会议必须办理公证，会议决议和记录也必须办理公证。我国法律未规定召开股东会会议必须办理公证，但是，根据《上市公司股东大会规则（2022 年

修订)》，上市公司召开股东会会议的，必须聘请律师进行见证。律师见证和办理会议公证的实际效果相似，它在提高公司会议成本的同时，加强了股东会会议的规范运作，有助于保证会议记录和决议的真实性。对于非上市公司召开的股东会会议，我国《公司法》既未要求股份有限公司办理公证，也未要求聘请律师进行见证，甚至未要求保留股东投票的原始记录，而是通过主持人和出席董事签名与出席股东签名册及委托书的保存确保会议记录和决议的真实性。

【典型案例】

蔡某某与嘉某公司公司决议撤销纠纷案[①]

裁判要旨：股东会应当对所议事项的决定作成会议记录，主持人、出席会议的董事应当在会议记录上签名；会议记录应当与出席股东的签名册及代理出席的委托书一并保存。嘉某公司章程也有相应规定。本案中，被告未证明股东大会形成了会议记录，在原告主张缺失会议记录之瑕疵后仍未提交，违反了法律和公司章程之规定。

① 浙江省嘉兴市秀洲区人民法院（2016）浙0411民初3366号。

第三节 董事会、经理

【条文】

第一百二十条

股份有限公司设董事会，本法第一百二十八条另有规定的除外。

本法第六十七条、第六十八条第一款、第七十条、第七十一条的规定，适用于股份有限公司。

【条文主旨】

本条是关于股份有限公司董事会的设置、职权、成员组成，董事任期、辞任以及解任的规定。①

【条文概览】

1993 年《公司法》中，第 112 条规定了股份有限公司董事会组成及董事会的各项职权。2005 年《公司法》修订增加了“董事会成员中可以有公司职工代表”的规定，删除了董事会的具体职权，另在第二章第二节组织机构第 47 条加以规定。此外，增加了“本法第四十七条关于有限责任公司董事会职权的规定，适用于股份有限公司董事会”的规定。2023 年《公司法》对本条内容进行了实质修订，主要有两点变化：一是确定股份有限公司董事会成员人数为 3 人以上，取消了董事会最多 19 人的人数限制；二是允许规模较小或者股东人数较少的股份有限公司，可以不设董事会，设一名董事，行使《公司法》规定的董事会的职权。

【理解与适用】

一、股份有限公司以设置董事会为原则，以设一名董事为例外

股份有限公司股东众多，每个股东对公司的经营管理都可能存在自己的

① 股份有限公司董事会在组成、职权、职工代表，董事任期、辞职和解任以及可以不设董事会等方面与有限责任公司保持一致。

意见。若每个股东都可以对公司进行具体的经营管理，那么就会因为股东意见的纷纭而使公司经营无所适从，从而造成公司经营管理的混乱，甚至陷入经营困境。若每个股东都通过股东会对公司进行具体的经营管理，则会因为股东会举行的不便而使公司应当立即决定的事项不能决定，从而影响公司的经营管理。多数国家公司法都规定，股份有限公司设董事会，依法对公司进行经营管理。故股份有限公司以设置董事会为原则。

但对于规模较小或者股东人数较少的公司，包括股份有限公司，专门设置董事会可能会增加公司成本，影响公司经营，反而不利于公司发展，故《公司法》区别不同规模的股份有限公司设置了不同的董事规则，规定规模较小或者股东人数较少的公司可以不设董事会，只设一名董事，行使董事会职权。此规则设置具有不可忽视的积极效果，一是提高了公司的管理灵活性。新《公司法》规定下，股份有限公司中初创企业尤其受益于此，不需要设立多董事可以降低创始人股东的负担。二是降低管理成本。董事会需要多名成员，董事会作出的每一个决议都需要经过重重程序，耗费公司时间和资源，本条规定鼓励了公司治理的多样化，不同类型的公司可以根据自身的经营模式和发展阶段选择合适的管理结构，而不必被强制采用传统的董事会结构。三是贴合商业发展实际情况，创业创新背景下，涌现大量创业者，而新《公司法》为小型创业发展提供了更大、更人性的支持，使其能够更好地满足不同阶段公司治理的需求。当然，在具体落实过程中也需确保对规模较小或者股东人数较少的公司管理的监管，防止法规滥用导致股东权益和公司利益受损。

二、股份有限公司董事会人数与职工董事

本条规定董事会的人数至少 3 人以上，取消董事会最多 19 人的人数上限，股份有限公司可以根据公司的实际情况设置相应的人数，但最少 3 人，防止 2 名董事的董事会可能出现的经营决策僵局现象。职工人数超过 300 人且未设置含有职工监事的监事会的股份有限公司的董事会必须有职工董事，以更好地保障职工参与公司民主管理、民主监督。2005 年《公司法》仅要求国有独资和国有全资公司设置职工董事，本次《公司法》修改扩大了设置职工董事的公司范围，不再按公司所有制类型对职工董事设置提出要求。职工董事本身是公司的职工，更了解职工的情况和利益诉求，在董事会经营决策时，职工董事可以代表职工向其他董事传递信息和表达职工利益诉求，让其他董事更了解职工的相关信息。职工董事由公司职工通过职工代表大会、

职工大会或者其他形式民主选举产生。

三、股份有限公司董事会的职权

股东会是股份有限公司的权力机构，决定公司的重大问题。董事会则是股份有限公司的执行机关，负责公司经营活动的指挥和管理，包括代表公司对公司业务作出决策、组织实施和贯彻执行。一定程度上讲，董事会是股东会的执行机关，是公司的业务决策机关。根据本条和第 67 条的规定，股份有限公司董事会对股东会负责，行使下列职权。(1) 召集股东会会议，并向股东会报告工作。董事会由董事组成，董事由股东会选举产生，董事会对股东会负责。因此，召集股东会会议，并向股东会报告工作，既是董事会的一项职权，也是董事会的一项义务。董事会应当依照法律规定和公司章程的规定，及时召集股东会会议，并向股东会报告董事会工作情况。(2) 执行股东会的决议。股东会作为公司的权力机构，依照法律规定和公司章程规定决定公司的重大问题。股东会作出的公司生产经营方面的决议，由董事会执行。因此，执行股东会的决议，是董事会的一项职权，也是董事会的一项义务。董事会应当认真贯彻执行股东会的决议。(3) 决定公司的经营计划和投资方案。公司的经营计划，是指管理公司内外业务的方向、目标和措施，是公司内部的管理计划。公司的投资方案，是指公司的资金运用方向。决定公司的经营计划和投资方案是公司经营决策权最核心的内容。本次《公司法》修订删除了股东会决定经营和投资相关事项的职权。在一定程度上，让董事会成为公司的决策机构。(4) 制订公司的利润分配方案和弥补亏损方案。公司经过一段时期的经营活动，或盈利，或亏损，或收支相抵没有盈亏。当公司出现利润时，应当进行分配；出现亏损时，应当进行弥补。根据法律规定，审议批准公司的利润分配方案和弥补亏损方案，是股东会的职权。而制订公司的利润分配方案和弥补亏损方案，则是董事会的职权。董事会应当按照规定及时制订公司的利润分配方案和弥补亏损方案，并提交股东会会议审议批准。(6) 制订公司增加或者减少注册资本以及发行公司债券的方案。公司根据经营情况的需要，可以增加注册资本，也可以减少注册资本，还可以依照法律规定发行公司债券。根据法律规定，公司增加或者减少注册资本以及发行公司债券的方案，由股东会作出决议。而提出增加或者减少注册资本以及发行公司债券的方案，则是董事会的职权。董事会应当根据公司经营需要，及时制订公司增加或者减少注册资本以及发行公司债券的方案，并提请股东会会议审议，作出决议。(6) 制订公司合并、分立、变更公司形式、解散的方案。合并、分立、变更公司形式以及解散，都是公司的重大问题，关系到公司是否继续存在、以何种形式存在、股东权利义务变化等，依照法律规定，由股东会作出决议。但是，公司与谁合并、怎样分立、变更为什么样的股份有限公司以及解散的具体方案，由董事会拟订后提请股东会会议进行审议并作出决议。（7）决定公司内部管理机构的设置。董事会负责公司经营活动的指挥和管理，所以有权决定公司管理机构的设置。董事会决定内部管理机构设置，是指董事会有权根据本公司的具体情况，确定内部的管理机构设置，如设立事业开发部、市场营销部、综合管理部、客户服务部等具体的业务部门、行政管理部门等。（8）聘任或者解聘高级管理人员并决定报酬事项。聘任或者解聘高级管理人员，是指董事会有权决定聘任或者解聘公司经理，并根据经理的提名决定聘任或者解聘公司的副经理、财务负责人等高级管理人员。同时，董事会有权决定经理、副经理、财务负责人等高级管理人员的报酬事项，如报酬标准、支付时间、支付方式等。（9）制定公司的基本管理制度。公司的基本管理制度，是指保证公司能够正常运营的基本管理体制。基本管理制度涉及公司内部运行的方方面面，董事会应当依照国家法律、公司章程等的要求，及时制定，保证公司具有良好的生产经营秩序。（10）公司章程规定或者股东会授予的其他职权。

以上前九项职权是董事会的法定职权，公司根据自身情况，可以通过公司章程或者股东会决议授予董事会其他职权。

四、股份有限公司董事的任期和辞任

董事的任期由公司章程规定，但每届任期不得超过3年。董事任期届满后，公司要在股东会上重新选举董事，若任期届满的董事重新当选，可以连任，且连任的届数不受限制。董事可以随时辞任，但必须以书面形式通知公司，公司收到通知之日辞任生效。董事与公司之间是委托代理关系。根据《民法典》第933条关于委托合同解除的规定，委托人与受托人均享有任意解除权，可以随时解除委托合同。委托代理关系是建立在委托人与受托人双方相互的信任之上，假如双方的信任消失，委托代理关系对于双方无益。为了保护委托关系的双方，法律赋予其任意解除权。因此，《公司法》赋予董事任意辞任权。但若董事在任期内辞任导致董事会成员低于法定人数，在改选出的董事就任前，原董事仍应当依照法律、行政法规和公司章程的规定，履行董事职务。

五、股份有限公司董事的无因解除

股份有限公司的股东会可以决议解任董事，且无需正当理由，决议作出之日董事解任生效。但是，无正当理由，在任期届满前解任董事的，该董事可以要求公司承担赔偿责任。董事无因解除的法律基础是公司与董事之间的委托代理关系。根据《民法典》第933条关于委托合同解除的规定，委托人与受托人均享有任意解除权，可以随时解除委托合同。董事可以随时辞任，公司也可以无因解除董事。在公司治理情景中，董事是公司经营决策非常重要的角色，若公司对董事的信任不再，董事的经营决策将不再被公司采纳，可能还会花费大量监督成本。因此，赋予公司对董事的无因解除权，既符合法理，也是商业实践的客观需求。但需注意的是，根据《民法典》第933条规定，有偿委托合同的解除方应当赔偿对方的直接损失和合同履行后可以获得的利益，因此，《公司法》亦作了相应的规定，公司无因解除董事的，该董事可以要求公司作出相应赔偿。

【实务问题】

一、董事辞任及期满后离任是否完全属于董事个人可以决定之事项，是否须受法律规制

股东会行使选举和更换非由职工代表担任的董事、监事，决定有关董事、监事的报酬事项等职权。关于有限责任公司股东会职权的规定，适用于股份有限公司。据此，公司股东会选举和更换非由职工代表担任的董事，且没有任何法律规定公司可以强迫任何人担任董事，故公司与董事之间实为委托关系，依股东会的选任决议和董事同意任职而成立合同法上的委托合同。委托人或者受托人可以随时解除委托合同，《公司法》亦规定董事在任期内辞职之内容。如公司章程对董事辞任未作限制性规定，则董事在其董事任期内提出辞职，符合法律规定，亦符合公司章程。董事辞职虽系单方民事法律行为，但辞任的效果，以是否满足其他董事会成员达到法定人数而有所不同，达到法定人数的，辞职通知书到达委托人时生效；低于法定人数的，辞职的董事应继续履行董事职务，直至改选的董事就任。后一种情形下，公司股东会应及时进行改选，以使董事会组成人员符合法律规定。但至股东会选出的董事就任前，原董事依法应当履行董事职务。

二、要求辞任或离任董事继续履行董事职务并非不受限制，须以股东会及时进行选举并选出新的董事为前提

《公司法》关于辞任或离任董事继续履行董事职务的规定，目的是保障公司正常的经营管理，避免公司运营因董事缺额而陷入停滞，以维护股东利益乃至不特定债权人的合法权益。但《公司法》仅规定在改选董事就任前辞任或离任董事需要履行董事职务，并未对公司股东会改选的期限以及不能完成改选的后果作出规定。这是建立在认为造成董事缺额的原因是暂时的，一旦阻碍股东会形成决议的情形消失，股东就会为了公司利益、保障公司正常运营而把改选董事作为公司重大事项及时加以完成的基础之上。但此种认识并不周延，未虑及可能出现的公司股东意见不一甚至矛盾不可调和而长期无法选出继任董事的情形。法律要求董事继续履职以维护公司的存续，但作为法律所保护利益获得者的公司股东却消极不作为，置公司无法正常运营于不顾，系对公司存续原则的自我损害。此种情形下，若机械遵循规定，则辞任或离任董事履行董事职务将遥遥无期，无法达到辞任或离任的目的，董事的权利和义务将严重失衡。因此，准确理解和适用这一规定，必须在保护公司、股东利益与辞任或离任董事权益之间寻求平衡，恰当的方式是为辞任或离任董事继续履行董事职务明确前提条件，即公司股东会能够在合理期限内选举并能够选出继任董事。如有可归责于股东会的原因导致不能及时选出继任董事，辞任或离任董事则已无继续履行董事职务之必要，法律应当保护其辞任或离任的权利。

【典型案例】

郁某与南通某网特实业有限公司、南通市某电子商务产业园有限公司、上海某网特网络科技有限公司与公司有关纠纷案①

裁判要旨：公司作为独立的法人团体，应充分享有内部自治权利。选举董事、任命董事长等公司重大决策事项，都由公司股东内部讨论决定，法律规定对公司董事选举任免等内部自治权利也有充分保障。通常情况下，股东为了公司利益、保障公司正常运营，也会积极召开董事会，及时选出新的董事。但事实上也有很多因为股东之间存在矛盾，长期无法形成任何决议，公司陷入僵局的情况存在。此种情况下，相较于股东而言，董事已经处于弱势

① 江苏省南通市中级人民法院（2020）苏06民终192号民事判决书。

地位，无法决定自己的去留，其个人合法权益也无法得到保护。董事辞任、离任不能，这也是纠纷产生的原因。虽然董事辞任和离任应受《公司法》的约束，但该约束应当有必要的限制。因公司股东怠于履行改选董事义务，具有明显过错，致使董事长期处于无法离任的状态，其作为董事的权利义务严重失衡，故关于董事辞任后仍继续履职的规定已无适用的必要。

【条文】

第一百二十一条

股份有限公司可以按照公司章程的规定在董事会中设置由董事组成的审计委员会，行使本法规定的监事会的职权，不设监事会或者监事。

审计委员会成员为三名以上，过半数成员不得在公司担任除董事以外的其他职务，且不得与公司存在任何可能影响其独立客观判断的关系。公司董事会成员中的职工代表可以成为审计委员会成员。

审计委员会作出决议，应当经审计委员会成员的过半数通过。

审计委员会决议的表决，应当一人一票。

审计委员会的议事方式和表决程序，除本法有规定的外，由公司章程规定。

公司可以按照公司章程的规定在董事会中设置其他委员会。

【条文主旨】

本条是关于股份有限公司设置审计委员会的规定。

【条文概览】

本条是本次《公司法》修订的新增条款，也是亮点之一，允许股份有限公司选择审计委员会或者监事会作为公司监督机构。若选择审计委员会作为公司监督机构，审计委员会可以行使监事会的法定职权。审计委员会需要3名以上的董事组成，其中独立董事必须过半数，职工董事可以成为审计委员会的成员。审计委员会以决议的方式作出决定，必须经审计委员会成员的过半数表决通过，一人一票。此外，除法定议事方式和表决程序外，由公司章程规定。

【理解与适用】

本次《公司法》修订除“资本实缴制”“股东失权制”以外，在公司治理层面，亦创设了一系列新的制度，例如引入单层内部监督机制，即赋予公司选择设立监事会或在董事会中设置审计委员会的权利，选择不设监事会或监事的，由审计委员会行使监事会的职权。《公司法》第69条、第121条、第176条分别规定了有限责任公司、股份有限公司和国有独资公司审计委员会的设置与运行规则。这是对公司治理结构的重大修订，也是此次修改《公司法》的亮点。《公司法》第 69 条、第 121 条确立了有限责任公司、股份有限公司可选择设立审计委员会或监事会，将监事会从公司必设机构转为可选机构，极大地扩展了公司治理的自治空间；第 176 条明确了国有独资公司监督机构的“三选一”模式，即在审计委员会、监事会与 1 名监事的三种选项之间择一，为国企改革树立了一个“风向标”，即国有独资公司未来将逐步不再设监事会、监事，而着重发挥审计委员会的监督职能。

一、审计委员会的设置模式

本条赋予股份有限公司根据自身实际情况选择审计委员会或监事会作为公司的监督机构的权利。学理上，根据公司内部是否设立独立的监督机关，公司治理模式可以分为两类：单层制和双层制。单层制是指公司内部不设立监事会，由董事会承担监督职能，董事会设置多数独立董事和审计委员会，以独立董事的独立性和专业性作为履行监督职能的保障。双层制是指公司内部设置监事会负责监督职能，监事会独立于董事会，与董事会之间形成平行制衡关系。本条规定允许股份有限公司根据实际情况选择单层制或双层制，系 2023 年《公司法》修改的新增规定，也是本次修法在公司治理制度上的重要突破。从我国商事发展的现实路径来看，在三十多年的公司治理实践中，监事会的监督职能未能充分发挥。商事实践中，在股份有限公司财务造假、虚假陈述、管理层的关联交易等公司治理问题上，极少看到监事会的突破性作为。在这一背景下，《公司法》提供新的监督机制有两层意义。一方面，为不适合设立监事会的股份有限公司提供主动改革公司监督机制的方案；另一方面，让单层制与双层制形成制度竞争从而为后续的监督机制完善找到方向。

具体而言，新《公司法》区分不同的公司类型，分别对审计委员会之设置采取“自治”与“强制”相结合的规整模式。具体设置要求如下：其一，自治设置模式。所谓自治设置模式，是指是否设立审计委员会，由公司自行决定，法律或法规不作强制要求，普通公司的审计委员会也是选设机构。

首先，按照《公司法》规定，有限责任公司、股份有限公司可以按照公司章程规定，在董事会中设置由董事组成的审计委员会，不设监事会或者监事。可见，普通有限责任公司、股份公司，是否设置审计委员会系公司“章程自治”决定的事项，而公司章程系由股东共同制定，因此，采取何种公司监督模式，由股东在制定公司章程时自行决定。其次，法律明确规定，规模较小或者股东人数较少的有限公司、股份有限公司，可以不设董事会，设一名董事，行使本法规定的董事会的职权。由此，此类公司因可选择不设董事会，自然无法在董事会下设审计委员会。因此，一旦其选择不设董事会，也就同时选择了不设审计委员会。可见，普通一人公司（包括只有一个股东的有限责任公司和只有一个股东的股份有限公司）可因其人数较少而不设董事会，亦无须设立审计委员会。最后，根据《公司法》第176条的规定，国有独资公司虽然股东人数少，但其通常规模较大，必须设置董事会，且其董事会成员中，应当过半数为外部董事，并应当有公司职工代表，这就意味着国有独资公司存在设立审计委员会之可能。若国有独资公司在董事会中设置由董事组成的审计委员会，则不设监事会或者监事。可见，国有独资公司是否设立审计委员会，也是公司自治决定的事项。而且，由于国有独资公司章程的制定和修改应当由履行出资人职责的机构决定，因此，是否选择设立审计委员会，系由国有独资公司履行出资人职责的机构决定。其二，强制设置模式。所谓强制设置模式，是指是否设置审计委员会，系由法律或法规强行规定，公司无自治选择权。《公司法》第136条明确规定，上市公司的公司章程应当依照法律、行政法规的规定载明董事会专门委员会的组成、职权。上述规则虽然要求上市公司应当设立董事会专门委员会，但并未明确规定审计委员会是否属于上市公司董事会必须设置的专门委员会，从上述规则中尚不能得出上市公司审计委员会系采取强制设置模式。但在实践中，审计委员会几乎是沪深所有上市公司董事会专门委员会的首选方案，而且，结合证监会颁布的《上市公司治理准则》，上市公司董事会应当设立审计委员会，并可以根据需要设立战略、提名、薪酬与考核等相关专门委员会。可见，审计委员会是上市公司董事会必设的专门委员会。《上市公司治理准则》虽为部门规范性文件，但对上市公司而言，属必须遵守的规范范畴。交易所的相关规则，也明确了上市公司设置审计委员会的强制性。因此，在一定程度上，上市公司董事会设置审计委员会可理解为强制设置模式。可见，结合其他相关规范可知，我国现行规范对审计委员会之设置系采取“分类规制”的模式，一般有限公司、股份公司、国有独资公司是否设立审计委员会，系由公司自行决定；上市公司设立审计委员会实质上采取强制设置模式。[1]

---

[1] 参见蒋大兴：《新〈公司法〉董事会审计委员会规则的执行困境》，载《中国法律评论》2024年第2期。

二、审计委员会的职能

英美法上单层制的监督职能分为一般监督职能和特殊监督职能。一般监督职能是由独立董事在董事会经营决策中发挥监督功能。特殊监督职能其中最重要的财务监督由审计委员会负责，主要包括以下内容：(1) 审计财务报告。审计委员会负责审计公司的财务报告，以确保它们准确、可靠，并且符合财务报告准则。(2) 监督财务管理。审计委员会监督公司的财务管理实践，包括内部控制体系，以确保公司的资产得到妥善管理和保护。(3) 独立意见。审计委员会的成员必须提供独立的、客观的审计意见，以确保公司的财务状况得到适当的评估。相较于美式的单层制，有学者称我国《公司法》引入的单层制为折中单层制。《公司法》并不强制性地要求设立审计、薪酬、提名委员会分别负责审计监督、薪酬监督和人事监督。为了防止单层制董事会的监督能力被削弱，审计委员会仅仅负责财务监督是不够的，需要更强大的监督职能。关于审计委员会的职权，我们认为应包括：(1) 检查公司财务；(2) 对董事、高级管理人员执行职务的行为进行监督，对违反法律、行政法规、公司章程或者股东会决议的董事、高级管理人员提出解任的建议；(3) 当董事、高级管理人员的行为损害公司的利益时，要求董事、高级管理人员予以纠正；(4) 提议召开临时股东会会议，在董事会不履行本法规定的召集和主持股东会会议职责时召集和主持股东会会议；(5) 向股东会会议提出提案；(6) 依照本法第 18 条的规定，对董事、高级管理人员提起诉讼。为确保审计委员会职能的有效发挥，应当提高对审计委员会委员财务会计专业知识的要求，同时鼓励审计委员会通过借助外部审计机构、独立核数师等专业人士的力量，加强对公司财务状况的监督。[①] 需说明的是，监事虽也可列席董事会，但却很难列席到董事会内部的前置讨论或研究环节，难以真正触及争议及重要问题。而审计委员会成员作为董事会中的一员，可以切实参

---

① 现行银行业监管规定的框架下，除部分村镇银行外（《村镇银行监管指引》第 16 条规定，村镇银行应设立审计委员会，主要负责村镇银行的审计工作；已设立监事会的可不设立审计委员会，由监事会履行审计委员会职责），商业银行必须设置审计委员会并主要承担内外部审计工作的管理职能。《商业银行理财业务监督管理办法》第 16 条第 3 款规定，商业银行内部审计部门应当按照国务院银行业监督管理机构关于内部审计的相关规定，至少每年对理财业务进行一次内部审计，并将审计报告报送审计委员会及董事会。《商业银行内部审计指引》第 9 条规定，董事会应下设审计委员会。审计委员会成员不少于 3 人，多数成员应为独立董事。审计委员会成员应具有财务、审计和会计等专业知识和工作经验。审计委员会负责人原则上应由独立董事担任。审计委员会对董事会负责，经其授权审核内部审计章程等重要制度和报告，审批中长期审计规划和年度审计计划，指导、考核和评价内部审计工作。

与讨论和投票表决的过程，从而实现对董事会决策的内部监督。

三、审计委员会的组成

股份有限公司的审计委员会必须由 3 名以上的董事组成，且独立董事必须过半数。独立董事有两个构成要件：非执行董事和独立性。非执行董事是指不在公司担任除董事以外的其他职务的董事。独立性是指除非执行董事身份外，还需与公司不存在任何可能影响其独立客观判断的关系。独立性常常受到利益关系和血缘关系的影响。《公司法》没有对审计委员会构成提出必须有职工董事的强制性要求。2005 年修订《公司法》时，为了更好地维护公司职工的权益，加强职工对公司及公司董事、高级管理人员的监督，规定监事会应当包括职工代表，且职工代表的比例不得低于三分之一，但本条仅规定了董事会成员中的职工代表可以成为审计委员会成员，而非强制性要求。原因在于审计委员会成员有更高的专业性要求，尤其是对财务会计知识的要求。

四、审计委员会表决机制

审计委员会决议具有独立性，本条第 3 款、第 4 款和第 5 款规定，审计委员会作出决议，应当经审计委员会成员的过半数通过，审计委员会决议的表决，应当一人一票。审计委员会的议事方式和表决程序，除《公司法》有规定的外，由公司章程规定。以上均是对审计委员会决策程序的规定，与董事会和监事会的决策程序基本一致，即审计委员会在表决时，也实行一人一票，并由过半数成员同意才能通过。由于审计委员会本质上属于董事会的组成部分，且行使监事会的职权，其决策程序沿用董事会和监事会的规定，可以保证决策程序的一致性。需要注意的是，一人一票和多数决只是审计委员会的基本决策制度，关于审计委员会的议事方式和表决程序，例如议案如何提出、如何通知、提前多久通知、需要多少成员出席、谁来主持、表决方式等均由公司章程进行规定，法律未作详细的规定。

【实务问题】

一、如何选任审计委员会成员

《公司法》规定审计委员会由董事组成，但审计委员会成员如何选举产生，并不明确。商事实践可能存在以下操作模式：一是股东会选任模式。由于董事之选任系股东会之职权，而审计委员会又由董事构成，则审计委员会成员应由股东会选任。由此股东会选任之董事将分为两类：第一类为普通董事；第二类为审计委员会董事。那么，股东会在进行决议时，是否需要明确董事候选人为普通董事候选人抑或审计委员会董事候选人，并分别进行投票？若否，股东会对董事之选任需要经历两步：先选出董事，再从其中选出担任审计委员会成员之董事。实务中建议股东会在选任董事时，区分普通董事和审计委员会董事，分别进行选任，以提升选举效率。二是董事会选任模式，即在股东会选出董事之后，再由董事会进行内部分工，明确不同委员会的构成人员，由此，避免股东会在选任董事时需要区分候选人的复杂类型，简单易行。目前，我国上市公司专门委员会的组成主要由董事会予以确定，并不需要股东会对董事会专门委员进行选任。三是职工民主选举产生模式。我们认为，首先，应明确审计委员会的定位，审计委员会本身应定位为取代监事会的监督机关，若其由董事会自行确定，就会产生"被监督者组设监督者"的问题，从而难以有效行使监督权。其次，《公司法》并没有明确规定审计委员会成员的选任机构，到底是股东会还是董事会存在一定争议。但《公司法》第 144 条第 3 款规定，"公司发行本条第一款第二项规定的类别股的，对于监事或者审计委员会成员的选举和更换，类别股与普通股每一股的表决权数相同"，换言之，审计委员会成员应由股东会选任。最后，职工在选任职工董事时，是否有权确定该职工董事是普通董事抑或审计委员会成员董事，若职工有权确认该董事之类型，则在选任董事时需对此进行区分，若由股东会决定，职工董事之产生本身并非股东会之职权，若由董事会决定，则又存在"被监督者选任监督者"的问题。综合以上各类因素，倾向认为，审计委员会成员原则上应由股东会选任。至于职工董事，《公司法》并未限制职工代表大会、职工大会等选择非职工的律师、会计师担任职工董事，并进而担任审计委员会成员。从有助于职工利益之保护出发，由谁担任职工董事，是否需要从职工以外选任职工董事，应由职工董事之选任机构自行决定，一切皆从如何有助于有效保护职工利益出发。

二、审计委员会应重点从哪些方面着手实现审计监督目标

审计委员会制度是公司制度尤其是有限责任公司领域一次全新的尝试，初心是在经营管理层内部嵌入财务等监督机制，破除监督壁垒，防范权利滥用。目前《公司法》规定得比较原则，如何保障审计委员会制度有效运转、避免制度空转，有待后续商事活动、司法实践中不断探索、积累和总结。目

前倾向认为，可重点从以下几个方面着手，实现审计监督目标。一是对重要的投融资事项进行审计，重点关注投融资的可行性研究是否合理、审批程序是否合规、是否按照审批内容订立合同以及合同的履行进展情况、资金用途及流向审查、与关联人是否存在大额资金往来及挪用、争议处置情况等。二是对重要的购买和出售资产事项进行审计，除关注以上事项外，还需关注资产的运营状况是否达到预期目标，资产有无品质、权利瑕疵以及涉诉的情形。三是对重要的对外担保事项进行审计，重点关注担保是否经过决议程序以及是否合法、合章程；被担保人的履约能力评估以及公司的担保风险程度，是否设置反担保措施或者其他压降风险措施，是否对被担保人经营、财务情况持续跟进关注等。四是对重要的关联交易事项发生后及时进行审计，重点关注公司是否制定了关联方清单并持续保持更新、是否经过披露和决议程序、交易价格是否公允、交易权责是否明确、交易标的品质和权利瑕疵以及涉诉情况、交易相对方征信是否良好等。审计材料的取得应符合真实性、完整性、准确性，应对审计材料分类整理并建立保密制度。

三、审计委员会行使权力错误，给公司或者股东造成损害的，如何认定责任

董事权责配置是公司治理的核心问题，审计委员会的权责配置是其中的重要内容。根据董事权力行使的差异，应设置差异化的责任。审计委员会的责任可以分为集体责任和个体责任。通常而言，董事应集体行使权力，集体承担责任。但过于沉重的集体责任将抑制董事行使权力的积极性，更大的责任将降低决策的效率，而更有效率的决策机制将会降低责任，因此，在问责中，应当区分不同的董事类型和职能预设，精准问责，以实现权责平衡。

具体而言，对于审计委员会的集体责任，应当限于其特别监督职权；由董事会所负担的一般监督事项应当由全体董事而非审计委员会成员集体承担责任。在对审计委员会违反特别监督义务的问责中，亦应当区分集体责任与个人责任，根据其过错程度予以差异化追责。①

---

① 参见刘斌：《中国式审计委员会：组织基础与权责配置》，载《法律科学（西北政法大学学报）》2024 年第 4 期。

【条文】

第一百二十二条

董事会设董事长一人，可以设副董事长。董事长和副董事长由董事会以全体董事的过半数选举产生。

董事长召集和主持董事会会议，检查董事会决议的实施情况。副董事长协助董事长工作，董事长不能履行职务或者不履行职务的，由副董事长履行职务；副董事长不能履行职务或者不履行职务的，由过半数的董事共同推举一名董事履行职务。

【条文主旨】

本条是关于股份有限公司的董事长、副董事长的产生及其职权的规定。

【条文概览】

本条是对2005年《公司法》的承继，除将“半数以上”修改为“过半数”，其他内容未作修改。本条明确规定董事会必须设置一位董事长，副董事长根据公司实际情况选择设置，可以不设置，董事长和副董事长由全体董事的过半数选举产生，明确规定了董事长和副董事长的法定职权。董事长有两项法定职权：召集和主持董事会会议、检查董事会决议的实施情况。副董事长的法定职权是协助董事长工作，但当董事长不能履行职务或者不履行职务时，副董事长享有董事长的法定职权履行其职务。若董事长和副董事长都不能履行职务或者不履行职务，由过半数的董事共同推举一名董事履行职务。

【理解与适用】

一、董事会设董事长一人，可以设副董事长

董事会作为股份有限公司法定、必备且常设的集体行使公司经营决策权的机构，采取会议体制，本条第1款明确规定须设置一名董事长，在董事会内部负责董事会会议的召集、主持等事务，协调董事会成员之间的关系，检查董事会决议的执行情况。对于一些经营规模较大、经营范围较广的公司，董事长一人往往难以履行其全部职责。为此，公司可以设副董事长，协助董

事长工作。副董事长不是股份有限公司必设的机构。各公司的董事会根据公司的具体情况，可以决定设副董事长，也可以决定不设副董事长，设立副董事长的人数，由公司董事会自行决定。董事长、副董事长均为董事，在董事会内部享有召集、主持董事会等事务性特权。

二、董事长和副董事长的产生

关于董事长和副董事长的产生办法，主要有以下几种模式：一是董事会内部选举，如《法国商法典》规定，董事会在成员中推选 1 名董事长。二是直接指定，如德国规定，监事会选任董事，可以任命 1 人为董事会主席。三是在法律中不明确设立董事长和副董事长职位，由董事会或股东会就对外代表公司、召集董事会会议等不同事务选任具体董事，如《韩国商法典》规定，公司应当经董事会决议选任公司的代表董事，但是章程也可以规定在股东会上选任；董事会由各董事自行召集，但是董事会决议指定召集董事的除外。从我国情况看，公司股东会在选任董事会负责公司经营决策的基础上，如果还负责选举或指定董事长的具体人选，可能导致股东会对公司经营事务的过度介入；公司董事会、监事会均由股东会选任，彼此互相分工、各司其职，不存在上下从属或报告关系，各自的成员不宜由另一机构指定，因此我国公司法采用了分级选举的模式，由股东会选任董事会，由董事会推选董事长和副董事长。董事长和副董事长由董事会以全体董事的过半数选举产生，而非出席董事会会议的董事的过半数选举产生，董事长、副董事长系由董事选举产生，而不是由某个人或某个机构指定。只有董事会才能选举董事长、副董事长，除此之外的任何机构，包括作为公司权力机构的股东会，也无权选举董事长、副董事长。此外，董事会在选举董事长、副董事长时，表示同意的人数必须超过全体董事人数的一半，方为有效。董事会在选举董事长时，只能选举一人作为董事长。此外，考虑到国家出资公司的特殊性，公司法规定国家出资公司的董事长、副董事长由履行出资职责的机构从董事会成员中指定。

三、董事长的职权

1993 年《公司法》规定董事长职权除现行《公司法》规定的职权外，更明确规定法定代表人由董事长担任，还享有法定代表人的对外代表权和签署公司股票、公司债券的职权。2005 年修订《公司法》时，各方面普遍反映，应当突出董事会的集体决策作用，强化对董事长权力的制约。2005 年

《公司法》取消了董事长为公司的法定代表人的强制性规定，与之相适应，董事长也不再当然享有应当由法定代表人行使的签署公司股票、公司债券的职权。2005 年《公司法》修订，在法定代表人的人选范围中不再单独列选董事长，由公司根据章程的规定选择执行公司事务的董事或者经理担任，进一步突出董事长的事务性地位，强化公司自治。根据本条规定，董事会作为集体行使职权的机构，董事长在其中主要负责推动董事会、股东会的相关程序性工作。董事长主要有两方面的职权，即召集和主持董事会会议，检查董事会决议的实施情况。而根据《公司法》第 114 条规定，董事长还有主持股东会会议的职权。在经营决策权限方面，董事长与其他董事并无差异，通过自身在董事会的表决权参与公司的经营决策。副董事长的职权是协助董事长工作。但是，董事长不能履行职务或者不履行职务的，副董事长履行董事长的职权。不能履行职务是指由于客观原因，造成董事长实际上无法履行职务的情形。不履行职务是指出于主观因素，可以履行职权但实际不履行的情形。若副董事长不能履行职务或者不履行职务的，由过半数的董事共同推举一名董事履行职务。

【实务问题】

副董事长召集和主持董事会，该董事会会议作出决议的效力应如何认定

在商事实践中，一些董事会决议在副董事长召集和主持的董事会会议上作出，公司股东向法院提起公司决议撤销之诉主张撤销董事会决议。那么，副董事长召集和主持的董事会会议作出决议效力如何？《公司法》第 26 条规定，董事会的会议召集程序违反法律、行政法规或者公司章程，股东自决议作出之日起 60 日内，可以请求人民法院撤销。本条第 1 款规定，召集和主持董事会会议是董事长的职权。因此，副董事长召集和主持董事会会议所作出决议因董事会会议召集程序违法而可撤销。但是，本条第 2 款规定，董事长不能履行职务或者不履行职务的，由副董事长履行职务。因此，当董事长不能履行职务或不履行职务时，由副董事长主持和召开的董事会会议作出的决议不因这一事由而可撤销，若该董事会决议不存在其他影响决议效力的事由，该董事决议有效。

【典型案例】

某公司与某鲁乙烯等股东请求撤销董事会决议案①

裁判要旨：公司部分董事会成员组织召开临时董事会会议，但在会议通知中未明确列明会议议题，也未按公司章程之规定通知经理及监事列席会议，并且在表决时也存在股东未充分表明自己意见的情形，该决议是否可以被撤销？董事会是股东会的常设执行机构，公司的日常管理及制定基本管理制度是董事会的职权范围。根据我国《公司法》相关规定，董事会会议由董事长召集和主持；董事长不能履行职务或者不履行职务的，由副董事长召集和主持；副董事长不能履行职务或者不履行职务的，由过半数的董事共同推举一名董事召集和主持。董事会的议事方式和表决程序，除《公司法》有规定的外，由公司章程规定。临时股东会应当于会议召开 15 日前通知各股东，并要有明确议题和具体决议事项。对于公司部分董事会成员组织召开临时董事会会议，但在会议通知中未明确列明会议议题，也未按公司章程规定通知经理及监事列席会议，并且在表决时也存在股东未充分表明自己意见的，此次临时董事会的召开违反了《公司法》及公司章程的规定。同时，此次董事会未能使股东有效地行使表决权，表决方式存在瑕疵。对于股东因此提起撤销董事会决议诉讼的，人民法院应予以支持。

---

① 山东省淄博市中级人民法院（2007）淄民四终字第 33 号民事判决书。

【条文】

第一百二十三条

董事会每年度至少召开两次会议，每次会议应当于会议召开十日前通知全体董事和监事。

代表十分之一以上表决权的股东、三分之一以上董事或者监事会，可以提议召开临时董事会会议。董事长应当自接到提议后十日内，召集和主持董事会会议。

董事会召开临时会议，可以另定召集董事会的通知方式和通知时限。

【条文主旨】

本条是关于董事会会议的召开类型、召集程序的规定。

【条文概览】

本条有文字修改。本条自1993年《公司法》制定时入法，在第116条规定："董事会每年度至少召开二次会议，每次会议应当于会议召开十日以前通知全体董事。董事会召开临时会议，可以另定召集董事会的通知方式和通知时限。"在2005年修订的《公司法》中，增加了"代表十分之一以上表决权的股东、三分之一以上董事或者监事会，可以提议召开董事会临时会议。董事长应当自接到提议后十日内，召集和主持董事会会议"的规定。2018年修正的《公司法》继承了相关规定，内容未有变更。

本条是在2018年《公司法》第110条的基础上修改而来，仅作文字修改，将"董事会临时会议"改为"临时董事会会议"。

【理解与适用】

公司董事会是公司治理结构的核心，是公司的决策与执行机构，董事会通过召开董事会会议并作出相应决议的方式行使其法定职权，以确保公司决策过程的高效、透明。本条对董事会会议的召开类型及召集程序等内容进行明确规定，避免公司因董事会不按时召开董事会会议或未按照相应流程规范召开董事会，导致董事会无法依法、及时代表全体股东的利益对公司经营作出正确决策并执行公司业务，进而有损于公司正常经营与股东利益。根据本条规定，董事会会议召开的类型既包括例行召开的定期董事会会议，也包括临时董事会会议。

一、董事会定期会议的召开与召集程序

根据本条第1款规定，例行召开的定期董事会会议每年度至少召开两次，董事会在例行会议中应就董事会职权范围内的各项决议事项作出决议。之所以对于董事会每年度所召开的例行会议进行次数规定，是为避免董事会怠于履职，将本应行使的职责交由其他机构代行，从而导致公司治理结构职权划分的模糊化及整体秩序的混乱，并保证董事会能够定期审议和决策公司重大事项，监督公司管理层的运行。因此，本法对于公司董事会的定期会议进行了规定。董事长是董事会的主要领导者，在董事会定期会议召开前，董事长应当确定举行董事会的时间、地点、决议事项等，并按照公司章程规定的通知方式，将董事会的召开时间、召开地点、召开事由等情况在会议召开10日前通知全体董事与监事，以便全体董事与监事提前安排时间并对决议事项作出相应准备，并顺利参加或列席董事会定期会议。

二、临时董事会会议的召开与召集程序

根据本条第2款、第3款规定，除例行召开的董事会会议外，董事会还可召开临时会议以便处理紧急必要的事项。临时董事会会议的召集程序包括特定主体提议召开临时董事会会议及董事长召集和主持董事会会议两个部分。在特定主体提议召开临时董事会会议部分，代表十分之一以上表决权的股东、三分之一以上董事或者监事会，有资格提议召开临时董事会会议。代表十分之一以上表决权的股东在股东会上具有相当比例的表决权，由十分之一以上表决权的股东提议召开临时董事会会议体现了董事会会议的召开对公司股东利益的尊重与保障。三分之一以上董事提议，表明董事会内部希望召开董事会会议的意愿强烈，有召开董事会会议之必要。监事会提议召开董事会会议，则为监事会监督董事会及其成员责任履行的重要途径之一。因此，临时董事会会议的召开有利于在出现紧急重大事项时相关主体的合法权益及诉求得到相应保障。

有权提出召开临时董事会会议的主体提出请求后，董事长应当自收到提议后的10日内，召集和主持董事会会议。临时董事会会议召集程序相较于董事会定期会议而言存在特殊之处，即董事长可不遵循公司章程所规定的董事会定期会议召集程序在会议召开10日前通知全体董事和监事，另定董事

会临时会议召集的通知方式和通知时限，但应当注意的是，若公司章程中明确对临时董事会会议的召集程序作出特殊规定，则应在不违背公司章程的情况下决定临时董事会会议召集的通知方式与通知时限等事项。

【条文】

第一百二十四条

董事会会议应当有过半数的董事出席方可举行。董事会作出决议，应当经全体董事的过半数通过。

董事会决议的表决，应当一人一票。

董事会应当对所议事项的决定作成会议记录，出席会议的董事应当在会议记录上签名。

【条文主旨】

本条是关于董事会会议举行的实质条件与决议机制的规定。

【条文概览】

本条对董事会会议的举行、决议效力、表决以及会议记录进行了规定。

在 1993 年《公司法》中，第 117 条规定了关于董事会会议的举行、决议效力，但未就董事会表决进行规定。在 2005 年《公司法》中，增加了“董事会决议的表决，实行一人一票”的规定，对董事会的表决作出了规定。2018 年修正的《公司法》继承了该规定，内容未有变更。

关于会议记录的规定，2018 年修正的《公司法》第 112 条第 2 款删除了记录员在会议记录上签名的规定，并采取了“应当”的表述，进一步强调董事在会议记录上签字的必要性。

本条是在 2018 年《公司法》第 111 条的基础上修改而来，将“实行一人一票”修改为“应当一人一票”，并且将 2018 年《公司法》第 112 条第 2 款的规定作为本条第 3 款的规定，全面规范了董事会会议举行、表决、决议、作会议记录的流程。

【理解与适用】

董事会决议在董事会会议上作出，董事会会议的决议并非随意作出，其只有满足一定条件，才能成为合法、具有相应效力的董事会决议。一般而言，合法有效的董事会决议作出需要满足一定的程序要求，一是出席人数要求，董事会决议应当代表多数意见，若参加董事会会议的人数未达到相应比例，则以该决议代表多数意见有失公平。二是表决比例要求，只有出席董事会会议人数达到一定比例且对于决议的表决经全体董事中一定比例的董事通过，则此项表决才可谓代表多数董事意见，视为合法有效董事会决议。

一、董事会会议举行的实质条件

根据本条第 1 款规定，董事会会议应当有过半数的董事出席方可举行。该规定为董事会会议举行的实质条件，也是董事会作出合法有效决议的前提。之所以确定此法定比例，一方面是为了确保董事会会议的决策能够较好地反映出公司各利益相关方的意愿与需求；另一方面是为董事会作出相应决议增设相应“门槛”。应看到，董事会决议事关公司的运行，因此，董事会决议的作出必须能够反映多数董事的意愿，不可轻易作出。同时，虽然本款并未说明“过半数”是何种范围的“半数”，但通过体系解释可知，此处的过半数应当为公司董事会全体成员的过半数，亦即全体董事的过半数。

二、董事会决议的表决规则

根据本条第 1 款、第 2 款规定，合法有效的董事会决议作出应当经过全体董事过半数通过，且表决方式应当为一人一票。上文已有所论及，本条第 1 款所规定的董事会会议决议作出应当经全体董事过半数通过是指公司董事会全体成员过半数，并非参与董事会会议成员过半数。与股东会会议“一股一票”的表决方式不同，董事会会议实行“一人一票”的表决方式，体现了董事会成员在董事会决议作出过程中的平等性，有利于董事会决议作出时更为充分地体现各位董事会成员的意见。同时，“一人一票”有助于防止个别董事会成员对于董事会决议作出干涉，避免董事长、高级管理人员滥用权力，以自身优势地位对董事会决议作出产生不当影响，是公司治理中重要的权力制约途径。同时，相较于股东会决议作出而言，本条并未对特定的公司重大事项设置特殊董事会决议程序，即无论董事会决议所涉事项为重大事项还是一般事项，在决议程序上都不作特别区分，有利于简化决策程序，提高决策效率。

三、董事会会议记录

本条第 3 款新增关于董事会会议记录的规定。根据该款规定，董事会应当将董事会召开过程中所决议事项的决定作成会议记录，并由出席会议的董事在会议记录上签名。公司的治理应当遵循透明原则，即公司的治理决策应当公开、透明，以便接受公司内部人员及与公司有利害关系的相关方的监督与评估。对于董事会召开中所决议事项进行会议记录并由参与会议的董事签名的规定为事后评估董事会决议与向相应主体追责提供依据，有利于督促参与会议的董事审慎行使自身权利，基于理性、谨慎考量作出董事会决策。值得注意的是，本款内容设置于 2018 年《公司法》第 112 条之中，《公司法》修改后将本款内容提前至董事会会议决议机制条款中。将董事会会议记录的相关规则纳入董事会会议决策机制条件中，使得董事会会议决策机制的程序与实体规则更为完善，增强了董事会会议规则的体系性，同时也明确了董事会会议记录的规则性质，即为董事会会议决策的一种重要监督途径，其与董事会决议的表决规则及董事会会议举行的条件以积极与消极两个方面对于董事会决议的作出进行相应限制性规定，以确保董事会决议的作出能够反映多数人的真实意愿，并具有合理性。

【条文】

第一百二十五条

董事会会议，应当由董事本人出席；董事因故不能出席，可以书面委托其他董事代为出席，委托书应当载明授权范围。

董事应当对董事会的决议承担责任。董事会的决议违反法律、行政法规或者公司章程、股东会决议，给公司造成严重损失的，参与决议的董事对公司负赔偿责任；经证明在表决时曾表明异议并记载于会议记录的，该董事可以免除责任。

【条文主旨】

本条是关于董事会会议出席与董事责任承担的规定。

【条文概览】

本条是在2018年《公司法》第112条（第2款除外）的基础上修改而来。其中“股东会”的表述与本次《公司法》关于公司机构名称的修改保持一致，并且将“致使公司遭受严重损失的”表述修改为“给公司造成严重损失的”。

【理解与适用】

董事会在公司治理中起到至关重要的作用，而董事会会议的召开则为董事行使自身权利、管理公司事务的主要渠道之一。董事受股东会信任而被选任参与公司治理工作，因此董事既享有公司治理决策中所应赋予其的相应权利，也应承担公司事务管理中的相应责任。本条是对于董事出席董事会会议及承担董事会决议责任的规定，体现了董事履职过程中的“权责一致”。

一、出席董事会会议

根据本条第1款规定，原则上董事应当本人亲自出席董事会会议。董事会是公司治理的核心机构，董事会会议的召开既是为了保障公司事务能够得到充分审议与决策，也是督促董事积极履行自身职责，深度参与公司事务的审议与决策，确保符合公司利益的决策作出，使得公司治理机制顺畅运行，因此原则上董事不得无故缺席董事会会议。但若董事会因为某些不可避免的原因，例如身体健康状况或临时工作安排等确无法参加董事会会议，则可委托其他董事代为出席。应看到，由于董事会会议需有一定比例的董事出席方可举行，因而此种规定设立的最初是为了确保董事会会议能够达到举行的人数条件，避免因为董事的缺席而导致董事会会议无法举行，进而影响公司事务的管理与公司正常运行。但由于董事的选任与其身份、资格等紧密关联，并由股东会选举产生，对股东会负责，负有强烈的身份属性与信赖利益，因此董事因故无法出席转而委托他人出席具有严格的限制条件：第一，董事所委托的对象应为其他董事；董事不得委托其他不具有公司董事身份的成员代为出席会议，否则将导致股东对董事信赖利益的丧失及董事身份的随意流转，有悖于设置董事的目的。第二，董事委托其他董事代为出席会议应当以书面方式载明授权范围。董事委托其他董事代为出席会议有严格的程序要求，一方面，此种委托应当以书面方式载明；另一方面，委托书中还应就相应委托范围进行规定，以规范受托董事可行使权利的范围，防止董事权利的滥用。

二、董事责任承担

根据本条第 2 款规定，董事应当对董事会会议所作决议承担责任。董事会采取集体表决制度，其在作出决议时，由出席会议的董事过半数表决通过后方产生约束力，亦即，董事会决议结果根据各董事所作出的决断而定，表决同意决议的董事应当对决议承担责任。同时，董事会的决议应当符合法律、行政法规或公司章程、股东会决议的规定，董事在表决董事会决议时应当恪尽职守，审慎进行表决。若董事会的决议违反法律、行政法规或者公司章程、股东会决议，给公司造成严重损失的，参与决议的董事将因未能履行审查义务而对公司负赔偿责任。但考虑到部分董事在董事会决议的表决中并未同意某项违反法律、行政法规或者公司章程、董事会决议的决议，因此本条也设置了相应的免责规则。只有同时具备以下两个条件的情况下，参与董事会决议表决的董事才可以免除相应责任。第一，经查证该董事在表决时曾表明异议。此处的“经证明曾表明异议”须在投票时明确投反对票，或对决议违反法律、行政法规或公司章程、股东会决议的部分明确表示反对。若仅为口头表示反对，但在表决时仍对决议投赞成票，即使有证人证言、录音等证据辅以证明，也不应视该异议为有效异议。第二，董事所表明的异议被记载于会议记录之中。董事会应当对所议事项的决定作成会议记录，并由出席会议的董事在会议记录上签名，此为董事会会议中决议作出的最为权威的书面证据。董事的异议表示应当已被记载于会议记录，且董事在会议记录上签名，则董事所表明的异议有效，董事可免除相应责任。反之，董事仍应承担相应责任。

【条文】

第一百二十六条

股份有限公司设经理，由董事会决定聘任或者解聘。

经理对董事会负责，根据公司章程的规定或者董事会的授权行使职权。经理列席董事会会议。

【条文主旨】

本条是关于股份有限公司经理设置及其职权的规定。

【条文概览】

本条是在2018年《公司法》第113条的基础上修改而来，新增股份有限公司的经理职权由公司章程或者董事会授予的规定，取消了关于经理职权的法律规定。

【理解与适用】

一、股份有限公司经理的设置

根据本条第1款规定，股份有限公司应当设置经理。经理是指负责进行日常经营和管理工作的高级管理人员，其直接参与公司的运行和管理，在公司治理中发挥极为重要的作用。与本法第74条“有限责任公司可以设经理”之措辞不同，本条并未用“可设”而是用“设”，意指在股份有限公司之中经理为必设机构。因股份有限公司的公司规模较为庞大，公司治理结构复杂，因此有必要设置经理处理日常经营和管理工作。经理由董事会进行聘任与解聘，此为董事会的职权之一。应看到，董事会是公司的经营决策机构，其负责制定公司的战略方向与政策，监督公司的运行和管理，因此有权选任直接负责日常经营和管理具体工作的经理。而经理由董事会决定聘任或解聘，也说明经理在履行职责的过程中应当对董事会负责，落实董事会作出的决议，并接受董事会的监督，在公司治理结构中起到承上启下的作用。

二、股份有限公司经理的职权

本条第2款对原《公司法》的内容进行修订，规定经理可以根据公司章程的规定或者董事会授权行使职权。原《公司法》对经理的职权进行了列举，即经理仅负责执行董事会的决议，而非公司决策的制定者和公司决议的制定者，亦即，公司内部的自由裁决权归属于董事会。但新《公司法》则对原有规则进行适度突破，扩展了经理的职权范围。一方面，经理可以根据董事会的授权行使职权，董事会可以下放部分职权于经理，经理可以在授权范围内进行决策并加以实行，以便更为流畅地贯通董事会与下级事务部门，使得公司治理结构更为灵活化，以便及时处理公司治理中的各项事务。另一方面，经理行使职权应当符合公司章程的规定，不得违背公司章程行使职权。本款未对经理的具体职权进行列举式规定，而是将对经理职权的具体规定交由公司自身进行内部决策，以公司章程的形式对经理职权进行明晰。因此，经理的具体职权可参照公司章程履行，但不得突破公司章程的规定。另外，本款还新增经理可以列席董事会会议之规定。列席董事会会议是经理的法定职权之一，是经理对董事会负责的具体体现。经理列席董事会会议之规定畅通了经理与董事会的沟通渠道，使得经理能够了解董事会作出相应决议的具体考量因素及决策过程，以便更好地落实董事会决议，增进公司决策与管理的公开性与便利度，并为董事会授权经理在相应范围内行使职权提供基础。

【条文】

第一百二十七条

公司董事会可以决定由董事会成员兼任经理。

【条文主旨】

本条是关于股份有限公司董事会成员兼任经理的规定。

【条文概览】

本条继承了2018年《公司法》第114条的规定，内容未作变更。

2005年对《公司法》进行了全面修订，2005年前董事会职权补充与董事会成员兼任经理的内容在一条中进行规定，2005年后董事会成员兼任经理进行单独规定，但其内容并没有变化。2018年修正的《公司法》继承了相关规定。

【理解与适用】

根据本条规定，股份有限公司中董事会成员可以兼任经理。董事兼任经理需经过公司董事会的同意。亦即，董事可兼任经理，但是此种兼任需要经过董事会表决同意，否则董事会成员不得进行兼任。应看到，经理由董事会决定聘任或解聘，其对董事会负责。因此，即使经理由董事会成员兼任，依旧需要遵循经理聘任的相应规则，并由董事会召开会议对兼任事项进行决议。只有当过半数董事出席，并由全体董事会成员过半数同意通过后，才能作出有关董事会成员兼任经理的决议。

董事会是我国股份有限公司的经营决策机构，董事履行自身职责并在公司治理中发挥相应作用须以董事会会议为媒介，通过在董事会会议上进行意见发表、提案的提出与审议等履行职责。经理在公司日常经营与具体事务执行中起到极为重要的作用，对董事会成员兼任经理的许可有利于公司董事深入参与公司的日常运营之中，一方面能够通过执行具体公司事务发现当前公司治理中存在的问题，并将其上报董事会，由董事会通过召开董事会会议的方式作出更有利于公司实际经营的决策；另一方面可在充分理解董事会决议产生、形成的全过程的基础上更为精确地把握董事会决议所反映出的董事会决策方向与决策考量，在日常经营与具体事务执行中落实董事会的相应决议，提升公司决策效率与运行效率。

以董事会成员兼任经理并非股份有限公司所特有之规则，《公司法》第75条在对于规模较小或者股东人数较少的有限公司董事会和经理设置的规定中，表明其可设一名董事行使董事会职权，且该董事也可兼任公司经理。《公司法》第174条对于国有独资公司经理聘任规定中，表明董事会成员可以兼任经理，但须以履行出资人职责的机构同意为前提。由此可见，不论在何种类别的公司中，设置董事会成员兼任经理之规则并施以一定限制有两方面考量：第一，有利于简化公司人员构成，实现公司内部治理结构的精简与决策的作出和执行两个环节之间的顺畅衔接。以董事会成员兼任经理可以减少公司人员聘任，由相应人员身兼数职参与公司治理，降低公司整体经营管理成本，提高整体运行效率。第二，有效防止董事基于兼任经理之便损害公司利益。董事兼任经理无疑扩大了董事的原有职权范围，因此，对于涉及利益主体众多、经营规模较大的股份有限公司或是涉及国有资产与社会公共利益的国有独资企业来说，董事会兼任经理须有严格的条件限制，确保公司相应职能机构知情且同意，并确保公司经理的能力与素质能够与公司的实际运行需求相匹配。

【条文】

第一百二十八条

规模较小或者股东人数较少的股份有限公司，可以不设董事会，设一名董事，行使本法规定的董事会的职权。该董事可以兼任公司经理。

【条文主旨】

本条是关于规模较小或股东人数较少的股份有限公司设立董事会与聘任经理的特别规定。

【条文概览】

本条为新增规定。新增规模较小或股东人数较少的股份有限公司可不设董事会而设一名董事的规定，并且明确该董事可以兼任公司经理。

2018 年《公司法》仅对股东人数较少或者规模较小的有限责任公司不设董事会进行规定，本次修改将不设董事会的范围扩大至股份有限公司，进一步简化公司组织机构设置。

【理解与适用】

本条为《公司法》修订后的新增条款。根据本条规定，规模较小或者股东人数较少的股份有限公司可以不设董事会，仅设一名董事以行使本法规定的董事会的职权。在原《公司法》中，无论股份有限公司具有何种规模、人数，皆应设立董事会以履行公司治理决策职能。但是由于规模较小或者股东人数较少的股份有限公司人员构成较为简单、董事会职责履行对应的相应事项并不复杂，因而在此种股份有限公司中设置董事会不仅会造成人员、资源等浪费，提高公司运行成本，而且可能导致公司在设置董事会时存在诸多大型股份有限公司所并未面临的困难，无形中增加了公司经营管理的负担，不利于小规模股份有限公司经营活动的开展。

而根据新《公司法》规定，小规模股份有限公司可不设立董事会，仅设置一名董事行使董事会应行使的重要事项决策、公司政策制定、监督公司管理运行等职责。本条对于小规模股份有限公司的规定采用“可以不设董事会”的措辞，给予小规模股份有限公司以更大选择空间，亦即，小规模股份有限公司可基于自身经营状况、人员结构及经营管理所需选择设立董事会或以一名董事代替董事会机构的设立，不再另行设立董事会。一方面，此举有利于小规模股份有限公司在管理机构的设置方面简化人员构成，使得小规模股份有限公司无需设立多名董事以组成董事会，进而降低公司的运行成本，减轻公司股东的负担。另一方面，赋予小规模股份有限公司机构设置的选择权无疑提高了小规模股份有限公司经营管理与机构设置的灵活性，使得小规模股份有限公司可以根据其自身发展现状对是否设立董事会进行选择，小规模股份有限公司可以通过仅设立一名董事履行董事会职责的方式摆脱传统董事会结构，对小规模股份有限公司多元化发展、节约管理成本、精细公司治理结构与人员构成等形成正向激励。

但在小规模股份有限公司中设置一人董事履行董事会职责并非意味着简化一人董事的选任程序。一人董事仍应按照《公司法》与公司章程规定的相应条件及流程进行选任，由股东会选任，并向股东负责。同时，一人董事应当全面行使董事会职权，包括但不限于公司治理决策、选任经理等。为进一步简化小规模股份有限公司人员构成，本条还规定该一人董事可兼任公司经理。根据《公司法》第 127 条规定，公司董事会可以决定由董事会成员兼任经理。但在此条中，由于小规模股份有限公司只有一名董事履行董事会职责，因此该董事兼任公司经理无需经过董事会的决议通过。在一人董事兼任公司经理时，该董事实则需要履行董事会职责与公司经理职责，权限较大，不仅涉及公司的经营决策，而且需要对具体事项的执行进行负责，故而要根据《公司法》与公司章程规定严格小规模股份有限公司的董事选任流程，并对董事的能力、综合素质等进行全面考察，以防止董事借用此规则滥用职权或消极履职，妨碍公司经营管理。

【条文】

第一百二十九条

公司应当定期向股东披露董事、监事、高级管理人员从公司获得报酬的情况。

【条文主旨】

本条是关于公司对股东披露董事、监事、高级管理人员报酬的规定。

【条文概览】

本条为2005年《公司法》全面修订时新增条款，之后其内容没有变化，仅修改条文序号。本次修订内容也未作变更，仅将条文序号修改为第129条。

【理解与适用】

根据本条规定，公司有义务向股东披露董事、监事和高级管理人员的报酬情况。公司董事、监事的报酬事项由股东大会决定，而经理的报酬事项由董事会决定。公司董事、监事由股东会决定并对股东会负责，经理则由董事会决定并对董事会负责，但是由于其往往不持有公司股份或仅持有少部分公司股份，因此可能会导致董事、监事、经理等高级管理人员与股东利益存在不一致之处。为了使得董事、监事、高级管理人员与股东的利益保持一致，前者能够在决策公司经营事项、执行公司事务等履职中切实维护公司股东的利益，因此需要由股东对董事、监事、高级管理人员获得报酬的事项进行监督，一方面确保上述主体能够切实获取与其在公司决策、经营管理中所付出的精力、自身能力相匹配的报酬；另一方面也能够及时监督上述主体报酬，实现薪资情况的公开透明，防止其薪酬畸高，进而有损于公司整体利益与股东利益。

薪酬是公司对于董事、监事与高级管理人员的重要激励机制。薪酬一般包括工资及工资之外的奖金、分红等。对于董事、监事与高级管理人员来说，薪酬不仅代表其所领取的与付出的劳动所匹配的工资，而且代表着对其积极履行职责、参与公司治理的激励，促进董事、监事与高级管理人员为公司利益与股东利益更加努力地工作。同时，保障董事、监事、高级管理人员获得相应薪资，也有利于为公司招揽具有较高水平的高素质管理人员，并激发其对于公司管理的热情与动力。因此，对董事、监事、高级管理人员薪酬的确定是公司治理中的关键问题，如何保证薪酬的合理性需要结合多方面因素进行考虑。第一，报酬要根据当前市场水平与行业标准进行确定，薪酬明显低于市场水平与行业标准将导致公司缺乏对高端人才的吸引能力，不利于董事、监事与高级管理人员的积极履职；而若薪资过高，也可能导致公司的财务负担过重，进而有损于公司经营活动的开展。第二，报酬要考虑公司的整体业绩与董事、监事、高级管理人员对公司经营所作出的贡献，即投入与回报应当对等。如果公司的经营状况较好，则可根据实际情况提高董事、监事、高级管理人员的报酬水平；但若公司经营状况不佳，则可考虑削减上述人员的薪酬。

另外，公司向股东披露董事、监事、高级管理人员的报酬是公司必要信息披露制度的组成部分。信息披露制度是资本市场有序健康发展的重要基础，股份有限公司除须披露法律规定的强制性信息外，还应主动且及时地披露可能对股东利益产生实质性影响的信息。因此，向股东披露董事、监事、高级管理人员的薪酬也是维护股东利益的重要手段，其通过披露的方式增加股份有限公司董事、监事与高级管理人员薪酬信息的透明度，并确保隐含在上述人员薪资中的风险得到有效的监控与防范，保障股东的知情权。域外各国也对披露董事、监事与高级管理人员薪资状况进行了规定，例如《美国证券法》不仅要求披露董事、监事与高级管理人员的薪资，而且要求上市公司阐明高管实际薪酬与公司财务经营业绩的关系，并且以报告形式说明高管薪酬计划的目标及多大程度上与公司业绩相关，有利于股东直观了解董事、高级管理人员等薪资状况，减少股东与高管之间的信息不对称。英国则在《英国企业和监管改革法案》中强化股东大会对董事薪酬政策的表决约束力，以确保董事薪酬的合理设置，避免公司薪酬同公司业绩之间不成比例，保护公司股东对董事薪资的决策权与知情权。

第四节 监 事 会

【条文】

第一百三十条

股份有限公司设监事会，本法第一百二十一条第一款、第一百三十三条另有规定的除外。

监事会成员为三人以上。监事会成员应当包括股东代表和适当比例的公司职工代表，其中职工代表的比例不得低于三分之一，具体比例由公司章程规定。监事会中的职工代表由公司职工通过职工代表大会、职工大会或者其他形式民主选举产生。

监事会设主席一人，可以设副主席。监事会主席和副主席由全体监事过半数选举产生。监事会主席召集和主持监事会会议；监事会主席不能履行职务或者不履行职务的，由监事会副主席召集和主持监事会会议；监事会副主席不能履行职务或者不履行职务的，由过半数的监事共同推举一名监事召集和主持监事会会议。

董事、高级管理人员不得兼任监事。

本法第七十七条关于有限责任公司监事任期的规定，适用于股份有限公司监事。

【条文主旨】

本条是关于股份有限公司监事会设立与组成、会议召集、职务履行以及监事任期的规定。

【条文概览】

本条是对股份有限公司监事会的相关规定。相较于原《公司法》来说，新《公司法》对监事会的设置具有重大转变，即股份公司可依据自身经营状况与实际需要来决定是否设立监事会，若股份有限公司不设立监事会，则应遵照新《公司法》其他条文规定；若股份有限公司设立监事会，则遵照本条规定明晰有关监事会的组成、会议召集、职务履行以及监事任期等事项。

【理解与适用】

一、股份有限公司监事会的设立

根据本条第1款规定，股份有限公司原则上应当设置监事会。但如果股份有限公司按照新《公司法》第121条第1款设置由董事构成的审计委员会依法行使监事会的职权或为新《公司法》第133条所规定的规模较小或股东人数较少的股份有限公司，则可不设立监事会。前者不设立监事会是由于监事会机构职能已由董事所构成的审计委员会依法行使，无须再设立监事会履行相应职责；后者则是由于公司规模较小或股东人数较少，因而可仅设立一名监事履行监事会职能，出于公司机构与人员架构简化的考量可不另行设置监事会。

二、股份有限公司监事会的成员构成

根据本条第2款规定，股份有限公司设立监事会具有严格的条件。第一，监事会的成员须达到三人以上才可设立。此规定是为了保障监事会能够有一定人员组成，更好地开展相应监督工作。第二，监事会的成员种类须包括股东代表和适当比例的公司职工代表，其中公司职工代表的比例不得低于三分之一，公司章程可以对职工代表的比例在三分之一的比例之上进行具体规定。股份有限公司是资合性公司，经营管理者的经营状况如何与股东对其的监督并不是十分紧密。为保护公司和股东的利益，法律规定股份有限公司设监事会，作为公司的内部监督机构行使对经营管理者的监督权。因此，股份有限公司监事会须具有一定的股东代表，以确保股东能够通过监事会对公司经营管理进行经常性、专业性监督，以应对公司复杂多变的财务状况与业务执行情况。同时，在公司经营过程中，职工作为公司运行的主体也应当对公司的经营管理享有充分监督权。监事会中应当有不少于三分之一的职工代表，且公司章程可在三分之一的比例基础上扩大职工代表的比例，以充分维护职工的权益，此为法律所允许与倡导。而职工代表的产生也应通过职工代表大会、职工大会或者其他形式民主选举产生，以确保职工的权利得到充分有效保障，职工能够通过选举职工代表、职工代表参与监事会的方式实现对公司经营管理工作的切实监督。

三、股份有限公司监事会的人员构成与监事会会议的召开

（一）监事会人员的构成

根据本条第3款规定，监事会应当有严格的组织架构，监事会应当设置主席一人，可设置副主席若干。监事会主席与副主席应当由全体监事过半数选举产生。本条对监事会设置主席作出强制性规定，但对于副主席是否设置及设置的人数并未进行限制，因此实践中监事会副主席的设置与否及设置数量可依据公司的实际情况所决定。同时，监事会主席与副主席的选任应当遵循相应流程，由全体监事过半数选举产生。应看到，由于监事会主席需要召开和主持监事会会议，责任重大，因此其选任须由监事会成员投票选举产生，并为多数监事会成员所认可方能当选。

（二）监事会会议的召集

根据本条第3款规定，监事会的召开原则上需要由监事会主席进行召集；监事会主席不能履行职务或者不履行职务的，由监事会副主席召集和主持监事会会议；监事会副主席不能履行职务或者不履行职务的，由过半数的监事共同推举一名监事召集和主持监事会会议。监事会会议的召集与主持规则与董事会会议的召集与主持规则类似，应当由监事会主席召集与主持。在监事会主席客观上无法履行职务或其虽然客观上能够履行职务但是主观上不履行职务的情形下，监事会副主席取代监事会主席履行召集与主持监事会会议职责。而若监事会副主席也由于客观原因或主观原因“不能履行职务或者不履行职务”，则应由过半数监事共同推举的监事召集和主持监事会会议，亦即，确保在监事会主席与监事会副主席均无法召集和主持监事会会议的情况下，仍能有人履行相应职责，召集与主持监事会会议。应看到，监事会会议的召开事关股东权利与职工权利的切实维护，因此必须保障有人能够承担监事会会议的召开和主持工作，确保监事会的正常运转及对公司其他机构的有效监督。

四、股份有限公司董事与高级管理人员不得兼任监事

根据本条第4款规定，董事与高级管理人员不得兼任监事。应看到，监事会的主要职责包括对公司董事、高级管理人员执行公司职务时的行为进行监督；在董事、高级管理人员执行公司职务违反法律、行政法规或者公司章程的规定，给公司造成损害时，代表公司对董事、高级管理人员进行诉讼等。如果允许董事与高级管理人员兼任监事，可能导致监事无法独立、客

观、公正地行使监督权。实行有效监督的重要前提是监事的充分独立，且监事会的监督应当是一种公司内部的外在监督，区别于公司机构内部的监督。禁止董事与高级管理人员兼任监事便是为了防止监事会的监督权形同虚设，实则沦为董事与高级管理人员的自我监督。因此，为保障监事会监督权的有效行使，其必须处于独立地位，与经营管理机构成员不得相互兼任。

五、股份有限公司监事的任期

根据本条第 5 款规定，股份有限公司监事的任期参照适用有限责任公司对于监事任期的规定。根据新《公司法》第 77 条规定，监事的任期为 3 年，监事任期届满，连选可以连任。监事任期届满未及时改选，或者监事在任期内辞任导致监事会成员低于法定人数的，在改选出的监事就任前，原监事仍应当依照法律、行政法规和公司章程的规定，履行监事职务。

【条文】

第一百三十一条

本法第七十八条至第八十条的规定，适用于股份有限公司监事会。

监事会行使职权所必需的费用，由公司承担。

【条文主旨】

本条是关于股份有限公司监事会职权以及行使职权费用承担的规定。

【条文概览】

1993年制定的《公司法》第126条规定："监事会行使下列职权：（一）检查公司的财务；（二）对董事、经理执行公司职务时违反法律、法规或者公司章程的行为进行监督；（三）当董事和经理的行为损害公司的利益时，要求董事和经理予以纠正；（四）提议召开临时股东大会；（五）公司章程规定的其他职权。监事列席董事会会议。"1999年、2004年《公司法》修正时，均未对该条进行修改。2005年《公司法》修订时，将该条修改为"本法第五十四条、第五十五条关于有限责任公司监事会职权的规定，适用于股份有限公司监事会。监事会行使职权所必需的费用，由公司承担"。此后《公司法》虽经2013年、2018年两次修正，但这一表述延续到现在。

本次修订，本条内容未作变更，条文顺序由第118条变更为第131条。

【理解与适用】

一、股份有限公司监事会的职权

根据新《公司法》第78条规定，监事会行使的职权包括：检查公司财务；对董事、高级管理人员执行职务的行为进行监督，对违反法律、行政法规、公司章程或者股东会决议的董事、高级管理人员提出解任的建议；纠正董事、高级管理人员损害公司利益的行为；提议召开临时股东会会议，在董事会不履行本法规定的召集和主持股东会会议职责时召集和主持股东会会议；向股东会会议提出提案；依照本法第189条的规定，对董事、高级管理人员提起诉讼；公司章程规定的其他职权。监事会是公司的监督机构，有权对公司的董事、高级管理人员的经营行为与财务状况进行监督。具体而言，股份有限公司监事会职权可分为以下几类：第一，监督权。监事会应当对董事、高级管理人员执行职务行为进行监督，并对违反法律、行政法规、公司章程或者股东会决议的董事、高级管理人员提出解任建议，纠正其损害公司利益的行为。第二，临时股东会议的召集权。监事会有权提议召开临时股东会议，并在董事会不履行相应职务时召集和主持股东会会议，向股东会会议提出提案。第三，提起诉讼权。监事会有权基于股份有限公司连续180日以上单独或者合计持有公司1%以上股份的股东书面请求对董事、高级管理人员违反职务规定的行为提起诉讼。

根据新《公司法》第79条第1款规定，监事可以列席董事会会议，并对董事会决议事项提出质询或者建议。该款规定了监事会的列席权与质询建议权。监事列席董事会会议有利于监事及时了解董事会决策，并可直接就相应事项进行质询与建议，从董事会决议作出前段进行监督。根据新《公司法》第79条第2款规定，监事会发现公司经营情况异常，可以进行调查；必要时，可以聘请会计师事务所等协助其工作，费用由公司承担。该款规定了监事会的调查权。监事会享有调查权有利于其能够在公司经营过程中及时发现问题，高效地行使监督权。同时，若监事会开展调查工作时需要有专业人员的协助，可聘请专业机构的人员协助开展调查工作，此部分费用为监事会为公司经营管理目的进行调查的开支，因此相应费用由公司承担。

根据新《公司法》第80条第1款规定，监事会可以要求董事、高级管理人员提交执行职务的报告。该款规定了监事会的信息获取权。董事与高级管理人员具有信息提供义务，因此监事会基于此获得工作开展所需信息，有利于监事会职权的强化。根据新《公司法》第80条第2款规定，董事、高级管理人员应当如实向监事会提供有关情况和资料，不得妨碍监事会或者监事行使职权。该款规定监事会信息获取权不受妨碍，董事和高级管理人员应当如实向监事会提供有关情况和资料，且不得妨碍监事会或监事行使职权。

二、股份有限公司对监事会行使职权费用的承担

根据本条第2款规定，股份有限公司须承担监事会行使职权所需费用。但是此种费用必须是监事会行使职权所必需，对于不属于监事会职责所必需的开支不应被纳入公司所承担的费用范围内。一方面，此规定为监事会履行职责提供相应资金支持，使得监事会可通过聘用专业人员等方式实现对公司进行监督的专业化，提高履职、监督的效率；另一方面，公司所承担的费用有一定界限，无须支付超出必要费用之外的费用，以确保公司的财务资源不被滥用。

【条文】

第一百三十二条

监事会每六个月至少召开一次会议。监事可以提议召开临时监事会会议。

监事会的议事方式和表决程序，除本法有规定的外，由公司章程规定。

监事会决议应当经全体监事的过半数通过。

监事会决议的表决，应当一人一票。

监事会应当对所议事项的决定作成会议记录，出席会议的监事应当在会议记录上签名。

【条文主旨】

本条是关于股份有限公司监事会会议的类型、议事与表决规则、会议记录的规定。

【条文概览】

本条是在2018年《公司法》第119条的基础上修改而来，将“监事会决议应当经半数以上监事通过”修改为“监事会决议应当经全体监事的过半数通过”，新增监事会表决应采用一人一票表决机制的规定。原《公司法》的表述存在争议，“监事会决议应当经半数以上监事通过”中“监事”指的究竟是全体监事还是出席会议的监事、“半数以上”究竟是否包含半数，并不清晰，因此新《公司法》修改了相关表述。此外，新增监事会表决应采用一人一票表决机制的规定，弥补了原《公司法》仅规定董事会决议表决一人一票的表决规则，未规定监事会会议表决规则的缺陷，完善了监事会的表决规则。

【理解与适用】

一、股份有限公司监事会会议的类型

根据本条第1款规定，股份有限公司监事会会议的类型包括例行监事会会议和临时监事会会议。例行监事会会议一般由公司章程作出具体规定。按照本款的规定，例行监事会会议每6个月至少召开一次，以便监事会能够及时对公司的业务执行情况进行监督，但公司章程可在保证6个月至少召开一次监事会会议的基础上增加例行监事会会议的召开频率。临时监事会会议是公司在经营活动中遇到重大事件时由公司监事提议召开的监事会会议。对于临时监事会会议召开的规定强调了监事的主动性与独立性，并确保在公司发生突发情况时能够及时提议召开监事会会议进行审议。

二、股份有限公司监事会会议的议事与表决规则

根据本条第2款规定，监事会会议的议事方式与表决程序应当由公司章程规定。应看到，由公司章程规定监事会会议的议事方式与表决程序使得各公司可以基于自身情况对监事会议事方式与表决程序作出规定，设置符合公司规模、行业特点、治理框架等因素的高效议事方式与表决方法。但同时，此种对于议事方式和表决程序的设置若在新《公司法》中已予以明确，则排除公司章程对其设置的规则。

根据本条第3款规定，监事会会议决议应当经由全体监事的过半数同意即为表决通过。监事会会议作出的决议应当代表全体监事对某事项的集体决策，若未达到过半数通过，则说明此决议为多数监事所反对，此时该决议将不能反映多数监事的意愿，因此为监事会决议设置过半数通过规则有利于保证监事会决议将其集体决策所形成的意思表示外化，同时还能够增加决议的合理性，确保公司的决策符合多数监事意愿。

根据本条第4款规定，监事会决议的表决应当一人一票。此规定为《公司法》本次修订新增条款。设置监事会决议表决的一人一票，一方面明确了公司监事会中各监事的平等地位，即监事在对决议进行表决时具有同等份额的表决权，使得表决具有平等性；另一方面则有利于防止个别监事在监事会决策中形成优势地位，以个人投票影响决议的通过或不通过，一人一票使得监事会决议的表决程序具有公平性。

根据本条第5款规定，监事会应当对所议事项的决定作成会议记录，出席会议的监事应当在会议记录上签名。会议记录是监事会对所讨论事项作出决策的重要正式文件。在监事会会议过程中，主持会议的监事会主席承担责任，安排专人详细记录会议的各个方面，包括但不限于会议的召开时间、地点、主要议题，以及会议达成的决议内容和具体表决情况。会议记录的签署是确保记录真实性和效力的重要环节。所有出席监事都应在会议记录上签名，以表明对记录内容的认可和接受。这不仅有助于保障决策的法律效力，还明确了每位监事在所作决策中的责任。

【条文】

第一百三十三条

规模较小或者股东人数较少的股份有限公司，可以不设监事会，设一名监事，行使本法规定的监事会的职权。

【条文主旨】

本条是关于规模较小或股东人数较少的股份有限公司监事会设置的规定。

【条文概览】

本条为新增规定。新增规模较小或者股东人数较少的股份有限公司不设监事会的规定。

原《公司法》仅对股东人数较少或者规模较小的有限责任公司不设监事会进行规定，并且规定在有限责任公司不设监事会的情况下，可以设一名至二名监事。新《公司法》将不设监事会的范围扩大至股份有限公司，明确在不设监事会的情况下，可以设一名监事。

【理解与适用】

本条为《公司法》本次修订新增规定。根据本条规定，规模较小或股东人数较少的股份有限公司监事会可以不设置董事会，通过设立一名监事来行使监事会职权。应看到，规模较小或股东人数较少的股份有限公司人员构成简单，监事会所需履行的职责并不复杂，若在此类公司设置监事会，可能导致人力、资源等浪费，增加公司运营成本。因此，本条规定允许小规模股份有限公司选择不设立监事会，仅设置一名监事，该监事负责独立履行监事会应承担的法定职责，包括但不限于审计、监督公司经营状况和管理层决策。

本条规定采用“可以不设监事会”的措辞，为小规模股份有限公司提供更大的选择空间，即小规模公司可以根据自身情况选择设立监事会，或者通过一名监事代替监事会履行相应职权，无须单独设立监事会。该规定将有助于简化小规模股份有限公司的管理结构，使得规模较小的股份有限公司能够根据其规模选择设立监事会或仅设立一名监事履行监事会职权，降低运营成本，减轻股东负担。同时，通过仅设立一名监事来履行监事会职权，避免了传统监事会结构的烦琐，为公司治理结构和人员构成的优化提供了可能。

但同时，设立一人监事代行监事会职权也可能存在一定风险。一方面，公司的监督职能集中在一位监事手中，可能导致权力过于集中，增加了滥用职权和腐败的风险。另一方面，监事可能难以获得公司内部各个层面的充分信息，从而影响其对公司运营状况和决策的全面了解。这种信息不对称可能导致监事的监督效果受限。因此，有必要引入特定的制衡机制来规避一人监事履行监事会职权时可能存在的风险。

具体而言，可从如下方面对一人监事履职中可能存在的风险进行防范：第一，设立独立董事。引入独立董事可以为公司治理提供更多的独立监督和建议，减轻单一监事的负担。独立董事具有相对独立的地位，有助于增加多元视角，降低权力过于集中的风险。第二，引入外部监督机构。鼓励公司聘请独立的第三方机构或专业机构进行审计和监督，以确保公司决策的透明性和独立性，并有助于减轻一人监事的负担，增加监督的专业性。第三，建立有效的信息披露机制。确保公司建立健全的信息披露机制，及时向监事和其他监督机构提供必要的信息，以保证监事获得充分的信息，避免信息不对称问题。

第五节 上市公司组织机构的特别规定

【条文】

第一百三十四条

本法所称上市公司，是指其股票在证券交易所上市交易的股份有限公司。

【条文主旨】

本条是关于上市公司定义的规定。

【条文概览】

本条未作修改，与2018年《公司法》完全一致。1993年制定出台的《公司法》第151条规定："本法所称上市公司是指所发行的股票经国务院或者国务院授权证券管理部门批准在证券交易所上市交易的股份有限公司。"1999年、2004年修正的《公司法》均未修改该条。2005年修订的《公司法》对上市公司的定义作了微调，即第121条规定："本法所称上市公司，是指其股票在证券交易所上市交易的股份有限公司"。2013年、2018年修正和2023年修订的《公司法》沿用了这一表述。

【理解与适用】

上市公司是股份有限公司中的重要组成部分，其本质特征是向社会公众公开发行公司股票，且公司经营能力已经达到相当规模，经依法核准，其股票可进入证券集中交易市场进行竞价交易。股份有限公司申请其股票上市交易，应当向证券交易所报送有关文件，证券交易所依照《公司法》《证券法》及有关法律、行政法规的规定决定是否接受其股票上市交易。中国上市公司协会发布的2023年12月统计月报显示，截至2023年12月31日，境内股票市场共有上市公司5346家，沪、深、北证券交易所分别为2263家、2844家、239家。分股份类型统计，仅发A股公司5113家，仅发B股公司11家，A+B、A+H等多股份类型的公司222家。分控股类型统计，国有控股和非国有控股公司数量分别占比26%、74%。

上市公司具有以下两个特征：一是上市公司必须是已向社会发行股票的股份有限公司。即以募集设立方式成立的股份有限公司，可以依照法律规定的条件，申请其股票在证券交易所内进行交易。以发起设立方式成立的股份有限公司，在公司成立后，经过批准向社会公开发行股份后且达到《公司法》规定的上市条件的，也可以依法申请为上市公司。二是上市公司的股票必须在证券交易所公开竞价交易。证券交易所是国家批准设立的专为证券交易提供公开竞价交易场所的事业法人。我国目前有深圳证券交易所、上海证券交易所、北京证券交易所，上市公司的股票应当依照有关法律、行政法规及证券交易所业务规则上市交易。

【典型案例】

某投资中心与谢某与公司有关的纠纷案[①]

裁判要旨：股份有限公司的股票已经依法发行是当事人可以进行股票交易的前提。关于公开发行股票的交易，2014 年《证券法》第 39 条[②]规定："依法公开发行的股票、公司债券及其他证券，应当在依法设立的证券交易所上市交易或者在国务院批准的其他证券交易场所转让。"因此，公开发行股票的交易包括上市交易及其他转让方式，可供股票交易的场所即为股票市场，包括证券交易所和其他证券交易场所。《证券法》第 48 条第 1 款[③]规定："申请证券上市交易，应当向证券交易所提出申请，由证券交易所依法审核同意，并由双方签订上市协议。"案件审理时，我国依法设立的证券交易所包括上海证券交易所与深圳证券交易所，故此，前述法律规定的公开发行股票上市交易即指公开发行的股票在上海证券交易所或者深圳证券交易所交易。

首次公开发行股票并上市，又称首发或者首发上市，是指拟上市公司首次在证券市场公开发行股票募集资金并上市的行为。在主板和中小板首次公开发行股票并上市的，适用《首次公开发行股票并上市管理办法》；在创业板首次公开发行股票并上市的，适用《首次公开发行股票并在创业板上市管理办法》。结合前述关于上市交易的规定，首次公开发行股票并上市中的上市系指申请公司股票在上述证券交易所上市交易，通过首次公开发行股票并上市，目标公司即成为上市公众公司。

---

① 北京市第三中级人民法院（2019）京 03 民终 9876 号民事判决书。

② 现为《证券法》（2019 年修订）第 37 条第 1 款："公开发行的证券，应当在依法设立的证券交易所上市交易或者在国务院批准的其他全国性证券交易场所交易。"

③ 现为《证券法》（2019 年修订）第 46 条第 1 款。

【条文】

第一百三十五条

上市公司在一年内购买、出售重大资产或者向他人提供担保的金额超过公司资产总额百分之三十的，应当由股东会作出决议，并经出席会议的股东所持表决权的三分之二以上通过。

【条文主旨】

本条是关于上市公司资产负债发生重大变化时应经股东会作出决议的规定。

【条文概览】

本条仅作了文字修改。本条第一处文字修改是将原《公司法》中“担保金额超过公司资产总额百分之三十的”中的担保性质明确为上市公司“向他人提供担保”，因为上市公司为自身债务提供担保实际上有利于债务履行和获取债权人的信任，所以上市公司为自身担保并不属于上市公司资产负债发生重大变化而需要多数股东表决的重大事项，所以本条的修改方式并未超出原《公司法》的应然文义，这一表述上的微调只是为了消除实践中的理解分歧，将表述进一步明确为上市公司为他人提供的担保应当由股东会作出决议，排除了公司为自身债务作担保的情形。本条第二处文字修改是将“股东大会”改为“股东会”，与本次《公司法》修订对上市公司股东会的文字表述保持一致。

【理解与适用】

公司股东会由全体股东组成，是公司的最高权力机构。按照《公司法》规定，无论是有限责任公司，还是股份有限公司，涉及企业经营管理、股东权益等重大事项通常需要召开股东会会议进行讨论并作出决议。同绝大多数需要遵循会议成员少数服从多数的会议决议原则一样，股东会决议也要坚持少数服从多数这一会议表决的基本原则。

一、上市公司股东会决议的类型

根据决议定足数（对股东会决议投赞成票的股权比例需要达到的特定比

例）的不同，可以将《公司法》中的股东会决议分为简单多数决、绝对多数决和一致决三种类型：

简单多数决，是指决议只需要过半数成员或代表过半数表决权的成员同意即可。《公司法》第 116 条规定，股份公司一般股东会决议事项采用简单多数决规则，该条第 2 款规定："股东大会作出决议，必须经出席会议的股东所持表决权过半数通过。"需要注意的是，该条款关于股份公司一般股东会决议事项表决的简单多数决规则的表决基数不是公司所有股份总额，而是出席股东会会议的股东所持有的享有表决权的股份数，股东会作出一般事项的决议只需要经参加会议的股东所持表决权过半数通过即可。至于出席股东会会议的股东人数是否超过半数在所不问，当然，公司章程对出席会议股东人数另有规定的除外。

绝对多数决，是指决议需要经过绝大多数成员或代表绝大多数表决权的成员同意方能通过，这里绝对多数的比例通常是三分之二以上。由于绝对多数决对表决比例的要求较高，适用该决议规则能充分尊重股东的意见，减少决策失误，但同时也会带来决策效率的降低，因而不太适合一般事项的表决，绝对多数决更适用于公司经营管理中影响公司发展和股东权益的特别重大事项的表决。我国《公司法》上，无论公司类型，都规定了股东会会议作出修改公司章程、增加或者减少注册资本的决议，以及公司合并、分立、解散或者变更公司形式的决议，必须经代表三分之二以上表决权的股东通过。而对于上市公司，因为上市公司的资合性较强，中小股东难以参与经营决策，因此只能通过行使表决权的方式参与公司治理，所以为了保障中小股东的权益，上市公司除了上述事项之外，还有一些特别事项需要股东会以绝对多数决表决通过，在公司法上这类事项被称为特别决议事项，与一般决议事项相区分。

一致决，是指会议作出决议需要经全体成员一致同意。《公司法》第 59 条第 3 款规定："对本条第一款所列事项股东以书面形式一致表示同意的，可以不召开股东会会议，直接作出决定，并由全体股东在决定文件上签名或者盖章。"该条款便是《公司法》中关于有限责任公司股东会决议事项可以采用一致决的规定。根据该条规定，适用一致决的前提条件是不召开股东会会议，由全体股东在决议事项的书面文件上签名或盖章确认。股份公司是否可以参照适用上述有限责任公司的一致决规则，《公司法》没有作出规定，而对于上市公司，由于股东人数众多，客观上也不可能在重大事项上达成一致决。

二、上市公司股东会适用绝对多数决的特别决议事项

上市公司的股东会作出的决议可以分为普通决议和特别决议。当股东会决议的内容涉及公司重大事项时，应当采用特别决议的方式进行。上市公司在正常经营活动中购买、出售资产的，一般属于公司业务经营事项，本可以由日常事务经营管理代理者，即董事会决定。但是公司购买重大资产，将导致公司资金大量流出；公司出售重大资产，可能造成公司生存和营业能力被大幅削弱；公司对外提供大额担保，可能导致公司未来债务大量增加，尤其是在公司对外提供担保的场合，通常都是为公司的控股股东或者实际控制人的关联企业所负债务作担保，又因为企业经营管理层极易操纵董事会通过相关决议，若任由公司经营管理层不经过股东会决议而以公司财产对外担保，将使公司在被担保人不能偿付之时背负高额债务，而该债务本身与公司自身的经营业务通常并不相关，不属于公司的正常经营风险，所以中小股东容易在公司对外担保中受到损害，需要对此予以特殊保护，即要求公司决议事项通过时，设定更高的表决通过标准。正因为对于上市公司而言，上述情况都属于公司重大经营事项，对于公司的长期经营和发展，以及中小股东的长远利益都将产生直接而重大的影响，所以才有必要对其规定特别严格的表决程序。本条明确规定，上市公司购买、出售重大资产或者对外担保金额超过公司资产总额30%的，应当经上市公司的股东会作出决议。对此，有三点需要注意：

第一，特别表决事项的比例要求和人数要求。《公司法》为股份有限公司和有限责任公司都设置了特殊表决事项，而且股份有限公司的股东会决议最低表决权比例同有限责任公司一样都为三分之二，但两类公司在特别表决程序上的差异在于，股份公司就特别事项的决议没有股东出席定足数的要求，三分之二以上表决权的计算基数是出席会议的股东所持股份之和，至于出席股东人数是否过半或者出席股东人数所持股权数额是否过半，则没有作出强制规定。这主要还是基于股份公司的资合性特征和上市公司股东人数众多的客观因素，所以参与特别决议事项表决的上市公司股东人数是否过半，对于保护公司利益而言并非重要因素。

第二，特殊表决事项范围的法定性。本条对于特殊事项的列举是充分列举，正因为本条规定是为了确定需要上市公司的特殊表决事项，所以除了上述所列的几类情形之外，上市公司不得自行以公司章程的方式设置其他需要特殊表决的情形，否则将架空《公司法》对于公司一般表决事项仅需过半数

表决通过的相关规定。基于上述认识，除了本条所列情形之外，上市公司无权自主决定特别表决事项的范围。

第三，监管规范对特殊表决事项的补充。作为对《公司法》的补充，我国证券监管部门和各交易所发布的规范性文件规定了一些重要事项，也属于公司特别表决事项，需要股东会三分之二绝对多数表决通过。例如，《上市公司股东大会规则》（2022 年修订）第 45 条规定，公司以减少注册资本为目的回购普通股公开发行优先股，以及以非公开发行优先股为支付手段向公司特定股东回购普通股的，属于特别表决事项。又如，《深圳证券交易所股票上市规则》（2024 年修订）规定，“发行人首次公开发行上市前设置表决权差异安排的”“被担保对象最近一期财务报表数据显示资产负债率超过 70%”“对股东、实际控制人及其关联人提供的担保”等事项，都应当经出席股东会的股东所持表决权的三分之二以上通过。再如，《上市公司监管指引第 3 号——上市公司现金分红》（2023 年修订）第 7 条规定，如果上市公司对公司章程确定的现金分红政策进行调整或者变更，需要特别表决。由此可见，尽管《公司法》并未全面列举上市公司特别表决事项，也未明确授权证券监管部门制定细则，但是上市公司在作出与公司经营管理相关的重大决议时，仍然应当依照监管规范将其列为特别表决事项。

【实务问题】

关于上市公司对外担保的表决程序问题。上市公司违规对外担保是我国上市公司治理中的重点难点问题。修订后的新《公司法》第 15 条规定了公司为他人提供担保的内部控制程序，若公司法定代表人或其他人员未经公司有权决议机构作出有效决议，而以公司名义对外提供担保，即构成公司越权担保。在审判实践中，公司越权担保的效力问题已成为公司法领域颇具争议的话题之一，裁判分歧一定程度上加剧了纠纷的产生及司法公信力的受损。除了《公司法》之外，《上海证券交易所股票上市规则》《深圳证券交易所股票上市规则》《北京证券交易所股票上市规则（试行）》《上市公司章程指引》《上市公司监管指引第 8 号——上市公司资金往来、对外担保的监管要求》和《公开发行证券的公司信息披露内容与格式准则第 2 号——年度报告的内容与格式（2021 年修订）》等对于机关决议、信息披露程序都有严格规定。

为了进一步解决上市公司对外担保过程中出现的违规操作问题，保护公司利益和中小股东权益，最高人民法院于 2019 年发布的《九民会纪要》第

19条规定："存在下列情形的，即便债权人知道或者应当知道没有公司机关决议，也应当认定担保合同符合公司的真实意思表示，合同有效：（1）公司是以为他人提供担保为主营业务的担保公司，或者是开展保函业务的银行或者非银行金融机构；（2）公司为其直接或者间接控制的公司开展经营活动向债权人提供担保；（3）公司与主债务人之间存在相互担保等商业合作关系；（4）担保合同系由单独或者共同持有公司三分之二以上有表决权的股东签字同意。"在《九民会纪要》发布之后，通过了解条文在司法实践中的运用情况，发现应当进一步从严限制例外情形，所以在2020年发布《担保制度解释》，再次对上市公司对外担保问题进行规制。

具体而言，该《担保制度解释》在《九民会纪要》的基础上，作出了两项修改，进一步从严限制了例外情形：一是互联互保极容易造成一家企业出事全体参保企业跟着遭殃的不良社会后果，且也容易给人两个违法行为反而导致合法效果的感觉，因而《担保制度解释》删掉了有关互联互保无须决议的规定。二是将《九民会纪要》第19条第2项的"公司为其直接或者间接控制的公司开展经营活动向债权人提供担保"改成"公司为其全资子公司开展经营活动提供担保"，进一步限制例外情形的适用。司法实践中，就上市公司能否适用本条规定已经产生了大量案例，裁判尺度并不统一，故于该条予以明确。

综合上述考量，《担保制度解释》第8条规定的对外担保须经机关决议例外情形共有三类：一是金融机构开立保函或者担保公司提供担保，二是公司为其全资子公司开展经营活动提供担保，三是担保合同系由单独或者共同持有公司三分之二以上对担保事项有表决权的股东签字同意。该条第2款明确，上市公司除金融机构开立保函或者担保公司提供担保这一种情形外，其他对外担保的情形都不适用本条的规定。《担保制度解释》第9条第2款重申了相应规则："相对人未根据上市公司公开披露的关于担保事项已经董事会或者股东大会决议通过的信息，与上市公司订立担保合同，上市公司主张担保合同对其不发生效力，且不承担担保责任或者赔偿责任的，人民法院应予支持。"

【典型案例】

某汽车股份有限公司与某新能源科技有限公司保证合同纠纷案①

裁判要旨：上市公司属于公众公司，其为他人提供担保应当经内部程序决策并进行信息披露，未经内部决策和信息披露的违规担保则会损及股东和潜在股东的利益，影响证券市场的健康发展，应属无效。

① 江苏省南京市中级人民法院（2020）苏01民终11165号民事判决书。

【条文】

第一百三十六条

上市公司设独立董事，具体管理办法由国务院证券监督管理机构规定。

上市公司的公司章程除载明本法第九十五条规定的事项外，还应当依照法律、行政法规的规定载明董事会专门委员会的组成、职权以及董事、监事、高级管理人员薪酬考核机制等事项。

【条文主旨】

本条是关于上市公司独立董事及其信息披露的规定。

【条文概览】

本条系对原《公司法》的实质修改。本条第1款首次明确了上市公司设独立董事的具体管理办法应由国务院证券监督管理机构规定，这是在2018年《公司法》规定独立董事管理办法由国务院规定的基础上所作的细化规定。第2款是新增条款，扩大了上市公司章程法定记载事项的范围。该款规定上市公司章程应当记载董事会专门委员会的组成和职权、董监高薪酬考核机制等与上市公司经营管理层的任职、履职密切相关的重要事项。本条进一步细化和完善了上市公司对于独立董事信息披露的规定，更加符合上市公司的公司治理实践，更有利于保护上市公司中小股东知情权。

【理解与适用】

一、我国独立董事的主要问题和规范体系

独立董事，是指不在上市公司担任除董事外的其他职务，并与其所受聘的上市公司及其主要股东、实际控制人不存在直接或者间接利害关系，或者其他可能影响其进行独立客观判断关系的董事。独立董事应当独立履行职责，不受上市公司及其主要股东、实际控制人等单位或者个人的影响。上市公司独立董事在公司中发挥着决策、监督、咨询作用。独立董事制度是中国特色现代企业制度的重要组成部分，也是资本市场基础制度的重要内容。独立董事制度作为上市公司治理结构的重要一环，在促进公司规范运作、保护中小投资者合法权益、推动资本市场健康稳定发展等方面发挥了积极作用。

但随着全面深化资本市场改革向纵深推进，独立董事定位不清晰、责权利不对等、监督手段不够、履职保障不足等制度性问题亟待解决，已不能满足资本市场高质量发展的内在要求。

为了解决制度供给不足的问题，根据《公司法》对于制定上市公司独立董事制度的授权性规范，证监会于2022年发布《上市公司独立董事规则》，全面梳理整合了独立董事的相关规范，最高人民法院于同年发布《关于审理证券市场虚假陈述侵权民事赔偿案件的若干规定》，增加了独立董事的责任减免条款，创设了独立董事“合理抗辩”规则，这是董事责任制度的重大进步与理念转向。国务院于2023年发布《关于上市公司独立董事制度改革的意见》，证监会于2023年发布《上市公司独立董事管理办法》，进一步全面规范独立董事职业行为。此后，上市公司协会也于同年发布《上市公司独立董事职业道德规范》，从自律规范层面推动独立董事制度改革落地落实，规定了包括“守法合规”“保持独立”“客观求实”“严于律己”“忠实守信”“勤勉尽责”“有效监督”“专业精进”等八项规范内容。

上述规范性文件共同组成了我国上市公司独立董事的规范群，有效化解了我国此前因独立董事制度不完善导致的公司治理困境，弥补了我国上市公司独立董事制度的规范缺漏，为上市公司更好地发挥独立董事作用提供了充足的规范供给。

二、上市公司独立董事制度的基本内容和主要任务

上市公司独立董事制度是上市公司治理的重要组成部分，我国独立董事制度最需要平衡的矛盾就是独立董事的权利与责任的不对等矛盾：一方面，作为监督公司的重要机关，法律必须要求独立董事根据履职行为承担适度的责任，以制约其渎职或滥用职权，督促其勤勉尽责，维护公司整体利益；但另一方面，在公司治理的运行层面，我国独立董事的履职特点导致其无法完全掌握公司关键信息，从而难以发挥监督董事会运行和维护公司利益的功能。

实践中，我国上市公司独立董事既无法控制风险责任，也无承担责任的能力，因为我国上市公司独立董事虽然在名义上列位于董事会之中，但是实际上却身处公司的经营管理之外，与控股股东和实际控制人完全掌握公司最终决策权的地位不同，独立董事履职的主要方式仅为参加公司每年为数不多的几次董事会会议，而且其对于作为监督依据的关键信息掌握也不全面。实践中，对董事会决议事项进行表决所依赖的信息主要由代表公司执行公司事

务的董事和高管提供，且这些信息通常是经过加工、过滤后的二手信息，因而存在着严重信息不对称，甚至隐瞒和欺诈的情况。此时，如果上市公司核心管理层从事违法经营活动，进行财务造假，损害公众投资者的利益，并使公司及董事处于高风险的境况时，独立董事不仅难以发现违法情形，而且就其投票权限而言，即使发现其也难以发挥监督职能防范和阻止违规违法行为。

基于上述认识，我国独立董事制度应重点改善独立董事的履职环境，适度提高其薪酬待遇和声誉，激励其积极履行义务。此外，采取减轻、分散其风险责任的配套措施，吸引、留住独立董事，积极探索独立董事职业化和市场化发展的路径，合理开发和使用独立董事人才资源，确保独立董事制度可持续发展，提高上市公司治理水平。具体而言，独立董事制度相关法律规范主要任务如下：

第一，应该明确独立董事职责定位。独立董事作为上市公司董事会成员，对上市公司及全体股东负有忠实义务、勤勉义务，在董事会中发挥参与决策、监督制衡、专业咨询作用，推动更好实现董事会定战略、作决策、防风险的功能。更加充分发挥独立董事的监督作用，根据独立董事独立性、专业性特点，明确独立董事应当特别关注公司与其控股股东、实际控制人、董事、高级管理人员之间的潜在重大利益冲突事项，重点对关联交易、财务会计报告、董事及高级管理人员任免、薪酬等关键领域进行监督，促使董事会决策符合公司整体利益，尤其是保护中小股东合法权益。

第二，优化独立董事履职方式、选任制度和履职保障。一是鼓励上市公司优化董事会组成结构，上市公司董事会中独立董事应当占三分之一以上，国有控股上市公司董事会中外部董事（含独立董事）应当占多数。加大监督力度，搭建独立董事有效履职平台，前移监督关口。二是改善独立董事选任制度、优化提名机制。支持上市公司董事会、监事会、符合条件的股东提名独立董事，鼓励投资者保护机构等主体依法通过公开征集股东权利的方式提名独立董事。上市公司股东大会选举独立董事推行累积投票制，鼓励通过差额选举方式实施累积投票制，推动中小投资者积极行使股东权利。上市公司董事会应当设立审计委员会，成员全部由非执行公司事务的董事组成，其中独立董事占多数。三是健全上市公司独立董事履职保障机制。上市公司应当从组织、人员、资源、信息、经费等方面为独立董事履职提供必要条件，确保独立董事依法充分履职。

第三，严格独立董事履职情况监督管理和责任约束机制。一是压紧压实独立董事履职责任，进一步规范独立董事日常履职行为，明确最低工作时间，提出制作工作记录、定期述职等要求，确定独立董事合理兼职的上市公司数量，强化独立董事履职投入。证券监督管理机构、证券交易所通过现场检查、非现场监管、自律管理等方式，加大对独立董事履职的监管力度，督促独立董事勤勉尽责。二是按照责权利匹配的原则，兼顾独立董事的董事地位和外部身份特点，明确独立董事与非独立董事承担共同而有区别的法律责任，在董事对公司董事会决议、信息披露负有法定责任的基础上，推动针对性设置独立董事的行政责任、民事责任认定标准，体现过罚相当、精准追责。

【实务问题】

关于独立董事勤勉尽责标准的问题。我国现行法律未对独立董事勤勉义务的判断标准作出明确规定，且行政执法中对独立董事采取较为严厉的监管态度。某美药业证券虚假陈述集体诉讼案判决独立董事承担天价赔偿责任，尽管在某种程度上起到了激励独立董事勤勉履职的正面效应，但也引发处罚过于严苛的质疑。作为回应，《最高人民法院关于审理证券市场虚假陈述侵权民事赔偿案件的若干规定》在一定程度上放松了董事的责任标准，该规定第13条表明董事仅在“故意”以及“严重过失”时承担责任，第16条不完全列举了独立董事的免责事由。建立董事的过错推定责任是司法与立法的共识，无论是董事、监事和高级管理人员的勤勉尽责抗辩，还是独立董事的合理抗辩，均是重大的司法进步。

确认独立董事责任的重要规则是商业判断规则。应当注意，商业判断规则是建立在推定之上的，推定董事作出的商业决策系基于充分信息、善意并真诚地相信其所采取的行动符合公司最佳利益，除非原告能够推翻推定，否则法院会尊重董事的决策，董事不会面临个人责任。可以看出，商业判断规则采取的是“无错推定”标准，区别于我国行政机关对独立董事进行行政处罚时所采取的“有错推定”标准。同时，商业判断规则也是诉讼中的举证责任分配制度，在诉讼中法官首先会推定董事的决策合理，原告可以通过证明以下三方面的事实来推翻推定：第一，董事并非在信息充分知悉的基础上作出商业判断，存在重大过失；第二，董事的行为并非出于善意；第三，董事存在利益关联，并非为公司最佳利益行事。因此，原告一方在诉讼中承担举证责任，而董事则不承担举证责任，此种举证责任对董事有利。

【条文】

第一百三十七条

上市公司在董事会中设置审计委员会的，董事会对下列事项作出决议前应当经审计委员会全体成员过半数通过：

（一）聘用、解聘承办公司审计业务的会计师事务所；

（二）聘任、解聘财务负责人；

（三）披露财务会计报告；

（四）国务院证券监督管理机构规定的其他事项。

【条文主旨】

本条是关于上市公司审计委员会审批事项的规定。

【条文概览】

本条系新增条文，明确了上市公司审计委员会对于公司财务审计事务的审批权力和表决规则，即上市公司董事会在作出公司财务审计相关的重要决议之前，须经审计委员会全体成员过半数批准通过。本条一是确定了审计委员会审批的具体事项，包括聘用和解聘承办审计业务的会计师事务所、聘用和解聘财务负责人、披露财务会计报告以及国务院证券监督管理机构规定的其他事项，董事会在决议这四类事项之前，应当进行前置性审批；二是规定审计委员会对于上述四类事项的表决规则采取绝对多数决原则，即要达到全体成员过半数同意。

【理解与适用】

一、审计委员会的职能定位

审计委员会是隶属于董事会的专门工作机构，主要负责公司内外部审计的沟通、监督和核查工作。公司设立审计委员会，有助于促进公司管理层忠实勤勉履职，其制度功能主要是通过审批公司董事会决议而实现，以此保障董事会作出的有关财务审计方面的决议不损害公司利益，形成非执行董事对管理层的有效监督，在管理层内部形成权力制衡。我国证监会发布的《上市公司治理准则》明确要求上市公司董事会应当设立审计委员会，并可以根据需要设立战略、提名、薪酬与考核等相关专门委员会。然而，在本次修法之前，我国《公司法》上并无审计委员会的相关规定，导致监管和司法对于其职能定位存在争议。《公司法》新增审计委员会审批事项的规定，进一步丰富了公司治理的工具箱，其产生的直接效果是提高上市公司财务信息质量，规范公司财务运作。

二、审计委员会独立性的保障

第一，独立性是审计委员会的本质要求。审计委员会是公司内部治理机制维护财务信息真实的重要屏障，担负着重要的公司治理职责。为了避免与公司其他经营管理者存在利益输送，切实有效发挥监督职能，审计委员会的人员组成和表决规范都需要保持一定的独立性。在职能特点上，审计委员会既是董事会与内外部审计师沟通的中介和桥梁，又以独立性作为本质特征。从制度变迁史来看，审计委员会制度最早源于美国，最初设立的目标是为外部审计提供支持，提高财务信息的质量。我国《公司法》引入审计委员会的目的是有效隔离注册会计师与公司执行管理事务的董事，以防止两者发生利益冲突或共谋串通。审计委员会成员以相对独立于执行管理层的身份参与公司财务审计决策，以实现对公司管理层或大股东的有效监督，并且在注册会计师与企业管理层在聘任解聘、披露财会报告等重要会计事务存在潜在利益冲突时，能够运用其专业能力支持外部注册会计师。

第二，审计委员会还应当结合独立董事制度作理解。近年来，证券监管部门不断强化独立董事制度，而审计委员会也是董事会下属专门委员会，有关独立董事的相关规则也同样适用于审计委员会，而且独立董事独立性规则恰好可以满足审计委员会对于履职独立性的严格要求。在美国法和日本法上，审计委员会的独立性主要是通过任命独立董事或非执行董事的方式来实现，我国2023年发布的《上市公司独立董事管理办法》（中国证券监督管理委员会令第220号）也采取了此种方式，该办法规定审计委员会成员应当为不在上市公司担任高级管理人员的董事，其中独立董事应当过半数，并由独立董事中会计专业人士担任召集人。据此，虽然本条没有明确规定审计委员会的成员资格，但是结合监管规范，审计委员会的全部成员应为非执行公司事务的董事，且独立董事应过半数，既有规定可以保障审计委员会的履职独立性。

三、审计委员会的审批内容

本条确定了审计委员会前置审批的四类事项，但是未明确规定审批内容和要点，对此要结合审计委员会的监督职能，对本条规定的四类情形作相应分析：

首先，本条第1项规定，审计委员会应当审批董事会聘用、解聘承办公司审计业务的会计师事务所的决议。作为沟通内外部审计的职能机构，审计委员会应该重点防范公司管理层作出的财务审计事务决议是否存在损害公司利益的情形。财政部、国务院国资委、证监会于2023年联合印发的《国有企业、上市公司选聘会计师事务所管理办法》（财会〔2023〕4号）规定："上市公司选聘会计师事务所应当采用竞争性谈判、公开招标、邀请招标以及其他能够充分了解会计师事务所胜任能力的选聘方式，保障选聘工作公平、公正进行。"在评价要素上，该办法规定："选聘会计师事务所的评价要素，至少应当包括审计费用报价、会计师事务所的资质条件、执业记录、质量管理水平、工作方案、人力及其他资源配备、信息安全管理、风险承担能力水平等。"结合本条第1项，审计委员会应当重点关注的事项包括：企业可能存在不合理变更会计师事务所的情形、聘任胜任能力不足的会计师事务所、审计独立性存疑、审计费用变动较大、轮换会计师事务所和主要人员等。

其次，本条第2项规定，审计委员会对财务负责人的任命也应作前置性审批。新《公司法》第265条明确了公司的财务负责人是高级管理人员之一。在职能上，财务负责人通常对公司财务、会计活动进行管理和监督，并对公司所有财务数据，财务报告的真实性、合法性和完整性负责。财务负责人必须按照国家有关法律、法规和制度，认真履行职责，维护公司的利益。由此可见，财务负责人是保障公司披露财务信息的关键角色，所以审计委员会对财务负责。

再次，本条第3项规定，审计委员会应当审批董事会披露财务会计报告的决议。具体而言，审计委员会应当审阅财务报告并对其发表意见，一是要核查公司财务报告真实、准确、完整，编制和披露符合监管部门相关规定，是否真实、公允地反映了公司的财务状况和经营成果。二是确保公司不存在重大会计差错调整、重大会计政策及估计变更、涉及重要会计判断的事项、导致非标准无保留意见审计报告的事项。三是查证公司不存在与财务报告相关的欺诈、舞弊行为及重大错报的可能性。在董事会对于财务会计报告形成决议之前，审计委员会应从如上几个方面监督财会信息的真实性和完整性。

最后，本条第4项是兜底性条款。国务院证券监督管理机构作为上市公司的监管机构，可由其规定审计委员会进行前置审批的其他事项，该授权性条款保持了审计委员会职责范围的开放性。

四、审计委员会的决策程序

值得注意的是，本条虽明确了公司选聘会计师事务所的，需要经过审计委员会、董事会批准，但由此延伸的问题是，公司聘用、解聘承办公司审计业务的会计师事务所是否要经股东会同意？在这一问题上，有限责任公司与上市公司和国有企业的规定采取了不同立场。根据新《公司法》第215条规定，公司聘用、解聘承办公司审计业务的会计师事务所，按照公司章程的规定，由股东会、董事会或者监事会决定。财政部、国务院国资委、证监会联合发布的《国有企业、上市公司选聘会计师事务所管理办法》第5条规定，上市公司聘用或解聘会计师事务所，应当由审计委员会审议同意后，提交董事会审议，并由股东会决定。结合上述两项规则可知，上市公司和国有企业聘用或解聘会计师事务所，不仅应当先后经过审计委员会、董事会决议通过，最终还要经过股东会决议。至于有限责任公司选聘会计师事务所的最终决策组织，可依公司章程确定。

【实务问题】

司法实践中，上市公司审计委员会对财会报表的审查标准及其法律责任是审计委员会规则设计的一大难点。在我国，公司内部会计管理制度的缺位是导致上市公司财务信息失真的源头所在，本次修订《公司法》新增审计委员会，是完善上市公司治理结构的重大举措。在内部治理结构中，董事对于企业能否妥善履行财务报告义务起着至关重要的作用，向投资者和财务报表的其他使用者提供有用且有意义的信息是企业董事的首要责任。然而，实践中关于审计委员会对上市公司财会报表审查标准及其法律责任认定存在困难。主要体现在两点：

首先，审查标准需要达到何种程度。内部会计管理制度起源于美国注册会计师协会颁布的《COSO报告书》。据该报告所示，内部会计管理制度是董事会及经营层在编制财务报告、提升财务报告质量时应当遵循的程序规范。鉴于内部会计管理制度的程序规范属性，内部会计管理制度仅对公司财务报告的真实性提供合理保证，而不是绝对保证。借鉴比较法的认定标准，任何公司管理人员对于财务报告的保真义务不可能达到绝对真实的标准，所以应当结合董事会秘书的职责和过错程度综合认定其是否违反信息披露义务。

其次，法律责任的认定。比较法上，目前呈现的立法趋势是由集体责任转向个人责任，即不将审计委员会看作一个整体对其进行责任判断，而是考察单个董事的责任认定。在我国，因公司财务信息失真导致的法律责任，一般也是由审计委员会的个别成员，即公司董事本人承担，所以法律规范仍然是关于董事责任的一般规范，只是在相关法律责任的具体判断上，因为该董事是审计委员会成员，而且是具备财务会计知识的专业人员，所以从审计委员会的监督职能及其成员应当具备的专业性来讲，审计委员会成员承担的注意义务应当要高于一般董事，相应地，审计委员会成员应当承担比一般董事更重的法律责任，明确这一点对于准确认定各类董事责任有重大意义。

【典型案例】

上市公司审计委员会主任王某某因无法保证公司定期报告真实、准确、完整受交易所监管警示①

案例要旨：定期报告是投资者全面获取公司信息的重要来源，对证券价格及投资者的投资决策具有重大影响。上市公司董事、监事和高级管理人员应当勤勉尽责，审计委员会作为董事会下属机构，应当及时了解并持续关注公司经营管理状况，做好定期报告的编制和披露工作。

① 中国证监会行政处罚决定书（〔2023〕30号）。

【条文】

第一百三十八条

上市公司设董事会秘书，负责公司股东会和董事会会议的筹备、文件保管以及公司股东资料的管理，办理信息披露事务等事宜。

【条文主旨】

本条是关于上市公司董事会秘书的主要职责的规定。

【条文概览】

本条系继承原《公司法》规定，唯一一处文字修改是将原“股东大会”的表述改为“股东会”，与《公司法》其他条文保持了一致。

【理解与适用】

董事会秘书作为企业与监管层、投资者交流沟通的重要桥梁，负责上市公司的信息披露事务，其重要性不言而喻。而董秘制度是上市公司治理结构中的重要环节，关系上市公司信息披露质量。随着上市公司治理结构的完善，监管部门出台了多项政策，对董监高任职资格进行了一系列规定。此外，《证券法》《公司法》以及深圳证券交易所、上海证券交易所、北京证券交易所相关规定等法律法规，均对董事会秘书的任职资格、聘任与解任以及权利和职责等方面作出相关规定。但长期以来，相当多的上市公司的董事会秘书责任大于权利，难以完全发挥监管部门和投资者期望的作用，董事会秘书是否勤勉履职、是否及时履行信息披露义务成为争议焦点。

一、上市公司董事会秘书的工作职责

《公司法》第265条规定，高级管理人员，是指公司的经理、副经理、财务负责人，上市公司董事会秘书和公司章程规定的其他人员。据此，董事会秘书属于上市公司高级管理人员，董事会秘书由董事会聘任并对董事会负责，是上市公司与证券交易所之间的指定联络人。多个法规对于董事会秘书的职责均设立了具体的规定。

总的来说，本条规定董事会秘书负责公司重要会议筹备工作、资料保存和信息披露事宜。因其掌握着公司重要内部信息，所以董事会秘书也是参与上市公司治理的重要人员，三大交易所在上市规则中还强调了董事会秘书在信息披露事务方面的职责。

根据《深圳证券交易所股票上市规则（2024 年修订）》第 4.3.4 条规定，董事会秘书应当督促董事、监事和高级管理人员及时签署《董事（监事、高级管理人员）声明及承诺书》，并按交易所规定的途径和方式提交。

根据《深圳证券交易所股票上市规则（2024 年修订）》第 4.4.1 条规定，上市公司应当设立董事会秘书，作为公司与本所之间的指定联络人。公司应当设立由董事会秘书负责管理的信息披露事务部门。

根据《深圳证券交易所股票上市规则（2024 年修订）》第 4.4.2 条规定，董事会秘书对上市公司和董事会负责，履行如下职责：（1）负责公司信息披露事务，协调公司信息披露工作，组织制定公司信息披露事务管理制度，督促上市公司及相关信息披露义务人遵守信息披露有关规定。（2）负责组织和协调公司投资者关系管理工作，协调公司与证券监管机构、股东及实际控制人、中介机构、媒体。（3）组织筹备董事会会议和股东会会议，参加股东会、董事会、监事会及高级管理人员相关会议，负责董事会会议记录工作并签字。（4）负责公司信息披露的保密工作，在未公开重大信息泄露时，及时向本所报告并公告。（5）关注有关公司的传闻并主动求证真实情况，督促董事会等有关主体及时回复本所问询。（6）组织董事、监事和高级管理人员进行相关法律法规、本规则及本所其他规定要求的培训，协助前述人员了解各自在信息披露中的职责。（7）督促董事、监事和高级管理人员遵守法律法规、本规则、本所其他规定和公司章程，切实履行其所作出的承诺；在知悉公司、董事、监事和高级管理人员作出或者可能作出违反有关规定的决议时，应当予以提醒并立即如实向本所报告。（8）负责公司股票及其衍生品种变动的管理事务等。（9）法律法规、本所要求履行的其他职责。此外，上海证券交易所在《上海证券交易所股票上市规则（2024 年修订）》对董事会秘书的职责也作出规定。

二、《公司法》将“股东大会”的表述改为“股东会”的意义

本条唯一一处文字修改是将原“股东大会”的表述改为“股东会”。在本轮修法之前，有限责任公司的股东会议形式称为股东会，股份有限公司的股东会议形式称为股东大会。主要原因是有限责任公司股东人数较少，所以全部股东召开股东会议一般被称为股东会；而股份有限责任公司股东人数相比有限责任公司股东人数多，召开股东会议一般被称为股东大会。

"股东大会"一词最早见于1993年《公司法》，其作为"股份有限公司的设立和组织机构"一章之下的一节，直到本次大修《公司法》，将所有"股东大会"表述统一改为"股东会"。本次《公司法》修订将"股东大会"的表述全部改为"股东会"，是体系上的一大修订亮点。自1993年《公司法》以来，我国立法对于股份有限公司一直使用"股东大会"概念，刻意将股份有限公司和有限责任公司的股东组织形式相区分，体现了彼时的立法者对股份有限公司的公司治理应更加规范的理解和认识。其实在语义上，"股东大会"与"股东会"并没有本质区别，均指股东讨论和决议的会议程序和股东组织机构，在原《公司法》上，两者的最主要区别在于股份有限公司表决仅以"出席会议的股东所持表决权"进行计算，未出席会议的股东视为弃权。

在立法价值上，本轮修法将"股东大会"表述统一改为"股东会"，体现了有限责任公司和股份有限公司在公司规模上的趋同性，以及法律规范上的趋同性。比如，新《公司法》取消了对于股份有限公司发起人人数下限的规定，即允许设立一人股份有限公司，即为一例证。因此，立法允许一人设立股份有限公司，其股东会则不宜再称为"大会"，所以基于这种体系上的考量，本次修法将两类公司的股东会议的称谓作了统一。

【实务问题】

关于上市公司董事会秘书的法律责任。近年来，对于董事会秘书的不正当履职，监管重点处罚的事项主要集中在是否存在虚假记载、虚构交易、信息披露是否及时，以及担保、资金占用和募集资金使用是否符合相关规则要求。董事会秘书的工作内容不只是信息披露，但信息披露却是董事会秘书职业风险最高的工作事项。伴随证监会发布的《推动提高上市公司质量三年行动方案（2022—2025）》，将严格防范打击欺诈发行、财务造假、资金占用等违法违规行为，并对第三方配合造假行为，与相关部门探索建立联合惩戒机制。对占用上市公司资金、操纵违规对外提供担保、指使公司造假的相关责任人员强化行政、刑事、民事责任追究，同时强化信息披露的一致性监管。基于监管政策导向，司法裁判对于董事会秘书信息披露义务的审查标准也应当严格化，在认定其法律责任时，应当与公司其他董监高管理层的责任认定标准保持相对一致。

除了信息披露之外，根据《深圳证券交易所股票上市规则（2020年修订）》第4.4.10规定，董事会秘书有下列情形之一的，上市公司应当自事实发生之日起1个月内解聘董事会秘书：（1）出现本规则第4.4.4条所规定情形之一；（2）连续3个月以上不能履行职责；（3）在履行职责时出现重大错误或者疏漏，给投资者造成重大损失；（四）违反法律法规、本规则、本所其他规定或者公司章程，给公司、投资者造成重大损失。其中，4.4.4规定的不得担任公司董事会秘书的几种情形为：（1）最近36个月受到中国证监会行政处罚；（2）最近36个月受到证券交易所公开谴责或者3次以上通报批评；（3）本公司现任监事；（4）本所认定不适合担任董事会秘书的其他情形。

【条文】

第一百三十九条

上市公司董事与董事会会议决议事项所涉及的企业或者个人有关联关系的，该董事应当及时向董事会书面报告。有关联关系的董事不得对该项决议行使表决权，也不得代理其他董事行使表决权。该董事会会议由过半数的无关联关系董事出席即可举行，董事会会议所作决议须经无关联关系董事过半数通过。出席董事会会议的无关联关系董事人数不足三人的，应当将该事项提交上市公司股东会审议。

【条文主旨】

本条是关于上市公司董事对关联交易的报告义务和回避制度的规定。

【条文概览】

本条系对原《公司法》条文的实质修改。2005 年修订的《公司法》第 125 条规定："上市公司董事与董事会会议决议事项所涉及的企业有关联关系的，不得对该项决议行使表决权，也不得代理其他董事行使表决权。该董事会会议由过半数的无关联关系董事出席即可举行，董事会会议所作决议须经无关联关系董事过半数通过。出席董事会的无关联关系董事人数不足三人的，应将该事项提交上市公司股东大会审议。"2013 年修正和 2018 年修正的《公司法》均沿用了该表述。本条在延续 2018 年《公司法》对于关联董事回避制度的基础上，作出两项实质性修改：一是增加了关联董事将关联关系向董事会书面报告的义务，即"上市公司董事与董事会会议决议事项所涉及的企业或者个人有关联关系的，该董事应当及时向董事会书面报告"。二是扩大了关联董事回避事项的范围。2018 年《公司法》规定的关联董事回避范围是，董事与"决议事项所涉及的企业"存在关联关系，本次修订在此基础上新增了一类回避情形，若董事与决议事项所涉个人存在关联关系，也须履行报告义务并且回避相关事项的表决。此外，本条还有一处文字修改，即将"出席董事会的无关联关系董事人数不足三人的"中的"董事会"改为"董事会会议"，明确对董事会召开的会议作出最低投票人数限制。

本条对于上市公司董事关联交易回避规定的主要内容如下：第一，明确了董事对于关联交易的书面报告义务，即董事对于董事会决议事项所涉企业或者个人是否存在关联关系，应当及时主动向董事会书面报告。第二，规定了董事对于关联交易相关决议的回避制度，即董事对关联交易的决议事项不得自行行使或代理其他董事行使表决权。第三，规定了审议关联交易的董事会会议的程序性事项，包括董事会会议的最低人数限制和表决比例要求。

【理解与适用】

关联交易，是指具有投资关系或者合同关系的不同主体之间所进行的交易，又称为关联方交易。关联交易现象在现代公司实践中普遍存在，正常的关联交易可以稳定公司业务、分散经营风险、降低交易成本、优化资源配置、有利于公司发展，达到多方共赢的效果，所以法律并不禁止公司从事所有关联交易；但是，不公平的关联交易有可能严重损害公司、其他股东以及债权人的利益。在公司实践中，不公平关联交易具体表现为公司控股股东、实际控制人、董事、监事、高级管理人员利用关联交易掏空公司利益，采取的手段通常是公司经营管理层运用公司行政权力和投票比例优势撮合相关交易，而该关联交易的交易价格、交易方式等交易条件在非竞争条件下极可能存在不公正情况，损害了公司中小股东权益和外部债权人的利益。不仅如此，关联交易可能还涉及虚假交易或虚构利润等违规违法情形。因此，出于对公司利益的保护，上市公司与关联方的交易是否公允需要相关董事履行报告义务，将这一情况向董事会披露并且将决议事项交由其他不存在关联关系的董事作出中立判断。此外，根据监管部门发布的《上市公司信息披露管理办法》《深圳证券交易所股票上市规则（2024 年修订）》《上海证券交易所股票上市规则（2024 年修订）》《北京证券交易所股票上市规则（试行）》等规定，上市公司还需要将达到一定披露标准的交易事项向社会公众披露相关材料。

一、不公平关联交易的审查和识别

结合目前的相关司法案例和交易所的相关规则，上市公司关联交易一般需要满足审议程序合规、信息披露规范、实质公平（多聚焦定价公允）三个核心要件，否则不仅可能因不符合监管要求而产生行政责任，而且有可能产生相应的针对公司和股东等主体的民事法律责任，甚至还可能因公司资产转移、信息披露违规等引发刑事法律责任。

本次修法的一大亮点是新增关联交易的程序性规定，此前对于上市公司关联交易的限制性程序规定均散见于监管部门发布的行政规范性文件，不具有体系性，新《公司法》则完善了限制董监高关联交易、谋取公司商业机会及同业竞争等相关规定。就关联交易而言，新《公司法》增加监事作为与公司进行关联交易的限制对象，规定董监高应对关联交易进行报告等信息披露义务，并在2018年《公司法》对关联关系定义的基础上，通过列举加兜底的方式规定关联方包括董监高的近亲属、董监高或其近亲属直接或间接控制的企业，以及与董监高有其他关联关系的关联人。我国2018年《公司法》虽然没有直接使用“关联交易”这一概念，但对关联关系进行了界定并建立起了关联交易的基本规范体系：严禁不公平关联交易，如果关联人利用关联关系损害了公司利益，则应承担赔偿责任。本次修法之前，关联交易规范体系缺失了两类基本规则：一是关联交易的正当程序规则，二是衡量关联交易公平与否的实体法规则。本条弥补了上述立法缺憾，明确了对上市公司关联交易的程序性限制规范，在公司法体系上属于公司治理范畴中董事忠实义务的射程范围。2023年《公司法》将董事忠实义务、避免利益冲突、不得利用职权牟取不正当利益结合在一起，共同组成董事关联交易规范群。董事作为独立个体虽有个人利益，但是其作为公司成员则应忠实于公司，董事个人利益和管理公司职责之间难免发生冲突。按照忠实义务，董事在履行职责时，必须忠于公司利益，不得为追求个人利益而牺牲或损害公司利益，对此，新《公司法》第181条还列举了董事违反忠实义务的部分事项。

据此，结合本次修法对于关联交易的实质修改，应当注意对关联交易作体系化理解：

首先，以表决权回避规制关联交易具有正当性。在比较法上，《欧盟第五号公司法指令》第34条规定：就与下列事项有关的决议而言，无论是股东，还是其代理人都不得行使自己股份，或者属于第三人股份之表决权：（1）该股东责任之解除；（2）公司可以对该股东行使之权利；（3）免除该股东对公司之义务；（4）批准公司与该股东之间订立的协议。《韩国商法》第368条第4款规定：对于股东大会的决议有特别利害关系者不得行使表决权。而可以视为特别利害关系之股东如：进行关于免除发起人、董事、监事责任之决议时作为发起人、董事、监事之股东；进行营业转让、营业受让、经营委任等决议时作为交易方的股东；决定董事、监事报酬时作为董事、监事之股东等。我国台湾地区“公司法”第178条规定：股东对于（股东）会议之事项，有自身利害关系致有害于公司利益之虞时，不得加入表决，并不得代理其他股东行使其表决权。该规定最早源于1914年《公司条例》第145条第3款：“股东于会议之事项，有特别之利害关系者，于其事项之决议不得加入表决之数，并不得为他人代理而行使其决议权。”根据以上比较法的经验，可以看到，在关联交易中，限制或禁止董事和股东行使其表决权是各国和地区公司法的通行做法。本次修订将关联交易的定义从公司与所涉“企业”存在关联关系，扩大到公司与所涉“企业或个人”存在关联关系，根据修订后的规定，董事与决议事项所涉企业或者个人存在关联关系的，均须履行报告义务并且回避表决，极大地扩展了关联交易的范围，整体上有利于在董事会决议阶段尽可能地限制公司进行不公平的关联交易，排除关联董事对于表决事项的不当影响，保护公司中小股东和债权人的利益。

其次，对于本条的全面理解需要与《公司法》第181条至第185条关于董监高忠实义务和利益冲突事项表决回避等相关规定相互结合，作体系理解。虽然本次修订实质性地扩大了董事需要回避表决的决议事项，但是从公司日常经营的便利性考虑，应当允许公司章程对表决程序作出一定限缩。具体而言，虽然《公司法》对于董事报告和回避表决的事项范围没有作出反面限制，即理论上只要董事与表决事项所涉企业或个人存在关联关系，则任何事项无论标的多寡、关联程度如何，相关董事均须向董事会履行报告义务，并且回避表决。但是，关联交易的本质是利益冲突，如果该利益冲突与公司经营规模相比，不至于达到利益冲突的程度，那么应当允许公司章程对表决回避进行合理的限制。例如，类比我国上市公司监管部门制定的上市公司关联交易的信息披露规则，其以关联交易所涉成交金额为标准，对信息披露范围进行适当限缩。根据《上市公司治理准则》规定，上市公司应当制定董事会议事规则，报股东会批准，并列入公司章程或者作为章程附件，确保董事会高效运作和科学决策。结合这一规定，上市公司应当根据本公司具体情况，对需要回避表决的关联交易进行合理划定，以此提升公司治理效能。

总之，关联交易回避制度的本质是避免经营管理层与公司发生重大利益冲突，所以并非所有的关联交易均应被公司法的强制性规范禁止，尤其是对于一部分交易标的数额较小的日常经营事项，即便公司管理层与该交易确实存在一定的关联关系，也应当允许公司章程通过议事规则对关联交易标的和范围进行合理限缩，以此确定相关董事履行报告义务和表决回避的对象，平衡公司治理机制的公平价值和效率价值。

二、以正当程序规则推定关联交易的公平性

关联交易制度的核心是如何确定不公平关联交易。公司经营自主与公权力的监管需要保持适度平衡，司法只有在必要时才能干预公司作出的经营决

策。如果一项关联交易程序合法，是否还需要司法介入进行实质审查，判定其结果是否公正？在关联交易正当程序规定不完备的情况下，对于是否公平只能从交易结果上进行衡量。在《公司法解释五》出台时，囿于彼时的《公司法》对于关联交易没有规定普遍适用的正当程序，没有推定结果公平的适用前提，因此在该司法解释中规定了关联交易无论是否遵守程序，交易人均需要证明交易结果公平。此次《公司法》修订的一大重点和亮点，即为明确规定了关联交易的正当程序。在正当程序被明确规定、普遍适用后，则不公平关联交易就可以采取更具操作性的认定规则：遵守了法定程序本身就证明了交易的公平性；只有在没有遵守法定程序的情况下，才需要由交易方进一步举证证明交易结果确实是公平的。

基于本次《公司法》对于关联交易认定标准的重大调整，本条确立了关联交易的正当程序规则。可以认为，对于某项关联交易，如果相关董事在决议之前已经履行了报告义务，并且回避表决，如后续公司董事会或股东会通过正当的表决程序认为该决议事项虽然与公司董事存在关联关系，但是其仍然符合公司利益并且表决通过，那么则应当推定该关联交易符合公平标准。由正当程序规则推定关联交易符合公平性的理由有二：一是单纯的关联交易本身并不为公司法所禁止，正因为关联交易在一定情况下能为公司本身带来实质性利益，或者符合公司集团利益，所以法律不应该对关联交易作一刀切的禁止性规定，而应当以关联交易是否公平作出区分处理，只有不公平的关联交易才被公司法禁止。二是结合程序正义推定结果正义的法理，本条所实现的规范目的即是通过关联交易的报告、回避等程序规范，排除关联董事的表决结果资格，令其他无利益冲突的董事独立判断表决事项的公平性，以此限制关联股东滥用权利，并且平衡公司的自治效率。

三、审议关联交易的董事会会议的程序性事项

本条对审议关联交易的董事会会议程序性事项作了明确，主要包括两个方面：一是董事会会议的最低人数限制，二是表决比例要求。上市公司董事对上市公司负有忠实和勤勉的义务，当上市公司董事与董事会会议决议事项所涉及的企业或者个人存在关联关系时，公司董事可能与董事会会议决议事项所涉及的企业或者个人存在利益冲突。从维护公司整体利益的角度出发，有必要对与董事会会议决议事项所涉及的企业或者个人有关联关系的公司董事的表决权进行限制，即有关联关系的董事不得对该项决议行使表决权，也不得代理其他董事行使表决权。为了保障决议符合公司利益，本条要求董事

会会议所作决议须经无关联关系董事过半数通过。

【实务问题】

一、正当决议程序的具体要求

第一，董事会的决议程序。董事与董事会会议决议事项所涉及的企业或者个人有关联关系的，应当回避董事会会议对该事项的表决。这是董事的一项法定义务。规定这项义务主要是考虑董事与董事会会议表决事项所涉及的企业或者个人存在关联关系，就有可能在该项交易上与公司存在利益冲突，禁止董事在与公司有利益冲突的情况下，对与其有关联的交易行使表决权或者代理他人行使表决权，有利于防止董事利用其在公司所处的地位，牺牲公司的利益谋求自己的利益或者为他人谋取利益。

董事会表决与董事有关联的交易事项，应当有过半数的无关联董事出席方可举行董事会会议，这样规定主要是为了便于对这类关联交易事项的监督，防止少数人操纵董事会表决，确保董事会对这类关联交易事项所作的决议能够公正合理地体现上市公司利益和大多数股东的利益。

出席董事会会议的无关联关系董事人数不足三人的，应将该事项提交上市公司股东会审议。出席董事会会议的无关联关系董事人数太少，容易造成少数人操纵表决，使董事会会议决议难以体现大多数股东的意志和利益。因此，为了有效保护公司和多数股东的利益，当出席董事会会议的无关联董事人数不足三人时，应当将与董事有关联的交易事项提交上市公司股东会审议。

第二，股东会的决议程序。对于股东会审议，同样应当适用关联股东的回避表决规则。虽然本条没有规定股东会讨论决定关联事项时，关联股东及其代理人、受托人回避表决规则，看似立法缺漏，但事实上，在监管规范层面，我国已在上市公司范围内全面适用关联股东回避表决制度。根据《上市公司章程指引》（2023 年修订）第 80 条、《深圳证券交易所股票上市规则（2024 年修订）》第 6.3.9 条规定，上市公司股东大会审议关联交易事项时，关联股东应当回避表决。因此，结合监管规范，可以明确关联股东及其代理人、受托人也应当回避决议事项的表决程序，无须再由公司法作重复规定。

二、关于关联交易的损害赔偿问题

《公司法解释五》就被告以符合程序为由的抗辩作出规定：“被告仅以

该交易已经履行了信息披露、经股东会或者股东大会同意等法律、行政法规或者公司章程规定的程序为由抗辩的，人民法院不予支持。”依照该司法解释的规定，即便关联交易已经进行了信息披露，或者通过了公司决议等程序，公司仍然可以向控股股东、实际控制人、董事、监事、高级管理人员主张赔偿责任。对此应作如下认识：尽管新《公司法》确立了关联交易的正当程序规则，原则上对于经过公司投票表决的交易事项，一般可以推定其符合公司利益，但是如果原告在诉讼中提供的相关证据能够证明交易结果确实损害了公司利益，那么相关主体仍然应当承担损害赔偿责任。

【条文】

第一百四十条

上市公司应当依法披露股东、实际控制人的信息，相关信息应当真实、准确、完整。

禁止违反法律、行政法规的规定代持上市公司股票。

【条文主旨】

本条是关于上市公司披露股东、实际控制人的规定。

【条文概览】

本条系新增条文。

本条第1款规定了上市公司披露股东和实际控制人信息的义务，要求相关信息披露应当符合真实、准确、完整的标准。根据2018年《公司法》第216条第3项规定，“实际控制人，是指虽不是公司的股东，但通过投资关系、协议或者其他安排，能够实际支配公司行为的人”。本次修法取消了实际控制人不是公司股东的描述，更加契合司法实践对实际控制人的认定标准。关于实际控制人的定义，《公司法（修订草案）》一审稿、二审稿、三审稿、四审稿与最终出台的《公司法》均保持一致。

本条第2款规定，禁止违反法律、行政法规代持上市公司股票。明确上市公司必须股权清晰且股份不存在重大权属纠纷，上市公司需遵守如实披露的义务，披露的信息必须真实、准确、完整。本款禁止代持的规定与上市公司证券监管规范保持了协同一致。

【理解与适用】

信息披露制度是上市公司为了保护投资者利益、接受社会公众的监督，依法将自身财务变化、经营状况等信息和资料向证券管理部门和证券交易所报告。披露信息的真实、准确、完整对于上市公司的规范经营至关重要，其核心是将凡是能影响股东、债权人、潜在投资者的信息全部披露，让公司股东和外部潜在投资者根据公司经营情况作出符合预期的商业决策，从而保护投资者和社会公众的合法权益。

信息披露制度不仅是资本规范运作的保证，更是上市公司向投资者和社会公众全面沟通信息的桥梁，其中，控股股东和实际控制人是影响上市公司经营业绩的重要主体，从保护公众投资者的角度出发，与控股股东和实际控制人有关的信息应当成为信息披露的对象。例如，在公司首次公开发行阶段，《首次公开发行股票注册管理办法》要求发行人业务完整，具有直接面向市场独立持续经营的能力。第 12 条规定："发行人的股份权属清晰，不存在导致控制权可能变更的重大权属纠纷，首次公开发行股票并在主板上市的，最近三年实际控制人没有发生变更；首次公开发行股票并在科创板、创业板上市的，最近二年实际控制人没有发生变更。"据此，公司在近年内未变更实际控制人是公开上市的基本条件之一，可见，实际控制人的相关信息是衡量公司经营管理持续状况的有效依据。

基于上述认识，结合本次修订内容，本条对控股股东和实际控制人的信息披露可作如下分析：

首先，新法明确了实际控制人的定义。本次修法对实际控制人的定义进行了重大调整，消除分歧，统一认识。2018 年《公司法》第 216 条第 3 项并不认可公司内部股东控制公司，"实际控制人虽不是公司股东"的这一表达容易引发歧义和机械理解，导致不少案件中，一部分观点按照其规定，僵化地理解公司实际控制人的范围，引发了实务中的极大争议。例如，在非诉实践方面，2020 年 11 月，某进科技股份有限公司成为创业板实行注册制以来第一家上市被否的公司，被否的原因之一是监管部门认为该公司披露的实际控制人不符合实际情况，控股股东某商旅集团在组织架构中体现出对公司的控制，但并未被公司识别为实际控制人。在诉讼实践方面，股东会决议为实际控制人提供担保的合同责任纠纷、实际控制人利用关联关系损害公司利益纠纷等首先要求对实际控制人进行界定，而在个案中，个别法院机械性地适用法律，认为具有股东身份的主体就不可能是实际控制人。与此同时，不少司法裁判将公司大股东认定为实际控制人。美国、澳大利亚的法律实践通常是在具体个案中结合具体情况对实际控制人进行综合认定，在该种灵活的认定模式之下，小股东可能因为特殊表决权（如否决权）从而被认定为对公司拥有控制权。由于实务中存在大量的公司其股权结构相对简单，其控股股东即为实际控制人，且证券业务及司法实务早已突破了实际控制人"不是公司股东"的实际控制人认定规则，因而，2023 年《公司法》对实际控制人的定义进行了完善。

其次，上市公司披露实际控制人的穿透程度。实践中，实际控制人可能会通过持有公司的方式，由公司成为上市公司的股东，从而达到控制上市公司经营的目的，因此需要穿透公司之间的控制关联关系，确定实际控制上市公司的自然人和最终控制的主体。由此，实践中曾产生过非上市公司能否被认定为上市公司实际控制人的疑问。为了解决这一认识分歧，根据《公开发行证券的公司信息披露内容与格式准则第 1 号——招股说明书（2015 年修订）》（已失效）的要求，实际控制人应披露到最终的国有控股主体或自然人为止。据此，可以明确对于实际控制人的披露应该层层穿透至最终的国有控股主体或自然人，非国有控股的公司主体不能被认定为实际控制人。

再次，上市公司披露实际控制人的信息范围。《公开发行证券的公司信息披露内容与格式准则第 57 号——招股说明书》第 32 条规定，发行人应披露持有发行人 5% 以上股份或表决权的主要股东及实际控制人的基本情况，主要包括：（1）控股股东、实际控制人的基本情况。控股股东、实际控制人为法人的，应披露成立时间、注册资本、实收资本、注册地和主要生产经营地、股东构成、主营业务及其与发行人主营业务的关系、最近一年及一期末的总资产和净资产、最近一年及一期的营业收入和净利润，并标明财务数据是否经过审计及审计机构名称；控股股东、实际控制人为自然人的，应披露国籍、是否拥有永久境外居留权、身份证号码；控股股东、实际控制人为合伙企业等非法人组织的，应披露出资人构成、出资比例及实际控制人；（2）控股股东和实际控制人直接或间接持有发行人的股份是否存在被质押、冻结或发生诉讼纠纷等情形，上述情形产生的原因及对发行人可能产生的影响；（3）实际控制人应披露至最终的国有控股主体、集体组织、自然人等；（4）无控股股东、实际控制人的，应参照本条对发行人控股股东及实际控制人的要求披露对发行人有重大影响的股东情况；（5）其他持有发行人 5% 以上股份或表决权的主要股东的基本情况。主要股东为法人的，应披露成立时间、注册资本、实收资本、注册地和主要生产经营地、股东构成、主营业务及其与发行人主营业务的关系；主要股东为自然人的，应披露国籍、是否拥有永久境外居留权、身份证号码；主要股东为合伙企业等非法人组织的，应披露出资人构成、出资比例。

最后，禁止违规代持上市公司股票。根据《证券法》《首次公开发行股票注册管理办法》《上市公司信息披露管理办法》等规定，公司上市发行人必须股权清晰，且股份不存在重大权属纠纷，上市公司需遵守如实披露的义务，披露的信息必须真实、准确、完整，这是证券行业监管的基本要求。

【实务问题】

一、关于共同实际控制人的问题

在实践中，实际控制人的形态各异，有时会出现多个主体虽然单个并不形成对公司的实质控制权，但是其通过签署协议等方式达成一致行动，从而共同影响公司经营，因此在实践中公司的实际控制人可以是多人，在信息披露时应当将相关共同控制人的信息予以披露。对于多个主体共同拥有公司控制权的条件，应当结合监管规范作出认定。《〈首次公开发行股票注册管理办法〉第十二条、第十三条、第三十一条、第四十四条、第四十五条和〈公开发行证券的公司信息披露内容与格式准则第 57 号——招股说明书〉第七条有关规定的适用意见——证券期货法律适用意见第 17 号》对共同实际控制人作出规定：发行人主张多人共同拥有公司控制权的，应当符合以下条件：(1) 每人都必须直接持有公司股份或者间接支配公司股份的表决权；(2) 发行人公司治理结构健全、运行良好，多人共同拥有公司控制权的情况不影响发行人的规范运作；(3) 多人共同拥有公司控制权的情况，一般应当通过公司章程、协议或者其他安排予以明确。公司章程、协议或者其他安排必须合法有效、权利义务清晰、责任明确，并对发生意见分歧或者纠纷时的解决机制作出安排。该情况在最近 36 个月（主板）或者 24 个月（科创板、创业板）内且在首发后的可预期期限内是稳定、有效存在的，共同拥有公司控制权的多人没有出现重大变更；(4) 根据发行人的具体情况认为发行人应当符合的其他条件。

二、关于上市公司股权代持协议的效力问题

本次《公司法》虽然禁止违法违规代持上市公司股票，但是对于股权代持协议的效力并未明确，对于这一问题，司法实践长期以来存在较大争议，其主要原因是立法及司法解释层面均未作出直接规定，在（2017）最高法民申 2454 号杨某国、林某坤股权转让纠纷再审案之前，法院大多参照关于有限责任公司股权代持效力认定的规则，认可上市公司股权代持协议的效力，包括最高人民法院（2017）最高法民申 5055 号案亦认为一方面不存在法律法规直接禁止上市公司股权代持；另一方面，股权代持协议并非股权转让，在实际股权转让前，也不会导致上市公司股东的实际变化，股权代持协议应为有效。但在最高人民法院（2017）最高法民申 2454 号案之后，法院大多

参考其论证思路，认定上市公司股权代持协议无效。本次修订在《公司法》的层面强调了不得违法违规代持上市公司股票的立法选择。

【典型案例】

一、上市公司 HDXC 因未披露实际控制人被证监会处罚①

基本案情：2019 年 1 月 5 日，HDXC 发布公告称其原控股股东江苏 WL 投资管理有限公司持有的 HDXC 股份 12210 万股（占总股本 28.2328%）已过户至上海 HZ 名下，HDXC 的实际控制人变更为杨某。HDXC《2019 年年度报告》和《2020 年年度报告》披露的实际控制人均为杨某。隋某力与上海 HZ 的法定代表人杨某约定，由上海 HZ 代隋某力持有上述 HDXC 股权，隋某力为 HDXC 的实际控制人。HDXC 未按照规定真实披露实际控制人，导致《2019 年年度报告》和《2020 年年度报告》构成虚假记载。

案例要旨：中国证监会对 HDXC 及相关责任人员进行了处罚。2023 年度共有 10 个案例涉及实控人披露不规范，在全部信息披露违法处罚案件中占比 5.3%。实控人的如实披露关系到上市公司控制权的真实归属，刻意隐瞒实控人身份，可能是为了通过关联交易输送利益、财务造假等目的，应当予以关注。

二、杨某国、林某坤股权转让纠纷再审案②

——上市公司股权代持协议无效

裁判要旨：首先，本案诉争协议的性质并非一般股权转让，而是属于上市公司股权之代持。根据《首次公开发行股票并上市管理办法》《证券法》《上市公司信息披露管理办法》等规定可以看出，公司上市发行人必须股权清晰，且股份不存在重大权属纠纷，并且公司上市需遵守如实披露的义务，披露的信息必须真实、准确、完整，这是证券行业监管的基本要求，也是证券行业的基本共识。由此可见，上市公司发行人必须真实，并不允许发行过程中隐匿真实股东，否则公司股票不得上市发行，即上市公司股权不得隐名代持。其次，中国证券监督管理委员会根据《证券法》授权对证券行业进行监督管理，是为保护广大非特定投资者的合法权益。要求拟上市公司股权必须清晰，约束上市公司不得隐名代持股权，系对上市公司监管的基本要求，否则上市公司真实股东都不清晰的话，其他对于上市公司系列信息披露要

① 中国证监会行政处罚决定书〔2023〕24 号。

② 最高人民法院（2017）最高法民申 2454 号民事裁定书。

求、关联交易审查、高管人员任职回避等监管举措必然落空，必然损害到广大非特定投资者的合法权益，从而损害到资本市场基本交易秩序与基本交易安全，损害到金融安全与社会稳定，从而损害到社会公共利益。据此，根据《合同法》（已废止）第 52 条规定，“有下列情形之一的，合同无效……（四）损害社会公共利益；（五）违反法律、行政法规的强制性规定”。

【条文】

第一百四十一条

上市公司控股子公司不得取得该上市公司的股份。

上市公司控股子公司因公司合并、质权行使等原因持有上市公司股份的，不得行使所持股份对应的表决权，并应当及时处分相关上市公司股份。

【条文主旨】

本条是关于上市公司控股子公司不得取得该上市公司股份的规定。

【条文概览】

本条为新增条文。本条第1款规定上市公司控股子公司不得取得该上市公司的股份。新《公司法》禁止上市公司控股子公司对其上市公司持股，主要是为了防止资本空虚，避免交叉持股所造成的资本虚高，从而导致误导投资者和债权人的现象发生。其中的“取得”包括原始取得和继受取得，其中的“子公司”包括公司直接持股的控股子公司和间接持股的控股子公司。本条第2款原则上认可了上市公司及其子公司因公司合并、质权行使等特殊情形下能够交叉持股，但同时规定该控股子公司在持股期间不享有对应的表决权并须及时处分相关股份。

【理解与适用】

交叉持股，亦称交互持股、相互持股或相互参股，是指两个或两个以上的公司之间为实现某种特定目的相互持有对方的股权，从而形成彼此互为投资者的一种经济现象。在具体分类上，以是否构成母子关系为标准，交叉持股可分为两类情形，一是母子公司之间的交叉持股，即相互参股的公司中有一方可以实际控制另一公司，从而在相互参股的公司之间形成控制与被控制的关系。二是单纯相互投资的交叉持股，即两个相互持股的公司之间并没有形成控制关系，仅因一般性的投资关系而形成交叉持股。

本条规定所禁止的是第一类情形，即禁止母子公司之间的交叉持股，而对于上市公司与非控股子公司之间因一般性投资关系所形成的交叉持股，不予禁止。母子公司间交叉持股，直接或间接影响着公司的股东构成、股权结构和经营模式等，对公司治理效果产生深远影响。作为公司所有权和控制权相分离的重要手段之一，母子公司间交叉持股在近年来的应用愈加重要。一方面，母子公司能够通过交叉持股减少公司筹措资金的成本和风险，保证了公司融资的稳定性，也能够通过稳定股权结构，壮大集团实力，增强抵御恶意收购和其他风险的能力，还能够改善企业的产品市场表现，增加企业价值；另一方面，母子公司间交叉持股也可能带来一系列隐患，尤其是对于上市公司而言，上市公司的控股子公司持有母公司股份，将可能损害资本真实性和股东权益的公平性，诱发内幕交易、限制市场竞争、破坏证券供需平衡、扰乱证券市场秩序、规避垄断法的规制等。总的来说，上市公司交叉持股不仅容易扭曲公司的正常估值，导致资产虚增、股权结构不清晰等问题，还可能损害债权人的利益，因为在公司经营困难或债务违约时，债权人可能无法从交叉持股中获得应有的回报。

在本次修法之前，虽然我国一些规范性文件曾经涉及对交叉持股的规定，但是《公司法》的规定并不明确。《股份有限公司规范意见》第 24 条规定："一个公司拥有另一个企业百分之十以上的股份，则后者不能购买前者的股份。"在 1993 年《公司法》颁布后，上述部门规章和地方性规章失效，而仅对于公司对外投资总额进行了限制，在一定程度上间接起到了限制交叉持股的效果。2005 年《公司法》修订时，对外投资总额的规定也被删除，导致彼时在法律层面上对交叉持股问题的规制处于空白状态。此后，对于交叉持股的规定继续存在于监管规范文件之中，2012 年《证券公司设立子公司试行规定》第 10 条规定："子公司不得直接或者间接持有其控股股东、受同一证券公司控股的其他子公司的股权或股份，或者以其他方式向其控股股东、受同一证券公司控股的其他子公司投资。"2019 年修订的《深圳证券交易所股票上市规则》中规定："上市公司控股子公司不得取得该上市公司发行的股份。确因特殊原因持有股份的，应当在一年内消除该情形，在消除前，上市公司控股子公司不得对其持有的股份行使表决权。"上海证券交易所亦有相同规定。至本次《公司法》修订，首次纳入关于上市公司母子公司交叉持股的禁止性规定，足见《公司法》对于上市公司交叉持股规制力度呈现出逐步加大的态势。

虽然本次修法之前《公司法》未禁止上市公司的交叉持股，但因为其容易引发其他方面的问题，如导致虚增实收资本、股权结构不清晰，诱发内幕交易和关联交易等，所以在监管机构表示关注时，公司通常需针对母子公司之间交叉持股对上市公司治理的影响进行说明，并提出相关解决方案。以 2016 年股票发行审核委员会（以下简称发审委）审核通过的上市公司"新天然气”为例，保荐机构和发行人律师分析了母子公司间交叉持股的原因、过程、是否存在违规情形或关联交易，相关母子公司存在的循环交叉持股情形，主要是在实际办理股权转让工商变更登记的时间差异所致，时间较短，并已经其股东自行纠正，未对发行人及其子公司造成重大不利影响，不违反法律、法规的禁止性规定，其全部履行或补充履行了必要的法律程序，合法、合规。经发行人工商主管机关确认，发行人未因也不会因上述循环交叉持股受到行政处罚。

【实务问题】

一、关于交叉持股的清理方式

本条第 2 款规定上市公司控股子公司因公司合并、质权行使等原因持有上市公司股份的，不得行使所持股份对应的表决权，并应当及时处分相关上市公司股份。从目前已公布的交叉持股清理案例来看，交叉持股的处分和清退主要通过支付现金对价退出、提前转让清理、回购注销、承诺在一定期限内转让并在转让前表决权委托管理等方式进行。以发审委审核通过的南方传媒为例，作为发行集团股东的新华书店，在被发行集团重组收购后，成为其子公司，双方构成母子公司间交叉持股，为厘清二者的交叉持股问题，公司定向回购了 26 家子公司所持有的占公司总股本 1.75% 的发行集团 356 万股，还定向回购了电白书店、高州书店等 15 家子公司持有的占公司总股本 0.54% 的发行集团 134 万股。回购减资后，公司总股本变更为 23084.21 万股。同样地，在常林股份与苏美达集团、国机财务、国机资本的交叉持股案，风帆股份与武汉船机、中船投资的交叉持股案，华仁药业与红塔创新的交叉持股案等案件中，母子公司间交叉持股通常的清理方式，主要包括股权转让或者减少注册资本。此外，仍要注意母子公司交叉持股的清理程序要合规，经审批并取得有关部门的确认函从而有效实施。

二、关于清理交叉持股的时效性问题

在上市公司出现本条所列举的控股子公司被动持有母公司股份时，至于何为“及时”处分，沪深北交易所股票上市规则已有配套规定。根据《北京证券交易所股票上市规则（试行）》（2023 年修订）第 4.1.12 条第 3 款规定：“上市公司控股子公司不得取得该上市公司的股份。确因特殊原因持有股份的，应当在 1 年内依法消除该情形。前述情形消除前，相关子公司不得行使所持股份对应的表决权，且该部分股份不计入出席股东大会有表决权的股份总数。”

三、关于违反交叉持股禁止性规定的合同效力问题

在新增本条之前，交叉持股的禁止性规范文件的层级基本均为监管部门发布的规范性文件，因此司法实践中对于违反交叉持股禁止性规定的合同效力，存在不同认识。彼时，根据原《合同法》第 52 条、原《最高人民法院关于适用〈中华人民共和国合同法〉若干问题的解释（一）》、原《最高人民法院关于适用〈中华人民共和国合同法〉若干问题的解释（二）》的相关规定，部门规章不足以构成合同无效的依据。《民法典》第 153 条中亦规定："违反法律、行政法规的强制性规定的民事法律行为无效。但是，该强制性规定不导致该民事法律行为无效的除外。"对此，最高人民法院在《九民会纪要》中明确："违反规章一般情况下不影响合同效力，但该规章的内容涉及金融安全、市场秩序、国家宏观政策等公序良俗的，应当认定合同无效。人民法院在认定规章是否涉及公序良俗时，要在考察规范对象基础上，兼顾监管强度、交易安全保护以及社会影响等方面进行慎重考量，并在裁判文书中进行充分说理。"从严格意义上来说，沪深北交易所的上市规则及其他配套监管要求，其法律位阶不属于规章，性质属于交易所的业务规则，因此并不完全属于《九民会纪要》的范畴。我们认为，法院是否应当否定交叉持股的合同效力，应当结合交叉持股的形成原因、交叉持股对公司治理的影响程度等因素综合认定。

中华人民共和国
公司法
理解与适用

［下］

最高人民法院民事审判第二庭　编著

人民法院出版社
PEOPLE'S COURT PRESS

总 目 录

CONTENTS

第一部分 《中华人民共和国公司法》条文理解与适用

第二部分　《最高人民法院关于适用〈中华人民共和国公司法〉时间效力的若干规定》理解与适用

目录

CONTENTS

下 册

第六章 股份有限公司的股份发行和转让

第一节 股份发行

第七章 国家出资公司组织机构的特别规定

第十四章　法律责任

第六章 股份有限公司的股份发行和转让

第一节 股份发行

【条文】

第一百四十二条

公司的资本划分为股份。公司的全部股份，根据公司章程的规定择一采用面额股或者无面额股。采用面额股的，每一股的金额相等。

公司可以根据公司章程的规定将已发行的面额股全部转换为无面额股或者将无面额股全部转换为面额股。

采用无面额股的，应当将发行股份所得股款的二分之一以上计入注册资本。

【条文主旨】

本条是关于股份有限公司股份区分为面额股和无面额股的规定。

【条文概览】

本条系对原《公司法》条文的实质修改。1993 年《公司法》中本条的内容规定在第 129 条，《公司法》在 1999 年、2004 年修正时，本条未作变更。2005 年修订时，将本条的序号调整为第 126 条。2013 年《公司法》修正时，将本条序号调整为第 125 条。2018 年《公司法》修正时，本条未作调整。本次修订在原有面额股规定的基础上作出了如下修改：第一，首次引入无面额股制度。修订前的《公司法》采用了面额股制度和禁止折价发行制度，以防止公司的内部人操控，损害债权人和中小股东利益。本条突破了上述限制，股份有限公司可以根据其公司章程的规定，就其全部股份选择采用面额股或无面额股。若采用无面额股，则公司应当将其发行股份所得股款的二分之一以上计入注册资本，未计入注册资本的部分应当列入公司的资本公积金。新股发行所得股款计入注册资本的金额应当通过公司股东会的决议。第二，公司可以根据章程对已经发行的面额股或无面额股进行相互转化，注意本款规定股份性质只能作全部转换，不能只转换部分股份。第三，规定无面额股的股款计入注册资本的比例为二分之一。

【理解与适用】

面额股是指股票票面上记载有每股金额的股票。股票面额为公司资本的基本单位，是股东的基础出资额。无面额股是指股票票面不记载金额，只标明每股占公司资本总额的比例，其价值随公司的财产增减而变化。关于无面额股制度，文献公认 1912 年《美国纽约州公司法》为最早允许发行无面额股的成文法，此后普通法系、大陆法系的许多国家采用了无面额股制度。2021 年，中国移动在股票无面额的情况下在 A 股完成上市。其披露信息如下：根据《国务院办公厅转发证监会关于开展创新企业境内发行股票或存托凭证试点若干意见的通知》的规定，试点红筹企业的股权结构、公司治理、运行规范等事项可适用境外注册地公司法等法律法规的规定。公司为一家注册于中国香港并在香港联交所上市的红筹企业，根据中国香港《公司条例》的规定，香港注册公司的面值制度自 2014 年 3 月 3 日起被全面取消，因此公司股份无面值。公司本次发行的股票拟于上交所上市，根据中国结算关于股票登记结算的相关规定，人民币普通股（A 股）股票以人民币结算。公司本次发行的股票无面值，以人民币为股票交易币种在上交所进行交易。2023 年《公司法》引入无面额股，是一大变革，顺应了目前国际上股票面额制度日渐式微的情势。

一、无面额股的制度演进历史

关于无面额股制度，1912 年《美国纽约州公司法》为最早允许发行无面额股的成文法。1913 年比利时发行无面值股票，此后，以“美国—比利时式”的真正无面额股为蓝本，移植路线图沿普通法系、大陆法系两条支脉渐次展开。1923 年，美国已有 24 个州允许发行无面额股，目前所有州均授权发行无面额股，有些州甚至废除了面额股。作为大陆法系法定资本制的德国，于 1998 年修改其股份法，允许股份有限公司发行无票面金额股票。欧盟二号公司法指令亦规定，公司股票既可以采用面额制，也可以采用无面额制。日本 1950 年就在其商法中引入无面额股制度，但并没有废除面额股制度，因此面额股和无面额股并存。至 2001 年，日本为促进资本市场的发展，修改其商法，彻底废除了面额股制度。2006 年新加坡公司立法和规则架构委员会对其公司法进行了修改，彻底废除了面额股制度。2012 年，韩国修改其公司法，引入了无面额制度。2014 年，我国香港特别行政区全面改采无面额股制度。我国台湾地区在 2015 年于“公司法”中引入“闭锁性股份有限公司”一节，规定：“公司发行股份，应择一采行票面金额股或无票面金额股”。

二、《公司法》引入无面额股制度的主要考量

我国《公司法》自 1993 年制定以来，一直实行股份面额制度。我国此前的《公司法》虽使用了严格的面额制度，但并未对公司股份的面额金额作出具体限制。通常认为，面额股规则承载了保护股东公平认购股份和协助保护债权人的制度功能。因每股股票的面额相同，股东若按照同等价格认购股份并获得同等保护，面额股便具备了“确保股东公平”的功能；又因公司章程记载了股份票面金额和总数，以便公司债权人在直观了解公司股款或资本规模的基础之上决定是否与公司交易，面额股遂具有“协助保护债权人”的功能。然而，禁止折扣发行规则看似提高了公司资本的稳定性，客观上并不利于公司在再融资活动中对新加入的投资者灵活赋予优待条件，形成了对公司融资的不合理限制。我国《公司法》自最初制定已有 30 多年历史，全面执行资本认缴制已数年，股票市场也经历了长达 30 多年的发展，契合当时时代背景、市场情况和制度逻辑的面额股制度也需被重新审视。

无面额股制度的引入作为本次修订中变化最为显著的内容之一，有其理论依据及现实考量。首先，引入无面额股制度符合认缴资本制度的适用趋势，在认缴制之下，股份的票面价值、公司公示的注册资本等信息已不必然体现公司资本的充实程度及公司偿债能力的高低，相应地，面额股制度对债权人及投资者权益保护的意义也趋于弱化。其次，确立无面额股制度有利于鼓励融资活动。根据 2018 年《公司法》规定，股票的发行价格不得低于其票面金额，但当公司股票的实际价值低于公司股票票面价值时（例如公司遭遇危机但尚有挽救余地时），面额股制度下对发行价格的限制将降低前述情形下公司再融资的可能性，进而在一定程度上抑制资本市场的发展。

三、无面额股的法律意义

在本次修法之前，采用面额股创始股东至少要按照每股 1 元向企业注入资金，而在无面额股的情况下，由于每股对应的金额可以不同，创始股东可

以象征性的资金投入而获得较多的股份，而投资机构则以溢价的金额获得较少的股份，切实减轻创始股东的负担，增加了融资的灵活性。此外，由于面额股限制了股票发行价格，其结果是降低了公司融资效率，堵塞了公司脱离经营困境的渠道。由于没有了票面金额的限制，困顿中的公司也能够以低于1元的价格发行新股，获得资金来源。无票面金额说明股票的数量与公司的注册资本不会有直接的计算关系，公司的注册资本不再由票面金额及股份数量相乘所得，股票的细分与合并都不再与公司的资本挂钩。上市公司配发股份也可以更灵活的方式进行。

【实务问题】

股份面额也即股份的票面价值，又称“股票票值”“票面价格”，是股份公司在所发行的股份票面上标明的票面金额，其以“元/股”为单位，用以标识每一股股份在公司股本总额中所占的数额。对于采用面额股的公司，其股本总额等于每股面额与已发行股份总数的乘积。目前，除红筹企业在境内发行的股票以及紫金矿业（601899）（0.1元/股）、洛阳钼业（603993）（0.2元/股）等少数情形之外，在境内证券交易所上市流通的股票的面值通常为人民币1元/股。也正是由于无面额股没有面值和溢价，也就不能按照面额股模式的规则来区分注册资本和资本公积金。新《公司法》采用了“法定比例”的方案，即将章程记载的一定比例股款列入注册资本，余者纳入资本公积金。本条规定采用无面额股的，应当将发行股份所得股款的二分之一以上计入注册资本。也就是说，公司可以自主决定将全部股款都计入注册资本，换言之，公司有权决定是否设置资本公积金科目，如果公司章程明确规定要设置资本公积金，公司应当将不超过股款二分之一部分列入资本公积金。本次修法确定了无面额股的基本规定，但是在实践中，还需要结合公司登记管理机构、证券登记结算机构等主体正确适用无面额股制度。

【条文】

第一百四十三条

股份的发行，实行公平、公正的原则，同类别的每一股份应当具有同等权利。

同次发行的同类别股份，每股的发行条件和价格应当相同；认购人所认购的股份，每股应当支付相同价额。

【条文主旨】

本条是关于股份有限公司股份发行原则，即同股同权的规定。

【条文概览】

本条系对原《公司法》进行了文字上的修改。1993 年《公司法》第 130 条规定：股份的发行，实行公开、公平、公正的原则，必须同股同权，同股同利。同次发行的股票，每股的发行条件和价格应当相同。任何单位或者个人所认购的股份，每股应当支付相同价额。《公司法》在 1999 年、2004 年修正时未作变更。2005 年《公司法》修订时，将本条的序号调整为第 127 条，内容修改为："股份的发行，实行公平、公正的原则，同种类的每一股份应当具有同等权利。同次发行的同种类股票，每股的发行条件和价格应当相同；任何单位或者个人所认购的股份，每股应当支付相同价额。"2013 年《公司法》修正时，将本条序号调整为第 126 条。2018 年《公司法》未作调整。2023 年《公司法》修订，作了文字修改：一是将两款中的"同种类"改为"同类别"。二是第 2 款的前半句，将原条文"同次发行的同种类股票"中的"股票"改为"股份"。三是第 2 款的后半句，将原条文"任何单位或者个人所认购的股份"简化表述为"认购人所认购的股份"。因为本次《公司法》修订新增了关于股份公司可以设置类别股、无面额股的相关规定，所以本条所指的公平、公正原则是指同一类别中的每一股份具有同等权利，而非所有类型的股份具有同等权利。

【理解与适用】

股份有限公司股份的发行，包括设立发行和新股发行两种情况。设立发行，是指股份有限公司在设立的过程中为了募集资本而进行的股份发行；新股发行，是指股份有限公司成立以后，在运营过程中为了增加公司资本而进行的股份发行。而无论是设立发行还是新股发行，都应当遵守本条所规定的“同类别股同权”的股份发行原则。在股份有限公司中，“同股同权”主要体现在三个层面：其一，相同类别的股份应当有相同的投票权；其二，相同类别的股份应当获得相同的收益；其三，每一股份上的投票权和收益权应当是相称相应的。另外，还应当注意，本条所规定的同股同权原则所指向的对象，是同一种类别的股份，如果属于不同类别的股份，则不适用该原则。

根据本条第 1 款的规定，股份的发行，实行公平、公正的原则。所谓公平，首先，是指发行的股份所代表权利的公平，即在同一次发行中的同一种股份应当具有同等的权利，享有同等的利益，同类股份必须同股同权、同股同利。其次，是指股份发行条件的公平，即在同次股份发行中，相同种类的股份，每股的发行条件和发行价格应当相同。无论任何人，获得相同的股份，都应支付相同的对价。所谓公正，是指在股份的发行过程中，应保持公正性，不允许任何人进行内幕交易、价格操纵、价格欺诈等不正当行为获得超过其他人的利益。

本条第 2 款实际上是对股份发行中的公平原则更具体的表述。同次发行的同类别股份，每股的发行条件和价格应当是相同的，认股人所认购的股份，每股应当支付相同价额，对于同一类别的股份不允许针对不同的投资主体规定不同的发行条件和发行价格。这是股权平等原则在股份发行中的具体体现。

在本次修法的草案发布之后，曾有观点认为，新《公司法》新增的类别股制度突破了对股份公司股份“同股须同权”的限制。对此我们认为，从同股同权原则的本质来看，这一理解较为片面，应当予以纠正。同股须同权的适用范围是同类别的股份，而非公司已经全部发行的股份，因此类别股的确立非但不会影响同股同权的基本精神，还更能满足上市公司的多元化融资需求，为股权融资提供更加多样的股份类别选择。更何况，既有的融资实践已有不少股份公司在监管规范框架之下发行类别股进行融资，《公司法》无非是在法律层面对这一实践做法予以认可，既有实践亦未突破同次发行股份的发行条件和价格相同的基本原则。本轮修法中，第 144 条确定类别股共有四种情形，其中，公开发行股份的公司不得发行表决权不一致的股份、转让受限的股份，但是可以设置优先或者劣后分配利润或者剩余财产的股份和国务院规定的其他类别股。

由此可见，《公司法》新增类别股和无面额股的规定，客观上为公司融资方式提供了更多选择，虽然可选择的股权类别增多，但仍然受到同股同权原则的约束。

【实务问题】

股份的发行应该遵循下列原则：一是公平原则。参与股份发行的当事人在相同条件下的法律地位是平等的，相同的投资者有相同的权利，相同的发行人在法律上负有相同的责任，不应当在相同的投资者之间设置不公平的待遇。股份有限公司每次发行股份时的发行条件和发行价格对于社会公众要相同。同次发行的股份，每股的发行条件、发行价格应当相同。任何单位和个人所认购的股份，每次应当支付相同的价额。二是公正原则。公司在发行股份时要依法处理发行中的问题，做到一视同仁。在股份发行中必须遵守统一制定的规则，当事人受到的法律保护是相同的，股份发行活动应当做到客观公正，依法办事，维护社会正义，保证有关公正原则的各项规范得以实施。三是同股同权原则。相同的股份在相同的条件下应当具有平等性。同一个公司，相同的股份，在享有的权利上是平等的，在股票上所体现的权利也应当是平等的，按持有股份的多少行使表决权，股利的分配也取决于持股的多少，相同的股份不应当有不相同的权利和股利分配。

【典型案例】

科创板优刻得科技股份发行特别表决权股份①

基本案情：2019 年 9 月 27 日，科创板上市委审议通过了优刻得科技股份有限公司科创板首发上市申请，成为首家同股不同权在 A 股上市的企业。关于优刻得科技股份有限公司同股不同权的安排情况如下：2019 年 3 月 17 日，优刻得科技股份有限公司召开 2019 年第一次临时股东大会，表决通过《关于〈优刻得科技股份有限公司关于设置特别表决权股份的方案〉的议案》，设置特别表决权股份。共同控股股东及实际控制人设置特别表决权的数量合计为 97688245 股 A 类股份，其中季某华持有 A 类股份 50831173 股，莫某峰持有 A 类股份 23428536 股，华某持有 A 类股份 23428536 股。扣除 A 类股份后，公司剩余 266343919 股为 B 类股份。其中，每份 A 类股份拥有的表决权数量为每份 B 类股份拥有的表决权的 5 倍，每份 A 类股份的表决权数量相同。

---

① 《科创板上市委 2019 年第 27 次审议会议公告》。

股权设计规范依据： 上述的特别表决权安排均按照科创板上市规则进行，根据《上海证券交易所科创板股票发行上市审核规则》（2020 年修订）第 24 条规定，存在表决权差异安排的发行人申请股票或者存托凭证首次公开发行并在科创板上市的，其表决权安排等应当符合《上海证券交易所科创板股票上市规则》等规则的规定。此外，该《科创板股票发行上市审核规则》还明确了表决权差异安排的定义，表决权差异安排是指发行人按照 2018 年《公司法》第 131 条的规定，在一般规定的普通股份之外，发行拥有特别表决权的股份。每一特别表决权的股份拥有的表决权数量大于每一普通股份拥有的表决权数量，其他股东权利与普通股份相同。

【条文】

第一百四十四条

公司可以按照公司章程的规定发行下列与普通股权利不同的类别股：

（一）优先或者劣后分配利润或者剩余财产的股份；

（二）每一股的表决权数多于或者少于普通股的股份；

（三）转让须经公司同意等转让受限的股份；

（四）国务院规定的其他类别股。

公开发行股份的公司不得发行前款第二项、第三项规定的类别股；公开发行前已发行的除外。

公司发行本条第一款第二项规定的类别股的，对于监事或者审计委员会成员的选举和更换，类别股与普通股每一股的表决权数相同。

【条文主旨】

本条是关于股份公司发行类别股的规定。

【条文概览】

本条系新增条文。就类别股制度，2018 年《公司法》中仅有“同股同权”的原则性规定，并将“国务院另有规定”作为授权性的除外情形。本次修订后，新《公司法》于股份公司章节正式引入了类别股制度，允许股份公司按章程的规定发行与普通股权利不同的类别股。

本条第 1 款规定公司可以按照公司章程的规定发行与普通股权利不同的类别股。根据该款规定，类别股的特殊性包括四类情形：利润或者剩余财产分配上优先或者劣后、表决权数多或少、转让受限、国务院规定的其他类别股。

本条第 2 款对类别股的发行主体和发行时间作出限制，为保障公开发行股份的流通性和《证券法》对于上市公司股东进行“同股同权”保护的基本精神，公开发行股份的公司不得发行表决权限不一致以及转让受限的股份。

本条第 3 款规定监事或审计委员会成员的选举和更换的表决时实行类别股与普通股的同股同权，即对于监事或者审计委员会成员的选举和更换，类别股与普通股每一股的表决权数相同。该款规定的目的也是保障监事和审计委员会成员对公司管理机构的监督权，不会因类别股的特别表决权而影响实施监督职责的监事或审计委员会成员的选举和更换。

【理解与适用】

一、类别股的立法模式及我国选择

股份公司可以发行类别股，实践中被称为“同股不同权”。比较法上，类别股主要是指在财产权和控制权内容方面有着明显区别和差等的不同股份，既涉及自益权，也涉及共益权。类别股之间的差异可以是权利的有无、权利范围的大小、权利行使的先后等。具体而言，类别股份可以在盈余分配、股息分配、剩余财产分配、股份销除或以盈余冲销股份、股份合并或因合并而分配股份、新股认购、股份转换的选择、权利处分等方面具有不同的权益，其中最典型的类别股就是优先股。

就类别股制度的立法模式而言，国际上主要有授权模式及法定模式。授权模式下类别股制度更强调契约自由，类别股的创设自由度更高，公司法往往仅作原则性规定而不作具体限定。例如，《美国标准商事公司法》规定："同一类别或者系列股票的持有者中，股票的任何条件均可以有所不同，前提是这种不同已在公司章程中明确记载。"据此，公司对于类别股的设计可以具有较高灵活性。法定模式下的类别股制度往往对类别股的权利义务内容作出明确的规定，公司通常仅能从中选用。相对而言，法定模式下类别股制度的创设自由度更低，强制性色彩更浓，典型者如日本公司法、韩国商法等均采取了法定模式。我国延续了第二类法定模式。

二、我国引入类别股的实践和立法

我国股份有限公司的类别股制度经历了从无到有，从非法律形式规定到《公司法》以立法的形式正式确立的法律变迁历程。2023 年《公司法》修订之前，国务院、上海证券交易所等虽然发布了有关类别股的规定，但并非以立法的形式进行规定。

2013 年，国务院发布《关于开展优先股试点的指导意见》，将在海外市场日趋成熟的证券品种优先股引入我国。优先股的实施在中国资本市场具有里程碑式的意义，优先股股份持有人优先于普通股东分配公司利润和剩余财产，但参与公司决策管理等受到限制。公开发行优先股的发行人仅限于证监会规定的上市公司，非公开发行优先股的发行人仅限于上市公司和非上市公众公司。之后，证监会于 2014 年发布《优先股试点管理办法》以及《中国银监会、中国证监会关于商业银行发行优先股补充一级资本的指导意见》，据此，从有以优先股充实资本金的强烈需求的银行业开始，我国类别股才又展开新一轮的实践。此后至 2019 年，科创板设立后创设的“特别表决权股份”则是在优先股基础上作出的进一步突破性的尝试。上海证券交易所根据《关于在上海证券交易所设立科创板并试点注册制的实施意见》《科创板上市公司持续监管办法（试行）》等相关文件，发布并施行了《上海证券交易所科创板股票上市规则》，允许在科创板上市的发行人在首次公开发行并上市前设置表决权差异化安排，该等表决权差异化安排俗称“AB 股”。科创板为在国内上市且准备采取 AB 股制度的科技创新型企业提供了新的平台。

在 2023 年修订之前，2005 年《公司法》规定“国务院可以对公司发行本法规定以外的其他种类的股份，另行作出规定”，该等规定是授权性规定，即授权国务院对类别股进行规定，前述国务院于 2013 年发布的《关于开展优先股试点的指导意见》即是《公司法》授权规定的结果。除此之外，原《公司法》并未对类别股作其他任何规定。本次修法后，根据本条规定，类别股主要体现为利润分配顺序、表决权数及自由转让权利等与普通股实行同股不同权。除此之外，修订后的《公司法》针对类别股还规定，对于监事或者审计委员会成员的选举和更换，类别股与普通股每一股的表决权数相同。同时，新《公司法》第 146 条还规定了类别股的分类表决制度。上述条文共同构成了我国公司法上类别股的规范群，本条正式确立了类别股的四个类别。

三、类别股种类之一：优先股

优先股，是指公司发行的与普通股相对应的享有特别权利的一种特殊类型股份，多数表现为在公司财产利益分配和管理权方面具有优先性的权利。财产利益分配优先的类别股通常风险小于普通股、收益大于普通债券，是一种较常用的投融资工具，一方面其基本属性为股票，另一方面又具有债券的诸多特征，在股利收益固定的同时表决权往往受到一定限制；而表决权优先的类别股主要用于一些需要保有公司控制权的场合，其往往以分红权受限或劣后为代价。2023 年证监会发布的《优先股试点管理办法》将“优先股”定义为在一般规定的普通种类股份之外，另行规定的其他种类股份，其股份持有人优先于普通股股东分配公司利润和剩余财产，但参与公司决策管理等权利受到限制。

优先股虽然本质上是股权，但是其也呈现出一定的债权属性，优先股的优先性主要体现为：(1) 具有固定的股息，且须在派发普通股股息之前派发；(2) 在破产清算时，优先股股东对公司剩余资产的分配权利晚于债权人但先于普通股股东。但优先股本质上仍然是股份，一方面，其不具有税盾效应，即派发给优先股股东的股息不能像债券利息一样在所得税前扣除；另一方面，优先股股东不可以要求无法支付股息的公司进入破产程序，不能向人民法院提出企业重整、和解或者破产清算申请。一般来说，优先股股东在享受上述两方面"优先权"的同时，其他股东权利会受到一定的限制，优先股股东对公司经营的影响力要小于普通股股东。例如，优先股股东对公司日常决策管理事务没有表决权，仅在与其利益密切相关的特定事项上享有表决权。

优先股通常具有以下五个特征：(1) 享受固定收益。优先股的股息率通常事先作了约定，所以优先股的股息一般不会根据公司经营情况而变化。与此相比，普通股股东收益不固定，既取决于公司的经营情况、现金流状况、未来发展规划，还取决于董事会制定并经股东会批准的当期股息分配政策。实践中，根据股息是否可递延支付，优先股可分为"累积优先股"和"非累积优先股"。累积优先股是指如公司某一期业绩较差，当期无法支付约定的优先股股息，则可以累积至后面期间支付。而非累积优先股则秉承"当期不付，过期作废"的原则。(2) 先于普通股获得股息。在向普通股股东分配股息前，需要先向优先股股东支付股息。(3) 清偿顺序晚于债权人，但早于普通股股东。一旦公司破产清算，剩余财产要先分给债权人，然后分给优先股股东，最后分给普通股股东。(4) 优先股股东的权利范围小。一般而言，优先股股东对公司日常决策管理的一般事项没有表决权，仅在股东会表决与优先股股东自身利益直接相关的事项时才享有表决权。同时，为了保护优先股股东利益，《优先股试点管理办法》规定，公司累计三个会计年度或连续两个会计年度未按约定支付优先股股息的，从股东会批准当年不按约定分配利润的次日起，优先股股东有权出席股东大会与普通股股东共同表决，也即恢复表决权，每股优先股股份享有公司章程规定的一定比例表决权。对于累积优先股，表决权恢复至公司全额支付所欠股息时。对于非累积优先股，表决权恢复至公司全额支付当年股息时。(5) 可能设置回售条款。因为股份公司的股份流通性较好，所以普通股股东通常不能要求公司回购其持有的股份，但是，优先股可以约定回售条款，包括发行人要求赎回优先股和投资者要求回售优先股两种情况，发行人都需要在公司章程和募集文件中规定其具体条件。

四、类别股种类之二：特别表决权

特别表决权，也称“AB股”或者“差异化表决权”，即公司在其股本结构中设置了包含两类代表不同投票权数量的股份，是一种表决权差异安排。特别表决权起源于美国，并在全球主要证券交易所得以应用。具体而言，公司股份中存在A类、B类两种股份，分别为具有特别表决权的股份（A类股份）和普通股份（B类股份）。两种股份所拥有的表决权数量不同，每一单位A类股份拥有的表决权数量在规则允许的范围内大于每一单位B类股份拥有的表决权数量。经2018年以来我国的立法设计以及在国内证券市场相继落地实施，目前在我国科创板和创业板均已有设置了特别表决权的公司成功上市，其中，在科创板已有十余件成功案例。设置特别表决权的目的，通常是强化创始团队对公司的控制权。为了获取更广泛的融资，创新型科技企业往往需要借助外部投资者的资本支持，然而在公司融资的同时，创始团队所持公司股权往往也被稀释，其对公司决策的影响力亦将逐步降低，甚至有可能完全丧失实际控制权。从公司长期发展角度来看，创始团队通常对公司的发展定位、技术发展路线、市场策略、用户需求等方面有更精准的把握，也更偏向于追求公司的长期价值和利益。因此，通过为后续进入公司的投资者设置特别表决权，可使公司创始团队获得并长期享有公司控制权，有利于确保公司经营理念和发展战略的稳定，从而实现健康长远的发展。基于这种认识，《上海证券交易所科创板股票上市规则》也对特别表决权股份的持有人作出限制：“持有特别表决权股份的股东应当为对上市公司发展或者业务增长等作出重大贡献，并且在公司上市前及上市后持续担任公司董事的人员或者该等人员实际控制的持股主体。持有特别表决权股份的股东在上市公司中拥有权益的股份合计应当达到公司全部已发行有表决权股份10%以上。”

在股份公司发行特别表决股时，监管部门会格外关注特别表决事项的相关法律问题。具体而言，监管部门主要关注法律问题如下：（1）特别表决权设置（持股主体、表决权倍数安排等）的必要性和合理性；（2）特别表决权设置后的实际运行情况，公司控股股东、实际控制人、治理结构、管理架构变化情况；（3）审议特别表决权安排的股东会是否合法合规；（4）特别表决权的安排运行时间较短，说明上述特殊公司治理结构是否稳定、有效，如何保证公司治理结构的稳定及公司治理有效；（5）设置特别表决权后对实际控制人行使控制权、股东会运作等的具体影响，说明发行人控制权及股权结构是否稳定，是否已发生重大变化；（6）对参与投资者权利的影响，相关投资者保护的机制和措施。

五、类别股种类之三：转让受限股票

最高人民法院指导案例第96号（宋某军诉某华餐饮有限公司股东资格确认纠纷案）已表明，基于有限责任公司封闭性和人合性的特点与公司自治的原则，有限公司对股东作“人走股留”的限制一般应当被认定为有效。此案例解决了2018年《公司法》第71条第1款“有限责任公司的股东之间可以相互转让其全部或者部分股权”与第4款“公司章程对股权转让另有规定的，从其规定”的适用优先顺序，尊重公司章程对股权转让的限制。此次《公司法》修订，在原有案例的基础上将类别股的适用主体拓展至非上市的股份公司，且只需要“公司同意”，不再需要以章程形式作出限定。

作为类别股的典型种类之一，限制性股票是股权激励的常见方式。限制性股票是指上市公司将一定数量的股票低价出售给激励对象，这部分股票会受到一定期限的限制，不能任意抛售，只有公司达成业绩目标，且激励对象在工作年限或个人业绩目标符合股权激励计划规定的条件后，才可以出售限制性股票，并从差价中获益。根据《上市公司股权激励管理办法》（2018年修正），限制性股票的定义是指激励对象按照股权激励计划规定的条件，获得的转让等部分权利受到限制的本公司股票。限制性股票在解除限售前不得转让、用于担保或偿还债务。

限制性股票的发行和转让主要有以下特点：首先，限制性股票的授予有可能会稀释公司其他在册股东的股权比例，进而影响企业的控制权；其次，在A股市场中，限制性股票的授予一般都是有偿的，需要激励对象支付一定的现金；再次，激励对象只有在满足股权激励计划约定的解限条件下，才可以转让或出售其获得的股票；最后，激励对象获取的限制性股票对应的股东权利，可能会受到激励计划和授予协议约定的条件限制。

限制性股票的限制性主要体现在两个方面：一是业绩考核要求，包含公司层面的业绩考核要求以及个人业绩考核要求。除了激励方案对激励对象的筛选安排外，激励方案还必须设置业绩考核条件以满足上市公司股权激励管理办法的要求。公司业绩考核一般会关注企业的营业状况，比如营收增长等财务指标。也有企业会与自身的业务发展目标相结合，比如某科技公司发布的《2023年限制性股票激励计划（草案）》中，公司层面的业绩考核就将新产品的研发目标纳入其中。二是法规限制较多。相较于非上市公司，上市公司在《上市公司股权激励管理办法》的要求下，实行限制性股票有较多限制性规范，例如该办法对于价格、限售间隔时间、分期解除限售比例都有具体限制。

【实务问题】

关于类别股制度适用范围与公司类型的关系。本条的适用范围是股份有限公司，但是应当注意的是，《公司法》对于有限责任公司虽未明确设置类别股制度的相关条文，但不意味着有限责任公司不具有类似类别股制度的内容，其有权通过公司章程对表决权进行差异化设计。类别股制度的核心在于赋予不同股份以不同的权利义务内容，而传统公司法理论一般认为有限责任公司更具人和性，因此也往往赋予其更强的章程自治权。在现行公司法体系之下，有限责任公司其实无须通过在公司法上设置类别股的方式进行表决权的差异化设计，其有权以公司章程对表决权作出符合公司利益的特别规定，对股东的表决权、受益权等权利进行合理的、符合融资需要的差异化处理。

【条文】

第一百四十五条

发行类别股的公司，应当在公司章程中载明以下事项：

（一）类别股分配利润或者剩余财产的顺序；

（二）类别股的表决权数；

（三）类别股的转让限制；

（四）保护中小股东权益的措施；

（五）股东会认为需要规定的其他事项。

【条文主旨】

本条是关于发行类别股的信息披露规定。

【条文概览】

本条系新增条文。本条规定了股份有限公司发行类别股的信息披露义务和范围。发行类别股的公司应当在公司章程中载明以下事项：类别股分配利润或者剩余财产的顺序，类别股的表决权数，类别股的转让限制，保护中小股东权益的措施，最后一项“股东会认为需要规定的其他事项”作为兜底规定。

【理解与适用】

类别股是在普通股的基础上，对股权的各项权能作出不同程度的改造。对于投资人而言，本条要求在公司章程层面披露类别股中约定的规范，有利于在各个投资人之间明确类别股安排，减少不同轮次、不同股份类型投资人之间的权利冲突，降低股份交易的成本。

在我国的发行实践中，上市公司设置表决权差异安排的，在公司章程中一般会规定特别表决权股份的持有人资格、特别表决权股份拥有的表决权数量与普通股份拥有的表决权数量的比例安排、持有人所持特别表决权股份能够参与表决的股东大会事项范围、特别表决权股份锁定安排及转让限制、特别表决权股份与普通股份的转换情形等事项。

具体而言，采取差异化表决权结构的公司，应当对特别表决权股的份额以及持股股东的个人信息进行信息披露，向公众阐明类别股的持股人具有的独特人力资本与个人价值。在信息披露的方式上，需要重点关注信息披露的相关文件内容是否通俗易懂、便于市场投资者阅读和理解。实践中，类别股信息披露的实效性有所欠缺，在专业性和有效性方面均有待加强。采取类别股制度的公司应当对设置类别股的必要性进行充分说明，并对公司运行过程中的运营风险进行充分披露。因为类别股公司的股权结构较为复杂，利益冲突的风险也与传统股权结构的公司有所不同，具有复杂性和特殊性。基于信息披露的有效性考虑，应将类别股制度下产生的利益冲突以及利益冲突下的投资风险作为信息披露的重点，使投资者能够清晰地了解公司的股权结构、类别股的特殊安排以及相应利益冲突产生的投资风险，从而精确评估该公司的潜在投资风险。

本条前三个事项“类别股分配利润或者剩余财产的顺序、类别股的表决权数、类别股的转让限制”分别对应《公司法》所规定的不同种类的类别股对于股权受益权、表决权的限制程度，由于这类信息直接影响全体股东的利益，尤其是对于后续有意以股权投资方式为公司提供融资的潜在投资人来说，若公司章程明确规定了类别股的限制条件，那么投资人可以非常便利地获取相关信息，减少融资过程中的磋商成本。

本条第 4 项需要披露的信息是保护中小股东权益的措施，根据目前《上海证券交易所股票上市规则（2024 年 4 月修订)》《深圳证券交易所股票上市规则（2024 年修订)》《北京证券交易所股票上市规则（试行)》的规定，上市公司具有表决权差异安排的，应当充分、详细披露相关情况特别是风险、公司治理等信息，以及依法落实保护投资者合法权益规定的各项措施。本条继承和吸纳了上述监管规范，将保护中小股东权益的措施纳入公司章程的公示信息之一，既实现了通过发行类别股对后续投资者的倾斜优惠，同时也减少类别股的发行对中小股东权益的损害。至于保护中小股东权益的具体措施，不同种类的类别股具有不同类型的保护机制，例如采取双层股权结构的公司，其典型的保护机制是日落条款的设置，故在具有差异化表决权的上市公司的招股说明书中应当加入日落条款的信息披露要求。依据类别股公司自身股权结构的特点，针对其所拥有的中小股东权益保护机制进行披露，以确保中小股东权益受损时能够快速有效地寻求救济机制。

【实务问题】

一、类别股应当公示的重要信息内容和分类

本条规定了公司章程应当记载的类别股信息，实践中，除了公司章程之

外，公司中小投资者还可以通过阅读公司年报等定期报告的方式获取类别股的相关信息。其中，与类别股相关的重要信息包括以下几项：(1) 持有特别表决权股份的主体所持普通表决权股份数量及特别表决权股份数量，以及报告期内的变化情况。(2) 特别表决权股份拥有的表决权数量与普通股份拥有的表决权数量的比例安排，持有人所持特别表决权股份能够参与表决的股东会事项范围。(3) 持有特别表决权股份的主体及特别表决权比例是否持续符合中国证监会及证券交易所的规定。(4) 报告期内特别表决权股份转换为普通股份的情况及原因。(5) 保护投资者合法权益承诺措施的实施情况。(6) 特别表决权股份锁定安排及转让限制情况。(7) 持有特别表决权股份的股东是否存在滥用特别表决权或者其他损害投资者合法权益的情形。此外，上市公司还应当在股东会通知中列明持有特别表决权股份的股东、所持特别表决权股份数量及对应的表决权数量、股东大会议案是否涉及特别表决权股份享有的表决权数量应与普通表决权数量相同的事项等情况。

二、关于异议股东的退出路径的问题

公司在发行类别股的过程中，尤其是在信息披露之后，将会面临一大难题，即如何处理和保障一部分对类别股发行持有异议的股东之权益。对此，应当明确，本条第 4 项需要披露的信息是保护中小股东权益的措施，其中一个重要方式是为异议股东提供保护性的安排。首先，在披露信息质量上，特别表决权股东为异议股东提供的救济措施应当明确、具体、可执行。由于股份公司的股份流动性较大，因此一般需要人为划定一个确定的时间，以此明确异议股东的范围。对此，《北京证券市场交易所上市公司业务办理指南第 5 号——表决权差异安排》规定，异议股东的保护范围以批准变更表决权差异安排的股东会的股权登记日登记在册的股东持股数量为准，包括前述股份在股权登记日后派生的股份，且股权登记日后投资者买入的股份不在此列。其次，特别表决权股东向异议股东提供股份回购的救济措施，并就股份转让事项达成书面协议的，协议主体应当委托上市公司向交易所报送申请文件，申请办理表决权差异安排异议股东的股份转让业务。

三、关于信息披露不完全时股东司法救济途径的问题

一是用好我国的集体诉讼制度，维护普通股股东权益。拥有表决权差异安排制度的上市公司，普通股股东虽然表决话语权低，但其人数众多。一旦特别表决权股东侵害普通股股东，将会造成很大范围的社会影响。我国 2020

年落地实施的集体诉讼制度，能有效惩戒证券市场出现的违规违法行为，保护投资者利益，维护证券市场稳定，为普通股股东提供了很多的维权途径。二是建立健全公司追责机制，维护“善良”特别股股东权益。拥有特别股的股东虽然比普通股股东的投票权高，但在其内部也呈现出控制权大小的差异，拥有较多特别股股份的主体往往能够控制公司，其他持有特别股股份较少的股东也存在无法影响控制股东的行为。一旦因控股股东的不法行为给普通股股东造成损害，公司将首先承担赔偿义务。因此，需要建立健全公司追责机制，将该责任追究到决策主体，保护异议股东。

【条文】

第一百四十六条

发行类别股的公司，有本法第一百一十六条第三款规定的事项等可能影响类别股股东权利的，除应当依照第一百一十六条第三款的规定经股东会决议外，还应当经出席类别股股东会议的股东所持表决权的三分之二以上通过。

公司章程可以对需经类别股股东会议决议的其他事项作出规定。

【条文主旨】

本条是关于类别股分类表决制度的规定。

【条文概览】

本条系新增条文。在《公司法》为类别股股东提供的法律保障中，最重要的就是赋予类别股股东在重要事项上的“双重表决”权。本条第1款规定发行类别股的公司，由股东会作出修改公司章程、增加或者减少注册资本的决议，以及公司合并、分立、解散或者变更公司形式的决议等可能影响类别股股东权利的，除应当经股东会决议外，还应当经出席类别股股东会议的股东所持表决权的三分之二以上通过。本条第2款规定，除了第1款中所列举的分类表决情形之外，基于对公司自治的尊重，公司章程也可以规定需经类别股股东会议决议的其他事项，作为对第1款所列典型事项的补充。

【理解与适用】

本条是关于类别股股东分类表决制度的规定。作为类别股表决程序的特殊规定，分类表决是指类别股股东在普通股股东会之外，另行召集类别股股东会，由类别股股东对议案进行的单独表决。分类表决的制度功能与类别股的性质密切相关，公司发行类别股，由创始股东持有多数表决权的股份，进而掌握公司控制权的做法在英美国家已被很多家族企业和由管理层控制的企业广泛采用。在创始股东握有公司控制权的情况下，公司后续股东的加入导致股本增加，而股本增加的直接后果就是稀释创始团队对公司的控制权。此时，类别股股东在未能完全掌握公司控制权的前提下，分类表决无疑可以在一定程度上让类别股股东在特定事项上掌握一定话语权，特别是表决事项涉及其重大投资权益的，应当由类别股股东自行作出决断，不受后续股权稀释的不利影响。类似地，在应对敌意收购、遏制控制股东的权利滥用等方面，分类表决亦可发挥重要作用。所以，为了保障一部分类别股股东对公司的控制权，在世界范围内，允许发行类别股的国家和地区基本都确立了分类表决制度，给予类别股股东在公司重要事项上的话语权。

同时，为了平衡类别股股东与中小股东利益，比较法上，各国公司法在设置分类表决制度的同时，也都会为类别股分类表决设置几类典型的触发事项（条件）。因为从公司治理效能的价值取舍来说，分类表决是一把双刃剑，需要确定一个合理的适用范围。一方面，虽然类别股股东通过分类表决程序，得以在后续的融资过程中保持对公司较高的控制权，加大了公司初创者对于公司未来经营管理的把控力，因此分类表决可谓是公司法鼓励生产创新的重要规则。但是另一方面，在普通股股东会之外附加类别股股东会的表决，不仅会延长公司决策的整体时间，变相降低了决策效率，而且还会因为增加了一部分类别股股东的表决权，间接地减损了股份公司的中小股东在重要事项上的表决权。所以，公司法需要在决策效率和公平正义之间作出选择和平衡，其平衡的重要手段就是通过合理限制类别股股东分类表决的事项。股权结构如何设置，本应交由公司自治，但在涉及公众利益的上市公司中设置双层股权结构，需要对特别表决权人予以必要规制，这是上市公司构建良好治理的基本保障。

基于上述认识，本条规定了类别股股东有权分类表决的事项包括以下几种：一是《公司法》规定的需要参会股东所持股份三分之二以上绝对多数表决通过的重大事项，即第 116 条第 3 款规定的“股东会作出修改公司章程、增加或者减少注册资本的决议，以及公司合并、分立、解散或者变更公司形式的决议”。二是其他可能影响类别股股东权利的事项，并且将“公司章程可以对需经类别股股东会议决议的其他事项作出规定”，作为本条类别股分类表决情形的兜底规定。

从本条第 1 款对于第 116 条的引致内容可以看出，类别股分类表决的均为公司设立和经营中最重要的几个事项，也是对全体股东权益影响最大的事项，因此第 116 条规定需要参会股东所持表决权的三分之二以上，方可通过。同理，类别股股东对于上述事项的关注程度必然大于公司其他一般性的决议事项，所以为了保障其对公司的控制权，并且平衡公司治理效率，应当在最重要的公司决议中赋予类别股股东以特殊保护。

顺延这一逻辑，本条第 2 款所指“需经类别股股东会议决议的其他事项”，也应当是与第 1 款所列事项的重要性近似的重大决议事项，例如彻底改变主营业务、处分公司最重要的资产等事项，不能轻易将分类表决的适用范围扩大为一般性的经营事项，否则将会造成对类别股股东的权益保护力度过大，而不利于保护中小股东权益，偏离了双层表决权的制度初衷。在目前的发行实践和监管规范中，分类表决触发的前提一般是表决事项与类别股股东权益有直接利害关系，从《优先股试点管理办法》第 10 条的规定来看，我国也沿袭了这一思路。所以，鉴于类别股的特性，分类表决事项需要触及类别股股东的核心利益。若将分类表决机制的触发情形设置得过于广泛，很可能会导致决策效率降低，类别股的"类别"设计形同虚设；也可能导致类别股股东机会主义，干扰公司正常经营。因为在类别股股东加入公司时，股东对于股权权利是自愿且明知的，对在放弃的应然权利范围内，理论上也无须分类表决。因此，需要在决策效率和保护类别股股东真实意愿和权益中间寻求平衡。

【实务问题】

一、关于类别股股东滥用分类表决的司法认定问题

开放双层股权结构已是国际资本市场的发展趋势，我国资本市场也于 2019 年初步接受这一模式。上海证券交易所于 2019 年 3 月发布《上海证券交易所科创板股票上市规则》（以下简称《科创板上市规则》），其第四章第五节专门规定，在科创板上市的符合一定条件的公司，可以采取双层股权结构。随着优某某科技股份有限公司在科创板的正式上市，双层股权结构已然在我国资本市场付诸实践。关于双层股权结构中的特别表决权人，《科创板上市规则》第 4.5.3 条规定："持有特别表决权股份的股东应当为对上市公司发展或者业务增长等作出重大贡献，并且在公司上市前及上市后持续担任公司董事的人员或者该等人员实际控制的持股主体。持有特别表决权股份的股东在上市公司中拥有权益的股份合计应当达到公司全部已发行有表决权股份 10% 以上。"可见，我国科创板对双层股权结构的特别表决权人从其实际贡献、在管理层任职及持股份额等方面作了相应的要求，规定特别表决权人需要为公司的发展作出重大贡献；在公司上市后继续担任公司董事，即要求其继续参与公司经营；在其持有股份所占公司最低份额上，也提出了不低于 10% 的要求。

然而，双层股权结构虽然契合了科技型企业的"轻资产、重人力资本"的发展理念，有利于激励创始股东进行人力资本投资，保障创始股东控制权

的稳定持有，但双层股权结构也因为存在违反公司民主、代理成本增加、表决权与剩余索取权的分离等因素，导致特别表决权人有滥用控制权而损害其他股东或公司利益的可能。

实践中，双层股权结构公司特别表决权滥用的认定是司法实践中的难点问题。2019 年 6 月 21 日最高人民法院发布了《关于为设立科创板并试点注册制改革提供司法保障的若干意见》，将特别表决权滥用限定于公司关联交易损害赔偿纠纷之中，表明了司法权力介入公司自治应保有谨慎态度，但人为限缩特别表决权滥用的发生范围也可能会对司法适用产生与其主观意愿相反的作用。因此，还应进一步对特别表决权滥用的纠纷进行类型化梳理，根据各种类型纠纷具体侵犯利益的不同，分析讨论司法裁判是否应采取不同态度。

二、一定条件下特别表决权股份转换为普通股份的强制要求限制

双重股权架构的目的就是帮助创始股东加强公司的控制权，拥有特别表决权带有显著的人身属性。如果创始股东在上市后通过股权转让或者委托他人行使表决权，那么双重股权架构也就失去了其存在的意义。此时，规则要求特别表决权股份必须转换为普通股份。《科创板股票上市规则》第 4. 5. 9 条规定，持有特别表决权股份的股东不再符合规则对于主体资格要求、失去对持股主体的实际控制、向他人转让或委托他人行使所持有的超级表决权股份时，特别表决权股份应当按照 1:1 的比例转换为普通股份。

三、特别表决权适用范围的限制

无论如何双重股权架构都是对法律公平、平等原则的挑战，如果特别表决权可以在任何事项上使用，那么将会使得特别表决权的拥有者肆意妄为，普通股的持有者对其可能产生的侵害行为将毫无办法。为了维护公司治理机制有效运转的底线，《科创板股票上市规则》第 4. 5. 10 条规定，在修改公司章程、改变特别表决权股份享有表决权数量、选任独立董事、选任会计师事务所以及公司合并、分立、解散或者变更公司形式时，必须同股同权进行表决。

【典型案例】

我国第一家采用双层股权结构的 A 股上市公司的特殊表决权制度设计

2020 年 1 月，优刻得科技股份有限公司（以下简称优刻得）在科创板

上市，这是我国第一家采用双层股权结构的A股上市公司。在公司申请科创板上市之前，公司的三位联合创始人季某华、莫某峰以及华某共持有公司26.83%的股份。

在上市前，2019年3月，优刻得召开2019年第一次临时股东大会，并设立了特别表决权制度。根据优刻得的制度，公司的股份包括A类股份以及B类股份，每股A类股份的表决权数量是B类股份的5倍。除非公司股东会决议中修改特殊表决权，否则公司的特别表决权设置将永续存在。公司三位创始创业团队成员季某华、莫某峰和华某所持有的股份为A类股，公司的其他股票均属于B类股。在特殊表决权制度下，三人在公司上市前拥有64.71%的投票权。

2020年1月，得益于科创板的制度创新，优刻得公司成为中国A股市场第一家采取双层股权结构的上市公司。上市后，三位创始人共持有公司23.12%的股份，享有60.05%的投票权。三人还签署了《一致行动协议》，协议规定：三人作出一致性的表决意见；在三人意见不统一的时候，三人之间按照少数出资额服从多数出资额的原则商议投票，也可以共同作出一致性的意见。三人约定，在公司股票上市后的36个月内，三人均不可以退出一致行动协议。根据《一致行动协议》，如果在36个月后有退出一致行动协议的，则所持的A类股将自动转变成B类股。

如果没有特别约定，公司的普通事项的决议只需要股东会二分之一的表决通过。这意味着，季某华、莫某峰以及华某三人凭借A类股份的表决权就能决定优刻得股东大会的普通决议。通过A/B股的设置，优刻得三位创始人获得了对公司非常强的控制力。

虽然在股东大会做普通事项的决议时，A类股份持有人，其每股可以投五票；B类股份持有人，其每股只能投一票。但是根据公司章程规定，特别表决权的适用范围有限制。在对以下事项进行表决时，特殊表决权不适用，即A、B类股份享有的表决权数量一致。优刻得公司章程规定的特殊事项有：（1）修改公司章程；（2）改变A类股份享有的表决权数量；（3）聘请或者解聘公司的独立董事；（4）聘请或者解聘服务公司的会计师事务所；（5）公司的合并、分立、解散或者变更公司形式。通过定义特殊事项，一定程度上也限制了A类股份表决权的滥用。

【条文】

第一百四十七条

公司的股份采取股票的形式。股票是公司签发的证明股东所持股份的凭证。

公司发行的股票，应当为记名股票。

【条文主旨】

本条是关于股份、股票概念和记名股票的规定。

【条文概览】

本条系对原《公司法》条文的实质修改。本条第 1 款是关于股份、股票概念的规定。1993 年《公司法》中相关内容规定在第 129 条第 2 款："公司的股份采取股票的形式。股票是公司签发的证明股东所持股份的凭证。"《公司法》在 1999 年、2004 年修正时，本条未作变更。2005 年修订时，将本条的序号调整为第 126 条。2013 年《公司法》修正时，将本条序号调整为第 125 条。2018 年《公司法》修正时，本条未作调整。此次《公司法》修订本款未作修改。

本条第 2 款是关于记名股票的规定。1993 年《公司法》第 133 条规定："公司向发起人、国家授权投资的机构、法人发行的股票，应当为记名股票，并应当记载该发起人、机构或者法人的名称，不得另立户名或者以代表人姓名记名。对社会公众发行的股票，可以为记名股票，也可以为无记名股票。"《公司法》在 1999 年、2004 年修正时，该条未作变更。2005 年《公司法》修订时，将本条的序号调整为第 130 条，删除了公司向国家授权的投资机构发行的股票应当为记名股票的规定，将原来的第 2 款移为第 1 款，并删去了"对社会公众"发行股票的限制。2013 年《公司法》修正时，将本条的序号调整为第 129 条。2018 年《公司法》修正时，本条未作调整。此次《公司法》修改为现在"公司发行的股票，应当为记名股票"的规定，即禁止公司发行无记名股票。

【理解与适用】

本条第 1 款是关于股份和股票概念、关系的规定。

股份，是指由股份有限公司发行的股东所持有的通过股票形式来表现的可以转让的资本的一部分。股份有限公司的股份一般具有表明资本成分、说明股东地位、计算股东权责的含义。《公司法》规定了有限责任公司和股份有限公司两种公司形式，但只把股份有限公司股东所持有的出资称为股份，而没有把有限责任公司股东所持有的出资称为股份。股份作为公司资本的一部分，是公司资本的最小构成单位，不能再分，所有股东所持有的股份加起来即为公司的资本总额。股份有限公司的股份具有平等性，公司每股金额相等，所表现的股东权利和义务是相等的，即只要所持有的股份相同，其股东可以享有的权益和应当履行的义务就相同。股份为股份有限公司股东所持有。股份是股东权利的象征，股东持有多少股份，就享有所持股份限度的权利。

股票，是指由股份有限公司签发的证明股东按其所持股份享有权利和承担义务的凭证。股票具有以下性质：一是有价证券。股票是一种具有财产价值的证券。股票记载着股票种类、票面金额及代表的股份数，反映着股票持有人对公司的权利。二是证权证券。股票是证明股东权利的有价证券。股票通过其记载事项表明其所有人或者持有人在公司中所享有的权利；股票所代表的股东权利包含财产权的内容，如分红权和剩余财产分配权等；股票可以流通并可以设置质押。因此，股票是一种有价证券，是证明股东权利的凭证。三是要式证券。根据《公司法》第149条的规定，股票可以采用纸面或者国务院证券监督管理机构规定的其他形式；采用纸面形式的，应当载明公司名称，公司成立日期或者股票发行的时间，股票种类、票面金额及代表的股份数，发行无面额股的，股票代表的股份数等主要事项，同时载明股票的编号，由法定代表人签名，公司盖章，发起人股票还应标明发起人股票字样。四是流通证券。股票可以在证券交易市场进行交易。

股票是股份的表现形式，作为法律概念的股份在具体生活中的表现形式就是股票。股份是股票的价值内容，股票是股份的存在形式。

本条第2款是关于记名股票的规定。

记名股票（registered stock），是指在股东名册上登记有持股人的姓名、名称和地址，并在股票上也注明持有人姓名、名称的股票。记名股票一律用股东本名，不得另立户名或者以代表人姓名记名。在本次修法之前，公司还可以发行无记名股票。无记名股票（stock to bearer），是指在股票上不记载承购人的姓名，可以任意转让的股票。修法前，公司向发起人、法人发行的股票，应当为记名股票，并应当记载该发起人或者法人的姓名、名称，不得另立户名或者以代表人的姓名记名。公司对社会公众发行的股票，可以为记名股票，也可以为无记名股票。依法持有无记名股票的任何人都是公司的股东，都可以凭其所持的股票向公司主张权利。修法后，股份有限公司只能发行记名股票，法律之所以作这样的调整，目的是使股份有限公司的股份发行和转让、股东权利的行使更为有序。

【条文】

第一百四十八条

面额股股票的发行价格可以按票面金额，也可以超过票面金额，但不得低于票面金额。

【条文主旨】

本条是关于面额股股票发行价格的规定。

【条文概览】

1993 年《公司法》第 131 条规定："股票发行价格可以按票面金额，也可以超过票面金额，但不得低于票面金额。以超过票面金额为股票发行价格的，须经国务院证券管理部门批准。以超过票面金额发行股票所得溢价款列入公司资本公积金。股票溢价发行的具体管理办法由国务院另行规定。"《公司法》在 1999 年修正时，该条未作变更。2004 年《公司法》修正时，删除"以超过票面金额为股票发行价格的，须经国务院证券管理部门批准"的内容。2005 年《公司法》修订时，将本条的序号调整为第 128 条，并删除"以超过票面金额发行股票所得溢价款列入公司资本公积金。股票溢价发行的具体管理办法由国务院另行规定"的内容。2013 年《公司法》修正时，将本条序号调整为第 127 条。2018 年《公司法》修正时，该条未作调整。

新《公司法》由于规定了无面额股，因此相应的本条内容修改为面额股股票的发行价格可以按票面金额，也可以超过票面金额，但不得低于票面金额。

【理解与适用】

关于面额股股票的发行价格，一般包括以下三种方式：（1）平价发行，即股票的发行价格与股票的票面价格相同；（2）溢价发行，即股票的发行价格高于股票的票面价格；（3）折价发行，即股票的发行价格低于股票的票面价格。股份有限公司通过发行股票的形式进行股份的发行，来募集公司设立或者增资所必需的资本。每一面额股股票的票面价值是相同的。公司发行新股，可以根据公司经营情况和财务状况，确定其作价方案。从资本充实的角度出发，面额股股票只有平价发行或者溢价发行，股份发行所募集到的资金才能够等于或者高于公司所需要的资本。而股票的折价发行，即按照低于股票的票面价值发行股票，即使股份全部得以发行，所筹集到的资金也必然低于公司所需资本总额，这实际上会造成公司资本的虚增，有可能损害公司及股东的利益，对于公司债权人来说也是不利的。因此，各国对于面额股股票的发行，一般要求必须平价发行或者溢价发行，而对于折价发行股票进行限制，如要求折价股份的发行对象只限于公司的原有股东或者公司职工、折价发行股份必须在公司成立一定年限以后等。面额股股票的折价发行有损资本充实，因此本条规定，面额股股票发行价格可以按票面金额，也可以超过票面金额，但不得低于票面金额。同时，《公司法》第 213 条规定："公司以超过股票票面金额的发行价格发行股份所得的溢价款、发行无面额股所得股款未计入注册资本的金额以及国务院财政部门规定列入资本公积金的其他项目，应当列为公司资本公积金。"本次《公司法》修订引入了无面额股，这有利于丰富公司的融资渠道、满足其融资需求。《公司法》第 142 条第 1 款规定："公司的资本划分为股份。公司的全部股份，根据公司章程的规定择一采用面额股或者无面额股。采用面额股的，每一股的金额相等。"第 149 条规定："股票采用纸面形式或者国务院证券监督管理机构规定的其他形式。股票采用纸面形式的，应当载明下列主要事项：（一）公司名称；（二）公司成立日期或者股票发行的时间；（三）股票种类、票面金额及代表的股份数，发行无面额股的，股票代表的股份数。股票采用纸面形式的，还应当载明股票的编号，由法定代表人签名，公司盖章。发起人股票采用纸面形式的，应当标明发起人股票字样。"即发行纸面股票的，如为面额股，需载明票面金额，且发行价格需高于或者等于票面金额。无面额股股票的票面上不载明具体金额，只载明股票代表的股份数量，以此表明持有该股票的股东在公司中的表决权、盈余分配请求权等相应的股权。同时，《公司法》第 151 条第 1 款规定："公司发行新股，股东会应当对下列事项作出决议：……（五）发行无面额股的，新股发行所得股款计入注册资本的金额。"发行无面额股所得股款未计入注册资本的金额，则列为公司资本公积金。

【条文】

第一百四十九条

股票采用纸面形式或者国务院证券监督管理机构规定的其他形式。

股票采用纸面形式的，应当载明下列主要事项：

（一）公司名称；

（二）公司成立日期或者股票发行的时间；

（三）股票种类、票面金额及代表的股份数，发行无面额股的，股票代表的股份数。

股票采用纸面形式的，还应当载明股票的编号，由法定代表人签名，公司盖章。

发起人股票采用纸面形式的，应当标明发起人股票字样。

【条文主旨】

本条是关于股票形式及其记载事项的规定。

【条文概览】

本条系对原《公司法》条文的实质修改，新增了关于无面额股的股票记载事项等内容。1993 年《公司法》第 132 条规定：“股票采用纸面形式或者国务院证券管理部门规定的其他形式。股票应当载明下列主要事项：（一）公司名称；（二）公司登记成立的日期；（三）股票种类、票面金额及代表的股份数；（四）股票的编号。股票由董事长签名，公司盖章。发起人的股票，应当标明发起人股票字样。”《公司法》在 1999 年、2004 年修正时，该条未作变更。2005 年《公司法》修订时，将本条的序号调整为第 129 条，将“国务院证券管理部门”修改为“国务院证券监督管理机构”，将原来由“董事长”签名，修改为“法定代表人”签名，并删去了“公司登记成立的日期”中的“登记”二字。2013 年《公司法》修正时，将本条的序号调整为第 128 条。2018 年《公司法》修正时，本条未作调整。2023 年《公司法》修改内容主要有四：一是第 2 款第 2 项增加了“或者股票发行的时间”；二是第 2 款第 3 项增加关于无面额股的规定，“发行无面额股的，股票代表的股份数”；三是强调本条第 2 款规定针对的是股票“采用纸面形式的”，与第 1 款“纸面形式或者国务院证券监督管理机构规定的其他形式”对应；四是将“载明股票的编号”由第 2 款第 4 项单独作为第 3 款。条文序号由 128 条调整为 149 条。

【理解与适用】

股票是一种要式有价证券，其形式和记载内容必须符合法律规定，才具有法律效力。

第一，第 1 款规定股份有限公司发行股票所采取的形式。传统的股票多采取纸面形式，即实物券式的股票，其在纸制品上载明股票应当记载的事项，并将该纸制品作为股东权利凭证。随着电子技术在证券业务领域的运用，出现了簿记形式的股票，即无纸化股票，其以登记结算机构所记载的电子信息作为股权凭证。实践中，对于公开发行并上市交易的股票，《证券法》第 150 条第 1 款规定：“在证券交易所或者国务院批准的其他全国性证券交易场所交易的证券，应当全部存管在证券登记结算机构。”也就是说，以簿记形式在中国证券登记结算有限责任公司集中存管。本款规定了上述两种形式：一是考虑到纸面形式是股票的传统形式，规定股票可以采用纸面形式；二是考虑保护投资者权益，防止发生欺诈行为，规定采取纸面以外其他形式的，应当符合国务院证券监督管理机构的规定。

第二，第 2 款规定纸质股票的记载事项。主要有：一是公司的基本情况。包括公司的名称、公司成立日期或者股票发行时间。其中，公司成立的日期应当为公司登记机关核发公司营业执照的日期。上述信息对于证明股票持有人或者股票所有人的股东权利是必需的。二是股票的基本情况。面额股上应当记载的事项包括：股票种类、票面金额及代表的股份数。股票的种类，即股票是普通股股票还是特别股股票，如果是特别股股票，是什么样的特别股，是享有分红优先权的特别股，还是其他类型的特别股。股票的票面金额，即股票的票面价值。通过知悉股票的票面金额和股票的发行数量，就可以知道本次股票发行所募集资本的总额。股票所代表的股份数，指确定每张股票是多少股，是表明股东在公司享有多少权利的基本依据。发行无面额股的，则仅需要在其上记载股票代表的股份数。

第三，第 3 款要求采用纸质形式的股票必须载明股票的编号，并由公司法定代表人签名，公司盖章。股票编号即股票发行的序号。

第四，第 4 款是关于发起人股票的规定。如果是公司发起人股票，应当标明发起人股票的字样。依据本法第 160 条规定，公司公开发行股份前已经发行的股份，自公司在证券交易所上市交易之日起一年内不得转让，此系对公司发起人权利的限制。为了能够使这一规定在实践中得以执行，故本条第4款要求在发起人的股票上标明发起人股票的字样，明晰发起人身份，以确保发起人承担本法所规定的发起人责任和转让股票限制，保持公司的稳定性，增强投资者特别是公众投资者对公司的信心。

【实务问题】

第一，簿记券式股票与实物券式股票。国务院颁布的《股票发行与交易管理暂行条例》第53条规定："股票发行采取记名式。发行人可以发行簿记券式股票，也可以发行实物券式股票。簿记券式股票名册应当由证监会指定的机构保管。实物券式股票集中保管的，也应当由证监会指定的机构保管。"第81条规定："……'簿记券式股票'是指发行人按照证监会规定的统一格式制作的、记载股东权益的书面名册。'实物券式股票'是指发行人在证监会指定的印制机构统一印制的书面股票……"

第二，股票面额与股票代表股份数。票面金额是指每股股票所表示的具体数额，如1000元、2000元等；股票所代表的股份数是指每张股票是多少股，比如10股、20股，或者规定每多少金额为一股，如可以规定1元一股，也可以规定10元一股等。

第三，股票的其他可选记载内容。除本条列明的项目之外，公司股票还可以包括股票的发行日期、公司的地址、公司的股份总数、本次发行股票的股份数额等。

【条文】

第一百五十条

股份有限公司成立后，即向股东正式交付股票。公司成立前不得向股东交付股票。

【条文主旨】

本条是关于股票交付的规定。

【条文概览】

本条对2018年《公司法》在内容上未作修改，条文序号由第132条调整为第150条。1993年《公司法》第136条规定："股份有限公司登记成立后，即向股东正式交付股票。公司登记成立前不得向股东交付股票。"《公司法》在1999年、2004年修正时该条未作变更。2005年《公司法》修订时删除两处"登记"，将本条序号调整为第133条。2013年《公司法》修正时，将本条的序号调整为第132条。2018年《公司法》修正时，本条未作调整。

【理解与适用】

本条从正、反两方面规定股份有限公司的股票交付。一方面，公司成立后必须立即交付股票；另一方面，公司成立前不得交付股票。

第一，公司成立前，不得向股东交付股票。首先，股票是股份有限公司成立以后以公司名义发行的，公司未正式成立前，尚无法人资格，无权发行股票。在公司设立过程中、公司正式成立前，股份已经存在，必须发行并认购股份，未认购股份或者认购股份不足一定金额的，公司不得成立，但此时并不存在股票，认缴股份时，只能由发起人给发收据作为交付凭证。其次，股份有限公司的股票是一种代表股东权利的有价证券，具有流通性，可以自由转让。因此，股票应当具有确定性，即股票所代表的权利应当是确定的、无瑕疵的，这样才能保证交易的安全，维护正常的交易秩序，保护交易双方的合法权益。如果允许公司在成立前就向股东交付股票，同时该股票在市场上进行了流通，一旦设立中的公司因为种种原因最后没有成立，该股票所代表的股东权利不存在，所有围绕该股票已经发生的交易都会受到影响，这种情况的发生将会严重影响市场的交易秩序。

第二，公司成立后，应当立即向股东交付股票。如果公司迟延交付股票，将会影响股权行使、损害股东利益。

【实务问题】

公司成立之时应当是公司营业执照签发之日，股票的交付时间是公司成立后。确定公司向股东正式交付股票的日期，其主要理由和目的：一是公司的股票是基于公司的成立而产生的，即公司先于股票的存在而存在，所以公司只有在成立后才可以向股东交付股票。二是保证公司成立以后的稳定。公司成立前就允许交付股票，容易导致股票的交易情况发生，会助长股票的投机行为；同时，公司一旦没有成立就有可能给社会造成不利的影响，使得社会公众遭受更大的损失。比如，原来股票溢价发行为 7 元，如果允许成立前发行，就有可能使得股票由原来的 7 元变为 8 元、9 元甚至更高。这样，一旦公司没有成立，就使新的认购人与原来的认购人相比有较大的损失；另外，这样也不利于国家对股票的管理，造成宏观上的失控。

【条文】

第一百五十一条

公司发行新股，股东会应当对下列事项作出决议：

（一）新股种类及数额；

（二）新股发行价格；

（三）新股发行的起止日期；

（四）向原有股东发行新股的种类及数额；

（五）发行无面额股的，新股发行所得股款计入注册资本的金额。

公司发行新股，可以根据公司经营情况和财务状况，确定其作价方案。

【条文主旨】

本条是关于股份有限公司发行新股之股东会决议的规定。

【条文概览】

本条系对原《公司法》条文的实质性修改，在 2018 年《公司法》第 133 条的基础上新增了关于“发行无面额股的，新股发行所得股款计入注册资本的金额”事项需经股东会决议的规定，以配合无面额股制度。1993 年《公司法》第 138 条规定：“公司发行新股，股东大会应当对下列事项作出决议：（一）新股种类及数额；（二）新股发行价格；（三）新股发行的起止日期；（四）向原有股东发行新股的种类及数额。”《公司法》在 1999 年、2004 年修正时该条未作变更。2005 年《公司法》修订时将本条序号调整为第 134 条。2013 年《公司法》修正时，将本条的序号调整为第 133 条。2018 年《公司法》修正时，本条未作调整。

【理解与适用】

公司发行新股，是指公司在成立以后再次发行股份的行为。新股发行的主体是已经存续的公司，新股发行的目的是增加公司资本、改变公司股份结构或者股东持股结构。公司发行新股的行为本质上属于公司是否增加注册资本的事项，故公司发行新股的时间、发行方式、发行种类和数量等问题都属于公司自治范畴，需要公司根据自身经营状况、资金需求、市场状况等确定。而发行新股涉及公司资本的增加、公司股权结构以及股东持股比例的变化，一方面属于公司经营中的重大事项，另一方面事关股东直接利益，故在公司自治范畴内应当由公司最高权力机关、代表公司股东利益的股东会决议。

公司发行新股，包括向社会公开募集发行和向特定对象募集的不公开发行两种方式。其中，对于向特定对象私募进行的新股发行，应当遵循本条规定由股东会决议相关事项；对于向社会公开募集发行，除遵循本条规定外，还应当符合《证券法》的有关规定。

根据本条第1款规定，公司发行新股应经股东会决议的事项包括：（1）新股的种类及数额。即本次发行的新股是什么类型的股份，是普通股还是特别股，如果是特别股，属于什么类型的特别股。此次新股发行的数额是多少。特别值得注意的是，本法第144条引入了类别股制度，如果决定发行类别股，则需要确定类别股的内容，比如复数表决权股的表决权倍数。（2）新股的发行价格。发行面额股的，股东会须对此次新股发行是平价发行还是溢价发行、具体的发行价格作出决议；发行无面额股的，虽然不涉及平价发行或者溢价发行的问题，但仍然需要股东会决议确定新股发行价格。（3）新股发行的起止日期。此规定系与《证券法》之间在股东会决议事项方面建立链接，《证券法》第33条规定："股票发行采用代销方式，代销期限届满，向投资者出售的股票数量未达到拟公开发行股票数量百分之七十的，为发行失败。发行人应当按照发行价并加算银行同期存款利息返还股票认购人。"因此，股东会须对新股发行期限作出明确决议。（4）向原有股东发行新股的种类及数额。公司发行新股往往会影响原有股东的利益，可能构成对原有股东股权的稀释进而降低投资收益和表决权权重等。本法对于有限责任公司，规定了股东在公司新增资本时享有按照出资比例优先认缴的权利；而对于股份有限公司，由于其公众性以及股东数量较多，本法并未直接赋予股份有限公司股东在公司增资发行新股时享有优先认购权，而是以股东自治的方式保护原有股东权益，即本法第227条第2款规定："股份有限公司为增加注册资本发行新股时，股东不享有优先认购权，公司章程另有规定或者股东会决议决定股东享有优先认购权的除外。"因此，本条要求股份有限公司向原有股东发行新股的，股东会应当对向原有股东发行新股的种类及数额作出决议；公司章程或者股东会决议没有赋予股东优先认购权的情况下，也可以决议不向原有股东发行新股。（5）发行无面额股的，新股发行所得股权计入注册资本的金额。此系为了配合无面额股制度的新增条文。依据本法第142条第3款关于"采用无面额股的，应当将发行股份所得股款的二分之一以上计入注册资本”之规定，在符合高于所得股款二分之一的法定要求下，具体计入注册资本的数额为多少由公司自治决定，故股东会决议应当明确发行无面额股后计入注册资本的具体数额。

本条第2款还对股份有限公司确定新股发行作价方案作出规定。实践中，公司确定作价方案时，需要考虑的因素包括但不限于公司经营情况、财务状况、发展前景、投资计划等。通过向社会公开募集的发行方式发行新股的，还需考虑股票市场的情况，包括股票一级市场的供求情况，一级市场、二级市场整体的股价水平，股票市场走势，股票市盈率，同板块股票的价格水平以及同期银行利率水平等因素。该作价方案的目标是，既要使得新股发行价格能够为投资者接受，能够吸引到足够多的投资者以募集到公司需要的资金；又能符合公司实际经营状况、原有股东权益。

【实务问题】

一、发行新股之股东会决议的类型

对于公司发行新股需要由股东会作出的决议类型，本条没有作出特别的规定，应理解为由公司的股东会作出普通决议，也就是说，公司发行新股必须要有半数以上持公司表决权的股东的同意方可进行。否则，其决议无效，公司不能发行新股。

二、授权资本制下的新股发行

本法采纳了授权资本制。董事会在取得授权并且符合法律规定的情况下发行新股，不必经过股东会决议。即便如此，发行新股仍然是股东会决议事项，只不过公司章程以公司内部最高规则的方式授权董事会职权，或者股东会以其公司最高权力机关的地位授权董事会职权。

【条文】

第一百五十二条

公司章程或者股东会可以授权董事会在三年内决定发行不超过已发行股份百分之五十的股份。但以非货币财产作价出资的应当经股东会决议。

董事会依照前款规定决定发行股份导致公司注册资本、已发行股份数发生变化的，对公司章程该项记载事项的修改不需再由股东会表决。

【条文主旨】

本条是关于股份有限公司股份授权发行的规定。

【条文概览】

本条是 2023 年《公司法》新增重要条款，是授权资本制最重要的条款。

【理解与适用】

一、公司资本制度的类型

公司资本是通过股份或者资本的发行而形成，它可以在公司设立时一次性形成，也可以在公司成立后分次形成。基于立法宗旨、社会背景、法律传统和现实需要等多方面因素，对资本的形成方式在法律规则上有不同设计。通常而言，公司资本制度可归纳为法定资本制和授权资本制两种基本类型。法定资本制是指公司设立时，必须在章程中对公司的资本总额作出规定，并由股东会全部认足或者缴足，否则公司不能成立。可见，在本次《公司法》修订前，无论是认缴资本制还是实缴资本制，都是要求公司在设立之时一次性足额发行全部资本，区别在于发行之后是认缴还是实缴。授权资本制是指在公司设立之时，虽然在公司章程中确定股份总数，但不必全部发行，发起人只要认购部分股份，公司即可成立；未发行的股份，授权董事会根据需要，在公司成立后其认为必要之时，随时一次或者分次发行或者募集。

二、我国公司资本制度的沿革

2023 年《公司法》修订前，我国一直采用法定资本制，此系我国首次采用授权资本制。本条允许股份有限公司通过公司章程或者股东会授权董事会，由其决定发行一定数量的股份，这一规定改变了既往股份发行只能由股东会决议的法定资本制的格局。1993 年《公司法》实行严格的法定资本制，要求资本在公司设立时必须全部缴足，并设立了最低注册资本限额。2005 年《公司法》修订，要求公司资本在公司设立时必须全部认足，但可以在 3 年或者 5 年内分次实际缴付。2013 年《公司法》修正，取消了缴付年限等限制，被称为“认缴资本制”，即公司设立时，公司章程记载公司资本总额，并由股东全额认购，按照约定的期限分期缴纳股款。

法定资本制通过对资本形成阶段性的严格管控，在稳定公司资本、建立商事信用方面起到积极作用。在我国公司制度的前期发展阶段，确立法定资本制可以有效地维护交易安全，确保公司存在一定的责任财产，以保护债权人利益，并且通过注册资本的对外公信力，降低交易过程中的调查成本，提高商业效率。但随着市场经济和公司制度的不断发展，法定资本制的弊端也随之显现。首先，“公司资本债权人保护论”作为法定资本制的理论根基，受到一定质疑，以资本为核心的公司信用体系难以完成保护债权人的历史使命，反而是公司经营过程中资产的不当变化可能是侵害债权人利益的主要手段。其次，公司作为商业实践主体，法律对其限制的程度正在不断降低，法定资本制使得公司设立之时融资存在困难、设立之后增资程序烦琐，在一定程度上不利于激发市场活力。最后，在法定资本制之认缴资本制下，公司注册资本的数额不能反映公司实际资本情况，无法据此判断公司偿债能力，也就无从实现保护债权人之目的。

授权资本制与法定资本制相比，则具有如下优势：一是方便募集资金、引入投资、设立公司。二是与目前法定资本制下的认缴资本制相比，后者因须在设立之时发行全部资本而致使实缴资本过低、认缴资本虚高，前者更能真实反映公司资本情况，为公司交易相对人提供更为客观准确的信赖基础。三是公司成立后可由董事会随时增发股份，不必修改公司章程，也不必经过股东会决议，简化了公司增资程序，契合公司运营需要、节约公司运营成本，能够促成公司更快、更好地适应市场变化，契合了当前董事会中心主义的潮流和改革诉求。此外，有学者指出，授权资本制的引入还为反收购措施的运用提供了规范基础——在敌意收购中，部分收购方通过证券交易市场已买入一定比例的股票，能够影响甚至决定股东会的表决结果，以此利用股东会表决来否定新股发行议案。在授权资本制下，敌意收购方的此种愿望恐不能达成，因为董事会可以自主决定新股发行并通过新股发行来稀释收购方股权比例或者引入其他投资者。[①] 因此，为提高融资效率并维护交易安全，借鉴国外公司法律制度经验引入授权资本制，既方便股东有限公司设立，又给予其发行新股筹集资本的灵活性，并且减少注册资本过度虚化带来的各种问题。

三、授权资本制仅适用于股份有限公司，不适用于有限责任公司

其原因在于，授权资本制强调资本的发行权与控制权都掌握在董事会手中，由董事会根据公司实际经营需要发行股份。实践中，我国有限责任公司股东人数较少，且股东多直接参与公司经营管理，无须将发行权转移给董事会徒增代理成本。相较而言，股份有限公司股东人数众多，尤其是上市公司、非上市公众公司等，其通过发行新股融资之时董事会显然比股东会更能满足高效决策的需求。即，将授权资本制适用于所有权与经营权相分离的股份有限公司，更能发挥其制度价值。

四、授权资本制的规范性质与授权方式

本条规定是任意性规范，即赋予公司在法定资本制和授权资本制两种发行模式之间自主选择的权利。因此，股份有限公司既可以选择授权资本模式，也可以因在公司章程中未设置或者未由股东会授权而继续采用法定资本模式。

授权方式有二：一是公司章程规定，二是公司股东会授权。依据本法第67条规定，董事会的法定职权并不包括发行公司股份的权利。因此，董事会该权利源于公司章程或者公司股东会授权，而并非自己的法定职权。

【实务问题】

一、授权资本制的限制

在授权资本制采用分次发行的方式下，由董事会决定公司股份发行可能引发董事的机会主义行为。一方面，增发股份会稀释现有股东的表决权及股票价值，导致公司股权结构及公司控制权发生调整和变化；另一方面，因为

① 参见刘斌编著：《新公司法注释全书》，中国法制出版社2024年版，第559页。

公司设立时发行极少资本或者公司缺乏足够实收资本而损害债权人利益。①因此，本条第 1 款对授权资本制作出如下限制，实务中应当注意。

一是期限限制。董事会仅可在授权之日起 3 年内享有股份发行的决定权，具体期限由公司章程或者股东会授权的具体内容决定，但权利期限不得超过法定限制的 3 年。否则，不产生相应法律效力。

二是比例限制。董事会决定发行股份不得超过已发行股份的 50%，具体股份比例应当由公司章程规定或者股东会决议。作此限制的考虑在于，既防止董事会滥用新股发行权，也可为既有股东持股比例的降低设定下限，避免股东的股份被过分稀释。因此，股东会在决定该比例时，既应当考虑公司未来股权融资的可能规模，也应当考虑自己股权被稀释的限度，即在公司未来发展与股东自身权益保护方面综合平衡。对此，为了保护原有股东利益特别是原股东对公司的控制权，域外法有的还对发行新股权利之回归股东会作出规定。比如，《美国示范公司法》规定，新发行的股份所代表表决权超过当前流通股份代表表决权 20% 的，董事会发行新股应当经过股东会同意。再如，《日本公司法》规定，当新股发行导致公司控制权发生变化时，新股发行须经股东会表决。值得注意的是，本次修法过程中，也曾经试图要求“发行新股所代表的表决权数超过公司发行股份代表的表决权总数百分之二十的，应当经股东会决议”，但在此后的讨论过程中，通过规定董事会最多可发行“已发行股份百分之五十”的股份而使得董事会享有更为充分的自治权力。

三是出资形式限制。本条第 1 款还规定，以非货币财产作价出资的应当经过股东会决议。依据本法第 48 条规定，股东出资形式包括货币出资和非货币出资，后者包括以股权、债权等可用货币估价并可依法转让的资本形式。对出资形式作出限于货币出资的限制，其原因在于货币财产出资价值明确，而非货币财产出资需要评估作价，既可能因为作价畸高或者畸低而导致董事会滥权或者给予新股东不合理的优待并进而影响公司、原股东利益，也可能因为变现困难甚至无法变现而影响公司发展。总之，股东以非货币财产作价出资涉及股东之间、股东与代表公司的董事会之间协商自治。因此，有必要进行严格控制。所谓更为严格的控制，即双层控制，第一层控制是由董事会通过决策机制实现股份认购和定价控制，第二层控制是由股东会进行评估的控制。以此防止董事会对非货币财产出资单一控制时产生代理成本甚至

① 参见王毓莹：《新公司法二十四讲：审判原理与疑难问题深度释解》，法律出版社 2024 年版，第 411 页。

欺诈问题。

可供进一步探讨的是，鉴于本条所设定的限制，本法所确立的授权资本制更为准确的定位或许是介于法定资本制与授权资本制之间的折中资本制。有观点认为，授权资本制强调允许分次发行，并且章程仅规定后续发行的种类和限额，其余内容均由董事会自由决定；折中资本制也允许分次发行，但公司股东会可通过决议对授权资本的数额或者比例、发行时间或者期限、具体程序等进行限制。①

二、授权发行后注册资本变化和章程修改

本条第 2 款规定，董事会决定发行股份导致公司注册资本、已发行股份数发生变化的，对公司章程该项记载事项的修改不需要股东会表决。之所以如此规定，一是该两项内容系公司章程的必要记载事项，其变更当然要修改公司章程。二是虽然依据本法规定，修改公司章程须经股东会决议，但是引入授权资本制的立法目的之一即简化公司增资程序、降低股东会决议给公司融资带来的时间成本和表决通过成本，如果董事会发行新股后修改公司章程仍然需要经过股东会决议，则立法目的难以实现，甚至恐造成股东会以此掣肘而使得授权资本制名存实亡。三是在授权董事会发行新股的情况下，应当将该发行新股行为理解为已经取得概括授权，相应引起的公司章程修改仅仅是程序完备之所需，而非股东会决议所针对的实质性事项。

① 参见朱锦清：《公司法学》（修订本），清华大学出版社 2019 年版，第 66 页。

【条文】

第一百五十三条

公司章程或者股东会授权董事会决定发行新股的，董事会决议应当经全体董事三分之二以上通过。

【条文主旨】

本条是关于依授权发行新股时董事会表决的规定。

【条文概览】

本条是2023年《公司法》新增的重要条款，是授权资本制下的核心条款之一。

【理解与适用】

本条明确了在授权资本制下，股份有限公司董事会决定发行新股时应当遵循的程序性要求，是在第152条引入授权资本制基础上进行的具体、细化规定。一方面考虑到授权资本制的特征，规定应当由董事会决议；另一方面考虑到发行新股影响重大，对表决比例作出要求。

第一，公司章程或者股东会授权董事会决定发行新股的，由董事会作出决议。在法定资本之下，公司发行新股必须经过股东会决议、变更公司章程。在授权资本制下，如果新股发行的决议权仍然掌握在股东会手中，则授权资本制名存实亡，难以发挥授权资本制在公司增资、融资方面的积极作用。因为一般而言，首先，股东会召集成本较高，尤其是对公开发行股份的公司而言，其召开股东会费时费力，不利于公司及时增发股份、调度资金，妨碍公司灵活经营甚至可能错失商业良机，进而影响公司经营效益与生存发展；其次，股东可能出于对新股发行后将稀释其原有股东权益的考虑而阻碍决议通过，使得公司发行新股、增资陷入僵局。故考虑上述两个方面，配合授权资本制的顺利运行，在董事会已经获得公司章程或者股东会决议授权的前提下，董事会发行新股应当由董事会自行决议，而不再由股东会决议。由此，董事会可以根据公司发展需要随时发行新股，不必经过股东会决议程序，以此简化公司增资程序，适应市场经济和公司发展需要对决策高效便捷的客观要求。这既是对原《公司法》关于公司发行新股必须经过股东会决议、变更公司章程、审核批准等程序之规定的修改，也是2023年《公司法》

第151条关于公司发行新股时股东会应当作出决议之规定的例外规定。该例外的逻辑起点在于，公司选择采用法定资本制的，则仍然依据第151条由股东会对发行新股作出决议；公司选择采用授权资本制的，则应当依据本条由董事会作出决议。

第二，董事会决议应当经全体董事三分之二以上通过。在经董事会决议而无需股东会决议有利于促进便捷高效增资、符合授权资本制要求的同时，由董事会决议发行新股也可能会引起董事的机会主义行为。比如，如果董事过度冒险扩张经营，不按照实际需要盲目发行新股融资，那么作为剩余财产分配请求权人的股东将承担过度经营的风险，可见董事的错误决策或者滥用新股发行权将对股东权益产生不利影响。因此，本条在规定由董事会决议的同时，严格规定了董事会决议的程序和比例要求，达到全体董事的三分之二以上的要求，其目的在于发挥董事会决议优势的同时避免其弊端。此系在本法第152条对董事会发行新股规定限制条件的基础上，再进行限制规定。

第三，董事会发行新股决议除需要遵循本条规定外，亦应当遵循公司法律制度对董事以及董事会决议的普遍性要求。比如，董事需要遵循本法第180条关于忠实义务和勤勉义务的要求，应当基于充分的商业信息为公司利益考虑进行审慎决策，否则将导致相应的法律责任。再如，如果系定向增发股份，则关联董事要遵循本法第139条关于"有关联关系的董事不得对该项决议行使表决权，也不得代理其他董事行使表决权"的要求。此外，对于董事会所作出的增发股份决议，如果存在本法规定的实体或者程序瑕疵，将导致决议无效、可撤销或者不成立。例如，如果董事会关于发行新股的决议具体内容违反法律、行政法规的强制性规定，则应当依据本法第25条的规定认定无效；如果股份发行价格不公允等损害原股东利益，则原股东可以主张决议无效；如果董事会会议召集程序、表决方式违反法律、行政法规或者公司章程，或者决议内容违反公司章程，则股东可以依据本法第26条的规定申请撤销董事会决议。

【实务问题】

关于董事会表决比例的要求。本条对董事会表决比例的要求包括两个方面：一是基数为全体董事，而非出席会议的董事；二是要求三分之二以上的绝对多数，而非二分之一。上述两方面体现了对表决比例更为严格的要求。比如，依据本法第162条的规定，公司在例外情形下收购本公司股份时，将股份用于员工持股计划或者股权激励的，将股份用于转换公司发行的可转换为股票的公司债券的，或者上市公司为维护公司价值及股东权益所必需的，可以按照公司章程或者股东会的授权，经三分之二以上董事出席的董事会会议决议，即并未要求以全体董事为计算基数。再如，就一般情形下董事会决议，针对有限责任公司，本法第 73 条第 2 款规定“董事会会议应当有过半数的董事出席方可举行。董事会作出决议，应当经全体董事的过半数通过”；针对股份有限公司，本法第 124 条第 1 款规定“董事会会议应当有过半数的董事出席方可举行。董事会作出决议，应当经全体董事的过半数通过”，即要求全体董事的二分之一以上通过，而不必达到三分之二。更进一步，就某些事项本法还专门规定由董事会全体董事的二分之一通过，比如，本法第 122 条第 1 款规定：“董事会设董事长一人，可以设副董事长。董事长和副董事长由董事会以全体董事的过半数选举产生。”本法第 139 条规定：“上市公司董事与董事会会议决议事项所涉及的企业或者个人有关联关系的，该董事应当及时向董事会书面报告。有关联关系的董事不得对该项决议行使表决权，也不得代理其他董事行使表决权。该董事会会议由过半数的无关联关系董事出席即可举行，董事会会议所作决议须经无关联关系董事过半数通过……”而与本条规定类似，规定全体董事三分之二以上通过的事项仅有本法第 163 条第 2 款关于公司财务资助事项：“为公司利益，经股东会决议，或者董事会按照公司章程或者股东会的授权作出决议，公司可以为他人取得本公司或者其母公司的股份提供财务资助，但财务资助的累计总额不得超过已发行股本总额的百分之十。董事会作出决议应当经全体董事的三分之二以上通过。”该条所涉及事项也关涉公司股份，由此，足见股权问题以及本条所涉及的发行新股问题在公司经营发展中的极端重要性。能够再进行佐证的是，一般情形下股东会表决也仅要求过半数的比例，但在涉及公司章程修改、增加或者减少注册资本以及公司合并、分立、解散或者变更公司形式的重大事项，以及上市公司作为公众公司实施影响公众投资者权益的行为（在 1 年内购买、出售重大资产或者向他人提供担保的金额超过公司资产总额 30%）时，才要求股东所持表决权的三分之二以上通过。

总之，发行新股对公司、公司原有股东、公司外部债权人而言都事关重大，引入授权资本制允许将该项职权授权董事会行使，足见新《公司法》对增加公司增资便利性、发挥董事会高效决策优势的决心。同时，对董事会表决程序、表决比例作出严于其他表决事项的要求，参照公司财务资助、公司合并分立、影响公众投资者等事项要求达到三分之二绝对多数同意方可通过董事会决议，又彰显了在引入授权资本制时的谨慎态度。

【条文】

第一百五十四条

公司向社会公开募集股份，应当经国务院证券监督管理机构注册，公告招股说明书。

招股说明书应当附有公司章程，并载明下列事项：

（一）发行的股份总数；

（二）面额股的票面金额和发行价格或者无面额股的发行价格；

（三）募集资金的用途；

（四）认股人的权利和义务；

（五）股份种类及其权利和义务；

（六）本次募股的起止日期及逾期未募足时认股人可以撤回所认股份的说明。

公司设立时发行股份的，还应当载明发起人认购的股份数。

【条文主旨】

本条是关于向社会公开募集股份的公司制作招股说明书的规定。

【条文概览】

本条在2018年《公司法》第86条的基础上并结合第85条和第134条作出实质性修改，主要包括：一是根据2019年《证券法》的修订引入注册制，第1款将2018年《公司法》关于“公司经国务院证券监督管理机构核准公开发行新股时”的相应规定修改为“公司向社会公开募集股份，应当经国务院证券监督管理机构注册”。二是将2018年《公司法》第86条第1项关于招股说明书应当载明发起人认购的股份数之要求，单独作为一款进行规定，并将该要求的适用情形明确为公司设立时发行股份的情形。三是根据无面额股制度的引入，要求载明无面额股的发行价格；根据类别股的引入，要求载明股份种类及其权利义务。四是删除了2018年《公司法》第85条规定的向社会公开募集股份的公司必须制作认股书的要求。五是删除了2018年《公司法》第134条要求的公告财务会计报告和制作认股书的要求。

所涉及条文的沿革为：一是1993年《公司法》第88条规定：“发起人向社会公开募集股份，必须公告招股说明书，并制作认股书。认股书应当载明前条所列事项，由认股人填写所认股数、金额、住所，并签名、盖章。认股人按照所认股数缴纳股款。”1999 年《公司法》和 2004 年《公司法》未作修改。2005 年《公司法》修订时，将本条文内容修改为“发起人向社会公开募集股份，必须公告招股说明书，并制作认股书。认股书应当载明本法第八十七条所列事项，由认股人填写认购股数、金额、住所，并签名、盖章。认股人按照所认购股数缴纳股款”，并将条文序号变更为第 86 条。2018 年《公司法》调整条文序号为第 85 条。二是 1993 年《公司法》中第 87 条规定：“招股说明书应当附有发起人制订的公司章程，并载明下列事项：（一）发起人认购的股份数；（二）每股的票面金额和发行价格；（三）无记名股票的发行总数；（四）认股人的权利、义务；（五）本次募股的起止期限及逾期未募足时认股人可撤回所认股份的说明。”1999 年《公司法》和 2004 年《公司法》未作修改。2005 年《公司法》修订时增加“（四）募集资金的用途”作为第 4 项，其余内容不变。2013 年《公司法》修正时，条文序号变更为第 86 条。2018 年《公司法》未作修改。三是 1993 年《公司法》第 139 条规定：“股东大会作出发行新股的决议后，董事会必须向国务院授权的部门或者省级人民政府申请批准。属于向社会公开募集的，须经国务院证券管理部门批准。”第 140 条规定：“公司经批准向社会公开发行新股时，必须公告新股招股说明书和财务会计报表及附属明细表，并制作认股书。公司向社会公开发行新股，应当由依法设立的证券经营机构承销，签订承销协议。”1999 年《公司法》和 2004 年《公司法》未作修改。2005 年《公司法》修订时将上述两条合并为第 135 条，内容修改为：“公司经国务院证券监督管理机构核准公开发行新股时，必须公告新股招股说明书和财务会计报告，并制作认股书。本法第八十八条、第八十九条的规定适用于公司公开发行新股。”2013 年《公司法》修正时，将条文序号调整为第 134 条，所涉及的原第 88 条和第 89 条的序号调整为第 87 条和第 88 条。2018 年《公司法》修正时，未作修改。

【理解与适用】

第一，本条第 1 款关于公开发行股票注册制的规定。该修改与证券法律制度的修改相契合。2019 年《证券法》第 9 条第 1 款规定：“公开发行证券，必须符合法律、行政法规规定的条件，并依法报经国务院证券监督管理机构或者国务院授权的部门注册。未经依法注册，任何单位和个人不得公开发行证券。证券发行注册制的具体范围、实施步骤，由国务院规定。”自此，证券发行实行注册制。注册制是指证券发行申请人依法将与证券发行有关的一切信息和资料公开，制成法律文件送至证券监管机构审查，监管机构只负责审查发行申请人提供的信息和资料是否履行了信息披露义务的制度。注册制的基本特点是以信息披露为核心，通过要求证券发行人真实、准确、完整地披露公司信息，使投资者基于所获得的必要信息对证券的投资价值进行判断并作出是否投资、投资多少的决策；而证券监管机构对证券的价值好坏、价格高低不作实质性判断。

我国股票发行经历了从审批制到审核制再到注册制的转变。大体上来看，共有两次变革。第一次改革以2000年为分界点，之前采取的是审批制，此后则是审核制。1993年《公司法》第84条规定，发起人向社会公开募集股份时，必须向国务院证券管理部门报送募股申请，并报送有关文件。未经国务院证券管理部门批准，发起人不得向社会公开募集股份。1998年《证券法》第11条则规定，公开发行股票，必须依照公司法规定的条件，报经国务院证券监督管理机构核准。2000年3月，我国股票发行体制开始从审批制改为核准制，同时，从政府选择企业改为由中介机构主要是证券公司推荐企业上市，取消了发行额度和指标。因此，设立股份有限公司公开发行股票，必须向国务院证券监督管理机构报送募股申请，并报送有关法定申请文件。未经国务院证券监督管理机构核准，发起人不得向社会公开募集股份。第二次改革则以2019年为分界点，即如上所述，2019年《证券法》确立了注册制。与此前的核准制相比，注册制有以下六个特点：一是更精简优化的发行条件。注册制和核准制虽然都有发行上市的硬性条件，但这些条件在注册制下更加精简，更注重企业公开发行股票应当具备基本的资格条件、合规条件和运行条件，将现有发行条件中可以由投资者判断的事项转化为更严格、更全面深入精准的信息披露要求，允许尚未盈利或存在累计未弥补亏损的企业上市。二是更严格的信息披露制度体系。注册制要求，发行人在符合条件的基础上，保证在法律方面的规范性和财务数据的真实性，确保信息披露的重大方面必须真实、准确、完整，承担信息披露第一责任；中介机构应归位尽责，对信息披露全面核查验证；投资者根据发行人披露的信息理性投资、自主判断投资价值。三是更市场化的发行承销机制。注册制下，新股发行价格主要通过市场化方式决定；在此过程中发挥机构投资者的投研定价能力，建立以机构投资者为参与主体的询价、定价配售等机制，对发行定价不设限制。四是更强化的中介机构责任。严格要求中介机构履行尽职调查义务和核查把关责任，对于违法违规的中介机构及人员将采取严厉监管措施。五是更重的法律责任。对信息披露造假、欺诈发行等行为全面加重违法行为的行政责任、民事责任以及刑事责任，切实提高违法违规成本，以保障注册制下证券发行活动的规范运行。六是更健全的配套制度。注册制要进一步推动形成“有进有出”的退出机制，建立良好的法制、市场和诚信环境。

第二，依据本条第1款规定，招股说明书应当公告。招股说明书，是指专门表达募集股份的意思并载明有关信息的书面文件，其内容具有法定性，其性质相当于募资公司向社会公众发出的要约邀请。正是由于注册制上述特点，特别是以信息披露为核心的特点，故股份有限公司经证券监管机构注册的同时，必须制作招股说明书并公告，以便投资者全面了解相关信息。一方面达到吸引社会公众认购股份的目的；另一方面，便于广大社会公众知悉发起人、将要设立的股份有限公司及将要发行的股票的情况，了解认购股份后将会享受的权利及承担的义务等，吸引社会公众认购股份，确保社会公众基于真实、准确、完整的公开信息作出认购股份的判断，防止募资公司以不正当手段募股，从而实现募股公司与公众投资者的双赢。至于招股说明书公告的方式，应当遵照《证券法》第86条关于“依法披露的信息，应当在证券交易场所的网站和符合国务院证券监督管理机构规定条件的媒体发布，同时将其置备于公司住所、证券交易场所，供社会公众查阅”之规定。

第三，本条第2款规定了招股说明书应当附公司章程和招股说明书的内容。总体而言，要求包括影响投资者作出投资决策的各项内容。要求将发起人制订的公司章程全文附在招股说明书中，不得有所遗漏，是因为公司章程是公司和股东的行动纲领，规定了公司最为基本的运行规则，应当让社会公众了解，以决定是否购买该公司的股票。

招股说明书的内容包括如下几点：（1）发行的股份总数。指公司在本次发行中所向社会募集的股份总数，以便社会公众了解公司股本情况。（2）面额股的票面金额和发行价格或者无面额股的发行价格。发行面额股的，要载明每一份额的股份所代表的货币数额和发行股票时每一股的价格；发行无面额股的，则要公布无面额股的发行价格，以便认股人认购公司股份，计算自己所购股票代表的公司资本数额及其在公司资本总额中所占的比例，进而行使股东权利。（3）募集资金的用途。即公布所募集的资金用于什么事项，募集资金的用途与投资风险直接相关，并进而影响公众投资者投资与否、投资多少的判断。投资者认购公司股票很大程度上受到公司投资项目的影响，投资者无疑倾向于选择高收益、低风险、前景好的项目投资。招股说明书中的募集资金用途，实际上是对投资者的一种承诺，具有法律约束力，公司不得擅自改变资金用途、挪作他用。《证券法》第14条规定："公司对公开发行股票所募集资金，必须按照招股说明书或者其他公开发行募集文件所列资金用途使用；改变资金用途，必须经股东大会作出决议。擅自改变用途，未作纠正的，或者未经股东大会认可的，不得公开发行新股。"（4）认股人的权利和义务。要求在招股说明书中载明认股人权利义务的目的，是使投资者能够清楚知悉自己权利义务，进而更好行使权利、履行义务。一般而言，认股人的权利主要包括要求代收股款的银行或者其他金融机构出具收款单据、参加成立大会并依法行使表决权、要求未按期募足股份或者未按期召开成立大会的发起人依法返还其股款及同期银行存款利息等。认股人的义务主要包括按照所认股数缴纳股款、不得擅自收回股本等。（5）股份种类及其权利义务。发行类别股的，应当在招股说明书中明确类别股的权利和义务，尤其是类别股股东享有某种权利所付出的义务对价，以便公众投资者作出是否认购该类别股、认购数量的判断。（6）本次募股的起止日期以及逾期未募足时认股人可以撤回所认购股份的说明。募股的起止日期，是指本次募股的开始时间及结束时间，股份募集应当在指定时间内实施。逾期未募足时，认股人可以撤回所认购股份的说明，即在未募足的特殊情况下，认股人能够撤回认购并且由公司返还其所缴纳的股款。

第四，本条第3款规定，公司设立时发行股份的，还应当载明发起人认购的股份数。具体包括发起人认购股份总额和每位发起人认购的股份数额。之所以作出该要求，是为了让社会公众了解发起人的出资情况。

【实务问题】

第一，招股说明书的性质。依据《民法典》第473条的规定，要约邀请是希望他人向自己发出要约的表示。其中，明确将招股说明书列为要约邀请。要约邀请的目的是吸引受领人向相对人发出缔结合同的意思表示，也就是邀请受领人向相对人发出要约，要约邀请的受领人可以根据要约邀请的内容向相对人发出缔约意思表示，也可以根据自己的实际需求对要约邀请的内容进行变更后向相对人发出缔约意思表示，但承诺的权利在发出要约邀请的行为人。鉴于很多要约邀请的形式基本包含了合同的必备条款，甚至是非常细节的条款，在司法实践中准确区分要约邀请和要约并非易事，就发行股份而言，有的股份有限公司进行股份定向增发并向特定人群发放"股权认购权证"，此种行为可能被法院认定构成要约。例如，某公司决定"在一定期限内定向增发给集团高中层管理人员和有突出贡献的员工"，并向这一群体发放“股权认购权证”，公司所制定的定向增发方案规定：“持有这种股份认购权的人员可以在规定的时间内以约定的价格购买本集团股份。本认购权必须经过授予和行权两个阶段，才能转变为个人的集团股份。”法院认为，该方案表明，公司一旦向符合资格条件的人员授予股份认购权证，即受股份认购权证的约束，在股份认购权证持有人按照约定的时期、价格行权时，公司应予以接受；公司授予股份认购权证属于要约，对方予以接受则构成承诺。

第二，公司应当确保招股说明书所记载的事项以及相关内容真实、准确、完整。本条规定招股说明书应当公告并载明相关事项，其目的在于确保募集股份时，投资者可以获知相关必要信息并基于此作出判断，因此公司应当确保招股说明书记载事项以及内容真实准确完整，否则要承担相应责任。除《公司法》所规定的责任外，还包括《证券法》以及《刑法》上的责任。《证券法》第24条规定：“国务院证券监督管理机构或者国务院授权的部门对已作出的证券发行注册的决定，发现不符合法定条件或者法定程序，尚未发行证券的，应当予以撤销，停止发行。已经发行尚未上市的，撤销发行注册决定，发行人应当按照发行价并加算银行同期存款利息返还证券持有人；发行人的控股股东、实际控制人以及保荐人，应当与发行人承担连带责任，但是能够证明自己没有过错的除外。股票的发行人在招股说明书等证券发行文件中隐瞒重要事实或者编造重大虚假内容，已经发行并上市的，国务院证券监督管理机构可以责令发行人回购证券，或者责令负有责任的控股股东、实际控制人买回证券。”即规定了三方面的责任和后果：一是公司承担的后果即尚未发行的，予以撤销、停止发行；已经发行、尚未上市的，撤销发行注册决定。二是发行人、控股股东、实际控制人、保荐人的连带责任。三是责令回购制度。《刑法》（2023年修正）第160条规定了欺诈发行证券罪。《最高人民法院关于审理证券市场虚假陈述侵权民事赔偿案件的若干规定》则具体规定了信息披露义务人就在证券交易场所发行、交易证券过程中实施虚假陈述应当承担的侵权民事责任。

【条文】

第一百五十五条

公司向社会公开募集股份，应当由依法设立的证券公司承销，签订承销协议。

【条文主旨】

本条是关于公开募集股份时证券承销的规定。

【条文概览】

本条将2018年《公司法》中的“发起人”修改为“公司”，将条文序号由第87条变更为第155条。1993年《公司法》第89条规定：“发起人向社会公开募集股份，应当由依法设立的证券经营机构承销，签订承销协议。”1999年《公司法》、2004年《公司法》未作修改。2005年《公司法》将“证券经营机构”修改为“证券公司”，将条文序号变更为第88条。2013年《公司法》未作内容修改，将条文序号变更为第87条。2018年《公司法》未作修改。

【理解与适用】

第一，股份有限公司向社会公开募集股份，只能采取证券公司承销的方式，而不能自行发售股份。即股份有限公司的募股申请经在国务院证券监督管理机构注册以后，股份有限公司不能自己向社会公众发售股票，而是应当通过依法设立的证券公司承销股票。作出该规定的主要考虑：一是向社会公开募集股份，涉及人数众多，由股份有限公司自己发行股票工作量太大，不利于其募足应发行的股份。二是经由证券公司承销证券，可以通过证券公司对发行文件的真实性、准确性、完整性进行核查，有利于保护公众投资者的合法权益。承销商作为证券发行的中介机构，起着发行人和投资者中间桥梁的作用。由于我国证券市场的一些投资者尚不够成熟，因此承销商作为专业机构，对发行文件的真实性、准确性和完整性进行核查，可以起到为发行文件增信的作用，更好地促成发行人和投资者之间的证券发行行为。本条规定在《公司法》与《证券法》之间建立连接，证券承销的具体规定以及发行人、承销商的权利义务在《证券法》中有更为具体的规定。

第二，证券承销的特点和类型。证券承销也被称为证券的间接发行，指证券公司在规定的期限内将股份有限公司发行的股票销售出去，承销的证券公司按照约定收取一定比例的佣金或者报酬。根据《证券法》的规定，证券承销一般应遵守以下法定程序：签订承销协议、承销证券、承销结束。与直接发行相比，承销有以下明显区别：其一，证券承销由证券公司来承办发行事宜，而直接发行则可以由发行人自销。其二，证券承销适用于所有种类的证券，而直接发行通常仅适用于针对少数特定投资人的私募证券。其三，证券承销导致发行成本增加，但是因证券公司以其丰富的证券推销经验，通过广泛的销售网点进行推销，不仅可以在较短时间内筹集较多资金，而且可以扩大发行人的社会影响，分担发行人的发行风险。直接发行虽然省时省力，但是所筹资金有限，且证券持有人过于集中。在我国，证券承销的承销人只能是证券经营机构，包括各商业银行、信托投资公司、城市信用合作银行和证券公司等。

依据《证券法》第 26 条的规定，证券承销包括代销和包销两种方式。代销是指证券公司代理发行人发售股票，在承销期结束时，将未售出的股票全部退还给股份有限公司。包销则是证券公司按照承销协议将股份有限公司的股票全部购入或者在承销期结束时将售后剩余股票全部自行购入。证券承销商具有顾问、购买、分销及保护等功能，可协助企业在发行市场筹募所需资金，在资金供给者与需求者之间具有桥梁纽带作用。顾问功能，是指证券承销商利用自身对证券市场熟悉的优势，为发行人提供证券市场准入的相关咨询，建议发行证券的种类、价格、时机，提供相关财务和管理的咨询。这种功能甚至延续到证券发行结束以后。购买功能，是指因承销商的存在，在包销情况下，发行人能够避免因证券不能完全销售而带来的风险。分销功能，是指主承销商利用其在证券市场的广泛网络，通过分销商将证券销售给投资者。保护功能，是指在证券发行过程中，承销商在不违反法律、行政法规的前提下，可以进行稳定价格的操作，以保证证券市场稳定。

第三，股份有限公司与承销商的权利义务。证券承销合同是证券发行人与证券承销商之间就证券承销所签订的确定相互之间权利、义务关系的协议。证券承销法律关系，是指在证券发行人委托证券经营机构承销其发行证券过程中，二者之间依照承销合同的约定和证券法律规定而形成的权利义务关系。其一，发行人的自主选择权。依据《证券法》第 27 条的规定，公开发行证券的发行人有权依法自主选择承销的证券公司。其二，合同的主要权利义务。发行人有权要求证券承销商包销或代销发行的证券，支付证券价款；承销商按照约定为发行人包销或代销证券，有权利收取发行费用。其三，发行失败的风险承担。就代销和包销两种方式而言，共同之处是把证券经由证券公司销售出去，差异在于代销对于承销商来说没有风险，卖不完的股票可以退还给股份有限公司，由股份有限公司承担发行失败的风险；包销则是未售出的股票由承销商自己承担，股份有限公司不存在发行失败的风险。实践中究竟采取何种承销方式更为妥当，要根据发行人的具体情况和证券额以及投资者对该证券的认知状况来决定。依据《证券法》第 31 条的规定，证券公司代销、包销期最长不得超过 90 日。其四，虚假发行的责任承担。证券发行人在公开募集股份时，依照信息披露规则，应当向社会公众披露招股说明书等文件，这些公开发行文件是投资者认购股份或公司债券所依赖的基础性信息文件，必须保证其真实、准确和完整。承销商则承担核查义务，在协助证券发行人编制招募文件时审查公开发行文件的真实性、准确性和完整性，防止和避免公开发行文件存在虚假、重大误导性陈述和遗漏。如果因上述文件和资料有虚假记载或重大遗漏或严重误导性陈述而使投资者遭受损害，承销商对此应当与发行人承担连带赔偿责任，受损害的投资者可以直接向承销商请求赔偿。依据《证券法》第 29 条的规定，证券公司承销证券，应当对公开发行募集文件的真实性、准确性、完整性进行核查；发现有虚假记载、误导性陈述或者重大遗漏的，不得进行销售活动；已经销售的，必须立即停止销售活动，并采取纠正措施。同时，证券公司违反上述核查义务的，应当按照《证券法》第 85 条的规定，承担相应的民事赔偿责任，即发行文件有虚假记载、误导性陈述或者重大遗漏，致使投资者在证券交易中遭受损失的，承销的证券公司及其直接责任人员，与发行人承担连带赔偿责任，但是能够证明自己没有过错的除外。同时，还应当按照《证券法》第 184 条的规定，接受相应的行政处罚。其五，公开发行股票，代销、包销期限届满，发行人应当在规定的期限内将股票发行情况报国务院证券监督管理机构备案。

【实务问题】

第一，证券承销协议的性质和主要内容。依据《证券法》第 28 条的规定，签订证券承销协议是证券公司承销证券所必须履行的法定程序，且证券承销协议是要式合同。对证券承销协议的必要性和要式性进行规定，主要是为了规范证券承销业务活动，促使双方当事人之间建立规范的权利义务关系，进而保障证券顺利发行。承销协议分为两种：一是代销协议，二是包销协议。这两种协议应当载明的基本事项是相同的。承销协议应当载明下列事项：证券承销合同的主要内容包括：（1）当事人的名称、住所及法定代表人姓名；（2）代销、包销证券的种类、数量、金额及发行价格；（3）代销、包销的期限及起止日期；（4）代销、包销的付款方式及日期；（5）代销、包销的费用和结算办法；（6）违约责任；（7）国务院证券监督管理机构规定的其他事项。

此外，股票发行人与券商签订的股票承销协议中特别约定，若承销股票不能在限期内获准上市，券商向股票发行人退回已承销股票，股票发行人向券商退回购股款，属于附条件的证券承销协议。

第二，代销与包销模式下法律关系的性质。这两种方式是证券承销业务的基本方式，也是法定方式。证券代销模式下，承销期结束时承销商将未售出的证券全部退还给发行人，故发行人与证券公司之间是委托代理关系，证券公司的责任是在承销期内尽力销售证券，期限届满时能销出去多少算多少，尚未售出的证券全部退还发行人，基本上不承担什么风险。相应地，证券公司所收取的费用也较少。对发行人来说，自己要承担全部的发行风险，但发行成本较低。在实际中，代销证券的方式适合于一些信誉好、知名度高、比较易于被社会公众接受的大公司的证券。证券包销模式下，证券公司将发行人的证券按照协议全部购入或者在承销期结束时将售后剩余证券全部购入，故发行人与证券公司之间是买卖关系，证券公司的责任是按协议购入发行人的全部证券或者在承销期结束时购入未售出的全部证券，发行风险全部由证券公司承担。对发行人来说既不必承担证券销售不出去的风险，又能迅速筹集到资金，实践中，包销证券是证券市场中最常见的承销方式。无论采用哪种方式，在证券承销期内，有投资者认购证券公司所承销的证券的，证券公司应当将证券销售给认购人，优先满足他们的购买需要，当有人认购证券时，证券公司不得将证券留给自己而不销售给认购人；承销期满后，证券公司对自己所购入的证券是留存还是售出，则由其自行决定。

第三，发行失败的认定及处理。既然是公司向社会公开募集股份，就存在募集成功与失败两种结果。如上所述，证券承销分为包销和代销两种模式，在包销模式下，由于发行股份的股份有限公司与证券公司之间成立买卖关系，因此股份一经发行就全部卖出或者未全部售出时由证券公司全部买入，也就谈不上发行失败；而在代销模式下，则存在发行失败的可能。依据《证券法》第33条的规定，认定股份发行失败有三个要素：一是承销方式为代销。二是认定的时间点是代销期限届满。超过发行人与承销商在法定的期限内自行约定的承销期限，或者超过代销的法定最长期限即 90 天。三是向投资者出售的股票数量未达到拟公开发行股票数量的 70%，即发行成功虽不需要拟公开发行股票全部出售，但应超过拟公开发行股票数量的 70%，如未达到则发行失败。发行失败后，发行股份的股份有限公司应当按照发行价并加算银行同期存款利息返还股票认购人。在具体实践中，认购人在发行期内按照拟认购的股票金额向募集资金账户划付认购款项，如果发行成功，主承销商将股票发行的募集资金划付至发行人指定的收款账户，如果发行失败，主承销商应协助发行人将认购人划付的认购款项加算银行同期存款利息返还认购人。

第四，为确保股份有限公司自主选择权和投资者权益，禁止证券公司承销证券中的不正当竞争。证券公司承销证券过程中的积极义务主要为核查义务，禁止性行为主要为禁止不正当竞争。禁止证券公司不正当竞争是保障发行股份的股份有限公司能够自由、自主选择承销商的前提。可能存在不正当行为，原因在于承销证券是证券公司的一项重要业务，承销业务收入是证券公司经营收入的一项重要来源，能否取得承销业务，对证券公司的经济利益有直接影响。故对发行人和证券公司来说，应当有一种公平的市场机制，证券公司承销证券，不得有下列行为：一是进行虚假的或者误导投资者的广告宣传或者其他宣传推介活动。证券市场是一个高度依赖有效信息的市场，通过真实有效的信息，社会资源才能得到合理配置，投资者才能作出正确的判断和选择，市场调节机制才能发挥作用。如果证券公司承销证券时进行虚假的或者误导投资者的广告或者其他宣传推介活动，就会造成市场信号失真，并会给投资者带来损失。二是以不正当竞争手段招揽承销业务。证券公司以不正当竞争手段招揽承销业务，可能造成证券发行市场的混乱和证券公司经营风险的增大，对这类行为予以禁止，有利于证券公司的自身发展和风险防范，也有利于加强对投资者合法权益的保护，维护证券市场健康发展。三是其他违反证券承销业务规定的行为，以避免挂一漏万。证券公司在证券承销活动中有上述所列三项行为，给其他证券承销机构或者投资者造成损失的，应当依法承担赔偿责任。

【条文】

第一百五十六条

公司向社会公开募集股份，应当同银行签订代收股款协议。

代收股款的银行应当按照协议代收和保存股款，向缴纳股款的认股人出具收款单据，并负有向有关部门出具收款证明的义务。

公司发行股份募足股款后，应予公告。

【条文主旨】

本条是关于公开募集股份代收股款的规定。

【条文概览】

本条将2018年《公司法》中“发起人”修改为“公司”，增加第3款关于“公司发行股份募足股款后，应予公告”之规定，将条文序号由第88条变更为第156条。1993年《公司法》第90条规定：“发起人向社会公开募集股份，应当同银行签订代收股款协议。代收股款的银行应当按照协议代收和保存股款，向缴纳股款的认股人出具收款单据，并负有向有关部门出具收款证明的义务。”1999年《公司法》、2004年《公司法》未作修改。2005年《公司法》未作内容修改，将条文序号变更为第89条。2013年《公司法》未作内容修改，将条文序号变更为第88条。2018年《公司法》未作修改。

【理解与适用】

股份有限公司向社会公开募集股份，虽然是通过证券公司承销，但证券公司并不直接收取发售股份所得的股款。根据本条规定，证券公司承销股票所得的股款，应当通过银行代收。因此，股份有限公司向社会公开募集股份，不仅应当与证券公司签订承销协议，而且应当同银行签订代收股款的协议，由银行代股份有限公司收取其向社会公开募集股份所得的股款。

在股份有限公司与银行签订代收股款的协议之后，代收股款的银行就应当按照协议的规定，代股份有限公司收取其向社会公开募集股份所得的股款，并将该股款保存在本银行。同时，代收股款的银行对向其缴纳股款的认股人负有出具收到该认股人已经缴纳股款的单据的义务，以使该认股人能够持有已经缴纳股款的凭据；代收股款的银行还负有向有关部门出具收款证明的义务，以使有关部门能够知悉公司的资金情况，便于有关部门对证券发行的管理，对所收股款的审核验资。

此外，为方便债权人及社会公众了解公司情况，维护交易秩序并保障交易安全，本条新增第3款，规定公司在发行股份募足股款后，还应当承担公告义务。股份有限公司股东人数较多，特别是公开发行股票的公司和上市公司，存在众多公众投资者，其募集的情况应当为广大股东以及社会公众所了解。

【实务问题】

一、代收股款协议的内容

代收股款协议是代收股款的银行与股份有限公司签订的协议，属于一种委托合同，是股份有限公司委托代收银行对代收股款事务相关权利义务的设定。代收股款协议的主要内容包括：（1）当事人（委托人、受托人）的名称、住所及法定代表人的姓名；（2）代收股款的种类、期限；（3）代收股款的保存、交付；（4）代理费用、支付方式和日期；（5）违约责任；（6）其他需要约定的事项。

二、代收股款的银行的义务

对代收股款的银行而言，其所负有的义务主要有：一是按照协议代收和保存股款。代收股款的协议签订之后，代收股款的银行就应当按照协议的规定，代股份有限公司收取其向社会公开募集股份所得的股款，并将该股款保存于本银行，以使公司设立所需的资本能够得到保证，从而使公司能够顺利成立。二是向缴纳股款的认股人出具收款单据。认股人在缴纳股款后，应当有证明其已经缴纳股款的书面文件。为此，本条规定代收股款的银行对向其缴纳股款的认股人，负有出具收到该认股人已经缴纳股款的单据的义务，以使认股人能够持有已经缴纳股款的凭据。三是向有关部门出具收款证明。为使有关部门能够知悉公司的资金情况，以便对股票发行进行监督管理、对所收股款进行审核验资，本条规定代收股款的银行还负有向有关部门出具收款证明的义务，这里的有关部门主要指的是工商行政管理部门、税务部门、证券监督管理机构、投资管理部门及会计师事务所、律师事务所等。《证券法》规定向国务院证券监督管理机构报送的申请文件中仅需要提交代收股款银行的名称及地址，而无须提交代收股款协议。

第二节 股份转让

【条文】

第一百五十七条

股份有限公司的股东持有的股份可以向其他股东转让，也可以向股东以外的人转让；公司章程对股份转让有限制的，其转让按照公司章程的规定进行。

【条文主旨】

本条是关于股份有限公司股东转让所持股份时转让对象、章程限制条件法律地位的规定。

【条文概览】

本条系本次《公司法》修订中作了实质修改的条文。修改前《公司法》第 137 条规定“股东持有的股份可以依法转让”。本次修订在该条基础上明确了转让对象，也明确了公司章程对股份转让之限制的法律地位。

股份有限公司的股东转让股份时能够向何人转让，本次修订前《公司法》的规定并不明确。修订前《公司法》第 137 条规定“股东持有的股份可以依法转让”，该规定对股份转让设定的条件是“依法”。“依法”中所谓“法”，既有规范股份转让时间的法律，比如修订前《公司法》第 141 条规定发起人、董事、监事、高管人员、公开发行前持有股份人员的最低持股时间；也有规范转让场所的法律，比如修订前《公司法》第 138 条规定股东转让其股份应当在依法设立的证券交易场所进行或者按照国务院规定的其他方式进行。甚至《证券法》第 2 条第 1 款规定在中华人民共和国境内，股票、公司债券、存托凭证和国务院依法认定的其他证券的发行和交易适用该法。可见，“依法”自然也应当遵守《证券法》。所以，修订前《公司法》对股份转让问题采用的“依法”之表述，外延十分丰富。而且，修订前《公司法》在有限责任公司部分的第 71 条规定有限责任公司股权在股东内部转让和对外转让需遵循不同的程序。所以，由于股份有限公司的法律对此没有明确规定，那么股东在转让股份时是否也必须参照有限责任公司而“依法”处理，理解上存在一定困惑。修订后《公司法》将修订前《公司法》第 137 条作了修改，删除了原条文中“依法”之表述，而且在股份转让的对象上，直接明确地确立了股份自由转让原则，即股东可以向内部人（其他股东）转让股份，也可以向外部人（股东以外的人）转让股份，法律在此处原则上不作限制，以彰显股份可以自由流动的市场逻辑。但是，法律尊重公司章程对股份转让作出的限制，这些限制既包括转让对象方面的限制，也包括其他方面的限制。

【理解与适用】

一、股份有限公司股份转让规则的价值取向

股份有限公司客观上存在股份流通的内在需求。股份有限公司作为现代企业制度的典型组织形式，产权清晰和产权流通是其最重要的特征，如果股份自由转让这一原则不能得以贯彻，股份有限公司的应有功能就难以充分释放。股份转让自由是股份有限公司的显著特征之一。[①] 具体地讲：其一，股份自由流转有利于股份有限公司发展壮大。股份有限公司具有资合性，其天然就是资本积累的有力法律工具。维护和强化股份有限公司资合性很重要的方面就是在更大的资本市场配置股份和实现投资者参与。如果股份不能自由流转，而是禁锢于初始投资者，那么股份有限公司就不能吸收更多的投资，股份的潜在价值也就无从展现。只有股份自由流动和便捷交易，才能在更大范围内实现股份价值和发掘公司价值，股份有限公司也才能愈益成长壮大。其二，股份自由流转有利于股东权利保护，实现股东平等。股份有限公司往往规模相对较大，单个中小股东对公司重大事务的参与度和影响力有限，大股东或者控股股东对公司的影响力更大。大股东或控股股东利用其优势地位形成的公司决策如果不利于中小股东，应当允许中小股东“用脚投票”，通过便捷地出售股份以退出公司，防止和避免权益受到损失。显然，股份自由流转是股份公司股东权利保护和股东平等的题中应有之义。其三，股份自由流转有利于公司完善治理和提升质量。只有股份自由流转，才能使得股份在不同的主体之间自由流动，才能为公司并购提供可能。公司并购能够在一定程度上倒逼和督促公司管理层完善公司治理、提升公司质量。所以，股份有限公司的股份原则上应当自由流转。在自由流转方面，问题是股份流转的对

① 周友苏：《新公司法论》，法律出版社 2006 年版，第 282 页。

象为何？是仅仅在股东之间自由流转还是可以超越现有股东范围而向股东之外的人流转，尤其是在法律对有限责任公司股权向股东之外的人流转时设定了约束和限制的情况下，股份有限公司的对外流转是否也要遵循相同的法定约束和限制？本次法律修订对此予以明确，即股份可以在股东之间自由转让，也可以向股东之外的人转让。这传递出两方面的信息：一是股份有限公司的股份流转自由，这是一个大原则。相应地，对流转自由作出的限制必须满足正当性和必要性要求。二是股份流转不仅在股东之间自由，在向股东之外的人流转也自由。向股东之外的人流转并不当然参照有限责任公司股权对外转让之法律程序。这是本条第一句表达出的内涵，其更具有凸显立法价值之意味。

但是需要注意的是，股份自由流转并不意味着股份随意流转或任意流转而不作任何限制。事实上，由于股份有限公司尤其是其中的公众公司规模较大、涉众性强，不仅涉及社会公众利益，对股份流转当事人双方以及公司整体利益也会产生多个层面和多种幅度的影响，无论是股份流转之动机还是流转之效应，往往都并不局限于转让和受让股东双方之间，股份转让效益的外溢性特征明显。所以，法律对股份有限公司股份流转也设有限制。归纳起来，这些限制的价值取向包括以下几个方面：（1）维持资本稳定，防范资本空洞。至今不少观点仍认为公司资本是债权人利益的基本保障，防止资本不当减损、避免资本空洞、维持资本稳定是公司法的重要任务。所以，股份转让方面，对股份流向公司（主要是公司回购股份）时容易出现的资本减损，法律应当予以控制和约束。此时，法律就禁止该类股份转让。比如，《公司法》第 162 条规定，公司回购的股份用于员工持股计划或者股权激励、将股份用于转化上市公司发行的可转换为股票的公司债券、上市公司为维护公司价值及股东权益所必需的情形下，公司合计持有的公司股份数不得超过已发行股份总数的 10%。我们认为，之所以在此类股份流转上限制一定比例，主要是避免公司资本被侵蚀。（2）约束特定主体，督促真实经营。持有股份的股东与公司具有某种特定利益关系时，为了约束其随意转让股份而影响公司持续稳健经营，应当对流转股份作出一定的限制。比如《公司法》第 160 条规定，公司董事、监事、高级管理人员所持股份自公司上市交易之日起 1 年内不得转让。而且在就任时确定的任职期间每年转让的股份不能超过其持有的公司股份总数的 25%。这就是避免公司董事、监事、高级管理人员在公司上市后即抛售股份来牟利，督促公司管理层对公司真实负责地经营，为社会创造财富和提供良好服务。（3）警惕利益关联，杜绝欺诈行为。比如《证券法》第42条第1款规定，为证券发行出具审计报告或者法律意见书等文件的证券服务机构和人员，在证券承销期内和期满后6个月内，不得买卖该证券。这一规定是为了避免相应的证券服务机构和人员利用内幕信息买卖证券，实施证券欺诈行为，损害公开公平公正的市场秩序。（4）尊重行业规律，防范重大风险。特定行业股份有限公司的股东必须符合一定条件，所以股份转让时需对受让人作特定要求。比如在金融行业，对于商业银行、保险公司等，其股东对于该类金融机构的审慎经营和防范金融风险具有很大的影响，并非任意主体都可以成为金融机构的股东，有时需要对股份受让人作出限制。

二、章程限制股份转让问题分析

《公司法》第84条规定，有限责任公司章程对股权转让另有规定的，从其规定。这表明，在有限责任公司场合，公司章程可以对股权转让作出“另有规定”，这种规定当然包括限制性规定。之所以章程可以对股权转让另行规定，主要是由于有限责任公司具有人合性，股权转让可能导致股东人员或持股比例的变化，影响股东间业已形成的人合关系。公司章程能否限制股份有限公司的股份转让，在理论和实务上都是具有争议的问题。我国台湾地区“公司法”第163条规定：“公司股份之转让，除本法另有规定外，不得以章程禁止或限制之。但非于公司设立登记后，不得转让。”这是从法律上禁止章程限制股份转让。学理上认为，这一原则现在似乎在改变，有的法律明确规定，即使是股份有限公司的股份转让，也可以由公司章程加以限制和禁止。这里的问题是，相当一部分的股份有限公司是非上市公司，而且相当一部分股份有限公司采取发起设立方式，而不是募集设立方式，即股票没有公开发行，没有公众股东。这说明股份有限公司的股东也可能非常之少，少于有限责任公司的股东人数也并非异事，尤其是在一些家族式股份有限公司中，此种情形较为突出。也就是说，股份有限公司的人合性也是存在的。因此，股份有限公司的股份转让是否可由章程加以限制，可以让公司自己决定。①

股份有限公司章程能否限制股份转让，本次修订前《公司法》并未明确。本次修订中增加“公司章程对股份转让有限制的，其转让按照公司章程的规定进行”之内容，实质上认可了公司章程可以对股份转让作出限制。需要注意的是，因股份有限公司根据股份交易场所的不同可以分为上市公司、

---

① 施天涛：《公司法论》，法律出版社2005年版，第312～313页。

非上市公众公司、非公众股份有限公司三种类型，章程对股份转让的限制是否因三种公司类型的不同而有不同的评价。这个问题比较复杂。传统观点认为，上市公司是公众化程度最高的股份有限公司，也是股份流动性最强的公司，上市公司的股份转让原则上章程不能作出限制。但是，商业实践的发展往往对理论提出新的问题。比如，在上市公司用于激励职工的股份方面，公司可以限制股份的转让。我国台湾地区“公司法”第167条之三规定，公司收买自己之股份转让于员工，可以限制员工在不超过2年的期间内不得转让。我国《上市公司股权激励管理办法》第22条规定，限制性股票是指激励对象按照股权激励计划规定的条件，获得的转让等部分权利受到限制的上市公司股票。可见，如果章程对用于股权激励的股份之转让作出限制，也具有一定的合法依据。还有，在反敌意收购方面，公司章程中对股份转让作出的某些约束，有时也难谓不合理。所以，即便对于上市公司，也不能刚性地认为章程不能对股份转让作出任何限制。至于非上市公众公司、非公众股份有限公司，也更应当作出同样的理解。所以，修订后《公司法》在本条中未截然地区分何种公司章程可以对股份转让作出限制，何种公司不能作出限制，这样更具有包容性。实践中，章程对公司股份转让之限制主要表现为：章程在法定限制标准上作出更严的限制，比如对于董事等管理层转让其持有的股份，虽然法律作出了限制，但是公司章程作出了更严格和更高标准的限制（如将禁止转让期间限制为公司上市之日起2年）；章程对受让主体作出限制，比如规定股份只能在股东内部流转，不能向股东之外的人转让；章程对转让价格作出限制，比如规定股份转让时的价格不能高于某个特定标准；股份转让要经过特定主体同意，比如经过公司董事会同意或者经过公司股东会作出决议；等等。

公司章程对股份转让作出的限制，要从以下几个方面衡量其效力：一是章程限制是否禁止或变相禁止股东转让股份。如果章程直接规定股份不得转让或者规定股份必须经其他股东全体同意方能转让，那该规定应属无效。因为章程完全禁锢了股份流转，有违股份有限公司之基本法律特征。即使章程对股份转让作出一定限制，也应当为股份流转留出通道。实践中，如果章程规定股份转让需要经过一定比例的其他股东同意，该规定是否有效？我们认为，对股份有限公司股份转让限制之程度不能高于法律对有限责任公司股权转让之限制程度。二是章程限制是否具有行政规章方面的依据。一般来讲，法律法规如果对股份转让作出限制，那么当然应当认定限制有效。但是，行政规章对股份转让作出的要求或限制，实践中容易以行政规章不属于法律法规为由而认定章程中相应的限制无效。对此，我们认为应当慎重处理。要注重考虑行政规章所欲实现的目的，要考察规章所欲实现的目的是否涉及公共利益。不能当然以行政规章不属于法律法规就否定其应有的约束力。对于涉及公共利益的，应当认定依照规章作出的章程限制有效。就金融机构来讲，很多规范都是以行政规章的形式出现。比如《商业银行股权管理暂行办法》第 17 条第 1 款规定，商业银行主要股东自取得股权之日起 5 年内不得转让所持有的股权。《保险公司控股股东管理办法》第 35 条规定，保险公司控股股东利用关联交易严重损害保险公司利益，危及公司偿付能力的，可以责令其在一定期限内转让所持的部分或者全部保险公司股权。这些规定均是部门规章就金融机构股权转让作出的要求，章程就此作出相应规定的，不能否认章程限制的效力。三是章程限制是否损害了投资权益。股份有限公司章程限制股份转让，其目的一般是适当维护股份有限公司人合性或实现其他管理目的，而不在于损害股东的投资权益。章程不得限制股份的转让价格。比如有的章程中规定股东退出公司时应当以其获得股权时的对价转让股份，股份转让价格不能高于该对价。这样的限制损害了股东的投资权益，不应肯定。

【实务问题】

本条规定回答的是股份有限公司章程可否对股份转让作出一定限制的问题。对于有效之章程条款对股份转让作出的限制，股东必须遵守。当股东违反章程规定转让股份时，相应股份转让合同的效力问题则是另一层面的问题，需要专门探讨。有观点认为，股东违反章程条款之限制而向他人出售股份，那么所签订的股份转让合同应当无效，否则章程上之限制就失去了法律意义和实际效果。我们认为，违反章程之法律效果并不当然体现为股权转让合同无效。对于合同效力的判断，必须回到《民法典》第 143 条、第 153 条等法律行为效力之判断标准上来。对于不违背法律、行政法规强制性规定或者公序良俗的股权转让合同，不能否定其效力。而且，《民法典》第 61 条第 3 款规定，法人章程或者法人权力机构对法定代表人代表权的限制，不得对抗善意相对人。参照此规定的精神，章程对股份转让的限制，并不当然影响股份转让合同效力。

那么章程的规范作用如何体现呢？一般来讲，违反章程如果损害公司利益，可以产生《公司法》第 21 条规定的损害赔偿责任。如果未损害公司利益，那么也会导致公司无法协助为股份受让人办理股东变更登记，由此股份受让人实际上无法取得公司股东资格。这就是章程条款发挥效力的体现。

【条文】

第一百五十八条

股东转让其股份，应当在依法设立的证券交易场所进行或者按照国务院规定的其他方式进行。

【条文主旨】

本条是关于股份转让场所和股份转让有关方式的规定。

【条文概览】

本条规定在《公司法》本次修订中未作修改，仍系沿用原有规定。关于本条，2005 年修订前《公司法》第 144 条规定："股东转让其股份，必须在依法设立的证券交易场所进行。"2005 年《公司法》修订时对此修改为（第 139 条）："股东转让其股份，应当在依法设立的证券交易场所进行或者按照国务院规定的其他方式进行。"直到 2023 年修订前，《公司法》历次修订均未对该条内容作出修改。

【理解与适用】

一、证券（股份）交易场所的历史发展

证券交易场所是股份有限公司股份交易的空间。证券交易场所包括俗称为"场内市场"的证券交易所和"场外市场"的其他交易场所（证券交易所之外的交易场所）。2005 年修订前《公司法》第 144 条规定股份转让必须在依法设立的证券交易场所进行。之所以股份转让必须在依法设立的证券交易场所进行，是为了规范证券转让活动，避免证券在民间自发形成的股票的交易市场中买卖进而形成股票"黑市"。[①] 在 20 世纪 90 年代我国证券市场发展的初始阶段，证券交易场所包括：1990 年设立的上海证券交易所和深圳证券交易所两个场内市场；柜台交易市场和联合报价系统两种场外交易场所。

作为场内交易市场的证券交易所是为上市公司的股份提供交易的场所。上市公司的股份交易应当在证券交易所进行。《证券法》第 38 条规定，证券

① 参见周友苏：《新公司法论》，法律出版社 2006 年版，第 282 页。

在证券交易所上市交易，应当采用公开的集中交易方式或者国务院证券监督管理机构批准的其他方式。集中交易方式主要是通过集中竞价交易形成证券价格，即在证券交易中卖方与买方均为多人的情况下，交易系统按照“价格优先、时间优先”原则对各类买卖交易指令进行排序后予以配对撮合成交。提供集中交易方式是证券交易所的主要功能。除集中交易方式外，证券交易所还可以采取大宗交易等非集中交易方式。大宗买卖，是指达到规定的最低限额的股份单笔买卖申报，买卖双方经过协议达成一致并经交易所确定成交的交易方式。大宗交易本质上是协议转让方式。当然，无论采取哪种交易方式，上市公司的股东转让其股份都应当在证券交易所进行。

相较于场内市场，我国场外交易场所的发展变化更为显著。柜台交易场所是交易双方在证券公司开办的交易柜台进行交易的场所。我国刚建立股份有限公司制度时，股份交易主要是通过柜台交易完成。后来成立联合报价系统，该系统是在以电脑网络显示非上市公司股票价格的系统内进行股票交易的场所，系统通过电脑网络与证券公司建立联系，将证券公司对某种股票的出价和要价储存在系统中，以便各证券公司通过电脑网络协商交易。[①] 联合报价系统包括中国证券市场研究中心 1992 年开办的 STAQ 系统（Securities Trading Automated Quotations System）和中国证券交易系统有限公司 1993 年开办的 NET 系统（National Exchange and Trading System）。以 STAQ 系统为例，该系统中心设在北京，其连接国内证券交易比较活跃的大中城市，为会员提供有价证券的买卖价格信息及结算等方面的服务，使分布在各地的证券机构能高效、安全地开展业务。STAQ 系统推动了当时全国证券市场的发展，便于异地证券机构间的沟通。STAQ 系统在交易机制上采用了做市商制度。

由于两系统在运行中，相当数量的个人违反两系统规定进入市场，两系统流通的法人股实际上已经个人化。1999 年 9 月，两系统停止交易。当时，从既要规范市场又要妥善考虑投资者利益的角度出发，监管部门寻求解决这一历史遗留问题的途径。对于两系统中达到上市条件的企业，经法律规定的审核程序，可以到交易所上市。对于暂时达不到条件的企业，考虑到历史形成的一些因素和投资者的要求，其流通股份也应有一定的转让渠道。所以，中国证券业协会于 2001 年 6 月颁布《证券公司代办股份转让服务业务试点办法》，同年 7 月代办股份转让系统（俗称“老三板”）运行，解决上述两个系统遗留下来的股份转让问题。代办股份转让系统中股份转让以集合竞价

① 安建主编：《中华人民共和国公司法释义》，法律出版社 2005 年版，第 196 页。

的方式配对撮合，股份转让价格不设指数，实行5%的涨跌幅限制。股份实行分类转让，公司股东权益为正值或净利润为正值的，股份每周转让五次，其他公司股份每周转让三次。2002年8月，为解决从证券交易所退市的股份有限公司股份转让的问题，退市公司股份转让也纳入代办股份转让系统。

在实践中股份有限公司有很多种，既包括股份公开发行和交易的股份有限公司，也包括股份向特定对象募集、不公开发行的股份有限公司；既包括上市公司，也包括非上市公司。无论股份有限公司的股份发行和交易方式有什么不同，其股份转让都必须在依法设立的证券交易场所进行，这其实是对股份有限公司股份转让的限制，特别是对于不公开发行股份的公司或者公开发行股份但尚未上市的公司，由于实践中缺乏为其交易而设立的证券交易场所，更会限制其股份的流通性。[①] 因此，2005年修订《公司法》时，将法律的上述规定修改为“应当在依法设立的证券交易场所进行或者按照国务院规定的其他方式进行”，这也是目前法律的规定。这一规定客观上为有关部门在党中央、国务院领导下推动建立多层次资本市场奠定了公司法基础。

二、多层次资本市场构建中的证券交易场所

证券交易场所的发展与我国构建多层次资本市场的发展改革逻辑一脉相承。多层次资本市场的发展改革在横向分块和纵向分层上分别展开。横向分块上主要体现为证券交易所、其他全国性证券交易场所（全国中小企业股份转让系统或曰新三板，银行间债券市场等）、区域性股权转让市场。《证券法》第37条“公开发行的证券，应当在依法设立的证券交易所上市交易或者在国务院批准的其他全国性证券交易场所交易。非公开发行的证券，可以在证券交易所、国务院批准的其他全国性证券交易场所、按照国务院规定设立的区域性股权市场转让”之规定就是从这一意义上作出。纵向分层上体现为交易场所中不同层次的交易平台和板块，比如深圳证券交易所中的主板、创业板、中小企业板，上海证券交易所中的主板、科创板，全国股转系统（新三板）中的基础层、创新层、精选层等。

除上海、深圳证券交易所之外，我国之前的全国性股份交易场所是指全国中小企业股份转让系统（以下简称全国股转系统）。全国股转系统是在“老三板”基础上发展而成，为大量的非上市股份公司股份转让开辟了空间和平台。对于“老三板”，2003年12月，科技部与北京市政府联合向国务

① 安建主编：《中华人民共和国公司法释义》，法律出版社2005年版，第197页。

院上报了《关于中关村科技园区非上市股份有限公司进入证券公司代办股份转让系统进行股份转让试点的请示》，申请中关村科技园区非上市股份公司的股份在代办转让系统报价转让，同年10月得到国务院批准。2006年1月，中关村园区股份报价转让试点正式启动（俗称“新三板”）。2012年5月，在中关村科技园区非上市股份有限公司股份转让试点基础上，监管机关按照“总体规划、稳步推进、稳妥实施”的原则，正式开始打造全国性场外市场。同年7月，国务院批准设立全国中小企业股份转让系统，同时将天津滨海、上海张江、武汉东湖三个国家级高新技术产业开发区的非上市股份有限公司的股份转让纳入该系统。2013年1月，全国中小企业股份转让系统正式揭牌运营（全国股转系统）。2013年6月，国务院常务会议决定，加快发展多层次资本市场，将全国股份转让系统试点扩大至全国，鼓励创新、创业型中小企业融资发展。同年12月，国务院发布《关于全国中小企业股份转让系统有关问题的决定》，明确规定全国股份转让系统是经国务院批准依据《证券法》设立的全国性证券交易场所，主要为创新型、创业型、成长型中小微企业发展服务。由此，全国性、规范化、高标准的场外交易市场最终形成。《全国中小企业股份转让系统分层管理办法》规定，在全国股转系统挂牌的公司符合相应条件的进入创新层和精选层，不符合上述层次条件的进入基础层。挂牌公司的股东数额不受限制，但是在申请挂牌时股东数额超过200人的，监管机关要履行注册程序，股东数额不超过200人的，监管机关豁免注册，由全国股转系统自律审核。可以说，全国股转系统为大量非上市股份公司（含非上市公众公司和非公众股份公司）的股份转让提供了法律通道。特别值得说明的是，随着全国股转系统精选层工作的提升，2021年9月设立了北京证券交易所，这是我国继上海证券交易所、深圳证券交易所之后的第三家证券交易所，也是全国性的股份交易场所。全国股转系统精选层中的股份有限公司整体平移至北京证券交易所。

在区域性股权市场方面，2017年国务院办公厅发布《关于规范发展区域性股权市场的通知》，要求按照既有利于规范，又有利于发展的要求，积极稳妥推进区域性股权市场规范发展，防范和化解金融风险，有序扩大和更加便利中小微企业融资。关于发展区域性股权市场的主要考虑是：长期以来，资本市场的发展重心在公开市场，而作为私募性质的区域性股权市场却基础薄弱，需要尽快补上这个“短板”。明确区域性股权市场是多层次资本市场体系的重要组成部分，有利于充分发挥区域性股权市场的功能作用，弥补现有公开市场的不足，有利于区域性股权市场与沪深北证券交易所、全国股转系统形成错位发展、有序衔接、功能互补的多层次资本市场体系。区域性股权市场是主要服务于所在省级行政区域内中小微企业的私募股权市场,[①]为其所在省级行政区域内中小微企业证券非公开发行、转让及相关活动提供设施与服务的场所。除区域性股权市场外，地方其他各类交易场所不得组织证券发行和转让活动。[②]

区域性股权市场与证券交易所、全国股转系统的差异较大，主要体现在：区域性股权市场的除了作为市场组织者和管理者外，还可以从事一些中介服务活动。之所以作上述安排，主要理由在于：一是由于区域性股权市场挂牌企业规模小，市场流动性不强，证券公司等中介机构参与的积极性不大，客观上需要运营机构提供更多的服务；二是中小微企业一方面迫切需要得到金融服务，另一方面又支付不了过高的服务费用，区域性股权市场运营机构有必要承担一些在公开市场由中介机构承担的职责，以简化市场结构、降低运行成本；三是区域性股权市场是由合格投资者参与的私募市场，投资者自我保护能力相对较强，加上各市场运营机构均带有公益性质，营利动机不强，为防止利益冲突而细分各种市场角色的必要性不大；四是一些区域性股权市场的运营机构已有相关实践，发挥了较好作用。[③]

另外需要说明的是，通过区域性股权转让市场的证券转让，不得采取集中竞价、做市商等集中交易方式，投资者买入后卖出或卖出后买入同一证券的时间间隔不得少于 5 个交易日。全国区域性股权市场（运营机构）共计 35 户,[④] 省、自治区、直辖市、计划单列市可以各设立 1 户，比如北京市设立的北京股权交易中心有限公司，上海市设立的上海股权托管交易中心股份有限公司，广东省的广东股权交易中心股份有限公司等。

三、非上市股份有限公司的股份托管

《公司法》第 102 条规定，股份有限公司应当制作股东名册并置备于公司，股东名册应当记载股东的姓名或者名称及住所。所以，股份有限公司存有股东名册。理论上认为，股东名册是股东向公司主张权利以及公司向股东主张免责的依据。考虑到股东名册对股东和公司的权益影响重大，所以实践

---

① 《证监会新闻发言人就〈国务院办公厅关于规范发展区域性股权市场的通知〉答记者问》，载中国证券监督管理委员会官网，最后访问时间：2023 年 3 月 28 日。

② 参见《区域性股权市场监督管理试行办法》第 3 条。

③ 周友苏主编：《证券法新论》，法律出版社 2020 年版，第 437 页。

④ 详见《全国区域性股权市场运营机构备案名单》，载中国证券监督管理委员会官网，最后访问时间：2023 年 3 月 30 日。

中会涉及公司制作股东名册后将其交由股权托管机构托管的问题。股权托管是指托管机构接受公司的委托管理公司股东名册，记载股份信息，并办理股份的登记、变更、质押、冻结等相关股份管理事务。对于上市公司，《证券法》第 147 条规定，证券登记结算机构履行证券持有人名册登记的职能。第 150 条规定，在证券交易所交易的证券应当全部存管在证券登记结算机构。第 151 条规定，证券登记结算机构应当向证券发行人提供证券持有人名册及有关资料。证券登记结算机构应当根据证券登记结算的结果，确认证券持有人持有证券的事实。证券登记结算机构应当保证证券持有人名册和登记过户记录真实、准确、完整。这是对上市公司股份托管的相关规定。对于非上市的股份有限公司，在全国股转系统挂牌交易的股份有限公司，根据《全国中小企业股份转让系统业务规则（试行）》第 2.7 条规定，申请挂牌公司在其股票挂牌前，应当与中国证券登记结算有限责任公司签订证券登记及服务协议，办理全部股票的集中登记。所以，该类挂牌公司实际上也是进行股份托管。

情况比较复杂的是非上市、非挂牌股份有限公司的股权托管问题。这一问题基本上是由各地区根据实际情况自行规范。2001 年中国证监会颁布的《关于未上市股份公司股权托管问题的意见》中指出："未上市股份公司股权托管问题，成因复杂，涉及面广，清理规范工作应主要由地方政府负责。"此后，一些地方政府也相继设立了产权机构并颁布了股权托管办法，为非上市股份有限公司股份转让、股份质押等事项提供服务。各地对股权托管的要求并不一样，有的地方要求非上市股份有限公司的股份都要进行托管。有的地方仅要求涉及国有产权的股份必须进行托管，其余股份一般是鼓励、倡导进行托管。实践中的股份表现为以下几种情况：已在地方区域性股权市场进行股份交易的公司由股权托管机构登记和托管；其余公司的股份有的由一些证券公司营业部负责，有的在地方主管部门的默许下由市场监督管理机构负责，有的股份有限公司则采取自行管理的方式。

【实务问题】

审判实践中，对于违反本条规定的股份转让合同的效力问题，需要注意。我们认为，股份转让合同本身属于负担行为，其使得转让方和受让方获得请求对方交付股份的权利。所以即使违反本条规定，在法定证券交易场所之外订立股份转让合同，该类合同并不当然无效。但是，该类合同有效并不意味着买受人可以取得股份。股份之取得需要完成股东名册变更。对于上市公司，其股份交易应当通过集中交易完成，或者在证券交易所通过协议转让（需达到一定股份比例）方式完成，只有该两种方式才符合股份变更的条件，证券登记结算机构才能办理股份过户。对于全国股转系统或区域性股权市场挂牌的公司，也存在同样的情形。由于上述股份变更不符合证券转让过户的法律法规，所以法院不能判令实际过户。

【条文】

第一百五十九条

股票的转让，由股东以背书方式或者法律、行政法规规定的其他方式进行；转让后由公司将受让人的姓名或者名称及住所记载于股东名册。

股东会会议召开前二十日内或者公司决定分配股利的基准日前五日内，不得变更股东名册。法律、行政法规或者国务院证券监督管理机构对上市公司股东名册变更另有规定的，从其规定。

【条文主旨】

本条是关于股票转让方式以及股东名册变更的规定。

【条文概览】

因为本次《公司法》修订后不再许可发行无记名股票，所以修订中同步删除了原法中关于无记名股票的规定（原法第129条、第140条），保留了记名股票转让的内容。同时，股票转让后，股份的实际权利享有人已经发生了变动，所以在公司股东名册上应当相应地体现，法律对股票转让如何影响股东名册进行了明确。

【理解与适用】

一、记名股票、无记名股票及股票无纸化的影响

记名股票，是指股票上记载股东姓名或名称，同时将股东的姓名或名称记载在股东名册上的股票。无记名股票，是指股东的姓名或名称不在股票上记载，也不在股东名册上记载的股票。记名股票和无记名股票之区分不在于股份本身属性的不同或者股东权利的不同，而在于股票和股东名册上是否将股东的姓名或名称予以记载。

股票在传统上采取纸面形式，其是股东持有的代表其享有相应股份的纸质证券。(1) 对于记名股票，法律一般规定其票面上应当载明公司名称，公司成立日期或者股票发行时间，股票种类、票面金额及代表的股份数，发行无面额股的，股份代表的股份数，股票的编号等，同时一般要求由公司法定代表人签名，公司盖章。我国《公司法》第149条对纸面形式的记名股票也

作出了上述规定。记名股票，因股东姓名或名称在票面上有记载，所以被记载的人可以比较方便地凭借股票来彰显其权利和持股状态；同时，因为股东姓名或名称也在股东名册上有记载，所以公司能够便捷地识别和确定股东，进而能够完成召集股东会会议或者配合股东行使权利等活动。记名股票的转让需要由股东背书，同时在股东名册上将股东名称予以变更。（2）对于无记名股票，法律一般仅要求其记载股票数量、编号及发行日期。由于其票面上没有记载股东姓名或名称，所以持有股票的人就能够依据其对股票的持有向公司主张股东权利。同样，无记名股票在转让时也仅仅需要将股票交付给受让人即可，无须完成其他形式，整体上比较便捷。

在股票采用纸面形式情形下，在流通的便利性方面，无疑无记名股票比记名股票更强。有关资料介绍，1990 年年底上海证券交易所成立后，尽管可交易的只有 8 只股票和 20 多种债券，却已经忙得不可开交。每天闭市后，股民们都要带上大量的实物股票，到交易所的清算部办理转让过户手续，这使得交易所的清算部经常是挤满了提着皮包，背着背包，甚至拖着一麻袋股票的人。当时，为了应付庞大的交易量，交易所不得不每天忙到下半夜，最极端的时候，完成一笔交易竟然需要半个多月之久。这充分体现了纸面形式记名股票在交易便捷性方面的不足。股份有限公司强调股份的流通，所以很多国家法律规定股份有限公司可以发行无记名股票。但是，无记名股票的不足也比较明显：

其一，公司难以及时确定股东。无记名股票的股东姓名或名称不在股东名册上记载，而且其流动便捷，所以公司平常并不确定地知晓股东情况。这在整体上不便于公司治理的有效运行。如果股东行使权利后马上转让股份，受让人就可能重复主张权利。所以，法律规定如果无记名股票股东未将股票提存于公司，就不得行使股东权利。① 其二，公司经营的稳定性受到影响。形象地讲，记名股票的情形下，公司在明处，股东也在明处，股东和公司之间的相互关系和影响属于可预期、可控制，股东的变化不会影响公司经营的稳定。而无记名股票的情形下，公司在明处，股东在暗处，股东的变化对公司来讲不可预测且难以控制，对公司控制权产生影响，公司控制权随意变化会影响公司经营。所以，域外立法上即使法律允许公司发行无记名股票，也从诸多方面加以规制。比如，发行无记名股票需交由公司自治，由公司章程授权，而且法律规定其发行数额不得超过已发行股份的一定比例；无记名股

① 李哲松：《韩国公司法》，中国政法大学出版社 1999 年版，第 206 页。

票的股东，随时可以请求公司将股票转为记名股票，但记名股票不能转为无记名股票；在德国，一些大型公众公司将其无记名股份转成记名股票。估计其他公司也会采取这种做法。促成这一转换的主要原因是外国证券市场尤其是纽约证券市场要求公司发行记名股，通过这种股份，人们更容易了解各公司的股东情况，这也更有利于保持公司和股东的直接联系。① 其三，公司股东滥用公司主体从事违法活动更加隐蔽。我国澳门特别行政区 2014 年在修订其《商法典》的过程中就论证到，无记名股票制度下，无论在任何时候及情况下均无法知悉股票持有人的身份资料。因此，这种制度安排与澳门特别行政区参加的有关国际公约不符，不利于亚太地区打击清洗黑钱组织。因此，其计划消除无记名股票。② 事实上，对于金融机构等特殊类型的经济组织，不少国家和地区法律也规定其不得发行无记名股。

一方面，随着公司实践的发展，无记名股票的以上不足愈加显现，愿意选择无记名股票方式发行股份的公司越来越少。另一方面，股票无纸化的发展又进一步抵消了无记名股票转让便利之优势。尤其是对于上市公司，其股票既是无纸化（股东不持有纸质实物票券），又是簿记券式（以在证券登记结算机构记载股东账户的方式发行股票），股票转让和交易均可以由股东通过网络终端操作实现，已不存在纸面形式股票的现实交付和传递。即使采用记名股票方式，股票的转让和交易也不再困难。对于非上市的股份有限公司，“如果不是全部，也是绝大多数，其股份既不表现为证券登记结算机构电子化证券登记簿记系统中的电子记录，也没有什么纸面凭证可言，股东手里可能仅仅持有一份发起人协议或者增资扩股协议或者收款收据。真正发行了纸质股票的股份公司非常稀缺，目前在我国可能寥寥无几”③。在此情况下，无记名股票本身也难有存在空间，其优势更是荡然无存。总之，记名股票和无记名股票是在传统纸面形式股票下基于不同转让和交易方式而作出的区分，股票无纸化和网络交易方式完全弥补了记名股票交易不便之缺陷，也使得无记名股票失去意义。

二、记名股票转让方式

记名股票在当前实践中的存在形式是纸面形式或电子形式（记录在证券

---

① ［德］托马斯·莱赛尔、吕迪格·法伊尔：《德国资合公司法》（第 3 版），高旭军等译，法律出版社 2005 年版，第 68 页。

② 彭彦：《澳门拟修改商法典打击洗黑钱》，载《法制日报》2014 年 10 月 28 日第 11 版。

③ 范中超：《无纸化即无股票——股票不是股份的唯一形式》，载《中国政法大学民商经济法学院 2009 年秋季论坛文集》。

登记结算机构记录的股东账户中)。两种形式下股票的转让方式各不相同。

对于纸面形式的记名股票，其属于典型的有价证券，应当按照有价证券转让的一般法律方式进行。这种一般法律方式就是背书，即股票上记载的股东作为背书人，在股票上签章，并在股票背面或者股票所粘附的粘单上记载受让人即被背书人的名称或者姓名，以表示将该股票所代表的股东权利转让给受让人的行为。通过背书，股票完成了从出让人到受让人的让渡。当然，受让人（被背书人）受让该股票后，并非当然成为股东，其成为股东需要在股东名册中作出变更，将其姓名记载在股东名册中。

对于电子形式的股票，其记录在证券登记结算机构的系统中，股票转让和交易也必然要通过结算机构的系统来完成。所以，该类股票无法通过背书来完成，其转让和交易是通过在证券中介机构开户、委托证券中介机构买卖、成立交易合同、进行清算交割、办理证券登记过户手续等一系列连续的方式来实现。这些方式就是本条法律、行政法规规定的其他方式

股东名册的法律效力体现在三个方面：一是推定效力。在股东名册上记载为股东的，推定为公司股东。也就是说，股东仅凭该种记载就可以主张自己为股东，并以此为依据行使股东权利，没有义务证明自己是否在实质上具备股东资格。中国证券监督管理委员会颁布的《证券登记结算管理办法》第83条第1款规定，登记是指证券登记结算机构接受证券登记申请人的委托，通过设立和维护证券持有人名册确认证券持有人持有证券事实的行为。二是对抗效力。凡是未在股东名册上记载的人，均不能视为公司股东。这样，当股东将其股权转让给第三人时，如果没有及时进行股东名册的变更记载，股东名册上记载的股东仍然视为股东，即使受让人在实质上已经具备了股东的条件。三是免责效力。这是股东名册推定效力的另一必然后果。公司只将股东名册上记载的人视为股东，公司的行为只针对股东名册上的人而作出，即使该人并非真正的股东，公司也可以免责。[①] 所以，股东名册对于界定股东与公司之间在法律上的对应关系尤为重要。股票转让后，应当同步变更股东名册，将股票受让人的姓名或名称记载在股东名册上。

实践中，股东名册的变更因股票交易方式的不同而有差异。《证券登记结算管理办法》第31条规定，证券在证券交易场所交易的，证券登记结算机构应当根据证券交易的交收结果办理证券持有人名册的变更登记。证券以协议转让、继承、捐赠、依法进行的财产分割、强制执行、行政划拨等方式

① 参见施天涛：《公司法论》，法律出版社2005年版，第288~289页。

转让，或因证券增发、配股、缩股等情形导致证券数量发生变化的，证券登记结算机构根据业务规则变更相关证券账户的余额，并相应办理证券持有人名册的变更登记。证券因质押、锁定、冻结等原因导致其持有人权利受到限制的，证券登记结算机构应当在证券持有人名册或投资者证券持有记录上加以标记。同样，对于在全国股转系统交易的股票和各地区域性股权转让市场交易的股票，相应的登记机关机构也均负有办理股东名册变更登记的义务。

三、股东名册不得变更的情形

《公司法》第115条第1款规定，召开股东会会议，应当将会议召开的时间、地点和审议的事项于会议召开20日前通知各股东；临时股东会会议应当于会议召开15日前通知各股东。据此，在股东会会议召开日之前的20日或者15日内，股东都会收到公司向其发送的关于时间、地点、审议事项的会议通知。在此期间内股东可以就会议拟审议的事项进行审阅和研究，也可以为参加股东会作充分的准备，以提高股东会的质量。相应地，如果在此期间内股东名册再进行变更，那么因为只有股东名册记载的人才能参加股东会，所以就必然导致参会人员的变化。此时，一方面，新的参会人员频繁出现不利于公司就股东会开展正常的筹备工作，尤其是在会议临近前短时间内参会人员的变化甚至会打乱股东会进程，影响公司正常运营；另一方面，新的参会人员对拟审议事项也可能缺乏深入了解，难以进行充分准备，影响股东会召开的质量。所以，第159条第2款规定在股东会会议召开前20日内不得变更股东名册。同样，在公司确定利润分配方案，进行股利分配时，也需要保持股东的确定性，以有利于操作。第159条第2款规定在公司决定分配股利的基准日前5日内不得进行股东名册变更登记。

需要注意的是，在上述股东名册不得变更的期间内，股票交易并不当然中止。市场主体和投资者仍然可以正常进行股份转让和交易，比如，上市公司的股票在此期间并不当然停牌。但是，股票受让人取得股票后，由于股东名册暂不变更，所以受让人不得向公司主张行使股东权利。股东权利仍由登记在股东名册上的原股东行使。当然，原股东与受让人就股票权益另有约定且不违反法律规定的，该约定在其两者间具有约束力。另外，在上述股东名册不得变更的期间，负有（不得变更）这一不作为义务的主体是股东名册的管理者。对于上市公司，由于《公司法》规定公司应当制作并置备股东名册，《证券法》也规定证券登记结算机构应当提供股东名册，保证股东名册的真实、准确、完整，虽然实践中公司的股东名册由证券登记结算机构向其提供，但是公司和证券登记结算机构均应当承担确保上述期间股东名册登记不作变化之义务。

【实务问题】

股东名册是确定特定主体是否对股份有限公司享有股东权利的推定性证据。通常情形下，无论哪种类型的股份有限公司（无论其是否上市或挂牌），股东名册对证明该主体对公司享有股权具有关键作用。所以，在股东名册依法变更的情形下，受让人就应当享有股权。比如，某股份有限公司的非发起人股东甲出让股份给乙后，股东名册由甲变更为乙。但是登记机关的登记信息中要么并无甲之登记，要么有甲之登记但是未变更为乙（仍登记为甲），此时，即使法院要求登记机关协助保全，因股东名册已经发生变更，所以该协助保全不影响之前股权已经转让给乙之法律效果，乙成为股东并且可以排除法院的强制执行。

股份有限公司的股东由股东名册记载，而对于发起人股东又有公司登记机关的登记，那么在人民法院强制冻结股权时，如何确定协助执行机关的问题需要讨论。

1. 冻结上市公司股份。上市公司由于其股东名册通常由证券登记结算机构提供或保存，而且股东的股票也往往托管在开立证券账户的证券公司，所以可以由该两类机构作为冻结股份的协助执行机构。最高人民法院、最高人民检察院、公安部、中国证券监督管理委员会于 2008 年共同颁布的《关于查询、冻结、扣划证券和证券交易结算资金有关问题的通知》第 9 条规定，人民法院、人民检察院、公安机关办理案件中需要冻结证券的，冻结在证券公司托管的证券，既可以在托管的证券公司办理，也可以在证券登记结算机构办理。不同执法机关同一交易日分别在证券公司、证券登记结算机构对同一笔证券办理冻结手续的，证券公司协助办理的为在先冻结。冻结未在证券公司或者其他托管机构托管的证券或者证券公司自营证券的，由证券登记结算机构协助办理。由此可以看出，上市公司的股份冻结的协助执行单位是提供和保存股东名册的证券登记结算机构或者托管股份的证券公司，上市公司自身并非协助执行主体。另外，对于在全国股转系统挂牌交易的公司，2014 年，中国证券登记结算有限责任公司发布的《司法机关如何申请办理新三板挂牌公司股份冻结业务》指出，如果所要冻结的是流通股，可直接通过证券公司代为办理；如果所要冻结的为限售股，需要前往中国证券登记结算有限责任公司北京分公司柜台办理。

2. 冻结非上市股份有限公司股份。非上市股份有限公司并无证券登记结算机构等法定主体提供和保存股东名册，股东名册由公司自行制作和保存。涉及冻结股份等的协助执行问题在有关司法解释中作出了专门规定。虽然非上市股份有限公司的股东分为发起人股东和非发起人股东，发起人股东不仅应在股东名册上记名，而且根据《公司法》第32条之规定其也属于登记事项，应在公司登记机关登记，非发起人股东无须在登记机关登记，但是司法解释对此并未区分处理。最高人民法院于2021年颁布的《关于人民法院强制执行股权若干问题的规定》第6条规定，人民法院冻结被执行人的股权，应当向公司登记机关送达裁定书和协助执行通知书，要求其在国家企业信用信息公示系统进行公示。股权冻结自在公示系统公示时发生法律效力。多个人民法院冻结同一股权的，以在公示系统先办理公示的为在先冻结。依照前款规定冻结被执行人股权的，应当及时向被执行人、申请执行人送达裁定书，并将股权冻结情况书面通知股权所在公司。由此可见，无论是发起人股份还是非发起人股份，在冻结时法院均是向公司登记机关提出协助执行。虽然非发起人未在公司登记机关登记，但是由于国家企业信用信息公示系统针对其登记的每一家公司均有专门的公司信息页面，所以将该公司非发起人股东股份冻结的信息予以公示，能够较低成本地实现较好的冻结效果。至于公司自身，其同样是作为被“通知”的主体，而不是协助执行单位。但是，在登记机关作出冻结公示后，对公司当然也发生效力，即便其变更股东名册，也不得对抗相应的冻结效力。

【条文】

第一百六十条

公司公开发行股份前已发行的股份，自公司股票在证券交易所上市交易之日起一年内不得转让。法律、行政法规或者国务院证券监督管理机构对上市公司的股东、实际控制人转让其所持有的本公司股份另有规定的，从其规定。

公司董事、监事、高级管理人员应当向公司申报所持有的本公司的股份及其变动情况，在就任时确定的任职期间每年转让的股份不得超过其所持有本公司股份总数的百分之二十五；所持本公司股份自公司股票上市交易之日起一年内不得转让。上述人员离职后半年内，不得转让其所持有的本公司股份。公司章程可以对公司董事、监事、高级管理人员转让其所持有的本公司股份作出其他限制性规定。

股份在法律、行政法规规定的限制转让期限内出质的，质权人不得在限制转让期限内行使质权。

【条文主旨】

本条是关于股份有限公司公开发行股份前已发行的股份、高层人员持有股份转让限制的规定。

【条文概览】

本条源自1993年《公司法》第147条的规定，在2005年、2018年以及本次的《公司法》修改中，均有部分改动。与2018年《公司法》第141条相比，有以下四处修改：第一是删除了2018年《公司法》第141条第1款“发起人持有的本公司股份，自公司成立之日起一年内不得转让”的规定。二是新增了关于“法律、行政法规或者国务院证券监督管理机构对上市公司的股东、实际控制人转让其所持有的本公司股份另有规定的，从其规定”的规定。三是在“任职期间”前加以“就任时确定的”作为限定，明确当有相关文件或者其他证据能够证明公司对就任的董事、监事、高级管理人员明确了就任时间的情况下，以该就任时确定的时间作为期间的计算依据，而不以实际开始行使职权的时间作为计算依据。四是新增了第3款关于股份在限售期内出质时质权人不得行使质权的规定。

一般而言，股份有限公司特别是上市公司的股份具有自由流通性，即股票依法发行并交付后，就可以依法进行交易，股份持有人可以依法将其股份自由转让给他人以获得价款，他人则取得股份。一般来说，无论是公开发行还是非公开发行的股份，都应当允许其通过转让变现。同时，为规范股份转让过程中关联人员行为、加强信息披露、保护投资者的合法权益，也有必要在特定情形下对特定主体所持有的公司股份的转让作出一定限制。

【理解与适用】

一、对股东转让股份的限制

公司公开发行股份前的股东，其地位类似于公司的发起人，对其所持有的股份规定必要的不得转让期间，有利于保护广大公众投资者的利益。从我国当前的实际情况看，股份有限公司的股票在证券交易所上市交易后，其价格往往比上市前的股票价格要高，如果允许公司公开发行股份前的股东在公司成立后很短的时间内就进行本公司股份的转让，其可能会不适当地转移投资风险，甚至会出现低价抢购公司公开发行前的股份即所谓原始股，在公司上市后大量抛售以赚取差价的现象，产生大量的不正当交易，扰乱证券市场的秩序，也影响公司的正常运营。为了从根源上限制此类情况的发生，同时确保公司公开发行股份前的股东在公司上市后的一定时间内留在公司，以保证公司稳定和运营的连续性。因此，本条规定，公司公开发行股票前已发行的股份，自公司股票在证券交易所上市交易之日起1年内不得转让。

本次《公司法》修订，不再对股份有限公司的发起人转让本公司股份的限制进行特殊规定。而是通过增加“法律、行政法规或者国务院证券监督管理机构对上市公司的股东、实际控制人转让其所持有的本公司股份另有规定的，从其规定”这一准用性规定，由其他相关规定予以限制。需要注意的是，这一新增的准用性规定，除了授权其他法律、行政法规之外，还准许国务院证券监督管理机构通过部门规章和其他规范性文件的方式对上市公司的股东、实际控制人转让其所持有的本公司股份进行限制，这进一步解决了国务院证券监督管理机构在股份减持规则设定时的法律授权问题。体现了《公司法》与《证券法》等不同法律法规之间，以及法律、行政法规、部门规章、其他规范性文件之间的统一，在法律制度、监管政策层面进一步形成合力，实现金融监管“一盘棋”。

二、对公司管理人员转让股份的限制

对董事、监事、高级管理人员转让其所持有的本公司股份的限制，主要基于两个理由：一是董事、监事、高级管理人员对公司负有特殊义务，应加强其与公司之间的联系，将公司的利益与其个人利益联系在一起，以促使其尽职尽责地履行职务；二是董事、监事、高级管理人员负责公司的运营，掌握着大量的公司信息，如果允许其随意转让本公司股份，可能会出现董事、监事、高级管理人员利用所掌握的信息进行内幕交易、损害公司利益以及股东利益的情况。

（一）法律规定的限制

一是公司董事、监事、高级管理人员应当向公司申报所持有的本公司的股份及其变动情况。二是这些人员在就任时确定的任职期间每年转让的股份不得超过其所持有本公司股份总数的25%；公司股票在证券交易所上市交易的，自上市交易之日起1年内不得转让。三是这些人员离职后半年内，不得转让其所持有的本公司股份。需要说明的是，如果这些人属于法定限制的"发起人"，则同时执行有关发起人的限制性规定。作为公司的高级管理人员，董事、监事及高级管理人员个人的行为对公司经营管理的影响极大。作为公司经营决策甚至是筹办公司上市的重要参与人员，对公司内幕及证券市场行情非常了解，禁止其在1年内交易，防止其制作虚假信息，操纵股票市场，利用公司上市欺诈公众股民。

（二）公司章程规定的限制

按照本条规定，公司章程可以对法定的公司管理人员转让股份作出更严格的规定。这项规定属于授权性规定，公司章程可以规定，也可以不作规定。章程有规定的，执行章程的规定；章程没有规定的，执行法律的规定。

三、对限售期内质权人行使质权的限制

被限制转让的股份，依然可以设定质权。如果允许在限售期内出质股份的质权人行使质权，则将变相导致原本禁止转让的股份通过行使质权的方式被变卖，从而为绕过这一限制性规定提供了看似合法的通道。为了堵住这一容易被不法上市公司股东、实际控制人、董事、监事、高级管理人员利用的法律漏洞，新修订的《公司法》特别加入了该款规定。

【实务问题】

其他法律、行政法规或者国务院证券监督管理机构对上市公司的股东、实际控制人转让其所持有的本公司股份的主要限制性规定：

1.《证券法》第36条规定，依法发行的证券，《公司法》和其他法律对其转让期限有限制性规定的，在限定的期限内不得转让。上市公司持有5%以上股份的股东、实际控制人、董事、监事、高级管理人员，以及其他持有发行人首次公开发行前发行的股份或者上市公司向特定对象发行的股份的股东，转让其持有的本公司股份的，不得违反法律、行政法规和国务院证券监督管理机构关于持有期限、卖出时间、卖出数量、卖出方式、信息披露等规定，并应当遵守证券交易所的业务规则。

2.《证券法》第44条规定，上市公司、股票在国务院批准的其他全国性证券交易场所交易的公司持有5%以上股份的股东、董事、监事、高级管理人员，将其持有的该公司的股票或者其他具有股权性质的证券在买入后6个月内卖出，或者在卖出后6个月内又买入，由此所得收益归该公司所有，公司董事会应当收回其所得收益。但是，证券公司因购入包销售后剩余股票而持有5%以上股份，以及有国务院证券监督管理机构规定的其他情形的除外。前款所称董事、监事、高级管理人员、自然人股东持有的股票或者其他具有股权性质的证券，包括其配偶、父母、子女持有的及利用他人账户持有的股票或者其他具有股权性质的证券。公司董事会不按照第1款规定执行的，股东有权要求董事会在30日内执行。公司董事会未在上述期限内执行的，股东有权为了公司的利益以自己的名义直接向人民法院提起诉讼。公司董事会不按照第1款的规定执行的，负有责任的董事依法承担连带责任。

3.《证券法》第186条规定，违反本法第36条的规定，在限制转让期内转让证券，或者转让股票不符合法律、行政法规和国务院证券监督管理机构规定的，责令改正，给予警告，没收违法所得，并处以买卖证券等值以下的罚款。

4.《证券法》第191条规定，证券交易内幕信息的知情人或者非法获取内幕信息的人违反本法第53条的规定从事内幕交易的，责令依法处理非法持有的证券，没收违法所得，并处以违法所得1倍以上10倍以下的罚款；没有违法所得或者违法所得不足50万元的，处以50万元以上500万元以下的罚款。单位从事内幕交易的，还应当对直接负责的主管人员和其他直接责任人员给予警告，并处以20万元以上200万元以下的罚款。国务院证券监督管理机构工作人员从事内幕交易的，从重处罚。违反本法第 54 条的规定，利用未公开信息进行交易的，依照前款的规定处罚。

5.《上市公司董事、监事和高级管理人员所持本公司股份及其变动管理规则》（中国证券监督管理委员会公告〔2024〕9 号）。

6.《上市公司股东、董监高减持股份的若干规定》（中国证券监督管理委员会公告〔2017〕9 号）。

【条文】

第一百六十一条

有下列情形之一的，对股东会该项决议投反对票的股东可以请求公司按照合理的价格收购其股份，公开发行股份的公司除外：

（一）公司连续五年不向股东分配利润，而公司该五年连续盈利，并且符合本法规定的分配利润条件；

（二）公司转让主要财产；

（三）公司章程规定的营业期限届满或者章程规定的其他解散事由出现，股东会通过决议修改章程使公司存续。

自股东会决议作出之日起六十日内，股东与公司不能达成股份收购协议的，股东可以自股东会决议作出之日起九十日内向人民法院提起诉讼。

公司因本条第一款规定的情形收购的本公司股份，应当在六个月内依法转让或者注销。

【条文主旨】

本条是关于股份有限公司异议股东股权回购请求权的规定。

【条文概览】

本条为新增条文。修订前的《公司法》在第74条规定了有限责任公司异议股东的股权回购请求权，本次修订，新增加了本条关于股份有限公司异议股东股权回购请求权的规定。

对于公开发行股份的股份有限公司而言，因为其股票具有较强的流通性，一般情况下，对于异议股东来说，其可以直接在证券市场上转让股份进而退出公司，无须通过公司回购退出。而对于持股比例5%以上的股东，参与公司经营的具有董事、监事、高级管理人员身份的股东，其股权转让行为，包括转让给公司的情形，受到来自《公司法》《证券法》、国务院证券监督管理机构制定的规范性文件、证券交易场所的监管规则等不同位阶规范的层层约束。故公开发行股份的股份有限公司，不适用本条的规定。

与第89条规定的有限责任公司异议股东股权回购请求权相比，本条删除了公司合并、分立的情形，关于公司合并、分立的回购规定被放在了第162条，且与第89条规定公司应当在6个月内依法转让或者注销收购的本公司股份的情形有所不同，其他内容与第 89 条的规定一致。

【理解与适用】

异议股东回购请求权，又称中小股东异议估价权、少数股东收买请求权，是指在股东大会就合并、解散、营业让与等公司重大事项进行表决前和表决时，如果股东明确表示了反对意见，而该事项获得决议通过，则该股东有权要求公司以公平价格收买其所持有的公司股份。

在法定资本制度之下，股东出资不能抽回是公司法基本原则。公司收购自己的股份，将使公司成为自己的股东，混淆了公司与股东之间的法律关系，非常容易导致公司的董事、监事、高级管理人员利用负责公司运营的权力，通过其所实际掌握的公司拥有的本公司股份影响公司决策，损害公司股东或者债权人利益。对于股份公司，允许公司拥有自己的股份，就使公司可以方便地利用其所掌握的内部消息进行股票操作、操纵公司股票价格、扰乱证券市场秩序，损害其他投资者特别是公众投资者的利益。公司拥有本公司的股份，将使该股份所代表的资本实际上处于虚置的地位，违反公司资本充实原则。故在一般情况下，禁止公司回购本公司股东所持有的股份。

然而，为了维护中小股东的利益，使他们在公司出现法定情形时，能够请求公司以合理价格回购其所拥有的股权，从而达到离开公司的目的。修改前的《公司法》第 74 条、新《公司法》第 89 条规定了有限责任公司异议股东的股权回购请求权，这是针对有限责任公司股权流动性差而作出的规定，以防止在出现公司损害股东利益时，股东没有救济措施又不能通过向他人转让股权而离开公司的情况。而就非公开发行股份的股份有限公司而言，虽然更加强调资合性，其股份的转让通常也较有限责任公司而言更为容易，但仍会出现对公司经营、决策不满的股东难以离开公司的情况，故在本次修订中，新增了关于股份有限公司异议股东股权回购请求权的规定。

一、享有回购请求权的主体

本条并未对异议股东的持股比例、持股时间作出规定。根据本条规定，股东应该在相关事项作出决议时享有表决权，如果不享有表决权或者表决权受限，则当然谈不上投反对票的问题。这里的反对票必须是明确地提出反对票，如果仅表明有异议，但未投反对票，而是投赞成票或者弃权票；或者在股东会会议上投赞成票或者弃权票，嗣后又后悔，提出异议，均不属于异议股东，即主体不适格。这是因为，异议股东的回购请求权，是为保障那些自身重要利益受到公司股东会决议的损害，进而与公司决裂的股东及时退出公司而设计的制度，股份有限公司的股东作为商事主体，如果在决议中经过综合考量，最终投了赞成票或者弃权票，则应当视为缺乏退出公司的意思，不属于异议股东。

需要注意的是，对于未参加股东会会议并投反对票的股东，如果该股东并非因自身过错导致其未能参加股东会会议，如未被通知参加股东会会议，自然无法通过投反对票的方式表达异议，如其知道股东会决议后明确持反对意见，则应当认定其享有回购请求权。

二、异议股东回购请求权的条件

异议股东回购请求权有严格条件限制，即有以下三种情形之一，并且股东会在该股东投反对票的情况下依然作出了有效的决议，该投反对票的股东才可以请求公司按照合理的价格收购其股权。

1. 长期不分红。公司连续 5 年不向股东分配利润，而公司该 5 年连续盈利，并且符合《公司法》规定的分配利润的条件。股东基于投资关系对利润分配具有期待权。在长期不分红的情形下，股东要求分配利润的主张是合法的，但持有公司多数表决权的其他股东却通过股东会决议的形式阻碍了少数异议股东分配利润的要求。按照规定，必须是连续 5 年不分红，股东才能请求公司回购其股权，如果公司的盈利不具有连续性，而是断断续续地累计，则股东不享有此项权利。此外，根据《公司法》第 210 条规定，只有在公司弥补亏损和提取公积金后所余利润，才能向股东分配利润。如果公司不符合分配利润条件，股东也不能享有此项权利。

实践中，不乏控制股东为了压榨中小股东权益，滥用股东权利，长期推行不分红或少分红的政策，使股东追求投资回报的投资目的落空。根据本条规定，如果具备长期不分红的条件，中小股东可以行使异议股东股份回购请求权从而退出公司。

2. 公司转让主要财产。公司转让主要财产也会严重影响公司的发展前景，甚至带来风险，足以从根本上动摇股东对公司的投资预期。公司的主要财产应当如何认定？根据《上市公司重大资产重组管理办法》第 2 条规定，出售资产或者通过其他方式进行资产交易达到规定的标准，导致上市公司的主营业务、资产、收入发生重大变化的资产交易行为构成重大资产重组。该办法虽然针对的是上市公司，但我们认为，对于非上市的股份公司转让主要财产也具有参考意义，也即如果公司转让的主要财产导致公司的主营业务、资产、收入发生重大变化，应该认定为转让主要财产。有学者指出，公司转让主要财产中所指的主要财产包括两个类型：一是从财产价值上看，公司转让的主要财产在公司净资产中所占比例较高，如30%以上；二是从用途、效能与重要性来看，公司转让的财产属于公司的核心业务资产。

在股份公司股东会按照资本多数决原则形成了合法的转让主要财产的决议的情形下，投反对票的股东因该决议改变了其设立或者加入公司的初衷，改变了其合理利益期待，故应当允许其退出公司。

3. 公司章程规定的营业期限届满或者章程规定的其他解散事由出现，股东会通过决议修改章程使公司存续。根据《公司法》第229条规定，公司章程规定的营业期限届满或者公司章程规定的其他解散事由出现，公司应当解散。同时第230条规定，此种情形下可以通过修改公司章程而存续，股份有限公司经出席股东会会议的股东所持表决权的三分之二以上通过即可。因此，章程规定的营业期限届满或章程规定的其他解散事由出现时，公司本应解散并成立清算组对公司财产进行清算，公司最终注销，股东据此得以退出公司。如果持有公司多数表决权的其他股东通过股东会决议修改公司章程决定使公司存续，这显然与股东投资公司的预期不符，面临着更多的经营风险，股东也不能通过清算获得公司的剩余财产并进行分配，因此应允许对决议投反对票的股东退出公司，不能要求少数表决权股东违背意愿被强迫面对公司继续经营的风险。

三、异议股东回购请求权的程序

1. 股东对有关决议持有异议，即投反对票。根据本条规定，在发生法定的异议股东回购请求权的情形下，只要股东在股东会会议上对有关决议投反对票，即可享有回购请求权。

2. 异议股东与公司协商股票的收购价格。至于价格的确定，《公司法》仅规定合理的价格，至于何谓合理的价格，双方可协商以退股时公司的净资产为准，也可以上一年度的净资产为准等，由双方确定。

3. 收购股权的期限。作为保护中小股东合理利益的救济措施，为实现救济手段的可操作性，本条规定了股东要求公司收购其股权的协议期限，即自股东会决议作出之日起60日内。如果双方在该期限内不能达成股权收购协议，则股东有权自股东会决议作出之日90日内向人民法院提起诉讼。需要注意的是，90日为除斥期间，自股东会决议作出之日起算，而非自股东与公司谈判破裂之日起算。

四、公司收购股东股权后的处理

公司收购异议股东的股份后，回购的股份不享有表决权、不得参加红利分配。实际上回购的部分股权处于虚置状态，公司在依法回购本公司股份后，应当及时处理，防止股份长期虚置，影响公司运营。因此，公司应当及时注销该部分股份进行减资处理。股份有限公司不减资的，也可以转让。

【条文】

第一百六十二条

公司不得收购本公司股份。但是，有下列情形之一的除外：

（一）减少公司注册资本；

（二）与持有本公司股份的其他公司合并；

（三）将股份用于员工持股计划或者股权激励；

（四）股东因对股东会作出的公司合并、分立决议持异议，要求公司收购其股份；

（五）将股份用于转换公司发行的可转换为股票的公司债券；

（六）上市公司为维护公司价值及股东权益所必需。

公司因前款第一项、第二项规定的情形收购本公司股份的，应当经股东会决议；公司因前款第三项、第五项、第六项规定的情形收购本公司股份的，可以按照公司章程或者股东会的授权，经三分之二以上董事出席的董事会会议决议。

公司依照本条第一款规定收购本公司股份后，属于第一项情形的，应当自收购之日起十日内注销；属于第二项、第四项情形的，应当在六个月内转让或者注销；属于第三项、第五项、第六项情形的，公司合计持有的本公司股份数不得超过本公司已发行股份总数的百分之十，并应当在三年内转让或者注销。

上市公司收购本公司股份的，应当依照《中华人民共和国证券法》的规定履行信息披露义务。上市公司因本条第一款第三项、第五项、第六项规定的情形收购本公司股份的，应当通过公开的集中交易方式进行。

公司不得接受本公司的股份作为质权的标的。

【条文主旨】

本条是关于股份有限公司对本公司股份的收购及质押的限制性规定。

【条文概览】

本条继承了 2018 年《公司法》第 142 条，并在该条的基础上进行了个别文字和表述的修改。

本条第 1 款规定了允许公司收购本公司股份的 6 种具体情形，即减少公司注册资本；与持有本公司股份的其他公司合并；将股份用于员工持股计划或者股权激励；股东因对股东会作出的公司合并、分立决议持异议，要求公司收购其股份；将股份用于转换公司发行的可转换为股票的公司债券；上市公司为维护公司价值及股东权益所必需。第 2 款规定了不同情形下公司收购本公司股份的决议要求。第 3 款是关于回购后及时转让或注销的规定。第 4 款是对上市公司收购本公司股份的特别规定。第 5 款是对禁止公司接受本公司的股份作为质权的标的的规定。

【理解与适用】

在法定资本制之下，股东出资不能抽回是公司法的基本原则之一。公司收购自己的股份，将使公司成为自己的股东，混淆了公司与股东之间的法律关系，非常容易导致公司的董事或者经理等人员利用负责公司运营的权利，通过其所实际掌握的公司拥有的本公司股份影响公司决策，损害公司股东或者债权人利益。对于股份公司，允许公司拥有自己的股份，就使公司可以方便地利用其所掌握的内部消息进行股票操作、操纵公司股票价格、扰乱证券市场秩序，损害其他投资者特别是公众投资者的利益。公司拥有本公司股份，将使该股份所代表的资本实际上处于虚置的地位，违反公司资本充实原则。《公司法》第 162 条为特殊情形下公司收购本公司股份提供了法律上的依据，是对法定资本原则的突破。

根据本条规定，公司在下列情形下，可以收购本公司股份：（1）减少公司注册资本。按照本法有关条款的规定，公司成立以后股东是不得抽回出资的。在这种情况下，公司成立以后，要减少公司的注册资本，只能通过以公司的名义购买本公司股份，再将该部分股份注销的形式。因此，对于公司因减少注册资本而收购本公司股份，法律是允许的。（2）与持有本公司股份的其他公司合并。公司的股份可以为其他公司所持有，当公司与拥有本公司股份的其他公司进行吸收合并时，被合并的其他公司的所有资产都归本公司所有，其他公司所拥有的本公司股份自然也为本公司所有。（3）将股份用于员工持股计划或者股权激励。近年来，为了激励员工，很多股份有限公司都推行员工持股计划，即奖励员工部分本公司股份，从而把员工利益与公司利益联系在一起，激励员工更好地为公司工作。为了推行这一计划，公司就需要收购本公司的股份，再将其发放给员工。（4）因股东行使回购请求权，而收购本公司股份。《公司法》第 161 条规定了股份有限公司异议股东的回购请求权，即在公司出现法定情形时，对股东会该项决议投反对票的股东可以请求公司以合理价格回购其所拥有的股权，从而达到离开公司的目的。在异议股东行使回购请求权的情况下，公司当然可以收购本公司的股份。另外，本条第 4 项还规定，股东在对股东会作出的公司合并、分立决议持异议时，可以要求公司收购其股份。当股东行使这项权利时，公司就会拥有本公司的股份。特别需要注意的是，与《公司法》第 161 条不同的是，当股东在对股东会作出的公司合并、分立决议持异议时，即可以要求公司收购其股份，并不必须以投反对票为前提。

公司因减少注册资本、与其他公司合并而收购本公司股份的，按照本条第 2 款的规定，都应当由股东会作出决议。而股东的股份回购请求，属于股东的权利，股东依法提出这一要求时，公司就应收购其股份，不需要股东会作出决议。

《公司法》虽然允许公司在特定情况下收购本公司股份，但按照有关条款规定，回购的股份不享有表决权、不得参加红利分配。实际上这部分股份是处于虚置状态的，因此公司在依法回购本公司股份后，应当及时处理，防止股份长期虚置，影响公司运营。

根据本条第 2 款和第 3 款的规定，公司因减少注册资本而收购本公司股份的，应当自收购之日起 10 日内将该部分股份注销；公司因与其他公司合并以及因股东行使回购请求权而收购本公司股份的，应当自收购之日起 6 个月内转让或者注销；公司为推行员工持股计划而收购本公司股份的，应当在 3 年内转让给员工。

公司为将股份用于转换公司发行的可转换为股票的公司债券，以及奖励员工而收购本公司股份的，不应对公司的股份构成情况以及公司运营情况产生大的影响。因此本条第 3 款规定，公司为将股份用于转换公司发行的可转换为股票的公司债券以及将股份奖励给员工而收购本公司股份的，收购的股份数额不得超过已发行股份总数的 10%。

本条第 4 款是关于上市公司收购本公司股份的规定。上市公司具备本条所列情形的，亦可收购本公司股份。但是为防止上市公司滥用股份回购制度，引发操纵市场、内幕交易等利益输送行为，本条规定上市公司收购本公司股份应当依照《证券法》的规定履行信息披露义务，上市公司因本条第 3 项、第 5 项、第 6 项规定的情形收购本公司股份，应当通过公开的集中交易方式进行。

本条第 5 款是关于公司不得接受本公司的股份作为质权标的的规定。质押，属于担保的一种形式，即债务人或者第三人在不转移所有权的前提下，将某一动产或者权利转由债权人占有和控制，以保证债权人权利的实现；在债务人不履行债务时，债权人有权以该动产或者权利折价或者以变卖、拍卖该动产或者权利的价款优先受偿。当公司接受本公司的股份作为质权标的时，一旦债务人不履行债务，作为债权人的公司将该股票拍卖时，如果没有人购买，自己的利益也没有得到维护，起不到质押的作用。此时公司本身又处于股东的地位，造成法律关系的混乱，不利于公司资本的充实与维持。故本公司的股票是不能作为质权标的和用来对公司债权进行担保的，即使设立了以本公司股票为质权标的的担保，最后也无法实现。因此，本法禁止公司接受本公司的股票作为质押权标的。

《公司法》原则上禁止股份回购，但是在特殊情况下《公司法》又允许股份回购。虽然在特殊情况下《公司法》允许股份回购，但是对于股份回购的方式，《公司法》又作了严格的规定。根据本条规定，公司为了减少公司资本、与持有本公司股份的其他公司合并而收购本公司的股份，应当经过股东会决议，并且应当办理以下手续：（1）减资回购的股份应在 10 日内注销，公司合并和异议股东引起的股份回购应在 6 个月内将股份转让或者注销，否则属于违法行为。（2）办理变更登记手续，即办理减少资本的手续。办理变更登记手续的机关为工商行政管理机关。（3）公告，即在国家或者当地主要报纸上进行公告。公告的目的是便于债权人和社会公众了解公司资本减少的情况，以利于保护自己的合法权益。

【条文】

第一百六十三条

公司不得为他人取得本公司或者其母公司的股份提供赠与、借款、担保以及其他财务资助，公司实施员工持股计划的除外。

为公司利益，经股东会决议，或者董事会按照公司章程或者股东会的授权作出决议，公司可以为他人取得本公司或者其母公司的股份提供财务资助，但财务资助的累计总额不得超过已发行股本总额的百分之十。董事会作出决议应当经全体董事的三分之二以上通过。

违反前两款规定，给公司造成损失的，负有责任的董事、监事、高级管理人员应当承担赔偿责任。

【条文主旨】

本条是关于公司不得为他人取得本公司或者其母公司的股份提供财务资助及例外的规定。

【条文概览】

本条属于新增条文。具体来说，禁止股份有限公司通过向关联方或其他非关联方提供财务资助，以换取对方在公司股权方面的支持或便利。这种行为可能导致公司内部权力的不平衡，从而影响公司的正常运作和投资者的利益。具体如下：

1. 禁止为原则。新增股份有限公司不得以赠与、借款、担保或其他财务资助的方式为他人在本公司或其母公司中取得股份。这一规定旨在防范股份有限公司通过不正当手段为其关联公司或实际控制人输送利益，损害其他投资者的权益。当然，若公司实施员工持股计划，可视为例外。

2. 资助为例外。尽管股份有限公司不能为他人取得本公司或其母公司的股份提供财务资助，但在特殊情况下，公司可根据股东会决议或董事会依照公司章程或股东会授权作出的决议，董事会作出决议应当经全体董事的三分之二以上通过，为他人取得本公司或其母公司的股份提供财务资助。然而需注意的是，财务资助的累计总额不得超过已发行股本总额的10%。这一规定旨在防止股份有限公司过度依赖关联方输送利益，保持公司的独立性和稳健性。

3. 程序要合规。对于可能涉及前述情况的股份有限公司，应及时修订公司章程以符合法规要求。同时，股份有限公司还应加强内部管理，确保公司行为的合法合规。此外，股份有限公司还应加强对员工持股计划的管理，确保员工持股计划的实施不会损害其他投资者的利益。总之，为他人取得本公司或其母公司的股份提供财务资助是股份有限公司需要严格遵守的规定。只有这样，才能维护市场的公平和公正，保护投资者的利益，促进我国资本市场的健康发展。

4. 违规需赔偿。对于违反上述规定给公司造成损失的，则相关的董事、监事以及高级管理人员将承担相应的赔偿责任。

【理解与适用】

一、财务资助所包含的范围

财务资助作为企业或个人为协助他人获取公司股权而提供的资金支持，无疑在一定程度上推动了资本市场的繁荣与创新。然而，这一行为也伴随一系列道德和法律问题，因此我国对其实施严格的规定与限制，以捍卫投资者利益并维护市场秩序。我们将深入探讨财务资助的多种形式及其相关法律规定，提高对“财务资助”的认识和理解。财务资助包括的范围：

1. 借贷。公司向他人提供资金以协助其获取股权，此种财务援助形式可能致使公司负债增加，进而对公司的经营状况产生影响。在现代企业经营过程中，借贷是一种常见的财务行为。公司通过向他人提供资金以协助其获取股权的方式，实现双方的共赢。然而，这种财务援助形式可能致使公司负债增加，进而对公司的经营状况产生影响。

首先，我们需要了解什么是借贷以及它在企业中的作用。借贷是指一方向另一方借款或出借资金的行为。在企业中，借贷可以用于满足短期资金需求、投资扩张、并购重组等多种目的。通过借贷，企业可以迅速筹集所需资金，降低融资成本，提高资金利用效率。同时，借贷也可以帮助企业规避市场风险，实现资产配置的优化。然而，借贷并非完全无害。当公司向他人提供资金以协助其获取股权时，可能会导致公司的负债增加。这是因为，在这种财务援助形式下，公司需要承担一定的信用风险。一旦被资助方无法按时还款或者出现其他违约情况，公司将面临较大的损失。因此，在进行借贷时，公司需要充分评估风险，确保自身的偿债能力和抗风险能力。

其次，公司负债增加可能导致其经营状况受到影响。当负债水平过高时，公司的偿债压力会加大，可能导致现金流紧张，甚至陷入债务危机。此外，高负债率还会降低公司的信用评级，影响其在资本市场的融资能力。在这种情况下，公司可能需要采取紧缩性财务措施，如削减支出、降低利润率等，以降低负债水平。然而，这些措施可能会对公司的运营和发展产生不利影响。

为了避免上述问题的出现，如实施员工持股计划的企业借贷等情形，那么企业在进行借贷时应采取一定的措施。首先，企业应审慎选择资助方，确保其具备良好的信用记录和还款能力。其次，企业应与资助方签订详细的合同，明确双方的权利和义务，确保在出现问题时能够依法追责。此外，企业还应加强内部管理，建立健全的风险控制体系，及时发现和化解潜在风险。

2. 担保。公司为他人的债务提供信用或抵押担保，以协助其获取公司股权。这种类型的财务支持在商业领域并不罕见，尤其是在初创企业或发展中的企业中。

然而，这种类型的财务支持可能会使公司承担过多的风险，进而对公司的稳健经营产生不利影响。首先，担保可能导致公司承担过大的债务风险。当公司为他人提供担保时，意味着公司同意在一定程度上为债务承担责任。如果债务人无法按时还款，公司可能需要用其资产或股权来弥补损失。这将对公司的财务状况产生严重影响，可能导致公司的盈利能力下降甚至破产。

其次，担保可能影响公司的股权结构和股权激励计划。当公司为他人提供担保时，可能会导致股权稀释，从而影响现有股东的利益。此外，为了帮助债务人获得公司股权，公司可能会采取特殊的股权激励计划，如期权、股票奖励等。这些计划可能会受到担保行为的影响，从而影响公司的长期发展战略。

再次，担保可能引发法律纠纷和诉讼风险。在某些情况下，债务人可能会违约，拒绝履行还款义务。这将导致公司与债务人之间的纠纷，可能需要通过法律途径解决。诉讼过程往往耗时较长，成本较高，对公司的正常运营造成很大困扰。此外，法院判决的结果可能会对公司的声誉和市场地位产生负面影响。

最后，担保可能导致内部管理失控。为了确保担保行为的合规性和有效性，公司需要建立完善的内部管理制度和风险控制机制。然而，在实际操作中，很容易出现管理漏洞和人为失误。这可能导致担保行为滥用或不当行为，进一步加大公司的风险敞口。

3. 赠与。公司无偿将自己的资产、股权或财产权益赠与他人，以帮助其取得公司股权。这种形式的财务资助可能会导致公司的股权结构发生变化，从而影响公司的治理结构。此外，如果赠与行为涉及利益输送或其他不正当手段，还可能触犯法律。

赠与的形式有很多种，例如股票赠与、资本捐赠、财产权益赠与，公司将自己的知识产权等财产权益赠与他人。然而，这些形式的财务资助都需要注意以下几点：(1) 公司应该遵守相关法律法规和内部规定，确保赠与行为合法合规。(2) 公司应该对受赠人进行尽职调查，了解其背景和资质，以确保其有能力承担相关责任。(3) 公司应该公开透明地进行财务资助行为，避免市场质疑和不良影响。

4. 资本注入。随着全球经济的不断发展，公司之间的合作与竞争日益激烈。在这种背景下，一些公司为了实现快速发展和提高市场地位，可能会选择向其他公司提供资本注入。这种形式的财务资助旨在帮助目标公司取得更多的公司股权，从而扩大自身的市场份额和影响力。然而，这种做法可能会导致公司的股权结构发生变化，进而影响公司的治理结构。因此，在进行资本注入时，公司需要谨慎行事，以免给自身的长远发展带来不利影响。

首先，资本注入可能会导致公司的股权结构发生变化。在资本注入过程中，出资方通常会要求获得一定比例的公司股权作为回报。这样一来，目标公司的股权结构中就会增加新的股东，这些股东可能会对公司的经营决策产生影响。如果新股东的利益与公司的其他股东存在冲突，可能会导致公司内部的权力斗争，从而影响公司的稳定发展。

其次，资本注入可能会影响公司的治理结构。在股权结构发生变化后，公司的治理结构也需要相应地进行调整。这包括修改公司章程、调整董事会成员等。在这个过程中，如果没有得到所有股东的充分同意，可能会引发内部矛盾，甚至导致公司治理结构的瓦解。此外，新的股东可能会试图通过操纵公司财务报表等手段来谋取私利，从而损害公司和其他股东的利益。

最后，资本注入行为可能触犯法律。如果资本注入行为涉及利益输送或其他不正当手段，就可能构成违法行为。例如，一些出资方可能会通过向目标公司提供低价股权的方式来换取公司在后期上市时的优先购买权，从而谋取不正当利益。这种行为不仅违反了证券市场的公平原则，还可能触犯《反垄断法》等相关法律法规。因此，公司在进行资本注入时，必须遵守相关法律法规，确保行为的合法性。

财务资助的方式不仅限于上述提到的方式，还可能存在其他形式。这些形式可能包括以合法形式掩盖非法目的的方式。举例来说，可能存在以下情况：

1. 虚构交易。企业与他人进行虚假的商业活动，通过编制伪造的交易合同、付款凭证、收据等文件来掩盖实际上是为他人谋取公司股权的目的。在商业活动中，诚信是企业立足之本，也是市场经济秩序的重要保障。然而，仍有一些企业为了谋取不正当利益，采取虚构交易的方式，通过编制伪造的交易合同、付款凭证、收据等文件来掩盖实际上是为他人谋取公司股权的目的。这种行为不仅损害了其他投资者的利益，也破坏了市场的公平竞争环境，严重影响了社会经济的健康发展。虚构交易是指企业与他人进行虚假的商业活动，通过编制伪造的交易合同、付款凭证、收据等文件来掩盖实际上是为他人谋取公司股权的目的。这种行为通常包括以下几个方面：一是企业与他人签订虚假的交易合同，通过合同约定的形式掩盖实际的交易目的；二是企业向他人支付虚假的款项，以达到掩盖实际交易目的的目的；三是企业制作虚假的收据、发票等凭证，以证明虚假交易的存在。虚构交易的行为严重损害了其他投资者的利益。首先，虚构交易会导致投资者对企业的经营状况产生误判，从而造成投资者的投资损失。其次，虚构交易会破坏市场的公平竞争环境，使得诚实守信的企业处于劣势地位，进一步加剧市场失衡。此外，虚构交易还可能导致投资者对整个行业的信心丧失，影响整个市场的稳定和发展。

2. 委托代理。公司通过委托代理的方式，将资金或资产交由他人代为持有或管理，以期规避法律法规对财务资助的限制。首先，我们来了解一下什么是委托代理。委托代理是指公司通过与受托人签订合同，将一定的权利和义务交给受托人执行的过程。在这个过程中，公司可以避免直接参与到某些复杂的金融活动中，从而降低法律风险。委托代理可以分为法定代理和约定代理两种类型。法定代理是指根据法律规定，公司必须进行的一种代理形式。例如，公司需要设立董事会、监事会等治理机构，法定代理的目的是确保公司的正常运作，维护股东的利益。约定代理则是指公司与受托人之间通过签订合同等方式达成协议。约定代理可以是独家代理、一般代理或其他形式的代理。在约定代理中，公司可以根据自身需求选择合适的受托人，以实现股权购买等目标。具体来说，公司在股权购买过程中可能会采取以下几种委托代理方式：（1）设立信托基金。公司可以与信托公司合作，设立一个信托基金来管理资金。信托基金的资金由公司提供，但实际管理权由信托公司行使。这样一来，公司就可以避免直接参与到资金管理中，降低法律风险。（2）聘请第三方资产管理公司。公司可以聘请一家具备资质的第三方资产管理公司来管理其持有的资产。资产管理公司负责投资、运营和管理资产，确保资产的安全和增值。同时，资产管理公司还可以协助公司处理与法规相关的事务，降低法律风险。

3. 利益输送。企业通过与他人进行关联交易、股权转让等手段，将利益转移给他人，以协助其获得公司股权。

一些企业为了谋求自身的利益，采取了各种手段进行关联交易、股权转让等行为，将利益转移给他人，以协助其获得公司股权。这种现象被称为"利益输送"，它在一定程度上破坏了市场的公平竞争环境，对企业的长远发展和社会经济秩序造成了不良影响。

利益输送的表现形式：(1) 关联交易，是指企业与其关联方之间发生的交易行为。在正常情况下，关联交易应当遵循公平、公正、公开的原则进行。然而，一些企业为了谋取不正当利益，通过与关联方进行非公开的交易，如价格操纵、资源配置等，从而损害了其他市场主体的利益。(2) 股权转让，是指股东将其所持有的股权出售给其他股东或第三方的行为。在正常的股权转让过程中，股东应当遵循自愿、平等、有偿的原则。然而，一些企业为了规避监管、获取资金等目的，采取低价转让、无底价转让等手段，导致股权价值严重缩水，损害了其他股东和投资者的利益。

利益输送的影响：(1) 破坏市场公平竞争环境。利益输送行为使得企业在市场竞争中获得了不正当的优势，从而导致其他企业处于劣势地位。这种现象不仅损害了其他企业的合法权益，而且削弱了市场的活力和创新能力。(2) 损害社会经济秩序。利益输送行为容易导致资源配置失衡，进而影响整个社会的经济发展。此外，利益输送还可能导致腐败现象滋生，损害社会公共利益。(3) 阻碍企业长远发展。为了追求短期利益，一些企业不惜牺牲长期发展。这种短视行为可能导致企业在技术、管理等方面的滞后，最终影响企业的竞争力和市场地位。

二、员工持股的特殊情况

实施员工持股计划是一种特殊情况，它能够为他人获取公司股权提供财务支持的原因如下：

首先，员工持股计划可以激励员工的工作积极性和创造力。通过将一部分股份分配给员工，公司就向员工传达了一个重要的信息：公司信任他们，并认为他们是公司成功的关键因素。这种信任和认可可以激发员工的自豪感和归属感，从而提高他们的工作投入度和效率。同时，员工持股计划也意味着员工与公司的利益更加紧密地捆绑在一起，这将有助于员工更加关注公司的长期发展和利润最大化。

其次，员工持股计划可以降低公司的融资成本。通常情况下，公司需要通过发行新股或债券等方式来筹集资金。这些方式都会增加公司的财务负担和风险。而实施员工持股计划则可以通过向员工出售股份的方式来筹集资金，这样既可以满足公司的资金需求，又可以减轻公司的财务压力。此外，由于员工持股计划通常是以折扣价购买股份，因此相对于其他融资方式来说，它的成本更低。

再次，员工持股计划可以促进公司的股权结构优化。在传统的股权结构中，大股东往往掌握着公司的控制权和管理权。而通过实施员工持股计划，公司可以将一部分股份分配给普通员工，从而扩大了股东群体的范围。这样一来，即使是普通员工也可以参与到公司的决策和管理中，从而增强了公司的民主性和透明度。同时，员工持股计划还可以避免大股东对公司的过度控制，从而保护了其他股东和投资者的利益。

最后，员工持股计划可以帮助公司吸引和留住优秀的人才。在现代商业竞争中，人才是最宝贵的资源之一。而实施员工持股计划可以为优秀员工提供一个良好的职业发展平台和激励机制。通过让员工分享公司的成功和发展成果，公司可以吸引更多的人才加入进来，并激发他们的工作热情和创造力。同时，由于员工持股计划可以让员工与公司的利益更加紧密地捆绑在一起，因此它也可以有效地留住那些对公司忠诚、有才华的员工。

综上所述，实施员工持股计划具有多种好处。它不仅可以激励员工的工作积极性和创造力，降低公司的融资成本，促进公司的股权结构优化，还可以帮助公司吸引和留住优秀的人才。当然，在实施员工持股计划时也需要注意一些问题，比如如何合理确定股份分配比例、如何保证公平公正等。只有在充分考虑这些问题的基础上才能真正实现员工持股计划的目标和价值。

三、本条中“他人”涵盖的范围

“他人”一词涵盖了公司本身以外的所有个人或实体。具体而言，包括公司的股东、董事、高级管理人员、关联方、员工以及其他与公司存在利益关系的个人或实体。这些个人或实体可能希望通过公司提供的财务资助来获取公司股权或其他利益。然而，根据规定，除非是为了实施员工持股计划，否则原则上不允许公司为他人提供这种财务资助。具体而言，包括以下范围：首先，我们需要了解什么是关联方。关联方是指与公司有直接或间接控制关系、重大影响关系或利益关系的自然人、法人或非法人组织。关联方可以分为两类：一是与公司有直接控制关系的关联方，如公司的控股股东、实际控制人等；二是与公司有重大影响关系的关联方，如公司的董事、监事、高级管理人员等。

在面对关联方时，公司需要遵循一定的法规和规定。例如，在我国，部分股份有限公司需要按照《上市公司信息披露管理办法》等相关法规，对关联方进行披露。此外，公司还需确保关联方的交易和资金往来符合法律法规的要求。

对于关联方可能存在的利益冲突，公司需要采取一定的措施加以防范。例如，公司可以设立独立董事制度，以保证董事会的独立性和专业性；公司还可以建立内部审计制度，对关联方的交易和资金往来进行监督和审查。

在符合本法条件下，为他人提供财务资助时，公司需要注意以下几点：

1. 遵守法律法规。公司在为他人提供财务资助时，需要确保其行为符合所在国家或地区的法律法规要求。例如，在我国，公司需要遵循《公司法》《证券法》等相关法规，对股东、董事、高级管理人员等人员进行分类管理，确保他们的权益得到保障。

2. 防范利益冲突。公司在为他人提供财务资助时，需要充分考虑可能存在的利益冲突问题。例如，公司可以通过签订协议等方式，明确双方在资金往来和交易中的权益和义务，防止一方利用优势地位损害另一方的利益。

3. 保护公司利益。公司在为他人提供财务资助时，需要确保公司的核心利益不受损害。例如，公司可以在提供财务资助时设定一定的限制条件，如禁止受资助方将所获得的资金用于投资与公司有业务竞争的项目等。

4. 透明度和信息披露。公司在为他人提供财务资助时，需要保持较高的信息披露透明度。例如，公司可以定期向公众披露与关联方的交易和资金往来情况，接受市场和监管部门的监督。

总之，需要严格遵循法律法规的要求，防范利益冲突，保护公司核心利益，并保持更高的信息披露透明度。只有这样，公司才能在激烈的市场竞争中立于不败之地，实现可持续发展。

四、有限责任公司可以“以员工持股计划”为他人取得公司股权提供财务资助

首先，根据新《公司法》的规定，公司不得以赠与、借款、担保以及其他财务资助的方式为他人取得本公司或其母公司的股份提供便利。此项规定

的核心主旨在于防止公司通过不正当手段为他人谋取利益，从而损害公司及其他股东的权益。需要特别指出的是，这一规定并不适用于公司实施员工持股计划的场景。在员工持股计划中，公司通常会向员工提供购买公司股份的机会，以激发员工为公司创造更多的价值。因此，在此种情况下，有限责任公司为员工取得公司股份的行为是合法且合理的。

其次，有限责任公司与股份有限公司在员工持股计划的需求上并无本质上的差异。此观点基于一个核心理解，即无论是有限责任公司还是股份有限公司，其股权结构都由股东构成。因此，无论是哪种公司形式，股东皆能通过员工持股计划共享公司的成长及其带来的收益。因此，在推行员工持股计划时，有限责任公司与股份有限公司均可参考新《公司法》的相关规定，并通过股东协议或公司章程等约定方式予以落实。

最后，尽管新《公司法》并未针对特定例外情况所规定的“财务资助的累计总额”的内涵作出直接明确的规定，但从文义角度来看，我们倾向于认为这一概念可以在公司章程中对财务资助的金额或比例进行限制。从文义解释的角度而言，此处并无限制员工持股之举，应当存在关于公司资助比例的规定。在特殊情况下，为公司利益向他人取得股权的投资应当受到限制，如在公司章程中有约定，其额度不得超过已发行股本总额的10%，除此之外并无限制。而且基于公司自主决策的原则，《公司法》不再对此类行为作出干预性的限定。

五、“为公司利益”进行财务资助

在公司运营过程中，财务资助是常见的商业活动之一。然而，新《公司法》对公司之间的财务资助行为取得本公司股权设定了一定的限制，以保护投资者的权益，防止资金被滥用，以及维护市场的公平竞争。尽管如此，法律还是为某些特定条件下的财务资助提供了一般例外规定，即在某些情况下，公司仍然可以进行合法的财务资助。

首先，为了确保财务资助的正当性，公司必须证明其提供的财务资助是出于公司自身利益的考虑。这意味着，公司在进行资助时，应当有明确的目标和合理的预期，资助应当有助于公司的长远发展，而不是仅基于短期的利益输送。在现代商业实践中，“公司利益”是一个至关重要的概念，它不仅涉及公司自身的存续和发展，还与公司的股东、债权人、员工以及更广泛的社会和经济环境息息相关。在探讨公司利益时，我们首先需要明确一点：公司作为一个独立的法人实体，拥有自己的法律地位和权利义务，其追求的目标和宗旨应当以这一独立地位为基础。

公司利益的核心在于维护和发展公司作为一个整体的福祉。这意味着公司需要在遵守法律法规的前提下，通过合理的管理和经营策略，确保其资产的保值增值，提升市场竞争力，实现盈利最大化。这种利益是公司独有的，它既独立于股东的个人利益，也与债权人、员工等其他相关方的利益有所区分。尽管这些群体的利益与公司利益存在交集，但在很多情况下，它们之间也会发生冲突。因此，公司在追求自身利益的过程中，需要平衡和协调各方的利益关系，以实现长期的和谐发展。股东作为公司的所有者，其个人利益往往与公司利益紧密相连。然而，股东的个人利益并不总是与公司利益完全一致。例如，股东可能更关注短期的股价波动和分红收益，而忽视了公司的长期发展和稳定性。在这种情况下，公司管理层有责任向股东阐明长远利益的重要性，引导股东支持公司的长期战略规划。债权人的利益则主要体现在公司按时偿还债务的能力上。虽然债权人关心的是公司的偿债能力，但这并不意味着公司应将所有资源都用于偿还债务，而忽视其他运营需求。公司需要在保持财务稳健的同时，合理分配资源，以支持其业务发展和创新活动。员工作为公司的重要组成部分，其利益同样不容忽视。公司应当为员工提供良好的工作环境和公平的薪酬福利，这不仅有助于提升员工的满意度和忠诚度，也是公司社会责任的体现。同时，公司还需要关注员工的专业成长和职业发展，通过培训和教育投资，提升员工的技能和效率，从而增强公司的核心竞争力。除了内部利益相关者外，公司利益还与外部的社会和经济环境紧密相连。公司在追求自身利益的同时，也应考虑其对社会的贡献，包括环境保护、社区发展和公益事业等方面。通过履行企业社会责任，公司不仅能够提升自身的品牌形象和声誉，还能够在宏观层面上促进社会的可持续发展。总之，公司利益是一个多维度、多层次的概念，它要求公司在追求自身发展的同时，平衡和协调各方利益，实现长期的稳定运营。这不仅是公司自身生存和发展的需要，也是其在更大范围内服务于社会和经济的必然要求。在这个过程中，公司需要展现出高度的责任感和战略眼光，以确保其长远发展和繁荣。

六、董事、监事和高级管理人员责任

新《公司法》第163条第3款所规定的财务资助规则违反导致的责任问题，我们必须首先清晰地理解该法律条款的含义以及它如何影响公司的董事、监事和高级管理人员。根据这一规定，如果由于这些责任主体的行为违反了财务资助的相关规定，从而导致公司遭受经济损失，董事、监事和高级管理人员将面临相应的民事赔偿责任。本法赔偿义务通常讲的是民事责任。

在确定责任时，过错原则是判断的基础。这意味着只有当相关责任主体的不当行为与公司的损失之间存在直接的因果关系时，董事、监事和高级管理人员才需要承担相应的责任。若违法的财务资助行为并没有给公司造成实质性的伤害，那么相关的责任人员可以免于承担责任（并不是完全免责，仅仅是“可以”）。此外，各责任主体的过失程度不同，他们在责任分配上也应体现出这种差异性。

具体到各个角色，董事们作为公司决策层的关键成员，他们负有对公司尽职尽责的义务。如果他们未能充分评估和调查财务资助行为是否有利于公司的利益，或者该行为是否会损害公司的资金偿还能力和流动性，那么他们可能因违背了受信义务而必须对由此产生的损失承担赔偿责任，此处应当是本息责任。

对于公司的高级管理人员来说，作为财务资助行为的直接执行者，他们应对确保这些活动合规合法负有不可推卸的责任。因此，一旦发生违法情况，他们同样需对造成的损失承担赔偿责任，此处应当是本息责任。

至于监事，其职责主要是进行监督，而不直接涉及财务资助的决策和执行过程。尽管如此，监事在监督失职的情况下也应当承担一定范围内的责任，但并非全部责任。这表明监事在监督过程中必须保持警惕，确保自己的监督行为能够及时发现并阻止可能导致公司损失的行为。如其在违规财务资助过程中与董事、高级管理人员串通，则可能承担连带责任。

最后需要强调的是，虽然损害赔偿请求权的主张方应为公司，但考虑到禁止财务资助行为所体现的资本维持原则，债权人也有权利直接向那些故意或存在重大过失的董事或高级管理人员提出损害赔偿要求。本条款这样的规定是为债权人提供额外的保护措施，确保债权人的利益不会因为公司的不当财务资助行为而受损。

【条文】

第一百六十四条

股票被盗、遗失或者灭失，股东可以依照《中华人民共和国民事诉讼法》规定的公示催告程序，请求人民法院宣告该股票失效。人民法院宣告该股票失效后，股东可以向公司申请补发股票。

【条文主旨】

本条是关于股票被盗、遗失或者丢失的处理规定。

【条文概览】

本条属于“文字修改”。将原来的“记名股票”改为“股票”。

根据本条规定，股票被盗、遗失或者丢失，股东可以依照《民事诉讼法》规定的公示催告程序，请求人民法院宣告该股票失效。公示催告程序，是我国《民事诉讼法》第十八章规定的一种非诉程序，是指在票据、证券持有人丧失票据及证券的情况下，人民法院根据权利人的申请，以公告的方式，告知并催促利害关系人在指定期限内向人民法院申报权利，如不申报权利，人民法院依法作出宣告票据、证券或者其他事项无效的程序，也称为除权程序。

【理解与适用】

一、公示催告宣告股票无效

公示催告制度是一种民事诉讼程序，旨在解决股东持有的股票被盗窃、遗失或灭失等问题。在我国，股东应当向人民法院提起公示催告程序，公告声明股票的盗窃、遗失或灭失，并要求宣告该股票失效。

首先，当股东发现自己的股票丢失或者被盗时，可以通过公示催告程序向法院申请，要求宣告该股票失效。这样一来，股东就可以避免因为股票丢失而产生的法律纠纷。

其次，在我国，股东应当向人民法院提起公示催告程序。这意味着股东需要向有管辖权的法院提交书面申请，说明股票丢失的情况，并请求法院采取相应措施。法院在收到申请后，将对申请进行审查，确认是否符合公示催告的条件。如果符合条件，法院将依法发出公示催告，要求社会公众关注该股票的状态。

再次，公示催告的方式和期限应当符合《民事诉讼法》的规定。公示催告可以采用报纸、广播、电视、互联网等多种方式进行。同时，公示催告的期限也应当合理设定，以确保有足够的时间让社会公众知晓股票的状态，并给予股东充分的时间来寻找丢失的股票。

最后，公示催告程序的实施对于保护股东的合法权益具有重要意义。通过公示催告制度，股东可以在第一时间知道自己的股票丢失或被盗，从而采取措施防止损失扩大。同时，公示催告制度还有助于维护社会公共利益，防止不法分子利用盗窃、遗失或灭失的股票进行非法交易等行为。

二、公示催告程序失效的原因

公示催告程序在实际操作中可能会出现失效的情况，主要原因有以下几点：

1. 申请方提交的材料不完整或不符合要求。在申请公示催告程序时，转让方需要提交一系列相关材料，如股权证、身份证明等。如果这些材料不完整或不符合要求，可能导致法院无法受理申请，从而使公示催告程序失效。

2. 法院对申请材料的审查不严格。虽然法院在受理申请时会对申请材料进行审查，但如果审查不严格，可能导致不符合要求的申请被批准，从而使公示催告程序失效。

3. 公示期间内出现新的异议。在公示催告程序进行的过程中，可能会有其他投资者对股票转让提出异议。如果在规定的异议期内出现新的异议，且经过审理后被确认有效，法院将不得不撤销之前的宣告结果，使公示催告程序失效。

4. 其他法律规定的原因。除了上述原因外，还有可能因为其他法律规定导致公示催告程序失效。例如，如果相关法律法规发生了变化，导致原有的公示催告程序不再适用，法院可能会对其进行调整或废止。

公示催告程序在股票转让中起到了一定的保护作用，但在实际操作过程中可能会出现失效的情况。因此，转让方和投资者在使用该程序时应充分了解相关法律法规，确保申请和操作的合规性。同时，法院在审理过程中也应严格把关，确保公示催告程序能够发挥其应有的作用。

三、法院如何宣告公示催告程序失效

当法院认为公示催告程序符合要求且没有异议或有异议但经审理后被确

认无效时，法院可以依法宣告该股票失效。具体操作流程如下：

1. 法院对申请材料进行审查，确认申请方提交的材料齐全且符合要求。

2. 在公示期间内，法院对持有该股票的投资者进行审查，发现不存在有效的异议。

3. 经过审理后，法院认为该股票转让不存在争议，且符合相关法律法规的规定。

4. 依法作出宣告结果，宣布该股票失效。

5. 向公司申请补发：股东在法院宣告股票失效后，可以向公司提出补发股票的申请。公司在核实股东的身份和股权情况后，应当根据法院的宣告，补发新的股票给股东。

在法院宣告股票失效后，股东可以向公司提出补发股票的申请。公司在核实股东的身份和股权情况后，应当根据法院的宣告，补发新的股票给股东。股东向公司申请补发股票需要遵循一定的程序和规定，具体如下：(1) 提交申请。股东需向公司提交书面申请，说明股票失效的原因、具体情况以及补发股票的需求。申请应当包括股东的基本信息、股权比例、失效股票的数量等内容。(2) 公司核实。公司在收到股东的申请后，应对股东的身份和股权情况进行核实。这包括查看股东名册、核查股权转让记录等。(3) 审批补发。公司在核实股东身份和股权情况后，需将补发股票的申请报送至公司董事会审批。董事会根据公司的实际情况，决定是否批准补发股票。(4) 公告补发。如果董事会批准补发股票，公司需按照相关规定进行公告，通知股东补发股票的具体时间、地点等事项。同时，公司还需向中国证监会备案。(5) 发放补发股票。在公告完成后，公司即可按照约定的时间和地点，向股东发放补发的股票。

需要注意的是，补发股票的过程可能涉及一定的时间和成本。因此，在申请补发股票时，股东应充分考虑自己的实际需求和承受能力，以免给自己带来不必要的困扰。同时，公司在处理补发股票事宜时，也应遵循相关法律法规的规定，确保程序的合法性和公正性。

四、股票公示催告的程序

股票公示催告程序是指股东通过公示的方式，要求人民法院宣告股票失效的程序。下面是公示催告程序的一般步骤：

1. 编制公示催告申请书：股东应编制公示催告申请书，详细陈述股票的盗窃、遗失或灭失情况，并要求人民法院宣告该股票失效。申请书应包括股东的个人或公司信息、股票的相关信息、股票失效的事实和理由等。

2. 提起公示催告程序：股东将编制好的公示催告申请书提交给当地人民法院，并按照法院的要求缴纳相应的费用。法院将受理申请，并根据法律规定的程序进行审查。

3. 公告催告：法院在受理申请后，会要求股东在指定的媒体上进行公告催告。公告内容应包括股东的个人或公司信息、股票的相关信息、股票失效的事实和理由等。公告期限通常为 15 日以上。

4. 异议处理：在公告期间，任何有关方面可以向法院提出异议。法院会对异议进行审查，并根据情况决定是否继续进行公示催告程序。

5. 宣告失效：如果公示催告程序符合法律规定，且没有异议或有异议但经审理后被确认无效，法院可以宣告该股票失效。

五、除公示催告程序外，股票遗失或被盗的股东可采取的处理方式

1. 挂失申请。股东可以向相关证券交易所、证券公司或登记机构提交股票挂失申请。挂失后，股票将被冻结，不得再进行交易，以防止被他人非法使用。

2. 补发申请。股东可以向相关证券交易所、证券公司或登记机构申请补发新的股票。在申请补发时，通常需要提供相关的证明文件，如报警证明、遗失声明、股东身份证明等。

3. 报案。股东可以向当地公安机关报案，说明股票遗失或被盗的情况，并提供相关证据和证明材料。公安机关将会立案调查，并发出相关证明文件，以便股东后续的处理。

4. 司法救济。如果股东的股票遗失或被盗与他人之间存在争议，股东可以通过诉讼途径寻求司法救济。股东可以向法院提起诉讼，要求确认股票的所有权归属或要求追回被盗的股票。

六、不适用公示催告的程序

记名股票属于可背书转让的证券，在被盗、遗失或者丢失时，可以申请公示催告程序。另外根据《最高人民法院关于对遗失金融债券可否按“公示催告”程序办理的复函》（法函〔1992〕60 号），银行发布的金融债券“不计名、不挂失，可以转让和抵押”“不属于依照法律规定可以申请公示催告的其他事项”。

【条文】

第一百六十五条

上市公司的股票，依照有关法律、行政法规及证券交易所交易规则上市交易。

【条文主旨】

本条是关于上市公司股票上市交易规则的规定。

【条文概览】

本条属于承继原条文。

【理解与适用】

一、行政法规及证券交易所的交易规则对于上市公司股票上市交易的规范

本条规定明确了上市公司股票上市交易的依据，即“依照有关法律、行政法规及证券交易所交易规则”。这表明，上市公司的股票交易不仅受到法律的约束，还需遵循行政法规及证券交易所的交易规则。

上市公司的股票交易受到严格的法律、行政法规及证券交易所交易规则的监管，以保护投资者的合法权益和维护市场的公平、公正、公开。这是因为上市公司作为公众公司，其股票价格受到广泛关注，市场行为和信息披露的透明度对于维护投资者信心和市场稳定至关重要。因此，制定一套完善的法律法规和交易规则，对于规范市场行为、维护市场秩序具有重要意义。

首先，法律层面的监管是保障上市公司股票交易公平、公正、公开的基础。各国政府通常会制定相应的法律法规，明确上市公司信息披露要求、禁止内幕交易、操纵市场行为的处罚等内容，以确保市场参与者在平等的基础上进行交易。此外，监管部门还会定期对上市公司进行审计、评估，确保公司财务报告的真实性和准确性，为投资者提供可靠的投资依据。

其次，行政法规层面的监管主要通过证券交易所来实现。证券交易所作为市场的核心机构，负责制定和执行交易规则，对于上市公司的股票交易进行实时监控。证券交易所还会设立专门的监管部门，对市场参与者的行为进

行监督和管理，发现违规行为及时予以制止和惩处。此外，证券交易所还会定期发布公告，提醒投资者注意市场风险，提高市场透明度。

最后，证券交易所交易规则是规范市场行为的具体体现。这些规则包括交易时间、涨跌停板制度、T+1交割制度等，旨在维护市场的稳定性和流动性。通过这些规则，投资者可以在规定的时间内进行买卖，避免因市场异常波动而导致的投资损失。同时，这些规则也有助于防止操纵市场行为的发生，保障市场的公平、公正、公开。

法律适用：上市公司股票上市交易需遵守《证券法》《公司法》等相关法律的规定。

行政法规适用：在法律框架下，上市公司还需遵守《证券公司监督管理条例》等相关行政法规的规定。

证券交易所交易规则适用：各证券交易所根据法律、行政法规制定具体的股票上市交易规则，上市公司需严格遵守。

监管与违规处理：监管部门负责对上市公司股票交易进行监管，对于违规行为将依法进行处理。

通过这些监管措施，投资者可以在一个有序、透明的市场环境中进行投资活动，享受资本市场带来的丰厚回报。同时，这也有助于提高上市公司的质量和竞争力，促进整个经济的持续健康发展。

二、监管部门、证券交易所以及上市公司自身自律在上市公司股票交易的重要作用

随着中国经济的快速发展，上市公司股票市场已经成为一个重要的金融市场。在这个市场中，上市公司通过发行股票筹集资金，为社会提供投资机会，同时也为投资者创造了财富。然而，随着市场的不断扩大和参与人数的增加，上市公司股票交易的监管问题也日益凸显。为了维护市场秩序、保护投资者权益，本条规定作为上市公司股票上市交易的基本规范，对于监管部门、证券交易所和上市公司具有重要意义。

首先，监管部门在上市公司股票交易的监管中起到了关键作用。监管部门需要制定和完善相关法律法规，明确上市公司股票交易的规则和标准，加大对市场的监管力度，确保市场的公平、公正和透明。此外，监管部门还需要加强对上市公司的监管，督促上市公司依法依规履行信息披露义务，保障投资者的知情权和选择权。同时，监管部门还需要建立健全投诉举报制度，鼓励投资者积极参与监督，共同维护市场秩序。

其次，证券交易所在上市公司股票交易中扮演着重要角色。证券交易所需要提供一个安全、高效的交易平台，确保上市公司股票交易的顺利进行。此外，证券交易所还需要加强对上市公司的信息披露质量的把关，对于存在违规行为的上市公司及时采取措施予以制止。同时，证券交易所还需要加强与监管部门的沟通协作，共同推动上市公司股票交易市场的健康发展。

最后，上市公司自身也需要加强自律，确保公司治理的规范性和有效性。上市公司应当严格遵守相关法律法规，切实履行信息披露义务，保障投资者的知情权和选择权。此外，上市公司还应当加强内部管理，防范操纵市场、内幕交易等违法行为的发生。只有这样，上市公司才能在股票市场上赢得投资者的信任，实现可持续发展。

在实践中，监管部门、证券交易所和上市公司应共同努力，确保市场行为的规范性和合法性。未来，随着市场的发展和法律法规的完善，对于上市公司股票交易的监管将更加严格，以促进市场的健康和可持续发展。让我们携手共进，共创一个繁荣、稳定、透明的上市公司股票交易市场。

三、上市公司股票上市交易需要遵循的交易规则

根据《公司法》第 165 条规定，上市公司股票上市交易需要遵循有关法律、行政法规及证券交易所交易规则包括但不限于以下几个方面：

股票发行规定：上市公司必须符合国家关于股票发行的法律规定，包括必须按照规定的方式发行股票，并按照规定披露信息等。

公司治理规定：上市公司必须建立完善的公司治理结构，包括股东会、董事会、监事会等机构，并按照公司章程的规定行使职权。

信息披露规定：上市公司必须按照规定披露信息，包括定期报告、临时报告等，以确保投资者能够及时了解公司的经营状况和财务状况。

交易规则规定：上市公司必须遵守证券交易所的交易规则，包括交易方式、交易时间、交易程序等规定。

监管规定：上市公司必须接受证券监督管理机构的监管，包括对公司的检查、调查、处罚等措施。

会计规定：上市公司必须按照国家规定的会计准则和会计制度进行会计核算和财务管理。

法律责任规定：上市公司如果违反相关规定，将承担相应的法律责任，包括罚款、警告、撤销上市资格等。

【条文】

第一百六十六条

上市公司应当依照法律、行政法规的规定披露相关信息。

【条文主旨】

本条是关于上市公司信息公开的相关规定。

【条文概览】

木条规定看似是木次《公司法》修订新增的条文，但实际上基木承继了2018年《公司法》第145条关于上市公司信息公开的规定。2018年《公司法》第145条也仅有一款，规定："上市公司必须依照法律、行政法规的规定，公开其财务状况、经营情况及重大诉讼，在每会计年度内半年公布一次财务会计报告。"两相比较，修订后的《公司法》规定得更为原则，并未细化到公开的内容需包括财务状况、经营情况等，也未要求时间需为会计年度内半年一次，而是笼统地规定公开相关信息。同时，明确规定了"披露"，而不是如2018年《公司法》第145条那样使用了"公开""公布"的措辞，实际上以立法的形式，肯定了上市公司负有信息披露义务。另外，在2018年《公司法》中共计有4个条文规定了"披露"（第116条、第123条、第142条和第148条），但除了第142条规定上市公司收购本公司股份者应依据《证券法》履行信息披露义务外，其余条款的披露义务均不是规定上市公司的对外信息公开披露义务。从这个意义上来说，本次《公司法》修订是第一次明确规定了上市公司的信息披露义务，虽然其在内容上与2018年《公司法》第145条有相当程度的重合。

而从2018年《公司法》第145条的沿革来看，1993年《公司法》第156条规定："上市公司必须按照法律、行政法规的规定，定期公开其财务状况和经营情况，在每会计年度内半年公布一次财务会计报告。"该条规定在2005年修订《公司法》时作了文字上的改动，其第146条规定："上市公司必须依照法律、行政法规的规定，公开其财务状况、经营情况及重大诉讼，在每会计年度内半年公布一次财务会计报告。"也即是删去了公开财务状况和经营状况等须"定期"的要求，同时在公开内容上增补了"及重大诉讼"的事项要求。

本次《公司法》修订对于披露要求的表述之所以更为原则，在很大程度上与2019年《证券法》修订和2021年中国证监会重新颁布《上市公司信息披露管理办法》有关，从更宏观的层面则与我国公司上市的注册制改革息息相关。一方面，1998年，我国颁布了第一部《证券法》，此后于2005年经过了第一次修订，再于2019年年底由全国人大常委会通过第二次修订。2019年《证券法》将发行股票应当“具有持续盈利能力”的要求改为“具有持续经营能力”，标志着法律正式确立了股票发行的注册制，为资本市场全面推开注册制改革清除了法律障碍，奠定了法律基础。同时，上交所和深交所相继宣布科创板“开板”和创业板改革，注册制从落地进入全面深化改革的“深水区”。2021年9月3日，北京证券交易所注册成立，明确宣布同时试点注册制，标志着我国全面实行股票发行注册制的条件已经基本具备。而另一方面，2007年，中国证监会颁布了《上市公司信息披露管理办法》。2021年3月，中国证监会再次审议修改了《上市公司信息披露管理办法》，自2021年5月1日起施行。中国证监会修改《上市公司信息披露管理办法》的初衷也与股票发行的注册制改革关系紧密，可以被看作注册制改革监管举措的配套措施。由于《证券法》和监管机构新的部门规章对上市公司的信息披露已有较为详尽的规定，无论是披露内容还是披露形式等，均远非《公司法》条文所能涵盖的，故《公司法》只需要规定依照相关规定披露相关信息即可，而不需要再作更多细节性的要求。而且，《公司法》相对原则的规定为进一步深化改革留下了空间。随着注册制的全面施行，有可能在实践中发展出对上市公司信息披露新的制度要求，则相关改革的举措均可以通过行政法规或者由国务院授权中国证监会制定规范性文件的方式予以体现，而不必再启动《公司法》修法的程序。

【理解与适用】

上市公司的信息披露通常也称为信息公布或信息公开，其是为了保障上市公司投资者的权益，同时也是为了保证上市公司的经营行为能够接受资本市场的公众监督，而要求上市公司必须依法将重要的情况及其变化及时向证券监管部门和证券交易所报告，并且按要求向社会公开，以使上市公司的投资者和资本市场的社会民众能够充分了解相关情况，自主地作出投资决策。

长期以来，我国《公司法》对上市公司的信息披露规定得比较简略，按照2018年《公司法》的要求，上市公司需要披露的只有“公开其财务状况、经营情况及重大诉讼，在每会计年度内半年公布一次财务会计报告”（第

145 条）和“上市公司收购本公司股份的”（第 142 条）。相较而言，《证券法》和《上市公司信息披露管理办法》则共同建立起了更为完善的信息披露体系。以《证券法》为例，其第五章专章规定了“信息披露”，第 80 条和第 81 条两处所规定的该条“所称的重大事项”合计多达 23 项，而且该两条都规定了“国务院证券监督管理机构规定的其他事项”作为兜底条款，故如果加上中国证监会《上市公司信息披露管理办法》的要求，上市公司需要履行的信息披露义务的内容将更为翔实，从而也更能充分保障市场投资者的知情权。因此，当论及上市公司信息披露义务时显然不能仅仅依据《公司法》，信息披露的主体内容明显并未规定在《公司法》之中。本次《公司法》的修订以“转指引”的形式指出上市公司“应当依照法律、行政法规的规定披露相关信息”，在一定程度上也表明《公司法》修订所体现出来的立法技术的进步。

另外需要注意的是信息披露与注册制改革之间的关系。本身上市公司的信息披露就是股份公开发行的“基石”，只有上市公司及时准确地履行信息披露义务，投资人才会以“理性经济人”的思路判断上市公司的企业发展前景，在市场上“用脚投票”。否则，没有真实、准确、及时的信息披露，所有的一切都依赖于“空对空”地“讲故事”，资本市场就迟早会异化为冒险家凭运气的“赌博”。因此，信息披露本身就是与资本市场相伴而生的，世界各国资本证券市场的完善实际上都体现于不断完善信息披露机制，减少甚至尽可能地消除分散的投资人与公司实际控制人之间的“信息不对称”。我国正在深入推进的注册制改革对信息披露无疑提出了新的更高的要求。因为股票发行的注册制是与股票发行的审核制相对应的，按照注册制改革的思路，证券监管机构将不再对股票的公开发行作实质性的审核，只要发行人按照法律规定将相关资料向证券监管的发行部门申报注册，发行部门未在法定期限内提出反对的否定性意见，股票即告注册发行。显然，由于不再有监管部门的审核作为股票发行“前端”的实质性把关，对于信息披露真实性、准确性、完整性、及时性的要求就会更高。没有严格的信息披露为基础，注册制改革很可能会以资本市场各种虚假陈述“肆虐横行”而收场。因此可以想见，在当前“强监管”的总基调之下，随着注册制改革的深入推进，法律法规将进一步强化上市公司的信息披露义务，从而夯实资本市场公开、公平、公正的基础。

【实务问题】

尽管现行《公司法》未作详述，但按照《证券法》第 79 条的规定，上市公司编制报送和公告的定期报告可分为两类：一是在每一会计年度结束之日起 4 个月内，报送并公告年度报告；二是在每一会计年度的上半年结束之日起 2 个月内，报送并公告中期报告。依照《证券法》第 80 条的规定，上市公司需作信息披露的内容包括：“（一）公司的经营方针和经营范围的重大变化；（二）公司的重大投资行为，公司在一年内购买、出售重大资产超过公司资产总额百分之三十，或者公司营业用主要资产的抵押、质押、出售或者报废一次超过该资产的百分之三十；（三）公司订立重要合同、提供重大担保或者从事关联交易，可能对公司的资产、负债、权益和经营成果产生重要影响；（四）公司发生重大债务和未能清偿到期重大债务的违约情况；（五）公司发生重大亏损或者重大损失；（六）公司生产经营的外部条件发生的重大变化；（七）公司的董事、三分之一以上监事或者经理发生变动，董事长或者经理无法履行职责；（八）持有公司百分之五以上股份的股东或者实际控制人持有股份或者控制公司的情况发生较大变化，公司的实际控制人及其控制的其他企业从事与公司相同或者相似业务的情况发生较大变化；（九）公司分配股利、增资的计划，公司股权结构的重要变化，公司减资、合并、分立、解散及申请破产的决定，或者依法进入破产程序、被责令关闭；（十）涉及公司的重大诉讼、仲裁，股东大会、董事会决议被依法撤销或者宣告无效；（十一）公司涉嫌犯罪被依法立案调查，公司的控股股东、实际控制人、董事、监事、高级管理人员涉嫌犯罪被依法采取强制措施；（十二）国务院证券监督管理机构规定的其他事项。”

由于公司本身是法人体，故实际履行信息披露义务的不可能是笼统而言的公司，而只能是公司的机关。所以法律规定公司的控股股东或者实际控制人对重大事件的发生、进展产生较大影响的，应当及时将其知悉的有关情况书面告知公司，并配合公司履行信息披露义务。

【条文】

第一百六十七条

自然人股东死亡后，其合法继承人可以继承股东资格；但是，股份转让受限的股份有限公司的章程另有规定的除外。

【条文主旨】

本条是关于自然人股东死亡后股东资格继承的相关规定。

【条文概览】

本条是2023年《公司法》修订新增的规定，但其内容与2023年《公司法》第90条没有本质区别。2023年《公司法》第90条规定："自然人股东死亡后，其合法继承人可以继承股东资格；但是，公司章程另有规定的除外。"所以第167条与第90条的区别仅在但书之后：第90条规定的是有限责任公司，"公司章程另有规定的除外"；第167条规定的是股份有限公司，"股份转让受限的股份有限公司的章程另有规定的除外"。而从2023年《公司法》第90条的沿革来看，其源于2018年《公司法》第75条："自然人股东死亡后，其合法继承人可以继承股东资格；但是，公司章程另有规定的除外。"2023年《公司法》修订对前述规定完全未作改动。而2018年《公司法》第75条并非1993年《公司法》当时就有的，该条规定是2005年修订《公司法》时新增加的内容，一直到2018年修正《公司法》均保留了完全一样的规定，故2023年《公司法》第90条也可以仍然视为仅是条文序号的调整，而第167条虽为新增，实际上则是有限责任公司的对应规定在股份有限公司相关规定部分的复述。

关于自然人股东死亡之后如何发生继承，2005年《公司法》修订之前并无规定，实践中常用的是1999年国家工商行政管理局给河南省工商行政管理局的一份答复［《国家工商行政管理局关于公司股东变更有关问题的答复》(工商企字〔1999〕第12号)］。其中指出："自然人股东死亡的，其合法继承人或受赠人取得其股东地位。"不过国家工商行政管理局的答复仅是从工商行政管理的角度解答，只是影响在行政管理部门的登记，并不能从法律上确定股东资格的归属。2005年《公司法》修订所明确的继承原则理应也类推适用于股份有限公司，所以本次《公司法》修订在股份有限公司部分也作出相应的规定，在另一种意义上也可以说是对原有条文的承继。

【理解与适用】

股权作为一种财产权利，当股东死亡时，其股权当然可以继承，此自无疑问。但值得注意的是，股权并非一种纯粹的财产权利，该种财产权利与股东地位和身份有着紧密的联系，因此股权的继承也可能受到一定的限制。这种限制主要体现在封闭公司。在封闭公司中，由于人合因素的存在，法律往往允许公司通过公司章程对股权继承予以限制。这里需要强调的是，这种限制应该体现公司和股东自己的意志而不应由法律进行强制性统一规定。①

股东资格的继承有其合理性。遗产是公民死亡时遗留的个人合法财产，遗产继承是财产转让的合法形式之一。当遗产是公司股权这一特殊财产时，由于股权的属性既包括股东的财产权，也包括基于财产权而产生的身份权（体现为股东可以就公司的事务行使表决权等有关参与公司决策的权利），如何发生股权的继承，则不无疑问。

在学理上，单就股权所具有的财产权属性而言，其作为遗产被继承是符合法律规定的。但如就股权的身份权属性而言，是否允许发生继承，继承人可否承继股东资格，就涉及如何认识股东资格。所谓股东，是指基于对公司的出资或其他合法原因，持有公司资本一定份额，依法享有股东权利并承担相应义务的人。具体而言，有限责任公司的股东是指在公司成立时向公司投入资金或在公司存续期间依法继受取得股权而享有权利和承担义务的人；股份有限公司的股东是指在公司成立时或在公司成立后合法取得公司股份并对公司享有权利和承担义务的人。在多数国家，凡是向公司出资而取得股份的，无论何种公司类型，均统称为股东；在个别国家则将出资者统称为公司成员，而仅将股份有限公司的出资者称为股东。我国《公司法》在有关股份有限公司的规定中，使用了发起人的概念，而在有关有限责任公司的规定中则统一使用了股东概念。实际上，发起人与股东是两个既有联系又有区别的概念。公司的发起人，是指参加订立发起人协议、提出设立公司的申请、认购公司股份并对公司设立承担责任者。发起人是公司当然的股东，但公司的股东却并不以发起人为限。除发起人外，任何在公司设立阶段和公司成立后认购或受让公司股份的人都可以成为公司的股东。在有限责任公司，除非公

① 施天涛：《公司法论》，法律出版社2014年版，第239页。

司在成立后又吸收新的股东，否则股东一般都是公司的发起人。不过，我国《公司法》对有限责任公司的发起人采用了“出资人”的概念，从而使其区别于被专用于股份有限公司的狭义上的发起人概念。①

股东资格的取得可以通过原始取得和继受取得两种方式获得，继受取得的常见形式就包括了转让取得、继承取得、赠与取得和因公司合并而取得股东资格。2005 年《公司法》修订率先规定了股东资格继承的一般原则，即自然人股东的合法继承人可以继承股东资格，但同时也允许公司章程作出其他限制性的安排。自然人股东的合法继承人可以继承股东资格，这样规定是考虑到股东身份（股东资格）是基于股东的财产权而产生的。一般来说，其身份权应当随其财产权一同转让；同时，也考虑到被继承人作为公司的股东，对公司曾作出过贡献，其死后如无遗嘱另作安排，由其合法继承人继承其股东资格具有合理性，也符合我国传统。

至于允许公司章程另行规定股东资格继承的办法，主要是考虑到有限责任公司具有人合性，股东之间的合作是基于相互间的信任。而自然人股东死亡后，其继承人毕竟已不是原股东本人，股权实质上发生了转让。在此情况下，其他股东对原股东的信任并不能自然转变为对继承人的信任，因此其他股东不一定愿意与原股东继承人合作，由此可能导致股东之间的纠纷，甚至形成公司僵局。为此，从实际出发，应当允许章程规定股东认为切实可行的办法，解决股东资格继承问题。比如，公司章程可以规定，当股东不同意某人继承已死亡的股东的资格时，可以采用股权转让的办法处理股权继承问题等。②

【实务问题】

司法实务中可能会提出以下问题：

一、无民事行为能力人、限制民事行为能力人能否继承股东资格

关于无民事行为能力人和限制民事行为能力人能否成为有限责任公司股东，有不同的理解。有观点认为，应当以公司设立时和公司存续中两个阶段来分别界定。自然人作为设立公司时的股东必须具备民事行为能力。在这个

① 参见范健、王建文：《公司法（第四版）》，法律出版社 2015 年版，第 265～266 页。

② 参见《公司法》（2018 年修正）第 75 条释义，载最高人民法院民法典贯彻实施工作领导小组编著：《中国民法典适用大全（商事卷·公司法）》，人民法院出版社 2022 年版，第 416 页。

阶段，股东实际上担任着公司发起人的职责，这些职责明显与无民事行为能力人或限制民事行为能力人的年龄、智力不相适应，所以不宜由这些自然人担任公司设立阶段的股东。而公司设立后，股东不必再承担发起职责，也可以不实际参与公司管理，所以对股东的行为能力要求可以降低。尽管这样的观点有一定的道理，但是对此问题，2007 年国家工商行政管理总局在对广东省工商行政管理局作出的《关于未成年人能否成为公司股东问题的答复》中载明："经请示全国人大常委会法制工作委员会同意，现答复如下：《公司法》对未成年人能否成为公司股东没有作出限制性规定。因此，未成年人可以成为公司股东，其股东权利可以由法定代理人代为行使。"由此可见，继承行为不是民事法律行为，而是事实行为，只要被继承人死亡的事实发生，就产生继承问题，与继承人的行为能力无关。我国《民法典》继承编并未对继承人的行为能力提出要求。既然《公司法》规定继承人可以继承股东身份，那么，取得股东身份的人，可以是完全民事行为能人，也可以是无民事行为能力人或者限制民事行为能力人。继承人如果是无民事行为能力人或者限制民事行为能力人，其股权可以由其法定代理人代为行使。当然，股东共益权的行使以股东具有完全民事行为能力为前提，但是共益权的享有与共益权的行使是性质不同的两个问题，继承人虽然不具有完全民事行为能力，但是取得股东资格后，完全可以由其法定代理人行使共益权。

二、公司章程中的"另行规定"是否当然有效

本条规定的但书中"另有规定的除外"实际上是将《公司法》的规定变为当事人意思空白情形下的一种补充，在适用法的顺位上，改变了公司章程与《公司法》的关系，将公司章程置于优先适用的地位。然而这并非意味着当事人的"另有规定"可以恣意妄为。因为这种"另有规定"授权下所制定的章程内容应当获得法律上或一般社会观念上的肯定性评价。换言之，公司章程所作出的不同于《公司法》的规定，并非均被当然认可，其有效性还有进一步探讨的余地。因此，如果公司章程要限制继承权，一是要以合理为标准，这种合理，应当体现为公司利益、其他股东利益、已死亡股东生前的意愿及其继承人利益之间的协调和平衡；二是该限制只能限制继承人继承股东的资格，而不得违反继承法的基本原则剥夺继承人获得与股权价值相适应的财产对价的权利。总结起来，公司章程只能限制继承人继承股东资格，不得违反《民法典》继承编的基本原则剥夺继承人获得与股权价值相适应的财产对价的权利。公司章程对股东资格继承的限制，也只能以合理为标准。

这种合理，应当体现为公司利益、其他股东利益、已死亡股东生前的意愿及其继承人的利益之间的协调与平衡。至于公司章程中未约定继承办法的，应当按照本条规定的一般原则由继承人继承死亡股东的股东资格。[①]

① 参见《公司法》（2018年修正）第75条释义，载最高人民法院民法典贯彻实施工作领导小组编著：《中国民法典适用大全（商事卷·公司法）》，人民法院出版社2022年版，第416页。

第七章　国家出资公司组织机构的特别规定

【条文】

第一百六十八条

国家出资公司的组织机构，适用本章规定；本章没有规定的，适用本法其他规定。

本法所称国家出资公司，是指国家出资的国有独资公司、国有资本控股公司，包括国家出资的有限责任公司、股份有限公司。

【条文主旨】

本条是关于国家出资公司概念的规定。

【条文概览】

本条是此次《公司法》修订中进行了重大修改的条文。

本条前身是1993年《公司法》关于国有独资公司的规定，历次修法过程中有过调整，但国有独资公司的概念没有变化。1993年国有独资公司在第二章"有限责任公司的设立和组织机构"第三节"国有独资公司"予以规定。1993年《公司法》第64条规定："本法所称国有独资公司是指国家授权投资的机构或者国家授权的部门单独投资设立的有限责任公司。国务院确定的生产特殊产品的公司或者属于特定行业的公司，应当采取国有独资公司形式。"《公司法》于1999年、2004年进行修正时，本条未变更。2005年修订时，将本条的条文序号调整为第65条，内容作了三处修改：一是增加规定"国有独资公司的设立和组织机构，适用本节规定；本节没有规定的，适用本章第一节、第二节的规定"。二是将"国家授权投资的机构或者国家授权的部门单独投资设立"修改为"国家单独出资、由国务院或者地方人民政府授权本级人民政府国有资产监督管理机构履行出资人职责"。三是删除了原第2款规定。2013年《公司法》修正时，将本条条文序号调整为第64条，内容未作变更。2018 年《公司法》修正时，本条未作变更。

此次 2023 年《公司法》全面修订过程中，对本条主要的修改在于，以国家出资公司作为国有独资公司和国有资本控股公司的上位概念，明确了国家出资公司包括国家出资的有限责任公司和股份有限公司。《公司法（修订草案）》将该条作为第六章“国家出资公司的特别规定”专章中予以规定，条文序号第 143 条，内容是：“国家出资公司的设立和组织机构，适用本章规定；本章没有规定的，适用本法其他规定。本法所称国家出资公司，是指国家出资的国有独资公司、国有资本控股公司，包括国家出资的有限责任公司、股份有限公司。”《公司法（修订草案二次审议稿）》将序号调整为 168 条，第 1 款前半句修改为“国家出资公司的设立，适用本章规定”。《公司法（修订草案三次审议稿）》未作变更。较之原《公司法》长期仅在有限责任公司之下谨慎保留“国有独资公司”的特殊地位的规制模式，新《公司法》的规定强化了公司法中的国资属性，扩大了相关规定的适用范围，这是对此前国有企业混合所有制改革后，股权多元化主体日益增多这一市场变化的回应，也与国有企业自身的特殊性以及在我国经济发展中的重要支柱地位相匹配。

【理解与适用】

本次《公司法》修订明确了国家出资公司概念，既是对现阶段国有企业改革成果的进一步巩固与深化，也是完善中国特色现代企业制度的需要。本条应从以下方面理解：

一、国家出资公司概念的提出

深化国有企业改革，完善中国特色现代企业制度，贯彻党对国有企业的领导，是本次《公司法》修订的一大重要目标。国有企业经公司制改造以建立现代企业制度，是中国国企改革的基本方向与主线，也是《公司法》自诞生之初便肩负的一个重要历史使命。[①] 近年来，国企改革的目标和重心发生重大变化。中共中央、国务院 2015 年出台的《关于深化国有企业改革的指导意见》对在国有企业中完善现代企业制度提出的要求为：推进公司制股份制改革、健全公司法人治理结构以及建立国有企业领导人员分类分层管理制度等，最终目标是完善产权清晰、权责明确、政企分开、管理科学的现代企

① 参见赵旭东主编：《新公司法重点热点问题解读——新旧公司法比较分析》，法律出版社 2024 年版，第 486 ~ 495 页。

业制度。相较于制定公司法时着眼于企业形式从非法人企业转换为公司制的单一目标，该文件中提出的要求更加立体。2024 年 6 月 11 日，中央全面深化改革委员会第五次会议，审议通过了《关于完善中国特色现代企业制度的意见》。会议指出，完善中国特色现代企业制度，要尊重企业经营主体地位，坚持问题导向，根据企业规模、发展阶段、所有制性质等，分类施策、加强引导。要加强党对国有企业的全面领导，完善党领导国有企业的制度机制，推动国有企业严格落实责任，完善国有企业现代公司治理，加强对国有资本监督管理。要鼓励有条件的民营企业建立现代企业制度，完善法人治理结构、规范股东行为、强化内部监督、健全风险防范机制，注重发挥党建引领作用，提升内部管理水平。

简言之，过去国企改革的理念是建立公司、完成企业转型、建立现代企业制度，而现在国企改革的理念则是公司治理的立法精细化，核心在于组织规制，进而完善中国特色的现代企业制度。

原《公司法》规范仅涉及国有独资公司的原因，主要是当时国企的性质主要为国家独资的全民所有制企业，将其从非法人企业改制为公司后，所对应的公司类型，自然也就仅限于国有独资公司。经过 20 多年的市场经济体制发展，具有国家出资因素的公司早已不再局限于国有独资公司，国有资本控股公司、国家参股公司如雨后春笋般涌现，在数量上远超国有独资公司。这也就有了 2008 年《企业国有资产法》对国有独资公司、国有资本控股公司和国家参股公司的一体规制。然而以所有制为逻辑起点的《企业国有资产法》的资产规制无法代替《公司法》的组织规制。因而，本次《公司法》修订国家出资公司的概念提出，不仅是与《企业国有资产法》等国资监管法规的协同，更是顺应社会经济发展的需要。

二、“国家出资公司”概念的阐释

“国家出资公司”系本次修订的新增规定，在我国传统的国有企业法制中，并无与之相对应的法定类型。新《公司法》以“国家出资公司”这一概念替换了原“国有独资公司”，将国有资本控股公司纳入其中，由以往强调国家所有权与法人财产权的分离，到强调出资人所有权与控制权的分离，意义重大。该条文所采取的是列举式的模式，包含“国有独资公司”和“国有资本控股公司”两种类型。其中，“国有独资公司”的概念，长期为我国立法使用，内涵相对清晰。但是，“国有资本控股公司”的内涵却不明确。

（一）国有独资公司

国有独资公司，指的是国家单独投资、由国务院或者地方人民政府授权本级人民政府国有资产监督管理机关、其他部门或机构履行出资人职责的一人公司，包括一人有限公司和一人股份公司两类。其设立方式包括国有资产监督管理机构或者其他部门、机构单独出资设立国有独资公司，以及投资主体单一的国有企业遵循公司法规定改建设立国有独资公司两种。国有独资公司形式在关系国家安全、国民经济和社会利益的特殊领域有重要意义，有助于实现保障民生、服务社会、提供公共产品和服务的目标。

作为一种特殊的公司形态，国有独资公司既是特殊的一人公司，也是特殊的有限责任公司或股份有限公司。首先，国有独资公司满足一人公司对股东数量的要求，其股东只有国家，政府授权的国有资产监督管理机构或者其他部门、机构只可以代为履行出资人职责，并非股东；其次，国有独资公司与其股东相互独立，国有独资公司以其所有财产对公司债务承担责任，股东仅在其出资范围内承担有限责任，但国有独资公司特殊的资本性质产生了特别的治理需求，因此，国有独资公司的组织机构优先适用新《公司法》中的特别规定，在没有特别规定时，才适用关于有限责任公司和股份有限公司组织机构的一般规则。

（二）国有资本控股公司

国有资本控股公司，顾名思义，应当是国有资本处于控股地位的有限责任公司或股份有限公司。对此处“控股”的理解，参考新《公司法》对控股股东的规定可推知，在国有资本控股公司中，国有资本出资额或持有股份占比应达50%以上，或者虽不足50%，但其表决权足以对股东会决议产生重大影响。与国有控股公司相比，“控股”在国有资本控股公司中反映的是公司内部的资本构成和控制权归属，而在国有控股公司中反映了母公司对子公司的控制关系。在新《公司法》引入表决权优先股与劣后股制度后，国有资本的控制地位可能会遭受一定冲击，即可能会出现国有资本出资额或持有股份占比大于50%，但其股份为表决权劣后股的情形。对此，我们认为，认定国有资本控股公司中的国有资本控制权，不能仅依赖所有权标准，表决权因素更为重要。

三、“国家出资公司”概念的价值

新《公司法》关于国家出资公司的概念源于《企业国有资产法》，其第5条规定：“本法所称国家出资企业，是指国家出资的国有独资企业、国有独资公司，以及国有资本控股公司、国有资本参股公司。”与该法规定的“国家出资企业”相比，新《公司法》国家出资公司概念的外延适当缩小，排除了非公司制企业和国有资本参股公司。因为，国家出资公司的外延确定应更多考虑其诞生的历史背景与现实因素，符合国有资产管理体制的要求。如果将“国家出资公司”的外延大幅扩张，将会给大量国有公司造成过高的制度转换成本，也将导致《公司法》的国资属性过载，突破了改革应有的限度。因此，新《公司法》中“国家出资公司”仅包括一级公司，不包括国家出资公司单独或与履行出资人职责的机构共同出资设立的子公司。

新《公司法》以“国家出资公司”这一概念替换了原“国有独资公司”，将国有资本控股公司纳入其中，体现出以下价值导向：其一，从章节体系上来看，与原《公司法》将国有独资公司作为有限责任公司的一节相比，新《公司法》国家出资公司作为独立一章进行规定，立法更加完善科学。其二，从内容上来看，国家出资公司不仅包括国有独资公司，还包括国有资本控股公司，不再局限于有限责任公司，还包括股份有限公司，国有公司体系更加完整、规范。其三，由以往强调国家所有权与法人财产权的分离，到强调出资人所有权与控制权的分离。将国有资本控股公司提升到与国有独资公司的同等地位，凸显法律对国有资本的运营和监管制度更加完善。

【典型案例】

吴某军非法经营同类营业、对非国家工作人员行贿案①

裁判要旨：非法经营同类营业罪中的“国有公司、企业”不限于国有独资公司、企业。经委派到国家出资企业中从事公务的人员，虽然其所任职的企业不能被认定为刑法意义上的“国有公司、企业”，甚至委派他的单位也不是刑法意义上的“国有公司、企业”，但其本人在符合特定条件的情况下，仍可以被认定为“国有公司、企业”人员。

---

① 载最高人民法院刑事审判第一、二、三、四、五庭主办：《刑事审判参考》（总第120集），法律出版社2019年版，第7页。

【条文】

第一百六十九条

国家出资公司，由国务院或者地方人民政府分别代表国家依法履行出资人职责，享有出资人权益。国务院或者地方人民政府可以授权国有资产监督管理机构或者其他部门、机构代表本级人民政府对国家出资公司履行出资人职责。

代表本级人民政府履行出资人职责的机构、部门，以下统称为履行出资人职责的机构。

【条文主旨】

本条是关于国家出资公司履行出资人职责的规定。

【条文概览】

该条款前身仍为国有独资公司规定。2018 年修正的《公司法》第 64 条第 2 款规定："本法所称国有独资公司，是指国家单独出资、由国务院或者地方人民政府授权本级人民政府国有资产监督管理机构履行出资人职责的有限责任公司。"此次 2023 年《公司法》修订将该条一分为二，第 168 条提出了国家出资公司的概念，本条进一步对国家出资公司的履行出资人职责主体进行明确，内容较之前国有独资公司作了修改，并单独成为一条。

此次 2023 年《公司法（修订草案）》第 144 条规定："国家出资公司，由国务院或者地方人民政府分别代表本级人民政府依法履行出资人职责，享有出资人权益。国务院或者地方人民政府可以授权国有资产监督管理机构或者其他部门、机构代表本级人民政府对国家出资公司履行出资人职责。代表本级人民政府履行出资人职责的机构、部门，以下统称为履行出资人职责的机构。"《公司法（修订草案二次审议稿）》将序号调整为第 169 条，内容上将"分别代表本级人民政府"修改为"分别代表国家"。《公司法（修订草案三次审议稿）》未作变更。

由于新《公司法》第 168 条规定的国家出资公司涵盖了国有独资公司和国有资本控股公司这两大类别，因此履行出资人职责的职能的主体，不再仅仅局限于国有资产监督管理机构。根据本条规定，行使国家出资公司出资人职责的主体主要分为两大类：一是国务院或地方人民政府本身；二是国务院或者地方人民政府所授权的国有资产监督管理机构或者其他部门、机构。原《公司法》中对国有独资公司的出资人代表机构表述为“国有资产监督管理机构”，并且限定为各地国资委，而本次修订则将诸如财政部门、党政部门、事业单位及其他部门纳入出资人代表机构的范围内，此举充分考虑了部分国有企业自身的特殊性和专业性。

【理解与适用】

本条规定了国家出资公司由谁来履行出资人职责，从以下方面理解：

一、国家出资公司出资人职责的立法背景

本条的增订与国有资产管理体制的制度变革密切相关。2003 年，随着国有企业改制的初步完成，整合国有资产存量资源被确立为彼时的国有资产管理体制的改革目标。我国 2003 年 3 月 16 日成立国有资产监督管理委员会，就是国资委，同年 5 月 27 日国务院颁布的《企业国有资产监督管理暂行条例》第 12 条将其界定为“代表国务院履行出资人职责、负责监督管理企业国有资产的直属特设机构”。由此，国资委基本被确立为统一行使管理国有资产权力的机构。随后，2005 年《公司法》修订时，即于第 65 条第 2 款规定：“本法所称国有独资公司，是指国家单独出资、由国务院或者地方人民政府授权本级人民政府国有资产监督管理机构履行出资人职责的有限责任公司。”将国资委确立为《公司法》中唯一的履行出资人职责的机构。

然而，2013 年以来，国有资产管理体制又发生了根本性的变化。党的十八届三中全会审议通过了《中共中央关于全面深化改革若干重大问题的决定》，该决定指出：“改革国有资本授权经营体制，组建若干国有资本运营公司，支持有条件的国有企业改组为国有资本投资公司。”由此，国家开始在“国资委 + 国有企业”双层运营模式基础上，试点“国资委 + 国有资本投资公司 + 国有企业”的三层运营模式。2018 年国务院颁布的《关于推进国有资本投资、运营公司改革试点的实施意见》中进一步肯定了国有资本投资、运营公司的功能定位：“国有资本投资、运营公司均为在国家授权范围内履行国有资本出资人职责的国有独资公司，是国有资本市场化运作的专业平台。公司以资本为纽带、以产权为基础依法自主开展国有资本运作，不从事具体生产经营活动。国有资本投资、运营公司对所持股企业行使股东职责，维护股东合法权益，以出资额为限承担有限责任，按照责权对应原则切实承担优化国有资本布局、提升国有资本运营效率、实现国有资产保值增值等责

任。”因此，新《公司法》在将“国有独资公司”囊括进“国家出资公司”这一概念的同时，亦不再将履行出资人职责的机构限定为国资委，而是有所扩张。

二、两类主体履行国家出资公司出资人职责

本条规定与《企业国有资产法》第11条的规定相协调，该条规定：“国务院国有资产监督管理机构和地方人民政府按照国务院的规定设立的国有资产监督管理机构，根据本级人民政府的授权，代表本级人民政府对国家出资企业履行出资人职责。国务院和地方人民政府根据需要，可以授权其他部门、机构代表本级人民政府对国家出资企业履行出资人职责。代表本级人民政府履行出资人职责的机构、部门，以下统称履行出资人职责的机构。”根据本条规定，两类主体履行国家出资公司的出资人职责：

其一，国务院或者地方人民政府。根据《企业国有资产法》第4条第1款，国务院和地方人民政府依照法律、行政法规的规定，分别代表国家对国家出资企业履行出资人职责，享有出资人权益。也就是说，国务院和地方人民政府就是国家的代表本身，因此由其直接持股的企业也由其履行出资人职责、享有出资人权利。

其二，国务院或者地方人民政府可以授权国有资产监督管理机构或者其他部门、机构。首先，该条所称的国有资产监督管理机构，是特指按照全国人大通过的国务院机构改革方案建立的国务院国资委，以及地方政府按照国务院的规定设立的地方国资委。新《公司法》修订前，国资委是国有独资公司唯一履行出资人义务主体，修订后在未来一段时间内仍是最重要的主体。直至目前，国务院国有资产监督管理委员会官方网站公布的其主要职责第1条仍表述为“根据国务院授权，依照《中华人民共和国公司法》等法律和行政法规履行出资人职责，监管中央所属企业（不含金融类企业）的国有资产，加强国有资产的管理工作”。其次，鉴于我国国有资产数量巨大，分布在不同的领域和行业，国务院和地方人民政府在授权国资委履行出资人职责的同时，还可以根据需要授权其他有关部门、机构对特别领域的国家出资企业履行出资人职责。例如，按照国务院的有关规定，国务院授权财政部对金融行业的国有资产、中国出版集团公司、中国烟草总公司等企业的国有资产进行监管。此外，按照《企业国有资产监督管理暂行条例》第6条第2款的规定，企业国有资产较少的设区的市、自治州，经省、自治区、直辖市人民政府批准，可以不单独设立国有资产监督管理机构。最后，国务院和地方人

民政府授权对国家出资企业履行出资人职责的其他部门、机构，应当根据本级人民政府的授权，代表本级人民政府依法切实履行好出资人职责。本法规定的出资人职责的模式，符合目前的实际情况，也为提高国有资产的管理效率和透明度，确保国家资产的保值增值留出空间。

【条文】

第一百七十条

国家出资公司中中国共产党的组织，按照中国共产党章程的规定发挥领导作用，研究讨论公司重大经营管理事项，支持公司的组织机构依法行使职权。

【条文主旨】

本条是关于党组织参与公司治理制度的规定。

【条文概览】

本条系此次修订新增条款。

2023 年《公司法（修订草案）》第 145 条规定："国家出资公司中中国共产党的组织，按照中国共产党章程的规定发挥领导作用，研究讨论公司重大经营管理事项，支持股东会、董事会、监事会、高级管理人员依法行使职权。"征求意见中有观点提出，国家出资公司应当出具社会责任报告；公司决策涉及职工利益的，应当征求职工意见。《公司法（修订草案二次审议稿）》将序号调整为第 170 条，内容作调整，把"支持股东会、董事会、监事会、高级管理人员依法行使职权"改为"支持公司的组织机构依法行使职权"。《公司法（修订草案三次审议稿）》未作修改。

本条明确了中国共产党章程在国家出资公司日常治理中的领导作用，党组织要组织生产经营，研究讨论公司重大经营管理事项，支持公司的组织机构依法行使职权。自 2020 年开始的国有企业改革三年行动中，以及随后的《中央企业党委（党组）前置研究讨论重大经营管理事项清单示范文本（试行）》中均明确提出要完善党组织前置研究清单。本次修订中，也可以看出党组织研究讨论是履行出资人职责的机构、董事会、经理层三大管理主体作出公司重大决策时的程序。

【理解与适用】

该条规定党组织在国家出资公司中重大事项的参与，从以下方面理解：

一、党组织参与公司治理制度的现实依据

加强党对国有企业的领导一直都是深化国有企业改革的重点，更全面详

细的内容已在若干国企改革的相关文件中予以规范。具体包括充分发挥国有企业党组织政治核心作用；党组织切实落实好、承担好从严管党治党责任；加强国有企业领导班子建设和人才队伍建设；深入开展党风廉政建设，完善反腐倡廉制度体系等。《中国共产党章程》第33条第2款即规定："国有企业党委（党组）发挥领导作用，把方向、管大局、保落实，依照规定讨论和决定企业重大事项……保证监督党和国家的方针、政策在本企业的贯彻执行；支持股东会、董事会、监事会和经理（厂长）依法行使职权；全心全意依靠职工群众，支持职工代表大会开展工作；参与企业重大问题的决策……"

2015年，中共中央办公厅印发了《关于在深化国有企业改革中坚持党的领导加强党的建设的若干意见》。该意见强调坚持党的领导是我国国有企业的独特优势，提出要坚持党的建设与国有企业改革同步谋划、党的组织及工作机构同步设置，实现体制对接、机制对接、制度对接、工作对接，要把加强党的领导和完善公司治理统一起来，明确国有企业党组织在公司法人治理结构中的法定地位，确保党的领导、党的建设在国有企业改革中得到体现和加强。2017年，党的十九大修改的《中国共产党章程》对国有企业党组织的功能定位和主要权责作出规定，首次提出"国有企业党委（党组）发挥领导作用，把方向、管大局、保落实，依照规定讨论和决定企业重大事项"。2019年12月施行的《中国共产党国有企业基层组织工作条例（试行)》亦对国有企业党的领导和公司治理问题作了比较详细的规定，国有企业应当将党建工作要求写入公司章程，公司章程要写明党组织的职责权限、机构设置、运行机制、基础保障等重要事项，明确党组织研究讨论是董事会、经理层决策重大问题的前置程序，落实党组织在公司治理结构中的法定地位；坚持和完善"双向进入、交叉任职"领导体制；国有企业重大经营管理事项必须经党委（党组）研究讨论后，再由董事会或者经理层作出决定；保证党对干部人事工作的领导权和对重要干部的管理权等。2021年，中共中央发布的《关于中央企业在完善公司治理中加强党的领导的意见》进一步明确党组织在公司治理中的重要作用："中央企业党委（党组）是党的组织体系重要组成部分，在公司治理结构中具有法定地位。"①

坚持党的领导，将党组织内嵌于国家出资公司治理结构，具有重要意义：既有助于通过政治激励配合薪酬激励和职业声誉约束对具有国家干部和职业经理人双重身份的国家出资公司管理层实施更有力的监督；又可以为董

① 参见赵旭东主编：《新公司法重点热点问题解读——新旧公司法比较分析》，法律出版社2024年版，第486~495页。

事会的经营决策提供政策考量，降低国有资产流失风险；还能督促国家出资公司更好地承担社会责任。

二、党组织参与公司治理制度的规范阐释

首先，此处“中国共产党的组织”的含义应当指向国家出资公司内部的基层党组织，而非市一级的党委组织。

其次，本条规定概括指出党组织应当参与公司治理，但是对于党组织在国家出资公司治理结构中应处于何种地位或应如何履职未予明确。其他关联法规或制度实践中对此已有探索，目前最重要的制度安排是“三重一大”，即重大事项决策、重要干部任免、重要项目安排、大额资金的使用，必须经集体讨论作出决定。“三重一大”事项决策的基本程序主要包括四个方面：第一，“三重一大”事项提交会议集体决策前应当认真调查研究，经过必要的研究论证程序，充分吸收各方面意见。重大投资和工程建设项目，应当事先充分听取有关专家的意见。重要人事任免，应当事先征求履行公司与国有资产出资人职责机构的纪检监察机构的意见。研究决定企业改制以及经营管理方面的重大问题、涉及职工切身利益的重大事项、制定重要的规章制度，应当听取企业工会的意见，并通过职工代表大会或者其他形式听取职工群众的意见和建议。第二，党委（党组）、董事会、未设董事会的经理班子应当以会议的形式，对职责权限内的“三重一大”事项作出集体决策，不得以个别征求意见等方式作出决策。紧急情况下由个人或少数人临时决定的，应在事后及时向党委（党组）、董事会或未设董事会的经理班子报告；临时决定人应当对决策情况负责，党委（党组）、董事会或未设董事会的经理班子应当在事后按程序予以追认。经董事会授权，经理班子也可以决策“三重一大”事项。第三，决策会议符合规定人数方可召开。与会人员要充分讨论并分别发表意见，主要负责人应当最后发表结论性意见。会议决定多个事项时，应逐项研究决定。存在严重分歧的，一般应当推迟作出决定。会议决定的事项、过程、参与人及其意见、结论等内容，应当完整、详细记录并存档备查。第四，公司在决策作出后应当及时向履行国有资产出资人职责的机构报告有关决策情况，企业负责人按照分工组织实施，并明确落实部门和责任人。参与决策的个人对集体决策有不同意见的，可以保留或者向上级反映，但在未作新的决策前不得擅自变更或者拒绝执行。如遇特殊情况需对决策内容作重大调整，应当重新按规定履行决策程序。

最后，本条的概括性规定也为国家出资公司党组织参与公司治理的模式

留出了创新空间。在“三重一大”等要求的基础上，国家出资公司也可根据自身的具体情况，探索党组织参与公司治理的其他模式，并通过公司章程予以明确。总体而言，基于实践发展，依据已有的理论和政策法规，国有企业党组织权责建构的重点在于明确其在公司治理中的决策权、把关权、监督权，带头履行管党治党责任，确保党组织在国有企业改革发展中严把方向、严抓落实、严厉各方、严格自身。

【条文】

第一百七十一条

国有独资公司章程由履行出资人职责的机构制定。

【条文主旨】

本条是关于制定国有独资公司章程的规定。

【条文概览】

1993 年《公司法》第 65 条规定："国有独资公司的公司章程由国家授权投资的机构或者国家授权的部门依照本法制定，或者由董事会制订，报国家授权投资的机构或者国家授权的部门批准。"《公司法》在 1999 年、2004 年修正时该条未作变更。2005 年《公司法》修订时，将本条序号调整为第 66 条，内容修改为"国有独资公司章程由国有资产监督管理机构制定，或者由董事会制订报国有资产监督管理机构批准。"2013 年《公司法》修正时，将本条的序号调整为第 65 条。2018 年《公司法》修正时，本条未作调整。

【理解与适用】

公司治理结构是治理和解决公司利益相关者之间的关系，确保公司遵规守法、避免风险、提高决策能力、追求长期经济价值的重要机制。确保公司合法、有效、透明、健康运营，必须将公司的股东会、董事会、高级管理人员等人员及组织机构进行科学配置，共同致力于公司合法合规运行和股东权益的保护。公司章程是公司股东依法订立的规范公司组织与活动的基本法律文件，是一个公司组织设立和进行活动必不可少的具有约束力的重要文件，因此公司章程必须由发起设立公司的投资者制定，并对公司、股东、经营管理人员具有约束力，调整公司内部组织关系和经营行为的自治规则，它对于公司有着极为重大的意义。公司章程无论是合同还是自治规范，其中的自治性是应当提及和关注的，作为一种私人制度的安排，公司章程体现了公司自治，不违反法律法规的边界，也是章程自治的权利边界，是公司经营的行为准则，是公司自治的主要体现，也是实现公司自治的主要途径。按照《公司法》的规定，有限责任公司的章程应由公司的全体股东共同制定。由于国有独资公司是由国家单独投资设立的，且一般均涉及国家安全、国民经济和社会利益的特殊领域，目的在于实现保障民生、服务社会、提供公共产品和服务的目标，因此国家是其唯一股东，公司章程的制定有着其特殊性。特殊性体现在国有独资公司因其股东为国家，经营的是国有资产，在公司章程的制定及规范公司组织活动中应当体现国家的意志。国家是一个抽象主体，不可能亲自履行投资经营职责，根据本法第169条规定，由国务院或者地方人民政府分别代表国家依法履行出资人职责，享有出资人权益。国务院或者地方人民政府可以授权国有资产监督管理机构或者其他部门、机构代表本级人民政府对国家出资公司履行出资人职责。对于国有独资公司制定公司章程，应由履行出资人职责的机构制定，确定国有独资公司的组织与活动相应规范。新《公司法》修订之前，原条文还进行了灵活规范，即可以由董事会制定公司章程后，报国有资产监督管理机构批准，但无论哪种方式制定公司章程，必须由履行出资人职责的机构作为决定主体，充分体现国家的意志。

国有独资公司章程的内容、效力和修改等其他相关事宜由于本节没有规定，所以应适用新《公司法》中关于有限责任公司的一般规定。

【实务问题】

第一，公司章程是国有独资公司组织设立和进行活动必不可少的具有约束力的重要文件。国有独资公司的特殊性决定了其在公司治理、决策及运行中的“与众不同”。有观点认为，既然履行出资人职责的机构都是代表国家、本级政府的意志，公司重要事项也是由履行出资人职责的机构决定，公司章程是否还有存在的必要呢？公司章程在对公司外部关系中，表明该公司的法律形式、公司名称、经营范围、资本数额、公司住所等，是公司登记机关对申请设立公司据以审核的依据，也是交易相对人与该公司进行经济交往时据以了解公司情况的基本依据；公司章程在对公司内部关系中，表明股东就设立公司及对相关重要事项达成一致协议，在公司存续期间，公司章程所载事项对公司股东、董事、监事及所聘任高级管理人员具有约束效力。因此，虽然国有独资公司具有不同于其他公司的一系列特点，但公司章程作为公司制度的“宪法性”文件，是必不可少的。

第二，国有独资公司作为有限责任公司的一种特殊形式，其设立也必须依法制定公司章程。其他有限责任公司是由公司股东会制定公司章程，但国有独资公司不设股东会，其章程应如何制定？按照本条的规定，国有独资公司章程由履行出资人职责的机构制定。具体来讲，应由履行出资人职责的机构依照本法关于公司章程的规定进行制定。从内容上看，包括绝对必要记载事项、相对必要记载事项和任意记载事项在内的所有方面。从程序上看，《公司法》并未涉及国有资产监督管理机构制定章程的议事规则，此不属于《公司法》调整范围。根据《企业国有资产监督管理暂行条例》第 13 条第 2 款的规定，国务院国有资产监督管理机构，可以制定企业国有资产监督管理的规章、制度。因此具体制定章程应采取何种程序，由履行出资人职责的机构加以规定。

第三，本条只明确了国有独资公司的章程由谁制定，至于章程应当记载哪些事项以及修改公司章程的规则等则未作规定。按照本法第 168 条关于“国家出资公司的组织机构，适用本章规定；本章没有规定的，适用本法其他规定。本法所称国家出资公司，是指国家出资的国有独资公司、国有资本控股公司，包括国家出资的有限责任公司、股份有限公司”的规定，有关国有独资公司章程应当载明的事项，适用本法关于有限责任公司章程的规定。依照本法第 46 条的规定，有限责任公司章程应当载明下列事项：（1）公司名称和住所；（2）公司经营范围；（3）公司注册资本；（4）股东的姓名或者名称；（5）股东的出资额、出资方式和出资日期；（6）公司的机构及其产生办法、职权、议事规则；（7）公司法定代表人的产生、变更办法；（8）股东会认为需要规定的其他事项。股东应当在公司章程上签名或者盖章。据此，国有独资公司的章程应当包含上述规定内容。

公司章程内容并非在公司存续期间存永久不变，为了更好地适应经营环境的变化，需要适时地进行修改。在不违反法律、行政法规强制性规范的前提下，公司可以修改包括绝对必要记载事项、相对必要记载事项和任意记载事项在内的所有内容。依据有限责任公司的立法原则，修改公司章程的权限专属于公司的权力机构，并须以特别决议为主。此外，为保证章程内容的合法和相对稳定，须办理相应的变更登记。对于国有独资公司来说，根据本法第 66 条规定，由履行出资人职责的机构行使股东会职权，也即具有修改章程权力的公司权力机构是履行出资人职责的机构。另根据 2003 年国务院公布并施行的《企业国有资产监督管理暂行条例》第 20 条的规定，国有资产监督管理机构负责指导国有及国有控股企业建立现代企业制度，审核批准其所出资企业中的国有独资企业、国有独资公司的重组、股份制改造方案和所出资企业中的国有独资公司的章程。此条所规定的审核批准国有独资公司的章程，应当包括章程的制定以及修改。因此，可以明确国有独资公司的章程修改的权力，应由履行出资人职责的机构行使。

需要注意的问题是，新《公司法》将原条文规定的董事会制定公司章程报国有资产监督管理机构批准予以删除，明确指定公司章程的权力只能由履行出资人职责的机构行使，其他公司机构无权行使。同时，履行出资人职责的机构不能将制定公司章程的权力授权董事会等公司机构行使，应由履行出资人职责的机构专属享有。实践中，如董事会制定章程后报履行出资人职责的机构审批，则违背合规治理的要求，违反国有独资公司关于公司章程制定的程序，也不符合国有独资公司制定章程的职能分工和职责要求。

【条文】

第一百七十二条

国有独资公司不设股东会，由履行出资人职责的机构行使股东会职权。履行出资人职责的机构可以授权公司董事会行使股东会的部分职权，但公司章程的制定和修改，公司的合并、分立、解散、申请破产，增加或者减少注册资本，分配利润，应当由履行出资人职责的机构决定。

【条文主旨】

本条是关于国有独资公司不设股东会、公司重大事项的决定程序的规定。

【条文概览】

本条系从2018年《公司法》第66条沿袭而来。1993年《公司法》第66条规定："国有独资公司不设股东会，由国家授权投资的机构或者国家授权的部门，授权公司董事会行使股东会的部分职权，决定公司的重大事项，但公司的合并、分立、解散、增减资本和发行公司债券，必须由国家授权投资的机构或者国家授权的部门决定。"《公司法》在1999年、2004年修正时该条未作变更。2005年《公司法》修订时，将本条序号调整为第67条，内容修改为"国有独资公司不设股东会，由国有资产监督管理机构行使股东会职权。国有资产监督管理机构可以授权公司董事会行使股东会的部分职权，决定公司的重大事项，但公司的合并、分立、解散、增加或者减少注册资本和发行公司债券，必须由国有资产监督管理机构决定；其中，重要的国有独资公司合并、分立、解散、申请破产的，应当由国有资产监督管理机构审核后，报本级人民政府批准。前款所称重要的国有独资公司，按照国务院的规定确定。"2013年《公司法》修正时，将本条的序号调整为第66条。2018年《公司法》修正时，本条未作调整。

【理解与适用】

公司制是现代企业制度的一种有效组织形式。公司法人治理结构是公司制的核心。要明确股东会、董事会、监事会和经理层的职责，形成各负其责、协调运转、有效制衡的公司法人治理结构。所有者对企业拥有最终控制权。股东会是一般有限责任公司中，由全体股东组成的，行使其作为出资人职责的组织，具有决定公司重大事项等职能，是有限责任公司的权力机关。国有独资公司，应按照此种公司规范治理要求，确保出资人对公司拥有最终控制权。而国有独资公司只有国家这一个股东，自然没有设立股东会的必要。那么国家作为出资人的职责，也就是原本应由股东会来行使的相关职责，该如何行使呢？根据本条规定，由履行出资人职责的机构代表国家来行使出资人的职责。而国有独资公司的数量和所涉及的行业类型较多时，履行出资人职责的机构管理经营能力便会“有限”，无法全面地兼顾各个国有独资公司出资人职责的行使，而且由政府机关来全面管理公司的具体事务也不符合政企分开的基本原则。因此本条同时规定，履行出资人职责的机构可以将除了章程制定和修改，公司合并、分立、解散、申请破产，增减注册资本和分配利润之外的部分股东会职权，授予公司的董事会来行使。这样，对公司具体情况更为了解的董事会，就能充分发挥其优势，使公司的重大事项的决策能更专业、合理，有利于公司的经营与发展。

本规定将股东会的职权分为两个部分，分别由履行出资义务的机构和公司董事会行使。董事会享有股东会的部分决策权限，是国有独资公司的常设权力和执行机构，除有关国有独资公司的章程制定和修改，合并、分立等重要事项以外，其他股东会职权范围事项由董事会经授权后直接决定。这一规定使国有独资公司的权力机构更为明朗化，公司股东会的职权由履行出资人职责的机构行使，董事会只是公司的执行机构，负责公司的经营性决策和业务执行，只在某些有必要的情况下，由履行出资人职责的机构授权公司董事会行使股东会部分职权。

一般来讲，国有独资公司董事会行使本法第 59 条规定的股东会的部分职权，具体需要根据国有资产监督管理机构的授权确定。同时，本条又保留了一些须由履行出资人职责的机构决定的事项，明确规定公司章程的制定和修改，公司的合并、分立、解散，申请破产，增减注册资本和分配利润，必须由履行出资人职责的机构决定。新《公司法》删除了关于重要的国有独资公司合并、分立、解散、申请破产的，需由国有资产监督管理机构审核后，报本级人民政府批准的规定。同时删除了第 2 款：“前款所称重要的国有独资公司，按照国务院的规定确定。”虽然原来关于重要的国有独资公司的合并、分立、解散、申请破产等事项报本级人民政府批准的行政审批制度，符合当时我国市场经济发展的实际情况，体现国家对国有独资公司拥有最终控制权的原则，体现国家对社会经济的干预和管理，实现政府的经济行政职能。国家关于经济管理的意志和要求也就通过这种支配而直接决定企业的行为，维护国家财产的安全，合理利用国家财产，并使其最大限度地增值，既是全体人民的根本利益之所在，也是国家所负有的基本职责。但随着我国市场经济的纵深发展，政府积极转变职能，“放管服”力度逐步加大，促进中国特色现代企业制度的建立健全和不断完善，减少政府直接干预公司在市场竞争中的自由，脱离行政干预，去除政府“保护”，让国有独资公司公平参与市场竞争，体现公司作为市场主体的活力，积极参与优胜劣汰的竞争规则，让国有资产更符合市场经济的要求，平等保护市场主体的合法权益，特别是民营企业的正当利益，构建更加符合我国经济发展的市场化、法治化营商环境。

【实务问题】

一、国有独资公司不设股东会

根据本条的规定，国有独资公司不设股东会，由履行出资人职责的机构行使股东会的职权。国有独资公司不设股东会主要是因为其只有一个投资主体，即国家，因此也就无法同普通的有限责任公司一样，必须设立股东会。即使按照普通有限责任公司的设立规定设立股东会，也只能是形同虚设，与股东会的应有功能和作用相违背。当然，国有独资公司不设股东会并不意味着股东会的职责和功能不复存在，而是通过其他形式予以体现。因此，我们应当从国有独资公司的特征出发，由履行出资人职责的机构行使股东会的职权，如向公司委派董事、审批董事会的报告等。

二、公司重大事项的决定程序

国有独资公司不设股东会，因此，公司的决策职能只能由国有独资公司的唯一股东，即履行出资人职责的机构履行。考虑到履行出资人职责的机构具有一定独立性，股东会职责涉及公司运行和管理的各个方面，如国有独资公司的所有决策完全依附出资人职责的机构来履行，在实践中也是不现实的。因此，本法明确规定：履行出资人职责的机构可以授权公司董事会行使股东会的部分职权，决定公司的部分事项，但公司章程的制定和修改，公司的合并、分立、解散、申请破产，增加或者减少注册资本和分配利润，应当由履行出资人职责的机构决定。

可见，在国有独资公司中，一般有限责任公司股东会的职权被分解为两个部分：一部分由履行出资人职责的机构行使，另一部分由履行出资人职责的机构授权公司的常设执行机构董事会行使。职权划分中，公司中的一般性问题由董事会行使职权加以决定和批准。重大问题由履行出资人职责的机构行使，例如，公司章程的制定和修改，公司的合并、分立、解散、申请破产，增加或者减少资本、分配利润由履行出资人职责的机构决定。新《公司法》对列明的应当由履行出资人职责的机构行使的职权内容进行了变更，修订之前是"公司的合并、分立、解散、增加或减少资本和发行公司债券"，现在的规定是"公司章程的制定和修改，公司的合并、分立、解散、申请破产，增加或者减少注册资本，分配利润"，注意修订具体内容的变化。实践中，还有一些与董事有利害关系或董事会无法行使的职权也要由履行出资人职责的机构来行使。这些职权主要有：（1）决定董事、监事的报酬事项；（2）委派和更换由股东出任的监事；（3）审议批准董事会的报告；（4）审议批准监事会或监事的报告；（5）对股东向股东以外的人转让出资作出决议等。履行出资人职责的机构对董事会的授权只是部分授权，对于条文列举的关系国有独资公司根本命运的特别重大的事项，仍然应当由履行出资人职责的机构决定。毕竟履行出资人职责的机构才是对国有独资公司负有出资人职责的主体，根本事项的决定权不能授予他人，否则就失去了作为出资人的意义。

【典型案例】

某国际公司与某银行广州分行借款合同纠纷案①

裁判要旨：国有出资企业中的国有独资企业、国有独资公司的重大资产处置，需由国有资产监督管理机构（履行出资人职责的机构）批准的，依照有关规定执行。人民法院审理涉及国有企业集团与关联公司、关联公司与第三人的相关纠纷案件时，不能以国有企业集团与所属关联公司的隶属关系，认定关联公司负有向国有企业集团申报重大资产处置事项的义务。

---

① 广东省广州市中级人民法院（2011）穗中法民二终字第1098号民事判决书。

【条文】

第一百七十三条

国有独资公司的董事会依照本法规定行使职权。

国有独资公司的董事会成员中，应当过半数为外部董事，并应当有公司职工代表。

董事会成员由履行出资人职责的机构委派；但是，董事会成员中的职工代表由公司职工代表大会选举产生。

董事会设董事长一人，可以设副董事长。董事长、副董事长由履行出资人职责的机构从董事会成员中指定。

【条文主旨】

本条是关于国有独资公司董事会的规定。

【条文概览】

1993 年《公司法》第 68 条规定："国有独资公司设立董事会，依照本法第四十六条、第六十六条规定行使职权。董事会每届任期为三年。公司董事会成员为三人至九人，由国家授权投资的机构或者国家授权的部门按照董事会的任期委派或者更换。董事会成员中应当有公司职工代表。董事会中的职工代表由公司职工民主选举产生。董事会设董事长一人，可以视需要设副董事长。董事长、副董事长，由国家授权投资的机构或者国家授权的部门从董事会成员中指定。董事长为公司的法定代表人。"《公司法》在 1999 年、2004 年修正时该条未作变更。2005 年《公司法》修订时，将本条内容修改为"国有独资公司设董事会，依照本法第四十七条、第六十七条的规定行使职权。董事每届任期不得超过三年。董事会成员中应当有公司职工代表。董事会成员由国有资产监督管理机构委派；但是，董事会成员中的职工代表由公司职工代表大会选举产生。董事会设董事长一人，可以设副董事长。董事长、副董事长由国有资产监督管理机构从董事会成员中指定。"2013 年《公司法》修正时，将本条的序号调整为第 67 条，将第 1 款中的条文序号由第 47 条和第 67 条调整为第 46 条和第 66 条。2018 年《公司法》修正时，本条未作调整。

【理解与适用】

我国经济体制改革的方向是建立中国特色现代企业制度，目前市场是市场资源配置的主体，市场各生产要素自由流动力度加大，供给侧结构性改革成效明显，中国特色现代企业制度按照党中央的部署和要求不断深入推进，这就要求公司治理方式逐步完成转型并向现代化模式发展和完善。能够逐步建立现代企业制度，其中一项重要内容是完善公司法人治理结构，建立科学的企业领导体制和组织管理制度，形成激励和约束相结合的经营机制。公司法人治理结构最突出的特点是董事会集体决策，集体领导企业，各董事之间彼此制约，同时股东（股东会）、监事会等机关对各董事及董事会本身进行制约。市场经济要求公司决策与管理的民主化、科学化，而经理个人因其知识、技能、经验、体力、思维、情绪等各方面的缺陷，无法独立担当正确、全面地领导公司（尤其是规模较大的公司）的重任，使其在激烈的市场竞争中生存和壮大。董事会是集体决策与领导的机构，虽然作为个人的董事可能有各种缺点，但就董事会全体而言，却可取长补短，汇聚智慧，从而胜此重任。因此本条规定建立科学的公司领导体制和组织管理制度，适应建立现代企业制度的改革方向以及新的国有资产管理体制的要求，同时依法规范了出资人权力的行使，达到公司权力制衡的目的。国有独资公司董事会既具有股东会的部分决策权限，又是公司最高业务的指挥者，是公司常设的业务执行机构，负责公司的日常经营管理工作，在国有独资公司的决策与监督制度完善中，必须强化董事会在公司治理中的核心地位，不仅应当继续履行决策的职责，还应当通过内设的审计委员会承接原本监事会的职责。这势必要求强化董事会的专业性和独立性，并强化董事的履职保障机制。

根据本条规定，国有独资公司必须设立董事会。这是不同于一般的有限责任公司的。因为董事会在国有独资公司中扮演着十分重要的角色。根据本法第 172 条的规定，它可以在履行出资人职责的机构授权下行使股东会的部分职能。因此对于国有独资公司来说，董事会是不可或缺的。

国有独资公司董事会除了行使被授权的部分股东会职权外，其他职权与一般有限责任公司董事会相同，都规定在本法关于有限责任公司董事会职权之中，国有独资公司的董事会要依据一般董事会职权的规定行使职权。

国有独资公司董事的任期与一般有限责任公司董事一样，都由公司章程来规定，并且每届任期也都不可超过 3 年。

国有独资公司董事会中应当有公司的职工代表。国家十分重视国有独资公司的职工的利益，因此董事会中应该有代表职工利益的成员，董事会中的职工代表由公司职工代表大会选举产生。

公司的董事会成员一般都是由股东决定，而国有独资公司只有一个股东——国家，因此本条规定，履行出资人职责的机构，享有委派董事会中除职工代表以外的其他成员的权利。履行出资人职责的机构还享有从董事会中指定董事长和副董事长的权利。可以不设置副董事长。

一、董事会的职权

董事会依照本法第67条规定行使以下职权：（1）召集股东会会议，并向股东会报告工作；（2）执行股东会的决议；（3）决定公司的经营计划和投资方案；（4）制订公司的利润分配方案和弥补亏损方案；（5）制订公司增加或者减少注册资本以及发行公司债券的方案；（6）制订公司合并、分立、解散或者变更公司形式的方案；（7）决定公司内部管理机构的设置；（8）决定聘任或者解聘公司经理及其报酬事项，并根据经理的提名决定聘任或者解聘公司副经理、财务负责人及其报酬事项；（9）制定公司的基本管理制度；（10）公司章程规定或者股东会授予的其他职权。

二、董事会成员的来源

根据本条的规定，董事会的成员有两个限制条件：一是应当过半数为外部董事，二是应当有公司职工代表。主要源于以下两方面：一是公司董事会成员由履行出资人职责的机构委派，二是由公司职工代表大会选举产生。也就是说，董事会成员中的职工代表由公司职工代表大会选举产生。在董事会成员中规定一定比例的职工代表主要是考虑到国有独资公司要依照法律规定通过职工代表大会和其他形式实行民主管理，既加强职工的国家主人公使命感，也有利于加强对国有资产保值增值和防止国有资产的流失的监督。

三、董事会内部的设置

根据本条的规定，董事会设董事长一人，可以设副董事长。董事长、副董事长，由履行出资人职责的机构从董事会成员中指定。作为国有独资公司的法定代表人，董事长享有与其他有限责任公司董事长基本相同的职权，但比较特殊的是，国有独资公司的董事长要由履行出资人职责的机构从董事会成员中指定，而不是董事会内部选举产生。这样规定，有利于董事会组成人员的稳定及调动董事的积极性，使其在工作中勤恳敬业。

【实务问题】

一、国有独资公司必须设董事会

国有独资公司股东的特殊性，公司出资人的特定性等特点决定了其必须设立董事会，其必要性和重要意义在上文已经提及。普通的有限责任公司则并非必须设立董事会，本法第75条明确规定，规模较小或者股东人数较少的有限责任公司，可以不设董事会，设一名董事，行使本法规定的董事会的职权。

二、董事成员、董事长、副董事长等产生方式不同

国有独资公司的董事成员由履行出资人职责的机构委派，董事长由履行出资人职责的机构从董事成员中委派，副董事长可以不设，如果要设副董事长，也是由履行出资人职责的机构从董事成员中指定。董事会的人事任免权力完全由履行出资人职责的机构掌握，充分体现国家的意志。普通的有限责任公司董事长和副董事长的产生办法，由公司章程规定，充分给予公司自治自理的权力。一般而言，董事会的控制权在股东及股东会，因为股东会的职权之一就是修改公司章程，董事会的职责之一是执行股东会的决议，向股东会报告工作。

三、职工代表

本法多处体现对公司职工权益的保护，也体现职工参与公司治理的重要方式，有助于公司和职工利益协同，在保障职工权益的同时激励职工的主人翁意识。本法第1条就规定了保护公司、股东、职工和债权人的合法权益。第16条和第17条规定了职工一般合法权益的保护，完善工会制度，健全职工代表大会，公司重大决策或经营方面的重大问题，要听取公司工会的意见。第69条规定董事会成员中的职工代表可以成为审计委员会成员。第76条和第130条规定监事会成员包括股东代表和适当比例的公司职工代表，且职工代表的比例不得低于三分之一。第121条规定股份公司董事会成员中的职工代表可以成为审计委员会成员。本条明确规定，国有独资公司董事会成员中应当有公司职工代表，即董事会成员中必须设立公司职工代表，履行出资人职责的机构在委派董事会成员时，职工代表并非由其委派，而是由公司职工代表大会选举产生。第68条规定，一般的有限责任公司董事会成员，

可以有职工代表，另一层含义则是可以没有职工代表。但职工人数300人以上的有限责任公司董事会成员中应当有职工代表，实质上扩大设置职工董事的范围。职工代表的产生方式也存在区别，国有独资公司限制为通过职工代表大会选举产生，而普通有限责任公司无论是否存在国有企业或国有投资主体，都是通过职工代表大会、职工大会或者其他形式民主选举产生，产生的方式更加灵活和自由，注意区分。此外，需要注意的是，与监事会职工代表不同，董事会中的职工董事没有设置比例要求，交由公司自行决定，兼顾决策的效率性。

四、董事的任期

新《公司法》删除了原《公司法》中关于国有独资公司董事任期的规定。2018年修正的《公司法》规定，国有独资公司董事每任任期不得超过3年，未规定例外情形。而普通有限责任公司的董事任期每届任期不得超过3年，但届满可以连选连任。新《公司法》关于董事任期未作特别规定，则应当按照本法一般有限责任公司规定的董事任期制度进行。

五、外部董事

新《公司法》与之前不同的是，本条第2款关于外部董事的数量规定。外部董事，是指并非公司职员或高级职员的董事会成员，他们并不参与公司日常事务的管理。外部董事可能包括向公司投资的投资人或其他能够为公司经营提供建议或服务并因此与经营活动有利害关系的人。① 在普通的有限责任公司和股份公司中，并未规定外部董事制度。因为外部董事制度在我国公司法实践中，引入时机尚未成熟，相关制度尚未配套成型，难以克服制度本身诸如选任、独立性和激励措施等缺陷，但根据本法第136条规定，上市公司中存在独立董事制度，独立董事不受上市公司及其主要股东、实际控制人等单位或者个人的影响，不与上市公司及主要股东、实际控制人存在直接或者间接的利害关系，确保其独立客观的判断与决策。独立董事与外部董事在发挥监督作用和行使监督权，有效改善公司治理结构等方面都是相似的，有的学者甚至认为外部董事和独立董事是通用的，并无二致。② 新《公司法》在上市公司组织机构中设置了独立董事，在国有独资公司规定了外部董事，二者的内涵是否一致，并未予以明确。在我们看来，国有独资公司设置外部

---

① 参见《布莱克法律辞典》，北京市国家图书进出口有限公司1990年版，第1102页。
② 参见保一平、余音：《外部董事机制的固有缺陷》，载《法学》2001年第7期。

董事制度，是因为国有独资公司具有投资主体的特殊性，其董事会成员除职工董事外，包括外部董事在内，均由履行出资人职责的机构委派，确保公司决策体现履行出资人职责的机构所代表的国家利益。委派董事在一些国家被称为“政府董事”，委派董事需要经常性地向履行出资人职责的机构汇报工作。[①] 委派董事、外部董事和职工董事构成国有独资公司的董事会成员，但为了保证公司决策的公平性，本条第 2 款特别规定外部董事应当超过董事会成员的半数。

① 参见赵旭东主编：《新公司法重点热点问题解读——新旧公司法比较分析》，法律出版社 2024 年版，第 497 页。

【条文】

第一百七十四条

国有独资公司的经理由董事会聘任或者解聘。

经履行出资人职责的机构同意，董事会成员可以兼任经理。

【条文主旨】

本条是关于国有独资公司经理的设置和产生的规定。

【条文概览】

1993 年《公司法》第 69 条规定：“国有独资公司设经理，由董事会聘任或者解聘。经理依照本法第五十条规定行使职权。经国家授权投资的机构或者国家授权的部门同意，董事会成员可以兼任经理。”《公司法》在 1999 年、2004 年修正，2005 年修订时该条未作变更。2013 年《公司法》修正时，将本条的序号调整为第 68 条，将第 1 款中的条文序号由第 50 条调整为第 49 条。2018 年《公司法》修正时，本条未作调整。

【理解与适用】

经理作为辅助董事会执行业务的人员，其人选由公司董事会依法聘任或解聘。在坚持党管干部原则并同市场化选聘企业经营管理者的机制相结合的情况下，董事会以经营知识、工作经验、创新能力等为标准，挑选和聘任适合本公司的经理，决定经理的报酬及支付方法，并对经理的业绩进行考核和评价。董事会如果认为聘任的经理不适合公司，可以依法召开董事会会议决定解聘该经理。有限责任公司可以设经理，也可以不设经理，各公司可以根据自身情况的特点，自行决定是否设立经理的职位。这样规定的目的是让各公司有更大的选择空间，也是让公司自己决定自己的事务，充分尊重公司法人的独立和自由意志。新《公司法》删除了“国有独资公司设经理”，保留“由董事会聘任或者解聘”。经理在董事会领导下开展工作，并且对董事会负责，因此由董事会来聘任和解聘是在情理之中的。新《公司法》删除了关于行使职权的规定，但国有独资公司经理的职权，还是应当按照普通有限责任公司关于经理的规定行使职权，即根据公司章程的规定或者董事会的授权行使职权。此外，经理列席董事会会议。

1. 经理是在公司章程授权范围内，按照董事会的决议，负责并控制公司业务活动的高级职员。《公司法》设董事会为公司经营决策机关，而经理为公司业务执行机关，从效率的角度看，有利于公司经营决策的民主化、科学化及公司具体业务执行的专业化、便捷化；从权力制衡的角度看，也是基于对过分集权进行限制的需要。快速变化的市场要求现代公司的动作高效快捷，经理同市场零距离接触并具有在经营上强烈的趋理性、科学的预见性、无穷的创造性，这些特征使其能更好地承担公司运营中的市场职能、资源职能、管理职能和创新职能。

经理作为辅助董事会执行业务的人员，其人选由公司董事会依法聘任或者解聘。在坚持市场化选聘企业经营管理者的机制的情况下，董事会以经营知识、工作经验和创新能力等为标准，挑选和聘任适合本公司的经理，决定经理的报酬及其支付方法，并对经理的业绩进行考核和评价。董事会如果认为聘任的经理不适合本公司，可以依法召开董事会会议决定解聘该经理。经理由董事会聘任和解聘，这是《公司法》赋予董事会对经理的任免权。既然如此，董事会享有当然的权力，对经理享有当然的监督，此种监督既包括对业务执行的合法性监督，也包括对业务执行的妥当性监督。

2. 按照本条第2款的规定，经履行出资人职责的机构同意，董事会成员可以兼任经理。董事和经理二职合一，有利于提高公司创新自由，适应瞬息万变的市场环境，从而有助于提高公司的经营绩效。这项规定是从我国国有独资公司的实际情况出发，本着精简人员、提高工作效率的原则作出的安排。这在一定程度上可以加强董事会与经理之间的合作与联系，防止沟通不畅对公司的运作造成负面影响。

【实务问题】

一、国有独资公司的经理

公司经理，是有限责任公司负责并控制公司及其分支机构各生产部门或其他业务单位的高级职员，对公司事务进行具体管理，并能全权代表公司从事交易活动。经理必须服从董事会的所有决议和指示，并使之在公司的生产经营活动中得以有效的贯彻和执行，即经理对董事会负责。新《公司法》将原来明确规定经理为国有独资公司的必设机构进行删除，没有作为强制性的规定。但实践中，国有独资公司的经理作为董事会的辅助机关和执行机关，能够分担董事会的更多职能，特别是国有独资公司的董事会中过半数为外部董事，外部董事一般不参与公司的经营管理和运行，更多的是发挥其决策公平性的职能，所以公司经营管理的绝大部分事务都由公司经理完成和执行。因此，虽然新《公司法》删除了经理是国有独资公司必设机构的规定，但经理是公司董事会的助理机关，公司的董事会成立以后应当对经理的人选作出选择，及时聘任经理，尽快将公司纳入规范的经营管理，更好更高效地执行董事会的决策。同时监督公司经理的具体经营活动。对于不称职的经理，应当及时解聘。

二、国有独资公司董事会成员可以兼任经理

从有限责任公司的理论而言，董事与经理不可互相兼任，以保证公司的高管人员各司其职，勤恳敬业，防止职责不分，个人从中渔利，从而破坏公司体制的稳固和生产经营发展。而国有独资公司有所不同，因公司董事会成员由履行出资人职责的机构委派，代表国家行使出资人的职权，因此，出于国有资产保值增值的需要，国有独资公司董事会成员可以兼任经理，但是董事会作出聘任或者解聘经理的决定前，应当征得履行出资人职责的机构同意。

【条文】

第一百七十五条

国有独资公司的董事、高级管理人员，未经履行出资人职责的机构同意，不得在其他有限责任公司、股份有限公司或者其他经济组织兼职。

【条文主旨】

本条是关于国有独资公司董事、高级管理人员兼职限制的规定。

【条文概览】

本条系从2018年《公司法》第69条沿袭而来。1993年《公司法》第70条规定："国有独资公司的董事长、副董事长、董事、经理，未经国家授权投资的机构或者国家授权的部门同意，不得兼任其他有限责任公司、股份有限公司或者其他经营组织的负责人。"《公司法》于1999年、2004年进行修正时，本条未变更。2005年《公司法》修订时，条文序号未作调整，将"国家授权投资的机构或者国家授权的部门"修改为"国有资产监督管理机构"，将"不得兼任其他有限责任公司、股份有限公司或者其他经营组织的负责人"修改为"不得在其他有限责任公司、股份有限公司或者其他经济组织兼职"。2013年《公司法》修正时，将本条条文序号调整为第69条，内容未作变更。2018年《公司法》修正时，本条未作变更。2023年《公司法》再次调整序号，由原第69条调整为现第175条，同时删除了2018年《公司法》第69条对"董事长、副董事长"的列举，并相应将"国有资产监督管理机构"修改为"履行出资人职责的机构"。

国有独资公司的董事、高级管理人员对国有独资公司负有忠实和勤勉义务，为防止上述人员因兼职而疏于或不当影响公司管理，故本条对其兼职作出了明确限制，即未经履行出资人职责的机构同意，不得在其他有限责任公司、股份有限公司或者其他经济组织兼职。

【理解与适用】

国有独资公司董事和高级管理人员是国有独资公司的主要决策人员、业务执行人员，行使国有独资公司的经营管理权，掌握着公司的经营事务、商业秘密、重大投资等情况，担负着使国有资产保值增值的重要任务。因此，国有独资公司的董事、高级管理人员既应对公司投资人尽忠实服务的义务，又要对国有资产的运营尽勤勉注意的义务，如果同时处于公司竞争者的地位，则公司的商业秘密将难以维持，公司的国有资产将可能流失，同时也损害了在正常情况下公司应当和可能获得的利益。所以，必须专人专职，固定岗位，明确职责，忠于职守，以最大限度实现、保护公司的利益作为衡量自己执行职务的标准。

一、关于高级管理人员的范围

本条规定将兼职限制的人员限定于国有独资公司的董事和高级管理人员。高级管理人员属于一个公司法概念。尽管董事及董事会均享有对内管理公司事务的权力，但董事长、副董事长、董事并不属于高级管理人员的范围。根据本法第 265 条的规定，高级管理人员是指公司的经理、副经理、财务负责人，上市公司董事会秘书和公司章程规定的其他人员。国有独资公司的章程规定上述列举之外的其他人员属高级管理人员，也属于规范和约束的对象，也应当遵守关于兼职禁止的规定。

二、关于国有独资公司中“兼职禁止”的理解

本条对国有独资公司董事、高级管理人员实行的兼职禁止的专任制度与一般公司的竞业禁止规定不同。依据《公司法》第 184 条的规定：“董事、监事、高级管理人员未向董事会或者股东会报告，并按照公司章程的规定经董事会或者股东会决议通过，不得自营或者为他人经营与其任职公司同类的业务。”竞业禁止义务是要求董事、经理不得自营或者为他人经营与其所任职公司同类的营业或者从事损害本公司利益的活动，如果不发生与其所任职公司竞业之情形，且所从事的活动并不损害本公司的利益的，法律并不限制一般公司的董事、经理对其他公司职务的兼任。而国有独资公司负责人的专任制度则不论兼职是否存在竞业禁止的事由，也不论兼职是否损害本公司利益，原则上对任何兼职都予以禁止，除非经履行出资人职责的机构同意。由此可见，对于国有公司高管人员的兼职，专任制度较之竞业禁止的规定更为严格，适用的范围更广泛。但是，经履行出资人职责的机构同意，则可以解除前述限制。比如，国有独资公司投资设立的子公司，或者与其他企业共同投资设立的其他公司或经济组织，此时为公司利益，有兼职之必要和可能，应允许经履行出资人职责的机构同意后兼职。

对于禁止兼职的公司类型规定为“有限责任公司、股份有限公司或者其

他经济组织”。值得探讨的是，以列举的方式规定，总会有不周延之处，因为市场经济主体中除了上述三种公司或组织类型外，是否还有其他主体存在？如非营利组织、合伙、个体户等是否都被包含其中？对此，值得研究。禁止兼职的职位也很明确，并非禁止担任某些职务，而是所有的职位和职务都不能兼职，这点是绝对的，而且并不以给公司带来或可能带来损害为条件。但同时也意味着，除了列举的董事、高级管理人员之外，其他职员可以兼职。

【条文】

第一百七十六条

国有独资公司在董事会中设置由董事组成的审计委员会行使本法规定的监事会职权的，不设监事会或者监事。

【条文主旨】

本条是关于国有独资公司监督机构设置的规定。

【条文概览】

本条为2023年《公司法》修订时的新增条款。国有独资公司可以引入以审计委员会为核心的单层制治理架构，不再设监事会或者监事。该条款明确了在某些情况下，国有独资公司可以采用替代性的监督机制，即通过在董事会中设立审计委员会来实现对公司的监督和检查职能。这与传统的监事会设置方式不同，后者通常由独立的监事组成，专门负责监督公司的财务、董事及高级管理人员的行为等。因此，根据这一规定，国有独资公司可以通过在董事会中设立审计委员会来替代监事会的职能，从而简化公司治理结构，并确保公司依然能够得到有效的监督和管理。

【理解与适用】

2023年《公司法》修订后，删除了关于国有独资公司中监事会的特别规定，国有独资公司可以自主选择监督制度，引入可以替代监事会的审计委员会。这一变化体现了新《公司法》规范国家出资公司治理体系的灵活性和自主性。通过允许公司选择单层制治理模式，减少了管理层级，提高了决策效率和执行力度。审计委员会在财务、内外部风险控制等方面具有实质性监督和把控的职能。这意味着审计委员会不仅承担了传统的监督职责，还可能在某些情况下发挥更为重要的作用，如加强内部控制和风险管理。这有助于提升公司的治理质量和透明度。

一、审计委员会制度变革的原因

（一）国有企业改革的实践需要

审计委员会制度变革的一大原因是国有企业改革的需要。国有企业的公司治理结构经历了从外派监事会、内设监事会再到取消监事会的发展历程。为了加强对国有企业的监督，国务院于 2000 年颁布《国有企业监事会暂行条例》（已废止），该条例明确规定国有重点大型企业监事会由国务院派出，对国务院负责，代表国家对企业进行监督。从监事会与企业的关系上来看，外派监事会是垂直隶属于国务院的行政机构，以财务监督为核心，不参与企业的经营管理。

随着国有企业改革不断深化，企业的市场化程度提高，外派监事会制度的弊病逐渐显露。外派监事会的监督目标与企业发展目标上往往有所偏离，加之外派监事与外派董事在本质上都属于国务院派出的人员，监督和管理的主体是相同的，监督效果十分有限。2017 年《国务院办公厅关于进一步完善国有企业法人治理结构的指导意见》明确了国有独资、全资公司全面建立外部董事占多数的董事会，国有控股企业实行外部董事派出制度，完成外派监事会改革；董事会应当设立由外部董事组成的审计委员会。2018 年 3 月，中共中央印发《深化党和国家机构改革方案》明确，改革审计管理机制，保障依法独立行使审计监督权，为整合审计监督力量，减少职责交叉分散，避免重复检查和监督盲区，增加监督效能，将国务院国有资产监督管理委员会的国有企业领导干部经济责任审计和国有企业大型企业监事会职责划入审计署，相应对派出审计力量进行整合优化，构建统一高效审计监督体系，不再设立国有重点大型企业监事会，有关职能并入审计署。撤销外派监事会之后，根据当时《公司法》的要求，大型国有企业仍须保留内部的监事会，原有的外派监事会制度逐渐转向公司法上的监事会，由行政机构转变为企业内部治理机构。

不过，当监事会变为公司内部机构之后，监督的有效性问题仍需解决。监事可能存在专业知识和技能不足以及独立性问题。若公司是上市公司，董事会中本就设置有负责财务监督的审计委员会，与监事会在功能上存在重叠。国有企业中的监事会常常只发挥形式功能，而实际监督作用有限。因此，《公司法》的此番调整，对于推进国有企业改革、精简国有企业治理结构、增强国有经济竞争力具有重要意义。

（二）企业对外投资与引进外资的需求

制度变革的另一原因在于为企业“走出去”和引进外资提供便利。理论上，通常将这种公司股东会下设董事会，董事会下直接衔接经理层，监督机制与管理决策机制同时包含在董事会内的治理模式称为一元制公司治理模式；将股东会下同时设置董事会和监事会、监督机制与管理决策机制分离的治理模式称为二元制，且有垂直二元和平行二元之分，我国原有的公司治理模式属于平行模式。当前，在世界范围内，英美国家广泛实行一元制，大陆法系国家多保留二元制，如德国、日本等。不过，鉴于一元制公司治理模式具有结构简单、效率优越、易于治理等优势，欧洲大部分国家，如德国、意大利、西班牙、法国等，均在立法层面允许公司选择一元制治理模式，日本近年来也引入了一元制模式作为制度选项。从国际趋势看，一元制治理模式渐次成为全球公司治理模式的主流，这一模式有利于降低投资者设立公司的门槛，从而便于公司对外投资和引进外资，促进资本流通。

一元制公司治理模式是立法者结合域外国家的制度实践，并考虑到目前不少公司的监事会“虚置”，且国内企业在“走出去”过程中频频受阻的现实而给出的制度选项。长期以来，我国传统的公司治理模式不仅让企业到国外经营时“水土不服”，而且使外企到我国投资时面临障碍，给跨境投资经营带来了较高的制度成本。在当前公司治理结构全球化的背景下，通过赋予公司选择空间，为激发市场主体活力、提升市场主体适应性赋能，有助于提升我国企业的竞争力、创造力，也有助于改善营商环境。根据全国人大常委会的说明，增加一元制的理由在于“根据国有独资公司、国有资本投资运营公司董事会的建设实践，并为我国企业走出去及外商到我国投资提供便利”。因此，允许公司选择一元制，将开启我国公司治理的新篇章。

同时，还应当注意到我国国有独资公司设立审计委员会与其他国家或地区的类似制度之间的不同。

1. 成员构成方面。我国国有独资公司的审计委员会由董事组成，且其成员应当过半数为外部董事。这意味着审计委员会的独立性较强，能够有效监督公司财务和会计活动。根据美国《萨班斯—奥克斯利法案》，上市公司董事会必须下设审计委员会，该委员会由执行董事与独立董事组成，其中独立董事占多数。这同样强调了审计委员会的独立性和专业性。日本允许公司选择三委员会（提名、薪酬和监察委员会）来替代传统的监事与监事会，由此发挥类似的监督作用。

2. 设立要求方面。我国新修订的《公司法》规定，国有独资公司在董事会中必须设置审计委员会，并取消了监事会或监事的设置。这是为了完善公司治理结构和内部控制机制。

自《萨班斯—奥克斯利法案》后，美国所有上市公司都必须设立审计委员会，这是法律的强制性要求。日本虽然没有明确的法律强制要求，但通过引入三委员会制度，实现了对传统监事功能的替代。

3. 监督职责方面。我国国有独资公司的审计委员会负责对公司财务、会计进行监督，并行使公司章程规定的其他职权。其主要职责是确保财务报告的真实性和可靠性，识别和管控财务风险。美国的审计委员会同样承担着监督管理层提供有效的财务报告并识别、管控财务风险的职责。日本的三委员会制度中的"监察委员会"也具有类似的监督职责，但更注重于整体公司治理的优化。

4. 政治监督与法律监督结合方面。我国强调党对国有企业的领导，要求国有独资公司在董事会中设置由董事组成的审计委员会行使监事会职权，同时不设监事会或者监事。这种安排既体现了政治监督的作用，又通过立法解决了职责重叠的问题。美国和日本虽然也有类似的政治监督和法律监督的结合，但在具体实施过程中，更多地依赖于法律和公司章程的规定来实现监督职能。

二、审计委员会的主要职责

根据本法第69条的规定，审计委员会可全面承接监事会的职权，检查公司财务，对公司董事、高级管理人员的行为进行监督，要求董事、高级管理人员纠正其损害公司利益的行为，临时召集股东会，向股东会决议提出提案，对董事、高级管理人员提起诉讼，履行公司章程规定的其他职权等。具体包括：

1. 监督财务和会计信息。审计委员会负责对公司财务、会计进行监督，确保财务报告的准确性和完整性。这包括对财务报表的真实性、准确性和完整性作出判断，并提交董事会审查。

2. 管理内部审计工作。审计委员会管理和指导内部审计工作的规划和审计团队的建设，定期听取和审查审计工作综合报告、年度审计计划和重要的审计报告。它还负责审查公司的财务控制、风险管理和内部控制政策。

3. 外部审计监督。审计委员会提议聘用或更换外部审计机构，监督其职业行为，确保内部和外部审计机构之间的协调。它还检查和监督外部审计机构的职业行为，确保其客观独立。

4. 风险管理与内部控制。审计委员会对公司的内部控制和风险管理进行审查和监督，提高公司治理的透明度和有效性。它讨论内部审计人员的重大发现和后续行动，并审查涉嫌欺诈、不当行为或内部控制系统重大缺陷的内部调查结果。

5. 合规性与法律遵守。审计委员会负责审查公司遵守法律法规的情况，确保公司财务申报中提出的重大意见符合相关法规。它还审查和监控公司治理政策和实践，并向董事会提出建议。

6. 其他职权。根据公司章程的规定，审计委员会可以行使其他职权，如审查重大调查结果并对管理层作出相应回应，审查员工举报可能存在财务造假、内部控制或其他问题的渠道，并确保公司有适当的调查和采取必要行动的机制。

此外，审计委员会由董事组成，可以包括履行出资人职责的机构委派的董事、外部董事、职工董事。

【条文】

第一百七十七条

国家出资公司应当依法建立健全内部监督管理和风险控制制度，加强内部合规管理。

【条文主旨】

本条是关于国家出资公司合规管理的规定。

【条文概览】

本条为2023年《公司法》修订时新增条款，系《公司法》首次在国家出资公司治理制度中引入合规治理，从法律层面上对国家出资公司合规管理制度的体系建设与完善进行了规定。

2018年，为了帮助我国企业完善自身法制建设以应对境外较为复杂的政治和法律环境，国资委在当年11月正式发布了《中央企业合规管理指引（试行）》文件，从合规管理职责、合规管理重点、合规管理运行和合规管理保障等方面为中央企业的合规管理体系提供了建设方向和理论支持，同时也以部门规范性文件的形式对中央企业合规管理进行明文规定。2021年，国资委召开“合规管理强化年”的工作部署会，要求中央企业要把思想和行动统一到全面依法治国战略部署上来，将合规管理纳入全局工作统筹谋划、一体推进。在此背景下，2022年国资委发布了《中央企业合规管理办法》，该办法是以部门规章的形式对中央企业合规管理进行明文规定。虽然上述办法与指引都首先适用于中央企业，但均明确地方国资委可参照实施，地方各级国资委纷纷制定《国有企业管理指引》《国有企业管理办法》，与《中央企业合规管理指引（试行）》《中央企业合规管理办法》相呼应。除上述普适性比较强的国企合规管理的法规、规范性文件外，另有法律、法规、政策、标准等规范，如《企业国有资产法》《企业国有资产交易监督管理办法》《企业国有资本与财务管理暂行办法》《证券公司和证券投资基金管理公司合规管理办法》《商业银行合规风险管理指引》《关于进一步深化法治央企建设的意见》《合规管理体系要求及使用指南》《合规管理体系有效性评价》等。

此条法规的制定与实施将对国家出资公司产生深远影响，一些还未建立合规制度的国家出资公司需要在新法实施后逐步建立健全内部合规治理机制，原有合规制度的国家出资公司需进一步完善原有制度，增加缺失内容。

【理解与适用】

根据本条要求，国家出资公司必须建立和完善一系列内部监督机制和风险控制措施，以确保公司在运营过程中能够严格遵守相关法律法规，并有效防范各种潜在的合规风险。此外，此次修订《公司法》还新增了关于国家出资公司内部合规管理机制的内容，进一步强化了对合规管理的要求。这些变化表明，随着市场经济的发展和法治环境的完善，合规管理在企业经营管理中的重要性日益凸显，成为企业可持续发展的重要保障。

第一，通过合规管理体系建设，有助于国家出资公司深入贯彻落实全面依法治国战略部署，持续深化依法治企建设、强化法治理念、提升法律管理水平、完善风险防范机制、促进法律管理与经营管理的深度融合，实现企业高质量发展。第二，构建合规管理体系，有助于国家出资公司围绕新一轮国企改革的重点，构建合规意识牢固、组织体系健全、职责分工明晰、工作流程规范、机制运行顺畅的合规管理机制，建立完善现代企业制度，增强内部运营效率，提升业务经济效益和市场竞争力。第三，可以通过合规体系建设建立合规风险识别、风险报告及预警、合规审查、风险评估以及风险应对机制，将风险管理与经营管理深度融合，有助于国家出资公司着力提升风险管控能力，降低违规经营风险。

本条通过明确国家出资公司应建立完善的内部监督管理和风险控制制度，提升了合规管理的法律地位和实施力度，为国家出资公司合规管理提供了坚实的法律基础和制度保障。

一、关于合规、合规风险、合规管理的理解

合规义务是公司法上合法性义务向公司治理结构传递的产物，是外源性的产物。通常而言，合规所涉及的制度规范可以分为三种类型：第一种是合规制度所指向的行为规范，即公司及其员工需要遵守的相关法律法规及公司内部规范。公司作为法人实施法律行为时必须遵守税务、环保、消费者保护、劳动者保护等各领域的法律法规，这些法律法规属于约束公司作为一个法律主体的外部行为的规范。第二种是公司合规实施性规范，即公司为落实行为规范的要求使公司及其员工的行为合规而制定的公司内部流程、准则，是公司合规与行为规范之间的连接性规范。公司董事会或集团母公司董事会

通过制定相应的准则来运行合规组织的各部分以及规定相关的职权和流程。第三种是公司合规组织性规范或称功能性合规规范，主要针对公司内部合规职责的分配、合规义务的内容以及合规工作的组织等问题，解决的是公司作为拟制的法人如何实现合规。

“合规”“合规风险”和“合规管理”的定义具体体现于《中央企业合规管理指引（试行)》《中央企业合规管理办法》及地方各级国资委制定的《国有企业管理办法》中，具体表述为：

1. 合规是指企业经营管理行为和员工履职行为符合国家法律法规、监管规定、行业准则和国际条约、规则，以及公司章程、相关规章制度等要求。

2. 合规风险是指企业及其员工在经营管理过程中因违规行为引发法律责任、造成经济或者声誉损失以及其他负面影响的可能性。

3. 合规管理是指企业以有效防控合规风险为目的，以提升依法合规经营管理水平为导向，以企业经营管理行为和员工履职行为为对象，开展的包括建立合规制度、完善运行机制、培育合规文化、强化监督问责等有组织、有计划的管理活动。

合规管理义务与合法性义务并不相同，后者即《公司法》第 19 条规定的，“公司从事经营活动，应当遵守法律法规，遵守社会公德、商业道德，诚实守信，接受政府和社会公众的监督”。合法性义务是合规管理义务的基础，合规管理义务超越了单纯的合法性义务，需要通过组织化措施使企业、企业的机关以及企业职员的行为符合法律规定。

二、《公司法》关于国家出资公司合规管理的具体要求

本法关于国家出资公司建立健全内部监督管理和风险控制制度，加强内部合规管理的具体要求主要集中在以下几个方面：

1. 建立健全内部监督管理和风险控制制度。国家出资公司应当在法律框架下建立一套完整的内部监督和风险管理机制。

2. “三位一体”的大监督体系。根据本条规定，内部控制、风险管理以及合规管理构成了一个“三位一体”的大监督体系，表明公司在制定内部监督管理和风险控制制度时，不仅要关注内部的财务和运营情况，还要涵盖合规性方面的管理。

3. 审计委员会的设置与职权。根据《公司法》第 176 条的规定，引入了审计委员会这一内置机构，并规定其可以替代监事会履行对公司的内部监督职能。

4. 外部董事的比例要求。对于国有独资公司，《公司法》特别规定了外部董事应当过半数的要求，旨在增强董事会的独立性和客观性，从而更好地进行内部监督和风险控制。

5. 配套措施与特别调适。除了上述具体要求外，《公司法》还强调了党组织的领导作用、内部合规体系和制度的建立等配套措施。此外，针对上市公司，还提出了经营管理人员引进、保持独立性、维护制度治理结构等特别调适要求。

第八章 公司董事、监事、高级管理人员的资格和义务

【条文】

第一百七十八条

有下列情形之一的，不得担任公司的董事、监事、高级管理人员：

（一）无民事行为能力或者限制民事行为能力；

（二）因贪污、贿赂、侵占财产、挪用财产或者破坏社会主义市场经济秩序，被判处刑罚，或者因犯罪被剥夺政治权利，执行期满未逾五年，被宣告缓刑的，自缓刑考验期满之日起未逾二年；

（三）担任破产清算的公司、企业的董事或者厂长、经理，对该公司、企业的破产负有个人责任的，自该公司、企业破产清算完结之日起未逾三年；

（四）担任因违法被吊销营业执照、责令关闭的公司、企业的法定代表人，并负有个人责任的，自该公司、企业被吊销营业执照、责令关闭之日起未逾三年；

（五）个人因所负数额较大债务到期未清偿被人民法院列为失信被执行人。

违反前款规定选举、委派董事、监事或者聘任高级管理人员的，该选举、委派或者聘任无效。

董事、监事、高级管理人员在任职期间出现本条第一款所列情形的，公司应当解除其职务。

【条文主旨】

本条是关于董事、监事、高级管理人员资格的禁止性规定。

【条文概览】

1993年《公司法》第57条规定：“有下列情形之一的，不得担任公司的

董事、监事、经理：（一）无民事行为能力或者限制民事行为能力；（二）因犯有贪污、贿赂、侵占财产、挪用财产罪或者破坏社会经济秩序罪，被判处刑罚，执行期满未逾五年，或者因犯罪被剥夺政治权利，执行期满未逾五年；（三）担任因经营不善破产清算的公司、企业的董事或者厂长、经理，并对该公司、企业的破产负有个人责任的，自该公司、企业破产清算完结之日起未逾三年；（四）担任因违法被吊销营业执照的公司、企业的法定代表人，并负有个人责任的，自该公司、企业被吊销营业执照之日起未逾三年；（五）个人所负数额较大的债务到期未清偿。公司违反前款规定选举、委派董事、监事或者聘任经理的，该选举、委派或者聘任无效。”1999 年、2004 年《公司法》两次修正时，上述条款均未变更。2005 年《公司法》修订时，条文序号调整为第 147 条，内容修改为：“有下列情形之一的，不得担任公司的董事、监事、高级管理人员：（一）无民事行为能力或者限制民事行为能力；（二）因贪污、贿赂、侵占财产、挪用财产或者破坏社会主义市场经济秩序，被判处刑罚，执行期满未逾五年，或者因犯罪被剥夺政治权利，执行期满未逾五年；（三）担任破产清算的公司、企业的董事或者厂长、经理，对该公司、企业的破产负有个人责任的，自该公司、企业破产清算完结之日起未逾三年；（四）担任因违法被吊销营业执照、责令关闭的公司、企业的法定代表人，并负有个人责任的，自该公司、企业被吊销营业执照之日起未逾三年；（五）个人所负数额较大的债务到期未清偿。公司违反前款规定选举、委派董事、监事或者聘任高级管理人员的，该选举、委派或者聘任无效。董事、监事、高级管理人员在任职期间出现本条第一款所列情形的，公司应当解除其职务。”2013 年、2018 年《公司法》两次修正时，仅条文序号调整为第 146 条，内容未作修改。

与 2018 年《公司法》相比，《公司法》本次修订除将条文序号调整为第 178 条外，内容也作了部分修改。一是对因刑事犯罪而被判处刑罚或剥夺政治权利之人，进一步规定“被宣告缓刑的，自缓刑考验期满之日起未逾二年”，也不得担任公司的董事、监事、高级管理人员，弥补了法律漏洞。二是将第 1 款第 4 项规定的不得担任董事、监事、高级管理人员 3 年期限的起算时间在“公司、企业被吊销营业执照之日”的基础上，增加“责令关闭之日”，与前半段公司、企业因违法受到的“被吊销营业执照、责令关闭”的后果一致。三是对“负数额较大债务到期未清偿”的个人，增加规定此人“被人民法院列为失信被执行人”。此外，还作了一些文字性修改。

【理解与适用】

董事、监事、高级管理人员负责公司的经营管理，其任职资格和能力直接关系到公司的经营状况，因此，需要对其任职资格作出规定。同时，考虑到《公司法》虽具有公法属性，但究其本质，仍为私法，基于法无禁止即自由的原则，不宜正面规定董事、监事、高级管理人员的任职资格。由此，本条负面清单式地列举了不得担任董事、监事、高级管理人员的几种情形。

一、本条规定情形的逐项说明

第一种情形是对民事行为能力的规定。民事行为能力是指民事主体独立参与民事活动，以自己的行为取得民事权利或者承担民事义务的法律资格。[①] 公司作为法人组织体，其不仅应具备民事行为能力，具体运营管理公司的董事、监事、高级管理人员因要执行公司职务，也必须具备民事行为能力。对自然人而言，以其是否完全具备民事行为能力，法律将其区分为限制民事行为能力人和完全民事行为能力人，前者仅能在法律规定的特定情形下独立从事民事活动，这显然无法满足公司经营管理之需要。因此，董事、监事、高级管理人员必须是完全民事行为能力人，能够独立行使权利、履行义务、承担责任，这是对董事、监事、高级管理人员的基本要求。

第二种情形是对涉刑事犯罪的规定。之所以作此规定，是因为董事、监事、高级管理人员管理、监督的是公司财产的运营，应当有较高的诚信度，对于采取非法手段牟取私利的人，应当限制其担任公司董事、监事、高级管理人员。因此，因贪污、贿赂、侵占财产、挪用财产或者破坏社会主义市场经济秩序，被判处刑罚或者因犯罪被剥夺政治权利的人员，在刑罚执行期满后的一定期限内，以及被宣告缓刑的人员，在缓刑考验期满后的一定期限内，不宜担任公司领导职务。

第三种情形是对经营管理能力的规定。公司是营利法人，董事、高级管理人员应具备使公司保持营利的经营管理能力。如果公司、企业的董事或者厂长、经理经营管理公司、企业期间，公司、企业非但没有营利，反而丧失持续经营能力，最终走向破产清算，这就证明这些人员在经营管理能力方面有欠缺。因此，在该公司、企业破产清算完结后的一定期限内，此类人员应禁止担任公司的董事、监事、高级管理人员，应该让他们经过一段时间的重

① 李适时主编：《中华人民共和国民法总则释义》，法律出版社2017年版，第54页。

新实践，提高经营管理能力后，再从事公司、企业经营管理工作。

第四种情形是对违法而致使公司、企业被吊销营业执照、责令关闭的规定。市场经济是法治经济，守法经营是每个市场主体必须树立的理念。法定代表人是对外代表公司、企业的法人机关，更应遵守法律规定。如果在担任公司、企业法定代表人期间，公司、企业因从事违法活动而被行政机关吊销营业执照或责令关闭，而法定代表人对此负有个人责任的，这就证明此类人员缺乏守法意识，应在公司、企业被吊销营业执照或责令关闭后的一定期限内禁止担任公司的董事、监事、高级管理人员，让他们经过一段时间的反省改过，增强法律观念、培养守法意识后，再担任公司领导职务。

第五种情形是对失信被执行人行为的规定。发生此类情形是由于个人不信守承诺、到期不清偿债务，让此类人员担任公司领导职务是有较大风险的。应当注意的是，个人仅仅负有数额较大债务且到期未清偿尚不足以被禁止担任公司的董事、监事、高级管理人员，必须满足个人因此被人民法院列为失信被执行人的条件方可。《最高人民法院关于公布失信被执行人名单信息的若干规定》第1条规定："被执行人未履行生效法律文书确定的义务，并具有下列情形之一的，人民法院应当将其纳入失信被执行人名单，依法对其进行信用惩戒：（一）有履行能力而拒不履行生效法律文书确定义务的；（二）以伪造证据、暴力、威胁等方法妨碍、抗拒执行的；（三）以虚假诉讼、虚假仲裁或者以隐匿、转移财产等方法规避执行的；（四）违反财产报告制度的；（五）违反限制消费令的；（六）无正当理由拒不履行执行和解协议的。"同时，第3条规定："具有下列情形之一的，人民法院不得依据本规定第一条第一项的规定将被执行人纳入失信被执行人名单：（一）提供了充分有效担保的；（二）已被采取查封、扣押、冻结等措施的财产足以清偿生效法律文书确定债务的；（三）被执行人履行顺序在后，对其依法不应强制执行的；（四）其他不属于有履行能力而拒不履行生效法律文书确定义务的情形。"由此，不得担任董事、监事、高级管理人员之个人所负债务须已经生效法律文书确认，其应当履行且有履行能力但拒不履行或者有隐匿、转移财产等逃避、抗拒执行行为，不包括无力偿还债务的情形。

二、违反本条规定担任董事、监事、高级管理人员的后果

根据本条第2款、第3款的规定，公司违反第1款规定所作出的选举、委派董事、监事或者聘任高级管理人员的行为无效。上述人员在担任公司职务期间，存在第1款情形，不符合任职资格的，公司应当解除其职务，重新

选任。

关于本条第 2 款、第 3 款规定之间的关系，我们认为，第 2 款、第 3 款规定不存在矛盾或冲突。这是因为第 2 款是从选举、委派或聘任行为效力角度作出的规定，第 3 款则是从董事、监事、高级管理人员职务解除角度作出的规定，二者的规范对象不同。具言之，选举、委派或聘任行为虽已无效，但这些人作为董事、监事、高级管理人员若已被记载于公司章程，在公司登记机关进行了登记，基于登记的公示公信效力，第三人极易相信其仍为公司的董事、监事、高级管理人员，并与之发生交易行为。因此，公司应当及时解除这些人的董事、监事、高级管理人员职务，并据此变更公司章程并向公司登记机关申请变更登记。

【实务问题】

本条第 2 款、第 3 款规定区分了自始没有任职资格和任职中丧失任职资格两种情况。对前者而言，选举、委派或聘任行为之无效为自始无效。对外执行事务的董事与第三人所开展交易行为之效力应考察第三人的主观状态，只要第三人是善意的，即对公司发生效力。对后者而言，公司应当解除已任职董事、监事、高级管理人员的职务。但针对不同主体，需结合本法第 59 条第 1 款、第 67 条第 2 款、第 68 条第 1 款、第 71 条第 1 款、第 74 条第 1 款、第 76 条第 2 款、第 78 条、第 126 条第 1 款、第 130 条第 2 款、第 137 条、第 174 条第 1 款规定，依各自不同程序予以解除职务。对经股东会决议产生的董事，原则上由董事会提出解任申请，监事会可以提出解任建议，解任董事的事项由股东会决议，决议作出之日解任生效。特定情形下，监事会或股东可直接提出解任申请。例如，《保险公司董事会运作指引》第 30 条规定：董事连续 2 次未亲自出席，也不委托其他董事出席董事会会议的，视为不能履行职责，董事会、监事会或者股东应当提请股东大会予以撤换。对经理、副经理、财务负责人等高级管理人员，董事会可直接解任，监事会可以提出解任建议。应当注意的是，上市公司董事会在作出解任财务负责人的决议前，应当经审计委员会全体成员过半数通过。对经股东会决议产生的监事，法律未规定解任程序。对此，我们倾向认为，董事会、监事会或股东均可提出解任申请，但应由股东会决议解任，决议作出之日解任生效。对非经股东会决议产生的职工董事、职工监事，《中华全国总工会关于加强公司制企业职工董事制度、职工监事制度建设的意见》指出：罢免职工董事、职工监事，须由三分之一以上职工代表或者十分之一以上职工联名提出罢免议案，并经职代会讨论通过。

有两点情况应当进一步说明：第一，董事、监事、高级管理人员的解任事由，除本条规定情形外，其他法律、行政法规的规定中也有可能会涉及，比如《个人信息保护法》第66条。第二，董事、监事、高级管理人员的解任事由出现后，董事会等若未积极提出解任申请或作出解任决议，应否承担责任？我们倾向认为，董事会等应依照法定程序召开会议，向股东会提出解任申请或作出解任决议。如无正当理由提出反对意见，致使无法形成解任申请或决议的一致意见，反对董事、监事、高级管理人员应承担未及时解任给公司造成损失的赔偿责任。

【典型案例】

熊某与上海红某士家纺有限公司公司决议效力确认纠纷案[①]

基本案情：上海红某士家纺有限公司（以下简称红某士公司）的股东为熊某、董某龙等8人，董某龙任法定代表人。2017年6月17日，红某士公司召开股东会，董某龙等5名股东参加了会议，熊某虽收到股东会召开的通知，但未参加。最终，股东会通过《关于董某龙先生任红某士公司执行董事的议案》，并形成了《股东会决议》。另外，多个法院判决董某龙对红富士公司的债务承担连带清偿（保证）责任，且董某龙已被人民法院列为失信被执行人。

裁判要旨：根据《公司法》规定，个人所负数额较大的债务到期未清偿的，不得担任公司的高级管理人员。董某龙负有较大数额的债务，且因到期未清偿而被人民法院列为失信被执行人，尽管其所负债务系为承担对红富士公司及其关联公司的担保责任所产生，董某龙也依法不能担任红富士公司的高级管理人员，股东会决议作出的由董某龙担任公司执行董事的决议应为无效。

① 参见上海市第一中级人民法院（2019）沪01民终8325号民事判决书。

【条文】

第一百七十九条

董事、监事、高级管理人员应当遵守法律、行政法规和公司章程。

【条文主旨】

本条是关于董事、监事、高级管理人员守法义务的规定。

【条文概览】

1993年《公司法》第59条第1款前半句规定“董事、监事、经理应当遵守公司章程”。1999年、2004年《公司法》两次修正时，上述条款均未变更。2005年《公司法》修订时，条文序号调整为第148条，第1款前半句内容修改为“董事、监事、高级管理人员应当遵守法律、行政法规和公司章程”，即将经理扩大为包括经理在内的其他高级管理人员，副经理、财务负责人、上市公司董事会秘书和公司章程规定的其他人员均在规范内；将遵守公司章程扩大为“遵守法律、行政法规和公司章程”。2013年、2018年《公司法》两次修正时，仅条文序号调整为第147条，内容未作修改。

与2018年《公司法》相比，《公司法》本次修订仅将条文序号调整为第179条，并单列为一条，与忠实义务、勤勉义务规定分列两条，但内容未作修改，即规定董事、监事、高级管理人员应遵守法律、行政法规和公司章程。

【理解与适用】

公司从事经营活动，必须遵守法律法规，遵守社会公德、商业道德，诚实守信，接受政府和社会公众的监督。作为受托经营管理和监督公司的人员，董事、监事、高级管理人员也应当遵守法律、行政法规和公司章程。

一、本条规定与本法其他规定的体系化认识

（一）与本法第180条规定

董事、监事、高级管理人员在执行职务时遵守法律、行政法规和公司章程，是对其最基本的要求，是原则性规定。而忠实、勤勉义务是《公司法》规定的董事、监事、高级管理人员对公司负有的一种特定义务。关于二者之

间的关系，一种观点认为“守法义务系勤勉义务的表现形式，勤勉义务是一个大概念，守法义务是一个小概念”。[①] 另一种观点则认为，“守法义务应被划归忠实义务之中”，其给出了三点理由：一是从行为可归责性上看，守法义务与忠实义务本质上均属对董事的底线性约束，不问董事主观过错；二是从行为效果上看，董事违法成本乘以被发现的可能性往往低于预期违法利润，这是一种可被预料到的损害，划归忠实义务更合适；三是从比较共识看，英国、日本、韩国等均将守法义务作为忠实义务的一环。[②] 与这两种观点不同，还有一种观点主张“董事守法义务、董事忠实义务、董事勤勉义务的内涵并不完全相同，在规范表达上不能作相同对待，应当有所区别”。由此，公司法上之董事义务构造了“以守法义务为基础，以忠实义务和勤勉义务为主干，以法定义务扩张（如清算义务）为辅助”的多层级结构。[③]

（二）与本法第 22 条第 1 款规定

本法第 22 条第 1 款规定：“公司的控股股东、实际控制人、董事、监事、高级管理人员不得利用关联关系损害公司利益。”从本质上看，“不得利用关联关系损害公司利益”也是董事、监事、高级管理人员对公司所负忠实义务的内容。董事、监事、高级管理人员遵守法律，自然也应遵守本法第 22 条第 1 款规定。

（三）与本法第 74 条第 2 款、第 122 条第 2 款、第 125 条第 2 款、第 126 条第 2 款规定

上述条款规定的是董事、经理履行职责的具体情况。董事长负责召集和主持董事会会议，检查董事会会议的实施情况。副董事长协助董事长工作，并在董事长不能履职的情况下，代行董事长职权。不管是董事长和副董事长还是其他董事，都应积极履行职责，按时召开董事会，在法律和公司章程赋予的权力范围内行使表决权，并对董事会决议承担责任，以此督促董事忠实、勤勉地为公司利益服务。经理由董事会聘任，应对董事会负责，在公司章程规定或董事会授权范围内行使职权。董事、经理遵守法律、行政法规和公司章程的规定，也就意味着其必须按照上述条款规定履行职责。

---

① 叶林：《功能主义视野下的董事勤勉义务》，载《环球法律评论》2024 年第 1 期。
② 陈洪磊：《公司董事合规义务的制度建构》，载《财经法学》2023 年第 6 期。
③ 邹海林：《公司法上的董事义务及其责任配置》，载《法律适用》2024 年第 2 期。

二、董事、监事、高级管理人员违反法律、行政法规和公司章程的后果

在公司治理层面上，董事、监事、高级管理人员违反法律、行政法规和公司章程会导致股东会决议、董事会决议的效力存在瑕疵。根据本法第 25 条之规定，董事会决议内容若违反法律、行政法规的规定，则决议无效。然而，若董事会决议内容未违反法律、行政法规的规定，而仅仅是违反了公司章程的规定，则根据本法第 26 条之规定，决议可撤销，撤销权由股东行使。股东会、董事会的会议召集程序、表决方式违反法律、行政法规或者公司章程的，决议亦可撤销。当然，如果股东会、董事会未召开或虽召开但未对决议事项进行表决，抑或出席会议的人数（所持表决权数）、同意决议事项的人数（所同意表决权数）不符合法律、公司章程规定，则决议不成立。应注意的是，根据本法第 28 条之规定，董事会决议即便无效、被撤销或者确认不成立，在根据该决议已办理的登记被撤销前，公司根据该决议与善意相对人形成的民事法律关系不受影响。

在执行公司职务层面上，董事、监事、高级管理人员违反法律、行政法规和公司章程是其向公司、第三人承担赔偿责任的依据。本法第 188 条是董事、监事、高级管理人员向公司承担赔偿责任的一般规定，而第 125 条、第 163 条、第 211 条、第 226 条则是违法进行财务资助、分配利润、减资情形下，负有责任的董事、监事、高级管理人员向公司赔偿损失的具体规定。同时，第 191 条规定，董事、监事、高级管理人员在执行职务时，故意或者重大过失造成第三人损失的，应承担赔偿责任。

此外，董事、监事、高级管理人员违反法律、行政法规可能导致其符合本法第 178 条规定的消极资格限制，被公司解任。

【实务问题】

本法第 179 条规定了董事、监事、高级管理人员的守法义务，是指董事、监事、高级管理人员在执行职务时，负有遵守法律、行政法规规定以及公司章程规定的义务。值得注意的是，相对于社会上的普通公民而言，董事、监事、高级管理人员承担的守法义务侧重点有所不同。董事、监事、高级管理人员应当遵守的法律、行政法规的规定，解释上限于法律（包括《公司法》）的强制性或禁止性规范。此外，董事、监事、高级管理人员不仅要守法，而且要遵守公司章程的规定。在理论和实务上，人们似乎对董事、监

事、高级管理人员的守法义务有所忽略，通常将2018年《公司法》第148条规定的事项解释为有关董事、监事和高级管理人员的忠实义务和勤勉义务的具体表现。这将会导致董事、监事、高级管理人员的守法义务被忠实义务和勤勉义务吸收，守法义务事实上没有发挥应有的效用。因此，新《公司法》第179条专条规定董事、监事、高级管理人员守法义务，与忠实义务和勤勉义务彻底分离，并成为监事、高级管理人员义务体系中最为基础的义务。守法义务将成为董事、监事、高级管理人员对第三人责任的立法论和解释论依据。

【典型案例】

深圳市中某物业管理有限公司与臧某某、李某1、李某2等董事、监事、经理损害公司利益纠纷案①

裁判要旨：董事与公司间的关系是一种准委托关系。董事作为受托人，由于其所处的地位和具有的权利，使其能够改变他人的地位，而且由于地位不对称所带来的信息不对称，使得受害人往往难以发现和证明这种侵害，因此，为了保护权利人，防止受托人对权力和地位的滥用及对信任和信赖的背叛，法律由此赋以其忠实义务。所谓董事忠实义务，是指董事遵守法令和公司章程，忠实履行职务，维护公司利益，不得利用在公司中的地位和职权为自己或他人谋利的义务。该项义务是对董事道德的要求，其保障的是董事的忠心。

① 参见广东省深圳市福田区人民法院（2002）深福法经初字第1094号。

【条文】

第一百八十条

董事、监事、高级管理人员对公司负有忠实义务，应当采取措施避免自身利益与公司利益冲突，不得利用职权牟取不正当利益。

董事、监事、高级管理人员对公司负有勤勉义务，执行职务应当为公司的最大利益尽到管理者通常应有的合理注意。

公司的控股股东、实际控制人不担任公司董事但实际执行公司事务的，适用前两款规定。

【条文主旨】

本条是关于董事、监事、高级管理人员及事实董事忠实义务和勤勉义务的规定。

【条文概览】

1993年《公司法》第59条规定："董事、监事、经理应当遵守公司章程，忠实履行职务，维护公司利益，不得利用在公司的地位和职权为自己谋取私利。董事、监事、经理不得利用职权收受贿赂或者其他非法收入，不得侵占公司的财产。"1999年、2004年《公司法》两次修正时，上述条款均未变更。2005年《公司法》修订时，条文序号调整为第148条，第1款后半句和第2款内容修改为董事、监事、高级管理人员应当"对公司负有忠实义务和勤勉义务"，既在立法上首次提出忠实义务和勤勉义务的概念，又扩大了忠实、勤勉义务的履行主体范围，即将经理扩大为包括经理在内的其他高级管理人员，副经理、财务负责人、上市公司董事会秘书和公司章程规定的其他人员均在规范内。2013年、2018年《公司法》两次修正时，仅条文序号调整为第147条，内容未作修改。

本条规定来自2018年《公司法》第147条。与2018年《公司法》相比，《公司法》本次修订除将条文序号调整为第180条，并将1款拆分为3款外，内容也作了实质性修改。一是明确界定董事、监事、高级管理人员忠实义务的内涵，即"不得利用职权牟取不正当利益"，并"采取措施避免自身利益与公司利益冲突"。二是明确界定董事、监事、高级管理人员勤勉义务的内涵，即"为公司的最大利益尽到管理者通常应有的合理注意"。三是新增事实董事的认定规则，即“不担任公司董事但实际执行公司事务”的公司控股股东、实际控制人视为公司董事，并对公司负有忠实义务和勤勉义务。

【理解与适用】

一、本条规定的立法目的

公司董事是董事会组成人员，是基于股东的信任由股东会选举产生的，而董事会是公司的经营决策机关，享有经营管理公司的权力，其职权由董事集体行使。故可以说，在法律和公司章程范围内，董事被授予了广泛参与管理公司事务和公司财产的权力。董事基于股东的信任取得了法律和公司章程赋予的参与公司经营管理的权力，就应当在遵守法律和公司章程的前提下，为公司的最大利益服务。为确保董事权力的正当行使，防止董事放弃、怠于行使权力或者为自己的利益滥用权力，保护公司利益和全体股东的共同利益，从法律上对董事义务作出严格规定，以约束其执行公司职务的行为，是非常必要的。

监事、高级管理人员在公司治理中同样处于重要地位，其在法律和公司章程的范围内被授予了监督或者管理公司事务等职权，也应当为公司的最大利益行使权力。因此，规定监事、高级管理人员对公司同样负有忠实义务和勤勉义务，是保障权力被用于为公司谋利益之需要，以约束其执行公司职务的行为。

公司控股股东、实际控制人在不担任公司董事的情况下，是否也对公司负有忠实、勤勉义务，《公司法》本次修订前未予明确。从学理上讲，忠实义务和勤勉义务都可归入信义义务范畴。法律上的信义义务原本是为确保权力的正当行使而对管理性权力专门配置的特别义务，但公司法理论界关于控股股东应对公司承担信义义务的主张已得到广泛认同。[①] 2018 年《公司法》关于控股股东、实际控制人的规定主要是第 21 条，根据该条规定，公司控股股东、实际控制人不得利用关联关系损害公司利益，否则，应承担给公司造成损失的赔偿责任。正如前文所述，“不得利用关联交易损害公司利益”正是忠实义务的具体体现，故可以认为 2018 年《公司法》在实质层面上已包含控股股东、实际控制人对公司负有的忠实义务。然而，除此之外，《公司法》规定的董事禁止从事的行为是否也适用于控股股东、实际控制人，

① 赵旭东：《公司治理中的控股股东及其法律规制》，载《法学研究》2020 年第 4 期。

2018年《公司法》未给出答案。《公司法》本次修订时，全国人大常委会在审议草案时认为，实践中有的控股股东、实际控制人虽不在公司任职但实际控制公司事务，通过关联交易等方式，侵害公司利益，应进一步强化对控股股东和实际控制人的规范。[①] 为此，增加了第3款规定，将控股股东和实际控制人纳入公司治理，让实际执行公司事务的控股股东、实际控制人对公司负有忠实和勤勉义务，以约束其行为。

二、忠实义务的一般性判断标准

忠实即忠诚、老实，忠实义务也就是要求董事、监事、高级管理人员对公司忠诚、老实地履行职务。对于如何体现履行职务的忠诚、老实，依本条第1款规定，董事、监事、高级管理人员应达到“采取措施避免自身利益与公司利益相冲突，不得利用职权牟取不正当利益”这一法定标准。可见，忠实义务是一种消极义务，以“不得为”之禁止性义务为形式。对此，可从以下几个方面来理解。

第一，董事、监事、高级管理人员的忠实义务是对公司承担的法定义务，而不是对单个或者部分股东承担的义务。董事、监事、高级管理人员作为公司财产的监督管理者，应当为公司利益，而不是为单个或者部分股东利益，经营管理公司财产、监督公司财产的运营、保证公司财产的安全，以及实现公司的经济利益。简言之，公司利益并不都等于股东利益，甚至在特定情形下悖于股东利益。公司利益之所以具有独立性，究其原因在于公司是一个法人实体，具有独立人格。由此，董事、监事、高级管理人员个人利益与单个或部分股东利益发生冲突，在不涉及公司利益的情况下，不属于本条的调整范围。但对于公司利益的内涵如何界定，法律并未作出规定。学理上对是否应界定公司利益的概念，存在不同观点。有论者认为“缺乏公司利益的界定，如同缺乏了比较的尺度，就不可能有良好有效的司法调整”。[②] 与之相反，也有论者认为“公司利益是一个非常哲学化的问题，凭空归纳其定义既非易事，也缺乏意义”，因此，其主张“对涉及公司利益的司法裁判进行一定经验的类型化分析，并以此反思公司利益保护的根本意义与策略改进”。[③]

---

① 《公司法修订草案三审：进一步强化对控股股东和实际控制人的规范》，载中国人大网，www. npc. gov. cn/npc/c2/c30834/202308/t20230828_ 431188. html，最后访问时间：2024年4月11日。

② 邓峰：《公司利益缺失下的利益冲突规则——基于法律文本和实践的反思》，载《法学家》2009年第4期。

③ 甘培忠、周游：《公司利益保护的裁判现实与理性反思》，载《法学杂志》2014年第3期。

双方观点均具有一定的合理性，但对司法审判而言，为了更准确适用法律、统一裁判标准，需要对公司利益的基本内涵或者范围予以明确。总体而言，我们认为，公司利益是指归属于公司的财产性利益和非财产性利益，前者既包括公司现有的财产，也包括公司基于商业机会而有预期的财产，后者包括公司商誉、名称等。

第二，董事、监事、高级管理人员应避免从事与公司利益相冲突的行为。因为一旦自身利益与公司利益发生冲突，董事、监事、高级管理人员基于本能会倾向于保护自身利益而损及公司利益。实务中，自身利益与公司利益发生冲突主要有两种情形：一是公司与董事、监事、高级管理人员或其关联人存在合同或交易关系，此时，董事、监事、高级管理人员不仅是合同或交易一方的经营管理者，还是合同或交易的相对方（或关联人），二者利益是对立的，冲突也是直接的。二是公司与董事、监事、高级管理人员的关联公司或企业之间经营同类型业务，此时，二者在交易对手、交易机会等方面构成直接的竞争关系，利益冲突是直接和现实的。由此，董事、监事、高级管理人员为避免利益冲突的发生，可采取的措施主要是不直接或间接与公司订立合同或进行交易，不直接或间接从事与公司存在竞争关系的业务。应当注意的是，董事、监事、高级管理人员实施的与公司利益相冲突的行为既已成就，不论是否造成公司利益受损，都已经违反了对公司的忠实义务。

第三，董事、监事、高级管理人员被赋予管理运营公司的权力，其在履行职务的过程中，不可避免地会接触到公司财产或其他公司利益，对董事、高级管理人员尤甚。在此情形下，董事、监事、高级管理人员不能借助职务之便利，置公司利益于不顾而为自己或者他人牟取不正当利益。实务中，利用职务便利牟取不正当利益的行为主要表现为谋取属于公司的商业机会，以及本法第 181 条规定的“不得为行为”。为准确适用此规定，司法实践中，应注意把握三点：（1）必须为不正当利益，即本属于公司的利益未经法定程序授予董事、监事、高级管理人员个人享有。（2）董事、监事、高级管理人员可能并未因其对公司忠实义务的违反而占有公司利益。因此，“利益”的内涵应作扩大化理解，不仅指董事、监事、高级管理人员牟取的积极利益，还应包括公司因董事、监事、高级管理人员行为而被迫获得的消极利益。（3）对职权利用的规定是考虑到董事、监事、高级管理人员参与公司事务管理的现实情况，但在特定情形下，牟取公司利益可能并未利用职务之便，故需要在个案中具体分析和适用。

三、勤勉义务的一般性判断标准

勤勉义务是一种积极义务，学理上又被称为注意义务或善管义务，是指董事、监事、高级管理人员履行职责时，应当为公司的最大利益，尽善良管理人的合理注意。尽管如忠实义务一样，《公司法》本次修订前仅原则性规定了勤勉义务，亦未对勤勉义务的内涵予以明确。然而，不同的是，法律规定了忠实义务的具体情形，为司法裁判提供了规范依据，但却未规定勤勉义务的具体情形。《上市公司章程指引》第98条虽然规定了勤勉义务的具体情形，但该规范性文件为证监会制定，效力层级较低，且其仅适用于上市公司，无法作为非上市公司董事、监事、高级管理人员勤勉义务履行与否的评价标准。本条第2款规定为勤勉义务的评判提供了一般性标准，即“执行职务应当为公司的最大利益尽到管理者通常应有的合理注意”。

第一，董事、监事、高级管理人员勤勉义务的履行应在其职务范围内。虽同为参与公司事务管理的主体，因董事、监事、高级管理人员之间的职务和权力分工不同，其对公司负有的实现公司利益最大化的行为内容和方式也就不同。董事、监事、高级管理人员只有做到各尽其职，公司才能正常稳定运行，公司利益最大化的实现才有基本保障。权责一致是现代法治的基本原则。[①] 只有让董事、监事、高级管理人员因未行使或未适当行使法律、行政法规和公司章程规定的职权而承担责任，才符合权责一致的原则。当然，如果董事、监事、高级管理人员明知其职权范围外且由其他主体实施的行为有损公司利益，其是否有义务阻止或向董事会、监事会报告，尚需研究，现阶段应由司法裁判者在个案中作出裁量。

第二，“为公司的最大利益”是董事、监事、高级管理人员行使职权所追求的效果，也是勤勉义务履行所要实现的目标。关于如何判断董事、监事、高级管理人员的职务行为符合公司的最大利益，借鉴美国司法经验，至少应符合以下三个条件：（1）与决策对象无利害关系；（2）对决策对象的知悉达到了在当时情形下有理由相信为适当的程度；（3）合理地认为该项决策符合公司最大利益。[②] 由此，我们认为，对是否符合公司最大利益的判断应以董事、监事、高级管理人员在履行职务时作出的判断为准，而不能以其之外的主体之视角进行判断，借以保护董事、监事、高级管理人员履职的积

① 陈柳裕、刘昊：《习近平法治思想在法治浙江建设中的萌发与展现——以法治基本价值为中心的分析》，载《浙江学刊》2023年第4期。

② 赵旭东：《公司法学》（第3版），高等教育出版社2012年版，第392～393页。

极性、主动性和创造性，使其能够在商业交易实践中及时作出商业判断。

第三，“管理者通常应有的合理注意”为勤勉义务履行的判断提供了客观的理性人标准，这不是否定董事、监事、高级管理人员从其视角对职务履行行为符合公司最大利益作出的判断，而是在此基础上，确立了检视职务履行行为合理、正当的方法。详言之，这里的管理者指的是与履行职务的董事、监事、高级管理人员具有相同知识水平和业务能力的普通谨慎之人，而“通常应有的合理注意”则是指在与董事、监事、高级管理人员相同或类似处境之下，管理者所应表现出来的谨慎及作出的行为。管理者的合理注意建立在职务行为作出时所能收集到的信息程度，这就必然要求董事、监事、高级管理人员在履行职务前也应采取积极行动了解情况，尽最大可能收集足够多的信息，以达到支撑其在当时的情形下有理由相信职务行为适当及符合公司最大利益的程度。在未获取足够信息以使其作出合理判断的情况下，即便董事、监事、高级管理人员认为其当时的职务行为符合公司的最大利益，也不能认定董事、监事、高级管理人员未违反对公司负有的勤勉义务。

四、控股股东、实际控制人实际执行公司事务的判断

实践中，控股股东、实际控制人影响公司事务执行的方式有两种：一是虽非章程记载董事但实际直接参与公司事务的执行，二是操控章程记载董事进而间接参与公司事务的执行。以上两种方式均会对公司治理产生影响，故应当对控制股东、实际控制人行为进行规制，但2018年《公司法》却对此几无规定。为此，《公司法》本次修订时专设本条第3款对第一种情形进行规制，采取的路径是对形式上不具有董事身份但实际上实施董事行为的控股股东、实际控制人赋予忠实、勤勉义务，此即英国公司法上的“事实董事”。由此，事实董事应具备两个特征：一是名义上非公司董事，二是事实上实施董事行为。对前者而言，应回归控股股东、实际控制人的本意。根据本法第265条第2项、第3项之规定，控股股东是指股权占比超过50%，或者股权占比虽不超过50%，但以其股权所享有的表决权足以对股东会决议产生重大影响的股东。实际控制人则是指通过投资关系、协议或其他安排，能够实际支配公司行为的人。可见，控股股东和实际控制人通常是以其投资或协议等方式对公司决策施加影响，在股东会决议中体现其意志，但不直接参与公司具体事务的执行。对后者而言，应分析控股股东、实际控制人的实际行为。控股股东、实际控制人打破投资性权利与经营性权利的界限，将权利的触角延伸至公司事务执行领域时，其已经实际行使董事职权，让其承担董事对公

司负有的忠实、勤勉义务，符合权责一致原则。由此，“实际执行公司事务”之判断应依据法律、行政法规和公司章程的规定，在个案中具体考察控股股东、实际控制人行使的是何种类型的董事职权。一般来说，董事并无法定的公司代表权，董事会是董事行使职权的法定方式。公司董事会职权由董事集体行使，当控股股东和实际控制人参加董事会并对本法第 67 条规定事项表决时，可认为其行使了董事职权。

【实务问题】

如何判断董事是否尽到勤勉义务，法院是否介入以及在何种程度上介入，关系到公司治理结构的构建，美国公司法称之为商业判断规则。商业判断规则系司法实践中董事免责的重要抗辩内容，其是指公司管理者与作出判断的内容没有利害关系，若其有正当理由相信在当时情形下掌握的有关商业信息充分、妥当、可靠，其商业判断符合公司最大利益，就应认定其忠实、勤勉地履行了职务。《公司法》本次修订未明确引入商业判断规则，但这一规则在司法实践中得到了认可和运用。如在戴某与南京朗科化工有限公司公司盈余分配纠纷案①中，关于公司利润分配，法院认为公司盈余是否应分配，是否应留下发展基金，分配比例如何等都属于公司商业上的判断范畴，应遵循商事判断规则。有限责任公司是否分配利润、如何分配利润，应由董事会制定具体的利润分配方案，并经股东会审议通过。有限公司利润分配的决定权属于股东会，系公司自治范围，法院不应干预。另外，在衡阳市南东有色金属有限公司（以下简称南东公司）与湖南安化渣滓溪矿业有限公司、溆浦县华能矿业有限公司（以下简称华能公司）侵害股东利益责任纠纷案②中，关于公司经营决策事项，法院认为华能公司在 2009 年是否应恢复生产属于公司内部经营事项，应由公司内部经营者基于对公司经营状况的整体判断作出其认为正确的商业判断，而非应由法院作出决定的事项，除非南东公司能证明该经营决策系华能公司董事为了故意损害其利益，以使作出决定的董事获得不当利益的行为，否则无论该行为事后证明对公司是否有利，其他股东均不得以此为由要求公司董事承担责任。

需要说明的是，商业判断规则因立法没有明确引入，其作为一种司法审查规则，旨在为法院在具体案件中判断董事履行勤勉义务的程度提供标准，故其在司法上的审查限于决策程序的形式判断，而非实质判断。商业判断规

① 参见江苏省南京市鼓楼区人民法院（2015）鼓商初字第 2252 号民事判决书。

② 参见湖南省高级人民法院（2014）湘高法民二终字第 73 号民事判决书。

则较好地实现了保护公司利益与避免司法过度介入管理层决策的平衡，司法实践中用好这一规则具有十分重要的意义。下一步将在不断总结裁判经验的基础上研究制定规则。

【典型案例】

一、上海川流机电专用设备有限公司诉李某某高级管理人员损害公司利益赔偿案①

裁判要旨：董事、监事、高级管理人员的勤勉义务是指董事、监事和高级管理人员行使职权、作出决策时，必须以公司利益为标准，不得有疏忽大意或者重大过失，以适当的方式尽合理的谨慎和注意义务，履行自己的职责。判断董事等高级管理人员是否履行了勤勉义务，应该从三个方面加以辨别：（1）须以善意为之；（2）在处理公司事务时负有在类似的情形、处于类似地位的具有一般性谨慎的人在处理自己事务时的注意；（3）有理由相信是为了公司的最大利益的方式履行其职责。

二、陈某与北京爱表动力网络科技有限公司损害公司利益责任纠纷案②

裁判要旨：董事、监事、高级管理人员对公司负有忠实义务和勤勉义务。忠实义务要求高级管理人员在管理公司、经营业务、履行职责时，必须代表全体股东为公司最大利益而努力工作，当自身利益与公司利益发生冲突时，必须以公司利益为重，不得将自身利益置于公司利益之上。违反忠实义务一般体现于自我交易、关联交易、过高管理报酬、减损公司机会、同业竞争等方面。勤勉义务要求行为人履行其职责时必须表现出一般审慎者处于相似位置时在类似情况下所表现出来的勤勉、注意和技能，同时，在从事公司经营管理活动时应当恪尽职守，尽到其所应具有的经营管理水平。公司法并未细化勤勉义务的具体内容，根据公司内部管理的需要，各公司往往在公司章程、内部规章制度及高级管理人员与公司签订的合同中进行详细规定，因而高级管理人员职责范围不同，导致不同公司不同高级管理人员的勤勉义务内容具有差异性。认定高级管理人员是否违反勤勉义务应当以其职责范围来判断，不应将公司的全部事项均作为高级管理人员是否尽到勤勉义务的判断标准。

---

① 参见上海市闵行区人民法院（2009）闵民二（商）初字第1724号民事判决书。

② 参见北京市第三中级人民法院（2019）京03民终15352号民事判决书。

【条文】

第一百八十一条

董事、监事、高级管理人员不得有下列行为：

（一）侵占公司财产、挪用公司资金；

（二）将公司资金以其个人名义或者以其他个人名义开立账户存储；

（三）利用职权贿赂或者收受其他非法收入；

（四）接受他人与公司交易的佣金归为己有；

（五）擅自披露公司秘密；

（六）违反对公司忠实义务的其他行为。

【条文主旨】

本条是关于董事、监事、高级管理人员禁止行为的具体规定。

【条文概览】

1993年《公司法》第59条第2款规定："董事、监事、经理不得利用职权收受贿赂或者其他非法收入，不得侵占公司的财产。"1999年、2004年《公司法》两次修正时，上述条款均未变更。2005年《公司法》修订时，条文序号调整为第148条，第2款内容修改为："董事、监事、高级管理人员不得利用职权收受贿赂或者其他非法收入，不得侵占公司的财产。"2013年、2018年《公司法》两次修正时，仅条文序号调整为第147条，第2款内容未作修改。《公司法》本次修订将条文序号调整为第181条，将"侵占公司财产"和2018年《公司法》第148条第1款第1项"挪用公司资金"合并为本条第1项，将"利用职权收受贿赂或者其他非法收入"规定为本条第3项，且内容上作了一些文字性修改。

1993年《公司法》第60条第2款规定："董事、经理不得将公司资产以其个人名义或者以其他个人名义开立帐户存储。"第62条规定："董事、监事、经理除依照法律规定或者经股东会同意外，不得泄露公司秘密。"1999年、2004年《公司法》两次修正时，上述条款均未变更。2005年《公司法》修订时，上述条款和第61条合并为一条即第149条，第1款内容修改为："董事、高级管理人员不得有下列行为：（一）挪用公司资金；（二）将公司资金以其个人名义或者以其他个人名义开立账户存储；（三）违反公司章程的规定，未经股东会、股东大会或者董事会同意，将公司资金借贷给他人或者以公司财产为他人提供担保；（四）违反公司章程的规定或者未经股东会、股东大会同意，与本公司订立合同或者进行交易；（五）未经股东会或者股东大会同意，利用职务便利为自己或者他人谋取属于公司的商业机会，自营或者为他人经营与所任职公司同类的业务；（六）接受他人与公司交易的佣金归为己有；（七）擅自披露公司秘密；（八）违反对公司忠实义务的其他行为。”2013 年、2018 年《公司法》两次修正时，仅条文序号调整为第 148 条，内容未作变更。

本条规定来自 2018 年《公司法》第 147 条第 2 款和第 148 条第 1 款。与 2018 年《公司法》相比，《公司法》本次修订将条文序号调整为第 181 条，内容上仅保留第 1 项、第 2 项、第 6 项、第 7 项、第 8 项。此外，本次修订的一大亮点是将本条规定的适用范围扩大至监事，由此实现了对董事、监事、高级管理人员的一体规范，并与本法第 180 条对公司负有忠实义务的主体保持一致，避免了 2018 年《公司法》虽作出监事负有忠实义务的一般性规定，但却在具体情形中未作规定的尴尬，在法律体系上保持连贯和统一。

【理解与适用】

本条与本法第 182 条至第 184 条同属董事、监事、高级管理人员不得违反忠实义务的具体行为的规定。本条规定的行为是绝对禁止董事、监事、高级管理人员实施的，与第 182 条至第 184 条规定可通过特定程序豁免的行为不同。

第一，关于侵占公司财产、挪用公司资金。侵占公司财产是指董事、监事、高级管理人员将其职权范围内接触到的公司财产非法占为己有，这是一种对公司财产的直接掠夺行为。当被非法占有的公司财产数额较大时，可能涉嫌构成《刑法》第 271 条规定的职务侵占罪。挪用公司资金是指董事、监事、高级管理人员利用其分管、负责或者办理某项业务的权利或职权所形成的便利条件，擅自将公司所有或公司有支配权的资金挪作他用，主要是为其个人使用或者为与其有利害关系的他人使用。当挪用的资金数额较大、超过三个月未还，或者虽未超过三个月，但数额较大、进行营利活动，或者进行非法活动时，可能涉嫌构成《刑法》第 272 条规定的挪用资金罪。不论是对公司实物资产的侵占，还是对公司资金的侵占和挪用，都是对公司财产权的一种侵犯，必然会影响公司财产的正常使用，进而影响公司正常的经营活动。同时，这种行为也给公司经营带来了不可预测的风险，对公司利益造成损害。因此，侵占公司财产、挪用公司资金之行为违反了董事、监事、高级管理人员对公司负有的忠实义务，应当禁止。

第二，关于将公司资金以其个人名义或者以其他个人名义开立账户存储。在公司与个人没有发生正常交易的情况下，董事、监事、高级管理人员将公司资金以个人名义存储，极易造成公司财产流失，应当禁止。应当注意的是，本项规定意在否定董事、监事、高级管理人员通过其个人或他人账户存储公司资金，牟取不正当利益的行为。然而，如果董事、监事、高级管理人员将公司资金存储在其个人或他人账户是为了公司利益，此时，是否仍认定董事、监事、高级管理人员违反了对公司负有的忠实义务？我们倾向认为，宜作否定回答，因为本法第180条关于忠实义务的一般性评价标准中“不得利用职权牟取不正当利益”应指主观上具有牟取不正当利益的动机，客观上实施了相关行为。

第三，关于利用职权收受贿赂或者其他非法收入。董事、监事、高级管理人员在管理公司事务，尤其是对外办理公司业务时，收取贿赂或其他非法收入的行为不仅违反了职业道德，也有损公司形象，可能给公司造成无法估量和挽回的损失，应当禁止。当收取贿赂或非法收入数额较大时，可能涉嫌构成《刑法》第163条规定的非国家工作人员受贿罪。《刑法》第163条规定中的“利用职务上的便利”，是指公司、企业的工作人员利用自己职务上主管、经管、负责或者参与某项工作的便利条件；“索取他人财物”是指公司企业的工作人员以为他人谋取利益为条件，向他人索取财物；“非法收受他人财物”，主要是指公司、企业的工作人员利用其职务上的便利或权力，接受他人主动赠与的财物；“为他人谋取利益”，从谋取利益的性质上看，既包括他人应当得到的合法的、正当的利益，也包括他人不应当得到的非法的不正当的利益；从利益的实现方面看，为他人谋取利益，包括已为他人谋取的利益、意图谋取或者正在谋取但尚未谋取到的利益。如果非法收受他人财物，没有利用职务之便或者没有谋取利益，不构成《刑法》第163条规定的非国家工作人员受贿罪。

第四，关于接受他人与公司交易的佣金归为己有。董事、监事、高级管理人员执行公司职务，应当代表公司利益，以公司名义收取与他人交易的佣金后应及时归入公司账户。若以公司名义收取佣金但并未归入公司账户，而是归董事、监事、高级管理人员自己所有的，就是利用执行职务的便利条件为自己牟取不正当利益的行为，违反董事、监事、高级管理人员对公司负有的忠实义务，应当禁止。应当注意的是，本项规定的行为本质上也是对公司财产的侵占，因此，可以认为是本条第1项“侵占公司财产”的具体化。

第五，关于擅自披露公司秘密。公司秘密一般是具有商业价值的，公司秘密的披露往往会对公司的市场地位产生影响，有些公司秘密的披露甚至会使公司丧失竞争优势，从而给公司利益造成重大损害。因此，董事、监事、高级管理人员擅自披露公司秘密违反了对公司负有的忠实义务，应当禁止。应当注意的是，董事、监事、高级管理人员擅自披露公司秘密可能是想以公司秘密牟取不正当利益，也可能是因对公司不满而实施的报复行为。故司法实践中，只要董事、监事、高级管理人员实施了擅自披露公司秘密的行为，无论其有无实际获得不正当利益，均违反了忠实义务。

第六，关于违反对公司忠实义务的其他行为。这是一个开放性条款，作为对前述列举的5种行为之外的其他行为的兜底。这是因为除本条所列5种行为外，实践中，可能还会有其他违反对公司忠实义务的行为，但法律难以一一列举。因此，本条第6项概括地规定禁止董事、监事、高级管理人员违反对公司忠实义务的其他行为是必要的，以增强法律适用的弹性空间。对其他行为是否违反了忠实义务，司法裁判应以本法第180条第1款关于忠实义务的一般性评价标准进行判断。

【实务问题】

关于董事、监事、高级管理人员的忠实义务。忠实义务是指管理者在公司治理之中应当将自己的利益置于公司利益之下。[①] “忠实义务”的概念来自英国信托法，它是处理受托人与受益人之间利益冲突的归责原则，包含两个主要的责任：一是避免利益冲突归责，即受托人应避免其个人利益与受托义务冲突；二是不牟利规则，即受托人不得利用其受托人地位牟利。[②] 忠实义务通常与义务人的角色、职位相联系，更侧重于基于信赖利益从道德层面提出要求。忠实义务与勤勉义务有所区别，忠实义务要求董事、监事、高级管理人员基于诚实、善良的信念不得从事不公平的利益冲突行为，从而使公司利益受损，一般体现于自我交易、关联交易、管理报酬、公司机会、竞业禁止、违规担保等方面。

挪用、侵占公司资金是董事、监事、高级管理人员违反忠实义务的典型情形之一，其违反法律、行政法规及公司章程的规定，任意使用公司资金，

① 参见施天涛：《公司法论》（第2版），法律出版社2006年版，第379页。
② 参见王军：《中国公司法》（第2版），高等教育出版社2019年版，第367页。

随意改变资金的用途，将公司资金挪为己用，将构成对公司资产的侵犯。实践中，如何判断构成对公司资金的挪用和侵占是审查的重点问题。在审查时，需要重点关注以下几点。首先，行为人使用公司资金或者转移公司财产的行为是否具有正当性和合理性，即收取或者使用公司款项是否有合法、正当的理由，如符合公司内部政策规定、有相应的合同依据或其他为公司利益考虑的情况。其次，在违规报销费用、挪用资金的纠纷中，要重点审查行为人的报销行为是否符合公司财务制度、票据是否真实合法、所报销费用是否在正常合理范围内。审查难点在于，首先，出于避税等考虑，公司可能设有两套账目，客观上可能存在使用股东、实际控制人或者董事等高管个人账户收支公司资金的情况，法院需要根据账目之间的往来综合判断是否存在挪用或者侵占公司资金的客观事实；其次，如中小规模公司本身财务管理制度与审批流程并不健全或者会计账簿、报表有瑕疵，在审查证据时需注意是否可形成完整证据链，适用高度盖然性证明规则判断挪用、侵占公司资金的事实是否存在。

【条文】

第一百八十二条

董事、监事、高级管理人员，直接或者间接与本公司订立合同或者进行交易，应当就与订立合同或者进行交易有关的事项向董事会或者股东会报告，并按照公司章程的规定经董事会或者股东会决议通过。

董事、监事、高级管理人员的近亲属，董事、监事、高级管理人员或者其近亲属直接或者间接控制的企业，以及与董事、监事、高级管理人员有其他关联关系的关联人，与公司订立合同或者进行交易，适用前款规定。

【条文主旨】

本条是关于董事、监事、高级管理人员与本公司进行自我交易和关联交易的程序规定。

【条文概览】

1993年《公司法》第61条第2款规定："董事、经理除公司章程规定或者股东会同意外，不得同本公司订立合同或者进行交易。"1999年、2004年《公司法》两次修正时，上述条款均未变更。2005年《公司法》修订时，条文序号调整为第149条，第1款第4项内容修改为："董事、高级管理人员不得有下列行为：……（四）违反公司章程的规定或者未经股东会、股东大会同意，与本公司订立合同或者进行交易……"2013年、2018年《公司法》两次修正时，仅条文序号调整为第148条，第1款第4项内容未作修改。

本条规定来自2018年《公司法》第148条第1款第4项。与2018年《公司法》相比，《公司法》本次修订除将条文序号调整为第182条外，内容作了实质性修改。一是扩大自我交易的规制对象至监事，同时，明确将关联交易纳入规制对象，并对董事、监事、高级管理人员关联人的范围进行了列举，包括：董事、监事、高级管理人员的近亲属，董事、监事、高级管理人员或其近亲属直接或者间接控制的企业，与董事、监事、高级管理人员有其他关联关系的关联人。二是明确自我交易和关联交易的信息披露制度，董事、监事、高级管理人员应将自我交易和关联交易有关事项向董事会或股东会报告。三是允许公司章程规定自我交易和关联交易的决议审批机关。上述修改显示出我国《公司法》逐渐认可“熟人交易”的合理性，缓和关联交易的强制性，透视着裁判者对公司自治理念的不断开放与宽容的态度。①

【理解与适用】

《公司法解释五》第 1 条第 1 款规定：“关联交易损害公司利益，原告公司依据民法典第八十四条、公司法第二十一条规定请求控股股东、实际控制人、董事、监事、高级管理人员赔偿所造成的损失，被告仅以该交易已经履行了信息披露、经股东会或者股东大会同意等法律、行政法规或者公司章程规定的程序为由抗辩的，人民法院不予支持。”《公司法》本次修订改变了上述规定，董事、监事、高级管理人员可以向公司报告并经董事会或者股东会决议通过的适当程序予以豁免，故自我交易和关联交易属于相对禁止实施的行为。对本条规定应从以下方面予以理解和适用：

一、关联交易中关联人的判断

关联人是指与董事、监事、高级管理人员具有关联关系的人。作为关联交易的规制对象，与董事、监事、高级管理人员一样，关联人也应遵守信息披露和公司决议规定。根据本法第 265 条第 4 项之规定，除国家控股企业之间外，关联关系是指公司董事、监事、高级管理人员与其直接或者间接控制的企业之间的关系，以及可能导致公司利益转移的其他关系。由此，本条第 2 款规定的近亲属及其直接或间接控制的企业应归入“可能导致公司利益转移的其他关系”范畴之内。至于近亲属的范围，《民法典》第 1045 条第 2 款规定：“配偶、父母、子女、兄弟姐妹、祖父母、外祖父母、孙子女、外孙子女为近亲属。”与此稍有不同，《最高人民法院关于适用〈中华人民共和国行政诉讼法〉的解释》第 14 条第 1 款除规定上述人员为近亲属外，还规定“其他具有扶养、赡养关系的亲属”也为近亲属。我们认为，从“可能导致公司利益转移”这一角度，将“其他具有扶养、赡养关系的亲属”也纳入近亲属范围更能发挥规制关联交易、维护公司利益的目的。

此外，实务中，对关联人的判断还需参考《企业会计准则第 36 号——关联方披露》的规定。其中，第 3 条规定：一方控制、共同控制另一方或对另一方施加重大影响，以及两方或两方以上同受一方控制、共同控制或重大影响的，构成关联方。第 4 条规定企业的关联方包括：该企业的母公司、子

① 傅穹：《公司利益范式下的董事义务改革》，载《中国法学》2022 年第 6 期。

公司、合营企业、联营企业；与该企业受同一母公司控制的其他企业；对该企业实施共同控制或施加重大影响的投资方。据此，董事、监事、高级管理人员直接或间接控制的企业中，如存在《企业会计准则第 36 号——关联方披露》第 4 条规定的情形，也应纳入关联人范畴进行判断和审查。

二、自我交易和关联交易类型、方式的判断

2018 年《公司法》第 148 条第 1 款第 4 项仅规定董事、高级管理人员不得“与本公司订立合同或者进行交易”，但未明确交易的类型和方式。

关于交易类型，可参照《企业会计准则第 36 号——关联方披露》第 7 条、第 8 条的规定。根据第 7 条规定，关联方交易是指关联方之间转移资源、劳务或者义务的行为，而不论是否收取价款。根据第 8 条规定，交易类型包括但不限于：（1）购买或销售商品；（2）购买或销售商品以外的资产；（3）提供或接受劳务；（4）担保；（5）提供资金（贷款或股权投资）；（6）租赁；（7）代理；（8）研究和开发项目的转移；（9）许可协议；（10）代表企业或由企业代表另一方进行债务结算；（11）关键管理人员薪酬等。

关于交易方式，实务中，董事、监事、高级管理人员与公司直接开展交易的情形非常少见，更多的是身居幕后操纵他人与公司进行间接交易。换言之，与公司直接交易者仅为名义上的交易方，实际交易方是董事、监事、高级管理人员。对间接交易，2018 年《公司法》未能有效规制。对此，《公司法》本次修订明确规定董事、监事、高级管理人员与本公司进行的间接交易也应遵循交易事项报告和决议程序。应当注意的是，本条第 2 款在规定关联人与公司订立合同或进行交易时，并未如第 1 款一样使用“直接或者间接”的限定语，这是否意味着仅关联人与公司的直接交易是规制对象，间接交易则排除在外呢？我们认为，从本条规定的立法目的看，规制关联交易是为了防止利益输送，损害公司利益。既然关联人与公司的直接交易会损害公司利益，关联人作为幕后操纵者实施的间接交易也会损害公司利益，故关联人与公司进行的间接交易也应遵循交易事项报告和决议程序。

三、自我交易和关联交易中“公司”的判断

本条第 1 款规定与董事、监事、高级管理人员进行交易的主体是“本公司”，第 2 款规定与关联人进行交易的主体是“公司”。由此，产生的疑问是，作为交易一方的公司是否仅限于“本公司”？一方面，综合考量本法第 188 条、第 189 条第 4 款之规定，公司全资子公司的董事、监事、高级管理

人员同样对公司负有忠实义务。另一方面，从公司法理论上看，公司与其全资子公司之间系母子公司关系。母公司因其对子公司的投资而享有财产权益，子公司则在经济上受母公司的支配与控制。[①] 在债之关系上，全资子公司之债在经济实质上可视为母公司之债。[②] 可以说，全资子公司利益受损或对外负债会影响到母公司的财产权益。故母公司的董事、监事、高级管理人员及其关联人与全资子公司进行交易，存在损害子公司利益并进而损害母公司利益之可能。因此，董事、监事、高级管理人员及其关联人直接或间接与本公司的全资子公司进行交易亦应遵循交易事项报告和决议程序。

应当注意的是，当董事、监事、高级管理人员任职公司为上市公司时，对“公司”应作扩大化理解，即不仅包括全资子公司，还应包括除全资子公司外的控股子公司。中国证监会制定的《上市公司信息披露管理办法》第62条规定：“上市公司的关联交易，是指上市公司或者其控股子公司与上市公司关联人之间发生的转移资源或者义务的事项。”其中，关联人包括关联法人和关联自然人，而关联自然人又包括上市公司董事、监事、高级管理人员。该办法第41条规定：“上市公司董事、监事、高级管理人员、持股百分之五以上的股东及其一致行动人、实际控制人应当及时向上市公司董事会报送上市公司关联人名单及关联关系的说明。上市公司应当履行关联交易的审议程序，并严格执行关联交易回避表决制度。交易各方不得通过隐瞒关联关系或者采取其他手段，规避上市公司的关联交易审议程序和信息披露义务。”据此，上市公司的董事、监事、高级管理人员与上市公司或其控股子公司进行的关联交易应遵循交易事项报告、审议和信息披露程序。

四、自我交易和关联交易事项的信息披露制度

充分的信息披露是一切制度设计的基础。[③] 本条虽规定董事、监事、高级管理人员及其关联人应就交易有关事项，通过报告方式向董事会或股东会进行披露，但未明确披露的时间是在交易前还是交易后，故存在解释空间。比较法上，存在严格否认事后追认及允许事后追认两种立法模式。就中国社会的实际情况而言，有论者认为“由于非利益相关的其他董事和股东常会顾及面子，而对已发生的利益冲突交易持赞同态度，往往舍弃本应维护公司利

---

① 安建主编：《中华人民共和国公司法释义》，法律出版社2005年版，第35页。

② 刘俊海：《公司法定代表人越权签署的担保合同效力规则的反思与重构》，载《中国法学》2020年第5期。

③ 杨永清、潘勇锋：《公司法修订若干问题探讨》，载《法律适用》2023年第1期。

益的中立精神”，因此，其主张否认事后追认模式。[①] 另有论者认为“对于事后披露和经股东会追认的自我交易，可以发生与事先同意相同的效力”[②]。对于上述争议，我们认为，从本条规定的立法旨趣看，法律之所以没有沿用《公司法解释五》第1条的规定，转而允许董事、监事、高级管理人员通过履行交易信息披露和决议程序而使交易正当化、合法化，就是为了保护公司利益，而公司是其自身利益的最佳判断者，将对关联交易正当合法与否的判断权交予公司，正是公司自治理念的体现。实际上，关联交易有时可以产生降低交易成本，优化资源配置，实现公司利润最大化的效果。因此，虽然事前信息披露和决议可以有效防止利益输送的发生，但交易后再行进行信息披露和决议也并非一定损害公司利益。由此，我们倾向认为，对事前向董事会或股东会报告并经决议通过的自我交易和关联交易，应当认定其合法性，并不得以交易结果实质不公平或损害公司利益为由否定交易行为效力。对事后向董事会或股东会报告的自我交易和关联交易，不论是否经董事会或股东会决议通过，“交易方应举证证明该交易结果实质公平”[③]，否则，公司可以主张该交易无效或可撤销，给公司利益造成损害的，公司还可以主张损害赔偿。

五、自我交易和关联交易的决议机关

公司对自我交易和关联交易事项决议的作出建立在充分的信息披露之上，信息披露得越详细，公司机关越能作出对公司利益最佳的选择。因此，信息披露是公司决议的前提。但同时，只有公司决议通过后，交易的合法性才能最终得到确认。对于公司决议机关，本条规定“按照公司章程的规定”确定，即赋予了公司章程选择董事会或股东会的权利，体现了公司自治理念。然而，在公司章程未规定公司决议机关时，自我交易和关联交易决议机关的选择应以维护公司利益为宗旨，在具体案件中作出判断。应当注意的是，本法第185条规定了关联董事回避表决规则，即“关联董事不得参与表决，其表决权不计入表决权总数”。因此，当自我交易和关联交易的决议机关为董事会时，关联董事不得参与表决，否则决议效力可能存在瑕疵。

---

① 傅穹：《公司利益范式下的董事义务改革》，载《中国法学》2022年第6期。

② 孙英：《论董事自我交易的法律规制——以〈公司法〉第149条的适用与完善为核心展开》，载《法学》2010年第6期。

③ 刘贵祥：《从公司诉讼视角对公司法修改的几点思考》，载《中国政法大学学报》2022年第5期。

【实务问题】

对于自我交易，《公司法》经历了从严格禁止到逐步放松的过程，现代公司法并不禁止董事、监事、高级管理人与公司的自我交易，但是必须经过公司的批准，目的在于防止董事、监事、高级管理人员在与公司交易时损害公司利益。在实践中，法院如何审查是否构成自我交易是一个难点问题。从内容上看，认定董事、监事、高级管理人员是否构成自我交易，不以是否损害公司利益为前提。自我交易本质上是由于董事、监事、高级管理人员违反忠实义务，而公司意思表示缺少或属于不真实的交易行为。本条未将是否损害公司利益作为责任要件，该条款是对董事、监事、高级管理人员忠实义务的具体化，并不因该行为未损害公司利益而豁免。值得注意的是，法院不宜代替公司对是否损害公司利益进行商业判断。公司对董事、监事、高级管理人员违反忠实义务进行自我交易提起诉讼时，其已经结合市场环境、商业机会等因素对自身是否遭受利益侵害作出了判断，法院对此再次评价有可能不符合公司的实际情况。从程序上看，认定自我交易是否符合程序要件需要结合其程序是否合法合规、是否符合公司章程规定、是否向公司披露、是否经股东会同意等因素进行综合判断。首先，要审查自我交易本身是否存在法律、行政法规禁止交易的情形，还需要核查公司章程是否一律禁止自我交易。如果这方面审查无法通过，则应当认定为不正当的自我交易而予以禁止。其次，如果不存在上述禁止性规定，则需要进一步核查该自我交易是否向公司和股东会披露，同时在披露后还要核查该交易是否取得公司股东会的决议通过。尽管如此，已履行披露和股东会决议程序并不是认定自我交易合法的充分条件。根据《公司法解释五》第1条规定，如果实施关联交易的相关人员"仅以该交易已经履行了信息披露、经股东会同意等法律、行政法规或者公司章程规定的程序为由抗辩的，人民法院不予支持"。自我交易是否合法、正当的审查仍侧重于实质审查，也就是自我交易是否公允、是否损害公司利益。最后，关于自我交易的正当性审查，法院还可以从交易目的是否正当（交易动机是否存在诸如操纵市场、转移利润或财产、虚假报表、逃避税收等恶意），交易是否具有商业必要性、是否符合商业惯例等其他因素综合判定。

【条文】

第一百八十三条

董事、监事、高级管理人员，不得利用职务便利为自己或者他人谋取属于公司的商业机会。但是，有下列情形之一的除外：

（一）向董事会或者股东会报告，并按照公司章程的规定经董事会或者股东会决议通过；

（二）根据法律、行政法规或者公司章程的规定，公司不能利用该商业机会。

【条文主旨】

本条是关于董事、监事、高级管理人员不得谋取公司商业机会及例外情形的规定。

【条文概览】

1993 年《公司法》第 61 条第 1 款仅规定“董事、经理不得……从事损害本公司利益的活动……”，但未明确活动的具体情形，更未对谋取公司商业机会予以明确禁止。1999 年、2004 年《公司法》两次修正时，同样未明确禁止谋取公司商业机会的行为。可以说，这一时期是无法可依的。2005 年修订的《公司法》第 149 条在规定董事、高级管理人员不得从事的行为时，第 1 款第 5 项明确规定：“未经股东会或者股东大会同意，利用职务便利为自己或者他人谋取属于公司的商业机会……”2013 年、2018 年《公司法》两次修正时，仅将条文序号调整为第 148 条，第 1 款第 5 项内容未作修改。

本条规定来自 2018 年《公司法》第 148 条第 1 款第 5 项。与 2018 年《公司法》相比，《公司法》本次修订除将条文序号调整为第 183 条外，内容还作了实质性修改。一是新增监事为不得谋取公司商业机会的主体。二是将谋取公司商业机会合法化的情形在“经股东会或者股东大会同意”基础上进行扩展，既规定了公司决议同意的机关由公司章程规定，可以是股东会，也可以是董事会，且同意建立在董事、监事、高级管理人员履行报告义务的基础上；又规定了公司根据法律、行政法规或者公司章程的规定不能利用该商业机会。

【理解与适用】

同本法第182条规定的自我交易和关联交易一样，谋取公司商业机会也属于相对禁止行为，存在豁免事由。对本条规定应主要从以下方面予以理解和适用：

一、“利用职务便利”的判断

公司商业机会的谋取是董事、监事、高级管理人员利用了职务的便利，这是本条规定之行为具有违法性的前提。对此，存在两种理解：一种理解是公司获取商业机会之途径是董事、监事、高级管理人员利用了职务上的便利条件，此后商业机会被董事、监事、高级管理人员篡夺；另一种理解是商业机会已经为公司获取，但被董事、监事、高级管理人员利用职务便利篡夺。两种理解看似均具有合理性，但从本条规定的立法目的分析，商业机会是赢得客户、获取商业利润的机会，对公司的发展至关重要，而董事、监事、高级管理人员抢夺本属于公司的商业机会，不论其是否利用了职务上的便利条件，无疑都会给公司利益造成损害，故原则上只要没有正当的抗辩理由，就都是应当被禁止的。因此，董事、监事、高级管理人员的职务因素只能用于对公司商业机会认定的考量，而不应当用于对公司商业机会侵权行为认定的考量。① 那么，以怎样的方式获取商业机会才能被认定为利用了职务便利？实务中，有论者主张“若董事获得商业机会不是在执行职务过程中，而是在与执行公司职务无关的时间和场合，就不属于利用职务便利”。② 但另有论者主张，商业机会的获取只要是基于董事、监事、高级管理人员在公司所任职务，不论其是否在执行职务，均应该归属于公司。③ 对上述分歧，我们认为，董事、监事、高级管理人员作为公司事务的运营管理者，具有身份属性，这就决定了即便在非执行职务的场合，第三人也有可能向其提供商业机会。因此，只要商业机会是第三人信赖董事、监事、高级管理人员所任职公司的职务而提供的，即可以认为是利用职务便利而获得的。

---

① 沈贵明：《公司商业机会的司法认定》，载《法学》2019年第6期。

② 郭敬波、何建君：《谋取属于公司的商业机会的认定》，载《人民司法·案例》2008年第8期。

③ 李领臣：《裁判思维下的公司机会原则——以〈公司法〉第149条为中心》，载《北方法学》2009年第6期。

二、谋取公司商业机会合法化的情形

本条规定了两种情形：第一种情形是信息披露和决议程序，与本法第182条的规定一致。在体系解释下，二者应适用相同规则，故可参照前文理解。简言之，就与利用职务便利为自己或者为他人谋取公司商业机会有关的事项，应按照公司章程的规定及时向董事会或股东会报告。即公司章程规定该事项应由董事会决议通过，则向董事会报告。公司章程规定或者法律规定该事项应由股东会决议通过，则向股东会报告。需要强调的是，在公司章程规定决议事项须经董事会审批时，还应适用本法第185条规定的关联董事回避表决规则。下文将重点解读第二种情形，即公司不能利用商业机会。

所谓"不能"，逻辑上可分为客观不能和主观不能。本条第2项规定的公司不能利用商业机会来源于"法律、行政法规或者公司章程的规定"，因此，本条之"不能"应指客观不能。具言之，如果法律、行政法规规定某项业务必须具备特定的经营资质，实践中最常见的就是金融业务须取得相关金融牌照，而当公司未取得相关经营资质时，其即在客观上无法利用该商业机会与相对方订立合同，进行交易。此时，董事、监事、高级管理人员利用公司商业机会牟取利益，无须向董事会或股东会报告并履行董事会或股东会决议程序，不违反对公司负有的忠实义务。而对公司章程规定而言，情况稍显复杂。本法第9条第1款规定："公司的经营范围由公司章程规定。公司可以修改公司章程，变更经营范围。"公司章程规定的经营范围一经登记，就产生对外公信力，相对方基于登记信赖与公司开展交易，故原则上董事、监事、高级管理人员能够获取的商业机会均在公司经营范围内，此时，不论商业机会对应的公司经营业务是否已实际开展，都不存在"公司章程规定公司不能利用商业机会"的可能。然而，当董事、监事、高级管理人员获取的商业机会超越了公司经营范围时，公司是否就一定不能利用该商业机会？从《民法典》第505条的规定来看，公司超越经营范围不会直接导致所订立的合同无效。相反，在符合法律规定的生效条件下，合同即发生效力。由此，似不能断然地认为公司对超越经营范围的商业机会就不能利用。在此情形下，"公司章程规定公司不能利用商业机会"具体指什么，尚需留待司法实践分析和判断。

此外，公司客观上不能利用商业机会还存在因缺乏能力而无法利用的情况。从文义解释角度来看，本条第2项规定并不能涵盖这一情况。从目的解释角度，法律之所以规定除外情形，是为了消解绝对禁止之下造成商业机会不能有效利用的弊端。但董事、监事、高级管理人员谋取公司商业机会终究是对公司利益的侵犯，是对忠实义务的违反，是应当被禁止的行为。因此，对本条第 2 项的扩大解释可能会使立法目的落空。至于“如果一味否定董事的利用，则可能浪费商机，也不近人情”① 的担忧，实际上，本条第 1 项已经给出了解决方案。即当公司因缺乏能力无法利用商业机会，而董事、监事、高级管理人员可得利用时，其可以通过本条第 1 项规定的报告和决议程序使其行为合法化。

主观不能是指公司虽在客观上具有利用商业机会的能力和条件，但其却不愿利用，或者相对方不愿与公司就商业机会进行交易。对此，2018 年《公司法》未予明确。在此情形下，司法实践中，关于董事、监事、高级管理人员获得商业机会后而公司却不愿利用，其是否还需履行如实向公司披露，并经公司决议同意的程序，存在较大争议。一种观点认为，公司已放弃商业机会，故董事、监事、高级管理人员没必要再向公司披露和经公司同意。另一种观点则认为，公司还有利用商业机会的可能，故董事、监事、高级管理人员仍应向公司披露并经公司同意，否则就损害了公司利益。本次《公司法》修订过程中，立法机关也关注到了公司主观上不利用商业机会的情形，并在修订草案一、二审稿中均明确将“已经向董事会或者股东会报告，但董事会或者股东会明确拒绝该商业机会”规定为董事、监事、高级管理人员谋取公司商业机会合法化的理由。然而，在《公司法（修订草案三次审议稿）》中，上述规定被删除，最终形成了本条规定。从上述立法过程来看，立法机关明确删除相关条款的行为传达的信息就是，公司即使不愿意利用商业机会，董事、监事、高级管理人员也不能以此作为谋取公司商业机会的正当理由。

关于交易相对方不愿与公司就商业机会继续合作的情形下，董事、监事、高级管理人员能否利用公司商业机会的问题。司法实践中，有法院认为，参照 2005 年《公司法》第 149 条第 1 款第 5 项规定，认定董事、监事、高管是否谋取商业机会，只要证明交易相对方已不愿与公司合作，则公司失去商业机会，从而认定高管自然获得了商业机会，并非夺取本属于公司的商业机会，高管的行为并未损害公司权益，不构成侵权。如果交易相对方不愿与公司合作，公司又不能拥有商业机会，在此情况下仍不容许高管获得和利用商业机会，则是对公司高管忠实义务的极端理解，会造成社会资源浪费。②

① 李领臣：《裁判思维下的公司机会原则——以〈公司法〉第 149 条为中心》，载《北方法学》2009 年第 6 期。

② 参见浙江省宁波市鄞州区人民法院（2007）甬鄞民二初字第 2 号民事判决书。

对上述两种情形，应当在确保公司具有独立意思表示能力，没有证据证明董事、监事、高级管理人员与交易相对方恶意串通放弃交易机会的情况下，董事、监事、高级管理人员应严格按照本条规定履行报告和决议程序后方可利用公司商业机会。

【实务问题】

公司商业机会和公司利益紧密关联，公司董事、监事、高级管理人员禁止谋取属于公司的商业机会是现代公司法的一项普遍规则。该项规则禁止董事、监事、高级管理人员将公司拥有的期待利益、财产利益或者财产权利的交易机会或者从公平角度而言属于公司的交易机会篡夺自用。在实践中，判断董事、监事、高级管理人员是否存在谋取公司商业机会的前提是判断该商业机会是否属于公司：第一，可以从公司是否为获得商业机会存在相应的资源投入进行判断，这种资源投入包括人力、物力和财力。可以审查公司是否曾就该商业机会进行谈判，商业机会的形成、发展以及相关变化过程中的每一阶段是否存在利用、借助公司资源的情形，且利用的公司资源包括有形资源与无形资源。例如，公司是否为这一商业机会进行过前期准备，包括与潜在的交易对手进行过谈判，或者投入人力、物力和财力进行过宣传并因此产生了商业机会等，公司是否为获得商业机会有相应的资源投入，公司在经济上是否有能力开发该商业机会等。第二，公司是否具备相应的经营能力，是否在该领域有过合作，是否与公司的经营活动存在密切关联，是否与公司的经营范围相关等。事实上，商业机会只有属于公司经营范围或者与公司经营范围相关，才有可能被公司利用。应当注意的是，对于公司经营范围的判断不应当仅限于工商登记的经营范围，公司未来可能拓展的经营范围也应考虑在内，可以结合所拓展经营范围的属性与现有属性是否具备一定的相关性以及公司是否对经营范围的拓展进行过相应的申请等外化行为来加以判断。如上海市第一中级人民法院（2014）沪一中民三（民）终字第1218号案件中，法院认为：公司商业机会是指与公司的经营活动密切相关的各种机会。其中，不仅包括与公司目前的经营活动具有密切相关性，还包括与公司未来的经营活动具有密切相关性。在实践中，很多公司登记的经营范围与其实际经营的业务并不相符，而现代公司法理论对于超范围经营的行为持宽容态度，因此，在司法实践中，应当对公司的实际经营范围进行审查。

【条文】

第一百八十四条

董事、监事、高级管理人员未向董事会或者股东会报告，并按照公司章程的规定经董事会或者股东会决议通过，不得自营或者为他人经营与其任职公司同类的业务。

【条文主旨】

本条是关于董事、监事、高级管理人员经营同类业务的限制性规定。

【条文概览】

1993 年《公司法》第 61 条第 1 款规定：“董事、经理不得自营或者为他人经营与其所任职公司同类的营业……” 1999 年、2004 年《公司法》两次修正时，上述条款均未变更。2005 年《公司法》修订时，条文序号调整为第 149 条，内容修改为“董事、高级管理人员不得有下列行为：……（五）未经股东会或者股东大会同意，……自营或者为他人经营与所任职公司同类的业务……” 2013 年、2018 年《公司法》两次修正时，仅将条文序号调整为第 148 条，第 1 款第 5 项内容未作修改。

本条规定来自 2018 年《公司法》第 148 条第 1 款第 5 项。与 2018 年《公司法》相比，《公司法》本次修订除将条文序号调整为第 184 条外，内容还作了实质性修改。一是新增监事为竞业禁止义务的履行主体。二是将竞业行为合法化的情形在“经股东会或者股东大会同意”的基础上进行扩展，规定公司决议同意的机关由公司章程规定，可以是股东会，也可以是董事会，且同意建立在董事、监事、高级管理人员履行报告义务的基础上。

【理解与适用】

同本法第 182 条规定的自我交易和关联交易一样，竞业行为也是相对禁止的，存在豁免事由。对本条规定应主要从以下方面予以理解和适用：

一、竞业禁止的判断

本条规定的竞业禁止指的是“董事、监事、高级管理人员不得自营或者为他人经营与其任职公司同类的业务”。其中，“自营或者为他人经营同类业务”表明竞业行为无须考虑以何人名义进行，也不论竞业行为是为何人利益而为。至于董事、监事、高级管理人员或者他人是否因竞业行为而实际获得利益，或者公司利益因竞业行为而实际受损，法律并未规定。我们认为，竞业行为是一种使公司利益与个人利益发生严重冲突的行为，对公司利益的影响是长期的，而作为公司经营管理者的董事、监事、高级管理人员应当主动采取措施避免利益冲突的发生，怠于采取措施即是对忠实义务的违反。由此，竞业禁止强调的是对竞业行为的预防。故在判断竞业行为成立时，只要董事、监事、高级管理人员经营了与公司同类的业务即可，实际利益或损害结果是否发生均在所不问。应当注意的是，董事、监事、高级管理人员经营的同类业务是否要与公司构成竞争关系？对此疑问，《公司法（修订草案）》《公司法（修订草案二次审议稿）》是有规定的，其将董事、监事、高级管理人员不得经营的业务限定为“与本公司存在竞争关系的同类业务”。但在修订草案三审稿中，“存在竞争关系”的表述被删除，并最终形成了本条规定。从本条上述修改变化中，我们可以探究立法本意，即不论董事、监事、高级管理人员经营的业务是否与公司构成竞争关系，只要它们是同类业务，就成立竞业行为，应予禁止。

关于“任职公司”，就文义而言，其应指董事、监事、高级管理人员所担任职务的公司。实际上，本次《公司法》修订过程中，《公司法（修订草案）》《公司法（修订草案二次审议稿）》规定的是“本公司”，《公司法（修订草案三次审议稿）》才修改为“任职公司”。“任职公司”强调的是一种客观事实和状态，这一点与本法第 183 条关于不得谋取公司商业机会规则中的利用职务便利不同。假设公司的公章持有人与法定代表人、董事长的意志不一致，工商登记的法定代表人、董事长已在公司内部纠纷中而不能代表公司意志，故其因没有实际经营该企业，无从“利用职务便利”，但仍有可能成立竞业行为。此外，“任职公司”的表述进一步明确了董事、监事、高级管理人员离任后，仅对现在担任职务的公司负有竞业禁止义务，而对离任公司不负有竞业禁止义务。至于实践中，董事、监事、高级管理人员与公司约定，其在离职后一定时间内不得经营与公司同类的业务，这是双方在法律规定基础上的合意，符合意思自治原则，与本条规定并行不悖。当然，与自我交易和关联交易一样，任职公司应扩大解释为包括其全资子公司，因为母公司与全资子公司的利益是一致的，母公司董事、监事、高级管理人员经营与全资子公司同类的业务，既是对全资子公司利益的损害，也是对母公司利益的损害，故应当被禁止。

二、竞业禁止的豁免事由

竞业禁止的豁免事由与自我交易和关联交易禁止的豁免事由基本一致，即董事、监事、高级管理人员应履行报告和决议程序。只有当报告经公司章程规定的决议机关通过后，董事、监事、高级管理人员才可以自营或为他人经营与任职公司同类的业务。但应当注意的是，董事、监事、高级管理人员向董事会或股东会提交的报告应充分披露与公司同类业务的内容，尤其是要全面评估对公司利益的影响，以便董事会或股东会能够作出最符合公司利益的决定。否则，即便决议通过了，也是无效的。此外，董事、监事、高级管理人员对公司负有的竞业禁止义务源于法律的强制性规定，公司原则上无权放弃对董事、监事、高级管理人员的竞业禁止要求，董事、监事、高级管理人员互相之间亦无权通过私下协议免除该义务，否则，即是对公司利益和外部债权人利益的损害，该协议应当无效。①

【实务问题】

竞业禁止，作为忠实义务的核心体现之一，明确规定了义务主体应避免将个人职责与私利置于冲突境地，从而杜绝了任何可能损害公司利益的行为。值得注意的是，尽管竞业禁止与篡夺公司机会在某些层面上存在交叉，但它们之间存在显著的差异。具体来说，公司机会规则的核心在于防止利用公司资源或信息谋求私利，损害公司潜在的期待利益；而竞业禁止则聚焦于禁止从事与公司业务相竞争的活动，以确保公司市场的独特性和稳定性。在实践中，一个常见的问题是，当公司经过股东会决议决定解散，并在该决议形成后至正式办理注销手续之前，公司董事私自设立新公司，擅自经营与原公司同类的业务，从而给原公司带来经济损失。在这种情况下，原公司是否有权主张损害赔偿？一般而言，股东会决议解散公司，只要该决议未违反《公司法》及公司章程的相关规定，便被视为有效。尽管股东会已同意解散公司，但在公司正式注销之前，公司的法律主体仍然存在。因此，在公司存续期间内委任产生的公司董事，无论公司处于准备营业、试营业、正常营业还是股东会决议解散阶段，都必须严格遵守竞业禁止的规定。若公司董事未经股东会同意，擅自经营与其任职公司相竞争的同类业务，这显

① 参见梁某诉蔡某、俞某损害公司利益责任纠纷案，上海市高级人民法院（2016）沪02民再26号民事判决书。

然违反了竞业禁止的原则。对于因此产生的任何收入，原公司有权主张归其所有，并有权要求董事承担因其违规行为给原公司造成的经济损失的赔偿责任。

【条文】

第一百八十五条

董事会对本法第一百八十二条至第一百八十四条规定的事项决议时，关联董事不得参与表决，其表决权不计入表决权总数。出席董事会会议的无关联关系董事人数不足三人的，应当将该事项提交股东会审议。

【条文主旨】

本条是关于关联董事回避表决的规定。

【条文概览】

本条规定是新增条款，系对董事会会议决议事项所涉及的与公司有关联关系的公司董事的表决权进行限制，即关联董事不得参与表决，其表决权不计入表决权总数，也不得代理其他董事行使表决权。而且，当出席董事会会议的无关联董事人数不足 3 人时，决议事项应提交股东会审议。值得注意的是，《公司法》并未规定此种情况下应回避表决。

【理解与适用】

对本条规定应主要从以下方面予以理解和适用：

一、关联董事的判断

本条适用的董事会决议事项为本法第 182 条至第 184 条规定的自我交易和关联交易、谋取公司商业机会、竞业行为，但每种行为被禁止从事的主体范围有所不同，尤其是自我交易和关联交易。因此，关联董事的判断须对应具体的禁止行为。

在自我交易和关联交易中，关联董事可细化为三种：一是直接与公司进行交易的董事；二是身居幕后、操纵他人与公司进行交易的董事；三是同与公司进行直接或间接交易的主体具有关联关系的董事。其中，第三种关联董事既包括与公司直接或间接进行交易的董事之关联人同为公司董事的情形，也包括与公司直接或间接进行交易的监事、高级管理人员之关联人为公司董事的情形。

在谋取公司商业机会、竞业行为中，关联董事除了谋取公司商业机会和从事竞业行为的公司董事外，还包括与此董事具有关联关系的董事。同谋取公司商业机会和从事竞业行为的监事、高级管理人员具有关联关系的董事也包含在内。对关联关系的判断，应适用本法第182条关联人的判断规则。

二、董事会决议事项的程序

根据本法第73条第2款、第124条第1款之规定，董事会会议应当有过半数的董事出席方可举行，且在作出决议时，应当经全体董事的过半数通过。据此，通常情形下，董事会会议的举行和决议事项的表决对董事比例的要求是一样的，即达到“全体董事的过半数”。然而，当对自我交易和关联交易、谋取公司商业机会、竞业行为等事项进行决议时，对董事比例的要求则有所不同。本条虽规定关联董事回避表决，但这仅仅意味着在对本法第182条至184条规定的事项表决时，关联董事的表决权被封禁而不得自己行使或代理其他董事行使表决权，不代表其不能行使除表决权以外的与董事会有关的其他权利，比如出席董事会会议的权利。由此，董事会会议的举行由包括关联董事在内的过半数的公司董事出席即可，即达到“全体董事的过半数”。但在董事会会议对决议事项表决时，因本条明确规定关联董事的表决权不计入表决权总数，故决议事项获表决通过应指经除去关联董事之外的其他全部董事（不论是否出席董事会会议）的过半数通过，即达到“无关联董事的过半数”。然而，如果与待决议事项存在关联关系的董事在董事会中占比很大，以致出席董事会会议的无关联董事人数不足3人，此时，为避免少数无关联董事直接决定待决议事项是否表决通过情况的发生，即便待决议事项可获无关联董事过半数表决通过，根据本条规定，已举行的董事会会议也应立即终止。董事会应按照本法的规定及时召集股东会，将待决议事项提交股东会审议和表决。

关联董事违反本条规定，参与待决议事项表决，由此形成的董事会决议的效力存在几种不同情形。第一，出席董事会会议的董事未达到“全体董事的过半数”，或者出席董事会会议的无关联董事人数未达到3人以上，根据本法第27条第3项之规定，董事会决议不成立。第二，出席董事会会议的董事人数符合法律规定，但加上关联董事，同意决议事项的董事仍未达到“全体董事的过半数”，且同意决议事项的董事未达到“无关联董事的过半数”，根据本法第27条第4项之规定，董事会决议不成立。第三，出席董事会会议的董事人数符合法律规定，且同意决议事项的董事达到“无关联董事的过半数”。此时，尽管关联董事未回避表决即已表明董事会会议的表决方式违反了法律规定，但因关联董事是否回避表决都不影响决议事项获董事会通过，故根据本法第26条第1款之规定，董事会会议的表决方式应系对决议未产生实质影响的轻微瑕疵，董事会决议合法有效。第四，董事会会议的决议内容违反公司章程规定，根据本法第26条第1款之规定，董事会决议应可撤销，股东可自决议作出之日起60日内向人民法院提起撤销董事会决议之诉。

【实务问题】

当出席董事会会议的无关联董事人数不足3人时，决议事项应由股东会审议。对股东会决议程序，本法第116条第2款规定："股东会作出决议，应当经出席会议的股东所持表决权过半数通过。"有疑问的是，对自我交易和关联交易、谋取公司商业机会、竞业行为等事项表决时，与实施该行为的董事、监事、高级管理人员具有关联关系的股东是否应当回避，而不得行使表决权？对此，本条规定未予明确。理论上，关联股东是待决议事项的利益相关方，倾向与董事、监事、高级管理人员等行为人保持行动上的一致性，故其参与待决议事项表决时，多数情况下，无法公正地作出最符合公司利益的判断。从这一角度，关联股东回避表决更利于实现公司利益最大化。然而，实践中，也不乏关联股东为维护公司利益而理性行使表决权的情况。由此，我们认为，不应"一刀切"地规定关联股东回避表决或不回避表决，而应以是否符合公司利益作为衡量标准，由人民法院在具体案件中对关联股东是否回避作出分析和判断。

【条文】

第一百八十六条

董事、监事、高级管理人员违反本法第一百八十一条至第一百八十四条规定所得的收入应当归公司所有。

【条文主旨】

本条是关于董事、监事、高级管理人员违规收入处理的规定。

【条文概览】

1993 年《公司法》第 60 条规定:“董事、经理不得挪用公司资金或者将公司资金借贷给他人。董事、经理不得将公司资产以其个人名义或者以其他个人名义开立帐户存储。董事、经理不得以公司资产为本公司的股东或者其他个人债务提供担保。”第 61 条规定:“董事、经理不得自营或者为他人经营与其所任职公司同类的营业或者从事损害本公司利益的活动。从事上述营业或者活动的,所得收入应当归公司所有。董事、经理除公司章程规定或者股东会同意外,不得同本公司订立合同或者进行交易。”第 62 条规定:“董事、监事、经理除依照法律规定或者经股东会同意外,不得泄露公司秘密。”《公司法》于 1999 年、2004 年进行修正时,上述条款未变更。2005 年修订时,第 149 条规定:“董事、高级管理人员不得有下列行为:(一)挪用公司资金;(二)将公司资金以其个人名义或者以其他个人名义开立账户存储;(三)违反公司章程的规定,未经股东会、股东大会或者董事会同意,将公司资金借贷给他人或者以公司财产为他人提供担保;(四)违反公司章程的规定或者未经股东会、股东大会同意,与本公司订立合同或者进行交易;(五)未经股东会或者股东大会同意,利用职务便利为自己或者他人谋取属于公司的商业机会,自营或者为他人经营与所任职公司同类的业务;(六)接受他人与公司交易的佣金归为己有;(七)擅自披露公司秘密;(八)违反对公司忠实义务的其他行为。董事、高级管理人员违反前款规定所得的收入应当归公司所有。”2005 年修订的核心是将修订前第 60 条、第 61 条、第 62 条合并作为一条,并作了如下修改:增加了两项内容,一项是“接受他人与公司交易的佣金归为己有”;另一项是“违反对公司忠实义务的其他行为”,这一规定扩大了“董事、监事、高级管理人员”忠实义务,进一步强化“董事、监事、高级管理人员”应负的责任。

2013年修正时，仅将条文序号调整为第148条，内容未作变化。2018年修正时，本条未作变更。本次修改是在2018年《公司法》第148条第2款的基础上，单独列为一款。主要修改内容有：第一，增加了“监事”作为收入返还的主体；第二，在《公司法》列举的违反忠实义务的行为中，违反第181条至第184条的损害公司利益的同时，能额外取得收入，而列举的其他行为，主要体现为给公司造成损失，因此，本条规定董事、监事、高级管理人员违反前述规定所得的收入应当归公司所有。

【理解与适用】

新《公司法》第186条规定了归入权制度，董事、监事、高级管理人员违反《公司法》第181条至第184条规定所得收入应收归公司，且新增监事为归入权的义务主体。《公司法》第181条至第184条规定了董监高的忠实义务。“忠实义务”是董监高的四大义务之一，是利益冲突下的义务，一般表现为消极义务。此种义务的设立目的是避免董监高利用职权牟取不当利益。《公司法》第181条以列举的方式规定了董监高绝对禁止的五种行为和一种兜底条款，同时将监事列入了该等禁止行为的义务主体范围。《公司法》第182条至第184条分别对“与公司交易”“谋取公司商业机会”“经营同类业务”这三种可能违反忠实义务的行为加以限制，但是，这三种行为限制不是绝对的而是相对的。在满足了条文中规定的“报告”和“决议”的条件后，就不受限制。也就是说，如果董监高违反了《公司法》第182条至第184条规定的忠实义务而产生的收入需归公司所有。

所谓归入权，是指对因公司的利益相关者违反法律规定或者公司章程的规定实施的某些交易而取得的溢出利益，公司享有主张收归公司所有的法定权利。关于归入权的性质，目前有形成权、请求权、债权三种观点，但以形成权说为通说。其主要理由在于归入权的权利主体可以依据法律的规定直接作出权利归属的意思表示，裁判仅仅是对这一意思表示的诉讼表达和司法确认而已。从目前我国的法律规定看，主要包括两类归入权，一种是本条规定的归入权，另一种是证券法规定的短线交易归入权。“与公司交易”“谋取公司商业机会”“经营同类业务”均是行使公司归入权的可能的前提。关于归入权，需要讨论以下几个问题：

第一，关于公司归入权行使的主体。公司作为一个独立的民事法人，公司享有对外独立行使权利并承担法律责任的能力。然而，公司作为一个拟制的主体，其意志和决策往往需要通过具体的公司负责人来体现。因此，从原则上讲，行使归入权的主体应为公司本身，由其直接对侵害其权益的相关责任人提起法律诉讼。然而，值得注意的是，当公司行使归入权的对象为公司内部负责人时，这可能会引发一个特殊的问题：公司往往因为内部结构的限制而缺乏足够的诉讼动力。特别是在公司实际负责人控制下，公司可能无法有效地提起诉讼。为了应对这种情况，法律允许公司股东在特定条件下提起股东代表诉讼。具体来说，对于有限责任公司，如果其董事或监事在履行职务时存在懈怠行为，或者在紧急情况下，公司股东有权以自己的名义代表公司行使归入权，并通过法律途径为公司争取利益。最终，通过此类诉讼所获得的利益将直接归属于公司。

第二，关于公司“归入权”的行使对象。公司负责人的范围及其身份在司法实践中确实需要明确界定。由于公司结构和管理实践的复杂性，虽然本条法律主要将董事、监事、高级管理人员列为归入权行使的对象，但在实际公司运营中，负责人的角色往往更为多样和灵活。公司负责人可以分为名义负责人和实际负责人两大类。名义负责人是指那些虽在公司内部担任董事、监事、高级管理人员的职务，但实际上并不直接参与公司日常经营决策和管理的个体。而实际负责人则与之相反，他们可能并不具备上述法定身份，但在实际操作中，公司的日常经营管理完全受他们的影响和控制。对于实际负责人，尽管他们不具有《公司法》规定的董事、监事、高级管理人员身份，但他们通过股权代持、隐匿身份等手段，往往能够对公司产生实质性影响，甚至操纵公司的正常经营活动。因此，在司法审判中，应当将这类实际控制人视为公司归入权的行使对象。总之，在司法审判过程中，应当严格区分公司负责人的真实状态，从而真正做到平衡各方利益。

第三，公司行使归入权的诉求不得超出公司负责人的获利范围。公司归入权所得之“利益”既包括公司负责人因违反法定义务而获得的报酬，也包括公司负责人因违反法定义务而获得的其他货币、物品、有价证券等其他财产权益。公司归入权的行使范围应当限于可计算的利益，而归入金额的具体计算方式在司法实践中是个难点，有必要在审判实践中不断进行经验总结。

第四，关于归入权与损害赔偿请求权关系问题。当董事、监事、高级管理人员违反忠实义务造成公司损失，且董事、监事、高级管理人员从中有所获益时，公司是否可以同时主张董事、监事、高级管理人员的收入归公司所有并要求其赔偿公司损失？由于公司归入权与损害赔偿请求权相互独立又相互渗透，容易出现归入权与损害赔偿权竞合的法律现象。从各国和地区的规定来看，主要有“择一”“重叠”“单一”三种模式处理竞合问题。采“择一”模式的观点认为，归入权与损害赔偿请求权所承担的责任内容指向同一，都是具有惩罚性质的“损害赔偿”权，属于权利竞合关系。请求权竞合是同一给付目的的数个请求并存，当事人得选择行使之，其中一个请求权因目的达到而消灭时，其他请求权亦因目的达到而消灭。[①] 故应择一行使，由当事人自己选择。采“重叠”模式的观点认为，这是解决公司归入权与损害赔偿权竞合的一种好办法，能够最大限度地保护权利人的合法权益。当公司归入权与损害赔偿权竞合时，权利人只有在行使归入权后，损害仍不能够弥补，公司才可行使损害赔偿权，赔偿的数额应不包含权利人行使归入权所取得的收入，只有这样，才符合公平正义的法治原则。[②] 采“单一”模式的观点认为，出现公司归入权与损害赔偿请求权竞合的行为与情形时，法律只赋予公司一种救济权利，即以归入权替代损害赔偿请求权，这种由法律来排除其中一种权利救济方式，是较为简单、明朗的解决方法。

对于以上观点，应从两种行为的性质和目的进行分析认定。归入权主要是一种对违反忠实义务的董事、高级管理人员的惩罚性措施，而损害赔偿请求权主要是为了弥补、“填平”因董事、高级管理人员违反忠实义务给公司造成的损失，两者的立法目的不同，而且我国《公司法》并未明确禁止两项权利同时行使。“重叠”模式的观点更符合《公司法》保护公司利益、促进经济发展的立法本意。司法实践中，原告可以同时主张两项权利，在行使归入权后如还有损失，可以要求行为人赔偿损失，且赔偿的数额应不包含权利人行使归入权所取得的收入。采用这种“重叠”模式，可以最大限度地保护公司的合法权益，起到恢复最初状态的作用。

【实务问题】

忠实义务是指公司高级管理人员应当忠实履行职责，其自身利益与公司利益发生冲突时，应当维护公司利益，不得利用高级管理人员的地位牺牲公司利益为自己或者第三人牟利。概括总结忠实义务即为“除非公司同意豁免，否则义务主体应当忠实为公司提供服务，不得以权谋私，为自己私利而滥权”。新《公司法》第186条规定了董监高违反忠实义务的收入归入责任，新增监事为公司归入权的义务主体，即公司可得收益为董监高因禁止行为所获利益。此条款是对公司应得利益的一种救济性措施，其目的在于实现公司

① 参见王泽鉴：《请求权基础理论体系：民法思维》，北京大学出版社2009年版，第131页。

② 参见杨立新、蔡颖雯：《论违反竞业禁止的侵权行为》，载《法律适用》2004年第11期。

利益的最大化，保护股东公平享受公司利益。

【典型案例】

一、林某某与李某某等损害公司利益纠纷案[①]

裁判要旨：本案系香港股东代表香港公司向另一香港股东及他人提起的损害公司利益之诉。原告提起诉讼的基点是认为另一香港股东利用实际控制香港公司及该公司在内地设立的全资子公司等机会，伙同他人采取非正当手段，剥夺了本属于香港公司的商业机会，从而损害了香港公司及其作为股东的合法权益。但原告所称的商业机会并非当然地专属于香港公司，实际上能够满足投资要求及法定程序的任何公司均可获取该商业机会。原告在内地子公司经营效益欠佳时明确要求撤回其全部投资，其与另一香港股东也达成了撤资协议。鉴于另一香港股东及他人未采取任何欺骗、隐瞒或者其他非正当手段，且商业机会的最终获取系另一股东及他人共同投资及努力的结果，终审判决最终驳回了原告的诉讼请求。

二、X 公司与马某、P 公司损害公司利益责任纠纷案[②]

裁判要旨：判断工作人员是否为公司的高级管理人员并不仅仅是公司内部治理的问题，还涉及法律责任的确定，除应重点审查其职务的形成、职责的范围外，还需综合考量其是否实际行使了高级管理人员的职权、负责的具体事项是否为公司的核心业务以及其与公司之间有无正式的劳动合同关系等因素。

① 参见最高人民法院（2012）民四终字第 15 号民事判决书。

② 参见上海市第一中级人民法院（2017）沪 01 民终 12579 号民事判决书。

【条文】

第一百八十七条

股东会要求董事、监事、高级管理人员列席会议的，董事、监事、高级管理人员应当列席并接受股东的质询。

【条文主旨】

本条是关于董事、监事、高级管理人员对股东会的义务的规定。

【条文概览】

2005 年修订《公司法》时新增加一条规定，即第 151 条规定："股东会或者股东大会要求董事、监事、高级管理人员列席会议的，董事、监事、高级管理人员应当列席并接受股东的质询。董事、高级管理人员应当如实向监事会或者不设监事会的有限责任公司的监事提供有关情况和资料，不得妨碍监事会或者监事行使职权。"2013 年修正时，仅将条文序号调整为第 150 条，内容未作修改。2018 年修正时，本条未作变更。本次修改，将 2018 年《公司法》第 150 条董事、监事、高级管理人员对股东会和监事会的义务分列，专门规定董事、监事、高级管理人员列席股东会并接受质询的义务。

【理解与适用】

本条系《公司法》第八章公司董事、监事、高级管理人员的资格和义务中的规定，系公司董事、监事、高级管理人员的一项义务。本条规定，股东会要求董事、监事、高级管理人员列席会议的，董事、监事、高级管理人员应当列席并接受股东的质询。本条规定可与《公司法》中关于董事、监事、高级管理人员的权利义务，股东知情权的规定来统一理解。

依据相关法律规定，董事是由股东会选举并作为董事会成员参与公司经营决策的自然人。董事以其与公司间的委托合同关系或信托关系而立于受托人的地位。监事是由股东会选举并作为监事会成员参与公司经营活动的自然人。以其代表的利益为准，分为股东代表监事与职工代表监事。高级管理人员是由董事会或总经理聘任的，对公司决策、经营、管理负有领导、指挥职责的自然人。董事、监事、高级管理人员作为公司的管理人员，相比一般的股东享有更多的权利。他们分别执掌公司的决策权、监督权、执行权，对公司战略决策有建议权和决定权，在很大程度上实际控制着公司的运营，但与股东不同，他们并非公司的所有人，而是由股东会选举或者由董事会聘任，系公司的“代理者”。因此，董事、监事、高级管理人员对公司的经营状况应比一般股东更为知晓。

股东对公司只负有出资责任，而没有经营管理的义务，理论上，股东在出资后可以选择其他事情一概不管，但股东出资的目的是盈利，因此需要对公司的运营状况有一定了解。但在司法实务中，中小股东有时无法对公司的运营情况完全了解，想要实现自身的知情权，参与公司决议，法律所规定的一个重要的方式为参加股东会会议。《公司法》及相关司法解释中规定，股东会包括定期会议与出现法定情形时召开的临时会议两种形式，具体召开的情形以及通知的方式和时间要求《公司法》已有明确规定，在此不作赘述，股东收到召开股东会会议的通知后，均有权选择出席股东会会议，股东可亲自出席，也可委托代理人出席会议并行使表决权。股东会会议的出席人员除自愿出席的股东外，还有本条所规定的，股东会要求董事、监事、高级管理人员列席会议的，董事、监事、高级管理人员应当列席并接受股东的质询。

法律和公司章程规定由股东会决议的事项，属于对公司特别重要的事项以及有关公司经营的基本事项，如修改公司章程，选举董事、监事。为了使股东能够在充分了解情况的基础上正确地行使表决权，更好地保障公司利益和股东利益，应当赋予股东在股东会议上质询的权利。根据本条第 1 款的规定，股东会召开会议，可以要求董事、监事、高级管理人员列席会议；在股东会议上，股东有权向列席股东会议的董事、监事、高级管理人员提出质询；股东质询权只能在股东会议上行使；董事、监事、高级管理人员接到股东会提出的列席股东会议的要求后，应当按时列席股东会议，不得拒绝列席会议；在列席股东会议时，应当接受股东的质询。

制定本条规定的原因，应为董事、监事、高级管理人员作为公司的“代理者”，更了解公司的经营情况，且享有了法律和公司章程所赋予的权利，故而在股东会要求列席时，有就股东对公司经营的质询或意见作出解释说明的义务，此条法律规定的初衷应为对股东知情权的保护。在《上市公司章程指引》第 70 条也规定：“董事、监事、高级管理人员在股东大会上就股东的质询和建议作出解释和说明。”由此可知，董事、监事、高级管理人员列席的主要义务应为解释说明。而关于在何种情况下股东会应要求董事、监事、高级管理人员列席，以及所谓董事、监事、高级管理人员接受股东的质询的具体范围及方式，解释说明的程度及标准，法律并没有明确的规定，这应是遵循了公司自治原则，对具体条件不做过多框架规定。对此我们认为，该条规定的质询对象为董事、监事、高级管理人员，而非公司，股东会会议的召开一般是为了商议公司重大事项，或决定公司的后续发展方向，或公司经营出现问题需要解决，在上述情况发生时，一般情况下董事、监事、高级管理人员须列席会议，以免在商议重大事项时，出席股东会的股东对公司情况不够了解，从而作出对公司不利的股东会决议。而关于接受股东的质询的具体范围及方式，更是无法直接规定，对此我们认为，股东发出质询可通过书面或口头形式，应在股东会上有权就公司的经营向董事、监事、高级管理人员发出质疑和询问，而董事、监事、高级管理人员也有义务就股东的质疑和询问作出解释说明，且应以普通人能够明白的标准来进行解答。但同时，股东质询的问题应当是董事、监事、高级管理人员必然或应当知晓的问题，属于董事、监事、高级管理人员的职责范畴，否则，董事、监事、高级管理人员可不予回答。此外，《公司法》第 110 条第 1 款规定："股东有权查阅、复制公司章程、股东名册、股东会会议记录、董事会会议决议、监事会会议决议、财务会计报告，对公司的经营提出建议或者质询。"该条规定股东有权对公司的经营提出建议或者质询，与本条质询的对象不同，但股东可质询的内容却有重叠，故而在司法实践中，要依据股东起诉的具体情形分析质询的对象。还需要注意的是，法律并未规定若董事、监事、高级管理人员未列席会议，或列席会议但未接受股东质询时的法律后果，希望在后续《公司法》的司法解释中能对此予以明确规定。

除此之外，董事、监事、高级管理人员的义务在《公司法》中有明确约定，应当遵守法律、行政法规和公司章程，对公司负有忠实义务和勤勉义务。由以上可知，关于董事、监事、高级管理人员的义务，最基础且最低的要求应为守法义务，遵守法律以及行政法规的规定，由此外延至信义义务，也就是上文所称的忠实义务及勤勉义务，除此之外，还有像本条法律所规定的在股东会要求董事、监事、高级管理人员列席会议的，董事、监事、高级管理人员应当列席并接受股东的质询的解释说明义务，以及其他分布在《公司法》各个法条中的义务，上述所有义务构成董事、监事、高级管理人员的义务体系，这与董事、监事、高级管理人员所享有的权利共同构成体系，体现了权利义务相一致原则的法律原则。

【实务问题】

因董事、监事、高级管理人员系公司的管理人员，且一定程度上实际控制着公司的经营，故而在现实生活中，即使没有股东会的要求，董事、监事、高级管理人员也会主动参加股东会，但未必愿意接受股东的质询，而关于对股东质询的解释说明标准，法律又没有明确的规定，作为股东，即使自己对董事、监事、高级管理人员的质询未被明确回复，股东也未必会想到通过诉讼的方式来保护自己的权益，因此在实务中，仅涉及董事、监事、高级管理人员列席会议并接受股东质询的案件很少，一般会裹挟在股东知情权纠纷中予以体现，且因法律并未明确规定若董事、监事、高级管理人员未列席会议或未接受质询的法律后果，因此股东起诉时一般会结合股东的忠实勤勉义务的法律规定来确定自己的诉讼请求或要求董事、监事、高级管理人员承担的法律后果。但需要注意的是，因《公司法》第110条中也明确了股东有权对公司的经营提出建议或者质询，而本条所规定的股东可质询的对象为董事、监事、高级管理人员，股东并非专业法律人员，很难辨别自己要质询的对象是公司或董事、监事、高级管理人员，时常出现起诉主体错误的情形。故而在司法实践中，法院要根据股东起诉时的对象，以及股东质询的具体内容来分辨其质询的对象是公司还是董事、监事、高级管理人员。此外，还需要界定股东要求回复的问题是否为董事、监事、高级管理人员的职责范畴，是否为其必然或者应当知晓的问题，切勿过分加大董事、监事、高级管理人员的责任。

【典型案例】

A公司与B公司股东知情权纠纷案①

裁判要旨：根据相关法律规定，股东知情权是股东的法定权利、固有权利，是行使其他权利的前提。公司章程及修正案、股东大会会议记录、董事会会议决议、监事会会议决议和财务会计报告等是公司应当制备的文件，在公司内部也属于需要公开的资料，应当允许股东不受限制地查阅、复制。股东质询是指出席股东会的股东，为行使股东权，而请求董事、监事、高级管理人员就公司经营的相关问题进行说明的权利。质询属于公司内部事务，股东质询的对象是公司内部的董事、监事、高级管理人员，而非公司。

① 参见天津市南开区人民法院（2022）津0104民初6631号民事判决书。

【条文】

第一百八十八条

董事、监事、高级管理人员执行职务违反法律、行政法规或者公司章程的规定，给公司造成损失的，应当承担赔偿责任。

【条文主旨】

本条是关于董事、监事、高级管理人员损害赔偿责任的规定。

【条文概览】

1993 年《公司法》第 63 条规定："董事、监事、经理执行公司职务时违反法律、行政法规或者公司章程的规定，给公司造成损害的，应当承担赔偿责任。"《公司法》于 1999 年、2004 年进行修正时，本条未变更。2005 年修订时，条文序号调整为第 150 条，内容修改为："董事、监事、高级管理人员执行公司职务时违反法律、行政法规或者公司章程的规定，给公司造成损失的，应当承担赔偿责任。"只是为同其他规定保持一致，将原规定中的"经理"相应地修改为"高级管理人员"，将"损害"改为"损失"。2013 年修正时，仅将条文序号调整为第 149 条，内容未作修改。2018 年修正时，本条未作变更。本次修订将条文序号调整为第 188 条，进行文字性修改，属于非实质性修改。

【理解与适用】

董事、监事、高级管理人员在执行职务时，应当遵守法律、行政法规和公司章程的规定，维护公司利益。如果董事、监事、高级管理人员从事以权谋私、收受贿赂、挪用公司资金、以公司资金为个人债务提供担保、进行同业竞争等违反法律、行政法规或公司章程规定的行为，并给公司造成损害的，应当承担赔偿责任。

一、理论基础

《公司法》对董事、监事、高级管理人员与公司的法律关系性质未作正面规定。《公司法》第 178 条第 2 款规定"……选举、委派董事、监事或者聘任高级管理人员的……"，委派和聘任均有委托、委任之意，理论上我国学者也认为系委托关系，应适用委托合同规制予以规范。《公司法》第 71 条也明确了董事无因解任规则，进一步印证了公司与董事之间的委托关系。实践中高级管理人员由董事会聘任或由股东会委派，且通常与公司签署劳动合同或受《劳动合同法》约束，亦存在委托关系。基于委托关系，《公司法》第 180 条规定了董事、监事、高级管理人员的忠实、勤勉义务，如违反规定并给公司造成损失，即应当承担赔偿责任。同时，《公司法》第 179 条规定了董事、监事、高级管理人员应当遵守法律、行政法规和公司章程的最基本的要求。此外，《公司法》还有关于董事、监事、高级管理人员等特殊的义务类型的规定，如清算义务。违反上述规定的，给公司造成损失的，董事、监事、高级管理人员应当承担赔偿责任，形成了以守法守规义务为基础，忠实义务和勤勉义务为核心，其他义务为补充的责任体系。

二、归责原则

《公司法》未明确董事、监事、高级管理人员承担的赔偿责任属于严格责任还是过错责任。鉴于违反忠实义务和勤勉义务的行为都存在故意或过失，在追究公司董监高民事赔偿责任时应坚持过错责任原则，违反忠实义务的行为皆有过错，而违反勤勉义务的行为主要以过失尤其是重大过失为构成要件之一。

三、构成要件

董事、监事、高级管理人员承担赔偿责任的条件有二：其一是执行职务时违反法律、行政法规或公司章程的规定。其二，执行职务的行为给公司造成损失，无损失也就无所谓损失赔偿。如果董事、监事、高级管理人员执行公司职务时虽违反了法律、行政法规或公司章程的规定，但并未因此造成对公司的损失，损失赔偿责任无从发生，但可依照法律、行政法规或公司章程的规定给予上述人员处分。如果董事、监事、高级管理人员执行职务的行为给公司造成损害，但其并未违反法律、行政法规或公司章程的规定，也不承担赔偿责任，公司因此遭受的损失应理解为公司经营、决策或交易风险。

【实务问题】

一、准确界定章程自主规定事项

本条规定董事、监事、高级管理人员违反公司章程规定给公司造成损失应承担赔偿责任，针对《公司法》部分条款是否可以通过章程进行调整，应当准确界定。

例如，考虑到公司法的组织法属性，新《公司法》第185条新增关联董事回避表决制度，不建议通过公司章程予以规避或废除。可以确定的是，即便公司章程存在该等规避或废除条款，该等条款对章程通过后新加入的股东即公司新股东并无约束力。又如，新《公司法》第212条关于董事会限期分配利润之规定，因分配期限属于对股东权利的自主处分事项，可经全体股东一致同意在章程或股东会决议中明确变更或延长分配期限。

二、商业判断规则

结合管理者忠实和勤勉义务，如董事、监事、高级管理人员执行职务行为未违反规定但对公司造成了损失，还应考虑商业判断规则进而确定管理者是否应对损失承担责任。考虑到商业判断规则的建立需要大量案例支撑，新《公司法》未以法律条文形式对商业判断规则进行规制。

实践中，商业判断规则的主要判断路径包括：一是管理者在决策时是否存在利益冲突；二是管理者决策是否依据了合理依赖的信息与资料；三是商业判断是否遵循了正当程序；四是作出的商业判断是否尽到商事主体合理的注意义务；五是商业判断是否善意地维护公司最佳利益。

三、损失确定与责任承担

（一）损失确定

司法实践中对于难以认定的损失主要通过启动司法鉴定（或审计）程序处理，对于较为简单的损失认定（如下文中的典型案例中郑州四维粮油工程技术有限公司损害公司利益责任纠纷案）则可以在司法审判中直接认定损失。

国有企业监管规定对损失认定的规定较为详细，可以作为司法实务中损失认定的参考。国务院国有资产监督管理委员会《关于印发国有企业资产损失认定工作规则的通知》（国资评价〔2003〕72号）规定了认定资产损失的合法证据包括具有法律效力的外部证据、社会中介机构的经济鉴证证明和特定事项的企业内部证据。

在资产损失认定的原则层面，该通知还包括各项证据的适用方式和逻辑关系，并结合货币、坏账、存货、待摊费用、投资、固定资产、在建工程、工程物资、无形资产和其他资产的不同属性，明确了不同类型资产相应细化的损失认定方式，为司法实践特别是处理国有企业资产损失提供了制度参考。

（二）责任承担

1. 多个责任主体的责任认定。如涉及多个董事、监事、高级管理人员违反法律、法规、公司章程并给公司造成损失的案件，在司法实践中可以考虑根据过错程度将相关人员责任划分为直接责任、主管责任和领导责任，在此基础上结合案情进一步酌定分担赔偿责任。

其中直接责任是指相关人员在其工作职责范围内，违反规定，未履行或未正确履行职责，对造成的资产损失或其他不良后果起决定性直接作用时应当承担的责任；主管责任是指相关人员在其直接主管（分管）工作职责范围内，违反规定，未履行或未正确履行职责，对造成的资产损失或不良后果应当承担的责任。领导责任是指主要负责人在其工作职责范围内，违反规定，未履行或未正确履行职责，对造成的资产损失或不良后果应当承担的责任。

2. 结合过错程度确定责任范围。认定资产损失后，司法实践中需关注董事、监事、高级管理人员对实际损失的影响程度并确定责任承担范围。例如一项较为复杂的投资行为，即便相关主体存在过错，投资损失的原因还可能包括市场环境变化、公司作为股东方管理责任影响等诸多因素，应结合证据坚持公平原则确定与相关主体过错相适应的损失赔偿范围，而非“一刀切”式径行认定董事、监事或高级管理人员承担全部损失赔偿责任。

3. 调整工资收入及劳动关系。为进一步强化董事、监事、高级管理人员合规责任，公司可以参考《国务院办公厅关于建立国有企业违规经营投资责任追究制度的意见》（国办发〔2016〕63 号）并根据《劳动合同法》《工资支付暂行规定》等相关规定完善劳动管理制度，针对发生较大资产损失、重大资产损失情形对负有责任主体通过通报批评、诫勉、停职、调岗调薪、解除劳动关系等方式处理，同时设定扣减薪酬具体标准，维护公司权益和利益。

【典型案例】

一、方某某与节能公司、粮油公司损害公司利益责任纠纷案①

裁判要旨：被告系原告公司的控股股东、执行董事兼总经理，又是关联公司的股东兼监事，其代表原告公司与关联公司签订购销合同，将设备低价

① 河南省高级人民法院 2021 年度全省法院十大商事暨涉企典型案例。

出售给关联公司，损害了原告公司的利益。《公司法》第 21 条[①]也规定了董事、监事、高级管理人员不得利用关联关系损害公司利益，否则应予赔偿。本案通过支持监事代表诉讼，强化控股股东、公司高管的责任，对关联交易进行规制，有力地保护了市场主体的合法权益，维护了公平诚信的市场交易秩序。

二、居某门业公司诉太某热力有限公司、李某某公司盈余分配纠纷案[②]

裁判要旨： 盈余分配是用公司的利润进行给付，公司本身是给付义务的主体，若公司的应分配资金因被部分股东以变相分配利润、隐瞒或转移公司利润的方式转移走，而致不足以现实支付时，不仅直接损害了公司的利益，也损害了其他股东的利益。利益受损的股东可直接依据《公司法》第 20 条[③]第 2 款的规定向滥用股东权利的公司股东主张赔偿责任，或依据《公司法》第 21 条[④]的规定向利用其关联关系损害公司利益的控股股东、实际控制人、董事、监事、高级管理人员主张赔偿责任，或依据《公司法》第 149 条[⑤]的规定向违反法律、行政法规或者公司章程的规定给公司造成损失的董事、监事、高级管理人员主张赔偿责任。

① 对应 2023 年《公司法》第 22 条。
② 参见《最高人民法院公报》2018 年第 8 期。
③ 对应 2023 年《公司法》第 21 条。
④ 对应 2023 年《公司法》第 22 条。
⑤ 对应 2023 年《公司法》第 188 条。

【条文】

第一百八十九条

董事、高级管理人员有前条规定的情形的，有限责任公司的股东、股份有限公司连续一百八十日以上单独或者合计持有公司百分之一以上股份的股东，可以书面请求监事会向人民法院提起诉讼；监事有前条规定的情形的，前述股东可以书面请求董事会向人民法院提起诉讼。

监事会或者董事会收到前款规定的股东书面请求后拒绝提起诉讼，或者自收到请求之日起三十日内未提起诉讼，或者情况紧急、不立即提起诉讼将会使公司利益受到难以弥补的损害的，前款规定的股东有权为公司利益以自己的名义直接向人民法院提起诉讼。

他人侵犯公司合法权益，给公司造成损失的，本条第一款规定的股东可以依照前两款的规定向人民法院提起诉讼。

公司全资子公司的董事、监事、高级管理人员有前条规定情形，或者他人侵犯公司全资子公司合法权益造成损失的，有限责任公司的股东、股份有限公司连续一百八十日以上单独或者合计持有公司百分之一以上股份的股东，可以依照前三款规定书面请求全资子公司的监事会、董事会向人民法院提起诉讼或者以自己的名义直接向人民法院提起诉讼。

【条文主旨】

本条是关于股东代表诉讼的相关规定。

【条文概览】

本条是此次《公司法》修订中实质修改的条文，规定了在公司或者公司全资子公司利益受损的情况下的股东代表诉讼制度，重点是增加了双重股东代表诉讼的规定。根据本条规定，公司或全资子公司的董事、监事、高级管理人员违法执行职务给公司造成损失或者他人侵犯公司或者全资子公司的合法权益，给公司造成损失的，符合一定条件的股东可以分别请求公司或者全资子公司的监事会、董事会代表公司提起诉讼。如果监事会或董事会在收到股东请求后拒绝起诉或者在法定期限内未予答复，股东可以为了公司或者全资子公司的利益以自己的名义提起诉讼，以追究董事、高级管理人员、监事或者他人的赔偿责任。

股东代表诉讼制度最早于2005年《公司法》中规定。该法在第152条规定了公司的董事、监事、高级管理人员违法执行职务给公司造成损失或者他人侵犯公司的合法权益，给公司造成损失的，符合一定条件的股东可以分别请求公司的监事会、董事会代表公司提起诉讼。如果监事会或董事会在收到股东请求后拒绝起诉或者在法定期限内未予答复，股东可以为了公司的利益以自己的名义提起诉讼，以追究董事、高级管理人员、监事或者他人的赔偿责任。2013年、2018年两次《公司法》修正时均未进行修改，只是条文序号发生了变更。

2005年《公司法》奠定了我国股东代表诉讼制度的基础，此后《公司法解释一》《公司法解释四》《公司法解释五》等司法解释以及《九民会纪要》等规范性文件，均从不同角度完善了股东代表诉讼制度。而本次《公司法》修订对股东代表诉讼制度进行了实质性修改，增加了双重股东代表诉讼制度，即本条第4款，规定了股东不仅可以代表本公司利益，还可以代表公司的全资子公司利益提起诉讼，是此次《公司法》修订的亮点之一。

【理解与适用】

本条是关于公司利益受损情况下股东的救济程序的规定。公司人格与股东人格相互独立，一般而言，公司利益受到侵害并不意味着股东利益直接受损；但股东利益又与公司利益息息相关，在公司不主张其利益的情况下，股东应有相应的救济程序，否则会间接损害股东利益。因此本条规定了股东救济权利，为中小股东利益提供最终保护，包括公司利益受到侵害，股东请求公司机关提起诉讼的权利，以及公司不能或怠于起诉时，股东为了公司利益以自己的名义代为诉讼的权利。学理上将此种救济权利称为股东代表诉讼，又称为股东代位诉讼或派生诉讼、衍生诉讼、传来诉讼。股东代表诉讼制度是中小股东制衡董事、监事、高级管理人员责任的最有力武器，对保护公司利益和间接保护股东利益具有重要价值。新修订的《公司法》扩大了董事权力、强化了董事责任，作为一种制约机制，也相应扩大了股东代表诉讼制度的适用范围。关于本条规定，应从以下几方面予以理解：

一、符合法定条件的股东

股东代表诉讼目的是维护公司的利益，弥补公司受到的损失，却并不必然对主张权利的个体股东有利。为了防止股东代表诉讼制度滥用，影响公司的正常经营活动，我国《公司法》从持股时间和持股数量上对提起代表诉讼的资格予以了限制。

根据本条第 1 款、第 4 款的规定，能够主张权利的股东是有限责任公司的股东和股份有限公司连续 180 日以上单独或者合计持有公司 1% 以上股份的股东。也即，凡是有限责任公司的股东，都有资格启动代表诉讼；而股份有限公司的股东需要符合连续持股期间和持股比例的要求，才有资格启动代表诉讼。

之所以存在差异，在于有限责任公司具有人合性，股东以外的人取得股权相对困难；而股份有限公司股东对外转让股权较为容易，特别是上市公司，具有公开的股票交易市场，外部人能够轻易获得公司股份。如果临时、少量取得公司股份就有权以股东身份提起代表诉讼，可能产生股东代表诉讼滥用的问题，干扰公司正常经营，因此需要对股份公司股东主张权利的资格进行适当限制。

此外，根据《公司法解释一》第 4 条之规定，股份有限公司股东 180 日以上连续持股期间，应为股东向人民法院提起诉讼时已期满的持股时间；规定的合计持有公司 1% 以上股份，是指两个以上股东持股份额的合计。需要注意的是，股份有限公司股东持股数量与持股时间的要求应当同时满足，即如果两个以上股东合计持有 1% 以上股份，这两个以上的股东持股时间都应当满足起诉时连续持股满 180 日以上的要求，如果其中有股东持股时间不满 180 日，计算持股数量时需要将该股东的持股数量予以剔除。

二、股东代表诉讼的前置程序

股东代表诉讼制度是保护中小投资者的有力武器，然而，如果少数股东滥用诉权，将会导致公司面临大量诉讼困扰，日常经营难以为继，因此应当为防止少数股东滥用诉权设置防火墙，前置程序就是其中重要措施之一。

股东代表诉讼的前置程序又称先诉请求，是指股东提起代表诉讼之前，必须先书面请求公司向法院提起诉讼。前置程序是股东代表诉讼“穷尽内部救济原则”的体现，具有重要作用：一方面可以充分利用公司内部监督机制，给予公司最后的考虑机会，衡量各方面情况，综合判断是否提起诉讼；另一方面也可以促使股东慎重考虑，防止股东滥用诉权，过滤无价值的诉讼，防止扰乱公司正常经营。

我国《公司法》中规定了股东首先向公司有权机关请求提起诉讼，没有履行该前置程序的，人民法院应当驳回起诉。由于各国公司治理结构不尽相同，前置程序中先诉请求的公司机构也不尽相同。英美法系国家的公司法中，一般要求原告股东首先向董事会提出先诉请求，如果董事会不能或者不愿以公司名义起诉，则应当向股东会提出请求，要求其以公司名义提起诉讼。只有董事会或者股东会不愿提起诉讼时，股东才能代表公司以自己的名义提起股东代表诉讼。大陆法系国家的公司法则规定监事会是专门的监督机构，有权对侵害公司的行为进行监督并提起诉讼。故股东代表诉讼前置程序中，股东首先应当请求公司监事会提起诉讼，请求失败时才能提起股东代表诉讼。

根据本条第 1 款、第 3 款、第 4 款规定，董事、高级管理人员违法履职，应当向公司承担赔偿责任的，符合条件的股东可以书面请求监事会向人民法院提起诉讼；监事违法履职应当向公司承担赔偿责任的，符合条件的股东可以书面请求董事会向人民法院提起诉讼。公司全资子公司利益受损，符合条件的公司股东可以按照上述程序分别向全资子公司的董事会或者监事会请求起诉。也即，先诉请求对象是监事会，向董事会提出先诉请求是替补措施。监事会的职责是履行内部监督职能，是否对董事、高级管理人员履职不尽责行为追究其责任，属于监事会或者监事的法定职责，由其处理这一先诉请求更为适宜。

对侵犯公司合法权益的他人提起的诉讼，本条并未明确先诉请求机关，根据《公司法解释四》相关规定，应当向董事会提出先诉请求。理由在于，是否对他人提起诉讼本质上是对起诉是否符合公司最佳利益的判断，应当属于公司董事会或者股东会的职权范围。而公司董事会定期召集，向董事会提出先诉请求比向股东会提出先诉请求更有效率且更经济。

需要注意的是，我国现行《公司法》中公司治理结构有了重大变化，允许公司对治理模式进行选择：公司既可以设立监事会，也可以不设监事会与监事。不设监事会与监事的，公司监督职能可以由董事会下设审计委员会承担。[①] 本法第 69 条规定："有限责任公司可以按照公司章程的规定在董事会中设置由董事组成的审计委员会，行使本法规定的监事会的职权，不设监事会或者监事。公司董事会成员中的职工代表可以成为审计委员会成员。"第 83 条规定："规模较小或者股东人数较少的有限责任公司，可以不设监事会，设一名监事，行使本法规定的监事会的职权；经全体股东一致同意，也可以不设监事。"第 121 条第 1 款规定："股份有限公司可以按照公司章程的规定在董事会中设置由董事组成的审计委员会，行使本法规定的监事会的职

---

① 参见潘勇锋：《审判视角下新公司法主要制度修订》，载《中国应用法学》2024 年第 1 期。

权，不设监事会或者监事。”第176条规定：“国有独资公司在董事会中设置由董事组成的审计委员会行使本法规定的监事会职权的，不设监事会或者监事。”也即，在新修订的《公司法》下，任何公司都可能不设监事会或者监事。其中又分为两种情形：一种是在董事会中设置由董事组成的审计委员会，行使监事会的职权；另一种情况则是为了适应小公司经营灵活性和降低管理成本的需要，简化公司组织机构设置，允许规模较少或者股东人数较少的有限责任公司经全体股东一致同意可以不设监事，也不设审计委员会。

审计委员会虽然设立于董事会中且由董事组成，但行使的是监事会职责，其中也应当包括在股东代表诉讼前置程序中接受股东请求、代表公司提起诉讼的职责。而规模较小的有限责任公司如果既不设监事也不设审计委员会，此种公司原则上应当由股东负责监督，股东地位相当于监事，原则上也应当享有监事会所拥有的监督职权。因此，在新的公司治理结构下，如果公司没有设监事会或者监事，审计委员会代行监事会职责，审计委员会成员以外的董事或者高级管理人员损害公司利益，造成损失的，符合条件的股东应当向审计委员会请求提起诉讼。而对于审计委员会成员董事提起的诉讼，则类似于对之前监事会或者监事提起的诉讼，应当向董事会请求提起诉讼。

三、前置程序后公司直接诉讼

如果公司有关机关接受股东请求，依据本条第1款、第3款、第4款规定代表公司向法院提起诉讼时，则形成了接受股东请求而提起的公司直接诉讼。根据《公司法解释四》的规定，如果监事会依据本条规定接受股东请求，对董事、高级管理人员提起诉讼的，应当列公司为原告，依法由监事会主席或者不设监事会的有限责任公司的监事代表公司进行诉讼。董事会依据本条规定，接受股东请求，对监事提起诉讼的，或者对侵犯公司合法权益的他人提起诉讼的，应当列公司为原告，依法由董事长或者执行董事代表公司进行诉讼。根据上述规定，明确了应股东请求提起的公司直接诉讼中，公司为原告，代表原告参加诉讼的人分不同的情形为监事会主席、监事或者董事长、董事。如果是公司全资子公司利益受损的情形，则在公司直接诉讼中，原告就是全资子公司，代表原告参加诉讼的人分不同的情形为全资子公司的监事会主席、监事或者董事长、董事。

在新的公司治理结构下，如果公司没有设监事会或者监事，董事会下审计委员会代行监事会职责。审计委员会成员以外的董事或者高级管理人员损害公司利益，造成损失的，符合条件的股东应当向审计委员会请求提起诉讼。如果审计委员会接受股东的请求，提起诉讼，则由其成员董事代表公司提起诉讼。而对于审计委员会成员董事提起的诉讼，则类似于对之前监事会或者监事提起的诉讼，应当向董事会请求提起诉讼。董事会接受股东的请求，提起诉讼的，则由董事长代表公司提起诉讼。

四、代表公司的利益以自己的名义提起股东代表诉讼

股东代表诉讼制度中，如果公司机关收到股东的先诉请求后拒绝提起诉讼或者怠于提起诉讼，或者情况紧急、不立即提起诉讼将会使公司利益受到难以弥补的损害的，股东有权为公司利益以自己的名义直接向法院提起诉讼。本条第 2 款即是股东为公司利益以自己名义直接提起诉讼的规定。根据该款规定，股东直接提起诉讼的条件是股东履行前置程序后公司拒绝诉讼或者怠于诉讼，或者前置程序被豁免。前置程序豁免除了本条第 2 款规定的“情况紧急、不立即提起诉讼将会使公司利益受到难以弥补的损失”情形外，《九民会纪要》第 25 条还规定了公司治理失灵情况下的豁免前置程序。根据该条规定，如果查明股东向公司有关机关提出书面申请之时，不存在公司有关机关提起诉讼的可能性的，人民法院不应当以原告未履行前置程序为由驳回起诉。此外，在新的公司治理结构下，对于规模较小既不设监事也不设审计委员会的有限责任公司，治理结构中并无代行监事会职责的机关，因此也就不存在需要再履行前置程序、向有关机关请求诉讼的必要。从理论上说，上述公司中对于董事和高级管理人员的监督权已经转移到股东身上，因此，股东根据本条对董事、高级管理人员提起代表诉讼，就不必履行前置程序，而可以直接以自己的名义为公司利益提起诉讼。

公司内部争议，原则上应当由公司机关处理，这有助于公司内部机关正常行使职能，维护公司治理结构正常运作。股东代表诉讼只是作为公司内部监督失灵情形下而设置的救济措施，故只能在用尽公司内部救济措施之后才能启动，在原告股东没有提出先诉请求而直接向法院提出诉讼的情况下，法院应当不予受理，已经受理的，应当驳回原告的起诉。但是，不考虑案件具体情况僵化适用前置程序实质上又会造成诉讼障碍，对股东和公司维护合法权益带来消极影响。为了平衡两者利益，本条第 2 款以及相关规范性文件规定了前置程序的豁免。

此外，需要注意的是，股东代表诉讼的责任形式不限于赔偿损失，还包括返还财产、停止侵害、消除影响等多种责任形式。根据本条规定，股东提起代表诉讼主要包括两种情形：一是董事、监事、高级管理人员违法履职侵

害公司利益、造成损失的情形；二是他人侵犯公司合法权益，给公司造成损失的情形。由于侵害公司权利的行为有多种形式，故其承担的民事责任也是多样的，并非仅有赔偿损失一种。例如，在公司董事非法控制公司的公章，占有公司的营业执照、财务账册，未依法按照公司章程进行经营活动的情形下，股东可以要求董事返还公章、营业执照和财务账册，并赔偿因此给公司造成的损失。由于责任形式多样，所以股东代表诉讼胜诉，应指公司获得了实质利益。实质利益，不仅包括金钱利益，也包括“如撤销被告与公司之间的股份转让合同、重大交易合同、要求被告归还公司印章等重要文件的非金钱利益”。

五、双重股东代表诉讼制度

2005 年《公司法》就已经规定了股东代表诉讼制度，但仅限于股东对本公司的董事、监事和高级管理人以及侵犯本公司利益的人提起代表诉讼。在母子公司关系中，子公司在财务上属于母公司的一部分，子公司利益受损时，会间接损害母公司利益；子公司的董事由母公司决定，母公司的控股股东很可能利用子公司从事不公平关联交易掏空公司，损害子公司利益，间接损害母公司利益。当母公司是子公司的唯一股东时，如果母公司不对子公司的董事提起诉讼，则母子公司利益受损就没有法律救济途径。因此，股东双重代表诉讼制度，即母公司股东代表全资子公司利益提起诉讼，可以说是企业集团模式运行中，对中小股东保护的最后一道防线。①

通过双重代表诉讼制度的追偿功能，还能对侵害子公司利益的子公司董事起到有效的威慑作用，有利于公司治理机制的健全和完善。② 本条在 2018 年《公司法》规定的基础上增加了第 4 款规定，建立了双重股东代表诉讼制度，允许股东对其全资子公司的董事、监事和高级管理人员以及损害全资子公司利益的其他人等提起代表诉讼，更全面地保护了母公司及其股东，尤其是中小股东的合法权益，有利于股东在监督公司治理方面发挥更大作用。

双重代表诉讼中，也应遵守一般代表诉讼前置程序的规定。对于双重股东代表诉讼中，应当先请求谁提起诉讼，比较法有两种做法：一是美国判例法中大多采用双重请求，股东既要向母公司也要向子公司提起请求，只有两

① 林少伟：《我国双重股东代表诉讼的本土化构建路径》，载《广东社会科学》2020 年第 3 期。

② 樊纪伟：《我国双重代表诉讼制度架构研究》，载《华东政法大学学报》2016 年第 4 期。

家公司都拒绝，母公司股东才可以提起双重代表诉讼；[①] 二是日本、韩国公司法规定的股东仅向子公司提起诉讼请求即可。股东仅向子公司提起诉讼请求更有效率，更有利于保护小股东利益。我国 2023 年《公司法》第 189 条第 4 款规定股东仅向全资子公司提起请求即履行了前置程序。

【实务问题】

一、关于股东代表诉讼中被告能否提出反诉的问题

对于这一问题，一直存在两种不同观点：一种观点认为，股东代表诉讼中被告原则上不能提起反诉；另一种观点则认为，股东代表诉讼中被告也可以提起反诉。

所谓反诉，是指在民事诉讼过程中，本诉被告以本诉中的原告为被告，向法院提出与本诉有法律上牵连关系的诉讼，旨在抵消、吞并、排斥本诉原告的诉讼请求的一项诉讼制度。股东代表诉讼中，公司是被告不法行为的直接受害者，最终利益归属于公司，由股东代位行使诉权。股东代表诉讼的一般规则是禁止反诉。但我国股东代表诉讼的诉讼范围较为广泛，被告既可以是传统的公司董事、监事、高级管理人员，也可以是与公司有其他法律关系的第三人。如果是因董事、监事、高级管理人员执行公司职务时违反法律、行政法规或者公司章程的规定，给公司造成损失而提起的股东代表诉讼，无论因何种理由，被告均不能提起反诉；只有在因他人侵犯公司合法权益而提起的股东代表诉讼中，被告才可能基于特定的法律事由提起反诉。

《九民会纪要》第 26 条规定，他人侵犯公司合法权益，股东提起股东代表诉讼后，被告以原告股东恶意起诉侵犯其合法权益为由提起反诉的，人民法院应予受理。被告以公司在案涉纠纷中应当承担侵权或者违约等责任为由对公司提出的反诉，因不符合反诉的要件，人民法院应当裁定不予受理；已经受理的，裁定驳回起诉。但是，被告可以针对公司应当承担的侵权或者违约等责任另行提出单独的诉讼，既保护了被告实体诉权，又理顺了法律关系。该条规定将能够提出反诉的前提条件限制在因他人侵犯公司合法权益而提起的股东代表诉讼中，并根据反诉请求和理由的不同，区分情况规定了不同情形。

① *Flocco v. State Farm Mut. Auto. Ins. Co.*, 752 A. 2d 147, 154 (D. C. 2000).

二、股东代表诉讼的调解

《九民会纪要》第 27 条规定了股东代表诉讼的调解。公司是股东代表诉讼的最终受益人，为避免因原告股东与被告通过调解损害公司利益，人民法院应当审查调解协议是否为公司的意思。只有在调解协议经公司股东会、董事会决议通过后，人民法院才能出具调解书予以确认。至于具体决议机关，取决于公司章程的规定。公司章程没有规定的，人民法院应当认定公司股东会为决议机关。

首先，股东代表诉讼应当允许调解。股东代表诉讼属于民事诉讼，而民事主体有权依照自己的意志处分自己的实体权利和程序权利。和解是当事人对自身权利的处分，应当对当事人的意思自治予以充分尊重，允许当事人在股东代表诉讼中进行和解。而且，股东代表诉讼的作用是事前威慑与事后弥补相结合。甚至事前威慑作用更加重要，主要用于解决公司治理成本问题，使得董事、监事、高管等人忠实地、勤勉地为股东利益服务。股东代表诉讼提起后，其主要作用就已经发挥，而诉讼和解更有利于及时解决纠纷，节约诉讼成本，维护公司的正常运营。调解是在法院主持下进行的和解，故股东代表诉讼中应当允许当事人调解。

其次，股东代表诉讼调解受到一定限制。调解是当事人的一项权利，只要调解内容符合自愿、合法原则，法院不会干涉。但股东代表诉讼案件又与一般的诉讼案件不同：一般诉讼案件原告与案件有直接的利害关系，原告与被告和解，是处分自己诉讼权利和实体权利的行为，即使对自己不利，也属于当事人私权自治范围内的自由处分，只要不损害他人的合法权益，应当允许。但股东代表诉讼有其特殊性，在股东代表诉讼中，原告股东实质上是代表公司行使公司的权利，原告股东与案件没有直接利害关系，其诉讼的目的是维护公司的利益，间接维护自己与其他股东的利益。故原告股东有可能与被告或者公司一方串通，达成和解，损害公司或其他股东的利益，从而获得个人利益。而股东代表诉讼中的调解书同样对公司及其他股东具有既判力和拘束力，公司及其他股东受“一事不再理”规则的拘束，不得基于同一事实、同一理由再对同一被告提起代表诉讼。例如，有的公司为了防止代表诉讼发生，采取先发制人的手段，指使某些股东抢先提起代表诉讼，然后以低廉的代价达成和解，以“一事不再理”的诉讼规则阻却其他中小股东的诉讼机会。有学者因此认为，和解有时是一种对诉讼人的贿赂，原告股东通过和解协议获得不当利益，这种行径使公司受到双重欺诈。“因和解而支付的金钱通常来源于公司的资本，因而此种诉讼的最终结果就是公司受到两次欺诈和损害：一次是为了找到此种诉讼的理由，一次是为了付清所发现的不适行为的损害。”而被告由于担心败诉或者名誉受损，希望和解，这样就有可能达成一个并不符合公司最佳利益的和解协议。

我国《公司法》对此未作明确规定，但在司法实践中，股东代表诉讼相关案件也有以调解方式结案的情况。而在调解中，往往采取通知公司其他股东一起参与调解的方式，只有对调解协议一致同意的情况下，法院才出具调解书。《九民会纪要》相关规定一方面肯定了股东代表诉讼调解有利于保护公司和股东的合法权益，并且也有利于实现诉讼经济性；另一方面也采纳了实践中的经验，规定调解中原告股东权利受限，公司享有知情权和最终决定性的同意权，而该同意权必须以会议方式行使，以此保证公司其他股东的权益。

人民法院出具调解书确认股东代表诉讼调解协议的前提条件是该调解协议经公司机关决议通过。需要注意的是，股东会或董事会决议应当是有效的决议。如果股东会或董事会决议存在效力瑕疵，如内容或程序违反法律或行政法规、公司章程的规定，则相关权利主体可以申请法院确认该决议不成立、无效或撤销该决议。

三、股东代表诉讼胜诉利益归属

股东代表诉讼系股东代行公司诉权，因其不同于股东直接诉讼，故在胜诉利益归属方面也突破了法律的一般性规则。根据《公司法》规定，股东提起代表诉讼是为了保护公司的利益。由于公司的权利受损，导致股东的权利间接受损，故在法定情形下，股东可提起股东代表诉讼。公司为实质原告，故胜诉利益归属公司。《公司法解释四》中规定了股东代表诉讼胜诉利益归属：在股东代表公司直接提起诉讼的案件中，胜诉利益归属于公司，股东请求被告直接向其承担民事责任的，人民法院不予支持。

股东虽以自己的名义提起诉讼，但其实质是为了公司的利益提起诉讼，针对的也是损害公司利益的行为，公司是实质意义上的原告，股东仅为名义原告，因此，股东代表诉讼的胜诉利益归属于公司。股东请求被告直接向其承担民事责任的法律后果，为“人民法院不予支持”，以满足因案件所处阶段不同而存在的不同处理方式的需要。例如，在一审阶段，不予支持的情形下，法院判决驳回诉讼请求；在二审阶段，不予支持的情形下，法院判决驳回上诉，维持原判等。

关于败诉情形下的诉讼后果归属，存在争议。一种观点认为，败诉后果不应由公司负担。理由为：如果败诉后果由公司承担，将导致股东可以不负责任地对公司负责人或者公司外的人提起诉讼。股东代表诉讼，从制度上讲，是补充性质的诉讼，即在公司利益受损，所有能代表公司提起诉讼的人均不愿意提起诉讼的情形下，由股东提起的诉讼。这里的“不愿意”，既有董事、监事等人损害公司利益而自肥，自然不愿意的情形，也有董事、监事等人认为公司利益没有受损，不能提起诉讼的情形。在此情形下，股东要提起代表诉讼，势必要十分慎重，要确保是在公司利益受损的情况下，才能提起诉讼。如果过分放开，形成股东滥诉，后果会十分严重。故从制度上，股东败诉不应由公司承担责任。另一种观点认为，股东代表诉讼的败诉结果，应由公司承担。理由为：股东实质上是基于公司利益、为阻止损害公司利益的行为提起诉讼，股东仅为名义原告，公司是实质意义上的原告，因此，股东代表诉讼的败诉结果也应归属于公司，这是立法通例。由于股东滥诉会导致公司权利受损，股东权利间接受损，故股东提起股东代表诉讼自会谨慎。公司参与此类诉讼，也可依法维护自身权利，防止遭受损害。如果确属股东滥用权利提起该诉讼，公司可在承担败诉后果后对股东提起损害赔偿诉讼。客观而言，股东代表诉讼败诉原因十分复杂，通常难以确定责任。目前，股东代表诉讼中股东以一己之力维护公司的整体利益，股东提起代表诉讼的积极性并不高。国外立法例则多以鼓励股东提起该类诉讼为主，甚至有的规定减免诉讼费以示鼓励。司法解释对股东代表诉讼的败诉后果没有进行规定，留待继续研究。

四、费用承担

《公司法解释四》规定，股东代表公司直接提起诉讼的案件中，股东全部或者部分胜诉的情况下，公司应当承担股东因参加诉讼支付的合理费用。

对于原告出于共益目的而支出的合理费用应当予以补偿，同时仅在原告股东胜诉的情况下，由公司承担合理费用，坚持保障股东诉权与防止滥诉并重。股东胜诉时公司负担合理费用，这与英美法上实质获益的判断标准、德国法上股东如果在“诉讼许可申请”阶段败诉需自行负担费用等域外法规则是相一致的。反之，股东败诉时则应当自行支付诉讼费用，有利于敦促股东积极、谨慎地行使诉讼实施权。

审判实践中，原告股东要求公司负担合理费用的，可以在股东代表诉讼胜诉后单独提起，也可以在提起股东代表诉讼时同时提出。股东在提起股东代表诉讼的同时，请求由公司承担合理诉讼支出的，可以合并审理，也可分开审理，由人民法院根据实际情况决定。一般说来，原告请求被告向公司承担责任和请求公司补偿原告的费用，属于不同主体间的两种不同性质的请求，且股东代表诉讼中公司为第三人，在诉讼费用的诉讼中则是被告地位，合并审理时将不便于安排诉讼地位，故一般应当分别审理；但出于便利和效率审理的需要，也可以进行合并审理，故由人民法院根据实际情况决定。对公司主张的律师费、调查费、评估费、公证费等与诉讼请求相关的支出，人民法院应审查其合理性。合理费用的分担比例应当根据胜诉比例也就是诉讼请求得到支持的比例确定，属于被告负担的除外。

第一，诉讼费用和诉讼中的其他费用。诉讼费用包括：案件受理费、证人费用、翻译费用等。在原告股东胜诉的情况下，一般而言上述费用大部分应当由被告承担，因而不在公司应当承担的合理支出范围之内；对于人民法院裁判文书依法认定由原告股东负担的诉讼费，属于原告股东提出过高诉讼请求产生的费用，也不属于公司应当承担的合理费用。对于原告股东承担的其他费用，如保全担保费用等，人民法院也应当考虑原告股东的胜诉比例，亦即人民法院支持原告股东诉讼请求，判决被告给付的赔偿金额与原告股东请求的赔偿金额之比，以及是否确为诉讼所必需支出，如诉讼保全数额是否超出诉讼标的等因素，以确定公司应当承担的费用。

第二，聘请律师费用。对律师费用是否合理的考量，主要应当根据《律师服务收费管理办法》进行认定。根据该办法，律师服务收费可以根据不同的服务内容，采取计件收费、按标的额比例收费和计时收费等方式。对于风险代理费用，只要符合该办法规定的，也应当视为合理。

五、关于股东代表诉讼生效法律文书的强制执行问题

股东代表诉讼判决支持了原告股东部分或者全部诉讼请求后，债务人如不自觉履行，则需要申请法院强制执行。申请执行人应当是生效法律文书确定的权利人。在股东代表诉讼中，诉讼利益应归公司所有，不能要求直接向原告股东承担责任。就裁判文书中判定被告向公司进行给付的部分，如果债务人不自觉履行，应当由公司申请强制执行。如果公司怠于申请执行，也是属于董事不履行责任的情况，但如果要求由股东再就申请执行的问题提起股东代表诉讼，实际是增加了诉累。故原告股东可以申请强制执行，只是执行利益应当给付公司，而不能直接给付申请执行的原告股东。如最高人民法院在（2016）最高法执复28号裁定中就明确了股东代表诉讼案件裁判生效后，

股东有权向法院申请执行生效法律文书。在一起股东代表诉讼案件中，股东请求确认公司与第三人签订的合同无效，公司高级管理人员履行职务损害公司利益，应向公司承担赔偿责任。获得胜诉判决后，公司怠于主张自己的权利，在债务人没有自觉履行生效法律文书确定的义务的情况下，没有向法院申请强制执行。股东因此向法院申请强制执行。在该案中，最高人民法院认为："在股东代表诉讼中，股东个人的利益没有直接受到损害，只是由于公司的利益受到损害而间接受损，因此，股东代表诉讼是股东为了公司的利益而以股东的名义直接提起的诉讼，胜诉后的利益归于公司。同样，当股东代表诉讼进入执行程序后，股东代表出于继续维护公司利益的目的，向人民法院申请执行生效法律文书，符合股东代表诉讼这一制度设计的内在逻辑。"因此，股东在公司怠于主张自身权利时，有权向法院申请执行。

同理，如果被告破产，公司也需要积极申请债权，参加破产财产分配。在公司怠于申请的情况下，原告股东可以持生效法律文书直接代为申报。

【条文】

第一百九十条

董事、高级管理人员违反法律、行政法规或者公司章程的规定，损害股东利益的，股东可以向人民法院提起诉讼。

【条文主旨】

本条是关于股东直接诉讼的规定。

【条文概览】

本条文系承继2018年修正的《公司法》第152条之规定，未作变更。主要内容系董事、高级管理人员损害股东利益时，股东的救济途径。

【理解与适用】

一、本条规定的立法目的

股东是公司的投资人，有权维护自己在公司的合法权益。公司董事、高级管理人员违反法律、行政法规或者公司章程的规定，损害股东利益的，股东有权为自己的利益向人民法院提起诉讼。本条为股东维护自身权益向人民法院提起对董事、高级管理人员诉讼的规定，其立法目的在于当股东权益受到董事、高级管理人员之不法侵害时，为其提供司法救济。

二、股东直接诉讼的相关要素

（一）诉讼主体

1. 原告主体资格。原告应为公司股东。具体包括以下主体：（1）工商登记公示的现股东和原股东；（2）股东名册记载的现股东和原股东；（3）已为生效法律文书确认股东身份的股东。股东直接诉讼中作为原告的股东无持股比例或持股时间的限制。这是因为股东直接诉讼适用于股东权益受到直接侵害的情形，维护的是股东自身的权益，诉讼结果亦由其自行承担，故无须对其设置持股比例或持股时间的限制以防止股东滥用诉权而影响公司的正常经营。

2. 被告主体资格。本条规定的股东直接诉讼的被告应为公司董事、高级管理人员。其中，根据《公司法》第265条规定，高级管理人员是指公司的经理、副经理、财务负责人，上市公司董事会秘书和公司章程规定的其他人员。现代公司治理实行所有权与经营权分离，董事基于股东的信任由股东会选举产生，董事会是公司经营决策机关，享有经营管理公司的权力，高级管理人员同样被赋予管理公司事务的职权。董事、高级管理人员对股东同样负有忠实、勤勉义务。如果董事、高级管理人员违反忠实、勤勉义务直接损害了股东利益，股东有权以其为被告直接提起诉讼。

3. 第三人。股东利益和公司利益在通常情况下存在关联，部分案件审理结果可能与公司存在法律上的利害关系。此外，部分案件关于损害事实、损害结果等事实认定需要在公司参加诉讼的情况下才能查明。因此，司法实践中可根据案件的具体情况追加公司为第三人参加诉讼。

（二）受理与案由

股东根据本条规定提起股东直接诉讼，只要符合《民事诉讼法》第122条规定的起诉条件，即可立案受理，相关案件的案由一般确定为《民事案件案由规定》中二级案由“与公司有关的纠纷”项下的三级案由“损害股东利益责任纠纷”。

（三）提起股东直接诉讼的时间

本条对此未作时间限制。根据《民法典》第188条规定，向人民法院请求保护民事权利的诉讼时效期间为三年。法律另有规定的，依照其规定。诉讼时效期间自权利人知道或者应当知道权利受到损害以及义务人之日起计算。法律另有规定的，依照其规定。但是，自权利受到损害之日起超过20年的，人民法院不予保护，有特殊情况的，人民法院可以根据权利人的申请决定延长。在诉讼中被告提出诉讼时效抗辩的，应根据法律关于诉讼时效的规定审查股东的起诉是否超过诉讼时效期间。如果股东起诉时已超过诉讼时效期间，将不受到保护。因此，股东在知道自己的利益被损害后，应当及时提起诉讼，以保护自己的合法权益。

三、股东直接诉讼与股东派生诉讼

（一）股东直接诉讼与股东派生诉讼的区别

司法实践中，股东诉讼可以根据诉讼目的区分为股东直接诉讼与股东派生诉讼。前者是指股东因自身利益受到侵害，为了维护自身利益，基于其股东身份而提起的诉讼；后者是在公司利益受损而公司内部机关怠于履职的情况下，股东以自己的名义直接提起的诉讼。股东直接诉讼的调整规范散见于《公司法》条文中，除本条规定的股东针对董事、高级管理人员提起的损害股东利益责任纠纷诉讼外，股东提起的知情权纠纷、公司决议纠纷、盈余分配纠纷等也属于股东直接诉讼的类型。股东派生诉讼的调整规范主要是《公司法》第 189 条规定。股东直接诉讼与股东派生诉讼在外观上都是股东以自己的名义提起诉讼，但两者在诉讼目的、诉权结构、程序规则、诉讼利益归属上存在区别。诉讼目的上，股东直接诉讼是股东为自身利益而进行，而股东派生诉讼则系为公司利益；诉权结构上，股东直接诉讼中，股东既享有实体上的诉权，亦享有程序上的诉权，而股东派生诉讼的股东仅享有程序上的诉权，实体上的诉权则由公司享有；程序规则上，股东提起直接诉讼并无特别的程序限定，而股东提起股东派生诉讼则应履行一定的公司内部的前置程序，只有在公司内部程序失灵时，才可提起；诉讼利益归属上，股东直接诉讼胜诉利益归属于股东自己，而股东派生诉讼由股东代表公司进行，但胜诉利益归于公司。[①] 两者的核心区别在于，股东所主张的侵权行为直接侵害的是股东利益还是公司利益。股东利益与公司利益虽然密切相关，但两者归属于不同的法律主体。《公司法》第 3 条规定，公司是企业法人，有独立的法人财产，享有法人财产权。公司以其全部财产对公司的债务承担责任。因此，公司作为有独立人格的企业法人，享有独立于股东的财产以及以公司为主体的利益。股东向公司出资后，根据资本维持原则，股东出资即转化为公司的独立财产，股东对出资财产不再享有直接的支配权和收益权，而只能通过行使股权来获得投资收益，且需受到公司法关于盈余分配规则等的限制。因此，股东利益与公司利益属于相互独立的不同利益类型，在司法实践中应根据股东诉请保护的利益识别不同的诉讼，以正确适用法律。

（二）股东利益因公司利益受损而间接受损

如上所述，股东利益与公司利益存在明显界分，公司利益受损并不直接等同于股东利益受损。在司法实践中应区分股东诉请保护的是股东自身的利益还是公司利益，从而正确区分股东直接诉讼与股东派生诉讼。当公司利益受损而使得股东利益间接遭受损失时，若股东不能证明公司董事或高级管理人员的加害行为与其遭受的损失之间具有直接因果关系，其依据《公司法》第 190 条提起股东直接诉讼要求董事或高级管理人员赔偿损失的诉讼请求一般得不到支持。这是因为股东利益因公司利益受损而间接受损，不等同于股

① 卢政峰：《股东诉讼制度研究》，人民法院出版社 2013 年版，第 9～12 页。

东利益直接受损，此时公司应作为原告提起损害公司利益责任纠纷诉讼，或者由股东通过股东派生诉讼提出主张。

（三）股东直接诉讼与股东派生诉讼的叠加

实践中，可能发生董事、高级管理人员的某项加害行为同时侵害了公司利益和股东利益，即公司利益受损与股东利益受损均与董事、高级管理人员的加害行为具有直接因果关系，构成《公司法》第188条与第190条的竞合，公司和股东分别就各自的损失对董事、高级管理人员享有赔偿请求权。此时可能出现股东既能够通过自身起诉的途径获得救济，又因公司拒绝或者怠于起诉而符合提起股东派生诉讼的条件，股东既可以依据《公司法》第189条提起股东代表诉讼，也有权依据《公司法》第190条提起股东直接诉讼。如股东以自己的财产提供给公司对外经营，因第三人原因造成该财产损失，股东提起侵权的直接诉讼获得人民法院支持后，就公司所受到的诸如合同履行利益损失，有权提起股东代表诉讼。

（四）可以自由选择股东直接诉讼或股东代表诉讼的情形

《公司法》第49条第3款规定，股东未按期足额缴纳出资的，除应当向公司足额缴纳外，还应当对给公司造成的损失承担赔偿责任。第53条规定，公司成立后，股东不得抽逃出资。违反前款规定的，股东应当返还抽逃的出资；给公司造成损失的，负有责任的董事、监事、高级管理人员应当与该股东承担连带赔偿责任。关于股东在未按期足额缴纳出资或者抽逃出资的情况下应如何主张权利，如果公司之间通过设立协议或者出资协议等约定，未按期足额缴纳出资或者抽逃出资时应当向其他股东承担违约责任，此时其他股东可基于股东协议要求该股东向公司依法全面履行出资义务，或者向公司返还出资本息。因此，对于股东而言，其既可以选择提起股东直接诉讼，以自己的名义请求相关股东向公司全面履行出资义务、返还出资本息等，也可以在公司拒绝或者怠于起诉的情况下，通过股东派生诉讼的方式提出主张。

【实务问题】

一、新《公司法》第189条与第190条的适用

新《公司法》第189条即股东代表诉讼，系股东有权在公司利益受损而公司内部机关怠于履行职责的情况下，赋予股东以自己的名义直接提起诉讼的权利。新《公司法》第189条及第190条虽然在诉讼目的、提起诉讼的程序要求、原告资格、诉讼所获利益的归属等方面有所区别，但在外观上二者

均以股东名义提起诉讼，具有很大的相似性，在司法实践中容易发生股东混淆二者之间区别，混用法律依据的情形。

二、新《公司法》第188条与第190条的竞合

《公司法》第188条规定，董事、监事、高级管理人员执行职务违反法律、行政法规或者公司章程的规定，给公司造成损失的，应当承担赔偿责任。因此，公司与股东均对董监高享有赔偿请求权，当股东以利益受损为由提起诉讼时，首先需要注意区分“股东利益受损”与“公司利益受损”两种情形，“公司利益受损”并不直接等同于“股东利益受损”。

当公司利益受损而使得股东利益间接遭受损失时，若股东不能证明公司的其他股东、董事或高管的加害行为与其遭受的损失之间具有直接因果关系，其依据《公司法》第190条提起股东直接诉讼要求董监高赔偿损失的诉讼请求一般情况下不会得到法院支持。

若公司董事、高级管理人员履行职责的行为违法违章，既给公司造成损失，又直接损害股东利益的，构成《公司法》第188条与第190条的竞合，公司和股东分别就各自的损失对董事、高级管理人员享有赔偿请求权。此时，股东既可以依据《公司法》第189条提起股东代表诉讼，也可以依据《公司法》第190条提起股东直接诉讼。

三、股东代表诉讼与股东直接诉讼同时具备时，一般只能选择股东直接诉讼

参考最高人民法院《〈全国法院民商事审判工作会议纪要〉理解与适用》中的相关观点：股东代表诉讼制度设置的基础在于股东本身没有诉权而公司有诉权却基于种种原因拒绝诉讼或怠于诉讼，股东在穷尽内部救济途径的情况下才能以自己的名义为了公司的利益提起股东代表诉讼。如果股东和公司就同一事项均有诉权时，可能出现股东既能够通过自身起诉的途径获得救济，又因公司拒绝或怠于起诉而符合提起股东代表诉讼的条件……在股东和公司同时具有诉权的情况下，从股东代表诉讼设置基础以及其构造的复杂性和特殊性来看，不应允许采取股东代表诉讼的方式。

四、可以自由选择股东直接诉讼或股东代表诉讼的情形

根据《公司法解释三》第13条第1款规定，股东未履行或者未全面履行出资义务，公司或者其他股东请求其向公司依法全面履行出资义务的，人

民法院应予支持。

该解释第 14 条第 1 款规定，股东抽逃出资，公司或者其他股东请求其向公司返还出资本息、协助抽逃出资的其他股东、董事、高级管理人员或者实际控制人对此承担连带责任的，人民法院应予支持。

【典型案例】

吴某祥、陈某南诉翟某明专利权纠纷案①

裁判要旨：董事、监事、高级管理人员应当遵守法律、行政法规和公司章程，对公司负有忠实义务和勤勉义务。董事、监事、高级管理人员不得利用职权收受贿赂或者其他非法收入，不得侵占公司的财产。董事、高级管理人员违反法律、行政法规或者公司章程的规定，损害股东利益的，股东可以向人民法院提起诉讼。因此，公司董事、高级管理人员或控股股东等人员违反法律、行政法规或者公司章程的规定，侵害公司利益，而公司在上述人员控制之下不能或怠于以自己的名义主张权利，导致其他股东利益受到损害的，其他股东为维护自身合法权益以及公司的利益，有权向人民法院提起诉讼。

① 参见《最高人民法院公报》2008 年第 1 期。

【条文】

第一百九十一条

董事、高级管理人员执行职务，给他人造成损害的，公司应当承担赔偿责任；董事、高级管理人员存在故意或者重大过失的，也应当承担赔偿责任。

【条文主旨】

本条是关于公司董事、高级管理人员对第三人侵权责任的规定。

【条文概览】

本条系新增加的条款。

有学者指出，2005 年《公司法》修订时全国人大常委会曾考虑增设该条文，但为避免立法争议并基于审慎考虑，最终并未在 2005 年《公司法》中进行规定。[①] 此后，关于公司董事、高级管理人员对第三人侵权责任的规定尚未形成概括性、体系性规定。

2021 年 12 月 24 日，《公司法（修订草案）》第 190 条规定："董事、高级管理人员执行职务，因故意或者重大过失，给他人造成损害的，应当与公司承担连带责任。"

2022 年 12 月 30 日，《公司法（修订草案二次审议稿）》第 190 条规定："董事、高级管理人员执行职务，给他人造成损害的，公司应当承担赔偿责任；董事、高级管理人员存在故意或者重大过失的，也应当承担赔偿责任。"二次审议稿中的第 190 条，改变了连带责任的表述。

2023 年 9 月 1 日，《公司法（修订草案三次审议稿）》将第 190 条改为第 191 条，内容没有变化。本次修订后的 191 条，保持了《公司法（修订草案三次审议稿）》的原文。

【理解与适用】

2018 年《公司法》仅在第 149 条规定了董监高执行职务时对公司造成损失的赔偿责任，但对于董事、高管给第三人造成损害的赔偿责任却并未作

---

① 参见张穹主编：《新公司法修订研究报告》（中册），中国法制出版社 2005 年版，第 59 ~ 67 页。

出规定。为解决实践中已经大量发生的公司董事、高管侵害第三人权益，而受害人无法得到有效救济的现象，回应第三人起诉公司和董事、高管承担连带赔偿责任的司法需求，第 191 条突破公司人格独立性（即责任独立性），确定了公司董事、高管在特殊情况下对第三人的侵权责任。该条款的设立对规范董事及高管的行为、强化董事及高管的责任、提升公司治理水平、救济侵权受害人、丰富侵权法替代责任范畴，均具有重要意义。同时，结合新《公司法》第 188 条、第 190 条，形成了董事责任的完整体系。

一、完全替代责任与有限替代责任

我国民法上的侵权替代责任，存在两种规范模式：一种是完全替代模式，另一种是有限替代模式。[①] 完全替代模式，如《侵权责任法》第 34 条第 1 款规定用人单位的工作人员因执行工作任务造成他人损害的，由用人单位承担侵权责任；第 35 条规定提供劳务的一方因劳务造成他人损害的，由接受劳务的一方承担侵权责任。最终，《民法典》第 1191 条、第 1192 条完全沿袭了《侵权责任法》第 34 条、第 35 条的内容，确定了民事侵权中完全替代责任模式，即在用人单位与工作人员的关系中、在接受劳务个人与提供劳务个人的关系中、在被帮工人与帮工人的关系中，后者执行工作任务造成第三人损害的场合，均由前者对外承担全部责任。

有限替代模式，曾表现在未修改前的 2003 年《最高人民法院关于审理人身损害赔偿案件适用法律若干问题的解释》（以下简称 2003 年《解释》）第 9 条，雇员在雇佣活动中对第三人的侵权责任原则上由雇主承担，但在雇员故意或者重大过失的场合，雇员与雇主承担连带责任。此外，采用有限替代模式的还有该解释第 13 条，规定帮工人存在故意或者重大过失，帮工人和被帮工人承担连带责任。《民法典》第 1191 条、第 1192 条吸收了 2003 年《解释》的相关条文。因此，修改后的《最高人民法院关于审理人身损害赔偿案件适用法律若干问题的解释》（以下简称修改后的《人身损害赔偿解释》）没有再保留雇佣关系的内容。《民法典》第 1191 条、第 1192 条改变了上述第 9 条的有限替代模式而都统一采取了完全替代模式，即无论是工作人员还是提供劳务的一方对第三人的侵权责任，均完全由用人单位和接受劳务的一方来承担。

完全替代模式也影响到了修改后的《人身损害赔偿解释》保留下来的帮

① 参见王成：《我国民法上侵权替代责任的反思与重构》，载《清华法学》2023 年第 5 期。

工规则的修改。修改后的第4条删除了2003年《解释》第13条后段“帮工人存在故意或者重大过失，赔偿权利人请求帮工人和被帮工人承担连带责任的，人民法院应予支持”的内容。可见，修改后的《人身损害赔偿解释》第4条也采取了完全替代模式。

二、确定董事、高管对第三人承担有限替代责任的必要性

司法实践中，侵权的完全替代责任模式也有诸多弊端。例如，在公司侵权工具化的场景中，公司成立或者存在的目的就是通过侵犯第三人合法权益而获得利润。公司背后的股东、董事、高级管理人员在个人获得巨额财富的同时，公司账户中空无一文。这个时候如果受侵害的第三方只能追究公司的责任，那么受侵害的第三方的合法权益将无法得到保护。另如在董事、高管故意或者重大过失侵害他人合法权益，同时董事、高管并非股东的场合，让董事及高管为自己的行为承担赔偿责任，客观上是对公司股东的保护。当董事及高管为了自己的个人利益而侵害了第三人权益，最终却让公司股东承担了责任，对股东是不公平的。让公司完全承担责任，最终也会损害到公司其他员工以及其他债权人的合法利益。因此，在公司法领域确定有限替代责任有一定的必要性。

（一）确定董事、高管对第三人的责任有利于更新法人机关理论

按照传统的法人机关理论及法人人格独立理论，董事、高管作为法人机关的代表，对于职务行为中给第三人造成的损害无须承担赔偿责任。但传统的法人机关理论存在一个重大的缺陷，即忽视了董事、高管代表公司意志所作的行为可能带来的两面性。董事、高管作为自然人，其个人人格在一定程度上会通过行使职权和作出决策的过程而体现。其行为亦可能出于个人利益至上，利用公司为自己谋利，损害他人合法利益。既然不能否认董事、高管有出于自身利益而为的行为，那么其作为一个具有完全民事行为能力的自然人，理应就其在职务中的过错行为承担责任，而不应隐身于法人机关理论的保护伞下。

法人机关理论的发展历史也表明，过于绝对的法人机关理论对于董事、高管滥用职权的行为缺少有效的规制，甚至在某些情形下会成为某些董事、高管谋取私利、逃脱责任的工具。更有学者点明，法人机关理论的本初功能，仅在于解决法人这一组织体在法律上的行为活动和责任承担问题，而不

在于排除董事、高管等法人机关成员对第三人的民事赔偿责任。[①] 可见，法人机关理论的内在逻辑和董事、高管对第三人的责任制度并无当然冲突。且在功能主义视角下，法人机关理论也应顺应实践需要不断更新发展，以回应现实的需要。此次《公司法》第 191 条的规定，无疑是纠正了传统法人机关理论的绝对化倾向，也是对公司法理论的适时更新。

（二）确定董事、高管对第三人的责任有利于完善法人治理

现代公司治理的专业化趋势催生了股东会中心主义向董事会中心主义的转向，股东已然褪去了公司经营者的身份，董事取而代之，成为公司经营管理权的实际享有者，且对公司的控制力也不断膨胀。董事权力的扩张事实上打破了“三权分立”的传统公司内部治理机制的平衡，监事会和股东事实上无法和董事会抗衡，监督处于较弱状态。同时，由于董事会作为公司治理的权力中心，对董事成员的过错行为不免姑息，也无法进行有效追责。具体而言，在有效监督和问责制度的缺位以及可以使董事得以免责的法人机关理论下，董事的失职主要有两种表现形式：一是罔顾风险的肆意决策；二是玩忽职守，违反对公司的注意义务。正如“一切拥有权力的人都容易滥用权力”所言，董事权力的滥用和对公司注意义务的分散几乎无法避免。而根据权责一致和限制权力滥用的原则，董事对其行为承担相应责任是应有之义。可见，董事、高管第三人责任确定的背后逻辑是董事权力不断扩张的现实，而第 191 条通过设立董事、高管对第三人的责任，有效地规制了董事、高管的滥权行为，并对失职董事、高管进行了追责，将会对董事、高管起到一定的威慑和警示作用，最终有助于公司治理模式的规范化和现代化。

（三）确定董事、高管对第三人的责任有利于增加受侵害第三人的救济途径

替代责任背后的核心理念是单位的经济实力通常情况下要远超过行使职权的员工。在公司中，让公司替代董事、高管对受害人承担侵权责任，看起来似乎更有利于受害人的救济；然而，在实际生活中，经营困窘的企业比比皆是。正如前文所述，还有些公司本就是作为违法、犯罪的工具而存在。另外，企业困窘并不意味着这些企业背后的董事、高管没有在经营中赚得盆满钵满。经验表明，越是小的用人单位，其财产状况越不清晰。只让公司承担

① 参见王长华：《公司法人机关理论的再认识——以董事对第三人的责任为视角》，载《法学杂志》2020 年第 6 期。

责任，是否会发生公司和董事、高管合谋转移财产逃避责任的事情，也未可知。①

当然，也有观点表明，有钱的董事、高管毕竟只是少数，多数董事更像是一个薪酬获得者，与其所任职的公司相比，董事通常不具有超过公司财力的偿付能力，指望通过董事承担赔偿责任来保护债权人利益，是不现实的。②

但无论如何，公司与董事、高管同时承担责任，会更有利于受害人救济目的的实现。

三、董事、高级管理人员有限替代责任的构成

（一）存在故意或者重大过失

无论是2003年《解释》第9条、第13条，还是《公司法（修订草案）》第190条、《公司法（修订草案二次审议稿）》第190条、修订完成后的《公司法》第191条，都要求董事、高管等工作人员存在故意或者重大过失。要求故意或者重大过失的正当性可能有以下几点：第一，只有在故意、重大过失的情况下，董事、高管的主体独立性和所追求利益的独立性才能凸显出来。董事、高管在执行公司职务的过程中由于一般过失侵害第三人利益时，董事的行为不一定是为了自己的利益作出的，而很大可能是为了公司作出的。如果董事、高管没有任何意思表达出来，或者表现得不是那么强烈，其人格就可能完全被公司所吸收，对外也不该有独立责任。第二，我国民法上，故意和重大过失在大多数场合都是同等对待的。故意和重大过失在过错的谱系中非常接近，甚至不易区分，故而重大过失也被称为间接故意。工作人员的故意或者重大过失可能与公司的故意、重大过失是一致的，也可能是不一致的，但一定与执行职务存在密切关联。故意或者重大过失使得侵权行为或者结果的严重程度会大大增加。让具有故意或者重大过失的董事、高管对外独立承担责任，有助于产生预防的激励，客观上会产生损害严重程度减轻的效果。

日本的判例和法定责任说认为，董事的故意或者重大过失体现为对公司的玩忽职守行为。即使董事对第三人的利益侵犯没有恶意或者过失，在没有满足一般侵权行为要件的情况下，也需要承担对第三人的责任。持有该观点

① 参见王成：《新〈公司法〉下董事、高管侵权有限替代责任的确立、意义与影响》，载微信公众号“中国民商法律网”，2024年1月12日。

② 参见叶林、叶冬影：《公司董事连带/赔偿责任的学理考察——评述〈公司法〉修订草案第190条》，载《法律适用》2022年第5期。

的人认为，加重董事责任的理由为：董事的职务涉及多方面，可能被损害的人也比较多，所以更需要保护第三人的利益。

（二）被侵权人可以是不特定的第三人，包括公司债权人

首先，根据体系解释，股东可以通过《公司法》第190条直接追索董事、高管，所以“他人”明显不包含股东。

《公司法》第191条中的“他人”之所以可以作为被赔偿的主体，系因为与公司存在利益关联。根据与公司之间的利益相关程度，“他人”可以分为直接利益相关者与间接利益相关者。前者主要包括股东、员工和公司债权人等与公司存在市场交易行为的主体，而后者主要包括政府、社会团体、一般公众等与公司无市场交易行为的主体。①

有观点认为，“他人”应限缩于直接利益相关者中的公司债权人。② 第一，间接利益相关者虽也可能受到董事、高管不当行为的侵害，但因为不存在直接的利益传导机制，所以与侵权法规制的一般侵权场景并无明显区别，应由用人单位承担替代责任，第三人直接追索董事、高管不具有必要性和正当性。第二，直接利益相关者中，根据体系解释，股东可以通过《公司法》第190条直接追索董事、高管，所以“他人”明显不包含股东。此外，与公司存在雇佣、交易等关系进而可以向公司主张权利的主体，本质上都可视为公司的债权人，所以“他人”指向广义上的公司债权人。

【实务问题】

一、董事、高管的归责原则是过错责任还是过错推定责任

《公司法》第191条要求董事、高管具有故意或重大过失的主观过错，那么程序法上，董事、高管的过错应由哪一方证明，也即在实体法上，董事的归责原则是过错责任还是过错推定责任？

参考域外立法，董事、高管归责原则宜确定为过错推定责任。如《日本公司法》第429条第2款明确列举了在虚假陈述、虚假登记、虚假公告等几种情况下，董事如不能证明其已尽到注意义务，就需要对第三人承担赔偿责

---

① 参见徐强胜、王萍萍：《论董事对第三人责任——兼评〈公司法（修订草案）〉第一百九十条》，载《河南社会科学》2023年第7期。

② 参见岳万兵：《董事对第三人责任的公司法进路》，载《环球法律评论》2023年第1期。

任。[①] 德国对于董事过错的证明实行举证责任倒置，由董事自证其无重大过错。[②] 过错推定原则的合理性在于董事、高管和公司债权人之间的地位往往不具有对等性，公司债权人所面临的风险多是由董事、高管在公司内部制造，由风险制造者负担证明责任符合证据法理论，同时也缓解了债权人在外部收集证据所面临的现实困难，避免以公司债权人保护为核心的规范意旨彻底落空。可作为参照的是，我国《证券法》第 85 条[③]即采取了此种立法技术。

结合本条款的立法目的，以过错推定原则定位董事、高管责任，实行举证责任倒置是理性的选择。

在信息不对称理论下，第三人作为公司的外部人员，与董事、高管的地位实际上并不对等，对公司信息的了解基本局限于公司信息披露的事项。这就导致第三人的证据搜集过程面临重重阻力，特别是对于公司内部决议情况难以知悉，而董事、高管因其职务，在举证时享有极大便利。因此，举证责任倒置更符合客观实际，也有利于诉讼的进行。

此外，过错推定原则下虽然推定董事、高管具有过错，但只要董事、高管能够举证证明其无过错，便不对外承担责任，这对于董事、高管来说就有了行为控制的可能空间和免责通道。[④] 董事、高管在执行职务行为时也将对其承担的责任和法律后果产生合理预期，避免了对董事、高管经营和决策权的不当限制。可见，以过错推定原则为核心构建董事、高管对第三人的责任，既能对第三人利益施以有效保障，又能在规范董事、高管行为和尊重董事、高管经营自主权之间实现动态平衡。

二、董事、高级管理人员赔偿责任的性质

本法第 191 条规定经历了“应当与公司承担连带责任”到“也应当承担责任”的变化。董事、高管的赔偿责任与公司法人的赔偿责任到底是何种关系，董事、高管的赔偿责任到底是何种形式并不明确。

---

① 参见王长华：《董事对第三人责任的认定》，载《西部法学评论》2017 年第 2 期。

② 参见［德］格茨·怀克、克里斯蒂娜·温德比西勒：《德国公司法》，殷盛译，法律出版社 2010 年版，第 488 页。

③ 《证券法》第 85 条规定：“信息披露义务人未按照规定披露信息，或者公告的证券发行文件、定期报告、临时报告及其他信息披露资料存在虚假记载、误导性陈述或者重大遗漏，致使投资者在证券交易中遭受损失的，信息披露义务人应当承担赔偿责任；发行人的控股股东、实际控制人、董事、监事、高级管理人员和其他直接责任人员以及保荐人、承销的证券公司及其直接责任人员，应当与发行人承担连带赔偿责任，但是能够证明自己没有过错的除外。”

④ 参见王长华：《董事对第三人责任的认定》，载《西部法学评论》2017 年第 2 期。

目前，绝大多数学者认为董事、高管的赔偿责任应当被认定为连带责任。如北京大学王成教授认为，从效果上看，连带责任最有利于受害人救济目的的实现。在法理上，公司等用人单位之所以承担替代责任，是因为工作人员侵权行为发生在执行职务过程中或者与执行职务有密切关联，工作人员的行为被认为是用人单位的行为。工作人员之所以要独立对外承担责任，是因为存在故意或者重大过失。工作人员的故意和重大过失，有些是独立的，有些则也可以被认为是用人单位的故意或者重大过失。此种意思联络的关系，要比两个没有任何关系的独立主体的意思联络更为紧密。①

也有学者认为，原则上董事、高管宜与公司对第三人负担连带责任，但承担的责任范围可有所限制。理由如下：

第一，参考域外立法经验，连带责任是较为常见的责任形式。《法国商法典》第 L225－251 条规定："公司董事与总经理，对违反有关股份有限公司的法律与法规的规定，违反公司章程的规定，以及对其在管理中的过错，视情况，向公司或第三人，个人或连带承担责任。"② 也即，从域外立法规定来看，董事、高管对第三人的责任形式多为与公司承担连带责任。从便于公司债权人权利实现的角度，无论董事、高管与公司内部如何分配责任，该两者都宜对外承担连带责任。

第二，参考侵权法理论，董事、高管与公司的侵权形态在实务中较难明确界定，以连带责任为原则可能更加稳妥。直接侵权场景下，多是董事、高管以公司为工具实施了个人侵权，董事、高管的可谴责性较高。因董事、高管本人可能以自己的意志替代公司意志，此种情况下公司是否具有独立意志，董事与公司之间是共同侵权还是其他侵权形式需要依据相关细节事实进行个案甄别。在难以甄别的情况下，推定二者构成共同侵权，以对债权人承担连带责任为原则，更能有效控制因公司内部管理原因而增加的外部风险。

第三，《公司法》草案的变更过程不代表对连带责任形式的否定。《公司法》草案对该条的不同表述更多是立法技术上的调整，也即首先明确在董事、高管职务侵权场景下，公司是确定的责任主体。其次规定特殊情况下，增加董事、高管作为责任主体。当然，第 191 条未直接规定连带责任形式可能也是考虑到实务中董事侵权的具体形态较为复杂，在责任形式、责任范围上仍为其保留了个案的裁量空间。

第四，即便以连带责任作为原则，在责任比例或数额上，仍应有所限

① 参见王成：《我国民法上侵权替代责任的反思与重构》，载《清华法学》2023 年第 5 期。

② 参见岳万兵：《董事对第三人责任的公司法进路》，载《环球法律评论》2023 年第 1 期。

制。有学者认为，若不设最高赔付限额，将不当增加董事、高管的风险。可考虑根据董事、高管的过错、薪酬、职位等多方面因素确定最高赔付限额。[①]是否需划定责任限额，应由法院根据侵权情节、董事或高管主观恶意、董事或高管收益与风险等在个案中进行裁量。同样，根据《民法典》第 1191 条规定，用人单位对外赔偿后，可以向存在故意或重大过错的员工内部追偿。在无特别约定的情况下，公司超额担责后也可向董事、高管追责。

① 参见叶林、叶冬影：《公司董事连带/赔偿责任的学理考察——评述〈公司法〉修订草案第 190 条》，载《法律适用》2022 年第 5 期。

【条文】

第一百九十二条

公司的控股股东、实际控制人指示董事、高级管理人员从事损害公司或者股东利益的行为的，与该董事、高级管理人员承担连带责任。

【条文主旨】

本条是关于控股股东、实际控制人指示董事、高级管理人员从事损害公司或者股东利益行为的，对此承担连带责任的规定。

【条文概览】

本次《公司法》修订前，关于公司控股股东、实际控制人损害公司或其他股东利益之责任的规定，主要见诸2018年《公司法》第20条、第21条。其中第20条规定："公司股东应当遵守法律、行政法规和公司章程，依法行使股东权利，不得滥用股东权利损害公司或者其他股东的利益；不得滥用公司法人独立地位和股东有限责任损害公司债权人的利益。公司股东滥用股东权利给公司或者其他股东造成损失的，应当依法承担赔偿责任。公司股东滥用公司法人独立地位和股东有限责任，逃避债务，严重损害公司债权人利益的，应当对公司债务承担连带责任。"该条从原则上规定股东不得滥用股东权利损害公司或者其他股东的利益，否则应当依法承担赔偿责任。第21条规定："公司的控股股东、实际控制人、董事、监事、高级管理人员不得利用其关联关系损害公司利益。违反前款规定，给公司造成损失的，应当承担赔偿责任。"该条系针对控股股东、实际控制人利用关联关系损害公司利益的情形，显然不能涵盖控股股东、实际控制人实施的其他损害公司或股东利益的行为。此外，在证券领域，《证券法》针对控股股东、实际控制人组织、指使上市公司从事相关违法行为的法律责任作出了规定，[①] 但主要涉及行政责任。实践中，在控股股东、实际控制人不担任公司董事、高级管理人员的情况下，其影响公司事务执行的方式有两种：一是虽非章程记载董事但实际直接参与公司事务的执行，此即"事实董事"，二是操纵章程记载董事进而间接参与公司事务执行，此即"影子董事"。针对"事实董事"，本法第180

① 详见《证券法》（2019年修订）第181条、第185条、第197条等规定。

条赋予了控股股东、实际控制人等同于董事、高级管理人员的忠实、勤勉义务；针对“影子董事”，本条规定了控股股东、实际控制人与董事、高级管理人员承担连带责任，实质上是对控股股东、实际控制人滥用股东权利损害公司和其他股东利益的具体化规定。

【理解与适用】

一、“影子董事”的制度来源

本条系新增“影子董事”“影子高管”规则条款。“影子董事”制度起源于英国，最早可以追溯到1917年《英国公司法》，在1980年《英国公司法》中英国正式规定了“影子董事”的概念，根据1985年《英国公司法》第741条的规定，“影子董事”指公司董事习惯于按照其指示或指令行事的人，但是如果公司董事仅仅是因为这个人具有专业身份而听从其指挥的话，这个人将不被认为是“影子董事”。从属性上看，“影子董事”并没有被正式委任为董事，但是因为其握有实权，因此公司董事惯常按照其指示或指令行事。与法定董事、事实董事不同，“影子董事”不会对外表露或者声称自己是公司的董事，甚至会否认自己是公司的董事，公司也不会对外宣称他是公司的董事，这往往是出于规避法律责任的考虑。“影子董事”是正式任命的董事身影后的实际决策者，他们是公司的真正控制者，正式任命的董事按照他们的意愿和指令来管理公司，他们通过正式董事间接地控制公司。“影子董事”若未加以解决，轻者会使公司的董事会功能不彰，因为此时董事会的决策往往并非经过所有董事的讨论与决议产生，而是体现背后的“影子董事”的意志。在此情况下，公司董事很容易成为控股股东、实际控制人操纵公司、侵占公司利益、损害其他股东及债权人利益的工具。实践中，这种利用公司董事控制公司的现象越来越多，加强对公司实际控制人的监管显得尤为重要。英国公司法对“影子董事”的权利义务和相关的法律责任进行了明确界定，使幕后的影子真正曝光于阳光之下，有利于加强对其行为的监管，防止其操纵公司，损害其他股东及债权人的合法利益。

二、本条规定的立法目的

在现代公司法所有权与经营控制权分离的治理思想下，股东在公司中享有受益权，将对公司的经营管理权力委托于董事、高级管理人员。在此情况下，董事、高级管理人员作为受托人，对公司负有忠实勤勉义务。在公司股权相对集中的情况下，公司控制股东一方面可行使持有的多数表决权，直接影响公司股东会的决议，另一方面，控股股东可以通过选任公司董事、高级管理人员的方式，使其自己在公司管理层中居于主导地位，从而支配公司的行为。在此情况下，控制股东、实际控制人与董事、高级管理人员间的关系并非独立，公司经营管理亦并非掌控于董事、高级管理人员之手。而实际控制人虽然不是公司股东，但通过投资、协议或其他安排也能够实际支配公司的行为。控制股东、实际控制人通过指示控制董事、高级管理人员，间接对公司经营管理与业务执行产生影响力，控股股东、实际控制人可能利用该影响力，指示董事、高级管理人员从事损害公司或股东利益的行为，如让董事、高级管理人员侵害公司财产、篡夺属于公司的交易机会等，其根本上损害的是中小股东和公司的利益。虽然2018年《公司法》第20条、第21条规定对股东损害公司利益的行为进行了规制，但是其适用范围有限，尤其是控股股东、实际控制人损害公司利益的情况下，公司通常不会主动起诉控股股东，受到损害的其他股东只能选择直接起诉控股股东、实际控制人赔偿间接损失，但法院通常会以公司是被侵权人，股东无权直接从控股股东、实际控制人处获得赔偿；如股东提起股东代表诉讼，则会面临传统股东代表诉讼的困境，例如股东代表诉讼前置程序、诉讼成本承担机制的缺失，裁判权无法撼动股权结构和控制权格局，更为重要的是，即使股东代表胜诉，法律后果也是控股股东、实际控制人向公司返还获益、赔偿损失，由于公司仍然处于控股股东的控制之下，被侵权股东也无法直接获得赔偿。本条规定对控股股东、实际控制人加以规制，要求其与被指示的董事、高级管理人员承担连带责任，可以有效防止其实施此类行为，同时也可以防止其利用董事、高级管理人员实施不法行为后逃避责任。因此，本条的立法目的在于加强对控股股东、实际控制人参与公司事务执行行为的法律规制，加大对公司及其他股东的保护力度。

三、本条规定的法理基础

（一）禁止权利滥用原则

禁止权利滥用原则是指一切民事权利的行使，不得超过其正当边界，行使权利超过其正当界限则构成权利滥用，是我国民商法的基本原则之一。我国《民法典》第132条规定：“民事主体不得滥用民事权利损害国家利益、社会公共利益或者他人合法权益。”可见，我国民法明确禁止权利滥用原则。股权作为民事权利之一，股东不得滥用股权亦是应有之义，《公司法》第21

条也明确规定了股东不得滥用权利损害公司及其他股东的利益。股东不得滥用股东权利，是股东权利行使的基本原则，是对资本多数决等资本民主制度的补充。司法实践中也一般认为，股东权利具有一定的界限，行使股东权利超出一定界限而损害他人利益的，同样构成权利滥用，司法应予以干涉。根据《公司法》的规定，一方面，股东应当在法律和公司章程规定的范围内行使股东权利；另一方面，即使依法依章行使股东权利，亦应尊重其他股东的合法权益。就控制股东、实际控制人而言，在其因拥有多数股份而享有资本多数决带来的控制权时，其应当基于正当目的行使控制权，即对公司决策、经营施加影响时，应当为了公司和全体股东的共同利益，而不得为自己谋取不正当之利益，更不能损害公司和其他股东的利益。但是在实际的公司运行中，却往往有不公平的现象发生，控制股东、实际控制人处于强者地位，其对于公司董事、高级管理人员的选任有更大的话语权，控制股东、实际控制人可以通过公司董事、高级管理人员直接干预公司的经营管理，而小股东往往处于弱势地位，无法对公司董事、高级管理人员形成有效制约，其权益常常受到侵害或难以得到保护。在公司的控股股东、实际控制人指示董事、高级管理人员从事损害公司或者股东利益的行为时，小股东的利益应当获得法律的适当关注与保护，应允许其向背后的控股股东、实际控制人直接主张权利，用强制性的法律规范权利滥用的行为。

（二）侵权法基础

"影子董事"责任实质上属于公司法上的侵权责任。从侵权法理论上讲，教唆他人实施侵权行为，属于多数人侵权的表现形式之一，是多数人侵权中较为典型的类型，故大陆法系各国民法对其多有明确规定，我国《民法典》第1169条也对此作出规定："教唆、帮助他人实施侵权行为的，应当与行为人承担连带责任。"所谓教唆，是指利用言语对他人进行开导、说服或通过刺激、利诱、怂恿等行为，最终促使被教唆人接受教唆人的意图，进而使得离开教唆人的唆使行为，被教唆人就不会实施某种加害行为。董事、高级管理人员作为完全民事行为能力人，接受公司的控股股东、实际控制人的指示，从事损害公司或者股东利益的行为，两者之间存在意思联络即共同故意，属于主观的关联共同侵权。控股股东、实际控制人指示董事、高级管理人员从事损害公司或者股东利益的行为，在侵权法理上属于《民法典》规定的"教唆、帮助他人实施侵权行为"的情形，依法应当与行为人承担连带责任。

四、"影子董事"责任的构成要件

"影子董事"责任在性质上属于侵权责任，因此，在司法实践中应从总体上审查是否符合侵权责任的构成要件，同时应结合"影子董事"责任的性质和特点，把握责任构成要件中的特殊之处。一般而言，"影子董事"责任构成要件包括以下四项内容：

其一，存在公司控股股东、实际控制人指示董事、高级管理人员损害公司或股东利益的行为。侵权行为在行为方式上包括作为和不作为。控股股东、实际控制人的"指示行为"一般表现为积极作为，而董事、高级管理人员在指示下实施的损害公司或股东利益的行为属于违反忠实、勤勉义务的行为，在形式上包含作为和不作为。例如控股股东、实际控制人指示董事、高级管理人员挪用或侵占公司资金、利用职权便利为其谋取属于公司的商业机会，或者授意董事不依法及时组织公司清算等。又如控股股东、实际控制人指示董事、高级管理人员利用职务便利阻碍其他股东行使表决权、知情权等股东权利，或者不当处分其他股东的股权等。

其二，公司控股股东、实际控制人在主观上存在过错。一般侵权以过错责任为归责原则，包括故意或者过失。公司控股股东、实际控制人的主观故意表现为其明知某项行为将损害公司或股东利益而仍然指示董事、高级管理人员从事该项行为；过失表现为其在指示董事、高级管理人员从事某项行为时未尽到管理者通常应有的合理注意，亦即违反了勤勉义务，最终导致损害公司或股东利益的结果。司法实践中，认定董事、高级管理人员的主观过错应结合具体案情，根据主客观因素进行综合衡量。

其三，发生公司或股东利益受到损害的结果。侵权责任的成立以损害结果的发生为必要，侵权法上的损害结果既包括财产上的不利益，也包括人身或非财产上的不利益。公司属于《民法典》规定的营利法人，股东投资公司的目的是从公司获得经济利益，因此公司或股东利益受到损害的最终结果都将体现为公司或股东的财产或其他经济利益损失。例如，公司财产受到损失或者被侵占，或者公司商业秘密被泄漏、属于公司的商业机会被篡夺从而导致公司产生经济损失等。又如股东财产（可分配利润、剩余财产等）被侵占，或者股东的知情权受阻，导致股东无法及时、准确地获取公司经营信息，从而无法进一步主张盈余分配等。

其四，控股股东、实际控制人的行为与损害结果之间存在因果关系。控股股东、实际控制人给予董事、高级管理人员的"指示"内容应属于违反董事、高级管理人员忠实勤勉义务的内容，且董事、高级管理人员实际实施该“指示”内容后，给公司、股东的利益造成损害，也即控股股东、实际控制人的“指示”和董事、高级管理人员按照“指示”实施的行为与公司、股东的实际损害之间具有因果关系，如果两者之间没有因果关系，则不能适用本条的规定。司法实践中关于因果关系需审查两层关系：一是董事、高级管理人员从事的相关行为是否基于控股股东、实际控制人的指示；二是董事、高级管理人员具体实施的行为是否导致了公司或股东利益受到损害。

【实务问题】

一、控股股东、实际控制人的认定

新《公司法》第265条对控股股东和实际控制人作出了定义。控股股东，是指其出资额占有限责任公司资本总额超过50%或者其持有的股份占股份有限公司股本总额超过50%的股东，出资额或者持有股份的比例虽然低于50%，但依其出资额或者持有的股份所享有的表决权已足以对股东会的决议产生重大影响的股东。实际控制人，是指通过投资关系、协议或者其他安排，能够实际支配公司行为的人。适用《公司法》第192条规定的主体限于控股股东、实际控制人，其他不符合控股股东、实际控制人定义的股东，即使其也实施了指示董事、高级管理人员从事损害公司或者股东利益的行为的，也无法适用本条的规定要求其承担连带责任。需要注意的是，本条规定的控股股东、实际控制人是指不担任董事、高级管理人员，也并非实际执行公司事务的控股股东、实际控制人。如果控股股东、实际控制人同时担任董事、高级管理人员，或者实际执行公司事务，则由其直接承担董事、高级管理人员违反忠实、勤勉义务的法律责任。

二、“指示”的认定

由于董事、高级管理人员是受股东之托，经营管理公司，在公司正常经营管理过程中，股东也会给予董事、高级管理人员一些指示、要求、建议等。所以，在认定识别本条中的“指示”时，需要注意加以区分。

（一）“指示”具有强制性

“指示”一般是指“指示如何正确行事”，控股股东、实际控制人给董事、高级管理人员的“指示”有一定程度的强制遵循的意思，暗含没有选择余地的表达。若该控股股东、实际控制人给董事、高级管理人员的“指示”

只是提供了一种可能的行动方案，可以拒绝，无须遵守，那就不属于“指示”。

（二）“指示”具有间接性

“间接性”是指控股股东、实际控制人不直接行使董事、高级管理人员的职权、不直接参与公司决策与经营，控股股东、实际控制人并不直接实施其“指示”的内容，而是由董事、高级管理人员实施其“指示”内容，且“指示”内容违反了董事、高级管理人员负有的忠实勤勉义务。

（三）“指示”无须具有控制性

虽然控股股东、实际控制人的“指示”需要具有一定程度上的强制性、命令性，但这种强制性只需要达到足以使其与建议等相区分即可，而无须达到控制的程度。公司董事、高级管理人员是具有完全民事行为能力的个体，就如同在一个公司中，公司董事、高级管理人员可能负责公司的多项业务，公司董事、高级管理人员也仅可能在某些事项上听从控股股东、实际控制人的“指示”，而在其他事项上均是由其自主独立履职，控股股东、实际控制人并未对公司董事、高级管理人员实现完全的控制，但这并不影响认定公司董事、高级管理人员根据控股股东、实际控制人的“指示”实施损害公司或者股东利益的行为。

三、相关董事、高级管理人员的责任

需要注意的是，虽然相关董事、高级管理人员是基于控股股东、实际控制人的指示实施了损害公司或股东利益的行为，但其不能以实施相关侵权行为是受到控股股东、实际控制人的指示为由主张免责。这是因为在所有权与经营权相分离的现代公司治理结构下，董事系基于股东的信任由股东会选举产生，董事会是公司的经营决策机关，享有经营管理公司的权力，高级管理人员同样被赋予管理公司事务的职权，董事、高级管理人员对公司、股东均负有忠实、勤勉义务。董事、高级管理人员在接受控股股东、实际控制人的指示时，未以公司和股东利益为出发点进行自主判断和决策，仅是按照他人的指示行动，应认定其未尽忠实、勤勉义务，导致公司或股东利益受损，其当然应对此承担连带责任。

【典型案例】

覃某诉中国证券监督管理委员会行政诉讼案[①]

裁判要旨：根据《证券法》第193条第1款、第3款规定，实际控制人指使上市公司从事信息披露违法行为的，该实际控制人依法应承担违法披露信息的法律责任，受到行政处罚。实际控制人滥用支配地位，授意、指挥上市公司从事信息披露违法行为，应当认定为前述规定的“指使”行为。这种“授意、指挥”，既可能是明示，也可能是默许。由于实际控制人不是公司股东，而是通过投资关系、协议或者其他安排，能够实际支配公司行为的人，在实际控制人指使公司从事违法行为的案件中，往往更具隐蔽性。在实际控制人本人不承认“指使”的情况下，如果必须有直接证据证明“指使”，势必会让大量隐蔽的指使行为逃避处罚，有违《证券法》第193条第3款的立法目的，亦将破坏证券市场正常秩序。如果在案证据能够形成证据链条，并结合日常生活逻辑和经验法则，证明实际控制人存在“指使”情形，而该实际控制人又不能提供合理解释说明和反证，则可认定实际控制人实施了指使上市公司从事相关违法行为。

① 参见北京市第一中级人民法院（2019）京01行初670号行政判决书。

【条文】

第一百九十三条

公司可以在董事任职期间为董事因执行公司职务承担的赔偿责任投保责任保险。

公司为董事投保责任保险或者续保后，董事会应当向股东会报告责任保险的投保金额、承保范围及保险费率等内容。

【条文主旨】

本条是关于董事责任保险制度的规定。

【条文概览】

本条系《公司法》新增内容，属于《公司法》的实质性修改。

我国的董事责任保险制度最早出现于中国证监会于2001年8月16日发布的《关于在上市公司建立独立董事制度的指导意见》（已失效，以下简称《指导意见》）。《指导意见》第7条“为了保证独立董事有效行使职权，上市公司应当为独立董事提供必要的条件”第6项提出“上市公司可以建立必要的独立董事责任保险制度，以降低独立董事正常履行职责可能引致的风险”。2002年1月7日，证监会等部门联合发布的《上市公司治理准则》（证监发〔2002〕1号）（已失效，以下简称《治理准则》）第39条[①]规定：经股东大会批准，上市公司可以为董事购买责任保险。但董事因违反法律法规和公司章程规定而导致的责任除外。《治理准则》使得我国的董事责任保险制度从独立董事扩展到所有董事。2006年6月26日，国务院公布的《国务院关于保险业改革发展的若干意见》（国发〔2006〕23号）第5条“大力发展责任保险，健全安全生产保障和突发事件应急机制”规定，采取市场运作、政策引导、政府推动、立法强制等方式，发展安全生产责任、建筑工程责任、产品责任、公众责任、执业责任、董事责任、环境污染责任等保险业务。即《国务院关于保险业改革发展的若干意见》鼓励建立董事责任保险制度。

在保险领域，《保险法》第65条规定了责任保险的相关内容：保险人对

① 2018年9月30日，中国证券监督管理委员会修订了《治理准则》，该条被修改为第24条。

责任保险的被保险人给第三者造成的损害，可以依照法律的规定或者合同的约定，直接向该第三者赔偿保险金。责任保险的被保险人给第三者造成损害，被保险人对第三者应负的赔偿责任确定的，根据被保险人的请求，保险人应当直接向该第三者赔偿保险金。被保险人怠于请求的，第三者有权就其应获赔偿部分直接向保险人请求赔偿保险金。责任保险的被保险人给第三者造成损害，被保险人未向该第三者赔偿的，保险人不得向被保险人赔偿保险金。责任保险是指以被保险人对第三者依法应负的赔偿责任为保险标的的保险。

董事责任险属于责任保险的险种，董事责任险为公司作为投保人、董事（根据保险合同约定可能包含监事、高级管理人员）作为被保险人向保险公司购买的责任保险，保险公司作为保险人为公司董事在任职期间因执行公司职务承担的赔偿责任进行理赔。新《公司法》首次从立法层面鼓励公司投保董事责任险，转移董事经营管理风险。

【理解与适用】

一、本条规定的立法目的

董事责任保险是一种特殊的职业责任保险，该险种的保险标的主要是个人赔偿责任，即当公司董事的工作存在不当行为，应依法对公司或第三人承担一定的民事赔偿责任时，由保险人负责赔偿该董事、监事或高级管理人员进行责任抗辩所支出的有关法律费用并代为偿付其应当承担的民事赔偿责任的保险。董事责任保险的设置基于以下两方面考虑：一方面，在公司所有权与经营权分离的现代公司治理模式下，形成了以“董事会”为核心的公司内部治理结构，为防止董事、高级管理人员利用职务之便或者怠于履职，从而损害公司或股东利益，法律对董事、高级管理人员科以忠实、勤勉义务，以及违反该义务的赔偿责任。但董事、高级管理人员面对瞬息万变的市场环境、错综复杂的交易关系，其在作出决策时难免有所疏漏，一旦决策失误，可能会面临巨额赔偿。董事、高级管理人员成为“高风险”职业，这导致董事、高级管理人员在作出经营决策时难免心生顾虑、裹足不前，不求有功但求无过，长此以往将不利于公司的长远利益。另一方面，董事、高级管理人作为“职业经理人”其赔偿能力终究有限，即使法院判令董事、高级管理人对受到损害的第三方承担赔偿责任，亦可能难以得到全面执行。因此，董事责任险的主要目的是降低董事面临的责任风险，为董监高的履职责任风险提供保障，同时也为受损第三人提供赔付保障。本条从立法上鼓励公司投保董事责任险，有利于改善国内公司董事责任险投保率低的现状，优化营商环境。

二、国外董事责任险的状况

董事与高级职员责任保险（Directors and Officers Liability Insurance）是欧美国家职业责任保险的主要险种之一，是指以公司董事和高级职员在执行职务过程中因单独或共同实施的不当行为给公司和第三人（包括股东、债权人、公司雇员、消费者以及公司客户等利益相关主体）造成损害而应承担的赔偿责任为保险标的的保险。[①] 董事责任险发端于20世纪30年代的美国，随着美国证券交易委员会的建立和美国1933年《证券法》、1934年《证券交易法》的施行，美国上市公司董事、高级管理人员需要承担的风险大幅增加，催生了董事责任险的保险业务，20世纪60年代以后董事责任险得到快速发展。欧美主要国家的董事责任保险状况如下[②]：

（一）美国

美国一直是董事责任保险的主要市场，其市场占有额比世界上其他国家市场份额的总和还要多。为了使公司购买董事责任保险得到法律上的支持，美国50个州的公司立法都明确规定：公司有权为董事和高级职员购买并维持董事责任保险。目前，美国董事责任保险市场的保费收入已经超过了30亿美元，几乎所有的上市公司都购买了董事责任保险，而且越来越多的慈善团体和闭锁公司也购买了董事责任保险。

（二）英国

20世纪80年代以前的《英国公司法》对董事职责和义务的规定并不像美国那样严格，董事的经营责任风险相对较小，绝大多数公司对董事责任保险的需求并不是十分迫切。随着《英国公司法》《英国数据保护法》《英国破产法》以及《英国金融服务法案》的修改，董事的经营责任不断被强化，公司对董事责任保险的需求逐渐升温。从目前的情况看来，在欧洲的董事责任保险市场中，英国的市场是最成熟的。

---

① 孙宏涛：《海外董事责任保险市场的发展历程及其对我国的启示》，载中国保险报·中保网，最后访问时间：2024年6月16日。

② 详见孙宏涛：《海外董事责任保险市场的发展历程及其对我国的启示》，载中国保险报·中保网，最后访问时间：2024年6月16日。

（三）德国

在德国，从20世纪80年代开始，董事的经营责任风险不断增大，要接受来自股东、债权人、公司雇员、消费者以及其他主体的广泛监督。如果董事和其他高级职员的行为存在失误，就要承担个人赔偿责任。随着德国相关法律制度的不断健全，股东、债权人以及监管当局根据《德国公司法》《德国环境保护法》以及《德国产品质量法》对董事提起的诉讼也越来越多。此外，董事所从事的违反税收法、违反信托义务以及违规的证券交易行为都可能导致诉讼的发生。董事和高级职员对董事责任保险的需求越来越强烈，董事责任保险市场获得更加健康、稳定的发展。

（四）法国

自20世纪90年代以来，法国的许多大公司股权逐渐私有化。董事在对私人资产的经营管理过程中，如果因为经营不善给公司造成损失，则遭受股东诉讼的概率大大增加。近年来，股东针对董事经营管理不当行为提起的诉讼以及债权人针对公司破产向董事提起的诉讼日益普遍。在法国，早期保险人销售董事责任保险的对象主要是那些在美国设立分支机构的公司。

三、董事责任险的制度价值

作为一种舶来品，董事责任险自引入我国以来一直未能得到大范围普及，但随着监管环境日趋严格、投资者维权意识不断增强，公司董监高被诉的风险不断上升，董事责任险在我国开始迎来广泛的市场需求和发展机遇。与此同时，瑞幸咖啡、康美药业等造假事件导致天价赔偿司法案例的出现，也相继引起了业界与学界针对董事责任险的讨论和重视。

董事责任险制度是成熟的公司治理与资本市场的必要组成部分，从经营角度看，董事责任险通过为董监高的履职责任风险提供保障，有利于公司吸引优秀的管理人才，同时激励董监高充分发挥其经营管理方面的创新能力，以提升公司创新绩效和价值；从补偿角度看，董事责任险可以转移董监高的履职责任风险，在很大程度上提升企业及高管的抗风险能力；从社会责任看，董事责任险有利于保护广大投资者的正当权益，并有效发挥责任保险参与社会治理、维护社会稳定的功能作用。

本次《公司法》修订新增的第193条首次在立法中鼓励公司投保董事责任险，确立了董事责任险的法律地位。与此同时，也是继《治理准则》后首次将董事责任险从上市公司扩展到非公众公司。值得注意的是，根据第193条的规定，董事责任险的保障对象仅为公司董事，并不包含监事及高级管理人员。同时，本条还将承保的范围限制为“董事因执行公司职务承担的赔偿责任”。从体系和文义解释上讲，该“赔偿责任”应包括对内责任和对外责任两方面，即董事对公司和对第三人应当承担的赔偿责任，而对公司的责任应当限于其履行忠实和勤勉义务的基础上。此外，根据第 193 条第 2 款的规定来看，投保或续保董事责任险事项可由董事会决策，但决策后，董事会应当向股东会报告责任保险的投保金额、承保范围及保险费率等内容。

当前，新《公司法》对于董事责任险的规定还存在大片留白，如后续还需要在保障对象上予以扩张、容纳监事和高管进行共同保障，以满足公司良效治理的要求。在赔偿范围上细化除外条款的规定，即董事责任险一般仅涵盖民事赔偿责任和法律诉讼费用，不包括刑事责任与行政责任，原因主要是以保险来保障行政罚款与刑事处罚可能有违社会的公序良俗，削弱监管机构的惩戒与威慑，也容易引发道德风险。在承保范围上应区分违反忠实和勤勉义务的不同情形，通常董监高违反忠诚义务相较于违反勤勉义务对公司造成的损害更大而且更易从中获利，因此，进行区分性保护更加符合董监高为公司和全体股东的最大利益进行善意和谨慎行事的基本理念。在保费上注意区分公司承担全部保费和部分保费的情况，鉴于订立董事责任险合同除了分散董监高个人的责任风险外，更重要的功能在于提升公司的治理效能、保护公司自有财产、践行公司社会责任，由公司投保并支付保费自然具备充分的正当性。此外，在保险费的缴付方案上还可以由当事董事、监事、高管进行分摊并规定分摊的最低比例，督促董监高尽可能审慎履职，避免使其完全无责后肆意挥霍享有的特别保护，同时可使董事责任险在公司治理上发挥出更大能效，助力董监高为公司创造更高价值。

【实务问题】

一、董事责任险的决策主体

按照《公司法》第 193 条的规定，董事责任保险的购买主体为公司，公司“可以”为董事购买责任保险，并非“必须”购买，公司有权决定是否为董事购买责任保险，公司决定购买后应当向股东会报告投保金额、承保范围及保险费率等内容。

《公司法》规定了公司为董事投保后应将投保金额、承保范围及保险费率等内容向股东会报告，即董事责任险的决策事项不需要经股东会审议，可由董事会决策。

二、被保险人的范围

《公司法》第 193 条规定的被保险人为公司的董事。一般实务中，公司在购买董事责任险时被保险人的范围包括董事、监事及高级管理人员。关于高级管理人员的范围容易发生争议。《公司法》规定的高级管理人员是指公司的经理、副经理、财务负责人，上市公司董事会秘书和公司章程规定的其他人员。其中，高级管理人员的认定应当结合《公司章程》、董事会关于高级管理人员的相关决议及具体人员的具体职务范围及董事责任险《保险合同》关于被保险人的范围进行综合判断。

三、董事责任险的除外责任

企业或其他组织的经营管理是一项复杂的职业活动，董事、监事和高级管理人员在工作中由于自身能力、经验或其他原因难免出现过失行为，主要表现为言行误导、信息披露失真、经营决策不当等。这类过失行为无疑会给公司造成经济上的损害，如导致公司股票市值降低、错失投资机会或因伤害第三方利益引发针对个人和组织的索赔等。

董事、监事及高级管理人员的责任保险合同中通常约定，保险人的赔付范围为被保险人的不当行为或者过失行为，董事责任险的除外责任不属于赔付范围，除外责任主要包括：故意行为、已知诉讼、罚金罚款等。

第九章 公司债券

【条文】

第一百九十四条

本法所称公司债券，是指公司发行的约定按期还本付息的有价证券。

公司债券可以公开发行，也可以非公开发行。

公司债券的发行和交易应当符合《中华人民共和国证券法》等法律、行政法规的规定。

【条文主旨】

本条是关于公司债券的定义和发行条件的规定。

【条文概览】

本条系实质修改，1993 年以来两次修订。1993 年《公司法》第 160 条规定："本法所称公司债券是指公司依照法定程序发行的、约定在一定期限还本付息的有价证券。"《公司法》于 1999 年、2004 年进行修正时，本条未变更。2005 年《公司法》修订时，条文序号调整为第 154 条，内容修改为："本法所称公司债券，是指公司依照法定程序发行、约定在一定期限还本付息的有价证券。公司发行公司债券应当符合《中华人民共和国证券法》规定的发行条件。"2013 年《公司法》修正时，仅将条文序号调整为第 153 条，内容未作变化。2018 年《公司法》修正时，本条未作变更。2023 年《公司法》修订时，本条对 2018 年《公司法》的修订主要体现在两个方面：一是增加规定了公司债券的发行方式，即公开发行和非公开发行；二是增加规定公司债券的交易也应符合《证券法》等法律、行政法规的规定。其他表述上的修改使得词句更加精练。

【理解与适用】

公司债券是按期还本付息的有价证券，可以公开发行或者非公开发行，但其发行和交易应符合有关法律、行政法规的规定。

公司债券是一种有价证券，是公司融资的重要手段。为了规范公司债券的发行和交易，从法律上对公司债券作出界定是必要的。

根据本条规定，公司债券具有两个基本法律特征：

第一，公司债券是公司依照《证券法》等法律、行政法规的规定发行和交易的有价证券。《证券法》对公司债券的发行程序作了规定，主要有以下内容：(1) 报国务院授权的部门或者国务院证券监督管理机构注册。根据《证券法》的规定，公开发行证券，必须经国务院证券监督管理机构或者国务院授权的部门注册；未经注册，任何单位和个人不得公开发行证券。(2) 按照法律规定向注册机关提交申请文件。根据《证券法》的规定，公司申请公开发行公司债券，应当向注册机关报送下列文件：公司营业执照；公司章程；公司债券募集办法；国务院授权的部门或者国务院证券监督管理机构规定的其他文件。(3) 聘请保荐人。《证券法》规定，采取承销方式公开发行可转换为股票的公司债券的，应当聘请证券公司担任保荐人，并且在提出发行公司债券的申请时，应当向国务院授权的部门或者国务院证券监督管理机构报送保荐人出具的发行保荐书。(4) 公告公开发行募集文件。《证券法》要求公司债券的发行人在其发行申请经注册后，在证券公开发行前，公告公开发行募集文件，并将该文件置备于指定场所供公众查阅。发行证券的信息依法公开前，任何知情人不得公开或者泄露该信息。发行人不得在公告公开发行募集文件前发行证券。

《证券法》还对公司债券的公开发行规定了明确具体的条件，主要有以下三个方面的内容：一是一般公司债券的发行条件。(1) 具备健全且运行良好的组织机构；(2) 最近 3 年平均可分配利润足以支付公司债券 1 年的利息；(3) 国务院规定的其他条件。二是上市公司发行可转换为股票的公司债券的条件，除符合一般公司债券的发行条件外，还应当符合经国务院批准的国务院证券监督管理机构规定的上市公司发行新股的条件。三是不得再次公开发行公司债券的情形。根据《证券法》的规定，有下列情形之一的，不得再次公开发行公司债券：(1) 对已公开发行的公司债券或者其他债务有违约或者延迟支付本息的事实，仍处于继续状态；(2) 违反《证券法》规定，改变公开发行公司债券所募资金的用途。

关于公司债券的交易，《证券法》主要规定了以下内容：证券交易当事人依法买卖的公司债券，必须是依法发行并交付的证券。非依法发行的公司债券，不得买卖。公开发行的企业债券，应当在依法设立的证券交易所上市交易或者在国务院批准的其他全国性证券交易场所交易。非公开发行的公司债券，可以在证券交易所、国务院批准的其他全国性证券交易场所、按照国务院规定设立的区域性股权市场转让。企业债券在证券交易所上市交易，应当采用公开的集中交易方式或者国务院证券监督管理机构批准的其他方式。为公司债券发行出具审计报告或者法律意见书等文件的证券服务机构和人员，在该债券承销期内和期满后6个月内，不得买卖该证券。为发行人及其控股股东、实际控制人，或者收购人、重大资产交易方出具审计报告或者法律意见书等文件的证券服务机构和人员，自接受委托之日起至上述文件公开后5日内，不得买卖该债券。实际开展上述有关工作之日早于接受委托之日的，自实际开展上述有关工作之日起至上述文件公开后5日内，不得买卖该债券。申请公司债券上市交易，应当向证券交易所提出申请，由证券交易所依法审核同意，并由双方签订上市协议。申请债券上市交易，应当符合证券交易所上市规则规定的上市条件。对证券交易所作出的不予上市交易、终止上市交易决定不服的，可以向证券交易所设立的复核机构申请复核。

第二，公司债券是公司与债券持有人约定在一定期限内还本付息的债务凭证。公司债券与股票不同，债券持有人为公司的债权人，不享有参与公司经营决策、选择管理者的权利。但不论公司是否有盈利，债券持有人都有权在债务期限届满时请求公司还本付息，并且在公司解散时，对公司财产享有优先于股东的受偿权。

【实务问题】

有下列情形的，属于公开发行公司债券：（1）向不特定对象发行债券；（2）向特定对象发行债券累计超过200人；（3）法律、行政法规规定的其他发行行为。公开发行公司债券筹集的资金，必须按照公司债券募集办法所列资金用途使用；改变资金用途，必须经债券持有人会议作出决议。公开发行公司债券筹集的资金，不得用于弥补亏损和非生产性支出。

发行人向不特定对象发行的公司债券，法律、行政法规规定应当由证券公司承销的，发行人应当同证券公司签订承销协议。证券承销业务采取代销或者包销方式。证券代销是指证券公司代发行人发售证券，在承销期结束时，将未售出的证券全部退还给发行人的承销方式；证券包销是指证券公司将发行人的证券按照协议全部购入或者在承销期结束时将售后剩余证券全部自行购入的承销方式。向不特定对象发行公司债券聘请承销团承销的，承销团应当由主承销和参与承销的证券公司组成。公开发行公司债券的发行人有权依法自主选择承销的证券公司。证券公司承销证券，应当同发行人签订代销或者包销协议，载明下列事项：(1) 当事人的名称、住所及法定代表人姓名；(2) 代销、包销证券的种类、数量、金额及发行价格；(3) 代销、包销的期限及起止日期；(4) 代销、包销的付款方式及日期；(5) 代销、包销的费用和结算办法；(6) 违约责任；(7) 国务院证券监督管理机构规定的其他事项。证券公司在代销、包销期内，对所代销、包销的证券应当保证先行出售给认购人，证券公司不得为本公司预留所代销的公司债券和预先购入并留存所包销的债券。证券公司承销公司债券，应当对公开发行募集文件的真实性、准确性、完整性进行核查。发现有虚假记载、误导性陈述或者重大遗漏的，不得进行销售活动；已经销售的，必须立即停止销售活动，并采取纠正措施。证券公司承销公司债券，不得有下列行为：(1) 进行虚假的或者误导投资者的广告宣传或者其他宣传推介活动；(2) 以不正当竞争手段招揽承销业务；(3) 其他违反证券承销业务规定的行为。证券公司有上述行为，给其他证券承销机构或者投资者造成损失的，应当依法承担赔偿责任。公司债券的代销、包销期限最长不得超过90日。

发行人报送的公司债券发行申请文件，应当充分披露投资者作出价值判断和投资决策所必需的信息，内容应当真实、准确、完整。为公司债券发行出具有关文件的证券服务机构和人员，必须严格履行法定职责，保证所出具文件的真实性、准确性和完整性。国务院证券监督管理机构或者国务院授权的部门对已作出的公司债券发行注册的决定，发现不符合法定条件或者法定程序，尚未发行的，应当予以撤销，停止发行。已经发行尚未上市的，撤销发行注册决定，发行人应当按照发行价并加算银行同期存款利息返还证券持有人；发行人的控股股东、实际控制人以及保荐人，应当与发行人承担连带责任，但是能够证明自己没有过错的除外。

【条文】

第一百九十五条

公开发行公司债券，应当经国务院证券监督管理机构注册，公告公司债券募集办法。

公司债券募集办法应当载明下列主要事项：

（一）公司名称；

（二）债券募集资金的用途；

（三）债券总额和债券的票面金额；

（四）债券利率的确定方式；

（五）还本付息的期限和方式；

（六）债券担保情况；

（七）债券的发行价格、发行的起止日期；

（八）公司净资产额；

（九）已发行的尚未到期的公司债券总额；

（十）公司债券的承销机构。

【条文主旨】

本条是关于公司债券募集办法公告的规定。

【条文概览】

本条系实质修改，1993 年后两次修订。1993 年《公司法》第 166 条规定：“发行公司债券的申请经批准后，应当公告公司债券募集办法。公司债券募集办法中应当载明下列主要事项：（一）公司名称；（二）债券总额和债券的票面金额；（三）债券的利率；（四）还本付息的期限和方式；（五）债券发行的起止日期；（六）公司净资产额；（七）已发行的尚未到期的公司债券总额；（八）公司债券的承销机构。”《公司法》于 1999 年、2004 年进行修正时，本条未变更。2005 年《公司法》修订时，条文序号调整为第 155 条，内容修改为：“发行公司债券的申请经国务院授权的部门核准后，应当公告公司债券募集办法。公司债券募集办法中应当载明下列主要事项：（一）公司名称；（二）债券募集资金的用途；（三）债券总额和债券的票面金额；（四）债券利率的确定方式；（五）还本付息的期限和方式；（六）债券担保情况；（七）债券的发行价格、发行的起止日期；（八）公司净资产额；（九）已发行的尚未到期的公司债券总额；（十）公司债券的承销机构。”2013 年修正时，仅将条文序号调整为第 154 条，内容未作变化。2018 年修正时，本条未作变更。2023 年本条对 2018 年《公司法》的表述进行了修订，一是将核准制改为注册制；二是明确了负责注册的机构是国务院证券监督管理机构，根据《关于国务院机构改革方案的决定》将国家发展和改革委员会企业债券审核职责划入中国证监会的要求，删去国务院授权的部门对公开发行债券注册的规定。公司债券募集办法中应当载明的主要事项未作变动。

【理解与适用】

公开发行公司债券，应当经国务院证券监督管理机构注册，并公告公司债券募集办法。公司债券募集办法中应当载明 10 项主要事项。公司发行的公司债券，是向社会公众举借的长期债务。为使公司债券的募集规范进行，保护债券持有人的利益，法律规定公司应当制作明确的公司债券募集办法，并将公司制作的公司债券募集办法予以公告，作为公司向非特定的公司债券认购人发出的要约。公告公司债券募集办法的原因是：一是说明公司的基本情况以及将以何种条件发行公司债券，便于社会公众在了解公司背景、同意债券募集条件的前提下自愿认购；二是可以使公司债券的募集过程公开、透明，以确保公司债券的发行符合公平原则，防止发生欺诈；三是有利于社会公众对公司债券发行行为的监督和政府行政机关的监管。

【实务问题】

为了规范公司债券的募集，保护债券持有人的利益，法律对公司债券募集办法的记载内容也提出了要求。根据本条规定，公司债券募集办法中应当载明下列主要事项：

第一，公司名称。这是为确定公司债券的发行人，从而确定公司债券的偿债人。

第二，债券募集资金的用途。这是为了明确债券募集资金的使用方向，使债券认购人能够评估购买该公司债券的风险和收益，作出正确的判断，也便于行政管理机关的监管。

第三，债券总额和债券的票面金额。债券总额，是指当次发行的公司债券的总金额，不包括公司已发行的公司债券的余额。债券的票面金额，是指当次发行的公司债券票面上标明的金额。载明债券总额和债券票面金额，可以使债券认购人明确当次公司债券的发行规模以及债券的票面价值。

第四，债券利率的确定方式。这可以使债券认购人确定债券的预期利益。

第五，还本付息的期限和方式。这是公司对外承担偿债责任的依据，是社会公众决定是否购买公司债券的关键因素。

第六，债券担保情况。这是说明公司偿债风险的内容。

第七，债券的发行价格、发行的起止日期。这是对债券承销机构有约束力的条款。

第八，公司净资产额。公司净资产是偿还公司债的基本财产保证，是债券认购人判断认购风险的重要依据之一。

第九，已发行的尚未到期的公司债券总额。已发行的尚未到期的公司债券总额与当次发行的公司债券总额构成公司发行的公司债券总额。记载这项内容，可以使社会公众了解公司累计发行债券总额同公司净资产额的比例，是债券认购人判断债券偿还风险的重要依据之一，也是国务院证券监督管理机构审核的重要内容。

第十，公司债券的承销机构。为使债券认购人了解发行人与承销的证券公司之间的委托关系，便于认购公司债券，应当在公司债券募集办法中载明公司债券的承销机构。

上述内容是公司债券募集办法中的法定记载事项，公司申请发行公司债券必须完整、真实、准确地作出记载。除上述事项外，公司也可以在债券募集办法中记载其他有关事项。

【条文】

第一百九十六条

公司以纸面形式发行公司债券的，应当在债券上载明公司名称、债券票面金额、利率、偿还期限等事项，并由法定代表人签名，公司盖章。

【条文主旨】

本条是关于纸面形式公司债券记载事项的规定。

【条文概览】

本条系文字修改。1993 年《公司法》第 167 条规定："公司发行公司债券，必须在债券上载明公司名称、债券票面金额、利率、偿还期限等事项，并由董事长签名，公司盖章。"《公司法》于 1999 年、2004 年进行修正时，本条未变更。2005 年修订时，条文序号调整为第 156 条，内容修改为："公司以实物券方式发行公司债券的，必须在债券上载明公司名称、债券票面金额、利率、偿还期限等事项，并由法定代表人签名，公司盖章。"2013 年修正时，仅将条文序号调整为第 155 条，内容未作修改。2018 年修正时，本条未作变更。2023 年修订时只是作了个别文字修改，将"实物券方式"改为"纸面形式"，使该规定更准确、更符合立法原意。

【理解与适用】

公司债券是公司向债券认购人出具的债务凭证，是公司债券持有人向公司行使债权的依据。公司债券以纸面形式发行的，应当对表明公司与债券持有人之间债权债务关系的内容作出清楚明确的记载，以便于债券持有人行使权利。根据本条规定，纸面形式的公司债券上应当记载的事项与前条规定的公司债券募集办法中必须载明的主要事项相同，具体包括公司名称、债券票面金额、利率、偿还期限等。这些事项记载于纸面形式的公司债券上，对作为发行人的公司具有法律约束力。同时，票面上的法定记载事项所载明的内容，应当依据公司股东会或者董事会作出的决议，并且应当同公司债券募集办法、公司债券持有人名册上所记载的内容相一致。

纸面形式的公司债券上应当由公司法定代表人签名，公司盖章。

【条文】

第一百九十七条

公司债券应当为记名债券。

【条文主旨】

本条是关于明确公司债券应当为记名债券的规定。

【条文概览】

本条系实质修改，是关于公司债券应当记名的规定。1993 年《公司法》第 168 条规定："公司债券可分为记名债券和无记名债券。"《公司法》于 1999 年、2004 年进行修正时，本条未变更。2005 年修订时，条文序号调整为第 157 条，内容修改为："公司债券，可以为记名债券，也可以为无记名债券。"2013 年修正时，仅将条文序号调整为第 156 条，内容未作修改。2018 年修正时，本条未作变更。

【理解与适用】

本条作出了实质修改，规定公司债券应当为记名债券，不能为无记名债券。

公司债券可以根据不同的标准分为许多种类，根据是否在公司债券上签署债权人的姓名，可以将公司债券分为记名债券和无记名债券。记名债券与无记名债券在确认权利人的方式、债券转让、债券兑付等方面适用不同的法律规则。

记名债券的基本特征是债券上明确记载认购人的姓名或名称、住所。相应地，在公司债券持有人名册上也应载明记名债券持有人的姓名或名称、住所、取得债券的日期及其债券编号。记名债券与公司债券持有人名册上记载的债券持有人应当一致。当记名债券和公司债券持有人名册上记载的债券持有人相同时，则该持有人是该债券的合法权利人，可以依法享有和行使债权人的权利。如果债券持有人将该债券转让，应当依法相应地变更记名债券上和公司债券持有人名册上的持有人姓名或名称、住所，否则该转让不发生对抗公司的效力。

无记名债券的基本特征是债券上不记载认购人的姓名或名称、住所。相应地，公司债券持有人名册上也不作相关记载。无记名债券依实际占有来确定其权利人，持有人即被视为债权人，可以依法享有并行使债权人的权利。

记名债券与无记名债券相比各有优劣。记名债券的权属性稳定，灭失或损毁时可以获得挂失、公示催告等法律救济，但转让需要办理变更持有人的手续，对流通有一定影响；无记名债券则便于流通，可以满足债权人随时变现的需要，但在灭失或损毁时无法得到挂失等救济，权属性上的风险大于记名债券。

【条文】

第一百九十八条

公司发行公司债券应当置备公司债券持有人名册。

发行公司债券的，应当在公司债券持有人名册上载明下列事项：

（一）债券持有人的姓名或者名称及住所；

（二）债券持有人取得债券的日期及债券的编号；

（三）债券总额，债券的票面金额、利率、还本付息的期限和方式；

（四）债券的发行日期。

【条文主旨】

本条是关于公司债券持有人名册的置备和记载事项的规定。

【条文概览】

本条系实质修改，主要规定了公司发行公司债券应当置备公司债券持有人名册以及名册上应当载明的有关事项，2023 年之前进行过一次内容修订。

1993 年《公司法》第 169 条规定："公司发行公司债券应当置备公司债券存根簿。发行记名公司债券的，应当在公司债券存根簿上载明下列事项：（一）债券持有人的姓名或者名称及住所；（二）债券持有人取得债券的日期及债券的编号；（三）债券总额，债券的票面金额，债券的利率，债券的还本付息的期限和方式；（四）债券的发行日期。发行无记名公司债券的，应当在公司债券存根簿上载明债券总额、利率、偿还期限和方式、发行日期及债券的编号。"2005 年修订时，条文序号调整为第 158 条，内容修改为："公司发行公司债券应当置备公司债券存根簿。发行记名公司债券的，应当在公司债券存根簿上载明下列事项：（一）债券持有人的姓名或者名称及住所；（二）债券持有人取得债券的日期及债券的编号；（三）债券总额，债券的票面金额、利率、还本付息的期限和方式；（四）债券的发行日期。发行无记名公司债券的，应当在公司债券存根簿上载明债券总额、利率、偿还期限和方式、发行日期及债券的编号。"2013 年修正时，仅将条文序号调整为第 157 条，内容未作修改。2018 年修正时，本条未作变更。本条此次修订主要是基于公司债券仅限于记名债券，而删除了有关无记名债券的规定，同时将公司债券存根簿明确为公司债券持有人名册。

【理解与适用】

公司债券持有人名册是公司发行公司债券的原始记录，是确定公司发行债券的规模以及公司与其发行的公司债券的持有人之间权利义务关系的原始依据，具有确认记名债券权利人的功能。因此，法律要求公司发行公司债券应当置备公司债券持有人名册，并且对公司债券持有人名册的记载事项作出了规定。根据本条规定，公司债券持有人名册应当记载以下事项：（1）债券持有人的姓名或者名称及住所；（2）债券持有人取得债券的日期及债券的编号；（3）债券总额，债券的票面金额、利率、还本付息的期限和方式；（4）债券的发行日期。

公司发行公司债券应当严格按照法律规定置备和记载公司债券持有人名册，不得有缺项和遗漏。除本条规定应当记载的事项外，发行公司债券的公司也可以根据实际需要，在公司债券持有人名册上记载其他事项。

【条文】

第一百九十九条

公司债券的登记结算机构应当建立债券登记、存管、付息、兑付等相关制度。

【条文主旨】

本条是关于记名公司债券登记结算制度的规定。

【条文概览】

本条系文字修改，主要规定了公司债券的登记结算机构应当建立债券登记等相关制度。本条是2005年《公司法》修订时新增加的一条规定，内容为“记名公司债券的登记结算机构应当建立债券登记、存管、付息、兑付等相关制度”，条文序号为第159条。2005年增加这一规定主要出于：一是确保债券正常流通；二是维护债权人的合法权益，维护正常的经济秩序。2013年《公司法》修正时，仅将条文序号调整为第158条，内容未作变更。2018年《公司法》修正时，本条未作变更。2023年《公司法》修订时规定公司债券仅为记名证券，因此本条在文字上作了相应修改。

【理解与适用】

公司债券是针对社会公众的、长期的、集团性的债务，有些公司债券是可以上市交易的。为了规范公司债券发行转让过程中涉及的登记、托管、结算业务，保护公司债券持有人的利益，法律设置了证券登记结算制度。根据《证券法》第150条规定，在证券交易所或者国务院批准的其他全国性证券交易场所交易的证券，应当全部存管在证券登记结算机构。中国证券监督管理委员会于2003年制定了《证券公司债券管理暂行办法》，规定证券公司发行的债券应当由中国证券登记结算有限责任公司负责登记、托管和结算；中央国债登记结算有限责任公司经批准也可以负责证券公司债券的登记、托管和结算。

【实务问题】

《证券法》第147条对证券登记结算机构的职能和基本业务规则作了规

定。根据《证券法》的规定，证券登记结算机构履行以下职能：（1）证券账户、结算账户的设立；（2）证券的存管和过户；（3）证券持有人名册登记；(4) 证券交易的清算和交收；(5) 受发行人的委托派发证券权益；(6) 办理与上述业务有关的查询、信息服务；(7) 国务院证券监督管理机构批准的其他业务。为了保证业务的正常进行，证券登记结算机构应当具有必备的服务设备和完善的数据安全保护措施，建立完善的业务、财务和安全防范等管理制度，建立完善的风险管理系统。证券登记结算机构应当按照规定为投资者开立证券账户；应当妥善保存登记、存管和结算的原始凭证及有关文件和资料，保存期限不得少于 20 年；为证券交易提供净额结算服务时，应当要求结算参与人按照货银对付的原则，足额交付证券和资金，并提供交收担保；在交收完成之前，任何人不得动用用于交收的证券、资金和担保物；按照业务规则收取的各类结算资金和证券必须存放于专门的清算交收账户，并将其用于成交的证券交易的清算交收。《证券法》的规定为证券登记结算机构建立证券登记、托管、结算等相关制度提供了法律基础，公司债券的登记结算机构应当依照本法和《证券法》的规定，建立债券登记、托管、付息、兑付等相关制度，以便更好地保护公司债券持有人的合法权益。

【条文】

第二百条

公司债券可以转让，转让价格由转让人与受让人约定。

公司债券的转让应当符合法律、行政法规的规定。

【条文主旨】

本条是关于公司债券转让的规定。

【条文概览】

本条系文字修改，主要规定了公司债券可以转让，公司债券的转让应当符合法律、行政法规的规定。1993 年《公司法》第 170 条规定："公司债券可以转让，转让公司债券应当在依法设立的证券交易场所进行。公司债券的转让价格由转让人与受让人约定。"《公司法》于 1999 年、2004 年进行修正时，本条未变更。2005 年修订时，条文序号调整为第 160 条，内容修改为："公司债券可以转让，转让价格由转让人与受让人约定。公司债券在证券交易所上市交易的，按照证券交易所的交易规则转让。"2013 年修正时，仅将条文序号调整为第 159 条，内容未作修改。2018 年修正时，本条未作变更。2023 年修订将该条第 2 款改为"公司债券的转让应当符合法律、行政法规的规定"，涵盖了所有的公司债券转让行为，都应当符合法律、行政法规的规定。

【理解与适用】

公司依法发行的公司债券与股票等其他有价证券一样，具有流通性，可以转让。依法转让公司债券是债券持有人享有的民事权利。根据本条规定，公司债券的转让价格主要通过两种方式确定：一是由转让人与受让人约定。公司债券的转让一般应当遵循证券交易活动公平、自愿、等价、有偿的原则，由债券转让人与受让人协商决定。因此，一般通过协议转让公司债券的，债券转让价格，也就是债券的交易价格，由转让人与受让人约定。二是按照证券交易所交易规则确定。公司债券在证券交易所上市交易的，应当遵守证券交易所的交易规则，采用集中竞价的方式转让。

根据《证券法》的规定，依法公开发行的公司债券，应当在依法设立的证券交易场所或者在国务院批准的其他全国性证券交易场所转让，这样有利于维护证券市场的交易秩序。

【条文】

第二百零一条

公司债券由债券持有人以背书方式或者法律、行政法规规定的其他方式转让；转让后由公司将受让人的姓名或者名称及住所记载于公司债券持有人名册。

【条文主旨】

本条是关于公司债券转让方式及效力的规定。

【条文概览】

本条系文字修改，主要规定了公司债券的转让方式及转让后的记载。1993年《公司法》第171条规定："记名债券，由债券持有人以背书方式或者法律、行政法规规定的其他方式转让。记名债券的转让，由公司将受让人的姓名或者名称及住所记载于公司债券存根簿。无记名债券，由债券持有人在依法设立的证券交易场所将该债券交付给受让人后即发行转让的效力。"《公司法》于1999年、2004年进行修正时，本条未变更。2005年修订时，条文序号调整为第161条，内容修改为："记名公司债券，由债券持有人以背书方式或者法律、行政法规规定的其他方式转让；转让后由公司将受让人的姓名或者名称及住所记载于公司债券存根簿。无记名公司债券的转让，由债券持有人将该债券交付给受让人后即发生转让的效力。"2013年修正时，仅将条文序号调整为第160条，内容未作修改。2018年修正时，本条未作变更。2023年《公司法》修订时，将公司债券仅限定为记名债券，因此删除了原第2款关于不记名债券的规定，并将原第1款的公司"债券存根簿"统一修改为"公司债券持有人名册"。

【理解与适用】

公司债券通过债券持有人的意思表示和债券的实际交付，成立转让。因此，公司债券的持有人转让其债权时，应当在债券票面上背书，记载转让人的转让意思，并将其所持债券交付受让人。除这种转让方式外，也可以采用法律、行政法规规定的其他方式转让。转让公司债券，必须在公司债券持有人名册上办理过户手续，也就是变更债券持有人的姓名或者名称及住所等记载事项才能产生转让效力，否则该转让不能对抗公司。

【条文】

第二百零二条

股份有限公司经股东会决议，或者经公司章程、股东会授权由董事会决议，可以发行可转换为股票的公司债券，并规定具体的转换办法。上市公司发行可转换为股票的公司债券，应当经国务院证券监督管理机构注册。

发行可转换为股票的公司债券，应当在债券上标明可转换公司债券字样，并在公司债券持有人名册上载明可转换公司债券的数额。

【条文主旨】

本条是关于可转换公司债券发行的规定。

【条文概览】

本条系实质修改，主要规定了股份有限公司可以发行可转换为股票的公司债券；上市公司发行可转换为股票的公司债券，应当经国务院证券监督管理机构注册；发行可转换为股票的公司债券，应当在债券上标明可转换公司债券字样，并在公司债券持有人名册上载明可转换公司债券的数额。

本条由 1993 年《公司法》第 172 条演化而来，2005 年《公司法》修订时将条文中“报请国务院证券管理部门批准”变更为“报国务院证券监督管理机构核准”，同时条文序号变更为第 162 条，后于 2013 年《公司法》修正时变更为第 161 条，内容无变化。2023 年《公司法》修订将可以发行可转换为股票的公司债券的公司由上市公司扩大到所有股份有限公司，并将上市公司发行可转换为股票的公司债券由核准制改为注册制。

【理解与适用】

可转换公司债券，是指发行公司依法发行、在一定期间内依据约定的条件可以转换成股票的公司债券。上市公司发行的可转换公司债券的期限最短为 1 年，最长为 6 年，自发行结束之日起 6 个月后方可转换为公司股票，转股期限由公司根据可转换公司债券的存续期限及公司财务状况确定。债券持有人对转换股票或者不转换股票有选择权，并于转股的次日成为发行公司的股东。上市公司经国务院证券监督管理机构注册后可以发行可转换为股票的公司债券。由于可转换公司债券可能影响公司股票的发行，所以债券的制作、持有人名册的置备、债券向股票的转换等方面都有其特殊之处。

【实务问题】

上市公司公开发行可转换公司债券的，除应当符合证券发行的一般规定外，还应当符合下列规定：（1）最近3个会计年度加权平均净资产收益率平均不低于6%。扣除非经常性损益后的净利润与扣除前的净利润相比，以低者作为加权平均净资产收益率的计算依据；（2）本次发行后累计公司债券余额不超过最近一期末净资产额的40%；（3）最近3个会计年度实现的年均可分配利润不少于公司债券1年的利息。（4）公开发行可转换公司债券，应当提供担保，但最近一期末经审计的净资产不低于人民币15亿元的公司除外。提供担保的，应当为全额担保，担保范围包括债券的本金及利息、违约金、损害赔偿金和实现债权的费用。以保证方式提供担保的，应当为连带责任担保，且保证人最近一期经审计的净资产额应不低于其累计对外担保的金额。证券公司或上市公司不得作为发行可转债的担保人，但上市商业银行除外。设定抵押或质押的，抵押或质押财产的估值应不低于担保金额。估值应经有资格的资产评估机构评估。

上市公司可以公开发行认股权和债券分离交易的可转换公司债券，发行分离交易的可转换公司债券，除符合证券发行的一般规定外，还应当符合下列规定：（1）公司最近一期末经审计的净资产不低于人民币15亿元；（2）最近3个会计年度实现的年均可分配利润不少于公司债券1年的利息；（3）最近3个会计年度经营活动产生的现金流量净额平均不少于公司债券1年的利息，有特别规定的除外；（4）本次发行后累计公司债券余额不超过最近一期末净资产额的40%，预计所附认股权全部行权后募集的资金总量不超过拟发行公司债券金额。

公司债券募集办法中应规定转换办法。一般来说，转换办法应当包括以下内容：（1）转换比率或转换价额。所谓转换比率，是指以多少公司债券转换多少股票。例如，公司债券金额100元转换5股。所谓转换价额，是指公司债券金额与股票市值之比，以此来折换股份，但需事先确定股票市值的基准日。（2）转换为何种股份。在公司发行有几种股票的情况下，需要明确债券在期限届满时能够转换为何种股份。（3）转换期限。确定转换期限是为了明确债券持有人行使其转换权的期间，在此期间内，债券持有人可随时请求公司换发股票。

发行可转换公司债券的上市公司应先由股东会作出发行可转换公司债券

的决议。决议应当包括以下内容：（1）股东会就发行股票作出决议应当包括的事项；（2）债券利率；（3）债券期限；（4）担保事项；（5）回售条款；（6）还本付息的期限和方式；（7）转股期；（8）转股价格的确定和修正。

上市公司可转换公司债券每张面值100元，利率由发行公司与主承销商协商确定，但必须符合国家的有关规定。上市公司公开发行可转换公司债券，应当委托具有资格的资信评级机构进行信用评级和跟踪评级。资信评级机构每年至少公告一次跟踪评级报告。

募集说明书可以约定赎回条款，规定上市公司可按事先约定的条件和价格赎回尚未转股的可转换公司债券。募集说明书可以约定回售条款，规定债券持有人可按事先约定的条件和价格将所持债券回售给上市公司。募集说明书应当约定，上市公司改变公告的募集资金用途的，赋予债券持有人一次回售的权利。分离交易的可转换公司债券募集说明书应当约定，上市公司改变公告的募集资金用途的，赋予债券持有人一次回售的权利。

分离交易的可转换公司债券应当申请在上市公司股票上市的证券交易所上市交易。分离交易的可转换公司债券中的公司债券和认股权分别符合证券交易所上市条件的，应当分别上市交易。认股权证上市交易的，认股权证约定的要素应当包括行权价格、存续期间、行权期间或行权日、行权比例。分离交易的可转换公司债券的期限最短为1年。认股权证的行权价格应不低于公告募集说明书日前20个交易日公司股票均价和前1个交易日的均价。认股权证的存续期间不超过公司债券的期限，自发行结束之日起不少于6个月。募集说明书公告的权证存续期限不得调整。认股权证自发行结束至少已满6个月起方可行权，行权期间为存续期限届满前的一段期间，或者是存续期限内的特定交易日。

【条文】

第二百零三条

发行可转换为股票的公司债券的，公司应当按照其转换办法向债券持有人换发股票，但债券持有人对转换股票或者不转换股票有选择权。法律、行政法规另有规定的除外。

【条文主旨】

本条是关于可转换公司债券转换规则的规定。

【条文概览】

本条系文字修改，主要规定了发行可转换为股票的公司债券的，公司应当按照其转换办法向债券持有人换发股票，但债券持有人对是否转换有选择权。本条自1993年写入《公司法》至2023年修订《公司法》前，内容一致无变化，仅条文序号有调整。2023年修订《公司法》时，增加了但书的规定，即“法律、行政法规另有规定的除外”，从而使得表述更加全面周延。

【理解与适用】

可转换为股票的公司债券的持有人，享有在一定期间后将所持有的公司债券转换成股票的权利，通过行使转换权取得公司股权，使其对公司的债权消灭。可以说，可转换公司债券潜在地拥有股票的性质。转换1股所需的公司债券的金额为转换价格，一般都以发行可转换公司债券时的股票价格为标准。债券持有人通常在经过一定时间后，根据股价行情选择是否行使转换权。如果股价上升，债券持有人可以获得将债券转换为股票的收益；反之，如果股价下跌，债券持有人则要自己承担投资风险。债券持有人如果不行使转换权，那么不管公司经营效益如何，都可以得到确定的利息收益。发行可转换公司债券，可以为具有不同投资偏好的认购人提供一种更加灵活的选择机制，有利于债券持有人回避风险、保障收益。同时，对发行公司来说，可转换公司债券的利率较一般公司债券利率低，公司可以降低发行债券的成本，而当股价上涨时，又可以吸引债券持有人投资于股票，减少公司负债，增加公司资本，提高公司的资本比率，改善财务状况。因此，发行可转换公司债券是公司筹资的重要手段。

【实务问题】

上市公司发行可转换为股票的公司债券的，转股价格应不低于募集说明书公告日前20个交易日该公司股票交易均价和前一个交易日的均价。募集说明书应当约定转股价格调整的原则及方式。发行可转换公司债券后，因配股、增发、送股、派息、分立及其他原因引起上市公司股份变动的，应当同时调整转股价格。募集说明书约定转股价格向下修正条款的，应当同时约定：(1) 转股价格修正方案须提交公司股东会表决，且须经出席会议的股东所持表决权的三分之二以上同意。股东会进行表决时，持有公司可转换债券的股东应当回避。(2) 修正后的转股价格不低于前项规定的股东会召开日前20个交易日该公司股票交易均价和前1个交易日的均价。上市公司应当在可转换公司债券期满后5个工作日内办理完毕偿还债券余额本息的事项。

【条文】

第二百零四条

公开发行公司债券的，应当为同期债券持有人设立债券持有人会议，并在债券募集办法中对债券持有人会议的召集程序、会议规则和其他重要事项作出规定。债券持有人会议可以对与债券持有人有利害关系的事项作出决议。

除公司债券募集办法另有约定外，债券持有人会议决议对同期全体债券持有人发生效力。

【条文主旨】

本条是关于债券持有人会议的规定。

【条文概览】

本条为新增条款，主要规定了公开发行公司债券的，应当为同期债券持有人设立债券持有人会议，并在债券募集办法中规定债券持有人会议可以对与债券持有人有利害关系的事项作出决议，除公司债券募集办法另有约定外，债券持有人会议决议对同期全体债券持有人发生效力。

【理解与适用】

债券持有人会议，是指由同次发行的公司债券持有人组成，就有关公司债券持有人的共同利害关系事项依法作出决议，其决议对全体同次发行的公司债券持有人均发生效力的临时合议机构。本条规定的债券持有人会议制度，是强化债券持有人权利主体地位、统一债券持有人立场的债券市场基础性制度，也是债券持有人指挥和监督受托管理人勤勉履职的专门制度安排。《证券法》第 92 条第 1 款规定："公开发行公司债券的，应当设立债券持有人会议，并应当在募集说明书中说明债券持有人会议的召集程序、会议规则和其他重要事项。"2014 年《证券法》并未规定债券持有人会议制度，但是，自我国公司债券市场建立初期就关注到债券持有人的保护机制。2007 年由证监会发布的《公司债券发行试点办法》规定了债券持有人会议制度，2015 年、2021 年、2023 年《公司债券发行与交易管理办法》对此规定又进行了完善。2019 年《证券法》修订，将债券持有人会议这项在实践中行之有效的制度上升为法律。设立债券持有人会议是公开发行公司债券的强制性要求，而对非公开发行的公司债券是否需要债券持有人会议并没有强制规定。债券持有人会议的召开程序一般包括确定会议召集人、会议通知、议题、会议的情形、会议的延期或取消等事项。债券持有人会议规则应当明确债券持有人通过债券持有人会议行使权利的范围、决策机制以及救济机制。

【实务问题】

发行公司债券，应当在债券募集说明书中约定债券持有人会议规则。债券持有人会议规则应当公平、合理。债券持有人会议规则应当明确债券持有人通过债券持有人会议行使权利的范围，债券持有人会议的召集、通知、决策生效条件与决策程序、决策效力范围和其他重要事项。

存在下列情形的，债券受托管理人应当按规定或约定召集债券持有人会议：（1）拟变更债券募集说明书的约定；（2）拟修改债券持有人会议规则；（3）拟变更债券受托管理人或受托管理协议的主要内容；（4）发行人不能按期支付本息；（5）发行人减资、合并等可能导致偿债能力发生重大不利变化，需要决定或者授权采取相应措施；（6）发行人分立、被托管、解散、申请破产或者依法进入破产程序；（7）保证人、担保物或者其他偿债保障措施发生重大变化；（8）发行人、单独或合计持有本期债券总额 10% 以上的债券持有人书面提议召开；（9）发行人管理层不能正常履行职责，导致发行人债务清偿能力面临严重不确定性；（10）发行人提出债务重组方案的；（11）发生其他对债券持有人权益有重大影响的事项。在债券受托管理人应当召集而未召集债券持有人会议时，单独或合计持有本期债券总额 10% 以上的债券持有人有权自行召集债券持有人会议。

对于可转换为股票的公司债券，募集说明书应当约定可转债持有人会议规则。可转债持有人会议规则应当公平、合理。可转债持有人会议规则应当明确可转债持有人通过可转债持有人会议行使权利的范围，可转债持有人会议的召集、通知、决策机制和其他重要事项。可转债受托管理人应当按照《公司债券发行与交易管理办法》规定或者有关约定及时召集可转债持有人会议。在可转债受托管理人应当召集而未召集可转债持有人会议时，单独或合计持有本期可转债总额 10% 以上的持有人有权自行召集可转债持有人会议。债券持有人会议表决过程中，发行人及其关联方，以及对决议事项存在利益冲突的债券持有人应当回避表决。

债券持有人会议制度是强化债券持有人权利主体地位、统一债券持有人立场的债券市场基础性制度，也是债券持有人指挥和监督受托管理人勤勉履职的专门制度安排。人民法院在案件审理过程中，要充分发挥债券持有人会议的议事平台作用，尊重债券持有人会议依法依规所作出决议的效力，保障受托管理人和诉讼代表人能够履行参与诉讼、债务重组、破产重整、和解、清算等债券持有人会议赋予的职责。对可能减损、让渡债券持有人利益的相关协议内容的表决，受托管理人和诉讼代表人必须忠实表达债券持有人的意愿。支持受托管理人开展代债券持有人行使担保物权、统一受领案件执行款等工作，切实保护债券持有人的合法权益。

【条文】

第二百零五条

公开发行公司债券的，发行人应当为债券持有人聘请债券受托管理人，由其为债券持有人办理受领清偿、债权保全、与债券相关的诉讼以及参与债务人破产程序等事项。

【条文主旨】

本条是关于债券受托管理人的聘请和管理职权的规定。

【条文概览】

本条为新增条款，主要规定了公开发行公司债券的，发行人应当为债券持有人聘请债券受托管理人，由其为债券持有人办理有关事项。

【理解与适用】

债券受托管理人是根据债务托管协议而设立的维护债券持有人利益的机构。债券受托管理人与债券持有人的关系为委托代理关系。债券受托管理人应当为债券持有人的最大利益行事，不得与债券持有人存在利益冲突，由其为债券持有人办理受领清偿、债权保全、与债券相关的诉讼以及参与债务人破产程序等事项。债券受托管理人由债券发行的承销机构或其他经中国证监会认可的机构担任，并且还应是中国证券业协会的会员，但为本次发行提供担保的机构不得担任本次债券发行的受托管理人。2014 年《证券法》并未规定债券受托管理人制度，但是，自我国公司债券市场建立初期就关注到债券持有人的保护机制。2007 年由证监会发布的《公司债券发行试点办法》规定了债券受托管理人制度，2015 年、2021 年、2023 年《公司债券发行与交易管理办法》对此规定又进行了完善。2019 年《证券法》修订，将债券受托管理人这项在实践中行之有效的制度上升为法律。《证券法》第 92 条第 2 款、第 3 款规定：“公开发行公司债券的，发行人应当为债券持有人聘请债券受托管理人，并订立债券受托管理协议。受托管理人应当由本次发行的承销机构或者其他经国务院证券监督管理机构认可的机构担任，债券持有人会议可以决议变更债券受托管理人。债券受托管理人应当勤勉尽责，公正履行受托管理职责，不得损害债券持有人利益。债券发行人未能按期兑付债券本息的，债券受托管理人可以接受全部或者部分债券持有人的委托，以自己名义代表债券持有人提起、参加民事诉讼或者清算程序。”本条对债券受托管理人的资质进行了限定，即受托管理人应当由本次发行的承销机构或者其他经国务院证券监督管理机构认可的机构担任。为防范债券受托管理人在履行受托管理职责时可能存在的利益冲突，国务院证券监督管理机构要求，发行人应当在债券募集说明书及债券存续期间的信息披露文件中披露债券受托管理人信息。同时，《证券法》也赋予了债券持有人选任权，即债券持有人会议可以决议变更债券受托管理人。当债券持有人对发行人聘请的债券受托管理人不满意时，可以通过债券持有人会议的决议来更换债券受托管理人。

【实务问题】

公开发行公司债券的受托管理人应当按规定或约定履行下列职责：(1) 持续关注发行人和保证人的资信状况、担保物状况、增信措施及偿债保障措施的实施情况，出现可能影响债券持有人重大权益的事项时，召集债券持有人会议；(2) 在债券存续期内监督发行人募集资金的使用情况；(3) 对发行人的偿债能力和增信措施的有效性进行全面调查和持续关注，并至少每年向市场公告一次受托管理事务报告；(4) 在债券存续期内持续督导发行人履行信息披露义务；(5) 预计发行人不能偿还债务时，要求发行人追加担保，并可以依法申请法定机关采取财产保全措施；(6) 在债券存续期内勤勉处理债券持有人与发行人之间的谈判或者诉讼事务；(7) 发行人为债券设定担保的，债券受托管理人应在债券发行前或债券募集说明书约定的时间内取得担保的权利证明或其他有关文件，并在增信措施有效期内妥善保管；(8) 发行人不能按期兑付债券本息或出现募集说明书约定的其他违约事件的，可以接受全部或部分债券持有人的委托，以自己名义代表债券持有人提起、参加民事诉讼或者破产等法律程序，或者代表债券持有人申请处置抵质押物。受托管理人为履行受托管理职责，有权代表债券持有人查询债券持有人名册及相关登记信息、专项账户中募集资金的存储与划转情况，证券登记结算机构应当予以配合。

受托管理人参与破产重整、清算、和解程序的，人民法院在确定债权人委员会的成员时，应当将其作为债权人代表人选。受托管理人提起诉讼或者参与破产程序的，生效裁判文书的既判力及于其所代表的债券持有人。在执行程序、破产程序中所得款项由受托管理人受领后在10个工作日内分配给各债券持有人。

根据《最高人民法院关于〈国土资源部办公厅关于征求为公司债券持有人办理国有土地使用权抵押登记意见函〉的答复》精神，为债券设定的担保物权可登记在受托管理人名下，受托管理人根据《民事诉讼法》第 207 条、第 208 条的规定或者通过普通程序主张担保物权的，人民法院应当予以支持，但应在裁判文书主文中明确由此所得权益归属于全体债券持有人。受托管理人仅代表部分债券持有人提起诉讼的，人民法院还应当根据其所代表的债券持有人份额占当期发行债券的比例明确其相应的份额。

【条文】

第二百零六条

债券受托管理人应当勤勉尽责，公正履行受托管理职责，不得损害债券持有人利益。

受托管理人与债券持有人存在利益冲突可能损害债券持有人利益的，债券持有人会议可以决议变更债券受托管理人。

债券受托管理人违反法律、行政法规或者债券持有人会议决议，损害债券持有人利益的，应当承担赔偿责任。

【条文主旨】

本条是关于债券受托管理人的信义义务与法律责任的规定。

【条文概览】

本条是新增条款，规定了债券受托管理人的信义义务与法律责任。

【理解与适用】

一般认为，2007 年中国证监会发布的《公司债券发行试点办法》（已失效）正式确立了债券受托管理制度。也有观点认为，2003 年中国证监会发布的《证券公司债券管理暂行办法》首次规定公司债券发行人要为公司债券持有人聘请“债券代理人”。该规定中的“债券代理人”就是债券受托管理人的前身。2015 年中国证监会发布的《公司债券发行与交易管理办法》又进一步细化了债券受托管理制度，规定了受托管理人的选任、资格、职责等方面的内容。此后，《公司债券受托管理人执业行为准则》《公司债券受托管理人处置公司债券违约风险指引》的出台对这一制度进一步进行补充。2019 年修订的《证券法》规定了债券受托管理人制度，确立了债券受托管理人的任职资格与职责要求，以及其代债券持有人提起、参加民事诉讼或者清算程序的权利。2020 年最高人民法院发布的《全国法院审理债券纠纷案件座谈会纪要》为合理处置债券市场风险提供了指引。2020 年最高人民法院公布的《担保制度解释》规定了将担保物登记在受托管理人名下时债券持有人的利益应如何保护的相关内容。2023 年的《公司债券发行与交易管理办法》完善了受托管理人的相关规定，要求公开发行公司债券的发行人应当为债券持有人聘请受托管理人，同时对非公开发行公司债券的，要求发行人在募集说明书中以约定的方式明确聘请受托管理人事项。

从理论和实践看，受托管理人为债券持有人履行职务时可能存在利益冲突，主要表现在三个方面：第一，因受托管理人与发行人存在利害关系，一旦发生违约，管理人的立场可能受到发行人的影响，导致无法公正、客观地维护债券持有人利益。这里的“利害关系”不仅仅包括发行人向管理人给付报酬的情形，还包括管理人与发行人及其担保人存在高度利益一致的事实。例如，管理人与发行人、担保人有直接、间接或共同控制关系，管理人和发行人、担保人之间的董事或其他执行业务人员有交叉任职的情形等。另外，实践中，承销机构有兼任受托管理人的情形，而承销机构往往为债券发行提供各种监管合规、符合市场行情的咨询意见，还会与发行人签订承销协议，与发行人之间也存在利害关系。第二，发行公司多次发行债券并选任同一受托管理人。如果允许同一发行人的多支债券共同委托受托管理人，发生纠纷时，同一管理人可能因种种原因难以有效平衡不同批次发行的债券持有人不同的利益。第三，受托管理人对发行公司直接享有债权。如果受托管理人与发行公司存在债权债务关系，且这一债权与管理人受托的债券存在竞争关系，当发行人财务状况恶化时，可能产生受托债权和自有债权之间的平衡与排序问题。

明确债券受托管理人的义务对于减少债券纠纷、加强投资者保护具有重要意义。一般认为，2023 年的《公司债券发行与交易管理办法》首次规定了债券受托管理人的信义义务。该办法第 58 条第 4 句对受托管理人的职责进行了原则性的概括规定：“债券受托管理人应当勤勉尽责，公正履行受托管理职责，不得损害债券持有人利益。”本次修订对该内容予以吸收。本条第 1 款中“债券受托管理人应当勤勉尽责，公正履行受托管理职责，不得损害债券持有人利益”是法律对债券受托管理人信义义务的明确规定。

一般认为，信义义务包括忠实义务和注意义务。忠实义务指受信人需为受益人最大化利益服务，不得从事利益冲突的行为；注意义务则指受信人处理管理事务时应具备一个理性、谨慎人的行为模式。为受托管理人设定信义义务有利于管理人与债券持有人之间形成权利义务的平衡。在忠实义务上，通过震慑与约束管理人偏私懈怠心理，防范管理人因过分行使自由裁量权损及债券资产的风险。在注意义务上，通过激励管理人积极履行职务，促进债券持有人可支付价值最大化。此外，在审判实践中，信义义务还可起到填补过去管理人因失职却无法追责漏洞的功能。

实践中，债券受托管理人存在以下情形的，可以认定违反信义义务：（1）因故意或重大过失未及时披露发行公司的重大信息被监管部门处理的。虽然《证券法》规定了强制信息披露制度，要求发行公司在债券存续期内详细披露与债券持有人利益相关的信息，但发行人的信息披露是否能及时、准确地到达投资者，受托管理人对相关信息披露是有益补充。证券业协会发布的《公司债券受托管理人执业行为准则》中对受托管理人信息披露的职责也设定了基本要求。债券受托管理人未采取有效措施督导发行人信息披露、没有持续核查发行人的违规行为以及没有及时披露影响发行人财产状况的重大信息，受到证券监督管理部门行政处罚的，可以认定违反信义义务。（2）不当损害债券持有人优先受偿的机会。如果发行人出现违约的情形或者发行人出现财务状况恶化，资不抵债、明显缺乏清偿能力等预期违约的情形，受托管理人从其他债权人处取得贿赂、回扣或者其他利益，使得部分债券持有人丧失其应有的债权受偿份额；以及当受托管理人是发行人的债权人，或是同一发行人另一支债券的管理人时，受托管理人因自身债权或是更高的管理报酬等其他原因，通过不当操作使得部分债券持有人丧失其应有的债权受偿份额的，可以认定违反信义义务。（3）受托管理人履行义务的方式不符合其知识结构和专业水准，导致债券持有人损失的，可以认定违反信义义务。需要说明的是，应当以当时履行义务的方式，而不是事后的结果来判断，因为尽管某些决策结果从事后来看或许是一种不明智甚至是错误的判断，但这种结果判断是“事后诸葛亮”，与受托管理人的信义义务无关。

实践中还存在管理人违反信义义务的其他情形。随着债券市场交易结构的复杂化，各方利益冲突的形式会出现新的变化，信义义务的内容也要根据情况作出相应调整。

债券受托管理人系为债券持有人委托管理债券事务，理论上应当由债券持有人聘请，但由于公开发行公司债券时，没有债券持有人，故只能由发行人聘请。债券持有人的选任权并未被剥夺，原则上，如果债券持有人对发行人聘请的债券受托管理人不满意，就可召开债券持有人会议，通过决议变更债券受托管理人。但是，考虑到如果债券持有人会议享有无因解除债券受托管理人的权利，就可能使债券受托管理人一味迎合债券持有人会议的要求，而丧失应有的独立性和专业性。因此，本条第2款将债券持有人会议变更债券受托管理人的情形限定在了“受托管理人与债券持有人存在利益冲突并可能损害债券持有人利益的情形”。不过，基于发行人应受债券持有人的监督，两者之间存在显著的利益冲突关系，发行人的利益可能会直接嫁接至由发行人指定并承担费用的债券受托管理人处，因此，债券受托管理人与债券持有人之间的利益冲突关系可能较为显著，对于“利益冲突”的具体内涵认定应当慎重，避免频繁变更债券受托管理人。

债券受托管理人违反法律、行政法规或者债券持有人会议决议而导致债券受托管理人利益受损的，应当承担损害赔偿责任。在本次立法之前，对于债券受托管理人的不当行为，仅在《公司债务发行与交易管理办法》第74条中存在行政责任的规定：“发行人及其控股股东、实际控制人、债券受托管理人等违反本办法规定，损害债券持有人权益的，中国证监会可以对发行人、发行人的控股股东和实际控制人、受托管理人及其直接负责的主管人员和其他直接责任人员采取本办法第六十九条规定的相关监管措施；情节严重的，处以警告、罚款。”该规定之下，即便债券受托管理人的违法情节严重，也仅仅面临警告和罚款的处罚，本次修订《公司法》规定了民事责任，强化了对受托管理人不当行为的规制，扩充了债券持有人的救济渠道，更有助于其维护合法权益。

第十章　公司财务、会计

【条文】

第二百零七条

公司应当依照法律、行政法规和国务院财政部门的规定建立本公司的财务、会计制度。

【条文主旨】

本条是关于公司建立财务、会计制度的规定。

【条文概览】

本条未作修改，与2018年《公司法》完全一致。1993年《公司法》第174条规定："公司应当依照法律、行政法规和国务院财政主管部门的规定建立本公司的财务、会计制度。"1999年、2004年修正和2005年修订的《公司法》均未作修改，对原条文内容予以保留，条文序号亦无变化。2005年修订时，将该条中的"主管"二字删去，文字调整为"公司应当依照法律、行政法规和国务院财政部门的规定建立本公司的财务、会计制度"，条文序号调整为第164条。2013年、2018年修正后的条文内容和条文序号均无变化。2023年修订时，仅调整了条文序号。

【理解与适用】

公司的财务、会计制度本属于企业的内部事务，但因公司经营活动牵涉股东、他人和债权人的合法权益，具有一定外部性，故《公司法》应当对其财务、会计制度作出规制。主要是要求公司依法依规建立相关制度并遵守执行，公司资产负债、利润分配规范化和向社会公开化。

一、公司应建立自己的财务、会计制度

公司的财务、会计制度是关于公司财务、会计行为规范的总称，包括财

务制度和会计制度。所谓财务制度，是指公司资金管理、成本费用的计算、营业收入的分配、货币的管理、公司的财务报告、公司的清算及公司纳税等方面的规程。所谓会计制度，是指会计记账、会计核算等方面的规程，它是公司生产经营过程中各种财务制度的具体反映。公司的财务制度是通过会计制度来实现的。公司应建立自己的财务制度、会计制度是公司立法中的一项重要的法律制度，是对公司的法定要求。

二、公司建立财务、会计制度的基本依据

根据《公司法》的规定，公司建立财务、会计制度的基本依据有三：第一，法律，即全国人大及其常委会通过的规范性文件。包括《公司法》有关规定、《会计法》的规定及其他法律的有关规定，其中《会计法》是重要的依据。现行《会计法》于 2024 年修改，主要就会计核算、会计核算的特别规定、会计监督、会计机构和会计人员、法律责任作了规定。第二，行政法规，即国务院通过或批准的规范性文件。如国务院于 2000 年 6 月 21 日颁布的《企业财务会计报告条例》等。第三，行政规章，即国务院财政部门颁布的规范性文件。如财政部制定的工业企业的会计制度，商品流通企业的会计制度，交通运输企业的会计制度，旅游、饮食服务的企业会计制度，施工企业的会计制度，种植、养殖等农业方面的会计制度，对外经济合作方面的会计制度，金融会计制度等。

三、建立健全公司财务、会计制度的意义

公司财务会计是公司内部管理的一种手段和方式，完善的财务会计制度有助于公司了解自身经营状况，提高经营效率。同时，由于公司的经营事关股东、债权人和社会公共利益，完善的财务会计制度具有保护各方利益的功能和作用。

（一）保障公司高效运营

公司作为现代企业的重要组织形式，以提高经济效益、劳动生产率和实现资产保值增值为目的。一方面，公司财务会计信息可以说明公司经营者怎样管理和使用资源，股东可根据此考评经营者的经营绩效，督促其提高公司运行效率。另一方面，公司经营者要作出正确的生产和经营决策，进行有效的组织管理，必须以真实可靠、全面完整的财务信息为基础，从而正确地筹措资金、合理有效地使用资金、最大限度地提高资产收益率。

（二）保护公司股东利益

股东向公司投资的主要目的是获取利润，即取得股息和红利，公司经营效果直接关系到股东的收益和亏损负担，但股东并不直接参与经营。为防止具体业务执行者对股东权益的损害，《公司法》直接规定公司应定期编制、公告有关财务会计报告和会计表册，这可以使股东在对公司充分知情的基础上行使其股东权，以保障其合法权益。

（三）保护公司债权人利益

由于股东对公司债务只承担有限责任，因此公司债权人的利益系于公司的资产状况。公司资产数量的增减、结构的变动与公司债权人的利益密切相关。为降低交易风险，保证交易安全，公司债权人作为公司交易对象的一方，为避免公司股东的有限责任带来的意外损失，必须对公司的资产状况、偿债能力等有所了解。为此，有必要通过规范的会计手段将公司财产状况清楚地予以公示，以示信于债权人。

（四）有利于吸引投资，保护社会公众利益

公司，特别是股份有限公司要广泛筹集资金、吸引投资，就必须使社会公众能够经常了解和掌握其生产经营状况。这就不仅要求公司有健全的会计制度，而且要求公司定期公开其财务会计报告。同时，公司经营的好坏会对社会生活的稳定和国民经济的发展产生较大的影响。完善公司的财务会计制度，特别是健全提取公积金的强制性规定，能促进公司提高经济效益，进而维护社会公共利益。

【实务问题】

在涉及股东行使权利、分配权益或债权人对公司主张权利的各类纠纷中，如股东行使知情权、要求公司进行盈余分配或股权回购，或者公司债权人向公司主张权利等情形下均需要以清晰、明确的公司账册作为确定其权益的事实基础。因此，在此类案件的审理中，公司是否严格依照国家法律法规建立合法合规的财务会计账簿至关重要。目前，规定我国股份有限公司财务会计制度的主要法律规范有两种。

一是《会计法》。《会计法》规定了会计工作要对经济活动进行经济核算和实行监督的两项基本任务。会计核算的主要目标是向有关各方提供对决策有用的会计信息。该法规定了会计核算的范围、会计年度、记账的货币单位以及会计核算方法、程序等。同时，也规定了会计监督的基本内容。根据该法第 2 条，公司主体受到该法约束。①

二是《企业财务会计报告条例》与《企业会计制度》。为了规范企业的会计行为，提高我国企业的会计信息质量，党中央、国务院多次要求建立健全国家统一的会计制度，我国《会计法》规定，国家实行统一的会计制度。为了贯彻实施《会计法》，国务院于 2000 年 6 月 21 日发布了《企业财务会计报告条例》（中华人民共和国国务院令第 287 号）。《企业财务会计报告条例》对 1992 年制定的《企业会计准则》（已废止）所规定的会计要素的定义作了重新修订，赋予了会计六大要素以新的内涵，使之更加符合其质量特征，该条例于 2001 年 1 月 1 日起实施。财政部根据《会计法》和《企业财务会计报告条例》的规定，于 2000 年 12 月 29 日颁布了《企业会计制度》（财会〔2000〕25 号），于 2001 年 1 月 1 日起暂在股份有限公司范围内执行。《企业会计制度》的适时发布，是对《企业财务会计报告条例》的具体运用。《企业会计制度》是在《股份有限公司会计制度——会计科目和会计报表》（已废止）和已经发布的 10 个具体会计准则的基础上，根据股份有限公司执行制度和具体准则的实际情况，按照会计要素的定义和会计国际化的要求，加以完善后制定的。另外，为了规范企业会计确认、计量和报告行为，保证会计信息质量，2006 年财政部公布了《企业会计准则——基本准则》，并于 2014 年作了修改（财政部令第 76 号），现行有效。

【典型案例】

吴某与睿某公司、张某、丁某等承揽合同纠纷案②

基本案情：吴某承包了睿某公司发包的案涉工程项目。工程完工后，因睿某公司欠付吴某工程款，吴某起诉睿某公司及该公司股东张某、丁某连带给付工程款。

裁判要旨：公司应当依照法律、行政法规和国务院财政部门的规定建立本公司的财务、会计制度。公司应当进行会计核算，填制包括原始凭证和记账凭证在内的会计凭证，登记会计账簿，编制财务会计报告。

财务记录必须全面、客观、真实、合法。股东需要举证证实其进行了会计核算并符合法律法规的相关规定，如仅提供单方制作的流水账、日记账等账簿记录，不足以证实公司财产和股东财产相互独立。

---

① 《会计法》第 2 条第 2 款规定："国家机关、社会团体、公司、企业、事业单位和其他组织（以下统称单位）必须依照本法办理会计事务。"

② （2021）京 0113 民初 23651 号。

【条文】

第二百零八条

公司应当在每一会计年度终了时编制财务会计报告，并依法经会计师事务所审计。

财务会计报告应当依照法律、行政法规和国务院财政部门的规定制作。

【条文主旨】

本条是关于公司编制年度财务会计报告要求的规定。

【条文概览】

2018 年《公司法》修正后，本条内容未修改。本条由 1993 年《公司法》第 175 条发展而来，在 2005 年修订前，其规定："公司应当在每一会计年度终了时制作财务会计报告，并依法经审查验证。财务会计报告应当包括下列财务会计报表及附属明细表：（一）资产负债表；（二）损益表；（三）财务状况变动表；（四）财务情况说明书；（五）利润分配表。"

2005 年修订《公司法》后，其第 165 条规定："公司应当在每一会计年度终了时编制财务会计报告，并依法经会计师事务所审计。财务会计报告应当依照法律、行政法规和国务院财政部门的规定制作。"

此后历次修订、修正中未作实质性修改，对原条文内容均予保留，仅作条文序号的调整。

【理解与适用】

一、财务会计报告的概念

财务会计报告是指公司对外提供的反映公司某一特定日期的财务状况和某一会计期间的经营成果、现金流量等会计信息的文件。它是由公司根据其日常的会计核算资料归集、加工和汇总后形成的。财务会计报告的目标是向财务会计报告使用者提供与企业财务状况、经营成果和现金流量等有关的会计信息，反映企业管理层受托责任履行情况，有助于财务会计报告使用者作出经济决策。财务会计报告使用者包括投资者、债权人、政府及其有关部门和社会公众等。

从内容上看，财务会计报告包括会计报表及其附注和其他应当在财务会计报告中披露的相关信息和资料。会计报表至少应当包括资产负债表、利润表、现金流量表和所有者权益变动表等报表。资产负债表、利润表和现金流量表分别从不同角度反映企业的财务状况、经营成果和现金流量。资产负债表反映单位或组织在某一特定日期所拥有的资产、需偿还的债务以及股东拥有的净资产情况；利润表反映单位或组织在一定会计期间的经营成果，即盈利或亏损的情况，表明该单位或组织运用所拥有的资产的获利能力；现金流量表反映单位或组织在一定会计期间现金和现金等价物流入和流出的情况。所有者权益变动表反映构成所有者权益的各组成部分当期的增减变动情况。单位或组织的净利润及其分配情况在所有者权益变动表中反映。附注是财务会计报告不可或缺的组成部分，是对在资产负债表、利润表、现金流量表等报表中列示项目的文字描述或明细资料，以及对未能在这些报表中列示项目的说明等。

财务会计报告是各方面主体行使管理、监督、经营行为的重要抓手，也与《公司法》的其他制度形成紧密的联系。如《公司法》第 57 条第 1 款规定："股东有权查阅、复制公司章程、股东名册、股东会会议记录、董事会会议决议、监事会会议决议和财务会计报告。"财务会计报告作为一项重要工具，可以为投资者、债权人、政府及其有关部门和社会公众提供公司经营的整体数据。

二、财务会计报告的编报期间要求

财务会计报告表按照编报期间的不同，可分为年度和中期财务会计报告。年度财务报表简称年报，反映企业全年的经营成果、现金流量以及年末的财务状况。现行财务报表体系中，所有报表均需年报，于年度终了后编制，在规定的时间内报送。中期是指短于一个完整的会计年度的报告期间。中期财务报表是指以中期为基础编制的财务报表，包括半年度报表、季度报表和月度报表。中期财务报表至少应当包括资产负债表、利润表、现金流量表和附注。其中，中期资产负债表、利润表和现金流量表应当是完整报表，其格式和内容应当与年度财务报表相一致。与年度财务报表相比，中期财务报表中的附注披露可适当简略。

需要注意的是，《公司法》仅对年度财务会计报告进行了规定。一般而言，中小型公司仅按照本法要求提供年度会计报告，而条件较为成熟的公司除提供年度报告外，还会有针对性地提供中期财务会计报告，以便使外界更加及时了解公司的整体情况。对于债权人及债务人来讲，公司年度财务会计报告是评价公司实力的重要参考资料。

三、财务会计报告的外部审计制度

按照本条规定，财务会计报告应当依法经会计师事务所审计。这是因为该报告的实际编制需要由公司内部的专业会计人员进行，因而存在顺应公司经营者的意愿编制，而损害外部利益相关者的道德风险，所以就有了通过法律规定对财务会计报告进行外部审计的必要性。

从本条的历次修订看，2005 年修改前《公司法》只是笼统规定“依法经审查验证”，并未规定审查或审计的主体，当时学界与实务界对审查审计的主体存在不同认识，从股东、董事会、监事会到会计师事务所等，并未确定。2005 年修订《公司法》后，方明确由会计师事务所审计，从而确立了注册会计师专任审计的制度。

四、财务会计报告的规范管理制度

按照本条第 2 款要求，财务会计报告应当依照法律、行政法规和国务院财政部门的规定制作。这里所指的法律、行政法规和国务院财政部门的规定，主要包括以下内容：法律方面，主要指全国人大常委会制定发布的《会计法》《注册会计师法》等；行政法规方面，主要指国务院制定发布，或者由国务院有关部门拟定经国务院批准发布的《总会计师条例》《企业财务会计报告条例》等；会计规章方面，主要是指财政部就会计工作中某些方面的内容所制定的规范性文件，以及国务院有关部门根据其职责制定的会计方面的文件，如《会计基础工作规范》《会计档案管理办法》等。

【实务问题】

第一，在公司的实际运行过程中，根据其作用不同，除了财务会计报告外，还存在税务会计报告与管理会计报告。

税务会计报告是指以货币为计算单位，以会计核算资料为主要依据，总体反映纳税人在一定时期内各项税款的形成、计算占缴纳情况的报告。其面向的对象为税务机关，主要目标是计算税费，以保证征税的客观性与公平性。对于税务会计报告而言，其坚持历史成本法，不同于财务会计报告所采取的公允价值法，更需要有真实的发票支撑，特别是实践存在较多的合法或者不合法的避税行为，使得在各种数据上与财务会计报告存在差异。

管理会计报告是指运用财务会计资料和企业其他资料，采用会计、统计和数学的方法，对企业未来经营活动进行预测、决策、协调、控制和考核，以便提高企业经济效益的报告材料。其面向的对象为内部管理人员，没有特定的规则，在形式上灵活多样且不需要审计，还包括对未来的预测内容。管理会计报告一般是在财务会计报告基础上的深度加工，更加注重企业内部管理，强调事前和事中的控制，强调业绩、注重评价和预判未来经营。

以上两种报告虽与财务会计报告有关，但在各方面均有较大不同，在司法实践中应注意区分。

第二，从本条内容看，仅要求公司编制年度财务会计报告，并由外聘会计师事务所进行审计，而没有要求公司编制其他时间的财务会计报告，以及要求公司外聘会计师事务所进行审计。但根据相关规定，其他法规在特定的情况下可能会要求公司在会计年度内也应聘请会计师事务所对其中期财务会计报告进行审计。比如：

财政部制定的《金融企业财务规则》第46条规定："金融企业根据有关法律、法规的规定，可以通过分立、合并等方式进行重组。实施重组应当进行可行性论证，履行规定程序，组织开展财产清查，聘请会计师事务所进行审计、资产评估机构进行资产评估，组织与债权人协商，制订债务处置或者承继、股权设置、资本重组的实施方案。"第54条规定："金融企业清算完毕，应当编制清算报告，聘用会计师事务所审计，并将清算报告和审计报告报投资者决议或者人民法院确认后，向相关部门、债权人以及其他利益相关人通告。"

国务院国有资产监督管理委员会制定的《企业国有资产评估项目备案工作指引》（国资发产权〔2013〕64号）第6条第8项规定："拟上市项目或已上市公司的重大资产重组项目，评估基准日在6月30日（含）之前的，需提供最近三个完整会计年度和本年度截至评估基准日的审计报告；评估基准日在6月30日之后的，需提供最近两个完整会计年度和本年度截至评估基准日的审计报告。其他经济行为需提供最近一个完整会计年度和本年度截至评估基准日的审计报告。"

司法实务中，公司是否已经按照规定如实全面准确地对财务会计报告进行了报告，需要结合地域、行业、公司性质等进行综合评判。

【条文】

第二百零九条

有限责任公司应当按照公司章程规定的期限将财务会计报告送交各股东。

股份有限公司的财务会计报告应当在召开股东会年会的二十日前置备于本公司，供股东查阅；公开发行股份的股份有限公司应当公告其财务会计报告。

【条文主旨】

本条是关于公司向股东公开其财务会计报告的规定。

【条文概览】

本条系文字修改，由 1993 年《公司法》第 176 条发展而来。在 2005 年修订前，本条的规定为："有限责任公司应当按照公司章程规定的期限将财务会计报告送交各股东。股份有限公司的财务会计报告应当在召开股东大会年会的二十日以前置备于本公司，供股东查阅。以募集设立方式成立的股份有限公司必须公告其财务会计报告。"

2005 年修订后，其第 166 条规定："有限责任公司应当依照公司章程规定的期限将财务会计报告送交各股东。股份有限公司的财务会计报告应当在召开股东大会年会的二十日前置备于本公司，供股东查阅；公开发行股票的股份有限公司必须公告其财务会计报告。"

本次修订后，修改为本条现在的内容。

【理解与适用】

及时获得公司财务状况，是特定群体维护自身合法权利的重要保障。本条所规定的向股东公开其财务会计报告内容，就体现了公示制度中对效率与安全的双重考量，通过各类型公司的不同规制方法，对于保护股东、债权人、交易关系人的利益，维护交易安全和社会经济秩序，维护社会公众利益，都具有重要的作用。

一、对有限责任公司的要求为"送交"

按照规定，有限责任公司应当按照公司章程规定的期限将财务会计报告送交各股东。有限责任公司的股东人数较少，人合性较强，其对外公开内部资料的权限不应过高，应仅限于股东且不提供特定的地点。因此，在期限上《公司法》并没有强制性的规定，股东可以通过公司章程进行适当的规定，一般来讲，公司会在会计年度结束后若干日内将财务会计报告送交各股东，如果在相应时间召开股东会，也会在开会时一并送交以减少成本。

二、对股份有限公司的要求为“置备”

按照规定，股份有限公司的财务会计报告应当在召开股东会年会的20日前置备于本公司，供股东查阅。这是由于股份有限公司规模大，股东人数众多，采用有限责任公司的“送交”方式将过于烦琐，因此采取“置备”的方式。

三、对公开发行股份的股份有限公司的要求为“公告”

按照规定，公开发行股份的股份有限公司应当公告其财务会计报告。这是因为公开发行股份的股份有限公司的投资者为不特定的对象，股东及潜在投资者众多，不公告不足以了解财务会计报告内容。

从历次修订、修正的情况来看，《公司法》对于应公告财务会计报告的公司范围呈现了扩大的趋势，从早先的以募集设立方式成立的股份有限公司必须公告其财务会计报告，到后来公开发行股票的股份有限公司必须公告其财务会计报告，再到本次修订为公开发行股份的股份有限公司应当公告其财务会计报告。

【实务问题】

从主体上看，投资者、债权人、政府有关部门和社会公众等均有知悉公司运营情况的需求；从内容上看，关于公司运营情况有财务会计报告、会计账簿、会计凭证等不同层次的数据资料。公司财务公示制度既要保护股东的知情权，又要对公司债权人、潜在投资者、潜在交易对象等其他相关利益主体进行投资、交易活动提供必要信息，以便进行交易及投资，还要从微观上保护公司经营安全，避免在市场竞争中处于不利地位。因此，在不同的情况下，对财务会计报告的公示主要包括以下内容：第一，有限责任公司应当按照公司章程规定的期限将财务会计报告送交各股东。第二，股份有限公司的财务会计报告应当在召开股东会年会的20日前置备于本公司，供股东查阅。第三，公开发行股份的股份有限公司应当公告其财务会计报告。第四，财政、审计、税务、人民银行、证券监管、保险监管等部门应当依照有关法律、行政法规规定的职责，对有关单位的会计资料实施监督检查。第五，商业银行应当按照规定向国务院银行业监督管理机构、中国人民银行报送资产负债表、利润表以及其他财务会计、统计报表和资料。

【典型案例】

一、刘某与曼某公司股东知情权纠纷案

裁判要旨：作为公司股东请求查阅、复制公司财务会计报告的，无须以履行前置程序为前提条件，其请求查阅、复制公司会计账簿的请求应得到法院的支持。

二、魏某诉某环保滤材公司股东知情权纠纷案

裁判要旨：股东要求查阅、复制财务会计报告的诉讼请求，符合法律规定的股东知情权范围，应予以支持。由于公司的财务会计报告、会计账簿等财务资料具有很强的专业性，股东未必具有专业的会计知识，如果不允许其委托专业人员进行查阅，知情权将无法行使，且《公司法》已经明确了股东的查阅权，并未禁止股东委托专业人员进行查阅，故股东要求委托注册会计师协助其查阅、复制公司会计财务报告及查阅会计账簿的，应予以支持。

【条文】

第二百一十条

公司分配当年税后利润时，应当提取利润的百分之十列入公司法定公积金。公司法定公积金累计额为公司注册资本的百分之五十以上的，可以不再提取。

公司的法定公积金不足以弥补以前年度亏损的，在依照前款规定提取法定公积金之前，应当先用当年利润弥补亏损。

公司从税后利润中提取法定公积金后，经股东会决议，还可以从税后利润中提取任意公积金。

公司弥补亏损和提取公积金后所余税后利润，有限责任公司按照股东实缴的出资比例分配利润，全体股东约定不按照出资比例分配利润的除外；股份有限公司按照股东所持有的股份比例分配利润，公司章程另有规定的除外。

公司持有的本公司股份不得分配利润。

【条文主旨】

本条是关于公司税后利润分配的规定。

【条文概览】

本条系实质修改。在2005年修订《公司法》前，本条的规定为："公司分配当年税后利润时，应当提取利润的百分之十列入公司法定公积金，并提取利润的百分之五至百分之十列入公司法定公益金。公司法定公积金累计额为公司注册资本的百分之五十以上的，可不再提取。公司的法定公积金不足以弥补上一年度公司亏损的，在依照前款规定提取法定公积金和法定公益金之前，应当先用当年利润弥补亏损。公司在从税后利润中提取法定公积金后，经股东会决议，可以提取任意公积金。公司弥补亏损和提取公积金、法定公益金后所余利润，有限责任公司按照股东的出资比例分配，股份有限公司按照股东持有的股份比例分配。股东会或者董事会违反前款规定，在公司弥补亏损和提取法定公积金、法定公益金之前向股东分配利润的，必须将违反规定分配的利润退还公司。"

2005年修订《公司法》，本条主要修改是：一是取消了提取公益金的强制性要求。二是增加了公司持有的本公司的股份不得分配利润的规定。增加这一规定的目的是保护个人投资者的合法权益。三是将原来关于“公司弥补亏损和提取公积金、法定公益金后所余利润，有限责任公司按照股东的出资比例分配，股份有限公司按照股东持有的股份比例分配”的规定修改为“公司弥补亏损和提取公积金后所余税后利润，有限责任公司依照本法第三十五条的规定分配；股份有限公司按照股东持有的股份比例分配，但股份有限公司章程规定不按持股比例分配的除外”。2013 年修正《公司法》仅调整了所引条文顺序。本次修订内容为：一是明确了公司弥补亏损和提取公积金后所余税后利润分配方式；二是将股东会或者董事会违反前款规定的处理情形另设为第 211 条，以强化董事、监事、高级管理人员的责任。

【理解与适用】

一、对相关概念的理解

公司利润，是指公司在一定会计期间的经营成果，其反映收入减去费用、直接计入当期的利得减去损失后的净额。利润的确认主要依赖于收入和费用，以及直接计入当期利润的利得和损失的确认，其金额的确定也主要取决于收入、费用、利得和损失金额的计算。

利润按其构成的不同内容可分为营业利润、税前利润和税后利润。营业利润是企业在日常活动中产生的经营结果，是由营业收入减去营业成本、营业税金及附加、期间费用、资产减值损失，再加上投资净收益和公允价值变动净收益后的金额。税前利润又称利润总额，是指企业在一定会计期间取得的各种经营成果的总额。税后利润又称净利润，是指利润总额减去所得税费用后的金额。

公司亏损是指在一个会计年度内，公司的盈利低于公司的全部成本、费用及其损失的总和。

二、税后利润分配的顺序

一是计算可供分配的利润。对于以前年度的亏损，可以用以后年度实现的利润弥补，且以前年度的亏损未弥补完的，不能提取法定公积金。

二是提取法定公积金。按照本条规定，在公司分配当年税后利润时，应当提取利润的 10% 列入公司法定公积金。公司法定公积金累计额为公司注册资本的 50% 以上的，可以不再提取。

三是提取任意公积金。公司从税后利润中提取法定公积金后，经股东会决议，还可以从税后利润中提取任意公积金。

四是向投资者分配利润。公司弥补亏损和提取公积金后所余税后利润，有限责任公司按照股东实缴的出资比例分配利润，全体股东约定不按照出资比例分配利润的除外；股份有限公司按照股东所持有的股份比例分配利润，公司章程另有规定的除外。公司持有的本公司股份不得分配利润。

在此注意，有限责任公司与股份有限公司向投资者分配利润的方式不同。有限责任公司一般人数较少，人合性较强，股份流通性弱，如果按照公司章程规定可以不按照出资比例分配利润，则以代表三分之二以上表决权的股东通过修改章程的决议即可，极易损害中小股东的利润分配权。但股份有限公司人数较多，管理相对规范，资合性较强，股东用脚投票的自由度高，则可以通过公司章程的规定来决定如何分配利润。

同时注意，根据本条规定，公司持有的本公司股份不得分配利润；另根据本法第 116 条第 1 款规定，公司持有的本公司股份亦没有表决权。

【实务问题】

第一，可供分配的利润计算方式为：净利润（或亏损）＋年初未分配利润－弥补以前年度的亏损＋其他转入的金额。在司法实务中，部分法律工作者由于对会计计算的不熟悉，容易忽视对以前年度亏损的弥补，而想当然地对本年净利润进行直接分配。

第二，公司分配利润的前提是有可供分配的利润，但什么是可供分配的利润涉及会计准则的计算问题，是部分案件容易产生争议的焦点。如 2017 年财政部修订的《企业会计准则第 14 号——收入》第 11 条规定："满足下列条件之一的，属于在某一时段内履行履约义务；否则，属于在某一时点履行履约义务：（一）客户在企业履约的同时即取得并消耗企业履约所带来的经济利益。（二）客户能够控制企业履约过程中在建的商品。（三）企业履约过程中所产出的商品具有不可替代用途，且该企业在整个合同期间内有权就累计至今已完成的履约部分收取款项。具有不可替代用途，是指因合同限制或实际可行性限制，企业不能轻易地将商品用于其他用途。有权就累计至今已完成的履约部分收取款项，是指在由于客户或其他方原因终止合同的情况下，企业有权就累计至今已完成的履约部分收取能够补偿其已发生成本和合理利润的款项，并且该权利具有法律约束力。"第 12 条规定："对于在某一时段内履行的履约义务，企业应当在该段时间内按照履约进度确认收入，但是，履约进度不能合理确定的除外。企业应当考虑商品的性质，采用产出法或投入法确定恰当的履约进度。其中，产出法是根据已转移给客户的商品对于客户的价值确定履约进度；投入法是根据企业为履行履约义务的投入确定履约进度。对于类似情况下的类似履约义务，企业应当采用相同的方法确定履约进度。当履约进度不能合理确定时，企业已经发生的成本预计能够得到补偿的，应当按照已经发生的成本金额确认收入，直到履约进度能够合理确定为止。”第 13 条规定：“对于在某一时点履行的履约义务，企业应当在客户取得相关商品控制权时点确认收入。在判断客户是否已取得商品控制权时，企业应当考虑下列迹象：（一）企业就该商品享有现时收款权利，即客户就该商品负有现时付款义务。（二）企业已将该商品的法定所有权转移给客户，即客户已拥有该商品的法定所有权。（三）企业已将该商品实物转移给客户，即客户已实物占有该商品。（四）企业已将该商品所有权上的主要风险和报酬转移给客户，即客户已取得该商品所有权上的主要风险和报酬。（五）客户已接受该商品。（六）其他表明客户已取得商品控制权的迹象。”

简单来讲，按照会计准则，既可以将利润集中体现在某一时间点（如某年 10 月），也可以将利润体现在某一时间段（如某年 8 月至第二年 7 月）。这就为企业按照自身需求分配利润时间段提供了空间。对于这类问题，既要仔细分析会计师事务所的审计报告内容，也要了解企业整体经营情况，对这一时间段的经营情况进行综合分析，必要时要当庭听取专家证人的意见。

【典型案例】

赵某、王某、孙某诉北京某公司盈余分配纠纷案①

裁判要旨：公司分配利润的前提是有可供分配的利润，由于相关鉴定意见不能确认资料的真实性和数据的准确性，不能据此要求分配利润。

① （2021）京 0106 民初 28142 号。

【条文】

第二百一十一条

公司违反本法规定向股东分配利润的，股东应当将违反规定分配的利润退还公司；给公司造成损失的，股东及负有责任的董事、监事、高级管理人员应当承担赔偿责任。

【条文主旨】

本条是关于公司违法向股东分配利润法律责任的规定。

【条文概览】

本条系实质修改，是在2018年《公司法》第166条第5款规定的基础上，单独规定为一条。该第5款规定："股东会、股东大会或者董事会违反前款规定，在公司弥补亏损和提取法定公积金之前向股东分配利润的，股东必须将违反规定分配的利润退还公司。"相较于原规定，本条主要有如下变化：第一，删除了限制条件"在公司弥补亏损和提取法定公积金之前"。第二，除了规定股东应当将违反规定分配的利润退还公司外，还增加规定了给公司造成损失的，股东及负有责任的董事、监事、高级管理人员应当承担赔偿责任。

【理解与适用】

一、关于公司依法分配税后利润的重要性和必要性

公司利润如何分配，关系到公司资本的稳定性以及长久发展的问题，也关系到债权人保护问题，因此，《公司法》除对公司如何分配利润进行规定外，还在本条对公司违法分配利润分配进行了规定。

二、公司违法分配税后利润的法律后果

本条规定了两种后果：

一是股东应当将违反规定分配的利润退还公司。如果公司的股东会决议违反法律的规定，则该股东会决议应被认定无效，股东违法取得的分配利润，应退还给公司。

二是给公司造成损失的，股东及负有责任的董事、监事、高级管理人员应当承担赔偿责任。该责任是本次修订《公司法》新增加的内容，该规定进一步完善了公司违规分配利润下的责任承担制度，有利于保护公司及公司债权人的利益。

【实务问题】

公司违法分配利润，侵害了公司的财产权，因此，侵权主体应依法承担侵权赔偿责任。关于该责任的认定，应把握以下三个构成要件：一是需有违法分配公司利润行为。二是该行为造成公司损失。三是责任主体为股东及负有责任的董事、监事、高级管理人员。根据本法的规定，分配公司利润是股东会的职权范围。股东表决同意违法分配利润、收取按照违法股东会决议分配的利润，是侵权主体。董事会是执行股东会决议的机构。对于违反分配利润的行为负有责任的董事、高级管理人员，也对公司构成侵权，应对公司的损失承担赔偿责任。监事负有监管职责，其违反职责，导致公司因违法分配利润行为受损的，也应承担侵权赔偿责任。

【条文】

第二百一十二条

股东会作出分配利润的决议的，董事会应当在股东会决议作出之日起六个月内进行分配。

【条文主旨】

本条是关于董事会应在法定期限内完成分配利润的规定。

【条文概览】

本条是新增条文。本条借鉴吸收了《公司法解释五》第4条的规定，但将应当完成利润分配的期限由“自决议作出之日起一年内完成利润分配”变更为“决议作出之日起六个月内进行分配”。《公司法解释五》第4条规定：“分配利润的股东会或者股东大会决议作出后，公司应当在决议载明的时间内完成利润分配。决议没有载明时间的，以公司章程规定的为准。决议、章程中均未规定时间或者时间超过一年的，公司应当自决议作出之日起一年内完成利润分配。决议中载明的利润分配完成时间超过公司章程规定时间的，股东可以依据民法典第八十五条、公司法第二十二条第二款规定请求人民法院撤销决议中关于该时间的规定。”

本条规定的主要内容包括三点：一是请求分配利润的依据是股东会通过的载明具体分配方案的有效决议；二是执行分配利润决议的主体为董事会；三是分配期限为股东会决议作出之日起六个月内。

【理解与适用】

一、立法目的

利润分配请求权是股东的固有权利，股东有权请求公司分配利润。股东投资公司的目的在于获取回报，保障股东利润分配请求权是发挥公司制度优势、促进大众投资的重要问题。

二、分配主体和权利主体

公司尚未作出利润分配决议的，股东的利润分配请求权属于抽象性利润分配请求权。公司已经作出利润分配决议的，股东的利润分配请求权转化为具体性的利润分配请求权，股东有权请求公司按照股东会决议分配利润。作为公司的执行机构，依照其法定职责，董事会有义务按照股东会决议及时分配利润以保障股东权利。

本条规定的“股东会作出分配利润的决议”，是指股东会通过具体利润分配方案的决议，即不仅要求股东会通过利润分配决议，而且要求利润分配方案的内容具体。原则上，分配政策应当包括待分配利润数额、分配政策、分配范围以及分配时间等具体分配事项内容。

公司股东请求分配利润的，应提交载明具体分配方案的股东会决议。在审判实务中，下列情形，可以认定为股东没有提交载明具体分配方案的股东会决议：一是没有提交任何关于分配利润的股东会决议；二是虽提交了股东会决议，但该决议仅涉及要分配利润但未制作具体分配方案；三是虽提交了股东会决议，但该决议是载明不分配利润的决议。

三、分配期限

本次修订《公司法》，将应当完成利润分配的期限由规定为“决议作出之日起六个月内”。该期限短于《公司法解释五》第4条规定的1年期限，有助于及时保护股东的利润分配权。

本条规定为“进行分配”不是指开始分配时间不短于公司股东会决议作出之日起6个月内，而是指要在前述6个月内“分配完毕”。在本次修订过程中，原三审稿规定：“第二百零八条　股东会作出分配利润的决议的，董事会应当在股东会决议作出之日起六个月内进行分配；公司章程或者股东会决议另有规定的除外。”本条删除了原三审稿关于“公司章程或者股东会决议另有规定的除外”的规定，这表明6个月是分配利润的最长时限，公司章程或者股东会决议不得延长。

《公司法》第25条规定：“公司股东会、董事会的决议内容违反法律、行政法规的无效。”因此，在审判实务中，如果股东会决议规定公司分配利润的时间超过股东会决议作出后6个月的，应认定决议内容无效，应以股东会决议作出之日6个月作为最长利润分配期限。《公司法》第26条第1款规定：“公司股东会、董事会的会议召集程序、表决方式违反法律、行政法规或者公司章程，或者决议内容违反公司章程的，股东自决议作出之日起60日内，可以请求人民法院撤销。但是，股东会、董事会的会议召集程序或者表决方式仅有轻微瑕疵，对决议未产生实质影响的除外。”根据上述规定，如果股东会决议确定的分配利润期限违反公司章程规定但未超出本条规定的6个月期限的，则根据《公司法》第26条的规定，股东可在决议作出之日起60日内，请求人民法院撤销。

四、关于利润分配请求权的法定限制

在金融领域，为了保证金融安全，维持金融稳定，相关法律对于金融企业分红，作出了特别规定。如《银行业监督管理法》第37条规定："银行业金融机构违反审慎经营规则的，国务院银行业监督管理机构或者其省一级派出机构应当责令限期改正；逾期未改正的，或者其行为严重危及该银行业金融机构的稳健运行、损害存款人和其他客户合法权益的，经国务院银行业监督管理机构或者其省一级派出机构负责人批准，可以区别情形，采取下列措施：……（二）限制分配红利和其他收入……银行业金融机构整改后，应当向国务院银行业监督管理机构或者其省一级派出机构提交报告。国务院银行业监督管理机构或者其省一级派出机构经验收，符合有关审慎经营规则的，应当自验收完毕之日起三日内解除对其采取的前款规定的有关措施。"《保险法》第138条规定："对偿付能力不足的保险公司，国务院保险监督管理机构应当将其列为重点监管对象，并可以根据具体情况采取下列措施：……（三）限制向股东分红……"上述规定均属于特别法的特别规定，在审判实务中，应予适用。在相关金融业监管机构依据前述法律规定作出限制分红的决定后，金融企业股东诉请公司分配利润的，人民法院不予支持。

【实务问题】

一、关于股东利润分配请求权诉讼的诉讼主体

（一）原告

一般而言，股东利润分配请求权诉讼的原告为股东。利润分配请求权是股东权利中最为本质性的、固有的权利。公司作出利润分配决议，股东的利润分配请求权由期待性的权利转化为确定性的权利，性质上等同于普通债权，任何股东均可以依据载有利润分配方案的股东会决议请求公司分配利润，没有持股数量或者持股时间的限制。应否从持股数量或者持股时间对原告股东进行限制曾是理论界和实务界讨论的问题。通说认为，利润分配请求权纠纷表面是股东与公司的争议，实质背后是大股东与小股东、股东与董事等内部人之间的利益纷争。如对利润分配请求权的行使从持股数量或者持股

时间进行限制，则不符合利润分配请求权的本质，也不利于对中小股东权益的保障。综观国外相关立法例，未见以股东持股时间或者持股比例对股东行使利润分配请求权进行限制的规定，我国《公司法》亦未作出限制。当然，这里的不论持股时间，是指在进行利润分配时，原告仍为股东，如果原告虽曾为公司股东，但所涉利润分配是在对其退出公司后的公司经营利润进行的分配，则其不具有适格原告主体身份。例如，2 年前已经获得利润分配的、转让股份的股东，对于转让股份之后公司新增利润期的利润提起利润分配请求权诉讼，人民法院应裁定不予受理。

在审判实务中，如果在一审法庭辩论终结前，其他股东基于同一分配方案请求分配利润并申请参加诉讼的，人民法院应当列其为共同原告。

（二）被告

因股东请求分配利润的主体是公司，故股东请求分配利润之诉的被告为公司。

二、股东未提交载明具体分配方案的股东会决议，请求公司分配利润的，人民法院是否一概不予支持

如前所述，根据本条规定，公司股东请求分配利润的，原则上，应提交载明具体分配方案的股东会决议。未提交载明具体分配方案的股东会决议的，法院应驳回原告诉讼请求，但违反法律规定滥用股东权利导致公司不分配利润，给其他股东造成损失的，人民法院应予支持。《公司法解释四》第 15 条对上述问题进行了规定：“股东未提交载明具体分配方案的股东会或者股东大会决议，请求公司分配利润的，人民法院应当驳回其诉讼请求，但违反法律规定滥用股东权利导致公司不分配利润，给其他股东造成损失的除外。”该条规定，进一步明确了股东利润分配请求权的理论基础，即基于股东平等原则，任何股东均依法享有利润分配请求权，股东不得滥用权利，不得在公司有盈余的情形下不分配利润，损害其他股东的利益。一般而言，下列情形可以认定为公司股东滥用权利，损害其他公司股东利益的情形：

一是给在公司任职的股东或者其指派的人发放与公司规模、营业业绩、同行业薪酬水平明显不符的过高薪酬，变相给该股东分配利润。这里应注意两点：第一，受益主体主要指公司股东或其指派的董事、高级管理人员以及与股东具有特殊关系的主体。第二，发放的薪酬明显过高，明显超过通常标准。

二是购买与经营不相关的服务或者财产供股东消费或者使用，变相分配

利润。主要是指公司不分配利润，而由控股股东操纵公司购买车辆、房产等财产或者服务，用于其自身使用或者消费。该种消费与公司业务的任何适当目的无关。

三是为了不分配利润隐瞒或者转移公司利润。主要指公司不分配利润，而大股东或者董事会、高级管理人员操纵公司隐瞒或者转移利润。隐瞒或转移利润的行为主要包括虚增成本、关联交易、推迟确认收入、过度计提资产减值、过度预计负债、虚增库存等。

四是滥用股东权利不分配利润的其他行为。在审判实务中，股东滥用股东权利不分配利润的行为多样，无法一一列举，故此可依据《公司法》的规定，根据个案情况进行判定。

前文所述除外情形，人民法院是应当直接判决分配利润抑或判决公司作出分配利润的决议？一般认为，人民法院判决的方式包括判决分配利润或者判决公司在合理期限内作出分配利润的决议等，具体判决方式和尺度取决于原告的诉讼请求和个案具体情况。在法院径行判决分配的数额情形，法院作出具体数额的判决不以要求公司作出分配决议为前提，但一般应进行审计以确定公司可分配的利润数额。

三、关于公司股权转让与利润分配请求权的归属

公司利润分配请求权属于公司股东一项重要的财产权利，一般而言，公司股权转让，利润分配请求权随之转让，除非存在特别约定。具体而言，应区分抽象利润分配请求权和具体利润分配请求权，并根据当事人的约定进行认定。公司未作出利润分配决议，股东享有的是抽象利润分配请求权，该权利是股东基于成员资格享有的股东权利的重要内容，属于股权组成部分。股东转让其成员资格的，包括利润分配请求权在内的所有权利一并转让。在公司已经作出利润分配决议的情形，具体利润分配请求权成为普通债权，独立于股东成员资格而单独存在。股东转让其成员资格，利润分配决议形成前已经确定的利润属于原股东，原股东可以基于公司利润分配决议向公司主张权利。但如果转让股东与受让股东有特别约定，利润分配决议形成前已经确定的利润随着股东资格的转让一并转给受让股东的，也应认定其效力。

与此相关的问题是，原告股东在诉讼中转让全部股份，对已经进行的利润分配之诉如何处理？我们认为，如前所述，一般而言，在利润分配股东会决议已经作出的情形，股东享有具体利润分配请求权，其基于该具体利润分配请求权提起诉讼的事实表明，其享有该权利。故诉讼中转让股权的，如果

其与转让人未达成转让该利润分配请求权的合意，则其仍为该利润分配请求权的权利主体，并不需要变更诉讼主体。如果达成转让利润分配请求权的合意的，则需要将受让方变更为诉讼主体。

【典型案例】

上诉人庆阳市太一热力有限公司、李某某因与被上诉人甘肃某门业有限责任公司公司盈余分配纠纷案[①]

裁判要旨：公司无法就公司盈余分配形成决议，但公司存在可供分配的利润，长期不分配严重损害其他股东合法权益的，人民法院可判决公司应按照出资比例向原告股东分配利润。

公司法定代表人利用关联交易转移公司利润，损害了公司股东权利，应在公司盈余分配不足的部分承担赔偿责任。

① （2016）最高法民终528号。

【条文】

第二百一十三条

公司以超过股票票面金额的发行价格发行股份所得的溢价款、发行无面额股所得股款未计入注册资本的金额以及国务院财政部门规定列入资本公积金的其他项目，应当列为公司资本公积金。

【条文主旨】

本条是关于公司资本公积金的规定。

【条文概览】

此次修订《公司法》，本条进行了实质修改。1993 年《公司法》第 178 条对公司资本公积金进行了规定："股份有限公司依照本法规定，以超过股票票面金额的发行价格发行股份所得的溢价款以及国务院财政主管部门规定列入资本公积金的其他收入，应当列入公司资本公积金。"《公司法》于 1999 年、2004 年公司法修正时，该条未作变更。2005 年《公司法》修订时，将本条的序号调整为第 168 条，内容修改为："股份有限公司以超过股票票面金额的发行价格发行股份所得的溢价款以及国务院财政部门规定列入资本公积金的其他收入，应当列为公司资本公积金。"2013 年《公司法》修正时，将本条序号调整为第 167 条。2018 年《公司法》修正时，该条未作调整。本次修订主要有两处内容：一是将主体由"股份有限公司"修改为"公司"；二是新增公司发行无面额股所得股款未计入注册资本的金额列入资本公积金的规定。其他内容无实质修改。

【理解与适用】

一、资本公积金的概念、性质

资本公积金是指直接由资本或资产等原因形成的公积金，其是从公司的利润以外的收入中提取的一种公积金。

资本公积金本质上属于公司资产，公司资产关系到公司的资信能力、偿债能力、经营发展能力，对于保障公司正常发展、维护交易安全、保护债权人利益具有重要作用。无论何种来源，资本公积金都是公司资产。立法对资本公积金的相关规定，是坚持公司资本三原则的具体体现，有助于促进公司的经营发展，保护公司债权人等相关权利主体利益。公司具有独立人格和独立财产。尽管公司股东可以按照章程规定或协议约定主张所有者权益，但无正当理由不得随意取回出资，侵害公司财产权益。公司资本公积金不能等同于股东资产，不得随意给付股东。

自1993年《股份有限公司规范意见》首次提出“资本公积金”概念以来，配套出台的会计制度将资本公积金作为特定的所有者权益类项目开始进行反映。《企业会计准则》中资本公积的核算设置两个明细科目：资本（或股本）溢价和其他资本公积。

二、对本条规定的列入资本公积金项目的理解

本条对资本公积金的来源进行了规定：

一是公司超过股票票面金额的发行价格发行股份所得的溢价款。公司以超过股票票面价值发行股票时，其超过部分为股票溢价。对于这一部分，《公司法》将其列入资本公积金。

二是公司发行无面额股所得股款未计入注册资本的金额。本次修改，《公司法》明确规定了面额股和无面额股，因此，本条新增本项列入公司资本公积金的规定。

三是国务院财政部门规定列入资本公积金的其他项目。如接受捐赠的财产、资产评估确认的价值或者合同、协议约定的价值与原账面净值的差额以及资本汇率折算差额，都应当按照规定列入资本公积金。

【实务问题】

在审判实务中，需注重正确把握公司资本公积金为公司资产的性质，防止违法将公司资本公积金转化为股东财产。

【典型案例】

上诉人银某新材料集团股份有限公司与被上诉人连云港市某实业有限公司、原审第三人李某某等公司增资纠纷案[①]

裁判要旨：股东根据增资合同作为资本公积金投入的款项，应认定为公司资产。股东在无合法正当理由情况下将其取回的，应认定为抽逃出资。

① （2018）最高法民终393号。

【条文】

第二百一十四条

公司的公积金用于弥补公司的亏损、扩大公司生产经营或者转为增加公司注册资本。

公积金弥补公司亏损，应当先使用任意公积金和法定公积金；仍不能弥补的，可以按照规定使用资本公积金。

法定公积金转为增加注册资本时，所留存的该项公积金不得少于转增前公司注册资本的百分之二十五。

【条文主旨】

本条是关于公积金用途的规定。

【条文概览】

本条系实质修改。2004 年修正的《公司法》第 179 条第 1 款规定："公司的公积金用于弥补公司的亏损，扩大公司生产经营或者转为增加公司资本。"2005 年修订《公司法》时，第 169 条在保留前述规定的基础上，增加规定："但是，资本公积金不得用于弥补公司的亏损。法定公积金转为资本时，所留存的该项公积金不得少于转增前公司注册资本的百分之二十五。"2013 年修正《公司法》时，将法条变更为第 168 条，其他内容未作修改。2018 年修正《公司法》时未作修改。本次修改，本条新增了可以按照规定使用资本公积金弥补公司亏损的规定。这是本次修订的亮点之一，在推动公司创新、鼓励投资方面，能起到积极的作用。

【理解与适用】

本条共有三款内容，分别从公积金的用途、弥补公司亏损使用公积金的顺序以及法定公积金转为增加注册资本的要求三个方面进行了规定。

一、公积金的种类和用途

公积金分为任意公积金、法定公积金和资本公积金三类。公司当年的税后利润在弥补亏损后，如果仍有剩余，应当依照本法第 210 条的规定，提取利润 10% 的法定公积金。公司的法定公积金累积金额达到公司注册资本的

50%后，可以不再提取。公司不得削减法定公积金的提取比例。任意公积金是公司自行决定提取的，不是法律强制。公司除了提取法定公积金以外，可以根据公司的实际情况，由股东会决定另外再从税后利润中提取一定的公积金。此部分任意公积金提取多少，由公司自行决定。公司的公积金是按照特定的目的提留的，因此，其在使用时应当做到专款专用。如果公积金的使用违背提取目的，不仅将很难发挥应有的作用，并且会损害公司的股东或者债权人的利益。依照本条第 1 款规定，公司公积金主要有以下三种用途：

一是弥补公司的亏损。公司亏损是指在一个会计年度内，公司的盈利低于公司的全部成本、费用及其损失的总和。根据公司资本维持原则，公司在存续期间内，应当经常保持与其资本相当的实有财产，此为公司进行继续经营的资本基础，也是商业信誉的保障。当公司有利润时，应当首先用利润弥补公司的亏损，使公司资本得以维持。

二是扩大公司生产经营。扩大公司生产经营有助于公司更好发展、增强实力，这需要进一步增加投入资金。公积金属于公司财产，用公积金扩大公司生产或者经营规模，相较于对外筹集资金，手续简单，成本较低。

三是增加公司的注册资本。将公积金增加为公司的资本，实际上是增加股东的投资。一般而言，对有限责任公司，增加公司注册资本是按每个股东的出资比例增加其出资额；对股份有限公司，则是按股东所持股份比例来增加其出资额，一种是增加公司的股份数，另一种是不改变公司的股份数，增加股份面值。

应予注意的是，为保证公司有一定数量的法定公积金用于弥补公司的亏损等，根据本条第 3 款规定，法定公积金转为增加注册资本时，所留存的该项公积金不得少于转增前公司注册资本的 25%。

二、关于公积金弥补亏损的顺序

根据本条第 2 款的规定，在使用公积金弥补公司亏损，应当先使用任意公积金和法定公积金；仍不能弥补的，可以按照规定使用资本公积金。

应注意的是，资本公积金是企业非经营原因产生的利得，根据《公司法》第 213 条的规定，资本公积金来源多样，与公司财务会计、税收制度等密切相关，因此，哪些来源的资本公积金可以弥补亏损、如何弥补，都是需要由国务院财政部门等有关部门出台具体的规定，公司按照前述规定使用资本公积金弥补亏损。

【实务问题】

在审判实务中，股东会审议批准公司的利润分配方案和弥补亏损方案、对公司增加注册资本等事项作出决议的，应严格遵守本条规定，否则，会因为决议内容违法而被认定无效。

【典型案例】

上诉人天津盛行置业有限公司与被上诉人卓某某、蔡某某股东出资纠纷案①

裁判要旨：房地产项目公司将政府补偿的土地出让金计入公司的资本公积后，后又转为公司股东的增资款，增加公司注册资本金。该行为并不违反法律、行政法规的规定，应认定有效。

① （2016）最高法民终661号。

【条文】

第二百一十五条

公司聘用、解聘承办公司审计业务的会计师事务所，按照公司章程的规定，由股东会、董事会或者监事会决定。

公司股东会、董事会或者监事会就解聘会计师事务所进行表决时，应当允许会计师事务所陈述意见。

【条文主旨】

本条是关于公司聘用、解聘会计师事务所的规定。

【条文概览】

本条系实质修改。2005 年《公司法》修订时，新增加公司聘用、解聘会计师事务所的规定。2013 年《公司法》修正时由第 170 条修改为第 169 条，2018 年《公司法》修正时未作修改。2018 年《公司法》第 169 条规定："公司聘用、解聘承办公司审计业务的会计师事务所，依照公司章程的规定，由股东会、股东大会或者董事会决定。公司股东会、股东大会或者董事会就解聘会计师事务所进行表决时，应当允许会计师事务所陈述意见。"本次修订，删除了"股东大会"的表述，新增了公司监事会可以决定聘用、解聘会计师事务所的规定。

【理解与适用】

一、公司聘用、解聘承办公司审计业务的会计师事务所的决定程序和主体

依照本条第 1 款规定，公司聘任或解聘承办公司审计业务的会计师事务所，应当依照公司章程的规定，由股东会、董事会或者监事会决定。

本次修订，新增监事会作为决定主体。《公司法》第 78 条规定："监事会行使下列职权：（一）检查公司财务；……"第 79 条第 2 款规定："监事会发现公司经营情况异常，可以进行调查；必要时，可以聘请会计师事务所等协助其工作，费用由公司承担。"第 131 条第 1 款规定："本法第七十八条至第八十条的规定，适用于股份有限公司监事会。"根据监事会的上述职责，

本次修订，增加监事会作为决定主体，意在扩大监事会的决策权和影响力，进一步强化公司治理。

为明确本条规定事项的决定权由哪个机构行使，公司应当在章程中作出明确规定。

二、关于会计师事务所陈述意见的权利

为了防止公司随意解聘会计师事务所，保证会计师事务所独立、客观、公正地进行审计，本条第 2 款规定，公司股东会、董事会或者监事会就解聘会计师事务所进行表决时，应当允许会计师事务所陈述自己的意见。

【实务问题】

在审判实务中，应注意的是，根据本条第 1 款规定，本条适用于聘任或解聘“承办公司审计业务”的会计师事务所的情形，即所涉会计师事务所是接受公司委托，对公司的财务会计报告进行独立审计，出具审计意见的会计师事务所。

【条文】

第二百一十六条

公司应当向聘用的会计师事务所提供真实、完整的会计凭证、会计账簿、财务会计报告及其他会计资料，不得拒绝、隐匿、谎报。

【条文主旨】

本条是关于公司向会计师事务所提供资料应当履行一定义务的规定。

【条文概览】

本条是《公司法》2005 年修订时新增的条款，条文内容至今没有变化，仅调整了条文序号。其中，2005 年《公司法》条文序号为第 171 条，2013 年、2018 年修正后的条文序号均为第 170 条，2023 年修订时条文序号为第 216 条。

【理解与适用】

会计师事务所对公司的财务进行审计，并作出审计报告，需要公司提供真实、完整的会计凭证、会计账簿、财务会计报告及其他会计资料。所谓真实，是指会计凭证、会计账簿、财务会计报告及其他会计资料反映了实际情况，没有弄虚作假；所谓完整，是指会计凭证、会计账簿、财务会计报告及其他会计资料没有遗漏。如果公司提供的会计资料不真实、不完整，将影响会计师事务所审计报告的公正性和客观性。为了保证会计师事务所能获得真实、完整的会计资料，本条对公司向会计师事务所提供会计凭证、会计账簿、财务会计报告及其他会计资料提出了明确要求，并且不得拒绝、隐匿、谎报。所谓拒绝，是指拒不提供全部或部分会计凭证、会计账簿、财务会计报告及其他会计资料；所谓隐匿，是指藏而不报；所谓谎报，是指以假充真、真账假做或假账真做。公司违反本条规定的义务，要受到相应的处罚。

一、会计账簿与会计凭证

《会计法》第 13 条第 1 款规定："会计凭证、会计账簿、财务会计报告和其他会计资料，必须符合国家统一的会计制度的规定。"第 14 条第 1 款规定："会计凭证包括原始凭证和记账凭证。"本条亦将会计凭证与会计账簿并列。可见，会计账簿不包括原始凭证和记账凭证。

依照《会计法》第 13 条、第 14 条、第 15 条、第 20 条的规定，公司会计资料包括会计凭证（原始凭证和记账凭证）、会计账簿（总账、明细账、日记账和其他辅助性账簿）、财务会计报告（会计报表、会计报表附注、财务情况说明书）和其他会计资料。本条亦采取“会计凭证、会计账簿、财务会计报告及其他会计资料”的提法，与《会计法》对会计资料的分类规定保持一致。

二、公司的相关义务

公司向会计师事务所提供会计资料时必须履行如下义务：

（一）提供真实、完整的会计资料

这是公司应主动履行的法定义务。确保会计资料的真实、完整是《会计法》的基本要求。按照《会计法》的规定，公司必须依法设置会计账簿，并保证其真实、完整。公司的法定代表人要对本单位的会计工作和会计资料的真实性、完整性负责。任何单位和个人不得伪造、变造会计凭证、会计账簿及其他会计资料，不得提供虚假的财务会计报告。

1. 会计凭证。包括原始凭证和记账凭证。办理《会计法》规定的经济业务事项，必须填制或者取得原始凭证并及时送交会计机构。记账凭证应当根据经过审核的原始凭证及有关资料编制。

2. 会计账簿登记。该登记必须以经过审核的会计凭证为依据，并符合有关法律、行政法规和国家统一的会计制度的规定。会计账簿包括总账、明细账、日记账和其他辅助性账簿。

3. 财务会计报告。该报告中要对会计处理方法变更的原因、情况及影响作出说明；单位提供的担保、未决诉讼等或有事项，应当按照国家统一的会计制度的规定作出说明。财务会计报告应当根据经过审核的会计账簿记录和有关资料编制，并符合《会计法》和国家统一的会计制度关于财务会计报告的编制要求、提供对象和提供期限的规定；其他法律、行政法规另有规定的，从其规定。

（二）不得拒绝、隐匿、谎报

这是应会计师事务所的要求必须履行的一项法定义务。也就是，公司必须按照会计师事务所的要求提供相关的会计资料，不得故意拒绝、隐匿、谎报，如发生此种情况要依法承担相应的法律责任。

【实务问题】

公司违反本条规定的义务，要受到相应的处罚。根据《公司法》第254条规定，公司提供存在虚假记载或者隐瞒重要事实的财务会计报告的，将由县级以上人民政府财政部门依照《会计法》等法律、行政法规的规定处罚。《会计法》第42条、第43条、第44条分别规定了相关行为应当承担的行政责任和刑事责任。《注册会计师法》第20条规定注册会计师执行审计业务时，公司示意其作不实或者不当证明、故意不提供有关会计资料和文件、或其他损害财务会计报告正确表述的，应当拒绝出具有关报告。此外，相关部门规章也规定了公司提供真实会计资料的义务，特别是对于上市公司结合信息披露义务的要求，规定更加细致严格。例如《证券发行上市保荐业务管理办法》（中国证券监督管理委员会令第207号）、《首次公开发行股票注册管理办法》（中国证券监督管理委员会令第205号）等。

需要说明的是，依照《公司法》第57条的规定，有限责任公司的股东仅可以查阅、复制财务会计报告及查阅会计账簿，但如前所述，会计账簿不包括原始凭证和记账凭证。因此，原始凭证和记账凭证不属于股东知情权的内容。

【典型案例】

陈某、神马公司股东知情权纠纷案[①]

裁判要旨：会计资料包括会计凭证（原始凭证和记账凭证）、会计账簿（总账、明细账、日记账和其他辅助性账簿）、财务会计报告（会计报表、会计报表附注、财务情况说明书）和其他会计资料。《公司法》仅规定了有限责任公司股东可查阅财务会计报告和会计账簿，因此，原始凭证和记账凭证在内的会计凭证不属于股东知情权的查阅对象。

① （2018）粤19民终8455号。

【条文】

第二百一十七条

公司除法定的会计账簿外，不得另立会计账簿。

对公司资金，不得以任何个人名义开立账户存储。

【条文主旨】

本条是关于公司会计账簿设立和账户开立的禁止性规定。

【条文概览】

本条是对1993年《公司法》第181条规定的保留，未作实质性修改。2005年修订时，将原条文中“账册”表述调整为“账簿”，条文序号调整为第172条。2013年修正时，条文序号调整为第171条。2023年修订时，条文序号调整为第217条。

【理解与适用】

公司会计账册，是公司年终制作财务会计报告时的基本凭证，只有准确、真实、完整，才能确保财务会计报告的真实完整，才能确保国家正常的经济秩序。但有的公司为了小集团利益，在账册上做手脚，设立两本账，一本是按规定设立的，如实记录公司的经济往来项目，但公司不将其对外，仅公司内部使用；另一本内容虚假，该入账的不按规定入账，不该入账的违反规定入账，公司将其对外，以达到少纳税、逃避有关部门监管的目的。还有的公司为了逃避银行对公司资金往来的监管以及方便公司提取、使用现金，伪造、变造会计凭证、会计账簿，编制虚假财务会计报告，将公司财产不计入公司账册，以个人名义存储在银行。这样做，使公司在使用资金时不通过公司的财务部门，也逃避了银行对公司经济往来的监管，势必造成公司乱用资金的现象，也给一些人侵吞公款提供了机会，使公司财产遭受损失。在公有制经济中，实际上是国有资产的流失，因而既损害了股东的利益，又损害了国家的利益。上述行为均系违反《会计法》等有关法律、行政法规规定的违法行为，一经查处即应受法律制裁，有关责任人员还应承担相应的法律责任。

会计账簿，是指记载和反映公司财产状况和营业状况的各种账簿、文书的总称。在法定会计账簿之外另立会计账簿，就是私设会计账簿。具体来讲，就是在法定的会计账簿、文书之外另设一套或者多套会计账簿、文书，将一项经济业务的核算在不同的会计账簿、文书之间采取种种手段作出不同的反映，或者将一项经济业务不通过法定的会计账簿、文书予以反映，而是通过另设的会计账簿、文书进行核算。会计账簿不仅是公司管理者准确地掌握经营情况的重要手段，也是股东、债权人和社会公众了解公司财产和经营状况的主要途径，在国家税收管理和诉讼程序中还是决定税额的主要依据和重要的诉讼证据。私自设立会计账簿，不仅会损害公司的股东、债权人和社会公众的利益，还会损害国家的利益，是一种严重的违法行为。《会计法》明确规定，各单位发生的各项经济业务事项应当在依法设置的会计账簿、文书上统一登记、核算，不得违反《会计法》及国家统一会计制度的规定私设会计账簿、文书登记、核算。

将公司财产以个人名义存储于银行，不仅逃避了有关机关对公司经济往来的监管，也给一些人侵吞公司财产提供了机会。为了维护国家经济管理秩序，保证公司财产、股东权益和债权人利益不受侵害，本条明确规定禁止将公司财产以任何个人名义开立账户存储。另外，《公司法》第 181 条也规定董事、监事、高级管理人员不得“将公司资金以其个人名义或者以其他个人名义开立账户存储”。

【实务问题】

《公司法》第 254 条规定，公司在法定的会计账簿以外另立会计账簿的，将由县级以上人民政府财政部门依照《会计法》等法律、行政法规的规定处罚。根据《会计法》第 40 条规定，公司私设会计账簿的，由县级以上人民政府财政部门责令限期改正，可以对单位并处 20 万元以下的罚款；对其直接负责的主管人员和其他直接责任人员，可以处 5 万元以下的罚款；属于公职人员的，还应当依法给予处分。

《税收征收管理法实施细则》（2016 年修订）第 26 条第 1 款规定：“纳税人、扣缴义务人会计制度健全，能够通过计算机正确、完整计算其收入和所得或者代扣代缴、代收代缴税款情况的，其计算机输出的完整的书面会计记录，可视同会计账簿。”由此可见，认定会计账簿的关键在于其记载的内容，形式则在其次。

以个人名义开立账户存储公司资产，很可能被认定为《公司法解释三》第 12 条规定的“其他未经法定程序将出资抽回的行为”。另外，股东采取行为还可能造成公司财产与个人财产混同，被认定为公司股东滥用公司法人独立地位和股东有限责任。

【典型案例】

亚之羽公司、刘某与金远公司居间合同纠纷案①

裁判要旨：根据《公司法》的规定，公司除法定的会计账簿外，不得另立会计账簿。对公司资产，不得以任何个人名义开立账户存储。公司在与相对人进行交易时，理应以公司法人账户接收交易款项，并以公司法人的独立财产承担民事责任。如果公司股东要求相对人将交易款项直接汇入股东个人账户，则损害了公司的法人独立性，则属于公司股东滥用公司法人独立地位和股东有限责任，应当对公司债务承担连带责任。

① （2016）辽民终183号。

第十一章　公司合并、分立、增资、减资

【条文】

第二百一十八条

公司合并可以采取吸收合并或者新设合并。

一个公司吸收其他公司为吸收合并，被吸收的公司解散。两个以上公司合并设立一个新的公司为新设合并，合并各方解散。

【条文主旨】

本条是关于公司合并方式的规定。

【条文概览】

本条承继了原《公司法》第172条的条文内容。

公司合并，是指两个或者两个以上的公司通过订立合并协议，依照《公司法》等有关法律、行政法规的规定，合并为一个公司的法律行为。公司合并的形式，是指公司在合并过程中，合并各方以何种形式并为一个公司。根据本条的规定，公司合并可以采取吸收合并、新设合并两种形式。

【理解与适用】

一、公司合并的特点

（一）公司合并是公司之间共同的法律行为

公司合并是以公司间订立合并协议的形式进行的，一般是由准备合并的公司各方的法定代表人或者法定代表人的代理人以各自公司的名义，就合并事宜而达成一致的双方或者多方的协议，双方或多方依据该协议进行公司的合并。需要说明的是，公司的法定代表人或者法定代表人的代理人对外签订合并协议时，要首先经过股东会决议或者投资人决定授权进行。

（二）公司合并应当依法进行

公司的合并一般是公司之间自由的合并，但公司合并涉及公司、股东和债权人等相关人的利益，应当依法进行。如，依照《公司法》第59条、第112条规定，公司合并的决定权属于股东会职权。除《公司法》规定的简易合并之外，参与合并的各公司必须经各自的股东会决议，以通过特别决议所需要的多数赞成票同意合并协议。又如，依照《公司法》第172条规定，国有独资公司合并、分立应当由履行出资人职责的机构决定。

（三）公司合并不需要经过清算程序

一般情况下，公司合并是一种为进行竞争、免除解散、清算等复杂程序而使两个或者两个以上的公司合并为一个公司的行为。尤其是对于那些无力经营的公司来说，通过合并程序可以减少对公司财产的清算、债权与债务的清偿和财产的处理，其债权债务关系承继至合并后的公司，仅需对债务清偿或债务担保情况作出说明。

（四）公司合并需要办理登记手续

首先是在吸收合并中，吸收其他公司而存续的公司，因资本合并、财产转移、股权结构改变等，需要申请变更登记；其次是在新设合并中，所成立的新公司需要依照公司设立的程序申请设立登记；最后是因合并而解散的公司，需要申请注销登记。

二、公司合并的形式

（一）吸收合并

吸收合并又称存续合并，它是指两个或者两个以上的公司合并时，其中一个或者一个以上的公司并入另一个公司的法律行为。接受被合并公司的公司，应当于公司合并以后到公司登记机关办理变更登记手续，继续享有法人地位；被兼并的公司法人资格则随之消灭，成为另一个公司的组成部分，应当宣告停业，并到公司登记机关办理注销手续。如果合并的几个公司强弱悬殊，一般会采取吸收合并的方式，由实力强大的公司吸收另一个或几个公司。这种合并又称兼并。

（二）新设合并

新设合并，是指两个或者两个以上的公司组合成为一个新公司的法律行为。这种合并以原来所有公司的法人资格消灭为前提。以这种形式进行合并以后，原公司应当到公司登记机关办理注销登记手续。新设立的公司应当到公司登记机关办理设立登记手续，取得法人资格。当然，新设立的公司应当符合《公司法》规定的设立公司的条件。当两个或者多个地位大致相同的公司同时存在，并且任何一个公司都不愿意被并入另一个公司时，新设合并就是比较可取的方式。

三、公司合并的法律后果

公司合并主要产生两个方面的法律后果：公司的消灭、变更或设立，以及合并各方权利和义务的概括承受。

（一）公司的消灭、变更或设立

被合并公司终止其存在，丧失其法人资格。在吸收合并的情况下，兼并公司继续存在，被吸收兼并的公司消灭；在新设合并的情况下，参与合并的各方公司均消灭。由于合并前公司的权利义务关系由合并后的公司概括继受，无论是吸收合并还是新设合并，原公司消灭均无须履行清算程序，其办理公司注销登记后即丧失法人资格。而吸收合并后存续的公司承受了合并各方的债权债务，其登记事项发生变更，应当办理变更登记；新设合并后设立了新的公司，该新设公司应当办理设立登记。

（二）合并各方权利和义务的概括承受

《公司法》第221条规定："公司合并时，合并各方的债权、债务，应当由合并后存续的公司或者新设的公司承继。"即使被解散、消灭的公司没有及时办理注销登记，存续或者新设的公司也均要承担被解散、消灭公司的债权债务。

【条文】

第二百一十九条

公司与其持股百分之九十以上的公司合并，被合并的公司不需经股东会决议，但应当通知其他股东，其他股东有权请求公司按照合理的价格收购其股权或者股份。

公司合并支付的价款不超过本公司净资产百分之十的，可以不经股东会决议；但是，公司章程另有规定的除外。

公司依照前两款规定合并不经股东会决议的，应当经董事会决议。

【条文主旨】

本条是关于公司简易合并制度的规定。

【条文概览】

本条系新增条文，是本次《公司法》修订的亮点之一。

1993 年《公司法》即规定公司合并必须经股东会绝对多数决议通过；2005 年《公司法》修订时增加公司合并异议股东的回购请求权；2021 年《公司法（修订草案）》引入了简易合并制度，并在正式稿中得以确立。本条对公司合并须经股东会同意这一原则设置了两项例外，降低了公司的合并交易成本。

【理解与适用】

简易合并是指无须通过股东会决议，仅经董事会决议即可进行的合并。根据《公司法》关于股东会、董事会职权的规定，普通的公司合并应当经公司股东会决议，有限责任公司必须经过代表三分之二以上表决权的股东通过；股份有限公司必须由出席会议的股东所持表决权的三分之二以上通过；国有独资公司要由履行出资人职责的机构决定。因此，参与合并各方的公司股东会或者其他机构均要作出决议或者决定。但对于一方持有另一方股权或者股份达到一定比例的公司之间的合并而言，合并计划被持股公司的股东会决议通过几乎没有悬念，股东会表决仅是形式。为降低此类合并的交易成本、提高合并效率，本次《公司法》修改增加了本条规定。

一、简易合并的要点

相较于一般意义上的公司合并，简易合并的特殊之处在于程序上的简化，其无须经过股东会决议。但是，不经股东会决议不代表不需要决议，而是应当经董事会决议。

简易合并理论上可能是吸收合并或者新设合并，但实践中多表现为对子公司、小规模公司的吸收合并。本条第1款规定的即母子公司之间的简易合并，此处的母公司需持有子公司股份90%以上；另一种是本条第2款规定的小规模合并，即公司合并支付的价款不超过本公司净资产10%。

从本条第1款规定的被合并的公司不需经股东会决议，但应当通知“其他股东”上看，第1款规定的母子公司之间的简易合并应该是母公司对子公司的合并，不包括子公司合并母公司的情形，也不包括新设合并。

本条第2款规定的小规模合并是指合并方可以不经股东会决议，除非小规模合并同时符合本条第1款规定的母子公司之间的合并，否则，被合并的公司需要根据本法第66条的规定，经代表三分之二以上表决权的股东通过，或者根据本法第116条的规定，经出席会议的股东所持表决权的三分之二以上通过。

为了保护被合并公司中的中小股东的利益，本条第1款规定的母子公司之间的简易合并下，被合并公司的其他股东有权请求公司按照合理的价格收购其股权或者股份。

二、母子公司合并

母子公司之间的简易合并，指的是母公司对其子公司持有90%以上的股份，不需要经过子公司的股东会表决，二者就能合并的制度。这是本条第1款确立的制度，要求仅在“公司与其持股百分之九十以上的公司合并”时方可适用简易程序，并特别规定了子公司的通知义务、子公司股东的回购请求权。

（一）合并的程序

在持股90%以上的母子公司简易合并程序中，合并公司一般指母公司，被合并公司一般指子公司，二者分别适用不同的程序。对于合并公司即母公司而言，按照一般合并程序进行，由董事会制订公司合并方案，并经股东会决议通过；如果满足本条第2款规定的小规模合并的条件，也可适用简易程序，不经合并公司股东会的决议，除非公司章程另有规定。对于被合并公司的子公司而言，则可以省去股东会决议，其原因在于：母公司持股比例过高，其他小股东所掌握的资本不及所有股份的10%，即使持反对意见，也无法通过行使表决权这一方式对合并议案进行否决，该股东会决议不具有实质价值，因而可以省去，仅需通过董事会决议进行合并。

（二）被合并公司小股东的知情权和回购请求权

由于母公司对子公司持有绝对多数比例的股份，母公司作为控股股东可以单方面决定实施合并，这就构成控股股东的自我交易。在此情况下，利益冲突可能导致子公司少数股东不能获得公平的交易对价；而简易合并又省略了子公司的股东会决议程序，子公司少数股东无法行使其表决权。因此，本条特别规定了母子公司简易合并程序中其他股东的知情权和回购请求权，以保障省去股东会决议后其他股东的合法权益。需要注意的是：（1）被合并公司的小股东享有相关权利。本条第1款中的“其他股东”是指在被合并公司中，除持股90%以上的母公司以外的其他小股东。由于被合并公司未进行股东会决议，致使小股东无法通过行使股东异议回购权来保护自己的合法权益，因而本条赋予了小股东“知情权”和“回购请求权”，与股东异议回购权具有相似的价值。（2）本条第1款规定了其他股东的知情权。由于被合并公司未进行股东会决议，其他股东缺乏对公司合并相关事项的了解渠道，故必须在合理期限内对其进行通知。（3）本条赋予了其他股东股份回购请求权。《公司法》第162条规定：“公司不得收购本公司股份。但是，有下列情形之一的除外：……（二）与持有本公司股份的其他公司合并”该规定只适用于股份有限公司，而本条所赋予的股份回购请求权可适用于有限责任公司和股份有限公司，其他股东可以要求公司按照合理价格收购自己的股权或股份，以实现退出公司的目的。

三、小规模合并

小规模合并，指的是当合并双方规模相差较大时，由规模较大的公司对规模较小的公司进行的收购、合并。其中，“合并公司”指的是规模较大的收购公司，“被合并公司”指的是规模较小的被收购公司。

（一）小规模合并的适用情形

根据本条第2款的规定，小规模合并仅适用于“公司合并支付的价款不超过本公司净资产百分之十”的情形。由此，我国公司法对“小规模”的认定是从收购公司的角度出发，收购价款不超过公司净资产的10%，对公司利益影响较小，因而可以适用简易程序。需要注意的是，本款但书部分允许公司章程排除此种情况下适用简易合并程序。

（二）合并的程序

小规模合并中，合并公司与被合并公司分别适用不同的合并程序。对合并公司及其股东而言，可以省去股东会决议程序。原因在于，对小规模公司的合并价款不算巨大，合并结果对合并公司的经营影响不大，对股东利益的影响也不大，不需经合并公司股东会之决议，由董事会进行决议即可。但是，此种合并并非像本条第1款规定的与持有公司90%以上的股权或者股份的公司合并那样没有悬念，也存在需要由股东会进行决议的可能性，有必要给予公司自主决定决议主体的空间。因此，本条还规定，公司合并支付的价款不超过本公司净资产10%的，可以不经股东会决议，但是公司章程另有规定的除外。需要注意的是，只有公司章程明确规定此种情况下合并由股东会决议的，才不由董事会决议，否则仍由董事会决议。对于被合并公司及股东而言，小规模合并仍然依照一般合并程序进行，即由董事会制订公司合并方案，股东会对公司合并作出决议。

【条文】

第二百二十条

公司合并，应当由合并各方签订合并协议，并编制资产负债表及财产清单。公司应当自作出合并决议之日起十日内通知债权人，并于三十日内在报纸上或者国家企业信用信息公示系统公告。债权人自接到通知之日起三十日内，未接到通知的自公告之日起四十五日内，可以要求公司清偿债务或者提供相应的担保。

【条文主旨】

本条是关于公司合并程序和债权人异议权的规定。

【条文概览】

本条规定最初源于1993年《公司法》第184条第3款。2005年《公司法》修订时，作了四点修改：一是将原规定中的“并于三十日内在报纸上至少公告三次”修改为“并于三十日内在报纸上公告”；二是将原规定中的“未接到通知书的自第一次公告之日起九十日内”修改为“未接到通知书的自公告之日起四十五日内”；三是将“有权要求公司清偿债务或者提供相应的担保”修改为“可以要求公司清偿债务或者提供相应的担保”；四是删除“不清偿债务或者不提供相应的担保的，公司不得合并”的规定。由上述修改可以看出，2005年修订《公司法》，简化了公司合并的程序，立法目的是便于资本的管理重组与流动。至2023年《公司法》修订，为回应实践中通过报纸公告方式单一的问题，本条在原来基础上新增了公司可以选择在国家企业信用信息公示系统进行公告的规定。

【理解与适用】

公司合并不仅涉及公司主体资格的变化，更重要的是公司资产的重新配置、债务债权的清理必然会影响公司对其债务的清偿能力，从而对债权人的利益有重大的影响。因此公司合并必须遵守法定的程序。

一、公司合并的程序

根据本条和《公司法》其他条文的规定，公司合并的程序通常如下：

1. 签订公司合并协议。公司合并协议是进行合并的两个或者两个以上的公司就合并的有关事项订立的书面协议。协议的内容应当载明法律、行政法规规定的事项和各方当事人约定的事项。一般包括以下内容：（1）公司的名称、住所地等基本情况；（2）存续或者新设公司因合并而发行的股份总数、种类和数量或者投资总额以及每个出资人所占投资总额的比例等；（3）合并各方现有的资本及对现有资本的处理方案；（4）合并各方所有的债权、债务的处理方案；（5）存续公司的公司章程是否变更、公司章程变更后的内容、新设公司的章程如何订立及其主要内容；（6）合并各方认为应当载明的其他事项。

2. 编制资产负债表和财产清单。资产负债表是反映公司资产及负债状况、股东权益的公司主要的会计报表，是公司合并中必须编制的报表。合并各方应当真实、全面地编制此表，以反映公司的财产情况，解散的公司不得隐瞒公司的债权债务。公司还要编制财产清单，清晰地反映公司的财产状况，财产清单应当翔实、准确。

3. 形成合并决议。除《公司法》第219条规定的简易合并之外，进行公司合并应当依据《公司法》第66条、第116条、第172条的规定，由股东会作出特别决议。有限责任公司须经代表三分之二以上表决权的股东通过才能进行；股份有限公司须经出席会议的股东所持表决权三分之二以上决议通过才能进行；国有独资公司须由履行出资人职责的机构决定才能进行，其中，依据《企业国有资产法》第34条规定，重要的国有独资公司合并、分立、解散、申请破产的，履行出资人职责的机构在作出决定或者向其委派参加国有资本控股公司股东会决议的股东代表作出指示前，应当报本级人民政府批准。

4. 向债权人发出通知和公告。公司应当自作出合并决议之日起10日内通知债权人，并于30日内在报纸上或者国家企业信用信息公示系统公告。通知和公告的目的主要是告知公司债权人，以便让他们决定对公司的合并是否提出异议，此外公告也可以起到通知未参加股东会的股东的作用。一般来说，对所有的已知债权人应当采用通知的方式告知，只有对那些未知的或者不能通过普通的通知方式告知的债权人，才可以采取公告的方式告知。为回应实践中通过报纸公告方式单一的问题，2023年《公司法》修订新增了通过国家企业信用信息公示系统公告作为公告方式之一的新选择。

5. 合并登记。合并登记分为解散登记和变更登记。公司合并以后，解散的公司应当到工商登记机关办理注销登记手续；存续公司应当到登记机关办理变更登记手续；新成立的公司应当到登记机关办理设立登记手续。公司合并只有进行登记后，才能得到法律上的承认。

二、公司债权人的异议权

本条还规定了公司债权人的异议权。公司合并是债权债务的整体转让，并未改变合并各方债权人原有的地位，债权人只能以满足债权和保护债权安全为目的间接影响合并程序，并无直接阻却合并的理由。根据本条规定，债权人自接到通知之日起30日内，未接到通知的自公告之日起45日内，可以要求公司清偿债务或者提供相应的担保。其中，对于已到期的债权，债权人可以要求公司清偿后才可继续进行合并程序；如果债权人不要求公司清偿，也可以要求公司提供担保后进行合并，这是债权人的选择权。对于未到期的债权，债权人只可以要求公司提供担保，不得主张立即清偿，因为这可能损害公司的期限利益；只有在公司合并各方不能提供担保的情况下，债权人才可以主张立即清偿。如果公司债权人在法定的时间内未提出异议，则可视为对公司合并的默认，对债务人更换的默认。

【条文】

第二百二十一条

公司合并时，合并各方的债权、债务，应当由合并后存续的公司或者新设的公司承继。

【条文主旨】

本条是关于公司合并前各方的债权、债务承继的规定。

【条文概览】

本条规定未作修改。

【理解与适用】

公司合并的法律后果之一就是债权、债务的承继。所谓债权、债务的承继，是指公司合并后存续的公司或者新设立的公司，应当无条件地接受因合并而消灭的公司对外债权与债务。公司进行生产经营，不可避免地会对外产生债权债务，而公司合并后，因合并而消灭的公司，其包括所有动产、不动产、股权、债权、商标、专利等资产和债务，根据主体的承继性原则，均由存续公司或新设公司承继，变为存续公司或新设公司自己的资产和债务，由其行使这些资产的所有权，享有这些债权，并负责清偿这些债务。《民法典》第67条第1款也规定，法人合并的，其权利义务由合并后的法人享有和承担。

在合并完成后，即使未办理被合并公司的注销登记，存续公司仍应承担被合并公司的债务。2020年修正的《最高人民法院关于审理与企业改制相关的民事纠纷案件若干问题的规定》第33条对此作了明确规定："企业吸收合并或新设合并后，被兼并企业应当办理而未办理工商注销登记，债权人起诉被兼并企业的，人民法院应当根据企业兼并后的具体情况，告知债权人追加责任主体，并判令责任主体承担民事责任。"

【实务问题】

公司合并主要产生三个方面的法律后果：公司法人人格的消灭、公司的变更或设立、合并各方权利和义务的概括承继。实务中的公司合并纠纷，是指公司合并没有依照合并协议或者公司章程进行，或者违反了法律、行政法规的强制性规定所引起的纠纷。《民事案件案由规定》将该类纠纷列为第三级案由，即公司合并纠纷。

一、公司合并纠纷的主要类型

实务中，公司合并纠纷的相关争议主要包括合并协议纠纷、合并违反债权人保护程序纠纷等。

（一）合并协议纠纷

公司合并协议是进行合并的依据，同一般合同纠纷相同，合并各方可能会因为合并协议的效力、履行、解除等问题产生纠纷。其中，合并协议纠纷中的合并效力瑕疵纠纷是合并纠纷中最为常见的纠纷类型。合并效力瑕疵往往指向公司合并无效，虽然公司合并的事实已经成立，但由于在合并过程中存在瑕疵，公司人格、股东身份与营业等情况不产生应有的法律效果。当合并协议不成立、未生效、被撤销、无效而没有效力时，公司合并行为的效力就失去了基础，从而不发生相应的法律效力。

（二）违反债权人保护程序瑕疵纠纷

实践中主要表现为两个方面：一是，未适当通知债权人。债权人对合并依法享有知情权，合并通知是债权人行使异议权的前提。合并公司应当以能够到达债权人的合理方式对已知债权人进行个别通知。未在适当时间内通知、未对已知债权人个别通知、未适当公告都会影响债权人行使正当权利，公司对此存在过错，就会构成合并瑕疵。二是，未依法清偿债务或者提供相应的担保。公司合并不因个别债权人的异议受到阻碍，但是合并程序瑕疵可以成为债权人请求权的基础。司法实践中，若公司违反债权人保护程序进行合并，对此有判决认为："公司未履行法定通知义务，既有可能是外部程序中公司行为存在瑕疵，如具体经办人员的疏漏等，也有可能是内部程序中控制和决定公司合并的主体有意为之"。若属于后一种情况，"虽然公司法并未规定公司不按照债权人的要求清偿债务或者提供相应担保的，债权人可以阻止或者否定合并，但是债权人提出上述要求后，若公司既不清偿债务，又不提供相应担保，而公司股东仍坚持进行合并的，则应承担相应的风险，一旦合并行为被证明损害了要求清偿债务或者提供相应担保的债权人的利益，公司股东应承担相应的损害赔偿责任"。①

---

① 参见江苏省高级人民法院（2016）苏民终187号民事判决书。

二、公司合并纠纷的诉讼主体

（一）合并协议纠纷的诉讼主体

如果因合并协议效力、履行、解除等发生争议，按照合同纠纷确立原告、被告。应注意实务中存在原告不适格的情况，如公司股东无权请求解除公司合并协议，合并协议当事人之外的股东无权请求确认公司合并协议无效。

（二）合并违反债权人保护程序纠纷的诉讼主体

如未通知债权人或者未依法清偿债务或者提供相应的担保，债权人为原告，公司为被告。

（三）合并过程中其他纠纷的诉讼主体

在公司的合并过程中如果产生争议，参与合并的任何一方当事人有权就公司的合并提起诉讼，此时异议主体为原告，其他合并主体为被告。与合并相关的利害关系人也可以提起诉讼，此时被侵犯权益的利害关系人为公司合并纠纷的原告，侵权人为被告。

三、公司合并纠纷的管辖问题

《民事诉讼法解释》第 22 条规定："因股东名册记载、请求变更公司登记、股东知情权、公司决议、公司合并、公司分立、公司减资、公司增资等纠纷提起的诉讼，依照民事诉讼法第二十七条规定确定管辖。"《民事诉讼法》第 27 条规定："因公司设立、确认股东资格、分配利润、解散等纠纷提起的诉讼，由公司住所地人民法院管辖。"也就是说，因公司合并纠纷提起的诉讼，一般由公司住所地人民法院管辖。需要注意的是，《民事诉讼法》及其司法解释中存在关于公司诉讼特殊地域管辖的规定，但是特殊地域管辖不能排除协议管辖。因此，公司合并纠纷，可以由双方协议选择与争议有实际联系的地点的人民法院管辖。

【条文】

第二百二十二条

公司分立，其财产作相应的分割。

公司分立，应当编制资产负债表及财产清单。公司应当自作出分立决议之日起十日内通知债权人，并于三十日内在报纸上或者国家企业信用信息公示系统公告。

【条文主旨】

本条是关于公司分立财产分割和分立程序的规定。

【条文概览】

本条在2018年《公司法》第175条的基础上，新增了公司可以选择在国家企业信用信息公示系统进行公告的规定，其他内容未修改。本条最初源于1993年《公司法》第185条第1款、第2款的规定。2005年《公司法》修订时，第1款未作修改；第2款作了如下修改：一是将原规定中的“并于三十日内在报纸上至少公告三次”修改为“并于三十日内在报纸上公告”；二是删去了原条文关于“债权人自接到通知书之日起三十日内，未接到通知书的自第一次公告之日起九十日内，有权要求公司清偿债务或者提供相应的担保。不清偿债务或者不提供相应的担保的，公司不得分立”的规定。上述修订简化了公司分立的程序，目的是促进资本的流动和重组。

【理解与适用】

一、公司分立的概念、特点

公司分立是指一个公司依据法律、行政法规的规定，分成两个或者两个以上的公司的法律行为。公司分立有以下特点：（1）公司分立是公司本身的行为。公司本身的行为，是指公司分立由公司的投资人来决定，即要由公司的股东会作出分立决议。（2）公司分立是分立各方共同的行为。公司分立涉及公司的债权、债务和财产的分割等一系列问题，只有分立各方就分立过程中涉及的一切问题达成一致意见后，公司的分立工作才能顺利进行。否则，公司难以分立。（3）公司分立是依法进行的法律行为。公司分立要依照《公司法》及有关法律、行政法规的规定进行，否则分立无效。（4）公司分立是公司变更的一种形式。公司分立并不是公司的完全解散，而是或者以原来的公司解散而成立新的公司的形式出现，或者在原有的公司中分出一部分成立新的公司，原有的公司仍然存在。无论何种情况，原有公司实质上并没有消灭，只是同原来的公司相比有了新的变化。

二、公司分立的形式

《公司法》未对公司分立形式作出规定。实务中，公司分立有新设分立和派生分立两种形式。

（一）新设分立

所谓新设分立，也称为解散分立，是指将原来一个具有法人资格的公司分割成两个或者两个以上的具有法人资格的公司的法律行为。新设分立是以原来公司法人资格的消灭为前提。消灭的公司应当办理公司注销登记手续；分立的公司，应当办理公司设立登记手续。但需说明的是，分立后的公司要符合公司设立的法定条件。

（二）派生分立

所谓派生分立，也称存续分立，是指原公司仍然存在，且将原公司的一部分分出去成立一个新公司或者多个新公司的法律行为。分出去的公司法人资格不以原有公司法人资格的消灭为前提。但是原有公司由于分出去一部分，原有公司的股东人数、资金数额、生产规模等方面会发生变化。在这种情况下，原来的公司应当进行变更登记；分出去的一部分要进行设立登记；进行设立登记时应符合公司成立的法定条件。

三、公司分立的程序

公司分立的程序与公司合并的程序基本相同。按照本条规定，公司分立应当履行以下程序：

第一，进行财产分割。公司分立前，分立各方（包括分立发起人之间、分立发起人与原公司法定代表人之间）应签订分立协议，对公司的债权债务等作出妥善处理，对其财产作相应分割，同时，还应编制资产负债表及财产清单。

第二，通知债权人。在公司分立过程中，债务人进行了变更，可能影响到其履行债务的能力，因而债权人应当享有知情权。本条规定，公司作出分立决议以后，应当自作出分立决议之日起 10 日内通知债权人，并于 30 日内在报纸上或者国家企业信用信息公示系统公告。此外，我国《民法典》第551条第1款规定："债务人将债务的全部或者部分转移给第三人的，应当经债权人同意。"而《公司法》考虑到商业效率，作出了与《民法典》不一致的规定。依据本条的规定，债权人只有知情权，对公司分立没有异议权，无权作出同意或不同意的表示。依据特别法优于一般法的原则，公司分立无须经过债权人的同意，只要不存在通过分立逃避债务的情况，且分立协议对财产与债务作了合理分配，债权人是没有权利阻碍公司分立的。一方面，恶意分立可以通过民法无效法律行为制度来调整；另一方面，《公司法》第223条也规定，除在分立前公司应与债权人就债务清偿达成书面协议外，公司分立前的债务还应由分立后的公司承担连带责任，即对债权人利益作了更切实际的保护。因此，法律未赋予债权人过度干涉公司分立的权利，不能强求债务人提前清偿或提供担保。《公司法》作这样的规定，考虑的是程序效率，并应给予当事人更多的自治空间。这也是与公司合并不同的一点。

【条文】

第二百二十三条

公司分立前的债务由分立后的公司承担连带责任。但是，公司在分立前与债权人就债务清偿达成的书面协议另有约定的除外。

【条文主旨】

本条是关于公司分立前公司债务承担的规定。

【条文概览】

本条内容未作修改。

【理解与适用】

一、公司分立前债务的承担方式

公司分立时，债权人对公司分立不能施加实质影响，但是，公司分立一般都会影响全体债权人的利益。这是因为：第一，公司分立会导致公司资产减少。第二，无论是派生分立还是新设分立，分立的公司原则上都可以自由决定如何分配公司财产，包括债权债务的分割。因此，分立的公司完全有可能单方面把债务分割给一个并不拥有与债务等值财产的公司。故本条规定，公司分立前的债务由分立后的公司承担连带责任，但是公司在分立前与债权人就债务清偿达成的书面协议另有约定的除外。具体讲，公司分立前债务的承担有以下两种方式：

1. 按约定办理。由于债务分配直接关系到债权人的利益，其性质为债务承担，按民法原理，债务承担须经债权人同意，所以，公司分立中的债务分配协议应当经过债权人的同意，未经债权人同意的债务分配协议无效。债权人与分立的公司就债权清偿问题达成书面协议的，按照协议办理；如一方不履行协议的，另一方可依法定程序请求履行协议。

2. 承担连带责任。公司分立前未与债权人就清偿债务问题达成书面协议的，债务由分立后的公司承担连带责任。《民法典》第 67 条第 2 款规定："法人分立的，其权利和义务由分立后的法人享有连带债权，承担连带债务。但是债权人和债务人另有约定的除外。"另外，《最高人民法院关于审理与企业改制相关的民事纠纷案件若干问题的规定》第12条规定：“债权人向分立后的企业主张债权，企业分立时对原企业的债务承担有约定，并经债权人认可的，按照当事人的约定处理；企业分立时对原企业债务承担没有约定或者约定不明，或者虽然有约定但债权人不予认可的，分立后的企业应当承担连带责任。”

分立的公司在承担连带责任后，其内部的债务份额应如何划分？《最高人民法院关于审理与企业改制相关的民事纠纷案件若干问题的规定》第13条规定：“分立的企业在承担连带责任后，各分立的企业间对原企业债务承担有约定的，按照约定处理；没有约定或者约定不明的，根据企业分立时的资产比例分担。”

二、公司分立的法律后果

1. 在派生分立中，原公司的登记事项发生变化，并产生新的公司，需要分别办理变更登记和设立登记。在新设分立中，原公司解散，并产生两个或两个以上的新的公司，需办理相应的设立登记。

2. 股东和股权的变动。公司的分立不仅会导致公司资产的分立，还会导致股东和股权的变动。在派生分立中，原公司的股东可以从原公司中分立出来，成为新公司的股东，也可以减少对原公司的股权，而相应地获得对新公司的股权；在新设分立中，对原公司的股权因原公司消灭而消灭，但相应地获得对新公司的股权。

3. 债权债务的承受。公司分立后，其权利和义务由分立后的公司享有连带债权，承担连带债务，但是债权人和债务人另有约定的除外。

【条文】

第二百二十四条

公司减少注册资本，应当编制资产负债表及财产清单。

公司应当自股东会作出减少注册资本决议之日起十日内通知债权人，并于三十日内在报纸上或者国家企业信用信息公示系统公告。债权人自接到通知之日起三十日内，未接到通知的自公告之日起四十五日内，有权要求公司清偿债务或者提供相应的担保。

公司减少注册资本，应当按照股东出资或者持有股份的比例相应减少出资额或者股份，法律另有规定、有限责任公司全体股东另有约定或者股份有限公司章程另有规定的除外。

【条文主旨】

本条是关于公司减少注册资本的规定。

【条文概览】

本条系实质修改条文。本条相较于原规定，有以下变化：第一，第 2 款明确了应由股东会作出减资决议，另增加了国家企业信用信息公示系统这一公示方式，旨在降低公司的公示成本，提高公告效率，也使债权人等第三方主体更易查询到公司的减资情况。第二，新增第 3 款，规定了公司减资应实行同比例减资，以保护中小股东的合法利益，实现股东平等。同时，本条还规定了同比例减资的除外情形，即法律、有限责任公司全体股东或者股份有限公司章程可以对非同比例减资规定或约定例外情形，以尊重公司意思自治，适应商业实践需要。增设同比例减资原则的主要考虑在于：（1）保护中小股东利益，防止大股东利用控制权损害中小股东利益。在经营状况良好的公司中，股东可能通过多数决的方式以不同比减资减少中小股东所占股份份额，获得更多的控制权，分配更多的利润；也可能通过不同比减资直接使中小股东退出公司，使其无法获得投资权益。因此，新《公司法》规定了同比例减资原则，以保护中小股东的合法权益。（2）保护公司利益，防止部分股东随意退出公司损害公司利益进而损害其他股东利益。在经营状况出现问题的公司中，部分股东可能通过不同比减资从公司中抽离资本，减损公司的注册资本和责任财产，损害公司利益；并且，部分股东减资后，公司经营可能越发困难，减少其他股东获益的可能。

本条来源于1993年《公司法》第186条的规定。2005年《公司法》修订时，将原来第2款中的“并于三十日内在报纸上至少公告三次”修改为“并于三十日内在报纸上公告”，“未接到通知书的自第一次公告之日起九十日内”修改为“未接到通知书的自公告之日起四十五日内”；将原来第3款中的“公司减少资本后”改为“公司减资后”，条文序号变更为第178条。2013年《公司法》修正时，删除第3款“公司减少资本后的注册资本不得低于法定的最低限额”的规定，条文序号变更为第177条。2018年《公司法》修正时，无变化。

【理解与适用】

公司注册资本减少，是指公司依法对已经注册的资本通过一定的程序进行削减的法律行为，简称减资。对于注册资本的减少，原则上是不允许的，尤其是实行法定资本制的国家，资本维持原则一般不允许减少注册资本，但也并非绝对禁止，而是可以通过法定的程序减资。

一、减少注册资本的目的和意义

公司减资一般基于以下目的或情形：（1）减少资本过剩，提高财产效用。如果原定公司资本过高，保持资本不变就会导致资本在公司中的停滞和浪费，不利于充分发挥社会财富的经济效益。（2）缩小资本与净资产的差距，真实反映公司资本信用状况。如果公司亏损严重，资本与其净资产差额过大，公司资本会失去其应有的标示公司资本信用状况的法律意义，通过减资，可以使二者保持基本的一致。（3）实现股利分配，保证股东利益。在无盈利不分配的盈利分配原则之下，公司的盈利必须首先用于弥补亏损，如果公司亏损严重，将使股东长期得不到股利的分配，这不利于调动股东的积极性，也不利于保持公司的凝聚力。通过减资，可以尽快改变公司的亏损状态，使公司具备向股东分配股利的条件。（4）公司分立。在派生分立情况下，原公司的主体地位不变，但资产减少，也会要求资本的相应减少。

二、减少注册资本的方式

减资依公司净资产流出与否，分为实质性减资和形式性减资。实质性减资，又称真实减资，是指减少注册资本的同时，将一定金额返还给股东，从而也减少了净资产的减资形式。实质减资通常发生在公司资本过剩时，为了避免资本的闲置和浪费，公司通过减少注册资本的方式，将该部分资产退还股东。在实质减资的情况下，公司净资产向股东流出，导致公司偿债能力降低，因此必须严格履行普通减资程序，编制资产负债表及财产清单、通知债权人、向债权人清偿债务或者提供担保等，避免公司债权人利益因公司减资受到损害。

形式减资，又称名义减资，是指只减少注册资本额，注销部分股份，不将公司净资产流出的减资形式。这种减资往往是亏损企业的行为，旨在使公司的注册资本与净资产水准接近，虽然形式上减少了注册资本，但并不向股东分配利润，也不免除股东缴纳出资或者股款的义务，实质上并未减损公司的偿债能力，因此形式减资对债权人的利益不会造成像实质减资那样的冲击，因此可以适用本法第225条规定的简易减资程序。

三、减少注册资本的程序

第一，编制资产负债表和财产清单。公司减资无论是对公司股东还是公司债权人，影响都很大，本条赋予了股东和债权人在公司减资过程中进行自我保护的方法。但是，无论是股东进行投票还是公司债权人要求公司清偿债务或者提供担保，前提都是对公司的经营状况尤其是财务状况有一定了解才可作出理智的决定。因此本条规定，公司需要减少注册资本时，必须编制资产负债表及财产清单。

第二，股东会作出减资决议。公司减资，往往伴随着股权结构的变动和股东利益的调整，在公司不依股东持股比例减资尤其是在注销的情况下，更是如此。因此，公司减资可能直接引发公司股东之间的利益冲突。为了保证公司减资能够体现绝大多数股东的意志，根据本法第66条、第116条、第172条规定，公司减资应当由股东会作出特别决议，即有限责任公司须经代表三分之二以上表决权的股东通过才能进行；股份有限公司须经出席会议的股东所持表决权的三分之二以上决议通过才能进行；国有独资公司必须由履行出资人职责的机构决定才能进行。

第三，向债权人通知和公告。公司减资对债权人的影响非常大：公司的实质减资，导致公司净资产减少，等同于股东优先于债权人回收所投入的资本。因此，公司减资时一定要注重保护债权人的利益。根据本条规定，公司应当自作出减少注册资本决议之日起10日内通知债权人，并于30日内在报纸上或者国家企业信用信息公示系统公告。这一程序与公司增资的规定相同，主要是为了保护公司债权人的利益。

第四，债务清偿或担保。债权人自接到通知之日起 30 日内，未接到通知的自公告之日起 45 日内，有权要求公司清偿债务或者提供相应的担保。

第五，减资登记。公司减资以后，应当到公司登记机关办理变更登记手续，只有进行登记后，公司减资才能得到法律上的承认。

四、同比例减资为原则

公司股东之间股权平等，公司减资应当以所有股东等比例减资为原则，这有助于保护中小股东。依照本条第 3 款的规定，原则上，有限责任按照股东出资的比例相应减少出资额，股份有限公司按照股东持有股份的比例相应减少股份。但也存在例外规定，具体包括：（1）法律另有规定，即《公司法》或其他法律另有规定，如本法第 89 条、第 161 条规定的股东回购请求，第 52 条规定的股东失权等；（2）有限责任公司全体股东另有约定或者股份有限公司章程另有规定。这里对有限责任公司和股份有限公司采取了不同的规定，有限责任公司需要全体股东一致同意作出其他约定，股份有限公司则由章程规定，不需要全体股东一致同意。这也与本法第 227 条规定的公司增资时股东是否享有优先购买权的相关规则一致。

【实务问题】

本条规定了公司减资时应当通知债权人并进行公告。减资时应履行法定通知程序的目的在于使债权人有机会在公司财产减少前要求债务人清偿债务或者提供担保，避免公司财产减少给债权人造成损害。根据我国民事诉讼程序中有关送达方式的规定，送达的首选方式应当是直接送达，在受送达人下落不明或用其他方式无法送达的情况下，才选择公告送达。民事诉讼程序中的送达是指民事诉讼中的送达，对于公司通知债权人的送达没有法律约束力，但可以参照其原理。即，公司知道或者应当知道债权人的具体联系方式、地址的，应当采用通知的方式；而对于那些确实未知或确实无法得知联系方式的债权人，才可以采取公告的方式。据此，公司减资时应当履行通知义务，而不能直接以公告替代通知。公告作为一种拟制通知的方式应当是对直接通知的一种补充，如果对于能够直接通知的债权人未采用直接通知方式而事后以已作公告通知进行抗辩，不仅有违债权人利益保护原则，也不符合法律规定的本意。

【典型案例】

一、上海某建筑装潢材料有限公司诉陆某、汤某损害公司债权人利益责任纠纷案[①]

裁判要旨：公司减资程序中，对于在减资变更登记前已经产生且未受清偿的债权，不论该债权数额是否确定、债权履行期间是否届满，均应纳入公司履行法定通知义务的债权人范围。如负有注意义务的股东在减资过程中对未能通知债权人存在过错的，该股东应就公司减资后不能偿付的债务对债权人承担补充赔偿责任。

二、江阴市某电气有限公司诉王某等追收抽逃出资纠纷案[②]

裁判要旨：注册资本作为公司资产的重要组成部分，既是公司从事生产经营活动的经济基础，亦是公司对外承担民事责任的担保。注册资本的不当减少将直接影响公司的对外偿债能力，危及债权人的利益。2018 年《公司法》第 177 条规定，公司需要减少注册资本时，必须编制资产负债表及财产清单。公司应当自作出减少注册资本决议之日起 10 日内通知债权人，并于 30 日内在报纸上公告。债权人自接到通知书之日起 30 日内，未接到通知书的自公告之日起 45 日内，有权要求公司清偿债务或者提供相应的担保。根据该条规定，减资程序中的报纸公告是一种补充告知方式，只有在无法直接通知债权人的情况下，公司才可仅采用公告形式进行通知，如果债权人可以被直接通知，则公司不能以已经公告作为抗辩的理由。

---

① 上海市高级人民法院（2021）沪民申 3189 号民事裁定书。

② 江苏省无锡市中级人民法院（2021）苏 02 民终 4432 号民事判决书。

【条文】

第二百二十五条

公司依照本法第二百一十四条第二款的规定弥补亏损后，仍有亏损的，可以减少注册资本弥补亏损。减少注册资本弥补亏损的，公司不得向股东分配，也不得免除股东缴纳出资或者股款的义务。

依照前款规定减少注册资本的，不适用前条第二款的规定，但应当自股东会作出减少注册资本决议之日起三十日内在报纸上或者国家企业信用信息公示系统公告。

公司依照前两款的规定减少注册资本后，在法定公积金和任意公积金累计额达到公司注册资本百分之五十前，不得分配利润。

【条文主旨】

本条是关于公司简易减资的规定。

【条文概览】

本条是新增条款，也是新《公司法》修订的亮点之一。

2018 年《公司法》第 177 条没有区分实质减资和形式减资，所有的减资都要统一适用严格的债权人保护程序。新《公司法》区分了形式减资和实质减资，规定形式减资可以适用简易减资程序，即公司以任意公积金、法定公积金、资本公积金弥补亏损后，仍有亏损的，可以亏损数额为限，相应地减少公司的注册资本数额，简化了一般减资情形下的债权人保护程序，仅需公司依法进行公告即可。原《公司法》仅规定公司可以通过当年利润和法定公积金弥补亏损，明确禁止通过资本公积金弥补公司的亏损，而对于是否可以通过减少注册资本来弥补亏损的情况未作规定。新《公司法》第 214 条第 2 款规定："公积金弥补公司亏损，应当先使用任意公积金和法定公积金；仍不能弥补的，可以按照规定使用资本公积金。"本条在此基础上更进一步，允许公司通过减少注册资本而弥补亏损，即简易减资制度。

【理解与适用】

一、简易减资的制度价值

第一，使公司的实际资产与注册资本尽量趋于一致，便于债权人了解公司的偿债能力。公司债权人有可能基于对于公司资本的过度信赖，过于相信公司的实际偿债能力，当公司由于亏损而导致实际资产与资本不一致时，有必要通过调整公司资本，使得公司债权人了解公司的实际偿债能力。

第二，形式减资最重要的目的是弥补亏损、改善公司财务结构。单纯地进行形式减资，虽然可以弥补公司财务报表上的亏损，但公司的财务状况并不会因此获得实质改善，其主要目的还是着眼于减资后能吸引新资金进入，改善公司财务结构。

第三，简易减资还有助于实现股东投资的收益目的。简易减资实质上没有增加或者减少公司的资产，但是在注册资本减少的情况下，净资产与注册资本之间的差值减少，公司的账面亏损有所降低甚至消除，使得公司以后年度的盈利在符合法定条件时可以分配给股东。

二、简易减资的适用条件和程序

根据本条规定，简易减资的适用条件包括：第一，前置条件。公司进行简易减资的前提是确实存在亏损，并且已经用尽其他补亏手段。公司确定是否存在亏损的方式一般是进行资产评估，若进行资产评估后，公司的净资产低于注册资本，则认定其存在亏损。此时，根据新《公司法》第 214 条第 2 款的规定，在使用任意公积金和法定公积金、资本公积金弥补亏损后，仍存在亏损的，公司可以进行简易减资。也就是说，注册资本是公司补亏的最后一个来源。第二，简易减资并非强制适用。满足弥补亏损的前置条件后，公司只是“可以进行简易减资”，而不要求强制适用。第三，不得分配或者免除股东出资义务。形式减资的核心特征是公司减少的注册资本还是公司资产，不流向股东，公司偿债能力不受影响。如果将减少的注册资本用来免除股东出资义务或者向股东进行分配，从而影响公司的偿债能力，成为实质减资，则必须适用新《公司法》第 224 条规定的普通减资程序。

在符合简易减资条件的前提下，公司通过简易减资弥补亏损还应遵守法定程序。根据《公司法》的规定，普通减资程序下，公司弥补亏损方案、减少注册资本应当报经股东会决议，并依法履行登记手续；减资决议应当经代表三分之二以上表决权的股东通过，减资应当通知债权人并公告，债权人享有提前清偿权。简易减资程序虽然减免了对债权人的通知、清偿或担保程序，但其他程序并未简化，仍应经过股东会决议并履行相应的公告程序。

三、简易减资的债权人保护

第一，保障债权人的知情权。本条允许通过简易程序减资弥补亏损，不发生本法第 224 条第 2 款所规定之债权人要求清偿债务或提供担保的情况，仅需自股东会作出减少注册资本决议之日起 30 日内进行公告即可，这一期限与普通减资程序中的公告期限相同。在简易减资的过程中，公司的偿债能力没有任何降低，这一减资不会对债权人的债权实现产生不利影响，不需要经过债权人同意，亦不需要赋予债权人异议权，仅需公告通知债权人。根据本条的规定，公司仍应于法定期限内在报纸上或者国家企业信用信息公示系统上进行公告，遵循最低限度的公示义务，保障债权人的知情权。

第二，简易减资后的利润分配受到限制。如果公司按照规定采用法定公积金、任意公积金和资本公积金弥补亏损后仍存在亏损，公司应当先用当年的税后利润弥补亏损，直至亏损弥补完毕，并且按照规定提取 10% 的利润作为法定公积金后才可以分配利润。因而本条第 3 款规定，在法定公积金累计额和任意公积金达到公司注册资本的 50% 前，不得分配利润。

【条文】

第二百二十六条

违反本法规定减少注册资本的，股东应当退还其收到的资金，减免股东出资的应当恢复原状；给公司造成损失的，股东及负有责任的董事、监事、高级管理人员应当承担赔偿责任。

【条文主旨】

本条是关于违法减资的法律责任的规定。

【条文概览】

本条是新增条款，也是新《公司法》修订的亮点之一。

在本次《公司法》修订之前，原《公司法》仅在第177条规定了减资的法定程序、在第204条规定了减资未通知或公告债权人的行政责任，并未明确规定违法减资的民事责任。司法实践中，一般参照《公司法解释三》第13条未履行出资义务、第14条抽逃出资的规定，判令股东承担补充赔偿责任。但是，违法减资与未出资以及抽逃出资在行为主体、行为性质、法律后果等方面均有所不同，即使类推适用上述规定，通常也不会追究公司董事、高级管理人员的责任。因此，规则的缺失影响了违法减资责任的追究和公司债权人利益的保护。本次《公司法》修订明确了违法减资的法律后果，即股东“应当退还其收到的资金”，被减免出资的股东其出资义务“应当恢复原状”，明确了违法减资行为不发生相应的法律效力。同时，本条规定，给公司造成损失的，股东及负有责任的董事、监事、高级管理人员应当承担赔偿责任，维护了公司和债权人的利益。

【理解与适用】

一、违法减资的返还责任

违法减资的返还责任，是指公司违法减资时，收回资金的股东应当退还其收到的资金，减免股东出资的应当恢复原状。该责任的适用主体仅为股东，原因在于返还财产是相关主体获益后的恢复手段，违法减资使股东获得利益，则股东应当对其进行返还。其他主体并未基于违法减资行为从公司获得利益，因此不能成为该责任的适用主体。

该责任的表现形式有二：一是股东退还收取的资金，若股东从公司抽回了资产，则必须将其返还，实现恢复原状的法律效果；二是股东的出资义务恢复原状，即使股东实际并未从公司中获取资产，其出资义务的减免也会损害公司的偿债能力，必须将其出资义务恢复原状。

该责任是一种无过错责任，其内涵是指行为人对自己行为所造成的损害后果，不论是否具有故意或者过失的心理，都应当承担民事责任，无过错责任不以主观过错（故意或者过失）为构成要件。本条规定了股东在违法减资程序中的无过错责任。股东在违法减资过程中，无论是获得资金，还是被减免出资义务，都是实际受益人。即使是在股东会决议上投出反对票的股东，只要其因减资从公司中获得了利益，就会造成公司责任财产流失，需要承担返还财产、恢复原状的责任。

二、违法减资的赔偿责任

违法减资的赔偿责任，是指违法减资给公司造成损失的，股东及负有责任的董事、监事、高级管理人员应当承担赔偿责任。该赔偿责任的适用主体是股东及负有责任的董事、监事、高级管理人员。其中，股东为公司违法减资承担责任的观点被广为接受，但董事、监事、高级管理人员是否应当承担赔偿责任一度存在争议。在原《公司法》规定中，公司减资不需追究董事、监事、高级管理人员的法律责任，新《公司法》则对此进行了规定，原因在于：（1）董事、监事、高级管理人员的权责应当相统一。经营权与所有权的分离是现代公司发展的趋势，董事、监事、高级管理人员负责公司的日常运营，深入了解公司的经营情况，能够对公司是否符合减资条件作出判断。基于权责相统一的原则，董事、监事、高级管理人员应当在职权范围内承担相应责任。（2）公司减资离不开董事、监事、高级管理人员的协助，完全忽视其法律责任是一种立法上的缺位。董事、监事、高级管理人员在协助进行违法减资的过程中常常是存在过错的，应当追究其相应的法律责任。

该赔偿责任是一种过错责任。对于股东来说，承担过错责任的股东可能是通过减资程序从公司取得财产的股东，该股东常常是直接责任人；也可能是协助其他股东作出减资决议的股东，若对股东会违法减资决议的作出存在故意或重大过失，即使自身并没有从公司取回资本，也可能要对公司承担赔偿责任。对于董事、监事、高级管理人员来说，在减资过程中，董事、监事、高级管理人员的过错主要表现为提出的减资方案违反法律规定、未充分核实公司通知债权人的情况等。

另外，该赔偿责任的承担应当区分主次。公司的董事、监事、高级管理人员受股东所托管理公司，若公司减资行为违法，给公司造成损失，在股东返还财产后，应该根据股东、董事、监事、高级管理人员的过错进行追责。一般情况下，与股东的法律责任相比，董事、监事、高级管理人员承担次要责任。

【实务问题】

依据本法第224条的规定，违法减资的主要类型有：一是未经公司股东会决议，二是未编制资产负债表、财产清单，三是未在法定期间内通知债权人或公告，四是未按照债权人的要求清偿债务或提供担保。司法实务中，纠纷主要产生于未通知债权人，具体法律问题则聚焦于减资未通知债权人的效力及民事责任。

一、违法减资的效力

对于公司违法减资的效力问题，《公司法》没有明确规定，理论界一直有争议，主要存在无效说、部分无效说、效力待定说、有效说4种主张。主张无效说的理由是，《公司法》及《公司登记管理条例》（已失效）的相关规定系强制性规定，违反法律强制性规定的后果是减资无效，减资股东应当将减资款项退回公司以恢复原状。① 主张部分无效说的理由是，通知产生对抗效力，公司减资对已通知的债权人有效，但不得对抗未通知的债权人，即对未通知的债权人无效。② 主张效力待定说的理由是，借鉴英国立法例，公司减资需经法院审查，法院裁定同意减资前，公司的减资效力待定。③ 主张有效说的理由是，区分决议行为与实施决议的其他行为，合同法与公司法都已经给债权人利益保护提供了充分的制度保障，无须也不应当赋予债权人过度介入公司治理与公司决议的权利。④

① 参见余斌：《公司未通知债权人减资效力研究——基于50个案例的实证分析》，载《政治与法律》2018年第3期。

② 参加刘玉妹：《认缴资本制视野下公司减资制度的构建》，载《法律适用》2016年第7期。

③ 参加曹文兵、朱程斌：《〈公司法〉第177条减资规定的完善和适用研究》，载《法律适用》2019年第14期。

④ 参见刘春梅等：《公司法第一百七十七条之理解与适用：决议减资与债权人保护》，载《人民司法·应用》2017年第16期。

实务界对此问题也有争议。如有法院认为，减资对未通知的债权人不生效。[①] 有案例一审法院未明确违法减资的效力，认为股东构成第三人侵权，应承担连带责任；二审法院则认定违法减资有效，类推适用抽逃出资，股东承担补充清偿责任。[②] 2017 年，最高人民法院发布公报案例“上海德力西集团有限公司诉江苏博恩世通高科有限公司、冯某、上海博恩世通光电有限公司买卖合同纠纷案”（以下简称“上海德力西案”），该案未直接否定违法减资的效力，认为公司减资本质上属于公司内部行为，减资未通知债权人，存在程序瑕疵，但减资决议是有效的。此种不以程序瑕疵否定减资效力的处理，节约交易成本，提高商事效率，此后的司法实践也延续了该种思路。

二、违法减资的责任承担

依据本条规定，对于违法减资的，股东应当退还减少的资金，减免股东出资的应当恢复原状；给公司造成损失的，股东及负有责任的董监高应当承担赔偿责任。从文义解释的角度，股东及负有责任的董监高承担赔偿责任的对象是公司，不包括公司的债权人。那么，公司债权人能否代位向股东、负有责任的董监高主张赔偿责任，本法未作出明确规定。但该问题在实务中多发，且素有争议。

如有法院认为，减资对未通知的债权人不生效，类推适用抽逃出资，减资股东在减资数额范围内对公司债务承担补充赔偿责任。[③] 有案例一审法院认定股东构成第三人侵权，应当承担连带责任；二审法院则类推适用抽逃出资，股东承担补充清偿责任。[④] 还有案例一审法院认为违法减资有效，实缴出资减资比照抽逃出资，认缴出资减资比照未出资，股东应当承担补充清偿责任；二审法院则认为诉讼中的债权人并非已知债权人，违法减资有效，通知债权人的义务应由公司承担，股东无通知义务，因而股东不承担责任。[⑤] 直至 2017 年最高人民法院发布公报案例“上海德力西案”，此问题逐渐形成较为一致的思路，即参照抽逃出资的规定，判令股东承担补充赔偿责任。“上海德力西案”明确，公司股东不能证明其在减资过程中对怠于通知行为

① 参见上海市第一中级人民法院（2011）沪一中民一（民）终字第 1488 号民事判决书。
② 参见上海市第一中级人民法院（2011）沪一中民终字第 6388 号民事判决书。
③ 参见上海市第一中级人民法院（2011）沪一中民一（民）终字第 1488 号民事判决书。
④ 参见上海市第一中级人民法院（2011）沪一中民终字第 6388 号民事判决书。
⑤ 参见上海市第一中级人民法院（2015）沪一中民四（商）终字第 1901 号民事判决书。

无过错的，应当对债权人在减资范围内承担补充清偿责任。减资决议取决于股东意志，办理减资手续需要股东配合，股东明知减资的法定程序及后果，应当对公司通知义务的履行尽到合理注意义务。股东负有资本充实责任，其明知公司债权仍作出减资决议，且未通知债权人，有损公司清偿能力及债权人利益，与股东违法抽逃出资的实质以及对债权人利益受损的影响，在本质上并无不同。

该公报案例对于统一裁判思路具有积极意义，但确立的股东承担补充赔偿责任的思路在责任基础上并不明确，也受到理论界、实务界的质疑。主要观点是，参照适用抽逃出资或者瑕疵出资并不妥当，障碍在于抽逃出资或者瑕疵出资系股东违反出资义务的个人行为，而违法减资系公司行为，公司负有通知债权人并按其要求清偿债务或者提供担保的法定义务。此外，未参加股东会，或者参加股东会但对减资决议投反对票，能否作为股东免责的考量因素；董监高或者实际控制人等管理层，作为公司减资决议的执行者，是通知债权人的第一责任人，是否对公司债权人承担相应责任。《公司法》此次修订虽然在第226条明确了违法减资的法律后果，但对于上述问题未予以规定，留待日后的司法解释予以研究解决。

【典型案例】

上海德某集团有限公司诉江苏博某公司、冯某、上海博某公司买卖合同纠纷案①

裁判要旨：根据2018年《公司法》之规定，股东负有按照公司章程切实履行全面出资的义务，同时负有维持公司注册资本充实的责任。尽管《公司法》规定公司减资时的通知义务人是公司，但公司是否减资系股东会决议的结果，是否减资以及如何进行减资完全取决于股东的意志，股东对公司减资的法定程序及后果亦属明知，同时，公司办理减资手续需股东配合，对于公司通知义务的履行，股东亦应当尽到合理注意义务。公司未向已知债权人作出减资通知时，该情形与股东违法抽逃出资的实质以及对债权人利益受损的影响，在本质上并无不同。

因此，尽管2018年《公司法》未具体规定公司不履行减资法定程序导致债权人利益受损时股东的责任，但可比照《公司法》相关原则和规定来加以认定。由于江苏博某公司减资行为上存在瑕疵，致使减资前形成的公司债

① 《最高人民法院公报》2017年第11期。

权在减资之后清偿不能的，上海博某公司和冯某作为江苏博某公司的股东应在公司减资数额范围内对江苏博某公司债务不能清偿的部分承担补充赔偿责任。

【条文】

第二百二十七条

有限责任公司增加注册资本时，股东在同等条件下有权优先按照实缴的出资比例认缴出资。但是，全体股东约定不按照出资比例优先认缴出资的除外。

股份有限公司为增加注册资本发行新股时，股东不享有优先认购权，公司章程另有规定或者股东会决议决定股东享有优先认购权的除外。

【条文主旨】

本条是关于公司增加注册资本时股东新股优先认购权的规定。

【条文概览】

本条系实质修改条文。本条于1993年《公司法》制定时即存在，该法第33条规定："股东按照出资比例分取红利。公司新增资本时，股东可以优先认缴出资。"1999年、2004年《公司法》两次修正时，本条未作修改。2005年《公司法》修订时，本条进行了实质性修改：一是配合股东可以分期缴纳出资进行修改，相应地将原来按照"出资比例"分红、认缴增资的规定，改为按照"实缴的出资比例"分红、认缴增资；二是增加了全体股东另有约定，可以不按照实缴出资比例确定分红或优先认缴出资的规定，即公司分配红利时，全体股东约定不按实缴出资比例分取红利，则可以不按照实缴的出资比例分取红利；公司新增资本时，全体股东约定不按出资比例优先认缴出资的，则可以不按照实缴的出资比例优先认缴出资。修改后的条文内容为"股东按照实缴的出资比例分取红利；公司新增资本时，股东有权优先按照实缴的出资比例认缴出资。但是，全体股东约定不按照出资比例分取红利或者不按照出资比例优先认缴出资的除外"。同时该条序号由第33条变更为第35条。经2005年修订后，条文内容一直延续至本次修订前，条文序号则在2013年《公司法》修正时变更为第34条，2018年修正时没有发生变化。

此次修订较原《公司法》第34条有三个变化：一是将原第34条内容分为两个条文予以规定，其中关于股东按照实缴的出资比例分配利润部分规定于本法第210条，关于认购新股部分规定于本条；二是区分了有限责任公司和股份有限公司的不同情况，有限责任公司股东原则上有新股的优先认购权，全体股东另有约定的除外，而股份有限公司股东原则上不享有新股的优先认购权，公司章程和股东会决议另有安排的除外；三是第 1 款新增了“同等条件”的规定，如果有限责任公司增资是为购买第三人的非现金资产如知识产权，或者公司需要的非货币财产，或者实施职工股权激励，或者因吸收合并其他公司而导致资本增加等情形，原股东没有优先认购的权利。

【理解与适用】

新股优先认购权是指公司原股东在有限责任公司增资或者股份有限公司发行新股时优先于其他人，按照自己原有出资比例或者持股比例认缴出资或者认购股份。优先认购权的作用主要是避免公司增资或者新发行股份稀释现有股东的表决权。公司发行新股，原股东如果不能按照其持股比例优先认购新股，其持股比例将相应减少，表决权数也将相应减少，原股东享有的股利与剩余财产分配也将相应减少。但优先认购权可能会增加公司融资的成本，导致公司筹资的灵活性不足，影响公司的融资效率。是否赋予股东优先认购权涉及股东权利保护和公司筹资便利关系的平衡。

一、有限责任公司的新股优先认购权

有限责任公司的股东有权优先按实缴的出资比例认缴公司新增的注册资本，此即有限责任公司的新股优先认购权。有限责任公司股东人数较少，人合性较强，对外融资的需求较小，股权流动性弱，股东在公司表决权中所占比例对其权利有重要影响。其制度价值在于：（1）新股优先认购权有利于维护既有股权结构，维持公司的稳定发展。新股认购意味着会改变原有的股权结构和权利分配，甚至会改变控股股东和中小股东的地位，因此股东应当有权通过优先认购维持既有的股权结构。（2）新股优先认购权有利于维持有限责任公司的人合性。有限责任公司的股权比例固定，股东之间相互信赖，具有比较紧密的关系，因此在公司需要增加资本时，应当由本公司的股东首先认缴，以防止新增股东而打破公司原有股东之间的紧密关系；在已有股东不认缴或不完全认缴时，再由其他投资者认缴，从而增加新的股东。（3）新股认购是股东获得利益的一种方式，其优先认购也是股东的当然权利。公司设立后，可能会因经营业务发展的需要而增加公司注册资本，认购新股往往意味着股东可以获取更多的公司发展利益，是既有股东应当享有的权利。

二、全体股东一致同意的例外规定

原《公司法》并未对股东的优先认缴出资权利进行任何例外规定。本条特别指出，全体股东约定不按照出资比例优先认缴出资的，可以不赋予股东新股优先认购权。如果全体股东一致同意，本条规定的新股优先认购权可以被排除适用。至于以何种方式替代，则应当由全体股东以协商一致的途径来具体确定。进行这一例外规定的原因在于，新股优先认购权本质上是股东的自益权，与其他民事权利一样，应当遵从当事人自由处分的原则，只要全体股东均作出同意的意思表示，就意味着全体股东对既有权利的放弃和处分，应该得到公司法的尊重。但放弃该权利的前提是全体股东一致决定，不能是多数人的表决，因为这涉及每个股东的法定权利，不可以被多数决排除适用。

三、股份有限公司关于新股优先认购权的例外规定

股份有限公司，特别是公众公司或者上市公司，股东人数众多，股权分散，股权是否被稀释并非多数股东关注的问题，且公司对外融资需求大，此次《公司法》修订又在股份有限公司中引入了授权资本制，允许公司章程或者股东会授权董事会发行股份。董事会根据公司需要和市场情况决议发行股份时，必然需要快速筹集资本，如果赋予股东优先认购权，可能影响筹资的效率。

本次修订前的《公司法》没有明确股份有限公司股东是否享有法定优先认购权，只是在其第 133 条中规定，公司发行新股，“股东会”应当对向原有股东发行新股的种类及数额作出决议。这一规定在修订后的《公司法》第 151 条中仍然被保留下来。另外，本条第 2 款特别规定了“公司章程另有规定或者股东会决议决定股东享有优先认购权的除外”，意思是说，如果经过公司章程或者股东会决议允许，股份有限公司的股东也可以享有优先认购权。

【条文】

第二百二十八条

有限责任公司增加注册资本时，股东认缴新增资本的出资，依照本法设立有限责任公司缴纳出资的有关规定执行。

股份有限公司为增加注册资本发行新股时，股东认购新股，依照本法设立股份有限公司缴纳股款的有关规定执行。

【条文主旨】

本条是关于公司增资的规定。

【条文概览】

本条源自1993年《公司法》第187条的规定："有限责任公司增加注册资本时，股东认缴新增资本的出资，按照本法设立有限责任公司缴纳出资的有关规定执行。股份有限公司为增加注册资本发行新股时，股东认购新股应当按照本法设立股份有限公司缴纳股款的有关规定执行。"《公司法》在1999年、2004年修正时该条未作变更。2005年《公司法》修正时，将本条序号调整为第179条，并将第二款内容修改为"股份有限公司为增加注册资本发行新股时，股东认购新股，依照本法设立股份有限公司缴纳股款的有关规定执行。"2013年《公司法》修正时，将本条的序号调整为第178条。2018年《公司法》修正时，本条未作调整。

《公司法》第59条第1款规定："股东会行使下列职权：（一）选举和更换董事、监事，决定有关董事、监事的报酬事项；（二）审议批准董事会的报告；（三）审议批准监事会的报告；（四）审议批准公司的利润分配方案和弥补亏损方案；（五）对公司增加或者减少注册资本作出决议；（六）对发行公司债券作出决议；（七）对公司合并、分立、解散、清算或者变更公司形式作出决议；（八）修改公司章程；（九）公司章程规定的其他职权。"第66条规定："股东会的议事方式和表决程序，除本法有规定的外，由公司章程规定。股东会作出决议，应当经代表过半数表决权的股东通过。股东会作出修改公司章程、增加或者减少注册资本的决议，以及公司合并、分立、解散或者变更公司形式的决议，应当经代表三分之二以上表决权的股东通过。"第67条规定："有限责任公司设董事会，本法第七十五条另有规定的除外。董事会行使下列职权：（一）召集股东会会议，并向股东会报告工作；（二）执行股东会的决议；（三）决定公司的经营计划和投资方案；（四）制订公司的利润分配方案和弥补亏损方案；（五）制订公司增加或者减少注册资本以及发行公司债券的方案；（六）制订公司合并、分立、解散或者变更公司形式的方案；（七）决定公司内部管理机构的设置；（八）决定聘任或者解聘公司经理及其报酬事项，并根据经理的提名决定聘任或者解聘公司副经理、财务负责人及其报酬事项；（九）制定公司的基本管理制度；（十）公司章程规定或者股东会授予的其他职权。公司章程对董事会职权的限制不得对抗善意相对人。”第 108 条规定：“有限责任公司变更为股份有限公司时，折合的实收股本总额不得高于公司净资产额。有限责任公司变更为股份有限公司，为增加注册资本公开发行股份时，应当依法办理。”第 116 条第 3 款规定：“股东会作出修改公司章程、增加或者减少注册资本的决议，以及公司合并、分立、解散或者变更公司形式的决议，应当经出席会议的股东所持表决权的三分之二以上通过。”第 172 条规定：“国有独资公司不设股东会，由履行出资人职责的机构行使股东会职权。履行出资人职责的机构可以授权公司董事会行使股东会的部分职权，但公司章程的制定和修改，公司的合并、分立、解散、申请破产，增加或者减少注册资本，分配利润，应当由履行出资人职责的机构决定。”

2009 年 5 月 1 日施行的《中华人民共和国企业国有资产法》（中华人民共和国主席令第五号）第 30 条规定：“国家出资企业合并、分立、改制、上市，增加或者减少注册资本，发行债券，进行重大投资，为他人提供大额担保，转让重大财产，进行大额捐赠，分配利润，以及解散、申请破产等重大事项，应当遵守法律、行政法规以及企业章程的规定，不得损害出资人和债权人的权益。”

2014 年 7 月 29 日施行的《证券公司监督管理条例》（2014 年修订）（中华人民共和国国务院令第 653 号）第 13 条第 1 款规定：“证券公司增加注册资本且股权结构发生重大调整，减少注册资本，变更业务范围或者公司章程中的重要条款，合并、分立，设立、收购或者撤销境内分支机构，在境外设立、收购、参股证券经营机构，应当经国务院证券监督管理机构批准。”

2014 年 3 月 1 日施行的《公司注册资本登记管理规定》（已失效，国家工商行政管理总局令第 64 号）第 9 条规定：“公司的注册资本由公司章程规定，登记机关按照公司章程规定予以登记。以募集方式设立的股份有限公司的注册资本应当经验资机构验资。公司注册资本发生变化，应当修改公司章程并向公司登记机关依法申请办理变更登记。”第 10 条规定：“公司增加注册资本的，有限责任公司股东认缴新增资本的出资和股份有限公司的股东认购新股，应当分别依照《公司法》设立有限责任公司和股份有限公司缴纳出资和缴纳股款的有关规定执行。股份有限公司以公开发行新股方式或者上市公司以非公开发行新股方式增加注册资本的，还应当提交国务院证券监督管理机构的核准文件。”

2022 年 6 月 20 日施行的《公开募集证券投资基金管理人监督管理办法》（中国证券监督管理委员会令第 198 号）第 59 条规定：“基金管理公司变更下列重大事项，应当报中国证监会批准，并依法公告：（一）变更实际控制人、主要股东、持有 5% 以上股权的非主要股东；（二）变更持股不足 5% 但对公司治理有重大影响的股东；（三）设立从事资产管理及相关业务的境内子公司；（四）公司合并、分立；（五）中国证监会规定的其他重大事项。基金管理公司增加注册资本，股东必须以来源合法的自有货币资金实缴。基金管理公司股东不得通过变更股东实际控制人等方式变相规避重大事项报批要求。”

【理解与适用】

公司增加注册资本，是指公司设立之后、经营过程中，在原来的注册资本的基础上，经股东会决议使公司的注册资本增加或扩大的法律行为。公司为了扩大经营规模或者经营范围，或者为了使注册资本与公司的实际资产相符，或者为了提高公司的资本信誉，有时需要增加注册资本。公司注册资本的增加，能够增强公司实力，提高公司信用，有利于债权人利益和交易安全，因此，没有必要履行保护债权人的程序，除一般的缴资规定和程序外，不进行强制性规定。但是，资本增加涉及股东的利益和公司本身财产的变化，特别是股份有限公司具有公众性特点，法律对其增资有必要的限制，严格按照公司和证券法律制度中有关新股发行条件的规定进行增资。因此，本法规定增资必须经过股东会作出特别决议才能进行。

需要说明的是，公司增资并非“有百利无一害”，由于公司增资会导致股权结构的调整，直接影响现有股东利益并可能导致利益冲突，不同的股东对公司增资的立场和态度完全不同，增资适当，则利于公司发展和股息增加；增资不当，则会影响股东利益，股息降低，造成资金利用率低等后果。

有限责任公司应执行法定的缴资的规定。按照《公司法》的规定，有限责任公司增加注册资本时，股东认缴新增资本的出资，依《公司法》设立有限责任公司缴纳出资的有关规定执行。如股东要依法缴纳所认缴的出资，以货币出资的，要依法定要求存入公司账户；以实物、知识产权、土地使用权等非货币财产出资的，依法办理财产转移手续，还需对非货币财产进行评估作价，核实财产，不得高估或者低估作价。增加出资后，应当经法定验资机构验资并出具证明。需要说明的是，按照本法第 42 条规定，有限责任公司由 1 个以上 50 个以下股东组成，所以公司增加注册资本时吸收新的股东参加，其股东数之和不能超过 50 个，同时增加注册资本后要相应地修改公司章程并进行公司章程的变更登记。

股份有限公司应执行法定的缴纳股款的规定。按照《公司法》的规定，股份有限公司为增加注册资本发行新股时，股东认购新股应当依照《公司法》设立股份有限公司缴纳股款的有关规定执行，如向社会募集新股，必须公告招股说明书，制作认股书，认股人按所认股份缴纳股款。新增股款缴足后要经法定验资机构验资，同时，股份有限公司增加注册资本，要相应地对公司章程进行修改，并进行变更登记。

【实务问题】

公司增资一方面是公司自身实力和信用的体现，另一方面也体现了公司股东或新投资人对公司发展前景和潜力的信心，但增资涉及公司利益及股东财产、股权结构及债权人利益，非依股东会决议等法定程序，不得任意进行。如果违反增资条件和程序，将会导致公司增资无效或被撤销。一般而言，增资无效的情形有：未经有效股东会决议、公司增资扩股未实缴、发起设立的股份公司未缴足前不得增资、侵犯股东优先认缴权对应的增资部分、增资决议被撤销等。当然《公司法》不断放宽法定资本制的要求，实现在保证经济有序发展的基础上降低公司的融资难度和运营成本。特别是本次修订后，对法定资本制进行了进一步突破，具有明显的授权资本制和折中资本制的特征。[①] 对于增资部分还是以“认缴”为原则，但如果无法实缴或无法按期缴足增资，会承担相应的法律后果。后附参考案例是人民法院案例库中的入库案例，其所涉问题即公司股东向公司汇款的性质认定。股东与公司之间的款项往来，并非必然是投资款，还有可能是资金拆借、商事交易或其他往来款。若股东主张其向公司汇款为增资款或投资款，需结合是否符合法律和公司章程有关增资的规定、股东增资决议、股东之间的协议、股东和公司会

① 参见《公司法（修订草案一次审议稿）》第 97 条，《公司法（修订草案二次审议稿）》第 152 条、第 153 条，2023 年《公司法》第 152 条、第 153 条。

计账册的记载、公司审计报告的记载、股东和公司之间关于案涉款项的付款和收款凭证等各项证据加以判断。

【典型案例】

阿拉尔市某国有资产投资有限责任公司诉酒泉某化工有限公司借款合同纠纷案①

——股东向公司汇款的性质应结合是否符合法律和公司章程有关增资的规定、股东之间的协议等证据加以判断

裁判要旨：股东向公司汇款的性质，需结合是否符合法律和公司章程有关增资的规定、股东增资决议、股东之间的协议、股东和公司会计账册的记载、公司审计报告的记载、股东和公司之间关于案涉款项的付款和收款凭证等各项证据加以判断。公司股东为公司运营投入目标公司的款项，属于目标公司的债务，不是公司股东的投资款项。

① 人民法院案例库案例，编号：2023-16-2-103-005。

第十二章　公司解散和清算

【条文】

第二百二十九条

公司因下列原因解散：

（一）公司章程规定的营业期限届满或者公司章程规定的其他解散事由出现；

（二）股东会决议解散；

（三）因公司合并或者分立需要解散；

（四）依法被吊销营业执照、责令关闭或者被撤销；

（五）人民法院依照本法第二百三十一条的规定予以解散。

公司出现前款规定的解散事由，应当在十日内将解散事由通过国家企业信用信息公示系统予以公示。

【条文主旨】

本条是关于公司解散原因的规定。

【条文概览】

本条系实质修改条文。本条第1款主要承继之前规定，第2款系此次修订新增内容。我国1993年《公司法》第190条和第192条分别对公司自愿解散和行政解散作出规定，但并未规定公司司法解散制度。2005年《公司法》对此进行了修改，一是新增“人民法院依照本法第一百八十三条的规定予以解散”的规定，确立了公司司法解散制度，即对于“公司经营管理发生严重困难，继续存续会使股东利益受到重大损失，通过其他途径不能解决的，持有公司全部股东表决权百分之十以上的股东，可以请求人民法院解散公司”；二是将原法第190条中规定的决议解散的权力机构由“股东会”修改为“股东会或者股东大会”，即根据有限责任公司与股份有限公司的不同进行了区分。三是将原法第192条规定的“公司违反法律、行政法规被依法责令关闭的，应当解散，由有关主管机关组织股东、有关机关及有关专业人员成立清算组，进行清算”修改为“依法被吊销营业执照、责令关闭或者被撤销”，增加了行政解散的具体适用情形。并将原法第192条与第190条合并，将公司解散原因统一归于一个条文。此后历次修改中内容未发生实质性变更。此次《公司法》修订对本条作出修改，一是将第1款第2项中的“股东会或股东大会决议解散”修改为“股东会决议解散”，此处修改系因新修订的《公司法》已取消“股东大会”的概念，股份有限公司、有限责任公司统一使用“股东会”的表述；二是增加第2款，明确了公司在出现解散事由时负有公示义务，并明确了公示时限和公示渠道。

【理解与适用】

公司解散，是指已经成立的公司，因公司章程或者法定事由出现而停止公司的经营活动，开始进行清算，使公司法人资格消灭的法律行为。

公司解散后，一般需要经过清算程序，清理法人财产和债权债务，处理未尽事宜，通过注销登记等方式最终消灭公司法人人格。公司在解散后、清算完结前其法人人格仍然存续，但其行为能力被限定于清算范围内，只能开展与清算有关的活动。

公司解散的原因通常可以分为自愿解散和强制解散。自愿解散是指法人基于自身意愿而解散。强制解散又称非自愿解散，是指法人非因自身意愿，被政府有关部门决定或者法院裁判而解散。强制解散又可分为行政解散和司法解散，前者多基于行政机关作出的行政决定，如吊销营业执照、责令关闭等；后者主要指公司法人因出现显著困难或公司僵局而由法院判决解散的情形。

本条规定第1款中第1项至第3项属于自愿解散的情形。

第一，公司章程规定的营业期限届满或者公司章程规定的其他解散事由出现。公司的营业期限是公司存续的时间界限，公司章程可以规定公司的营业期限。公司营业执照签发日期是公司的成立日期，公司的营业期限从公司营业执照签发之日起计算。公司的营业期限届满，公司应当停止活动，进入解散阶段。如果公司的营业期限届满仍有存在的必要，经公司的权力机构修改公司章程中的营业期限，并向相关部门申请营业期限变更，经变更登记后，公司的解散事由消灭，可以继续经营。公司章程也可以根据本公司的具体情况，规定某些特定的事由作为公司解散的原因，一旦公司出现了公司章程中规定的应当解散的原因，公司就应当停止生产或者经营活动，进入公司解散程序。虽然目前实务中公司章程中规定《公司法》以外解散原因的情况很少，但立法仍赋予公司通过章程自行规定法律之外的解散事由的权利，尊重公司的自治性。

第二，股东会决议解散。公司的权力机构是股东会，股东会有权对公司的重要事务作出决议。公司解散意味着公司将停止经营活动，消灭法人资格，是公司的重要事务，应当由公司的股东会作出决议。

第三，因公司合并或者分立需要解散。公司合并，是指两个或者两个以上的公司以签订协议等方式，不经过清算程序，直接合并为一个公司的法律行为。公司合并可以分为吸收合并和新设合并两种方式：吸收合并，是指一个公司吸收其他公司，被吸收公司解散，又称存续合并；新设合并，是指两个或两个以上的公司合并设立一个新的公司，合并各方解散，又称新设合并。公司合并均会产生公司解散的结果。公司分立，是指一个公司通过签订协议等方式，不经过清算程序，分立为两个或者两个以上的公司的法律行为。公司分立可以分为存续分立和解散分立两种方式。存续分立，是指一个公司分离成为两个或者两个以上的公司，本公司继续存在，又称派生分立；解散分立，是指一个公司分解为两个或者两个以上的公司，本公司解散，又称新设分立。在存续分立的情况下，不发生公司解散的结果；在解散分立的情况下，发生公司解散的结果。

本条规定中第 4 项属于行政解散的情形。其中，吊销营业执照，是指剥夺被处罚公司已取得的营业执照，使其丧失继续从事经营活动的资格；责令关闭，是指因行为人违反了有关法律规定，由行政机关作出停止经营的处罚决定，使公司停止其经营活动；被撤销，是指由行政机关撤销有瑕疵的行政登记。上述情形均源于行政机关的行政行为，在上述行为发生后，法人应解散并进入清算程序。

本条规定中第 5 项属于司法解散的情形，即公司经营管理发生严重困难，继续存续会使股东利益受到重大损失，通过其他途径不能解决的，人民法院可以根据持有公司全部股东表决权 10% 以上的股东的请求解散公司。

本条规定第 2 款规定了公司解散的公示程序，即公司在出现解散事由后应在 10 日内将解散事由通过国家企业信用信息公示系统予以公示。该规定明确了公司对解散事由的披露义务，增加了公司经营的透明度，有利于其他市场主体及时知悉公司解散事宜，依法妥善处理与其相关的事务，维护市场交易秩序。

【实务问题】

适用本条时应注意：

第一，公司以外的其他形式企业解散时，不适用本条规定，如合伙企业解散时应适用《合伙企业法》第 85 条的规定。

第二，本法对特殊形式的公司解散作出了特别规定。如第 172 条规定："国有独资公司不设股东会，由履行出资人职责的机构行使股东会职权。履行出资人职责的机构可以授权公司董事会行使股东会的部分职权，但公司章程的制定和修改，公司的合并、分立、解散、申请破产，增加或者减少注册资本，分配利润，应当由履行出资人职责的机构决定。"

第三，对于保险、银行等特殊行业，根据特别法优于普通法的原则，应优先适用《保险法》《商业银行法》及有关行政法规的特别规定。如《保险法》第 89 条规定："保险公司因分立、合并需要解散，或者股东会、股东大会决议解散，或者公司章程规定的解散事由出现，经国务院保险监督管理机构批准后解散。经营有人寿保险业务的保险公司，除因分立、合并或者被依法撤销外，不得解散。保险公司解散，应当依法成立清算组进行清算。"《商业银行法》第 69 条规定："商业银行因分立、合并或者出现公司章程规定的解散事由需要解散的，应当向国务院银行业监督管理机构提出申请，并附解散的理由和支付存款的本金和利息等债务清偿计划。经国务院银行业监督管理机构批准后解散。商业银行解散的，应当依法成立清算组，进行清算，按照清偿计划及时偿还存款本金和利息等债务。国务院银行业监督管理机构监督清算过程。"

第四，公司是否按照该条第 2 款对解散事由进行公示，不影响产生公司解散的法律效果。原因在于：（1）如公司已具备该规定第 1 款中的解散原因，则公司依法已经解散（除依据本法第 230 条规定修改公司章程或经股东会决议而存续），而该条第 2 款规定的是公司在解散后应当履行的义务，因此，是否公示不是公司解散的前置程序。（2）公司解散涉及其股东、职工、债权人等相关方的切身利益，在已具备解散原因时，如不及时解散可能会导致损失的产生或扩大，如本条第 1 款第 5 项规定的情形。并且如认为未公示则公司未解散，可能导致公司滥用这一规则阻碍公司解散。如公司因未履行该公示义务而给他人造成损失，在相对方能够证明符合侵权责任构成要件的情况下，公司应为此承担赔偿责任，在公司清算时予以清偿。

【条文】

第二百三十条

公司有前条第一款第一项、第二项情形，且尚未向股东分配财产的，可以通过修改公司章程或者经股东会决议而存续。

依照前款规定修改公司章程或者经股东会决议，有限责任公司须经持有三分之二以上表决权的股东通过，股份有限公司须经出席股东会会议的股东所持表决权的三分之二以上通过。

【条文主旨】

本条是关于公司通过修改公司章程或者经股东会决议继续存续的规定。

【条文概览】

本条在此次修订时有实质修改。我国1993年《公司法》第38条、第39条、第40条、第103条、第106条、第107条中虽然规定了有限责任公司股东会、股份有限公司股东大会享有修改公司章程的职权，并规定修改公司章程的决议，有限责任公司必须经代表三分之二以上表决权的股东通过，股份有限公司必须经出席股东大会的股东所持表决权的三分之二以上通过，但其中并未规定股东会、股东大会有权通过修改公司章程而使公司继续存续，同时亦未规定股东可以请求公司按照合理的价格收购其股权。2005年修订《公司法》时对此进行了修改，增加了本条规定，明确了有限责任公司股东会、股份有限公司股东大会通过修改公司章程使公司继续存续，从而充分体现了公司自治的要求。同时，因持有公司多数表决权的其他股东通过股东会决议修改公司章程，决定公司存续，必然与公司章程订立时股东的意愿发生重大差异，应允许对此决议投反对票的股东退出公司，不能要求少数表决权股东违背自己意愿被强迫承担公司继续经营的风险，因此新增了此种情况下投反对票的股东请求公司按照合理的价格收购其股权的规定。至此次修订前，历次修改未对上述内容作实质性修改。此次修订对本条第1款进行了修改，在保留允许公司通过修改公司章程而存续的同时，增加了允许公司通过股东会决议而存续的规定，其他内容未作修改。

【理解与适用】

公司自治是公司制度的基本原则之一，是指公司治理主体依照法律规定和公司章程，自主安排公司治理机构，配置公司权利、义务和责任的活动。公司自治的实现需通过公司的意思机关形成各种决定实现，即通过公司章程或股东会、董事会决议实现。因此，公司自治的实现，必然要求作为公司所有者的股东享有对公司进行自主决策、管理、监督、经营的权力。如果公司的章程规定了公司的营业期限，公司的营业期限届满，公司应当停止生产或者经营活动。同样，公司的章程规定了公司解散的事由，当出现这些事由时，公司也应当停止生产或者经营活动。但是，如果公司意思机关认为应当继续生产或者经营，可以修改公司章程规定的营业期限或者修改公司章程规定的解散事由，使公司继续存在。

此次修改一是将允许公司决定继续存续的方式由修改公司章程扩大到股东会决议，二是将允许公司决定继续存续的适用情形由仅适用于“公司章程规定的营业期限届满或者公司章程规定的其他解散事由出现”扩大到还可以适用于“股东会决议解散”的情形。修改的原因在于：一是尊重公司自治。第 229 条第 1 款第 1 项至第 3 项均属于公司自愿解散的情形，即属于公司自治范畴，故除第 3 项因公司合并或分立客观上不存在继续存续的需要或可能外，对第 1 项、第 2 项情形应允许公司通过特定程序进行变更。二是有利于避免社会资源的浪费。公司解散后，将产生公司彻底消灭的法律后果，公司原本积累的商誉、客户、经验将不复存在，公司的厂房、设备、职工等的重新利用也需要付出新的成本，因此应极其慎重地对待，而一些公司在设立时，对营业期限届满时间或解散事由并未认真考虑即写入章程，或由于之后公司的发展已经不符合实际需要，如公司设立的主要目的仍在继续推进，所以应允许公司通过特定程序继续存续。三是对修改公司章程和作出股东会决议的效力同等对待。修改公司章程与作出公司解散的股东会决议均需要经公司三分之二以上多数股东通过表决，二者虽有不同的表现形式和载体，但决议程序几乎完全一致，对公司应当产生同等的效力，故应同等对待。

第 1 款中还规定了可以通过修改公司章程或股东会决议决定公司继续存续的前提，即“尚未向股东分配财产”。如公司已向股东分配财产，公司已经进行清算，失去了责任财产，没有了继续经营和对外承担责任的物质基础，已丧失了继续存续的必要。

本条第 2 款规定了有限责任公司、股份有限公司修改公司章程或股东会决议决定公司继续存续的决议通过标准。由于修改公司章程是公司重大事务，因此，在有限责任公司必须经过代表三分之二以上表决权的股东通过，在股份有限公司必须经过出席股东会会议的股东所持表决权的三分之二以上通过。

【实务问题】

适用本条规定时应注意，根据特别法优于普通法的原则，对于保险、银行等特殊行业，应优先适用《保险法》《商业银行法》及有关行政法规的特别规定。如《保险法》第 89 条规定："保险公司因分立、合并需要解散，或者股东会、股东大会决议解散，或者公司章程规定的解散事由出现，经国务院保险监督管理机构批准后解散。经营有人寿保险业务的保险公司，除因分立、合并或者被依法撤销外，不得解散。保险公司解散，应当依法成立清算组进行清算。"

【条文】

第二百三十一条

公司经营管理发生严重困难，继续存续会使股东利益受到重大损失，通过其他途径不能解决的，持有公司百分之十以上表决权的股东，可以请求人民法院解散公司。

【条文主旨】

本条是关于人民法院强制解散公司的规定。

【条文概览】

本条在此次修订中仅作文字修改。1993 年《公司法》仅对公司自愿解散及行政解散作出规定，并未对公司司法解散制度作出规定。与其相关的法规、规章中亦未对公司司法解散制度作出规定。这导致在出现公司僵局的情况下，权益受损的中小股东缺乏司法救济的途径。2005 年《公司法》第 183 条增加了公司司法解散制度的规定，赋予了中小股东在出现公司僵局时通过申请法院解散公司的权利，并确立了公司僵局的认定条件及提起公司解散诉讼的股东资格。此后历次修改中内容未发生实质性变更。本次修改仅将“持有公司全部股东表决权百分之十以上的股东”修改为“持有公司表决权百分之十以上的股东”，使条文更加精练，文义无变化。

【理解与适用】

公司经营管理出现严重困难，是指因股东间或者公司管理人员之间的利益冲突和矛盾导致公司运行失灵，股东会或者董事会因对方的拒绝参加会议而无法有效召集，任何一方的提议都不被对方接受和认可，即使能够举行会议也无法通过任何议案，公司的一切事务处于一种瘫痪状态，此种状态又称公司僵局。依据《公司法解释二》第 1 条的规定，公司经营管理发生严重困难主要包括以下情形：公司持续两年以上无法召开股东会，公司经营管理发生严重困难的；股东表决时无法达到法定或者公司章程规定的比例，持续两年以上不能作出有效的股东会决议，公司经营管理发生严重困难的；公司董事长期冲突，且无法通过股东会解决，公司经营管理发生严重困难的；经营管理发生其他严重困难，公司继续存续会使股东利益受到重大损失的情形。

结合司法解释的规定，可以将人民法院强制解散公司的理由进一步分为三大类：（1）基于资本多数决导致公司的经营管理出现严重困难，即股东会因在表决中无法达到法定或者公司章程约定的资本多数而不能作出决议；（2）基于人数多数决导致公司的经营管理出现严重困难，即董事会在表决中无法达到法定或者公司章程约定的表决人数而不能作出决议；（3）基于全体一致决导致公司的经营管理出现严重困难，即股东会或者董事会因在表决中无法达到全部表决股份或者全体成员一致通过而不能作出决议。公司的经营管理出现严重困难，是公司内部的事情，应当先由公司内部解决。如果通过自力救济、行政管理、仲裁等手段能够解决公司经营管理出现的严重困难问题，公司无须解散。公司的经营管理出现严重困难，会使公司及其股东的利益受到损害。如果公司及其股东的利益受到损害不严重，解散公司是一种不利益的行为，只有在公司及其股东的利益会受到严重损害，并且通过其他途径不能解决时，才应当解散公司，保护公司及其股东的利益。

如果公司经营管理出现困难，任何股东都可以申请公司解散，将使公司的经营处于不稳定中，不利于公司的发展和许多相关利益主体的利益。为了避免出现此种情况，本条规定，可以提出解散公司请求的应当是单独或者合并持有公司表决权10%以上的股东。上述股东提出解散公司，只能向人民法院提出。有管辖权的人民法院收到请求，应当受理，并根据公司的实际情况作出是否解散公司的裁决。同时，人民法院审理解散公司诉讼案件，应当注重调解。当事人协商同意由公司或者股东收购股份，或者以减资等方式使公司存续，且不违反法律、行政法规强制性规定的，人民法院应予支持。当事人不能协商一致使公司存续的，人民法院应当及时判决。经人民法院调解公司收购原告股份的，公司应当自调解书生效之日起6个月内将股份转让或者注销。股份转让或者注销之前，原告不得以公司收购其股份为由对抗公司债权人。人民法院关于解散公司诉讼作出的判决，对公司全体股东具有法律约束力。

【实务问题】

适用本条时应注意以下问题：

第一，关于管辖。根据《民事诉讼法》第27条的规定，“因公司设立、确认股东资格、分配利润、解散等纠纷提起的诉讼，由公司住所地人民法院管辖”。

第二，关于当事人主体资格。原告方面，因公司解散纠纷提起的诉讼，原告只能是公司的现实股东，且必须是单独或者合计持有公司全部股东表决权10%以上的股东。并且，根据《公司法解释三》第16条的规定，未履行或者未全面履行出资义务的股东受到限制的权利，不包括提起解散公司之诉的权利，因此其同样有权提起解散公司的诉讼。被告方面，因公司解散纠纷提起的诉讼，根据《公司法解释二》第4条规定，被告必须是公司，原告以其他股东为被告一并提起诉讼的，法院应当告知原告将其他股东变更为第三人。其他股东和利害关系人可以申请以共同原告或者第三人身份参加诉讼。

第三，关于认定公司陷入僵局应予解散的判断标准。根据本条规定，应主要审查是否同时具备以下情形：（1）公司经营管理发生严重困难。“公司经营管理发生严重困难”应主要审查公司组织机构能否有效运作，如果股东会或董事会无法召开或虽能召开但始终无法形成有效决议，公司事务处于瘫痪状态，则应认定属于“严重困难”。需要注意的是，公司是盈利还是亏损，并不影响对“公司经营管理发生严重困难”的认定。（2）继续存续会使股东利益受到重大损失。对此应审查如继续处于未解散状态，是否导致资产贬值或灭失、债务扩大等严重减损股东利益的后果。（3）通过其他途径不能解决。虽然本条规定赋予了人民法院司法解散公司的权力，但在办理此类案件时，仍应注重对市场主体的保护和挽救，以及尊重公司的自治性，对尚存在其他途径解决相关主体之间矛盾、恢复公司正常经营管理活动的，如可以通过公司或其他股东收购原告股东股份、公司减资等方式解决矛盾的，不应判决解散公司。同时，要根据《公司法解释二》第5条的规定，积极调解，尽量使公司得以存续。

【典型案例】

甘肃某集团有限公司诉兰州某车辆公司等解散纠纷案[①]

裁判要旨：人民法院可根据《公司法》第182条[②]有关“公司经营管理发生严重困难，继续存续会使股东利益受到重大损失，通过其他途径不能解决的，持有公司全部股东表决权百分之十以上的股东，可以请求人民法院解散公司”的规定，以工商登记及股东名册所记载的持股比例为依据，判断原告是否具有提起公司解散的股东身份。

---

① 人民法院案例库案例，编号：2023-16-2-283-004。

② 对应2023年《公司法》第231条。

【条文】

第二百三十二条

公司因本法第二百二十九条第一款第一项、第二项、第四项、第五项规定而解散的，应当清算。董事为公司清算义务人，应当在解散事由出现之日起十五日内组成清算组进行清算。

清算组由董事组成，但是公司章程另有规定或者股东会决议另选他人的除外。

清算义务人未及时履行清算义务，给公司或者债权人造成损失的，应当承担赔偿责任。

【条文主旨】

本条是关于公司解散时清算义务人及清算组组成的规定。

【条文概览】

本条是此次《公司法》修订中进行了重大修改的条文。1993 年《公司法》第 191 条规定："公司依照前条第（一）项、第（二）项规定解散的，应当在十五日内成立清算组，有限责任公司的清算组由股东组成，股份有限公司的清算组由股东大会确定其人选；逾期不成立清算组进行清算的，债权人可以申请人民法院指定有关人员组成清算组，进行清算。人民法院应当受理该申请，并及时指定清算组成员，进行清算。"该条规定中对于成立清算组期限的计算规定并不明确，未确定成立清算组期限的起算时间。此外，该条文规定股份有限公司清算组由股东大会设立。后续实务操作中显示，因股份有限公司资合性强、股东人数众多且分散，召开股东大会成本及难度较高，缺乏可操作性。因此，2005 年《公司法》对此条文进行了修改，具体为：（1）根据 2005 年《公司法》第 181 条中增加的第 4 项行政解散事由和第 5 项司法解散事由，在本条中相应规定公司因上述两项事由解散的，也应清算；（2）将原法中规定的"应当在十五日内成立清算组"修改为"应当在解散事由出现之日起十五日内成立清算组，开始清算"，对期限规定上的不确定问题进行了明确；（3）将原法"股份有限公司的清算组由股东大会确定其人选"修改为"股份有限公司的清算组由董事或者股东大会确定的人员组成"，增加了人员选定的有权机关，扩大了股份有限公司的董事会职权，以适应股份有限公司资合性强、股东人数众多且分散的情况，实务中也更具可操作性。此次修订再次对本条进行修改，一是明确规定董事为公司清算义务人；二是将清算组组成由原法规定的“有限责任公司的清算组由股东组成，股份有限公司的清算组由董事或者股东大会确定的人员组成”修改为“清算组由董事组成，但是公司章程另有规定或者股东会决议另选他人的除外”；三是明确规定了清算义务人未履行清算义务的法律后果，即“给公司或者债权人造成损失的，应当承担赔偿责任”。

【理解与适用】

一、公司清算

公司清算，是指公司解散或被宣告破产后，依照法律规定的方式和程序清理公司债权债务，处理公司剩余财产，待了结公司各种法律关系后，向公司登记机关申请注销登记，最终消灭公司法人资格的一种法律行为。除因合并或者分立解散，公司债权债务已全部由合并或分立后存续或者新设的公司承继，不需要进行清算外，公司解散必须依法清算，清算是公司终止的必经前置程序。

公司清算具有重要的制度价值：一是使公司有秩序地从市场出清。公司解散或被宣告破产后，其内外部各种法律关系需要了结，所有资产需要分配，所有负债需要清理，涉及多方利益。如果没有清算制度，各利益相关方各行其是，公司从市场出清的过程可能漫长且混乱。二是维护公司债权人的合法利益。公司诚信、公平地履行其对债权人的法定或约定义务，是市场经济的应有之义。而在公司清算过程中，债权人相对于公司及其股东、职工等天然地处于劣势地位，对公司信息缺乏及时、充分的了解，需要清算制度建立规则，以保障债权人的利益。三是维护其他利益相关方的合法利益。除债权人之外，公司清算还涉及内部各主体如股东、高管、普通职工等的利益，不同角色之间的利益有时存在冲突，也需要清算制度予以协调，实现均衡、公平的保护。

清算一般可以分为普通清算和特别清算，也可因清算原因不同而区分为破产清算和非破产清算。普通清算是指由公司自行组织清算机构依法进行的清算，一般适用于自愿解散且公司资产能够抵偿其债务的情况。特别清算是指公司解散时不能自行组织清算，或者在普通清算过程中发生显著障碍，由有关政府部门或者法院介入进行的清算，一般适用于强制解散的情况。破产清算是指公司被依法宣布破产后，依照《企业破产法》的规定进行的清算。非破产清算是指破产清算以外的其他清算。

二、清算义务人和清算组

（一）两者的概念和区别

清算义务人是指基于其与公司存在的特定法律关系而在公司解散时负有依法组织清算义务的主体。清算组，也称清算人，是依法成立的用以接管解散公司，负责解散公司财产的保管、清理、估价、处理、分配等事务的临时性专门机构。清算义务人与清算人（清算组）具有以下区别：一是所负义务内容不同。清算义务人的义务是负责启动清算程序、组织清算和产生清算人，而清算人负责执行公司具体清算事务。二是所负义务的性质不同。清算义务人的义务是法定的，不能任意解除。清算人的义务是约定或指定的，是基于公司或法院等的委任或指派产生的，因公司或者法院的解任或清算人的辞任而解除义务。三是不履行义务承担责任的原因不同。清算义务人基于法定义务，在怠于履行组织清算义务时对给公司和债权人造成的损失承担赔偿责任；清算人基于其与公司之间的委任关系，在未忠实勤勉履行职责给公司或者债权人造成损失时承担赔偿责任。四是法律资格不同。清算人对内处理、了结公司业务，对外代表公司，具有诉讼主体地位；而清算义务人则没有这样的法律资格。

清算义务人和清算人有紧密联系：一是清算人在一般情况下由清算义务人指定；二是清算义务人和清算人往往存在交叉重合，如根据本条规定，董事是清算义务人，但在公司章程或者股东会决议没有指定他人作为清算人的情况下，董事同时也是清算人。

（二）清算义务人

由于公司解散及清算对公司股东、债权人等的利益存在重大影响，而实务中公司有关人员怠于履行清算义务的情况又比较普遍，中小股东、债权人等以怠于履行清算义务侵害其利益为由起诉公司大股东、董事、监事和高级管理人员的案件并不鲜见。之前法律、司法解释关于清算义务人的有关规定，实务中还存在较大的认识和理解分歧，新《公司法》对此作出了明确规定，规定“董事为公司清算义务人”，明确董事负有在解散事由出现之日起15日内组成清算组进行清算的法定义务，同时在本条第3款中明确规定“清算义务人未及时履行清算义务，给公司或者债权人造成损失的，应当承担赔偿责任”。明确了董事的清算义务、履行组织清算义务的期限以及怠于履行清算义务的法律责任。

（三）清算组

公司进入清算程序应首先由公司清算义务人组织成立清算组，并由清算组接替公司法人机关执行清算事务。本条第 2 款规定了清算组的组成人员，即一般情况下为董事，公司章程另有规定或者股东会决议另选他人的除外。在清算过程中，清算组履行清算中公司对内管理和对外代表的职能，因此清算组成员对公司负有忠实和勤勉义务，遵守法律法规及章程的规定从事清算活动。新《公司法》还在第 234 条规定了清算组的职权：（1）清理公司财产，分别编制资产负债表和财产清单；（2）通知、公告债权人；（3）处理与清算有关的公司未了结的业务；（4）清缴所欠税款以及清算过程中产生的税款；（5）清理债权、债务；（6）分配公司清偿债务后的剩余财产；（7）代表公司参与民事诉讼活动。

三、条文重点修改解读

本条的重大修改是将清算义务人明确为董事。

长期以来，对清算义务人的范围存在较大争议。2008 年《公司法解释二》第 18 条规定："有限责任公司的股东、股份有限公司的董事和控股股东未在法定期限内成立清算组开始清算，导致公司财产贬值、流失、毁损或者灭失，债权人主张其在造成损失范围内对公司债务承担赔偿责任的，人民法院应依法予以支持。有限责任公司的股东、股份有限公司的董事和控股股东因怠于履行义务，导致公司主要财产、账册、重要文件等灭失，无法进行清算，债权人主张其对公司债务承担连带清偿责任的，人民法院应依法予以支持。上述情形系实际控制人原因造成，债权人主张实际控制人对公司债务承担相应民事责任的，人民法院应依法予以支持。"根据该规定，有限责任公司的股东、股份有限公司的董事和控股股东、公司实际控制人被认为是清算义务人。《民法总则》第 70 条第 2 款首次在法律上明确对清算义务人作出规定，具体为"法人的董事、理事等执行机构或者决策机构的成员为清算义务人。法律、行政法规另有规定的，依照其规定"。但在我国目前的法律体系中，理事、董事的称谓较乱，对"执行机构或者决策机构的成员"的具体范围也难以形成非常一致的观点，2018 年《公司法》第 183 条也只规定了有限责任公司的清算组成员由股东组成，并没有规定清算义务人。在此背景下，新《公司法》对公司的清算义务人进一步予以明确。

在新《公司法》出台前，关于董事、股东、实际控制人谁应是公司清算义务人争议较大。一种观点认为，公司董事、有限公司的股东、公司实际控制人均是清算义务人。董事是公司执行机构成员，有限责任公司的股东是公司权力机构成员且往往实际负责公司经营，实际控制人实际控制公司决策，三者都是清算义务人有利于及时组织公司清算，更加充分地保护债权人利益。同时认为《公司法解释二》第18条对此已作出规定，应遵照执行。另一种观点认为，有限责任公司的清算义务人是公司董事，而不应包括股东。最终新《公司法》采纳了第二种观点。主要理由在于：第一，股东履行清算义务存在现实困难。公司所有权与经营权分离，董事会是公司执行机构成员，负责公司经营，最了解公司经营状况，最清楚公司是否应当进行清算。而股东可能不从事公司日常经营，客观上不具备启动清算的条件。第二，股东缺乏组织清算的主动性。股东是公司清算后剩余财产的享有者，其利益与债权人、职工等在清算中可以得到的利益常常存在冲突，且公司一旦清算，股东将必须直面股东之间、股东与债权人和职工之间的利益冲突，因此，股东往往对公司清算不积极。第三，股东作为清算义务人的法理依据不足。现代公司制度的导向是公司所有权与经营权的分离，股东对公司日常经营事务的参与将越来越少，将清算义务压在股东身上缺乏充分的法理依据。第四，未参与公司经营管理的股东作为清算义务人对其不公平。一些中小股东未参与公司经营管理，甚至未分得任何利益，如其在公司未依法清算时须作为清算义务人承担公司债务，其权利义务明显不匹配，且不符合股东有限责任的基本原则。第五，实际控制人未经司法或行政认定难以确定。与公司股东、董事和控股股东的确定性不同，实际控制人无须登记公示，是否属于实际控制人需经司法机关或相关行政部门认定。第六，实际控制人在法律上无明确职责。实际控制人并非公司的治理机构，并无法定职责，直接规定其为清算义务人缺少依据。实际控制人在公司解散后只需承担消极的不作为义务，只要其没有阻止公司进行清算的行为，或者其行为并未造成公司未依法组织清算或无法清算的后果，就不承担民事责任。

【实务问题】

适用本条时应注意以下问题：

第一，关于清算义务人的认定。根据本条规定，清算义务人为董事。但值得注意的是，针对目前许多公司存在的大股东、实际控制人“只手遮天”的情况，新《公司法》引入了“事实董事”“影子董事”制度。第180条前两款规定了董事、监事、高级管理人员的忠实义务和勤勉义务，第3款规定

“公司的控股股东、实际控制人不担任公司董事但实际执行公司事务的，适用前两款规定”。第 192 条规定“公司的控股股东、实际控制人指示董事、高级管理人员从事损害公司或者股东利益的行为的，与该董事、高级管理人员承担连带责任”。能否根据上述两款规定从大股东、实际控制人对公司经营管理具有重大影响的角度，认定其具有事实上的董事身份，或者认定其具有与董事相同的清算义务，值得进一步探讨，在审判实务中要注意利益衡平，综合考虑政治效果、社会效果和法律效果作出公平裁判。

第二，关于有权要求清算义务人承担赔偿责任的主体范围的界定。根据本条第 3 款规定，“给公司或债权人造成损失的，应当承担赔偿责任”。因此，有权主体应为公司或债权人。但债权人的范围应按照广义标准把握，即所有有权参与法人财产分配、利益可能受到清算直接影响的主体，如公司股东及职工。

第三，关于清算义务人应否承担赔偿责任的认定。应从以下几方面加以判断：第一，是否存在未及时履行清算义务的行为，即是否“解散事由出现之日起十五日内组成清算组进行清算”。这里应注意两点：（1）按照本条规定，“怠于履行清算义务”本身即可构成赔偿责任的行为要件，无须考虑是否造成《公司法解释二》第 18 条第 2 款规定的“主要财产、账册、重要文件等灭失”的事实。(2）如果公司在法定期限内未启动清算，但清算义务人能够举证证明其积极履行了组织清算的责任，未启动清算系他人如实际控制人、大股东等的责任，则应认为其不属于“怠于履行清算义务”。第二，是否因未清算或未及时清算给公司或债权人造成损失，对此既要审查是否存在损害后果，还要审查损失与未清算或未及时清算之间是否存在因果关系。总体而言，清算义务人的清算责任仍属于侵权责任范畴，应按照过错归责的一般原则审查认定，既要依法保护公司和债权人的合法权益，又要避免对董事课以其能力和职权范围之外的责任，防止对公司董事制度产生冲击。

【条文】

第二百三十三条

公司依照前条第一款的规定应当清算，逾期不成立清算组进行清算或者成立清算组后不清算的，利害关系人可以申请人民法院指定有关人员组成清算组进行清算。人民法院应当受理该申请，并及时组织清算组进行清算。

公司因本法第二百二十九条第一款第四项的规定而解散的，作出吊销营业执照、责令关闭或者撤销决定的部门或者公司登记机关，可以申请人民法院指定有关人员组成清算组进行清算。

【条文主旨】

本条是关于申请人民法院强制清算的规定。

【条文概览】

本条在此次《公司法》修订中有实质性修改。关于申请强制清算，1993年《公司法》在第191条中规定："逾期不成立清算组进行清算的，债权人可以申请人民法院指定有关人员组成清算组，进行清算。人民法院应当受理该申请，并及时指定清算组成员，进行清算。"未对行政解散时如何申请强制清算作出规定。此后历次《公司法》修改内容未发生实质性变更。

2008年《公司法解释二》制定颁布时，基于司法实践需要，对强制清算申请主体范围进行了扩大解释，由"债权人"扩大到了"债权人和公司股东"。但为了不违背《公司法》中的明确规定，当时就将"债权人未提起清算申请"作为公司股东提起强制清算申请的前提条件，即只有在公司债权人没有申请人民法院指定有关人员组成清算组进行清算时，公司股东才可以申请人民法院指定。

2020年《民法典》颁布，吸收《民法总则》相关规定，对申请法人强制清算的权利主体进行了扩大。《民法典》第70条明确规定："清算义务人未及时履行清算义务，造成损害的，应当承担民事责任；主管机关或者利害关系人可以申请人民法院指定有关人员组成清算组进行清算。"也即法人的清算义务人未及时履行清算义务时，申请强制清算的主体扩大到"主管机关或者利害关系人"，不但包括了传统上的债权人及公司股东，还应当包括董事等其他利害关系人。

鉴于《民法典》中对提起法人强制清算的权利主体扩大到“主管机关或者利害关系人”，2020 年司法解释修订过程中，《公司法解释二》相关条款也作了相应修订：第一，股东申请强制清算不再以债权人未提起强制清算申请为前提；第二，根据《民法典》规定进一步扩大了申请强制清算的主体范围。

原《公司法解释二》第 7 条第 3 款规定：“具有本条第二款所列情形，而债权人未提起清算申请，公司股东申请人民法院指定清算组对公司进行清算的，人民法院应予受理”，修订后删除该款，使得公司股东申请强制清算，不再以债权人未提起清算申请为前提。将原《公司法解释二》第 7 条第 2 款中“债权人申请人民法院指定清算组进行清算的，人民法院应予受理”的规定，修改为“债权人、公司股东、董事或其他利害关系人申请人民法院指定清算组进行清算的，人民法院应予受理”，将能够申请法院强制清算的权利主体范围，由原先仅为“债权人与特殊情形下的股东”，扩大为包括“债权人、公司股东、董事或其他利害关系人”。

新《公司法》中对强制清算的条件，增加了“成立清算组后不清算”的规定。更重要的是，根据《民法典》，将申请强制清算的主体由“债权人”扩大到“利害关系人”，并且增加一款，明确规定因被吊销营业执照、责令关闭或者被撤销而解散的，作出吊销营业执照、责令关闭或者撤销决定的部门或者公司登记机关，可以申请公司强制清算。

此次修订吸纳了《公司法解释二》第 7 条有关规定，对《民法典》相关规定保持统一或进一步具体化。一是增加了“成立清算组后不清算”的规定；二是将有权申请强制清算的主体由“债权人”扩大到“利害关系人”；三是新增第 2 款，赋予作出吊销营业执照、责令关闭或者撤销决定的部门或者公司登记机关向人民法院申请对行政解散的公司强制清算的权利。

【理解与适用】

清算一般由被解散的公司自行组织清算组，自主进行。公司解散事由出现后，首先应当自行清算，一般情况下，公司可以自行完成清算而不需要公权力介入。但在某些情况下，公司自行清算无法启动或者发生严重障碍、运转机制失灵时，为了维护公司及相关主体利益，可以申请有权机关介入，进行强制清算。我国公司法上通过申请人民法院指定清算组进行强制清算。

一是把握利害关系人申请强制清算的事由。即公司应当清算但逾期不成立清算组或清算组成立后未实际进行清算。本条规定未采纳《公司法解释二》第7条第3项事由“违法清算可能严重损害债权人或者股东利益的”，其原因在于，即使存在违法清算的情形，因清算程序已经启动，不能再向法院申请对同一个公司启动另一个清算程序。利害关系人可以通过向人民法院申请更换清算组成员、追究清算组法律责任等途径救济自己的权利。

二是关于利害关系人的范围。新《公司法》的规定虽然修改了2018年《公司法》的规定，但《公司法解释二》在2020年时作了修订，在申请主体上与《民法典》规定精神保持一致，与新《公司法》规定无明显冲突，但在“利害关系人”的具体范围上新《公司法》没有予以明确。如按《公司法解释二》第7条规定，包括债权人、公司股东、董事或其他利害关系人。债权人、股东的利益与公司清算紧密相关，是当然的利害关系人。但在新《公司法》施行后，董事是否属于利害关系人以及其他利害关系人包括哪些主体，如新的司法解释作出规定，应依照新的司法解释认定；如未作明确规定，则需要对是否具有利害关系进行审查。若被申请人对利害关系人身份提出异议的，除有生效法律文书能够证明其利害关系人身份外，人民法院应当告知其另行诉讼解决，对强制清算申请裁定不予受理。申请人可就有关争议单独提起诉讼或仲裁予以确认后，另行向人民法院提起强制清算申请。

三是关于公司行政解散的强制清算申请主体。公司因依法被吊销营业执照、责令关闭或者被撤销而解散的，由于作出相关决定的部门或者公司登记机关对公司具有监管职责，若公司逾期不成立清算组进行清算或者成立清算组后不清算，相关部门或者公司登记机关可以行使职权，申请法院强制清算。

【典型案例】

郭某某申请公司清算案

——其他利害关系人申请公司清算，对申请人是否属于利害关系人有争议的，应另行通过诉讼程序予以确认

裁判要旨：申请人是否属于利害关系人仍需要通过诉讼程序予以确认，被申请人对利害关系人身份提出异议的，除有生效法律文书能够证明其利害关系人身份外，人民法院应当告知其另行诉讼解决，对强制清算申请裁定不予受理。

【条文】

第二百三十四条

清算组在清算期间行使下列职权：

（一）清理公司财产，分别编制资产负债表和财产清单；

（二）通知、公告债权人；

（三）处理与清算有关的公司未了结的业务；

（四）清缴所欠税款以及清算过程中产生的税款；

（五）清理债权、债务；

（六）分配公司清偿债务后的剩余财产；

（七）代表公司参与民事诉讼活动。

【条文主旨】

本条是关于清算组职权的规定。

【条文概览】

本条未修改。1993 年《公司法》第 193 条规定：“清算组在清算期间行使下列职权：（一）清理公司财产，分别编制资产负债表和财产清单；（二）通知或者公告债权人；（三）处理与清算有关的公司未了结的业务；（四）清缴所欠税款；（五）清理债权、债务；（六）处理公司清偿债务后和剩余财产；（七）代表公司参与民事诉讼活动。”2005 年修订《公司法》时仅对此条文进行了部分修改，即修改原条文“（四）清缴所欠税款”为“（四）清缴所欠税款以及清算过程中产生的税款”，明确将清算过程中产生的税款纳入需要清缴的范围，使本条规定更加全面、明确。此后历次修改，内容未发生实质性变更。

【理解与适用】

清算组是在公司清算期间负责清算事务执行的法定组织。由于公司在宣布解散之后，公司的业务执行即失去了执行权力，公司的后继事务由清算组接管。因此，在清算期间，清算组是公司业务的执行机构，全面负责公司相关业务的处理，必须赋予清算组必要的职权。本条规定明确清算组具有以下职权：

一、清理公司财产，分别编制资产负债表和财产清单

清算组织有义务全面清理公司的全部财产，包括固定资产、流动资产、有形资产、无形资产、债权债务等现有的自有资产，并列出财产清单，同时编制公司的资产负债表，明晰公司的负债情况。

二、通知、公告债权人

清算组接管公司后，应在法定期限内直接通知已知的债权人，通过法定的媒体发布公告通知未知的债权人，以便债权人在法定期限内向申报债权。

三、处理与清算有关的公司未了结的业务

主要包括决定公司解散前已经订立，目前尚在履行中的合同继续履行或者终止履行。但应注意清算组无权进行与清算无关的新的业务活动。清算组在处理此项业务时应当坚持三项原则：第一，作出的处理决定必须合法；第二，有利于保护公司和债权人的合法权益；第三，有利于尽快了结公司未了结的业务。

四、清缴所欠税款以及清算过程中产生的税款

清算组在清算过程中应当对公司的纳税事宜进行清查，对公司欠缴税款或者在清算过程中产生的税款，清算组有责任报请税务机关逐项查实，并以清算公司的清算财产缴纳。

五、清理债权、债务

清算组应清理公司解散清算前及为清算的目的产生的各项债权、债务关系，决定互负债务情况下的相互冲抵，订立保理合同有偿转让债权，但不能放弃或无偿转让债权。

六、分配公司清偿债务后的剩余财产

公司在支付清算费用，职工工资、劳动保险费用、法定补偿金，清缴税款，清偿所欠债务后公司剩余的财产属于股东权益，有限责任公司应按照股东的出资比例分配，股份有限公司应按照股东持有的股份比例分配。

七、代表公司参与民事诉讼活动

公司清算组成立后，由清算组负责人代表公司参加诉讼，有关公司的民

事诉讼，应当以公司的名义进行。公司已解散但尚未成立清算组的，由原法定代表人代表公司参加诉讼。

【实务问题】

第一，本条仅适用于公司解散时成立的清算组，破产清算应适用破产法相关规定。

第二，根据特别法优于普通法的原则，对于《保险法》《商业银行法》等法律及行政法规有特别规定的，应优先适用特别规定。如《外资保险公司管理条例》第27条规定："外资保险公司违反法律、行政法规，被国务院保险监督管理机构吊销经营保险业务许可证的，依法撤销，由国务院保险监督管理机构依法及时组织成立清算组进行清算。"

【条文】

第二百三十五条

清算组应当自成立之日起十日内通知债权人，并于六十日内在报纸上或者国家企业信用信息公示系统公告。债权人应当自接到通知之日起三十日内，未接到通知的自公告之日起四十五日内，向清算组申报其债权。

债权人申报债权，应当说明债权的有关事项，并提供证明材料。清算组应当对债权进行登记。

在申报债权期间，清算组不得对债权人进行清偿。

【条文主旨】

本条是关于清算期间债权申报的规定。

【条文概览】

本条系表述修改。1993 年《公司法》、1999 年《公司法》和 2004 年《公司法》均规定："清算组应当自成立之日起十日内通知债权人，并于六十日内在报纸上至少公告三次。债权人应当自接到通知书之日起三十日内，未接到通知书的自第一次公告之日起九十日内，向清算组申报其债权。债权人申报其债权，应当说明债权的有关事项，并提供证明材料。清算组应当对债权进行登记。"2005 年《公司法》第 186 条规定："清算组应当自成立之日起十日内通知债权人，并于六十日内在报纸上公告。债权人应当自接到通知书之日起三十日内，未接到通知书的自公告之日起四十五日内，向清算组申报其债权。债权人申报债权，应当说明债权的有关事项，并提供证明材料。清算组应当对债权进行登记。在申报债权期间，清算组不得对债权人进行清偿。"主要有以下修改：一是将原本需"至少公告三次"的规定调整为"公告"即可，将未收到通知书债权人的申报债权时间从"自第一次公告之日起九十日内"调整为"自公告之日起四十五日内"；二是增加"在申报债权期间，清算组不得对债权人进行清偿"的规定作为第 3 款；三是对法条序号作出了变更。本次修订将 2005 年《公司法》中"并于六十日内在报纸上公告"修改为"并于六十日内在报纸上或者国家企业信用信息公示系统公告"，其他内容无变化。

【理解与适用】

本条第1款规定了清算组通知、公告债权人和债权人申报债权的时间要求；第2款规定了债权人申报债权需说明有关事项、提供证明材料；第3款规定了申报债权期间清算组不得对债权人进行清偿。

清算组应当及时告知债权人申报债权，督促债权人尽快申报债权。对于已知债权人，应自清算组成立之日起10日内通知债权人；对于无法通知到的已知债权人或可能存在的未知债权人，应在60日内通过公告方式履行告知义务。公告可通过报纸，也可通过国家企业信用信息公示系统实现更加成本低、范围广的公告。在报纸上公告的，应根据公司规模和营业地域，选择在全国或者公司注册地的省级有影响力的报纸。

债权人应在接到通知之日起30日内，未接到通知的应在公告之日起45日内，向清算组申报债权。但未在规定期限内申报债权的，债权人还可以补充申报。《公司法解释二》第13条、第14条中规定："债权人在规定的期限内未申报债权，在公司清算程序终结前补充申报的，清算组应予登记。""债权人补充申报的债权，可以在公司尚未分配财产中依法清偿。"《企业破产法》第56条第1款规定："在人民法院确定的债权申报期限内，债权人未申报债权的，可以在破产财产最后分配前补充申报；但是，此前已进行的分配，不再对其补充分配。为审查和确认补充申报债权的费用，由补充申报人承担。"上述规定改变了1991年《民事诉讼法》第200条规定的"逾期未申报债权的，视为放弃债权"的立法模式，明确了债权人补充申报的权利。这有利于对债权人的充分保护。《公司法解释二》在公司清算中参考《企业破产法》的规定，确立了补充申报制度，即对已经超过申报期限的债权，允许其在公司清算程序终结前进行补充申报并获清偿。但未按时申报的债权人的权利受到一定限制，根据《公司法解释二》第14条规定，补充申报的债权只能在公司尚未分配的财产中受偿，且债权人因自身存在重大过错而未在规定期限内申报债权的无法获得清偿。

债权人申报债权时，应提供债权有关信息如债权内容、数额、成立时间、担保情况等，以及证明材料如合同、借条、转账凭证等，供清算组审核认定。清算组应对申报的债权及债权人信息逐一如实登记，并妥善保管申报材料。

在申报债权期间届满之前，由于债权总额尚不能确定，公司财产能否偿还全部债权存在不确定性，为使全体债权人公平受偿，在申报债权期间，清算组不得对债权人进行清偿。

【实务问题】

适用本条时应注意以下问题：

一是关于补充申报的期限限制。补充申报是对债权人权利的优先保护，但权利的行使都是有界限的。《企业破产法》第56条规定的补充申报期限为“破产财产最后分配前”，与此不同，《公司法解释二》第14条规定，解散清算中债权人补充申报的法定期限是“公司清算程序终结前”。公司清算程序终结是指清算报告经股东会或者人民法院确认完毕。公司清算程序终结后，未申报债权的债权人丧失其补充申报的权利和机会。

二是关于丧失补充申报机会债权人的救济途径。未在公司清算程序终结前补充申报债权，并不意味着其权利无法得到救济，如其未及时申报债权系因清算组未依法通知或者公告造成的，其可以在程序终结后，根据新《公司法》第238条和《公司法解释二》第11条的规定向清算组成员追究相应的赔偿责任。

【条文】

第二百三十六条

清算组在清理公司财产、编制资产负债表和财产清单后，应当制订清算方案，并报股东会或者人民法院确认。

公司财产在分别支付清算费用、职工的工资、社会保险费用和法定补偿金，缴纳所欠税款，清偿公司债务后的剩余财产，有限责任公司按照股东的出资比例分配，股份有限公司按照股东持有的股份比例分配。

清算期间，公司存续，但不得开展与清算无关的经营活动。公司财产在未依照前款规定清偿前，不得分配给股东。

【条文主旨】

本条是关于清算程序具体实施的规定。

【条文概览】

本条在此次公司法修订中无实质性变更。1993 年《公司法》第 195 条规定："清算组在清理公司财产、编制资产负债表和财产清单后，应当制定清算方案，并报股东会或者有关主管机关确认。公司财产能够清偿公司债务的，分别支付清算费用、职工工资和劳动保险费用，缴纳所欠税款，清偿公司债务。公司财产按前款规定清偿后的剩余财产，有限责任公司按照股东的出资比例分配，股份有限公司按照股东持有的股份比例分配。清算期间，公司不得开展新的经营活动。公司财产在未按第二款的规定清偿前，不得分配给股东。"2005 年《公司法》将有权确认清算方案的主体由"股东会或者主管机关"调整为"股东会、股东大会或者人民法院"，并将原第 2 款至第 4 款的规定从文字表述等立法技术上加以完善，合并为两款。此次修订仅根据新《公司法》取消"股东大会"这一机构的调整，相应将"股东大会"从有权确认方案的主体中删除，其他未作修改。

【理解与适用】

本条第 1 款、第 2 款规定了清算组所需开展的工作，主要包括清理公司财产、编制资产负债表和财产清单、制定清算方案并报请批准、清偿债务、分配剩余财产。其中第 1 款中明确了清算方案的批准主体，第 2 款规定了财产的清偿、分配原则；第 3 款规定了清算期间公司行为能力的限制即不得开展与清算无关的经营活动，还规定了在债务清偿前不得向股东分配财产。

清算组必须在清理公司财产、编制资产负债表和财产清单后，制定公司的清算方案，并报股东会或者人民法院确认。清算方案应包括如何清偿债务、如何分配公司剩余财产等必要内容。

在公司自行清算的情况下，清算方案应报股东会确认。股东会是公司最高权力机关，也是公司最高意思决定机关，由此机关进行确认一方面体现了公司自治性，另一方面较之公司外部人员，股东对自己公司的财产状况最为清楚，对公司资产、负债及财产分配应当最具有话语权。在人民法院指定清算组进行强制清算的情况下，清算组应当将清算方案报人民法院确认。因在强制清算过程中，公司股东往往难以形成有效决议或者怠于配合清算程序，导致不论清算方案是否合法公平均难以通过，赋予人民法院批准权，有利于清算程序顺利推进。如人民法院认为清算方案存在问题不予确认，清算组应当修改清算方案后重新提交人民法院批准。

处理公司财产应遵循以下顺序：（1）支付清算费用，清算费用是保障清算工作正常开展的基础，是司法程序费用优先原则的要求；（2）支付职工工资、社会保险费用和法定补偿金，优先保护职工债权是保障民生和弱势群体的法治理念的体现；（3）缴纳税款，税款优先于普通债务清偿是国家利益优先的体现；（4）清偿其他债务；（5）分配剩余资产，有限责任公司按照股东的出资比例分配，股份有限公司按照股东持有的股份比例分配，这是股东的剩余价值请求权的内容，是股权的组成部分。

清算中的公司仍具有法律上的独立人格，但只能开展清算相关活动。如果正在进行清算的公司继续进行新的经营活动，将不利于法律关系的稳定，不利于公司清算事务的进行。解散事由出现之后至清算完毕前，法人人格并不当然消灭，但其行为能力仅限于清算目的范围之内。就清算中公司的人格属性问题，一般认为公司在清算目的范围内继续存续，且解散前的公司与清算中的公司在法律人格上应系同一主体。此亦国外通行的立法例，如《日本公司法》第 476 条规定，依前条规定进行清算的股份公司，在清算目的范围内，视为在清算结束前仍在存续。

清算期间，公司财产在未按法定程序清偿前，不得分配给股东。公司财产必须先支付清算费用、职工工资、社会保险费用和法定补偿金、缴纳所欠税款、清偿公司债务，这之后如果还有剩余财产，才能对股东进行分配。

【实务问题】

适用本条时应注意以下问题：

第一，涉及清算中公司的民事诉讼仍应当以公司作为诉讼主体。既然清算期间公司的主体资格仍然存在，那么《公司法解释二》第 10 条进一步明确规定，公司依法清算结束并办理注销登记前，有关公司的民事诉讼，应当以公司的名义进行。清算中公司的法人资格仍然存在，只是作为公司决策机构和对外代表的董事会以及作为公司执行机构的经理等不再履行其职责，而由依法成立的清算组接管董事会的全部权力，取代原公司执行机关，行使清算中公司的代表及执行机关的职能。清算组在清算目的范围内对内执行清算事务，对外代表公司了结债权债务，与解散事由出现前公司的机关具有类似的法律地位。只不过清算组的任务是清理公司的债权债务，而解散前公司机关的任务是管理公司事务从事经营活动而已。二者虽然在行为内容上有所不同，但是其身份是类似的。

《公司法解释二》第 10 条进一步明确，有关清算中公司的民事诉讼，成立清算组的，应当由清算组代表参加诉讼活动。清算组本身作为一个组织机构，在我国现行法律框架下，可能由一人构成也可能由多人组成，而且在大多数情况下是由多人组成的。当清算组只有一人时，该人即自然代表清算组、代表公司而为相应的行为。当清算组由多人组成时，应当由清算组负责人代表公司参加诉讼活动。理论上而言，清算事务应当由全体清算组成员共同决定，由清算组负责人代表执行。对于在实践中公司解散之后清算完毕前尚未成立清算组的，仍由原法定代表人代表公司参加公司诉讼活动。原法定代表人代表清算中的公司参加诉讼是为解决司法实践中的实务问题而进行的一种变通规定。当然，这并不表明在公司清算过程中，公司可以以原法定代表人仍能够代表公司为由而拒绝成立清算组。

第二，公司以外法人剩余财产的处分应遵从法律专门规定。本条只约束作为营利法人的公司。对于非营利法人，《民法典》第 95 条有专门规定："为公益目的成立的非营利法人终止时，不得向出资人、设立人或者会员分配剩余财产。剩余财产应当按照法人章程的规定或者权力机构的决议用于公益目的；无法按照法人章程的规定或者权力机构的决议处理的，由主管机关主持转给宗旨相同或者相近的法人，并向社会公告。"明确了非营利法人剩余财产的具体处理方式。对于机关法人等特定法人，结合《民法典》第 98 条的规定，并不过多涉及剩余财产分配问题。

【条文】

第二百三十七条

清算组在清理公司财产、编制资产负债表和财产清单后，发现公司财产不足清偿债务的，应当依法向人民法院申请破产清算。

人民法院受理破产申请后，清算组应当将清算事务移交给人民法院指定的破产管理人。

【条文主旨】

本条是关于公司解散清算程序与破产清算程序衔接的规定。

【条文概览】

本条系实质修改。1993 年《公司法》规定："因公司解散而清算，清算组在清理公司财产、编制资产负债表和财产清单后，发现公司财产不足清偿债务的，应当立即向人民法院申请宣告破产。公司经人民法院裁定宣告破产后，清算组应当将清算事务移交给人民法院。"之后历次修改均没有实质性变更。此次新《公司法》修订，将原规定中发现公司财产不足清偿债务时向人民法院"申请宣告破产"修改为"申请破产清算"，并相应把清算组将清算事务移交给人民法院指定的破产管理人的时间节点由人民法院"裁定宣告破产后"修改为"受理破产申请后"，其他内容无实质性变化。修改后本条规定的时间节点与《企业破产法》第 7 条第 2 款规定保持一致，增强了法律的统一性。

【理解与适用】

一、破产清算与非破产清算

依据清算的原因是否基于公司被裁定受理破产清算申请，可以将公司清算分为破产清算和非破产清算。破产清算，是指人民法院裁定受理对公司的破产申请后，由破产管理人对公司资产进行清理，将公司财产公平地分配给债权人，并最终消灭公司法人资格的一系列程序和制度，破产清算始终在法院的严格监督下进行。公司破产清算的具体规范不属于《公司法》调整的内容，人民法院处理公司破产案件应当依照我国《企业破产法》的有关规定实施破产清算。非破产清算，是指非因破产原因而在破产程序之外进行的清算。此种清算的财产除用来清偿公司的全部债务外，还极有可能将剩余财产分配给股东。依据本条规定，非破产清算可以转化为破产清算。

可见，破产清算和非破产清算不仅发生清算的原因不同，其适用的法律也不同，相应的决定清算组成员的机关也有所不同。破产清算组的组成人员必须由人民法院决定，而非破产清算组的成员选定则以公司自治为原则，以法院决定为补充。

"公司财产不足以清偿债务"是典型的破产原因之一，应当通过破产清算程序处理。因此，清算组在清算过程中发现公司财产不足以清偿债务的，应当向人民法院申请破产清算。

二、清算组申请公司破产清算的义务

我国《企业破产法》第 7 条规定："债务人有本法第二条规定的情形，可以向人民法院提出重整、和解或者破产清算申请。债务人不能清偿到期债务，债权人可以向人民法院提出对债务人进行重整或者破产清算的申请。企业法人已解散但未清算或者未清算完毕，资产不足以清偿债务的，依法负有清算责任的人应当向人民法院申请破产清算。"根据该规定，有权申请破产清算的主体包括债务人、债权人和企业解散时依法负有清算义务的人。

本条规定要求清算组在公司资产不足以偿还债务时向人民法院申请破产清算，是《企业破产法》第 7 条中负有清算义务的人有权申请破产清算这一规定在《公司法》中的具体化。

向法院申请破产是一种民事权利，但在特别情形下，申请破产亦为有关人员的特别法律义务。公司清算过程中，清算组占有公司财产，掌握公司财务状况，是公司偿债活动的具体实施主体，赋予其申请破产清算的法律义务，将清算中资不抵债的公司及时转入破产程序，有利于依靠国家强制力尽快解决公司的各种权利义务关系，使公司的债权人能够就公司的全部资产按照法律规定的顺序和比例得到及时清偿，使公司的股东获得重新发展的机会，对于确保债权人的债权公平受偿，维护社会经济秩序，具有重要意义。因此，清算组在制定资产负债表和财产清单时，就应当确认公司财产是否足以清偿债务。在公司财产不足以清偿债务的情况下，清算组就不必向股东会或者人民法院提交清算方案，而应当依法向法院申请破产清算。

【实务问题】

第一，关于解散清算与破产清算的法律适用。公司清算程序与破产清算程序在具体操作上存在着很大的相似性。在涉及准用条款时，审判实务中面临的首要问题是如何引用法律条文。一般认为，在公司解散清算程序中，不能直接引用《企业破产法》的规定；在清算组向人民法院申请破产申请后，应引用《企业破产法》的规定。

第二，清算中发现公司资不抵债时可以不申请破产清算的例外情形。为避免程序空转，提高公司清算效率，《公司法解释二》第 17 条在本条规定的基础上，又作出了公司强制清算中资不抵债时的债务清偿协定的相关规定。依据该条规定，清算组在清理公司财产、编制资产负债表和财产清单时，发现公司财产不足以清偿债务后，可以与债权人协商制作有关债务清偿方案。根据协商结果分情况处理，如果通过协商顺利解决了债务清偿问题，经清算组申请由人民法院裁定终结清算程序；如果债务清偿方案未获债权人确认或不被人民法院裁定认可，清算组仍应向人民法院申请破产清算。

第三，清算组申请破产清算义务的法律约束。在清算中公司资产不足以清偿债务时的破产申请，是清算责任人在破产法上承担的一项特别义务。其特点是：（1）清算责任人无权选择是否提起破产申请，也不得拖延时间迟迟不提出破产申请。（2）因公司已经解散，故在提出破产申请时，破产清算程序是其唯一选择，不得选择重整或和解的程序。

第四，人民法院收到破产清算申请后的处理。清算组提出破产申请后，人民法院应当立案并对是否具备破产原因依法进行审查。符合《企业破产法》规定的，人民法院应当依法裁定予以受理。人民法院裁定受理破产申请后，应当裁定终结强制清算程序。

【条文】

第二百三十八条

清算组成员履行清算职责，负有忠实义务和勤勉义务。

清算组成员怠于履行清算职责，给公司造成损失的，应当承担赔偿责任；因故意或者重大过失给债权人造成损失的，应当承担赔偿责任。

【条文主旨】

本条是关于清算组成员负有忠实义务和勤勉义务以及违反上述义务的法律责任的规定。

【条文概览】

本条系实质修改。1993 年颁布实施的《公司法》第 198 条规定："清算组成员应当忠于职守，依法履行清算义务。清算组成员不得利用职权收受贿赂或者其他非法收入，不得侵占公司财产。清算组成员因故意或者重大过失给公司或者债权人造成损失的，应当承担赔偿责任。"1999 年及 2004 年修正《公司法》过程中，内容和条文均无变化。2005 年修订《公司法》时，该条规定内容未变，法条序号变更为第 190 条。2013 年修正和 2018 年修正《公司法》时，该条规定内容不变，法条序号变更为了第 189 条。本次修改主要有三处内容：一是将该条第 1 款关于"清算组成员应当忠于职守，依法履行清算义务"修改为"清算组成员履行清算职责，负有忠实义务和勤勉义务"，明确规定了清算组成员负有忠实义务和勤勉义务。二是删除该条第 2 款关于"清算组成员不得利用职权收受贿赂或者其他非法收入，不得侵占公司财产"的规定。三是将该条第 3 款中"清算组成员因故意或者重大过失给公司或者债权人造成损失的，应当承担赔偿责任"作为本条第 2 款，同时增加"清算组成员怠于履行清算职责，给公司造成损失的，应当承担赔偿责任"的规定。

【理解与适用】

一、清算组成员履行清算职责，负有忠实义务和勤勉义务

在清算过程中，清算组履行清算中公司对内管理和对外代表的职能。修

改后的《公司法》规定，清算组由董事组成。董事的忠实义务和勤勉义务也应等同适用清算组成员。清算组成员与公司之间是委任关系，故依据法理对公司负有忠实义务和勤勉义务。

忠实义务要求，清算组成员应当采取措施避免自身利益与公司利益发生冲突，不得利用职权谋取不正当利益。例如：清算组成员不得利用职权收受贿赂或者谋取其他非法收入，不得侵占公司财产，不得私自将公司资金出借他人等。

勤勉义务要求，清算组成员执行职务应当为公司的最大利益尽到通常应有的合理注意。审判实务中，判断清算组成员是否尽到勤勉义务时，其判断标准一般采用一般勤勉义务标准，即要求清算组成员应具备履行职责所需技能，并基于善意为公司最大利益，尽到普通谨慎的同行在同类公司、同类职务、同类相关情形中所应具有的合理注意，恪尽职守，勤勉尽责。具体可从以下三点进行认定：

第一，是否基于善意为公司最大利益目的履行职责。应予注意的是，这里的“公司利益最大化”应遵循正当目的原则。

第二，是否尽到“通常应有的合理注意”。例如：在处理公司未完成的交易时，未尽合理审查义务，导致公司未能依据合同的约定获得违约金等就属于未尽到通常应有的合理注意义务。

第三，是否勤勉尽责。所谓勤勉尽责，是指应依法尽到其职责所要求的努力和勤奋。

二、清算组成员不履行清算职责的法律责任

本条第2款分两种情形对该问题进行了规定，进一步完善了清算责任。

一是清算组成员怠于履行清算职责，给公司造成损失的，应当承担赔偿责任。这里的“怠于履行清算职责”，是指清算组成员有能力履行清算职责，但不履行或者不积极履行。在审判实务中，存在着清算组成员在其职责范围内积极履行清算职责，但因其他原因导致其未能完成清算职责的情形，则不能认定其怠于履行清算职责。例如，公司实际控制人拒不交付公司主要财产、账册、文件，拒绝清算，导致公司无法依法进行正常清算等。

二是因故意或者重大过失给债权人造成损失的，应当承担赔偿责任。这里强调了清算组成员的主观过错状态是故意或者重大过失，即明知或者应当知道自己的行为会造成公司财产损失并进而损害债权人利益。例如，侵占公司财产、故意以不合理的低价处置公司财产、故意遗漏公司债权人债权、故

意不通知公司债权人等。

【实务问题】

第一，关于公司清算组在公司解散后，以虚假的清算报告骗取公司登记机关办理法人注销登记情形下，公司债权人的权利救济。该情形下属于典型的公司清算组故意违反清算义务的违法行为。该违法行为导致公司债权人损失的，应认定清算组成员对公司债权人构成侵权，应承担侵权赔偿责任。在审判实务中，一般存在两种情形：一是公司仍能够进行清算的，公司债权人可以诉求清算人履行清算义务，并对因不能及时清算造成的损失承担赔偿责任。二是如果题设行为导致公司无法进行清算的，则债权人可以诉求清算组成员对公司债务承担相应的侵权赔偿责任。

第二，公司未经依法清算即办理注销登记，股东或者第三人在公司登记机关办理注销登记时承诺对公司债务承担责任，债权人主张其对公司债务承担相应民事责任的，人民法院应否支持？该情形下，承诺人的承诺不违反法律、法规的禁止性规定，应认定有效。在承诺人是清算组成员，依法应承担清算责任情形下，未尽清算职责给债权人造成损失的，应承担赔偿损失责任。在承诺人不是清算组成员的情形下，其基于自主意思愿意承担未清算而导致的公司债权人损失的，因承诺有效，故其应依承诺承担相应责任。

【典型案例】

一、再审申请人甲公司与被申请人丙公司、刘某年、齐某华借款合同纠纷案①

裁判要旨：股东作为清算组成员，故意遗漏案涉债权，出具虚假清算报告申请注销公司，并出具承担不实清算责任的承诺的，应判令其对债权人损失承担连带赔偿责任。

二、甲公司与胡某军、乙公司以及第三人丙公司损害公司利益责任纠纷案②

裁判要旨：清算组负责人在公司清算期间，未经公司股东会决议、未征

---

① 相关裁判文书：甘肃省庆阳市中级人民法院（2017）甘10民初140号民事判决书、甘肃省高级人民法院（2018）甘民终430号民事判决书、最高人民法院（2019）最高法民再195号民事判决书。

② 相关裁判文书：江苏省淮安市中级人民法院（2015）淮中商初字第00038号民事判决书、江苏省高级人民法院（2019）苏民终982号民事判决书。

得持有清算公司52%股权的股东同意，即将公司名下的客运班线经营权及车辆的经营主体申请变更至自己控股的另一公司，违反了忠实义务，损害了公司利益，应认定处分行为无效。

【条文】

第二百三十九条

公司清算结束后，清算组应当制作清算报告，报股东会或者人民法院确认，并报送公司登记机关，申请注销公司登记。

【条文主旨】

本条是关于清算报告制作与报送及申请注销公司登记的规定。

【条文概览】

本条源自1993年《公司法》第197条的规定："公司清算结束后，清算组应当制作清算报告，报股东会或者有关主管机关确认，并报送公司登记机关，申请注销公司登记，公告公司终止。不申请注销公司登记的，由公司登记机关吊销其公司营业执照，并予以公告。"《公司法》在1999年、2004年修正时该条未作变更。2005年《公司法》修正时，将本条序号调整为第189条，内容修改为："公司清算结束后，清算组应当制作清算报告，报股东会、股东大会或者人民法院确认，并报送公司登记机关，申请注销公司登记，公告公司终止。"2013年《公司法》修正时，将本条的序号调整为第188条。2018年《公司法》修正时，本条未作调整。

《民法典》第59条规定："法人的民事权利能力和民事行为能力，从法人成立时产生，到法人终止时消灭。"第68条规定："有下列原因之一并依法完成清算、注销登记的，法人终止：（一）法人解散；（二）法人被宣告破产；（三）法律规定的其他原因。法人终止，法律、行政法规规定须经有关机关批准的，依照其规定。"第71条规定："法人的清算程序和清算组职权，依照有关法律的规定；没有规定的，参照适用公司法律的有关规定。"第72条规定："清算期间法人存续，但是不得从事与清算无关的活动。法人清算后的剩余财产，按照法人章程的规定或者法人权力机构的决议处理。法律另有规定的，依照其规定。清算结束并完成法人注销登记时，法人终止；依法不需要办理法人登记的，清算结束时，法人终止。"

2020年12月23日修正的《公司法解释二》第20条规定："公司解散应当在依法清算完毕后，申请办理注销登记。公司未经清算即办理注销登记，导致公司无法进行清算，债权人主张有限责任公司的股东、股份有限公司的董事和控股股东，以及公司的实际控制人对公司债务承担清偿责任的，人民法院应依法予以支持。公司未经依法清算即办理注销登记，股东或者第三人在公司登记机关办理注销登记时承诺对公司债务承担责任，债权人主张其对公司债务承担相应民事责任的，人民法院应依法予以支持。”

【理解与适用】

公司清算的最终结果是导致公司法人资格的消灭——公司终止。公司作为参与市场的重要主体，当其运行到应当退出或终止的阶段时，如何规范市场退出秩序也是规范市场整体运行秩序的重要部分。对一些理应退出市场，但因市场经济法制不完善而未正常退出市场的公司，[①] 应当及时实现市场出清，通畅经济体系内的阻碍，扭转失序的市场秩序。公司的市场退出分为法庭外退出和法庭内退出两种途径。法庭外退出是指公司在清算程序结束后，向登记机关履行注销手续即可宣告公司终止的程序，常态下法庭外退出的全流程无须经过法院，仅在注销阶段需要公司外部的登记机关协助办理相关注销登记。[②] 因此，当公司清算结束后，如何有序完成公司注销，是本条规范意旨。

注销是公司终止的最后一个程序，完成清算、注销的，法人终止，而法人终止意味着其民事权利能力和民事行为能力的消灭。公司经过清算后，清算组应当制作清算报告。清算报告是对清算工作的总结、汇报，包括清算对公司资产的认定，对解散事由出现前未了结的事务进行处理，应收回的债权已经收回，应偿还的债务已经偿还，尚有剩余财产的，按照股东的出资比例予以分配等。通过对清算报告的确认，公司所有事务已经了结，债务清偿完毕，财产全部被分配，即可申请公司注销。清算报告的确认主体，因清算方式不同，有所区别。如在公司自行清算的情况下，有限责任公司或股份有限公司清算组应当将清算报告报股东会确认，这是因为股东会是公司最高权力机关，也是公司最高意思决定机关，应当由其进行确认，一方面体现了公司自治性，另一方面较之公司外部人员，股东对自己公司的财产状况最为清楚，对公司资产、负债及财产分配应当最具有话语权。

需要注意的是：（1）本次《公司法》修订之前，区分有限责任公司和股份有限公司，决策机关分别为股东会和股东大会，但此次修正后，股份有

---

① 参见王欣新：《僵尸企业治理与破产法的实施》，载《人民司法·应用》2016 年第 13 期。

② 张钦昱：《公司市场退出法律制度的嬗变逻辑与进化路径》，载《政治与法律》2021 年第 2 期。

限公司的决策机关也是股东会，不存在股东大会的概念。如在人民法院组织清算即人民法院指定清算组进行公司强制清算的情况下，清算组应当将清算报告报人民法院确认。（2）本次《公司法》修订之前，均规定“公告公司终止”。实务中，确实有清算组还是公司登记机关为公告主体的争议，但一般认为清算组负责公告是不可行的，应由公司登记机关公告，公告范围包括名称、住所、注册号、注销原因、负责清理债务的单位。[①] 本次《公司法》修订，将“公告公司终止”的内容予以删除。

【实务问题】

申请注销公司登记，前置程序须经公司清算，且清算报告由股东会或人民法院确认后，方可申请注销。未经公司清算，申请注销公司登记的，相关主体应承担法律后果。清算组制作的清算报告，报送股东会或人民法院确认后，如股东会或人民法院经审查未发现问题的，应当予以确认，清算组不再对清算事务承担责任；如审查中发现清算过程存在违法行为，有权要求清算组进行解释和说明。须注意的是：清算组在清算报告中对某项债权认为因不可抗力等特别原因无法收回，决定放弃，而股东会或人民法院认为可以收回，不应当放弃，结果是清算报告无法得到确认，公司亦不能进行注销登记；如股东会或人民法院对清算组放弃该债权依法确认后，发现并非因不可抗力等特殊原因，而是由于清算组成员故意或重大过失造成他人损失或放弃公司债权，则应对由此给公司造成的损害承担赔偿责任。

公司进行注销登记，公司法人资格终止，但并不当然免除清算义务人应当清算而不清算的责任，公司债权人仍然可以要求有限责任公司的股东、股份有限公司的董事和控股股东，以及公司的实际控制人对公司债务承担清偿责任。公司未经清算即办理注销登记，导致公司无法进行清算的，有限责任公司的股东、股份有限公司的董事和控股股东应当对公司债务承担清偿责任。此处需要注意的是：（1）责任主体。依据《公司法解释二》第 20 条的规定，包括有限责任公司的股东、股份有限公司的董事和控股股东，以及公司的实际控制人，主体范围与清算组成员组成的主体范围有所不同。本次《公司法》修订，第 232 条明确董事为公司清算义务人，清算组由董事组成，除章程另有规定或者股东会决议另选他人，避免了清算义务人范围的争议。（2）责任形式。有观点认为，上述清算义务主体之间的清偿责任是一种连带

---

① 参见最高人民法院民二庭编著：《最高人民法院关于公司法解释（三）、清算纪要理解与适用》，人民法院出版社 2016 年版。

责任。有的观点则认为连带责任须有明确法律规定，否则系共同清偿责任。可以作为参考的是，本法第 240 条规定，股东对公司债务及清偿承诺不实的，应对注销登记前的债务承担连带责任。(3) 责任性质。清算义务人的责任基础是侵权责任，此处的责任系未清算而申请注销公司之赔偿责任，后附两个参考案例，均是由于清算义务人明知公司对外负有债务，恶意将公司进行注销登记，故应承担相应的赔偿责任。与清算组未尽忠实、勤勉义务，因故意、重大过失给公司或者债权人造成损失的，应当承担的赔偿责任，有所区别。(4) 赔偿数额。赔偿数额应以给公司债权人造成的损失为限，该种损失数额从理论上来说不应当大于公司解散时尚存的财产数额，因为后者是公司债权人在清算义务人没有违法情况下可能获得的最大数额。另，因为清算义务人的责任基础是侵权责任，故清算义务人对公司债务承担清偿责任的前提是公司无法进行清算，如果公司仍然可以进行清算，则清算义务人仅在接受公司财产范围或造成公司财产流失范围内承担赔偿责任。

【典型案例】

一、李某、赵某与针织厂清算责任纠纷上诉案

——明知被清算公司对外负有债务，未依法通知债权人即注销公司，应对公司债务承担清偿责任

裁判要旨：公司在出现解散事由以后，依法对公司进行清算是清算义务人的法定义务。该义务的正确履行直接涉及清算义务人对公司债务是否应负有赔偿责任。明知被清算公司对外负有债务，未依法通知债权人即注销公司，应对公司债务承担清偿责任。

二、曲靖市某农村信用合作联社、曲靖市某农村信用合作联社江滨分社诉宏天公司、包某、夏某、徐某金融借款合同纠纷案

——借款人注销行为属于恶意注销，故借款人注销后，应由其股东对其债务承担清偿责任

裁判要旨：借款人的法定代表人兼公司股东没有如实告知借款人已经在诉讼中被注销的相关事实，且并未提供依法进行清算的相关证据，借款人注销行为属于恶意注销，故借款人注销后，应由其股东对其债务承担清偿责任。

【条文】

第二百四十条

公司在存续期间未产生债务，或者已清偿全部债务的，经全体股东承诺，可以按照规定通过简易程序注销公司登记。

通过简易程序注销公司登记，应当通过国家企业信用信息公示系统予以公告，公告期限不少于二十日。公告期限届满后，未有异议的，公司可以在二十日内向公司登记机关申请注销公司登记。

公司通过简易程序注销公司登记，股东对本条第一款规定的内容承诺不实的，应当对注销登记前的债务承担连带责任。

【条文主旨】

本条是关于简易程序注销公司登记的规定。

【条文概览】

本条系本次修正的新增条款。

2022 年 3 月 1 日施行的《市场主体登记管理条例》第 33 条规定："市场主体未发生债权债务或者已将债权债务清偿完结，未发生或者已结清清偿费用、职工工资、社会保险费用、法定补偿金、应缴纳税款（滞纳金、罚款），并由全体投资人书面承诺对上述情况的真实性承担法律责任的，可以按照简易程序办理注销登记。市场主体应当将承诺书及注销登记申请通过国家企业信用信息公示系统公示，公示期为 20 日。在公示期内无相关部门、债权人及其他利害关系人提出异议的，市场主体可以于公示期届满之日起 20 日内向登记机关申请注销登记。个体工商户按照简易程序办理注销登记的，无需公示，由登记机关将个体工商户的注销登记申请推送至税务等有关部门，有关部门在 10 日内没有提出异议的，可以直接办理注销登记。市场主体注销依法须经批准的，或者市场主体被吊销营业执照、责令关闭、撤销，或者被列入经营异常名录的，不适用简易注销程序。"

【理解与适用】

为避免公司注销之后股东、债权人等利害关系人因公司先前的财产、债权债务关系未处置妥当而产生纠纷，法律规定公司解散后、申请注销登记前应当组织清算，妥善处置公司财产、实现公司债权、清偿公司债务。精密、完备、详细的清算程序，在理论上固然可以最大程度保护股东、债权人等公司相关主体的合法权益，但也是以牺牲效率、增加公司终止成本为代价的。[①]清算耗时越长、程序越烦琐，扣除清算费用及其他相关费用后，用于公司财产分配列后顺位的债权人和股东能够分得的财产就越少。为了权衡公平与效率之间的关系，在债权人债权已经得到清偿、债务人债务已经偿还、公司股东对公司享有的股东权益已经实现、财产已经妥善分配完毕时，应当允许公司不经过清算程序直接申请注销登记，快速退出市场，畅通商事主体退出市场的路径，我国逐步建立了简易注销制度。简易注销登记是我国市场主体登记制度改革在市场出清环节的制度创新，是提升市场效益的重要制度安排。新《公司法》增设了简易注销制度，即公司没有债权债务需要清理时，退出市场可以不经过清算，而以更简便的程序注销公司登记，同时规定了简易注销中股东承担的责任。[②]

党的十八大以来，我国深入推进“放管服”改革，优化营商环境，加快转变政府职能，大力推行“简政放权”，最大程度激发市场活力和社会创造力。自 2014 年起，经地方试点到全面推行再到正式立法的发展历程，逐步形成简易注销登记制度。2014 年 6 月，国务院提出“完善市场退出机制。简化和完善企业注销流程，试行对个体工商户、未开业企业以及无债权债务企业实行简易注销程序”[③]。国家工商行政管理总局决定在上海浦东新区、盐城市、宁波市、深圳市四地开展未开业企业、无债权债务企业简易注销试点。[④]国家工商行政管理总局于 2016 年年底印发指导意见，决定自 2017 年 3 月 1 日起在全国范围全面实行简易注销改革。简易注销登记制度从地方试点阶段过渡到全国推行阶段，可适用主体的范围从 3 种增至 8 种，越来越多的企业选择通过简易注销退出市场。2022 年 3 月 1 日起施行的《市场主体登记管理条例》及其实施细则将实践中的成果上升到制度层面，作为上位法制度衔接，新《公司法》对简易注销公司的条件和程序作了专门规定，为简易注销制度在我国的确立和发展奠定基础。

简易注销公司的条件。从本条规定第 1 款看，适用简易注销公司应当满

---

① 参见王毓莹：《新公司法二十四讲——审判原理与疑难问题深度释解》，法律出版社 2024 年版，第 147 页。

② 参见潘勇锋：《论审判视角下新公司法主要制度修订》，载《中国应用法学》2024 年第 1 期。

③ 参见《关于促进市场公平竞争维护市场正常秩序的若干意见》（国发〔2014〕20 号）。

④ 参见《工商总局关于开展企业简易注销改革试点的通知》（工商企注字〔2015〕2 号）。

足下列条件：一是公司在存续期间未产生债务，或者虽然产生了债务，但已清偿全部债务，两条件满足其中之一即可。二是经全体股东承诺，即公司全体股东应对公司无债务或已经清偿全部债务作出承诺。需要注意的是，《市场主体登记管理条例》及其实施细则还规定了不得通过简易程序注销公司的六种情形：公司注销依法须经批准；公司因被吊销营业执照、责令关闭、撤销而解散；公司被列入经营异常名录或者市场监督管理严重违法失信名单中；公司存在股权被冻结、出质或者动产抵押，或者对其他市场主体存在投资；公司正在被立案调查、正在被采取行政强制措施、正在诉讼或者仲裁程序中；公司受到罚款等行政处罚尚未执行完毕。公司应当等六种情形或异常情况消失后，再申请简易程序注销登记。

简易注销公司的程序。为突出效率与便捷的目标，公司通过简易注销登记，首先，应当通过国家企业信用信息公示系统予以公告，公告期限不少于20日。该期限要求应当是参照《市场主体登记管理条例》第33条第2款规定的，而且该条例规定公示的是全体投资人承诺书和公司注销登记申请，而本条规定未列明应予公告的内容，但从第1款的规定中也可以得出需提交注销申请和全体股东承诺书的结论。其次，公告期限届满后，未有异议的，公司可以在20日内向公司登记机关申请注销公司登记。结合前述条例规定，异议主体应当包括相关部门、债权人及其他利害关系人等。最后，公告期满后20日内可以申请注销公司登记，登记机关进行形式审查。前述条例还对公司和个体工商户进行了区分，个体工商户采用10日公告期和直接办理注销登记的程序，更为便捷和高效。

简易注销程序中承诺不实的责任。本条第3款规定了公司通过简易程序注销公司登记，股东对本条第1款规定的内容承诺不实的，应当对注销登记前的债务承担连带责任。由于简易注销公司登记程序中，公司仅需提交注销申请和全体股东承诺书，即可申请注销登记，追求效率的同时，也要注重安全防范，防止公司股东进行虚假承诺，损害公司债权人、其他股东等相关主体的合法权益。

【实务问题】

在简易注销公司登记制度中，对于公司申请简易注销的真实性，完全依赖公司股东的承诺书，虽然免去普通程序注销那样烦琐而精细的清算过程，追求的效率目标顺利实现，但实务中却依然有相伴而生的各种纠纷。就公司外部而言，公司虽然通过简易程序注销，法人资格终止，但依然有遗漏的债务未了结或尚未履行完毕的合同等；就公司内部而言，包括债权在内的剩余财产没有妥善分配等。显然全体股东承诺书在实务中并不能总是达到公司各项事务均已全面妥善完结的程度。我们注重效率的同时，也要反思和重视伴生的各种纠纷。

“全体股东承诺”的性质。实务中，公司申请简易注销登记时，会将全体股东签名的承诺书一并提交并依法公示，此种承诺书的性质为何？有观点认为该承诺系免责的债务承担，但免责的债务承担应属债务从公司剥离出来，由全体股东承担，且依据《民法典》第551条规定，债务人移转债务须经债权人明示同意才发生效力，显然全体股东承诺属单方承诺，与免责债务承担有所区别。有观点认为属并存的债务承担，但该观点没有注意到简易注销登记的后果即公司法人资格的终止，不可能系并存的债务承担。有观点认为系保证担保，但公司作为债务人已经丧失民事权利能力和民事行为能力，主债务与从债务的基本架构已经不复存在，且全体股东承诺书也没有载明公司与全体股东承担连带责任，因此也不属于保证。综合以上观点，还是回归到公司一般注销程序的解释路径能够得出较为贴切的结论，即股东因简易注销公司登记应对债权人承担的责任属侵权责任。

承担责任的依据。2023年《公司法》增加了简易注销登记制度，同时也为全体股东虚假承诺承担连带责任提供了法律依据，解决了实务中长期争议的适用法律问题。2023年《公司法》正式施行前，公司简易注销登记制度已经在实务中产生纠纷，人民法院认定全体股东承诺不实或虚假承诺的，有的适用的是《公司法解释二》第19条，如后附参考案例，二审判决作出的依据即第19条关于有限责任公司的股东、股份有限公司的董事和控股股东在公司解散后，未经依法清算，以虚假的清算报告骗取公司登记机关办理法人注销登记，债权人主张其对公司债务承担相应赔偿责任的，人民法院依法应予支持。但该条规范意旨系恶意处置公司财产造成损失及应清算而未尽到忠实勤勉义务的情形，与简易注销登记制度规范意旨并不相同。有的适用《公司法解释二》第20条，但该条规定第1款规范的是未经清算即办理注销登记，导致公司无法清算的问题；第2款是应当清算而未清算，但股东或第三人在办理注销登记时承诺对公司债务承担责任的问题。如果从规范分析看，第2款与2023年《公司法》规范的简易注销公司登记更为类似。

全体股东承担责任的形式。《公司法解释二》第19条规定的是赔偿责任；第20条规定的是清偿责任、相应民事责任。但2023年《公司法》关于简易注销登记的全体股东虚假承诺或承诺不实，明确为对注销登记前的债务承担连带责任。

【典型案例】

崔某某、王某某等票据追索权纠纷案[①]

基本案情： 施某公司与金某公司之间存在债权债务关系，金某公司自 2021 年 10 月 26 日就涉案债权债务向法院起诉，自 2022 年 6 月 6 日，施某公司办理简易程序注销公司时，其与金某公司尚有债权债务纠纷未清偿完结，其不符合简易注销程序的要求。崔某某、王某某作为施某公司股东，在公司解散后未依法办理清算手续，骗取公司登记机关办理简易注销程序，故金某公司有权请求崔某某、王某某就施某公司的债务承担清偿责任。

① 广东省深圳市中级人民法院（2024）粤 03 民终 10734 号民事判决书。

【条文】

第二百四十一条

公司被吊销营业执照、责令关闭或者被撤销，满三年未向公司登记机关申请注销公司登记的，公司登记机关可以通过国家企业信用信息公示系统予以公告，公告期限不少于六十日。公告期限届满后，未有异议的，公司登记机关可以注销公司登记。

依照前款规定注销公司登记的，原公司股东、清算义务人的责任不受影响。

【条文主旨】

本条是关于公司强制注销制度的规定。

【条文概览】

本条系本次修正的新增条款。

2022 年 3 月 1 日施行的《市场主体登记管理条例》第 33 条规定："市场主体未发生债权债务或者已将债权债务清偿完结，未发生或者已结清清偿费用、职工工资、社会保险费用、法定补偿金、应缴纳税款（滞纳金、罚款），并由全体投资人书面承诺对上述情况的真实性承担法律责任的，可以按照简易程序办理注销登记。市场主体应当将承诺书及注销登记申请通过国家企业信用信息公示系统公示，公示期为 20 日。在公示期内无相关部门、债权人及其他利害关系人提出异议的，市场主体可以于公示期届满之日起 20 日内向登记机关申请注销登记。个体工商户按照简易程序办理注销登记的，无需公示，由登记机关将个体工商户的注销登记申请推送至税务等有关部门，有关部门在 10 日内没有提出异议的，可以直接办理注销登记。市场主体注销依法须经批准的，或者市场主体被吊销营业执照、责令关闭、撤销，或者被列入经营异常名录的，不适用简易注销程序。"第 43 条规定："未经设立登记从事经营活动的，由登记机关责令改正，没收违法所得；拒不改正的，处 1 万元以上 10 万元以下的罚款；情节严重的，依法责令关闭停业，并处 10 万元以上 50 万元以下的罚款。"第 44 条规定："提交虚假材料或者采取其他欺诈手段隐瞒重要事实取得市场主体登记的，由登记机关责令改正，没收违法所得，并处 5 万元以上 20 万元以下的罚款；情节严重的，处

20 万元以上 100 万元以下的罚款，吊销营业执照。”第 45 条规定：“实行注册资本实缴登记制的市场主体虚报注册资本取得市场主体登记的，由登记机关责令改正，处虚报注册资本金额 5% 以上 15% 以下的罚款；情节严重的，吊销营业执照。实行注册资本实缴登记制的市场主体的发起人、股东虚假出资，未交付或者未按期交付作为出资的货币或者非货币财产的，或者在市场主体成立后抽逃出资的，由登记机关责令改正，处虚假出资金额 5% 以上 15% 以下的罚款。”第 46 条规定：“市场主体未依照本条例办理变更登记的，由登记机关责令改正；拒不改正的，处 1 万元以上 10 万元以下的罚款；情节严重的，吊销营业执照。”

【理解与适用】

公司法人资格的终止，可经清算程序后，依法通过一般程序予以注销；也可依照本法第 240 条规定，经全体股东承诺后，通过简易程序注销。但市场上依然有超过 10% 的公司目前处于“被吊销营业执照”“责令关闭”或者“被撤销状态”。这类公司虽然还没有被注销登记，“形式上”主体资格依然存在，但按照法律规定已经不能从事任何经营活动了，事实上这类公司已经“死亡”。[①] 而经营资格的终止，并不等于公司人格的消灭，公司仍需进行清算，经过清算后再进行注销登记。公司在出现前述经营资格终止事由时，却长期不主动进行清算并申请注销公司登记，此时公司的意思自治就要让位于公共利益的保护，为此，新《公司法》规定了强制注销制度，克服市场的内生性缺陷，依法清理“僵尸企业”，让已经处于“死亡状态”的公司尽快退出市场、释放市场资源，不断优化营商环境。该制度具有显著的公法特征，是行政机关行政行为的重要体现，是行政权力主动介入的重要方式。此项制度的实践基础起始于 2017 年，浙江省瑞安市开展的吊销未注销公司强制退出试点拉开全国推广强制退出的大幕，随着《浙江省吊销未注销企业监督管理暂行办法》的出台，上海、深圳、海南等地都制定法规对强制注销制度作了相关规定。[②] 虽然 2022 年 3 月施行的《市场主体登记管理条例》未保留该制度，但该条例第 33 条关于简易注销登记的规定中，单独规定第 4 款，即“市场主体被吊销营业执照、责令关闭、撤销，或者被列入经营异常名录的，

---

① 参见潘勇锋：《论审判视角下新公司法主要制度修订》，载《中国应用法学》2024 年第 1 期。

② 参见朱晓娟：《公司强制注销的规范定位与体系构造》，载《国家检察官学院学报》2023 年第 6 期。

不适用简易注销程序”，公司出现被吊销营业执照、责令关闭、撤销等情形，要区别对待，也从侧面对公司强制注销制度进行了回应。

公司强制注销的条件。一是公司被吊销营业执照、责令关闭或者被撤销。新《公司法》第250条、第260条、第261条、第262条及《市场主体登记管理条例》第44条、第45条和第46条规定了吊销营业执照及设立瑕疵等情形，《市场主体登记管理条例》第43条规定了责令关闭情形。如果公司不存在被吊销营业执照、责令关闭或者被撤销的情形，则不得适用公司强制注销程序。二是未向公司登记机关申请注销公司登记已经满三年。三年期限是公司出现前述“异常”情形达到的时限，已经出现被吊销营业执照、责令关闭或被撤销等情形，事实上已经无法经营，依照新《公司法》第229条规定，已出现公司解散的法定事由，但公司未进行清算或者清算完毕，对处于该种异常状态长达三年未申请注销登记的公司，新《公司法》规定公司登记机关强制注销公司登记。三是公司登记机关可以通过国家企业信用信息公示系统予以公告，公告期限不少于60日。公示主体是公司登记机关，一般注销程序中公司系申请主体，包括简易注销程序，公司提交注销申请和公司全部股东承诺书，而强制注销程序中公司登记机关系启动该程序的主体，其他主体无权启动强制注销。公告方式是通过企业信用信息公示系统，即通过该公示系统对公司、公司债权人和其他利益相关者提供信息。公告期限为“不少于六十日”，需注意的是，此处的公告期限规定仅设置了下限，未规定上限，即至少要在企业信用信息公示系统中公示60日，才能启动强制注销程序。四是公告期限届满后，未有异议。公司登记机关在企业信用信息公示系统中公示60日以上，该公司自身或相关利益主体等均未提出异议，公司登记机关则依法可注销公司登记。公司登记机关作出强制注销登记具有强单方性，不需要与被注销的公司进行协商或经其同意，达到行政权力干预矫正市场经济的效果。

经公司登记机关强制注销登记后，公司的法人资格终止，丧失民事权利能力和民事行为能力，该市场主体依法退出市场，但其在被注销之前应当承担的责任并未因强制注销而免除；公司股东、清算义务人应当继续对公司的清算及对相关事务进行处理，应当承担的责任不受公司被强制注销登记的影响。本条第2款规定，依照强制注销程序注销公司登记，原公司股东、清算义务人的责任不受影响。

【实务问题】

强制注销登记与简易注销登记的区别。新《公司法》在本条规定前，规定了简易注销制度，强调债务关系简单或者未产生债务的公司，全体股东作出承诺后，可以不用履行复杂的清算程序，简易程序进行注销，也是商事主体快速退出市场的重要方式，极大地优化了营商环境。强制注销制度则是将符合法定情形的公司经过公告的方式，先行强制注销登记，但该注销登记不影响原股东、清算义务人的责任，等同于将清算程序置于注销登记之后。在简易程序注销公司登记中，明确被吊销营业执照、责令关闭、撤销等情形，不适用简易注销程序，即此类公司主体不得申请简易注销，只能通过一般的清算程序后申请注销，或者未经清算或未完成清算，被公司登记机关强制注销。

关于三年期限如何理解的问题。本条规定公司出现“异常”满三年未向公司登记机关申请注销公司登记，公司登记机关可启动强制注销程序。其一，该三年的期限如何起算存在争议。有观点认为三年期限应从公司被吊销营业执照、责令关闭或被撤销之日起算，而不论期间是否成立清算组进行清算。有观点认为，由于公司出现“异常”情形须经清算，故三年期限应从成立清算组之日起算；未成立清算组的，从应当成立清算组的最后一日起算。其二，关于三年期限是否过长的问题，有观点认为，三年期间对于积极主张权利的债权人而言，该期限并非为其所设，除增加申请法院指定清算组清算的机会外，对债权获偿的实质性影响不大；对于怠于主张权利的债权人而言，三年期间则亦无裨益，相反让“僵尸企业”再“僵化”三年。① 因此，三年的等待期限应适当减少，同时，为了防止强制注销登记的错误和后果，可以辅之撤销和回转程序。②

公示和异议存在的问题。新《公司法》规定公司登记机关通过企业信用信息公示系统予以公示，旨在让公司、股东、公司债权人及利益相关者接收并知晓该信息。但此种公示并非向被强制注销的公司直接作出，如公司登记机关直接向拟被强制注销的商事主体进行通知，公司可能更早、更直接地接收到信息，及早地提出异议，因此二者从通知的程序和效果上，均存在差异。关于提出异议的问题，本条规定公告期限届满后，未有异议的，公司登记机关可以注销公司登记。首先，异议主体的范围，条文并未明确规定。从公司解散和清算制度看，异议主体应包括公司、公司股东、清算义务人及债权人等，由于公司解散分行政解散、司法解散，司法解散期间，公司登记机

---

① 参见朱晓娟：《公司强制注销的规范定位与体系构造》，载《国家检察官学院学报》2023 年第 6 期。

② 参见《市场主体登记管理条例》第 42 条、《深圳经济特区商事登记若干规定》第 33 条。

关公告并强制注销时，人民法院是否也可以提出异议？其次，异议的内容和后果并未明确。本条仅规定“未有异议”，何种异议为本条规定的异议？是否所有的异议均可以构成对公司强制注销登记的异议？提出有效异议后，不启动强制注销登记程序，是否应该继续清算程序或者指定清算组开始清算？均应当在实务中予以进一步明确。

公司强制注销登记的后续制度。如公司登记机关经本条规定的条件和程序，对公司进行强制注销登记，公司被强制注销登记后，表面上看公司法人资格已经丧失，不再是市场参与的商事主体，但公司在注销登记前尚未进行清算或未清算完毕，注销登记后是否应当开始清算或继续清算？本条的第2款也规定“原公司股东、清算义务人的责任不受影响”，但公司股东、清算义务人是否还有动力主动清算或继续清算？如果怠于履行清算义务，其应当承担何种责任？就债权人而言，公司被强制注销登记后，债权人利益有继续受损的可能，有的学者建议规定强制注销公司后公司登记机关的督促清算义务，清算程序未结束前，仍可以被注销公司的身份处理已存在的法律关系，在清算程序未结束前，对商事主体的监管规则仍然对被注销主体适用。① 同时，公司强制注销登记制度缺少监督机制，即目前本条仅规定“异议”的救济途径，如果公司强制注销登记后，相对人的救济、行政机关主动发现注销错误，则应当及时作出撤销错误的强制注销登记行为，恢复公司的主体地位；对于行政机关的行政行为，也应当赋予行政相对人行政复议或行政诉讼的救济途径。

---

① 参见朱晓娟：《公司强制注销的规范定位与体系构造》，载《国家检察官学院学报》2023年第6期。

【条文】

第二百四十二条

公司被依法宣告破产的，依照有关企业破产的法律实施破产清算。

【条文主旨】

本条是关于公司破产法律适用的规定。

【条文概览】

本条内容承继原条文。1993 年颁布实施的《公司法》和 1999 年修正的《公司法》、2004 年修正的《公司法》第 189 条均规定："公司因不能清偿到期债务，被依法宣告破产的，由人民法院依照有关法律的规定，组织股东、有关机关及有关专业人员成立清算组，对公司进行破产清算。"2005 年《公司法》第 191 条规定："公司被依法宣告破产的，依照有关企业破产的法律实施破产清算。"2013 年修正和 2018 年修正的《公司法》对该条规定内容未作修改，法条序号变更为第 190 条。新《公司法》对该条规定内容未作修改，法条序号变更为了第 242 条。

【理解与适用】

一、解散清算与破产清算的衔接

2018 年《公司法》明确规定公司解散后（除合并、分立引起的外）应当进行清算，并对公司因不同原因解散后进行清算的规定予以统一，将因依法被吊销营业执照、责令关闭或者被撤销而解散的公司清算组的构成，与自愿解散的公司同等对待。将自行清算与强制清算统一规定于《公司法》中，彻底改变了原有的清算制度体系，规定了以自行清算为原则、法院主持的强制清算为补充的清算体系，即不论公司自行解散或者强制解散，均优先适用一般的清算程序，由公司自行成立清算组；在公司逾期不进行清算的情况下，人民法院可以依债权人的申请，组织清算组进行清算。2018 年《公司法》改变了由有关机关组织清算的相关规定，使公司能够在更大限度内自行决定公司的事务。

公司破产，是指公司不能清偿到期债务时，为保护债权人的利益，依法定程序，将公司的财产依法在全体债权人之间公平分配的制度，是否宣告公司破产事关股东和债权人的利益。根据我国现行《企业破产法》规定，有权宣告公司破产的机关为人民法院，债权人可以向人民法院申请宣告债务人公司破产，债务人也可以向人民法院申请宣告破产。公司破产案件由公司（债务人）所在地人民法院管辖。公司破产清算的具体规范不属于《公司法》调整的内容，人民法院处理公司破产案件应依照《企业破产法》实施破产清算。

二、解散清算和破产清算区别

第一，清算发生的原因不同。解散清算是公司在有足够财产清偿债务情况下因解散而进行清算，公司解散清算的原因一般包括公司营业期限期满、公司章程规定的解散事由出现、股东会决议解散和公司违反法律、行政法规被依法责令关闭等；破产清算的原因是公司不能清偿到期债务，并且资产不足以清偿全部债务或者明显缺乏清偿能力。第二，清算的程序不同。解散清算是按《公司法》的有关规定进行清算，清算程序一般具有较大的任意性，公司清算人可以按照公司的具体情况灵活掌握清算的进程；破产清算则必须严格按照《企业破产法》规定的破产程序进行清算，破产清算是一种具有更强强制性的清算程序。第三，清算组成员的选任不同。解散清算由公司按照《公司法》的规定确定清算组成员，在特殊情况下才由法院依法指定清算组成员，原则上公司的股东及经营管理人员更适合担任清算组成员；破产清算是法院按照《企业破产法》的规定，从法定的人员范围中依法定的程序和方法选任，公司的股东及经营管理人员一般不适宜担任破产清算程序中的清算组成员。第四，债权人在公司清算中所起的作用不同。在公司解散清算中，债权人的地位比较被动，清算程序由清算组掌控，并对公司全体股东和债权人负责；而在破产清算程序中，债权人组成债权人会议，债权人会议是公司的权利机关，参与破产清算程序并决定公司清算中的有关重大事项，如决定破产财产的分配方案和破产财产的处理方案等。

【实务问题】

一、《公司法》的转致规定：引导适用《企业破产法》

《公司法》是我国商事法律体系的基本法，公司的“生老病死”均以《公司法》为指针，公司的市场退出概莫能外。当公司出现资不抵债的情形，公司资产面临众多债权人竞相主张甚至哄抢的不利局面时，以“集体清偿机制”为标志性特点的《企业破产法》便有了独立适用的空间。[①]《企业破产法》第2条规定，即使公司“明显缺乏清偿能力”或“有明显丧失清偿能力可能的”，在公司不能清偿到期债务时也适用破产程序。《公司法》与《企业破产法》属于一般法与特别法的关系的条文，《公司法》第242条作为转致条款，旨在针对出现企业资不抵债宣告破产情况时，衔接协调《公司法》与《企业破产法》，一定程度上延伸细化《公司法》规定的规则，使得具体问题能够具体解决，增强两法之间的良性互动。《公司法》凡涉及破产必称“宣告破产”，“宣告破产”是指我国《企业破产法》中的破产清算程序。我国将破产重整程序作为与破产和解程序、破产清算程序并列的三大破产程序之一，共同为陷入困境的企业公司纾困。[②] 当“发现公司财产不足清偿债务的”，破产清算程序并不是公司市场退出的唯一选择。公司经营不善时，在股东会决议解散公司之外，公司还可通过重整程序为公司与债权人提供博弈协调的舞台，实现公司债务的减免、延迟清偿或引入外部融资，促使公司凤凰涅槃。

二、《企业破产法》的联动衔接：司法实务中的认定因素

从《公司法》的清算程序过渡到《企业破产法》的破产程序，司法实务中主要的认定标准是相关企业是否具备破产原因。破产原因是提起破产程序的前提，是判断破产申请能否成立、能否受理以及能否作出破产宣告、重整、和解等裁定的法律依据。对此，应从《公司法》第242条连接至《企业破产法》第2条第1款规定的破产原因进行分析。

（一）企业法人不能清偿到期债务，并且资产不足以清偿全部债务

1. 企业法人不能清偿到期债务，是指企业法人债务的清偿期限已经届至，债权人要求清偿，但作为债务人的企业法人无力清偿。不能清偿到期债务是债务人进入破产程序的一般原因。债务人以其现有的财产、信用以及技术手段等不能偿付已届期的债务，为不能清偿债务。不能清偿的构成要件如下：（1）债务人不能清偿的债务为到期债务。在债务人进入破产程序时，债务人不能清偿的债务必须为已到清偿期的债务。已到期的债务，包括约定清

---

① 参见张钦昱：《公司市场退出法律制度的嬗变逻辑与进化路径》，载《政治与法律》2021年第2期。

② 我国《企业破产法》中的破产程序还包括破产和解程序。破产和解是通过债务的减免或延期偿还，恢复债务人的偿还能力以达到清偿债权人的最终目的。

偿期的债务、法定清偿期的债务、推定清偿期的债务和催告清偿期的债务。如果债务人所负债务未届清偿期，债务人只负有将来的清偿义务而没有即时清偿债务的责任。在债务未届清偿期的情形下，由于不发生债务人的清偿责任，纵使债务人的财产额已不足以清偿债务总额，也不能认定债务人不能清偿债务。（2）债务人持续不能清偿到期债务。构成债务人进入破产程序的原因，必须是债务人持续地不能偿付已到清偿期的债务，而非债务人暂时地不能清偿到期债务。债务人持续不能清偿到期债务包括两种情形：其一，债务人客观上已长期不能清偿到期债务，事实上也经过了一定连续期间，对债权人的清偿要求不能满足已经呈现出持续状态。其二，债务人有持续不能清偿到期债务的其他客观事实。债务人不能清偿到期债务虽然未呈持续状态，但是综合评价债务人的偿债能力，足以说明债务人停止清偿到期债务的行为必然会发展为持续不能清偿的，仍可构成持续不能清偿。上述构成不能清偿债务的两个条件，是法院据以认定债务人是否已达破产原因的客观标准。不论债务人还是债权人向法院申请债务人破产，法院在认定事实上必须考虑这两个条件，才能做到认定事实准确无误。“资产不足以清偿全部债务”，是指企业法人的资产总和小于其债务总和，即资不抵债，一般要根据企业的资产负债表确定。企业法人的债务清偿能力是由其财产、信用、产品市场前景等因素综合构成的。只有在用尽所有手段仍不能清偿债务时，才真正构成清偿能力的缺乏。

2. 资产不足以清偿全部债务（债务超过），是指债务人的负债超过实有资产，即消极财产（债务）的估价总额超过了积极财产（资产）的估价总额的客观状况，在我国通称为资不抵债。各国立法例为保护善意第三人及法人社员（股东）的利益，专门规定法人有债务超过的情形时，法人的董事应当立即向法院申请破产。这里需要注意的是，债务超过与不能清偿不可混为一谈。就两者的内涵而言，债务超过更侧重于对债务人的资产和负债从量上的直接对比，而不能清偿则是对债务人的清偿能力从质上的综合判断。从适用范围来看，债务超过作为特殊的破产原因，只适用于特定的主体。不能清偿作为一般的破产原因，适用于所有具有破产能力的主体。一般地，债务人达到债务超过的情形，并不一定必然导致不能清偿；同时，债务人不能清偿，也并不一定必然达到债务超过的情形。企业在经营过程中，由于各种原因，有时会发生短期的资金周转困难，这种暂时的财务困难会随着企业的正常运营而逐步化解。暂时的、短期的不能清偿或者仅仅是资产负债表上的资不抵债都不能作为认定一个企业法人是否已经构成破产的标准。据此，本款将这两者同时规定为破产原因。

（二）企业法人不能清偿到期债务，并且明显缺乏清偿能力

这一破产原因的规定也是以不能清偿到期债务为主要的依据，因为这是破产构成的一般原因；同时辅之以明显缺乏清偿能力。明显缺乏清偿能力即不能以财产、信用或者能力等任何方法清偿债务。支付货币及财产为通常的债务清偿方法；以信用方法清偿债务，主要是指债务人借新债还旧债，或协议延期还债；以能力方法清偿债务，主要是指债务人以提供债权人接受的劳务、技能服务等折抵货币清偿债务。企业法人不能清偿到期债务，如果属于暂时资金周转不灵，不宜宣告其破产，但如果实际上已经丧失清偿能力，即使其资产负债表上的资产可能还略大于负债，也可以启动破产程序清理债务，不一定要等其继续亏损到资不抵债时再宣告破产，这对债权人和债务人都更为有利。

债务人的清偿能力，由债务人的财产现有状况、信用高低程度、知识财产拥有程度等各种可供抵偿债务的手段或者因素予以综合评价，而不能只凭其拥有的财产数额的多少来认定。一方面，如果债务人的财产相当有限或者资产额已不足以清偿债务，但是其商业信用良好、劳动生产率高、资金周转快，可利用的支付手段足以应付各种债务清偿，或者通过其他办法足以保证债务清偿的，不构成丧失清偿能力。如我国《企业破产法》第 108 条规定：“破产宣告前，有下列情形之一的，人民法院应当裁定终结破产程序，并予以公告：（一）第三人为债务人提供足额担保或者为债务人清偿全部到期债务的；（二）债务人已清偿全部到期债务的。”另一方面，如果债务人的现有财产或者资产额从数额上足以清偿其债务，但是其可以变价的财产并不充足，不能确保债务的清偿，则于此种情形，也应认定为丧失清偿能力。总之，债务人凭借自己的资产、信用、知识财产等不能清偿或者不能保证清偿到期债务，又无他人代为清偿或者保证清偿的，就构成丧失清偿能力。

此外，从程序上说，如果债务人在债务到期后，经债权人催告并在相当的时期内停止向债权人清偿，即不能清偿到期债务处于连续状态的，可以推定该债务人明显缺乏清偿能力，债权人有理由提出破产申请，这就减轻了债权人提出破产申请的举证负担，有利于破产程序的有效运用。这一破产原因的规定与国际上破产立法的通例是相符的。

第十三章　外国公司的分支机构

【条文】

第二百四十三条

本法所称外国公司，是指依照外国法律在中华人民共和国境外设立的公司。

【条文主旨】

本条是关于外国公司概念的规定。

【条文概览】

本条系文字修改，将2018年《公司法》第191条规定的“中国”调整为“中华人民共和国”。本条款是关于外国公司的概念，主要涉及国籍认定标准的层面。

【理解与适用】

随着我国对外投资的不断增多，投资风险不断加剧，应逐步完善公司国籍认定标准体系，并在投资条约中重视实际联系和实际控制标准，实现国内公司法与投资条约的公司国籍认定标准体系的协调共进，以扩大保护我国海外投资权益。关于公司国籍认定标准的理论基础主要有以下四种：

一、成立地标准

成立地标准是以公司成立时所依据的法律和地点认定公司国籍。公司成立地是认定公司国籍的基础。在20世纪的“巴塞罗那电力公司案”中，成立地标准在认定公司国籍中的重要性便被予以强调。然而，跨国公司的发展可能导致“假外国公司”出现以规避各国的经济法律制裁和投资风险，以公司成立地作为国籍判断标准能够有效明晰各跨国公司法律地位，缓解“假公司”问题。

二、住所地标准

通过考虑公司的主要机构或管理机构所在地来认定公司国籍，能够一定程度上克服国籍不明确而导致的成立地难以确定的问题，该标准能够作为辅助标准，与成立地标准共同作为认定标准，有效弥补成立地标准的缺陷。在实践中，通过“公司总部、业务主要经营地、代表处”等限定住所的范围。以《东盟关于促进和保护投资的协定》为例，其中第4条就规定“缔约国公司”是指在成员国境内按现行有效法律成立，并在该国存在有效管理场所的公司、合伙或商业组织。

三、实际联系标准

在判断公司国籍时，需要考察公司与某国存在真实且持续的联系，强调实际经营、经营活动或真实利益等。例如“德比尔斯联合矿业公司诉豪案”①，德比尔斯公司是依据南非法律成立的公司，其认为应当根据成立地进行缴税，故不应向英国公司缴税。英国法院则依据其董事会多在英国伦敦召开，公司的经营活动、业务往来多在英国进行或与英国对象交易，认定其为英国公司。

四、实际控制标准

实际控制标准指，公司的国籍应当按照实际控制该公司的主体的国籍来认定。但大型公司的公司内部人员关系复杂多变，不易探知，故以实际控制人的国籍进行认定在实际操作中难度过大。这一问题在“美平公司诉委内瑞拉案”② 中得到较大体现，案涉投资是由该公司在美国和巴拿马完全控股的子公司作出，东道国认为荷兰公司并未实际控制子公司。经调查得知，相关公司均为荷兰完全控股，因此确认申请人为荷兰国籍。

---

① See De Beers Consolidated Mines, Limited v. Howe (Surveyor of Taxes), [1905] 2 K. B. 612.

② See Venezuela Holdings, B. V. , et al (case formerly known as Mobil Corporation, Venezuela Holdings, B. V. , et al) v. Bolivarian Republic of Venezuela, ICSID Case No. ARB/07/27, Decision on Jurisdiction, 10 June 2010.

【实务问题】

一、域外公司国籍认定标准的制度

（一）美国公司国籍认定

美国形成了以成立地为主，以住所地、实际联系和实际控制为辅的认定模式。在公司法领域，美国公司法主要以成立地标准作为公司国籍的判定依据。税法方面同样如此，美国认定公司国籍也主要依赖于成立地标准。在冲突法层面，法人的联结点被假定为其主营业地，尤其对于特定法人如公司、有限责任公司和有限合伙等，联结点可能是其注册登记机关所在地。

（二）欧盟公司国籍认定标准

欧盟在公司国籍认定中倾向对不同标准的综合运用，以适应多元化的企业形态和外资形势。现今，欧盟认定公司国籍的主要依据有三：成立地标准、住所地标准、实际联系标准。根据《欧洲联盟运行条约》第 54.1 条，成立地和住所地是欧盟判定公司国籍的基础标准。另外，《建立外国直接投资监管框架条例》第 2 条“外国直接投资”的定义除了延续实际联系标准外，更将实际控制标准纳入审查范畴。

二、我国公司国籍认定标准

（一）法典制定中公司国籍认定

在我国法典制定过程中，我国有着依据成立地标准的传统。1979 年《中外合资经营企业法》第 1 条规定，中外合资经营企业是“经中国政府批准，在中华人民共和国境内，同中国的公司、企业或其它经济组织（以下简称中国合营者）共同举办合营”的企业，可见，成立地标准在我国得以适用。2023 年修订的《公司法》第 243 条规定“本法所称外国公司，是指依照外国法律在中华人民共和国境外设立的公司”，仍为单一成立地标准，为我国公司国籍制度奠定了基调。

自我国加入世贸组织以来，我国企业与外国的商事活动愈加频繁。我国部分部门法逐渐关注实际控制标准、实际联系标准，但在公司国籍的认定上仍坚持单一成立地标准。

（二）投资条约中公司国籍认定

在我国签订的投资条约中，有关外国投资者国籍的认定也基本经历了从单一标准到复合标准的演进。首先是单一标准，以成立地或住所地之一为标准，后来成立地和住所地的复合标准有所出现。此外，我国还尝试在与部分欧洲国家的双边投资条约中引入实际控制标准。20 世纪 90 年代以来，成立地单一标准以及成立地和住所地复合标准同步提升并保持主导，该阶段引入实际控制的双边投资条约主要为中国与阿根廷、秘鲁和喀麦隆等发展中国家。进入 21 世纪后，虽然成立地标准和住所地标准依然主导，但实际联系标准逐步发展，在《区域全面经济伙伴关系协定》等新型经贸协定中得到了体现。

【条文】

第二百四十四条

外国公司在中华人民共和国境内设立分支机构，应当向中国主管机关提出申请，并提交其公司章程、所属国的公司登记证书等有关文件，经批准后，向公司登记机关依法办理登记，领取营业执照。

外国公司分支机构的审批办法由国务院另行规定。

【条文主旨】

本条是关于外国公司分支机构设立程序的规定。

【条文概览】

本条系文字修改，将2018年《公司法》第192条规定的“中国”调整为“中华人民共和国”，将该条规定的“必须”调整为“应当”。本条款规定了外国公司在我国设立分支机构的程序问题，明确外国公司分支机构在我国的设立模式，实现公司经营权益和债权人利益保护的平衡。

【理解与适用】

一、外国公司分支机构的法律地位

首先，外国公司分支机构是外国公司依东道国法律在东道国境内设立的从事生产经营活动的场所或者办事机构。其次，外国公司分支机构缺乏独立的财产，无法独立承担责任。虽然外国公司要向分支机构拨付符合其经营活动需要的资金，但当分支机构无力承担民事责任时，外国公司将以其全部财产为分支机构的经营活动兜底。最后，分支机构并不以独立的法律主体身份运作，而是隶属于母公司的法律实体，同样，也不具有独立的名称和章程。

二、外国公司分支机构的法律特征

1. 从国籍认定来看，外国公司的国籍决定了其分支机构的国籍。分支机构由外国公司设立，经济上、管理上都隶属于成立其的母公司，故外国公司的国籍对其分支机构的国籍起到决定性作用。

2. 从主体地位来看，外国公司分支机构缺乏独立的法律人格，因其经营活动产生的责任，都由该外国公司承担。新《公司法》第 247 条规定："外国公司在中华人民共和国境内设立的分支机构不具有中国法人资格。外国公司对其分支机构在中华人民共和国境内进行经营活动承担民事责任。"

3. 从准入程序上看，外国公司应当依照我国法律法规在我国境内设立分支机构。《公司法》规定，外国公司在我国设立分支机构，应当经过我国行政主管部门依法登记。

4. 从设立目的来看，外国公司在我国境内设立分支机构的目的是开展相关经营活动，这种经营特征是其所属外国公司作为公司本身所具有的。如果外国公司仅为了业务的拓展，派其代表进行业务活动，就无须在我国单独设置分支机构，而是设置代表处即可。

三、我国涉外法人分支机构属人法的适用范围

《涉外民事关系法律适用法》第 14 条通过不完全列举式的方法规定了法人及其分支机构的"属人"规则。①

（一）民事权利能力

外国公司分支机构的民事权利能力通常始于设立，止于撤销。由于外国公司的分支机构只是外国公司的组成部分，而不享有独立的法律人格，故其从事民事活动的权利能力受限于外国公司的法人章程、经营目的等。认定一个组织体是否具有法人资格及其对于其具体权利能力的有关问题，取决于各国法律的规定以及实践中的判断，常常发生法律冲突。②

（二）民事行为能力

外国公司分支机构的民事行为能力是其参与民事活动的效力认定基础，包括外国公司分支机构是否能以自己的名义开展民事活动、从事民事活动的范围等。《涉外民事关系法律适用法》第 14 条未对法人分支机构的民事行为能力作出属人法的例外规定。实际上，法人分支机构在行为地国从事民事行为，即使依照"属人"规则具有民事行为能力，也不代表着其毫无限制地在行为地国享有无限权利或者进行任何活动，其从事民事活动应当符合行为地国的法律规定。对此，各个国家都有自己的法律规定。

---

① 《涉外民事关系法律适用法》第 14 条规定："法人及其分支机构的民事权利能力、民事行为能力、组织机构、股东权利义务等事项，适用登记地法律。法人的主营业地与登记地不一致的，可以适用主营业地法律。法人的经常居所地，为其主营业地。"

② 参见李双元：《国际私法冲突法篇》，法律出版社 2016 年版，第 305～306 页。

（三）组织机构

法人分支机构的组织机构由法人设置。组织机构设置主要涉及法人分支机构负责人的管理权限与职责、决议程序、其他成员的任免以及权利义务、法人分支机构与其所属法人之间的关系等。一般情况下，如何设置法人分支机构的组织机构及其成员权利与义务等取决于法人的业务需求。该问题本质上属于其所属法人的内部管理问题，应依据其属人法确定。

（四）股东权利义务

《涉外民事关系法律适用法》第 14 条所列举的“股东的权利义务”，主要是指股东基于股东资格而享有的从公司获取经济利益并参与公司管理的权利义务，① 既包括股东和法人之间的权利义务，也包括股东之间与法人有关的权利义务。② 而在法人分支机构制度中，只有法人依据其本国法或章程的规定任命或指派的负责人，由其代表或代理法人在其他国家或地区从事民事经营活动、实施经营行为，这里的负责人并非公司法中关于股东的概念。公司法或者说民商法意义上的股东主要是指股份有限公司的设立人或发起人，具有出资义务，拥有股权以及分红权，一般不参与经营管理；而负责人则指由法人指派或聘任的负责经营管理法人分支机构的人，其既可以是法人内部成员，也可以是法人以外的人，双方本质上属于劳务雇佣关系。③

【实务问题】

一、外国公司准入制度的域外经验

（一）美国：准入许可主义

美国各州对于外国或外州的公司进入本州开展经营活动采取许可主义。《美国标准商事公司法》15. 01（a）规定：“外国（外州）公司在未获得州务卿颁发的授权许可之前，不得在州内从事经营活动。”该法第 15. 03 条规定，一个外国（外州）公司可以通过向本州的州务卿递交申请，申请在本州从事经营活动。外国（外州）公司应当同申请书一起递交公司存续（或者

① 参见杜涛：《国际私法原理》，复旦大学出版社 2018 年版，第 149 页。

② 参见洪莉萍、宗绪志：《国际私法理论与实践探究》，中国法制出版社 2014 年版，第 176 ~ 177 页。

③ 法人也可能会指派或任命其股东作为法人分支机构的负责人，此时该股东具有双重身份，即法人股东和法人分支机构负责人。

具有类似意义）的证明，该证明应当经过公司设立地州或者国家的州务卿或者保管公司记录的官方机构正式签署以证明其合法性。当然，各州在具体制定州内立法时是将《标准商事公司法》作为参考文本，在申请需提供的具体内容上会有一些不同。

（二）英国：设立准则主义

英国根据是否在国内设立经营场所将外国公司区分为海外公司和一般的外国公司。一般的外国公司不受英国《公司法》的调整。依据英国《公司法》，英国对于海外公司入境经营采取的是准则主义（金融机构等特殊行业以及产业政策限制的行业除外），即只要依照法律向东道国登记机关提供符合条件的文件、办理登记手续、披露指定的文件，便可以开展经营活动，无须经过政府主管机关的特别许可。当然，政府大臣可以根据海外公司设立地和该公司在英国从事或拟从事活动性质的不同，要求海外公司登记不同的具体事项。①

二、我国的准入制度：行政审批

根据我国《公司法》第 244 条之规定，我国对外国公司入境经营实行严格的审批制度，需要申请 + 审查 + 批准多个步骤，其中行政主管机关的权力和职责较大，外国公司分支机构能否在我国设立，最后应当取得行政主管机关的同意，我国对外国公司的入境制度主要体现出行政信赖。

除了《公司法》，我国关于外国公司准入的制度内容更多体现在部门规章中。例如，《外国（地区）企业在中国境内从事生产经营活动登记管理办法》规定了外国企业（包括港、澳、台企业）在我国境内从事经营活动应当遵守的营业登记办法，具体包括：应当办理营业登记的经营活动类型、营业登记、变更登记、注销登记的程序和内容，外国企业在中国境内开办的机构、场所的年检程序和内容等。实践中，我国各地市场监管部门依据营业类型为外国企业办理登记，并且向外国企业颁发《营业执照》；又如《税务登记管理办法》规定，入境经营的外国企业在领取营业执照之日起 30 日内办理税务登记，领取税务登记证，具体登记办法遵守本办法的规定。

① 英国《公司法》（2006 年）第 1046 条第（6）项。

【条文】

第二百四十五条

外国公司在中华人民共和国境内设立分支机构，应当在中华人民共和国境内指定负责该分支机构的代表人或者代理人，并向该分支机构拨付与其所从事的经营活动相适应的资金。

对外国公司分支机构的经营资金需要规定最低限额的，由国务院另行规定。

【条文主旨】

本条是关于外国公司分支机构设立条件的规定。

【条文概览】

本条系文字修改，将2018年《公司法》第193条规定的“中国”调整为“中华人民共和国”，将该条规定的“必须”调整为“应当”。本条包括两方面的内容：一是外国公司需要指定设立分支机构的代理人、代表人；二是外国公司需要向分支机构拨付营业资金。

【理解与适用】

一、关于代理人、代表人的指定

外国公司设立分支机构需要指定代表人、代理人，对于外国公司来说，是为了在东道国内开展实质性经营活动，取得经济效益；对于东道国而言，从形式上加以规范，推进本国公共政策的实施，以保障国内及国际经济安全，明晰责任主体，落实法律责任。对于金融类外国公司的分支机构，我国另行颁布了《外资银行管理条例》《外资保险公司管理条例》等文件予以规制。

各国法律对于外国公司分支机构都有着特殊的监管规定，例如，英国2006年《公司法》第1057条即要求在其境内从事商业性交易活动的外国公司必须指定一个居住在英国的有权代表该公司接受法律诉讼文书和其他通知书的人，并注明其姓名和地址。在美国，外国公司在一州内从事商业活动需要提供一名代理人以便接受送达。此外，一些州要求未经“核准”进入本州从事商业活动的外国公司股东、代理人（代表人）或董事承担个人或合伙责任。

二、关于经营资金的拨付

我国《民法典》第74条第2款规定："分支机构以自己的名义从事民事活动，产生的民事责任由法人承担；也可以先以该分支机构管理的财产承担，不足以承担的，由法人承担。"分支机构能够有自己的财产，一方面出于经营考虑，设立分支机构的目的在于公司可以将自身的经营业务拓展到其他国家和地区，以分支机构自身所管理的资金从事经营活动，减少因业务往来而需要的内部程序性资金流动的冗杂手续，交易更加便捷，提高公司的运行效率。另一方面出于责任承担的考虑，分支机构可以以自身管理的财产先承担，不足部分由法人承担，提高效率，使得各方权利义务能够更快恢复到平衡点。

外国公司向其分支机构拨付经营资金并非承认了分支机构独立的地位，相反，正因为分支机构不具备独立的法人地位，不能够独立承担民事责任，故其资金很大程度上受到外国公司的限制。由于外国公司在东道国设立分支机构是外国公司进入东道国进行经营活动的重要形式，故对于外国公司在东道国设立分支机构的相关问题进行规制是各国公司法中重要的立法内容。分支机构在各国国内的活动也将直接影响到国内债权人的利益，对分支机构适用成立地法更能保护各国债权人的利益。特别是在金融领域，由于分行是外资银行进入东道国的重要组织形式，虽然外资银行的分行不具有独立的法人地位，但分行与母行也具有相对的独立性，特别是从监管角度，外资银行的分行在性质和法律地位上具有一定的独立性。[①] 在其属人法方面适用分支机构的成立地法也是进一步强化分支机构监管的重要方式。

【实务问题】

一、关于"相适应的资金"与"最低限额"的认定

实践中需要注意的问题是，本条中"相适应的资金"和"最低限额"并非该外国公司分支机构承担民事责任的限度。外国公司的分支机构仅仅是其所属的外国公司的一部分，分支机构的行为就等同于外国公司的行为。因

① 参见程吉生：《外资银行分行的法律地位及其监管》，载《江西社会科学》2008年第5期。

此，外国公司分支机构需要依法承担民事责任时，不以该分支机构的经营资金数额及所支配的财产为限，外国公司分支机构的财产不足以清偿全部债务的，应当由设立该分支机构的外国公司承担全部责任。

二、分支机构民事责任的承担

外国公司的分支机构不具有独立的法人资格，不能独立承担民事责任，其主要反映在：第一，分支机构名称与法人名称属于隶属关系。分支机构虽然有自己的名称，但其名称应反映其与外国公司的隶属关系，例如××分公司。第二，分支机构经营权限有限。其虽然可以从事经营活动及其他业务活动，但其经营权限来自外国公司的授权，自主决策的范围受制于法人的目的。第三，分支机构的组织构成并非自我决定。分支机构虽有自己的组织机构和工作人员，但其人员管理由外国公司决定，分支机构自身没有自主权。第四，分支机构缺乏完全独立的财产。分支机构虽有一定的资金财产，但主要来源于外国公司法人的拨付，且所有资产隶属于外国公司并列入外国公司的资产负债表。同时，司法实务中需要协调好立法上针对分支机构承担责任的不同规定，如《民法典》第74条规定："法人可以依法设立分支机构。法律、行政法规规定分支机构应当登记的，依照其规定。分支机构以自己的名义从事民事活动，产生的民事责任由法人承担；也可以先以该分支机构管理的财产承担，不足以承担的，由法人承担。"《公司法》第13条第2款规定："公司可以设立分公司。分公司不具有法人资格，其民事责任由公司承担。"从以上条文可以看出，《民法典》规定了"可以先以该分支机构管理的财产承担，不足以承担的，由法人承担"，而《公司法》直接规定由公司承担责任。从特别法优先于普通法、特别规则优先于普通规则的角度解读，应优先适用于《公司法》的规定，直接由公司承担责任。但考虑《民法典》是民商合一的集大成者，《民法典》第74条应优先适用，先查明分公司是否有财产，然后由分公司先承担责任，不足部分再由公司承担。这样的解释仍然可以适用到外国公司与其分支机构，《公司法》第247条规定："外国公司在中华人民共和国境内设立的分支机构不具有中国法人资格。外国公司对其分支机构在中华人民共和国境内进行经营活动承担民事责任。"分支机构虽然在外国公司授权范围内可以自己名义对外从事各种民事活动，但承担责任的能力有一定的限制。故而，根据上述分析，外国公司的分支机构进行民事活动所产生的民事责任，由外国公司承担，也可以先以该分支机构管理的财产承担，不足以承担的，再由外国公司承担。在涉及分支机构的诉讼中，可以将外国公司的分支机构与外国公司一起列为共同被告。

三、关于分支机构的司法认定

分支机构并非总是以分公司的样态呈现，在司法实践中广泛存在分公司、代表处、办事处、营业部等称谓。

关于分行。法国某银行股份有限公司上海分行诉某贸易有限公司金融借款合同纠纷案中，法院认为，法国公司上海分行的企业类型为外国（地区）股份有限责任公司的分支机构，属于外国法人的分支机构。

关于代表处。在江阴市某橡塑制品有限公司与英国某有限公司青岛代表处、英国某监理有限公司买卖合同纠纷案中，法院认为，英国某有限公司青岛代表处是英国某有限公司根据中国《公司法》设立的分支机构。

关于办事处。实践中亦存在法院将办事处认定为分支机构的情形。以株式会社世界与上海某高尔夫球乡村俱乐部有限公司服务合同纠纷案为例，法院认为，株式会社世界上海办事处作为原告的分支机构，可以作为合同当事人主张相关合同权益。相较于分公司、分行、代表处等表现形式，办事处作为分支机构在实践中出现的次数较少。

除上述几种较为常见的表现形式之外，司法实践中还存在着其他情形。在文某某与深圳市某物流有限公司宝安后瑞营业部、某物流有限公司等运输合同纠纷案中，法院确认“后瑞营业部”系深圳市某物流有限公司设立的不具备法人资格的分支机构。在迈某（瑞士）国际股份有限公司与史某丹、天津市麦某商业管理有限公司侵害商标权纠纷案中，法院则认定“麦某广场系麦某公司设立的分支机构”。而有的虽然冠以“有限公司”之名称，但实际上却是不具有法人资格的分支机构。在盘锦某建安工程有限公司与某石油天然气投资有限公司建设工程施工合同纠纷案中，法院认定某石油天然气投资有限公司的法律地位为英属维尔京群岛某石油天然气投资有限公司在中国设立的分公司，法律性质为外国公司的分支机构，代表总公司履行合同。

【条文】

第二百四十六条

外国公司的分支机构应当在其名称中标明该外国公司的国籍及责任形式。

外国公司的分支机构应当在本机构中置备该外国公司章程。

【条文主旨】

本条是关于外国公司分支机构的名称要求及在本机构中置备公司章程的规定。

【条文概览】

本条是关于外国公司的分支机构的名称和章程的规定，条文内容本次修订《公司法》没有修改。

【理解与适用】

一、外国公司的分支机构应当在其名称中标明该外国公司的国籍及责任形式

公司的名称是公司用以经营并区别于其他公司或者企业的标志。同本法规定的公司的分公司一样，外国公司的分支机构也有自己的名称，这是外国公司分支机构进行活动，与其他主体发生各种法律关系的重要条件。为了使交易对象准确了解其法律性质，本条规定外国公司的分支机构应当在其名称中标明该外国公司的国籍及责任形式。

具体而言，外国公司分支机构的名称应当符合以下要求：(1) 应当标明其所属外国公司的国籍。一般情况下，公司依据哪国法律在哪国境内登记设立即具有该国国籍。分支机构归属于哪一个公司就应标明哪个公司的国籍，不允许外国公司分支机构名称所标明的国籍不同于设立它的外国公司的国籍。(2) 应当标明设立它的外国公司的名称。不得使用与设立该分支机构所属公司不一致的名称，以便于要求外国公司承担法律责任时的责任追究。(3) 应当标明设立该分支机构的外国公司的责任形式。《公司法》规定中国的公司可以采取有限责任公司或者股份有限公司的形式。为了保护与该分支

机构交易的第三方的利益，《公司法》要求外国公司分支机构名称中应当标明外国公司的责任形式。（4）应当标明反映外国公司分支机构的字样，如标明“分公司”“代表处”或者“联络处”等，以表明它不是独立的法人，而只是外国公司的分支机构。总之，外国公司分支机构的名称应当完整、清楚、明确，符合法律要求，不得含糊、缺项。

二、外国公司的分支机构应当在本机构中置备该外国公司章程

公司章程是规范公司的组织与行为，规定公司与股东之间、股东与股东之间权利义务关系的公司基本法律文件，是公司组织和活动的基本准则。要求外国公司的分支机构将外国公司的章程置备于本机构中，有利于交易相对人能够了解该外国公司的责任形式、资信情况、内部组织机构等具体情况，并根据章程所载明的情况作出自己的判断，从而决定是否与该外国公司的分支机构发生经济关系。同时，也有利于公司登记机关、税务机关及其他有关管理机关对外国公司的分支机构进行监督和管理。因此，外国公司的分支机构应当在本机构所在地置备该外国公司的章程，以备查阅或查验。

【条文】

第二百四十七条

外国公司在中华人民共和国境内设立的分支机构不具有中国法人资格。

外国公司对其分支机构在中华人民共和国境内进行经营活动承担民事责任。

【条文主旨】

本条是关于外国公司分支机构法律地位的规定。

【条文概览】

本次修订自第2条开始，将原《公司法》中的“中国”修改为“中华人民共和国”，对应“境内”“境外”的语境，本条文也进行了相应修改，内容没有实质性变化。

【理解与适用】

外国公司的分支机构作为一种民事主体，其性质属于非法人组织。非法人组织是指合法成立、有一定的组织机构和财产，但又不具备法人资格的组织。非法人组织主要具备以下特征：(1) 有自己的名称、组织机构、场所及一定的财产；(2) 依法登记；(3) 能够以自己的名义从事民事活动；(4) 该组织的财产不足以清偿债务时，其出资人或者设立人一般要承担无限责任。非法人组织主要包括：(1) 依法登记领取营业执照的个人独资企业；(2) 依法登记领取营业执照的合伙企业；(3) 依法登记领取我国营业执照的中外合作经营企业、外资企业；(4) 依法成立的社会团体的分支机构、代表机构；(5) 依法设立并领取营业执照的法人的分支机构；(6) 依法设立并领取营业执照的商业银行、政策性银行和非银行金融机构的分支机构；(7) 经依法登记领取营业执照的乡镇企业、街道企业；(8) 其他符合本条规定条件的组织。

外国公司的分支机构，是指依照外国法律设立的公司依照本法的规定在中国境内设立的从事生产经营等业务活动的场所或者办事机构。

外国公司的分支机构具有以下法律特征：

一、外国公司的分支机构隶属于外国公司，是外国公司的组成部分

法人分支机构是法人的组成部分，直属于设立它的法人，这在国际上是一项通行的法律原则。外国公司的分支机构也不例外。因此，外国公司在中国境内成立分支机构之前，必须先在其所属国依法成立并取得公司资格，否则无权到中国境内设立分支机构。外国公司分支机构不能独立于外国公司而存在，如果外国公司因宣告破产、股东会决议解散、被依法撤销等原因而终止时，则外国公司分支机构也应撤销。

二、外国公司的分支机构须依照中国法律在中国境内设立

一是要依法办理登记并领取营业执照。根据《市场主体登记管理条例》的规定，县级以上地方人民政府市场监督管理部门是外国公司的分支机构的登记管理机关。二是从事经营活动时要履行中国法律规定的各项义务，不得损害中华人民共和国的社会公共利益，同时，外国公司的合法权益受中华人民共和国的法律保护。三是撤销时要依照本法的有关规定进行清算。违反中国法律从事业务活动的，要依法追究其法律责任。

三、外国公司的分支机构以营利为目的从事经营活动

只有经依法登记从事经营活动的分支机构才是公司法意义上的外国公司分支机构。经营活动既包括直接以营利为目的的活动，也包括间接以营利为目的的活动。为满足经营活动所需，外国公司的分支机构必须在中国境内有确定的住所，有与其所从事的经营活动相适应的资金，有确定的代表人或者代理人等。

四、外国公司的分支机构不具有中国法人资格

外国公司的分支机构没有独立的财产，不进行独立核算，没有法定的、完整的组织机构，不能以自己的名义对外享有权利和承担责任，不具有中国法人资格。外国公司的分支机构只是外国公司在中国的一个分公司或者办事处、经营场所，它在中国境内从事经营活动是以外国公司的名义进行的，由此产生的权利和义务均归属于设立该分支机构的外国公司，其民事责任理应也由所属外国公司来承担。当然，外国公司的分支机构在中国境内从事经营活动产生债务时，一般首先由该分支机构进行清偿，当分支机构不能清偿

时，再由所属外国公司来进行清偿。所属外国公司也可以直接清偿。

【实务问题】

一、外国公司的分支机构具有民事诉讼主体资格

《民事诉讼法》第51条规定：公民、法人和其他组织可以作为民事诉讼的当事人。《民事诉讼法解释》第52条规定：其他组织是指合法成立、有一定的组织机构和财产，但又不具备法人资格的组织。外国公司的分支机构在性质上属于其他组织，在民事诉讼中应当具有诉讼当事人资格。《第二次全国涉外商事海事审判工作会议纪要》第13条第1款对此也予以明确："外国企业在我国境内依法设立并领取营业执照的分支机构，具有民事诉讼主体资格，可以作为当事人参加诉讼。因分支机构不能独立承担民事责任，其作为被告时，人民法院可以根据原告的申请追加设立该分支机构的外国企业为共同被告。"

二、以外国公司的分支机构为一方当事人的案件为涉外案件

依照《最高人民法院关于适用〈中华人民共和国涉外民事关系法律适用法〉若干问题的解释（一）》第1条和《民事诉讼法解释》第520条的规定，当事人一方或者双方是外国企业或者组织的案件属于涉外案件。外国公司在中国设立的分支机构虽然按照中国法律办理了登记，且经营地在中国境内，但该类机构不具备独立的法人资格，只是外国公司的组成部分，具有外国国籍，属于外国企业，其民事责任由设立其的外国公司承担，因此以此类机构为一方当事人的案件为涉外案件。

【条文】

第二百四十八条

经批准设立的外国公司分支机构，在中华人民共和国境内从事业务活动，应当遵守中国的法律，不得损害中国的社会公共利益，其合法权益受中国法律保护。

【条文主旨】

本条是关于外国公司分支机构活动原则的规定。

【条文概览】

本次修订自第 2 条开始，将原《公司法》中的“中国”修改为“中华人民共和国”，对应“境内”“境外”的语境，本条文也进行了相应修改，内容没有实质性变化。

【理解与适用】

外国公司的分支机构经过主管机关批准在中国境内合法成立，其在中国境内从事业务活动时，应当遵守以下原则。

一、应当遵守中华人民共和国法律

依属地管辖原则，外国公司分支机构在中国境内的营业活动，应受中国法律管辖，这是我国主权原则的体现。任何单位和个人只要在中国境内从事有关的行为，就应当遵守中国的法律，这是涉及国家主权的问题，不允许有任何的怀疑。中国作为一个主权国家，除享有外交特权和豁免权的人以外，其法律对领域内的所有人都发生效力，任何单位和个人都不得例外。只要在中国境内从事有关的行为，就应当遵守中国的法律。外国公司分支机构在中国境内从事经营活动，属于中国法律规范的对象，同中国的单位和个人一样，也应当遵守中国的法律，否则要承担相应的法律责任。这里的法律包括本法在内的所有现行有效的中华人民共和国法律。

二、不得损害中华人民共和国的社会公共利益

社会公共利益是全体社会成员的共同利益，对社会公共利益的损害，意

味着对整个社会秩序的破坏，这在任何社会都是不被允许的，在中国也不例外。维护社会公共利益是中国宪法和有关法律规定的一项基本原则。这项原则不仅对中国公司有约束力，对于在中华人民共和国境内的外国公司也同样有约束力。法律保障社会公共利益，就等于保护了每一个行为人的利益，外国公司分支机构的利益受中华人民共和国的法律保护，其行为也应当受法律的约束，并不得损害中华人民共和国的社会公共利益。比如，外国公司分支机构不得在中国境内非法开展业务，不得拒绝履行其应当履行的义务，不得扰乱中国正常的经济秩序。同时，也要接受工商、税务部门以及外汇、海关等部门的管理和监督等。

三、外国公司分支机构的合法权益受法律保护

外国公司分支机构的行为在受到中国法律约束的同时，其合法权益当然受中国法律保护。中国法律对中国境内的一切经济组织的合法权益都要依法保护，这也是中国在吸引外资过程中的郑重承诺。外国公司分支机构取得营业执照后，就取得了在中国境内从事生产经营活动的资格，具有与中国公司基本相同的权利。如依法取得财产的所有权、订立合同等权利。外国公司分支机构在经营活动中，若其合法权益受到不法侵害，当然享有在中国提起诉讼、请求法律保护的权利。

【条文】

第二百四十九条

外国公司撤销其在中华人民共和国境内的分支机构时，应当依法清偿债务，依照本法有关公司清算程序的规定进行清算。未清偿债务之前，不得将其分支机构的财产转移至中华人民共和国境外。

【条文主旨】

本条是关于外国公司分支机构撤销的规定。

【条文概览】

本次修订自第 2 条开始，将原《公司法》中的“中国”修改为“中华人民共和国”，对应“境内”“境外”的语境，本条文也进行了相应修改。另外，将原《公司法》条文中的“必须”改为“应当”，用语更为精确，条文内容没有实质性变化。

【理解与适用】

外国公司的分支机构是依照中华人民共和国的法律设立的，其撤销与清算自然也应当按照中华人民共和国的法律进行。外国公司撤销其在中国境内的分支机构时，应当依法清偿债务，按照本法有关公司清算程序的规定进行清算。其清算的程序为：第一，成立清算组进行清算。外国公司的分支机构出现撤销情形后，外国公司应当在法律规定的期限内成立清算组，逾期不成立清算组，债权人可以申请人民法院指定有关人员组成清算组进行清算。第二，通知和公告债权人。清算组应当自成立之日起的法定期限内通知债权人，并于法定期限内在报纸上或者国家企业信用信息公示系统公告；债权人应当自接到通知书之日起的法定期限内，未接到通知书的自第一次公告之日起的法定期限内，向清算组申报其债权。第三，制订清算方案，清理债权、债务。清算组在清理外国公司分支机构财产、编制资产负债表和财产清单后，应当制订清算方案，进行债务清偿。外国公司分支机构的财产能够清偿其债务的，分别按顺序支付清算费用、职工工资和社会保险费用以及法定补偿金，缴纳所欠税款，清偿公司债务。分支机构财产不足以清偿债务的，由其所属的外国公司负责清偿。第四，办理注销登记。清算结束后，清算组应当制作清算报告，报有关主管机关确认，并报送原公司登记机关，在法定期限内申请注销登记，由公司登记机关发布公告、缴销营业执照。为防止外国公司逃避债务，本条规定外国公司清偿债务前，不得将其分支机构的财产转移至中国境外。

外国公司分支机构的撤销是指外国公司依法终结其在东道国设立的分支机构的业务活动，使已经设立的该分支机构归于消灭的法律行为。外国公司撤销在中华人民共和国境内设立的分支机构主要分为两种：一是主动撤销，即所属外国公司自愿把在中国境内的分支机构关闭，不再在中国境内从事经营活动。二是被动撤销，即东道国政府强令外国公司分支机构撤销。被动撤销主要发生在外国公司分支机构在从事经营活动的过程中违反了东道国法律的相关规定，公司登记机关责令其停止营业、吊销营业执照等情形。

【实务问题】

外国公司的分支机构作为中国境内的一个市场主体，自办理设立登记并领取营业执照之日产生，自办理注销登记之日终止。因此，外国公司依法清偿债务并完成对分支机构的清算后，还应当向登记机关申请办理分支机构注销登记。按照《市场主体登记管理条例》第 32 条的规定，清算组应当自清算结束之日起 30 日内向登记机关申请注销登记。

需要注意的问题是，外国公司的分支机构是外国公司的组成部分，分支机构的债务实质上是该外国公司的债务。因此，用于清偿分支机构债务的财产不限于该分支机构的现有财产，如果分支机构的现有财产不足以清偿所欠债务时，债务人有权向该分支机构所属的外国公司请求偿还。

第十四章 法律责任

【条文】

第二百五十条

违反本法规定，虚报注册资本、提交虚假材料或者采取其他欺诈手段隐瞒重要事实取得公司登记的，由公司登记机关责令改正，对虚报注册资本的公司，处以虚报注册资本金额百分之五以上百分之十五以下的罚款；对提交虚假材料或者采取其他欺诈手段隐瞒重要事实的公司，处以五万元以上二百万元以下的罚款；情节严重的，吊销营业执照；对直接负责的主管人员和其他直接责任人员处以三万元以上三十万元以下的罚款。

【条文主旨】

本条是关于采取欺诈手段取得公司登记的法律责任的规定。

【条文概览】

1993 年《公司法》第 206 条规定："违反本法规定，办理公司登记时虚报注册资本、提交虚假证明文件或者采取其他欺诈手段隐瞒重要事实取得公司登记的，责令改正，对虚报注册资本的公司，处以虚报注册资本金额百分之五以上百分之十以下的罚款；对提交虚假证明文件或者采取其他欺诈手段隐瞒重要事实的公司，处以一万元以上十万元以下的罚款；情节严重的，撤销公司登记。构成犯罪的，依法追究刑事责任。"1999 年、2004 年《公司法》对 1993 年《公司法》第 206 条未作调整。2005 年《公司法》第 199 条对该条进行了微调，包括：删除了"办理公司登记时"；增加了罚款数额。调整后的第 199 条规定："违反本法规定，虚报注册资本、提交虚假材料或者采取其他欺诈手段隐瞒重要事实取得公司登记的，由公司登记机关责令改正，对虚报注册资本的公司，处以虚报注册资本金额百分之五以上百分之十五以下的罚款；对提交虚假材料或者采取其他欺诈手段隐瞒重要事实的公司，处以五万元以上五十万元以下的罚款；情节严重的，撤销公司登记或者吊销营业执照。”2013 年和 2018 年《公司法》将本条调整为第 198 条，条文内容与 2005 年的内容保持不变。本次修订删除了“撤销公司登记”，增加了直接负责的主管人员和其他直接责任人员的行政责任。

【理解与适用】

一、关于违法行为

本条涉及的违法行为有以下三种。

1. 虚报注册资本。这里的“虚报”主要是指为骗取公司登记而故意夸大资本数额，实际上根本就没有出资或者没有全部出资。这里的“注册资本”，是指在公司登记机关登记的资本数额，包括设立时股东认缴的出资额，也包括成立后增加的资本额。

2. 提交虚假材料。本条中所说的“虚假材料”，主要指设立（变更、注销）登记申请书、公司章程、验资证明等文件和从事法律、行政法规规定须经有关部门审批的业务所提交的有关部门的批准文件是虚假的，如设立申请书中股东出资额的验资证明是虚构的，或者从事特种行业所提交的有关部门的批准文件是伪造的等。

3. 采取其他欺诈手段隐瞒重要事实。本条中所谓“其他欺诈手段”，是指采用其他隐瞒事实的方法欺骗公司登记机关的行为。

二、关于行政处罚

实施本条规定的行政处罚的主体为公司登记机关，即市场监督管理部门。

行政处罚的主要方式有以下四种：

1. 责令改正。对任何一种违法行为，均应当予以改正，所以《行政处罚法》并未将责令改正包括在行政处罚的种类之中，但是行政机关实施处罚时，首先应当责令当事人改正违法行为或者限制改正违法行为，然后才是行政处罚。

2. 对公司处以罚款。罚款是行政处罚的一种方式。由公司登记机关对虚报注册资本的公司，处以虚报注册资本金额 5% 以上 50% 以下的罚款；对提交虚假材料或者采取其他欺诈手段隐瞒重要事实的公司，处以 5 万元以上 200 万元以下的罚款。此次修订，增加了对公司罚款的上限，由 50 万元提升到 200 万元。

3. 吊销公司营业执照。本条规定，对提交虚假材料或者采取其他欺诈手段隐瞒重要事实的公司，情节严重的，可以吊销营业执照。吊销营业执照意味着公司不能开展经营活动，适用于违法行为特别严重、已不能行使营业执照所赋予权利的违法者，至于什么样的违法行为算是情节严重，可以由公司登记机关总结执法经验作出具体规定。

4. 对直接负责的主管人员和其他直接责任人员处以罚款。此次修订，对于采取欺诈手段取得公司登记的情形，新增了对直接负责的主管人员和其他直接责任人员的处罚条款，公司登记机关可以对相关人员处以 3 万元以上 30 万元以下的罚款。

【条文】

第二百五十一条

公司未依照本法第四十条规定公示有关信息或者不如实公示有关信息的，由公司登记机关责令改正，可以处以一万元以上五万元以下的罚款。情节严重的，处以五万元以上二十万元以下的罚款；对直接负责的主管人员和其他直接责任人员处以一万元以上十万元以下的罚款。

【条文主旨】

本条是关于未依法公示或者不如实公示有关信息的法律后果的规定。

【条文概览】

本条款为新增条款，新增公司未按规定公示或不如实公示有关信息的行政责任；新增直接负责的主管人员和其他直接责任人员的行政责任。

【理解与适用】

本条为新增条文，新《公司法》在 2014 年《企业信息公示暂行条例》的基础上对公司信息公示制度进行了完善和补充，于第 40 条规定了企业自主公示事项。未依法公示时，除了公司本身的责任外，还规定了直接负责的主管人员和其他直接责任人员应负的法律责任。本条规定是推动落实相关公示制度特别是第 40 条规定的相关公示制度的重要条款。

第一，该条款的义务主体是公司而不是登记机关。第二，公司的公示方式是通过国家企业信用信息公示系统进行公示。因为该公示系统的主管机关是公司登记机关，所以公司的公示行为也由公司登记机关进行监管。公司在其他平台上作出的公示公告，不能被认定为依法履行了公示义务。第三，公司应当全面、如实公示，不可对应公示的信息有所遗漏，也不可故意隐瞒、公示虚假信息。依照新《公司法》第 40 条的规定，公司应当进行信息公示的事项有四类，包括有限责任公司股东认缴和实缴的出资额、出资方式和出资日期，股份有限公司发起人认购的股份数；有限责任公司股东、股份有限公司发起人的股权、股份变更信息；行政许可取得、变更、注销等信息以及法律、行政法规规定的其他信息。

需要说明的是，按照本条规定，公司未依法公示或不如实公示仅以公示内容来认定，没有“存在过错”的条件，公示的主体是公司，如果公示内容与公司实际情况不符，就应当由公司登记机关责令改正，而无须再查明公司是否具有主观过错。在责令改正的基础上，公司登记机关可以对造成不良影响的公司及相关人员罚款。其中，“情节严重的”是后文“处以五万元以上二十万元以下的罚款”的具体情形，而不是“对直接负责的主管人员和其他直接责任人员处以一万元以上十万元以下的罚款”的情形。属于需要由公司登记机关责令改正的情形，即使没有认定“情节严重”，也可以对公司相关人员罚款。

2014 年《企业信息公示暂行条例》第 17 条中对未依法公示或不如实公示规定的法律责任是：“由县级以上工商行政管理部门列入经营异常名录，通过企业信用信息公示系统向社会公示，提醒其履行公示义务；情节严重的，由有关主管部门依照有关法律、行政法规规定给予行政处罚：造成他人损失的，依法承担赔偿责任；构成犯罪的，依法追究刑事责任。”与本条规定的思路是基本一致的，在《企业信息公示暂行条例》没有后续修改的情况下，公司登记机关依规定将相关公司列入经营异常名录或严重违法企业名单不违反《公司法》的规定。

【条文】

第二百五十二条

公司的发起人、股东虚假出资，未交付或者未按期交付作为出资的货币或者非货币财产的，由公司登记机关责令改正，可以处以五万元以上二十万元以下的罚款；情节严重的，处以虚假出资或者未出资金额百分之五以上百分之十五以下的罚款；对直接负责的主管人员和其他直接责任人员处以一万元以上十万元以下的罚款。

【条文主旨】

本条是关于虚假出资的法律责任的规定。

【条文概览】

1993年《公司法》第208条规定："公司的发起人、股东未交付货币、实物或者未转移财产权，虚假出资，欺骗债权人和社会公众的，责令改正，处以虚假出资金额百分之五以上百分之十以下的罚款。构成犯罪的，依法追究刑事责任。"1999年、2004年《公司法》对1993年《公司法》第208条未作调整。2005年《公司法》第200条对该条中有关"虚假出资"的行为进行了微调，并提高了罚款的幅度和金额，调整后的第200条规定："公司的发起人、股东虚假出资，未交付或者未按期交付作为出资的货币或者非货币财产的，由公司登记机关责令改正，处以虚假出资金额百分之五以上百分之十五以下的罚款。"因公司的发起人和股东出资是公司经营资本的一部分，是公司从事生产经营活动的基础，是公司承担风险、偿还债务的基本保证，维系着市场交易安全和债权人的合法权益，对虚假出资的行为予以法律上的否定评价是十分必要的。2013年《公司法》的第199条和2018年《公司法》第199条，对2005年《公司法》第200条的内容进行了保留，只将序号调整为第199条。本次修订调整了发起人、股东虚假出资的行政责任，除了由公司登记机关责令改正，修订后区分不同虚假出资情节规定不同的罚款数额，一般情况下，可以处以"五万元以上二十万元以下"的罚款，情节严重的才按照"虚假出资或者未出资金额百分之五以上百分之十五以下"的数额进行罚款。新增对直接负责的主管人员和其他直接责任人员处以罚款的规定。

【理解与适用】

一、关于出资

根据本法的规定，公司的发起人、股东在签订设立公司的协议，制定公司章程，确立公司名称、依据等相关事宜后，需要根据达成的协议和法律的规定，按期足额缴纳各自所应当认缴的出资额，经验资机构验资后，根据公司性质的不同去申请公司设立登记。在这个过程中，公司的发起人、股东的出资是否真实和按期足额缴纳非常重要。1993 年《公司法》第 3 条规定“股东以其出资额为限对公司承担责任”，到 2005 年《公司法》修改后，第 3 条改为“股东以其认缴的出资额为限对公司承担责任”，立法者对资本从实缴制改为有限制的认缴制后如何界定“出资额”和“股东有限责任”态度是明确的。2013 年、2018 年《公司法》虽然采取了认缴资本制，但上述界定股东有限责任的条款却没有进行修订，本次修订的第 4 条亦无实质性变化。股东要以其认缴的出资额而非以实缴的出资额为限对公司负责。实践中，有人认为资本不再构成对股东出资行为的硬约束，公司的设立者似乎可以随心所欲地设定公司注册资本规模，而无须背负注册资本之下的出资义务，出资额项下的有限责任已经落空。这种观点值得商榷，无论资本认缴还是实缴，都不会改变股东出资义务的存在。资本实缴制是股东在资本确定和注册之时承担将出资财产给付公司的出资义务，资本认缴制不要求股东即时给付出资财产，但出资义务尤其是出资数额却同样是确定的，从实缴资本制到认缴资本制并不导致股东出资义务和范围的任何改变，全体股东承担的依然是整个注册资本项下的出资义务，各个股东认缴出资的总和依然完全等于注册资本的总额，所改变的只是股东具体出资义务的时间与期限，在实缴资本制下，股东的出资义务为公司成立时需当即履行的义务，改为认缴资本制之后，股东出资义务可能是即时履行的，也可以是定期或分期履行的，还可能是不定期限的。无论何种情形，股东的全额缴纳义务没有变化，只不过出资缴纳的时间有所不同而已。认缴资本制只是赋予了公司资本更大的弹性和机动性，给予了股东投资安排更多的灵活性，没有改变或缩小股东有限责任的范围。如果公司的发起人、股东虚假出资，既会影响其他发起人或者股东的利益，也会危及市场经济的稳健发展。虚报资本的直接危害后果是注册资本下的出资责任主体缺位，认缴资本虽然可以认而不缴，但并非永远不缴，当资本需要缴纳时，会有股东实际缴纳或对此负责，尤其是在公司现有资产不足以清偿其债务时，尚未缴纳的资本会成为公司资产的重要来源和替补，使公司债权人的债权能够真正获得注册资本范围内的财产保障。虽然公司资产对公司信用也具有直接且重要的判断价值，但注册资本的大小能够在某种程度上体现公司经营能力和财产支付能力，且易于被检索，是公司债权人得以受偿的重要保障。如果是虚假出资，等于否定和破坏了注册资本应有的资本信用。

因此，本法要求公司的发起人、股东必须足额、按期地缴纳出资。如果未履行相应义务，则应当承担相应的法律责任。

二、关于法律责任

依据本条规定，追究虚假出资行为的法律责任包括两方面。

1. 责令改正。公司登记机关应当及时责令虚假出资的公司发起人、股东履行其出资义务，改正虚假出资行为。

2. 罚款。公司发起人、股东虚假出资，总是为追求一定的经济利益。因此，有关主管机关对行为人除责令改正外，同时，处以罚款是必要的，以使行为人承担经济责任，受到惩罚和教育。根据本条规定，除了由公司登记机关责令改正，本条区分不同虚假出资情节规定不同的罚款数额，一般情况下，可以处以 5 万元以上 20 万元以下的罚款，情节严重的按照虚假出资或者未出资金额 5% 以上 15% 以下的数额进行罚款，同时，还增加了对直接负责的主管人员和其他直接责任人员处以 1 万元以上 10 万元以下罚款的规定。本条款的效果和意义在于，通过对违法责任的追究来减少和遏制虚假出资的行为，当然这样比例的惩罚不是为了填充虚假出资形成的缺口，而是为了在一定程度上减少和遏制虚报行为的发生，维护注册资本应有的法律功能。

【条文】

第二百五十三条

公司的发起人、股东在公司成立后，抽逃其出资的，由公司登记机关责令改正，处以所抽逃出资金额百分之五以上百分之十五以下的罚款；对直接负责的主管人员和其他直接责任人员处以三万元以上三十万元以下的罚款。

【条文主旨】

本条是关于公司发起人、股东抽逃出资的法律责任的规定。

【条文概览】

1993年《公司法》第209条规定：“公司的发起人、股东在公司成立后，抽逃其出资的，责令改正，处以所抽逃出资金额百分之五以上百分之十以下的罚款。构成犯罪的，依法追究刑事责任。”2005年《公司法》修订时，将其中表述修改为“由公司登记机关责令改正”，并将条文序号修改为第201条。此后，本条文内容均未再进行修改，仅条文序号有调整，2013年修正《公司法》条文序号调整为第200条。本次修订新增发起人、股东抽逃出资时直接负责的主管人员和其他直接责任人员的行政责任。

【理解与适用】

出资构成的注册资本是公司信誉及其承担责任的物质基础之一。依法实缴资本的意义在对股东出资义务的免责和对公司独立财产的界定两个方面。实缴资本一经形成，意味着相应金额的出资义务已由股东履行，从此也就免除了股东在该金额范围内的出资责任，换言之，此后即使公司资不抵债或不能支付到期债务，都不可要求股东对公司债务再承担责任，因为股东的有限责任已随实缴资本的形成而承担完成。同时，实缴资本的形成也界定了公司独立财产的范围，拥有独立财产既是公司的基本法律特征，也是公司具有独立法律人格的重要条件，而公司取得独立财产的初始来源及其后的来源之一则是资本的实缴，实缴资本项下的财产虽然来源于股东，但一经出资，即成为公司独立财产。因此，本法规定发起人、股东出资后，不得抽回出资。公司的发起人、股东在公司成立后，抽逃其出资，是对公司债权人、社会公众和公司登记机关的欺骗，应当承担相应的法律责任。

实践中，抽逃出资主要包括两种情况：一是为了达到设立公司的目的，通过向其他企业借款或者向银行贷款等手段取得资金，作为自己出资，等公司登记成立后，又抽回这些资金；二是在公司设立时，依法缴纳了自己的出资，但当公司成立后，又将其出资撤回。对何为抽逃出资，《公司法解释三》进行了规定，公司成立后，公司、股东或者公司债权人以相关股东的行为符合下列情形之一且损害公司权益为由，请求认定该股东抽逃出资的，人民法院应予支持：制作虚假财务会计报表虚增利润进行分配；通过虚构债权债务关系将其出资转出；利用关联交易将出资转出；其他未经法定程序将出资抽回的行为。公司的发起人、股东在公司成立后，抽逃其出资，是对公司债权人、社会公众和公司登记机关的欺骗，应当承担相应的法律责任。

抽逃不同于一般的交易，一般的交易是有公正、合理的对价，但“抽逃”是指股东出资资金或者相应的资产从公司转移给股东时，股东并未向公司支付公正、合理的对价，即未向公司交付等值的资产或权益。这也是认定抽逃出资行为的关键所在。股东抽逃出资虽然大多采取隐蔽、秘密的手段，但在财务记录上一般有迹可循。财务记录，如公司的资产负债表、长期投资账册、资产损益表、财务状况变动表、利润分配表及其工作底稿等，是认定股东抽逃出资的重要证据。

抽逃出资的股东具体主要采取以下四种财务记录方式。

1. 借方记录“银行存款”，贷方记录“其他应收账款”。以“其他应收账款”长期挂账，挂账方多为股东或与股东有关联关系的人，理由多为材料采购等，但其实股东与公司并未有真正的、公正的业务往来。因此，需查验公司的资产负债表等账务记录，以及有关的合同、发票、汇款单据等，看两者数据是否吻合。

2. 借方记录“银行存款”，贷方记录“长期投资”。使公司资本长期滞留在公司账外，不能供公司使用。但实际上与股东并无基础的投资关系，或者公司对股东进行无对价的反投资或抵押担保，公司没有得到相应的收益，却要因股东的债务承担连带保证责任，股东无法偿还债务时，股东的出资被部分或全部执行给案外人。此种情形需要通过查验抵押投资协议、汇款单据、被投资担保的公司的注册情况、公司的收益情况等，以此来查证公司对外投资担保的真实性和公司是否享有公平合理的收益。

3. 做混账。将应收账款、预付账款、其他应收款三个账户合并设置应收综合账户，而且债权、债务未按单位或个人分别设置分户明细账。

4. 不做账或者做假账。公司成立后，股东强行转移公司资产，“银行存款”项下账面上的公司注册资金并未减少，账面数额仅是一个虚假的夸大数字。能够进行此项操作的一般是控股股东，利用其强势地位抽逃出资。此时，需要股东对交易、财务记录进行查阅、调查，或通过有法定资格的审计师事务所或者会计师事务所独立审计，出具书面审计报告，以确认公司资金减少的事实和减少的原因。

【条文】

第二百五十四条

有下列行为之一的，由县级以上人民政府财政部门依照《中华人民共和国会计法》等法律、行政法规的规定处罚：

（一）在法定的会计账簿以外另立会计账簿；

（二）提供存在虚假记载或者隐瞒重要事实的财务会计报告。

【条文主旨】

本条是关于公司另立会计账簿、提供存在虚假记载或隐瞒重要事实的财务会计报告法律责任的规定。

【条文概览】

本条源自1993年《公司法》第211条规定："公司违反本法规定，在法定的会计帐册以外另立会计帐册的，责令改正，处以一万元以上十万元以下的罚款。构成犯罪的，依法追究刑事责任。将公司资产以任何个人名义开立帐户存储的，没收违法所得，并处以违法所得一倍以上五倍以下的罚款。构成犯罪的，依法追究刑事责任。"第212条规定："公司向股东和社会公众提供虚假的或者隐瞒重要事实的财务会计报告的，对直接负责的主管人员和其他直接责任人员处以一万元以上十万元以下的罚款。构成犯罪的，依法追究刑事责任。"1999年、2004年两次《公司法》修正，该两条规定均未作修改。2005年《公司法》修订时将第211条条文序号调整为第202条，内容修订为："公司违反本法规定，在法定的会计账簿以外另立会计账簿的，由县级以上人民政府财政部门责令改正，处以五万元以上五十万元以下的罚款。"第212条条文序号调整为第203条，内容修订为："公司在依法向有关主管部门提供的财务会计报告等材料上作虚假记载或者隐瞒重要事实的，由有关主管部门对直接负责的主管人员和其他直接责任人员处以三万元以上三十万元以下的罚款。"此后2013年和2018年修正均未对内容进行修订，仅将条文序号分别调整为第201条和第202条。

《会计法》第3条规定："各单位必须依法设置会计账簿，并保证其真实、完整。"第5条规定："会计机构、会计人员依照本法规定进行会计核算，实行会计监督。任何单位或者个人不得以任何方式授意、指使、强令会计机构、会计人员伪造、变造会计凭证、会计账簿和其他会计资料，提供虚假财务会计报告。任何单位或者个人不得对依法履行职责、抵制违反本法规定行为的会计人员实行打击报复。”第 9 条规定：“各单位必须根据实际发生的经济业务事项进行会计核算，填制会计凭证，登记会计账簿，编制财务会计报告。任何单位不得以虚假的经济业务事项或者资料进行会计核算。”第 13 条规定：“会计凭证、会计账簿、财务会计报告和其他会计资料，必须符合国家统一的会计制度的规定。使用电子计算机进行会计核算的，其软件及其生成的会计凭证、会计账簿、财务会计报告和其他会计资料，也必须符合国家统一的会计制度的规定。任何单位和个人不得伪造、变造会计凭证、会计账簿及其他会计资料，不得提供虚假的财务会计报告。”第 16 条规定：“各单位发生的各项经济业务事项应当在依法设置的会计账簿上统一登记、核算，不得违反本法和国家统一的会计制度的规定私设会计账簿登记、核算。”第 40 条规定：“违反本法规定，有下列行为之一的，由县级以上人民政府财政部门责令限期改正，给予警告、通报批评，对单位可以并处二十万元以下的罚款，对其直接负责的主管人员和其他直接责任人员可以处五万元以下的罚款；情节严重的，对单位可以并处二十万元以上一百万元以下的罚款，对其直接负责的主管人员和其他直接责任人员可以处五万元以上五十万元以下的罚款；属于公职人员的，还应当依法给予处分：（一）不依法设置会计账簿的；（二）私设会计账簿的；（三）未按照规定填制、取得原始凭证或者填制、取得的原始凭证不符合规定的；（四）以未经审核的会计凭证为依据登记会计账簿或者登记会计账簿不符合规定的；（五）随意变更会计处理方法的；（六）向不同的会计资料使用者提供的财务会计报告编制依据不一致的；（七）未按照规定使用会计记录文字或者记账本位币的；（八）未按照规定保管会计资料，致使会计资料毁损、灭失的；（九）未按照规定建立并实施单位内部会计监督制度或者拒绝依法实施的监督或者不如实提供有关会计资料及有关情况的；（十）任用会计人员不符合本法规定的。有前款所列行为之一，构成犯罪的，依法追究刑事责任。会计人员有第一款所列行为之一，情节严重的，五年内不得从事会计工作。有关法律对第一款所列行为的处罚另有规定的，依照有关法律的规定办理。”第 41 条规定：“伪造、变造会计凭证、会计账簿，编制虚假财务会计报告，隐匿或者故意销毁依法应当保存的会计凭证、会计账簿、财务会计报告的，由县级以上人民政府财政部门责令限期改正，给予警告、通报批评，没收违法所得，违法所得二十万元以上的，对单位可以并处违法所得一倍以上十倍以下的罚款，没有违法所得或者违法所得不足二十万元的，可以并处二十万元以上二百万元以下的罚款；对其直接负责的主管人员和其他直接责任人员可以处十万元以上五十万元以下的罚款，情节严重的，可以处五十万元以上二百万元以下的罚款；属于公职人员的，还应当依法给予处分；其中的会计人员，五年内不得从事会计工作；构成犯罪的，依法追究刑事责任。”

《刑法》第161条规定：“依法负有信息披露义务的公司、企业向股东和社会公众提供虚假的或者隐瞒重要事实的财务会计报告，或者对依法应当披露的其他重要信息不按照规定披露，严重损害股东或者其他人利益，或者有其他严重情节的，对其直接负责的主管人员和其他直接责任人员，处五年以下有期徒刑或者拘役，并处或者单处罚金；情节特别严重的，处五年以上十年以下有期徒刑，并处罚金。前款规定的公司、企业的控股股东、实际控制人实施或者组织、指使实施前款行为的，或者隐瞒相关事项导致前款规定的情形发生的，依照前款的规定处罚。犯前款罪的控股股东、实际控制人是单位的，对单位判处罚金，并对其直接负责的主管人员和其他直接责任人员，依照第一款的规定处罚。”

【理解与适用】

一、关于另立会计账簿

公司的会计账簿全面记载公司的资产负债情况、财务变动情况、利润分配情况和生产经营成果等，尤其在股份公司中，这些财务状况还应依法向股东和社会公众予以公告，以了解公司自身营业情形和财产状况，保护自己的利益，也可以表示其资本能力，获得债权人的信任和信誉，维护公众利益。为此，《会计法》规定，公司的会计账簿必须保持真实、完整。如公司在法定的会计账簿之外另立会计账簿，欺骗有关监管部门、公司股东、债权人及利益相关者，其目的在于隐瞒公司收入、逃避税收等，导致公司会计账簿失去其真实性，公司经营之外的监管部门及股东、债权人等无法通过公司会计账簿正确判断公司的经营及财产状况，作出错误的监管措施、投资决定，损害国家及他人合法利益。

关于另立账簿行为的特点：首先，另立会计账簿行为的主体问题，新《公司法》之前的规定均明确：“公司违反本法规定”，而新《公司法》未对主体予以明确，但从条文规定的上下文及文义解释角度，其主体应该包括公司，也应当包括直接负责会计账簿的主管人员和其他直接责任人员。其次，另立会计账簿行为的主观方面，大多是为逃避有关主管机关监督、检查或者逃避公司的法定义务，目的与动机十分明确，因而行为的主观方面是故意。最后，另立会计账簿行为的客观方面主要表现为公司违反法律、行政法规和国务院财政部门关于设立会计账簿的规定，在法定的账簿之外设立了另外一套会计账簿。

关于法律责任。根据本条规定，不再如修正之前规定由县级以上人民政府财务部门责令改正，处以 5 万元以上 50 万元以下的罚款，而是规定由县级以上人民政府财政部门依照《会计法》等法律、行政法规的规定处罚。《会计法》对于另立账簿问题的处罚规定在该法第 40 条。

二、关于提供存在虚假记载或者隐瞒重要事实的财务会计报告

公司的财务会计报告是用货币形式反映公司的生产经营活动和财务状况的一种书面报告文件。它根据公司会计账簿的记录，按照规定的形式、内容和方法编制而成。其目的在于系统地、有重点地、简明扼要地反映公司的财务状况和经营成果，向公司机关、股东、债权人、潜在投资者、政府有关部门等会计报表使用人提供必要的账务资料和会计信息。股东和社会公众就是通过公司的财务会计报告来了解公司的经营状况及其成果，在此基础上维护自己的合法权益，并决定今后投资的意向。如果公司为达到某些非法目的，如不具备法定条件进行股份发行、债券发行，在中期报告、年度报告中作虚假记载，以逃避相关部门对公司生产经营的监督，使得公司相关行为得不到规范，投资者或债权人对公司产生错误的判断，从而损害公司股东及债权人、社会公众的利益。

认定提供不真实的财务会计报告行为应当注意以下三个方面。首先，提供不真实的财务会计报告行为的主体问题，新《公司法》之前的规定是公司提供不实财务报告，对直接负责的主管人员和其他直接责任人员处罚，但新《公司法》对主体并未明确规定。从实务中看，操纵这一行为的主体是公司中直接负责的主管人员和其他直接责任人员，但不排除公司本身也会存在提供不真实财务会计报告的情形。其次，从表现形式看，包括提供虚假记载和隐瞒重要事实的财务会计报告。即公司或相关责任人员通过公司财务会计报告的形式将虚假记载和隐瞒重要事实的情况公之于众。最后，从后果上看，并不要求以对股东、债权人及公众产生损害为要件，而是存在虚假记载或隐瞒重要事实的行为，即应承担法律责任。

关于法律责任问题，同另立账簿的分析，不再赘述。

【实务问题】

公司账簿和财务会计报告是公司股东、债权人及社会公众对公司经营情况、财产状况及潜在能力、发展前景等作出正确判断的重要参考依据。新《公司法》第57条、第110条及第209条，均对股东查阅公司账簿和财务会计报告予以明确规定，只有真实、规范、客观的公司账簿和财务会计报告才能准确反映公司运营情况，股东才能作出正确投资选择。本条准用《会计法》规定的是行政责任或刑事责任。在民商事纠纷中，如人民法院认定公司存在另立账簿、提供不实财务报告的问题，一般会判令其承担相应的责任，但该责任是由公司承担还是由实施另立账簿行为、作出虚假陈述或隐瞒重要事实的行为人承担责任？或者由公司先行承担后再向相关责任人员进行追偿？如果从保护债权人利益角度，由公司先行承担，再由公司进行追偿，更为妥当。对于股东而言，虽然是公司投资者，对公司重大事项享有表决权，也参与公司经营管理，但对于是否存在另立账簿情形、提交表决的财务会计报告是否存在虚假记载或隐瞒重要事实等情形，往往难以准确判断，因此如果不加区分的判令该责任由公司承担，也可能损害公司股东的合法利益。另外，本条规定与中介机构出具的审计报告应承担的责任应有所区别，后者指会计师事务所未保持必要的职业谨慎，未尽忠实勤勉义务，导致出具的审计报告存在虚假记载，依法应对投资者的损失承担相应的连带赔偿责任。

【典型案例】

许某成等92名投资者诉欢某世纪联合股份有限公司、北京兴某会计师事务所证券虚假陈述责任纠纷案①

——会计师事务所就证券虚假陈述承担连带赔偿责任比例的确定

裁判要旨：会计师事务所未保持必要的职业谨慎，未设计、实施恰当的审计程序核实上市公司的财务报告，导致出具的审计报告存在虚假记载，依法应对投资者的损失承担相应的连带赔偿责任。连带责任的比例，应当综合会计师事务所的过错程度、造成投资者损失的原因力大小等予以确定。

① 人民法院案例库案例，编号：2024－18－2－314－001。

【条文】

第二百五十五条

公司在合并、分立、减少注册资本或者进行清算时，不依照本法规定通知或者公告债权人的，由公司登记机关责令改正，对公司处以一万元以上十万元以下的罚款。

【条文主旨】

本条是关于公司在合并、分立、减少注册资本或者进行清算时未依法通知或者公告债权人的法律责任的规定。

【条文概览】

本条未进行实质修改。本条规定源于1993年《公司法》第217条，该条规定："公司在合并、分立，减少注册资本或者进行清算时，不按照本法规定通知或者公告债权人的，责令改正，对公司处以一万元以上十万元以下的罚款。公司在进行清算时，隐匿财产，对资产负债表或者财产清单作虚伪记载或者未清偿债务前分配公司财产的，责令改正，对公司处以隐匿财产或者未清偿债务前分配公司财产金额百分之一以上百分之五以下的罚款。对直接负责的主管人员和其他直接责任人员处以一万元以上十万元以下的罚款。构成犯罪的，依法追究刑事责任。"1999年、2004年《公司法》对上述条文未作调整。2005年《公司法》由于增加了第216条"违反本法规定，构成犯罪的，依法追究刑事责任"的内容，因此，删除了原先第217条第2款中"构成犯罪的，依法追究刑事责任"的表述；另外，序号作了调整，由原先的第217条调整为第205条。2013年《公司法》和2018年《公司法》对2005年《公司法》第205条的内容未作调整，将序号由第205条调整为第204条。本条规定是2018年《公司法》第204条第1款的内容。

【理解与适用】

我国《公司法》重视公司债权人的权利保护，第1条开宗明义地规定，保护公司债权人合法权益是我国公司法的立法宗旨之一。这一立法精神贯穿于《公司法》的始末。《公司法》中对债权人的保护始于公司设立之际，融汇于公司营运之中，终于公司清算结束之时。公司合并、分立、减少注册资本或者进行清算，均是事关公司债权人重大利益的重大事件，故前述《公司法》相关规定均明确了在此类事件发生时，公司应当在作出合并、分立、减少注册资本决议或者自清算组成立之日起 10 日内通知债权人，并于 30 日内在报纸上或者国家企业信用信息公示系统公告，以便公司债权人依法行使要求公司清偿债务或者提供相应的担保、申报债权等权利，以最大限度降低公司此类重大事件对公司债权人可能产生的不利影响。如果公司未依据前述规定通知或者公告债权人的，需承担公司登记机关责令其改正，对公司处以 1 万元以上 10 万元以下的罚款的法律责任。

在公司合并、分立、减少注册资本或者进行清算时对公司债权人进行通知、公告，由其采取一定的保护自身利益的措施，具有必要性。传统公司法和现代公司法均认为，公司债权人和公司股东是两种性质不同、权利义务有别、法律地位迥异的权利关系主体。公司股东是公司的所有权人，享有各种由公司法明确规定的权利；而公司债权人系传统民法或普通法上的一种权利义务关系主体，他们所享有的权利由公司与债权人之间订立的契约和传统民法或普通法加以规定。以公司资不抵债甚至公司是否有清偿能力出现疑问为例，此时，公司的利益实际上是既存的公司债权人本身的利益。这是因为：在公司资不抵债的破产清算中，究竟是恢复到有清偿能力的公司整顿阶段，还是加强公司某些替代性接管等问题都悬而未决，而这些程序的选择与债权人利益直接相关；而在公司的解散清算中，债权人因不是公司的成员而不享有表决权、信息获取权、诉讼提起权以及剩余财产分配请求权等权利，这使其处于弱势地位，因而有必要在公司清算程序中对债权人提供一种特别的保护机制，而清算组成立后及时通知和公告债权人就是这样的保护机制之一，也是公司债权人申报债权、提出异议等一系列权利行使的前提。因此，必须有相关制度督促公司或其清算组在公司合并、分立、减少注册资本或者进行清算时及时履行通知、公告债权人的义务，本条关于公司不履行相关义务的法律责任的规定就是相应的制度之一。

【实务问题】

值得注意的是，本条和第 256 条规定是对 2018 年《公司法》第 204 条的两款内容进行的分别规定，使得不同条文更聚焦不同环节的内容，立法技术更加细致。

【条文】

第二百五十六条

公司在进行清算时，隐匿财产，对资产负债表或者财产清单作虚假记载，或者在未清偿债务前分配公司财产的，由公司登记机关责令改正，对公司处以隐匿财产或者未清偿债务前分配公司财产金额百分之五以上百分之十以下的罚款；对直接负责的主管人员和其他直接责任人员处以一万元以上十万元以下的罚款。

【条文主旨】

本条是关于公司违法清算行为的法律责任的规定。

【条文概览】

本条未进行实质修改。本条规定源于1993年《公司法》第217条，该条规定："公司在合并、分立，减少注册资本或者进行清算时，不按照本法规定通知或者公告债权人的，责令改正，对公司处以一万元以上十万元以下的罚款。公司在进行清算时，隐匿财产，对资产负债表或者财产清单作虚伪记载或者未清偿债务前分配公司财产的，责令改正，对公司处以隐匿财产或者未清偿债务前分配公司财产金额百分之一以上百分之五以下的罚款。对直接负责的主管人员和其他直接责任人员处以一万元以上十万元以下的罚款。构成犯罪的，依法追究刑事责任。"1999年、2004年《公司法》对上述条文未作调整。2005年《公司法》由于增加了第216条"违反本法规定，构成犯罪的，依法追究刑事责任"的内容，因此，删除了原先第217条第2款中的"构成犯罪的，依法追究刑事责任"的表述；另外，序号作了调整，由原先的第217条调整为第205条。2013年《公司法》和2018年《公司法》对2005年《公司法》第205条的内容未作调整，将序号由第205条调整为第204条。本条规定是2018年《公司法》第204条第2款的内容。

【理解与适用】

一、关于违法清算行为

本条规定的违法清算行为包括三种情形：

第一，隐匿财产，是指将公司财产予以转移、隐藏。公司的财产既包括资金，也包括工具、设备、产品、货物等各种财物。

第二，对资产负债表或者财产清单作虚假记载，是指公司在制作资产负债表或者财产清单时，故意采取隐瞒或者欺骗等方法，对资产负债表或者财产清单进行虚报，以达到逃避公司债务的目的。

第三，未清偿债务前分配公司财产，是指在清算过程中，违反法律规定，在清偿债务之前，就分配公司的财产。

上述违法行为的目的，或是逃避公司的债务，或是使少数股东、债权人在分配公司财产或者清偿公司债务时优于其他股东或者债权人分得财产或者得到抵偿，其后果是将损害债权人和其他人的利益。

二、公司在进行清算时违法行为的罚款对象和计算方式

罚款的对象包括两类：其一，直接负责的主管人员；其二，其他直接责任人员。

罚款的计算方式：其一，对公司处以隐匿财产或者未清偿债务前分配公司财产金额5%以上10%以下的罚款；其二，对直接负责的主管人员和其他直接责任人员处以1万元以上10万元以下的罚款。

【实务问题】

值得注意的是，本法第255条和本条规定是对2018年《公司法》第204条的两款内容进行的分别规定，使得不同条文更聚焦不同环节的内容，立法技术更加细致。

【条文】

第二百五十七条

承担资产评估、验资或者验证的机构提供虚假材料或者提供有重大遗漏的报告的，由有关部门依照《中华人民共和国资产评估法》、《中华人民共和国注册会计师法》等法律、行政法规的规定处罚。

承担资产评估、验资或者验证的机构因其出具的评估结果、验资或者验证证明不实，给公司债权人造成损失的，除能够证明自己没有过错的外，在其评估或者证明不实的金额范围内承担赔偿责任。

【条文主旨】

本条是关于资产评估、验资或者验证机构违法的法律责任的规定。

【条文概览】

本条未进行实质修改。本条源于1993年《公司法》第219条，该条规定："承担资产评估、验资或者验证的机构提供虚假证明文件的，没收违法所得，处以违法所得一倍以上五倍以下的罚款，并可以由有关主管部门依法责令该机构停业，吊销直接责任人员的资格证书。构成犯罪的，依法追究刑事责任。承担资产评估、验资或者验证的机构因过失提供有重大遗漏的报告的，责令改正，情节较重的，处以所得收入一倍以上三倍以下的罚款，并可由有关主管部门依法责令该机构停业，吊销直接责任人员的资格证书。"1999年、2004年《公司法》对该条未作调整。2005年《公司法》对该条作出以下调整：（1）增加了主体。将原第219条第1款中"没收违法所得"，调整为"由公司登记机关没收违法所得"；将第2款中的"责令改正"，调整为"由公司登记机关责令改正"。（2）新增了处罚类型。由原第219条第1款中的"可以由有关主管部门依法责令该机构停业，吊销直接责任人员的资格证书"，调整为"可以由有关主管部门依法责令该机构停业、吊销直接责任人员的资格证书，吊销营业执照"；第2款中的"可由有关主管部门依法责令该机构停业，吊销直接责任人员的资格证书"，调整为"可以由有关主管部门依法责令该机构停业、吊销直接责任人员的资格证书，吊销营业执照"。即新增了"吊销营业执照"的处罚类型。（3）加大了罚款的力度。由第2款规定的"情节较重的，处以所得收入一倍以上三倍以下的罚款"，调整为“情节较重的，处以所得收入一倍以上五倍以下的罚款”。（4）删除部分表述。由于2005年《公司法》新增了第216条“违反本法规定，构成犯罪的，依法追究刑事责任”的规定，故而在第219条第1款中删除了“构成犯罪的，依法追究刑事责任”的表述。（5）新增了第3款的内容。即新增“承担资产评估、验资或者验证的机构因其出具的评估结果、验资或者验证证明不实，给公司债权人造成损失的，除能够证明自己没有过错的外，在其评估或者证明不实的金额范围内承担赔偿责任。”2013年、2018年《公司法》保留了该条内容，在2018年《公司法》中将序号调整为第207条。此次修订，本条第1款内容发生变化，提炼原来的前两款内容，第2款内容是原来条文的第3款内容，条文序号调整为第257条。

【理解与适用】

本条规定较2018年《公司法》最大的变化在于，第1款对于承担资产评估、验资或者验证的机构提供虚假材料或者提供有重大遗漏的报告的情形，不再在《公司法》中直接规定有关主管部门依法对资产评估、验资或者验证机构施以行政处罚的具体内容，而是引致由有关部门依照《资产评估法》《注册会计师法》等法律、行政法规的规定进行处罚，这既有利于在《资产评估法》《注册会计师法》等相关法律、行政法规出现调整时，不必引发修改《公司法》的问题，在一定程度上保持《公司法》的稳定性，而且使得该条规定不必细化资产评估、验资或者验证机构的主观状态再确定其行政处罚后果而显得过于纷繁复杂，而是更加聚焦承担资产评估、验资或者验证的机构因其出具的评估结果、验资或者验证证明不实，给公司债权人造成损失的承担问题，充分体现《公司法》的调整平等主体间的商事法律关系的特征。

关于本条第2款规定，要注意以下两方面的内容：

1. 承担资产评估、验资或者验证的机构要证明自己没有过错。根据我国《民事诉讼法》第67条第1款的规定，当事人对自己提出的主张，有责任提供证据。在关于承担资产评估、验资或者验证的机构是否承担民事责任的诉讼中，遭受损失的债权人只需证明自己因为信任中介机构提供的不实的评估结果、验资或者验证证明，从而遭受了损失即可，不需证明承担资产评估、验资或者验证的机构是否存在过失。相反，承担资产评估、验资或者验证的机构要证明自己在提供评估结果、验资或者验证证明时没有过错，即通常所说的举证责任倒置。

2. 承担资产评估、验资或者验证的机构承担赔偿责任的范围。由于承担资产评估、验资或者验证的机构所出具的评估结果、验资或者验证证明不光是提供给有关部门，往往还要为广大社会公众、股民提供信息，因此，如果给他人造成损失，其损失往往是承担资产评估、验资或者验证的机构所不能预见的，如果让承担资产评估、验资或者验证的机构承担所有的损失而不加以限制，对承担资产评估、验资或者验证的机构也是不公平的。因此，本条规定，承担资产评估、验资或者验证的机构在其评估或者证明不实的金额范围内承担赔偿责任，即承担的是一种补充赔偿责任。

【实务问题】

资产评估、验资或者验证机构是市场运行中的重要环节，在一定程度上扮演着市场“看门人”的角色。压实此类机构因为出具的评估结果、验资或者验证证明不实，给公司债权人造成损失的赔偿责任，有助于引导此类中介机构勤勉尽责，不断提高专业服务水平，为市场把好关，提供更高质量的服务，有助于提振投资者、市场交易对手的信心，对于推动市场有序高质量发展具有重要意义。

【条文】

第二百五十八条

公司登记机关违反法律、行政法规规定未履行职责或者履行职责不当的，对负有责任的领导人员和直接责任人员依法给予政务处分。

【条文主旨】

本条是关于公司登记机关违法的法律责任的规定。

【条文概览】

本条系实质修改。本条源于1993年《公司法》第222条和第223条的规定。1993年《公司法》第222条："公司登记机关对不符合本法规定条件的登记申请予以登记，情节严重的，对直接负责的主管人员和其他直接责任人员，依法给予行政处分。构成犯罪的，依法追究刑事责任。"1999年、2004年《公司法》对该条予以保留，未作变动。2005年《公司法》对该条进行调整，主要调整内容有：（1）序号调整。由原第222条调整为第209条。（2）增加登记机关承担责任的内容，即增加了"或者对符合本法规定条件的登记申请不予登记的"。（3）降低了处罚标准，即取消了"情节严重的"限制。（4）合并调整有关内容。由于2005年《公司法》增加了第216条"违反本法规定，构成犯罪的，依法追究刑事责任"的内容，故而将该条中的"构成犯罪的，依法追究刑事责任"合并至第216条。2013年《公司法》和2018年《公司法》保留了2005年《公司法》第209条的内容，仅对序号进行了调整，由原第209条调整为现第208条。

1993年《公司法》第223条规定："公司登记机关的上级部门强令公司登记机关对不符合本法规定条件的登记申请予以登记的，或者对违法登记进行包庇的，对直接负责的主管人员和其他直接责任人员依法给予行政处分。构成犯罪的，依法追究刑事责任。"1999年、2004年《公司法》未对该条进行调整。2005年《公司法》对该条进行了适当调整，主要调整有：（1）序号调整。由原第223条调整为第210条。（2）增加了行政违法的处罚事项，即增加了"对符合本法规定条件的登记申请不予登记的"这一事项。（3）合并调整有关内容。由于2005年《公司法》新增加了第216条"违反本法规定，构成犯罪的，依法追究刑事责任"，故将该条中原有内容"构成犯罪的，依法追究刑事责任”合并调整至第216条。2013年《公司法》和2018年《公司法》对内容未作调整，仅将序号由原第210条调整为现第209条。此次修订，本条内容作出修改。

【理解与适用】

与2018年《公司法》第208条和第209条相比，本条更显精简，立法技术也更高。2018年《公司法》第208条详细规定公司登记机关对不符合本法规定条件的登记申请予以登记，或者对符合本法规定条件的登记申请不予登记，都要承担法律责任；第209条则对公司登记机关的上级部门的强令公司登记机关对不符合本法规定条件的登记申请予以登记，或者对符合本法规定条件的登记申请不予登记，或者对违法登记进行包庇的行为也进行了详细罗列，并规定了法律责任。这对于当时亟待规制的不规范登记行为而言当然是必要的，但对于公司法这样的商事基本法律而言，从体系上看略显凌乱。因此，此次修订，将2018年《公司法》第208条和第209条进行合并、提炼，规定公司登记机关违反法律、行政法规规定未履行职责或者履行职责不当的，对负有责任的领导人员和直接责任人员依法给予政务处分，既涵盖了2018年《公司法》第208条和第209条详细列举的种种情形，更对公司登记机关违反法律、行政法规规定未履行职责或者不当履行职责的行为均给出了规制，简洁而全面，更有利于维护社会公众的信赖利益，对市场主体的保护作用也更为周延。

【实务问题】

违反本条的，除行政责任外，如果构成民事侵权，可能需由行政机关承担民事责任。构成犯罪的，还会因涉嫌玩忽职守等罪名而被追究刑事责任。行政责任与刑事责任的承担主体是登记机关的直接负责的主管人员和其他直接责任人员。行政处分则包括警告、记过、记大过、降级、撤职、开除等。

【条文】

第二百五十九条

未依法登记为有限责任公司或者股份有限公司，而冒用有限责任公司或者股份有限公司名义的，或者未依法登记为有限责任公司或者股份有限公司的分公司，而冒用有限责任公司或者股份有限公司的分公司名义的，由公司登记机关责令改正或者予以取缔，可以并处十万元以下的罚款。

【条文主旨】

本条是关于假冒有限责任公司或者股份有限公司及其分公司名义的法律责任的规定。

【条文概览】

本条规定源于1993年《公司法》第224条的规定："未依法登记为有限责任公司或者股份有限公司，而冒用有限责任公司或者股份有限公司名义的，责令改正或者予以取缔，并可处以一万元以上十万元以下的罚款。构成犯罪的，依法追究刑事责任。"1999年、2004年《公司法》对该条予以了保留，未作调整。2005年《公司法》对该条进行了调整，主要内容有：（1）序号调整。由原第224条调整为第211条。（2）新增受到行政处罚的行政违法行为，即增加"未依法登记为有限责任公司或者股份有限公司的分公司，而冒用有限责任公司或者股份有限公司的分公司名义的"这一行为。（3）新增行政处罚主体，即由原"责令改正或者予以取缔"调整为"由公司登记机关责令改正或者予以取缔"。（4）罚款数额的调整，即由原"并可处以一万元以上十万元以下的罚款"，调整为"可以并处十万元以下的罚款"。（5）合并调整有关内容。因2005年新增第216条规定"违反本法规定，构成犯罪的，依法追究刑事责任"，故将原法条中的"构成犯罪的，依法追究刑事责任"合并调整至第216条。2013年、2018年《公司法》对内容未作调整，仅将序号调整为第210条。此次修订，本条内容亦未发生变化，仅是序号调整为第259条。

【理解与适用】

一、关于公司名义

根据本法规定，申请设立公司的，符合本法规定的设立条件的，由公司登记机关分别登记为有限责任公司或者股份有限公司；不符合本法规定的设立条件的，不得登记为有限责任公司或者股份有限公司。依照本法设立的公司，应当在公司名称中标明有限责任公司或者股份有限公司字样。公司设立分公司的，同样应当向公司登记机关申请登记，领取营业执照。

依法登记是公司取得民事主体资格的形式条件。第一，只有依法登记后，公司才可以得到法律的承认；第二，只有经过登记公司才可以开始以自己的名义从事经营活动；第三，登记保证了公司的设立符合国家法律的统一要求；第四，登记也有利于国家和社会对企业的监督及维护社会经济秩序的稳定。

二、关于法律责任

营业执照则是工商行政管理机关给核准登记的公司颁发的从事符合规定范围生产经营活动的合法凭证，取得营业执照是公司成立的标志。在领取营业执照前，任何人不得以公司或者分公司的名义从事经营活动。行为人冒用有限责任公司或者股份有限公司或者其分公司的名义，在主观方面是故意的，即明知自己没有依法登记为有限责任公司或者股份有限公司及其分公司，而使用虚假的、不真实的有限责任公司或者股份有限公司分公司的名义，有扰乱市场经济秩序的可能，也是对和其进行交易的善意第三人利益的损害，应当禁止。

本条规定的违法主体具有多样性，可能是自然人、法人，也可能是其他企业；可能是有限责任公司，也可能是股份有限公司。无论是谁，违反了上述规定的，都应当依法由公司登记机关责令改正或者予以取缔，并可处以10万元以下的罚款。

【实务问题】

《市场主体登记管理条例》（中华人民共和国国务院令第746号）第8条规定：“市场主体的一般登记事项包括：（一）名称；（二）主体类型；（三）经营范围；（四）住所或者主要经营场所；（五）注册资本或者出资

额；（六）法定代表人、执行事务合伙人或者负责人姓名。除前款规定外，还应当根据市场主体类型登记下列事项：（一）有限责任公司股东、股份有限公司发起人、非公司企业法人出资人的姓名或者名称；（二）个人独资企业的投资人姓名及居所；（三）合伙企业的合伙人名称或者姓名、住所、承担责任方式；（四）个体工商户的经营者姓名、住所、经营场所；（五）法律、行政法规规定的其他事项。”第9条规定：“市场主体的下列事项应当向登记机关办理备案：（一）章程或者合伙协议；（二）经营期限或者合伙期限；（三）有限责任公司股东或者股份有限公司发起人认缴的出资数额，合伙企业合伙人认缴或者实际缴付的出资数额、缴付期限和出资方式；（四）公司董事、监事、高级管理人员；（五）农民专业合作社（联合社）成员；（六）参加经营的个体工商户家庭成员姓名；（七）市场主体登记联络员、外商投资企业法律文件送达接受人；（八）公司、合伙企业等市场主体受益所有人相关信息；（九）法律、行政法规规定的其他事项。”

【条文】

第二百六十条

公司成立后无正当理由超过六个月未开业的，或者开业后自行停业连续六个月以上的，公司登记机关可以吊销营业执照，但公司依法办理歇业的除外。

公司登记事项发生变更时，未依照本法规定办理有关变更登记的，由公司登记机关责令限期登记；逾期不登记的，处以一万元以上十万元以下的罚款。

【条文主旨】

本条是关于公司未开业、自行停业以及公司不依法办理变更登记的法律责任的规定。

【条文概览】

1993 年《公司法》第 225 条第 1 款规定：“公司成立后无正当理由超过六个月未开业的，或者开业后自行停业连续六个月以上的，由公司登记机关吊销其公司营业执照。”第 2 款规定：“公司登记事项发生变更时，未按照本法规定办理有关变更登记的，责令限期登记，逾期不登记的，处以一万元以上十万以下的罚款。”1999 年、2004 年《公司法》保留该条，未作调整。2005 年《公司法》对该条进行了微调，其调整内容主要有：（1）序号进行了调整。由原第 225 条，调整为第 212 条。（2）自由裁量权调整。从“由公司登记机关吊销其公司营业执照”调整为“可以由公司登记机关吊销营业执照”。（3）增加执法主体。从“责令限期登记”调整为“由公司登记机关责令限期登记”。2013 年《公司法》和 2018 年《公司法》对该条的内容未予修改，仅对序号进行了调整，由原第 212 条调整为第 211 条。2023 年《公司法》再次调整序号，由原第 211 条调整为现第 260 条，内容未作实质修改。

【理解与适用】

一、关于未开业、自行停业的行政法律责任

根据本条第 1 款规定，公司在成立后没有正当理由超过 6 个月未开业或

者开业后自行停业连续6个月以上的，将可能受到公司登记机关吊销公司营业执照的行政处罚，公司依法办理了歇业手续的情形除外。此处的“公司成立后”是指公司办理登记并领取了营业执照；“未开业”是指没有正式对外营业。

对于公司登记机关而言，核准设立公司登记申请人的相关事项，目的是保证适格主体参与市场竞争以推动社会经济的发展，并尽可能维护正常的市场秩序和公司制度。因此，尽管本法对公司的设立采取了比较宽松的态度，国家仍要对公司进行必要的监督管理。根据《市场主体登记管理条例》的规定，申请人申请市场主体设立登记，登记机关依法予以登记的，签发营业执照。公司成立后，随之就应该开业，着手开展各项生产经营活动，并坚持营业。公司成立后无正当理由超过6个月未开业或者开业后自行停业连续6个月以上的，公司登记机关依法可以给予吊销营业执照的行政处罚，即由公司登记机关收回公司营业执照，依法取消其生产经营资格。需要指出的是，本条中“无正当理由”是一种原则性表述，至于何为正当理由，须由公司登记机关根据具体情况来认定。“吊销营业执照”区别于“注销”，公司被吊销营业执照后，应当依法进行清算，清算结束后，办理“注销”手续，公司的主体资格才告终结。

《市场主体登记管理条例》首次设立了“歇业”制度，其第30条规定，“因自然灾害、事故灾难、公共卫生事件、社会安全事件等原因造成经营困难的，市场主体可以自主决定在一定时期内歇业”“市场主体应当在歇业前向登记机关办理备案”“市场主体歇业的期限最长不得超过3年”等。公司遇到自然灾害、事故灾难、公共卫生事件、社会安全事件等原因造成经营困难的，应当办理“歇业”备案手续，公司“歇业”期间暂停营业是合法行为，可以避免“自行停业”的行政处罚。

二、关于未办理变更登记的行政法律责任

根据本条第2款规定，公司登记事项发生变更时，应当依法办理变更登记手续，否则应承担相应的法律后果。所谓“公司登记事项”是指公司向公司登记机关登记的有关公司的主要事项。根据本法第32条的规定，公司登记事项包括：公司名称和住所；公司注册资本；公司经营范围；公司法定代表人的姓名；有限责任公司股东、股份有限公司发起人的姓名或名称。根据本法第34条第1款的规定，公司登记事项发生变更的，应当依法办理变更登记；本条第2款则对应规定，未依法办理变更登记的，公司登记机关将责

令公司限期登记，逾期不登记的，公司登记机关将对公司处以 1 万元以上 10 万元以下罚款的行政处罚。

一般来说，公司一经公司登记机关核准登记，领取了营业执照以后，其各个重要事项等都不得随意变更，以保证法律的严肃性和企业的稳定性，维护正常的社会经济秩序。但是社会经济情况总是在不断发展变化，为了适应这种变化，便于公司顺利开展生产经营活动，应当允许公司通过一定的法律程序对特定事项进行变更。变更登记与设立登记一样是公司登记法律制度的重要组成部分，它一方面适应了公司变化的需要，有利于保护与变更公司有关的其他当事人的合法权益；另一方面也便于国家对公司实行监督管理，及时掌握公司的各种变化动态。《市场主体登记管理条例》第 24 条规定："市场主体变更登记事项，应当自作出变更决议、决定或者法定变更事项发生之日起 30 日内向登记机关申请变更登记。市场主体变更登记事项属于依法须经批准的，申请人应当在批准文件有效期内向登记机关申请变更登记。"如果公司登记事项发生变更而未按本法规定办理有关的变更登记，显然违反了法律的义务性规范，公司登记机关应责令限期登记；对于逾期仍不登记的，处以 1 万元以上 10 万元以下的罚款。责令限期登记实际上是责令改正的一种形式，针对不依法申请办理变更登记的行为，首先就是应责令当事人限期改正不办理有关变更登记的违法行为，如果公司在限期内办理了变更登记，也就不再给予行政处罚；如果公司逾期仍不办理有关变更登记，公司登记机关将给予必要的经济上的行政处罚，这是公司的不法行为应当承担的行政法律责任。

【条文】

第二百六十一条

外国公司违反本法规定，擅自在中华人民共和国境内设立分支机构的，由公司登记机关责令改正或者关闭，可以并处五万元以上二十万元以下的罚款。

【条文主旨】

本条是关于外国公司擅自在中国境内设立分支机构的行政法律责任的规定。

【条文概览】

本条源于1993年《公司法》第226条的规定："外国公司违反本法规定，擅自在中国境内设立分支机构的，责令改正或者关闭，并可处以一万元以上十万元以下的罚款。"该条1999年、2004年《公司法》修正时未进行调整。2005年《公司法》对该条进行了微调，调整内容主要有：（1）序号调整。由原第226条调整为第213条。（2）增加行政处罚主体。从"责令改正或者关闭"，调整为"由公司登记机关责令改正或者关闭"。（3）罚款数额增大。从"并可处以一万元以上十万元以下的罚款"调整为"可以并处五万元以上二十万元以下的罚款"。2013年《公司法》和2018年《公司法》对该条的内容未作调整，仅将序号从原第213条，调整为第212条。2023年《公司法》再次调整序号，由原第212条调整为现第261条，内容未作实质修改。

【理解与适用】

本法第244条规定："外国公司在中华人民共和国境内设立分支机构，应当向中国主管机关提出申请，并提交其公司章程、所属国的公司登记证书等有关文件，经批准后，向公司登记机关依法办理登记，领取营业执照。外国公司分支机构的审批办法由国务院另行规定。"本条对违反上述规定的行为对应规定了公司应当承担的行政法律责任，即外国公司擅自在中国境内设立分支机构的，由公司登记机关责令改正或者关闭，并可以并处5万元以上20万元以下的罚款。

外国公司是指依照外国法律在中华人民共和国境外设立的公司。外国公司在我国设立分支机构，首先要经我国有关主管机关批准，并依法办理登记手续。公司登记主管机关对其递交的申请文件进行审查后，认为材料齐全，符合中国法律、法规的，准予登记，发给其在中国营业的执照，外国公司的分支机构领取营业执照后方可开始营业。外国公司违反本法规定，擅自在我国境内设立分支机构的行为，破坏了我国公司管理制度，扰乱了正常的市场秩序，应予行政处罚。根据本条规定，对于情节不太严重的外国公司违法在中国境内设立分支机构的，公司登记机关可以责令改正，改正的形式可以是要求其依法补办有关设立分支机构的手续；无法改正的，可以要求关闭其自行设立的分支机构；对于情节严重的行为，公司登记机关在作出上述任何一种处理以后，还可并处罚款，罚款的幅度为5万元以上20万元以下。

【条文】

第二百六十二条

利用公司名义从事危害国家安全、社会公共利益的严重违法行为的，吊销营业执照。

【条文主旨】

本条是关于利用公司名义从事危害国家安全、社会公共利益等严重违法行为的行政法律责任的规定。

【条文概览】

本条规定是2005年《公司法》新增内容。2005年《公司法》第214条规定："利用公司名义从事危害国家安全、社会公共利益的严重违法行为的，吊销营业执照。"2013年《公司法》和2018年《公司法》保留了该条内容，但在序号上进行了调整，由原第214条调整为第213条。2023年《公司法》再次调整序号，由原第213条调整为现第262条，内容未作修改。

【理解与适用】

本条主要是针对不法分子利用公司作为掩护、从事非法活动而作出的规定。不法分子成立公司并非用以开展正常的市场经济活动，而是想利用公司的外壳进行危害国家安全、社会公共利益的活动，逃避有关部门的监管和法律的制裁，如黑社会组织成立公司洗钱等。对于此类行为应依法予以严处，吊销公司的营业执照仅是行政处罚，对构成犯罪的，应当依法追究刑事责任。

公司制度所具有的各种优越性如果用于商业正途，当然可以高效地提高经济效益，但如果被用来进行违法犯罪活动，其后果是十分严重的。因此，国家有必要对公司进行监管，并对违法行为采取极为严厉的惩治措施。本条规定的"危害国家安全、社会公共利益的严重违法行为"，可以包括以下行为：（1）分裂国家、破坏国家统一行为；（2）资助危害国家安全犯罪活动；（3）资敌行为；（4）生产、销售伪劣产品行为；（5）其他严重违法行为，如走私行为、虚开增值税专用发票行为等。

【条文】

第二百六十三条

公司违反本法规定，应当承担民事赔偿责任和缴纳罚款、罚金的，其财产不足以支付时，先承担民事赔偿责任。

【条文主旨】

本条是关于公司承担民事赔偿责任优先原则的规定。

【条文概览】

本条规定沿袭自1993年《公司法》第228条："公司违反本法规定的，应当承担民事赔偿责任和缴纳罚款、罚金的，其财产不足以支付时，先承担民事赔偿责任。"在其后的历次修改中，本条未发生实质性变动，仅作了序号调整。2023年《公司法》再次调整序号，由2018年《公司法》第214条调整为现第263条，内容未作修改。

【理解与适用】

本条是有关公司某一行为构成犯罪，应当承担民事赔偿责任、遭受行政罚款，出现刑事责任、民事责任和行政责任竞合时如何处理的规定。其中，损害赔偿是当事人因违法或违约给他人造成损失，用其自身财产弥补对方损失，消除损害后果的民事责任形式；罚款是指国家行政管理机关对违法者依法强制其缴纳一定数量的货币归国家所有的一种行政处罚措施；罚金是法院强制罪犯在一定期限内向国家缴纳一定数量货币的刑罚类型。

根据本条规定，当公司因违法行为应当承担民事赔偿责任和缴纳罚款、罚金，而其所有财产又不足以全部支付时，承担责任的顺序应该是先承担民事赔偿责任，有剩余时再承担缴纳罚款、罚金的责任。公司用以承担民事责任的财产，应当是公司的合法财产。

近年来，世界上大部分国家均在其公司法内引入了民事赔偿责任优先原则，我国也不例外，本法就对该原则作出了具体的规定。民事赔偿责任优先原则是解决民事责任、刑事责任、行政责任竞合时的法律原则，即责任主体的财产不足以同时满足民事责任、行政责任或者刑事责任时，优先承担民事责任。

确定民事赔偿责任优先原则主要基于以下几个方面的考虑：第一，公司法在基本性质上属于民商法，其立法主旨是保护个人或民事主体的权利，包括财产权和人身权。公司法上的责任制度是以民事责任制度为主，以罚款和罚金等行政和刑事责任为辅助手段。第二，从市场监督的有效性分析，市场经济秩序和交易安全具有法律保障性的要求，公司法上设定民事赔偿优先原则，有利于市场主体实现自治和自律。第三，法律的最高目标是实现公平、公正。从自然人以及单位与国家主体的对比来看，自然人与单位显然属于弱势群体，因此，当二者的权益发生冲突时，法律应当优先保护弱者的权益。民事责任优先可以取得良好的社会效益，也更能体现法律的人道和正义。人道和正义是法的社会功能的体现，也是法所追求的主要价值所在。

【条文】

第二百六十四条

违反本法规定，构成犯罪的，依法追究刑事责任。

【条文主旨】

本条是关于违反本法有关规定的刑事责任的规定。

【条文概览】

本条内容在1993年《公司法》和1999年《公司法》中未作规定，首创于2005年《公司法》第216条："违反本法规定，构成犯罪的，依法追究刑事责任。"该条在2013年《公司法》和2018年《公司法》中得以延续，条文内容没有变动，序号在2018年《公司法》中为第215条。2023年《公司法》再次调整序号，由原第215条调整为现第264条，内容未作修改。

【理解与适用】

实践中，行为人违反本法的有关规定，违法情形构成犯罪的，将被依法追究刑事责任，以维护市场经济秩序和我国现代公司制度的规范和健康发展。本条是一条原则性规定，不能作为定罪量刑的依据，应与我国《刑法》衔接适用。因为根据罪刑法定原则，只有《刑法》有具体规定时，才有构成犯罪的可能，其他违法行为即使情节严重，只要《刑法》未予以规定，不属于犯罪。所以，如果行为人的行为严重违反本法，但《刑法》没有将之作为犯罪加以规定，不能依据本条追究其刑事责任。

违反本法规定，依照《刑法》构成犯罪，需要追究刑事责任的行为主要规定在《刑法》第三章第三节"妨害对公司、企业的管理秩序罪"中。例如，虚报注册资本罪，虚假出资、抽逃出资罪，欺诈发行证券罪，违规披露、不披露重要信息罪，妨害清算罪，隐匿、故意销毁会计凭证、会计账簿、财务会计报告罪，虚假破产罪，非国家工作人员受贿罪，对非国家工作人员行贿罪，非法经营同类营业罪，为亲友非法牟利罪，签订、履行合同失职被骗罪，国有公司、企业、事业单位人员失职罪，徇私舞弊低价折股、出售公司、企业资产罪，背信损害上市公司利益罪，等等。当然，其他章节的罪名也可能会涉及。依据我国《刑法》规定构成犯罪的，必然被追究刑事法律责任。

第十五章　附　　则

【条文】

第二百六十五条

本法下列用语的含义：

（一）高级管理人员，是指公司的经理、副经理、财务负责人，上市公司董事会秘书和公司章程规定的其他人员。

（二）控股股东，是指其出资额占有限责任公司资本总额超过百分之五十或者其持有的股份占股份有限公司股本总额超过百分之五十的股东；出资额或者持有股份的比例虽然低于百分之五十，但依其出资额或者持有的股份所享有的表决权已足以对股东会的决议产生重大影响的股东。

（三）实际控制人，是指通过投资关系、协议或者其他安排，能够实际支配公司行为的人。

（四）关联关系，是指公司控股股东、实际控制人、董事、监事、高级管理人员与其直接或者间接控制的企业之间的关系，以及可能导致公司利益转移的其他关系。但是，国家控股的企业之间不仅因为同受国家控股而具有关联关系。

【条文主旨】

本条是关于《公司法》使用的一些用语含义的规定。

【条文概览】

2004 年《公司法》中，没有相关规定。2005 年修订《公司法》时，首次在第 217 条进行了规定，2013 年、2018 年修订时，基本没有作修改。本次修订，主要是对第 2 项、第 3 项的内容进行了微调。

【理解与适用】

根据本条的规定，高级管理人员、控股股东、实际控制人、关联关系的具体含义如下：

一、高级管理人员

高级管理人员是指公司的经理、副经理、财务负责人，上市公司董事会秘书和公司章程规定的其他人员。该条与原《公司法》条文无变化，但需要注意的是：《公司法》对高级管理人员的权利义务有较一般管理人员更为明确同时也更为严格的规定，对相关概念的含义应当进行全面、准确的理解。例如，条款中的“经理”一般是由董事会聘任，负责公司组织日常经营管理活动的常设业务执行机关，在实践中可能被称为总经理、首席执行官（CEO）等，并不包括职务中冠以“××经理”的一般管理人员或者普通员工。

二、控股股东

控股股东，是指其出资额占有限责任公司资本总额超过50%或者其持有的股份占股份有限公司股本总额超过50%的股东；出资额或者持有股份的比例虽然低于50%，但依其出资额或者持有的股份所享有的表决权已足以对股东会的决议产生重大影响的股东。该条文较《公司法》条文相比，将“百分之五十以上”均修改为“百分之五十”，因为根据《民法典》第1259条的规定，“以上”包括本数，修改后的表述更为准确。

实践中，控股股东一般是指公司内所持股份比例达到能够左右股东会和董事会的决议，从而可以控制公司局面的大股东。根据所持股份比例的大小，控股股东又可以分为绝对控股股东（所持股份超过50%）和相对控股股东（持股比例低于50%）。实践中，拥有上市公司20%～30%的股份就可成为公司的相对控股股东。

绝对控股股东是出资额占有限责任公司资本总额超过50%或者其持有的股份占股份有限公司股本总额超过50%的股东。持股超过50%为认定控股股东的充分条件，这类股东在通常情形下享有超过50%的公司表决权，有权决定股东会的一般决议事项，对股东会的特殊决议事项具有巨大影响，享有绝对的控制权。

相对控股股东是出资额或者持有股份的比例虽然低于50%，但依其出资额或者持有的股份所享有的表决权已足以对股东会的决议产生重大影响的股东。在股份较为分散的大型公司，特别是上市公司中，控股股东表决权虽然低于50%，但仍能对股东会决议的一般事项进行影响甚至控制决议结果，被称为相对控股。

三、实际控制人

实际控制人，是指通过投资关系、协议或者其他安排，能够实际支配公司行为的人。与原《公司法》相比，新《公司法》删除了实际控制人“不是股东”的要求，修改后的规定更为精准。在原《公司法》规定下，如果股东持有股份，就无法将其认定为实际控制人，新《公司法》修改使得实际控制人的定义更加周延与合理。实践中，支配公司行为一般是通过控制表决权进行的，例如，在行使表决权时，控制该公司的董事会过半数的成员或者主要负责人当选的；或者能够行使或者控制的该公司的表决权数量，超过该公司控股股东或者最大出资人在名义上能够行使的有表决权数量的。但是实践中也存在一些新情况，依本条之规定，实际控制人的判断标准在于“能够实际支配公司行为”，符合条件的，即使不属于通过掌握的表决权比例进行控制的情形，也适用本条规定。本条列举了三种实际支配公司行为的情形。一是投资关系，实际控制人通过投资目标公司的母公司等，实现对该公司的支配。二是通过协议控制目标公司，例如签订对赌协议后入驻目标公司进行控制。三是通过其他安排支配公司行为，一般是通过对高级管理人员的任免，作为公司实际经营者等支配公司。

四、关联关系

关联关系，是指公司控股股东、实际控制人、董事、监事、高级管理人员与其直接或者间接控制的企业之间的关系，以及可能导致公司利益转移的其他关系。但是，国家控股的企业之间不仅因为同受国家控股而具有关联关系。

实践中，关联关系主要包括关联法人、关联自然人和潜在关联人。

1. 具有以下情形之一的法人，为本公司的关联法人。（1）直接或间接地控制本公司，以及与本公司同受某一企业控制的法人（包括但不限于母公司、子公司、与本公司受同一母公司控制的子公司）；（2）由前项所述法人直接或间接控制的除公司及其控股子公司以外的法人；（3）由公司关联自然人直接或间接控制的，或担任董事、监事、高级管理人员的，除公司及其控股子公司以外的法人；（4）持有公司5%以上股份的法人；（5）中国证监会、深圳证券交易所或公司根据实质重于形式的原则认定的其他与公司有特殊关系，可能造成公司对其利益倾斜的法人。

2. 本公司的关联自然人。（1）持有本公司5%以上股份的个人股东；（2）本公司的董事、监事及高级管理人员；（3）前两项所述人士的亲属，包括：①父母；②配偶；③兄弟姐妹；④年满18周岁的子女；⑤配偶的父母、子女的配偶、配偶的兄弟姐妹、兄弟姐妹的配偶。

3. 公司潜在关联人。因与本公司关联法人签署协议或作出安排，在协议生效后符合前述关联法人、关联自然人条件的，为本公司潜在关联人。

另外，国家控股企业中履行出资人职责的机构可能是同一的，但由于国家控股企业及其履行出资人职责的机构均代表着国家利益，仅以该事实不足以认定属于可能导致公司利益转移的关系，因此不能仅因同受国家控股而认定其具有关联关系。

【条文】

第二百六十六条

本法自2024年7月1日起施行。

本法施行前已登记设立的公司，出资期限超过本法规定的期限的，除法律、行政法规或者国务院另有规定外，应当逐步调整至本法规定的期限以内；对于出资期限、出资额明显异常的，公司登记机关可以依法要求其及时调整。具体实施办法由国务院规定。

【条文主旨】

本条是关于《公司法》施行日期以及调整出资期限的规定。

【条文概览】

法律从公布到实施一般会有一个间隔的时间，在通过以后能有一段时间做思想、业务、组织等方面的准备。1993年《公司法》第230条规定“本法自1994年7月1日起施行。”2005年《公司法》修订时将该条调整为第219条，内容修改为：“本法自2006年1月1日起施行。”2018年《公司法》对该条没有作修改，本次修订改为“本法自2024年7月1日起施行”。

【理解与适用】

一、关于法律施行日期

法律的施行日期是指法律生效的日期。“本法自2024年7月1日起施行”，是指本法自2024年7月1日起生效。法律生效日期的问题，是任何一部法律都要涉及的问题。一部法律通过以后，就产生了从什么时候开始起生效、在什么地域范围内生效、对什么人有效的问题，这些问题就是法律的效力范围问题。法律效力范围包括时间效力、空间效力和对人的效力三个方面。生效日期是法律的时间效力问题。

法律的时间效力问题，又包括法律从何时开始生效、到何时终止生效和法律生效后有无溯及力三个问题。我国以前制定的法律中，关于生效日期的规定，有以下三种情况：一是在法律条文中规定“本法自×年×月×日起施行”，如1996年7月5日第八届全国人大常委会第二十次会议通过的《枪支管理法》第50条规定："本法自1996年10月1日起施行"，直接规定了具体的生效日期。二是在法律条文中没有直接规定具体的生效日期，而是规定"本法自公布之日起施行"，但法律何时公布，根据我国《宪法》关于法律由国家主席公布的规定，则由国家主席发布主席令来确定，按照目前国家主席公布法律的习惯做法，是在全国人大或者全国人大常委会通过法律的当天发布主席令公布法律，如《公务员法》是2005年4月27日第十届全国人大常委会第十五次会议通过，同日签署第35号主席令予以公布。三是规定生效日期取决于另一部法律的制定和施行时间或者其他情况，如1986年制定的《企业破产法（试行）》第43条规定"本法自全民所有制工业企业法实施满三个月之日起试行"，当时，《全民所有制工业企业法》尚未制定出来，所以《企业破产法（试行）》正式开始生效的时间是《全民所有制工业企业法》1988年8月1日生效后三个月的1988年11月1日。《公司法》采用的是第一种形式，直接规定了具体的生效日期。

从《公司法》通过或修订通过到施行之日，间隔的一段时间，有关部门、公司、企业单位或者个人，包括公司登记部门，应当做好本法施行的各项准备工作。一是要认真清理以前制定的各种法规、规章、办法、规定等，凡发现与本法规定相抵触的，都要予以废止或者修改；是有关部门应当做好本法的宣传工作，要在全社会进行广泛的《公司法》的宣传教育，使各部门、各行业、各单位以及每个社会成员都增强法治观念，以便更好地在本法生效后守法、执法。

二、关于出资期限的特别规定

在新《公司法》实施以后，在2024年7月1日以前依照旧法规定注册的"存量公司"应当如何适用新法，是一个现实的问题，因此，有必要专门加以规定。

在新《公司法》的修订过程中，存在不同的意见。第一种是"并存说"。认为依据法不溯及既往的理念，新《公司法》适用于2024年7月1日以后注册成立的"新设公司"，已经设立的公司可沿用原《公司法》之规定。该观点是对已经设立的公司资本问题，放弃法律或者政策干预，完全依赖市场进行"选择"。但该观点存在明显的缺陷：首先，这种制度下的"自然淘汰"需要花费较多的时间，而且新设公司与存量公司在公司合并、分立、增资、减资等程序上存在适用不一致的问题，后续的公司运行存在较多障碍。其次，如果新设公司与存量公司大量并存，可能导致司法、执法因为需要甄别后区别处理而产生较大的成本，与“高效、便捷”的要求背道而驰。最后，“并存”情形下，存量公司可能成为一种不可再生的特殊商品，成为一种可被倒卖牟利的“壳资源”。特别是有观点提出，如果采用“并存法”，在2023年12月29日新《公司法》公布至2024年7月1日可能会出现大量注册认缴期限较长、出资额较大的公司，影响法律的权威和严肃性。

第二种是“一刀切”。认为自新《公司法》实施之日起，所有公司均全面适用新法，即有限责任公司需限期认缴，股份有限公司需实缴。这种“一刀切”的法律适用模式为公司实务和司法、执法带来了纸面上的便利，维护了法律的统一性，但对存量公司的苛刻使得法律适用上存在极大的障碍，并不可取。从调研的情况看，截至2023年6月，现存公司数量极大，“一刀切”难免对部分公司正常经营造成影响，司法、执法的实际成本也难以控制。

第三种是“过渡法”。认为规定过渡期，给存量公司一定时间进行出资的调整，最终所有公司均能依新《公司法》的规定进行出资。既能引导所有公司依法缴足资本，发挥注册资本的公示公信效力，又能给2024年7月1日前已登记设立的存量公司，减少对其生产经营的影响。最终，在新《公司法》修改时，采取这一模式。

新《公司法》采用“过渡法”，但并未明确该过渡时限，而是在本条授权国务院规定具体的实施办法。原因在于公司的经营情况多种多样，需要国务院在新《公司法》颁布后通过对全国公司的调研分析，出台具体的实施办法引导公司调整其出资。

根据本条规定，实际存在三种情况：第一种，2024年7月1日以后注册的所有公司，均需依新《公司法》之规定进行出资。有限责任公司实施最长5年的限期认缴制，股份有限公司实施实缴制。

第二种，2024年7月1日以前注册，但出资期限超过新《公司法》规定期限的公司，应当逐步调整至新法规定的期限内。具体实施办法由国务院另行规定。

第三种，2024年7月1日以前注册，存在出资期限、出资额明显异常的公司，公司登记机关可以依法要求其及时调整。第一，新《公司法》并未规定如何判断“出资期限、出资额明显异常”，进行认定不是一个简单的数额高低的问题，一个公司的出资期限是否畸长、出资额是否畸高须结合该公司经营活动所涉及的行业特征、公司的发展状况等因素综合考量，难以在新《公司法》文本中进行直接规定，可在国务院后续发布的实施办法中予以明确。第二，对于出资期限、出资额明显异常的存量公司，公司登记机关也不能直接调整其登记的注册资本，应责令公司自行调整，并规定不能自行调整的法律后果。第三，该情形下，公司登记机关要求公司自行调整注册资本是法律赋予公司登记机关的权力，对如何行使该权力根据国务院规定进行具体判断。

本法规定的一些措施制度，特别是第 2 款规定的情形，需要制定一些配套规定予以具体化。有关的配套规定完成后，也是人民法院审理案件的依据。

第二部分
《最高人民法院关于适用〈中华人民共和国公司法〉时间效力的若干规定》理解与适用

一、条文全本

最高人民法院
关于适用《中华人民共和国公司法》时间效力的若干规定

法释〔2024〕7号

（2024年6月27日最高人民法院审判委员会第1922次会议通过
2024年6月29日最高人民法院公告公布　自2024年7月1日起施行）

为正确适用2023年12月29日第十四届全国人民代表大会常务委员会第七次会议第二次修订的《中华人民共和国公司法》，根据《中华人民共和国立法法》《中华人民共和国民法典》等法律规定，就人民法院在审理与公司有关的民事纠纷案件中，涉及公司法时间效力的有关问题作出如下规定。

第一条　公司法施行后的法律事实引起的民事纠纷案件，适用公司法的规定。

公司法施行前的法律事实引起的民事纠纷案件，当时的法律、司法解释有规定的，适用当时的法律、司法解释的规定，但是适用公司法更有利于实现其立法目的，适用公司法的规定：

（一）公司法施行前，公司的股东会召集程序不当，未被通知参加会议的股东自决议作出之日起一年内请求人民法院撤销的，适用公司法第二十六条第二款的规定；

（二）公司法施行前的股东会决议、董事会决议被人民法院依法确认不成立，对公司根据该决议与善意相对人形成的法律关系效力发生争议的，适用公司法第二十八条第二款的规定；

（三）公司法施行前，股东以债权出资，因出资方式发生争议的，适用公司法第四十八条第一款的规定；

（四）公司法施行前，有限责任公司股东向股东以外的人转让股权，因股权转让发生争议的，适用公司法第八十四条第二款的规定；

（五）公司法施行前，公司违反法律规定向股东分配利润、减少注册资本造成公司损失，因损害赔偿责任发生争议的，分别适用公司法第二百一十一条、第二百二十六条的规定；

（六）公司法施行前作出利润分配决议，因利润分配时限发生争议的，适用公司法第二百一十二条的规定；

（七）公司法施行前，公司减少注册资本，股东对相应减少出资额或者股份数量发生争议的，适用公司法第二百二十四条第三款的规定。

第二条 公司法施行前与公司有关的民事法律行为，依据当时的法律、司法解释认定无效而依据公司法认定有效，因民事法律行为效力发生争议的下列情形，适用公司法的规定：

（一）约定公司对所投资企业债务承担连带责任，对该约定效力发生争议的，适用公司法第十四条第二款的规定；

（二）公司作出使用资本公积金弥补亏损的公司决议，对该决议效力发生争议的，适用公司法第二百一十四条的规定；

（三）公司与其持股百分之九十以上的公司合并，对合并决议效力发生争议的，适用公司法第二百一十九条的规定。

第三条 公司法施行前订立的与公司有关的合同，合同的履行持续至公司法施行后，因公司法施行前的履行行为发生争议的，适用当时的法律、司法解释的规定；因公司法施行后的履行行为发生争议的下列情形，适用公司法的规定：

（一）代持上市公司股票合同，适用公司法第一百四十条第二款的规定；

（二）上市公司控股子公司取得该上市公司股份合同，适用公司法第一百四十一条的规定；

（三）股份有限公司为他人取得本公司或者母公司的股份提供赠与、借款、担保以及其他财务资助合同，适用公司法第一百六十三条的规定。

第四条 公司法施行前的法律事实引起的民事纠纷案件，当时的法律、司法解释没有规定而公司法作出规定的下列情形，适用公司法的规定：

（一）股东转让未届出资期限的股权，受让人未按期足额缴纳出资的，关于转让人、受让人出资责任的认定，适用公司法第八十八条第一款的规定；

（二）有限责任公司的控股股东滥用股东权利，严重损害公司或者其他股东利益，其他股东请求公司按照合理价格收购其股权的，适用公司法第八十九条第三款、第四款的规定；

（三）对股份有限公司股东会决议投反对票的股东请求公司按照合理价格收购其股份的，适用公司法第一百六十一条的规定；

（四）不担任公司董事的控股股东、实际控制人执行公司事务的民事责任认定，适用公司法第一百八十条的规定；

（五）公司的控股股东、实际控制人指示董事、高级管理人员从事活动损害公司或者股东利益的民事责任认定，适用公司法第一百九十二条的规定；

（六）不明显背离相关当事人合理预期的其他情形。

第五条 公司法施行前的法律事实引起的民事纠纷案件，当时的法律、司法解释已有原则性规定，公司法作出具体规定的下列情形，适用公司法的规定：

（一）股份有限公司章程对股份转让作了限制规定，因该规定发生争议的，适用公司法第一百五十七条的规定；

（二）对公司监事实施挪用公司资金等禁止性行为、违法关联交易、不当谋取公司商业机会、经营限制的同类业务的赔偿责任认定，分别适用公司法第一百八十一条、第一百八十二条第一款、第一百八十三条、第一百八十四条的规定；

（三）对公司董事、高级管理人员不当谋取公司商业机会、经营限制的同类业务的赔偿责任认定，分别适用公司法第一百八十三条、第一百八十四条的规定；

（四）对关联关系主体范围以及关联交易性质的认定，适用公司法第一百八十二条、第二百六十五条第四项的规定。

第六条 应当进行清算的法律事实发生在公司法施行前，因清算责任发生争议的，适用当时的法律、司法解释的规定。

应当清算的法律事实发生在公司法施行前，但至公司法施行日未满十五日的，适用公司法第二百三十二条的规定，清算义务人履行清算义务的期限自公司法施行日重新起算。

第七条 公司法施行前已经终审的民事纠纷案件，当事人申请再审或者人民法院按照审判监督程序决定再审的，适用当时的法律、司法解释的规定。

第八条 本规定自 2024 年 7 月 1 日起施行。

二、理解与适用

《最高人民法院关于适用〈中华人民共和国公司法〉时间效力的若干规定》理解与适用

高晓力　麻锦亮　丁俊峰

为确保公司法统一正确适用，妥善解决《公司法》施行后新旧法律衔接适用问题，2024 年 6 月 24 日，最高人民法院审判委员会第 1922 次全体会议审议通过了《最高人民法院关于适用〈中华人民共和国公司法〉时间效力的若干规定》（以下简称《规定》)，自 2024 年 7 月 1 日起施行。本文就《规定》的起草背景、基本原则及重点条文进行说明，便于司法实践中更加全面理解和准确适用。

一、《规定》的起草背景

2023 年 12 月 29 日，第十四届全国人大常委会第七次会议修订通过《公司法》，自 2024 年 7 月 1 日起施行。公司法坚持以习近平新时代中国特色社会主义思想为指导，全面贯彻落实党中央重大决策部署，立足中国国情，深入总结实践经验，平衡不同利益主体的诉求，对于深化国有企业改革、完善中国特色现代企业制度，完善产权保护制度、持续优化营商环境，激发市场创新活力、推动高质量发展，具有深远的历史意义和重大的现实意义。

为确保《公司法》施行后在全国法院统一正确适用，《规定》以习近平法治思想为指导，就当前人民法院在审判工作中如何做好新旧法律衔接适用作出具体规定。《规定》的出台，有利于确保公司法的平稳施行。从我国以往的司法实践看，新的法律出台后，为统一裁判尺度、确保新法施行初期在司法适用上的平稳过渡，一般会以司法解释的形式明确新法的时间效力。比如，《民法典》施行后，最高人民法院制定了《关于适用〈中华人民共和国民法典〉时间效力的若干规定》（以下简称《民法典时间效力规定》），保障《民法典》贯彻实施。《规定》的出台有利于彰显公司法的立法价值，确保新旧法衔接过程中司法职能的正确发挥。更有意义的是，此次公司法坚持问题导向，增加了49个条款，解决了审判实践中诸多长期存在争议的问题。《规定》通过明确列举赋予溯及力的新增条款方式，不仅是统一裁判尺度的需要，而且在一定程度上能够体现了对公司法新增条款的司法态度和评价。

二、《规定》的起草过程

《规定》是专门就《公司法》溯及力进行规定的司法解释，理论性强、起草难度大。为做好《规定》的起草、论证工作，最高人民法院专门成立起草小组，进行多轮收集问题和调研。2024年4月，起草小组多次召开了内部论证会和专题调研论证会。其中，专题调研论证特别邀请全国人大常委会法工委的公司法执笔人林一英同志、北京大学蒋大兴同志等公司法领域专家学者，部分省高院审判一线的骨干力量参加，充分征求专家学者的意见建议。5月，起草小组多次召开内部论证会对《规定》讨论稿进行完善，经充分讨论，形成讨论稿第八稿并在此基础上形成了征求意见稿。随后，向全国人大常委会法制工作委员会、司法部、国家市场监管总局、财政部、证监会5单位征求意见，向立案庭等院内9部门征求意见，向各地高院征求意见。6月，研究全国人大常委会法制工作委员会等外部征求意见单位、院内相关庭室、各地方高院的反馈意见，充分吸收相关建议，对征求意见稿进行修改，并邀请立案庭等院内9部门对征求意见稿展开专题研讨。会后，起草小组认真研究上述部门修改建议，对征求意见稿进一步完善。在充分吸收各方意见建议的基础上，形成《规定》送审稿，提交最高人民法院审判委员会讨论，6月27日由最高人民法院审判委员会第1922次会议通过。

三、制定《规定》的基本原则

《规定》的起草始终恪守司法解释的功能定位，就如何具体做好新旧法衔接适用问题作出规定。

第一，坚持法不溯及既往。首先，《规定》秉持“法不溯及既往”的基本原则，对于法律事实发生在公司法施行前的，原则上适用当时的法律、司法解释规定。只有符合《立法法》第104条“为了更好地保护公民、法人和其他组织的权利和利益而作出的特别规定”即有利溯及规则，适用新法更能够体现立法目的的情形下，才赋予相关条文溯及适用的效力。其次，《规定》严格将溯及适用的条文限定在实质性修改、新增规定、具体细化规定中。《规定》对于不符合有利溯及规则的实质性修改、背离相关当事人合理预期的新增规定，不赋予溯及力。最后，在具体适用中，最高人民法院下发专门通知，要求对溯及适用的例外情形务必持审慎态度，对是否溯及适用存在争议的，要及时通过法答网、报送上级法院管辖等方式统一尺度。各高级人民法院要加强对本辖区人民法院的业务指导，尽快将典型案例推送人民法院案例库。

第二，坚持问题导向。《规定》不仅重申了时间效力的一般原则，还针对《公司法》的特性分类型规定了溯及适用的具体情形。例如，针对合同、公司决议等民事法律行为的效力问题，《规定》具体列举了约定公司对所投资企业债务承担连带责任、公司作出使用资本公积金弥补亏损的决议等情形；针对合同履行问题，《规定》具体列举了代持上市公司股票合同、上市公司控股子公司取得该上市公司股份合同等情形。《规定》的此种体例安排有利于提高法律适用的准确性。

第三，彰显新法价值。在《公司法》266 个条文中，只有 36 个条文是从旧公司法中平移过来的，此外的 230 个条文都有不同程度的修改甚至不少还是新增规定，新增和修改的条文约占全部条文的 86%。就新法代替旧法而言，表面上是法律规范的更替、完善，实质上反映了社会经济关系的发展变化，反映了需要通过新的立法巩固社会转型成果，实现更高层次的社会正义。制定《规定》，不仅解决新旧法律选择适用问题，更重要的是关系到《公司法》的价值实现。在《规定》制定过程中，我们系统、全面地梳理了《公司法》修订、增加的条款，根据不同类别分为实质性修改规定、新增规定、细化规定并确定了不同的溯及规则，始终保持对《公司法》修改重点、亮点的呼应，以更好地实现《公司法》价值。

四、《规定》的主要内容

《规定》共 8 条，分别为时间效力的一般规定及有利溯及规则、民事法律行为效力的有利溯及规则、合同履行的有利溯及规则、新增规定的空白溯及规则、细化规定的溯及适用规则、清算责任的法律适用、既判力优于溯及力规则、生效时间。重点内容如下：

（一）法不溯及既往规则及其有限例外

法不溯及既往是法的效力的一般原则，其法理基础在于对信赖利益的保护。一般而言，“昨天的行为不能适用今天的法律”，如果人们按照昨天的法律去行为，由此形成的各种法律关系却被今天的法律所否定，不利于信赖利益保护，不利于社会关系稳定，不利于维护法律权威。因此，法律原则上只对其生效后的行为起规范作用，不能要求人们遵守还没有制定出来的法律。《规定》第1条是本司法解释最基础和最重要的规定，统领整部司法解释，重申了“法不溯及既往”的基本原则，对于法律事实发生在《公司法》施行前的，原则上适用当时的法律、司法解释规定。当然，法不溯及既往也有例外情形。只有符合《立法法》第104条“为了更好地保护公民、法人和其他组织的权利和利益而作出的特别规定”即有利溯及规则，适用新法更能够体现立法目的之特殊情形下，对《公司法》中个别条文可以赋予溯及适用的效力。

1. 严格《规定》溯及适用条文范围

公司法有49个新增条文、181个条文有不同程度的修改和整合，《规定》仅遴选出27个具有典型性的条文，未予明确列举其他条文主要考虑以下几点：

（1）在《公司法》施行前，《民法典》、相关司法解释以及司法政策性文件、指导性案例等有规定或者已经形成统一、明确裁判思路的，原则上应当适用当时的法律、司法解释等规定，故《公司法》吸收了相关司法解释、司法政策性文件等精神的，不再赋予相关条文溯及力；

（2）《公司法》中实质性修改条文、新增条文和细化条文总数超过了《规定》列举的条文数量，但综合考虑到溯及适用条文不仅应符合《公司法》立法目的，而且也应当满足不打破相关利益主体的利益平衡、不背离合理预期的遴选标准，故《公司法》规定有可能增加某一方当事人责任、突破了其在旧法下的预期的，原则上不赋予溯及力；

（3）《公司法》中部分新增规定，由于认识上尚不统一，目前尚未积累相应的裁判经验，故《规定》暂时不予规定，留待司法实践中进一步研究。

比如，《规定》第4条对《公司法》第180条（事实董事的民事责任）、第192条（影子董事的民事责任）的溯及力问题作出规定，但对《公司法》第191条（董事、高管的民事责任）则未作规定。《公司法》第180条、第192条规定了事实董事、影子董事制度，公司控制股东、实际控制人利用其控股、控制地位操纵董事或取代董事行使职权损害公司利益是滥用权利的一种方式，造成公司治理的法定主体与实际主体的严重脱节。

实践中出现的重大风险，无不有控股股东、实际控制人操纵公司的现象，《规定》第4条列举《公司法》第180条、第192条，明确控股股东、实际控制人不担任公司董事但实际执行公司事务或者指示董事执行公司事务的，对公司负有忠实、勤勉义务，适用《公司法》规定不背离当事人合理预期的评价标准，符合空白溯及的原则。而《公司法》第191条是董事对第三人责任的规定。有观点认为，董事对第三人责任来源于董事对公司的责任，而旧《公司法》规定了董事对公司的责任，可以认为《公司法》第191条只是改变了向董事主张权利的主体，并未加重董事责任。相反的观点认为，董事直接向第三人承担责任，事实上加重董事责任，打破其合理预期。司法实践中，《公司法》第191条与《公司法》其他董事责任条款，与《公司法》第11条、《民法典》第61条的关系，以及董事对第三人承担连带责任还是一般赔偿责任等问题，认识尚不统一，故《规定》暂时不予规定，留待司法实践中进一步研究。

2. 明确《规定》的适用场景

《规定》第1条参考《民法典时间效力规定》，明确以法律事实发生时间作为判断是否适用公司法的基准点。《规定》第1条所谓的“法律事实”，是指依法能够引起法律关系产生、变更、消灭的客观事实，包括行为和事件，前者又包括法律行为和事实行为。一般而言，就法律行为如合同来说，主要是指订立合同的事实，有时也包括合同履行的事实。

《公司法》溯及适用的基本场景是，某一法律事实发生在《公司法》施行前，但人民法院在《公司法》施行后受理因该法律事实产生的民事纠纷案件，此时是适用《公司法》还是当时的法律、司法解释？如适用《公司法》的某一规定，则该规定就具有溯及力；反之，则《公司法》的相关规定不具有溯及力。需要说明的是，在《公司法》施行后人民法院受理的民事纠纷案件，包括了正在一审程序、二审程序中审理的案件，但为维护生效裁判的权威性，不包括当事人申请再审或按照审判监督程序决定再审的案件。也就是说，《公司法》施行前已经终审的民事纠纷案件，当事人申请再审或按照审判监督程序决定再审的案件，不适用《公司法》的规定，此即所谓的既判力优于溯及力规则。

3. 准确界定“当时的法律、司法解释”的范围

“当时的法律”包括法律事实发生时的法律和行政法规；“当时的司法解释”包括法律事实发生时尚未废止的《最高人民法院关于适用〈中华人民共和国公司法〉若干问题的规定（一）》（2014年修正，以下简称《公司法解释一》）、《最高人民法院关于适用〈中华人民共和国公司法〉若干问题

的规定（二）》（2020 年修正，以下简称《公司法解释二》）、《最高人民法院关于适用〈中华人民共和国公司法〉若干问题的规定（三）》（2020 年修正，以下简称《公司法解释三》）、《最高人民法院关于适用〈中华人民共和国公司法〉若干问题的规定（四）》（2020 年修正，以下简称《公司法解释四》）、《最高人民法院关于适用〈中华人民共和国公司法〉若干问题的规定（五）》（2020 年修正，以下简称《公司法解释五》）（以下简称五部旧公司法司法解释），也包括其他司法解释中涉及与公司有关的内容，如《最高人民法院关于民事执行中变更、追加当事人若干问题的规定》《最高人民法院关于审理外商投资企业纠纷案件若干问题的规定（一）》等。

需要说明的是，相关司法政策性文件虽然不是司法解释，但这些司法政策性文件是在旧公司法框架下，根据《公司法》及其他有关法律的基本原理、原则总结形成的统一裁判思路、理念和尺度，如《全国法院民商事审判工作会议纪要》（以下简称《九民会纪要》）、《全国法院破产审判工作会议纪要》等以及指导性案例，当事人对纠纷案件的裁判规则已有合理预期，在此情形下《公司法》不应溯及适用。此外，公报案例、典型案例等不属于"当时的法律、司法解释"的范畴，但根据公报案例、典型案例等形成的裁判规则，有助于判断公司法相关条文是作了进一步具体规定还是新增规定，系区分细化规定与新增规定溯及力类型的重要参考。同理，部门规章、监管规范一般也不属于"当时的法律、司法解释"的范畴，但有助于判断《公司法》相关条文是作了进一步具体规定还是实质性修改，系区分细化规定与实质性修改溯及力类型的考量因素。

（二）有利溯及适用规则

《规定》第 1 条第 2 款主要规定了《公司法》有利溯及适用规则。《立法法》第 104 条"为了更好地保护公民、法人和其他组织的权利和利益而作出的特别规定"作为法不溯及既往的例外情形，该例外也被称为有利溯及。有利溯及在公法领域的适用规则比较明确，例如刑法上的从旧兼从轻原则，但是，民事法律通常涉及双方乃至多方当事人的权益，有的还与公序良俗和社会公共利益直接相关，如何确定有利溯及的具体标准十分复杂。《民法典时间效力规定》以"更有利于保护民事主体合法权益，更有利于维护社会和经济秩序，更有利于弘扬社会主义核心价值观"为有利溯及的判断标准，"更有利于保护民事主体合法权益"符合《立法法》第 104 条的精神，"更有利于维护社会和经济秩序，更有利于弘扬社会主义核心价值观"均符合《民法典》的立法目的，实际上体现了对立法精神、立法目的以及公序良俗的考量。公司法的有利溯及判断，也应如此。

《规定》为体现《公司法》的特性，以“更有利于实现公司法立法目的”为有利溯及的判断标准，即“更有利于规范公司的组织和行为，保护公司、股东、职工和债权人的合法权益，完善中国特色现代企业制度，弘扬企业家精神，维护社会经济秩序，促进社会主义市场经济的发展”。

《规定》在梳理《公司法》条文后，根据修订情况，将条文区分为实质性修改、新增规定和具体细化规定，以上规定是否溯及适用均需以有利溯及为判断标准。

实质性修改包括两种情况：一是《公司法》对旧《公司法》及其司法解释的假定条件、法律后果等实质内容均进行了修改；二是旧《公司法》虽无规定，但旧《公司法》司法解释作了漏洞填补性规定，《公司法》作了实质不同的规定。此两种情况均可归类为对旧《公司法》的实质修改。公司法溯及适用要极为慎重，一般情况下必须满足有利溯及规则的要求。道理在于，旧法的具体规定，形成社会对旧法秩序的合理预期，新法的溯及适用往往会打破合理预期，使法律稳定预期的功能大打折扣。另外，就民商事法律关系当事人而言，一旦成诉，必然存在此消彼长的利益冲突，适用新法往往对一方有利，对另一方不利。因此，在《公司法》对旧《公司法》实质性修改的情况下，依据有利溯及规则，《公司法》溯及适用一般应当对各方当事人均更加有利，或者在至少对一方更加有利的同时，不减损另一方在旧《公司法》秩序下的应有权益，不破坏另一方在旧《公司法》秩序下的合理预期。

《规定》充分关注到《公司法》的特性，与公司有关的民事纠纷多与合同、公司决议的效力和履行有关，故《规定》将实质性修改区分为有关民事法律行为效力的实质性修改、有关合同履行的实质性修改以及其他实质性修改，并分别规定溯及适用。《规定》第 1 条至第 3 条分别为时间效力的一般规定及有利溯及规则、民事法律行为效力的有利溯及规则、合同履行的有利溯及规则。

《规定》第 1 条第 2 款确定了《公司法》有利溯及的一般规则，并在此款具体列举了其他实质性修改情形。具体适用情形为：

1. 关于股东撤销权的除斥期间。旧《公司法》规定了股东提起撤销之诉，但没有对未接收通知的股东作出专门规定，因决议撤销的计算时点是作出之日，而未被通知的股东并不知道决议召开情况，《公司法》增加规定了未被通知参加股东会会议的股东自知道或者应当知道股东会决议作出之日起

60日内，可以请求人民法院撤销，进一步弥补了法律的漏洞，但是明确了这种情况下撤销权可行使的最长期限为决议作出之日起1年内，《公司法》可溯及适用。本条体现了对少数股东权益的尊重和保护，以及对公平和效率平衡的追求。

2. 关于决议被否定的外部效力。《公司法解释四》第6条仅规定了公司决议无效、被撤销情况下，公司根据该决议与善意相对人形成的法律关系不受影响，但并未规定公司决议不成立情况下，公司与善意相对人形成的法律关系是否受影响的问题。《公司法》第28条第2款的规定基于保护善意第三人的考量，同样情况同样处理，可溯及适用。

3. 关于债权出资。旧《公司法》第27条未列举规定债权、股权出资形式，但在"但书"部分规定了法律、行政法规规定不得作为出资的财产除外。《公司法》施行前，《市场主体管理条例》第13条所列举的禁止出资形式中并未包括以股权、债权出资方式，配套实施的《市场主体登记管理条例实施细则》第13条认可了股权、债权出资方式。债权出资是否可以溯及适用《公司法》，需要从两个方面进行考虑：一方面，从当事人合理预期角度而言，旧《公司法》、相关行政法规未禁止债权出资方式，相关部门规章对债权出资予以认可，故关于债权出资方式的规定溯及适用，未破坏市场主体的合理预期。另一方面，从判断债权出资情形是否属于"当时的法律、司法解释已有规定"角度，"当时的法律、司法解释"是指法律、行政法规、司法解释，作为法律可溯及适用的依据，并不包括部门规章。《市场主体登记管理条例实施细则》系部门规章，不属于"当时的法律、司法解释已有规定的"情形，故债权出资属于实质性修改情形，可以溯及适用。至于股权出资，《公司法解释三》第11条规定："出资人以其他公司股权出资，符合下列条件的，人民法院应当认定出资人已履行出资义务……"根据修订精神，当时的法律、司法解释有规定，适用当时的法律、司法解释的规定，因此本条仅规定债权出资。

4. 关于有限责任公司股东对外转让股权。《公司法》第84条删除了旧《公司法》第71条关于公司股东向股东之外的人转让股权需经其他股东半数同意的规定。如果在《公司法》实施之前发生的股权转让行为，《公司法》第84条应溯及适用。

5. 关于违法分配和违法减资的法律责任。《公司法》第211条、第226条增加规定了违法分配利润的法律后果、违法减资的法律后果，旧《公司法》没有规定违法分配利润、违法减资情形下人员的赔偿损失责任，《公司法》进一步完善了公司违规分配利润、违法减资情形下的责任承担制度，有利于保护公司及债权人的利益，契合了本次《公司法》修订加强董事、监事、高级管理人员维护资本充实义务的整体立法趋势，可溯及适用。

6. 关于公司利润分配决议的实施期限。旧《公司法》并未对股东会作出分配利润决议后的分配期限作出限制，《公司法解释五》将分配期限限制为“决议作出之日起一年内”，《公司法》将法定分配时间设置为6个月。此举旨在解决当前实践中存在的股东会决议分配利润但公司拒不执行的问题，从而也为盈余分配等纠纷提供便利，《公司法》可溯及适用。

7. 《公司法》第224条规定了公司减资应实行同比例减资，旧《公司法》并未规定同比例减资，《公司法》的规定有利于保护中小股东合法权益，实现股东平等。同时该条还规定了同比例减资的除外情况，即法律、有限责任公司章程可以对非同比例减资规定或约定除外情形，以尊重公司意思自治，灵活平衡不同主体的利益诉求，适应商业实践需要，《公司法》可溯及适用。

《规定》第2条为民事法律行为效力的有利溯及规则，针对与公司有关的民事纠纷中常见的合同、公司决议效力问题作出规定。遵循“从旧兼从轻”基本法理，旧《公司法》作禁止性或限制性规定，而《公司法》进行实质性修改，删除该规定或转化为任意性规定，对公司决议、合同效力的认定，原则上适用《公司法》。《规定》明确指出，对于《公司法》施行前与公司相关的民事法律行为，若依据旧法及司法解释认定无效、但依据《公司法》有效的3种特定情形，公司法溯及适用。

这就意味着明确了在这3种情形下发生法律适用冲突时，新法中认为有效的法律行为应优于旧法中的无效认定，将民事法律中尽量维护行为效力、减少无效认定的价值取向引入《公司法》，确保公司运营的法律环境与时俱进，更加契合现代商业实践的需求。具体适用情形为：

1. 关于公司对外投资。旧《公司法》第15条关于公司转投资限制，原则上不允许公司成为其所投资企业债务的连带责任出资人；而《公司法》原则上允许公司成为其所投资企业债务的连带责任出资人，除非法律另有规定。这一转变体现了新法对公司自治和独立经营的支持。在我国，特定类型公司如国有独资公司、国有企业等被限制成为合伙企业普通合伙人，以避免因对外承担责任而造成国有资产或社会公共利益的损失。但同时在现代公司法理论中，公司对外投资是商业决策，与签订合同等经营行为无本质区别，因此，对于国有企业等少数公司的投资限制仍然存在，但总体上公司法鼓励公司自主决策，减少不必要的限制。这种转变有助于公司理顺经营理念，更好地利用资本，促进经济发展，符合有利溯及规则，《公司法》可溯及适用。

2. 关于公司资本公积金的使用规则。《公司法》第214条删除了旧《公司法》不得使用资本公积金弥补公司亏损的规定，规定公积金弥补公司亏损应当先使用任意公积金和法定公积金，仍不能弥补的，可以按照《公司法》规定使用资本公积金。此变动契合了企业经营的实际需要，一方面有助于财政困境中的公司迅速恢复盈利能力，避免因资金短缺而陷入经营困境，维护公司市场价值，吸引新的投资；另一方面提升了资金利用效率，允许公司根据具体情况灵活调整资本结构，实现资本的最大化利用，符合有利溯及规则，《公司法》可溯及适用。

3. 关于母子公司的简易合并。《公司法》第219条是关于公司简易合并的规定。旧《公司法》并未规定简易合并情形，对于公司合并事项要经代表三分之二以上表决权的股东通过；而《公司法》规定的简易合并无须经股东会决议。对于简易合并涉及股东会决议效力的判断，可溯及适用《公司法》。

《规定》第3条是合同履行的有利溯及规则，针对与公司有关纠纷中的合同履行行为作出规定。本条规范性质属于衔接适用规定。所谓衔接适用问题，是指法律事实跨越新旧法律的效力期间时应当适用新法还是旧法的问题。当一个法律事实的不同部分，或者多个密切相关的法律事实分别落入了两部法律的有效施行期间，这时既不能说法律事实的全部发生时间在旧法有效施行期间，也不能说法律事实全部发生在新法有效施行期间，如何确定适用新法还是旧法就成为一个很复杂和有争议的问题，这也是新旧法律衔接适用中的难题。

关于合同履行持续的规定不是本解释的首创，而是来源于1999年12月颁布的《最高人民法院关于适用〈中华人民共和国合同法〉若干问题的解释（一）》（已失效，以下简称《合同法解释一》），该解释第2条规定："合同成立于合同法实施之前，但合同约定的履行期限跨越合同法实施之日或者履行期限在合同法实施之后，因履行合同发生的纠纷，适用合同法第四章的有关规定。"此后，《民法典时间效力规定》第20条也进行了规定："民法典施行前成立的合同，依照法律规定或者当事人约定该合同的履行持续至民法典施行后，因民法典施行前履行合同发生争议的，适用当时的法律、司法解释的规定；因民法典施行后履行合同发生争议的，适用民法典第三编第四章和第五章的相关规定。"

因此，《规定》第3条参照《民法典时间效力规定》，对持续性法律事实的法律适用之溯及力进行规定。《公司法》施行前订立的合同，履行行为跨越新旧《公司法》，因《公司法》施行前履行行为发生争议的，适用当时的法律、司法解释的规定。合同履行行为发生在《公司法》施行之后，由于旧《公司法》未否定相关合同的效力，而《公司法》作了禁止性或者限制性规定，当事人有权主张解除合同，其主张承担违约责任的，人民法院不予支持。但是因一方当事人迟延履行导致履行行为发生在《公司法》施行后的，应根据过错认定当事人各自承担相应的民事责任。

《规定》列举了因《公司法》施行后的履行行为发生争议适用《公司法》的3种情形。具体适用情形为：

1. 关于禁止非法代持上市公司股票。《公司法》施行前，法律、行政法规没有直接规定禁止代持上市公司股票或股份，《公司法》第140条规定，禁止违反法律、行政法规的规定代持上市公司股票。此修订目的在于保护投资者的权益、维护市场的公平性及稳定性，符合《公司法》立法目的，故可溯及适用。

2. 关于禁止上市公司交叉持股。《公司法》第141条第1款规定，禁止上市公司控股子公司取得上市公司股份，《公司法》施行前，法律、行政法规并未规定。此修订目的在于确保上市公司及其控股子公司的独立性，防止出现不当控制，从而维护资本市场的健康运作和公平性，《公司法》可溯及适用。

3. 关于禁止股份公司对外提供财务资助。《公司法》第163条第1款的规定包括了公司为他人取得公司股份进行担保，此类交易中并不适用公司担保规则，并不能因为该交易进行了股东会或者董事会决议等法定程序后发生担保的效力。旧《公司法》《证券法》并未明确规定禁止上述行为。如果允许股份公司为股东取得公司股份提供担保，本质上是侵蚀了公司资本，导致公司资本无偿流向股东，《公司法》可溯及适用。

（三）新增规定溯及适用规则

《规定》第4条规定了新增规定的空白溯及规则。

新增规定是指不仅旧《公司法》无规定，《民法典》、司法解释等均无规定，缺乏统一的裁判尺度。新增规定的溯及适用是在长期审判实践和一系列司法解释基础上发展而来的溯及适用类型。例如，《合同法解释一》第1条规定，合同法实施以前成立的合同发生纠纷起诉到人民法院，当时没有法律规定的，可以适用合同法的有关规定。这一规定经过了多年司法实践的检验，已经为社会公众和广大法官所接受和认同。《民法典》编纂过程中，在总结以往审判实践经验的基础上新增加了一些规定。对于《民法典》施行前发生的法律事实引起的民事纠纷案件，在当时法律、司法解释没有规定的情况下，适用《民法典》的新增规定，可以为相应案件的司法裁判提供明确法律依据，可以规范自由裁量权的行使，切实维护裁判尺度统一。

相较于《公司法》对旧《公司法》实质修改，新增规定对旧《公司法》秩序下的合理预期一般无影响，或影响不大。并且新增规定多属填补旧《公司法》之空白，《公司法》实施前所处理的公司纠纷，即使旧《公司法》无相关规定，人民法院也要依据习惯和《公司法》《民法典》等其他法律的基本原则、立法精神进行个案处理中的法律漏洞填补。因此，对空白溯及，更侧重于考量《公司法》溯及适用是否与旧《公司法》无规定情况下填补法律漏洞具有同样的正当性，或同样没有减损民事主体预期利益。申言之，新增规定的溯及适用不像实质修改那么苛刻，但也不应简单地当然溯及适用，不能脱离有利溯及规则而得出一律可参考适用的结论。

对新增规定是“适用”还是“参照适用”，此前的司法解释和规范性文件存在不同的做法，例如，《最高人民法院关于贯彻执行〈中华人民共和国民法通则〉若干问题的意见》第196条使用了“可以比照……处理”，《合同法解释一》第1条使用了“可以适用”，《公司法解释一》第2条使用了“可参照适用”，《最高人民法院关于适用〈中华人民共和国保险法〉若干问题的解释一》使用了“参照适用”，《九民会纪要》使用了“可以……作为裁判依据”。

本条使用了“适用”，理由如下：第一，根据《立法技术规范（试行）（一）》（法工委发〔2009〕62号）第18.3规定，“参照”一般用于没有直接纳入法律调整范围，但是又属于该范围逻辑内涵自然延伸的事项。《民法典》有26处“参照适用”，两处“可以参照适用”，针对的都是在没有规定情况下的类似事项的适用。第二，在法学方法论视角下，参照是两个性质相同的不同事项之间的准用，不同时空下的同一事项不能用“参照”。因此，对同一事项的法律适用，不存在参照和准用的问题，对标《民法典》关于参照的用法，使用“适用”更为准确。本条适用的具体情形为：

1. 关于未届期股权转让后的出资责任。《公司法》第88条第1款规定了实缴情形和认缴情形下未届出资期限股东转让股权的出资责任承担问题。《公司法解释三》第18条仅规定了实缴情形下股东转让股权的出资责任承担问题，对认缴情形下未届出资期限股东转让股权的出资责任承担问题未作出规定。以往的司法实践中裁判尺度不一，当事人无合理预期可言，故可溯及适用。

2. 关于股东压迫情形下中小股东主张回购救济。《公司法》第 89 条第 3 款规定了控股股东滥用股东权利，严重损害公司或其他股东利益，其他股东有权请求公司按合理价格收购其股权。旧《公司法》未规定控股股东滥用股东权下的股东回购请求权，《公司法》的规定有利于禁止控股股东权利滥用、保护中小股东合法权益，也无破坏相关利益者合理预期之虞，可溯及适用。

3. 关于股份公司异议股东股份回购请求权。旧《公司法》第 74 条仅规定了有限责任公司异议股东回购请求权，《公司法》第 161 条增加了关于非公开发行股份的股份有限公司异议股东回购请求权的规定。由于公开发行股份的公司股份具有较强的流动性，对于异议股东而言，其可以直接转让股份，无须通过公司回购退出，因此，公开发行股份的公司不适用本条规定。考虑到大量的非上市股份公司与有限责任公司并无实质区别，非上市股份公司中的部分中小股东也面临控股股东压迫的问题，也需要法律提供对应的救济路径，《公司法》的修订有利于保护中小股东权益，可溯及适用。

4. 关于事实董事、影子董事。《公司法》第 180 条第 3 款、第 192 条增加了关于事实董事、影子董事责任的规定，公司控制股东、实际控制人利用其控股、控制地位操纵董事或取代董事行使职权损害公司利益是滥用权利的一种方式，即便在旧《公司法》秩序下也是非正当的。实践中出现的重大风险处置事件，无不有控股股东、实控人操纵公司的现象，控股股东、实际控制人的违法行为亦无合理预期可言。《规定》列举作为溯及适用条文，并无是否打破其合理预期的顾虑。

本条兜底条款为“不明显背离相关当事人合理预期的其他情形”，需要准确理解其内涵。是否背离相关当事人的合理预期，要辩证而不是机械地看待，要结合新旧法的共同立法目的、价值取向、基本原则、公序良俗等因素综合考虑，而不能仅囿于某一具体条款文义简单判断。比如，旧《公司法》某条款与旧《公司法》的立法目的、基本原则不协调、不一致，缺乏合理性，而《公司法》旨在矫正旧《公司法》规定下的原本失衡的利益关系，适用《公司法》不背离新、旧法所共同追求的公平公正目标，可考虑例外适用公司法，属于“不明显背离相关当事人合理预期”。

(四) 细化规定的适用规则

《规定》第 5 条为细化规定的溯及适用规则。旧《公司法》有规定，但规定比较抽象、原则或因含糊不清存在理解争议，《公司法》作出更清晰、具体的解释性规定，原则上适用旧《公司法》规定，但是为了增强司法裁判的说理和统一裁判标准，可直接适用《公司法》。本条适用的具体情形为：

1. 关于股份有限公司章程限制股份转让。旧《公司法》未规定股份有限公司章程可以限制股份转让，而《公司法》允许股份有限公司章程对股份转让予以限制，给予股份有限公司更大的自治空间，体现了公司自治原则，《公司法》可溯及适用。

2. 关于监事忠实义务。旧《公司法》对公司监事负有忠实义务进行了原则性规定，第147条规定“董事、监事、高级管理人员应当遵守法律、行政法规和公司章程，对公司负有忠实义务和勤勉义务”，但旧《公司法》第148条关于违反忠实义务具体行为的规制主体仅包括公司董事、高级管理人员，并不包括监事。对此，《公司法》设置第181条、第182条第1款、第183条、第184条共4个条款进一步细化规定违反忠实义务的具体行为，明确将监事纳入忠实义务体系。旧《公司法》规定监事的忠实义务可以推导出监事不得实施挪用公司资金等禁止性行为、违法关联交易、不当谋取公司商业机会、经营限制的同类业务，因此《公司法》上述条款的溯及适用并未背离监事的合理预期。

3. 关于董事、高级管理人员不当谋取商业机会、经营限制的同类业务的赔偿责任。针对“利用职务便利为自己或他人谋取属于公司的商业机会”的行为，旧《公司法》规定应当经过股东（大）会同意，《公司法》规定“向董事会或股东会报告，并经有权机关决议通过”，或者即使未得到公司有权机关决议通过的，如果公司本身不能够利用该商业机会，董事、高级管理人员仍可以自行利用该机会，并不构成对忠实义务的违反。《公司法》的规定属于对该行为条件的放宽，并未背离相关主体的合理预期，故公司法可溯及适用。针对“经营限制的同类业务”的行为，旧《公司法》规定应当经过股东（大）会同意，《公司法》亦将条件放宽至“向董事会或股东会报告，并经有权机关决议通过”，不背离相关主体的合理预期，《公司法》可溯及适用。

4. 关于关联关系交易主体范围以及关联交易性质的认定。旧《公司法》第148条对关联交易仅作简单规定，“（四）违反公司章程的规定或者未经股东会、股东大会同意，与本公司订立合同或者进行交易”。《公司法》作出更详细的规定：第一，《公司法》允许公司章程规定董事会或股东会作为关联交易的批准机关，不强制规定应由股东会决定。第二，扩大了“关联关系”的主体范围，将董事、监事、高级管理人员的近亲属，董事、监事、高级管理人员或者其近亲属直接或者间接控制的企业，以及与董事、监事、高级管理人员有其他关联关系的关联人也纳入关联方范围。《公司法》对关联交易主体范围、披露及表决程序进行了明确规定，完善了关联交易表决的程序，可溯及适用。

（五）清算义务人责任的法律适用

《规定》第6条涉及《公司法》第232条有关公司清算义务人规定的溯及力问题。本条第1款明确《公司法》第232条原则上不具有溯及力，本条第2款赋予《公司法》第232条一定条件下的“有限”溯及力。《公司法》第232条规定的清算义务人不同于清算组，清算义务人是在公司解散事由出现后负责在法定期限内组成清算组的主体，清算组则是由清算义务人组成的负责实施具体清算事务的公司机构。旧《公司法》没有规定清算义务人，《公司法解释二》规定了有限责任公司股东、股份有限公司控股股东、董事负有清算义务，而《公司法》未区分有限责任公司、股份有限公司，改变了公司清算义务主体，规定董事是清算义务人，其义务是在公司解散等事由发生之日起15日内组成清算组。《公司法》对于清算义务人的规定作出了实质性修改，因此，原则上《公司法》第232条不具有溯及力。

但是在距离《公司法》施行前未满15日，即组成清算组的15日期限届满之日跨越了《公司法》施行之日的，则应当按照《公司法》规定，由董事担任公司清算义务人，负责组成清算组。由于处于新旧法交替过程中，董事也被授予一定的期限利益，其法定履职期限可以延后至公司法施行之日重新起算，而不是在解散等事由发生时起算。

五、其他需要说明的问题

（一）与《民法典时间效力规定》的关系

《民法典时间效力规定》是为确保民法典统一正确适用、妥善解决《民法典》施行后新旧法律衔接适用问题而出台的一部司法解释。其中“一般规定”揭示的是法律适用的一般原理，也是《规定》的主要借鉴对象。

但《规定》并未完全沿袭《民法典时间效力规定》，如细化规定类型下，《民法典时间效力规定》第4条指引的是应当适用当时的法律、司法解释，但可以依据《民法典》具体规定进行裁判说理。而《规定》考虑到此时依据《公司法》进行裁判说理并不违反相关当事人的合理预期，故进一步明确规定直接适用《公司法》。

又如，《民法典时间效力规定》区分实质性修改规定和新增规定。前者适用有利溯及规则，即只有在符合立法目的的情况下才能溯及适用；后者适用合理预期规则，即排除违背当事人合理预期的情形。《规定》并没有完全沿袭此种区分，在判断《公司法》实质性修改、新增规定、具体细化规定是否溯及适用上，均以有利溯及为标准，作为判断是否溯及适用的一般原则。

此外，《规定》针对《公司法》的特性规定了溯及适用的具体情形，这些规定显然并未涵盖全部的《公司法》新增或实质性修改条文。因而，在认定某一新增或实质性修改的《公司法》条文能否溯及适用时，《规定》没有具体规定的，可以参照适用《民法典时间效力规定》的“一般规定”。如与公司有关的纠纷中，持续性事实如何溯及适用《公司法》的规定，可以参照《民法典时间效力规定》第1条第3款的规定。

（二）有利溯及规则的统辖地位

在判断《公司法》实质性修改、新增规定、具体细化规定是否溯及适用上，均应以有利溯及为标准。而判断有利溯及最基本的要求，是要考虑是否背离相关当事人的合理预期，即不背离相关当事人的合理预期是有利溯及规则的底线。有利溯及和不背离合理预期是寻找新法溯及适用例外情形的突破口，这一突破口应当严格限定，这契合了法不溯及既往的基本原则。

《规定》在有利溯及标准的把握上，对标《立法法》《公司法》《民法典时间效力规定》，结合《公司法》第1条立法宗旨，以更有利于实现《公司法》立法目的作为标准，即更有利于规范公司的组织和行为，保护公司、股东、职工和债权人的合法权益，完善中国特色现代企业制度，弘扬企业家精神，维护社会经济秩序，促进社会主义市场经济的发展。对于“合理预期”的判断，需要以诚信、公序良俗和日常生活经验法则为判断基准，既有效彰显《公司法》的制度价值，又不背离当事人基于原有法律所形成的合理预期，有利于保持《公司法》的稳定性和适应性相统一。需要说明的是：

1. 私法和公法溯及适用存在一定区别。例如，刑法法律关系的一方主体为公权力主体，故刑法溯及适用评价标准为是否能够减轻当事人的刑事责任；而对于私权利主体而言，无法准确区分对哪一方当事人有利或者不利，因此在溯及适用时不仅要审查是否背离相关当事人的合理预期，也要考察是否符合立法目的。

2. 适用新法对一方有利，可能对另一方则是不利的，反之亦然。但是在是否平等对待上实质是公平的，都应当统合在有利于实现立法目的基础上。因此，人民法院在具体裁判中，不能简单地审查是否对某一方当事人是有利的，或者仅考察某一种司法价值，而应当严格依据《规定》中明确溯及适用的规定进行审查认定。

（三）做好公司法与相关司法解释的衔接工作

《公司法》施行后，五部旧公司法司法解释尚未被废除，存在法律适用的空档期，有必要对《公司法》与相关司法解释的衔接适用问题作出说明：

一是五部旧公司法司法解释条文与《公司法》规定原理一致、不存在冲突时，五部旧公司法司法解释可以继续适用。例如《公司法》第 99 条规定了其他发起人的连带责任，内容吸收了《公司法解释三》第 13 条第 3 款关于股东未履行、未全面履行出资义务时其他发起人承担连带责任的规定，故《公司法解释三》第 13 条第 3 款仍可以适用。

二是五部旧公司法司法解释条文与《公司法》规定内容不一致、存在冲突时，应当适用《公司法》。

三是五部旧公司法司法解释条文表述中援引的旧《公司法》条文序号应当修改为《公司法》的条文序号，例如《公司法解释一》第 4 条对“公司法第一百五十一条规定的 180 日以上连续持股期间”内涵进行解释，由于旧《公司法》第 151 条条文序号修改为《公司法》第 189 条，因此在适用《公司法解释一》第 4 条时，应当将“公司法第一百五十一条”修改为“公司法第一百八十九条”。

上述说明同样适用于其他尚未修改或者废止的涉及与公司有关内容的司法解释。

后 记

党的二十届三中全会通过的《中共中央关于进一步全面深化改革、推进中国式现代化的决定》指出，构建高水平社会主义市场经济体制要“完善中国特色现代企业制度，弘扬企业家精神，支持和引导各类企业提高资源要素利用效率和经营管理水平、履行社会责任，加快建设更多世界一流企业”，强调“完善市场准入制度，优化新业态新领域市场准入环境。深化注册资本认缴登记制度改革，实行依法按期认缴。健全企业破产机制，探索建立个人破产制度，推进企业注销配套改革，完善企业退出制度。健全社会信用体系和监管制度”。

立法机关及时启动我国公司法自1993年制定通过以来第二次全面系统修订，运用法治思维和法治方式推动完善市场主体顶层设计，为我国经济高质量发展提供了有力保障。全面修订后的《公司法》已于2024年7月1日正式实施。《公司法》此次修订，坚持以习近平新时代中国特色社会主义思想为指导，贯彻落实党中央关于深化国有企业改革、优化营商环境、加强产权保护、促进资本市场健康发展等重大决策部署，适应实践发展需要，完善了多项公司法律基本制度。新《公司法》通过增加债权出资方式，完善股东出资责任，增设出资加速到期、股东失权、简易减资等重要制度，引进了授权资本制，限定了认缴出资最长缴资期限等，完善了公司资本制度；通过扩大股东知情权范围等强化对股东权利的保护；通过实行董事会中心主义，扩张董事权力、细化董事责任、加重控股股东与实际控制人责任、增加双重股东代表诉讼、增设一人股份公司等，完善了公司治理模式；通过禁止违法代持上市公司股票、禁止母子公司交叉持股等加强对上市公司管理；通过明确董事为公司清算义务人、增设公司强制注销和简易注销制度，完善了公司清算制度。特别需要强调的是，新《公司法》新增国家出资公司专章，坚持党对国有企业的领导，完善了国家出资公司相关规定，体现了对国家出资公司的高度重视。

新《公司法》实施至今已有一段时间，为正确实施新《公司法》，最高人民法院出台《关于适用〈中华人民共和国公司法〉时间效力的若干规定》，解决新旧《公司法》衔接适用问题，并系统总结审判经验撰写本书，从审判实务角度阐述我们对于新《公司法》条文的理解，以期指导审判实践，统一裁判尺度。

本书由民二庭法官及法官助理共同撰写，全书在行文上力求“能简则简、当详则详”，尽可能简洁、准确、全面地诠释条文的精神以及司法实践层面对新《公司法》的理解与适用，做到方便、实用。

本书撰写分工如下：

刘贵祥（代序）

葛洪涛（第1条至第3条）

牛伟强（第4条至第6条）

尹　伊（第7条至第12条）

刘海伟（第13条、第14条，第16条至第20条、第85条、第87条）

邱　江（第15条、第69条至第71条）

潘勇锋（第21条至第28条、第43条、第44条、第47条至第54条，第86条、第88条、第98条、第99条、第189条）

李晓云（第29条至第34条、第42条、第45条、第46条、第166条至第167条）

李　涛（第35条至第41条、第242条至第245条）

刘崇理（第55条至第62条）

孙德昌（第63条至第65条）

杨立超（第66条至第68条）

刘　琨（第72条至第74条、第149条至第156条）

杨　婷（第75条至第77条）

王蒙蒙（第78条至第80条）

张茜娟（第81条至第83条）

梅　芳（第84条、第218条至第227条）

李敬阳（第89条至第90条）

张　颖（第91条至第97条、第100条至第110条）

张小洁（第111条至第122条）

郁　琳（第123条至第133条）

李忠鲜（第134条至第146条）

苏　蓓（第147条、第148条、第255条至第259条）

杜　军（第157条至第159条）

李大何（第160条至第162条）

张利峰（第163条至第165条）

汪自洁（第168条至第170条）

郝晋琪（第171条至第174条、第228条、第239条至第241条、第254条）

张伯娜（第175条至第177条）

丁俊峰（第178条至第188条、第190条至第193条）

李　伟（第194条至第205条）

陈　明（第206条、第207条、第216条至第217条）

侯佳明（第208条至第210条）

张雪楳（第211条至第215条、第238条）

秦　权（第229条至第237条）

杨　卓（第246条至第253条、第265条、第266条）

高晓力（第260条至第264条）

高晓力、麻锦亮、丁俊峰（《最高人民法院关于适用〈中华人民共和国公司法〉时间效力的若干规定》理解与适用）

本书由潘勇锋统稿，高晓力、周伦军、麻锦亮核稿，刘贵祥定稿。

尽管各位作者对本书的写作倾注了大量心血，但疏漏之处在所难免。欢迎社会各界批评指正，多提宝贵意见，以便我们下一步更好地开展民商事审判指导工作！

最高人民法院民事审判第二庭
2024年10月30日